# PEKING UNIVERSITY

# 北京大学年鉴

《北京大学年鉴》编委会 编

2 0 0 8

北京大学出版社
PEKING UNIVERSITY PRESS

图书在版编目(CIP)数据

北京大学年鉴.2008/《北京大学年鉴》编委会编.—北京：北京大学出版社，2014.4
ISBN 978-7-301-23427-3

Ⅰ.北… Ⅱ.北… Ⅲ.北京大学-2008-年鉴 Ⅳ.①G649.281-54

中国版本图书馆CIP数据核字（2013）第261244号

书　　名：北京大学年鉴（2008）
著作责任者：《北京大学年鉴》编委会　编
责任编辑：陈　健
标准书号：ISBN 978-7-301-23427-3/G·3737
出版发行：北京大学出版社
地　　址：北京市海淀区成府路205号　100871
网　　址：http://www.pup.cn　新浪官方微博：@北京大学出版社
电子信箱：zpup@pup.cn
电　　话：邮购部 62752015　发行部 62750672　出版部 62754962
　　　　　编辑部 62752032
印　刷　者：北京中科印刷有限公司
经　销　者：新华书店
　　　　　787mm×1092mm　16开本　43印张　7彩插　1522千字
　　　　　2014年4月第1版　2014年4月第1次印刷
定　　价：150.00元

未经许可，不得以任何方式复制或抄袭本书之部分或全部内容。
版权所有，侵权必究
举报电话：010-62752024　电子信箱：fd@pup.pku.edu.cn
举报QQ：1902301301

2007年9月10日，李长春、刘云山、刘淇等中央领导同志到北京大学观看教师节晚会

2007年10月8日，李长春、张德江等领导同志到北京大学观看粤剧《山乡风云》

2007年8月23日，中共中央政治局委员、北京市委书记、北京奥运会组委会主席刘淇视察北大奥运乒乓馆建设工程

2007年6月30日，国务委员陈至立视察北大奥运乒乓馆建设工程

2007年6月9日，北京市教工委书记朱善璐视察奥运乒乓馆建设工程

2007年9月26日，党建评估会

2007年10月25日，传达学习十七大报告精神工作会议

2007年4月13日，党风廉政建设工作会

2007年4月17日，北京大学现代地震科学技术研究中心成立仪式

2007年12月26日，研究生院九十周年纪念大会

2007年9月6日，元培学院成立仪式

2007年12月25日，人文学苑奠基仪式

2007年3月27日，挪威首相斯托尔滕贝格访问北大并发表演讲

2007年12月28日，日本内阁总理大臣福田康夫访问北京大学并发表演讲

2007年6月5日，古巴全国人民政权代表大会主席里卡多·德克萨达访问北京大学

2007年4月20日，授予比尔·盖茨名誉校董仪式

2007年5月18日，耶鲁大学代表团访问北大

2007年5月15日，聘请香港资深大律师冯华健为北京大学客座教授仪式

# 《北京大学年鉴(2008)》编辑委员会

顾　　问：王学珍　王德炳　陈佳洱　吴树青　郝　斌　王义遒
　　　　　迟惠生　林钧敬　王效挺　马树孚　梁　柱　李安模
　　　　　赵存生　林久祥
主　　任：闵维方　周其凤
副 主 任：吴志攀　林建华　柯　杨　岳素兰　张　彦　王丽梅
　　　　　杨　河　鞠传进　张国有　海　闻　敖英芳
委　　员：史守旭　张维迎　李晓明　于鸿君　朱　星　李岩松
　　　　　马大龙　李　强　刘　伟　肖东发　缪劲翔　李　鹰
　　　　　赵为民　肖　渊　雷　虹　秦春华　衣学磊　姚卫浩
　　　　　王天兵　魏国英　夏文斌

# 《北京大学年鉴(2008)》编辑部

主　　编：张国有
副 主 编：缪劲翔　李　鹰　肖　渊　秦春华　魏国英　夏文斌
执行主编：余　浚　张兴明
学术顾问：肖东发
编　　委：李海峰　黄国珍　尹鹤灵　李　喆　高慧芳　张妙妙
　　　　　鞠　晓　王天天　李　祎　郭丛斌　任羽中　胡新龙
　　　　　田　越　魏　姝　李　航　欧阳晓玲　　　　刘　鹏
　　　　　张　鹏　熊校良　吴　旭　靳　毅　彭湘兰　谢元媛

# 编 辑 说 明

《北京大学年鉴(2008)》是北京大学建校以来的第十本年鉴,反映了北京大学2007年度在教学改革、学科建设、科学研究、对外交流等各方面的发展进程和最新成就。

《北京大学年鉴(2008)》以文章和条目为基本体裁,以条目为主。全书共分特载,专文,北大概况,学校基本数据,机构与干部,院系情况,教育教学与学科建设,科学研究与产业开发,管理与后勤保障,党建与思想政治工作,人物,北京大学党发、校发文件,表彰与奖励,2007年毕业生名单,2007年大事记,附录等基本栏目。

本年鉴所收录的各院、系、所、中心等单位的资料,基本按照发展概况、学科建设、科研活动等条目编写。统计数字附在相关内容之后。

本年鉴所刊内容由各单位确定专人负责提供,并经本单位领导审定。

本年鉴采用双重检索系统。书前有目录,书后有索引。索引采用内容分析主题法,按汉语拼音排序,读者还可以通过书眉查检所需资料。

本年鉴主要收录了各单位2007年1月1日至2007年12月31日期间发生的重大事件,部分内容依据实际情况在时限上略有延伸。

《北京大学年鉴(2008)》由北京大学党委办公室、校长办公室组织编写,在编写过程中,得到了各有关单位和部门的大力支持,在此谨表衷心感谢。

《北京大学年鉴》编辑部

2008年12月

# 目 录

- **· 特 载 ·** …………………………… (1)
  - 北京大学圆满完成本科教学评估工作 ………… (1)
  - 北京大学奥运乒乓球馆落成启用 ……………… (2)

- **· 专 文 ·** …………………………… (4)
  - 党委书记闵维方在春季全校干部
    大会上的讲话 ………………………………… (4)
  - 校长许智宏在春季全校干部大会上的讲话 …… (8)
  - 党委书记闵维方在秋季全校干部
    大会上的讲话 ………………………………… (13)
  - 校长许智宏在秋季全校干部大会上的讲话 …… (17)

- **· 北大概况 ·** ………………………… (23)

- **· 2007年学校基本数据 ·** ………… (27)
  - 校本部基本数据 ………………………………… (30)
  - 医学部基本数据 ………………………………… (32)

- **· 机构与干部 ·** ……………………… (35)
  - 校领导机构组成名单 …………………………… (35)
  - 学术委员会 ……………………………………… (35)
  - 专业技术职务评审委员会 ……………………… (35)
  - 学位评定委员会 ………………………………… (36)
  - 学部学术委员会 ………………………………… (36)
  - 第五届教职工代表大会执行委员会 …………… (37)
  - 医学部负责人 …………………………………… (37)
  - 机关各部门、工会、团委负责人 ……………… (37)
  - 各院、系、所、中心负责人 …………………… (39)
  - 直属、附属单位负责人名单 …………………… (42)
  - 各民主党派和归国华侨联合会负责人 ………… (43)

- **· 院系情况 ·** ………………………… (44)
  - 数学科学学院 …………………………………… (44)
  - 工学院 …………………………………………… (46)
  - 物理学院 ………………………………………… (48)
  - 地球与空间科学学院 …………………………… (50)
  - 信息科学技术学院 ……………………………… (54)
  - 化学与分子工程学院 …………………………… (59)
  - 基础医学院 ……………………………………… (62)

- 生命科学学院 …………………………………… (63)
- 城市与环境学院 ………………………………… (66)
- 环境科学与工程学院 …………………………… (68)
- 心理学系 ………………………………………… (69)
- 中国语言文学系 ………………………………… (71)
- 历史学系 ………………………………………… (72)
- 考古文博学院 …………………………………… (74)
- 哲学系、宗教学系 ……………………………… (76)
- 国际关系学院 …………………………………… (79)
- 新闻与传播学院 ………………………………… (84)
- 政府管理学院 …………………………………… (86)
- 经济学院 ………………………………………… (88)
- 光华管理学院 …………………………………… (90)
- 法学院 …………………………………………… (91)
- 信息管理系 ……………………………………… (94)
- 社会学系 ………………………………………… (95)
- 外国语学院 ……………………………………… (97)
- 马克思主义学院 ………………………………… (101)
- 教育学院 ………………………………………… (104)
- 艺术学院 ………………………………………… (106)
- 计算机科学技术研究所 ………………………… (107)
- 中国经济研究中心 ……………………………… (109)
- 人口研究所 ……………………………………… (110)
- 对外汉语教育学院 ……………………………… (112)
- 软件与微电子学院 ……………………………… (114)
- 分子医学研究所 ………………………………… (116)
- 前沿交叉学科研究院 …………………………… (117)
- 体育教研部 ……………………………………… (120)
- 先进技术研究院 ………………………………… (123)
- 药学院 …………………………………………… (124)
- 公共卫生学院 …………………………………… (126)
- 护理学院 ………………………………………… (128)
- 第一临床医学院(北京大学第一医院) ………… (132)
- 第二临床医学院(北京大学人民医院) ………… (134)
- 第三临床医学院(北京大学第三医院) ………… (137)
- 口腔医学院(北京大学口腔医院) ……………… (139)
- 临床肿瘤学院(北京肿瘤医院) ………………… (141)
- 精神卫生研究所(北京大学第六医院) ………… (144)
- 深圳医院 ………………………………………… (148)
- 首钢医院 ………………………………………… (149)
- 中国药物依赖性研究所 ………………………… (153)

生育健康研究所 …………………………… (154)
医学部公共教学部 ………………………… (155)
元培学院 …………………………………… (157)

## ・教育教学与学科建设・ …………… (160)
**本科生教育教学** ………………………… (160)
 概况 ………………………………………… (160)
 本科教学工作水平评估 …………………… (160)
 本科教学改革与建设 ……………………… (161)
 质量工程项目 ……………………………… (161)
 本科生科研训练 …………………………… (162)
 教学名师奖 ………………………………… (162)
 教学评估和评奖 …………………………… (162)
 教材建设 …………………………………… (162)
 学籍管理 …………………………………… (162)
 招生工作 …………………………………… (163)
 附录 本科专业目录 …………………… (163)
    本科课程目录 …………………… (166)
    2007年录取高考理科第一名学生 … (171)
    2007年录取高考文科第一名学生 … (172)
    2007年录取中学生国际奥林匹克竞赛
      获奖学生 …………………… (172)
**研究生教育** ……………………………… (173)
 概况 ………………………………………… (173)
 招生工作 …………………………………… (173)
 培养工作 …………………………………… (174)
 学位工作 …………………………………… (175)
 奖助工作 …………………………………… (176)
 中国研究生院院长联席会秘书处 ………… (176)
 全国博士生质量调查 ……………………… (177)
 北大—莫大五周年庆典 …………………… (177)
 高水平大学公派研究生项目 ……………… (178)
 研究生教务工作研讨会 …………………… (178)
 研究生培养机制改革 ……………………… (178)
 北京大学研究生教育九十周年 …………… (178)
 医学部研究生招生工作 …………………… (179)
 医学部研究生就业指导与服务工作 ……… (179)
 医学部研究生培养工作 …………………… (180)
 医学部研究生思想政治工作 ……………… (182)
 医药科工作委员会、全国医学专业学位教育
  指导委员会工作 ………………………… (184)
 深圳研究生院 ……………………………… (184)
 附录 2007年全国优秀博士学位论文 … (186)
    北京大学学位授权点一览表 …… (186)
**继续教育** ………………………………… (192)
 概况 ………………………………………… (192)
 高层次继续教育与短期非学历教育 ……… (192)
 进修教师接收工作 ………………………… (192)
 学历教育工作 ……………………………… (192)
 自学考试工作 ……………………………… (193)
 继续教育指导委员会 ……………………… (193)
 成人教育学院 ……………………………… (193)
 网络教育 …………………………………… (196)
 培训中心 …………………………………… (197)
 医学继续教育 ……………………………… (197)
**海外教育** ………………………………… (201)
 概况 ………………………………………… (201)
 短期留学项目 ……………………………… (201)
 预科留学项目 ……………………………… (201)
 港澳台学生 ………………………………… (201)
 附录 2007年秋季在校长期外国留学生
    分国别统计 …………………… (202)
    2007年秋季在校长期外国留学生
    分院系统计 …………………… (204)

## ・科学研究与产业开发・ …………… (205)
**理工科与医科科研** ……………………… (205)
 概况 ………………………………………… (205)
 科研基地建设 ……………………………… (205)
 科研项目与科研经费 ……………………… (206)
 科研成果 …………………………………… (207)
 附录 国家重点实验室 ………………… (208)
    国家工程研究中心 ……………… (208)
    教育部重点实验室 ……………… (208)
    教育部工程研究中心 …………… (209)
    教育部网上合作研究中心 ……… (209)
    卫生部重点实验室 ……………… (209)
    卫生部工程技术研究中心 ……… (209)
    北京市重点实验室 ……………… (209)
    中关村开放式实验室 …………… (210)
    2007年校本部批准成立的
      交叉学科研究中心 …………… (210)
    2007年理科与医科在研
      科研项目数统计 ……………… (210)
    2007年理科与医科在研
      科研项目来源 ………………… (211)
    2007年理工科与医科
      科研项目到校经费 …………… (211)
    2007年理工科与医科到校
      科研经费来源 ………………… (212)
    1998—2007年全校到校
      科研经费分类统计 …………… (212)
    1998—2007年全校到校科研
      经费总额增长趋势 …………… (212)

2007年理工科获准项目及经费 …… (213)
2007年医科获准项目及经费 ……… (214)
2007年获准国家自然科学
　　基金项目 ……………………… (215)
2007年医学部获准国家自然
　　科学基金项目 ………………… (216)
2007年各单位获国家自然科学基金
　　面上和重点项目数和经费数 …… (216)
由北京大学主持的国家重点基础研究
　　发展规划项目(共21项) ……… (217)
2007年新获批的国家重点基础
　　研究发展规划课题(共18项) …… (217)
由北京大学主持的重大科学研究计划
　　项目(共5项) ………………… (218)
2007年新获批的重大科学
　　研究计划课题(共7项) ………… (218)
2007年新获批的国家高技术
　　研究发展计划课题(共46项) …… (218)
2006—2007年度新获准的
　　支撑计划课题(共34项) ……… (219)
2007年理工科与医科获准
　　"创新团队发展计划"名单 ……… (220)
2007年理工科与医科获准"新
　　世纪优秀人才支持计划"名单…… (220)
2007年理工科与医科获准
　　教育部重大和重点项目 ………… (221)
2007年获准的北京市与中央在京高校
　　共建项目(科研与学科建设) …… (221)
2007年理工科与医科获准
　　北京市自然科学基金项目 …… (221)
2007年与北京市科委
　　新签科技合同 ………………… (222)
2007年获准的公益性行业专项 …… (222)
2007年度国家科学技术奖 ………… (223)
2007年度教育部提名国家
　　科学技术奖 …………………… (223)
2006年度中华医学科技奖 ………… (224)
2007年SCI数据库收录的北京大学
　　为第一作者单位的论文及分布
　　总体情况 ……………………… (224)
2007年度SCI数据库收录的医学部的
　　论文及分布总体情况 …………… (225)
2007年度被SCI数据库收录的
　　影响因子较高的论文清单 ……… (225)
2007年专利申请受理、
　　授权情况统计表 ……………… (232)

2007年度授权专利清单 …………… (232)
2007年通过鉴定的
　　科研成果(共20项) …………… (236)
校本部2007年主办的理工类国际学术
　　会议和研讨班情况统计 ………… (236)
医学部2007年主办的国际学术会议和
　　研讨班情况统计 ……………… (237)
2007年获得基金委国际(地区)
　　合作项目(共14项) ………… (237)
2006年获得科技部政府间国际
　　合作项目(共3项) …………… (237)
2007年获得其他国际(地区)
　　合作项目(共25项) …………… (238)

**文科科研** ……………………………… (239)
　概况 …………………………………… (239)
　重点工作 ……………………………… (239)
　项目管理 ……………………………… (240)
　成果管理 ……………………………… (241)
　人才建设 ……………………………… (241)
　基地管理 ……………………………… (241)
　科研机构 ……………………………… (241)
　国际交流 ……………………………… (242)
　附录　2007年度重大项目
　　　　立项一览表 ………………… (242)
　2007年度国家社科基金项目
　　立项一览表 …………………… (242)
　2007年度教育部一般项目
　　立项一览表 …………………… (243)
　北京市"十一五"规划2007年度
　　项目立项一览表 ……………… (244)
　其他各类纵向项目立项一览表 …… (244)
　国家社科基金2007年度提交结项
　　项目名单 ……………………… (244)
　2007年度教育部一般项目
　　结项名单 ……………………… (245)
　北京市哲学社会科学"十五"规划项目
　　提交结项名单 ………………… (245)
　2007年度教育部文科基地
　　重大课题一览表 ……………… (246)
　2007年12月教育部文科基地项目
　　结项名单 ……………………… (247)
　2007年获得北京市社科理论著作
　　出版基金资助的著作名单 ……… (247)
　2006年北京大学文科A&HCI
　　论文目录 ……………………… (247)
　2006年北京大学文科SCI

　　　　论文目录 …………………… (249)
　　2006年北京大学文科SSCI
　　　　论文目录 …………………… (252)
　　2007年人文社会科学国际
　　　　学术会议一览表 …………… (255)
　　2007年度北京大学"新世纪优秀人才
　　　　支持计划"文科入选者名单 …… (257)
科技开发与产业管理 ……………………… (258)
　科技成果推广 ………………………… (258)
　合同管理 ……………………………… (258)
　专利转让 ……………………………… (259)
　产业管理 ……………………………… (259)
　北大资产经营有限公司 ……………… (259)
　产业规范化建设 ……………………… (259)
　附录　2007年进款技术合同统计表 …… (260)
　　　　2007年进款技术合同额统计表 …… (260)
　　　　2007年科技开发到款统计表 …… (261)
　　　　2007年科技开发签约超过100万的
　　　　　合同统计 …………………… (261)
　　　　2007年医学部申报专利及获得
　　　　　专利授权情况统计 ………… (262)
　　　　北京大学资产经营有限公司
　　　　　持股企业名录 ……………… (263)
国内合作 …………………………………… (265)
　概况 …………………………………… (265)
　交流合作 ……………………………… (265)
　对口支援 ……………………………… (266)
主要高科技企业 …………………………… (266)
　北大方正集团公司 …………………… (266)
　北大青鸟集团 ………………………… (268)
　北大维信生物科技有限公司 ………… (269)
　北大未名生物工程集团有限公司 …… (270)
首都发展研究院 …………………………… (271)
深港产学研基地 …………………………… (273)
主要教学科研服务机构 …………………… (274)
　图书馆 ………………………………… (274)
　医学图书馆 …………………………… (285)
　出版社 ………………………………… (289)
　档案馆 ………………………………… (290)
　医学档案馆 …………………………… (291)
　校史馆 ………………………………… (291)
　北京大学学报（自然科学版） ……… (293)
　北京大学学报（哲学社会科学版） … (294)
　北京大学学报（医学版） …………… (295)
　计算中心 ……………………………… (295)

　医学部信息通讯中心 ………………… (299)
　医药卫生分析中心 …………………… (299)
　实验动物科学部 ……………………… (302)
　现代教育技术中心 …………………… (302)

## ·管理与后勤保障· ……………………… (305)
"985工程"与"211工程"建设 …………… (305)
　概况 …………………………………… (305)
　资金到位和执行情况 ………………… (305)
　与北京市共建项目 …………………… (306)
发展规划工作 ……………………………… (306)
　概况 …………………………………… (306)
　学校发展战略规划工作 ……………… (306)
　学科规划与事业规划 ………………… (306)
　校园规划 ……………………………… (307)
　肖家河教师住宅项目 ………………… (308)
对外交流 …………………………………… (308)
　概况 …………………………………… (308)
　校际交流 ……………………………… (309)
　政要来访 ……………………………… (309)
　选派学生出国学习工作 ……………… (309)
　北京论坛 ……………………………… (310)
　国际文化节 …………………………… (310)
　港澳台交流 …………………………… (310)
　附录　2007年北京大学因公出访
　　　　人员统计表 ………………… (311)
人事管理 …………………………………… (313)
　教职工队伍状况 ……………………… (313)
　增员情况 ……………………………… (314)
　减员情况 ……………………………… (315)
　长江学者聘任 ………………………… (316)
　人才开发与培养 ……………………… (316)
　新教职工岗前培训 …………………… (317)
　学术专家公寓 ………………………… (318)
　通用岗位设置管理 …………………… (318)
　年度考核与岗位聘任 ………………… (319)
　专业技术职务聘任 …………………… (319)
　流动编制管理 ………………………… (321)
　富余人员管理 ………………………… (321)
　临时聘用人员管理 …………………… (322)
　工资与福利 …………………………… (322)
　社会保险 ……………………………… (323)
　离退休工作 …………………………… (324)
　博士后工作 …………………………… (324)
　人事档案管理 ………………………… (325)

## 目录

财务工作 …………………………………… (326)
　概况 ……………………………………… (326)
　财务专题分析 …………………………… (326)
　财务管理工作 …………………………… (328)
审计工作 …………………………………… (329)
　概况 ……………………………………… (329)
　财政审计 ………………………………… (329)
　建设工程审计 …………………………… (330)
　企业审计 ………………………………… (330)
　经济责任审计 …………………………… (330)
　内部审计转型与建设 …………………… (330)
资产管理 …………………………………… (331)
　房地产管理 ……………………………… (331)
　房改工作 ………………………………… (332)
　房地产管理重点专项工作 ……………… (332)
　实验室建设与管理 ……………………… (334)
　仪器设备管理 …………………………… (334)
　仪器设备采购 …………………………… (335)
　实验室安全与环境保护 ………………… (336)
　制度化与信息化建设 …………………… (337)
附录　2007年北京大学土地基本
　　　情况汇总表 ………………………… (337)
　　　2007年北京大学房屋基本
　　　情况汇总表 ………………………… (338)
　　　2007年北京大学教职工住宅
　　　现状情况表 ………………………… (338)
　　　2007年北京大学成套家属房汇
　　　总统计表 …………………………… (339)
　　　2007年北京大学非成套家属房汇
　　　总统计表 …………………………… (339)
　　　2007年北京大学实验室基本情况
　　　一览表(校本部) …………………… (339)
　　　2007年新增40万元以上大型仪器设备
　　　一览表(共20台) …………………… (340)
　　　2002—2007年大型仪器设备开放测试
　　　基金使用情况表 …………………… (341)
　　　第十六期大型仪器设备开放测试基金
　　　开放仪器一览表 …………………… (341)
　　　2005—2007年北京大学参加北京科学
　　　仪器协作共用网情况统计表 ……… (343)
　　　1998—2007年北京大学大型仪器设备
　　　测试服务收入统计表 ……………… (343)
　　　2007年北京大学大型仪器设备购置
　　　论证统计表 ………………………… (344)
　　　2007年北京大学接受境外赠送科教用品
　　　一览表(共5批) …………………… (344)

基建工作 …………………………………… (345)
　概况 ……………………………………… (345)
　基建投资 ………………………………… (345)
　工程项目管理 …………………………… (345)
　工程前期报批 …………………………… (346)
总务系统工作 ……………………………… (347)
　总务部 …………………………………… (347)
　餐饮中心 ………………………………… (351)
　水电中心 ………………………………… (353)
　供暖中心 ………………………………… (354)
　校园管理服务中心 ……………………… (354)
　学生宿舍管理服务中心 ………………… (355)
　运输中心 ………………………………… (357)
　幼教中心 ………………………………… (357)
　电话室 …………………………………… (359)
　后勤党委 ………………………………… (359)
医院管理 …………………………………… (362)
　卫生部支援西部地区农村卫生项目 …… (362)
　中国医院协会大学附属医院分会 ……… (362)
　医疗信访 ………………………………… (362)
　其他工作 ………………………………… (362)
教育基金会与校友工作 …………………… (362)
　捐赠概况 ………………………………… (362)
　重大活动 ………………………………… (363)
　项目管理 ………………………………… (363)
　机构建设 ………………………………… (363)
　校友工作 ………………………………… (363)
附录　2007年度基金会管理的奖学金、助学金、
　　　奖教金、研究资助项目总览 ……… (364)
　　　2007年度基金会管理的奖学金
　　　项目一览 …………………………… (364)
　　　2007年度基金会管理的助学金
　　　项目一览 …………………………… (367)
　　　2007年度基金会管理的奖教金
　　　项目一览 …………………………… (369)
　　　2007年度基金会管理的研究资助
　　　项目一览 …………………………… (369)
会议中心 …………………………………… (369)
　概况 ……………………………………… (369)
　勺园 ……………………………………… (370)
　对外交流中心 …………………………… (371)
　百周年纪念讲堂 ………………………… (371)
　中关新园 ………………………………… (372)
燕园社区服务中心 ………………………… (373)
　附录　燕园社区服务中心企业名录 …… (374)
燕园街道办事处 …………………………… (375)
特殊用房管理中心 ………………………… (376)

北京大学医院 …………………………………… (377)
北京大学附属中学 ……………………………… (380)
北京大学附属小学 ……………………………… (382)

## · 党建与思想政治工作 ·  (384)

### 组织工作 …………………………………… (384)
概况 ………………………………………… (384)
党建工作 …………………………………… (384)
党校工作 …………………………………… (385)
干部工作 …………………………………… (386)
机关建设 …………………………………… (387)

### 宣传工作 …………………………………… (388)
概况 ………………………………………… (388)
理论工作 …………………………………… (388)
新闻宣传 …………………………………… (389)
校园文化建设 ……………………………… (391)
校刊 ………………………………………… (391)
电视台 ……………………………………… (391)
广播台 ……………………………………… (392)
新闻网 ……………………………………… (392)
摄影 ………………………………………… (393)
英文新闻网 ………………………………… (393)
医学部校园媒体 …………………………… (393)

### 统战工作 …………………………………… (393)
概况 ………………………………………… (393)
主要工作 …………………………………… (395)

### 纪检监察工作 ……………………………… (396)
概况 ………………………………………… (396)
党风廉政建设 ……………………………… (397)
领导干部廉洁自律工作 …………………… (397)
反腐倡廉宣传教育 ………………………… (398)
师德师风建设 ……………………………… (398)
医德医风建设 ……………………………… (398)
党建评估 …………………………………… (399)
信访接待与案件办理 ……………………… (399)
监督检查工作 ……………………………… (399)
惩防体系建设 ……………………………… (399)
五校一院联席会议 ………………………… (400)
校际交流 …………………………………… (400)
纪检监察干部队伍建设 …………………… (400)

### 保卫工作 …………………………………… (400)
队伍建设 …………………………………… (400)
完善规章制度 ……………………………… (400)
维护校园稳定 ……………………………… (401)
重大警卫活动 ……………………………… (401)
消防工作 …………………………………… (401)
校园环境秩序整治 ………………………… (401)
治安防范 …………………………………… (402)
安全教育 …………………………………… (402)
流动人口管理 ……………………………… (402)
荣誉 ………………………………………… (403)

### 工会与教代会工作 ………………………… (403)
概况 ………………………………………… (403)
教职工代表大会 …………………………… (403)
校(院)务公开 ……………………………… (403)
师德医风建设 ……………………………… (404)
青年教师工作 ……………………………… (404)
女教职工工作 ……………………………… (404)
生活福利工作 ……………………………… (404)
维护教职工权益 …………………………… (404)
工会组织自身建设 ………………………… (405)
平民学校 …………………………………… (405)
创办"北京大学工会爱心基金" …………… (405)
开展"奥运有我,校庆有我"系列活动 …… (405)

### 学生工作 …………………………………… (406)
迎评工作 …………………………………… (406)
队伍建设 …………………………………… (406)
学生思想政治教育 ………………………… (407)
学生日常管理 ……………………………… (408)
国防教育 …………………………………… (409)
学生心理健康教育 ………………………… (409)
学生资助工作 ……………………………… (410)
学生就业工作 ……………………………… (410)
青年研究中心 ……………………………… (411)
德育研究 …………………………………… (412)

### 共青团工作 ………………………………… (412)
概况 ………………………………………… (412)
学生思想政治教育 ………………………… (413)
理论研究 …………………………………… (414)
宣传引导 …………………………………… (414)
大学生素质教育 …………………………… (415)
学术科研 …………………………………… (415)
社会实践 …………………………………… (416)
校园文化建设 ……………………………… (416)
青年志愿服务 ……………………………… (417)
青年文明号评选 …………………………… (419)
青年团干与学生骨干培养 ………………… (419)
学生组织与学生社团 ……………………… (420)
机关建设 …………………………………… (422)

## · 人 物 ·  (424)
在校院士简介 ………………………………… (424)
教授名录 ……………………………………… (447)
2007年在岗博士生导师名录 ………………… (454)
2007年逝世人物名单 ………………………… (460)

## · 2007年北京大学党发、校发文件 · ……………………… （462）

## · 表彰与奖励 · ……………………… （469）
2007年北京大学党务和思想政治工作先进集体、优秀个人（含李大钊奖）表彰名单 ……… （469）
2007年北京大学奖教金获得者名单 ……… （471）
2006—2007年度学生奖励获得者名单 …… （475）
2006—2007年度奖学金获得者名单 ……… （489）

## · 2007年毕业生名单 · …………… （508）
本专科毕业生 ………………………………… （508）
毕（结）业硕士研究生 ……………………… （522）
毕（结）业博士研究生 ……………………… （529）
毕业留学生 …………………………………… （531）
中国经济研究中心双学位毕业生 …………… （533）

## · 2007年大事记 · ………………… （535）

## · 附　录 · ……………………………… （596）
2007年授予的名誉博士 ……………………… （596）
2007年授予的名誉教授 ……………………… （596）
2007年聘请的客座教授 ……………………… （596）
媒体有关北京大学主要消息索引 …………… （597）

## · 北京大学本科教学工作水平评估自评报告 · ……………………… （615）
学校概况 ……………………………………… （615）
第一部分　办学思想 ………………………… （616）
第二部分　师资队伍 ………………………… （622）
第三部分　教学条件与利用 ………………… （626）
第四部分　专业建设与教学改革 …………… （632）
第五部分　教学管理 ………………………… （640）
第六部分　学风建设 ………………………… （642）
第七部分　教学效果 ………………………… （645）
第八部分　以评促建，规划未来 …………… （653）

## · 索　引 · ……………………………… （655）

## 特载

# 北京大学圆满完成本科教学评估工作

根据2006年9月教育部评估中心《关于2007年及2008年上半年对北京大学、清华大学等283所普通高等学校进行本科教学工作水平评估的通知》(教高评中心[2006]2号),北京大学迎来第一次教育部的正式本科教学评估。为了进一步做好迎接评估的准备工作,提高本科教学工作水平,学校发布2007年校发1号文件《北京大学关于做好迎接2007年教育部本科教学工作水平评估工作的意见》。为加强评建工作,决定成立以闵维方书记、许智宏校长为组长的领导小组和以林建华常务副校长为组长的工作小组。评建工作办公室根据评估指标组织和协调院系和相关职能部门的评建工作。学校委派教务部分管教学工作的方新贵副部长担任学校评建工作办公室主任,教务长办公室主任王小玥、新闻传播学院党委副书记孙华、教务处老处长睢行严担任副主任。在学校评建领导小组和工作小组的领导下,以评促建的中心工作围绕如何提高本科教学质量而开展,学校先后对各院系本科教学评建工作进行四轮检查,及时发现教学中存在的问题,并认真予以解决。这样几轮扎实细致的自评自查,狠抓整改与落实,取得了令人满意的效果。自评报告(详见本书附录)是评估专家系统全面了解学校本科教学情况的基础材料,其主体部分是关于本科教学各主要环节的,教务部部长关海庭组织起草学校自评报告,紧密围绕教学核心业务,从教学条件、专业建设、教学管理、教学改革等方面进行认真系统梳理,最后总结凝练形成自评报告的主体部分;同时围绕学校办学思想和特色,通过组织召开如老领导座谈会、资深教授座谈会等各类人员参加的座谈会,广泛吸收各方意见最后形成上下都比较认同的关于北大办学思想与特色的表述。教务部还投入力量重点建设了学校评估档案材料库,组织各院系成立了专门的档案材料整理小组。在正式评估阶段,教务部还承担了学校协调联络组和评估材料组的工作。

2007年11月18—23日,以原南京大学校长蒋树声教授为组长、吉林大学党委书记张文显教授为副组长的评估专家组一行19人,对我校进行了本科教学工作水平评估实地考察。专家组进驻我校期间,依据《普通高等学校本科教学水平评估方案(试行)》和有关文件,以对国家教育事业高度负责的态度和严谨务实的工作作风,认真考察、评估了我校本科教学各方面的工作。专家组高度评价了北京大学在一百多年的发展历程中对国家和民族做出的巨大贡献。专家组认为作为中国高等学校的排头兵和高等教育的引领者之一,一百余年来,北京大学不仅是中华民族争取民主自由和伟大复兴的象征,也是现代人文学者和自然科学家向往的精神家园,为民族的解放和振兴、国家的建设和发展、社会的文明和进步做出了重要贡献。在中国走向现代化和繁荣昌盛的进程中起到了先锋和骨干作用。专家组充分肯定了我校本科教学工作取得的突出成绩,指出北京大学有着一贯重视本科教育教学工作和人才培养质量的优良传统,坚持社会主义办学方向,扎实推进教育教学改革取得的突出成绩:一是办学指导思想明确,教学中心地位突出;二是实施人才强校战略,建设高水平师资队伍;三是教学投入逐年增加,办学条件不断改善;四是专项建设成效显著,教学改革不断深化;五是完善教学管理制度,健全教学质量保障体系;六是师风学风优良,校园文化氛围浓厚。专家组指出,北京大学把党的教育方针与自己的百年教育实践相结合,把中国传统教育思想与世界高等教育发展趋势相结合,把北大的优秀传统与新时期国家发展需要和建设世界一流大学目标相结合,形成了先进的教育思想和鲜明的办学特色:高举"爱国、进步、民主、科学"旗帜,以振兴中华为己任,始终站在时代发展的最前列;秉承"思想自由、兼容并包"的学术精神和"博学审问、慎思明辨"的优良传统,形成了"勤奋、严谨、求实、创新"的校风;实施以"重视基础、尊重选择"为精髓的"加强基础、淡化专业、因材施教、分流培养"的人才培养方针,实施以"元培计划"为代表的创新教育模式,培养各行各业的精英人才。在充分肯定成绩的同时,专家组也对我校本科教学工作的发展提出建议,希望北京大学应进一步创新制度、完善机制,加大世界一流科学家、人文社会科学大师的引进力度;继续巩固和发展文理基础学科和医学的优势,进一步推进学科的交叉与融合,构建引领社会文明和科学发展方向,体现北大核心价值、北大特色更加鲜明的学科体系。

学校高度重视专家组对我校本科教学工作的意见和建议,在专家组进行考察活动完成后,学校立即召开了职能部门、院系以及教学管理人员的评估总结会,及时对专家组反馈意见进行了认真梳理和逐条分析。经过学校上下充分讨论,确定了我校本科教学工作的整改思路和主要内容,形成我校本科教学工作水平评估整改方案。

(孙华  祝诣博)

# 北京大学奥运乒乓球馆落成启用

作为2008年北京奥运会乒乓球正式比赛场馆,北京大学奥运乒乓球馆在中央、北京市和国际乒联的高度重视下,在全体师生的热盼中,于2007年年底顺利竣工并正式启用。

这一年,奥运乒乓球馆建设受到各方高度关注。4月21日,国际乒联主席沙拉拉在国际乒联市场部主任通斯特罗姆、国际乒联亚洲办事处主任史蒂文、国家体育总局乒羽中心主任刘凤岩、副主任于斌、中国乒协副主席姚振绪陪同下,来到建设中的球馆,进行实地考察。在听取了场馆工程人员汇报后,沙拉拉对场馆建设工作给予了高度评价。

6月30日,国务委员陈至立在教育部部长周济、国家发改委副主任张茅、财政部副部长张少春、体育总局副局长段世杰、北京市奥组委执行副主席刘敬民、北京市委常委、教育工委书记朱善璐、北京市委副秘书长苟仲秋等陪同下,到北大视察了奥运乒乓球馆建设工作。学校党委书记闵维方、校长许智宏、党委副书记张彦、副校长鞠传进等陪同参观考察。陈至立在详细听取了场馆建设汇报后,来到施工现场,实地考察场馆工程结构设计、灯光照明设施、通风设备等相关情况。她对北大奥运场馆建设给予了充分肯定,她指出,奥运乒乓球场馆的建设与顺利投入使用意义重大,相关部门要配合好北大的工作,为乒乓球馆的顺利完成提供便利条件,必须保质保量按时完成建设任务,也要为赛后的学生日常使用以及向公众开放促进全民健身创造良好条件。她还强调,奥运场馆建设要高度重视质量和环保、能源利用、安全问题以及周边交通问题,力争举办一届高水平、科技化、人文化的奥运会,向世界展示北京的精神风貌。

7月2日上午8时许,由于施工中操作失误,在建的奥运场馆保温层失火,过火面积约400平方米。教育部郭向远、韩进,北京市赵凤桐、陈刚、李伟、隋振江、张建明、高祥阳等领导,以及学校党委书记闵维方、校长许智宏等校领导第一时间赶赴现场。北京市应急指挥中心、市建委、市消防局等单位也立即行动,组织扑救处置工作。上午10时左右,明火被完全扑灭,没有人员伤亡,场馆主结构没有遭到破坏,校园及周边秩序正常。施工单位相关责任人随后受到相应的处理。

8月23日,中共中央政治局委员、北京市委书记刘淇在北京市委常委、教育工委书记朱善璐,市委常委、市委秘书长李士祥,副市长、北京奥组委执行副主席刘敬民,副市长陈刚、北京奥组委执行副主席杨树安等陪同下来到北大视察奥运场馆建设工作。刘淇实地考察了场馆建设情况,并详细听取了学校关于场馆建设工作、场馆运行团队工作情况、迎接"好运北京"测试赛筹备工作、北大奥运志愿者培训情况等的汇报。他对北大奥运场馆建设工作和北大师生服务奥运、参与奥运、奉献奥运的热情给予了充分肯定,他指出,作为历史悠久的百年名校,北大充分发挥人文和科研的优势,统筹规划,精心设计,在奥运场馆建设中应用了11项新技术,为办好"人文奥运、绿色奥运、科技奥运"做出了贡献。他要求,北大进一步加大工作力度,在相关部门的配合下,顺利完成奥运乒乓球馆的建设工作。

经过紧张而科学的施工,11月26日,北大奥运乒乓球馆工程总体竣工。场馆总建筑面积26900平方米,南北长122.6米,东西宽87.7米,馆内可容纳观众8000人,拥有6000个固定座位和2000个临时座位。奥运乒乓赛场位于场馆首层,比赛场地长47米,宽39.5米,可同时布置8张乒乓球台进行比赛。作为奥运会历史上,同时也是世界上首个乒乓球比赛专用场馆,北大奥运乒乓球馆充分体现了"绿色奥运、科技奥运、人文奥运"的特色。该场馆外观古朴大方,与北大校园整体风格融为一体。场馆屋顶因其独特的造型而被命名为"中国脊",蕴含了"中国体育的脊梁""中国教育的脊梁""中华民族的脊梁"和"中国建筑的脊梁"等丰富含义。北大奥运乒乓球馆还采用了诸多高科技元素,如虹吸式屋面排水系统、分布式智能照明系统、太阳能光热技术等,为2008年奥运会上运动员发挥最好水平提供了良好条件。按照计划,奥运会后,北大奥运乒乓球馆将作为北大综合体育馆,成为北大师生进行体育锻炼和开展文体活动的良好场所。

12月8日,北大奥运乒乓球馆落成典礼暨启用仪式隆重举行。北京市委常委、教育工委书记朱善璐,国家体育总局副局长蔡振华,北京奥组委执行副主席杨树安和学校党委书记闵维方、校长许智宏等领导出席典礼。

朱善璐、蔡振华、杨树安分别发表讲话，对北大奥运乒乓球馆的落成表示祝贺。他们一致表示，乒乓球是中国的国球，乒乓球运动牵动着几代中国人振兴中华的理想。北大是中国高等教育的排头兵，更是中国新时代精神的摇篮。2008年北京奥运会乒乓球比赛场馆在北大落成，是北大精神和国球精神的完美结合，是奥林匹克精神和中华民族伟大复兴理想的完美结合。

许智宏在致辞中表示，建设高质量的奥运乒乓球馆是北大师生的共同愿望。几年来，北大坚决贯彻落实党中央和北京市的重要指示精神，全力以赴保质保量按时完成奥运场馆建设任务，为"新北京，新奥运"做出了应有的贡献。

场馆启动仪式上，闵维方为参加"好运北京"奥运乒乓球测试赛的中国运动员和裁判员举行了授球仪式。

12月13日至19日，"好运北京"奥运乒乓球测试赛在新落成的北大奥运乒乓球馆顺利举行。此次比赛共有来自16个国家和地区的57名运动员参赛，1702人次记者到场采访，接待观众达15000余人次。奥运乒乓球测试赛既是北京大学体育馆落成后迎来的首场国际赛事，也是在2007年"好运北京"系列赛事中水平最高、组织规格最高和门票收入最高的比赛。此次比赛除了对场馆设施进行全方位检测外，还对赛事组织、志愿者服务及外围保障等方面的工作进行了严格检验。场馆运行团队在赛事组委会的领导下，严格按照奥运会标准开展各项工作，出色完成各项任务。尤其是参与赛事服务的500余名学生志愿者大力弘扬志愿服务精神，克服各种困难，全面参与到外围疏导、安全检查、检票验票、接待引导、信息服务、竞赛协助、技术支持等各个方面的工作中，为比赛正常、有序进行提供了有力保障。赛事组委会主席、北大校长许智宏向国际乒联表示，北大将全力以赴做好2008北京奥运会乒乓球比赛的各项筹备工作，为举办一届"有特色、高水平"的奥运会做出新的贡献。

（李喆）

## 专 文

# 党委书记闵维方在春季全校干部大会上的讲话

(2007年3月2日)

同志们：

刚才，许校长传达了上级有关会议的重要精神，部署了今年学校行政的主要工作。请大家根据上级的要求和学校的总体目标，结合本单位实际，抓紧制订好新学期工作计划，明确任务和责任，认真贯彻落实。

由于去年年底学校党政领导班子已经做过公开述职，与会人员当场测评的结果表明，大家对2006年学校党委的工作是比较满意的；所以，我在此就不再回顾和总结去年的工作，着重对今年学校党委的工作谈几点意见。

**一、增强大局意识和责任意识，切实维护校园安全稳定**

稳定是改革发展的基础，北大连续多年的健康、快速发展，首先就是因为保持了长期的稳定。今年我们党将召开第十七次全国代表大会，北京市也将召开第十次党代会，这就要求我们必须从更高起点、更高层次、更高水平上思考和做好维护校园稳定的工作。北大的稳定事关全局，学校党委和各级党组织责任重大。因此，大家务必要增强大局意识、政治意识、忧患意识和责任意识，务必要把维护校园稳定作为2007年工作的重中之重，切实摆到压倒一切的位置上，居安思危，未雨绸缪，周密部署，狠抓落实。

1. 进一步建立健全并落实好安全稳定工作的领导机制和工作机制。全校各单位要始终把维护校园安全稳定作为首要的政治任务和"一把手"工程，必须做到思想到位，工作到位，措施到位。学校安全稳定工作一线领导小组要统筹全校的安全稳定工作，充分发挥指导、督促和检查职能，把工作的各个环节都要抓紧抓好抓实。要坚持以人为本的原则，建立健全广大师生的诉求表达机制、利益协调机制、矛盾调处机制和权益保障机制，最大限度地增加和谐因素，最大限度地减少不和谐因素。要在认真总结我校长期保持稳定和处理突发事件经验的基础上，进一步完善并严格执行重大紧急突发事件的应急预案，建立统一指挥、运转协调、科学高效的维护稳定工作机制，形成上下联动、左右协作、齐抓共管的工作格局。要坚持和完善校园治安管理、消防管理、交通管理、宿舍管理、食品卫生管理等各方面的规章制度，以迎接110周年校庆和2008年奥运会为契机，加大综合治理校园及周边地区环境的力度，经常开展安全检查，努力杜绝各种隐患，做到责任到人，不留"死角"。要进一步加强对师生的安全教育与法制教育，增强师生的守法自律意识；同时要坚持依法治校，敢于管理，努力形成"安全稳定人人有责，层层分解，个个到位"的责任体系。

2. 进一步增强政治责任感与敏感性，认真抓好意识形态领域的工作。高校是思想文化最活跃、知识信息最密集的地方，也是意识形态领域较为复杂和敏感的地方。我们一方面要加强思想政治教育和正面引导，不断巩固马克思主义在意识形态领域的领导地位，用马克思主义中国化的最新成果武装广大师生，树立建设中国特色社会主义的共同理想；另一方面要始终对西方敌对势力的思想文化渗透保持高度警惕，提高防范和抵御的自觉性。我们要正确理解北大"学术自由、兼容并包"的传统及其在新时期新形势下的新的科学内涵，认清大局，把握主流，明辨是非，在原则问题上不能糊涂。要继续坚持"学术研究无禁区，课堂讲授有纪律"，对课堂、讲台、论坛加强管理，不能给错误的政治观点和有害的言论信息提供传播渠道。要依法禁止在校园传播宗教，特别要防范境外邪教组织以宗教为名进行渗透。要不断加强校园网络建设与管理，主动占领网络思想政治教育新阵地，使校园网成为弘扬主旋律、开展思想政治教育的重要手段和平台。

3. 高度重视台海关系问题与国际因素对校园稳定可能产生的影响，加强形势政策教育和思想引导。当前，台湾岛内局势复杂多变，随着2008年台湾地区领导人选举日益临近，"台独"势力孤注一掷而走险的风险也不断加大。同时，世界也不太平，伊拉克问题、伊朗核问题、朝核问题、中东问题等影响世界和平与发展的不稳定不确定因素还很多。特别要注意的是,今年是南京大屠杀和七七事变爆发70周年,中日关系可能面临新的压力。近几年来,台海关系与国际因素对校园稳定的影响愈加突出,这就要求我们审时度势、掌握主动,充分发挥我们的学科优势和组织优势,通过讲座、报告会、主题教育等多种形式,对广大师生进行形势政策教育,增强大家对党和政府能够妥善处理好各种复杂问题的信心,把大家的思想统一到中央的对台和外交政策上来。

**二、继承和发扬北大光荣传统,全面推进奥运筹办与校庆筹备工作**

2007年是北京奥运会筹办工作的决战之年,也是我校110周年校庆筹备工作的关键之年。我们要把握好机遇,加强校情校史和爱校荣校教育,继承和发扬北大光荣的革命传统,努力把广大师生关心奥运、热爱母校的热情转化为服务奥运、服务校庆的实际行动。

成功举办一届"高水平、有特色"的奥运会,是全球华人的共同理想。2008年北京奥运会不仅是我国第一次承办这一最重要的世界体育盛会,而且对我们绝大多数人来说,可能也是我们一生中唯一一次直接参与奥运、服务奥运的机会。我校除了将协办2008年奥运会的乒乓球比赛,还承担国家主体育场、海淀体育馆的志愿服务工作和媒体运行、语言陪同、医疗救护、驾驶等专业志愿者的选拔培训工作,任务重,要求高,责任大。目前,我校的奥运场馆建设和志愿者招募、培训工作进展比较顺利,但随着今年奥运测试赛陆续进行,时间更加紧迫,任务更加繁重,目标更加明确,要求更加严格。我们必须进一步提高思想认识,加大工作力度,广泛动员力量,整合各方资源,全面推进奥运工作。要积极营造喜迎奥运的良好氛围,努力形成"人人关心、人人参与、人人尽力"的生动局面;要积极配合奥运工作的各项要求,在教学、管理、校园文化建设、后勤保障等各个方面做好妥善安排,确保各项任务的顺利完成;要积极开展奥运主题宣传教育活动,认真组织实施"阳光体育运动"计划和"五彩奥运,微笑北大"志愿服务计划,用奥运精神和志愿者精神教育人、感染人、鼓舞人,进一步提升当代北大人的精神风貌。

我们要善于把奥运工作与校庆工作结合起来,对性质相同、内容相近的工作要同规划、同实施,避免人力、物力、财力的浪费。在保证工作质量的基础上,要发扬艰苦奋斗、勤俭办学的精神,不要讲排场、搞铺张。要不断提高把难事办成、把好事办好的能力,全力以赴,精益求精,力争出色完成校庆筹备和奥运筹办的各项任务,决不辜负党和人民对北大的信任与期望。

**三、以建设社会主义和谐校园为目标,进一步加强党建与政治思想教育**

2006年12月26—27日,经中共中央批准,中央组织部、中央宣传部和教育部党组召开了第十五次全国高校党建工作会,中共中央政治局委员、书记处书记、中宣部部长刘云山代表党中央做了题为"切实加强高校党的建设,努力建设社会主义和谐校园"的重要讲话,要求全国高校深入学习贯彻十六届六中全会精神,进一步加强党的建设,努力建设社会主义和谐校园。我们要深入学习和领会第十五次全国高校党建工作会的精神,充分认识建设社会主义和谐校园的重大意义,坚持以社会主义核心价值体系为根本,牢牢把握和谐校园建设的正确方向,明确任务、突出重点、务求实效,切实加强组织领导,扎实推进党建工作。

要坚持"以评促建,重在建设"的原则和"抓党建,促发展"的基本思路,继续做好迎接9月份《北京普通高校党建和思想政治工作基本标准》验收的各项准备工作。要进一步重视和加强在青年教师和大学生中发展党员的工作,加大培养和培训青年马克思主义者的工作力度。要在认真总结经验的基础上,结合新形势新任务,进一步探索符合北大实际、富有北大特色的党建带团建工作机制。要建立和完善保持共产党员先进性的长效机制,把加强基层党组织建设作为构建和谐校园的战略性、根本性任务,努力增强基层党组织的凝聚力、战斗力和创造力,切实改变个别基层组织软弱涣散、基层干部能力不强的状况。要积极平稳地做好今年到届的33个党政领导班子换届工作,继续加强干部培训和交流,完善校级和处级后备干部数据库。在时机较为成熟时,要着手为召开北京大学第十二次党代会做好必要准备。

要进一步发挥北大学习、研究、传播马克思主义的传统优势和学科优势,积极参与马克思主义理论研究和建设工程,深入研究和阐释马克思主义中国化最新成果,特别是党的十六大以来党中央提出的以人为本、实现科学发展、构建社会主义和谐社会、建设社会主义新农村、建设创新型国家、树立社会主义荣辱观、推动建设和谐世界、加强党的先进性建设等一系列重大战略思想,力争推出一批有分量有价值的理论成果,帮助广大师生学会运用马克思主义最新成果析事明理、解疑释惑。要以构建社会主义和谐社会为主题,组织好今年的"五·四"理论研讨会。要进一步抓好马克思主义中国化的最新成果进教材、进课堂、进头脑的工作,不断深化思想政治理论课教学改革,增强课程的吸引力和感染力。要继续组织好学习《江泽民文选》的活动,把邓小平理论和"三个代表"重要思想学习贯彻不断引向深入。要充分发挥报告会、主题活动、理论社团等载体的作用,积极探索在网上开展理论学习与交流的新方式,培养大学生学习和研究马克思主义的兴趣。要利用好建军80周年、建团85周年、香港回归10周年等重大节庆和北京奥运会、北大110周年校庆在即的有利形势,在广大师生中大力弘扬民族精神和时代精神,不断增强民族自尊心、自信心、自豪感,始终保持昂扬向上、奋发有为的精神状态,进一步凝聚起创建世界一流大学、实现中华民族伟大复兴的强大精神力量。要加强校刊、电视台、广播站、新闻网等校内宣传阵地建设,加强与校外主流媒体的交流与合作,加大正面宣传力度,努力维护好学校的声誉和形象,为迎接110周年校庆营造良好的舆论环境。

要继续深入开展向王选、孟二冬学习和学习贯彻胡锦涛总书记给孟二冬教授女儿回信的活动,巩固好第二届师德建设大会的成果,进一步加强学风师德、医德医风和学术规范建设,进一步弘扬尊师重教的良好风尚,进一步培养教师爱岗敬业、教书育人的高尚精神,引导广大教师按照"为人师表、言传身教、率先垂范"的要求,进一步增强学识魅力和人格魅力。要结合我校教师队伍的状况和特点,认真研究、继续探索新形势下加强和改进师德建设的有效途径和方法,不断提高整个教师队伍的师德水平。

**四、以作风建设为重点,深入开展党风廉政建设工作**

今年1月,胡锦涛总书记在中央纪委第七次全体会议上发表重要讲话,着重强调全面加强新形势下的领导干部作风建设,在工作中要大力倡导八个方面的良好风气。这就是:勤奋好学,学以致用;心系群众,服务人民;真抓实干,务求实效;艰苦奋斗,勤俭节约;顾全大局,令行禁止;发扬民主,团结共事,秉公用权;廉洁从政;生活正派,情趣健康。这八个方面的良好风气,是我们加强领导干部作风建设的基本内容,既要靠自觉养成,也要靠监督检查。今年学校纪检监察工作的重点,就是要严格按照胡锦涛总书记提出的倡导八个方面良好风气的要求,立足北大实际,进一步加强领导干部作风建设,加强对各级党政领导班子和领导干部的监督,认真解决领导干部在思想作风、学风、工作作风、领导作风、生活作风等方面存在的问题。本学期初,根据上级要求,学校和各基层单位党政领导班子都要围绕作风建设召开一次专题民主生活会,希望大家严肃对待,精心组织,认真查摆问题,开展批评和自我批评,努力培养自己八个方面的良好风气。

要进一步贯彻落实《北京大学关于贯彻落实〈建立健全教育、制度、监督并重的惩治和预防腐败体系实施纲要〉的具体办法》(党发[2006]4号),各牵头单位要按时保质地完成《办法》中规定的制度建设等各项工作,纪委监察室要充分发挥组织协调作用。全校各单位要不断提高依法治校、规范管理的水平,加强制度建设,拓展源头治理领域。要着眼于解决群众反映的突出问题,严格教育收费管理,继续推动实施招生"阳光工程",继续深入开展纠正医药购销领域的不正之风和治理商业贿赂工作。要继续加强对学校工作中的重要人员、重要岗位、重要环节的监督检查,及时发现问题,消除隐患。今年,奥运场馆建设要竣工验收,奥运场馆建设监督领导小组要切实履行职能,协调相关部门严格按照《北京大学体育馆暨2008年奥运会乒乓球比赛馆工程监督工作实施办法》,进一步加强对奥运工程建设的监督检查力度,一级抓一级,层层抓落实,确保工程建设公开、公平、公正、透明。

纪检监察、组织、宣传、财务、审计、学生工作、工会等有关部门要积极协调配合,进一步完善反腐倡廉"大宣教"工作格局,以各级领导干部为重点,以贯彻民主集中制、严格执行"三重一大"制度、严肃财经纪律为主要内容,深入开展党章和法纪教育。要继续深入开展青少年廉洁教育和廉政文化进校园工作,把廉政文化建设纳入校园文化建设整体规划,综合运用多种载体,宣传廉政文化,传播廉政知识,弘扬廉政精神。

**五、巩固科学转型成果,不断提高学生思想政治教育水平**

近几年来,我校积极贯彻落实中央16号文件精神,根据时代发展变化的特点,努力实现学生工作的科学转型,取得了较为显著的成效。今年的学生思想政治教育工作,除了要以保稳定和迎奥运为重点外,还要继续以中央16号文件为指导,在已经开展的各项工作基础上,进一步加强和改进工作,充分发挥学生工作的育人功能,推动"全员育人、全方位育人、全过程育人"大格局的进一步形成。

要以促进学生文明生活、健康成才为目标,继续坚持科学转型的方向,认真制定好今后三年我校学生工作的整体规划,以事业化推进的方式实现学生工作的可持续发展。要进一步完善"小机关、多中心"的工作体制,既要分工负责又要协调一致。要继续贯彻"学生工作基础在基层"的思路,狠抓基层学生工作,并要与学生培养工作联系更加紧密。要继续深入开展"文明生活,健康成才"主题教育活动,丰富内涵,拓展途径,创新形式,进一步增强教育的实效性和针对性。

要牢固树立"以学生为本"和"善待学生"的理念,尊重学生,爱护学生,注重人文关怀。要突出学生管理的教育作用,增强管理的规范性与法制化。要坚持教育学生与服务学生相结合,解决思想问题与解决实际问题相结合,既教育人引导人,又关心人帮助人,进一步做好资助家庭经济困难学生、毕业生就业指导和服务以及心理健康教育和心理咨询工作。要继续做好特殊学生的排查,及时掌握学生动态并积极采取干预措施。要全面推进素质教育,挖掘教育资源,整合教育质量,在出精品和求实效上下工夫,使第二课堂教育和校园文化建设在培养创新型领导型人才和"一专多能"的人才中发挥更大作用。要贯彻"因材施教,分流培养"

的理念,针对同学的不同特点和比较优势,富有针对性地加以教育引导,为促进专长突出的同学的成长成才创造更好的条件。

要进一步加强学生工作干部队伍和辅导员班主任队伍建设,加大调研和培训力度,使年轻干部迅速上水平、长才干。要认真贯彻落实胡锦涛总书记对"首都大学生新世纪英才学校"工作经验所作重要批示的精神,高度重视学生骨干培养工作,以纪念北大团校成立25周年为契机,与时俱进,继往开来,探索建立符合学生成长规律、体现鲜明时代特色和北大特色的学生骨干培养机制。

### 六、落实统战工作会议精神,再创统战工作新局面

今年学校统战工作要以全国第二十次统战工作会议精神和《中共中央关于巩固和壮大新世纪新阶段统一战线的意见》(中发[2006]15号文件)为指导,以贯彻落实全校统战工作会议精神为重点,以民主党派换届工作为主线,求真务实,乘势而上,努力开创我校统战工作的新局面。

要立足于当前我校统战工作面临的新情况、新问题,切实加强校、院两级党委对统战工作的领导,增加投入,制定措施,把《关于不断推进新世纪新阶段学校统一战线工作的意见》落到实处。要着眼于今明两年各民主党派市委、中央的换届工作,帮助学校各民主党派组织加强思想、组织以及领导班子建设,加大物色、培养、选拔、推荐中青年党外代表人士工作的力度。要坚持和完善学校党委与各民主党派组织和无党派代表人士的沟通协商机制,热情支持他们为学校改革建设发展积极建言献策。要以北京大学统战理论与实践研究会为平台,积极开展统一战线理论、政策、工作的研究探讨,提高统战干部的理论、政策和工作水平。要加快统战工作网站建设,普及统战工作知识,积极宣传党的统战方针、政策和我校统战工作的优良传统,进一步增强各级党组织和广大党员的统战意识。

### 七、发挥工会教代会的优势,努力构建和谐校园

工会教代会在构建和谐校园的工作中发挥着重要作用。近几年来,学校工会教代会在校党委的领导下,围绕学校中心工作,以构建和谐校园、促进学校发展为主题,以加强二级教代会、工会建设为重点,以提高工会干部维权能力和水平为关键,创新工作方式,广泛调动力量,各项工作开展得有声有色。今年初召开的双代会年会上,代表们充分肯定了2006年工会教代会的工作,并对学校和工会教代会工作提出了很多中肯意见。今年的工会教代会工作要继续保持良好的发展势头,坚持以服务大局、服务教职工为根本,进一步加强基层工会组织建设和二级教代会制度建设,充分发挥教代会各专门工作委员会和代表的作用,加大提案的答复和落实力度。要深入推进校务公开、院务公开工作,充分发挥民主决策、民主管理、民主监督作用,为召开2007年校(院、系)务公开工作大会做好准备。要进一步完善校务咨询通报制度,继续组织校领导与教职工的见面会,充分发挥党委联系广大教职员工的桥梁纽带作用。要完善群众利益表达和协调机制,进一步做好劳动争议调解和信访接待工作,为教职工排忧解难,化解矛盾。要及时总结成功举办首期平民学校的经验,进一步加强教学、实践与管理工作,积极探索可持续发展道路,不断提高平民学校的办学质量和影响力。

同志们,再过两天,世人瞩目的全国"两会"就要召开。国务院办公厅、教育部办公厅、北京市委教育工委等上级部门多次召开专题会议,明确要求要确保"两会"期间的校园稳定、社会稳定。学校党委要求:

1. 全校各单位要高度重视两会期间的安全稳定工作,要加强领导,主要负责同志和领导班子成员要坚守岗位,特殊情况出差、出访应提前向主管领导和党办校办请假;

2. 各有关单位要加强对重点人的控制和对重点场所的保护,加强网络监控,切实落实安全生产责任制,及时排查安全隐患,做到早发现、早处理,防患于未然;

3. 各单位要加强值班工作,主要负责同志和办公室主任的手机要保持24小时联络畅通,要确保重大信息及时上报;

4. 要重视做好信访接待工作,落实信访责任制,加强宣传教育,有针对性地做好预案,避免激化矛盾。

希望全校各单位和全体师生员工严格执行上级单位的有关要求。安全稳定工作一线领导小组要妥善做出部署。党办校办要及时对各单位的落实情况进行督促和检查。

同志们,尽管这些年学校的建设与发展取得了令人可喜的成绩,但我们丝毫不能有自满情绪,要始终牢记"发展是硬道理",是我们党"执政兴国的第一要务"。我们的目标是创建世界一流大学,一方面自我加快发展的愿望很迫切,另一方面国内外高等教育形势的发展也使得我们不得不加快发展。因此,任务越重,要求越高,我们就越要发扬"咬定青山不放松"的精神,勇挑重担,发奋图强,努力在前进的道路上迈出更大的步伐。我们相信,各级党组织和全校广大党员,一定能进一步发扬北大的光荣革命传统,继续发挥好战斗堡垒和先锋模范作用,脚踏实地,追求卓越,以高昂的士气、出色的业绩迎接党的十七大的胜利召开,为北大110周年校庆和2008年北京奥运会做出应有的贡献!

最后,在元宵佳节即将到来之际,再次给大家并给你们的家人拜个晚年! 祝同志们身体健康,工作顺利,合家幸福,万事如意! 谢谢大家!

# 校长许智宏在春季全校干部大会上的讲话

（2007年3月2日）

老师们，同志们：

大家好！春节刚过，又一个紧张忙碌的新学期开始了，首先我代表学校向在座的各位老师，也希望通过大家向全校教职员工拜一个晚年，祝大家在新的一年里身体健康、家庭幸福、事业进步、万事如意！

1月初，闵书记和我代表学校出席了教育部直属高校工作咨询委员会第十七次会议，会上陈至立国务委员和周济部长分别做了重要讲话。1月13日到15日三天，学校党政领导班子集中在一起，召开了寒假战略研讨会，总结2006年的工作，对今年的工作进行部署，并就学校发展中的几个核心问题展开专题讨论。下面我就结合直属高校咨询会的会议精神和寒假战略研讨会的内容布置一下本学期的工作。

此次直属高校工作咨询会议以加强管理为主线，会上陈至立同志在讲话中强调了高校要依法治校、严格管理，妥善处理好管理与民主、管理与服务、管理与创新之间的关系。周济同志以"大学发展与科学管理"为主题作了报告，他在讲话中提出，教育部将2007年确定为"高等学校管理年"，要求各高校要下大决心，花大力气做好管理工作。在讲话中，周济同志提出了高校工作的"三大任务""三大建设"和"三件大事"。所谓"三大任务"就是培养一流的人才、创造一流的科研成果、提供一流的社会服务；"三大建设"指学科建设是核心、队伍建设是关键、基地建设是保障；"三件大事"包括做好办学经费的筹措与使用、抓好学校内部管理和加强对外交流。周济同志提出这三个"三大"，并用"加强管理"这条主线贯穿起来，这是对高校，特别是重点高校管理工作的一个概括性的论述，阐明了在新的历史条件下，面对我国高等教育和科技发展新的战略机遇期，我们高等院校的工作重点应放在哪里，应如何谋求自我发展，实现新的跨越。2007年的工作任务很重，几项重点工作包括争取"211工程"三期启动，切实落实好"985工程"二期的各项部署，迎接重点学科评估和本科教学评估，等等。2008年我校将迎来建校110周年，而且北京奥运会乒乓球赛也将在北大打响，我校将再次成为社会关注的焦点，届时我们将以什么样的面貌迎接校庆和奥运会，我们的师生员工将以怎样的风采面对广大校友、全社会关心北大的友人和来自全世界的奥运健儿？我们必须全力以赴做好各项工作，不辜负国家和民族对北大的厚爱和期望。而要想把工作进一步做好，我认为，关键在于管理，科学管理是一切组织正常发挥作用，使人财物配置发挥最大效率的前提，只有通过有效管理，组织才能按照正确的方向前进；加强管理是使我校的办学行为确保可持续发展的模式，是切实提高办学效率和效益，提高我校综合实力的基础性环节。下面，我想结合我校的具体情况，谈几点意见。

## 一、正确分析、认真对待、切实解决我校管理中存在的问题

改革开放近三十年，特别是百年校庆以后，我校在教学科研、队伍建设、基础设施建设、社会服务和国际交流等各方面都有了巨大进步，可以说过去的十年是我校发展的黄金时期，学校的整体面貌得到了很大的改善，国际和国内影响力进一步提升，为我校在下一个十年跻身世界一流大学的行列打下了坚实的基础。但是，在看到成绩的同时，我们也不能否认在快速发展中面临着诸多问题。其中，校内空间资源和资金的紧张与快速发展之间的矛盾日益突出。目前，我校在校全日制学生达到了33000多人，比2000年增加了近一万人，各类继续教育的办学规模也急剧扩大，新兴学科和前沿交叉学科不断涌现，然而我校基础设施建设很大部分还处于上世纪末的水平，校园拥挤不堪，资源的配置还有待改善，一些传统优势学科和重点发展的学科在空间上得不到应有的支持。目前，我校主要的教学和科研活动分散在校本部、医学部、昌平园区、大兴软件学院和深圳研究生院五个校区，五个校区在各自发展中既有共性的问题，也有各自的特殊性，在运行机制上有不小的差异，客观上增加了管理的复杂性。如何科学统筹人财物资源，把资源配置与学科建设紧密结合，这是我们必须认真考虑，妥善解决的全局性问题。

其次，学校财务运行的压力日益加大。随着国家科教兴国和人才强国战略的深入实施，国家对教育和科技事业的投入不断增加，我校校级资金总收入也在逐年增长，而且未来一段时间，随着国家"十一五"规划的全面实施，国家在教育和科技上还将加大经费支持力度，学校的资金总量必将进一步增长。资金的增加不可避免会带来相应的责任，甚至风险，这就要求我们必须管好钱，用好钱，提高经费的使用效益。另一方面，虽然学校的资金总量增长了，但是校级可支配的资金却没有相应增加，以2006年为例，国家财政拨款不到学校全年运行经费支出的一半，大量的日常运行经

费和基本建设经费要靠自筹解决。因此,我校在财务运行上遇到的困难可以概括为这样一句话:一方面资金量增加了,财务风险增大了,另一方面自筹经费支撑日常运行和基本建设的压力增加了。

此外,校办产业的改制还没有最后完成。我校几个主要的校办产业经过十几年或二十年的发展,都已经形成了巨大的产业集团,去年营业总额超过了330个亿,为国家的经济建设和科技成果转化做出了重要贡献,也为北大带来了很好的社会和经济效益。但是,企业在快速扩张的过程中也承担着巨大的商业风险,而学校与企业之间的防火墙还没有很好地建立起来,学校与企业的责、权、利关系还有待进一步理顺。

还有一点值得我们特别要加以注意。我国正处在教育改革的关键时期,遇到了众多发展中的问题,高等教育的社会舆论环境并不好,由于北大的特殊地位,很容易成为舆论关注的焦点,如果缺乏正确的舆论引导,我校的一些改革和发展措施往往会被不了解情况的人们所误解,形成社会舆论压力,影响我们自身的发展。当然,不可否认,我们在管理中也存在着这样或那样的问题,个别教师和同学学风浮躁,学术失范,违背了基本的为师之德和求学之道,个别院系在办班过程中偏离正确方向,以牺牲北大的声誉为代价换取利益,这些行为都会造成恶劣的社会影响,不同程度地增加我们工作的阻力。因此,我认为,要想得到社会各界更多的理解和支持,首先要做好我们的工作,而做好工作的关键就在于加强内部管理,从规范管理、民主管理和科学管理这三个方面下工夫。规范管理就要从制度入手,要建立和完善一个具有中国特色和北大特色的现代大学管理制度体系,这个体系应该是党委领导、校长负责和教授治学三者相协调统一、顺畅高效的有机体;所谓民主管理,就是要强调以人为本,强调教育以育人为本,以学生为主体,办学以人才为本,以教师为主体的原则,坚持教授治学的模式,进一步推动我们的管理从行政型管理向学术型管理转变;强调管理的科学性就是要用科学发展观来统筹学校的各项工作,在工作中要切忌"想当然""朝令夕改"的做法,要进一步健全我校事业规划、学科规划和校园规划三个委员会的作用,把学校的发展放到建设创新型国家、建设和谐社会的大目标中去考虑,放在国际高等教育发展和科学技术进步的大趋势中去考虑。希望学校各职能部门都能够从学校的宏观层面,从大局出发,认真思考和研究如何从体制和机制上加强学校的管理工作,要让我们的管理同创建世界一流大学的进程和目标相适应,让科学、有效的管理成为加快我校教学、科研、社会服务发展的强力推进器。适当的时候,学校会考虑召开一次全校如何加强管理的研讨会。

**二、以加强管理为切入点,认真完成好教学、科研、社会服务三大任务**

近年来,我校的教学改革从未停止过,在不断摸索、与时俱进和不断自我完善的过程中,新的举措相继出台,各项制度措施更加完备。在全面总结教学改革历史和现状,认真分析调研的基础上,我校去年在全校范围展开了本科教学大讨论,得到了各院系的大力支持和全校师生的广泛参与,取得了非常好的效果,在几个原则问题上达成了广泛的共识。下一步学校将进一步加大教学改革的力度,从制度上进一步确立教学工作的核心地位。其中很重要的一点,就是在经费和人事政策上应充分考虑教学工作的需要,要有助于建立一支稳定的、高质量的教学队伍。同时,我们认为,加强教学管理是确保教学质量,确保教学改革成功的关键。学校将继续加大课程建设的力度,修订教学计划,完善元培计划的管理模式;将继续制定和完善与教学有关的各项制度规定,完善与课程建设、教学指导和质量监督相关的各级组织及其议事规则,实现教学管理的制度化和规范化。教务部门要在广泛征求院系和广大教师意见的基础上,就上述几个方面尽快拿出具体的、可操作的方案,提交学校讨论。

今年下半年,教育部将对我校进行本科教学水平评估。这次评估的重要性学校已经在不同的场合多次强调过,我在这里要重申的就是,要把迎评和促建真正结合起来,通过本科教学评估,进一步强化教学工作的中心地位,进一步提高教学管理的水平,进一步凝聚坚定不移推进教学改革的共识,把我校的教学工作推上新的台阶。

医学教育改革经过过去几年的摸索实践,同样积累了许多成功经验,也到了一个需要总结、完善、提高的关键时候。如何使我校的医学教育能够更好地利用综合性大学的优势,使更多的医学部同学有机会分享学校的学科优势和校园文化氛围,同时又符合现代医学教育的特点,适应新时期医学人才培养的各项要求,需要我们认真加以思考。在寒假校领导班子战略研讨会上,柯杨常务副校长提出了非常好的建议,其核心内容就是将目前部分医科学生在校本部学习两年的安排改为所有医科学生在校本部学习一年。希望本部和医学部各有关教学单位和教学管理部门共同研究一下这个问题,尽快拿出具体的操作办法供学校领导决策。

根据教育部的安排,今年我校将全面试行研究生培养机制改革,这将是进一步加强我校研究生培养工作,提高研究生培养质量的一项具有战略意义的重要举措,学校要求各单位要认真贯彻业已出台的《北京大学研究生培养机制改革试点办法》《北京大学学业奖学金管理办法》《北京大学研究生奖助金的资金来源和管理办法》等一系列相关文件规定,坚持以科学研究为主导的导师负责制，统筹规划和使用学校拨付的研究生培养经费、导师的部分研究经费和其他有关资金。进一步加强招生管理是做好今年研究生培养机制改革试点的关键所在，研究生院要指导和配合各教学单位，尽快建立并及时向社会公布与研究生奖助体系挂钩的研究生招生办法，逐步建立和完善公开、公平、公正的新的研究生招生制度。学校将继续鼓励跨院系、跨学科联合或与境外合作招收培养研究生。此外，还将继续加强对博士生招生计划的调控，对研究经费充足的重大科研项目适当增加招生名额，以确保国家重大科技项目的完成。

去年年底，教育部召开了"国家建设高水平大学公派研究生项目选派工作会议"，今年年初的直属高校咨询会期间，我代表学校与留学基金委签署了公派研究生的合作协议。去年的全校研究生工作会议就研究生教育国际化的问题做了专门部署。我在这里要强调的是，各院系要从学科建设的大局和长远出发，要从人才培养和队伍建设的全局出发，重视这项工作，选派一流的学生、派往一流的学校、选择一流的导师，要重点支持学科前沿和急需发展的新兴学科，推进博士生层面的联合培养。研究生院要根据我校的实际情况，制定相关的激励政策，确保能够把最好的学生派出去，利用我校广泛的国际合作渠道，把学生派到最好的学校、最好的实验室去。

2006年我校学生工作以促进学生"文明生活、健康成才"为主题，以建设和谐校园为重点，以持续推动工作转型和跨越为手段，着眼于培养领导型创新型人才，全面推进素质教育，取得了突出的工作成绩。目前，学生工作的机构建设和队伍调整基本完成，人员配备日趋合理，学校新成立的学生资助中心、心理咨询中心和课外活动指导中心等机构在为学生提供深层次的学习、生活服务等方面开始发挥重要作用。在寒假战略研讨会上，学校决定从"985工程"或"211工程"经费中继续设立专项素质教育经费，并加大经费支持力度。希望我校学生工作继续在提高层次、创新内容、拓宽渠道上下工夫，进一步挖掘教育资源、整合力量，丰富第二课堂的内容，充分发挥校园文化在培育人才和建设和谐校园方面的积极作用。同时要进一步加强基层学生工作，充实基层学生工作力量，提高基层学生工作水平，做好特殊情况学生的排查和帮助，以及对目标学生群体的研究和引导，使院系的学生管理服务和人才培养联系得更加紧密。

2007年是国家"十一五"规划的第二年，国家一批重大的科技项目将陆续上马，我校的科研管理工作在战略上要非常明确，就是要紧紧围绕国家"十一五"科技规划，加强重大项目的组织和协调，要针对国家需求，特别是科技部重大专项、"973"和"863"项目、支撑项目和重大基础研究计划等几个主要方向。去年国家启动的四个重大科研专项计划五年总投资十亿。我校要进一步加强人员、资源的组织和整合，形成合力，切实提高我校在重大科研项目上的竞争力。人文社会科学的科研工作要遵循尊重个性、倡导合作的基本原则，既要鼓励文科学者的自由探索，也要加强资源的协调整合，通过组建学科群，进一步加强院系之间的协作，加强不同学科间的学术交流和教师间的合作，尽快建立起跨学科和交叉学科进行科学研究的基础和机制。要尽快建立起人文社科共享的、多学科综合的数据平台并进一步完善人文社科文献资料系统，尽快建立起跨学科进行重大项目研究与交流的管理协调平台，增强承担重大项目的能力和社会影响力。另一方面，我们还要进一步加强对已有科研项目和经费的管理。去年，我校全年到校的科研经费超过7.2亿元，而且预计未来还会有大幅度的增加，对科研经费的管理上必须要进一步加大力度，既要加强对新批项目的预算管理，也要注重项目执行过程中的检查和监督，确保现有项目能够按照合同的要求顺利开展。科研部门要提高政策研究的能力，加强与国家有关部门的沟通，结合我校的实际，制定出适合我校自身特点的科研管理体制，和适应学科特点的经费使用管理办法，最大限度地提高科研经费的使用效率，争取更大的科研经费滚动增量。此外，科研管理部门要进一步完善我校的科研奖励政策，发挥奖励基金和政策导向的双重作用。

第三，要进一步加强我校的国防科技项目的管理。去年5月，在全国国防科技工业科技工作会议上颁布了《国防科技工业中长期科学和技术发展规划纲要》，去年12月，教育部召开了"高等学校国防科技工作会议"，会议提出未来我国国防科技工作的重点在于"强化基础、提高能力、军民结合、跨越发展"，特别强调了要以加强基础研究、增强自主创新能力为重点。我校在基础研究领域优势明显，而且历史上为国防科技的发展曾做出过重要贡献，这次会议上还特别提到了由我校研制的"铷钟"打破了发达国家对我国的封锁。目前，我校先进技术研究院已经顺利通过了国军标质量管理体系和保密资格的认证工作，下一步希望先进技术研究院与国防有关的科研管理部门主动加强沟通，利用一切机会展示我校基础研究和综合交叉学科优势，争取更多的国防项目。对现有项目也要进一步加强管理，确保项目按时保质保量完成。

第四，要加大对国际合作项目的支持力度。本周二，我在柏林参加了由德意志研究联合会(DFG)主持召开的欧洲研究理事会(ERC)的会议。欧洲研究理事会(ERC)是欧盟框架计划下，为提升创新性科学研究能力，针对科学前沿而专门成立的机构。欧盟框架计划是当今世界上最大的官方科技计划之一，第七期框架计划已于2006年年底启动，计划2013年实施完毕，总投入将超过500亿欧元。根据1998年12月签署的中欧科学技术合作协定，欧盟科技框架计划对华开放，特别是第七期框架计划的所有四个专项都向国际开放。类似的国际性的大型科研计划还有很多，包括我校已经参与的ITER计划和伽利略计划等，我校涂传诒院士提出的"夸父"计划也得到了德国多个大学和学术机构的大力支持。我校把建成世界一流大学作为我们的发展目标，必须在国际科技舞台上有我们的声音，这将是我校科研工作未来发展的一个重要方向。

去年12月，教育部召开了"高校服务地方发展工作会议"，会议提出"以服务为宗旨、在贡献中发展"的口号，提出高等院校，特别是教育部直属重点大学，既要立足现代科学技术的前沿，围绕国家战略需求，不断创造国内外高水平成果，又要面向国民经济和社会发展主战场，切实解决实践中的具体问题。这里，我要强调两点，第一，要进一步加大与企业的合作，争取更多横向科研经费的支持。这一点，有一个很好的例子，去年我校石油天然气研究中心成功举办了"中国石油发展战略高层论坛"，并且通过人才培养和科研合作不断加强与石化企业的联系，新签署研究合同总额超过3000万元。第二，要进一步加强与地方政府的合作，特别是与北京市各级政府的合作。去年，我校应北京市的号召与通州区建立了对口支援的合作关系，医学部的专家学者做了大量实质性的工作，成功召开了"北大—通州医学论坛"，并参与了通州医疗卫生资源调研及三级医疗卫生保障实施区域卫生规划。首都发展研究院已经成为首都建设的重要智囊库，承担北京市各类研究规划咨询课题80余项。2006年，我校在京七家医院总门诊量达561万人次、急诊达55万人次，在完成繁重的医疗任务之余，各医院还参与了密云、延庆等7个远郊区县区域卫生中心规划调研及方案设计工作，完成了城市大医院对口支援远郊区农村卫生建设工作执行情况的评估工作等，为首都的医疗卫生事业的发展做出了重要贡献。目前，我国医疗卫生体制的改革还在进行之中，对我校几个附属医院来说既有压力，也有机会。寒假期间，我们邀请部分在京单位校友代表召开了迎春茶话会，令我们非常高兴的是，北京市所属18个区县中有7个区县的党委或行政一把手是北大校友，在市各委办局的领导岗位上也有众多的北大校友，他们在沟通北京市各级机构与北大之间的联系上发挥了重要的作用。他们的出色工作也为母校赢得了声誉。我们要充分利用这一有利条件，在为北京市提供高质量服务的同时，争取更多的合作，获得更大的支持。

三、全力以赴做好学科建设、队伍建设和基地建设，进一步提升学校的综合实力

"985工程"二期，我校提出以交叉学科为重点的学科建设思路，按照这样的部署，两年来，我校在交叉学科领域重点建设了前沿交叉学科研究院、工学院、社会科学调查中心、北大—燕京研究中心和北大—密大联办研究院等一批新机构；在基础研究领域也进行了一系列重要的战略部署，成立了分子医学研究所、数学研究中心、科维理天文与天体物理研究所、高能物理研究中心等几个高水平的研究机构；在国防和应用学科领域成立了先进技术研究院。并且利用"985工程"二期的投入建设了一批重要的学科平台，包括超净纳米科学技术实验室、公共动物实验室、斑马鱼房、生态监测站等。应该说，经过几年的努力，我校学科结构的战略性调整已经基本完成，学科平台的建设初见成效，学校的整体学术实力和活力得到了增强。在此基础上，我校于去年启动了全校范围的院系自评，并在中文系、物理学院和国际关系学院等三个单位试点进行了专家评估，取得了非常好的效果，达到了加强院系工作，提高院系自我认识和责任意识的目的。因此，学校将把院系评估作为一项常规性的工作固定下来，争取每学期评估三四个院系，五年左右一个循环。今年，新一轮的国家重点学科评估工作将全面展开，希望各院系在去年院系自评的基础上，认真梳理在学科发展中存在的问题，寻找差距、弥补不足，高度重视重点学科评估，确保我校在这次评估中取得好的成绩。

从宏观上看，我校学科结构的调整和学科平台的整体布局已经基本完成了。下一步，学校将从管理入手，从制度上谋求解决制约我校学科发展的瓶颈问题。学校希望211办、发展规划部、人事部、科研部、社科部、财务部和资产部等相关职能部门能够从学校学科建设的全局出发，重点考虑以下几个问题：其一，是如何从制度上进一步明确以交叉学科为重点的方针，重视基础学科和国家的重大需求，从人事政策、研究生培养、资源配置等几个方面确保给予前沿交叉学科、基础学科和关键应用学科的支持力度；其二，如何从制度上进一步加大院系的自主权，扩大院长、系主任对本单位人财物的支配权，进一步理清学校、职能部门、院系的权、责、利的划分，进一步处理好学校的宏观调控与院系自主运行的关系；其三，如何从制度上进一步保证院系领导和骨干教师更多地参与学校大政方针的决策过程，从制度上完善院长联席会和几个与学科有关的委员会的会议制度和议事规则。

经过几年的重点建设，我校在国家层面、教育部层面和学校层面等三个层次上的人才计划都已经取得了非常出色的成绩，院士和资深教授、长江学者、杰出青年基金、北大"百人计划"等几个重要的人才指标都呈现良好的发展态势，创新团队的培育也取得了突出的进展。2006年，我校新聘长江学者21人，新申报的长江学者中有14人通过教育部的评审，已经进入公示阶

段,这样我校长江学者的总数将超过百人。去年,我校新增10位国家杰出青年基金获得者和1个创新团队,至此,我校杰出青年已达118人,创新团队总数达到11个。但是应该看到,我校的人才队伍建设上还有很多关键性的体制问题尚未解决,优秀人才的核心作用还没有很好地发挥,良好和谐的学术氛围还有待进一步完善。下一步,学校将在管理上寻求突破口,建立健全与现代大学管理制度相适应的人才分类管理体制,对现有的师资队伍按照教师和科研人员,专职教学人员和专职研究人员,固定编制和流动编制等类别进行分类,根据不同的岗位要求进行分类管理;在中关园博士后公寓投入使用后要进一步扩大博士后的体量,完善博士后的管理制度,建立流动科研人员的管理制度和经费制度;重点人才的支撑条件要到位,包括办公和实验室条件、启动基金和配套经费、住房和子女入学等福利待遇。这方面要尽快建立和完善一个与学校整体学科发展规划相配套的、有利于校内资源优化配置的,合理、公开、协调一致的管理制度。

按照国家的部署,我校事业单位收入分配制度改革第一阶段——工资套改的工作已经基本完成,虽然工作量很大,但是基本上参照国家政策,在落实的过程中没有遇到大的困难。本学期,工资改革将进入第二阶段——岗位设置和聘任工作,这将是本次工资改革的核心内容,将涉及每位教职工的切身利益,政策性更强,难度更大,关注度更高。学校提出要稳妥推进、谨慎操作、逐步到位。希望人事部门继续努力,尽快拿出一个稳妥务实的操作方案,各院系和职能部门的领导要高度重视这项工作,积极配合,加强协调,确保工资改革稳妥实施。与工资改革相配套,我校现行的工资待遇双轨制的体制也将改变,必须探索一个既符合国家政策,又符合国际惯例,并最终有利于我校人才队伍建设大局的新办法,建立一个科学合理的长效机制。

我校的科学研究依托于不同形式的科研基地,其中各级重点实验室和教育部人文社会科学重点研究基地是我校重要的科研支撑平台,承担了一批国家级重大科研项目,取得了众多的教学和科研成果。以去年为例,我校获准的2项973项目,3项重大科学研究计划均来自重点实验室,1项国家社科基金重大项目和1项教育部社科重大攻关项目都来自重点研究基地。我校去年新增的10位国家杰出青年基金获得者有7位来自重点实验室。稀土材料化学与应用国家重点实验室的科研成果获国家自然科学二等奖,微米/纳米加工技术国家重点实验室获一项国家技术发明二等奖。下一步,学校将进一步加大对重点实验室和人文社科研究基地的支持力度,做好现有基地的评估的同时,抓紧做好重离子物理国家重点实验室的申报工作。

**四、认真做好资金筹措与管理、基础设施建设、奥运筹备工作、发展规划制定和对外交流几件大事**

在前面讲到学校面临的困难和问题的时候,我已经说到,当前,资金和空间资源紧张是我们遇到的最大的困难,这中间,我们的资金压力主要来自自筹基建部分,成府园区20多万平方米的拆迁和建设费用要靠学校和院系自筹解决,综合体育馆的建设经费还有一个多亿的缺口,万柳公寓回购、中关园留学生公寓的建设,以及未来校园内的几个重大基建项目,都需要大量的资金投入。因此,多方筹措资金将是未来很长一段时间内一项全校性的、事关学校发展全局的重要工作,需要全校上下共同支持和配合。下一步,学校将进一步采取措施增加办学收入,并且按照教育部的要求,停办低层次的学历教育,切实提高办学层次。继续教育部要进一步加大监管力度,规范办学行为,确保继续教育快速、健康、有序发展。

去年是我校筹款工作的丰收年,先后获得了多项重要的捐赠,而且首次召开了全校性的筹款工作会议。我在这里还是要重申去年筹款工作会议的主题,就是希望院系的领导和广大教师都能够动员起来,参与到筹款工作中去,调动自己掌握的各种社会资源,为学校的发展和各自院系的发展谋求更多的社会支持。

日前,学校恢复了财经领导小组,学校重要财务事项需经财经领导小组集体讨论决策,确保学校的财务管理工作规范有序地进行。我在这里要再次强调加强财务管理,任何收费行为都必须加以规范,所收费用必须进入学校财务,由学校财务进行统一分配,要坚决杜绝小金库,一旦发现,坚决按照规定予以没收,还要罚款,并对违规的单位进行全校通报批评。

本学期,几个重点的基建项目,包括综合体育馆工程、新教学大楼、中关园专家留学生公寓、新化学南楼、北招改造等,要抓紧建设,确保工程进度和工程质量。未名湖北岸拆迁工作目前进展顺利,本学期要加快推进,确保数学中心工程按计划进行。文科大楼的设计方案已经确定,本学期要抓紧开工建设。肖家河教师公寓项目也要尽快启动,希望资产部会同基建部和财务部等几个部门研究一下,拿出一个分步实施的方案来供学校讨论。

明年既是校庆年又是奥运年,学校希望尽快组建校庆筹备工作的领导小组和工作机构,启动相关的筹备工作;尽快完成北大的形象设计工作,并结合未名湖北岸拆迁做好校园整治和环境治理。奥运乒乓球馆预计8月份竣工,年底将进行奥运测试赛。奥组委已经明确,2008年奥运会乒乓球单项赛事组委会主席由我来担任,也就是说2008年奥运会乒乓球比赛的组织协调任务将主要由北大负责。为统筹协调学校各项奥运工作,学校已经成立了由陈文申同志担任组长的奥运工作领导小组,以及由张彦同志牵头的奥运场馆运行办公室,本学期要做好奥运场馆运行方案的设计。目前,奥组委提出由我校负责国家主体育场、北大乒乓球比赛馆和海淀体育馆三个比赛和训练场馆的奥运志愿者的培训和组织工作,这项工作时间紧、任务重,必须高度重视,扎实推进。

去年,国家《十一五规划纲要》《中长期科技发展规划纲要》等重要文件相继出台,在秋季干部大会上,学校提出要制定"北京大学中长期发展规划"。几个月来,发展规划部组织人员认真学习国家文件精神,成立了专题研究小组,组织多场专家座谈会,在对国内外十几所著名大学的学科设置、队伍结构、资源配置等情况进行对比分析的基础上,撰写了《北京大学中长期发展规划纲要(讨论稿)》。今年,教育部计划召开第四次全国教育工作会议,并制定和颁布《中国教育发展纲要(2006—2020年)》和《全国教育事业十一五规划》。结合这两个重要文件,学校也将成立专门的领导小组,调整发展规划专家委员会,加快我校中长期发展规划的制定工作。

今年的国际交流任务依然繁重,除了上面我提到的,通过国际交流加强国际科研合作,以及加大公派研究生的工作力度外,今年是俄罗斯的"中国年",将举行一系列重要活动,其中中俄大学校长论坛是教育文化领域的重头戏,将由我校和莫斯科大学联合主办,我校要提前做好准备。此外,国际合作部要及早介入110周年校庆和奥运会的筹备工作中,要利用校庆和奥运的时机,进一步扩大我校的国际影响力,这方面要尽快拿出一个细化的工作方案。目前,中关园留学生公寓工程进展顺利,随着留学生公寓的建成,我校留学生的规模也会适当增加。为了吸引更多的海外优秀生源,今年,我校将在研究生招生中针对外国留学生采取国际通行的"申请—审核制",这是我校研究生招生改革的一项重要举措,留学生办公室要配合研究生院,做好招生宣传和审核录取工作,确保招生过程中的公平、公正和公开,决不能出现问题。

还有其他一些日常工作,我就不一一说明了。1月12日,陈文申常务副校长完成了在中央党校的学习任务,已经回校工作。陈文申同志继续负责全校人财物的总协调,兼任秘书长、事业规划和校园规划委员会主任,分管人事部、财务部、审计室、信息化办公室、教育基金会、校友会、会议中心、首都发展研究院。为了减轻他的工作压力,在寒假领导班子战略研讨会上学校对领导班子的分工做了小的调整,由张彦同志负责全校的安全保卫工作,分管保卫部。其他党政领导班子成员的分工不变。我在这里还要特别强调一下安全稳定工作,全国两会即将召开,下半年举行奥运测试赛,党的十七大更是今年的头等大事,我校的安全稳定工作任务更重,压力更大,容不得半点疏漏,就这项工作闵书记会做专门部署。信访工作是建设和谐校园、维护校园安全稳定的重要一环,两办、人事部、资产部、教务部和研究生院等几个与师生切身利益密切相关的职能部门要本着服务广大师生,解决群众困难的宗旨,认真做好信访排查和处理工作,落实信访责任制,把信访事件解决在基层,避免激化矛盾,遇到紧急重大信访事件要及时报告。

希望各位校领导按照学校的工作部署,各负其责,分工合作,会同各自分管的职能部门,把工作做好。为了加强协调,提高工作的效率和计划性,本次会后请各职能部门把今年计划召开的全校性会议统计上报给两办,由两办统筹安排。

老师们,同志们,今天会议的主题就是"加强管理",我们讲加强管理,一方面要根据我校改革发展的实际,着力解决好当前面临的紧迫问题,另一方面,还要将解决问题的方法制度化、规范化。加强管理必须要有制度上的保障,要探索与我校实际情况相适应的现代大学管理体制,做到有制度、有管理、有执行、有监督,全校上下一盘棋,做到目标明确,措施得当,和谐发展,共同为继续推进我校建设世界一流大学的进程而不懈努力。

# 党委书记闵维方在秋季全校干部大会上的讲话

(2007年8月28日)

同志们:

刚才,许校长结合传达学校领导暑期战略研讨会的主要内容,对本学期的行政工作做出了全面部署,既回顾了学校近期取得的工作进展,同时,着重指出了学校学科建设和科研竞争实力面临的严峻形势,指出了我们管理工作中存在的薄弱环节,也指出了我们面临的发展建设需求与资金短缺的矛盾等若干问题。面对来自各方面的挑战,面对即将迎来的本科教学评估,和"985/211工程三期"启动工作,同志们务必要切实增强忧患意识和大局观念,要结合本单位的实际,抓紧制订好新学期的工作计划,进一步明确目标、任务和责任。教育部把今年定为"高等学校管理年",提高学校整体管理水平,基础在各院系、各部门。希望全校各单位紧密围绕人才培养、知识创新、社会服务三大任务,进一步改进和加强基层管理工作,把许校长对学校各项行政工作的安排落到实处。

在布置本学期学校党委工作之前,我先和大家一起简单回顾一下上半年学校党委的主要工作。上半年,学校党委重点狠抓了以下六项基本工作:

一是狠抓用党的理论创新的最新成果武装头脑。校级领导班子带头加强思想理论学习,学校党委理论中心组先后组织了三次学习活动,邀请有关专家辅导温家宝总理政府工作报告、关于物权法的理论问题和刘淇书记在北京市党代会上的报告。各基层党委负责同志应邀一起参加学习,带动了基层党组织的思想理论建设。

二是狠抓贯彻落实《北京普通高等学校党建和思想政治工作基本标准》的迎评促建工作。根据市教工委的统一部署,今年下半年,将对我校的达标情况进行评估验收。因此,上半年党委多次开会,进行迎评促建的具体部署。全校各级党组织和广大党员都以严肃认真的态度,积极结合本单位实际,对照党建和思想政治工作基本标准的要求,全面推进党的建设的新的伟大工程,取得了明显成效。

三是狠抓和谐校园建设。学校党委各部门、校工会、教代会以及团委和学生会,以党的十六届六中全会决议为指针,把和谐社会建设与一流大学建设紧密结合起来,努力建设和谐校园。工会教代会充分发挥党联系广大教职工的桥梁和纽带的作用,不断创新工作方式,多做得人心、暖人心、稳人心的工作。学工部和校团委也加大工作力度,在营造和谐的校园文化中作出了新的贡献。

四是狠抓干部队伍建设。十多个基层党委、行政班子顺利换届。其中,一批新同志走上中层管理干部岗位。暑假期间,学校党委对这批新上岗的管理干部进行了集中培训,充实了学校的管理队伍,增强了管理队伍的活力和创造力。

五是狠抓党风廉政建设。学校党委召开了"2007年党风廉政建设工作会议",认真学习贯彻了胡锦涛总书记在中央纪委七次全会和温家宝总理在国务院第五次廉政工作会上的重要讲话精神,按照上级的要求,对我校的党风廉政建设与纪检监察工作进行了全面部署,进一步增强了我校党员领导干部廉洁从政、保持共产党员先进性的自觉性和责任感。

六是狠抓安全稳定。学校召开了近年来规模最大、层次最高的全校性安全稳定工作会议,总结了过去一段时间我校持续保持校园安全稳定的经验和做法,分析了新时期新阶段安全稳定工作的新形势、新特点,对今后特别是今明两年做好校园安全稳定与保卫保密工作进行了深入的思想动员,进一步明确了安全稳定工作的领导体制、工作机制和各项工作制度。

除了上述六项重点工作,我们还召开了中国共产党北京大学代表大会,选出了我校出席北京市第十次党代会的四名代表;我们深入开展了学习贯彻胡锦涛总书记给孟二冬老师女儿回信精神、树立高尚师德的系列活动。同时,面对一些突发事件,党委从安全稳定大局出发,采取了积极、稳妥的措施,沉着应对,维护了学校的和谐稳定。总体来看,上学期学校党委各项工作进展顺利,取得了一定的成效。这是在座诸位和全校师生员工辛勤工作、团结奋斗的成果,在此,我代表学校党委向大家致以衷心的感谢和崇高的敬意!

根据学校党委今年全年的工作计划,下半年我们将迎来党的十七大,同时距离北京大学第12次党代会、北大建校110周年校庆和奥运会召开的时间也越来越近,我们面临的任务更艰巨,挑战更大,我们要以更强的紧迫感和责任感,扎实做好下半年的工作。下面,我就本学期党委的重点工作谈几点意见:

第一,以胡锦涛总书记"6·25重要讲话"和北京市第十次党代会精神为指引,以迎接党的十七大和学习贯彻党的十七大精神为主线,进一步兴起学习和践行党的理论创新成果的热潮,坚定走中国特色社会主义道路的决心和信心。

党的十七大是在我国经济社会发展进入关键阶段召开的一次重要会议,对于我们党团结带领全国各族人民全面建设小康社会、加快推进社会主义现代化建设具有十分重要的意义。学习贯彻十七大精神,是党委下学期工作的首要任务。

6月25日,胡锦涛总书记在中央党校发表重要讲话,向全党明确提出,中国特色社会主义,是当代中国发展进步的旗帜,是全党全国各族人民团结奋斗的旗帜,鲜明地回答了当代中国走什么路、举什么旗的根本问题;向全党明确提出了"四个坚定不移"的根本性要求,就是要坚定不移地坚持解放思想、坚定不移地推进改革开放、坚定不移地推进科学发展与社会和谐、坚定不移地全面建设小康社会,这"四个坚定不移"是当代中国发展前进的思想保证、强大动力、基本要求和奋斗目标,是我们坚定走中国特色社会主义道路的关键所在,是保持党和国家事业顺利发展的根本所在。胡锦涛总书记"6·25重要讲话"为党的十七大胜利召开奠定了重要的思想理论基础。当前,我们要认真组织学习贯彻"6·25重要讲话"讲话精神,统一思想,提高认识,改进工作,努力为迎接党的十七大胜利召开营造良好的思想舆论氛围,创造崭新的工作业绩。

北京市第十次党代会是在党的十七大召开前夕、2008奥运会筹备工作决战之年召开的一次重要会议。刘淇书记的报告,分析了首都在今后五年人均地区生产总值将从6000美元到10000美元过程中面临的形势和任务,对首都高等教育的发展也提出了新的要求和任务，提出了建设学习型城市的目标，明确表达了支持建设世界一流大学的思想。我们要准确把握首都高教发展的趋势，加快一流大学建设的步伐，切实维护校园安全稳定，为首都的和谐稳定作出贡献；还要充分发挥北大学科优势和人才优势，为办好2008年北京奥运会献计献策、贡献力量。

党的十七大召开以后，学校党委将按照中央的统一部署，及时传达会议精神并提出贯彻落实的具体措施和工作方案，迅速组织广大党员干部运用多种方式学习贯彻十七大精神，引导广大师生把思想和行动统一到十七大精神上来；要充分发挥北大多学科的理论研究优势，以高水平的研究成果，为全校师生深入学习领会十七大精神提供理论辅导；要在适当时候，召开全校宣传思想工作会议，主动引导全校党员干部将学习贯彻十七大精神与进一步加快我校世界一流大学建设结合起来，为全面建设小康社会作出更大贡献。

第二，以迎接党建和思想政治工作达标验收和先进校评审为契机，进一步提高我校党建工作水平，进一步增强北大各级党组织的凝聚力、战斗力和创造力，为建设和谐稳定的校园环境提供更加坚实的思想基础和组织保障。

2003年，市委教育工委制定了《北京普通高校党建和思想政治工作基本标准》，要求各高校在2007年全部实现达标。根据北京市委教育工委的安排，检查组将于今年九月中下旬正式进校，对学校2004年以来落实《基本标准》的情况进行检查验收。

近四年来，学校党委将落实党建基本标准、迎评促建作为贯穿党委工作的一条重要线索，结合学校实际把基本标准细化，分解到各个基层党组织和各单位，并严格开展了若干次自查自评。总体来看，经过近四年的建设，我校党建和思想政治工作的规范性进一步增强，同时各级党组织创造性地开展了许多具有北大党建特色的工作，如学习孟二冬、加强师德建设系列活动、"文明生活、健康成才"主题教育活动，等等，不仅收到了实效，而且多次受到上级党组织的肯定，在社会上产生了良好反响。因此，我们有信心在这次党建评估中取得优异的成绩。

但是，我们绝不能掉以轻心。在检查验收结束之前，大家在思想上一刻也不能松懈！我们要充分认识到，和本科教学评估一样，党建基本标准达标验收实际上是对学校整体工作一次全面检验，能不能顺利通过这次达标验收并保持住"党建先进校"的荣誉，是对北大各级党组织凝聚力、战斗力和创造力的一次现实考验，也是对北大全体共产党员的政治思想素质的一次现实考验。各级党组织和广大党员要把它作为总结经验、展示成绩、促进发展的一个契机，从继承和发扬北大党建的优良传统、继续巩固北大党建在高校中的领先位置的高度，着眼大局，严肃认真，将各项准备工作落实到位，务求评估验收结果全优。

学校党委要求，全校各级党组织、各部门、各单位要高度重视这项工作，在9月上旬以前，要对照《基本标准》和学校的具体要求，对迎评准备工作再进行一次全面、系统的自查。希望大家团结一心，各司其职，以良好的精神风貌和出色的党建成果迎接评审，以评促改，以评促建。同时，要进一步推进中央《关于加强党员经常性教育的意见》《关于做好党员联系和服务群众工作的意见》《关于加强和改进流动党员管理工作的意见》《关于建立和健全地方党委、部门党组（党委）抓基层党建工作责任制的意见》等四个保持共产党员先进性长效机制文件精神的落实，切实巩固和发展先进性教育活动取得的成果，切实加强北大党组织的治校理教能力建设和先进性建设，抓住机遇使北大党建工作水平再上一个新的台阶。

第三，认真筹备第十二次党代会，为北大未来五年的发展做好思想上和组织上的准备。

明年上半年，我们将召开北大第十二次党代会，这是全校党员和师生员工政治生活中的一件大事。学校党委将按照中央的部署和教育部党组、北京市委的要求，以高度的政治责任感，深入扎实、优质高效地完成各项筹备工作。我们要把第十二次党代会的筹备、召开作为发扬民主、促进和谐、凝聚人心、鼓舞士气和深化学习贯彻党的十七大精神的重要契机。各级党组织要按照学校党委的部署和要求，认真做好党代会代表的选举工作。要坚持标准，优中选优，确保选出的代表政治素质好、议事能力强，结构合理，具有先进性和代表性。各级党组织和广大党员要积极配合中央和教育部党组、北京市委做好党委领导班子和纪委领导班子的换届考察工作。要坚持把政治标准放在首位，从有利于学校深化改革、加快发展、保持稳定的大局出发，以对党、对学校高度负责的态度，做好各个环节的工作，将学校第十二次党代会开成一个团结和谐的大会、朝气蓬勃的大会和催人奋进的大会。

以上是本学期学校党委的三项重点工作。此外，对于党委的日常工作，我简要地谈以下几点安排。

1. 进一步加强学校各级领导班子的建设。加强领导班子建设，造就一支政治坚定、德才兼备，求真务实、善于治校理教的高素质干部队伍，是关系学校全局和长远发展的基础性、战略性工作，也是学校党的建设的核心任务之一。我们要认真总结过去几年在领导班子建设中取得的经验和做法，坚持把思想政治建设放在首位，把能力建设和作风建设作为重点，进一步提高我校干部队伍贯彻科学发展观、推进一流学科和一流大学建设的能力，把握市场经济条件下办学规律的能力，驾驭全局、民主管理的能力，应对复杂局面、科学判断事态和科学决策的能力。要严格执行《党政领导干部选拔任用工作条例》，改革完善干部选拔任用机制，拓宽用人视野；健全领导干部激励约束机制，促使管理干部把主要精力放在改善管理上。要继续做好领导班子换届和干部调整工作，按照建设世界一流大学的要求，努力造就在学术上追求卓越，在管理上敢于负责，善于驾驭复杂局面，善于听取群众意见，善于合作共事和组织队伍，能够平衡和兼顾各方面利益做出科学决策的基层领导班子。

2. 进一步加强宣传思想工作。如何更加紧密地联系北大实际，与学习贯彻十七大精神相结合，坚持用党的理论创新的最新成果武装思想、指导实践、推动工作，是今后一个时期我校宣传思想工作的主要任务。当前，我们尤其要紧扣构建社会主义和谐校园的主题，以社会主义核心价值体系为根本，切实做好新形势下高校宣传思想工作。一要始终不移地坚持马克思主义在意识形态领域的指导地位，发挥我校学习、研究和传播马克思主义的传统优势和学科优势，大力推进理论研究和创新，多创造一流成果。二要继续以师德学风、医德医风和校风建设为抓手，不断深化向王选、孟二冬学习和学习贯彻总书记给孟二冬女儿回信精神的活动，进一步加强和改进教职工思想政治工作和大学生思想政治教育，多培养一流人才。三要加大整合宣传思想工作资源的力度，善于把思想政治理论课、专业课、第二课堂和校园文化建设有机结合起来，努力创新宣传思想工作的方式和手段，不断增强宣传思想工作的创造力、说服力和感召力。四要正确看待北大面临的复杂而敏感的思想、宣传与舆论环境，进一步处理好营造宽松的学术氛围与遵守宪法法律、坚持大政方针和严守教学纪律之间的关系，进一步增强引导公共舆论、维护学校声誉的能力，为学校发展创造更加有利的外部舆论环境。

3. 抓紧抓实党风廉政建设。今年上半年，中央坚决查处了陈良宇腐败案件，显示了我们党反对腐败的坚强决心和鲜明态度。北京市原副市长刘志华、原海淀区区长周良洛也因违法违纪而先后落马，再一次为我们敲响了警钟。党风廉政建设，关系到党的生死存亡，必须常抓不懈，持之以恒。学校党委要求各级党员领导干部要进一步强化自律观念，自觉加强党性修养，要常修为政之德、常思贪欲之害、常怀律己之心，克己慎行、慎重交友，净化社交圈，自觉接受党组织、党员和群众的监督。各级党组织要继续贯彻落实胡锦涛总书记在中纪委第七次全会上重要讲话精神，进一步抓好领导干部教育、监督和廉洁自律。要切实加强理想信念教育、社会主义荣辱观教育、党章党规和法纪教育、廉洁自律和警示教育，筑牢党员领导干部廉洁从政的思想防线；要继续按照《北京大学贯彻落实〈建立健全教育、制度、监督并重的惩治和预防腐败体系实施纲要〉的具体办法》的要求，将党风廉政责任制落到实处，使惩防体系能够切实发挥作用；要继续健全和完善学校财经管理监督机制和领导干部经济责任审计制度，坚决清理和取消"小金库"。要继续加强对涉及人、财、物的重点单位、重点环节、重点岗位的监督监察，深入推进校务公开制度和"阳光工程"，坚决纠正行业不正之风，严肃查处各类违纪事件。

4. 在确保安全稳定的基础上继续推进大学生思想政治教育。深入开展大学生思想政治教育，为广大学生的健康成长成才提供优质服务，既是培养中国特色社会主义事业合格建设者和可靠接班人的客观要求，也是切实维护校园安全稳定的重要保证。各单位、各部门要继续以中央16号文件为指导，牢固树立"全员育人、全方位育人、全过程育人"的意识，以人为本，以学生为本，坚决避免因为工作失误引发学生群体事件。要继续推进学生工作的科学转型，夯实基层学生工作基础，积极鼓励基层创新。要与学习贯彻十七大精神、开展"迎奥运，讲文明，树新风"活动相结合，深化"文明生活、健康成才"主题教育活动，努力培养广大同学"拥护党、拥护社会主义、服务祖国、服务人民"的"两拥护两服务"意识。要花大力气研究和探索加强研究生思想政治教育的有效途径，形成符合北大实际、富有北大特色的研究生思想政治工作机制。要将解决大学生的思想问题与实际问题结合起来，把教育学生与服务学生结合起来，不断完善我校学生资助体系、心理健康教育体系、就业指导服务体系，大力增强工作的针对性和实效性。要进一步建立健全学生思想政治教育工作队伍的选拔、培养、使用和管理机制，优化思想政治教育工作队伍的结构，要按照"职业化、专业化、专家化"的目标，逐步建立一支素质高、政治强、纪律严、作风正的高水平学生思想政治教育工作队伍。

5. 巩固和扩大统战工作会议成果，努力开创统战工作新局面。要继续深入贯彻2006年召开的全国统战工作会议、北京市统战工作会议和学校统战工作会议精神，进一步提高对新时期新阶段统战工作重要性、复杂性的认识，注重发挥统一战线的重要作用，能够为学校的改革、稳定与发展提供有益和有效的帮助。10月份前后，全国和北京市人大代表、政协委员换届提名推荐工作即将启动。我校的"两会"代表委员人数多、影响大，其中大部分是党外人士。积极选拔和推荐优秀党外代表人士参选各级人大代表、担任各级政协委员，鼓励和支持他们参政议政、参与学校民主管理民主监督，是我校统战工作的一项主要任务。我们还要进一步加强学校党委与党外代表人士联系交友机制建设，完善党外干部的培养选拔和任用制度，使优秀的党外人士也成为我校干部队伍的重要来源之一。

6. 充分发挥工会教代会在构建和谐校园中的重

要作用。工会教代会要继续坚持以服务大局、服务教职工为根本,发挥自身的组织优势和桥梁纽带作用,广泛调动各方面的积极性,大力推动社会主义和谐校园建设。要进一步加强基层工会组织建设和推进二级教代会制度建设,丰富工作内容,创新工作方式,切实保障广大教职工的知情权、参与权和监督权。要关注教职工的身心健康和生活福利,为群众排忧解难,多办实事、办好事;进一步完善维权机制,化解矛盾、理顺情绪,促进校园和谐;继续办好"平民学校",使其为促进社会公平发挥出更有益的影响和作用。下半年,我们还将召开工会常委会和教代会执委会的年会,适值学校第十二次党代会之前,一定要精心组织,认真筹备,确保"双代会"的顺利圆满。

同志们!从现在到明年9月,我们将陆续迎来党建基本标准检查验收、党的十七大胜利召开、本科生教学水平评估、"985/211工程"三期启动、"好运北京"乒乓球测试赛、学校第十二次党代会、北大110周年校庆、北京奥运会等一系列重大事件,这既为我们进一步加快建设与发展提供了大好机遇,也对我们保持校园安全稳定、把握宏观局势、处理复杂问题的能力提出了严峻的挑战。做好今明两年的工作,对于学校的发展全局和长远利益有着非常深远的影响,对此我们一定要头脑清醒,要以高度的政治责任感和政治敏锐性,确保学校安全稳定,这是保证我们事业改革与发展的前提和基础。同时,我们还要进一步增强忧患意识和责任意识,积极稳妥,脚踏实地,去解决我们发展中存在的薄弱环节和面临的突出问题;要进一步增强机遇意识和发展意识,满怀信心,朝气蓬勃,去迎接新世纪、新阶段、新形势给我们带来的崭新发展机遇。我们要始终坚持以邓小平理论和"三个代表"重要思想为指导,全面贯彻落实科学发展观,确保稳定,深化改革,加快发展,锐意进取,迎难而上,力争在创建世界一流大学的道路上迈出更大的步伐,为迎接党的十七大胜利召开、为迎接北大第十二次党代会和110周年华诞、为迎接北京2008年奥运会的到来做出更大的贡献。

谢谢大家!

# 校长许智宏在秋季全校干部大会上的讲话

(2007年8月28日)

老师们,同志们:

7月7日到10日,学校党政领导班子全体成员集中召开了暑假战略研讨会,就学校改革发展中的若干重大战略性问题进行了专题研讨。8月中旬,我代表学校出席了在哈尔滨工业大学举行的一流大学建设系列研讨会,首批进入"985工程"的九所大学的主要校领导从不同的角度讨论了对一流大学建设的理解,集中研究了高水平大学建设所遇到的问题,国务院学位办领导也就"211工程"三期的实施以及制定"985工程"三期计划进行了说明。下面,我结合暑假战略研讨会和一流大学建设研讨会的情况,向大家全面介绍学校的总体情况和工作重点,和大家一起来分析学校当前所面临的主要困难和挑战,我们工作中存在的薄弱环节,沟通情况,凝聚共识,以便全校上下共同努力,打开工作的新局面。我针对本学期学校的工作重点谈几点意见。

**一、全面总结,科学规划,围绕"985/211"两大工程扎实推进学科建设**

在两期"985工程"和"211工程"的重点支持下,我校的学科建设有了很大的发展。经过十年的努力,我校学术队伍的整体竞争力大幅提高,研究条件得到改善,基础学科实力进一步增强,交叉学科方兴未艾,研究型大学的学科体系基本形成。目前我校的学科状况是优势与危机并存,一方面基础文理学科和医学有很强的优势,学科齐全,教学和研究设施条件比较好;另一方面,近年来,与人文和社会科学相关的应用学科发展很快,但优势并不明显;工程学科比较单一,主要集中在信息科学技术领域。新成立的工学院重点发展生物医学工程、资源能源、先进材料、空天技术、控制和工程管理等,拓展了我校工程学科领域,但从总体看,北大的工程和应用学科是比较薄弱的。尽管我们在学科建设上取得了一些成绩,但不可否认的是,历史上我校在学科综合优势和学科整体实力上一枝独秀的地位正在丧失,我们传统的优势学科正在面临兄弟院校和科研院所强大的竞争压力,而新兴学科还没有得到长足的发展。我们可以看一组数据:2006年教育部全国一级学科评估,与2004年相比,我校失去了两个排名第一,物理和公共管理从第一降到第三,虽然数学、化学仍然排名高校第一,但数学落后于科学院数学所,化学与南开大学并列,计算机科学与技术由第三降到第六。而有的兄弟院校在这次一级学科评估中稳中有升。

令我们略感欣慰的是,在今年的国家重点学科考核考评工作中,经过各院系和相关职能部门半年多的努力,我校新增六个国家重点学科,国家重点学科总数达87个,继续高居全国高校之首。这87个重点学科中有62个二级学科分布在18个一级学科中,这18个一级学科被认定为一级学科国家重点学科。取得这样的成绩,是有关院系多年工作的成果,也离不开有关专家、学者和工作人员的辛苦努力,离不开相关职能部门有力的组织和协调工作。但是,我们不能盲目乐观,近几年兄弟院校发展势头迅猛。例如,清华大学在一级学科国家重点学科的数量上已超过我校。而按照与协和医学院合并计算,清华大学二级学科国家重点学科总数超过70个,比此前的49个增加了近一半;浙江大学也新增了20多个国家重点学科。我们的老师历来不大重视各种评估活动,往往对评估活动没有给予足够的重视。应该看到,目前大学办学的外部环境并不是十分理想,一方面国家和社会给予的支持有限,而另一方面各种各样的评估活动层出不穷,老师们疲于应付。但像本科教学评估、重点学科评估和一级学科评估等评估活动,是现阶段政府部门掌握高校教学和学科建设情况的重要手段,我们无法回避,而且这些评估的结果又直接影响到政府和社会对学校的支持。所以,至少在现阶段,我们必须高度重视此类评估活动,而且希望能够通过评估来促进学校自身的工作。另外,学科评估的结果对招生工作也有很大的影响。在暑假里,大家一定对今年高考招生竞争的激烈程度有所耳闻,我们招生组的老师在争取优秀生源时对评估所带来的社会影响体会最深。比如,光华管理学院无疑是中国最好的商学院之一,而我校的工商管理在一级学科评估中却被评为第八名,在与兄弟院校竞争优秀生源时就遇到了困难。今明两年,全国一级学科评估工作还将继续进行,文史哲、政经法、天地生等传统优势学科一定要高度重视,全面展示我校学科建设的成果,确保传统学科的优势地位。我校一直以文理医工综合学科优势引以为豪,全国80个一级学科中,我校有38个一级学科博士授权点。但是我校综合学科优势并没有很好地发挥出来。尽管几年来学校一直把交叉学科作为发展重点,先后成立了前沿交叉学科研究院、先进技术研究院、工学院、分子医学研究所、中国社会科学调查中心等一批跨学科的研究机构,但部分学科各自为政、老死不相往来的状况仍没有得到根本解决。院系之间、院系内部的二级学科之间,教研室之间相互割裂、争夺资源、重复建设的情况依然很严重,一些大型仪器设备的效益没有发挥出来,基础研究与应用研究脱节,不同学科的教授之间缺乏相互交流的平台和机制,这种状况稀释了我校引以为豪的综合学科优势,造成了三方面的严重后果:一是重大原创性成果不多,成果转化率比较低;二是尽管我们有全国最强的学术队伍,但组织和申报国家重大项目却很困难;三是资源使用效率低下,重复建设,人员重复引进,很大程度上加剧了校内资源紧张的状况。我在后面有关科研管理体制的部分还会对这个问题详细说明。

去年5月我校通过"十五""211工程"验收后,即向教育部提交了"十一五""211工程"建设初步方案。预计"十一五""211工程"将在本学期正式启动。截至目前,"985工程"二期经费总共已到位12.8亿,今年预算5.83亿,已初步通过评审。如果进展顺利,"985工程"三期将于明年启动。"985工程"二期实施三年来,我校坚持"以队伍建设为中心、以交叉学科为重点、以体制改革为动力"的方针,在学科建设上实施了一系列重大举措,取得了非常明显的效果,新成立的几个跨学科研究机构在人才培养和科学研究方面开始展现出巨大的活力,前沿交叉学科研究院在以问题为导向的科研项目申请上已经开始显示出独特的优势,由分子医学研究所程和平教授主持的"心脏疾病分子机理和干预策略研究"获得了"973计划"立项。先进技术研究院承担的军工项目规模也在不断扩大,预计今年科研经费有望达到5000万,中国社会科学调查中心也已经开始运转。三年的实践证明,我们积极创建公共平台,鼓励学科交叉与融合的方针是正确的,措施是有力的,成效是显著的。学校将进一步加大力度支持前沿和交叉学科,力求最大限度地发挥我校的综合学科优势。

今年是985二期工程的最后一年,明年既是我校建校110周年,也是"985工程"实施十周年,各院系要积极配合211办、科研部、社科部、发展规划部、研究生院等相关职能部门,认真做好985二期工程的回顾与总结,并在此基础上制定"985工程"三期的建设规划。我们希望通过总结向社会全面地展示我校"985工程"建设的成果,树立北大的良好社会形象,为国家继续实施"985工程",继续加大对我校的支持力度提供有力的依据。

上周,我和几位主管校领导就学校的发展规划,特别是学科建设规划进行了讨论。这项工作将由林建华负责,在近期召集相关部门认真研讨"985工程"三期的建设思路。在"985工程"三期的建设中,我校要继续坚持"有所为,有所不为"的原则,在保护和提升基础学科的同时,集中力量重点发展生物医学和相关的交叉学科领域,与生态、环境、人口和健康、能源与资源相关的领域,与信息科学与工程相关的学科领域,与社会和谐发展有关的人文社会科学领域,确保未来几年我校学科发展的可持续性。要利用"211工程"和"985工程"三期的投入重点解决好学科交叉和融合的机制问题,通过资源调控来调整学科内部结构,改变传统二级学科控制资源的状况,切实提高资源的使用效率。人文社会科学要尽快建立起跨院系合作和资源共享的机制,提高质量,减少重复建设。暑假研讨会提出建立北大人文社会学科发展咨询委员会,聘请国内外同行专家,以及相关的理工医方面的专家参与,为学科发展规划提供咨询意见。我认为这是一个很好的建议,已请张国有牵头,会同发展规划部、211办、社科部、研究生院等职能部门尽快研究,提出实施方案。

## 二、结合岗位管理制度改革进一步完善我校人事分配制度和人员管理制度

学术队伍建设一直是学校工作的重点,我们在院士、资深教授、长江学者、杰出青年和创新团队等几个有显示度的数据上处于领先地位,一批中青年学者已经成长起来。但在鼓舞人心的数据背后,我校依然面临很多困难和问题。例如,如何处理好引进人才和发挥现有人才作用的关系?我们在大力引进人才的同时,现有优秀人才流失的现象不时发生,近一段时间在文科院系就比较突出。此外,少数院系在教师队伍建设上不能坚持高标准,引进的人才水平不高,素质参差不齐,管理上不规范,严重影响了教学和科研水平的提高。我校的人员待遇与一些兄弟院校相比没有优势,这就使我们在人才竞争中处于相对不利的地位。我校队伍分类管理制度还不健全,教师、科研人员、实验技术人员,固定人员和流动人员等人员类别的考核和评价制度不健全,责任不明确。这些都制约了各类人员更好地发挥作用。

下一步,根据教育部的安排,我校将启动岗位管理制度改革,我们习惯将其称为"收入分配制度改革的第二阶段"。相比之前的基本工资套改,岗位管理制度的改革将是高校人事制度改革的核心内容,是高校人事管理脱离计划经济体制的关键一步,也是高校进一步完善合同聘用制度和社会保障制度的基础,情况更加复杂,政策性更强,关注度更高,意义深远。学校希望有关职能部门要尽快启动相关的调研和培训工作,认真学习,深刻领会教育部文件精神。在岗位设置方案制定过程中要坚持校务公开、民主管理和民主监督的原则,充分听取广大教职工的意见,及时把工作的进展情况与工会和教代会沟通,最终的岗位设置方案需经党政领导集体讨论通过后报教育部审核。学校希望通过这次改革,一方面进一步完善我校的人事管理制度和分配制度,进一步明确不同岗位人员的责权利,从制度上解决我们当前遇到的困难和问题;另一方面,教育部已经明确高等院校是"可部分实现由市场配置资源的事业单位",高校将转变为差额拨款单位。学校希望各有关职能部门要全面梳理一下人事制度之外的相关制度规定,特别是科研管理和财务管理制度,尽快完善差额拨款单位的一系列相关的制度规范,实现平稳过渡。我建议科研部门和财务部门的同志可以到中科院部分研究所和兄弟院校去学习、调研,借鉴兄弟单位好的作法,为我所用。

## 三、进一步深化科研管理体制改革,切实提高我校的科研竞争力

放假前,我参加了"973计划"农业等六个领域以及综合交叉和重要科学前沿领域的综合评审会和专家顾问组会议。今年我校争取到4项"973"项目,2个"973"重大科学研究计划项目,韩济生院士主持的"基于临床的针麻镇痛的基础研究"项目获得"973计划"中医理论专项。这是最近几年我校在973项目申请上取得的最好成绩。感谢几位项目主持人的精心组织,感谢不同院系学者的积极参与,还有科研部和相关单位工作人员的协调帮助。当然,我们得到的也不全是好消息,我校精心组织的三个蛋白质重大科学计划项目申请失败,两个国家重点实验室被摘牌。这既有我校工作上的问题,也有目前评审体制本身缺陷带来的问题。

这几年,我校的科研工作发展很快,科研的体量增加,经费增长,但是从宏观层面上看,我校的科研工作仍然没有跟上国家科技发展的整体步伐。十一五期间,国家的科研投入将达到GDP的2%,2006年国家在科技上的支出达到774亿元,比上年增长近30%,而且在基础研究领域的投入力度更大,国家自然科学基金今后五年的投入总量将超过200亿元,是上一个五年的两倍。相比国家总体科研投入的增长情况,我校科研经费并没有大幅度增加,有重大影响的原创性科研成果还不多,争取重大项目、解决国家社会经济发展中重大课题的能力还不强。

造成这种局面的原因,我认为有以下四个方面:第一,我校学术队伍的整体水平很高,但组织能力强、具有个人魅力和凝聚力的领军人才还不多;第二,重大的科研项目和国家经济社会发展中的重大问题,往往需要多学科的交叉与合作,而我校促进学科交叉、组织跨学科联合攻关的机制和氛围还没有很好形成;第三,我校科研队伍的分类管理机制、工资福利制度、经费管理制度和公共服务体系还有待进一步完善;第四,科研管理部门的队伍建设还要加强,要配备精兵强将,拿出时间和精力加强与科技主管部门(科技部、自然科学基金委、国防科工委及相关的政府部门)的沟通和联系,建立良好的工作关系,以便及时了解有关信息,组织我校的科研力量,去争取更多的科研项目和经费。

解决这些问题,首先要谋求体制创新,从科研管理体制上寻求突破口。以学科为基础的院系是北大学术活动的组织基础,这是大学的传统模式,是由大学最基本的教学功能所决定的。但作为研究型大学,仅有以学科为基础的院系显然是不够的,因为重大的学科前沿、技术突破,国家大型科技项目和经济社会发展中的重大理论问题通常涉及多个学科,需要多学科的交叉与合作。因此,学校鼓励在一些重要的领域设立多学科的研究机构。根据解决问题的不同,可以分成两种类型的研究机构。

一是以学科前沿和重大科学问题为目标的交叉学科机构。这类机构仍然以基础研究为主,学术带头人和骨干是来自各院系的教师,学校将提供空间、科研条

件、研究生以及少量的专职研究和支撑人员,教师的考核和聘任由院系和交叉学科研究机构共同进行。这部分力量是学校在一些重要领域冲击世界先进水平的生力军。另一类研究机构以应用研究为主,可以针对国家的重大需求和重点支持领域,也可以针对区域经济发展和企业的需求。这类科研机构的学术带头人和骨干来自院系,但队伍的主体应是由研究项目聘任的流动性科研和支撑人员,机构的运行和人员工资福利主要依靠争取外部资源,学校要在空间和公共设施的使用、公共服务等方面提供必要的便利。学校鼓励与地方政府、企业和事业单位合作建设应用型研究机构。这些机构应当成为北大科技成果转化和社会服务的主力军。

在完善机构设置的同时,要加强管理制度和公共服务的建设。有条件的院系要取消以二级学科为基础的教研室和研究所,以便更有效地进行资源配置,也有助于学科方向的调整,学术人员的聘任要从学科整体发展考虑;要进一步完善人员分类管理的相关制度,尽快出台与差额拨款单位相适应的科研经费管理制度;第三要继续推进研究生培养机制改革,建立健全与科学研究为主导的导师负责制相适应的研究生管理体制;第四要尽快研究出台与科研项目相挂钩的公用资源有偿使用的管理办法,完善科研人员的分配和激励机制。

**四、以本科教学评估为契机,进一步深化改革,提高教育教学质量**

本科教学评估是今年学校最重要的工作之一,上学期各教学单位和相关职能部门在数据整理、材料汇总、档案整理、校园环境整治和自评报告撰写等几方面做了大量的工作。暑假期间评建办公室还分别对各院系和相关职能部门的评建工作进行了检查。按照我校评建工作的整体部署,本学期学校将按以下几个步骤推进这项工作。九月开学,我们的迎评宣传工作就要全面铺开,要利用校内外的媒体,通过采访报道、成果展、出版物等不同的形式宣传我校的办学特色和教学改革成就,营造迎评促建的校园氛围。十月和十一月份学校将组织两次全校范围的自查,按照教育部的要求对各单位的评建工作进行检查验收。如果条件允许,我们还将聘请校外专家对我校进行一次预评估,最后在11月18日正式迎接教育部对我校的评估。我再次强调,这次本科教学评估涉及我校的学科发展、基础设施、校园环境、教风学风、教学纪律等各个方面,是对学校整体工作的一次全面检阅,我们必须全力以赴,认真对待。各单位要制定倒计时工作表,按照学校的整体工作部署逐项落实,基建部门要确保几大工程安全、保质、按时竣工;后勤部门和保卫部门要尽快落实前一段时间校领导现场办公时作出的部署,校园环境和交通状况在本学期要有明显改善,并且要积极探索改善校园环境、缓解交通压力的长效机制;教务部门和党办

校办要尽快制定迎评接待工作计划,注重细节,做到万无一失。希望通过我们大家的共同努力,进一步加强组织和协调,确保我校取得好成绩。

今年是我校,也是中国开展研究生教育九十周年,希望各有关单位能够利用这个机会,认真回顾和总结一下北大研究生教育的发展历史,通过各种途径宣传我校研究生教育所取得的成就,为国家建设作出的贡献。本学期,我校研究生培养机制改革试点工作进入了全面实施阶段,第一批采用新的奖助办法的研究生同学将入校学习。尽管我们现行的办法还是一个过渡时期分步实施的办法,但研究生院和各教学科研单位一定要明确,建立以科研工作为主导的导师负责制,实行与科学研究紧密联系的导师资助制是这次培养机制改革的基本出发点。目前,研究生培养质量主要是以研究生论文质量和应用实践能力两个方面衡量。高水平的科研项目为研究生培养创造了良好的学术氛围,并提供了必备的条件,研究生参与其中所受到的系统科学训练对培养质量的提高起着决定性作用。以科研为主导的导师制,就是要把研究生,特别是博士研究生作为一种学校可控的公共资源,在全校范围进行优化配置,把研究生资源的分配与科研工作挂钩,重点支持前沿和交叉学科、重大项目和经济社会发展重大研究课题,发挥科研项目尤其是国家重大科技攻关项目的人才培养作用,切实提高研究生的培养质量和创新能力。

在今年全国优秀博士论文评选中,我校只有3篇论文入选,连续第二年成绩下滑,是历史上最差的成绩。而相反,清华大学今年的评审结果非常好,本部获奖8篇,协和3篇,总共11篇全国优秀博士论文。尽管全国"优博"的评选过程存在一定的偶然性,但是连续几年成绩下滑在一定程度上反映了我校博士论文在整体水平方面存在问题,生源质量有待提高,导师的责任心有待加强,研究生参与高水平科研的能力不够。希望研究生院和各教学科研单位要认真分析造成上述问题的原因,结合研究生培养机制改革从体制上谋求创新,进一步提高研究生的培养质量。

经过长时间对新一轮医学教育改革的分析和论证,医学部在暑假战略研讨会上提出了一个细化的实施方案,将本着"统一学制,合理使用在校教育时间,合理设置多种选择出口,深化改革教学内容与方式"的基本思路,对临床医学、药学、预防医学等专业的培养方案进行全面系统地改革,这个方案得到了医学部各教学单位的支持。请林建华和柯杨同志负责,召集本部和医学部各有关单位尽快研究,拿出一个具有可操作性、分步实施的办法,稳妥地推进这项工作。

**五、开源节流,提高资金使用效率,保障运行,实现学校可持续发展**

这几年,学校发展很快,对经费的需求急剧增长,

造成我们的日常运行经费长期不足，人员经费持续增加，自筹基建的缺口巨大，我校遇到了前所未有的资金压力，与此同时国家财务管理和审计方面的规定也越来越严格，对我校财务管理制度是一个非常大的挑战。而且，办学经费紧张的状况将会在相当长的时期持续下去，开源节流、提高资金的使用效率将是我校财务工作的主题。针对目前的财务状况，我强调以下几点：

要维护预算的严肃性。每年年初制定的财务预算是维持学校健康有序运行的基础，是我校财务规范管理的前提。希望各单位在工作中要有计划，有预见性，除非有特殊情况发生一律不准许随意追加预算。

基础设施建设要严格控制建设规模和建设标准，基建规模要与事业规模挂钩，切不可盲目求大求全，建筑标准以实用为原则，不搞形象工程，不盲目追求豪华漂亮、上档次。学校日前已经成立由林建华同志任组长的"建设工程投资评审小组"，对建设工程的规模、标准、工程预算进行审议，严格控制工程建设开支，并根据学科发展的需要，区分轻重缓急，合理安排工程建设。

要尽快启动公共资源成本回收机制，理科院系收取房屋占用费、水电暖费、科研编制占用费，这是科研经费管理制度允许的，收来后按比例返还，支持院系事业发展，提高科研经费使用效益。房地产管理部和相关部门要积极配合，尽快启动。

结合资源占用费制度，要尽快讨论以院系为预算单位的财务管理办法，赋予院长、系主任更大的财权。这方面可以先作试点，在有条件的院系率先实行，总结摸索经验，逐步铺开。

一所大学争取社会资源的能力是办学实力的体现，一定程度上也是全体师生、广大校友对母校忠诚度的体现。要想争取更多的社会支持，我们首先要苦练内功，努力提高学科建设、教育教学、科学研究和社会服务的水平，塑造良好的社会形象。同时要善待学生，改善服务，真正做到以学生为本，让同学们无论是在校期间还是毕业之后都对母校怀有深厚的感情。下一步我校的筹款工作要探索新机制，建立校、院系两级筹款体制，充分调动院系和广大教师参与学校发展的积极性；要尽快建立全校筹资与发展工作的协调机制，整合校友会、国际合作部和各院系的资源，切实把筹款工作作为关系全局的大事抓好；要进一步加强校友会的工作，加强与校友的沟通，也要加强与外国留学生校友和旅居海外的校友的联系，明确重点工作对象，加强联系，争取更多支持。

## 六、几个专项工作

### 第一，基建工作

目前我校正处于基础建设的高峰期，未来几年，规划建设项目近150万平方米。这么大的建设规模，自筹基建经费的压力可想而知。学校要求，首先，在建工程要确保工程安全和工程质量，重点工程要确保按时完工。奥运场馆火灾事件就是一个惨痛的教训。现在已经查明事故完全是施工方违规操作造成的，我校基建工程部在这次火灾事故的处理过程中表现了出色的应对突发事件、处理复杂情况的能力，应予以肯定和表扬。但是这次事故的教训是深刻的，我校基建规模这么大，要切实加强与施工单位的沟通，做好监管，确保工程质量和安全。其次，要加强对建设项目的成本控制和预算约束，对规划中的项目要根据学科的需要，按照轻重缓急，也要根据资金的情况，排出先后顺序。最后，肖家河教师公寓项目对于我校来讲，具有重要的战略意义。项目完成后不仅能在很大程度上改善我校教职工的居住条件，而且通过置换，学校将获得宝贵的土地资源。广大教职工也非常关注项目的进展情况。有关部门要尽一切努力加快工程建设的进度，同时也要尽快拿出房屋置换和分配的方案供学校研究。

### 第二，奥运工作和校庆筹备工作

2007年是奥运筹办工作的决战之年，本学期我校的各项奥运工作也进入关键时期，全校各单位要在奥运工作领导小组的统筹领导下，认真贯彻落实市委、市政府和奥组委的工作部署，全校协力，上下同心，扎实开展工作。基建部门要进一步加大对奥运场馆工程的安全检查和工程监督力度，确保体育馆在今年10月高质量按期竣工；12月13日，作为"好运北京"系列测试赛之一的国际乒联职业巡回赛总决赛将在我校举行。10月份场馆竣工之后场馆运行团队将进驻体育馆办公，全力以赴筹办乒乓球测试赛。为配合此次测试赛，要切实做好志愿者的招募、选拔和培训工作，为测试赛提供高质量的志愿服务。

根据暑假战略研讨会的部署，上周岳素兰副校长召集校庆筹备委员会成员单位的负责同志召开了校庆筹备工作会议，与会的同志们就如何办一次既隆重热烈又简朴务实的校庆提出了许多非常有价值的意见和建议，希望各部门根据这次会议的精神尽快汇总细化校庆活动方案，报学校党政联席会通过后实施。我在这里强调两点：首先，过去的十年不仅是北大为创建世界一流大学不懈奋斗的十年，同时也是中国高等教育蓬勃发展和国家科教兴国、人才强国战略全面实施的十年，我们希望通过北大110周年校庆的活动，不仅要反映出北大的十年发展，也要折射出中国高等教育取得的巨大成就，体现出我们北大在整个中国高等教育界的引领作用。其次，110周年校庆活动正值奥运会前夕，要把奥运与校庆结合起来，把奥运精神与北大的人文和科学传统结合起来，办一个简朴而隆重、学术性强、奥运气息浓厚的校庆。

### 第三，国际合作与交流

本学期的外事工作依然繁重，尤其是我校作为发起单位的几个重要的国际会议,包括9月初在莫斯科大学举行的"俄罗斯中国年"系列活动之一的中俄大学校长论坛和北大—莫大研究生院五周年庆典,陈至立国务委员和周济部长都要与会;10月初在德国举行的第二届中德大学校长会议;11月在日本东京大学举行的中日大学校长论坛和东亚四国大学校长会议,还有11月初举行的北京论坛。这几个国际会议都是今年国际高等教育界最高层次的会议,充分显示了我校在国际高等教育界的地位和影响力。各有关部门要积极配合国际合作部,全力以赴做好会议的筹办工作。

第四,国内合作和医院管理

6月底,我代表学校参加了"广东省、教育部、科技部产学研结合工作会议"和广东省产学研科技创新成果展览会,周济部长、科技部李学勇书记出席会议并作了重要讲话。周部长在讲话中再次强调产学研结合是高校更好地服务于社会主义现代化建设的必由之路。他要求高校把产学研结合列入学校发展战略规划的重要议题,通过产学研结合进一步带动高等教育人才培养、科技创新和社会服务水平的全面提升,走出一条中国特色高等教育发展之路。北大是我国高校中产学研工作起步较早,科技成果产业化效益最好的大学之一,结合当前我校学科发展和科研工作的实际,我校要进一步加强与地方政府和企业的合作,鼓励基础研究与实际应用的结合。基础研究是技术创新的源泉,我校应该进一步发挥基础学科的优势,通过制定和完善成果转化的相关政策和支持措施,鼓励原创性科研成果的转化,为社会经济发展和科技进步做出贡献。

加强医院管理、规范医疗服务行为是这几年卫生部的工作重点之一。卫生部自去年开始对大型医院开展了巡查工作,按照其工作部署,暑假期间我校几大附属医院陆续开始对医院的领导和决策制度、分配制度和药品、医疗器械的采购管理制度等重大问题开始自查。教育和医疗事关人民群众的切身利益,是和谐社会建设的重要方面,一直备受各界关注。近一段时期,医院工作的社会舆论环境并不好。我校的各附属医院在完成繁重的医疗任务和教学任务的同时,不断加强医院管理,提高医疗服务的质量,为首都人民的健康和医疗事业的发展作出了卓越的贡献,为学校赢得了声誉。与此同时,各附属医院的医疗资源也为学校的发展提供了有力的支持,为师生员工提供了便利优质的医疗救治条件。在此,请允许我代表学校向各大附属医院的全体医护人员表示感谢!

第五,对外宣传工作

今明两年,我校的大事多,对外宣传工作要进一步加强。下半年党的十七大、本科教学评估、党建基本标准评估、研究生教育九十周年、北京论坛,明年我校将召开第十二次党代会、举行110周年校庆、承办北京奥运会乒乓球比赛。宣传工作要配合上述一系列重大活动,做好对外宣传和舆论引导。要结合这些重大活动,对北大的任务和使命,对北大的核心价值、道德准则等北大精神的内涵进行一次广泛的讨论和梳理。

第六,安全工作

本学期的校园安全保卫和稳定工作任务重、责任大,希望各有关部门要高度重视起来,明确分工,各负其责、查找漏洞,改进不足,确保校园安全稳定。8月初,由于原材料价格的大幅度上涨,我校食堂在迫不得已的情况下对部分伙食价格进行了调整,引起学生的广泛关注和讨论。学校安全稳定一线领导小组紧急召开会议,采取了一系列有效措施,稳定了学生的情绪。需要强调的是,安全稳定工作是一个全校性的、全局性的重要工作,稳定压倒一切,全校各单位要共同关注,各单位在涉及师生切身利益问题的改革和政策调整时,一定要有大局观,要讲政治,重大事项必须上报学校党委常委会集体讨论。

最后,我通报一下学校行政领导班子的分工调整情况。陈文申常务副校长已于8月11日离京,正式借调出任驻加拿大公使衔参赞,任期四年。在文申副校长离任期间,学校对他原分管的行政工作进行了调整,由吴志攀常务副书记兼管人事工作;廖陶琴同志任代理副校长,分管财务和审计工作;岳素兰副校长兼任秘书长,兼管首都发展研究院;教育基金会理事长由闵书记兼任。文申同志负责的其他一些工作,学校将在近期下发文件,明确主管领导。

同志们,新学期学校的工作任务相当繁重,重点工作和专项工作要全力以赴,常规性工作也不容懈怠。这个周末,2007级新生即将入校,迎新工作、入学教育、开学典礼、教师节,一环扣一环,希望各部门加强沟通协调,有条不紊地开展工作。

以上我代表行政班子通报了学校的总体情况,并对本学期的工作进行了部署。全校中层干部大会是我校新学期之初最重要的工作会议,今天我摆问题多一些,没展开谈成绩,一方面是希望大家树立全局观念和忧患意识,更重要的是要凝聚共识,鼓舞士气,增强我们正视困难、解决困难的勇气。在座的各位同志是学校各方面的负责人,是学校发展建设的中坚力量,让我们团结一心,扎实工作,开拓进取,锐意创新,以全新的面貌迎接党的十七大和北京奥运会的召开,进一步推进创建一流大学的各项工作。

谢谢大家!

# 北大概况

北京大学创建于1898年，初名京师大学堂，是我国第一所国立综合性大学，也是当时中国的最高教育行政机关。辛亥革命后，于1912年改为现名。1917年，著名教育家蔡元培先生出任北京大学校长，提出"循思想自由原则、取兼容并包主义"，对北京大学进行了卓有成效的改革，促进了思想解放和学术繁荣，为北京大学的发展奠定了坚实基础。卢沟桥事变后，北京大学与清华大学、南开大学南迁长沙，共同组成长沙临时大学。1938年初又迁往昆明，改称国立西南联合大学。抗战胜利后，北京大学于1946年10月在北平复学。

中华人民共和国成立后，全国高校于1952年进行院系调整，北京大学成为一所以文理基础教学和研究为主的综合性大学；同年，北京大学从北京市内的沙滩原址迁移到位于西北郊的原燕京大学校址，即今日"燕园"。

改革开放以来，北京大学迎来了前所未有的大发展、大建设的历史机遇期，并成为国家"211工程"重点建设的大学之一。1998年5月4日，在北京大学百年校庆之际，国家主席江泽民题词："发扬北京大学爱国进步民主科学的优良传统为振兴中华做出更大贡献"，并在庆祝大会上发出了"为了实现现代化，我国要有若干所具有世界先进水平的一流大学"的号召。北京大学积极响应号召，适时启动"创建世界一流大学计划"（"985计划"），自此开启了北京大学建设发展的新篇章。

2000年4月3日，原北京大学与原北京医科大学合并，组建了新的北京大学。原北京医科大学的前身是国立北京医学专门学校，创建于1912年10月26日，并于1946年7月并入北京大学。1952年全国高校院系调整，北大医学院脱离北大，独立为北京医学院，1985年更名为北京医科大学，1996年成为国家首批"211工程"重点支持的医科大学。两校合并进一步拓宽了北大的学科结构，为促进文、理、医相结合及改革医学教育奠定了基础。

一个多世纪以来，作为新文化运动的中心和"五四"运动的策源地、中国最早传播马克思主义和民主科学思想的阵地、中国共产党最早的活动基地，北京大学为民族的振兴和解放、国家的建设和发展、社会的文明和进步做出了不可替代的贡献，在中国走向现代化进程中起到了重要的先锋作用。爱国、进步、民主、科学的传统精神和勤奋、严谨、求实、创新的学风在这里生生不息、代代相传。

自创建以来，北京大学为国家和民族培养了大批人才。据不完全统计，北京大学的校友和教师中有400多位两院院士，中科院数理学部三分之二的院士来自北京大学。1955年，北京大学成立了中国第一个核科学专业，并于20世纪50年代后期相继成立了技术物理系和无线电电子学系，为国防科技战线培养了一批骨干力量，在"两弹一星"的研制中发挥了重要的作用。1956年，在黄昆、谢希德教授的主持下，北京大学创办了我国第一个半导体专业，培养了我国新兴半导体事业的第一批带头人，为我国信息科学技术的发展奠定了人才基础。在人文社科领域，北京大学更是培养和造就了一大批蜚声海内外的著名学者，许多大师级的学者在中国乃至世界都产生了深远影响。北京大学充分发挥多学科优势和人才优势，在中国科学史和科技史上创造了众多第一。1965年，与中国科学院合作，在世界上第一次人工合成了牛胰岛素；1973年，在国内首次研制成功百万次电子计算机；1981年，成功研制中国第一台计算机汉字激光照排系统原理性样机，实现了汉字印刷的第二次革命；1991年，在国内首先研制出碳60、碳70，进入国际先进行列；同年，北京大学测定的铟原子量被接受为原子量国际标准，这是我国科技史上的第一次；2001年，被誉为第一颗"中国芯"的我国首个16位和32位嵌入式微处理器在北京大学诞生，结束了中国信息产业无"芯"的历史。

2007年，北京大学设43个直属院系。开设本科专业105个，覆盖文、理、医等10个学科门类。全校有38个博士学位一级学科授权点、249个博士学位授权点、291个硕士学位授权点、105个本科专业、87个国家重点学科，以及36个博士后流动站。全年博士后研究人员出站198人，进站250人，在站600人。有12个国家重点实验室、2个国家工程研究中心、46个省部级研究院（所、中心、重点实验室）、8所附属医院、12所教学医院。在职教职工18177人，其中专任教师5568人。有教授1577人、副教授1986人、博士生导师1379人，中国科学院、中国工程院院士58人，"长江学者奖励计划"特聘教授和讲座教授99人，"973"项目首席科学家18人，国家杰出青年科学基金获得者128人。毕业生17979人,学历教育学生中全日制研究生4285人(博士生954人、硕士生3331人),普通本专科生3137人(本科生3017人、专科生120人),成人教育本专科生3392人(本科生2153人、专科生1239人),网络教育本专科生5843人(本科生4232人、专科生1611人)。招生24307人,学历教育学生中全日制研究生5352人(博士生1392人、硕士生3960人),普通教育本专科生3172人(本科生3029人、专科生143人),成人教育本专科生3622人(本科生3046人、专科生576人),网络教育本专科生10391人(本科生7240人、专科生3151人)。在校生83660人,学历教育学生中全日制研究生17228人(博士生5979人、硕士生11249人),普通教育本专科生14786人(本科生14170人、专科生616人),成人教育本专科生12097人(本科生8923人、专科生3174人),网络教育本专科生36962人(本科生28635人、专科生8327人)。2007年录取各省(自治区、直辖市、港澳台地区)高考第一名36人(文科第一名24人,理科第一名12人)。本科毕业生就业率97.25%。留学生毕业992人,招生1148人,在校2587人。图书馆建筑面积67462平方米,图书馆藏书777.94万册。校园占地面积为2733633平方米,校舍建筑面积为2147875平方米,固定资产总额404258.73万元,其中教学科研仪器设备资产为193892.77万元。

2007年,北京大学在"科教兴国"和"人才强国"战略的指引下,紧密依托国家"985工程""211工程"的支持,切实加强管理,开拓创新,认真做好教学、科研和社会服务三大中心工作,继续保持良好的发展势头,创建世界一流大学事业稳步向前推进。

**一、深入实施"211工程"和"985工程",学科建设取得新进展**

2007年11月,国家"211工程"部际协调小组办公室正式对外发布了"十五""211工程"建设项目验收结果,认为北京大学全面完成了国家下达的"十五"期间"211工程"重点学科建设、公共服务体系建设和师资队伍建设等任务和预期建设目标,为创建世界一流大学打下了坚实基础。通过"十五""211工程"建设,北京大学在学科建设和师资队伍建设、人才培养、科学研究、办学环境和条件等方面取得了重要进展,重点学科的学术水平得到很大提高,国际影响进一步扩大,尤其是在生命科学、化学、医学、经济学与经济管理、中国传统文化等方面取得了一批标志性成果,为国家经济建设和社会发展提供了人才支持和知识贡献。按照教育部的统一部署,"十一五""211工程"已进入准备阶段,北京大学已编制完成新一期项目的初步建设方案,即将启动可行性研究报告的编制工作。

2007年,国家继续加大对北京大学"985工程"的投入,共下拨中央专项经费5.83亿元,其中校本部4.9亿元,医学部近1亿元,"985工程"二期的18亿专项资金全部到位。在项目执行过程中,北京大学坚持"以队伍建设为核心、以交叉学科为重点、以机制改革为动力"的原则,建设资金严格按照"科技创新平台"和"哲学社会科学创新基地"安排,择优扶重,重点解决学科发展的瓶颈问题。一年来,北京大学的基础学科整体实力得到进一步增强,新建和组建了一批具有世界先进水平的科学研究和公共技术平台,如微纳米加工超净实验室、环境和健康流动观测实验室、地下水及土壤环境微生物实验室、宽频带地震仪流动台阵观测平台等。此外,一批现有的重点实验室和教学实验室得到了加强。北京大学在"985"经费中增加了对前沿交叉学科研究院、工学院、先进技术研究院、分子医学所、科维理天文与天体物理研究所、中国社会科学调查中心、高能物理研究中心、糖尿病研究中心、医学遗传学研究中心、感染病研究中心等一批前沿和交叉学科研究机构的投入,取得了明显效果。为适应人文社会科学学科建设特点,进一步提高学科建设资金的使用效率,北京大学改进项目管理办法,设立了人文社会科学出版专项经费和人文社会科学学术交流专项经费。人文大楼已正式开工建设,儒藏工程项目也进展顺利。

在新一轮国家重点学科评估中,北京大学以87个二级国家重点学科在全国高校领先,中国语言文学、数学、药学等18个一级学科被认定为一级学科国家重点学科,充分体现了北京大学文理工医综合协调发展的良好态势。

**二、稳妥推进岗位设置和聘任工作,高水平师资队伍建设取得新成绩**

北京大学自2004年启动新一轮教师聘任和职务晋升制度改革以来,改革成效初步显现,人才引进、培养、流动的人事管理体制以及公开、公平、公正的绩效考核和评价机制初步形成,人才队伍建设进入了良性发展轨道。按照国家人事部的部署,2007年7月教育部正式启动了高校岗位设置与聘任工作,北京大学在2007年暑假战略研讨会作出相关部署,学校岗位设置领导小组和工作小组于9月份完成《北京大学岗位设置审核表》。10月16日,学校党政联席会审议通过了《北京大学岗位设置管理实施办法》《北京大学岗位聘任实施细则》和《北京大学管理岗位设置与聘用管理办法》,标志着北大与岗位设置相关的制度规范已初步建立。10月19日,学校召开全校动员大会,布置全校岗位聘任实施工作。在全校教职员工、尤其是工会和教代会代表的理解和支持下,此项工作顺利开展。

2007年,北京大学新增长江学者14人,以长江学者为代表的一大批中青年学者已经成长为各学科领域的学科带头人和骨干力量。在两院院士增选中,北大

24名有效候选人中长江学者就有12位,其中化学与分子工程学院高松教授和生命科学学院赵进东教授当选中国科学院院士。教育部"创新团队发展计划"是教育部在"985工程"中实施"高层次创造性人才计划"中的第一层次计划,2007年度北京大学有4个团队入选该计划,另有28人入选教育部"新世纪优秀人才支持计划"。目前实施的"百名青年学者计划",已经到位17人,全部给予了启动经费的支持。通过"985工程"和学校国际合作经费共同支持,"海外学者讲学计划"已初见成效,累计邀请海外学者242人次。

2007年1月,学校修订并颁布了《北京大学教师学术道德规范》,成立了校学术道德委员会及其办公室,负责全校学术道德方面的方针、政策的制定,接受对学术道德问题的举报并进行独立调查。一年来,学术道德委员会在校学术委员会的指导下,积极开展工作,制定并颁布了《北京大学学术道德委员会工作办法(草案)》,针对新聘教职工开展了学术道德教育,受理了多个有关学术道德问题的举报并作出处理建议。

### 三、紧扣国家需求,发挥自身优势,科研实力不断增强

2007年科研工作发展势头良好,全年到校科研经费8.57亿元,比上一年增长16%。一大批优秀的科研成果获得各级各类科技奖项,在2009年度国家科学技术奖中,北大作为第一完成单位共获奖5项,其中自然科学二等奖3项、科技进步二等奖2项。教育部公布的"高校年度十大科技进展"中,北大再度有两项科研成果入选,分别是医学部基础医学院顾江教授主持完成的"禽流感病毒可以母传胎儿且造成多器官感染"和计算机研究所杨斌副研究员主持完成的"高端彩色打印控制关键技术"。这是北大连续三年有两项成果入选高校年度十大科技进展。方精云院士、尚永丰教授还荣获年度"何梁何利基金科学与技术进步奖"。

2007年,北大共新增5个国家科技部973计划项目和2个重大科学研究计划项目;47项863计划专题课题获准立项。共获得国家自然科学基金新批项目360多项,总批准经费约1.6亿多,10名老师获国家杰出青年科学基金资助,"杰青"人数达到128人。欧阳颀教授领导的研究群体获得国家自然科学基金创新研究群体科学基金资助。科技部还正式批准北大建设"核物理与核技术"国家重点实验室。

2007年,北大文科科研经费继续大幅度增长,突破7000万元。13个教育部人文社会科学重点研究基地新申请基地重大课题26项,总量达到162项。赵存生、阎步克、徐湘林三位教授当选教育部社会科学委员会新增委员,任期四年,使北大委员人数增至18人,位居全国高校首位。

### 四、以本科教学工作水平评估和研究生教育九十周年为契机,深化教育教学改革,教学质量得到进一步提高

2007年11月19日至23日,教育部对北京大学本科教育教学工作进行了为期一周的检查和评估。期间,教育部专家组参观了学校的基础设施,走访了22个职能部门和34个教学单位,调阅了大量的试卷和论文,并进行了随机听课、学生基本技能测试等考查项目。在评估意见反馈大会上,专家组对北大迎评工作给予了充分肯定,高度评价了北大的本科教学工作水平,也为北大本科教育的发展提出了很多很好的意见和建议。在筹备评估的过程中,学校认真总结了过去20年本科教学改革的经验和成绩,本科教育教学理念进一步得到升华,为今后的改革指明了方向。与此同时,北京大学也认识到评估暴露出本科教育工作在管理、课堂教学和人才队伍建设等方面仍存在很多问题。按照专家建议,北京大学将进一步创新制度、完善机制,加大人才引进和培养的力度;继续巩固和发展文理基础学科和医学的优势,进一步推进学科的交叉与融合,构建引领社会文明和科学发展方向,体现北大核心价值,具有更加鲜明的北大特色的学科体系。

作为我国最早开展研究生教育的国立综合性大学,2007年是北京大学开展研究生教育90周年。为此,学校举行了隆重的纪念庆典,回顾了90年来研究生教育的发展历程,总结了招生、培养、奖助方面的经验,对提高研究生培养质量,探索研究生教育的发展与创新具有重要的指导意义。2007年是北大研究生培养机制改革全面实施的第一年,在已有相关政策规定的基础上,学校出台了《研究生培养机制改革政策的补充规定》和《北京大学学籍异动研究生学费和学业奖学金管理办法》,加强奖助管理工作的制度建设,逐步完善了"以学业奖学金和助研岗位为基础,以助教岗位和专项奖学金为补充,以调控招生计划为特点"的奖助工作体系。培养机制改革中建立的学业奖学金激励机制,加大了对全日制研究生的资助力度,控制了资助资金的流向,调动了广大研究生进行学习、科研的积极性,有利于学校选拔出更加适合从事科学研究的优秀生源。

2007年,北大学生在多个重大的国际学术活动中屡获佳绩:学生代表队在第23届美国大学生数学建模竞赛中获得特等奖;在有全球54支大学代表队参加的第三届国际基因工程机械设计竞赛上,北大获得了大赛唯一大奖和信息处理专项奖第一名;北大同学在韩国机器人大赛上获得金奖,并夺得中国机器人大赛水中机器人竞赛三项冠军。

### 五、提高服务意识,坚持以人为本,学生工作更加科学、规范、有效

2007年,北京大学全面贯彻落实党中央、国务院

《关于进一步加强和改进大学生思想政治教育的意见》,深入开展"文明生活、健康成才"主题教育活动,大力推动学生工作的全面发展和科学转型,着力加强学生工作队伍建设和学生思想政治教育工作,切实提高学生管理工作和学生服务工作水平。

着力加强针对思想偏激、心理脆弱、经济贫困、学业困难、学籍异动和生活独立等重点学生的排查工作,及时发现、妥善解决问题,切实维护学生正常的学习生活和校园安全稳定;举办以"时代先锋、青年表率、追求卓越、勇于担当"为主题的北京大学首届本科新生党员培训班,开拓了学生党建工作的新途径。

认真做好学生服务工作,编撰了《北京大学学生违纪处理卷宗》和《北京大学学生退学申诉处理卷宗》,提升工作的规范化水平;针对学生工作系统干部、学生专项助理开展系统的培训,制作并下发了《研究生新生适应手册》《班主任辅导员手册》等各种培训资料和工作手册,构筑心理健康全员教育机制。同时,继续设立新生入学"绿色通道",为学生提供全方位、全过程、立体化的资助服务。学生课外活动指导中心坚持开展校园文化建设活动,不仅丰富了学生业余生活,同时培养了学生高雅、健康的情趣,使一大批学生社团和各类人才脱颖而出。

学校在毕业离校教育、形势政策教育、国防教育等工作领域也不断创新。全面开展"砥砺青春,心系国防"教育活动月,号召全校同学深入学习光华管理学院高明同学胸怀祖国、报效人民的远大志向,并顺利完成在校大学生征兵工作,有三名优秀大学生应征入伍。毕业生就业工作在维持较高就业率的同时,就业质量也稳步提升。截至2007年8月31日,北大2007届本专科毕业生就业率为97.05%,毕业研究生就业率为96.59%,再创历史新高。实际就业的本科毕业生中,66.2%的毕业生前往中央和地方党政机关、省部级以上科研单位、985重点高校、大型国有企业等国家重点行业和领域工作,10.2%的毕业生自愿前往西部、部队、支教和京郊农村参加工作,其中到西藏工作的毕业生共有13人,集中反映了北大毕业生热爱祖国、投身西部、奉献基层的远大理想和可贵的精神风貌。

**六、加强资金管理,狠抓筹资工作,基础设施建设稳步推进**

2007年学校总收入比2006年增长了18.3%。其中,科研收入8.57亿元,办学收入8.86亿元,分别比2006年增加了近1亿元;校办企业上缴大幅度增加,包括方正、青鸟、未名等企业的股权转制款在内,共计上缴4.33亿元。学校高度重视筹款工作,获得多项重要的捐赠款项,累计金额超过3亿元。基层院系也开始认识到争取社会资源对自身发展的重要推动作用,开始把校友和筹款工作当成院系发展的重要工作来抓,取得了非常好的效果。

在基础设施建设工作领域,北京大学体育馆竣工,校本部第二教学楼、医学部逸夫教学楼投入使用,簸斗桥学生宿舍和食堂工程以及三四教改造基本完成,新化学南楼拔地而起。未名湖北岸等区域的拆迁工作圆满结束,为北京国际数学中心、人文大楼工程的建设打下坚实的基础。五道口教师经济适用房项目于2007年4月开始动工建设,肖家河教师公寓项目也取得了重要进展。

**七、对外合作走向深入,服务社会功能进一步拓展**

截至2007年年底,北大已与10个省(市、自治区)和新疆生产建设兵团签署了全面合作协议,与地方合作创办了软件与微电子学院无锡基地和北京大学上海微电子研究院,与东城区政府共同建立了"国子监大讲堂"。全年共转让科研成果283项,到账金额达7200多万元,2007年,北大在京七家医院的门诊总量超过600万人次,急诊量56万人次,收治住院病人15万人次,为首都乃至全国人民提供了优质的医疗服务。

2007年,北大共接待三位国家元首,各国政要近60位,接待国外大学校长代表团80多个,召开大型国际会议70多个,国外与会者2000多人次。北大去年共聘请外国专家300多人次,有来自世界88个国家的长期留学生近2000人,接受各类短期留学生超过3000人次。"国家建设高水平大学公派研究生项目"启动以来,已有282名同学被项目录取。成功举办第四届北京大学国际文化节和第四届北京论坛。

2007年是奥运筹备的决战之年,北大进一步凝聚力量,全面推进承担的奥运筹备相关工作。北大综合体育馆落成,并成功举办了"好运北京"国际乒联职业巡回赛总决赛和国际乒乓球邀请赛团体赛,通过这两项重要的赛事,北大体育馆的硬件设施和场馆团队的管理服务都得到了很好的锻炼。北大是大陆高校中唯一的"中国奥委会备战2008奥运会科技合作伙伴",承担了近20项科技奥运项目;积极筹备奥运会前夕将在北大举行的"奥运冠军论坛";北大在京的七所附属医院被认定为奥运定点医院;北大作为向国家体育场、奥运乒乓球馆和海淀体育馆输送志愿者的主责高校,学生志愿者报名人数已超过一万人,北大还担负了向"好运北京"系列赛事提供语言、媒体、驾驶、医疗等专业志愿者的任务。各项工作得到了奥组委的好评。

(张兴明　尹鹤灵)

# · 2007年学校基本数据 ·

(统计截止日期：2007年10月10日)

一、基本数据
  校园面积             2733633 平方米（约 4100 亩）
  校舍建筑面积          2147875 平方米（约 215 万平方米）
  图书馆藏书[①]
    一般图书           777.94 万册
    电子图书           43.33 万册
  固定资产总额          404258.73 万元
    其中：教学科研仪器设备资产值   193892.77 万元

二、教职工人数（单位：人）
（一）在职教职工          18177
  其中：
  院士[②]
    中国科学院院士         52
    中国工程院院士         7
    第三世界科学院院士       14
  文科资深教授          22
  "长江学者奖励计划"特聘教授、讲座教授  99
  "973 项目"首席科学家       18
  国家杰出青年基金获得者      128
  博士生导师[③]          1379
  职称分布：
    正高级            1772
    副高级            2843
    中级             5488
    初级             4064
    无职称            4010
  专任教师[④]           5568
    其中：
    正高级            1577
    副高级            1986
    中级             1528
    初级             366

---

① 含各院系资料室图书。
② 人事关系在北大的两院院士人数为 41 人。
③ 指在岗人数。
④ 其中校本部 2287 人，医学部本部 639 人，附属医院 2642 人。

|  |  |
|---|---|
| 无职称 | 111 |
| 博士学历 | 2948 |
| 硕士学历 | 1328 |
| 本科学历 | 1220 |
| 专科及以下 | 72 |
| 教辅人员① | 6339 |
| 行政人员② | 1715 |
| 工勤人员③ | 2207 |
| 科研机构人员 | 1381 |
| 校办企业职工 | 342 |
| 其他附设机构人员④ | 625 |

（二）其他人员

|  |  |
|---|---|
| 离退休人员⑤ | 8424 |
| 聘请校外教师 | 180 |
| 附属中小学幼儿园教职工 | 374 |

### 三、在校学生人数(单位：人)

（一）全日制学生　32014

本专科学生　14786

（本科14170，专科616）

组成如下：

|  |  |
|---|---|
| 一年级 | 3830 |
| 二年级 | 3655 |
| 三年级 | 3461 |
| 四年级 | 3313 |
| 五年级及以上 | 527 |

其中：

|  |  |
|---|---|
| 女生 | 7139 |
| 共产党员 | 2449 |
| 少数民族 | 1158 |
| 华侨港澳台 | 254 |

研究生　17228

（博研5979，硕研11249）

组成如下：

一年级　6119

（博研1704，硕研4415）

二年级　5607

（博研1387，硕研4220）

三年级及以上　5502

（博研2888，硕研2614）

其中：

计划内研究生　博研5516

---

① 其中校本部905人，医学部本部487人，附属医院4947人。
② 其中校本部913人，医学部本部339人，附属医院463人。
③ 其中校本部1364人，医学部本部193人，附属医院650人。
④ 指我校附属的印刷厂、出版社、校医院等机构中，由高等教育经费支付工资的人员。
⑤ 其中校本部4584人，医学部本部1242人，附属医院2598人。

|  |  |
|---|---|
| 计划外研究生 | 硕研 8421 |
|  | 博研 463 |
|  | （委培 297，自筹 166） |
|  | 硕研 2828 |
|  | （委培 264，自筹 2564） |
| 女生 | 7430 |
| 共产党员 | 6298 |
| 少数民族 | 540 |
| 华侨港澳台 | 274 |
| （二）成人教育学生 | 12097 |
| 组成如下： |  |
| 函授 | 1596 |
|  | （专本 1137，专科 459） |
| 业余 | 6948 |
|  | （专本 4528，专科 2420） |
| 脱产班 | 3553 |
|  | （本科 3258，专科 295） |
| （三）网络本专科生 | 10391 |
|  | （本科 7240，专科 3151） |
| （四）外国留学生① | 2587 |
| 其中： |  |
| 博士生 | 177 |
| 硕士生 | 273 |
| 本科生 | 1479 |
| 进修（培训）生 | 658 |
| 四、博士后人数(单位：人) |  |
| 在站人数 | 666 |
| 累计进站人数 | 2629 |
| 五、专业情况 |  |
| 本科专业 | 105 个 |
| 专科专业 | 1 个 |
| 第二学士学位专业 | 2 个 |
| 硕士学位授权点② | 291 个 |
| 博士学位授权点 | 249 个 |
| 国家重点学科 | 87 个 |
| 博士后科研流动站 | 36 个 |
| 六、教学科研机构 |  |
| 直属院系 | 43 个③ |
| 国家重点实验室 | 12 个 |
| 省部级重点实验室(院、所、中心) | 46 个 |

---

① 统计口径是在我校连续学习半年以上的外国留学生。
② 硕士学位授权点和博士学位授权点分别包含自设的，同时去掉本部和医学部重复的学位授权点。
③ 数学科学学院、工学院、物理学院、地球与空间科学学院、信息科学技术学院、化学与分子工程学院、生命科学学院、城市环境学院、环境科学与工程学院、心理学系、中国语言文学系、历史学系、考古文博学院、哲学系(宗教学系)、国际关系学院、新闻与传播学院、政府管理学院、经济学院、光华管理学院、法学院、信息管理系、社会学系、外国语学院、马克思主义学院、元培学院、教育学院、艺术学院、计算机科学技术研究所、中国经济研究中心、人口学研究所、对外汉语教育学院、软件学院、成人教育学院、基础医学院、药学院、公共卫生学院、护理学院、第一临床医学院、第二临床医学院、第三临床医学院、口腔医学院、临床肿瘤学院、精神卫生研究所。

| | |
|---|---|
| 国家工程研究中心 | 2个 |
| 国家创新群体 | 12个 |
| 附属医院（所） | 6个① |

# 校本部基本数据

## 一、基本情况

| | |
|---|---|
| 校园面积 | 2340103平方米（约3510亩） |
| 校舍建筑面积 | 1803350平方米（约2705亩） |
| 图书馆藏书 | |
| 　一般图书 | 735.14万册 |
| 　电子图书 | 30.93万册 |
| 固定资产总额 | 313799.57万元 |
| 　其中：教学科研仪器设备资产值 | 151962.86万元 |

## 二、教职工情况（单位：人）

| | |
|---|---|
| （一）在职教职工 | 7661 |
| 　其中： | |
| 　两院院士 | 48 |
| 　"长江学者奖励计划"特聘教授、讲座教授 | 82 |
| 　博士生导师 | 1103 |
| 　职称分布： | |
| 　　正高级 | 1016 |
| 　　副高级 | 1554 |
| 　　中级 | 2026 |
| 　　初级 | 420 |
| 　　无职称 | 2645 |
| 　专任教师 | 2287 |
| 　　其中： | |
| 　　　正高级 | 901 |
| 　　　副高级 | 974 |
| 　　　中级 | 397 |
| 　　　初级 | 15 |
| 　　　博士 | 1635 |
| 　　　硕士 | 439 |
| 　　　本科 | 211 |
| 　　　专科及以下 | 2 |
| 　教辅人员 | 905 |
| 　行政人员 | 913 |
| 　工勤人员 | 1364 |
| 　科研机构人员 | 1277 |

---

① 附属医院同时是北大临床医学院，其中肿瘤医院人事关系不在北大。首钢医院、深圳医院管理体制特殊，以前我校自己统计8家附属医院时包含这两个医院，现在对外不再宣称北大附属医院，因此附属医院数变为6家。

| | |
|---|---|
| 校办企业员工 | 290 |
| 其他附设机构人员 | 625 |

(二) 其他人员
    离退休人员　　　　　　　　　　　　　　4584
    聘请校外教师　　　　　　　　　　　　　180
    附属中小学幼儿园教职工　　　　　　　　374

三、在校学生数(单位:人)
(一) 全日制学生数　　　　　　　　　　　　　25074
    本专科学生　　　　　　　　　　　　　　11165
    　　　　　　　　　　　　　　(本科 11165,专科 0)

    组成如下:
        一年级　　　　　　　　　　　　　　3022
        二年级　　　　　　　　　　　　　　2847
        三年级　　　　　　　　　　　　　　2600
        四年级　　　　　　　　　　　　　　2661
        五年级及以上　　　　　　　　　　　35
    其中:
        女生　　　　　　　　　　　　　　　4933
        共产党员　　　　　　　　　　　　　1941
        少数民族　　　　　　　　　　　　　829
        华侨港澳台　　　　　　　　　　　　181
    研究生　　　　　　　　　　　　　　　13909
    　　　　　　　　　　　　　　(博研 4547,硕研 9362)

    组成如下:
        一年级　　　　　　　　　　　　　　4507
    　　　　　　　　　　　　　　(博研 1027,硕研 3480)
        二年级　　　　　　　　　　　　　　4652
    　　　　　　　　　　　　　　(博研 1032,硕研 3620)
        三年级　　　　　　　　　　　　　　4750
    　　　　　　　　　　　　　　(博研 2488,硕研 2262)
    其中:
        计划内研究生博研　　　　　　　　　博研 4134
    　　　　　　　　　　　　　　　　　硕研 6615
        计划外研究生博研　　　　　　　　　博研 413
    　　　　　　　　　　　　　　(委培 273,自筹 140)
    　　　　　　　　　　　　　　　　　硕研 2747
    　　　　　　　　　　　　　　(委培 260,自筹 2487)
        女生　　　　　　　　　　　　　　　5545
        共产党员　　　　　　　　　　　　　5345
        少数民族　　　　　　　　　　　　　526
        华侨港澳台　　　　　　　　　　　　246
(二) 成人教育学生　　　　　　　　　　　　　7970
    组成如下:
        函授　　　　　　　　　　　　　　　1596
    　　　　　　　　　　　　　　(专本 1137,专科 459)
        业余　　　　　　　　　　　　　　　2821
    　　　　　　　　　　　　　　(专本 2554,专科 267)

| | | |
|---|---|---|
| 脱产班 | 3553 | |
| | （本科 3258，专科 295） | |
| （三）网络本科生 | 21242 | |
| | （本科 21242，专科 0） | |
| （四）外国留学生 | 2026 | |
| 　　其中： | | |
| 　　　博士生 | 176 | |
| 　　　硕士生 | 246 | |
| 　　　本科生 | 1003 | |
| 　　　进修生（培训） | 601 | |
| 四、博士后情况（单位：人） | | |
| 　　在站人数 | 591 | |
| 　　累计进站人数 | 2209 | |
| 五、专业情况 | | |
| 　　本科专业 | 95 个 | |
| 　　第二学士学位专业 | 2 个 | |
| 　　博士后科研流动站 | 30 个 | |
| 六、教学科研机构 | | |
| 　　直属院系 | 33 个 | |
| 　　国家重点实验室 | 11 个 | |
| 　　省部级部重点实验室（院、所、中心） | 35 个 | |
| 　　国家工程研究中心 | 2 个 | |

# 医学部基本数据

一、基本情况
　　校园面积　　　　　　　　　　　　　　393530 平方米（约 590 亩）
　　校舍建筑面积　　　　　　　　　　　　344525 平方米（约 517 亩）
　　图书馆藏书
　　　一般图书　　　　　　　　　　　　　42.8 万册
　　　电子图书　　　　　　　　　　　　　12.4 万册
　　固定资产总额　　　　　　　　　　　　90459.16 万元
　　　其中：教学、科研仪器设备资产　　　41929.91 万元
二、教职工情况（单位：人）
（一）在职教职工　　　　　　　　　　　　10516
　　其中：
　　　两院院士　　　　　　　　　　　　　10
　　　"长江学者奖励计划"特聘教授、讲座教授　17
　　　博士生导师　　　　　　　　　　　　276
　　职称分布：
　　　　正高级　　　　　　　　　　　　　756
　　　　副高级　　　　　　　　　　　　　1289
　　　　中级　　　　　　　　　　　　　　3462

|  |  |
|---|---|
| 初级 | 3644 |
| 无职称 | 1365 |
| 专任教师 | 3281 |
| 其中： |  |
| 　　正高级 | 676 |
| 　　副高级 | 1012 |
| 　　中级 | 1131 |
| 　　初级 | 351 |
| 　　无职称 | 111 |
| 　　博士学历 | 1313 |
| 　　硕士学历 | 889 |
| 　　本科学历 | 1009 |
| 　　专科及以下 | 70 |
| 教辅人员 | 5434 |
| 行政人员 | 802 |
| 工勤人员 | 843 |
| 校办企业员工 | 52 |
| （二）其他人员 |  |
| 离退休人员 | 3840 |
| 聘请校外教师 | 0 |

三、在校学生数（单位：人）

|  |  |
|---|---|
| （一）全日制学生数 | 6940 |
| 本专科学生 | 3621 |
|  | （本科 3005，专科 616） |
| 组成如下： |  |
| 　一年级 | 808 |
| 　二年级 | 808 |
| 　三年级 | 861 |
| 　四年级 | 652 |
| 　五年级及以上 | 492 |
| 其中： |  |
| 　女生 | 2206 |
| 　共产党员 | 508 |
| 　华侨港澳台 | 73 |
| 研究生 | 3319 |
|  | （博研 1432，硕研 1887） |
| 组成如下： | 1612 |
| 　一年级 | （博研 677，硕研 935） |
|  | 955 |
| 　二年级 | （博研 355，硕研 600） |
|  | 752 |
| 　三年级 | （博研 400，硕研 352） |
| 其中： |  |
| 　女生 | 1885 |
| 　共产党员 | 953 |
| 　华侨港澳台 | 28 |

(二) 成人教育学生数　　　　　　　　　　4127
　　组成如下：
　　　　函授　　　　　　　　　　　　　0
　　　　　　　　　　　　　　　　　　　(专本0,专科0)
　　　　业余　　　　　　　　　　　　　4127
　　　　　　　　　　　　　　　　　　　(专本1974,专科2153)
　　　　脱产班　　　　　　　　　　　　0
　　　　　　　　　　　　　　　　　　　(本科0,专科0)
(三) 网络本专科生　　　　　　　　　　5698
　　　　　　　　　　　　　　　　　　　(本科2547,专科3151)
(四) 外国留学生　　　　　　　　　　　561
　　其中：
　　　　博士生　　　　　　　　　　　　1
　　　　硕士生　　　　　　　　　　　　27
　　　　本科生　　　　　　　　　　　　476
　　　　进修生(培训)　　　　　　　　　57
四、博士后情况(单位：人)
　　在站人数　　　　　　　　　　　　　75
　　累计进站人数　　　　　　　　　　　420
五、专业情况
　　本科专业　　　　　　　　　　　　　10个
　　专科专业　　　　　　　　　　　　　1个
　　博士后科研流动站　　　　　　　　　6个
六、教学科研机构
　　直属院系　　　　　　　　　　　　　10个
　　国家重点实验室　　　　　　　　　　1个
　　省部级部重点实验室(院、所、中心)　　11个
　　附属医院(所)　　　　　　　　　　　6个

# · 机 构 与 干 部 ·

## 校领导机构组成名单

| | |
|---|---|
| 党 委 书 记 | 闵维方 |
| 党委常务副书记 | 吴志攀 |
| 党 委 副 书 记 | 张 彦　王丽梅　杨 河 |
| 党 委 常 委 | 王丽梅　许智宏　杨 河　吴志攀　闵维方　张 彦　张国有　陈文申　林建华　岳素兰<br>柯 杨　敖英芳　鞠传进 |
| 校　　　　长 | 许智宏 |
| 常 务 副 校 长 | 陈文申　林建华　柯 杨 |
| 副 　校 　长 | 岳素兰　鞠传进　张国有　海 闻 |
| 纪 委 书 记 | 王丽梅(兼) |
| 校 长 助 理 | 史守旭　张维迎　李晓明　于鸿君　朱 星　李岩松　马大龙<br>李 强(2007年9月4日任)　刘 伟(2007年9月4日任) |
| 秘 书 长 | 陈文申(兼)(2007年9月11日免)　岳素兰(兼)(2007年9月11日任) |
| 教 务 长 | 林建华(兼) |
| 总 务 长 | 鞠传进(兼) |

## 学术委员会

| | | |
|---|---|---|
| 主　　　任 | 许智宏 | |
| 副 主 任 | 闵维方　林建华　韩启德 | |
| 委　　　员 | 丁伟岳　马 戎　方 竞　王缉思　王德炳　王 夔　厉以宁　叶 朗　宁 骚　甘子钊<br>申 丹　朱作言　朱苏力　何芳川　佘振苏　吴志攀　吴树青　张恭庆　李晓明　杨芙清<br>肖瑞平　陈佳洱　陈建生　陈晓非　陈慰峰　周力平　林久祥　林毅夫　欧阳颀　柯 杨<br>赵进东　赵新生　袁行霈　郭应禄　黎乐民　陈文申　张国有 | |

## 专业技术职务评审委员会

| | |
|---|---|
| 主　　　任 | 许智宏 |
| 副 主 任 | 闵维方　林建华　柯 杨 |

| 委　　　员 | 吴志攀　陈文申　岳素兰　林久祥　林钧敬　鞠传进　迟惠生　李晓明　陆正飞　温儒敏 |
| | 戴龙基　吴慰慈　张新祥　许崇任　闫　敏　张宏印　刘克新　李月东　周岳明 |

# 学位评定委员会

| 主　　　席 | 许智宏 |
| 副　主　席 | 林建华　吴志攀　柯　杨　张国有 |
| 委　　　员 | 袁行霈　甘子钊　厉以宁　杨芙清　文　兰　涂传诒　张传茂　彭练矛　胡　军　王邦维 |
| | 钱乘旦　李　强　陈学飞　王缉思　王　夔　王　宪　段丽萍　俞光岩　胡永华　王仰麟 |

# 学部学术委员会

### 人文学部学术委员会

| 主　　　任 | 袁行霈 |
| 副　主　任 | 赵敦华　申　丹 |
| 委　　　员 | 王邦维　叶　朗　仲呈祥　刘金才　严文明　何芳川　李克安　吴国盛　张玉安　陈平原 |
| | 陈　来　林久祥　罗　芃　罗志田　阎步克　蒋绍愚 |

### 社会科学部学术委员会

| 主　　　任 | 厉以宁 |
| 副　主　任 | 睢国余　陈兴良 |
| 委　　　员 | 丁小浩　牛　军　王　余　叶自成　宁　骚　刘世定　吴树青　陈庆云　易杰雄　姚　洋 |
| | 姜明安　秦铁辉　徐信忠　黄桂田　程郁缀　程曼丽 |

### 理学部学术委员会

| 主　　　任 | 甘子钊 |
| 副　主　任 | 姜伯驹　赵新生　赵进东 |
| 委　　　员 | 方精云　王　垒　朱玉贤　严纯华　吴志攀　张传茂　张恭庆　李晓明　来鲁华　陈建生 |
| | 陈晓非　孟　杰　欧阳颀　赵光达　郝守刚　耿　直　陶　澍　童庆禧　黎乐民 |

### 信息与工程学部学术委员会

| 主　　　任 | 杨芙清 |
| 副　主　任 | 佘振苏　王子宇 |
| 委　　　员 | 王阳元　王建祥　朱　星　肖建国　林建华　查红彬　倪晋仁　唐孝炎　何新贵　黄　琳 |
| | 彭练矛　程　旭 |

## 医学部第二届学术委员会

| 名誉主任委员 | 韩启德 | | | | | | | | |
|---|---|---|---|---|---|---|---|---|---|
| 顾问委员 | 王志珍 | 王志新 | 王　夔 | 陆道培 | 陈慰峰 | 秦伯益 | 郭应禄 | 庄　辉 | 沈渔邨 | 童坦君 |
| | 韩济生 | 强伯勤 | | | | | | | | |
| 委　员 | 马大龙 | 方伟岗 | 王宪顾 | 江尚永 | 丰卢炜 | 张礼和 | 王培玉 | 郭　岩 | 张大庆 | 丁　洁 |
| | 万远廉 | 王海燕 | 李若瑜 | 黎晓新 | 黄晓军 | 魏丽惠 | 郭继鸿 | 刘忠军 | 陈贵安 | 林三仁 |
| | 敖英芳 | 俞光岩 | 高学军 | 张　岱 | 林东昕 | 柯　杨 | 李萍萍 | | | |

## 第五届教职工代表大会执行委员会

| 主　任 | 岳素兰 | | | | | | | | |
|---|---|---|---|---|---|---|---|---|---|
| 副主任 | 鞠传进 | 张国有 | 孙　丽 | 敖英芳 | | | | | |
| 委　员 | 王春虎 | 王　蓉 | 王　磊 | 王　燕 | 孔庆东 | 史录文 | 关海庭 | 孙　丽 | 张大成 | 张宝岭 |
| | 张国有 | 陈淑敏 | 胡　坚 | 岳素兰 | 敖英芳 | 梁　燕 | 鲁安怀 | 廖秦平 | 鞠传进 | |

## 医学部负责人

| 党委书记 | 敖英芳 |
|---|---|
| 党委副书记 | 吴建伟（2007年1月2日任）　李文胜　顾　芸 |
| 纪委书记 | 孔凡红（兼）（2007年1月2日任） |
| 纪委副书记 | 孔凡红（兼）（2007年1月2日免）　石敬慈（2007年1月2日任） |
| 主　任 | 韩启德（兼） |
| 常务副主任 | 柯　杨（兼） |
| 副主任 | 李　鹰　闫　敏　方伟岗　姜保国　王　宪 |
| 主任助理 | 段丽萍　宝海荣　马大龙 |

## 机关各部门、工会、团委负责人

### 校本部

| 党委办公室校长办公室 | 主任 | 刘海明（2007年8月28日免） |
| | | 缪劲翔（2007年8月28日任） |
| 发展规划部 | 部长 | 李　强 |
| 纪委监察室 | 主任 | 叶静漪（兼） |
| 党委组织部 | 部长 | 郭　海 |
| 党委宣传部 | 部长 | 赵为民（兼） |

|  |  |  |
|---|---|---|
|  | 常务副部长 | 夏文斌 |
| 党委统战部 | 部长 | 卢咸池 |
| 学生工作部、人民武装部 | 部长 | 马化祥(2007年6月20日任) |
| 保卫部 | 部长 | 安国江 |
| 保密委员会办公室 | 主任 | 刘旭东 |
| 教务部 | 部长 | 关海庭 |
| 科学研究部 | 部长 | 李晓明(兼)(2007年9月11日免) |
|  |  | 周 辉(2007年9月11日任) |
| 社会科学部 | 部长 | 程郁缀 |
|  | 常务副部长 | 萧 群 |
| "211工程"办公室 | 主任 | 李晓明(兼) |
| 研究生院 | 院长 | 许智宏 |
|  | 常务副院长 | 王仰麟(兼) |
| 继续教育部 | 部长 | 郑学益 |
| 人事部 | 部长 | 周岳明 |
|  | 常务副部长 | 刘 波(2007年8月28日任) |
| 财务部 | 部长 | 闫 敏(兼) |
| 国际合作部 | 部长 | 李岩松(兼) |
|  | 常务副部长 | 夏红卫 |
| 总务部 | 部长 | 杨仲昭(兼) |
| 房地产管理部 | 部长 | 李国忠 |
| 实验室与设备管理部 | 部长 | 张新祥 |
| 基建工程部 | 部长 | 莫元彬 |
| 审计室 | 主任 | 王 雷 |
| 校办产业管理委员会办公室 | 主任 | 姜玉祥(2007年5月8日免) |
|  | 代主任 | 何志毅(2007年5月8日—9月4日) |
|  | 主任 | 刘 伟(兼)(2007年9月4日任) |
| 科技开发部 | 部长 | 姜玉祥(2007年5月8日任) |
| 信息化建设与管理办公室 | 主任 | 黄达武(兼) |
| 工会 | 主席 | 岳素兰(兼) |
|  | 常务副主席 | 孙 丽 |
|  | 常务副主席 | 王春虎 |
| 团委 | 书记 | 韩 流 |
| 机关党委 | 书记 | 李国斌 |
| 后勤党委 | 书记 | 张宝岭(兼) |
| 校办产业党工委 | 书记 | 李月东 |

## 医 学 部

|  |  |  |
|---|---|---|
| 党委办公室主任办公室 | 主任 | 戴谷音(2007年3月免) |
|  |  | 肖 渊(2007年3月任) |
| 纪检监察办公室 | 主任 | 孔凡红(2007年3月免) |
|  |  | 石敬慈(2007年3月任) |
| 党委组织部 | 部长 | 顾 芸(2007年3月免) |
|  |  | 戴谷音(2007年3月任) |
| 党委宣传部 | 部长 | 姜 辉 |
| 党委统战部 | 部长 | 乔 力 |
| 研究生工作部 | 部长 | 段丽萍 |

| | | |
|---|---|---|
| 学生工作部 | 部长 | 辛　兵（2007年8月免） |
| | | 王维民（2007年8月任） |
| 党校 | 副校长（副处） | 王军为 |
| 机关党委 | 书记 | 刘淑英 |
| 后勤党委 | 书记 | 王运生 |
| 产业总支 | 书记 | 侯利平 |
| 工会 | 主席 | 王春虎 |
| 团委 | 书记 | 丁　磊（2007年10月免） |
| 保卫处 | 处长 | 易本兴 |
| 人事处 | 处长 | 林　丛 |
| 人才培训与服务中心 | 主任（副处） | 朱树梅 |
| 教育处 | 处长 | 辛　兵（2007年8月免） |
| | | 王维民（2007年8月任） |
| 科学研究处 | 处长 | 方伟岗（2007年5月免） |
| | | 沈如群（2007年5月任） |
| 研究生院 | 常务副院长 | 段丽萍 |
| 继续教育处 | 处长 | 高子芬 |
| 医院管理处 | 处长 | 英立平 |
| 计划财务处 | 处长 | 郑　庄 |
| 国际合作处 | 处长 | 董　哲 |
| 审计办公室 | 主任 | 张　明 |
| 设备与实验室管理处 | 处长 | 柏　志（2007年9月免） |
| 产业管理办公室 | 主任 | 章　京 |
| 后勤与基建管理处 | 处长 | 宝海荣 |

# 各院、系、所、中心负责人

## 校　本　部

| | | |
|---|---|---|
| 数学科学学院 | 党委书记 | 刘化荣 |
| | 院长 | 张继平 |
| 工学院 | 党委书记 | 谭文长 |
| | 院长 | 陈十一 |
| 物理学院 | 党委书记 | 陈晓林 |
| | 院长 | 叶沿林 |
| 信息科学技术学院 | 党委书记 | 郭　瑛 |
| | 院长 | 梅　宏 |
| 化学与分子工程学院 | 党委书记 | 刘　锋 |
| | 院长 | 高　松 |
| 生命科学学院 | 党委书记 | 许崇任 |
| | 院长 | 丁明孝（2007年9月4日免） |
| | | 饶　毅（2007年9月4日任） |
| | 常务副院长 | 许崇任（兼）（2007年9月25日免） |
| | | 赵进东（2007年9月25日任） |

| 地球与空间科学学院 | 党委书记 | 宋振清 |
| | 院长 | 陈运泰 |
| | 常务副院长 | 潘懋 |
| 环境学院 | 党委书记 | 莫多闻（2007年5月8日免） |
| | 院长 | 江家驷（2007年5月8日免） |
| | 常务副院长 | 张远航（2007年5月8日免） |
| 城市与环境学院 | 党委书记 | 莫多闻（2007年5月8日任） |
| | 院长 | 陶澍（2007年5月8日任） |
| 环境科学与工程学院 | 党委书记 | 白郁华（2007年5月8日任） |
| | 院长 | 张远航（2007年5月8日任） |
| 心理学系 | 党委书记 | 吴艳红 |
| | 主任 | 韩世辉 |
| 计算机科学技术研究所 | 所长 | 肖建国 |
| 中国语言文学系 | 党委书记 | 蒋朗朗 |
| | 主任 | 温儒敏 |
| 历史学系 | 党委书记 | 王春梅 |
| | 主任 | 牛大勇 |
| 考古文博学院 | 党委书记 | 刘绪 |
| | 院长 | 赵辉 |
| 哲学系/宗教学系 | 党委书记 | 丰子义 |
| | 主任 | 赵敦华 |
| 国际关系学院 | 党委书记 | 邱恩田 |
| | 院长 | 王缉思 |
| 经济学院 | 党委书记 | 刘文忻 |
| | 院长 | 刘伟 |
| 光华管理学院 | 党委书记 | 王其文（2007年5月31日免） |
| | | 陆正飞（2007年5月31日任） |
| | 院长 | 张维迎（兼） |
| 法学院 | 党委书记 | 张守文 |
| | 院长 | 朱苏力 |
| 信息管理系 | 党委书记 | 祁延莉 |
| | 主任 | 王余光 |
| 社会学系 | 党委书记 | 吴宝科（兼） |
| | 主任 | 马戎（2007年7月10日免） |
| | | 谢立中（2007年7月10日任） |
| 政府管理学院 | 党委书记 | 李成言 |
| | 院长 | 罗豪才 |
| | 常务副院长 | 傅军 |
| 外国语学院 | 党委书记 | 吴新英 |
| | 院长 | 程朝翔 |
| 新闻与传播学院 | 党委书记 | 赵为民（兼） |
| | 院长 | 邵华泽 |
| | 常务副院长 | 徐泓 |
| 艺术学院 | 直属党支部书记 | 彭吉象（2007年7月10日免） |
| | 党总支书记 | 张晓黎（2007年7月10日任） |
| | 院长 | 叶朗 |
| 马克思主义学院 | 党委书记 | 黄南平 |

| | 院长 | 陈占安 |
|---|---|---|
| 教育学院 | 党委书记 | 陈晓宇 |
| | 院长 | 闵维方(兼) |
| | 常务副院长 | 陈学飞 |
| 人口研究所 | 所长 | 郑晓瑛 |
| 对外汉语教育学院 | 党总支书记 | 张秀环(2007年6月20日免) |
| | | 王若江(2007年6月20日任) |
| | 院长 | 李晓琪 |
| 先进技术研究院 | 院长 | 林建华(兼) |
| | 常务副院长 | 白树林(兼) |
| 深圳研究生院 | 党总支书记 | 栾胜基 |
| | 院长 | 林钧敬 |
| | 常务副院长 | 海 闻(兼) |
| | | 史守旭(兼) |
| 成人教育学院 | 党总支书记 | 迟行刚 |
| | 院长 | 李国斌(兼) |
| 网络教育学院 | 院长 | 侯建军 |
| 体育教研部 | 直属党支部书记 | 李朝斌 |
| | 主任 | 郝光安 |
| 元培计划管理委员会 | 党总支书记 | 查 晶 |
| 元培学院 | 院长 | 朱庆之(2007年7月3日任) |

## 医 学 部

| 基础医学院 | 党委书记 | 朱卫国 |
|---|---|---|
| | 院长 | 顾 江 |
| 药学院 | 党委书记 | 解冬雪 |
| | 院长 | 刘俊义 |
| 公共卫生学院 | 党委书记 | 王 燕 |
| | 院长 | 胡永华 |
| 护理学院 | 党总支书记 | 尚少梅 |
| | 院长 | 段丽萍(兼) |
| 公共教学部 | 党委书记 | 吴玉杰 |
| | 主任 | 张大庆 |
| 网络学院 | 院长 | 高澍苹 |
| 第一医院 | 党委书记 | 刘新民 |
| | 院长 | 刘玉村 |
| 人民医院 | 党委书记 | 陈 红 |
| | 院长 | 王 杉 |
| 第三医院 | 党委书记 | 贺 蓓 |
| | 院长 | 陈仲强 |
| 口腔医院 | 党委书记 | 李铁军 |
| | 院长 | 俞光岩 |
| 肿瘤医院 | 党委书记 | 李萍萍 |
| | 院长 | 游伟程 |
| 精神卫生研究所 | 党委书记 | 黄悦勤 |
| | 所长 | 于 欣 |

# 直属、附属单位负责人名单

## 校 本 部

| | | |
|---|---|---|
| 计算中心 | 主任 | 黄达武 |
| 图书馆 | 党委书记 | 高倬贤 |
| | 馆长 | 戴龙基 |
| 现代教育技术中心 | 主任 | 李树芳（2007年1月2日免） |
| | | 汪 琼（2007年1月2日任） |
| 档案馆 | 馆长 | 赵存生（兼）（2007年3月13日免） |
| | | 马建钧（2007年3月13日任） |
| | 常务副馆长 | 赵兰明（2007年3月13日免） |
| 校史馆 | 馆长 | 赵存生（兼）（2007年3月13日免） |
| | | 马建钧（2007年3月13日任） |
| | 常务副馆长 | 马建钧（2007年3月13日免） |
| 出版社 | 党委书记 | 金娟萍 |
| | 社长 | 王明舟 |
| | 总编辑 | 张黎明 |
| 校医院 | 党委书记 | 叶树青 |
| | 院长 | 张宏印 |
| 燕园街道党工委 | 书记 | 何敬仁 |
| 燕园街道办事处 | 主任 | 张书仁（2007年7月10日免） |
| | | 沈 扬（2007年7月10日任） |
| 附属中学 | 党委书记 | 康 健 |
| | 校长 | 康 健 |
| 附属小学 | 直属党支部书记 | 尹 超 |
| | 校长 | 尹 超 |
| 首都发展研究院 | 院长 | 迟惠生 |
| | 常务副院长 | 杨开忠（兼） |
| 教育基金会 | 秘书长 | 邓 娅 |
| 会议中心 | 主任 | 范 强 |
| 燕园社区服务中心 | 主任 | 赵桂莲（兼） |
| 餐饮中心 | 主任 | 崔芳菊（兼） |
| 直属单位党总支 | 书记 | 马建钧（兼） |

## 医 学 部

| | | |
|---|---|---|
| 图书馆 | 馆长 | 李 刚 |
| 档案馆 | 副馆长 | 侯建新 |
| 实验动物科学部 | 主任 | 郑振辉 |
| 信息通讯中心 | 主任 | 张 翎 |
| 医药卫生分析中心 | 主任 | 崔育新 |

| | | | |
|---|---|---|---|
| 出版社 | 社长 | 陆银道 | |
| 学报（医学版）编辑部 | 主任 | 周传敬 | |
| | 主任 | 曾桂芳(2007年5月11日任命) | |
| 生育健康研究所 | 所长 | 李　竹 | |
| 医学教育研究所 | 所长 | 王　宪(2007年12月29日任命) | |
| 中国药物依赖性研究所 | 所长 | 陆　林 | |
| 心血管研究所 | 所长 | 韩启德 | |
| | 共同所长 | 张幼怡 | |

# 各民主党派和归国华侨联合会负责人

| | | |
|---|---|---|
| 中国国民党革命委员会北京大学支部委员会 | 主任委员 | 吴泰然 |
| | 副主任委员 | 关　平 |
| 中国民主同盟北京大学委员会 | 主任委员 | 鲁安怀 |
| | 副主任委员 | 沈正华　刘　力　陈晓明 |
| 中国民主建国会北京大学支部委员会 | 主任委员 | 陈效逑 |
| | 副主任委员 | 邱建国 |
| 中国民主促进会北京大学委员会 | 主任委员 | 张颐武 |
| | 副主任委员 | 胡　军　佟　新　刘凯欣 |
| 中国农工民主党北京大学支部委员会 | 主任委员 | 刘富坤 |
| | 副主任委员 | 孙东东 |
| 中国致公党北京大学支部委员会 | 主任委员 | 唐晓峰 |
| | 副主任委员 | 马　军 |
| 九三学社北京大学委员会 | 主任委员 | 陆杰华 |
| | 副主任委员 | 种连荣(常务)　沈兴海　姚孟臣　杨其湘 |
| 北京大学归国华侨联合会 | 主席 | 李安山 |
| | 副主席 | 王佩瑛(常务)　周力平　曲振卿 |
| 中国民主同盟北京大学医学部委员会 | 主任委员 | 季加孚 |
| | 副主任委员 | 卫　燕　李载权　吴　东 |
| 中国农工民主党北京大学委员会 | 主任委员 | 顾　晋 |
| | 副主任委员 | 刘富坤　李　东　金燕志　黄　迅 |
| 九三学社北京大学第二委员会 | 主任委员 | 吴　明 |
| | 副主任委员 | 李安良(常务)　陈　新　屈汉庭　王荫华 |
| 中国致公党北京大学医学部支部委员会 | 主任委员 | 陈仲强 |
| 北京大学医学部归国华侨联合会 | 主席 | 于长隆 |
| | 副主席 | 陈淑华(常务)　刘国魂　黄河清 |

## ·院系情况·

## 数学科学学院

【发展概况】 1913年，北京大学设立数学门，成为我国现代第一个数学系科。1919年改称数学系。1952年我国高校院系调整后成立数学力学系。1969年力学专业迁往陕西汉中，后独立成力学系。1985年概率统计专业独立成概率统计系。1995年在数学系和概率统计系的基础上成立北京大学数学科学学院。

数学科学学院现设有五个系：数学系、概率统计系、科学与工程计算系、信息科学系、金融数学系。北京大学数学研究所是原国家教委批准成立的研究单位，是数学科学学院体制创新的标志。北京大学数理统计研究所与概率统计系结合在一起，实行系所合一的体制。北京大学数学与应用数学（教育部）重点实验室、国家教育部高校数学研究与高等人才培养中心、北京数学会、北京计算数学学会挂靠数学科学学院。数学科学学院还编辑出版《数学进展》《分析中的理论及其应用》（英文版）等全国性学术刊物。

2007年底，数学科学学院在编教职员工137人，其中教师114人，党政管理人员、实验技术人员、教学辅助人员共23人，博士后17人。教师中有教授54人、副教授31人、讲师29人，教授中有6人为中国科学院院士，其中3人为第三世界科学院院士。2007年"985"岗位聘任114人，其中：A类岗48人、B类岗51人、C类岗3人、职员岗12人。

**表6-1　2007年数学科学学院教师获奖统计**

| 获奖人 | 奖项 |
| --- | --- |
| 宗传明 | 陈省身数学奖 |
| 张恭庆 | 全国名师奖 |
| 张平文，汤涛，李若，汤华中 | 2007年度教育部自然科学奖一等奖 |
| 张平文 | 2007年教育部创新团队 |
| 汤华中 | 2007年教育部"新世纪优秀人才支持计划" |
| 夏壁灿 | 2007年教育部"新世纪优秀人才支持计划" |
| 史宇光 | 国家杰出青年科学基金 |
| 杨家忠 | 2006—2007学年北京大学教学优秀奖 |
| 吴岚 | 2006—2007学年北京大学教学优秀奖 |

【学科建设】 数学科学学院现有两个一级学科：数学、统计学。三个本科专业：数学与应用数学、统计学、信息与计算科学。四个博士专业：基础数学、应用数学、计算数学、概率统计，四个博士专业都设有博士后流动站并全部被评为重点学科。

2007年数学科学学院招收本科生161人，硕士研究生68人，博士研究生51人。毕业本科生203人，硕士研究生75人，博士研究生35人。2007年春季在校学生1137人，其中：本科生739人，硕士研究生216人，博士研究生182人，进修教师9人；秋季在校生1106人，其中：本科生697人，硕士研究生210人，博士研究生199人，进修教师15人。

2007年春季开设研究生课程41门，讨论班55个，本科生课程46门，其他院系高等数学课22门；秋季开设研究生课程33门，讨论班53个，本科生课程31门，其他院系高等数学课28门。

2007年数学科学学院秋季招收双学位学生126人，春季毕业人数93人，春季在校人数273人，实际开课门数6门；秋季在校人数306人，实际开课门数6门。

2007年11月，教育部本科教学水平评估专家莅临学院检查指导工作，所听的课程有5门：刘培东《高等数学》B(光华)、刘嘉荃《高等数学》B(信息)、丘维声《数学的思维方式与创新》(全校通选课)、包志强《拓扑学》、马翔《微分几何》;抽查的考卷有 2 门:蔡金星《高等代数》和冯荣权《高等代数》;抽查的毕业论文有 50 本:2003 级数学与应用数学专业毕业生论文。

北京大学特别数学讲座于 2007 年 6 月中旬到 7 月下旬成功举办了第 10 期。讲座聘请了 7 位国际知名的数学家担任讲座教授,Han Qing 教授(Notre Dame University,USA),Qing Jie 教授(UCSC,USA),G. Galloway 教授(University of Miami,USA),Wang Zhenghan 教授(UCSB,USA),Lihe Wang 教授(University of Iowa,USA),Claude Viterbo 教授(Centre de Mathématiques Ecole Polytechnique,France),Huang Yizhi 教授(Rutgers University,USA)。

组织者从国内各高校挑选 103 名优秀博士生和硕士生参加特别数学讲座的学习,旁听人数 20 余人。

【科研工作】 数学科学学院 2007 年在研项目 101 项,由 65 人承担,其中:国家"973"项目 9 项,国家"863"项目 1 项,国家杰出、海外、群体基金 6 项,科学基金重大重点项目 6 项,科学基金国际合作项目及其他专项 3 项,科学基金面上项目 31 项,科学基金协作项目 10 项,教育部博士点基金 15 项,教育部人才相关基金及专项 12 项,教育部重大重点项目 2 项,国防项目 1 项,国际合作项目 2 项,企事业单位委托项目 1 项。

数学科学学院 2007 年结题项目 19 项,其中教育部博士点基金项目 4 项,自然科学基金项目 23 项。数学科学学院 2007 年获批的项目共 22 项,其中:博士点基金项目 6 项,资助经费 36 万元,自然科学基金项目 16 项,资助经费 519 万元。

表 6-2　2007 年数学科学学院获批科研项目

| 项目名称 | 项目负责人 | 批准金额(万元) | 项目类别 |
| --- | --- | --- | --- |
| 非阶化 Hamiltonial 型和 Special 型李代数的表示 | 赵玉凤 | 15 | 青年科学基金 |
| 可积系统 | 戴波 | 15 | 青年科学基金 |
| 系统生物学研究中的随机过程与统计力学方法 | 蒋达权 | 16 | 青年科学基金 |
| 双栅半导体场效应晶体管的并行快速算法和数值模拟 | 卢朓 | 15 | 青年科学基金 |
| 流形上的分析 | 史宇光 | 140 | 国家杰出青年科学基金 |
| 复杂删失数据的统计分析及其应用 | 何书元 | 130 | 重点项目 |
| 李群与随机矩阵 | 王正栋 | 17 | 自由申请 |
| 关于芬斯勒几何的若干研究 | 莫小欢 | 24 | 自由申请 |
| 李球微分几何及其子几何的子流形理论 | 王长平 | 20 | 自由申请 |
| 图模型的结构学习及因果推断 | 耿直 | 18 | 自由申请 |
| 基于调和映照的协同式自适应方法及其应用 | 张平文 | 22 | 自由申请 |
| 基于逻辑的不一致需求管理方法 | 牟克典 | 20 | 青年科学基金 |
| 有限混合体数据的动态模型选择算法及其应用 | 马尽文 | 27 | 自由申请 |
| Web 服务编排与协作的形式化模型 | 裘宗燕 | 29 | 自由申请 |
| 应用数学与科学计算暑期学校 | 张平文 | 6 | 科学部主任委托 |
| 北京几何拓扑国际会议 | 王诗宬 | 5 | 科学部主任委托 |
| 高分辨自适应网格方法及其激光聚变研究中应用 | 汤华中 | 6 | 博士点基金 |
| 海森堡群上的薛定谔算子的分析 | 刘和平 | 6 | 博士点基金 |
| KAM 理论和非线性振动 | 柳彬 | 6 | 博士点基金 |
| ICA 并行分离算法中模板密度函数的自适应匹配与无假解分析 | 马尽文 | 6 | 博士点基金 |
| 删失数据下时间序列模型的统计推断 | 何书元 | 6 | 博士点基金 |
| 低维拓扑 | 王诗宬 | 6 | 博士点基金 |

数学科学学院 2007 年发表论文 183 篇,出版科技著作及教材 6 本,译著 1 本。数学科学学院 2007 年共发表 SCI 论文 160 篇。

表 6-3  数学科学学院入选 2007 年北京高等教育精品教材建设立项项目名单

| 获奖人 | 项目名称 | 适用层次 |
| --- | --- | --- |
| 程士宏 | 概率极值和次序统计量 | 本科生 |
| 谭小江 | 多复分析与复流形引论 | 本科生 |
| 吴 岚 | 风险理论 | 本科生 |
| 何书元 | 随机过程 | 本科生 |

【学术交流】 学院为了加强学科建设，活跃学术气氛，采用"请进来、走出去"的办法加强学术交流，2007 年数学科学学院接待计划内专家来访共 36 周，主请国外短期讲学专家 15 人，顺请外籍学者 103 人。教师出国出境 85 人次（含港、澳、台地区），其中：长期访问、讲学、合作研究、进修 9 人次，短期访问、讲学、合作研究、研讨会等 20 人次，参加国际学术会议 56 人次。

【党建与学生工作】 2007 年，数学科学学院党委坚持党政分工合作、协调配合的运行机制，全力支持、密切配合学院行政工作，把党建、政治思想工作积极围绕学院的学科建设、队伍建设、人才培养等中心工作展开。同时，学院党委着力抓好党组织自身建设，进一步发挥共产党员的先锋模范作用，为学院的改革和发展做好政治保障和组织保障。在校党委的领导下，学院党委根据党建和思想政治工作基本标准的要求，认真检查，开展自评，撰写自评报告，积极配合校党委，圆满完成了北京市委教育工委对于北京大学的党建和思想政治工作基本标准的检查评估工作。

数学科学学院党委被评为 2007 年北京大学党务和思想政治工作先进集体。刘旭峰教授、马尽文教授被评为 2007 年优秀党务和思想政治工作者。

学院党委积极慎重地做好组织工作，在师生中积极培养和发展新党员，2007 年在青年教师中发展 1 名党员，在学生中发展 22 名党员。

结合新形势、新任务，学院党委开展生动活泼、形式多样的党员组织生活。院党委组织教工党员赴西柏坡参观学习，举行了"重温入党誓词，牢记两个务必"的主题党员组织活动。2005 级本科党支部举行了"继承革命传统，唱响革命歌曲"的演唱会。2003 级博士班党支部组织全体同学来到了北海公园开展了一次别开生面的"构建和谐"主题党日活动。2006 级硕士生支部成员 11 人以及积极分子 5 人参加了孟二冬教授逝世一周年的纪念活动。

党的十七大召开期间，学院党委及时组织党员和教职工收看大会开幕式及胡锦涛总书记在大会报告的实况转播。会后组织全体党员以党支部为单位，学习、领会十七大精神，贯彻十七大的各项方针政策。

学生工作坚持育人为本，德育为先。在校学生工作部、校团委的领导和支持下，在院党委和行政的直接领导下，院学生工作组、院团委密切配合，积极开展工作，取得了丰硕的成果。在 2006—2007 学年评优表彰中：

数学科学学院获学校推荐北京市三好学生 2 人，获学校推荐北京市优秀学生干部 1 人。

获学校三好学生标兵 9 人、学术类创新奖 2 人、体育类创新奖 1 人、三好学生 62 人、优秀学生干部 3 人、学习优秀奖 40 人、社会工作奖 32 人；创新团队 1 支。

2006 级博士班获得北京大学优秀班集体表彰，并被学校推荐为北京市优秀班集体；获得先进学风班 4 个；2006 级博士班团支部获组织建设奖，2006 级本科 1 班团支部获工作创新奖；优秀团干部 5 人；优秀团员 6 人。

林一青获得北京大学第十五届"挑战杯"——五四青年科学奖竞赛一等奖；刘少言所在团队获得北京大学第八届"北大科技园杯"学生创业计划大赛银奖。

数学科学学院团委获得北京大学 2007 年暑期社会实践优秀组织奖；易欣获得优秀领队教师奖。

在 2007 年 2 月举行的美国大学生数学建模与跨学科建模竞赛中，数学科学学院同学所在队伍共获得了 1 个特等奖、1 个一等奖和 12 个二等奖的优异成绩。

在 9 月举行的全国大学生数学建模竞赛中，数学科学学院学生所在团队获得一等奖 2 项、二等奖 1 项；此外还有 5 支团队获得北京赛区一等奖。

在 2007 年上半年举行的北大杯各项体育赛事中，数学科学学院获得北大杯、硕士杯足球、篮球冠军；击剑比赛团体冠军。

在 2007 年"北大之锋"辩论赛中闯入四强；在 2007 年"新生杯"辩论赛中获得亚军。2006 级本科生杨远同学在第二届"我心中的奥运"北京市大学生英语演讲比赛决赛中以优异成绩获得特等奖。

# 工 学 院

【发展概况】 工学院下设五个系和一个国家重点实验室：力学与空天技术系、能源与资源工程系、生物医学工程系、先进材料与纳米技术系、工业工程与管理系，及湍流与复杂系统国家重点实验室。

2007年3月，任命黄克服为工学院副院长，主管教学工作。2007年，工学院教员共计79人，分布情况如下：力学与空天技术系现有教员43位，其中2007年新聘特聘研究员3位；能源与资源工程系现有教员12位，其中2007年新聘特聘研究员6人；生物医学工程系现有教员12位，其中2007年新聘特聘研究员2位；先进材料与纳米技术系现有教员6位，其中2007年新聘特聘研究员2位；工业工程与管理系现有教员6位，其中2007年新聘特聘研究员1位。

【教学工作】 2007年，工学院有2003级本科生53人（2007年夏季毕业），2004级59人，2005级52人，2006级65人，2007级100人。2004级至2007级本科生分别在"理论与应用力学""工程结构分析""能源与资源工程"3个专业学习。

2007年，工学院通过筹款获得的奖学金和助学金开始评选发放，其中包括埃克森美孚奖学金和斯伦贝谢奖助金。埃克森美孚奖学金由埃克森美孚公司提供，奖金全额2万美元。斯伦贝谢奖助金由斯伦贝谢公司提供，为四年制全程资助奖助金，奖助金金额为每人1万元/年，同时斯伦贝谢公司还将为每位获得资助的学生提供每年为期1—2个月的实习机会。

2007年11月，教育部本科教学工作水平评估组专家到工学院考察指导工作。考察过程中教育部专家就工学院的专业设置、学院建设等方面进行了交流，并祝愿北大工学院能够有更好的发展，实现"高起点、高质量、高水平"的目标，最终获得成功。

2007年，工学院有硕士研究生216人，博士研究生114人。其中包括：2001级博士生1人，2002级博士生9人，2003级硕士生2人，博士生10人，2004级硕士生1人，博士生20人，2005级硕士生45人，博士生20人，2006级硕士生75人，博士生24人，2007级硕士生93人，博士生30人。

学院内有力学一级学科博士学位授予权，下设一般力学与力学基础、固体力学、流体力学、工程力学、生物力学与医学工程、力学系统与控制等六个二级学科；此外，还设有两个二级学科硕士学位授予单位：生物医学工程、控制理论与控制工程。

2007年，国家教育部对工学院力学学科（包括流体力学、固体力学、一般力学与力学基础）进行重点学科评估，并确定从2007年起，力学学科为国家一级重点学科。

【科研工作】 2007年工学院在科研方面取得了较大成果。2007年，工学院举办各类学术报告69场。2007年，工学院共获准经费10076万（含外拨经费）。其中地方共建经费4000万，国家自然科学基金获准24项，共894万；国家自然科学基金重点项目和重大研究计划面上项目各1项，共300万；负责国家973计划课题2项，共865万；国家科技支撑计划课题1项，共485万；国家重大科学研究计划子课题2项，共548万；教育部科学技术研究重大项目和新世纪优秀人才支持计划各1项；航天与国防项目12项，共194万；企事业单位委托项目55项，共2005万。

2007年工学院发表论文200余篇，其中SCI检索173篇，以工学院教员为第一作者和通讯作者的SCI检索98篇，EI检索103篇，国内核心期刊发表31篇。

9月，"北京大学工学院精密医疗仪器（无锡）研发中心"挂牌仪式在江苏无锡举行，由此北大工学院和无锡精密医疗仪器研发项目正式启动。11月，绍兴市与北京大学工学院签署框架协议，决定进行产学研整体合作，共建北大工学院绍兴技术研究院，以加快对高新技术领域的前瞻性技术研究，推动绍兴市产业升级、技术进步和结构调整，实现对环境资源的协调开发。同月，"北京大学——山西新能源新工业产业化中心"合作项目研讨会在长治市隆重召开。这次研讨会，作为长治市政府和北京大学联合筹建"北京大学——山西新能源新工业产业化中心"的前期工作内容之一，旨在宣传介绍北京大学最新研究成果，更新产业发展理念，加强长治市企业与一流高等院校的交流，促进项目对接，使长治市与北京大学的项目合作取得实质性进展。

【交流合作】 2007年，为加强工学院外事工作建设和管理，工学院逐渐健全院外事工作规章制度，更新并实施了《工学院教职工出访申报流程》。围绕学校中心任务，积极配合、保质保量地完成学校国际合作部统一布置的工作，包括对外交流、人员派出、港澳台事务、外国专家管理等。

2007年，工学院积极争取与国外大学、科研机构开展交流合作并取得了实质性进展，国际交流活动日益频繁，合作办学规模逐步扩大，办学质量不断提高。2007年6月，工学院与韩国首尔国立大学工学院签署了学生交换备忘录，双方的合作计划从2008年秋季学期开始。其他已经确定的合作项目包括：与美国University of Washington at Seattle工学院的院际合作项目；与美国明尼苏达大学技术学院合作研究项目；与美国佐治亚理工学院的合作研究项目。2007年，与美国明尼苏达大学技术学院合作研究项目工学院已有三位教员获得美方资助。

2007年，工学院先后利用北大"海外学者讲学计划"聘请外国专家40余人讲课和讲座，其中7人来学院讲课，其余为讲座。他们分别来自澳大利亚、美国、加拿大、日本、法国、德国、新西兰、挪威等国家以及香港和台湾地区。

2007年,共接待来自美国、英国、韩国、日本等国和香港、台湾地区的各类来宾100余人次,并邀请和接待了40多名外国专家来我校举办学术讲座和进行短期学术交流,加强了学校同国外的学术合作和交流。2007年7月举办首届国际能源与环境研究计算方法大会,2007年11月举办北京大学—联合国教科文组织水资源管理伦理学国际研讨会,法国驻华使馆首届环境科学节"能源可持续性论坛"。

2007年8月工学院生物医学工程系全体教员赴美国佐治亚理工学院访问,就双方合作办学、研究等事宜进行了有益的探讨。

2007年,直接筹集捐赠款项目已取得初步进展,在对外合作方面落实多个签约项目。其中包括埃克森美孚公司赞助捐款奖学金全额2万美元;美国COULTER基金会同意捐款250万美元作为挑战基金,另外已经拨款150万美元支持北大工学院生物医学工程系和美国GEORGIA TECH的合作。

2007年,工学院在对外宣传合作方面也取得了很大成绩。成功召开工学院第二次理事会。会议中六位教授分别就研究进展和学生教育问题做主题报告。参会的理事成员非常关心工学院成立以来的发展,并迫切希望能够在人才培养、工学院建设和学生社会实践工作等方面拿出自己的力量加以推动。8月,工学院召开首届指导委员会工作会议,指导委员会对工学院的学科发展方向和近两年取得的重要进展表示赞赏,并充分肯定了工学院以发展技术科学和工程科学(science-based engineering)为主的定位,并对工学院的进一步发展提出了建设性意见。12月,北大工学院召开讲席教授颁布仪式,聘任黄琳院士、吴晓磊教授为北京大学"泰普工学"讲座教授。

【党建与学生工作】 2007年,工学院党委基于"政治核心,监督保障、营造氛围、促进发展"的工作定位,积极开展学院的党委工作。学院党委重视思想建设,重视党风廉政建设。上半年,重点开展了支部的党建达标活动,围绕党建达标活动的各项具体指标,查漏补缺,规范支部建设。在教工支部中,大力开展了师德师风活动,践行"围绕发展抓党建,抓好党建促发展"的工作宗旨。下半年,积极参加了北京市教工委组织的党建达标验收活动,认真组织广大党员学习、贯彻、领会十七大会议精神,围绕科学发展观和高等教育重在质量开展了丰富多彩的支部活动。

2007年工学院党委重视组织建设,认真培养、发展新党员,共组织25人参加学校党课班的学习,新发展党员20人,其中教工2人,本科生3人,研究生15人。全年有27人转为正式党员。2007年,学院共有三个申报的"北京大学基层党建创新项目"获得资助。

2007年是工学院学生工作扎实开展,大力推进的一年。工学院学生工作办公室在过去工作的基础上,继续坚持"育人为本"的理念,一切以学生健康成才为依归,积极构建工学院和谐育人的环境,营造教师全员育人的氛围,以规范促管理,寓教育于服务,立足工学实际,以活动为依托,强化指导功能,打造工学特色,全方位促进学生成长成才,开创了富有工学特色的基层学生工作的新局面。

2007年,共有多个集体和个人获得各级各类表彰和奖励。2006级本科班获"迎教学评估、促学风建设"主题班会二等奖;4人获北京市第十八届大学生数学竞赛甲组三等奖;高教社杯全国大学生数学建模竞赛中,3人获全国一等奖,3人获北京市一等奖。在2007年10月第9届韩国智能机器人大赛(Korea Intelligent Robot Contest)中荣获金奖;在中国机器人大赛暨RoboCup中国公开赛中荣获水中机器人竞赛冠军。

# 物理学院

【发展概况】 物理学院成立于2001年5月18日。它是由原物理系、技术物理系核物理专业、重离子物理研究所、地球物理系的大气物理与气象专业、天文系等单位合并而成。物理学院有物理学、大气科学、天文学和核科学与技术等一级学科及博士点各4个,物理学、大气科学国家一级重点学科2个和天体物理、核技术及应用国家二级重点学科2个;博士后流动站4个;有物理学、核科学与技术和大气科学3个国家理科基础研究和教学人才培养基地。学院设置了9个教学科研实体单位:基础物理教学中心、基础物理实验教学中心、大气科学系、天文学系、技术物理系、理论物理研究所、凝聚态物理与材料物理研究所、现代光学研究所、重离子物理研究所,并挂靠有学校的电子显微镜专业实验室。依托物理学院建立了人工微结构与介观物理国家重点实验室、核物理与核技术国家重点实验室、医学物理北京市重点实验室、李政道高能物理研究中心、科维理天文与天体物理研究所等科研机构。

物理学院现有在职教职工约267人,其中教师174人(含教授83名、副教授69名、中科院院士14名(含外聘院士)、长江特聘教授12名),教学辅助人员(工程、实验、图书资料)70人。截至2007年12月,物理学院在站博士后共有27人,其中:凝聚态13人,光学所1人,理论所5人,技物系2人,重离子所1人,大气科学3人,天文2人;2007年年内先后有16人出站。

【教学科研】 2007年9月22日物理学院举行了谢义炳先生90周年诞辰纪念会暨铜像落成仪式；12月8日举行了胡宁先生逝世十周年纪念会暨铜像落成仪式。

2007年度，物理学院教师获得两项国家自然科学二等奖，分别是：功能准一维半导体纳米结构与物理研究（俞大鹏、冯孙齐、徐军、薛增泉、奚中和）、纳米硅-纳米氧化硅体系发光及其物理机制（秦国刚、冉广照、秦国毅、徐东升、张伯蕊）。

以欧阳颀教授作为项目负责人的国家自然科学基金创新研究群体"生物网络研究"获得批准。赵光达院士作为项目负责人的国家自然科学基金创新研究群体"量子色动力学与强子物理"三年期满后经评审获得滚动资助。

"核物理与核技术"国家重点实验室获得批准正式开始建设，沈文庆院士任实验室学术委员会主任，叶沿林受聘实验室主任。

由叶沿林教授担任首席科学家的国家重点基础研究发展计划（973项目）"放射性核束物理与核天体物理"和由朱星教授担任首席科学家的国家重大科学研究计划"纳米尺度光学、电子、力学高分辨检测研究"获国家科技部正式批准启动。

2007年以物理学院为第一署名单位发表的影响因子超过7的论文有9篇，其中 *Phys. Rev. Lett.* 四篇（赵光达等2篇，王晓钢等1篇，王宏利等 1 篇），*Molecular Systems Biology* 1篇（欧阳颀等）、*Nano Letters* 4篇（欧阳颀等1篇，朱星等1篇，戴伦等2篇），PR系列约35篇，APL约16篇。孟杰教授发表在 *Progress in Particle and Nuclear Physics*（Vol 57, No 2 2006,57(2): 470-563）论文，获得了中国科学技术信息研究所评出的首届中国百篇最具影响优秀国际学术论文称号。

截止到2007年12月24日，物理学院2007年到校科研经费7189万元。

物理学院8个国家二级重点学科今年顺利完成了国家重点学科的考核评估工作。经过评估，有6个二级重点学科升级为物理学和大气科学2个国家一级重点学科，同时保留天体物理和核技术及应用2个国家二级重点学科。

完成了新的国家重点学科建设与发展规划（2007—2010）。

2007年核物理基础科学人才培养基地（理科基地）获教育部批准单独设立，并获得全额资助。许甫荣教授任该基地负责人。

2007年两门课程被评为国家精品课程：近代物理实验、核物理与粒子物理导论。

2007年刘玉鑫教授入选北京市高校教学名师奖；徐仁新教授入选教育部新世纪优秀人才。

【队伍与学科建设】 2007年离退休9人，调离1人（其中正高2人，副高4人，中级2人，职员2人）。2007年补充11人（其中国外引进1人，博士后出站留校3人，选留应届毕业生7人）。2007年通过教授任职资格2人，副教授5人；正高工2人；研究馆员1人；工程师1人；实验师1人。

物理学院今年发表SCI论文近340篇。全院教师正在进行的项目包括：主持973项目3项，主持973课题12项；主持国家重大科学研究计划项目2项，课题4项；主持863项目7项；主持国家杰出、海外和群体基金9项；主持国家自然科学基金重大重点项目9项，重大研究计划课题6项，国际合作项目及其他专项6项，面上项目81项，协作项目8项；主持教育部博士点基金17项，人才相关基金及专项21项，重大重点项目4项；主持国防项目3项；主持北京市科技项目6项，国际合作项目7项；其他项目11项。共计206项。

2007年，物理学院教师获得国家重点基础研究发展计划（973）资助课题2项（秦国刚、叶沿林），获国家重大科学研究计划资助课题2项（朱星、张朝晖），获国家高技术研究发展计划（863）资助课题3项（胡晓东、马平、杨涛）。获得国家自然科学基金资助38项，其中面上项目33项，平均资助强度32万元；秦国刚教授、许甫荣教授、郭之虞教授、王晓刚教授获基金重点项目资助；许甫荣教授负责的核物理基础科学人才培养基地获得资助。获博士点基金资助6项，北京市科技新星1项。2007年学院教师申请专利12项，获专利授权5项。

北京大学第四届实验技术成果奖：物理学院获一等奖1项，二等奖4项，三等奖5项；2007年物理学院购置800元以上仪器总金额4215547.58元，686台；购置40万元以上大型仪器总金额11606197.4元，8台；获开放测试基金资助34.15万。

2007年在站博士后共有27人，其中：凝聚态11人，光学所1人，理论所5人，技物系2人，重离子所1人，大气科学3人，天文2人，电镜室2人；2007年年内先后有16人出站（含1位外籍博士后）。

2007年共获得教育部批准聘请外专重点项目15人，经费46.5万元，利用教育部重点项目共聘请外宾36人次，使用经费24万。学校拨给物理学院海外讲学计划32万元。共支持聘请短期来校的专家约71人次。

主办重要国际或海峡两岸学术活动：发射线气体星云的深度分光分析和模型研究国际会议；北京第三次医学影像物理与工程国际会议暨国际医学影像前沿及其在治疗领域的应用讲习班；第一届亚太地区天体物理、空间和实验室中的等离子体物理研讨会；第二届海峡两岸物理研讨暨物理系主任联席会；"海峡两岸恒星形成研讨会"；"第13届国际射频超导会议"；HERMES合作组大会；黑洞吸积盘理论国际研讨会；中日核物理合作委员会第一次会议；北京大学—耶鲁大学系列论坛；"强相互作用物质与核天体物理"全国研究生暑期学校等。按照学校要求建立保密工作机制并配合完成多次检查工作。

【人才培养】 2007年学院统一招收本科生203位，物理招收177、天文招收26；其中九院定向生10名，国防定向生10名；国际物理奥赛金、银牌获得者2人，全国物理竞赛决赛选手30多名。2007年度本科毕业191人，其中授予理学学士学位的181人，结业3人，毕业没有学位的1人，毕业一年后换证书的6人。蒋莹莹、刘克新获2007—2008年度北京大学教学优秀奖。共有29位本科生申请的16个项目得到"国家大学生创新训练计划"的支持。开始参加本科生科研项目的2005级本科生共40人，24个项目。2006年开始的本科生科研项目于今年10月结题，参加科研的55名学生获得了研究型学习的学分，并经过答辩评出一等奖2人；二等奖6人；三等奖11人。

2007年物理学院总计招收研究生188人，其中博士研究生87人（含1名外国留学生），硕士研究生101人。在今年的接收推荐免试研究生工作中，共收到申请材料112份，经过初审及差额复试，共接收推荐免试研究生86人，其中直博51人，硕士生35人。毕业全日制硕士研究生64人；结业2人；肄业1人。毕业全日制博士研究生51人。授予博士学位50人，授予硕士学位88人。

理论物理专业毕业博士研究生肖志广（导师郑汉青教授）的博士论文被评为北京大学2007年优秀博士学位论文二等奖。理论物理专业毕业博士研究生丁勇（导师马伯强教授）、凝聚态物理专业毕业博士研究生毛有东（导师欧阳颀教授）、向斌（导师俞大鹏教授）和大气物理学与大气环境专业毕业博士研究生周广强（导师秦瑜教授）的博士论文被评为北京大学2007年优秀博士学位论文三等奖。

参与"国家建设高水平大学公派研究生项目"，选派30名在读博士研究生到国外大学或研究所联合培养。

2007年7月18日至8月8日举办了"强相互作用物质与核天体物理"全国研究生暑期学校，共有70多位来自全国20多个重点院校和中科院相关所的硕士、博士研究生、博士后、青年教师及青年科技工作者参加。

"钟盛标教育基金"研究生学术论坛共收到来自学院各专业各个年级的研究生摘要64份，共有38名同学获奖。"荟英"研究生学术今年共举办了9次。

【党建工作】 2007年，圆满完成了"党建与思想政治工作基本标准达标检查"的各项工作。2007年共发展预备党员38人，其中教工2名、学生36人。李焱和肖庆两位同志被评为北京大学优秀党务和思想政治工作者。

3月，顺利完成了学院行政班子中期考核组织工作；召开了专题民主生活会。11—12月，完成学院三级单位行政班子中期考核工作和部分班子新老更替工作。组织党员参观廉洁教育展览；召开了以加强领导干部党风廉政建设为主题的专题民主生活会。信息报送工作在全校各院系中名列前茅。《北大党建》等刊物发表采用3篇、北大新闻网报道7篇、《北大信息》报道7篇、北大电视台报道6次。

在校工会组织的"学习王选院士、孟二冬教授，推进师德师风建设"征文活动中，郭建栋、肖庆等老师的两篇文章获奖；组织参加"北京大学第七届青年教师教学基本功和现代教育技术应用演示竞赛"活动，学院青年教师获二等奖。获得了学校"先进教职工之家""先进工会委员会"和北京市教育工会"先进工会集体"称号。

【学生工作】 制定并通过了《物理学院奖学金评定细则》以及《物理学院综合指导课试行方案》。物理学院现有本科生班主任、年级主任共28人，研究生班主任10人。学院学生党员人数占全院学生总数约23%。有140多位学生参加了今年的党校培训。物理学院共有7个团队、近百人参加了社会实践，各理科基地给予了大力支持。物理学院共有助学金308项，（不含往年多年制助学金），总计金额89.45万元。

2007届本科毕业生出国深造48人，国内继续攻读研究生95人，工作派遣21人（其中九院定向生14人），回省二分11人，待分12人。2007届毕业研究生98人，就业50人，继续出国留学攻读博士26人，博士后19人，继续申请出国3人。

（赵秀荣）

# 地球与空间科学学院

【发展概况】 地球与空间科学学院成立于2001年10月26日，由原地质学系、地球物理学系的固体地球物理专业与空间物理专业、北京大学遥感所和城市与环境学系地理信息系统专业组成。学院现设置有三个系（虚体）和七个研究所（实体）及一个重点实验室。

学院现设有5个本科生专业：地质学、地球化学、地球物理学、地理信息系统和空间科学与技术；9个硕士研究生专业和9个博士研究生专业:构造地质学、矿物学岩石学矿床学、材料与环境矿物学、古生物学与地层学、地球化学、固体地球物理学、空间物理学、地图学与地理信息系统、摄影测量与遥感;并设有地质学、固体地球物理学和地图学与地理信息系统三个博士后流动站,国家理科基础科学人才培养基地一个(地质学)。学院"造山带与地壳演化实验室"为教育部重点实验室,"空间信息集成与3S工程应用"为北京市重点实验室;"构造地质学""固体地球物理学"和"地图学与地理信息系统"3个学科为国家重点学科,"空间物理学"为北京市重点学科。地球与空间科学学院是我国地球科学人才培养的重要基地,承担着为国家现代化建设输送地质学、地球物理学、空间物理学和遥感与地理信息系统等方面的高级专门人才的重任,是北京大学创建世界一流大学的一支重要力量。学院与国内大学、科研院所和企业之间建立了长期、密切的教学与科研合作关系,现已先后建立了北京大学石油与天然气研究中心、北京大学数字中国研究院和北京大学—中国地震局现代地震科学技术研究中心。学院同时还与国外的大学和科研机构建立了广泛深入的交流与合作关系,教学与科研合作已经取得了一些实质性的成果。

截至2007年12月,学院现有教职工149人(包括外聘院士5人、特聘长江讲座教授2人),教师100人(教授48人、副教授40人、讲师12人),教辅及行政管理人员49人;2007年新进教师4人(李秋根、邹宏、戚国伟、朱文萍);离退休人员144人,其中2007年退休5人;2007年在站博士后44人(本年度进站21人)。经校长办公会审议批准,张进江、宁杰远、曾ький明晋升为教授,田伟、谢伦、陈斌、杜世宏晋升为副教授。

学院现有在校学生777人,其中在校本科生355人,硕士研究生223人,博士研究生199人。2007年招收本科生105人,招收硕士研究生78人(免试推荐39人),博士研究生48人;本年度本科毕业86人,硕士毕业83人,博士毕业27人。

【教学工作】 2007年度学院共开设本科生课程96门,包括院必修课2门、专业必修课14门、专业选修课70门、校通选课9门,暑期课6门(含专业必修课3门,专业选修课2门);研究生课程136门,其中必修课33门,选修课103门。此外进一步加强实践教学,增加了遥感、制图和GIS野外综合实习和地球物理野外观测与资料处理实习;邀请德国米恩兹大学 Alfred Kröner教授作为指导教师参加五台山综合地质实习;学院在辽宁兴城地区新建设"区域地质实习基地",并开展首次野外教学实习活动。遥感所在2007年暑假期间举办了"定量遥感"研究生精品课程班(简称课程班)。参加课程班的高校研究生、青年教师和部分研究所研究人员总计有130多人,分别来自全国高校和相关研究机构以及我校部分院所。课程班先后邀请童庆禧院士、李小文院士、加拿大皇家科学院陈镜明院士、吴一戎研究员、徐希孺教授、秦其明教授、曾琪明教授、田国良研究员、魏文博教授和赵国泽研究员讲授定量遥感的理论基础知识和研究前沿进展。遥感所连续四年举办"定量遥感"暑期精品课程班,在国内遥感领域产生了很好的影响。课程班通过介绍国内外定量遥感领域的最新进展和学科前沿问题,在促进该领域国内外知名专家之间的学术交流,拓宽国内各高校和研究机构从事定量遥感教学和研究工作的学生和青年教师的学术视野等方面起到了非常重要的作用。

侯贵廷、谢伦老师分别获得北京大学"第七届青年教师教学演示竞赛"一等奖和三等奖。两位2004级地化本科生(陈咪咪和曹毅)在2007年全国岩石学与地球动力学研讨会获得学生优秀论文奖,其他14位获奖者均为研究生。

宁杰远、雷军、赵克常、焦维新、傅绥燕、谢伦、邬伦、刘瑜、陈斌、赖勇教师被评为2007年度地球与空间科学学院第六届"最受学生爱戴的老师"十佳教师称号。

为迎接本科教学工作评估,学院成立了以陈运泰院长任组长的本科生教育教学工作领导小组,学院师生齐心协力,改革本科教学,认真总结以往工作经验,扎实准备迎评材料。学院多次召开全院教师和学生大会,统一思想,使全院师生理解"迎评促建、以评促改"的意义和重要性,明确责任和任务。学院学工组召开本科生班主任和学生骨干会议,举办了评建知识竞赛、"新丁看地空"主题英语演讲比赛,制作了宣传手册,召开了主题班会,发放了新生随身手册,制作了主题展板,使同学们认识到本科生教学评估工作对于学校、学院未来发展的重要性,并且切实改善了学院本科生学风建设。学院各单位从大局出发,认真查摆问题并进行整改,各单位做到了"评估一盘棋",全力备战本科教学工作水平评估。学院完成整理备查材料和相关基本数据收集、填表工作,进一步完善规章制度文件,规范试题、本科学位论文格式,制作展板、逸夫二楼内外环境整治等一系列工作。10月25日,闵维方书记率北京大学迎接教育部本科教学工作水平评估校内专家组对学院本科教学工作进行了"预评估"。10月30日下午,地球与空间科学学院召开党政联席办公会,专题讨论部署学院迎接本科教学水平评估最后阶段的各项具体工作。11月21日,教育部本科教学水平评估专家组到学院检查本科教学工作,学院常务副院长潘懋向专家组汇报了地空学院近年来本科教学工作的主要情况并总结了地空学院本科教育的办学特色。专家组还参观了地空学院"地质陈列馆""地质系史长廊"以及"激光融蚀—电感耦合等离子质谱实验室"和"电子探针实验室"等重点实验室及教学设施。学院各项工作赢得教育部评估专家的认可和肯定,顺利通过教育部"本科教学工作水平评估"。2007年12月5日,地球与空间科学学院召开党政联席办公会,对前一阶段的教育部本科教学工作水平评估进行总结。办公会决定召开学院评估总结表彰大会,认真回顾这次本科教学水平评估,进一步总结经验,在今后工作要继续保持对教学工作的高度重视并逐步探讨促进本科教学工作的长效机制;同时决定将在学院范围内对教育部本科教学水平评估期表现突出的集体或个人进行表彰。

【学科建设】 根据《教育部关于加强国家重点学科建设的意见》和北京大学研究生院安排,学院2007年重点开展了国家重点学科考核评估与增补申报工作。学院组织了构造地质学和固体地球物理学两个国家重点学科,认真检查其5年来的建设成效,首先进行自我考评。根据学院不同学科发展状况,动员学院矿物学、岩石学、矿床学专业和地图学与地理信息系统专业等二级学科专业积极申报(增补)国家重点学科。经过教育部组织相关学校对国家重点学科考核评估,学院固体地球物理学专业通过了国家重点学科考核评估,构造地质学专业保住了国家重点学科;地图学与地理信息系统专业被增补为二级国家重点学科,矿物学、岩石学、矿床学专业被列为二级国家重点学科培育专业,2007年11月矿物学、岩石学、矿床学专业被北京大学作为北京市重点学科予以推荐。

【科研工作】 学院科研工作以国际科学前沿和国家发展需求为导向,既鼓励以自由探索为特点的原创性基础研究,也积极推动以联合攻关为特点的面向国家重大科技需求的应用研究。2007年度学院的科研课题来源包括:国家自然科学基金、973、863项目、教育部项目、企事业单位委托项目、横向开发项目和国防项目等。其中自然科学基金项目:2007年获得面上项目资助12项,青年基金项目4项,主任基金1项,重点项目1项,基地建设项目1项,参与重大研究计划1项;2007年在研和新批准项目到账总经费1099.4万元。国家973、863项目:973项目2项,2007年度新立项863项目5项。横向开发项目:2007年度在研和新批准横向开发项目78项。此外,2007年获得国际合作项目1项,教育部博士点基金项目2项,新教师基金项目3项。2007年到账项目总经费5215.7万元。

此外,学院近年来发表的科学论文呈现总量合理增长、质量不断提高的态势,科学论文的影响力明显增强。据不完全统计,2007年以北京大学为第一作者单位发表的SCI收录论文87篇;出版学术专著2部:《矿产资源经济概论》朱永峰编著,北京大学出版社;《普通地球化学》郑海飞、郝瑞霞编著,北京大学出版社。

董熙平教授获教育部自然科学奖一等奖;毛善君教授获教育部科学技术进步一等奖;程承旗教授(课题组,第一完成单位)获教育部科学技术进步一等奖;江大勇副教授获2007年度教育部"新世纪优秀人才支持计划";郝守刚教授获中国地质行业最高层次的荣誉奖:"第十次李四光地质科学奖教师奖";陈晓非教授获"全国地震科技工作先进个人"荣誉称号;理论与应用地球物理研究所荣获"全国地震科技工作先进单位"荣誉称号;刘瑞珣教授《理科大学生学习谈》论文在全国大学学习科学研究会第八届学术年会上荣获一等奖。

【交流合作】 2007年共有美国、德国、瑞士和日本等国家海外学者31人来学院讲学,其中讲课教授3人,分别参加3门课共5学分的教学工作,全程英语授课,学生们不仅学到了知识,开阔了眼界,也提高了英语的听说能力,受到同学们的普遍欢迎;讲座教授28人,学术讲座报告、座谈40余次。2007年学院出国交流、访问、学习等共97人次,其中学生45人次。

2007年1月21—22日,由北京大学教育部造山带与地壳演化重点实验室、中国科学院壳幔物质与环境重点实验室、中国科学院同位素年代学和地球化学重点实验室主办的"2006年联合学术委员会"会议在北京大学大讲堂召开。本次会议由造山带与地壳演化教育部重点实验室承办。联合学术委员会会议是一次在组织上的创新的会议,围绕"交流、联合、开放、共享"的主题,同属于部级重点实验室,在学术方向和学科领域有相似特点的实验室在一起研讨各自的发展方向,通过对比沟通,明确各自的特色,取得了意想不到的良好效果。此外,这样意义上的会议还成为学科内专家学术交流的平台。出席会议的三个重点实验室学术委员会委员共45人,其中院士8人,各个实验室的学术骨干20余人也参加了会议,并作了精彩的学术报告。

2007年4月17日,由北京大学与中国地震局联合建立的"北京大学——中国地震局现代地震科学技术研究中心"成立,研究中心成立仪式由北京大学地球与空间科学学院院长、中国科学院院士陈运泰主持,北京大学校长许智宏与中国地震局局长陈建明出席了仪式并共同为中心揭牌。双方将在现代地震学关键问题和关键技术上开展创新性研究,以增强中国地震科技自主创新能力。中心成立之后,中国地震局和北京大学将在教学、科研、实验等领域开展全方位合作,加强高素质科技人才培养,紧密跟踪世界地震科技发展前沿动态,把研究中心建设成为国内一流、国际领先的现代地震科学研究基地和地震技术研发实体。

9月17日,由北京大学、中国地质调查局、吉林大学、中国地质科学院地质所、中国地质大学(北京)主办的"变质作用与造山带演化学术讨论会——暨祝贺董申保院士90华诞庆祝会"在北京大学英杰交流中心新闻发布厅召开,200余位地质学界的领导和同仁出席会议。与会学者在祝贺我国著名岩石学家、中国科学院院士董申保教授90寿辰的同时,还就变质作用与造山带演化的一系列学术问题进行了研讨。

10月9日至14日,由学院大陆动力学与资源工程研究所主办的"低温热年代学国际学术研讨会"在北京大学召开,来自国内外的50余名同行参加了会议。来自美国、澳大利亚的四位学者作了大会特邀报告。

11月28日,北京大学——中国地震局现代地震科学技术研究中心在北京中苑宾馆举办了地震预报战略研讨会,北京大学、中国地震局、中国科学院等近100名同行参加了会议。

【党建与学生工作】 学院现有党支部25个。学院党委着力加强支部自身建设,鼓励支部积极参与学校基层党建立项,开创支部工作。学院重视组织发展和积极分子培养工作,2007年学院共有69人初级党校结业,76人高级党校结业,有58人被吸收入党,22人转为中国共产党正式党员。

2007年5月22日,学院召开第二届全院党员大会,选举产生了新一届党委。6月5日,新一届党委第一次全体会议选举宋振清继续担任地球与空间科学学院党委书记,选举于超美、傅绥燕担任学院党委副书记。

加强党委领导,积极筹备迎评工作,配合《党建基本标准》达标验收,成立了"自评、自查、自建工作领导小组",制定了院党委《落实北京大学党建和思想政治工作检查评估方案》;同时加强学院制度化建设,将学院有关党政规章制度进行整理、汇编成册并上报学校。

为深入学习贯彻十七大精神,促进学院各项建设更加迈向前进,学院党委自2007年10月18日至12月14日组织开展"旗帜鲜明 信念坚定 科学发展 共创和谐——学习党的十七大精神"系列主题教育活动。主要包括:参观《复兴之路》大型主题展览、赵存生教授"十七大的历史贡献和理论创新"的辅导报告、学生党团日联合主题教育活动等。

2007年学院学生工作可以用一个中心、两条主线、三项常规和四项特色来概括:一个中心,即以育人工作为中心,加强大学生思想政治教育,进一步贯彻落实"文明生活、健康成才"主题教育活动;两条主线,即以队伍建设和学风建设为主线;三项常规,即学工办日常工作、团委日常工作、学生会研究生会日常工作;四项特色,即天地人文化建设、素质拓展试点工作、青年志愿者工作、天地人沙龙活动。

地空学院共有106名同学获得2006—2007年度北京大学三好学生、标兵等个人奖励,其中2名同学获"北京市三好学生"称号,1名同学获"北京市优秀学生干部"称号。2006级地质博士班荣获"北京大学优秀班集体",5个班级荣获"北京大学先进学风班"。学院共获得2006—2007年度奖学金21项,共有81位同学获各种奖学金,另有4名2007级本科新生和1名2006级同学获得新生奖学金,奖学金总金额272300元。2007年获得减免学费9人,获得助学金资助同学262人次,总金额共计750781元。

学院积极组织各类学术活动,举办教授讲座、"学生学术论坛"、职业规划讲座、新老生学习经验交流会、主题班日;制作《闪亮天地人——学院奖励奖学金年度光荣册》《闪亮天地人——年度优秀毕业生系列》,院刊《天地人》《地空简讯》,营造良好的学习学术氛围。

11月底,在学校党委组织部、学生工作部及校团委的联合指导下,学院党委、学工组及团委在学校相关规定基础上制定了《地空学院落实学校"学生党团日联合主题教育活动"具体办法》,组织各年级、各专业党支部和团支部开展"学生党团日联合主题教育活动",在活动当中深入贯彻"以党建带团建、以团建促党建"的活动精神。通过此次活动,促进了党支部与团支部的联系与交流。

【北京大学石油与天然气研究中心】 9月28至30日,由北京大学石油与天然气研究中心与大庆油田联合举办的"国际火山岩油气勘探研讨会"在大庆召开。中心李江海副主任,侯贵廷秘书长出席了此次会议并做报告,会上,李江海教授做了关于"酸性火山机构研究进展",侯贵廷教授做了"火山岩岩相研究方法"的学术报告,在大庆油田勘探与开发研究院产生强烈反响。

12月13日上午,中石化股份公司高级顾问牟书令教授、勘探院院长金之钧教授、勘探公司钱基副经理、海相工作部侯建国教授级高工、胜利油田、中石化勘探西北分公司等领导、专家一行13人来我中心,对《中国北方晚古生代过渡层盆地油气勘探新领域》项目进行阶段性检查指导工作。《中国北方晚古生代过渡层盆地油气勘探新领域》项目的四位项目负责人对所承担的项目完成情况和取得的成果作了汇报,并对检查组专家的提问给予解答。

12月25日—26日,《中国北方晚古生代过渡层盆地油气勘探新领域》项目组在逸夫贰楼3221会议室召开项目年度工作总结和学术讨论会。三个课题组的负责人、骨干成员近40人参加了此次会议。与会人员就课题的年度执行情况、取得的主要进展、存在的问题进行了广泛的讨论。何国琦教授作了题为《中国北方晚古生代过渡层盆地油气勘探新领域的若干关键科学问题》的主题报告,为项目下一阶段的研究指明了方向。

截至2007年12月底,中心在研和新承担相关石油企业的研究项目12项,取得多项科研成果。

(李凤棠)

表6-4  北京大学石油与天然气研究中心研究项目统计表

| 项目名称 | 项目负责人 | 合作单位 | 合同经费(万元) | 2007年到账经费(万元) |
|---|---|---|---|---|
| 中国北方晚古生代过渡层盆地油气勘探新领域 | 何国琦、郭召杰 | 中石化股份公司 | 2000 | 600 |
| 塔北西部火成岩以及影响下的碳酸盐岩储层、构造建模地球物理方法研究 | 潘 懋 | 塔里木油田 | 352 | 105.75 |
| 柴西北区深层天然气成藏机理及勘探目标选择 | 关 平 | 青海油田 | 118 | |
| 徐家围子断陷火山岩喷发模式建立及有利相带预测研究 | 李江海 | 大庆油田 | 97.60 | |
| 松辽盆地北部黑帝庙油层层序地层及沉积相研究 | 吴朝东 | 大庆油田 | 120 | |
| 四川盆地重点层系碳酸盐岩沉积—成岩与储层研究 | 北大石油中心与成都地矿所联合 | 中石化南方公司 | 267 | 80.1 |
| 深海及崎区地震资料处理关键技术研究 | 胡天跃 | 辽河油田 | 93 | 22.5 |
| 井喷事故中硫化氢污染扩散研究 | 潘 懋 | 雪佛龙德士古中国能源公司 | 110 | 110 |
| 五彩湾凹陷石炭系天然气藏精细描述及储量计算 | 师永民 | 新疆油田公司勘探开发研究院地物所 | 34.05 | 34.05 |
| 徐中地区火山岩应力场建立 | 师永民 | 大庆油田有限责任公司采油工程研究院 | 42.5 | |
| 火南油藏精细描述 | 师永民 | 新疆油田分公司准东采油厂 | 57 | |
| 华北晚古生代煤系烃源岩分布规律及资源潜力研究 | 吴朝东 | 中国石油化工股份有限公司勘探北方分公司 | 100 | 25 |
| 煤层气的红外遥感与超低频电磁探测与开发 | 李培军、侯贵廷 | 国家863高科技计划 | 93 | 65 |
| 合计 | | | 3484.15 | 1042.4 |

# 信息科学技术学院

【发展概况】 信息科学技术学院由四个系组成:电子学系、计算机科学技术系、微电子学系和智能科学系。学院共设立12个实体研究机构:基础实验教学研究所、电子工程研究所、光子与通信技术研究所、物理电子学研究所、量子电子学研究所、计算机软件研究所、计算机网络与信息系统研究所、计算语言研究所、计算机系统结构研究所、数字媒体研究所、微电子学研究院、信息科学中心。学院覆盖了4个一级学科,11个二级学科;学院拥有2个国家级重点实验室、7个部委级重点实验室(工程中心),并与国际著名公司和机构组建了多个联合实验室。

信息科学技术学院现有教职员工389人,全日制学生2600多人,是北京大学规模最大的学院。其中,教授/研究员/教授级高工77人(含院士5人),副教授/副研究员101人,高级工程师/高级实验师24人,讲师/助理研究员54人,工程师/实验师37人,助教/助理工程师/助理实验师5人,百人计划学者6人,在站博士后44人,其他41人。

信息科学技术学院拥有两院院士5人;长江特聘教授5人;长江讲座教授2人;国家杰出青年科学基金获得者4人;973项目首席科学家3人;现任、历任863计划专家组成员5人;教育部跨(新)世纪优秀人才计划入选者12人;中国青年科技奖获得者3人;新世纪百千万人才工程国家级人选2人;

博士生导师93人；在校硕士生852人，博士生445人，研究生总人数为1297人。自2002年建院以来，学院承担了大量的国家级科研项目、国际合作项目及企业委托项目，获得的科研经费接近6亿元，并取得了一批重要科研成果，学院已成为中国信息科学技术领域重要的人才培养基地和研究基地。

【党委与行政工作】 2007年信息科学技术学院党政班子在上届班子工作的基础上，重新制定了学院的发展规划，明确了奋斗目标，稳步推进学院的改革与发展。2007年暑期，院党政班子召开了学院战略工作研讨会，认真研究分析学院的现状，修订了2007年的具体工作目标。学院党政班子在完成日常的教学、科研等各项工作的同时，把做好党建评估、重点学科评审、本科教学评估工作和国家重点实验室评估工作作为2007年度的工作重点。在学科建设上，学院重点推进了学术团队建设，建立教授会制度以及人事改革工作。学院党政班子在各项工作中充分听取各方面意见，保证决策的正确性，有效推进了各项工作的进展。

强调师德学风建设一直是学院党政工作重点。2007年1月学院工作会议下发了学校2006年通过的一系列最新师德建设文件，教师们在座谈会上对文件进行了研讨。为强化党员和入党积极分子的爱国主义教育，信息科学技术学院党委2007年分别组织了学生党员、教职工党员、离退休党员和入党积极分子近300人前往北京航天城参观学习；在信息科学技术学院党委、院工会的组织下，信息科学技术学院部分青年教师、民兵、国外（境外）引进教师以及院行政人员参观了军事博物馆开设的"复兴之路大型展览"，之后，安排参观了王选院士的生前事迹展；学院党、政、工会召开青年教师座谈会，向与会人员介绍了学院发展设想

和2007年的工作，并认真听取了他们的意见；学院在校党委组织部的支持下，加强了党员电化教育硬件设备建设，提高了党员教育的基础设施条件。

继续推进党风廉政建设，在工作中严格按照《信息科学技术学院党风廉政建设责任制》《信息科学技术学院党政班子工作规定》《北京大学信息科学技术学院关于党政领导班子落实"三重一大"制度的实施办法》等学校和学院的文件要求执行，并落实了副处以上干部收入上报制度。

2007年度晋升或确认各类职称28人，其中晋升教授7人，晋升副教授18人（其中5人为引进人才），晋升工程师2人，晋升（行政管理）助理研究员1人。年度考核合格339人，不合格10人；聘岗总数321人，其中：新聘17人，岗位级别变动5人，转聘深研院1人；实聘A岗81人，B岗189人，C岗29人，职员22人。2007年度聘请名誉教授1人：中国工程院外籍院士、世界著名光通信专家厉鼎毅；聘请客座教授4人：香港科技大学工学院院长陈正豪，新加坡国家高性能计算研究院高级科学家李尔平，微软亚洲研究院语音研究部经理主干研究员宋歌平，美国佛罗里达理工学院电子与计算机工程系杰出讲座教授、卓越无线技术中心主任陈长汶；聘请兼职教授1人：微软中国研发集团高级研究员芮勇；正式受聘长江讲座教授1人：香港中文大学徐雷；正式受聘百人计划1人：日本东京大学赵卉菁；申报双聘院士人选1人：中国科学院数学研究所院士陆汝钤。

党政班子通过工会、学生会、研究生会团结全体师生，广泛听取师生对学院工作的意见和建议；积极组织大家参加学校各类比赛，展示学院师生的风采；开展丰富多彩的、有益于身心发展的参观、讲座、联谊活动；通过"教师节""国庆节"

"春节""三八""六一"等节日慰问和体检、慰问病号等活动，把关爱送给学院教职工；举办名家讲坛、评选学术十杰等系列活动，引导学生健康成长成才；在全校运动会上，信息科学技术学院取得教职工团体第二名的好成绩。工会和学生组织在增加人员之间交流融合、构建和谐校园及优化学院环境方面发挥了重要作用。

学院获北京大学安全保卫先进集体和保密工作先进集体。

【教学工作】 2007年上半年开设课程82门次，其中为其他院系开课26门次（含全校通选/公选、文科计算机、辅修/双学位、理科专业算法与数据结构）；小学期开设5门课；下半年开设课程97门次，其中为其他院系开课24门次（含全校通选、文科计算机、辅修/双学位、理科专业计算概论B）。

本科生教学 2007届本科生毕业情况（含大专和结业）：电子学专业142人、计算机科学与技术专业115人、微电子学专业64人。授予学位情况：电子学专业132人、计算机科学与技术专业99人、微电子学专业62人；电子商务双学位、计算机软件双学位、计算机软件辅修2007年共毕业28人，其中1人获得辅修毕业证，27人获得双学位证书。共评选出83篇优秀本科生毕业论文，其中10篇论文被评为十佳论文。2007级本科生报到357人（含留学生1人，港大委培生1人），2007年12月信息科学技术学院2007级本科共357名新生完成注册，另有3名降级转系生。2006级本科生331人参加专业分流，2004级共218人申请保送研究生，最终有196名同学确定了接收单位。

研究生教学 信息科学技术学院目前在校硕士生852人，博士生445人，研究生总人数为1297人。2007年6月全院毕业的博士生44人，论文答辩期间，共送审博

士论文 260 余本，其中校外专家 130 多人，毕业的硕士生共计 290 人（计算机系 140 人，电子学系 64 人，微电子系 40 人，信息中心 43 人，在职申请 3 人）。2007 年录取硕士生 277 人。

**学生获奖情况** 2007 年 4 月张棋、王珵、杜仲轩代表北京大学参加第 31 届 ACM 国际大学生程序设计竞赛全球总决赛获得第 14 名；第 32 届国际 ACM/ICPC 大学生程序设计竞赛亚洲区预选赛长春赛区：3 人获第 2 名，3 人获第 4 名，3 人获荣誉奖（Honorable Mention）；北京赛区：3 人获第 3 名，3 人获第 2 名，3 人获第 14 名；成都赛区：3 人获第 3 名，3 人获第 1 名；东京赛区：3 人获第 3 名；2007 年全国大学生电子设计竞赛学生获北京市二等奖 1 项、北京市三等奖 5 项、成功参赛奖 4 项；2007 年 6 月教务部批准信息科学技术学院 2005 级 26 名本科生申报莙正基金 3 项、泰兆基金 1 项、校长基金 8 项，22 名学生申报 2007 年国家大学生创新计划项目 10 项；2 名同学经教务部批准获优秀论文。据统计 2007 年本科生发表期刊论文 15 篇，会议论文 33 篇，申请发明专利 14 项。

**迎接教育部本科教学工作水平评估工作** 2007 年 3 月 20 日、9 月 24 日和 10 月 23 日，为完成教育部"本科教学工作水平评估"工作，许智宏校长带领学校迎评小组检查信息科学技术学院的"迎评"工作；10 月 30 日北京邮电大学校长林金桐教授带队的预评估专家组到信息科学技术学院听取院长汇报；2007 年 11 月 18—23 日北京大学信息科学技术学院接受了国家教育部的"本科教学工作水平评估"；11 月 19 日，教育部本科教学工作水平评估专家在学校领导的陪同下来到信息科学技术学院系统结构研究所，梅宏院长向专家们简要介绍了学院基本情况，程旭所长向专家们介绍了他们的教学和科研工作；11 月 21 日评估组专家、上海交通大学校务委员会名誉主任、原上海交通大学校长谢绳武教授莅临信息科学技术学院指导工作，院长梅宏教授做了题为"面向学科前沿，拓宽夯实知识基础，重视能力提升，培育造就领军人才"的汇报，汇报结束后，院领导陪同专家参观了微米/纳米加工技术国家级重点实验室、北京市电子信息实验教学示范中心、国家级计算机实验教学示范中心等实验室。最后，谢绳武教授对此前抽查的信息科学技术学院三门课程试卷、三位教师的授课内容及三个专业 151 本毕业论文的审查情况与院领导进行了反馈和交流。在评估期间，信息科学技术学院教学副院长陈徐宗还参加了教学管理负责人座谈会，部分学生参加了基本技能测试和学生座谈会。

**课程研究与讨论** 2007 年信息科学技术学院成立了"北京大学信息科学技术学院本科生培养方案及教学大纲修订委员会"，制订了工作进度计划，与清华大学出版社签订了"北京大学信息科学技术学院本科教学体系研究"合作项目协议；2007 年 4 月—7 月基础教育部领导与相关专业教师多次讨论本科课程改革，9 月，学院对 2007 级本科生启动使用 2007 版教学计划。《集成电路原理与设计》（甘学温、赵宝瑛、陈中建、金海岩著，北京大学出版社出版）获 2007 年度普通高等教育精品教材；计算机实验教学中心被评为国家级计算机实验教学示范中心。

**青年教师教学基本功竞赛** 5 月 13 日，信息科学技术学院李戈在"北京市高等院校计算机基础教育研究会 2007 年学术年会——精彩教学片段交流"活动中获得"特等奖"；5 月 18 日，在北京市教育工会主办的"北京高校第五届青年教师基本功比赛"中信息科学技术学院李戈老师代表北京大学又获得"理工组一等奖"，并同时获得"最佳教案奖"；在信息科学技术学院举办的"第二届青年教师教学 PPT 交流兼比赛"活动中，6 位教师获一等奖，5 位教师获二等奖，在学校的竞赛中 2 人获得三等奖。

**【科研工作】** 2007 年信息科学技术学院共承担各类国家在研科技项目 256 项，到款额约 14814.79 万元。2007 年信息科学技术学院签署的技术服务、技术咨询、技术转让合同 52 项，到款额约 1489 万元；纵向科研经费和横向经费到款共约 14814 万元。

2007 年信息科学技术学院获准的基金项目 36 项，其中面上 23 项、重点项目 2 项、青年科学基金 11 项，总经费 730 万元。

2007 年信息科学技术学院获得教育部"高等学校科学技术奖"4 项：技术发明一等奖"构件化应用服务器核心技术与应用"，主要完成人：梅宏、杨芙清、黄罡、王千祥、周明辉、曹东刚；科技进步一等奖"纳米极大规模集成电路大生产关键技术研究"，主要完成人：王阳元、吴汉明、康晋锋、严晓浪、郝跃、徐秋霞、黄如、史峥、张兴、田立林、马晓华、叶甜春、高大为、胡友存、居建华；科技进步一等奖"综合型语言知识库"，主要完成人：俞士汶、段慧明、孙斌、常宝宝、刘扬、朱学锋、张化瑞、陆俭明、于江生；北京市科技进步一等奖（发明类）"纳米尺度硅基集成电路新器件与新工艺研究"，主要完成人：黄如、张兴、刘晓彦、王阳元、韩汝琦、张盛东、许铭真、康晋锋、于民、何燕冬、杜刚、廖怀林、孙雷、许晓燕、王金延。2007 年信息科学技术学院获得的其他奖项有：谢冰教授荣获 2007 年度"中创软件人才奖"、代亚非教授获得日本大川情报通信基金奖。信息科学技术学院苏开乐教授入选 2007 年的"国家杰出青年基金"候选人名单。2007

年通过学院递交到科研部的专利申请50项,获得专利权39项(均为发明专利),被SCI收录的论文(第一作者)147篇。

截至2007年12月,信息科学技术学院共有仪器设备9103台,总价值2.4亿元。其中大型设备162台,价值1.3亿元,一般设备8941台,价值1.1亿元。2007年购置仪器设备968台,价值1164万元。根据国家和教育部的有关规定,学校启动了仪器设备清查工作。2007年上半年学校对信息科学技术学院仪器设备进行了清查,学院各研究所积极配合,通力协作,圆满完成了任务。在这次仪器设备清查工作中,学校对做出突出贡献的单位和个人进行了表彰,信息科学技术学院被评为仪器设备清查工作先进集体,李福敏老师被评为仪器设备清查工作先进个人。

【学术交流】 2007年信息科学技术学院先后接待国外大学、公司交流访问57次,短期专家来访11人次,学院出访2次;派出214人次进行国际学术交流活动,派出50人次进行国际短期访问考察,派出20人次进行国际合作研究开发,派出23人次出国进修、交换学生及暑期学校学习;2007年举办"北京大学信息技术与信息化名家讲坛"4次;在京举办国际会议4次。

【学生工作】 学院有本科生和研究生共2700多人,划分为43个行政班。为加强对学生的管理和拓宽组织覆盖,信息科学技术学院积极落实科学发展观,把完善以班级、团支部为主的横向组织和团委、学生会、研究生会、团校、研究生骨干学校为主的纵向组织相结合的矩形层级结构放在首要位置。学院目前共有学生党支部28个,基本按照年级来划分党员和建立支部,共800多名学生党员。2007年的助学金为学院400多名同学解决了生活的大部分困难,信息科学技术学院团委还不定期地和贫困生进行交流,了解他们的思想生活学习状况,2007年信息科学技术学院获得助学工作先进单位称号。

表6-5  2007年度信息科学技术学院获北京大学教材建设立项名单

| 教材名称 | 主编姓名职称 | 主编单位 | 新编修订 | 字数(万) | 教材所属系列 |
|---|---|---|---|---|---|
| 大学计算机应用基础 | 谢柏青教授 | 信息科学技术学院 | 新编 | 60 | 主干基础课 |
| MEMS器件与设计 | 张海霞副教授 | 信息科学技术学院 | 新编 | 30 | 新兴学科与边缘学科 |
| 瞬变电磁场理论和计算 | 王长清教授 | 信息科学技术学院 | 新编 | 45 | 新兴学科与边缘学科 |
| 数字全息技术 | 杨光临副教授 | 信息科学技术学院 | 新编 | 20 | 新兴学科与边缘学科 |

表6-6  2007年信息科学技术学院获北京高等教育精品教材建设立项名单

| 教材名称 | 主编姓名 | 适用层次 | 新编/修订 |
|---|---|---|---|
| 声学基础 | 李朝晖 | 本科生 | 新编 |
| 电路基础实验入门 | 汪中 | 本科生 | 新编 |
| 电磁场理论与计算方法要论 | 夏明耀 | 研究生 | 新编 |
| 大规模集成电路原理与设计 | 甘学温 | 本科生 | 新编 |
| 信息安全原理与应用 | 王昭 | 本科生 | 新编 |
| 面向对象分析与设计 | 麻志毅 | 研究生 | 新编 |
| 无线网络与移动计算 | 严伟 | 研究生 | 新编 |

表6-7  信息科学技术学院"十一五"国家级规划教材名单

| 教材名称 | 主编姓名 | 主编单位 | 出版单位 |
|---|---|---|---|
| 半导体器件物理(第2版) | 曾树荣 | 信息科学技术学院 | 北京大学出版社 |
| 微波技术基础(修订版) | 王子宇 | 信息科学技术学院 | 北京大学出版社 |
| 压电换能器和换能器阵(第2版) | 栾桂冬 | 信息科学技术学院 | 北京大学出版社 |
| 微型计算机基本原理与应用(第2版) | 王克义 | 信息科学技术学院 | 北京大学出版社 |
| 数字集成电路原理与设计 | 甘学温 | 信息科学技术学院 | 北京大学出版社 |
| 电子技术与数字电路(第2版) | 王克义 | 信息科学技术学院 | 北京大学出版社 |
| 微电子学概论(第2版) | 张兴 | 信息科学技术学院 | 北京大学出版社 |
| 编译原理教程 | 孙家骕 | 信息科学技术学院 | 北京大学出版社 |

续表

| 教材名称 | 主编姓名 | 主编单位 | 出版单位 |
|---|---|---|---|
| 操作系统教程(第2版) | 陈向群 | 信息科学技术学院 | 北京大学出版社 |
| 编译原理 | 丁文魁 | 信息科学技术学院 | 电子工业出版社 |
| 数字集成电路设计 | 蒋安平 | 信息科学技术学院 | 电子工业出版社 |
| 数据结构与算法 | 张铭 | 信息科学技术学院 | 高等教育出版社 |
| 数据结构与算法实验教程 | 张铭 | 信息科学技术学院 | 高等教育出版社 |
| 离散数学 | 屈婉玲 | 信息科学技术学院 | 高等教育出版社 |
| 21世纪大学本科计算机专业系列教材 | 李晓明 | 信息科学技术学院 | 清华大学出版社 |
| Visual Basic 程序设计 | 唐大仕 | 信息科学技术学院 | 清华大学出版社 |
| Visual C++面向对象编程教程(第2版) | 王育坚 | 信息科学技术学院 | 清华大学出版社 |
| 算法设计与分析 | 屈婉玲 | 信息科学技术学院 | 清华大学出版社 |
| Java 程序设计 | 唐大仕 | 信息科学技术学院 | 清华大学出版社 |
| 网络与信息安全基础 | 周继军 | 信息科学技术学院 | 清华大学出版社 |
| 固体物理学(第2版) | 韩汝琦 | 信息科学技术学院 | 高等教育出版社 |
| 半导体物理基础(第2版) | 韩汝琦 | 信息科学技术学院 | 高等教育出版社 |
| 信息安全概论(第2版) | 陈钟 | 信息科学技术学院 | 高等教育出版社 |
| 安全操作系统原理与技术 | 陈钟 | 信息科学技术学院 | 人民邮电出版社 |
| 安全协议及其分析 | 陈钟 | 信息科学技术学院 | 人民邮电出版社 |
| 软件工程(第3版) | 王立福 | 信息科学技术学院 | 北京大学出版社、清华大学出版社 |

表6-8 2007年度信息科学技术学院科研项目数及经费统计

| 项目类别 | 项　数 | 到款额(万元) |
|---|---|---|
| 973 | 10 | 1083.28 |
| 863 | 49 | 3539.17 |
| 国家科技支撑计划项目 | 5 | 1782.41 |
| 其他国家项目 | 60 | 4169.94 |
| 教育部项目 | 6 | 46.5 |
| 自然科学基金项目 | 94 | 1965.55 |
| 北京市项目 | 10 | 83.44 |
| 其他部委项目 | 22 | 655.15 |
| 科技开发到款合同 | 52 | 1489.35 |
| 总计 | 308 | 14814.79 |

表6-9 2007年度信息科学技术学院获省部级科研奖励名单

| 类别 | 等级 | 成果名称 | 所有完成人 |
|---|---|---|---|
| 教育部中国高校技术发明奖 | 一等奖 | 构件化应用服务器核心技术与应用 | 梅宏,杨芙清,黄罡,王千祥,周明辉,曹东刚 |
| 教育部中国高校科技进步奖 | 一等奖 | 综合型语言知识库 | 俞士汶,段慧明,孙斌,常宝宝,刘扬,朱学锋,张化瑞,陆俭明,于江生 |
| 教育部中国高校科技进步奖 | 一等奖 | 纳米极大规模集成电路大生产关键技术研究 | 王阳元,吴汉明,康晋锋,严晓浪,郝跃,徐秋霞,黄如,史峥,张兴,田立林,马晓华,叶甜春,高大为,胡友存,居建华 |
| 北京市科技进步(发明类) | 一等奖 | 纳米尺度硅基集成电路新器件与新工艺研究 | 黄如,张兴,刘晓彦,王阳元,韩汝琦,张盛东,许铭真,康晋锋,于民,何燕冬,杜刚,廖怀林,孙雷,许晓燕,王金延 |
| 上海市科技进步奖 | 一等奖 | 高性能宽带信息网(3TNet)关键技术(北京大学为第四完成单位) | 李红滨(为第二完成人) |

# 化学与分子工程学院

【发展概况】 北京大学化学系始建于1910年,是我国高等院校中建立最早的化学系之一,1994年发展成为化学与分子工程学院(简称化学学院),2001年原北京大学技术物理系应用化学专业并入化学学院。北京核磁共振中心2001年1月成立并挂靠在化学学院。

90多年来,化学学院培养了9000多名本科生、1200多名硕士生和700多名博士生。目前学院设有化学系、材料化学系、高分子科学与工程系、应用化学系、化学生物学系,以及无机化学研究所、分析化学研究所、有机化学研究所、物理化学研究所和理论与计算化学研究所,北京大学分析测试中心和化学基础教学实验中心,并有两个国家重点实验室和两个教育部重点实验室。受中国化学会/高等学校化学教育研究中心委托,负责编辑出版《物理化学学报》和《大学化学》两种刊物。2003年年底,国家科技部批准北京大学化学学院与中科院化学所联合筹建"北京分子科学国家实验室",2007年12月通过建设论证。

学院拥有一支学识渊博、治学严谨的师资队伍。化学学院现有教职工200人,其中中科院院士8人,教授56人,副教授54人。有12人被教育部聘为"长江教授",2人被聘为"长江讲座教授"。

学院每年招收本科生约180人,硕士生和博士生约100人。学院重视教学、注重学生素质的培养,注重扎实系统的基础理论教学和严格系统的实验训练是化学学院的优良传统。有2门课程(分析化学、无机化学)被评为国家级精品课,1门课程(有机化学)被评为北京市精品课。现有无机、有机、分析、物化、综合五大基础课实验室,总面积为3500多平方米。2006年,化学基础实验教学中心被评为第一批国家级实验教学示范中心。全院拥有总价值2亿元的各种仪器设备。学院自1986年起建立了博士后流动站,共进站博士后354人(截止到2007年底)。学院有7个二级学科(无机化学、有机化学、分析化学、物理化学、高分子化学与物理,应用化学,化学生物学),其中5个二级学科(无机化学、有机化学、分析化学、物理化学、高分子化学与物理)在2007年再次被评为国家教育部重点学科。2002年起化学一级学科下学校自设博士点两个:化学生物学、应用化学。5个重点学科均设有硕士点、博士点。1986年起设立化学博士后流动站,2005被评为全国优秀博士后流动站。1978—2006年,全院共出版专著、译著、教材101部,其中先后被评为国家级优秀教材特等奖1部、国家级优秀奖6部、国家教委一、二等奖共9部;共有5项教学成果获得国家级奖励。在2006年第二次全国一级学科整体水平评估中北京大学化学学科再次在高校中排名第一。

学院注重基础理论与应用基础理论研究,开展多项应用与开发研究,2007年化学学院从国家和省部委获得科研经费7481万元。主持3项、参加10项国家科技部重点基础研究发展规划项目(973项目),主持和参加4项国家863高科技项目和攻关项目,以及将近200项国家自然科学基金项目和省部级项目。1994—2007年有27人获得国家自然科学杰出青年基金资助,获得国家自然科学基金委创新群体资助3个(稀土功能材料化学、有机合成化学与方法学、表面纳米工程学);11人与国外学者合作获得国家自然科学基金海外杰出青年基金资助,1人获得教育部首届教学与科研奖励基金,5人获得教育部跨世纪人才基金,8人获得教育部新世纪人才基金,10人获得教育部优秀青年教师基金,8人被列入国家级百千万人才工程,有7篇论文被评为全国优秀博士论文,2人获得教育部优秀博士论文专项基金,有2人获得中国优秀博士后奖。1978—2006年共获科研成果奖173项(不含北京大学校级奖),其中国家自然科学奖和国家科技进步奖共22项。1994—2007年在国内外核心学术刊物上发表论文5000多篇,其中被SCI收录4253篇(从1999年起使用SCI扩展版)。

2007年配合国家"创建世界一流大学规划"(985规划),化学学院继续贯彻执行了学院的目标责任书,进行了2007岗位考核及2008岗位续聘,共聘A类岗位50人,B类岗位88人,C类岗位13人。

【学科建设】 本科生学位授予专业设置:化学专业、材料化学专业、应用化学专业。

五年制博士学位授予专业设置及研究方向:无机化学:稀土配位化学和分子基功能材料,稀土固体化学和材料,稀土分离及功能材料化学,量子化学和理论无机化学,富勒烯结构的碳原子簇化学,微米和纳米材料的合成与特性。分析化学:生物和纳米电分析化学,药物与生物物质的分离与分析,分子识别与生化分析,生化分析与生物分离科学,色谱分析与药物分析,免疫分析及药物分析。有机化学:生物有机化学,金属有机化学,物理有机化学,有机合成与有机材料化学。物理化学:功能体系分子工程学,纳米化学,结构生物学,表界面化学与催化,理论与计算化学。高分子化学与物理:高分子可控合成与材料制备,高分凝聚态物理,特种与高性能高分子材料,生物医用与环境友好高分子材料,信息技术高分子材料及器件。化学生物学：生物识别化学，生物过程化学，细胞化学生物学，外源物质的生物效应，化学生物技术。应用化学：辐射化学与工艺，超分子化学与材料，核药物化学，新型储能材料与锂二次电池，核环境化学。

【教学工作】 2007年9月24—30日邀请美国加州大学伯克利分校Stacy教授、密歇根大学Coppola和Banaszak Holl教授、亚利桑那大学的Pemberton教授等4位海外知名化学实验教学专家来进行实地实验课教学评估，他们对本科化学实验教学给出了高度评价。

2007年11月，通过了以万惠霖院士为组长的教育部教学评估团的教学检查，评估结果为优。本年度执行2006年微调后的本科生教学计划，总学分142.5。本年度李彦、张锦和朱志伟3名教师荣获"北京大学优秀教学奖"。出版教材4部，发表教学研究论文10篇。本年度共招收本科生152人，其中保送生119名。招收五年制硕博连读研究生86人（含深圳研究生院11人），招收博士生102人（含4年制博士生16人，直博生10人）。有171名本科生毕业，其中156人获得学士学位。有69名博士研究生毕业，58人获得博士学位，4人获得硕士学位。接受访问学者4人。在北京大学第七届青年教师教学基本功和现代教育技术应用演示竞赛中，分析所李娜老师获得二等奖。

【科研工作】 2007年化学学院出版专著4部，在国内外学术刊物共发表论文约500篇，其中被SCI收录343篇（以SCI扩展版统计）。高松当选为中科院院士。刘忠范、张锦等"准一维纳电子材料与结构的控制生长、加工组装及器件基础"获高等学校科学技术奖一等奖（自然科学奖）。孙聆东获第十届中国青年科技奖。刘文剑教授获得德国洪堡基金会"Friedrich Wilhelm Bessel Research Award"。李福绵教授荣获2007年度日本"高分子学会国际奖"（SPSJ International Award）。杜大明入选教育部"新世纪优秀人才支持计划"。赵达慧入选2007年度"北京市科技新星计划"。

2007年化学学院共承担纵向科研项目208项，其中国家科技部重大基础研究973项目13项，国家863项目4项，国家自然科学基金委重大、重点项目16项、国家自然科学基金委杰出青年基金项目9项、海外青年学者合作基金3项、基金委创新群体3项，国家自然科学基金委面上基金（含青年基金）87项，教育部博士点基金19项。

表6-10 2007年化学与分子工程学院承担主要科研项目

| 项目名称 | 起止时间 | 负责人 | 总经费(万元) | 任务来源 |
| --- | --- | --- | --- | --- |
| 1. SARS病毒非结构蛋白的结构与功能研究 | 2003—2008 | 夏 斌 | 80.00 | 973项目 |
| 2. 人类肝脏结构蛋白质组和蛋白质组新技术新方法研究 | 2004—2008 | 夏 斌 | 130.00 | 973项目 |
| 3. 低维纳米结构控制与性能研究 | 2006—2008 | 王 远 | 229.50 | 973项目 |
| 4. 纳米颗粒的靶分子选择性、其分子毒理学效应及其纳米特性的相关性 | 2006—2008 | 刘元方 | 178.50 | 973项目 |
| 5. 高分子多相多组分体系的结构设计与化学合成 | 2003—2008 | 周其凤 | | 973项目 |
| 6. 基因功能预测的生物信息学理论与应用 | 2003—2008 | 来鲁华 | 1000.00 | 973项目 |
| 7. 蛋白质—蛋白质相互作用研究 | 2003—2008 | 来鲁华 | 187.00 | 973项目 |
| 8. 新型金属有机配合物非线性光学材料的研究 | 2004—2007 | 高 松 | 16.00 | 973项目 |
| 9. 稀土分子固体材料的磁性研究 | | 高 松 | 200.00 | 973项目 |
| 10. 介观尺度稀土功能化合物材料的基础研究 | 2006—2008 | 严纯华 | 320.00 | 973项目 |
| 11. 新型稀土磁、光功能材料的基础科学问题 | 2006—2008 | 严纯华 | 1270.00 | 973项目 |
| 12. 有机高分子材料器件物理综合性能发光稳定性的基础研究 | 2003—2008 | 邹德春 | | 973项目 |
| 13. 高分子电致发光材料及显示用相关材料的设计与合成 | 2003—2008 | 裴 坚 | | 973项目 |
| 14. 若干重要蛋白质的功能嫁接研究 | 2006—2008 | 曹傲能 | 60.00 | 863项目 |
| 15. 病原菌中重要功能蛋白质溶液结构的核磁共振研究 | 2006—2008 | 金长文 | 114.00 | 863项目 |

续表

| 项目名称 | 起止时间 | 负责人 | 总经费(万元) | 任务来源 |
|---|---|---|---|---|
| 16. 基于靶标结构和药效团的高通量虚拟筛选技术 | 2006—2008 | 来鲁华 | 200.00 | 863项目 |
| 17. 氢能源车用纳米结构镁基合金复合储氢材料 | 2006—2008 | 李星国 | 78.00 | 863项目 |
| 18. 杰出青年科学基金 | 2004—2007 | 宛新华 | 120.00 | 基金委杰出青年 |
| 19. 杰出青年科学基金 | 2004—2007 | 杨　震 | 120.00 | 基金委杰出青年 |
| 20. 杰出青年科学基金 | 2004—2007 | 齐利民 | 140.00 | 基金委杰出青年 |
| 21. 杰出青年科学基金 | 2004—2007 | 金长文 | 140.00 | 基金委杰出青年 |
| 22. 杰出青年科学基金 | 2005—2007 | 黄建滨 | 160.00 | 基金委杰出青年 |
| 23. 杰出青年科学基金 | 2005—2007 | 裴　坚 | 160.00 | 基金委杰出青年 |
| 24. 杰出青年科学基金 | 2006—2008 | 徐东升 | 180.00 | 基金委杰出青年 |
| 25. 杰出青年科学基金 | 2006—2008 | 杨荣华 | 180.00 | 基金委杰出青年 |
| 26. 杰出青年科学基金 | 2007—2009 | 刘文剑 | 200.00 | 基金委杰出青年 |
| 27. 海外青年合作基金 | 2004—2007 | 侯召民 | 40.00 | 基金委杰出青年 |
| 28. 海外青年合作基金 | 2007—2009 | 乐晓春 | 40.00 | 基金委杰出青年 |
| 29. 海外青年合作基金 | 2007—2009 | 李育人 | 40.00 | 基金委杰出青年 |
| 30. 稀土功能材料化学 | 2003—2008 | 严纯华 | 780.00 | 创新群体研究基金 |
| 31. 有机合成化学与方法学 | 2006—2008 | 席振锋 | 420.00 | 创新群体研究基金 |
| 32. 表界面纳米工程学 | 2006—2008 | 刘忠范 | 420.00 | 创新群体研究基金 |
| 33. 分子固体材料的控制合成与功能性质研究 | 2004—2008 | 高　松 | 800.00 | 基金委重大项目 |
| 34. 分子固体材料及其磁相关性质 | 2004—2008 | 高　松 | 70.00 | 基金委重大项目 |
| 35. 光—磁功能分子固体材料的合成和性质研究 | 2004—2008 | 严纯华 | 70.00 | 基金委重大项目 |
| 36. 手性碳的不对称合成反应研究—不对称叶立德重排反应 | 2004—2007 | 王剑波 | 50.00 | 基金委重大项目 |
| 37. 核技术在分子水平上研究典型环境污染物的毒理 | 2003—2007 | 刘元方 | 140.00 | 基金委重大项目 |
| 38. 免疫大分子间相互作用的物理及化学研究 | 2004—2009 | 来鲁华 | 104.00 | 基金委重大项目 |
| 39. 溶液中两亲分子有序组合体的构筑规律及其在生命科学相关领域中的应用 | 2007—2010 | 黄建滨 | 220.00 | 基金委重点项目 |
| 40. 基于金属促进的化学键活化的有机合成方法学研究 | 2007—2010 | 席振峰 | 190.00 | 基金委重点项目 |
| 41. 含重元素复杂大分子体系的理论与计算化学研究 | 2004—2007 | 刘文剑 | 140.00 | 基金委重点项目 |
| 42. 低温等离子体辅助制备纳电子器件单元机理的研究(清华大学负责) | 2004—2007 | 李星国 | 75.00 | 基金委重点项目 |
| 43. 内源性激素类兴奋剂分析检测新方法的研究 | 2004—2007 | 李元宗 | 180.00 | 基金委重点项目 |
| 44. 生物大分子特征识别技术的基础研究 | 2004—2007 | 赵新生 | 200.00 | 基金委重点项目 |
| 45. 光诱导电荷分离过程的化学调控及应用 | 2005—2008 | 王　远 | 200.00 | 基金委重点项目 |
| 46. 超分子结构先进功能材料插层组装的基础研究 | 2006—2009 | 林建华 | 190.00 | 基金委重点项目 |
| 47. 功能化离子液体的基础研究 | 2006—2009 | 寇　元 | 190.00 | 基金委重点项目 |
| 48. 基于可控/"活性"自由基聚合的高分子合成 | 2006—2009 | 李子臣 | 180.00 | 基金委重点项目 |
| 49. 新型有机共轭分子的设计、合成以及结构与性能研究 | 2007—2010 | 裴　坚 | 160.00 | 基金委重点项目 |

续表

| 项目名称 | 起止时间 | 负责人 | 总经费(万元) | 任务来源 |
|---|---|---|---|---|
| 50. 功能性甲壳型聚合物研究 | 2007—2010 | 周其凤 | 200.00 | 基金委重点项目 |
| 51. STM热化学烧孔存储技术及材料研究 | 2004—2007 | 刘忠范 | 100.00 | 基金委重大研究计划重点项目 |
| 52. 光电器件中的能量及载流子调控基本问题研究 | 2004—2007 | 邹德春 | 80.00 | 基金委重大研究计划重点项目 |
| 53. 基于AFM沾笔刻蚀的纳米结构和纳米器件的制备、修饰及特性研究 | 2004—2007 | 李 彦 | 100.00 | 基金委重大研究计划重点项目 |
| 其余154项略 | | | | |

【学术交流】 为促进学术交流,提高研究生和本科生的科研兴趣、创造良好的学术环境,化学学院继续举办了面向研究生的"兴大科学系列报告"和面向本科生的"今日化学"讲座。2007年化学学院共举办兴大科学系列报告17讲和今日化学讲座7讲。北京大学化学学院与香港科技大学化学系于2007年4月13—15日在北大深圳研究生院召开了学科建设交流会。2007年5月27日稀土材料化学及应用国家重点实验室与无机所联合召开了无机学科建设研讨会。2007年5月29—30日,化学学院高分子科学与工程系举办了由国家自然科学基金委化学科学部组织的"高分子物理前沿科学问题研讨会"。2007年7月14日高分子科学与工程系和高分子化学与物理教育部重点实验室与浙江大学高分子系举行学术交流活动。2007年8月31日—9月1日北京分子科学国家实验室(筹)召开了2007年夏季学术交流会。教育部科技司基地处李渝红处长、中科院基础局刘鸣华副局长、财务计划局科研基地处郑晓年处长、国家自然科学基金委化学科学部陈拥军副主任、杨俊林处长,北京分子科学国家实验室副理事长北京大学林建华常务副校长和实验室的黄春辉院士、朱起鹤院士、江龙院士出席了交流会。出席会议的还有中科院化学研究所和北京大学化学学院的相关领导、教授、研究员共110人。2007年12月29日,国家科技部组织专家组在北京对北京分子科学国家实验室(筹)的建设计划可行性进行了论证。专家组在听取了实验室筹建情况介绍及建设计划与方案报告、实地考察实验室并与实验室骨干成员座谈的基础上,经专家组认真讨论,一致通过北京分子科学国家实验室(筹)建设计划可行性论证。2007年度化学学院共接待国外及港澳台来宾100余人,作学术报告近百场。

【学生工作】 9人荣获三好学生标兵称号;3人荣获优秀学生干部称号;62人被评为三好学生;另有38人获学习优秀单项奖,32人获社会单项奖。学工组荣获2007年学校资助工作先进单位称号。

# 基础医学院

【发展概况】 北京大学基础医学院现设12个系、1个教研室、1个研究所以及1个实验教学中心。拥有"生物学"和"基础医学"2个博士学位授权的一级学科(涵盖12个二级学科),7个国家重点学科,2个博士后流动站,4个省(部)级重点实验室,拥有一些国际先进水平的科研基地和实验技术平台。学院现有教师232人,其中教授66人、副教授62人、讲师99人、助教5人;具有博士学位者131人,具有硕士学位者79人;教学辅助人员、科学实验技术人员163人,其中副主任技师23人、主管技师82人、技师22人、技士8人、技工2人、管理职员26人(包括负责学生工作人员5人)。基础医学院师资力量雄厚、治学严谨,有一批国内外著名的专家、学者。其中中国科学院院士4人、中国工程院院士1人、"长江计划特聘教授"8人、国家杰出青年科学基金获得者6人、享受国务院政府特殊津贴20人、获"国家人事部有突出贡献中青年科技专家"称号的4人、获"卫生部有突出贡献中青年科技专家"称号的5人、国家人事部百千万工程国家级人选1人、教育部跨世纪优秀人才5人、教育部新世纪优秀人才6人。基础医学院现已发展成为国内最著名的,以发展多层次基础医学教育,研究人类生命科学和防治疾病的基础理论为主要任务的教学科研中心之一,成为国家基础医学领域高级专门人才的培训基地之一。

2007年基础医学院招收基础医学专业新生68名,毕业8名;招收医学实验专业新生21名,毕业28名。录取研究生145名,其中硕士生84名,博士生61名(包括26名硕博连读转博研究生);共90名研究生毕业,其中博士52名,硕士38名;在校研究生有507名,其中博士300名,硕士207名。在站博士后工作人员10名。

【教学工作】 2007年圆满完成教育部本科教学工作水平评估的迎评工作。张卫光等19名教师在

2006—2007年度教学优秀奖评选工作中被评为北京大学医学部优秀教师,王月丹获得北京大学优秀教师奖,唐朝枢获得北京大学医学部桃李奖。病理学系的宫恩聪教授荣获第三届北京市高等学校教学名师奖。

基础医学院举办了第七届青年教师讲课竞赛,生物化学与分子生物学系的贾竹青获一等奖,病原生物学系的贾默稚和人体解剖学与组织胚胎学系的战军获二等奖,刘昱、孔炜、杨吉春、常青、吴丹、石爽等六名教师获三等奖。

基础医学院组织各学系积极申报精品课程,免疫学和神经生物学被评为国家级精品课程。该学院理科基地建设项目获得通过,得到120万元经费的资助。该学院展开了新一轮的创新人才培养项目计划,通过学生自愿报名和导师面试,共有140余名学生参加了39个研究项目。

【科研工作】 基础医学院2007年共获准各类科研项目85项,批准经费4975万元。其中,韩济生院士作为首席科学家,万有教授作为首席科学家助理,成功申请"973"计划项目,总经费2500万元。这是基础医学院历史上第三个作为牵头单位的"973"项目;获准国家自然科学基金项目39项,批准经费合计1491万元;申请"863"计划课题14项,中标4项,中标率为28.6%。

承担各类科研项目227项,到位科研经费约4500余万元。

发表论文水平稳步提高,2007年在IF5以上高影响学术期刊发表论文达到21篇,其中IF9以上期刊论文达到7篇。

赵红珊等的"抗细胞增殖或抗肿瘤药物的筛选试剂盒、筛选方法及用途"获得批准授权国家发明专利。

【学科建设】 2007年6月基础医学院免疫学、病理学与病理生理学通过国家重点学科考核评估;北京大学"生物学"一级学科涵盖的我院生物化学与分子生物学、生理学与病理生理学、神经生物学、细胞生物学4个学科及医学部"药学"一级学科涵盖的我院药理学也随同一级学科通过国家重点学科考核评估。上述国家重点学科制定了新一期《国家重点学科建设与发展规划(2007—2010)》。

11月28日北京大学干细胞研究中心与澳大利亚蒙纳士大学(Monash University)干细胞研究所共同组建的"中澳国家干细胞科学卓越研究中心"成立。该中心由中国科技部与澳大利亚教育、科学与培训部联合资助。《科学》杂志发表消息,称这一中心将成为国际上第一个国家间合作成立的干细胞研究中心。

韩济生院士担任主任委员的中华医学会疼痛学分会取得卫生部批准在我国医院设立疼痛科,解决慢性痛病人就医难的问题。卫生部于2007年7月发文(2007年227号文),同意在全国二级以上医院设立一级诊疗科目"疼痛科",专门诊治慢性疼痛。此举为世界首创,将有力促进我国疼痛医学的发展。韩济生院士等为"疼痛科"的设立做出了积极贡献;"疼痛科"的发展也将为扩大我院在疼痛机制研究和疼痛治疗方面的优势提供有利条件。

【获奖情况】 顾江教授领导的课题组关于"禽流感病毒(H5N1)可以母传胎儿且造成多器官感染"的研究成果,获选教育部2007年中国高校十大科学进展。这是十大科学进展中唯一的一项医学进展。

尚永丰教授等的"雌激素及其拮抗剂三苯氧胺诱发妇科肿瘤的分子机制研究"分获教育部高等学校科学技术奖自然科学奖一等奖、中华医学会中华医学科技奖一等奖。

陈慰峰院士等的"新的肿瘤相关抗原的发现及其应用前景研究"分获教育部高等学校科学技术奖自然科学奖一等奖、中华医学会中华医学科技奖二等奖。

尚永丰教授获得"何梁何利基金会"颁发的"科学与技术进步奖"。

尚永丰教授指导的博士研究生张华的博士学位论文"核受体协同激活因子SRC家族的功能特异性研究"获得全国优秀博士学位论文奖。

宫恩聪教授荣获"北京市高等学校教学名师奖"。

2007年北京大学基础医学院党委被评为"北京大学党务和思想政治工作先进集体"。

# 生命科学学院

【发展概况】 生命科学学院的前身是创办于1925年的北京大学生物学系,是我国高等学校中最早建立的生物学系之一,1993年扩展成立北京大学生命科学学院。学院现有2个国家重点实验室(蛋白质工程及植物基因工程国家重点实验室、生物膜及膜生物工程国家重点实验室),1个教育部重点实验室(细胞增殖分化教育部重点实验室,建设),2个研究所(分子生物学研究所、细胞生物学研究所),5个科学研究中心(北大—耶鲁植物分子遗传学及农业生物技术联合研究中心、大熊猫及野生动物保护研究中心、化学基因组学研究中心、遗传与发育生物学中心、生物信息中心),2个国家人才培养基地(国家基础科学人才培养基地、国家生命科学与技术人才基地),2个国家自然科学基金委科研创新团队(植物发育调控机制研究、细胞增殖分化调控系统研究),1个国家级教学示范中心(北京大学生物学基础实验教学中心)。

在2007年国家教育部重点学科考核和认定中,北京大学生物学科再次被批准为一级学科国家重点学科,下含5个二级学科国家重点学科,即生物化学及分子生物学、细胞生物学、植物生物学、动物生物学和生理学。生命科学学院所开设的课程中,有4门被评为国家级精品课(细胞生物学、动物生物学、生物化学、基础分子生物学),4门被评为教育部名牌课(生物化学与分子生物学、细胞生物学、植物生物学、动物生物学)。

【队伍建设】 2007年年底,生命科学学院在编职工141人中,具有正高级专业技术职务(含教授、教授级高级工程师、研究员)的45人,占31.91%;具有副高级专业技术职务(含副教授、副研究员、高级工程师和高级实验师)的29人,占20.57%;具有中级专业技术职务的59人,占41.84%;具有初级专业技术职务的4人,占2.84%;其他4人,占2.84%。

2007年,赵进东被增选为中国科学院生命科学与医学学部院士;瞿礼嘉受聘为"2007年度长江学者特聘教授"。2007年在岗的"长江学者奖励计划"教授共11人,其中特聘教授8人:赵进东、邓宏魁、朱玉贤、苏晓东、张传茂、王世强、郭红卫、瞿礼嘉;讲座教授3人:邓兴旺、林硕、龙漫远。

2007年,又有一批教师获得了国家自然科学基金资助和教育部人才计划支持:2人获得国家杰出青年基金资助(瞿礼嘉、郭红卫);2人获得"海外(含港澳)青年学者合作基金"资助(王世强、王忆平);1人入选教育部"新世纪优秀人才支持计划"(蒋争凡)。至此,生命科学学院先后已有16人获得国家杰出青年基金资助,8人获得海外(含港澳)青年学者合作基金资助,6人入选教育部"新世纪优秀人才支持计划"。

【教学工作】 生命科学学院在本科生培养阶段设置了生物科学和生物技术两个专业,学制为四年,课程由学校公共基础课、生物学基础课、生物学专业课、选修课和毕业论文训练五部分组成。在2007年11月教育部本科教学质量评估中,生命科学学院顺利通过。2007年12月,昌增益主持的"生物化学"课被评选为教育部2007年度(首届)双语教学示范课程,是北京大学本部唯一入选的课程,并获得10万元的双语教学示范课程建设项目资助经费。

2007年底,生命科学学院在校本科生541人;元培班学生、双学位/辅修学生、国内访问学者、进修教师、内蒙古大学交流学生等共93人。

2007年,生命科学学院共招收124名本科生,其中包括3名省理科高考总成绩第一名(范佳琳、路宇衡、赵旭照),4名国际生物奥林匹克竞赛金牌获得者(冉辰、朱军豪、林济民、周謇)。另有8名转系生,1名留学生,2007级本科生共计133人。

2007届本科毕业班共有143人,其中,生物科学专业107人,取得毕业证书和学位证书的103人,结业1人,暂结业2人,转专科毕业1人;生物技术专业36人,取得毕业证书和学位证书的35人,1人取得毕业证书。另有双学位3人,取得生物化学与分子生物学学士学位;辅修1人,取得生物科学毕业证书。2006届暂结业的本科毕业生2人换发毕业证书和领取学位证书。

除学校设立的"北京大学校长基金""北京大学泰兆基金""北京大学莙政基金""大学生创新性实验计划"等基金和项目支持本科生参加科研训练外,学院还设立了"生物学基地科研基金",通过类似国家基金面上项目的申报评审方式确定被资助学生。即每个春季学期本科生根据各教授实验室的科研项目自由申请,学院通过评审、答辩等一系列程序择优资助。在国家基础人才基金资助和学校的支持下,2007年11月4日,北京大学以生命科学学院本科生为主,首次组队参加了一年一度的世界大学生课外学术科技竞赛——国际基因机器设计大赛(iGEM)。北京大学代表队由生命科学学院的余涛、陈崇义、马海粟、刘婷、刘畅、马韬、路丹、屈铭志等8名本科生和来自北京大学其他院系的6名本科生及4名研究生共18人组成,成功地将生物、化学过程与数学模拟结合起来,评委认为该设计在将来会有广阔的应用前景,并为大赛提供了许多性能优良的标准化模块。最终,北京大学代表队在32个参赛队中获得了iGEM大赛的唯一大奖(The Only Grand Prize)。

2007年教师作为主编出版了12本理论课和实验课教材。

生命科学学院具有博士授予权学科8个:植物学,动物学,生理学,细胞生物学,生物化学与分子生物学,生物物理学,生物学(生物信息学),生物学(生物技术);具有硕士授予权学科11个:植物学,动物学,生理学,微生物学,遗传学,细胞生物学,生物化学与分子生物学,生物物理学,生态学,生物学(生物信息学),生物学(生物技术)。2007年底,生命科学学院在岗博士生导师50人。

2007年底,生命科学学院在校硕士研究生161人,在校博士研究生269人。2007年招收硕士研究生84人,博士研究生70人。2007年毕业的硕士研究生3人,博士研究生72人。

1人获得2007年北京大学优秀博士学位论文二等奖(欧阳昆富,生物物理学专业,《脊髓背根神经元钙火花与相关功能研究》),1人获得2007年北京大学优秀博士学位论文三等奖(李冬玲,生物化学与分子生物学专业,《海南捕鸟蛛毒素的结构与功能研究》)。

生命科学学院重视师资队伍建设,不断提高教学质量和人才培养水平。2007年,7人获得北京大学奖教金;其中,赵进东获得方正特等奖教金,梁宇和获得宝洁奖教金,柴真、张博、陈丹英、袁洪生、洪龙获得东宝奖教金。王世强和饶广远获得2006—2007年度北京大学教学优秀奖。

【科研工作】 2007年,生命科学学院科学研究取得重大成果,赵进东主持的"蓝藻异型胞分化及环式光合电子传递研究"荣获国家自然科学二等奖。

截至2007年底,生命科学学院有在研项目130项;另有25项申请获得批准并在2008年初开始运作。科研经费到账6329万。科研项目结题27项,国内授权专利4项。2007年,生命科学学院发表的论文被SCI收录102篇,平均影响因子3.93。

表6-11  2007年生命科学学院承担科研项目统计

| 项目分类 | 项数 |
| --- | --- |
| 国家"973"计划 | 19 |
| 国家"863"计划 | 22 |
| 国家自然科学基金 | 65 |
| 教育部各类项目 | 19 |
| 其他国家项目 | 6 |
| 其他部门专项 | 2 |
| 国际合作 | 6 |
| 北京市项目 | 8 |
| 横向项目 | 7 |
| 校内项目 | 1 |
| 合计 | 155 |

表6-12  2007年生命科学学院承担国家自然科学基金重点项目

| 项目名称 | 负责人 | 起止时间 | 总经费(万元) |
| --- | --- | --- | --- |
| 形成层发生和活动中的诱导信号及其传导和效应 | 崔克明 | 2006.01—2009.12 | 130 |
| 拟南芥乙烯信号转导机理的遗传学和化学生物学研究 | 郭红卫 | 2008.01—2011.12 | 120 |
| 水稻矮缩病毒(RDV)编码RNA沉默抑制因子作用机制研究 | 李毅 | 2006.01—2009.12 | 160 |
| 细胞质遗传的机理、进化及其在真核细胞起源中的作用 | 苏都莫日根 | 2005.01—2008.12 | 120 |
| 致龋变形链球菌全基因组的蛋白表达及三维结构研究 | 苏晓东 | 2006.01—2009.12 | 150 |
| 哺乳动物冬眠适应性的分子机制 | 王世强 | 2008.01—2011.12 | 180 |
| 斑马鱼胰腺发育相关基因及调控网络的研究 | 张博 | 2008.01—2011.12 | 160 |
| 蓝藻细胞分化信号转导和分子调控机理研究 | 赵进东 | 2007.01—2010.12 | 170 |
| 植物激素的甲基化修饰在植物生长发育中的功能研究 | 瞿礼嘉 | 2008.01—2011.12 | 150 |
| 乙烯、油菜素内酯、赤霉素和超长链脂肪酸协同作用调控棉纤维发育分子机制研究 | 朱玉贤 | 2008.01—2011.12 | 160 |

2007年,生命科学学院有11名博士后进站,13名博士后出站,2名博士后退站;截至2007年底,共有在站博士后33名。

2007年9月,生命科学学院开始策划邀请生命科学及相关领域的多位国内外杰出专家学者来院举办系列学术讲座。2007—2008学年第二学期,学院邀请了美国圣地亚哥神经科学研究所Ralph Greenspan教授、清华大学施一公教授、耶鲁大学遗传学系许田教授、美国图福特斯大学教授Klaus A. Miczek、日本东京大学福田玉穗教授、牛津大学教授Nicholas Paul Harberd、伦敦大学学院神经发育学教授Stephen Wilson、宾夕法尼亚州立大学化学系教授Philip C. Bevilaqua和美国哈佛大学医学院神经生物学系Edward Arthur Kravitz教授等知名学者来院进行了12次精彩讲座。系列学术讲座通过专家讲授、学生分组研讨的方式,提高了学生的文献阅读能力、口头表达能力,训练了学生的科学研究基础技能,拓展了学生的学术视野;通过与专家学者的直接交流,学生不仅学习到科学研究的方法,更亲身体会到科学研究应有的态度与精神。这些无疑将对学生未来的学术之路产生潜移默化的影响。系列学术讲座受到了学生的广泛欢迎,成为生命科学学院科研工作中的一大特色活动。

【学生工作】 2个班集体获得了表彰:2005级博士班、2007级博士班获得2007年度"北京大学优秀班集体"称号;2005级博士班还获得"北京市优秀班集体"称号。

2007年度,学生个人在学业、社会活动等方面表现优异者也获得了表彰和奖励。2004级本科生张鸿康和马海粟获得"北京市三好学生"称号。丛倩等7人获得"北京大学三好标兵"称号,贾岳等36人获得"北京大学三好学生"称号。2007级博士研究生孟庚获得"北京市优秀学生干部"称号,2006级本科生王苏获得"北京大学优秀学生干部"称号。李倩等54人获得北京大学学习优秀单项奖。柯伟雄等7人获得北京大学2007—2008学年度国家奖学金。余跃等18人获得北京大学2007—2008学年度五四奖学金。邱烨、李剑青、陈昱霏、李旻典、路丹等共计108人次获得星光奖学金、杨芙清—王阳元院士奖学金、光华奖学金等各种社会捐助奖学金。

生命科学学院鼓励学生积极参加各种学术创新活动。2004级本科生刘啸峰的《建立环保节能型"双安全肥料"体系的探索》获得第十届"挑战杯"全国大学生课外学术科技作品竞赛二等奖。2005级本科生王冉、肖琦获得北京大学第十六届"挑战杯——五四青年科学奖竞赛"二等奖。蔡军等6人获得北京大学学生创新奖。

生命科学学院学生工作的成果受到了学校师生的肯定。沈扬荣获2007学年"北京大学优秀德育奖",范六民、魏春红、易千、张研、朱小健等人获得2007学年"北京大学优秀班主任"荣誉称号。

【党委和行政工作】 7月10日,学校任命沈扬为燕园街道办事处主任,免去沈扬生命科学学院党委副书记、副院长职务。11月6日,学校研究决定,任命杨国华为生命科学学院党委副书记。

9月4日,经过全球公开招聘与选拔,学校研究决定,聘任饶毅为生命科学学院院长,免去任期已满的丁明孝生命科学学院院长职务。9月21日,学校研究决定,对生命科学学院行政班子进行调整,任命赵进东为生命科学学院常务副院长,许崇任(兼)、顾红雅、张传茂、昌增益为生命科学学院副院长。

2007年,生命科学学院党委发展新党员9名(其中博士生2名,本科生7名)。2007年底,学院有党支部17个(其中学生党支部10个,在职教工党支部5个,学生和教工混合党支部1个,离退休党支部1个),党员360名(其中在职党员62名,离退党员80名,学生党员218名)。在2007年的党建评估工作中,学院对照《北京普通高等学校党建和思想政治工作基本标准》中规定的测评要素,对过去几年来的工作进行了认真的自查,分析了存在的问题并制定了整改方案。

2007年,学院工会通过"北京大学模范教工之家"建家验收,自1996年起连续13年保持此项殊荣。

# 城市与环境学院

【发展概况】 城市与环境学院成立于2007年5月,其前身是北大地理学系,1989年地理学系改名为城市与环境学系,2002年城市与环境学系与环境科学中心合并成立了环境学院,2007年5月环境学院拆分为两部分,原城市与环境学系所属部分成立了城市与环境学院,现任院长陶澍,党委书记莫多闻。

城市与环境学院以地理学为主体,包含环境科学、生态学、城市规划等多个相关学科,具有理、工、文多学科交叉的综合优势。学院拥有地理学国家一级重点学科,自然地理和人文地理两个国家二级重点学科,有地理学国家理科基础科学人才培养基地和地表过程分析与模拟教育部重点实验室。

城市与环境学院目前设有5个本科专业:环境科学、生态学、资源环境与城乡规划管理、地理科学、城市规划,有本科生450人;设有10个硕士研究生专业:自然地理学、人文地理学、环境科学、历史地理学(地理学)、地貌与环境演变(地理学)、城市与区域规划(地理学)、景观设计学(地理学)、生态学、第四纪地质学、建筑设计及其理论,有在读硕士研究生175人;设有6个博士研究生专业:自然地理学、人文地理学、环境地理学(地理学)、历史地理学(地理学)、地貌与环境演变(地理学)、第四纪地质学,有在读博士生155人。学院还设有地理学博士后流动站。

城市与环境学院原下设3个系和1个研究所,即城市与区域规划系、资源与环境地理系、生态学系和历史地理研究所。2007年12月,为促进城市规划与人文地理学科发展和队伍建设,在广泛征求意见的基础上经慎重讨论,城市与环境学院将"城市与区域规划系"调整为"城市与经济地理系"和"城市与区域规划系"。目前,学院下设4个系和1个研究所,另有地理科学研究中心、城市规划设计中心等十多个研究中心。北京大学建筑学研究中心现也挂靠在城市与环境学院。

城市与环境学院师资力量雄厚,现有在岗教职工91人,其中院士2人、长江学者3人，教授30人，国家自然科学基金首批支持的创新群体1个。由于2007年涉及两院拆分，因此人员变动较大，2007年退休教师1人，新进教师7人，其中3人是教学科研系列教师，分别是北大百人计划研究员朴世龙、副教授王娓、讲师张照斌；另外4人为行政和教辅人员。

【学科建设】 2007年，在全院师生的共同努力下，学科建设及教学工作正稳步快速发展。学院始终高度重视前沿交叉学科发展。积极投入资源，仅"211二期"就争取经费1740万，大量购买设备，提升技术水平，保障学科建设，极大提升了学院的竞争能力。学院继续完善地表过程分析与模拟实验室等一批教育部重点实验室，研究手段和测量技术正迅速与国际先进实验室接轨，并逐步建立起具有自主知识产权的技术和设备，接近国际同类实验室的一流水平。已经引起国际同行的高度重视，并获得多项国际和国内大奖。

2007年10月，学院根据国务院学位办的要求开展重点学科的规划工作。在分析国内外本学科发展水平和趋势、找出我们与世界同类一流学科差距的基础上，提出未来的建设目标、建设内容和具体措施等，首次将北京大学地理学科（自然地理学、人文地理学、地图学与地理信息系统）作为一个整体，撰写出2万余字的《北京大学地理学重点学科建设与发展规划》(2007—2010)，对北京大学地理学科的发展起到了显著的促进作用。

【教学工作】 学院一直把教学工作和教书育人放在重要的位置，2007年学院继续完善教学体系，严抓质量工程。目前专业教学中教授、副教授授课比例大幅提高，全部主干课程均由教授、副教授开设，一批专业课程受到院内外学生的欢迎。学院开设的城市地理、中国历史地理、地貌学、自然地理学概论四门课程被评为北京市精品课程，中国历史地理课被评为国家级精品课。在实践教学方面，学院投资20余万元，对北京普通地质学实习基地，大同——秦皇岛地貌实习基地和河北塞罕坝生态（植物土壤）实习基地进行了建设和维护。同时积极争取资源，打造实践教学平台。通过长期不懈的努力，学院教学工作得到了长足的发展和进步，并在2007年11月的教育部本科生教学工作水平评估当中，得到了教育部专家的高度评价。

2007年12月，配合国务院学位办、教育部、人事部联合下发的关于"开展博士生质量调查工作"的通知，对学院博士质量进行了一次全面、系统、深入的调查，并撰写出《城市与环境学院博士培养质量调查报告》，对影响博士培养质量的相关因素进行了分析，指出研究生培养当中存在的关键问题，明确了博士研究生教育发展方向，将工作重心真正转移到重视质量、提高质量、培养创新人才上来。

【科研工作】 2007年，学院教师在国内外刊物发表论文数量持续增长，其中发表SCI论文48篇。2007年获得批准的国家自然科学基金项目共13项，其中重点项目3项。另有优秀博士论文专项资助一项获得批准。科研经费也保持强劲增长的趋势，2007年度总经费突破4000万元。王仰麟教授的科学基金重点项目"城市景观格局演变及其生态环境效应研究"，胡建英教授的科学基金重点项目"辽东湾中内分泌干扰物质的生态风险评价"，方精云教授的科学基金重点项目"我国山地植物物种多样性的分布格局及其形成机制"等重大科研项目已在本年度全面启动。2007年度有10人次获得国家或省部级科研奖，其中冯长春、林坚分获2007年国土资源部国土资源科学技术一等奖，陶澍等环境地理专业教师获教育部提名自然科学二等奖；吕斌获山东省优秀规划设计一等奖。这些进一步推动了学院教育工作的稳步发展和学术水平的提高。

【党委和行政工作】 2007下半年，学院经过2个月的酝酿，完成了党委选举换届工作。莫多闻教授继续担任城市与环境学院党委书记，贺灿飞、赵天旸任副书记。学院党委组织了学习长征精神、"学习胡锦涛总书记回信精神，做具有孟二冬精神的北大党员"等多个大型学习活动。学院党委以党建达标工作和先进性教育为抓手，全面提高党员先进性，取得了优异的成绩。2007年，学院申请到学校多个党建创新活动项目，立项经费占总量的十分之一，在全校三十多个院系中位居首位。

【学生工作】 获得各类荣誉："一·二九"歌咏比赛获得一等奖；2003级城市规划班被评为北京市优秀班集体；学院被评为北京大学学生工作先进单位；学院团委被评为北京大学红旗团委。此外，学院与校团委共同荣获共青团中央"中国青年丰田环境保护奖"特别奖，并获得100万人民币奖金的资助，在我校共同筹建了中国大学生环境教育基地，有力推动了学院学生工作的开展，在国内环境教育领域产生了较大反响。

2007年学院共招收新生309人，其中本科生144人，硕士研究生127人，博士研究生38人。2007年学院共有毕业生319人，学院专门针对毕业生开设了职业生涯规划讲座和就业政策、流程宣讲会，帮助学生进行职业规划和就业指导，同时积极为学生争取就业和实习机会。在学院领导的高度重视下和关注下，毕业生就业情况良好，本科毕业生115人，其中出国留学29人，占总数的25.2%；国内升学49人，占总数的42.6%；本科生总就业率达96.52%。毕业研究生共204人，其中出国留学22

人,占总数的 10.78%;国内升学 21 人,占总数的 10.29%,毕业研究生总就业率达 97.51%。2007 年毕业生就业质量得到显著提升,有 12 人到国土资源部、国家发改委、科学技术部、农业部、中央办公厅等中央部委机关和地方党政机关工作;有 18 人到国家开发银行、招商银行、建设银行等金融单位就业;另有不少学生到南开大学等重点高校、研究所,以及中粮集团、宝洁公司、四大会计师事务所等著名的企事业单位工作。

(刘萍)

# 环境科学与工程学院

【发展概况】 2007 年 5 月,环境科学与工程学院成立。教职员工 66 人,其中教授 20 人,研究员 2 人,副教授 21 人,讲师 5 人。

学院成立后,各项工作稳步推进,形成了全面发展的良好态势:党政与行政班子迅速磨合、紧密配合,开展"学习贯彻十七大、争做和谐环境人"主题教育活动,班子凝聚力、战斗力、领导力不断增强;教职工精神状态饱满;基层党建活动不断创新,党组织的战斗堡垒作用和党员的先锋模范带头作用进一步显现;学科队伍建设和人才培养工作成效显著;教学科研成绩突出,论文数量、科研经费持续增长,多项科研项目获奖;学生工作、工会工作成绩优异,为全员、全过程育人奠定基础。

学院制定了包括《环境科学与工程学院院务管理决策章程》《环境科学与工程学院行政办公系统管理细则》《环境科学与工程学院关于设立办公系统的决定》《环境科学与工程学院公章管理制度》《环境科学与工程学院领导班子成员岗位职责》《环境科学与工程学院研究所管理办法》等在内的近十个涉及学院管理的基本规章制度。

【学科建设】 环境科学与工程学院拥有"环境科学与工程"一级学科,3 个硕士点。其中环境科学是国家重点学科,环境科学与工程为北京市的一级学科重点。2007 年,环境科学与工程学院在大气环境化学、大气环境模拟与污染控制、水沙与水环境科学、环境管理与可持续发展、环境与健康 5 个学科方向的科学研究都十分活跃。

针对我国环境污染的特点,环境科学与工程学院率先提出复合污染的概念,并艰难探索复合污染的特征、本质和控制策略等。这一重大科学问题已纳入国家中长期科技规划,并引起国际同行的关注,对我国环境科学未来发展具有引领作用。

【教学工作】 本科生教学 以迎接教育部对北京大学本科教学的全面评估为契机,不断完善环境类本科生教育和管理水平。以 2007 年为环境类专业本科人才培养的质量年和规范年,全面加强本科生教学管理规定、试卷及试卷分析、论文和课程质量评估等教学档案规范化建设,进一步深化实验、社会实践等基地建设。参与指导全国环境类本科教学工作。针对环境科学与工程的学科特点,为全国环境科学专业的战略、核心知识体系、实验和实习体系以及师资队伍建设等方面的规范化建设做出贡献。

研究生教学 开展了研究生教学方面的调研并逐步完善。针对新学院如何进行有效的管理、提高研究生的培养质量等问题,在研究生和教师中进行了广泛的正式的非正式的调研。针对所反映的问题,逐步开展了以"建章立制"为核心的整改工作:制定了《研究生面试管理办法》,起草了关于综合考试、开题报告、预答辩和答辩的四个统一的制度和《奖学金评审制度和管理办法的建议》等近 10 个制度,开展了博士生匿名评审专家库建设,推进基本数据库和信息管理系统建设,研究生的培养方案、培养计划、质量控制过程、匿名评审程序等工作进一步规范和完善。搭建平台,不断提高研究生培养质量。促进研究生学术交流平台的建设,完成博士生质量调查工作,争取国际学术会议资助,学院研究生学术交流机制不断完善,研究生学术水平进一步提高。

【科研工作】 2007 年国际刊物发表论文数量继续增长。发表论文 207 篇,SCI 收录 68 篇,EI 收录 42 篇。科学研究成效显著。主持和参与国家重点基础研究规划项目 973 课题 7 项;主持国家自然科学基金重大项目课题 3 项,主持和参与基金重点项目 5 项,基金重大国际合作项目 1 项,面上项目多项;863 项目 2 项,主持科技部重点专项 1 项,主持十五科技攻关项目 1 项,参与 2 项;主持重大国际合作项目 11 项;主持北京市和广东省重点项目多项。主持完成国家决策支持项目"中国履行《斯德哥尔摩公约》国家实施计划研究",牵头编写的《中国履行〈斯德哥尔摩公约〉国家实施计划》获得国务院批准。2007 年到账科研经费 5134.04 万元,全院人均到校科研经费 91.68 万元。

2007 年获国际性奖项 3 项,省部级 2 项。朱彤、胡建信因为对 IPCC 获得 2007 年诺贝尔和平奖的贡献,得到了 IPCC 颁发证书以及世界气象组织和 UNEP 的感谢信。

【党建工作】 采取集中学习、观看录像、座谈研讨等形式,组织党员干部深入学习邓小平理论、"三个代表"重要思想、科学发展观和市第十次党代会精神,深入学习胡锦涛总书记"6·25"重要讲话和党的十七大报告,引导党员干部加深对党的路线方针政策的理解,增强了党员干部用先进理论武装头脑的坚定性和用科学发展观指导工作的自觉性。组织开展践行十七大活动，采取集中辅导、分组讨论等形式，组织广大党员干部学习政治理论和法律法规，引导党员从实践"三个代表"重要思想、构建社会主义和谐社会的高度，加深对十七大重要观点和重要精神的理解，全面增强党员干部队伍实践十七大精神的主动性和创造性。

党员队伍建设。注重党政领导班子建设，形成坚强有力的战斗集体。为了确保学院稳定过渡，经学校党委研究决定，维持原环境学院党委班子，构成如下：书记白郁华教授，副书记张剑波副教授，党委委员共六名。新学院的组建给党委带来大量的思想、组织、管理工作需求，党委结合具体情况，紧密配合学校党委、学院行政领导班子，大力推进其自身及学院各级领导班子的建设，在学院成立半年的时间中，做了大量切实有效的工作，逐步形成了党委的政治核心、战斗堡垒地位，在党员、群众中发挥了很好的作用。学院党委重视党组织的自身建设，抓好干部、党员理论学习与研究，不断夯实基层党组织建设。加强党的思想建设，以稳步加强党组织建设为载体。通过科学、合理地进行党组织建设工作，有效地增强了党组织的凝聚力，加强党组织在群众中的影响力，推进党建工作上一个新的台阶。刘卉获得2007年北京大学党务和思想政治工作优秀个人。

学院对党员发展工作始终坚持"培养第一，发展第二"，严把发展关。党委制定了详细的发展党员和积极分子培养计划、工作要求以及操作流程，制定了《环境科学与工程学院党员发展工作注意事项》。通过扎实的理论学习，学院党委努力探索创新教育性强、具有吸引力、丰富多彩的主题教育活动。

学院不断加强和改进党风廉政建设，不断完善教育、制度、监督并重的惩治和预防腐败体系。学院成立以来，院党支部不断总结和探索有利于提高领导水平和执政能力的制度、措施，建立健全一整套管用的制度，促进了党风廉政建设的规范化和制度化。学院班子认真学习并模范遵守学校党委和学校纪委制定的规章制度。学院党政领导班子把党风廉政建设工作与学院中心工作一起部署，一起落实；把贯彻党风廉政建设责任制的情况作为一项重要内容列入年终领导班子民主生活会、年度工作总结以及任期届满工作总结；领导班子成员把执行落实党风廉政建设责任制的情况作为一项重要内容列入年度个人述职报告，自觉接受组织考核和群众监督。在学院制定的党风廉政建设责任制的实施办法中，进一步明确了干部的责任内容、责任考核、责任追究和实施措施等，在工作中狠抓落实。本年度学院党委和行政工作配合抓，取得了明显的成效。

2007年度，学院党委共组织党支部申报学校党委组织部党建工作创新立项11项，学校提供项目经费18300元。同时，党委积极地与校外相关政府部门、企业联系，为党员教育争取社会资源。

【学生工作】明确学院学生工作办公室定位：建设者——致力于学院的文化建设；引导者——把握学生组织的工作方向；执行者——做基层学生工作的有效执行者。结合学院的实际情况，将工作重点放在组织建设和思想建设方面，配合一系列以学术实践为主、文娱体育为辅的学生活动，建立起一支团结、积极、向上的学生队伍，为今后的工作奠定良好坚实的基础。在上级组织的关怀下，逐步建立了较为完善的组织结构，学生工作向科学化、条理化、规范化的要求进一步迈进。

（刘卉）

# 心理学系

【教学工作】 2007年度心理学系在校本部录取了硕士研究生37名、博士研究生11名、本科生40名、应用心理学二学位6名。2007年获得"校级本科基础学科人才培养基地"建设经费支持，建立了"心理学与行为实验室"，并更新了"实验心理学教学实验室"和"行为与多媒体实验室"的部分设备，为本科生的实验和实践教学提供了良好的条件。

在2007年"教育部本科教学评估检查"中，心理学系积极配合学校的部署，撰写了《心理学系本科教学检查自评报告》，全面检查了本科生的毕业论文、试卷等备查材料，整理了各类教学管理文件，召开教师、学生座谈会征求对心理学系本科教学工作和本科教学计划修订的意见和建议。2007年11月20日，教育部本科教学评估专家孙建荣教授检查了本科教学工作，听取了张智勇副教授的"普通心理学"课程的课堂教学，参观了本科教学发展及教学成果展览，听取了吴艳红副主任的本科教学工作汇报，并与教师代表进行了座谈。在座谈会上孙建荣教授对本科教学工作给予充分肯定。通过这次评估，更加完善了本科教学计划和本科教学的各项管理制度，发现了本科教学工作中存在的问题，促进了本科教学工作更好地发展。

2007年，心理学系与北京大学深圳研究生院联合招收34名硕士研究生。2007年12月，经统计报考2008年硕士研究生的有553人，从招生比例上看，名列学校前列。在全日制学生的培养工作之外，还积极开拓多种形式办学、培养人才的模式，与北京大学深圳研究生院合作举办人力资源研究生课程进修班(深圳、广州两地),并在北京招收了人力资源研究生课程进修班,总共招收学员225名。除此之外,心理学系今年招收了心理学夜大学的学生,共计190人。

(吴艳红)

【科研工作】 2007年度心理学系共发表科研论文100篇(含国内外期刊论文),其中以心理学系为第一单位(或通讯单位)发表的SCI收录期刊论文28篇,SSCI收录期刊论文10篇,其中影响因子最高的期刊是 $Neuroimage$(SCI,IF=5.559),心理学系2007年在 $Neuroimage$ 上发表两篇论文,心理学系2007年在SCI和SSCI收录期刊发表论文的总数较2006年的24篇有了大幅度提高。

2007年心理学系共获得5项国家自然科学基金项目,其中3项面上基金,1项青年基金,1项中加合作基金。2007年心理学系新获得的科研项目经费为156万元人民币和9万加元。

(耿海燕)

【对外交流】 2007年共举行21次科研讨论会,邀请国外同行研究者和本系老师进行学术报告。

心理学系有6名教授参加了在德国慕尼黑举行的"第六届中德认知神经科学研讨会"。此次会议,来自中国、德国、美国、荷兰、波兰和日本等国家的20多名专家,就知觉、注意、记忆、语言和社会认知等领域的重要问题做了精彩的学术报告,对相关的学术问题进行了深入的讨论并在一些领域达成了开展合作研究的共识。

心理学系共有20人次先后出访并参加了各类国际会议,会议内容涉及认知神经科学、社会心理学、临床心理学、儿童发展心理学等各个方面。共接待海外来访学者19人次,他们不仅为心理学系带来了心理学研究的最新动态,而且在每周五的学术讨论会上做了精彩的学术报告。

另外,受国家留学基金委资助,心理学系共有3名老师去国外访问交流。

由施俊琦、何淑嫦两位老师带队,共有研究生、本科生12人参加了在台湾大学进行的两岸三地学生学术交流活动。在为期6天的交流活动中,两岸三地的学生不仅进行了学术交流,还参观访问了台湾大学心理系,游览了台湾的风景名胜,包括"国父"纪念馆、淡水红毛城和台北故宫博物院以及台北最大的夜市——士林夜市等地。

(赵心)

【队伍建设】 完成2007年度岗位聘任及续聘工作。每个教职工都对当年的工作进行了总结,A类岗员进行了述职报告。全系应聘教职员工共计39人,占全系教职员工的90%。对业绩突出的2位同志给予了晋级,对年度考核没有达到要求的一位同志给予了降级。这一举措加强了考核制度的严肃性、约束性,提高了考核效力。

2007年海外归来的方方博士进入学校"百人计划",张燕博士加盟心理学系教师队伍。心理学系在站博士后已达6人。

【学生工作】 学习贯彻十七大精神,加强学生思想政治教育。在继续开展保持共产党员先进性教育活动、深入贯彻增强团员意识主题教育活动的基础上,心理学系还开展了学习《江泽民文选》、学习贯彻十七大精神等一系列主题班会和教育活动,并深入开展社会主义荣辱观的教育活动。同时在活动中结合心理学系实际情况,采取观看影片、参观社会主义新农村、组织郊游等一些同学们喜闻乐见的形式,紧紧抓住学校、社会和国家的热点以及与学生生活密切相关的事件进行引导和教育,提高同学们的思想政治觉悟。

积极推进学术实践活动,促进良好学风的形成。组织"挑战杯"、研究生"学术十杰"、各类基金的遴选和推荐工作,广泛发动同学积极参与。同时,为了进一步巩固学生们的专业思想,培养他们的专业兴趣,心理学系还开展了丰富多彩的专业教育和学术活动,如学术午餐沙龙系列讲座,各种形式的专业知识技能竞赛,师生交流会,新老生学习交流会等,既促进了专业知识与能力上的进步,也推动了各年级同学之间的交流与沟通。心理学系学工办与心理咨询中心联合申报的"倡廉洁教育、反学术腐败"工作坊还使心理学系荣膺2007年度北京大学廉洁教育先进单位。

共有21名困难学生获资助,获资助学生占困难学生人数的99%,金额近8万。

为了把心理健康教育工作落实到具体和实处,系学工办密切配合学校心理咨询中心,积极开展心理测评,充分发挥学生助理在心理健康教育工作中的基础作用,加强从系到班各个层面心理危机的发现、监控力度,进一步完善心理学系心理危机预防体系,确保心理学系的系内稳定和团结,2007年心理学系未发生一起由于心理危机而诱发的事件。系学生办则打开思路,化被动为主动,组织并鼓励同学广泛参加各类文体活动,例如"北大杯"篮球赛、足球赛、羽毛球赛、国球联赛、游泳比赛、象棋比赛、台球比赛、校园十佳歌手大赛、"北大之锋"辩论赛、系内风筝节、系内篮球比赛等,尽可能扩大活动覆盖面,并减小心理危机爆发的可能性。在各类比赛中,心理学系同学还取得了空前的良好成绩,全校硕士杯网球比赛荣获全校亚军,篮球赛位居小组第二,全校台球比赛跻身全校八强,新生杯足球赛历史性地进入全校八强,全校"一二·九"合唱比赛,领导带头参与,并积极支持,使得心理学系荣获全校三等奖和最佳组织奖。

(曲振卿)

【党建工作】 2007年心理学系党委积极配合北京市委、学校党委党建工作检查，结合心理学系的实际情况进行了党建自查。通过党建自查，进一步规范了基层党组织的工作程序，加强了党员教育管理，健全了党的组织生活。心理学系党委继续坚持定期组织党员学习，提高民主生活会质量；坚持约谈制和"三重一大"制度，进一步加强党风廉政建设；坚持党委的政治核心作用，积极参与系里重大事项的决策，加强学术道德教育、提高学术管理，推进心理学系学科建设。继续坚持党员标准，坚持择优发展，保证新发展党员的质量。把服务群众作为基本任务和开展工作的切入点，组织形式丰富多彩的各项活动。充分发挥了系党委的政治核心作用，使系里的教学、科研和其他工作取得了一定的进展。保证了党和国家的方针、政策以及学校各项决定在本系的贯彻执行。

心理学系党委加强党的思想建设，抓好全系党员师生员工的政治理论学习。以党建和思想政治工作凝聚人心，带领各支部和全体党员认真加强党的思想建设、组织建设、作风建设和制度建设，充分发挥党支部战斗堡垒作用和党员的先锋模范作用，使心理学系党建和思想政治工作步入一个良性发展的轨道，为系里的各项工作提供了组织保证。系党委充分发挥各党支部在党员教育、加强政治理论学习中的重要作用。各党支部充分利用各自的政治理论学习时间，认真组织师生员工重点学习了中国共产党第十七次代表大会的主要报告和会议精神，心理学系本科生支部完成了"学习贯彻党的十七大精神，做全面建设小康社会生力军"学生党团日联合主题教育活动，系教工支部完成了"学习党的十七大精神，创建世界一流大学"主题党日活动。各党支部采取集中学习、分散自学、专题讨论、听辅导报告、参观学习等多种形式，组织教工、学生党员学习相关内容，

认真研读了胡锦涛同志代表十六届中央委员会所作的报告，认为其高屋建瓴，立意深远，求真务实，催人奋进，是一篇理论密切联系实际的卓越的马克思主义纲领性文献。作为每一位党员都需要全面把握报告的思想内涵，高举中国特色社会主义旗帜，坚持改革开放，以高昂的精神状态投入到文化建设的新高潮中。尤其是报告特别强调要深入贯彻落实科学发展观，建设社会主义和谐社会。这是对高校的教工和学生党员提出了更高的要求，我们的工作和研究要适应改革开放的要求，努力实现学术创新，增强科研成果的时代影响力与国际影响力，从而促进国家"软实力"的建设，取得了较好的学习效果。

积极开展支部活动，提高党建工作的实效。心理学系本科生党支部的"心理学知识进社区"活动的开展，无论对内对外都收到了不错的效果。活动中，他们一方面强调"提倡科学"，在材料的编制宣传中都力求保持严谨求实的态度，让支部成员学习如何谨慎地运用科学知识，增进大家求知探索、提高专业水平的动力；另一方面强调"服务群众"，在材料的编写和宣传中力求语言平实易懂、生动活泼，用生活中的语言和事例，向不熟悉专业知识的广大群众宣传心理科学，即所谓"与群众接触，要说群众听得懂的话"。通过这个活动，不但大家提高了专业水平，实践了"运用科学、服务群众"的能力，也增进了党支部的凝聚力。对外既服务群众，为群众解答生活中遇到的心理学问题，又在同学之中增强了党支部的影响力。"心理学知识进社区"项目是一个长久持续的、系列性的项目。今年再一次得到学校组织部的经费支持。

继续做好组织发展工作。2007年共发展了7名新党员加入党的队伍。其中一名是青年教师，突破了多年来青年教师组织发展工作的难点。

（曲振卿）

# 中国语言文学系

【发展概况】 北京大学中文系是国家文科基础学科人才培养和科学研究基地，现设有4个本科专业：中国文学、汉语言、古典文献、应用语言学；9个教研室：古代文学、现代文学、当代文学、文艺理论、民间文学、古代汉语、现代汉语、语言学、古典文献；1个实验室：语言学实验室；4个研究所：北京大学古典文献研究所、北京大学比较文学与比较文化研究所、北京大学中国语言文学研究所、语文教育研究所；另有1个资料室。还有挂靠在北大中文系的教育部古籍整理委员会秘书处，以及20世纪中国文化研究中心、诗歌研究中心等若干学术研究团体。目前有2个教育部人文社会科学重点研究基地：汉语言学研究基地和中国古典文献研究基地；6个全国重点学科：古代文学、现当代文学、汉语言文字学、语言学与应用语言学、比较文学与世界文学、古典文献学；7个博士点：古代文学、现当代文学、文艺学、汉语史、现代汉语、古文献、比较文学；11个硕士点；1个博士后流动站。

截至2007年12月，中文系在编教职工103人，其中教授45人，副教授41人；在读硕士256人，博士289人（均含留学生和延长学籍者），其中2007年新招硕士86人，博士72人；在读本科生为366人，另有本科留学生124人，其中2007年新招本科生95人，本科留学生35人。国内访问学者18人，国内进修生8人，国外学者2人，国外高级进修生12人，国外普通进修生18人；另有博士后6人。

【教学工作】 中文系文科人才培养基地被教育部评为优秀基地。2007年共开设本科生课程121门次，其中上半年59门次，下半年62门次；开设研究生课程107门次，其中上半年54门次，下半年53门次；为外系开设课程16门次。

中文系的课程设置全面，富有特色，所开设课程历来深受系内外学生欢迎。中文系同时还承担了校内若干院系的教学任务；还派出老师赴日本、韩国、新加坡等国家以及澳门、香港、台湾等地区多所大学任教。

2007年中文系已有的六个重点学科以领先的得分优势全部通过教育部的重点学科重评。按照学校的部署，已经制定出各重点学科的五年发展规划。科研工作延续了多年来良好的发展势头，取得了显著成绩，获37项奖励。其中包括北京市高等学校教学名师奖（温儒敏）、第4届教育部高校人文社会科学优秀成果奖（5项）、北京市第九届哲学社会科学优秀成果奖（4项）等多项重要奖励。

【科研工作】 2007年度中文系教学科研人员共出版各类学术著作、教材、工具书、参考书、古籍整理著作、译著、编著42种；发表论文310篇，这还不包括在各类书刊和学术会议上发表的论文。

2007年度中文系教学科研人员承担各类科研项目109项，本年度完成5项，正在进行中的项目104项，其中本年度新立项目6项，合作研究项目12项。

2007年度中文系科研和教学成果取得了全面丰收。荣获国家社科研究成果奖3项，教育部成果奖2项，教育部文科基地重大项目3项，北京大学第十届人文社会科学研究优秀成果奖一等奖4项、二等奖1项。

【教学改革】 2007年，中文系进一步加强研究生培养工作，细化了《中文系保送研究生办法》，针对研究生数量增加，但生源质量并没提升的状况，在研究生招生吸引外校优秀生源上采取主动出击，与重点高校相关专业合作，保证生源结构合理和质量优秀。

同时，注重对研究生学术规范的要求和培养，先后举办5期由中文系各学科带头人关于学科领域研究现状和发展前景的学术报告，对强化学术研究的意识和氛围，提升对学术研究的敬畏和责任有实际的帮助，深得师生们的欢迎。

此外还加强了研究生的国际学术交流，成功举办了北大与香港中文大学的首届研究生学术论坛。另有8位博士生获选公派赴国外一流大学留学。此外，中文系作为博士生培养成绩突出的单位参与全国博士培养质量调查。

【学生工作】 2007年，中文系在学生工作中继续坚持有针对性工作和全面育人相结合。有针对性，就是抓住两头，即新生和毕业班，根据不同特点有针对性地予以指导。新生年级配备的班主任和辅导员，大都年轻富有朝气，与年轻人能有效沟通。采取诸如与用人单位建立长期合作关系等措施，提供就业指导服务。

同时，加强学生工作队伍建设，培养锻炼学生骨干，做好经济困难和个别重点学生的思想工作。通过组织中文系原创大赛、王默人小说奖评奖、系内体育比赛、文化节、学术讲座、创办学生刊物等一系列活动，营造中文系内部和谐健康向上的文化氛围。目前全系学生整体情况不错，状态稳定，气氛融洽，学生对中文系认同和归属感较强。本科生招生情况看好，学生毕业读研与就业情况令人满意，2006本科生保研成功率超过68%，2006年本科生就业率99%，研究生就业率96%都高于学校平均数。

在提高学生素质能力方面，中文系注重加强引导学生参与国内外学界的学术交流活动，成功举办包括"北京大学—韩国外大首届中文论坛""北京大学—香港中文大学首届研究生学术论坛"等比较务实的国际学术会议和论坛，还先后邀请巴黎东方文化学院、巴黎第七大学、东京大学、香港中文大学、香港城市大学等大学共计40多位著名学者来系举办学术讲座和短期课程。

# 历 史 学 系

【教学工作】 2007年历史学系共开课150门次，其中本科生课程77门次（其中有学校确定的主干基础课13门次），研究生课程73门次。在本科生教育方面，拓宽基础教学，进一步深化课程体系改革，课程建设得到进一步加强。以阎步克教授为带头人的中国古代史教学团队，被评为国家级教学团队。邓小南教授的"中国古代的政治与文化"被评为2007年度国家级精品课。阎步克教授获2007年度国家级高等学校教学名师奖，叶炜副教授获2006—2007年度北京大学教学优秀奖。何顺果教授获正大奖教金特等奖，朱孝远教授获正大奖教金优秀奖，尚小明副教授获中国工商银行教师奖，荣新江教授获方正奖教金优秀奖，臧运祜副教授获北京银行教师奖。阎步克教授被聘为教育部社会科学委员会委员，荣新江教授入选"教育部长江学者特聘教授"，张帆副教授入选"教育部新世纪人才"。在教材建设方面，历史学系取得了新的成绩，王新生教授的《日本简史》被评为2007年北京市高等教育精品教材，颜海英副教授的《古代埃及语言文字与文化》入选北京市高等教育精品教材建设项目，董正华的教授的《世界现代化进程》、包茂红副教授的《简明世界环境史》列入

2007年度北京大学教材建设立项。

此外，历史学系加强了外语教学，为一、二年级本科生开设"外文原版教材阅读指导"和"外文历史文选阅读指导"两门必修课，受到学生欢迎。热情鼓励和大力支持学生辅修外语或修读外语学院双学位。

在学生培养方面，历史学系加大了学生社会实践要求力度。本科生利用暑期到全国各地进行调研和原始档案资料搜集，撰写调查报告。经过实践，学生不仅了解了社会，也锻炼了实际工作能力。学生的调查报告以《体国经野：04本暑期实践报告合集》《云行：05本暑期实践报告合集》为题，编印成册。

历史学系还鼓励学生走多样化成才道路。有11名本科生进行了校级学生科研3个项目、8个课题的研究，其中的1篇论文入选北京大学"校长基金"优秀论文。

在研究生培养方面，历史学系以重新修订的五个二级学科15个培养方案为基础，规范研究生的免试推荐和培养，从制度上保证招生和培养的质量。荣新江教授的"学术规范与论文写作"、邓小南教授的"宋代政治制度史专题"、李孝聪教授的"中国古代舆图的鉴定与研究"入选2007年度研究生课程立项课程。倪玉平博士的学位论文《清代漕粮海运与社会变迁研究》入选2007年全国优秀博士学位论文，李永胜的《清末中外修订商约交涉研究》入选2007年北京大学优秀博士学位论文。

在留学生培养方面，历史学系一贯严格要求，注重质量。2007年，有4名本科留学生获得北京大学留学生学习优秀奖，3名研究生获得北京市外国学生与学者奖学金。

【科研工作】 本年度历史学系新增国家社科基金项目1项，教育部人文社会科学研究项目2项，教师承担的其他各类科研项目40余项。历史学系教师共发表论文、书评230余篇，出版专著及编辑论文集27部。

本年度历史学系主办学术会议6次，合办10次，其中国际会议11次。本系教师参加国际学术会议48人次，国内学术会议97人次，提交论文145篇。教师出国及赴港澳台地区进行学术交流92人次，长短期出国出境访问、讲学、进修44人次。此外，历史学系还为数十名学生创造机会出境和出国学习考察，开阔了他们的眼界，增长了他们的知识。另外，历史学系邀请国内外学者来系讲学讲座67人次，主讲人多为国际知名学者。

2007年6月是原北京大学副校长、著名历史学家何芳川教授逝世一周年，历史学系和亚太研究院联合举办了"《何芳川教授纪念文集》暨《何芳川教授史学论文集》出版座谈会"。来自海内外的各界人士近200人出席了座谈会。与会者深切缅怀何芳川教授对教育事业的忠诚、对真理探求的执著以及他高尚的人格魅力。《何芳川教授纪念文集》收录了悼念追忆诗文、挽词挽联和唁电唁函近300件；《何芳川教授史学论文集》收录了他在不同时期发表的史学研究论文31篇。

为促进学生之间的学术交流，营造良好的学术氛围，历史学系举办了第四届研究生学术论坛，校内外师生150余人参加了15个小组的研讨和交流。与会者宣读了53篇论文，涵盖了中国古代史、中国近现代史、世界上古史、中古史、近现代史、史学理论六大方面，系内外诸多知名学者与会，细心点评论文。论坛采取了开放的组织形式，征稿范围不限于本系本校。首都六所高校及京外南开大学、河北大学等历史学专业的同学们投稿踊跃。论坛学术气氛浓厚，拓展了学生的研究视野，提升了学生的学术及组织能力。

【党建工作】 本年度历史学系共有18个党支部，其中教工党支部7个、学生党支部11个。发展党员17人，其中研究生9人、本科生8人。预备党员转正17人，其中研究生11人、本科生6人。本年度共有入党申请人92人，其中积极分子83人。

系党委开展了多种形式的教育活动。组织全系百余名学生党员和入党积极分子参观了爱国主义教育基地西柏坡，激发大家牢记"两个务必"，实践"三个代表"。为贯彻党的十七大精神，系党委多次举办学习讨论会，还邀请经济学院院长刘伟教授为全系党员做了"学习贯彻十七大精神与全国经济形势"的报告，加深了师生对十七大精神的理解。

党委注意发挥离退休教职工的作用，向他们汇报系里的教学科研、学科队伍建设、学生教育管理工作等。此外，还多次召开教职工民主党派和党外群众座谈会，听取他们对系党政工作的意见和建议。

为迎接北京市《党建和思想政治工作基本标准》的检查，党委认真总结自查，详细写出报告，编辑《党建和思想政治工作基本标准》材料汇编六本，请学校组织部副部长迟行刚来系作检查工作并作动员、部署。学校党委书记、副书记陪同北京市检查组来历史学系检查时，对党委的工作给予了高度评价。历史学系党委被评为北京大学先进党委并受到表彰。

为继承老一辈优良治学传统和高尚道德精神，2007年，为著名史学家邓广铭先生举行了诞辰100周年国际学术研讨会；为明清史专家商鸿逵先生、世界史专家齐思和先生举行了诞辰100周年纪念会；为明史专家许大龄先生举行了诞辰85周年纪念会。相关领域的专家学者、生前好友和弟子、学生纷纷赶来参会,对诸位先生热爱历史科学、忠诚教育事业、执著追求学术及精深的学问、高尚的品格、卓著的成果等诸多方面进行了缅怀。

# 考古文博学院

【师资队伍】 2007年,考古文博学院在职教职员工共59人。其中教授20人,副教授15人,讲师4人,教辅人员20人。学院院长:赵辉,副院长:孙华、赵化成、吴小红。党委书记:刘绪,副书记:雷兴山、金英。2007年,考古文博学院遗产学方面力量得到了加强。9月,学院经过公开招聘,成功引进杭侃教授和魏正忠副教授。杭侃教授主要教学、研究方向:历史时期考古、博物馆学、文化遗产学;魏正忠副教授系意大利国籍,主要研究方向:藏学、宗教考古。

为适应学科发展趋势和社会需求的变化,经学院教师大会(2007年1月)、学术委员会(2007年3月)、学院办公会(2006年7月、2007年3月)研究,以及在广泛征求各界意见的基础上,决定对学院教学科研机构进行调整。教学、科研任务的划分:学院基本任务分教学、科研两部分,学院机构分教学、科研两大系统。教学任务由系及下设各教研室承担;科研任务由中国考古学研究中心统筹和管理。学院负责教学科研工作的协调。学院现有各虚体研究单位划归中国考古学研究中心。科技考古实验室和文物保护实验室的行政管理直属学院,其科研和教学分别纳入相应系统内建设。重组各教学单位:考古学系和文化遗产学系。主要任务为:日常教学、课程体系建设、教材建设。整合图书资料室、标本室,成立信息资料中心。信息资料中心直属学院管理,中心全方位支持学院的教学科研工作。中心本身的科研纳入中国考古学研究中心科研规划。学院教师原隶属单位不变,但应根据课程建设需要,参加其他教研室的工作,服从该教研室的工作安排。如果两单位工作有矛盾,由系主任进行协调。

【教学工作】 2007年毕业的本科生人数:考古、博物馆学专业20人,文物保护专业9人;2007毕业的硕士研究生16人,2007年毕业的博士生7人。2006—2007年度开设的本科生专业课程共41门,研究生专业课程共21门。

2007年,北京大学考古文博学院先后与宁波市文物考古研究所、杭州市文物局文物保护研究所、山西省文物局协商,建立了北京大学杭州古代建筑实习基地、北京大学宁波古代建筑实习基地、北京大学晋南古代建筑实习基地。

考古文博学院为方便学生更好地进行学习与研究,学院与中国文物研究所、敦煌研究院、国家博物馆等建立了很好的合作关系。

2007年开拓与国外大学合作培养学生计划。香港新鸿基郭氏地产基金,资助国内本科毕业生留学攻读硕士学位的计划升格为攻读博士学位。基金会每年资助三名品学兼优的学生赴国外大学攻读博士学位,学成回国,参加国家的考古与文物保护事业。学生的选派在全国范围内进行。选派工作和目标大学由北京大学考古文博学院负责进行。6月,计划的第一年度工作完成,9月,三名选派学生入学。至2007年,学院先后与罗马第三大学、剑桥大学、悉尼大学签署意向文件,为今后具体实施合作培养学生和开展教学方面的合作奠定基础。

【考古发掘】 河南省邓州市八里岗遗址第十次发掘 为了解八里岗遗址此前9次发掘发现的仰韶中晚期南排房屋向南和向东同时期房屋的分布情况,以及相对完整清理遗址中部仰韶时期墓葬,本次发掘在遗址东南部和中部共发掘950平方米。清理灰坑233座(含窖穴和各种坑状堆积)、瓮棺17座、圆圈形基槽"Q"6座、房屋13座、沟6条、陶窑2座、墓葬60座。其中历史时期的遗存有清代和汉代墓葬各1座,东周时期的壕沟1条以及少量窑、窖穴和柱洞等。新石器时代龙山文化、石家河文化和屈家岭文化时期的遗存比较丰富,有圆形窖穴150个左右。屈家岭文化时期还有瓮棺17座、圆圈基槽6座。仰韶文化遗存是发掘的主要目的,共清理仰韶晚期和中期房屋13座,仰韶中期至早期墓葬55座、各期灰坑40余座。其中13座房屋基址大都位于东南部,多为双开间房屋,也有2开间以上的。可以了解到,八里岗仰韶中晚期南面一组房屋可能占有三排的位置。55座墓葬都位于中部墓葬区,其中仰韶中期有多人合葬二次葬墓、二至三人的二次合葬墓和单人一次葬,随葬器物一般一至数件,都是陶器。这些墓葬与南北两组仰韶中期房屋同时。仰韶早期墓葬都是单人一次葬,随葬器物最多有十几件,包括陶器、石器和骨器。至此,我们对八里岗遗址的发掘已经揭露的面积已达约8000平方米,对遗址仰韶文化聚落的大部分情况已经有所了解,但聚落西南部和中部尚未揭露,因此,要对八里岗遗址仰韶文化聚落有全面而深入的认识,还需要对遗址做进一步的工作。本次发掘的另一个重要收获就是首次发现了早于仰韶文化的遗存,主要是十几个灰坑,包括椭圆形袋状窖穴、圆形桶状小坑和椭圆形锅底状坑。出土遗物不多,能够看出器形的有口下饰乳钉的鼎或釜,还有钵等。堆积物浮选发现有炭化栎果和水稻等。从出土陶器看,与裴李岗时期方城大张庄一类遗存有相似之处。这是在汉水中游地区南阳盆地腹心地区首次发现的早于仰韶文化的遗存。对早期南北文化交流以及农业起源等课题研究有重大意义。（张弛撰写）

山西长子县宋金寺庙建筑田野调查 北京大学考古文博学院文物建筑专业，长期坚持在晋东南地区进行古代建筑的田野调查、测绘和研究工作。2007年5月，北京大学考古文博学院文物建筑专业师生与山西省长子县文物局合作，在长子县境内对10座寺庙、共11座疑似早期木构进行了田野调查。依据学院编制的文物建筑田野调查表，分别记录了各处寺庙建筑的地理方位、环境现状、院落格局、单体建筑各部分形制、碑石铭刻，以及保护管理现状，鉴定了木构建筑的年代，并对寺庙的保护、管理和利用等方面进行了简要评估。本次调查共确认一座北宋中后期的木构建筑遗存——丹朱镇小张村碧云寺大殿；七座金代前期至后期的木构建筑遗存：西上坊村成汤庙大殿、王郭村三嵕庙、南鲍村汤王庙、长子县崔府君庙大殿、崇瓦张村三嵕庙大殿、韩坊村尧王庙大殿、鲍庄村汤王庙大殿；三座元代木构建筑遗存：酒村三嵕庙大殿、岳阳村广化寺大殿和后殿。其中，除西上坊村成汤庙大殿、韩坊村尧王庙大殿和岳阳村广化寺大殿的年代与《中国文物地图集山西分册》中已有结论基本相符外，其余均为新发现或重新纠正已有结论的成果。长子县新鉴定的这批宋金木构建筑，无疑具有重要的历史和研究价值。北京大学考古文博学院于2007年11月编制完成本次调查报告，作为未来保护工作的基础材料已提交地方文物局使用。同时，更深入的研究工作正在持续进行之中。

河北临城补要村遗址发掘 经国家文物局批准，2007年7月，北京大学考古文博学院接受河北省文物局南水北调工程办公室委托，会同邢台市文物管理处和临城县文物局对临城县补要村遗址进行了4300平方米的发掘。补要村遗址位于河北省临城县东部临城镇补要村与村东南镇楼公路南北两侧的农田中。经初步调查勘探，遗址面积约6万平方米，文化堆积厚0.5米至3.2米。经过发掘与整理，发现仰韶文化晚期、先商时期、晚商时期、汉唐时期遗迹与遗物。其中仰韶文化和夏商时期遗存丰富，且有自己的特色，尤为重要。第一期：仰韶时期。集中分布在发掘区北部，发现窖穴与灰坑约60座，房基1座，陶窑3座，灰沟6条。房基仅残存底部，为半地穴式建筑。第二期：先商时期。集中分布在发掘区南部，发现窖穴与灰坑20座，房址1处。第三期：晚商时期。遍布整个遗址发掘区，发现窖穴与灰坑200余座，灰沟2条，墓葬16座，陶窑3座，冶铸地面遗迹1处，祭祀坑和"燎祭"8处。第四期：东周至秦汉时期。发现石砌墙基的房屋2座，建筑过程为先挖掘方形基坑，以石块垒砌墙基，之后垫土形成房屋地面。第五期：唐宋时期。主要遗迹为灰沟与墓葬。发现灰沟10条，墓葬21座。灰沟多为东西走向，应当与农田灌溉排水有关。墓葬多为土洞墓。土洞墓有竖穴墓道，部分墓葬以砖垒砌墓室。遗址仰韶文化时期至夏代文化遗存丰富、系统、独具特色，是此次发掘收获的重中之重。这些材料的发现与进一步整理，将有力地促进中国古代文明起源的研究和夏商文化的研究。

【科研工作】 2007年，考古文博学院共发表科研成果67篇（论文、译文、发掘报告、著作等）。2007年12月24日，"中国校友会网大学评价课题组"发布《2007中国杰出社会科学家研究报告》，报告公布了"2007（首届）中国杰出社会科学家"入选名单，考古文博学院2人入选，分别是：宿白、邹衡。2007年获得国家自然科学基金项目结题1项，题目：中国古代冶铁技术起源的年代学研究，项目主要负责人：陈建立副教授，参加人：7人，项目批准经费：28万元。2007年，国家文物局重点项目"指南针计划"有考古文博学院多名老师参加。2007年，北京大学考古文博学院教育部人文社会科学研究项目1项立项，批准经费：5万元，名称：中国历史时期考古学史，齐东方教授负责。2007年，北京大学中国考古学研究中心教育部人文社科重点研究基地重大项目2项立项：鲁北沿海地区先秦盐业考古（李水城教授负责）、中国古代丧葬——从晋制到唐制的考古学研究（齐东方教授负责）。2007年接到北京市哲学社会科学"十一五"规划项目立项1项：东胡林人及其文化研究，负责人：赵朝洪教授。2007年进行中检，进行了调查工作和资料的整理、分类，发表了论文2篇。并配合北京市门头沟博物馆有关"东胡林人及其文化"专柜展出，对部分石器、骨器进行了修复。2007年11月8日，中国考古学研究中心召开学术讨论会，名称"中国西南地区史前文化研讨会——从云贵川高原到南海之滨"，会议时间2007年11月8日至11日。2007年，学院在河南邓洲八里岗、陕西周公庙、江西景德镇观音阁等遗址进行了规模不等的田野考古工作。

"岫岩玉的开发历史与可持续发展研究"课题取得重要成果。由考古文博学院赵朝洪教授主持，由北京大学考古、地质、环境、经济等多学科的专家学者王时麒、赵朝洪、于洸、员雪梅、段体玉等承担的辽宁省重大软科学课题"岫岩玉的开发历史与可持续发展研究"，经过三年时间对8个省市数十个文物、考古及地质部门、玉矿点与考古现场的实地考察与研究，写出了高质量的研究报告,并出版了《中国岫岩玉》一书,为中国岫岩玉产业的可持续发展提出了积极对策,并为辽宁省、鞍山市、岫岩县各级领导所采纳,为中国岫岩玉产业的发展做出了贡献。受到了辽宁省、鞍山市、岫岩县各级政府和学术界的高度评价。

【学科建设】 2007年年初,北京大学文化遗产保护与研究中心成立。中心支持学院文化遗产学系的教学工作的同时将整合北大的相关力量,开展文化遗产保护领域的研究和承接有关工程项目。

积极参与了申办联合国教科文组织东亚地区人类遗产保护与培训中心总部的工作,9月,中心成立,总部设在北大。该中心的成立,使北大在参与遗产保护和管理这一新的国民经济领域和重要社会文化建设领域的工作时有了更广泛的国际背景的支持。

2007年8月,学院在教育部重点研究基地内成立公众考古发展与研究中心。中心将开展一系列公众考古活动,以及建设国内尚属空缺的公众考古学。

【学生工作】 筹措贫困生助学金105万元;完善贫困生认定标准,建立贫困生档案;学院本科毕业生、研究生毕业生就业率分别为96.81%和100%。研究制定了《考古文博学院本科生综合素质测评实施细则》和《考古文博学院研究生综合素质测评实施细则》。细则主要对学生学习成绩、科研创新能力、学生工作能力、参加院系活动情况、道德修养水平等进行规范管理。

【北京论坛】 北京论坛——"人类遗产对文明进步的启示"分论坛由北大考古文博学院和城市与环境学院共同主持。本着对人类文化遗产的挚爱和保护状况的热切关注,围绕"多元发展模式下的遗产理念""遗产的保护和管理""遗产保护的理论和实践""遗产的保护和利用"等主题进行国际性范围的探讨。与会学者提交论文39篇(外国学者18篇、中国学者21篇),19位外国学者分别来自美国、英国、德国、法国、意大利、西班牙、比利时、澳大利亚、新西兰和日本等国家。

【全国省级文物局局长专业管理干部培训班】 自2007年8月20日开始,至2007年9月21日结束。由北京大学考古文博学院赵辉院长主持。培训班学员共22名。课程主要涉及5个专题:考古学与博物馆学、文化遗产学、文物保护科技、法学、行政领导学及管理科学。课程共设31门(实习课:参观16个教学实习点)。师资主要来自:北京大学考古文博学院、政府管理学院、光华管理学院、法学院、环境学院、信息科学与技术学院、清华大学和其他在京相关单位。北京大学与国家文物局长期以来有着密切的合作关系。2003年以来,北京大学已为国家文物局举办4期"省级文物局局长专业管理干部培训班",1期"省级博物馆馆长培训班",1期"省级考古所所长培训班"。

【博物馆工作】 北京大学赛克勒考古与艺术博物馆于2007年6月—10月进行了装修;12月4日,博物馆吉尔·赛克勒花园安放智者雕像;12月7日,《源自诗人的灵感:德拉克洛与莎士比亚》瓦版画展开幕;12月30日,北京大学公众考古与艺术中心主办的《张小涛个人作品展》在博物馆开幕。

# 哲学系、宗教学系

【队伍建设】 2007年,哲学系现有教职工71人。其中,教师63人;教授34人,副教授27人,讲师2人;博士46人,硕士12人,本科5人。行政6人:研究员1人,助理研究员1人,讲师2人;博士1人,硕士2人,本科2人。资料2人:副研究馆员,均为本科。离退休人员61人。在站博士后10人。挂靠单位儒藏编纂中心5人。8月份,系党委副书记束鸿俊调至校党委组织部任副部长,系团委书记于晓风任系党委副书记。

哲学系新招收3名博士后,分别是美学刘悦笛(7月进站)、外国哲学吴天岳(10月进站)、伦理学孟强(4月进站)。4名博士后出站,分别是伦理学戴兆国(8月底出站,到安徽师范大学工作)、美学刘成纪(8月底出站,到北京师范大学工作)、美学王文革(8月底出站,到北方工业大学工作)、马克思主义哲学孟宪清(8月底出站,到社科院工作)。博士后温海明、刘哲分别获得第四十批、四十一批中国博士后科学基金一等资助金。

聂锦芳、徐向东晋升为教授;吴飞、先刚晋升为副教授。

朱伯昆因病于2007年5月3日逝世,享年84岁;郭兰芳因病于2007年6月16日逝世,享年77岁。

【教学工作】 哲学系录取本科新生41人(含3名留学生),共有38人毕业并被授予哲学学士学位,外系修读哲学双学位并取得哲学学士学位的有21人。2007年录取硕士生60人(含2名台湾学生,6名留学生),博士生52人(含3名台湾学生,8名留学生)。通过硕士学位论文答辩的共有60人,通过博士学位论文答辩的共有24人。有两人获得校级优秀博士论文。

2007年是北京大学本科教学水平评估迎评之年。哲学系对此予以高度重视,专门成立以系主任为组长的哲学系迎接教学评估领导小组,在学校领导和有关部门的指导下开展了一系列工作,并顺利通过了评估验收。在此过程中,哲学系教学、科研等工作也得到了很大程度的推进,为哲学学科的进一步发展奠定了良好基础。

哲学系本科生的课程建设在继续巩固11门主干基础课的前提下，花了较大力量积极建设全程以英语讲授的专业课程，有效地提高了哲学系本科生的英语表达能力。2006—2007学年开设7门：《圣经》神学及其现实意义、美国哲学研究、东西方哲学思想比较研究、中国传统哲学、心灵哲学、德国古典哲学原著、德国哲学研究；2007年暑期开设2门：论确定性、宗教的哲学分析；2007年秋季开设3门：维特根斯坦哲学、基督教神学理论原读、本体论证明；此外，目前已安排2008年春季6门英语专业课程。

在教学成绩方面，哲学系赵敦华教授获北京市教学名师奖；哲学系"马克思主义哲学史"获北京市精品课程；周学农副教授获"北大十佳教师"称号；吴增定、杨学功获北大教学奖。

【科研工作】 2007年，哲学系全系教师发表论文241篇，出版专著20部，译著8部，主编学术论文集17部。

哲学系2007年出版的著作有：徐春的《人的发展论》；陈来的《早期道学话语的形成与演变》；王博的《无奈与逍遥》《Zhuang Zi Philosophy》；杜小真的《萨特引论》；赵敦华的《回到思想的本源：中西哲学与马克思哲学的对话》《从实在冲突到潜在融合》；张祥龙的《思想避难：全球化中的中国古代哲理》《海德格尔传》（修订新版）、《海德格尔思想与中国天道》；韩水法的《康德物自身学说研究》；韩林合的《逻辑哲学论研究》；陈波的《逻辑学第一堂课》；徐向东的《自我、他人与道德》（上下卷）；徐凤林的《索洛维约夫哲学》；吴飞的《自杀与美好生活》《自杀作为中国问题》；孙尚扬的《〈铎书〉校注》；吴国盛等人合著的《河流伦理的自然观基础》；刘华杰的《看得见的风景：博物学生存》。

译著有：杜小真的《存在与虚无（修订版）》；尚新建的《意义、真理与行动》《笛卡尔与〈第一哲学的沉思〉》；徐向东的《道德运气》；彭锋的《生活即审美》（合译）；吴飞的《上帝之城：驳异教徒》《苏格拉底的申辩》；刘华杰的《事实、虚构和预测》。

主编的著作有：杜小真的《个体在一书中的诞生》《永恒的奢侈》《宗教后的教徒》和《空虚时代》；赵敦华的《Dialogue of Philosophies, Religions and Civilizations in the Era of Globalization》《知识、信仰、自然主义》；赵敦华、李四龙的《思想的历程》；陈波的《意义、真理与行动——实用主义经典文选》《逻辑学概论》；邢滔滔的《知识、信念与自然主义》；徐向东的《自由意志与道德责任》；张志刚的《宗教研究指要》；孙尚扬的《探寻真善美》；冀建中的《基督教文化研究丛书》《北京大学国学教室丛书》；刘华杰的《拟子摇车：激动人心的科学文化图书》《科学传播读本》。

获得改革开放三十年北京大学人文社会科学研究"百项精品成果奖"正式奖14项，提名奖8项。

在科研项目方面，哲学系教师申请到了六项省部级项目，分别是：陈波申请的国家社科基金重点项目"当代西方语言哲学研究"；周北海申请的国家社科基金项目一般项目"内涵语义与内涵逻辑研究"；彭锋申请的国家社科基金一般项目"英国经验主义美学体系研究"；李峻岫申请的国家社科基金青年项目"唐至北宋之际孟学研究"；王东申请的北京市"十一五"规划重点项目"北京文化特色与北京精神新论"；韩水法申请的北京市教育科学"十一五"规划项目重点课题"中国现代大学的原则与社会责任"。

两位老师获得北京市社会科学理论著作出版基金资助：徐向东《理解自由意志》、王东《北京魅力——北京文化与北京精神新论》。

【学科建设】 为促进学科建设，哲学系继已经开设的21世纪哲学创新论坛、西方哲学论坛、北大科技史与科技哲学论坛三个哲学论坛之后，又新开设了美学论坛并已举办了7次活动。前三个论坛则分别举办到第22次、第18次和第46次。这些二级学科论坛活动，极大地促进了哲学系学科发展，加强了学科间的横向交流。

【学术交流】 据不完全统计，哲学系教师有近40人次出国出境开会、讲学和访问，学生有22人次出国出境开会、学习和访问，有15名学生出国出境长期进修、学习。来哲学系开设讲座、交流的国内外专家有20余人，包括著名政治学家、哈佛大学教授桑德尔、欧洲科学与人文研究院院士斯蒂芬·本赫伯等著名学者。

与此同时，哲学系还积极举办各种学术会议，先后召开了纪念"中国哲学史座谈会"五十周年研讨会、北大—香港—中大宗教学双年会、马克思主义哲学中国化论坛暨纪念李大钊先生逝世八十周年会、马克思学论坛等一系列学术研讨会，等等。

积极开展对外办学。北大—欧洲中国研究合作中心（ECCS）的图宾根大学、哥本哈根大学等高校今年继续派近百名学生来哲学系学习中国哲学、历史、文化等课程。

【党建工作】 哲学系党委以学习十七大理论为中心，组织教工、学生各支部开展了对十七大报告和新党章的学习和讨论活动，将日常教学科研及学习内容与党的最新理论相结合，学以致用，促进广大师生不断增强社会服务意识，在思想和实践中不断改进各方面工作，保持与时代主题相协调一致。为鼓励广大学生积极学习党的十七大会议精神，关注国事民生，在哲学系学工办的统一指导下,各班党团支部分别举行学习十七大精神报告会和主题教育活动,一方面邀请本系马克思主义哲学教研室老师为全系广大学生深入解读十七大报告,在全系范围内掀起了学习十七大精神的热潮;另一方面通过党团支部联合组织包括诗朗诵、辩论赛和"我学十七大"的主题发言等多种形式的自我教育活动,使同学们对十七大精神有了更为深入的体会和认识。本年度哲学系学生联合党团日活动在学校评比中获得了一等奖的好成绩。

积极组织入党积极分子参加党课培训和学习,参加党性教育读书班有30人,参加积极分子培训班有41人。

【学生工作】 重视学生思想政治教育,探索人才培养新形式。通过规范制度和定期谈话,调动主要学生干部的工作积极性;围绕党支部工作、主题团日、主题班会活动不断增强各班学生支部的战斗力;注意将学生党员吸收到学生干部队伍中,以党建带团建,发挥党员的示范作用和带动作用。在总结经验的基础上,系学工办结合本系学生的自身特点,以主题党团日为载体,通过丰富多彩的活动开展同学们喜闻乐见的思想政治教育活动,如实践考察、观看电影、组织读书会等形式,充分调动各班积极性,努力将活动辐射到所有同学。各班通过丰富多彩的实践增强了哲学系学生的思想政治素养,从而树立正确的价值观,养成了良好的学习和生活习惯,为文明生活、健康成才提供了组织保障。

紧抓特色活动,大力加强文化和学风建设。哲学系自2005年推出的"社会·文化·心灵"主题文化活动在继承哲学系传统文化节特色的基础之上,进一步以更贴近时代主题的形式满足同学们对哲学文化的期待。今年的"社会·文化·心灵"主题文化活动更贴近时代,以宣传人文奥运为契机,围绕传统文化这一主题,邀请了校内外著名学者举办了传统文化系列论坛,包括"国学与文化认同""传统与现代""中医与传统文化""中国学术思想的普世意义"等四场论坛和讲座,受到全校学生的热烈欢迎,取得了良好效果。《共青苑》和《学园》作为哲学系两大学生刊物,现已成为共青团系统品牌团刊,目前已稳定出版周期,统一风格。通过多年来的积累,两个学生刊物不仅保持了质量上的上乘,也在很大程度上激发了同学们的写作热情,更锻炼了他们的写作能力,同时也成了同学之间有效交流的平台,成为同学们学习与生活的代言人。哲学系学工办自2003年倡议并号召成立学生学术沙龙,该沙龙通过博士开讲、读书小组、课题申报以及网上讨论等形式成为一个十分活跃的学术团体。深度广泛的交流对话,不只开拓思路,增益见识,更集中展示了学生们蓬勃的学术气象。哲学系于上半年继续完成"爱智杯"和"挑战杯"学生学术论文的征稿和评比工作,为发现和培养学术人才发挥了重要的作用。"爱生活,爱智慧"系列特色活动是由哲学团委学生会在今年年初推出的一项活动,推出以来开展了观影座谈会、学术沙龙、水果沙拉文化节等一系列活动,形式多样,生动有趣,并邀请老师进行讨论指导,加深了同学们的理解和感悟,体现了系学工办从为学生服务的角度出发,将学习与生活融为一体,充分表达对同学们的关爱。

大力倡导学生参与志愿服务,培养优秀志愿者。本年度哲学系青年志愿者协会继续开展民工小学支教、敬老院慰问等志愿服务。与此同时学工办积极响应学校号召,在全系范围内加强宣传力度,大力招募2008年奥运志愿者,包括专业志愿者和通用志愿者等,并组织志愿者参加正规培训,组织合格的奥运志愿者积极参与测试赛的选拔和服务。

结合日常管理和教育工作的需要,做好奖助贷及学生的心理工作。在奖励、奖学金的年度评审中,学工办围绕"公开、公平、公正"这一基本原则,保证整个工作公开度、透明度,使评优工作真正体现激励先进鼓励后进的作用。哲学系经济困难生一直占很大比例,为在资源有限的条件下尽可能解决每一个困难生的问题,学工办除通过书面材料了解学生情况外,还与班主任一道找个别困难学生谈话,以了解更多情况,使助学金得到更合理、更有效的分配,从而使学生们都能安心读书,顺利完成学业。对特殊学生可能存在的心理问题,系学工办老师在配合学校心理中心工作的同时,对所有可能具有此类倾向的学生进行定期了解和日常观察,并结合不定期的谈心形式有效防止了意外事件的发生。

2007年,系学工办多次召开就业工作专项会议,引导学生认真考虑毕业去向问题,指导同学合理地选择发展道路,并就如何求职等问题进行指导;同时邀请校就业指导中心的老师和BeBeyond等求职指导专家对全系同学开展就业指导讲座。

【学术会议】 1. 纪念"中国哲学史座谈会"五十周年研讨会 1956年,中共中央提出繁荣学术文化的"百家齐放,百家争鸣"方针。为了贯彻"双百方针",北京大学哲学系于1957年1月22—26日召开了"中国哲学史座谈会",参加这次座谈会的有国内著名哲学家、哲学教学和研究工作者100余人。会上讨论了中国哲学史的对象和范围、如何适当评价唯心主义、中国哲学遗产的继承等问题,引起了热烈的争论,产生了重要的历史影响。为了纪念此次盛会,由北京大学哲学系发起和组织的"纪念'中国哲学史座谈会'五十周年研讨会",于

2007年1月22—23日在北京大学举行。研讨会围绕"双百方针"的历史经验与现实意义,哲学研究与新时代文化建设的关系,中西方马克思主义的对话与沟通,哲学理论创新与哲学史研究的互动,开展学术争鸣的问题与方式,学术规范、学术氛围与学科建设等问题展开。杨河副书记、《光明日报》总编辑苟天林、北京市社科院刘牧雨院长与会并发言。黄楠森、楼宇烈、余敦康、冯俊、叶朗、许全兴、赵敦华、孙正聿、俞吾金、谢地坤等学者在会上发了言。来自全国高校和科研机构的专家学者以及北大哲学系教师共60余人参加了此次研讨会。与会专家说,半个世纪的沧桑岁月已经流逝,但五十年前讨论的问题并未终结。那次会议活跃了思想,启迪了智慧,推动了教学与科研。会上提出的问题和论点,以及展开争鸣的盛况,使人耳目一新,催人独立思考。今天我们纪念这次会议,是为了继承和发扬老一辈学者严谨治学、探求真理、潜心学术的精神。鉴于目前学界出现的某些急功近利的现象,需要提倡的正是这种精神。

2. 纪念黑格尔《精神现象学》发表二百周年国际学术研讨会 由北京大学外国哲学研究所与德国耶拿大学哲学系共同主办的"精神—世界—历史:纪念黑格尔《精神现象学》发表二百周年"国际学术研讨会于2007年9月8日—9日在北京大学举行。会议的宗旨是:通过讨论黑格尔的《精神现象学》及相关的哲学问题,促进中国学术界对于黑格尔哲学以及德国古典哲学的研究,加强中国学术界与国际学术界特别是德国学术界的交流。本次会议的主要议题有以下几个方面:(1)《精神现象学》的前提和背景;(2)《精神现象学》中的良知、自我意识、艺术功能、自然哲学、怀疑主义、哲学史方法等重要问题;(3)黑格尔哲学与其他哲学家(康德、马克思、齐克果、胡塞尔、海德格尔等)的关系。在这次会议上,来自国内外的二十多名相关领域的专家学者围绕上述问题展开了广泛而深入的讨论,在尖锐而又不失友好的气氛中得到了很好的交流。这些学者分别来自德国耶拿大学、德国图宾根大学、德国柏林自由大学、德国哈勒大学、德国莱比锡大学、美国波士顿大学、美国杜奎斯尼大学、香港中文大学、中国社会科学院、同济大学、黑龙江大学、武汉大学、湖南师范大学、南京大学、北京大学等机构。来自北京大学哲学系的赵敦华教授、韩水法教授、刘哲博士后在大会上作了发言,赢得了广泛的好评。这次会议的成功举办进一步提升了北京大学外国哲学研究所与北京大学哲学系在国际和国内学界的形象与影响力,促进了中外学者的交流,使国内的学者开阔了眼界,也让国外学者对我国的德国古典哲学研究状况有了很多的了解,为各方面的合作打下了良好的基础。此外,会议论文将由北京大学哲学系和德国耶拿大学哲学系共同编辑出版,这对提高国内的黑格尔哲学研究水平有很大的促进提高作用。

3. "思考'他者'——围绕于连思想的对话国际学术讨论会" 北京大学哲学系、北京大学外国哲学研究所、北京大学法国哲学研究中心于2007年10月16日—18日举办了"思考'他者'——围绕于连思想的对话国际学术讨论会",会议主要围绕于连教授的研究进行对话和讨论。会议议题主要围绕有关"他者"这个概念的思考,以及由此在法国和中国学界引起的不同观点的争论而展开,并由此进一步探讨如何对待异域文化,如何对待中西哲学思想的异质。这样的讨论和对话(特别是在中西方学者之间),在今天这个世界无疑是非常有意义的:能够直接进行思想接触,从根本上加深对对方思想文化的理解和批判。把中西思想文化对话提高到哲学学术的高度。本次会议有北京大学、中国人民大学、北京语言文化大学、社科院等学校和学术团体的专家、学者出席。经过两天的热烈讨论,会议取得了圆满成功。

4. 第二届北京大学—首尔大学—东京大学(BESETO)三校哲学会议 2007年12月27日—28日,由北京大学哲学系和外国哲学研究所组办的"第二届三校(北京大学—首尔大学—东京大学)哲学会议"在北京大学勺园宾馆成功举行。此次会议的主题是"哲学与东亚思想"。2007年2月3日—4日,由韩国首尔大学哲学研究所、哲学系组办,在韩国首尔大学举办了第一届北京大学—首尔大学—东京大学三校(BESETO)青年学者哲学会议。第三届会议将在东京大学举行。此次会议由北京大学哲学系和外国哲学研究所支持,由张祥龙教授牵头,由一些学生和青年学者参与组办。韩国首尔大学14名、日本东京大学9名、北京大学11名师生参加会议。会议工作语言是英文,共安排了34篇论文的宣读和讨论。此次会议继续了三校哲学会议这样一个主要有益于东亚青年学者的论坛,实现了发展国际学术交流、加强东亚哲学意识、提升英语学术交流能力和增进学者和学生之间友谊的目的。

## 国际关系学院

【发展概况】 2005年3月,学院行政班子换届,钱其琛同志担任名誉院长,继续关心和指导学院的工作。学院成立以来,秉承原来各个系所的优良传统,在北大校领导的支持和全院师生的共同努力下,各方面的工作都迎来了一个快速发展的时期。

国际关系学院分支学科齐全，培养目标明确，目前拥有国内国际政治学科最齐全的本科专业、硕士点及博士点。现已开设本科生和研究生课程 100 多门，涉及国际政治、政治学理论、比较政治、国际政治经济学、地区和国别研究等众多领域，建立了培养多层次中外学生的综合课程体系。学院现有 3 个本科专业，即国际政治、外交学、国际政治经济学；7 个硕士专业，即国际政治、国际关系、外交学、国际政治经济学、中外政治制度、中共党史、科学社会主义与国际共产主义运动；5 个博士专业，即国际关系、国际政治、外交学、科学社会主义与国际共产主义运动、中外政治制度。其中国际政治、科学社会主义与国际共产主义运动是全国重点学科。此外，学院还与北大政府管理学院、马克思主义学院共同设立了政治学博士后科研流动站；继续面对全校开办了国际关系与对外事务的辅修、双学位。2007 年秋季学期，学院有本科生 601 人，研究生 342 人，双学位生 267 人，共计 1210 人，其中外国留学生 209 人（本科 163 人），占 17%。

现职 52 名教师中，有教授 22 人，副教授 25 人，讲师 5 人。其中获得博士学位的达到 36 人，占 69%，有 8 位更分别取得了美国、加拿大、德国、法国、俄罗斯和日本名牌大学的博士学位。学院积极从海内外引进优秀人才，补充了新鲜血液，加快了知识创新和知识更新。

【教学工作】 在国际政治领域为中国和世界培养高质量、多层次的人才，是国关学院一切工作的核心。现在，学院已经发展成为我国培养国际问题、外交以及涉外工作的专门人才的重要基地。据不完全统计，截至 2007 年，学院（及其前身）各个层次的毕业生已达 5000 余人，他们活跃在国家的政治、经济、军事、外交、文化、教育等各条战线上，为国家的发展贡献着自己的聪明才智，成为各个单位的骨干力量。

自 2007 年以来，学院全面改革了研究生的招生、培养模式。首先，推进了研究生的奖助制度，学院设立了专项资金，向硕士、博士生按月提供学校规定数额的奖学金。其次，扩大了博士生指导教师的队伍，所有具有副教授以上职称的学院教师均可申请指导博士论文。第三，博士招生改为了按专业招生，各专业统一考试、统一录取，学生在入学一年、修满学分后，自主选择导师。

自 2007 年以来，学院结合学校统一部署及自己的实际情况，组织落实了博士生重点学科第二次评审及迎接本科生教学评估的工作。在重点学科评审中，学院原有的国际政治及科学社会主义与国际共产主义运动专业均以高分顺利通过，同时学院又重新整合力量，申请了外交学专业作为新的重点学科；在本科生教学评估工作中，国际关系学院各方面均表现很好，为北京大学教学评估工作取得全优成绩做出贡献。

学院依据不同来源、层次学生的特点，坚持"全面育人"的方针，使全院学生的综合素质和能力不断得到提高。近年来，国关学院学生在校内外各种学术和社会文化活动中，都彰显了团队精神和凝聚力，体现出良好的素质和精神风貌，不断取得各种荣誉和奖励，其中包括全国优秀班集体、北京市优秀班集体、北京大学优秀社团等荣誉称号。由于学院的毕业生素质良好，知识面宽，就业形势一直很好。

【科研工作】 国际关系学院自成立以来，发挥学科门类齐全、人才资源丰厚的优势，取得了许多重大科研成果。仅最近五年，据不完全统计，学院就获得来自国家社科基金、教育部及其他部委、北京大学以及国际合作等各级各类项目共 67 项，其中，国家社科基金 16 项，省部级 31 项，国外基金项目 15 项。2007 年，学院获批多项各类科研项目，其中由李义虎教授主持的"一国两制台湾模式"获批教育部重点项目，李安山教授主持的"非洲—中国合作机制的可持续发展研究"等课题获批国家社会科学基金项目，此外还有许多国家部委、基金会等委托的横向研究项目。

以科研为依托，学院的学者专家为党和国家的战略构想和决策贡献了才智。有的教师为中共中央政治局集体学习做过讲解，有的教师在全国政协和民主党派的活动中献计献策，有的教师参加过中央主要领导召集的咨询会议。学院很多学者接受国家决策部门和职能部门的委托，承担研究课题，为外交部、财政部、商务部、国务院新闻办、台办、侨办等部门提供政策咨询和智力支持。还有很多教师经常在国内外媒体和刊物上发表观点，从积极的方面影响舆论。

2007 年，学院教师公开出版的学术论著和教材共 12 种，其中王勇著《中美经贸关系》获北京市哲学社会科学优秀成果一等奖。2007 年，据不完全统计，学院共出版各类论著 12 种，发表论文等各类文章近百篇。

学院主办的《国际政治研究》季刊自 1980 年创刊（内部发行）以来，刊发了学院内外大量高质量的研究成果。2002 年起，该刊在国内外正式公开发行，学术影响日渐扩大。从 2006 年起，《国际政治研究》改版，加大约稿力度，组织专题讨论，从内容到形式都有了明显提高。

表 6-13　2007 年国际关系学院教师出版著作统计

| 主要著作者 | 类别 | 著作名 | 出版机构 |
|---|---|---|---|
| 王缉思 | 总主编 | 《中国学者看世界》8 卷本 | 香港和平图书有限公司 |
| 周南京 | 专著 | 《菲律宾与菲华社会》 | 香港社会科学出版社有限公司 |
| 张锡镇 | 译著 | 《东南亚政府与政治》 | 北京大学出版社 |
| 查道炯 | 专著 | 《Building a neighborly community》 | Manchester University Press, New York, 2006 |
| 查道炯 | 主编 | 《中国学者看世界（非传统安全卷）》 | 世界知识出版社 |
| 王勇 | 专著 | 《中美经贸关系》 | 中国市场出版社 |
| 梁云祥 | 译著 | 《全球社会和平学》 | 北京师范大学出版社 |
| 叶自成 | 专著 | 《陆权发展与大国兴衰》 | 新星出版社 |
| 牛军 | 专著 | 《冷战期中国外交の政策决定》（日文） | 东京出版社 |
| 李义虎 | 专著 | 《地缘政治：二分论及其超越兼论地缘整合中的中国选择》 | 北京大学出版社 |

【交流与合作】　国际关系学院与世界上许多知名国际关系研究机构和专业院校建立了交流合作关系。学院频繁召开各种高水平的国际、国内学术研讨会，每年接待上百名海外政要、学者前来访问讲学，同时也选派相当数量的教师、研究生和本科生赴海外讲学、进修或学习。近年来，学院吸收的外国留学生、台港澳学生和派出的教员、学生人数增加较快，生源和派出地区日益多元化。仅日本一国，同学院建立长期合作关系的就有早稻田大学、新潟大学、岛根大学、日本大学、成蹊大学、山梨学院大学等高等学府的有关学部。

学院积极拓展与海外著名高校在联合办学、培养学生方面的合作。在校领导的大力支持下，由日本财团资助，本院与日本早稻田大学联合执行的中日联合培养项目，经过多年的发展和扩充，日臻成熟，运作良好。该项目包括本科生双学位计划、中日合作培养硕士生计划和双博士学位计划。同英国伦敦政治经济学院合作的国际关系"双硕士学位"的项目已经启动，并招收了第一批学生。学院与法国巴黎政治学院的本硕连读项目也自今年起开始招生，2006 年秋季派出 3 名（2004 级本科生），2007 年派出 3 名（2005 级本科生）。与美国康奈尔大学合作培养的"中国与亚太研究"项目的学生明年初即将到学院学习。这些项目为学院各级同学更深入地了解各国情况，提高外语能力，得到国外名校的学位，提供了宝贵的机会。又由于这些项目均向校内其他院系开放，使得学院的学术影响得到了可观提高。从 2007 年秋季学期开始，学院又推行与日本东京大学的双硕士计划。

自 2007 年起，国家留学基金委资助重点高校、重点学科的博士生赴国外留学项目正式启动，学院每年可得到 10 个以上的名额。这样，连同学院的上述自主项目，学院的绝大多数博士生都可以在学习期间获得至少一年的留学机会。

2007 年，在学院从事教学和科研工作的长期专家共计 13 名。这些外国专家的教学和科研工作，不仅提高了广大学生的外语水平，更增强了同学们在学习和研究方面的国际化水平，开阔了他们的视野，使他们观察和分析国际问题的角度更加丰富。

【党建工作】　1. 以"三个代表"重要思想为指导，以学习贯彻十七大精神为契机，深入开展理论学习。

党的十七届代表大会的召开对中国特设社会主义理论体系的进一步完善有着里程碑式的重要意义。十七大报告提出的一系列新思想、新观点、新论断，集中体现了党在新世纪新阶段理论创新的最新成果。学院党委以此为契机，分批次、多形式、有针对性地组织全院师生认真学习十七大精神。10 月中旬，院党委分别召开全院教工大会和学生骨干大会，系统传达十七大精神，并部署各支部开展学习十七大的主题活动。11 月到 12 月间，各支部积极响应院党委号召，分别召开主题党日活动学习贯彻十七大精神，其中外交学系教师支部组织的与坦克部队兵指战员军民共学十七大，博士生支部参观首都博物馆，2007 级硕士支部观看讨论十七大相关电影，2006 级本科支部组织的十七大精神知识竞赛，2007 级本科支部开展的"我的未来十三年"等活动深受师生好评。2007 年 12 月中旬，院党委组织学院党政领导、系所主任、各支部书记和学生骨干，召开学习十七大精神干部培训会，邀请学院相关领域的知名学者，从不同角度解读十七大精神，深入学习贯彻十七大精神。培训会上，党委书记邱恩田回顾和总结了学院学习十七大精神工作的进展状况，并对在今后工作和学习中继续贯彻落实十七大精神提出了几点要求。

2. 坚持为人民服务的宗旨，将自身工作融入学院创建一流国际关系学院的事业中，结合学院特点，努力为全院师生服务。

院领导班子能够充分发扬民主集中制的原则,通过每周一次的党政办公会认真落实"三重一大"制度和加强党风廉政建设。目前院党政领导班子人员整齐,年龄和知识结构较为合理,分工明确,配合默契。其中院长王缉思、副院长袁明在国内外学界、政界有相当影响。在院党政领导班子中,有三位副院长是留学归国人员,其中1人为民主党派,1人为少数民族,分别毕业于美国康奈尔大学、法国波尔多第四大学和俄罗斯国际关系学院;党委领导班子中有女性2人。在学院建设和发展目标方面,院党委与院行政一道,多次召开讨论会,制定学院发展的中长期规划。在院党委中,有一名党委副书记兼任院综合办公室主任,与行政副院长一道主抓院行政工作。通过每周一次的党政联席办公会,共同讨论、决定有关学院学科发展、队伍建设方面的重要事项。

3. 重视党支部职能,充分发挥党支部联系基层的重要作用。

党支部是最活跃的基层组织,承担着直接管理党员具体工作的重要责任,加强支部建设,是发挥党组织战斗堡垒和先锋模范作用的重要途径。在日常支部建设和党员发展、教育、管理方面,学院各支部组织结构基本健全,所有教工支部书记都有(副)高级职称。各支部基本能做到每月组织一次活动。教工支部主要通过参观、研讨等形式开展支部活动;学生支部主要通过学习、"推优"、发展转正及党日活动等形式开展支部活动。院党委主要通过配合上级党委安排的教育活动,开展对本院党员的党性教育。同时,院党委大力支持支部发挥主动性,结合自身实际创造性地开展工作,并能够提供充足的资金保障。教工党支部努力将支部活动与老师的学术科研相结合,党史支部等相关领域党支部积极发挥自身优势,通过学术探讨来深化有关政治思想教育活动,并派出老师参加、指导学生党支部活动。博士生四个年级共建的联合党支部针对博士生特点,通过活动促进年级间的交流沟通和学术研讨。研究生支部充分考虑到学生中党员比例较高的特点,在行政事务横向(以年级为单位)管理和学术方面纵向(以教研室为单位)管理的模式中找到了平衡点,党支部除开展政治学习之外,还经常开展学术文化活动,对学生的学习、生活都有较大影响。本科生四个党支部与团支部和班级的活动相结合,有效地整合了各种资源,加强了活动的吸引力。在学生党支部活动形式方面不拘一格,开展如集体学习、主题讨论、观看影片、外出实践、跨校交流等形式,增强了党支部的活力。在2007年学校党委组织部、学生工作部、团委联合举办的"北京大学学习十七大精神"系列党团日活动中,2007级本科生党支部获得了一等奖,2007级硕士支部获得了二等奖,外交支部获得了优秀奖,国际关系学院获得了优秀组织奖。同时,所有参评支部在院内也进行了评比和奖励,大大激发了各个支部的积极主动性,纷纷策划开展更加深入广泛的支部活动,充分发挥了党建带团建的示范作用。学院党委坚持党员发展"成熟一个发展一个"的原则,发展转正工作要求严格、程序严谨。学院在本科生中严格执行"推优入党"制度,所有本科期间在学院发展的党员均为推优入党人员。教师、学生中的党员比例较高,其中教师的党员比例达到88%,研究生班级中党员比例接近50%,高年级本科中党员比例在40%左右。在党员管理方面,学院党委已经做到了规范、高效。通过学校的党员管理系统,准确记录每个党员的基本信息并做到及时更新。总体上看,学院党支部活力及向心力均较强。学院党委高度重视离退休和老干部工作,成立了两个离退休党支部,及时向离退休老同志和老干部通报学院有关工作情况,经常听取他们的意见和建议,努力解决其生活中的困难。在重大活动方面,学院党委严格执行中央有关涉外及涉港澳台政策、法规,并在日常教育中经常提醒师生重视、遵守有关规定。虽然学院涉外及涉港澳台活动较多,但未出现重大违纪情况。针对学院党员师生在海外数量较多的实际情况,在保持党员先进性教育活动期间,国关党委指导有关支部开展了网络学习、讨论活动,并因地制宜成立了临时党支部,按照上级要求认真开展先进性教育活动。这一做法得到了校党委的肯定。院党委有效指导院工会,共青团工作,在人力、财力方面提供保障。院党委通过院团委加强对学生会、研究生会的指导,及时反映学生的意见及需求,结合学科特点和学生实际开展活动。在安全稳定、信息报送等其他工作方面,院党委也高度重视,安排专人负责,保证了学院和学校各项工作的顺利进行。

【学生工作】 进一步明确工作思路,为工作的深入开展奠定坚实基础。国关团委认为,在今后一段时间,院团委将继续以"一二三四(一个中心,两条道路,三个平台,四项目标)"的基本工作思路为依据,继续以一个精干的团委为中心,以实干的学生会、研究生会为两翼,以能干的学生社团为支撑的全方位覆盖网络;继续沿着建设"精品国关"的思路,走社会化、国际化道路;积极为学生打造社会实践、社会实习和暑期学习平台;继续推进团委内部的机构调整,保证团委新闻中心、学生职业发展与促进中心、研究生部、理论研究室和团委学生会一起完成国关团委的相关工作。

积极探索符合国关实际、体现北大特色、具有时代特色的学生工作思路,举办具有国关特色的学生活动。2007年,在明确工作思路、进行结构调整和转型的过程中,国关团委不断开拓创新,努力提高活动层次和工作水平,举办了一系列学生活动。

继续抓好学生党建工作,增强政治思想教育的实效性。2007年度学院结合学校党委、团委工作部署,继续重点做好两个学生群体的工作,一是党员;二是团员。国际关系学院的学生党员比例较大,抓好学生党员和团员两个群体,就能带动全体学生,形成全体学生积极向上的氛围。首先,除继续重视学生党员发展工作以外,本年度学院结合落实思想政治工作基本标准和党建迎评工作,进一步强调了学生党员的日常教育和党支部建设,以党建带团建。配合学校对新生党员的培训,加强了新生党员的再教育;继续坚持本科生党支部书记由班主任老师担任的制度;同时,在党支部书记培训中,注重对学生党支部书记、副书记的培训;以落实基本标准的自查、迎评工作为中心,推动学生支部建设进一步规范化;严格执行团支部推优入党制度。针对学院学生党员发展的特点,本年度学院继续加强对积极分子及发展对象的考察,坚持在发展规模上适当控制的原则。在学生支部建设方面,针对研究生班级较为松散的特点,学院注意发挥研究生党支部在班级建设中的作用,重视发挥专业主任、导师和教师党支部对研究生党员的教育作用。在学生政治思想和成长成才教育方面,本年度从2007级新生开始,推出的"学术·人生系列活动",从院长开始,每月有一位本院教师,与学生进行一次面对面互动交流,既谈学术,亦谈人生。以每位教师自身的成长历程及治学经验,启发学生。同时,也通过交流,加强师生之间的相互了解和相互理解。

继续推进"学术国关",营造学术氛围,引导学生专业成才。建设"学术国关"是学院党政领导班子提出的要求,也逐渐成为学院学生工作的基本思路和重要内容。近几年,学院推出了"国关系列学术讲座""模拟联合国""大使讲座""外交官谈外交"等品牌项目。学院在通过品牌活动开展国际交流,开阔学生专业视野的同时,也进一步努力在学生中营造学术氛围、引导学生参与学术研究,以实现对学生成长的全过程有效指导,增进师生之间的交流方面,从而进一步打造"全员育人"的氛围。与《环球时报》合作,在该报上推出了"北大学子看世界"专栏,并由学院主管科研的领导出面斡旋,在学院及清华、人大设立了《环球时报》奖学金。该项奖学金是以奖励学术研究项目及成果的形式设立的,向全校学生开放。到目前为止,该项奖学金已经完成了第三届评审,不仅本院学生积极参与,而且历届都有其他院系的学生获奖,因此,它对于学校的学生学术研究也是一个推动。"北大学子看世界"专栏在社会上的反响也非常好。经过与外交家章文晋先生的亲属商讨,将"章文晋奖学金"的评审形式改为博士论文奖,一部分为普通博士论文奖,一部分为优秀博士学位论文奖,以鼓励博士生拿出高水平的研究成果。鼓励学生开展学术活动。学院对"模拟联合国""青年外交学会"等学术性社团给予了重点扶持。对"模拟联合国"、全国本科生"东亚论坛"等学生学术活动给予了大力支持。为了尽可能让教师广泛参与学生工作,变"学工办、团委的学生工作"为"全院老师的学生工作",学院设立了"学生学术活动专家指导委员会",成员由全院教师轮流担任,学院根据活动情况,对承担学生指导的教师给予相应报酬。注意培养学生们的独立创新意识以及组织协调能力。鉴于学校"挑战杯"参与学生有限的情况,学院拿出资金,设立了本院的"挑战杯"学术资助项目。本年度学院成功举办了第二届全国大学(本科生)"东亚安全论坛"和世界大学生模拟联合国活动,这两次大型活动的主要组织者都是学院的本科生。他们从筹资、论文征集、会议组织和会议的主持、评论,全过程独立操作,教师进行论文指导、论文选拔评审和会议讨论的点评,学生们在这些活动中受到了全方位的锻炼。

争取全院教师关心学生日常生活、心理健康,营造和谐国关的大家庭氛围。本着上述思想,学院在关心学生日常生活、心理健康,加强学生在校全过程指导上,也尝试探索全员参与的方式。除继续通过国关传统的活动,培养学生们的团队精神外,学院也尝试通过新、老生互助、中国学生与留学生互助等形式,加强学生之间的团结友爱,培养同学们关心他人、互相关心的意识。学院还利用国关院友会的优势,继续开展"走近院友"系列活动,将院友请回国关,为学生们讲授他们的人生经历、奋斗历程和他们对人生、对职业生涯规划等问题的思考。另外,学院还与院工会合作,举办师生联谊活动,用趣味体育、娱乐活动等比较轻松的方式增进师生之间的了解和交流,联络感情,进一步营造和谐国关的氛围。在本年度迎接教育部本科生教学评估的工作以及"一二·九"歌咏比赛等活动中,学院师生共同努力,共同参与,取得了令人满意的成绩。2007年,国际关系学院在学生工作中,继续围绕"文明生活、健康成才"主题教育活动,除完成学生工作常规内容外,仍然将工作重点放在努力营造学术研究和国关大家庭两个氛围上,着力打造全员育人环境,摸索适合目前学生特点的、具有国关学院特色的学生工作方式。

【北京大学国际战略研究中心】 2007年4月,国际关系学院牵头成立了北京大学国际战略研究中心,该中心以马克思列宁主义、毛泽东思想、邓小平理论和"三个代表"重要思想为指导,组织、开展对国际战略重大课题的研究,针对不同社会需求层次开展高层次、高质量的培训工作,通过与国内外相关媒体与学术机构的合作,引导公众全面、准确、理性地认识国际战略问题以及中国的国际环境和外交政策,开展社会咨询活动,组织相关专家、学者,为中国战略决策部门和政府机关、社会各界提供智力支持,发行或出版研究报告和学术论著,反映中心的学术成果及国际战略动态。北京大学国际战略研究中心以国际关系学院各系所的科研力量配置以及业已承担的国家社会科学重大课题、教育部重大课题、政府部门委托的研究项目为基础,规划未来的研究方向。2007年北京大学国际战略研究中心主要研究了"中美战略互信问题""中美经贸摩擦'政治化'的表现、原因及对策研究""中美应对气候变化合作研究""苏丹达尔富尔问题对中国软实力的影响""中国应对东亚地区合作:'ASEAN＋3'、'ASEAN＋6'还是FTAs""修宪问题与日本防卫政策的走向""东北亚和平与安全机制'建设'""美国反恐战略的走向"和"中国的非洲战略:国际形象与对策研究"等课题。

北京大学国际战略研究中心的成立有助于整合国际关系学院现有的研究力量,使学院的教学与科研更加贴近国际政治现实,使师生对国家战略和政策有更加深入的理解和体会,并在此基础上提高理论水平,改变在国际问题研究的某些领域由"西方话语"占据主导地位的现象,实现理论创新,同时,该中心的成立将有助于推动北大与国内外其他国际战略、外交政策方面的学术部门、思想库之间的横向联系,通过校内跨院系合作,推动交叉学科的发展,为将北大办成世界一流大学做出贡献。

# 新闻与传播学院

【发展概况】 学院教职工共有32人,其中教授11人、副教授14人;全日制学生达到702人,其中博士研究生69人、硕士研究生216人,本科生417人。在学校领导和各有关部门的大力支持下,学院全体师生共同努力,在党政、教学和科研等各方面工作稳定正常地发展,较上一年又有更大的进步。

【教学工作】 2007年,教学工作的重点是教育部的本科教学水平评估。学院高度重视这项工作,采取各项措施,不断改进和提升教学管理的质量,最终很好地完成了迎评工作,并以此推动学科建设和教学管理的进一步发展。

过去,在学科建设以及教学管理方面,学院缺乏整体性的思路。撰写迎评报告,促使我们对此问题进行思考,思路也逐渐清晰起来。学院原有的本科生培养方案制定于2001年,2003年进行过一次修订。从2003年到2007年,四年过去了,情况发生了很大的变化;通过向学生了解情况,也发现了一些问题。所以,借教学评估的"东风",学院对2003版大纲进行了再次修订。修订后的大纲打破了过去各专业(系)区隔过于明显的状况,打通各系的选修课,作为全院的通选课;同时增设了一些新闻传播学一级学科上的必修课和选修课,并且按照教务部门的要求,增加了社会科学群类的平台课。我们认为,这种做法符合新闻传播学复合型人才培养的需要,同时与学校"加强基础、淡化专业、因材施教、分流培养"的十六字方针相吻合。学院的2007版大纲于2007年4月底完成,经校教务部门审查,已于新的学期开始实施。

过去学院的本科教学管理,基本上是问题管理的思路,平日的检查、督促少,出了问题临时解决一下,带有某种应急色彩,缺乏长期有效的、规范化的管理机制,迎评和评估检查工作帮助或促使我们把这套机制逐渐建立起来。比如在日常教学管理方面,我们按照学校的要求,制定了试卷评阅规范、学位论文写作、答辩规程、院领导听课制度等,这些均收到良好的效果。在实习管理方面,我们开始与一些主要媒体联合建立学生实习基地,指定专人负责(称实习主任负责制),或由老师带领学生实习;同时在网上开设实习园地,对学生进行具体指导。对于讲授实务课的外请教师,学院也进一步加强了管理,通过各种方式,向他们传达学校、学院的有关要求,帮助他们把好教学质量关。

在研究生培养方面,学院也进一步加强了计划管理。包括对校本部和深圳研究生院的课程进行必要的调整,开设了一些前沿性的课程;鼓励学生积极参加社会实践活动和导师的课题研究,多出成果;对学位论文从开题、写作到答辩的各个环节提出具体的要求,并通过学位委员会监督落实。仿照本科教学大纲,目前学院正在编制研究生(包括硕士生和博士生)教学大纲,目的是使研究生的教学管理更为系统,更加规范化。研究生教学大纲将于2007—2008第二学期开始使用。

同时,学院努力改善教学环境,加强硬件建设。在学校的支持下,学院2007年完成了苹果实验室设备更新和改建以及一教北厢房的改建装修工作,购置了苹果电脑以及非线工作站等新的教学设备,建成了总计200平方米的苹果电脑实验室和非线性编辑实验室,实验教学条件大大改善。

【科研工作】 2006年,学院明确了围绕新媒体新闻传播等学科增长点,以点带面,全面突破,带动整个学科,实现跳跃式成长的科研发展战略。2007年,学院的科研工作的核心是逐步落实和推进这一科研战略。

不断完善科研管理体系,创造良好的科研环境,以机制推动科研发展。为保障科研工作的有序开展,学院在学术交流、课题研究、学术奖励、学术出版等方面都形成了相应的机制,逐步建立系统的科研管理体系,以机制来推动科研工作的发展,为教师创造良好的科研支持环境。2007年3月,根据学校的有关政策,结合学院的情况,制定了《北京大学新闻与传播学院人文社会科学出版专项经费管理办法(试行)》《北京大学新闻与传播学院人文社会科学学术交流专项经费管理办法(试行)》,对教师参加海内外的学术会议、发表论文、出版著述等,都提出了具体的补助规定及奖励制度。2007年10月,学院又提出《北京大学新闻与传播学院年度研究课题》计划。设立学院年度课题,每年一评,对入选者提供专项的经费,支持学院的课题重点向从事基础理论研究的学者和年轻教师倾斜,支持基础理论研究出精品,支持年轻教师在学术研究方面尽快发展。

为进一步加强与海内外的学术交流,并扩大学院的学术影响力,在科研发展中,学院继续着力打造学院自己的学术活动和学术出版物的品牌。学院利用北京论坛的高端平台,组织海内外一流学者荟萃的新闻传播分论坛,已连续成功举办两届,取得了很好的效果。同时,海峡两岸华文出版论坛已连续举办三届,全球华人广告教育论坛已连续举办四届,这些论坛,已经成为新闻传播领域标志性的年度学术交流活动。扩大学术影响,必须有学术的话语权,学院把学术出版物作为科研发展的关键环节来抓。目前学院的新闻传播综合性学刊《北大新闻传播评论》已连续出版三年,学院主办的国内第一本广告学术刊物《广告研究》双月刊已连续出版两年。这些出版物在学术界都已经产生了广泛影响。

2007年,学院科研方面取得了突破性的进展。学院教师共获得五项国家级课题,其中一项是谢新洲教授牵头的教育部重大攻关课题"互联网等新媒体对社会舆论影响与利用研究",其他课题包括教育部一般项目"当代中国社会变迁中媒介转型的机理、意义与管理——以网络媒介事件为例"(师曾志副教授)、"受众伦理研究"(陈汝东副教授),国家社科基金项目"互联网与手机对中国社会生活与政治生活方式的影响研究"(杨伯溆教授),国家自然科学基金项目"互联网信息传播机制与社会影响评价研究"(谢新洲),国家自然科学基金项目"我国电子媒体的政策与管理研究"(谢新洲),学院教师共发表了96篇学术论文,出版了10本学术专著,立项科研经费达到213万,比2006年翻了三倍。

【党建工作】 学院把党风廉政建设和思想政治工作当作大事来抓。除积极完成学校布置的各项工作外,学院特别重视行政班子成员和教师队伍思想政治素质的提高。学院的行政班子已经形成了良好的批评与自我批评、工作尽职尽责的风气。在每一次全体教师的会上,都有一个专项内容,就是围绕当前舆论宣传中的重大问题进行吹风和分析。十七大召开后,学院认真组织了十七大有关文件的学习和讨论,而且,学院派出了两名教师参加了中宣部组织的党校学习。这两名教师在学习结束后,学院在全院教师会上专门安排他们对学习的内容进行了介绍。学院的行政人员也都积极参加这些学习和讨论,整体素质和专业服务能力不断提高,在日常的行政工作中不计报酬,任劳任怨。

认真开展迎接教育部本科教学水平评估工作。按照学校关于"以评促建、以评促改"的方针,学院进行了全员动员,让每个老师认识到迎评工作的重要性,并且从学院发展、学科建设的基础工作做起,责任到人,责任到岗,认真履行监督、管理责任,最终配合学校圆满完成了这项重要的工作。以学院发展战略为指导,抓住工作重心,循序渐进地推进。

2007年,学院把加强制度建设作为工作重心。在教学方面,学院重新修订发布了2007版的本科教学大纲,这一大纲更系统和完整,更加符合学院的战略目标。在学生工作方面,制定了《2007年奖学金评审制度》《新闻与传播学院班主任、辅导员工作制度》等,加强制度化管理。在行政方面,不断增强服务意识,对毕业转单盖章、出国交流签字盖章、成绩单办理等工作,规定了办理流程、办理时间、审批程序等,既方便了学生也提高了自身的工作效率。

【学生工作】 制定了《2007年奖学金评审制度》,配合学校积极开展贫困学生认定制度,修改并实施了《新闻与传播学院班主任、辅导员工作制度》,不断规范管理体系,加强制度建设,提高业务水平。

2007年组织了一系列的党团日活动,从国情教育、政策解读等方面加强对学生政治素质的培养;以党建评估、本科教学评估为契机,加强学院学风建设,规范课堂纪律、整顿宿舍卫生、引导学生生活习惯,从学生学习、生活的点滴出发进行文明生活、健康成才的主题教育。在社会实践方面,分批组织了21名2004、2005级的本科生前往桂林日报社进行专业实习,丰富的实习实践活动开拓了学生视野,更重要的是同学们走出校园,深入社会本身就能促进思想认识的锻炼和提高。2007年11月,研究生会成功地组织了记者节活动,首次有意识地把专业学习与思想政治教育结合起来。12月,学院老师、本科生四个年级、硕士研究生、博士研究生积极参与"一二·九"合唱比赛的筹备组织和排练比赛,通过活动加强素质教育,培养团队精神和逐步树立学院文化。学院认真组织,陆续向学校、奥组委输送奥运实习生和志愿者上百名。

# 政府管理学院

【发展概况】 北京大学政府管理学院拥有政治学与行政学、公共政策学、城市管理学、行政管理学(政治学与行政学专业联合培养)四个本科专业;设有政治学理论、中外政治制度、中共党史、行政管理、区域经济、公共管理(发展管理)和公共管理(公共政策)七个硕士学位授予点;拥有政治学、行政学、区域经济学三个博士学位授予点和政治学、行政学、区域经济学三个博士后流动站。学院还设有 MPA 教育中心,与教育部人文社会科学重点研究基地——北京大学政治发展与政府管理研究所有着密切的学术协作关系。

【教学工作】 2007年,学院共招收97名本科生,其中留学生24名;招收行政管理学专业辅修生12人。

2007年,学院共有66名本科生毕业,有60人获得学士学位(其中留学生7人);另外,行政管理学专业辅修生18人获毕业证书。

目前已确立了9门本科主干基础课:王浦劬:政治学原理;赵成根:公共管理学原理;陈庆云:公共政策分析;杨凤春:当代中国政府与政治;关海庭:中国近现代政治发展史;肖鸣政:人力资源开发与管理;沈明明:比较政治学概论;江荣海:中国政治思想;杨开忠:城市与区域经济学。

杨明教授获得北京大学2007年教学优秀奖;关海庭教授获北京大学第十二届"十佳教师"称号。

梁鸿飞老师在2007年北京大学第七届青年教师教学演示竞赛中获得二等奖。

11月20日,教育部本科教学评估专家抵达政府管理学院,对本科教学成果进行了考察评估。评估专家听取了学院本科教学工作的总结汇报,考察了本科教学环境,与院系负责人及本科任教老师进行了座谈,并对本科教学工作和成绩表示充分肯定。

2007年完成硕士、博士培养机制改革工作。在校硕士生(转档学生)80%的学生获得了奖学金,制定了奖学金与硕博连读选拔规则。博士研究生科研等实现了百分之百的奖学金制,并通过了导师助研经费与学校配套经费的相关措施。免试推荐研究生制度得到进一步完善,第一次有系统地录取外院、外校的学生。硕士生培养方案全面修改完毕,突出了减少必修课、给学生更多选择的原则。博士生招生、培养方案的全面修订正式开始。

2007年3月政府管理学院录取 MPA 学生428人,其中包括与国家行政学院合作培养 MPA 学生107人。2007年7月和12月经学位论文答辩获得公共管理硕士学位的 MPA 学生390人。

2007年2月,经全国公共管理硕士(MPA)专业学位教育指导委员会组织专家评估合格,政府管理学院成为全国 MPA 教育正式办学单位。

2007年5月16日,北京大学政府管理学院 MPA 教育中心正式成立。

2007年9月,北京大学政府管理学院 MPA 教育中心为 MPA 学生创办"北京大学公共政策讲坛",聘请国内外公共管理领域的知名专家、学者和政府相关部门主要领导到院为 MPA 学生传知解惑。2007年9月至12月举办专题讲座9次,丰富了 MPA 教育教学的课程体系,增强了 MPA 教育的实践性和开放性,促进北大 MPA 学生"德、知、能、体"的全面发展。

MPA 教育中心着重进行制度建设,总结形成了 MPA 年度工作流程、录取工作流程、培养工作流程、学位工作流程等,逐步实行学期、月度以及周工作计划、例会与评估制度,进一步掌握 MPA 教学规律,提高 MPA 管理效率。

本年度学院领导和任课教师积极参加全国各项 MPA 教学研讨会议,增加对全国 MPA 动态的了解和认识。2007年4月17日至19日,傅军常务副院长与李国平副院长出席了在山东大学举行的第二届全国公共管理学院院长论坛;7月26日至29日,薛领主任出席了在内蒙古大学召开的全国 MPA 教育研讨会,并进行主题发言;10月31日,薛领主任、燕继荣教授参加了由国家行政学院主办的全国 MPA 案例教学研讨暨培训会。

2007年 MPA 教育中心积极探索 MPA 教育的教学创新活动,5月5日至6日在山东寿光组织2005级 MPA 集中班北大—寿光区域经济发展论坛,被国家教指委称为 MPA 教育的"寿光模式"。7月14日至15日组织2006级集中班学生到天津与天津大学 MPA 学生进行联谊。

【科研工作】 2007年,学院科研成果共58项,其中专著5部。2007年政府管理学院获纵向基金项目4项。《进化论与中国激进主义:1859—1924》一书获北京市第十届哲学社会科学优秀成果二等奖。

【基地工作】 2007年经北京大学政治发展与政府管理研究所学术委员认真讨论、精心选题后,上半年完成了两项教育部重大项目的申报,由研究员毛寿龙教授和杨河教授分别牵头,课题名称为"中国政治发展的历史逻辑与核心价值研究"和"政党内部民主与人民民主关系研究"。经教育部专家的严格评审竞标,两个课题均获准立项。

3月,北京大学政治发展与政府管理研究所、国家行政学院共同接受广东省佛山市顺德区政府委托,开展"广东省佛山市顺德区服务型政府构建"的研究项目,通过对广东省佛山市顺德区市民、企业家、公务员、社团2000人的问卷调查,详尽了解了区政府在服务型政府构建过程中的经验和广大市民、企业、社团对服务型政府构建的需求和建议,分析了区政府在服务型政府构建过程中存在的问题及其原因,在此基础上提出深化服务型政府建设政策建议。

以北京大学中国地方政府研究院执行院长彭真怀为组长的调研组对沈阳市沈北新区展开调研,完成《沈北新区现代农业综合配套改革试验区总体方案》。这个方案得到了辽宁省政府及有关部门的充分肯定,也得到中央部委有关部门的认可。报告认为,立足沈北新区现有的产业基础和资源优势,建立现代农业综合配套改革试验区,加大从中央到地方对现代农业的改革力度、支持力度和领导力度,可以全面体现中央振兴东北老工业基地的战略意图,并为全国现代农业的发展总结新经验、探索新模式、做出新示范。

大力开展咨询服务和人才培养工作。研究所受商务部的委托,在商务部援外司、国际合作事务局和北京大学各级领导的大力支持和协调帮助下,2007年共举办了各类7个外国政府官员研修班,分别来自52个国家,近160人。来自各国的政府官员对我所举办的援外班评价很高,很多官员回国后纷纷来电来函表示感谢,增进了国际间了解和友谊。同时,培训班还积极促进各国官员与国内地方单位、企业的合作。主要开办的研修班有:3月8日—27日举办了孟加拉经济管理官员研修班,共有来自孟加拉计划部规划司、项目司和财政部、商业部的司处级官员30人;4月12日—26日举办了亚洲国家城市与区域管理研修班,共有来自阿塞拜疆、巴基斯坦、老挝、亚美尼亚等国的司处级官员19人;5月15日—29日举办了阿拉伯国家城市与区域管理研修班,共有埃及、约旦、黎巴嫩和叙利亚的司处级官员5人;6月7日—21日举办了非洲国家公共行政管理研修班,共有来自布隆迪、贝宁、喀麦隆等非洲国家的司处级官员40人;8月2日—10日举办了非洲国家公共外交官研修班,共有来自布隆迪、贝宁、科特迪瓦等非洲国家的司处级官员35人;10月19日—11月8日和11月14日—12月3日举办了两期约旦经济管理官员研修班,共有来自约旦国家政府官员培训学院、社会保障部、自由区、企业监督局、海关总署、工商部等中央部委的司处级官员40人。

【学术交流】 9月15日—12月5日,北京大学政府管理学院举办"北京大学公共政策讲坛",讲坛共分九讲:公共政策:知识、理论与实践;中国的外部环境与外交政策;从研究的理论到研究的实践;公共管理与公共政策;关于我国的改革和发展;走向自主创新;理解公共行政;知识产权与建设创新型国家;中国行政区的演变与地方政府行政管理,讲课教授分别是:傅军、徐步、朱天飚、董克用、连启华、路风、郭晓莱、王景川、韩茂莉。

4月27日—29日,由北京大学政府管理学院和北京大学政治发展与政府管理研究所联合举办的"东亚文化与经济发展"国际学术研讨会在北京成功召开。来自韩国成钧馆大学东亚学术院、西江大学、全南大学的十名专家学者和国内十几所高校近50名教授和博士生出席了会议。会议议题:东亚文化与经济发展;经济发展与社会公平;东亚文化与中国模式。

【党建工作】 2007年,政府管理学院党委坚持"三个代表"重要思想,切实贯彻科学发展观,全体党员以及师生员工政治思想稳定,发展认识高度统一,形成了和谐发展的氛围。

2007年,政府管理学院共有11个基层党支部,其中教职工支部4个、学生支部7个。学院党委大力加强党建工作,切实做好党员发展、理论学习、规范民主生活会议制度等各项工作。2007年共发展新党员45名,其中研究生20名,本科生25名。同时重视积极分子培养工作,今年共49名本科生、22名研究生参加了党校培训,并顺利结业。2008年3月,2006级本科生党支部被评为北京大学优秀党支部。

2007年,政府管理学院党委按照"提高党员素质、加强基层组织、服务学院师生、促进各项工作"的原则,进一步深化党员教育活动,以迎接党建评估为契机,院党委组织各支部大力进行规范化建设,不断完善支部理论学习制度、民主生活会制度,制定实施党日活动项目化管理制度,对广大党员加强学习、认真参与组织活动发挥了积极作用。2007年,党的十七大召开后,学院召开党委扩大会,对十七大报告进行解读,并认真部署了深入学习工作。

【学生工作】 2007年,学院团委进一步提升基层工作规范化、健全组织,完善制度,加强学生骨干选拔考核机制,切实落实团员推优入党制度、党员教育制度,规范特殊群体学生工作程序,有力地推动了各项工作的开展。

2007年,学院积极响应校党委的号召,积极开展党、团员教育,开展了以"学习贯彻党的十七大精神,做全面建设小康社会主力军"学生党团日活动,收到良好的效果。同时学院积极组织北京奥运会志愿者招募与培训工作、志愿支教活动等,在活动中使学生受到教育,增长知识。由于学院团委和各基层团支部的出色表现,2008年3月,2007级本科生团支部获"学习贯彻党的十七大精神,做全面建设小康社会生力军"学生党团日联合主题教育活动三等奖,2006级本科生支部获学习十七大精神党团日活动二等奖。2008年3月,院团委获北京大学团系统优秀调研单位奖。

在北京大学第十六届"挑战杯"学术竞赛中,学院获得团体二等奖,院团委获得优秀组织奖,获得特等奖作品1个、一等奖作品1个、三等奖作品1个、优秀指导教师2名。继续举办"政府管理论坛""市长论坛""地方发展讲坛"等系列讲座,通过讲座、座谈会等形式帮助学生了解政府管理实务,促进理论与实践的交流。2007年,学院利用小学期和暑假期间,共派出9支队赴山东、河南、内蒙古等地实习实践,共有近300人参加了活动,帮助学生将学习延伸到课堂之外,在实践中学知识、长见识。2007年,学院与河南省邓州市签署共建协议,建立实践基地,为学生实习、实践提供更广阔的空间。在此期间,学院"赴河南邓州暑期社会实践团"获北京大学2007年学生暑期社会实践优秀团队奖,"赴山东青岛暑期社会实践团""赴浙江宁波暑期社会实践团"获北京大学2007年学生暑期社会实践先进团队奖,《城乡高中教育资源分布的现状分析——以湖南省怀化地区为例》《08奥运与青岛城市发展战略研究》获得优秀调研项目奖,院团委获得优秀组织奖。

2007年院团委被授予"北京大学红旗团委"荣誉称号。

# 经济学院

【发展概况】 经济学院的前身是北京大学经济学系。经济学系始建于1912年,是中国高等学校中建立最早的经济学科,源于1898年戊戌维新运动中创办的京师大学堂商学科,至今已有百余年历史。著名学者、中国共产党的创始人之一李大钊同志曾在经济学系任教。我国经济学界老前辈马寅初先生(新中国成立后曾任北京大学校长)是经济学系的早期负责人和教授。1952年全国院系调整后,著名经济学家陈岱孙教授长期担任北大经济学系主任。1985年5月北京大学经济学院正式成立,下设经济学系、国际经济系和经济管理系。

学院有经济学系、国际经济与贸易系、金融学系、风险管理与保险学系、财政学系、环境资源与发展经济学系等6个本科系,有政治经济学、西方经济学、经济思想史、经济史、世界经济、财政学、金融学(含保险)、人口、资源与环境经济学8个硕士专业和政治经济学、西方经济学、经济思想史、经济史、世界经济、财政学、金融学(含保险)7个博士点,13个科研机构和理论经济学博士后流动站。经济学院师资力量雄厚,不仅拥有一批造诣深湛、享誉国内外的教授和学术带头人,还有众多近年来在学术上崭露头角的中青年学者。学院现有教师67人,其中教授22人,副教授30人,讲师15人;在站博士后研究人员47人。

经济学院拥有完整的学士—硕士—博士人才培养体系,是面向全国培养高级经济人才的重要基地之一。在本科生培养方面,实行四年学制,坚持"注重基础,拓宽专业,加强实践,因材施教"的原则,自80年代中期开始实行学分制。在研究生培养方面,形成了鼓励优秀人才脱颖而出的制度和方法。"勤奋、严谨、求实、创新"是学院一贯倡导的学风。

2007年,经济学院共有学生7000多人,博士生111人,硕士生236人,访问学者、进修教师近95人,本科生853人,留学生134人,研究生课程进修生700人,继续教育中心各类学生与学员约1万人。

【科研工作】 2007年,北京大学经济学院各类科研成果共有174项,其中专著12部,编著和教材24部,译著8部,论文122篇,其他成果8项。科研项目获得29项,批准经费542.16万元。2006年被CSSCI检索的论文共有113篇,其中教师61篇,博士后研究人员15篇、学生37篇;2006年被SSCI收录论文有3篇。申报各种国家、省部级项目52项。各种国家、省部级项目中期检查、结项21项。刘怡教授入选教育部"新世纪优秀人才支持计划"。

2007年,"经济学院学术论坛"开展了灵活多样的学术活动,举办各类论坛和学术会议近百场。

北京大学经济学院2007科研工作研讨会在北京香山卧佛山庄召开。参加本次科研工作会的是全院在院教授、各系、各研究中心、所负责人、2007年新批课题承担人、院党政领导等。会议还特邀北京大学社会科学部领导与会。在本次科研工作研讨会上,总结了经济学院在2007年所取得的各项科研成果,揭示了存在的主要问题。2007年,经济学院课题研究经费继续保持持续增长势头,交流性的科研活动也继续保持旺盛的势头,院系和13个中心、所构建的各类学术平台已经形成一定规模。总之,本次讨论会就科研工作方面的各类问题都进行了比较充分的讨论和交流,与会领导和代表也提出了许多有益的工作思路和建议。

11月30日,北京市哲学社会科学规划办公室、北京市教委领导及专家组一行7人来到方正大厦,实地考察中国都市经济研究基地的建设情况。专家组在查阅资料、听取汇报、质询和现场考察后提出了对北京大学中国都市经济研究基地验收的初步结果:第一,基地设立是十分必要的;第二,基地研究方向明确,成果丰富,水平高,价值大;第三,基地投资效率高;第四,基地人才培养成绩显著;第五,基地研究队伍专业、年龄和职称等结构合理;第六,基地有效整合了各方面的资源,学术活动十分活跃;第七,建议基地未来应该更好地突出"都市"研究和为北京服务的特色。

【外事交流】 2007年度先后接洽了4个国际合作交流项目,其中与华盛顿中心合作的"中美双边贸易奖学金项目"已经顺利实施完成。有30余人次的教师出访,出访的主要任务是参加国际会议或短期的学术交流。另有学生40余人次出境,出境事由主要是交换生项目、暑期学校、国际会议和考察访问。

不断完善英文网站的编辑、翻译和更新工作,并制作了第二版的中英文对照宣传册。

【继续教育】 经济学院领导非常重视继续教育工作,2007年多次召开专题会议研讨继续教育工作,努力开拓继续教育工作的新局面。本着"迎接知识经济与全球化的挑战,发挥北京大学综合优势,培养我国经济与管理精英"的宗旨,学院继续教育事业发展的目标是:大力发展前沿性、高层次的教育研修项目,为政府机构、事业单位、公司企业、金融机构等单位的决策者和管理人员提供高质量的培训与研修服务;运用先进的教学内容和教学方法,利用现代远程通信技术、卫星网络技术,面向全社会开展教育服务。

企业家特训、经理人、人力资源、财务、旅游与酒店管理、房地产、金融期货、金融投资家、项目投资家、市场营销、私募股权投资基金、经济管理等高级研修班都是经济学院的特色与品牌项目。

继续教育中心坚持为研修学员安排大型专题学术论坛,特邀北京大学的名师、名教、工商、经管等各界社会精英、著名专家学者主讲,内容涵盖社会科学、人文科学、自然科学等各领域,选题围绕国内外经济管理的热点、难点问题,学理性与实用性并举,权威性与前瞻性并重,追求学术创新,鼓励思想个性。为各类研修班的学员提供良好的交流互动平台。长期以来,经济学院主办的专题学术论坛受到校内外学员的好评。2007年共举办论坛32场次。

【学生工作】 进一步加强和改进青年思想道德建设。深入贯彻中央16号文件精神,大力弘扬社会主义荣辱观,培育以爱国主义为核心的伟大民族精神和以改革创新为核心的时代精神,大力引导团员青年继承"爱国、进步、民主、科学"的北大精神,帮助青年文明生活、健康成才。2007年召开的经济学院学生工作研讨会提出了当前加强学生思想政治工作的主要任务,加强和改进青年学生思想道德建设的主要工作思路。新一届经济学院党委将学生工作的主要目标进一步明确为:在经济学院建设的总体目标和指导思想的指引下,配合学院整体和核心工作,为学院的育人和学生的成长成才做出独特的贡献,努力构建科学高效的学生工作体系。学生工作的主要思路是:积极正确引导同学们把主要精力放在学业和科研上;引导同学们关心社会、民族,树立责任感;引导同学们努力把所学知识同社会经济发展相结合,投身社会实践;引导学生干部并通过他们在广大同学中积极培养团队精神,增强合作能力;引导学生干部并通过他们在广大同学中积极培养敢于迎接挑战与困难的精神,增强经受大风大浪的能力。

继续开展团员素质培养活动。2007年11月中旬至12月中旬,经济学院团委开展"学习党的十七大精神,努力创建世界一流大学经济学院"系列党日活动、主题班会、团日活动,10个学生党支部、18个班级、18个团支部组织297名学生党员,近700名学生团员参加该活动。积极开展学生组织生活,加强学生党建工作。2007年组织生活的主题包括学习首届蔡元培奖获得者先进事迹、学习科学发展观以及构建和谐社会、创建和谐校园,开展一系列座谈会、主题教育活动,进一步学习领会十七大精神,加深对十七大精神的理解。

以学生工作主要思路为指导,努力为学生的成长成才提供指导和帮助。借助团委、学生会、研究生会和学校社团,以学术和文体活动为两翼,开展系列精品活动加强对学生全面素质的培养,成功组织了"经济学院学术文化节"系列活动、社会实践、"挑战杯"科技活动、元旦晚会、系列体育赛事等,丰富了同学们的生活,大大提高了相当一部分学生的组织能力和综合素质。本年度学生活动注重学术与实践的结合,课堂与课外的互动:通过一系列的高端学术讲座如"资本市场"高峰论坛、学术文化节系列讲座及主题演讲等,提高了同学们的学术水平;组织经济学院暑期实践,团队数量在全校名列第一;在课堂外学生会组织开展朗诵比赛、交谊舞会等活动,丰富了同学们的课余生活,提高了同学们的艺术素养。

突出师生交流,加强对学生的心理辅导,学院主要领导通过参与学生活动、开展面对面交流等形式有效加强了与同学们的交流与联系。在职业规划、就业管理等方面,学院开展了求职指导讲座等一系列工作,邀请相关领域内专家对学生进行专业的就业指导。在学生资助方面,通过多方筹资加大对经济困难学生的资助力度,与深圳发展银行、LG化学中国投资有限公司等多家银行与企业合作,加大了奖助学金的额度和发放力度。

(肖治合)

## 光华管理学院

【发展概况】 光华管理学院的前身是1985年北京大学成立的经济管理系和管理科学中心,1993年在原北京大学经济学院经济管理系和北京大学管理科学中心的基础上成立北京大学工商管理学院。1994年北京大学与光华教育基金会签订合作办学协议,工商管理学院改名为光华管理学院。管理学院成立后,由著名经济学家厉以宁教授担任首任院长。张维迎教授为现任院长,陆正飞、武常岐、徐信忠、张一弛、蔡洪滨教授为副院长。

全职教师101人,其中教授32人,副教授39人,讲师30人。百分之六十以上的教师在世界知名大学获得了博士学位,如美国哈佛大学、斯坦福大学、普林斯顿大学、加利福尼亚大学伯克利及洛杉矶分校、杜克大学、马里兰大学、英国牛津大学和比利时鲁汶大学等。此外,学院还聘任了多名访问教授与兼职教授。

共有学生3464人。其中全日制大学本科生673人,普通硕士研究生309人,MBA学生1422人,EMBA学生760人,MPAcc学生146人,博士研究生154人。各项目留学生141人。在本科招生中学院多年坚持文理兼收的原则,2007年有13名各省市高考第一名进入光华管理学院学习。学院在搞好学位教育的同时,还开办了多种形式的高级管理人才培训班,承担了国家、省市、部委以及企业、单位的科研任务。

设有8个系,分别是:应用经济学系、金融系、管理科学与信息系统系、战略管理系、组织管理系、市场营销系、会计系、商务统计与经济计量系。

学院设有大学本科、硕士和博士研究生三个层次的学位教育。本科现有金融学、会计学、市场营销三个专业;硕士研究生设有金融学、统计学、应用经济学、企业管理、会计学、管理科学与工程、工商管理硕士(MBA)、高级工商管理硕士(EMBA)、会计硕士专业学位(MPAcc)9个专业;学院设有国民经济学、金融学、产业经济学、企业管理学、统计学、会计学六个博士生专业,其中民经济学、企业管理学是国家重点学科。

【科研工作】 据2007年统计,从2002年到2006年,以《科学引文索引》(SCI)和《社会科学引文索引》(SSCI)收录的论文计算,光华管理学院发表的学术论文数量达到108篇,遥遥领先于国内其他经管院校(不含港澳台地区)。2007年,光华管理学院在国际一类刊物上发表论文14篇(2006年为4篇,2005年为9篇)。在二类刊物上发表论文13篇(2006年为17篇,2005年为5篇)。

2007年,光华管理学院总计取得249项科研成果,其中包括论文209篇,著作9部,译著7部,编著3部,著作章节3篇,教材13本,调研报告及其他5篇。

2007年,光华管理学院获得纵向项目共计12项,其中国家自然科学基金项目9项、教育部2007年度"新世纪优秀人才支持计划"1项、教育部哲学社会科学研究重大课题攻关项目1项、北京市教育科学"十一五"规划重点课题1项。获得横向课题共计55项。

2007年,光华管理学院科研获奖14项。其中,改革开放三十年北京大学人文社会科学研究"百项精品成果奖"4项、"百项精品成果奖"提名奖7项、北京大学第四届实验技术成果二等奖1项、其他奖项2项(中国会计学会2006年度优秀会计学术论文三等奖1项,首届全国信息化研究成果三等奖1项)。

【对外合作】 7月18日,光华管理学院与中国外汇交易中心合作,签署了开展"中国货币政策与金融市场发展研究"项目协议书。6月16日,北京大学莫里斯经济政策研究所隆重成立。6月2日,在光华校友的积极响应与学院领导的强力支持下,筹备近半年的"北京大学光华管理学院校友基金"正式设立。11月1日—3日,光华管理学院国际顾问委员会成立仪式暨第一次会议在光华管理学院隆重举行。共有七十余位来自国内外的著名大型企业的公司首脑和数位中国主管经济和文化的高层政府官员出任本届委员会的委员。12月13日,1997年诺贝尔经济奖得主罗伯特·默顿(ROBERT C. MERTON)教授在光华管理学院举办讲座。10月23日,台湾辅仁大学管理学院企业管理学系一行15名教员访问光华管理学院,为两岸教员及师生之间的多元学术交流提供平台。12月1日,光华管理学院和日中产学官交流机构共同主办的2007年中日金融论坛在光华管理学院举办,本届会议的主题是"金融与发展"。论坛由中日两国产业界、政界、学术界的知名人士共同参与,自由交换意见,旨在促进双方的交流和沟通。2007年光华管理学院派出7名教员于一月和八月参加哈佛商学院组织的PCMPCL项目,学习案例教学法。光华管理学院始终注重国际合作与交流,2007年度光华管理学院教员参加各类国际学术会议与交流90余人次。其中,接待来访院校代表80余人次,或礼仪性接待,或探讨合作可能性,或互通信息;接待来访学生团体20余次,为学生交流创造条件。

为了给学院学生提供国际化的商学教育,学院加强与国外商学院的合作。2007年新增与光华签订学生交流协议的学校有:美国宾夕法尼亚大学沃顿商学院、美国华盛顿大学福斯特商学院、美国加州大学洛杉矶分校安德森商学院、美国纽约大学斯特恩商学院、美国北卡罗莱那大学克南弗莱格勒商学院、美国弗吉尼亚大学麦肯泰学院、美国Vanderbilt大学欧文管理学院、美国圣地亚哥大学管理学院、加拿大麦吉尔大学商学院、加拿大维多利来大学商学院、德国欧洲技术与管理学院、德国曼海姆大学商学院、葡萄牙里斯本经济管理学院、荷兰鹿特丹管理学院、荷兰Maastricht大学商学院、荷兰阿姆斯特丹大学商学院、荷兰格罗宁根大学商学院、英国南安普顿大学管理学院、比利时天主教鲁汶大学商学院、奥地利维也纳大学商学院、西班牙ESADE商学院、澳大利亚昆士兰大学商学院、澳大利亚昆士兰理工大学商学院、韩国经济与技术大学商学院、韩国成均馆大学商学院、韩国首尔大学研究生院、韩国延世大学商学院、巴基斯坦拉合尔大学达吾商学院,以及台湾新竹交通大学。

另外,2007年度光华管理学院还与美国德州大学奥斯汀分校新签订了双学位合作项目。

与光华管理学院有交流合作的国外院校达到66所,涵盖了亚洲、欧洲、北美洲及南美洲四大洲的国家和地区。为了使来自世界各地的学生在短期内适应中国的环境,国际合作部设立的GISA——光华国际学生交流协会(Guanghua International Students Association)在前两年的经验与基础上,进一步组织交流活动,使外国同学与学院学生在这个平台上保持良好的沟通。

4月26日,光华管理学院与美国宾夕法尼亚大学沃顿学院签署《北京大学光华管理学院与宾夕法尼亚大学沃顿商学院战略合作谅解备忘录》,确立了双方战略合作伙伴关系,并于2007年6月确认本科生交流项目。

# 法 学 院

【发展概况】 1904年,京师大学堂在其下设的政法科大学堂,设立"法律学门",这是中国首个在近现代大学之内专事法律教育的部门,亦即现今北京大学法学院的前身。1912年,京师大学堂更名为国立北京大学。1919年,北京大学法律学门正式改为北京大学法律学系。此后,经历多次更迭和易名,直至1954年重建北京大学法律学系。随着办学规模的扩大和学科互动的增进,加之对法律教育未来发展的展望,北京大学法律学系在撤销各教研室、重新整合各专业学科的基础上,于1999年6月26日改建为北京大学法学院。北京大学法学院的学科建制历经百年的积累与变迁,学科分类与课程设置在1949年以前即已领先国内。1949年以后,尤其在1977年恢复正常的高校招生制度之后,各法学专业皆为国内最早或较早培养硕士研究生或博士研究生的学科。

现有研究中心(所)28个:国际法研究所、比较法和法律社会学研究所、刑事法理论研究所、实证法务研究所、近代法研究所、劳动法与社会保障法研究所、环境与资源法研究所、国际经济法研究所、宪法与行政法研究中心、金融法研究中心、人权研究中心、港澳台法律研究中心、犯罪问题研究中心、房地产法研究中心、非营利组织法研究中心、税法研究中心、世界贸易组织法律研究中心、海商法研究中心、财经法研究中心、宪政研究中心、公众参与研究与支持中心、法律经济学研究中心、民法研究中心、公司财务与公司法研究中心、北京大学法学院软法研究中心、北京大学中美法律与政策研究中心、北京大学廉洁社会研究中心、北大—耶鲁法律与政策改革联合研究中心。

法律图书馆不仅是一座馆藏丰富、服务健全的专业图书馆,也是北京大学的法律文献信息中心。2007年10月图书自动化系统进行了更换,使用了新的图书馆自动化系统MELINETS系统,使采编流更加规范,工作效率大大提高。2007年,法律图书馆共购买中文新书6396册,2598种;订购中文期刊244种,外文现刊99种;自购外文图书400余册;收到香港中文大学两批赠书,其中一套是1905—1996年的香港法律报告。除中外文书刊外,还收到联合国出版物400余种、中国反对拐卖人口资料100册。2007年法律图书馆共收集了由法学院主办的各种名家讲座93场,均已刻成光盘保存,并可以在馆内局域网上收听。

法学院拥有的法学学术性双月刊——《中外法学》(Peking University Law Journal)，每期20万字，面向国内外公开发行，是享有盛誉的中国法学类核心期刊之一。

2007年法学院在职教职工总数为116人，其中教授39人，副教授35人，讲师10人，教辅、党政管理人员23人，在站博士后9人。

【交流与合作】 全年接待了来自国外法学院、研究机构、法院、司法机关等机构的学者、学生、法官、官员等约40多人，以及来自港台地区的学者、学生等约20多人的访问。许多来宾在访问期间还发表了精彩的演讲，共计14场。北京大学法学院与来访学者还举行了多次学术交流，举办了4次大中型国际学术研讨会。共有2位国外访问教授讲学。中国法硕士项目2006级学生共6人，其中3人于2007年毕业；2007年共录取12名学生。

2007年主要国际交流活动：3月13—15日，日本新潟大学法学院前任院长山下威士教授和真水康树教授访问北大法学院；3月19日，英国爱丁堡大学法学院医疗法教授Graeme Laurie教授随爱丁堡大学代表团访问北大；3月21日，美国乔治·华盛顿大学法学院院长Frederick Lawrence教授、郭丹青(Don Clark)教授拜访朱苏力院长；3月28日，加州伯克利大学法学院师生代表团访问北大法学院；3月30日，中国法硕士班访问中国国际金融公司；4月3日，国际宪法学协会主席、墨尔本大学宪法学教授切丽尔·桑德斯(Cheryl Saunders)女士访问法学院；4月13日，法学院中国法硕士班访问中国国际经济和贸易仲裁委员会；4月16日下午，美国国防部总法律顾问Jim Haynes一行在北京大学临湖轩与法学院教授进行了座谈；5月7日，加拿大维多利亚大学法学院院长Andrew Petter教授访问北大法学院；5月10日，李鸣副院长接待加拿大多伦多大学法学院院长Mayo Moran教授来访；5月16日，德国波恩大学法学院Matthias Herdegen教授在法学楼学生活动中心做"国际经济法发展趋势"讲座；5月18日，"北大—耶鲁系列讲座：和谐社会建设中的信息开放与表达自由"开幕仪式暨首场圆桌讨论在北京大学体斋成功举行；5月18日，荷兰马斯特里赫特大学法学院副院长A. W. J. Kamperman Sanders教授，率Michael G. Faure、H. E. G. S. Schneider、N. J. Philipsen等三位教授访问北大法学院；5月18日下午，李鸣副院长在法学院科研楼接待菲律宾雅典耀大学法学院院长Jose Cochingyan一行；5月19日至20日，由北京大学法学院和康奈尔大学法学院共同举办的"文化、冲突和宪政：财产权的全球讨论"研讨会在北京大学法学院举行；5月29日，美国联邦最高法院前任大法官桑德拉·戴·奥康纳(Sandra Day O'Connor)女士莅临北京大学，在英杰交流中心第二会议室做了题为"法律中的女性"的演讲；5月30日，北京大学法学院中国法硕士班访问天津海关；6月11日，香港法律教育信托基金主席陈小玲女士应邀访问北京大学法学院，并接受北大法学院授予其"北京大学港澳台研究中心特邀研究员"称号；6月14日，美国夏威夷大学的David Johnson教授应法学院陈兴良教授和梁根林教授之邀来法学院访问并在学生活动中心发表演讲；6月14日，北大法学院—延世大学校法科大学学术研讨会在法学院四合院会议室举行；6月17日，北京大学财经法中心、中美法律与政策研究中心、美国密歇根大学与世界税法协会(ITLA)在法学院模拟法庭联合举办了第三届"中美税法高级论坛"；6月18日下午，香港基本法委员会副主任、前香港律政司司长梁爱诗女士应朱苏力院长邀请来到法学院，在与朱苏力院长进行会谈后与部分老师、学生座谈；6月28日上午，台湾大学法律学院2007年学术参访团在法学院科研楼四合院与北大法学院师生进行了座谈；9月2—8日，东京大学法学院中谷和弘教授应法学院邀请作短期访问，并做国际公法讲座；9月3—29日，英国政治经济学院教授Francis Snyder在法学院访问讲学，并举办了题为：国际环境法、欧中关系、欧盟法中的软法等三次学术讲座。法学院授予Snyder教授"北大法学院客座教授"称号；9月7日下午，俄罗斯最高仲裁法院院长安东·伊万诺夫一行6人来访北京大学，拜会了北京大学领导，并与法学院师生进行了座谈；10月22日下午，常务副院长李鸣在校临湖轩会见荷兰马斯特里赫特大学访问团；10月25日上午，会见来访的加拿大女皇大学法学院院长一行，双方就两院今后合作的可能性进行会谈；10月25日下午，由法学院主办的2007年度"张福运讲坛"在廖凯原楼342报告厅隆重举行；11月4日，乔治·华盛顿大学法学院教授Lawrence E. Mitchell先生应邀为北京大学法学院学生做"投机经济：金融是如何凌驾于产业之上"的讲座；11月7日下午，斯坦福大学著名经济学家青木昌彦教授应邀访问北京大学法学院，在北京大学廖凯原楼342报告厅发表了题为"社会博弈规则的三层次分析方法"的讲座；11月10—11日，北京大学法学院圆满完成"中国内地与香港审讯比较研究"项目；12月7日，韩国忠清北道知事郑宇泽演讲会在北京大学廖凯原楼举行。

【科研工作】

表6-14 2007年法学院获国家社会科学基金立项名单

| 项目负责人 | 项目名称 | 类别 | 经费(万元) |
|---|---|---|---|
| 薛 军 | 侵权行为法"损害"的概念及相关理论问题研究 | 青年项目 | 7.5 |
| 赵国玲 | 未成年人司法制度改革研究——以实证分析为基础 | 一般项目 | 9 |
| 汪建成 | 司法鉴定模式与专家证人模式的融合——中国司法鉴定制度改革的方向 | 一般项目 | 9 |
| 郑春燕 | 协商行政的原理与制度研究 | 青年项目 | 7.5 |

表6-15 2007年法学院获司法部国家法治与法学理论研究项目立项名单

| 项目负责人 | 项目名称 | 类别 | 经费(万元) |
|---|---|---|---|
| 郭 雳 | 我国非上市证券法律制度研究 | 中青年项目 | 3 |
| 肖江平 | 我国能源安全保障的经济法机制 | 一般项目 | 5 |
| 杨 明 | 网络技术条件下的不正当竞争规制 | 中青年项目 | 5 |
| 薛 军 | 欧洲私法一体化研究 | 中青年项目 | 5 |
| 姜明安 | 中国法规审查标准及其评价系统 | 重点项目 | 8 |
| 湛中乐 | 公民生育权与社会抚养费制度研究 | 一般项目 | 5 |

表6-16 2007年法学院获北京大学教材建设立项名单

| 教材名称 | 主编 | 字数(万) | 教材 所属系列 |
|---|---|---|---|
| 竞争法原理 | 肖江平 副教授 | 40 | 主要专业课 |
| 主要西方国家宪法 | 甘超英 副教授 | 30 | 主要专业课 |
| 国际刑法和国际犯罪专题研究 | 王 新 副教授 | 35 | 主要专业课 |
| 中国宪法学 | 强世功 副教授 | 30 | 主干基础课 |
| 中国知识产权法 | 曲三强 教授 | 40 | 主要专业课 |
| 宪法 | 张千帆 教授 | 40 | 主要专业课 |
| 企业与公司法学(第五版) | 甘培忠 教授 | 63 | 主要专业课 |
| 中国法律思想史 | 李贵连 教授 | 25 | 主要专业课 |
| 中国刑法学 | 王世洲 教授 | 50 | 主干基础课 |

(赵焕)

【学生工作】 完善学生综合素质测评制度,拓展工作思路,打造服务型学工体系,积极推进奖助学工作。法学院新增加了7项高额奖学金,使法学院的院设奖学金项目总数达到了十八项,充实了奖学金资源。此外,法学院还尝试新的奖学金形式,包括:海外实习奖学金,以暑期实践和社会调研项目为基础申报奖励基金。在助学工作中,在去年法学院贫困生档案的基础上,学院进一步完善了详细的贫困学生档案。

法学院学生工作办公室、法学院团委、法学院就业指导中心形成了各具重点、紧密配合的分工态势,优化了学生工作资源的"横向配置";同时,党团支部联动、学生工作办公室与班主任辅导员联动、院团委与学生团体联动、就业指导与学生个人的职业生涯规划联动,成为法学院学生工作的组织特色,优化了学生工作资源的"纵向配置"。

利用学生骨干、学生助理的众多资源,积极宣传心理健康,同时也积极获取心理问题的各种信息。凡发现同学存在一定的心理问题隐患,学院都非常重视,对相关同学建立联系与备案,做到及时报送。同时积极了解情况,并及时进行密切关注,在问题缓解后也安排专人对学生进行长期的帮助与指导。

打造了一大批经典教育课程和活动。案例课堂、名家讲坛、法律人职业规划课程、新生辩论赛等,已然成为法学院学生的"必修课程",有利于全面培养学生的素质。职业生涯规划课程已成功举办了13场讲座,覆盖了关于职业规划方方面面的问题。"青年法律人第二课堂成才计划"主要内容包括:法律人思想道德与职业规划建设、执业素质训练、身心健康及基本能力发展计划、实践创业计划以及文化生活交流等五类课程。与此同时,党团日的活动也有所创新。学院获得了学校颁发的"学习贯彻党的十七大精神,做全面建设小康社会生力军"学生党团日联合主题教育活动优秀组织奖。

学院新增设了多项长期国际交流项目,并定期选拔学生参加。包括:美国斯坦福大学、杜克大学、哥伦比亚大学、康奈尔大学、SMU 大学、加拿大 UBC 大学、日本东京大学、日本新泻大学、新加坡国立大学等十余个交流项目,涉及所有年级所有类别的学生,为学生提供了不断学习、展示自我的平台。另一方面,学院为学生参加各种赛事项目提供支持。学院组织学生参加了"首届全国对抗制庭审技巧模拟法庭比赛""理律杯模拟法庭比赛""Jessup模拟法庭比赛""国际贸易仲裁辩论赛"等国际、校际、院际活动,并取得了优异成绩。

2007 年,针对法学院毕业生人数多、层次丰富、需求差异大的就业现状,法学院大力加强了就业指导工作力度。在工作开展上,加强了就业指导工作的制度化、规范化建设。召开了分类毕业生大会,加强了就业指导课程设计,开展了就业课程、就业工作调研工作,加强常规工作的制度化、规范化建设,加强了择业技巧的专业化培训,加强就业指导的常规管理与服务。

# 信息管理系

【发展概况】 信息管理系是我国自己创办的最早的图书馆学情报学教育基地之一,其前身是图书馆学系,始建于 1947 年,1987 年 5 月改名为图书馆学情报学系,1992 年为适应国民经济信息化和社会信息化的需求,改为信息管理系。经过半个多世纪的建设和发展,在几代人的不懈努力下,逐步壮大为一个多学科、多层次、全日制与继续教育相结合的新型专业教育中心,培养高层次信息管理人才的摇篮。拥有图书馆学、情报学和编辑出版学硕、博士点以及一级学科授予权,其中图书馆学为国家重点学科。2007 年全系有教职员 36 人,其中教授 12 人,副教授 14 人,讲师 2 人。系内设有 2 个教研室(图书馆学教研室、信息管理与信息系统教研室),1 个研究所(信息传播研究所),3 个实验室(数字图书馆开放实验室、计算机信息管理应用实验室和中国人搜索行为研究实验室),还设有实习室、资料室、党委办公室、行政办公室、函授办公室、教务办公室等机构。

建有国家信息资源管理北京研究基地,承担国家信息化推进工作办公室委托的课题研究任务和相关的社会服务工作。

2007 年在学校的安排组织下,顺利完成了行政领导班子的换届工作,王余光任系主任,王子舟、周庆山任副系主任。

教育部公布"2007 年—2011 年教育部高等学校图书馆学学科教学指导委员会",该系王余光教授任该委员会主任,刘兹恒教授任副主任兼秘书长。

8月3日,文化部在京西宾馆召开"全国古籍保护试点工作会议"。并公布"国家古籍保护工作专家委员会"组成名单。该系白化文教授、王余光教授被聘为该专家委员会委员。

2007 年是信息管理系建系 60 周年。10 月 19 日,在北京大学图书馆北配殿举行了建系 60 周年系列庆典活动。10 月 20 日和 21 日,分别举办了第二届图书馆学开放论坛和第一届情报学开放论坛。

【学科建设】 在专业设置方面,经过多年的调整和发展,已形成一个以信息管理为核心的,专业门类较齐全的专业体系。本科层次设有信息管理与信息系统专业和图书馆学专业,2007 年招收信息管理与信息系统专业学生 49 人。博士和硕士研究生层次设有图书馆学、情报学和编辑出版学三个专业,2007 年硕士生招收 39 人,其中图书馆学专业 10 人,情报学专业 24 人,编辑出版专业 5 人。博士生招收 13 人,其中图书馆学专业 4 人,编辑出版专业 2 人,情报学专业 7 人。2007 年在校全日制本科生人数达 165 人,硕士生 76 人,博士生 47 人,做博士后研究有 4 人,此外还招收进修教师与访问学者 6 人。

为贯彻北京大学"加强基础、淡化专业、因材施教、分流培养"的精神,2007 年信息管理系本科生继续实行按系招生,文理兼收,打通专业基础课程。经过全系师生广泛深入的调查研究和讨论、论证,确定了今后的学科发展方向:以信息资源管理和信息技术应用为核心的发展重点,为国家信息化培养合格人才。学科定位在信息资源建设和信息传播与服务的教学与研究方面。拓宽专业口径,逐步转向信息资源管理,从技术、经济、政策与法律、人文等不同角度来切入此领域。图书馆学专业也要突破传统的学科范围,重点转向文献信息管理。关键要转变观念,把信息管理、图书馆学视为一个密切相关的学科组合体,特别要关注网络信息管理学科建设与管理问题。

根据信息管理专业的需要和发展方向,近年来新开设的部分专业课程包括:信息管理概论、信息资源建设、信息组织、信息存贮与检索、信息服务、信息经济学、信息分析与决策、办公自动化、信息政策与法规、管理信息系统、广告学概论、广告实务、调查与统计方法、数字图书馆、信息系统分析与设计、企业与政府信息化、网络信息传播、网络信息资源组织、统计与数据分析等。

2007年教育部对北京大学进行了本科教学水平评估。本着以评促建、以评促改的精神，信息管理系对本科教学管理工作从办学思路、专业建设、课程设置、师资建设等各方面，进行了全面、系统的梳理。肯定了成绩，找出了问题，制定了具体整改措施。评估专家组到信息管理系召开了座谈会，走访了图书馆和实验室，选听了课程，抽查了试卷，对2004级本科生进行了基础知识和基本技能测试工作，评价良好。

"信息管理与信息系统专业"被北京大学批准为教育部特色建设专业。

【科研工作】 截至2007年底，在研科研项目近20项。出版各类教材、专著和其他著作数十种，发表论文数百篇，获得各种学术奖励和荣誉10余项，得到了学术界的好评，有多篇论文被SCI、SSCI（社会科学引文索引）等收录。

在学术交流方面，信息管理系是中国图书馆学会、中国科技情报学会、中国社科情报学会、中国信息协会、中国信息经济学会、全国科技传播研究会等重要学术团体的机构会员，并在其中担任了常务理事或副理事长等重要职务。与国内外一些著名大学的信息管理系或其他相关院系有密切的交往，每年都接待一定数量的国内外专家学者访问或讲学，选派若干名教师出国进修、访问或参加学术会议。2007年张广钦老师去美国伊利诺伊大学访学。

3月9日至11日，SEWM2007中文网页分类比赛在海南举行，作为参赛队中唯一一支非计算机专业队参赛，信息管理系2006级研究生王建冬、田飞佳两位同学在系领导和王继民副教授的关怀、指导下，克服种种困难，完成了文献调研、算法研究、系统设计、程序开发和数据测试等多项工作。经过两个月的不懈努力，最终成功实现了中文网页自动分类系统，在9所学校提交的25组结果中取得了总体第6名的较好成绩。

【成人教育】 开办成人教育专业2个：图书馆学和信息管理与信息系统。2007年共招收专升本学生203人。目前正在学习的学生有1000余人，除北京外，在天津、石家庄、太原、兰州、济南等地都设有函授辅导站。

2005年正式启动专升本远程教育，2007招生360人，目前已有在校生906人（其中北京地区227人，外地679人）。

鉴于成人教育的高层次化趋势，信息管理系从1994年起每年都开办研究生课程进修班，为社会上具有同等学力要申请硕士学位的人员提供进修学习的机会。2007年10月在京举办了图书馆学（信息资源管理方向）研究生课程进修班、情报学（竞争情报方向）研究生课程进修班；与东莞图书馆合作，开办了图书馆学研究生课程进修班；与长沙湖南省科学技术信息局合作开办了情报学（竞争情报方向）研究生课程进修班。今年新办研究生课程进修班总人数达85人。

表6-17　2007年信息管理系立项在研项目

| 项目来源 | 项目类别 | 项目名称 | 负责人 | 批准经费 |
| --- | --- | --- | --- | --- |
| 国家社会科学基金项目 | 一般项目 | 图书馆危机管理研究 | 刘兹恒 | 6万 |
| 国家社会科学基金项目 | 一般项目 | 网络信息生态评价体系与保护策略研究 | 周庆山 | 7万 |
| 国家社会科学基金项目 | 重点项目 | 弱势群体知识援助的图书馆新制度建设 | 王子舟 | 7万 |
| 国家自然科学基金项目 | 面上项目 | 竞争情报活动中的人际网络研究 | 秦铁辉 | 18万 |
| 国家社会科学基金项目 | 一般项目 | 中国民营图书馆发展与管理的实证研究 | 张广钦 | 8万 |
| 国家社会科学基金项目 | 一般项目 | 以计算机为媒介的知识交流评价方法研究 | 余锦凤 | 8万 |
| 国家社会科学基金项目 | 青年项目 | 基于知识管理的企业核心竞争力研究 | 盛小平 | 8万 |
| 国家社会科学基金项目 | 一般项目 | 信息资源产业与相关产业整合与协同实证研究 | 赖茂生 | 10万 |
| 国家社会科学基金项目 | 青年项目 | 图书馆数字参考咨询服务质量评价研究：指标体系、测度方法和实施程序 | 张久珍 | 7.5万 |
| 北京市哲学社会科学规划项目 | 一般项目 | 北京地区版权产业和版权贸易现状和趋势研究 | 王锦贵 | 5万 |
| 教育部人文社科项目 | 一般项目 | 日本动漫产业研究 | 李常庆 | 5万 |
| 教育部人文社科项目 | 一般项目 | 图书馆危机管理实证研究 | 刘兹恒 | 5万 |

# 社会学系

【发展概况】 2007年8月，北京大学社会学一级学科（下含社会学、人口学、人类学、民俗学四个二级学科）被教育部正式认定为国家一级重点学科，系北京大学现有的18个国家一级重点学科之一。2007年7月，在学校和系党委的领导和支持下，社会学系顺利完成了行政领导班子的换届工作。新任系主任（兼社会学人类学研究所所长）为谢立中，副主任（兼社会学人类学研究所副所长）为吴宝科、刘爱玉、朱晓阳、于长江。

【教学工作】 2007年共招收本科生62名，其中中国内学生47名，留学生15名。此外，还面向北京大学各专业招收社会学、社会工作双学位学生22人。2007年共招收硕士研究生86人，其中校本部招收48人，深圳研究生院招收38人。

11月，哈佛大学燕京学社社长杜维明教授作为教育部特聘专家，对社会学系的本科教学进行了考察和评估，社会学系优质的本科教学，为北京大学本科教学水平评估获得的优异成绩做出了应有的贡献。

强化研究生的理论和方法教学，特别是在量化研究方面，2006年和2007年分别邀请了周雪光、国光、吴晓刚、彭玉生等美国和香港地区的知名学者为研究生开设暑期课程。

2007年共招收博士研究生21名，分为社会学和人类学2个专业。2007年11月，配合全国博士质量调查，社会学系对已经毕业和在读的博士生质量状况进行调研，并明确了存在的问题和今后努力的方向。

【科研工作】 2007年社会学系在研课题60余项，拨入经费约514.37万元，新增项目近50项。其中国家社科基金项目3项，新增国家各部委和企事业单位委托以及海外合作项目若干项。社会学系教师全年共出版专著、编著、译著6部，发表论文100余篇。举办各类学术讲座20余次，全系4个虚体机构通过学校的评估检查，并得到学校有关部门的好评。又有1个虚体机构申报成功（北京大学宗教与社会研究中心），1个恢复活动（北京大学口述史研究中心）。

以北大社会学系教师名义发表的《从政策生育率看中国生育政策的多样性》一文，获得第四届中国人口科学优秀成果奖（论文类）一等奖，郭志刚教授获第四届中国人口科学优秀成果奖（论文类）二等奖。雷洁琼、费孝通、王思斌、马戎、刘世定、郭志刚等获改革开放以来北京大学人文社会科学研究百项精品成果奖。杨善华、张静、高丙中、刘爱玉、方文、王汉生、程为敏等获改革开放以来北京大学人文社会科学研究百项精品成果提名奖。

2007年由社会学系主办的学术会议包括："宗教与族群并存——北京论坛主题分会"、"沃尔玛与全球产业链——国际学术研讨会"、"第四届组织社会学工作坊"、"经济快速增长条件下的社会发展战略：国际比较及其启示"、"面向21世纪的社会学理论：海峡两岸社会学理论研讨会"、"林业改革对社区社会和文化影响研讨会"等8次国际或国内学术会议。2007年12月，召开了社会学系建系以来的首次全系教师学术报告会，近20名教师发表了自己新近的研究成果，加强了教师之间以及教师和学生之间的交流与沟通，受到全系师生的好评。2007年度社会学系教师中大约有40余人次应邀到国外或国内讲学，并邀请了包括美国俄克拉荷马州立大学社会学系教授、美国环境与社会研究学会前主席 Riley E. Dunlap 教授，美国加州大学（Irvine）人类学教授 Bonnie Nardi，韩国梨花女子大学社会学系教授 Hahm Inhee，剑桥大学教授 Allen Macfarlane，波士顿大学教授 Robert Weller，美国民俗学会会长、美国克林顿政府文化艺术基金会主席 Bill Ivey 等在内的多名国际著名学者来系进行讲学或演讲。

博士后流动站工作坚持学以致用、学用结合的方针，鼓励博士后积极参加挂职锻炼和校内博士后联谊会的活动，发挥社会学学科的应用性特征。社会学系博士后祁进玉在东华门街道办事处挂职，苏尚风博士在东城区教委挂职。祁进玉和昝涛还在校博士后联谊会为全校博士后做服务工作。

11月，成功举办了第三届社会学系博士后回站学术研讨会，主题为：社会学学科建设。30余名出站博士后返回"娘家"，参加讨论。

2007年社会学系博士后流动站进站博士后3名，出站3名。截至2007年12月底，在站博士后8人。3人获博士后科研基金。全年在站博士后共发表论文10余篇，承担科研项目4项，并深入社会做了大量的田野考察。

【成人教育】 2007年度社会学系在北京继续开设社会经济和管理方向的在职研究生课程班，并与北京市东城区合作，为民政干部开设了社会工作方面课程的在职进修。2002年7月，经教育部批准，北京大学社会学系与香港理工大学社会工作系开设了"社会工作文学硕士"研究生班，专门面向全国具有教学经验和工作经验的社会工作者，为国家培养急需的社会工作人才。2007年，该研究生班的招生和培训工作继续进行。

【党建和学生工作】 做好"党的建设与思想政治工作基本标准"检查的迎评工作。社会学系党委把党建迎评工作作为本年度党的建设的头号大事来抓，定期召开党委会和由支部书记参加的党委扩大会议进行研究部署，要求每个支部对近三年的工作进行认真的总结，包括取得的成绩、有哪些特色工作、还存在的薄弱环节，对支部工作的总结进行修改，在此基础上形成了《社会学系党委关于党建基本标准的自查报告》。

2007年社会学系的学生工作取得了优异的成果。在学校和北京市组织的各项活动中，获得了多项荣誉。2007年5月，社会学系团委被评为北京大学"红旗团委"；2007年6月社会学系被学校评为北京大学廉洁教育工作先进单位；2007年10月，社会学系学生工作办公室被评为北京大学"学生工作先进单位"。

社会学系的学生科研 2007 年再创佳绩。在学校组织的挑战杯竞赛中，社会学系作品均入围决赛，并获得一等奖 2 件，特等奖 1 件。姚建文同学代表北京大学参加全国大学生挑战杯竞赛获得二等奖。

社会学系学生积极报名参加奥运志愿者，截至 2007 年底，已有 60 名同学被正式录取为北京奥运会赛会志愿者，这 60 名同学将在奥运会赛时在国家体育场、北京大学体育馆、海淀场馆群、顺义水上奥林匹克中心等场馆提供志愿服务。

（余徽）

## 外国语学院

【发展概况】 北京大学外国语学院成立于 1999 年 6 月 22 日，是由原北京大学东方学系、西语系、俄语系、英语系合并而成的北京大学第一个多系、多学科的学院。现任院长程朝翔，副院长刘曙雄、王建、刘树森、李政，党委书记吴新英（兼副院长），副书记李桂霞、宁琦。

外国语学院下设英语系、俄语系、德语系、法语系、西葡语系、阿拉伯语系、日语系、东语系、世界文学研究所等 9 个系所，包括英语、俄语、法语、德语、西班牙语、葡萄牙语、日语、阿拉伯语、蒙古语、朝鲜语、越南语、泰国语、缅甸语、印尼语、菲律宾语、印地语、梵巴语、乌尔都语、波斯语、希伯来语等 20 个招生的语种，共有 9 个博士点，1 个博士后流动站。在所属的 9 个系所中，除世界文学研究所只招收硕士研究生外，其他各系均招收本科、硕士、博士等各个层次的学生。2007 年 12 月外国语学院共有教职工 281 人，其中教授 55 人，副教授 102 人。在校学生 1230 人，其中本科生 790 人，硕士研究生 276 人，博士研究生 164 人。外国语学院主办的学术刊物《国外文学》与《南亚研究》（合办）为全国中文核心期刊。另外，外国语学院还有 31 个虚体研究机构和学术团体，即澳大利亚研究中心、西班牙语研究中心、巴西研究中心、伊朗文化研究所、印度研究所、泰国研究所、阿拉伯伊斯兰文化研究所、蒙古学研究中心、南亚文化研究所、英语语言文学研究所、日本文化研究所、朝鲜（韩国）文化研究所、东南亚研究所、印尼—马来文化研究所、俄罗斯文化研究所、世界传记研究中心、中世纪研究中心、法语语言文化研究中心、古代东方文明研究所、外国语言学和应用语言学研究所、外国戏剧和电影研究所、英语教育研究所、欧美文学研究中心、诗琳通科技文化研究中心、东方学研究院、语言中心、新西兰研究中心、巴基斯坦研究中心、加拿大研究中心、梵文贝叶经及佛教文献研究室、韩半岛研究中心。外国语学院境外卫星电视节目接收系统向全院学生开放，可接收 26 个频道的外语节目。

教育部的两个文科基地"东方文学研究中心"和"国家外语非通用语种本科人才培养基地"设立在外国语学院。

【队伍建设】 2007 年，外国语学院从国内外招聘引进 5 名博士、3 名硕士到外国语学院任教。完成了教师职务聘任、岗位考核和聘任及岗位工资的确定工作。派出到国外学习、进修、交流、工作 19 人。2007 年外国语学院新聘博士生指导教师 2 人：金勋（日语语言文学）、李政（亚非语言文学）。

【学科建设】 英语语言文学和印度语言文学两个二级学科参加了 2007 年国家重点学科的评估工作，通过了国家重点学科的评审。世界文学作为中文系比较文学和世界文学重点学科的一部分参加了重点学科的评估，也通过了评审。

【教学工作】 通过重新修订本科培养方案和课程教学大纲，增加了语言类方面的课程和学分要求，加强教学督导和领导听课制度，鼓励学生参与反映专业外语水平的高水平赛。学院继日语系和德语系学生在 2006 年北京地区高校有关专业的学生外语能力比赛中取得优异成绩之后，2007 年 6 月，德语系 15 名学生在全国德语专业四级测试中以 14 人优秀、1 人良好的优异成绩和平均 85.4 分（全部测试者的平均分低于 60 分），位居此次测试成绩各校之首。2007 年 9 月，西葡语系西班牙语专业 2004 级学生黄晓韵在西班牙驻中国大使馆举办的第一届中国高校西班牙语专业文学翻译比赛中获一等奖，西班牙教育部长亲自颁奖。2007 年 11 月，东语系越南语专业二年级学生冯婧晨、王爽参加在广州举行的第三届全国大学生越南语口语比赛，分别获得二年级组一等奖。2007 年 11 月，法语系 2004 级学生何一在全国法语教学研究会举办的历时 8 个月的"依视路"杯全国法语文学翻译比赛中获得第一名，为仅有的一等奖得主。本次比赛的参赛资格为 1971 年 1 月 1 日之后出生，包括博士生、硕士生、本科生及其他法语爱好者，共约 200 人参加。学院办公会决定给予获得上述优异成绩的系和专业、学生和教师以通报表扬和奖励。

认真做好迎接 2007 年 11 月教育部本科教学水平评估专家组进校的准备工作是本年度首要工作，主要内容包括：准备自评报告；修订本科专业培养方案和课程教学大纲；加强教学资料库的建设，整理教学档案和教学管理文档；组织和动员全体教职工和学生，以良好的精神风貌和以评促建、重在建设的积极态度迎接评估,制定学院接受评估的方案。

学院对专家组 11 月 18 日至 23 日进校一周做了细致周密的安排,评估期间,专家组共抽查 3 门课的试卷约 500 份;毕业论文一份;听课 4 门;抽调 4 名学生参加基本知识和技能的测试;2 名学生参加座谈会;1 名教师参加评判学生的测试;1 名教师参加教学管理工作座谈会;1 名教师参加教师座谈会;接待 1 名专家走访和考察学院,学院和大学英语主要负责人汇报了工作,学院和各系领导、部门负责人参加了汇报会和座谈,专家考察了图书资料,了解了科研成果和教材建设情况、察看了部分教学档案和教学设备。评估期间,专家高度赞赏教师的教学水平和学生的外语水平;向学院负责人表达对所调阅试卷的赞赏;参加座谈会的师生对各自所参加活动的感受良好,学院汇报会所做的翔实的报告和演示以及展现的生动情景和热烈讨论给专家留下深刻印象。评估工作结束后,专家就大学英语教学等问题约有关负责人进一步探讨,并给学院主要领导发来电子邮件,反馈个人对学院评建工作的良好印象。

【教材建设】 2007 年度外国语学院获北京大学教材建设立项 4 项,入选 2007 年北京高等教育精品教材建设立项 8 项。

表 6-18　2007 年外国语学院获北京大学教材建设立项名单

| 教材名称 | 主编 | 字数(万) | 教材所属系列 |
|---|---|---|---|
| 20 世纪欧美诗歌导读 | 胡旭东 | 20 | 通选课 |
| 东方民间文学教程 | 陈岗龙 | 40 | 一般教材 |
| 中日文化交流史 | 滕军 | 30 | 通选课 |
| 中级日语(1—2 册)教与学(1 册) | 赵华敏 | 100 | 通选课 |

表 6-19　外国语学院入选 2007 年北京高等教育精品教材建设立项项目名单

| 教材名称 | 主编 | 适用层次 |
|---|---|---|
| 英语综合教程 | 胡壮麟 | 本科生 |
| 美国诗歌选读 | 陶洁 | 本科生 |
| 德国文学长篇小说 | 李昌珂 | 本科生 |
| 圣经文学阐释教程 | 刘意青 | 本科生 |
| 西方叙事学教程 | 申丹 | 本科生 |
| 网络英语论文写作教程 | 张薇 | 本科生 |
| 新编社会语言学概论 | 祝畹瑾 | 研究生 |
| 东文民间文学教程 | 陈岗龙 | 本科生 |

【招生】 2007 年外国语学院招收新生 326 人,其中本科生 209 人、硕士研究生 83 人、博士研究生 30 人,高校教师攻读硕士学位班招收 4 人。2007 年共毕业学生 319 人。辅修生毕业 84 人;其中德语 24 人、法语 41 人、西班牙语 3 人、日语 16 人。

【科研工作】 科研项目的立项和申报　2007 年度国家社科基金项目申报和立项工作:外国语学院共组织了 10 项申请,占北京大学文科申请总数的 8%;获得立项 2 项,占北京大学文科立项总数的 6.9%,其中 1 项在外国文学学科,1 项在世界历史学科,获得经费总计 17 万元。2007 年教育部人文社会科学研究一般项目立项工作:外国语学院申报 8 项(北大共申报 63 项),约占北大申报总数的 12.7%;外国语学院获批 3 项(北大共获批 16 项),为北大第一,约占北大立项总数的 18.8%;其中规划项目 2 项,青年项目 1 项,外国语学院获得经费总数 13 万元(北大经费总数 72 万元),为北大第一,约占北大经费总数的 18.1%;外国语学院的项目申请立项率为 37.5%(北大平均立项率约为 25.4%,教育部平均为 10%),超出北大平均水平 12.1 个百分点,超出教育部平均水平 27.5 个百分点。2007 年教育部留学回国人员科研启动基金项目立项工作:共组织申报并获立项 3 项,获项目经费 5 万元。2007 年度教育部"新世纪人才支持计划"申报和立项工作:共组织申请 4 项,获得立项 1 项。外资项目立项工作:共计获得 2 项,已获经费总计 23.74 万元。各级各类国内横向课题立项工作:共计获得 4 项,获经费总计 34.2 万元。

科研奖励及荣誉称号　2006 年 6 月 2 日,巴基斯坦驻华大使萨尔曼·巴希尔先生在北京钓鱼台国宾馆举行的庆祝中巴建交 55 周年的晚宴上,代表总统穆沙拉夫宣布授予我校外国语学院乌尔都语专业的孔菊兰、唐孟生和刘曙雄三位老师"伟大领袖"勋章的决定,以表彰他们几十年来在促进中巴文化交流、学术研究、乌尔都语教学中所做出的杰出贡献。2007年6月6日，在"莫斯科的普希金学校"国际论坛上，为纪念"普希金项目"推行二十年，俄罗斯文化基金会主席尼·米哈尔科夫颁发奖状，表彰一批不同国籍的人士在"多年来服务于文化事业以及使儿童和青少年了解并熟悉普希金的诗歌和精神遗产"方面做出的贡献，外国语学院查晓燕教授获此殊荣，共有两位中国学者获此殊荣。2007年7月13—15日，第八届世界印地语大会在美国纽约联合国召开，北大外国语学院姜景奎教授获得大会颁发的印地语言文学贡献奖，成为此次大会获得该奖项的七位非印度学者之一。印度政府曾多次在世界各地举办世界印地语大会，并通过世界印地语大会形式向世界各国的学者颁奖。据悉，此奖已是第四次颁发给中国学者。姜景奎教授也成为继刘安武、金鼎汉后，北京大学第三位获得该奖项的印地语专业学者。2007年7月30日，东语系韩振乾教授发表在《中国朝鲜语文》杂志2007年第二期上的论文《论中国汉字"上"字的意义》，获得了《中国朝鲜语文》第八届优秀论文"正音"奖一等奖。"正音"奖是我国韩国语、朝鲜语学术界的唯一奖项，一等奖属最高奖。2007年10月25日，第四届"鲁迅文学奖"评选结果揭晓。外国语学院法语系王东亮教授荣获"全国优秀文学翻译奖"。由中国作家协会主办的鲁迅文学奖是国家级文学奖，包括中篇小说、短篇小说、报告文学、诗歌、散文杂文、文学理论评论和文学翻译七个奖项，此次评选出的32部作品充分反映了2004年到2006年我国文学界所取得的创作成就。王东亮教授翻译的米兰·昆德拉小说《笑忘录》（上海译文出版社2004年出版）获全国优秀文学翻译奖。审读专家和评委的评语是："王东亮先生译的《笑忘录》，语言平实朴素，文笔流畅自然，忠实地传达了原作幽默讽刺的风格，是部具有创新精神的优秀译著。"2007年11月8日，第三届"余志明四库电子版学术成果奖"评选结果揭晓。外国语学院东语系陈明副教授的专著《殊方异药：出土文书与西域医学》荣获专著一等奖。

2007年法语系周莽获北京大学优秀博士论文三等奖（论文题目：《克雷蒂安·德·特鲁瓦作品中的时间性：时间与中世纪传奇》）。

科研出版　北京市社会科学理论著作出版基金：外国语学院申报4项（北大共申报30项），约占北大申报总数的13.3%，获3项资助（北大共获批21项），是北大立项总数的七分之一，约14.3%；外国语学院的申报获资助率为75%（北大平均为70%），超出北大平均水平5个百分点。华夏英才基金出版资助：外国语学院申报1项，获1项资助，申报获资助率为100%。据不完全统计，2007年外国语学院教师出科研成果362项。2007年外国语学院共主（合）办国际学术研讨会10次、国内会议5次。

表6-20　2007年外国语学院获国家社科基金项目

| 工作单位 | 负责人 | 课题名称 | 批准经费 |
| --- | --- | --- | --- |
| 西葡语系 | 赵振江 | 西班牙20世纪诗歌研究 | 9万元 |
| 英语系 | 拱玉书 | 世界其他主要文明起源研究的历史与现状 | 8万元 |

表6-21　2007年外国语学院获教育部人文社会科学研究一般项目

| 工作单位 | 负责人 | 课题名称 | 批准经费 |
| --- | --- | --- | --- |
| 俄语系 | 褚敏 | 当代俄语的变化及发展趋势 | 5万元 |
| 英语系 | 王继辉 | 《贝奥武甫》史诗英雄后面的女性形象 | 5万元 |
| 东语系 | 陈贻绎 | 犹太（希伯来语）圣经文学研究 | 5万元 |

表6-22　2007年外国语学院获教育部留学回国人员科研启动基金项目

| 工作单位 | 负责人 | 项目名称 | 批准经费 |
| --- | --- | --- | --- |
| 日语系 | 潘钧 | 关于日语假借字的研究 | 1.5万元 |
| 东语系 | 陈明 | 唐代梵汉双语佛教字书：对勘与研究 | 1.5万元 |
| 英语系 | 张薇 | 基于网络的大学英语研究性学习积件 | 2万元 |

表6-23　2007年外国语学院获教育部"新世纪人才支持计划"入选项目

| 工作单位 | 负责人 | 项目名称 | 批准经费 |
| --- | --- | --- | --- |
| 东语系 | 陈明 | 新出史料与汉唐中印文化交流史研究 | 20万元 |

表 6-24　2007 年外国语学院国际合作外资项目

| 工作单位 | 负责人 | 项目名称 | 批准经费 |
| --- | --- | --- | --- |
| 世界文学研究所 | 赵白生 | 乔伊斯与世界文学研究项目 | 6.29 万元 |
| 世界文学研究所 | 赵白生 | 中印跨文化对话研究 | 17.45 万元 |

表 6-25　2007 年外国语学院获各级各类横向课题

| 工作单位 | 负责人 | 项目名称 | 批准经费 |
| --- | --- | --- | --- |
| 英语系 | 申丹 | 北大欧美文学研究 | 30 万元 |
| 英语系 | 李淑静 | 大学英语高级阶段课程的网络化建设与研究 | 1.5 万元 |
| 东语系 | 梁敏和 | "中国—东盟自由贸易区"合作中云南省的东南亚语言人才问题及其对策研究 | 1.8 万元 |
| 日语系 | 赵华敏 | 普通高中新课程标准实验教科书（必修及选修系列一） | 0.9 万元 |

表 6-26　2007 年外国语学院获北京市社会科学理论著作出版基金资助项目

| 申报著作 | 申请人 | 所在单位 | 出版单位 |
| --- | --- | --- | --- |
| 东国圣学——韩国思想史纲 | 张敏 | 东语系 | 北京大学出版社 |
| 海外考察论郑和 | 孔远志 | 东语系 | 北京大学出版社 |
| 列王纪研究 | 张鸿年 | 东语系 | 北京大学出版社 |

表 6-27　2007 年度外国语学院获中央统战部华夏英才基金出版资助项目

| 申报著作 | 申请人 | 所在单位 | 出版单位 |
| --- | --- | --- | --- |
| 俄语教学过程优化 | 李国辰 | 俄语系 | 北京大学出版社 |

表 6-28　2007 年度外国语学院科研成果分类统计

| 成果总计 | 专著 | 编著或教材 | 论文 | 译著 | 译文 | 其他成果 |
| --- | --- | --- | --- | --- | --- | --- |
| 362 | 18 | 43 | 242 | 30 | 14 | 15 |

【外事工作】　2007 年，外国语学院师生在外事接待与国际交流方面做了大量的工作，硕果累累，对学院的教学科研、人才培养以及学院建设和发展的全局做出了积极的贡献。上述工作包括积极参与接待多个国家的元首、筹备奥运会等重大外事活动，还包括接待来访的国外大学校长、文学院院长以及系主任、同行专家等 40 多人来访，安排来宾举办学术讲座，并与同专业师生进行交流座谈。2007 年度聘请长期外籍教师 52 人，其中 98% 为来自国外大学同语种的专业教师。其他重要的涉外活动还包括，参与并协助筹建北京大学巴基斯坦研究中心、北京大学新西兰研究中心，以及设立了北京大学阿曼苏丹卡布斯阿拉伯语教席项目。

【继续教育】　贯彻学校"调整结构，提升层次，提高质量"的指导思想，在自考助学停办的新形势下，充分利用雄厚的师资和优越的教学条件，开阔思路，开创新的办学形式，努力为政府部门和社会提供外语培训服务，取得了较好的效果。按照学校的统一部署，学院克服困难，于 2007 年秋季学期起停办英语和日语自考助学培训项目，积极采取措施处理停招后的遗留问题，认真做好位于远大路 19 号英语自考部的善后工作。从 2007 年春季起正式开办英语专升本（业余）高等学历教育，2007 级正式注册入学 155 人；完成 2008 级学生的考试、录取工作，共录取 2008 年春季新生 200 人。在学校国际合作部的支持下，与美国 ISEP 合作，从秋季开始举办汉语及中国文化培训班，培训美国在校大学生 28 人。继续做好已有的各类培训班，包括剑桥商务英语（BEC）培训班、剑桥少儿英语培训班、印尼语培训班、留学韩语培训班、暑期英语夏令营以及 2008 奥运会政府公务员乌尔都语和阿拉伯语培训班。同时承担北京大学成人教育学院英语专业学生的教学任务。上述培训项目累计培训学生约 2000 人次。

【党务工作】　2007 年，外国语学院党委组织学习和落实《北京大学党建和思想政治工作检查评估实施方案》，以迎接党建和政治思想工作评估达标验收工作为契机，在全院各支部自查报告的基础上，完成外国语学院党委的自查报告。以评促建，完善各种规章制度。院党政联席会议先后通过《北京大学外国语学院关于党政领导班子落实"三重一大"制度的实施办法》《北京大学外国语学院党政联席院务会工作规则》。整理健全党务工作档案。展出《庆祝中国共产党成立86周年——外国语学院党建工作巡礼》。召开全院副科级以上党员干部会议，认真学习贯彻《中共中央纪委关于严格禁止利用职务上的便利谋取不正当利益的若干规定》及中纪委七次全会精神。全院20个党支部都认真开展了以学习十七大精神为主题的组织生活会和主题党日等活动；为配合学习十七大精神，组织全院师生员工参观在军事博物馆举办的《复兴之路》大型展览。并在党建橱窗展出"高举旗帜，科学发展——热烈庆祝中国共产党第十七次全国代表大会胜利召开"的展览图片。院党委组织召开三次党外人士座谈会，通报学院工作情况、听取意见。

学院党委荣获2007北京大学党务和思想政治工作先进集体。吴新英书记代表全校党务和思想政治工作先进集体在表彰大会上做了《抓住特色 营造和谐》的发言；佟秀英、宁琦被评为北京大学优秀党务和思想政治工作者；孔宪倬、王彩琴、郑惠康、李桂霞、梁雅卿、郭胜华获北京大学党务和思想政治工作奉献奖；外国语学院被评为北京大学信息工作先进单位。

【学生工作】 2007年外国语学院再次荣获北京大学学生工作先进单位，并被评为北京大学2007年廉洁教育活动月优秀组织单位，外国语学院团委荣获北京大学红旗团委。

学院高度重视学生思想政治工作。2007年1月，成功举办第二届班主任工作交流会。2007年4月，成功组织成长成才系列讲座暨"1.5课堂"公开课，北京市高校优秀德育工作者陈永利老师主讲"从专业到职业——谈提高我们的核心竞争力"，北大学工部领导和各院系老师到场观摩。10月15日，

为迎接党的十七大，外国语学院《学生党支部生活》正式创刊。10底11月初，外国语学院再次推出"心灵阳光工程——新生访谈坊"，由学生工作教师对2007级二百余名新生利用周末逐一访谈，了解学生情况，关注学生成长。

文艺体育和学术实践活动也取得一系列可喜成绩。以英语系学生为主体的英语戏剧表演精彩纷呈；外国语学院女排夺得新生杯排球赛全校亚军；春季运动会2006级俄语系林豹同学夺得乙组跳高第一名，外国语学院男子4×100接力获得全校第二名。2007年4月，北京大学"挑战杯"竞赛外国语学院两件作品荣获一等奖，学院荣获团体一等奖；2006级英语系本科生团支部荣获首都高校"先锋杯"优秀团支部和首都高校"奥运先锋团支部"。

2007年3月中旬，外国语学院对全院270名奥运志愿者进行了集中考核。4月20日，北京奥组委国际联络部领导和专家一起视察了学院志愿者工作，并对志愿者进行了统一面试，最终确定202名学生成为奥运会测试赛志愿者。

外国语学院高度重视学生工作相关理论的研究。学院学工教师论文《关于开设"大学生职业生涯规划"课程的思考》入选《转型与跨越——北京大学加强和改进学生思想政治教育论文选编》，征文《坚守平凡·放飞梦想——学习王选、孟二冬两位老师事迹体会》荣获北京大学"师德师风建设"主题征文一等奖，论文《大学生群体危机及应对机制初探》在2007年10月《北京教育（高教版）》发表，外国语学院成功申报北京大学学工系统"研究生职业生涯规划指导"课题立项。

2007年，为进一步完善研究生培养过程中的激励机制，全面提高研究生培养质量，开始试行研究生培养机制改革，设立研究生学业

奖学金制度。学业奖学金主要用于资助研究生在学期间的学费、生活费，按不同比例、不同等级设定标准。在具体操作过程中，在广泛征集本院教师、充分研讨、反复修订的基础上出台了学业奖学金评定工作的指导性文件《外国语学院研究生学业奖学金评定细则》。依据这个评定细则，结合学院实际情况，先后完成了2007级硕士生、2007级博士生奖学金的评定工作和2004、2005、2006在校博士生奖学金的评定工作。

# 马克思主义学院

【发展概况】 北京大学是中国最早传播和研究马克思主义的发源地。早在20世纪初，李大钊等北京大学的师生就开始了学习研究和传播马克思主义的活动。马克思主义学院成立于1992年4月2日。历任院长为：任彦申（兼任）、钟哲明、陈占安。学院现有的基本教学研究机构为"四所一室"：马克思主义基本原理研究所、马克思主义中国化研究所、科学社会主义研究所、思想政治教育研究所、政治经济学研究室；另有邓小平理论研究中心（教育部文科重点基地）、社会经济与文化研究中心、社会发展研究所、民营经济研究所、中小企业研究所、德育研究所、公民教育研究所等跨学科虚体研究平台和机构。

学院现有马克思主义理论一级学科，下设马克思主义基本原理、马克思主义中国化研究、思想政治教育、马克思主义发展史、国外马克思主义5个二级学科；还有科学社会主义与国际共产主义运动（与国际关系学院共建的国家级重点学科）、马克思主义哲学、政治经济学、中共党史4个二级学科，分别招收硕士生和博士生。

学院现有在岗教职员58人，其中教员49人，管理人员9人。有教授18人（其中博士生导师16人），副教授25人（其中博士生导师2人），讲师6人。在50岁以下的教师中，具有博士学位者占93%，其中45岁以下的教师都具有博士学位。有10多位教师是中央马克思主义理论研究和建设工程课题组的首席专家或主要成员，发挥着重要的学术带头人和学术骨干作用。

现有学生286人，其中在校本科生（与北京青年政治学院合作招收的专升本学生）184人，硕士生54人，博士生48人；有4名博士后研究人员、多位访问学者和进修教师来院进修。2007年，学院有88名本科生毕业并获得学士学位，26名硕士研究生毕业并获得硕士学位，4名博士研究生毕业并获得博士学位。

学院承担了全校从本科生到博士生除《自然辩证法概论》和《现代科学技术革命与马克思主义》外的公共政治理论课程；承担了思想政治教育专业本科生的教学、培养工作；承担了学校多层次、长短期的继续教育、培训方面的教学工作。

【思想政治理论课教学】 2007年，北京大学根据中央审定的"05方案"继续调整全校本科生思想政治理论课的课程设置，即从2006级学生开始将必修课程调整为4门："马克思主义基本原理概论""毛泽东思想、邓小平理论和'三个代表'重要思想概论""中国近现代史纲要""思想道德修养与法律基础"。新课程方案有史、有论、有应用，门数虽然减少了，但要求没有降低，内容更加丰富，重点更加突出。"中国近现代史纲要"和"思想道德修养与法律基础"两门课设计为学期课，学生在一年级自由选课，到2007年下半年已连续开设了3个学期，积累了一些经验。

2007年下半年，首次开设"马克思主义基本原理概论""毛泽东思想、邓小平理论和'三个代表'重要思想概论"两门课。这两门课设计为学年课，即分上、下两个学期安排，学生可以在二、三年级自由选课。

"马克思主义基本原理概论"课以中央马克思主义理论研究和建设工程重点教材《马克思主义基本原理概论》（高等教育出版社2007年7月版）为依据，2007年下半年首次面向2006级学生开设。第一学期先安排教材绪论和前3章（教材包括绪论和7章）的内容，课堂讲授为学生开设14个专题讲座：（1）马克思主义概述；（2）马克思主义的创立和发展；（3）学习马克思主义，坚持马克思主义；（4）哲学基本问题，世界的物质统一性；（5）人对物质世界的实践把握；（6）唯物辩证法是认识世界和改造世界的根本方法；（7）认识与实践；（8）真理与价值；（9）认识世界与改造世界；（10）社会历史观的伟大变革；（11）社会有机体及其结构；（12）社会发展的动力及其规律；（13）社会形态发展的一般规律；（14）人民群众与个人在历史上的作用。这门课的后半部分设计为10个专题讲座，将在第二学期开设：（1）资本主义的形成；（2）以私有制为基础的商品经济的矛盾；（3）资本主义经济制度的本质；（4）资本主义的政治制度和意识形态；（5）从自由竞争资本主义到垄断资本主义；（6）当代资本主义的新变化；（7）资本主义的历史地位和发展趋势；（8）社会主义制度的建立及其完善；（9）马克思主义政党在社会主义事业中的地位和作用；（10）共产主义是人类最崇高的社会理想。实际上，这门课程一共要开设23个讲座。林娅教授、白雪秋副教授为这门课程的主持人，教学组由24位教师组成，其中包括6位教授，15位副教授，3位讲师。教学组以专职教师为主，同时也聘请了几位兼职教师。

2007年下半年，"毛泽东思想、邓小平理论和'三个代表'重要概论"课在2006级本科生中首次开设，也是分上下两个学期完成，与"马克思主义基本原理概论"课成对安排。这门课在第一学期先安排教材前7章（教材一共15章）的内容，为学生开设12个专题讲座：（1）"概论"课的教学目的和学习方法；（2）马克思主义中国化的提出及其科学内涵；（3）毛泽东思想是马克思主义中国化第一次历史性飞跃；（4）邓小平理论是马克思主义中国化第二次历史性飞跃；（5）"三个代表"重要思想和科学发展观；（6）中国共产党的思想路线与理论精髓；（7）新民主主义革命理论；（8）社会主义改造理论；（9）社会主义的本质和根本任务；（10）社会主义初级阶段理论；（11）社会主义初级阶段的发展战略；（12）社会主义改革和对外开放。计划在第二学期再完成教材后半部分内容，也开设11个讲座：（1）中国特色社会主义的经济建设；（2）推动经济又好又快发展；（3）中国特色社会主义的政治建设；（4）建设社会主义法治国家与推进政治体制改革；（5）中国特色社会主义的文化建设；（6）建设社会主义核心价值体系；（7）构建社会主义和谐社会；（8）祖国完全统一的构想；（9）国际战略与外交政策；（10）中国特色社会主义的依靠力量；（11）中国特色社会主义的领导核心；（12）中国特色社会主义事业与当代中国青年。实际上，这门课一共要为学生开设24个讲座。陈占安教授、孙蚌珠教授担任课程主持人，教学组由23位教师组成，其中教授12位（包括外聘教授4位），副教授10位，讲师1位。这门课程的前身是根据"98方案"开设的"毛泽东思想概论""邓小平理论概论"（该课在2003年调整为"邓小平理论和'三个代表'重要思想概论"),原先这两门课都是学校的优秀课程,在北京市和全国高校中有着重要影响。其中,"邓小平理论和'三个代表'重要思想概论"曾在2003年被评为国家精品课程,"毛泽东思想概论"曾在2004年被评为北京市精品课程。新开设的"毛泽东思想、邓小平理论和'三个代表'重要思想概论"课,不仅保持着以往的品位,而且又积累了新的经验。

在这几门新课的教学活动中,北京大学继续贯彻以服务学生为中心、以科学研究为支撑、以管理改革为先行的教育教学新理念,继续巩固和完善教学组式的教师组合方式、专题讲座式的授课办法、多种多样的教学环节、多媒体现代教育技术手段、灵活宽松的考核考试办法、全年滚动的排课方式、学生自由的选课方式、"四位一体"(即课程主持人、课堂主管教师、专题主讲教师、助教四个岗位的分工负责)的教学管理模式等适应新时期思想政治理论课教育教学规律的新做法。2007年,在课堂讨论中继续进行"大班上课、小班讨论"的试验;在网络教学中继续进行"网络平台、师生互动"的探索等。根据中央的部署,各门课程的任课教师都先后参加了教育部和北京市举办的课程培训活动,基本上做到了"先培训、后开课"。在教材建设上,北京大学的吴树青教授、沙健孙教授作为课题组首席专家召集人,陈占安教授作为课题组首席专家、全华、孙蚌珠、刘晓哲作为课题组主要成员,在中央马克思主义理论研究和建设工程重点教材的编写中做出了重要贡献。在教学活动中,任课教师积极开展集体备课、互相听课等,发挥了个人与集体两个方面的积极性,中青年学术带头人和学术骨干在健康成长。特别是,北京大学在设立了马克思主义理论一级学科之后,思想政治理论课教师积极参加学科建设,努力用学科建设的成果支撑思想政治理论课教学,更使思想政治理论课教育教学的状况有了新的改善。

(陈占安)

【对外交流】 2007年,学院开展的国内外学术和交流活动更为活跃。陈占安院长应邀到国内多所大学的马克思主义学院做学术访问和专题报告。1月6日,学院举办"马克思主义与和谐社会构建"学术研讨会,中共中央党校科社部副主任王怀超教授、中央编译局世界所研究员季正矩、中国社会科学院马克思主义研究院研究员李延明、北京大学国际关系学院黄宗良教授,以及来自中国人民大学、北京师范大学、中国政法大学、对外经贸大学、北京社会科学院的专家学者到会。1月,杨柳新赴美国夏威夷大学教育学院进行为期一年的访问研究工作。4月22日,学院以庆祝成立15周年为契机,在北京大学主办"全国高校马克思主义学院院长论坛",全国高校中有25个马克思主义学院的院长(或书记)出席论坛,交流经验、研讨问题。4月23日,台湾交通大学教授、台湾中原大学人文与教育学院院长黄坤锦应邀来学院讲学。5月16日,台湾元智大学人文社会学院王佳煌教授应邀来学院进行讲学活动。5月21—26日,以徐雅民教授和易杰雄教授为团长,孙熙国、张永、张会峰、刘士杰为成员组成的学院代表团,应邀到韩国光州瑞江大学参加第12次中韩国际学术研讨会暨瑞江大学成立30周年庆典活动。5月27日,台湾元智大学人文社会学院院长刘阿荣教授应邀来学院讲学。6月6日,程立显教授应邀参加在台湾元智大学举办的2007年两岸四地"公民教育与公民社会"学术研讨会,作题为"论当代中国的大学公民教育——以北京大学为例"的学术论文报告。7月9日,学院接待来访的台湾元智大学海外研习团一行19人。8月,学院党委书记黄南平参加北京大学赴新疆石河子大学对口支援工作代表团,代表学院与石河子大学政法学院签署院际合作协议。8月,陈占安院长、全华、孙蚌珠副院长和博士生刘晓哲参加马克思主义工程赴北欧国家进行考察;学院组织部分教师赴欧洲国家的大学进行考察。10月3日,学院部分教师应邀到台湾元智大学作学术交流活动,参加"2007全球化下的两岸社会与教育文化发展学术研讨会",黄南平、尹保云、王文章、刘军分别在会上作论文报告。10月7日,美国马克思主义研究者诺曼·莱文应学院邀请来北大进行为期半个月的访问讲学。11月5日,台湾元智大学社会政策科学系主任洪泉湖教授来学院进行学术交流访问。12月13日,易杰雄教授应台湾元智大学邀请,进行学术交流访问讲学。

【获奖情况】 学院承担的"邓小平理论和'三个代表'重要思想概论""思想道德修养与法律基础""中国近现代史纲要"三门课被评为国家级精品课程。"邓小平理论和'三个代表'重要思想概论"网络课程被评为2007年度网络教育国家精品课程。学院多名教师参加高校思想政治理论课骨干教师培训班的辅导和学习活动。2007年,陈占安被评为全国优秀教师、全国优秀思想政治理论课教师;祖嘉合的《思想政治教育方法教程》、仓道来的《思想政治教育学》被评为"北京市高等教育精品教材"。赵存生教授的论文《关于弘扬培育中华民族精神的几个问题》荣获第四届中国高校人文社会科学优秀成果二等奖。

【学生工作】 2007年,学院积极支持学院团委和学生组织开展了丰富多样的活动,学生工作取得新的成绩。5月15日,学院2006级硕士生赵昱博作为青年马克思主义发展研究会代表参加由团中央和全国学联举办的"青年马克思主义者培养工程"启动仪式,并作为高校理论社团的代表发言。在暑期,学院本科生、硕士生、博士生分赴大庆、哈尔滨、河南安阳、山东海阳、河北乐亭、四川南江、湖南张家界等地,分别围绕"国企中的思想政治工作""高校马克思主义理论学科建设""传承李大钊精神""新农村建设""城市交通建设""生态与环境"等主题,进行了实践调研活动。11月,学院团委、研究生会和青年马克思主义发展研究会在校内主办学习贯彻党的十七大精神"马克思主义与当代社会发展"系列讲座。11月18日,学院学生骨干、青年马克思主义研究会十七大精神志愿宣讲团成员赴海淀区温泉镇杨家庄,向村干部和村民进行了以"十七大精神与基层建设"为主题的宣讲活动,受到了基层干部群众的欢迎。11月25—27日,学院刘志光老师、北京大学青年马克思主义发展研究会会长赵昱博应邀参加首都大学生十七大精神宣讲团赴河南安阳宣讲十七大精神。宣讲团由北京市团委、北京市学联组织首都几所高校的师生16人组成。宣讲团在安阳等地机关、学校的宣讲交流活动受到各方面的欢迎。学院团委指导下的社团青年马克思主义发展研究会获得"十佳社团"称号。学院2006级硕士生班被评为"北京大学优秀班集体";2006级硕士团支部获得首都高校先锋杯优秀团支部。2004级博士生王永浩获北京大学学术创新奖。学院学生创作的参赛剧目《心灵游戏》在北京大学剧星大赛中受到欢迎,本科生刘炯获得当场最佳男演员奖。

学院编印了《北京大学马克思主义学院成立十五周年纪念册》《马克思主义学院历届研究生名录》《马克思主义学院历届本科生名录》。1月,学院思想政治教育专业的十届毕业研究生聚会母校,成立马克思主义学院院友理事会北京分会思政专业筹备组。宇文利的博士论文获北京大学优秀博士论文三等奖(导师赵存生);侯玉杰获北京大学2006—2007年度优秀德育奖。

(黄南平)

## 教育学院

【发展概况】 北京大学教育学院成立于2000年10月,是在原北京大学高等教育科学研究所、教育经济研究所和电化教学中心的基础上合并组建而成的。教育学院下设三个系、两个研究所和五个中心,即教育与人类发展系、教育经济与管理系和教育技术系;高等教育研究所和教育经济研究所;基础教育与教师教育中心、中国教育与人力资源研究中心、教育领导与政策研究中心、企业与教育研究中心以及数字化学习研究中心。其中教育经济研究所为教育部人文社会科学重点研究基地,教育经济与管理专业为国家重点学科。教学科研辅助机构包括图书及信息资料中心、网络管理与计算机室、全国高等教育情报网总站(挂靠单位)、全国高等教育教育技术信息中心(挂靠单位)和中国蔡元培研究会秘书处(挂靠单位)。在编人员41人,其中教授10人、副教授19人、讲师3人;党政、教辅等人员9人,其中高级职称者3人,中级职称者5人,初级职称者1人。

教育学院在研究方面从事教育学领域的基础性和应用性研究,特别关注对我国教育实践中的重大问题的研究,注重与国际同行的交流与合作。在人才培养方面以研究生的培养为主,专业涉及教育学、教育经济学、国际与比较教育、教育管理与教育政策分析、教育技术、人力资源开发、课程设计与现代教学理论等。另外还为中央、北京市等教育决策部门提供有关决策支持研究和政策咨询,为教育管理人员及教师提供在职培训。

院长:闵维方教授(兼);副院长:陈学飞教授(常务)、陈晓宇副教授(书记兼)、文东茅副教授;院长助理:李文利、郭文革。院党委副书记:胡荣娣副研究馆员。教育与人类发展系主任:陈洪捷教授;教育经济与管理系主任:岳昌君副教授;教育技术系主任:郭文革副教授。

9月,教育学院新楼工程正式开工建设。

【人才培养】 2007年度在读硕士研究生88人,博士研究生173人(其中高级教育行政管理博士研究生116人),访问学者和进修教师以及在职申请学位者近10人,其中新招硕士研究生33人、博士研究生39人(其中高级教育行政管理博士研究生28人)。2007年获博士学位13人,获硕士学位28人。教育学院开设有硕士生、博士生课程以及学校通选课近137门。

【科研工作】 2007年教育学院立项的项目共计28个,其中纵向项目4个,横向及委托项目24个。

纵向项目:国家自然科学基金项目"教育投资风险研究"(丁小浩)、全国教育科学规划"十一五"项目"利益相关者导向的高等教育政策评估研究"(林小英)、教育部人文社会科学研究"十一五"规划项目"中国高等教育政策工具研究"(林小英)等。

横向(国际)合作项目:"中国城市民工子女接受义务教育的经费供给和保障政策研究"(福特基金会项目、丁延庆),"中国科协—英特尔求知计划教学支持"(英特尔(中国)有限公司项目,吴筱萌),"中东部地区农村义务教育新机制实施情况研究"(世界银行项目,郭建如)。

政府部门及企事业单位委托

的项目:"中国博士质量分析"(国务院学位办委托项目,陈洪捷),"中国高校毕业生就业状况的监测和分析"(教育部委托项目,丁小浩),"大学生医疗保险制度改革研究"(教育部委托项目,丁小浩),"高等教育财政政策研究"(教育部委托项目,阎凤桥),"运城市工商联合作项目"(运城市工商联委托项目,吴峰)。学院在研项目87个,其中国家级项目13个,省部级项目7个,国际合作项目13个,其他横向及委托项目54个。

据不完全统计,2007年教育学院教师发表文章(期刊、报纸及文集收录)85篇,其中被CSSCI来源刊收录30篇,被SSCI来源刊收录4篇。出版图书(编著、译著等)9部,撰写研究报告38篇,提交会议论文34篇。2007年教育学院教师、学生共计发表文章107篇。

12月26日,由闵维方教授、丁小浩教授主编的《北京大学教育经济与管理研究丛书(博士文库)》出版工作进展顺利。

【学术交流】 2007年教育学院接待学校访问团和学者来访共47次,教师(含研究生)出国访问、考察以及参加国际学术会议14人24次;举办"北大教育论坛"17期。

1月15日,授予日本国立多媒体研究所理事长清水康敬先生"北京大学客座教授"。

3月27日—28日,教育学院陈学飞教授、陈晓宇副教授、文东茅副教授会见了来访的美国南加州大学教育学院(Rossier School of Educantion, USC)凯伦·伽拉赫(Karen Gallagher)教授(院长)、米切尔·迪亚蒙德(Michael Diamond)教授(南加州大学前教务长)、亚历山大·钧(Alexander Jun)博士(副教授)和马克·罗宾逊(Mark Robison)博士(科研副教授)等一行,就双方拟开展定期交流、师生互访与合作培养研究生进行了洽谈并达成协议。

4月4日,北大校务委员会主任、教育学院院长闵维方教授在临湖轩会见美国哈佛大学教育学院院长凯瑟琳·麦克卡尼(Kathleen McCartney)教授一行,就加强双方在科研和人才培养方面的交流与合作取得共识并达成协议。

5月24日,加拿大多伦多大学安大略教育研究院院长简·伽斯克尔(Jane Gaskell)教授一行前来教育学院开展学术交流。双方就高等教育研究、博士生教育质量评估、教师培训、基础教育等问题交换了意见,并就两院在学术研究和人才培养等方面加强交流与合作达成初步意向。

9月27日,院学术委员会主任丁小浩教授代表北京大学教育学院与丹麦奥胡斯大学丹麦教育学院(The Danish School of Education, University of Aarhus)正式签署了人员交流协议。

10月9日,教育学院举行"授予葛道凯、康宁博士北京大学兼职教授仪式"。常务副院长陈学飞教授向葛、康二位嘉宾颁发聘书并代表学校向他们表示祝贺。

10月29日,美国南加州大学(USC)前教务长米切尔·迪亚蒙德(Michael A. Diamond)教授、教育学院院长凯伦·伽拉赫(Karen Gallagher)教授等一行访问了北京大学教育学院,与学院初步达成的意向包括:(1)拟邀请北京大学教育学院教师赴美授课;(2)分别安排接待双方Ed.D学员的访学;(3)探讨联合培养研究生的可能性;(4)考虑签署全方位合作的意向书等事宜。

11月2日,日本东京大学教育学院院长金子元久教授访问教育学院,重点讨论了关于落实两院之间开展实质性交流合作的有关事宜。

11月2日,教育学院就林建祥教授依据国家汉办与美国大学理事会合作设立AP中文项目——在美国推广汉语的协议精神,且研究开发的有关试验项目在欧盟的汉语班取得初步成效,国家汉办原则同意拨付经费继续支持其开展该项目的研究的实际情况,打报告给主管校长张国有,请学校按照汉办项目申报程序出具说明,并由主管校长签字。此事已经学校研究批准,并通过了教育学院草拟的说明以及该项目可行性论证报告。

【师资队伍】 1月4日,汪琼副教授被任命为北京大学现代教育技术中心主任;学校批准教育财政研究所为独立单位;1月19日,陈洪捷任高教所所长,施晓光任副所长。李文利任人力资源中心主任。成立教育领导与教育政策研究中心,陈学飞任主任。成立企业与教育研究中心,吴峰任主任。确定"北京大学蔡元培研究会秘书处"正式挂靠教育学院;8月,汪琼、施晓光被聘为教授,王爱华、林小英被聘为副教授,李春萍被聘为副编审;陈向明教授被聘为教育部基础教育质量监测指导委员会委员,任期从2007年11月至2010年11月。

【获奖情况】 《北京大学教育评论》入选CSSCI来源期刊。

北京大学2006年度文科新世纪优秀人才入选者公示——教育学院副院长文东茅副教授入选。

教育技术系2005级硕士生陈维超同学的论文 *Weblog-based Blended Learning: Crossing Cultural Barriers Gently* 被"教育无国界"(Education Without Borders)2007年国际大会录用并获得大会提供的全额奖学金。

多名学生被评为北京大学优秀毕业生:薛海平、蔡磊砢、卢立涛、魏巍、毛帽、倪俊。侯华伟被评选为2007年度学校党务和思想政治工作优秀个人。

多名教师获奖教金:李茵(树人学院奖教金)、贾积有(中国工商银行教师奖)、岳昌君(方正奖教金教师优秀奖）。

陈晓宇副教授入选北京中青年社科理论人才"百人工程"学者。

教育学院已毕业博士生郭海博士论文"大学内部财政结构分化研究"和茶世俊博士论文"中国研究生教育制度渐进变迁研究"均被评为中国高等教育学会第三届高等教育学优秀博士学位论文。

岳昌君博士入选教育部2007年"新世纪人才"名单。

阎凤桥教授的英文书评 Asia's educational edge: Current achievements in Japan, Korea, Taiwan, China and India 发表在SSCI来源刊上，获得学校社科部奖励。

乔学军博士出席美国人力资源开发学会2007亚洲年会，获得本届年会最佳论文奖。

改革开放三十年北京大学人文社会科学研究"百项精品成果奖"评选活动中，教育学院有以下成果入选：曲士培：《中国大学教育发展史》；闵维方：《高等教育运行机制研究》；陈向明：《质的研究方法与社会科学研究》；陈洪捷：《德国古典大学观及其对中国大学的影响》；陈学飞：《中国高等教育研究50年》；魏新：《关于扩大高等教育规模对短期经济增长作用的研究报告》。

蒋凯博士荣获第五届北京市教育科学研究优秀成果奖一等奖。

【重要会议】 1月11日—12日，"2007年教育学院学术交流大会"隆重举行。这是学院继2006年之后第二次召开学术交流大会。会上由各系、各位老师分别汇报了研究成果和学术心得。常务副院长陈学飞教授做了总结发言，他特别强调："研究型"是学院最突出的特点。在新的一年教育学院要重点抓好四件工作：文化建设、学科整合、加强交流、提高质量。

2月6日—7日，按照合作协议，由吴峰副教授任主任的北京大学企业与教育研究中心在郑州高新技术开发区组织了两场专题报告会。由金融专家、光华管理学院院长助理周春生教授做"创新企业融资与上市"报告，马克思主义学院杨河教授做"走向市场经济"报告。

3月29日—4月1日，由北大德国研究中心举办的中德研讨会"从市民社会到公民社会"在北京大学民主楼举行。

4月29日—30日，《北京大学教育评论》编辑部组织研讨活动，就刊物的办刊宗旨、栏目设置、版块开发、发刊规模等充分交换了意见和建议。

5月17日—18日，北京大学中国教育财政科学研究所在友谊宾馆举办"中国职业技术教育财政与公平问题研讨会"，闵维方教授应邀出席开幕式并致辞，学院丁小浩、阎凤桥教授，岳昌君副教授分别做主题发言。

6月6日—8日，北京大学中国教育财政研究所受财政部和教育部委托，与世界银行共同举办"'后义务教育财政问题'高层研讨会暨中国教育发展战略学会——教育财政专业委员会成立大会"。财政部副部长张少春、教育部副部长吴启迪、北京大学校务委员会主任闵维方等出席大会。

7月25日—8月13日，受南宁市政府和市教育局委托，教育学院基础教育与教师教育中心对南宁市100余名中小学特级教师举办"教师专业发展高级研修班"。

11月4日—9日，由北京大学教育学院和德国奥格斯堡大学跨学科信息学研究所联合主办的"中德知识处理：表示、管理和个性化应用双边研讨会"在中德科学中心举行。

12月21日—22日，教育学院在沙河总政培训基地举行"学科整合与学术创新——2007年度教育学院学术交流大会"。会议上陈学飞常务副院长提出教育学院学术发展的目标："以重大现实问题为中心，以学理探究和政策咨询为取向，注重科学研究方法的应用，创造能够改变现实、改变世界的理念。"

（方洪勉）

# 艺术学院

【发展概况】 北京大学艺术学院成立于2006年1月11日，其前身是1997年4月成立的北京大学艺术学系和1986年成立的北京大学艺术教研室，主要是面向全校开设艺术类公共选修课，指导北京大学学生艺术团。1995年起开始招收广告学专业本科生（后并入新闻传播学院），2001年起开始招收影视编导专业本科生。

艺术学院下设四个系：艺术学系（艺术学专业），音乐学系（音乐学专业、声乐专业、舞蹈史论专业），美术学系（美术史论专业、国画专业），影视艺术系（影视理论专业、影视编导专业、节目主持人专业）；同时设六个研究所：文化产业研究所、电视研究中心、书法艺术研究所、京昆艺术研究所、戏剧研究所、汉画研究所。

艺术学院现有教职员工26人，其中教授8人，副教授7人，讲师5人，助教1人，行政教辅人员5人。艺术学院现有学生人数：影视编导专业在校本科生136人（其中留学生32人），硕士研究生在读61人，博士研究生在读20人，艺术学双学位本科在读120人，艺术硕士（MFA）在读90人。

2007年7月，中国共产党北京大学艺术学院总支部委员会成立，张晓黎同志任书记。撤销中国共产党北京大学艺术学院直属支部委员会建制。艺术学院党总支下辖教工党支部、博士生党支部、硕士生党支部和本科生党支部四个支部,党支部的日常学习和管理不断完善。

【科研工作】 2007年7月,艺术学院分别从复旦大学和中央音乐学院引进一名博士后和博士充实到教学队伍当中。2007年,艺术学院多功能厅和非线编实验室投入使用,使学院教学硬件有了大大的改善。

艺术学院2007年度科研项目申报工作取得丰硕成果,共申请到国家和省部级重点课题两项:彭吉象教授主持的"中国艺术学学科体系建设研究"获得国家社科基金艺术学重点项目;俞虹教授主持的"新时期电视改革发展研究——'公共服务'视角的电视传播研究"获得国家广电总局部级社科研究项目。全院教师2007年共出版学术专著6本,主编学术专著3本;全院教师在国内外各类专业学术刊物上发表学术论文46篇,30余人次参加国内外各种学术交流和研讨会并发表演讲。

2007年"十一"期间,艺术学院叶朗院长带领两位副院长前往加拿大、美国开办有艺术学院的综合性大学进行学术访问和交流,就综合性大学艺术类专业的办学理念、课程体系、办学方式等进行深入的考察和调研。

2007年11月15日,德国哥廷根大学校长库特·冯·费古拉先生和外事处长布林克曼女士来艺术学院访问,与艺术学院领导和部分教师进行了座谈,宾主双方主要就两校艺术学院的合作进行了广泛的交流。

【艺术教育】 2007年,艺术学院在教学和学科建设方面取得较大成绩。影视编导本科专业课程设置趋于完善,课程设置充分考虑到北京大学作为综合性大学的优势和影视编导本科的专业特点,尽可能处理好专业培养中诸如电影与电视、艺术与传播、专业素养与综合素质、实践能力与理论基础等关系。艺术学院始终注重教学方法与教学手段的改革,迄今为止,所有的专业课程都使用多媒体教学。

全校艺术类通选课、公选课一直是艺术学院本科教学的重点。2006—2007年度:开设通选课22门,占全校通选课8.8%;公选课49门,占全校开课38.2%。全年选课人数约7130人。艺术双学位在读学生120名,基本满足了各个院系学生对艺术学院艺术学专业辅修的需要。

【学生艺术团】 2007年学生艺术团承担了大量的校内外演出任务,一共演出30余场,校内演出20余场,校际和国际交流演出10余场。

校内大型活动:4月3日,欢迎泰国公主诗琳通晚宴上,学生艺术团的表演得到了在座嘉宾的一致好评。4月19日、20日,美国旧金山"游子吟"合唱团北大招待晚宴、比尔·盖茨北大名誉校董授予仪式、10月27日邱氏捐赠答谢晚会、11月3日北京论坛之夜、11月8日的悉尼大学日,学生艺术团都拿出最好的节目招待来自国内外的学者们。

对外交流:2007年5月13日,北大学生合唱团与美国理海大学合唱艺术团共同举办了专场音乐会。5月24日,北大学生合唱团与美国匹兹堡杜肯大学音乐学院歌剧班首次合作,共同举办了歌剧音乐会。8月31日至9月15日,学生合唱团、舞蹈团、民乐团由许智宏校长带队参加中俄大学生交流访问团,出访俄罗斯的莫斯科和比尔格罗德两座城市,参加了四场文化交流演出,并与比尔格罗德大学和莫斯科大学的学生进行了交流。11月12日学生民乐团前往日本参加在日本早稻田大学举办的北京大学日。

获奖情况:2007年5月,2006北京市器乐大赛,学生民乐团王晓婷、禹洁分别荣获弦乐组一等奖、弹拨组二等奖。10月14日,学生艺术团参加北京市第二届大学生艺术展演,分别获得声乐、舞蹈、器乐一等奖。10月15日,学生合唱团参加第二届全国大学生艺术展演,荣获北京赛区金奖。

【校园文化活动】 由艺术学院和文化产业研究院共同举办的"美学散步文化沙龙"组织了36次活动。2007年,文化产业研究院主办了昆曲《牡丹亭》(青春版)、大型史诗风格话剧《沦陷》、粤剧《山乡风云》北大公演,"钢琴王子"李云迪北大之行,话剧《失明的城市》北大首演等一系列演出活动。

【学生工作】 艺术学院领导高度重视学生工作,在院党总支的领导下,艺术学院学工办公室、团委结合学院专业特色,发挥自身优势,进一步引导学生"文明生活,健康成才",推动学院学生工作健康、有序地发展。2007年,学院共有24名同学获得各项奖励,23名同学获得各种奖学金,共有43名同学获得各类助学金。2007年学院共有毕业生38人,其中出国深造8人,继续学习9人、就业21人,就业率接近100%。2007年下半年,围绕学习贯彻党的十七大精神,院学工办公室、团委先后举办了"践行科学发展观、争当四个新一代""建和谐校园、树文明新风"等一系列主题党团日活动,取得了良好的成效。

(李平原)

## 计算机科学技术研究所

【发展概况】 计算机所在2007年以计算机应用技术国家重点学科的建设为中心,进一步完善了研究所内部的管理,形成了与绩效挂钩的考核机制,继续坚持产学研相结合的优势,坚持一流的科研成果要以一流的产业应用为检验标准，研究内容凝聚为图形图像处理技术与电子出版应用、网络与数据库技术及应用、视音频技术及应用、网络与信息安全技术及应用，新建了"网络与信息安全中关村开放实验室"科研基地。

计算机所在2007年顺利通过了计算机应用技术国家重点学科的评估，获国家科技进步二等奖1项、省部级成果奖励6项。

计算机所2007年事业编制在职人员为46人，其中正高职称人员7人（新增1人）、副高职称人员24人（新增2人）、研究生导师有22人（新增1人）。

2007年毕业博士研究生4名、硕士研究生24名；招收博士研究生8名、硕士研究生22名；目前有在读博士研究生25名、硕士研究生70名。

【科研工作】 1. "数字化音视频控制技术研究及应用"成果，获国家科技进步二等奖。

"数字化音视频控制技术研究及应用"，是由北京大学计算机科学技术研究所的郭宗明研究员所领导的研究、开发团队，在国家"863"计划、国家科技创新重点项目等支持下，面向电视台节目播出的网络化、数字化技术发展需求，与方正集团开展产学研合作，共同研制、推广的电视台数字播出控制系统。因电视节目播出面向亿万观众，所以对数字播出控制系统的要求非常严格，要求做到7×24小时连续无差错运行，同时支持电视台内部复杂的工作流程。本项目经过近十年的研制、试用、改进，发明了高可靠和实时容错技术、基于可靠时钟模型的零帧精确控制技术、系统协同控制与纠错技术、智能监控与节目调度技术等多项自主创新技术，申请了20余项发明专利，研制成功了面向电视台播出的网络化、数字化的多频道大型播出控制和总控监控系统，已大量应用于各类视频播出机构，超过70%的省级及以上电视台应用了该系统，使播出工作效率提高了5倍，播出故障率降低了90%以上，推动了我国电视播出从模拟到数字的变革，促进了广电行业的繁荣，并把国外的数字播总控系统完全挡在了国门以外，为国家节省了大量的外汇，创造了重大的社会效益和经济效益。

2. "高端彩色打印控制关键技术"被评为2007年中国高等学校十大科技进展、信息产业重大技术发明。

高端彩色打印控制关键技术是数码印刷技术中保证印刷效率和质量的核心技术，相当于数码印刷的"CPU"，技术难度大，长期被国外公司所垄断。由北京大学杨斌副研究员领导的研究、开发队伍，在国家科技支撑计划、电子信息产业发展基金等方面的支持下，与方正集团开展产学研合作，凭借北京大学计算机科学技术研究所在相关方面三十多年的技术积累，针对国外技术的不足，研发具有自主知识产权的高端彩色打印控制技术并获得成功，一举打破国外公司的技术垄断，已有12项专利获授权，申请并获受理的发明专利有25项（其中9项国际专利），初步形成完整的知识产权保护体系。信息产业部2007年组织的鉴定认为该技术"填补了我国的空白，其整体技术水平达到了国际先进水平，在图像半色调网点调制技术、图形文字边缘增强技术、并行处理效率等方面居领先水平"。高端彩色打印控制关键技术研制成功后，不仅在国内获得广泛应用，促进了我国数码印刷技术与产业的发展；而且成功进入国际市场，被世界上著名的数码印刷设备制造商采用，并正与多家跨国公司进行洽谈合作。三年来合计软件销售收入近亿元，其中三分之二来自国际市场。

3. 2007年获得多种奖励。"字形在计算机的压缩表示""一种手持设备文字排版对齐的方法"两项发明专利入选首届全国杰出发明专利创新展。"在多位成像深度设备上进行图像复制的调频挂网方法"发明专利，获国家知识产权局第十届中国专利优秀奖。赵东岩研究员获"中国青年科技奖"。彭宇新副教授入选教育部"新世纪优秀人才支持计划"。杨斌副研究员获"毕昇印刷优秀新人奖"。

4. 2007年共发表学术论文59篇，其中顶级国际学术会议论文8篇，被SCI收录的论文7篇。

5. 2007年获得国内发明专利授权29项，申请并被受理的国内发明专利97项，申请并被受理的国际发明专利8项。研究所与数学学院合作编写"21世纪高等院校信息安全系列规划教材"《信息安全概论》1部。

6. 研究所2007年在研项目50项，到账经费约1500万元。

7. 万小军在Web内容挖掘方面取得突破，分别在人工智能领域顶级会议IJCAI2007、人工智能领域顶级会议AAAI2007、自然语言处理领域顶级会议ACL2007、信息检索领域顶级会议SIGIR2007各发表论文一篇，同时科研成果应用于实际产品中，形成了多项专利，并大大提高了产品的竞争力，在国内外众多产品中脱颖而出，并被国内权威机构所采用。

【产业化成果】 研究开发的面向新媒体和网络化的数字播控技术得到成功应用。在现有数字播控技术的基础上，重点研究了内容管理互联的技术，研发了电视台播出内容管理系统，在河南电视台、湖北电视台等数家电视台获得应用，并正在进一步改进和推广之中。

研究开发的网络音视频内容生产和发布系统在30多家广电、报业、政府等行业得到成功的应用。其中，针对手机用户研发的手机流媒体生产管理发布系统在中央电视台得到了成功应用,成为国内率先推出手机流媒体应用系统的单位。多媒体新闻采编系统在中央人民广播电台获得了重大突破,实现了由单纯的图文新闻采编向多媒体采编发展,从单向的新闻稿件交流向双向的新闻信息交流与互动发展,成功解决了图文与音频分离的问题,解决了全国电台新闻共享问题,提高了新闻采编人员的工作效率和新闻的信息量和时效性。

面向数码印刷的高端彩色打印控制产品在国内外获得大规模应用,并同时被评为 2007 年"中国高等学校十大科技进展"和"信息产业重大技术发明"。完成了喷墨数码印刷机产品样机的研制,完全达到设计目标,部分指标超过预期,将在 2008 年推出正式产品,并将参加国际印刷展览大会。

新一代专业中文排版系统在香港《明报》成功应用后,从 2007 年以来,该系统在全国的新闻出版行业掀起了新一轮的技术升级换代的浪潮,应用范围也从传统的书报刊市场拓展到商业印刷和企业出版领域。同时,还开展了各种民族文专业排版技术的研究,开发了蒙、藏、维、朝、彝等文种的排版系统。

日文大型多刊滚动组版系统在日本获得进一步的推广,继完成日刊体育印刷社系统后,再次获得日刊新闻社出版系统大型合同订单,合同金额约 1500 万美元;以本所日文出版技术在日本获得大量应用为支撑,日本方正公司有望于 2008 年上市。

网络出版技术继续保持在国内的领先地位,网络出版的内容形式,从电子图书扩展到数字报纸、年鉴、工具书、艺术图片等,并形成了工具书、数字报刊全文数据库出版系统,出版社自主出版系统,新一代数字报刊系统和手机报出版系统等新产品。多媒体数字报刊系统已经在近 200 家报社、共 450 份报纸得到应用。基于网络出版优势技术,2007 年建立了书报刊阅读的爱读爱看网站,200 份报纸和大量的电子图书已经在方正爱读爱看出版平台发布。在手机网络出版领域取得了很好的市场影响,获 2007 中国手机多媒体应用大赛"最佳手机阅读金枝奖"、2007 中国手机市场技术创新奖。

互联网舆情预警及网络监管技术继 2006 年成功应用于国务院新闻办和上海网宣办之后,2007 年度,该技术进一步推广应用于江苏、贵州、江西等省级新闻办和杭州、郑州、徐州、大连等地市级新闻办。同时推广应用到教育、公安、法院等其他行业,该技术的应用推广对促进我国互联网健康发展具有重要社会意义。

在信息安全方向,计算机科学技术研究所自主研制的防火墙产品在国内处于领先地位,研发组被军方指定为国内防火墙自主研发代表,参与军队防火墙标准(GJB)的讨论和实施工作。还研制成功新一代反病毒综合安全网关,该网关集防火墙、病毒过滤、内网蠕虫检测和抑制为一体,其性能超过很多国外品牌的产品,已获得初步应用,未来市场前景广阔。

【王选纪念陈列室】 2007 年 2 月 13 日,在王选教授逝世一周年之际,北京大学计算机研究所和方正集团联合建设的王选纪念陈列室举行揭牌仪式,正式开放。全国人大常委会副委员长、九三学社中央主席韩启德,教育部副部长袁贵仁、北京大学党委书记闵维方、王选教授的夫人陈堃銶教授以及部分方正集团领导和计算机研究所导师参加了揭牌仪式。

陈列室位于中关村方正大厦四层,面积约 100 平方米,陈列室的室名由韩启德同志题写,展示内容分为投身科学、艰苦攻关、顶天立地、甘为人梯、大家风范和深切怀念、崇高荣誉等部分,通过丰富、珍贵的文字、图片和实物资料,系统展示了王选教授献身科学、无私奉献的一生。其中有些是首次对外公开的珍贵资料,例如:王选教授的遗嘱手稿全文,汉字激光照排系统方案设计手稿,用过的旧衣物、往来书信等。还有一部分实物,如用汉字激光照排系统排版印刷的第一张报纸样张、第一本样书,用方正彩色出版系统出版的海外和大陆第一张彩色报纸等。

陈列室建成后,在 2007 年累计接待数千人参观,使更多的人特别是年轻一代,亲身感受王选教授的高尚品格、动人事迹和思想精神,从中受到教育、激励和启迪,把"王选精神"发扬光大。

# 中国经济研究中心

【学科建设】 在教学方面,中心按国际一流大学的标准开设博士、硕士、本科生双学位、金融硕士、MBA 及 EMBA 课程,每年招收各类学生近千名,邀请国内外著名教授担纲,开设从传统的经济学、金融学核心课程,到当代国际关系、企业管理实践的前沿问题等一系列课程,对学生的学位教育与职业发展都做出了贡献。

2007 年,中心的教学科研方面取得了丰硕成果,平新乔教授领导的课题组关于《垂直专门化、产业内贸易与中美贸易关系》的论文获得"孙冶方经济科学奖"。久负盛名的英国剑桥大学马歇尔讲座向北京大学中国经济研究中心林毅夫教授发出邀请,请他在 2007 年度的讲座上发表演讲,李玲教授当选北京大学十佳教师,曾毅教授荣获第六届中华人口奖"科学技术奖"等奖励。

中心对中国经济各个领域改革和发展的重大问题进行大量调

查研究,写出了一系列报告;同时在当代经济学理论上也卓有建树,在国际一流经济学刊物等国内外学术期刊发表大量论文,出版了一批专著。为了侧重围绕中国宏观经济、国内外市场大宗商品供求和价格、与投资环境相关的制度和政策等方面问题进行持续观察、分析和评论,中心举办了"CCER 中国经济观察",并在每个季度的报告会上介绍研究成果,共出简报 45 期,讲座 28 次,博士生讲座 11 次,中文讨论稿 11 篇,英文讨论稿 8 篇。

2007 年中心招聘教授唐方方、雷晓燕。

【学术交流】 在国际学术交流方面,除参加各种国际学术会议外,中心还通过北大国际 MBA 系列讲座、金融论坛、北大汇丰论坛、严复经济学纪念讲座等不同形式,邀请世界著名学者、专家、政治领袖、企业精英等人物来北京大学讲学或演讲。诺贝尔经济学奖得主斯蒂格利茨教授参加了中心举办的"两会"解读讨论会。中国经济研究中心与美国国家经济研究局联合举办第九届 CCER-NBER"中国与世界经济"年会。11 月举行第四届严复经济学纪念讲座,普拉桑塔·帕坦尼克作题为"财富的概念和生活水准的衡量"的演讲。"北大—汇丰经济论坛"邀请诺贝尔奖得主罗伯特·恩格尔教授来讲演。第五届"中国经济展望"论坛于 12 月举办第五届"中国经济展望论坛",盘点 2007 年的经济,展望 2008 年的发展,并对改革开放三十周年来中国经济的发展作一次全面的回顾。

【培训项目】 在做好日常各项教学工作的同时,中心还进行了一系列的服务社会的培训工作,其中包括每年举办的品牌项目:全国优秀大学生经济学夏令营、西部 MBA 师资培训、女经济学者培训、财经记者奖学金班等;为了培养"新闻＋经济＋专业"的复合型财经新闻人才,也为了拓宽双学位学生的就业市场,中心与《21 世纪经济报道》联合举办了北京大学 21 世纪财经新闻班,以上这些服务于社会的教学工作,收效明显,在社会上反响很好,为北京大学创建世界一流大学起到积极的推动作用。

【党建工作】 中国经济研究中心的教职员工及学生党支部均隶属经济学院党委;中心克服困难,积极开展各项工作,在保障中心党员各项权利的落实及保证义务的履行、及时地了解和反映党员的思想及要求、落实发展新党员、策划组织党员活动等方面做了大量工作,取得良好的效果。

为了促进北京大学中国经济研究中心师生之间的交流,让老师除了在学术方面对学生进行指导外,在人生、理想等生活方面也进行全面的辅导,中心为学生举办了"人生理想"系列讲座。为了深入学习十七大报告,探索中国特色社会主义理论和科学发展观对我国经济、政治、文化和社会发展各方面政策的指导意义,展望中国特色社会主义理论创新的前景,中国经济研究中心在北京大学社会科学部的支持下举行十七大解读讨论会。

中国经济研究中心全体师生党员积极响应中共中央组织部和学校党委关于党员交纳"特殊党费"用于支援抗震救灾工作的通知精神,心系灾区,踊跃交纳"特殊党费"。

(陈曦)

# 人口研究所

【发展概况】 2007 年,人口研究所在编教职工 19 人,其中专职科研与教学人员 13 人,有博士生导师 5 人,教授 6 人,副教授 4 人,讲师 3 人。另有博士后在站研究人员 4 人,聘有国内外客座教授 10 余名。人口研究所具有多学科交叉、结构合理的学科团队和梯队,目前教学科研队伍都具有博士学位,研究队伍来自人口学、经济学、社会学、人类学、生命科学、计算机、医学、公共卫生、地理学、环境科学等多个学科。与 2006 年相比,人口所在学术研究、教学和管理等多个方面取得了更为明显的进步。

【科研工作】 据不完全统计,人口所 2007 年出版专著 1 部,主编 2 部,译著 1 部;发表文章 78 篇,其中国内 71 篇,国际 7 篇;另外撰写咨询报告 11 篇;会议论文 46 篇。

获得省部级以上重大学术奖励及个人奖励 23 项。其中,2007 年郑晓瑛教授研究小组撰写的著作《中国人口的死亡和健康》荣获第四届中国人口科学优秀成果奖(专著类)一等奖,郑晓瑛教授《再论人口健康》、任强博士等人的《20 世纪 80 年代以来中国人口死亡的水平、模式及区域差异》分别获得第四届中国人口科学优秀成果奖(论文类)一等奖。

郑晓瑛教授、陈功博士等获得全国第二次残疾人抽样调查国家招标课题优秀成果特等奖 1 项、一等奖 1 项。穆光宗教授获得首届青年人口学家奖。陈功博士获得国务院残疾人工作委员会全国第二次残疾人抽样调查全国先进个人奖、国家人口计生委颁发的全国人口和计划生育外事工作先进个人奖。

人口研究所每个教师都有自己主持参与的科研项目和课题。2007 年研究所各种在研项目 47 个,其中在 2007 年新立项的项目 29 个,同时在 2007 年完成的项目有 27 个。

郑晓瑛教授再次被科技部聘为 973 项目"中国人口重大出生缺陷遗传和环境交互作用机理研究"

首席科学家。这是人口研究所获得人文社会科学领域首个国家"973"项目以来,再次领先,获得人文社会科学领域首个国家连续滚动资助的"973"项目。宋新明获得国家科技部国家科技支撑计划课题"出生缺陷人群监测与综合干预模式及示范研究",这是继人口研究所再次获得国家"973"项目后又一个由文科多学科特点的单位组织的唯一的国家重大科技课题。

承担的国家重大项目有:第二次全国残疾人抽样调查调查数据研究;中国残疾人状况监测研究;国家发展与改革委员会特别委托的中国11个大城市规划和人口迁移研究;应用国际领先的人口预测技术,IIASA 与中国合作第一个启动的项目"中国人力资本预测";与老龄科研中心合作进行 2000 年与 2006 年城乡老年人口追踪调查研究。

【社会服务】 多名教师在相关学术机构担任兼职教师和咨询顾问。陈功博士等组织撰写全国第二次残疾人抽样调查数据分析报告,报告简版递交党中央国务院。郑晓瑛教授、陈功博士组织、协调和撰写联合国中国政府执行《2002 年马德里国际老龄行动计划》五年评估报告(Review and Appraisal of MIPPA＋5 in China)。郑晓瑛教授作为中国唯一特邀代表出席 2007 年 4 月在澳大利亚举行的 APEC 生命科学论坛并在大会发言,并将人口研究所山西人口健康队列研究列入 APEC 重大队列研究范围。

9 月 19 日至 21 日,联合国华盛顿小组残疾数据统计第七次会议在爱尔兰首都都柏林举行。郑晓瑛教授作为中国特邀代表出席会议并在大会发言。

9 月 27 日,国际著名出版社 Springer 学术刊物《人口老龄化杂志》主编萨拉·哈伯教授正式邀请北京大学人口研究所所长郑晓瑛教授出任编委会委员。

10月,联合国人口基金驻华代表处正式向北京大学人口研究所所长郑晓瑛教授发来任命函,任命郑晓瑛教授为联合国人口基金中国研究顾问委员会成员并向其表示祝贺。

【国际合作】 人口研究所担任人口研究国际合作委员会(CICRED)8 个理事之一(2006—2009),积极组织参与国际合作与交流。2007 年人口所国际合作的优势继续扩大,在以往基础上进一步深化合作并且取得累累硕果,其中主要有:

人口所与 IIASA(International Institute for Applied Systems Analysis)的合作取得一定的成果。10 月 22 日,北京大学与 IIASA 联合举办"中国未来人口和人力资本多区域预测"成果发布会。

继 2006 年与格里菲斯大学环境与人口健康中心和南加州大学社工学院、戴维斯老年学学院与健康促进和疾病预防中心签署国际合作协议以来,2007 年在残疾人口与发展领域进行了合作研究。

2006 年人口研究所被确定为"IARU 国际研究型大学联盟""老龄与健康"合作研究的牵头单位,2007 年 12 月北京大学人口研究所、北京大学老年学研究所等 5 位学者应邀参加北京大学人口研究所和瑞典 LUND 大学经济人口学中心举办的"中瑞人口老龄化"研讨会,进一步显示了北大多学科研究老龄问题的实力。

【学术交流】 2007 年举办马寅初人口科学双周学术报告会 10 余次。接待外宾来访 33 次,邀请海外讲座专家短期讲学和合作 4 人,教师出访英国、美国、瑞典、德国、丹麦、法国、奥地利、澳大利亚、印度等国。

人口研究所先后组织和召开了具有国内外影响的学术会议 8 次,继续打造具有重要影响的三个学术交流平台。

北京大学和中国人口学会联合举办"第二届中国老年学家前沿论坛",在"人口老龄化与社会和谐""从'健康老龄化'到'积极老龄化'"以及"构筑和谐老龄社会的政策体系"三个专题论坛中,与会的专家、学者和实际工作者以科学发展观为指导,在构建社会主义和谐社会的框架中深入探讨了老龄问题的基本理论和政策框架,会议既产生了强烈的共鸣,也引发了热烈的讨论。

国家人口和计划生育委员会办公厅、中国人口学会、北京大学人口研究所联合举办"第五届中国人口问题高级资讯会",为两会和两会期间的中央人口座谈会提供信息和资料。旨在为关系到社会发展和国计民生的重大人口问题提供决策咨询意见,在全社会获得了良好的反响。

7 月,承办北京大学和国家人口计生委联合举办的国家高层次"纪念马寅初先生《新人口论》发表 50 周年暨马寅初先生诞辰 125 周年"座谈会和学术报告会,北京大学许智宏校长发表题为"永恒的北大之光"的演讲,会议取得重大社会反响。北京大学人口研究所、中国人口学会、中国残疾人联合会、联合国人口基金共同主办"第三届中国人口学家前沿论坛暨纪念马寅初先生学术研讨会"。会议主题为"二十一世纪的中国人口问题",会议讨论的问题更广泛、现实,更加关注在解决旧问题过程中所带来的新人口问题。

在健康与发展国际论坛上承担重要的论坛组织工作,并承担 2007 年 11 月 2 日至 4 日召开的北京论坛"人口发展的多元模式与健康保障"分论坛,邀请到国际人口科学联盟主席、国际老年学会主席等国际权威专家出席,国内外学术影响很大。

10 月 21 日至 22 日,在北京大学召开了国家自然科学基金课题

"中国未来人口和人力资本多区域预测"成果发布会。IIASA 副所长 Sten Nilsson 教授和课题负责人郑晓瑛教授在发布会上做主题报告,课题组成员从未来人口结构、老龄化、学龄人口和教育发展、人口预测与艾滋病等方面介绍了课题研究和应用成果,和上海、内蒙古、甘肃、贵州等分省预测的成果。全国人大、全国政协、国家自然科学基金委、国家发展与改革委员会、科技部、国家人口计生委、教育部、卫生部、劳动与社会保障部、中国残疾人联合会等政府部门及相关机构的领导和邬沧萍等国内相关领域的知名学者参加了课题成果发布会,对课题研究的重要性和预测成果给予了高度评价。

12 月 10 日至 12 日,中国残疾人联合会和北京大学共同主办,北京大学人口所与第二次全国残疾人抽样调查办公室承办,美国南加州大学以及澳大利亚格里菲斯大学协办的"残疾人口与发展国际论坛——中国第二次全国残疾人抽样调查成果交流会"举行。九届全国人大常委会副委员长、中国人口学会会长彭珮云,北京大学党委书记闵维方教授,中国残疾人联合会党组书记、第二次全国残疾人抽样调查领导小组副组长王新宪,国家统计局副局长张为民,民政部副部长窦玉沛,中国残联理事长汤小泉,联合国人口基金日内瓦总部办公室主任 Siri. Tellier,WHO 中国代表处高级项目官 Cris. Tunon,美国南加州大学社工学院院长 Marilyn. Flynn 以及澳大利亚格里菲斯大学代表 Lesley. Chenoweth 到会并致辞。国家人口计划生育委员会、财政部、国家老龄委员会、国家统计局、民政部等部委司局级领导出席了开幕式。本次论坛是中国首次关于残疾人口和发展问题的国际论坛,其召开具有重大的社会意义和学术意义。本次大会的召开,适逢联合国《残疾人权利公约》通过一周年,在诸位代表所形成的共识基础之上而发表的《未名湖倡议》在闭幕式上宣读,使本次大会达到最高潮。

人口所开展了广泛的国内外学术联系和合作,尤其是继续深化北京大学与中国残疾人联合会的合作研究。2007 年 7 月中国残疾人联合会和北京大学人口研究所在"第三届中国人口学家前沿论坛暨纪念马寅初先生学术研讨会"期间联合主办了"残疾与社会发展论坛",并在论坛上宣布合作共建了我国第一个国家级残疾人事业研究机构——中国残疾人事业发展研究中心。中国残疾人联合会党组书记王新宪和北京大学党委副书记杨河为中国残疾人事业发展研究中心举行揭牌仪式。该中心依托北京大学人口研究所多学科攻关的特色和北京大学综合性大学优势,对我国残疾人就业、教育、社会保障等领域开展基础理论和应用研究。

【教学工作】 2007 年,人口研究所有硕士研究生 40 人(含留学生 5 人)、博士研究生人 23 人(含留学生 1 人)。北京大学人口研究所现设置的博士专业有人口学、硕士专业有人口学、政治经济学、人口、资源与环境经济学、老年学专业。

经过申请,教育部评审后,人口研究所人口学和人口、资源与环境经济学分别成为教育部社会学一级学科和经济学一级学科下的重点学科。

2007 年人口所选派 3 名博士生前往美国、英国和澳大利亚国际一流大学学习,并有 2 名博士生申请 IIASSA 访问研究得到批准。

人口研究所大力提倡学生参与项目申请和项目工作,并且鼓励研究生从事研究工作。一方面提高学生的独立思考和动手能力,促进国内国际交流,如人口健康方向同学普遍获得机会参与国际合作和学术交流;另一方面也为家庭经济困难的同学提供一部分生活来源。2007 年获得北京大学第十五届"挑战杯"——五四青年科学奖竞赛二等奖。根据研究生院工作要求,人口研究所将进一步组织老师和同学对教学方案和课程大纲等内容进行讨论和修改,以新的培养方案推动教学水平不断提高。

# 对外汉语教育学院

【发展概况】 2007 年有在职教职工 60 人,其中教员 52 人,行政及教辅人员 8 人。教员中教授 5 人,副教授 27 人,讲师 20 人。另有兼职教师 39 人,离退休人员 22 人。学院下设汉语精读教研室、汉语视听说教研室、预科教研室、选修课教研室、学院综合办公室、资料室和电教室。

【教学工作】 学院长短期留学生本年度共约 2200 余人,较 2006 年增长了 16%。教学类别有:长期进修生、短期进修生、预科班、特殊项目班和外国汉语师资培训班。2007 年的主要变化有:一是与欧美等国一流大学合作的特殊项目班有所增加,学院开设的特殊项目班有:美国斯坦福班、英国外交官班、英国剑桥本科班和硕士生班、英国牛津本科生班和硕士生班、加拿大麦吉尔班、挪威奥斯陆班等;二是学院受国家汉办委托承办了海外汉语教师师资培训班,1 月份培训了新西兰汉语教师,8 月份培训了英国、加拿大汉语教师,教学效果良好,在海外产生了积极的影响,充分发挥了国家汉语教学基地的作用。

学院 2007 年研究生规模空前扩大,达到 103 人。其中,对外汉语教学硕士研究生师资班项目继续招生 30 人;继 2006 年开始招收博士研究生 4 人之后,2007 年再招 6 人,博士研究生达到 10 人;同时,

2007年国家学位办通过了招收汉语国际教育硕士专业学位研究生的决定,学院与中文系共同承办此项目,录取的10余名学生将于2008年春季入学。

随着学院研究生招生数目的增加,以及招生方式的多样化发展,学院专门召开了应用型研究生培养模式探索研讨会,并已将新的模式付诸实施。

为了配合常规教学活动,学院于4月份组织学生到北京郊区进行教学实习,11月举行了汉语演讲比赛。选编的实习报告和演讲报告,对学生的汉语学习起到了积极的促进作用。

【队伍建设】 由于汉语教学事业的快速发展,学院现有师资严重不足,目前已经建立起一支以学院专职教师为骨干,以兼职教师为补充的专兼结合的教师队伍。为了进一步规范管理,保证教学质量,2007年修订了《兼职教师手册》,制定了《研究生教学实习行为规则》。重点把握以下环节:① 岗前培训;② 教学帮带,在平行班教学中专职教师发挥骨干作用,帮带兼职教师;③ 继续聘请教学督导,专门对兼职教师进行听课、教学指导;④ 评估考核,学期末进行教学评估,优秀者给予适当奖励,不合格者,不再续聘。

2007年底学院对任课教师进行了教学评估,结果表明学院教师的整体素质非常好,教学效果和教学质量也令人满意。

【汉语国际推广】 学院积极开展汉语国际推广工作,继续承办旨在传播中国文化的孔子学院。截止到2007年11月底,我校已与9家国外教育机构签署了合作建设孔子学院的执行协议。分别是:日本立命馆大学、德国柏林自由大学、泰国朱拉隆功大学、印度尼赫鲁大学、西班牙格林纳达大学、英国专长学校联合会、俄罗斯莫斯科大学、日本早稻田大学和埃及开罗大学。在这九所孔子学院中,立命馆大学孔子学院和柏林自由大学孔子学院于今年12月召开的第二届全球孔子学院大会上被评为先进孔子学院。

国家对外汉语教学领导小组办公室外派研究生作为国际汉语教师志愿者赴国外教学实习,对外汉语教育学院积极响应。2007年学院共派出8名研究生分别赴美国、韩国、埃及进行教学实习。此举一方面锻炼了学生,另一方面更是为汉语国际推广贡献了力量。

【科研工作】 2007年商务汉语考试(简称BCT)研发办进入一个全新发展阶段。第一,在国内、新加坡、韩国、日本等地共举行正式考试17次。第二,为保证试题的充足来源,在上海和北京两地培训近百名命题员。第三,为保证试题质量,进行了25次预测。第四,BCT网站全新改版,功能更加完备,并有中英日韩四种界面。第五,承办由国家对外汉语教学领导小组办公室主办的首届中韩商务汉语研讨会,会议邀请了国内重要专家学者参与,取得丰硕成果。此外,研发办还树立起明确的科研意识,制定了可行的科研项目,为BCT的可持续发展奠定了基础。

12月18日至20日,学院成功承办了"国际汉语教学新趋势——庆祝世界汉语教学学会成立二十周年"高层系列讲座。来自国内外的汉语教学界的二十多名著名学者就多方面的问题进行了精彩讲演,海内外40多所高校和有关机构的130名代表,以及全国各大高校的研究生代表近三百人参加了会议,在学界引起了很大反响。

此外,学院内部还组织三次学术沙龙和报告,研究生也组织了三次读书会,丰富了院内的学术活动。

2007年学院启动了第二批学院教师个人科研经费,进一步支持教师从事各种学术、科研活动。

9月,学院主办的学术刊物《汉语教学学刊》第3辑正式出版发行;12月,学院行政工作探索文集《办公室工作探索》结集出版。

2007年教师参加国内外国际学术会议或活动40人次,出版、发表专著、论文、教材共73项,教学、科研获奖共7项。

【对外交流】 2007年学院先后有9位老师被派往美国、英国、德国、荷兰、韩国、日本进行汉语教学,有17人次出访美国、英国、德国、西班牙、加拿大、埃及、泰国、日本等国家和我国台湾地区。接待来自美国、英国、新加坡、约旦、泰国、日本等国家的领导人、教师和教育代表团等,促进了汉语教学的对外交流工作。

9月18日,英国专长学校联合会孔子学院第二届理事会在北京大学举行,北京大学副校长、汉语国际推广工作领导小组常务副组长张国有、汉语国际推广工作领导小组办公室主任张秀环和副主任赵杨、北京大学附属中学校长康健等四名中方理事参加了会议,参加会议的英方理事有专长学校联合会主任Jenny Jupe、副主任Clive Tucker、全国项目中文网络负责人Katharine Carruthers和诺丁汉嘉诺格里城市学院校长Mike Butler。

【学生工作】 进一步完善学生工作组制度,并配备了专职团总支书记,设两名班主任;进一步健全了学生组织,成立了学院团总支;建立了学生骨干例会制度,充分发挥学生骨干的积极作用,培养学生的自主管理能力。在此基础上,学院有计划地开展了适合学生特点的党日、团日活动:如参观白洋淀、北京大学红楼和五四新文化运动纪念馆;组织十七大知识竞赛、辩论赛、征文比赛等;借奥运契机,开展志愿服务活动,培养奉献意识;以研究生的成长成才为核心,开展系列指导讲座或座谈会;开展丰富

## 软件与微电子学院

**【发展概况】** 软件与微电子学院经过五年的建设和发展,已经初步形成了一个学院、两个学科(软件工程学科、集成电路设计与工程学科)、四个基地(国家软件人才国际培训(北京)基地、国家集成电路人才培养基地、软件工程国家工程研究中心北京工程化基地、北京大学软件与微电子学院无锡产学研合作教育基地)的综合性软件与微电子人才培养实体。

软件与微电子学院根据社会对软件和微电子人才的需求设立系和专业方向,目前已经设立了10个系,建立起了一个覆盖31个专业方向、多层次、多方向、多领域、模块化、开放式的课程体系;学院积极拓展科研领域,开展应用研究,促进教学科研成果的孵化;进一步加强与国际著名高校和知名企业的合作,加快国际化建设步伐;招生与就业工作又创新高,学生管理也得到不断完善;诸多方面的成绩更明显地显示出按新模式建立、新机制运行的软件与微电子学院的生机与活力。

**【教学工作】** 软件与微电子学院通过培养学生的综合实践能力,促进项目成果的沉淀,通过提炼教学经验和教学材料,促进教学成果的物化。2007年8月,学院再次修订了工程硕士课程设置,形成了第六版"工程硕士培养方案与课程内容汇编"。本学年,学院共开设课程222门次;选修课程的学生人数达3664人次,比第一学年增加近4倍;参与授课的教员达到229人次;参与助教工作的人员为176人次。

学院以软件、微电子两个重点学科为基础大力发展交叉学科,2007年继续进行综合实践课程和精品课程的建设。学院将"综合实践"课程定为必修课,在8个系中实施,新建了十个专业实验室来配合"综合实践"课程的开设。目前已完成首批精品课程建设立项8门,其中有两门课程已入选北京大学精品课程建设立项。另外,学院还开发了自动的教学评估系统,以促进教学质量的提高。

**【科研工作】** 2007年,软件与微电子学院新启动的科研项目包括:北京市科委重点课题1项,"863"项目1项,国家自然科学基金项目1项,北京市文化创意专项1项,还与IBM、Intel、微软等著名企业开展深层次的合作,共建了"联合创新中心""联合研究中心",开展横向合作研究课题十多项。作为国家"十五"科技攻关项目"国家Linux技术培训与推广中心示范"课题的组织实施单位,学院在教育部高教司的指导下,顺利完成了全国40所国家Linux技术培训与推广中心的建设项目,并承担了师资培训工作。

2007年,由软件与微电子学院承办的国家级教改项目"大型主机应用型创新人才培养模式研究与实践"启动;管理与技术系EMOT项目启动;由学院承办的"国家软件与集成电路人才国际培训基地网站"及系列管理办法顺利移交给中国国际人才交流基金会;学院数字艺术工作室申报的"对外汉语教学系列动画片制作项目"获得北京市文化创意产业办批准;学院与北京大益茶文化交流发展有限公司签署了"联合策划、制作、发行52集电视动画连续剧《茶马古道》"的协议,等等。

**【合作与交流】** 软件与微电子学院继续深入开展国际、国内合作,积极开拓新的合作伙伴。本学年,学院与IBM、微软、英特尔、西门子、Altera公司、Adobe公司、Ucberkeley和日本会津大学等知名企业和著名高校签署合作协议32份。5月份,正式启动了北京大学软件与微电子学院、香港中文大学翻译系与北京大学计算语言学研究所关于教学与科研合作的项目。

2007年邀请了一些国内外著名的高校、企业的资深专家来访并为学生作报告、讲座数场,对于学生了解前沿技术、感受企业文化、学习成功经验起到了一定的推动作用。

美国CollabNet公司高级发展经理和资深开源技术策略顾问Louis Suarez-Ports博士作了题为"Toward Informatic Autonomy: Why Open Source Is Important"的讲座;IBM大中华区SOA技术战略与合作部SOA架构师卜冠英博士作了题目为"SOA——改变你的一生"报告;国际通货研究所经济研究部部长、首席经济学家竹中正治先生作了题为"日本80年代金融自由化的教训及其对中国的启示"的报告;美国C2公司芯片主管江洪涛博士作了关于数字媒体芯片技术的报告;美国罗格斯州立大学动画教授、2007—2009国际电脑图形/动画大会(SIGGRAPH)学生动画竞赛部评审主席谭力勤作了题为"数码原始艺术"的讲座;日本世嘉公司游戏特效研究开发部制作人兼CG总监山口直纯先生作了《日本的游戏CG动画制作方法》讲座;美国俄勒冈大学李君教授作了题为"互联网蠕虫检测"的学术报告,等等。

**【招生就业】** 2007年共录取学生1044名,其中软件工程硕士1021名,第二学士学位学生23名。据统计,在已经录取的考生中,考生背景院校为国家211重点院校或985重点院校的学生占到了70%以上。接收的推荐免试硕士研究生也逐年递增,2007年录取推免生76名,2008年已录取推免生130名。

2007年共有558名毕业生,其

中硕士毕业生530名,第二学士学位毕业生28名,毕业生就业率达到100%。同时,通过毕业生调查显示,毕业生薪资水平及就业满意度均达到较高水平。

学院十分重视IBM、微软、Motorola、Intel、青鸟、方正、联想、神州数码、花旗、南洋理工等36家实习基地的建立巩固及实习机制的完善,2007年,实习生人数达561名,实习企业达300个,实习岗位达1233个。

【行政工作】 2007年完善和加强了岗位责任制和业绩考核制度,制订了一系列管理规定及文件,并制订了相关的考核内容和考核办法。

为促使学院的教学科研工作的顺利开展,2007年学院又新聘了两名系主任。分别聘请微软亚洲研究院技术创新部总监田江森博士担任软件技术系主任;聘请花旗软件技术服务(上海)有限公司总经理何维忠先生担任金融信息工程系主任。同时还聘请花旗软件技术服务(上海)有限公司董事长周亚贵为金融信息工程系专业顾问;聘请中芯国际总裁张汝京博士为专业顾问。

【学生工作】 2007年度学生工作呈现三个特色:一是更加完善了素质教育课程化体系;二是学生管理学苑式与党支部建设相结合;三是团委工作注重物化实践成果,积极开展实习、就业方面的指导。

素质教育课程解决了传统的素质教育随机性强、覆盖面窄的缺点,实现了覆盖全院的素质教育培养工程,其课程考核标准也在逐年完善。素质教育课分为"人文社科""管理沟通""前沿技术"三部分的讲座阶段和中英文表达能力考核阶段。2007年,考核阶段的一个突出的变化就是将第二阶段英语表达考核过程中的英语个人演讲考核全部改为了"英语短剧表演"。"英语短剧表演"比英文个人演讲更具有挑战性和锻炼效果。考核阶段的"观摩课"不仅使学生在备战考核过程中能力得到了提高,而且能够通过欣赏其他同学的优秀作品学习到更多的技能。

"学生管理学苑式"是学院培养学生综合素质和管理交流能力的大胆尝试,体现了学生由被动式接受管理到主动式自我管理的转变。2007年,学院将原来的文化苑和艺术苑合并为文艺苑,至此,已形成了金融、管理、文艺、科技四大类9个苑,形成了覆盖全院各个专业、布局更加合理的苑格局。

2007年,学院将学生党支部设在了学苑上,解决了以前学生党支部人员过多、不好管理的缺点,而且一个苑对应一个学生党支部,能使党支部成员在苑工作的开展中起到模范带头作用,使刚入校的新生党员有了引路人,使学生能以更快的速度融入学院的生活。各党支部还开展了一系列活动,如:司马台长城向游人宣传奥运活动、"共产党员献爱心"捐献活动、以"两会"内容为主题的专题讨论活动,等等。

研干校、党校逐步成为了骨干孵化器,形成了骨干的选拔、使用与培养相结合的立体系统。

【无锡基地】 北京大学软件与微电子学院无锡产学研合作教育基地自2006年9月2日举行奠基仪式之后,许智宏校长和杨芙清院士等领导非常重视,多次到基地视察工作。9月16日,许智宏校长、岳素兰副校长、校长助理李晓明在江苏省委常委、无锡市委书记杨卫泽、无锡市市长助理倪斌以及有关院领导的陪同下,赴学院无锡产学研合作教育基地视察基地的建设进展情况,许校长充分肯定了无锡基地建设工作取得的成绩。

2007年,一期一阶段5.2万平方米已完工,包括公共教学楼、集成电子楼、食堂兼学生活动中心楼及学生宿舍1号、2号楼,可容纳近1000名师生。同时,无锡基地的国际化发展规划也在稳步地推进。11月24日,日本会津大学角山茂章校长一行9人参观了无锡基地,并对基地的建设给予了高度评价并签署了意向性的合作协议。

【获奖情况】 2007年,软件与微电子学院师生积极参加国内外各类比赛,频频获奖,其中学院获奖3项,教师获奖4项,学生团队获奖6项,学生个人作品获奖12项,国际会议论文获奖1项。

在"IBM主机大学合作项目10周年庆典"中,杨芙清院士获得了IBM"主机系统贡献终身荣誉奖";软件与微电子学院获得了"IBM主机大学合作项目2007年度支持合作奖";学院老师获得"IBM主机大学合作项目2007年度突出贡献奖";由学院学生组成的RAS队在"IBM大型主机技术2007全国应用大赛"中获得最佳作品奖(一等奖);Z++队获得了优胜奖,Z++队的指导老师同时获得最佳指导奖。

在2007"花旗杯"科技应用大赛全国总决赛中,Z++团队获得大赛"最佳大型机作品奖",此外软件与微电子学院还荣获最佳组织奖、金融信息化人才培养合作奖。

在2007年度(第五届)中国游戏行业年会上,软件与微电子学院等被评为"2007年度中国动漫游戏人才培养先进单位"。

软件与微电子学院数字艺术系的原创动画游戏"小熊回家"获得了英国"挑战数码时代大奖赛"的"最佳创意奖",并入围英国电影学院大奖(BAFTA)中的"游戏行业最佳新人奖"。

《冤》在"2007亚洲青年动漫大赛"中获得"最佳学生作品奖"。

《轻轻松松学汉语》和《玩笑》入围第11届意大利"Cartoons on the Bay"国际动画节。

在十四届中国大学生电影节上,动画艺术短片《线偶》获动画艺术短片铜奖,《玩笑》获动画短片最佳视觉效果奖。

软件与微电子学院管理与技术系组织的参赛团队在韩国SK集团举办的创业计划书大赛中获中国区第二名。

在由日本、韩国和中国联合组织的"2007年宽带网络与多媒体技术国际会议"上,软件与微电子学院集成电路设计与工程系学生的论文被评选为会议"最佳论文"。

软件与微电子学院集成电路设计与工程系三位同学组队完成的"基于人脸识别的智能报警系统"项目获得美国著名公司ALTERA举办的"2007嵌入式处理器设计大赛"优秀奖。

软件与微电子学院软件技术系组织的参赛团队在IBM公司组织的"2006年IBM杯中国高校SOA应用大赛"中获得了"最佳编程奖"。

# 分子医学研究所

【科研工作】 2007年累计发表和接受论文17篇,其中三篇发表在 Circulation Research (IF=9.854),一篇发表在 PNAS(IF=9.641),一篇发表在 Nuc. Acid Res. (IF=6.317),另有 IF>5 的文章6篇,影响因子总数为102.7。截止到2007年底,共发表和接受论文52篇,影响因子总数为102.7,平均因子7.19。

2007年申请到973项目1项;863项目1项;国家自然科学基金重点项目1项,海外青年学者合作项目1项,面上项目6项;教育部创新团队1项;教育部博士点基金1项;北京市科技新星(B类)1项;博士后基金1项;国际合作基金1项,国际合作项目3项。申请经费总额为4064万元,到拨实际经费2274万元。

1. 973项目"重大心脏疾病分子机理和干预策略的基础研究"

分子医学研究所以国家需求为己任,积极开展心血管疾病方面的研究。并联合同济大学、阜外医院、第四军医大学、河北医科大学、北京大学第三医院等单位的多位科研、临床专家共同申请973计划"重大心脏疾病分子机理和干预策略的基础研究"项目。经过教育部答辩,科技部初评、复评,任务书、概算、预算的组织填报,于2007年7月经科技部批准立项,并于2007年12月15日召开了项目启动会。

该项目的总体目标是希望通过5年的努力,解决心律失常和心衰心肌重塑的分子机制的关键问题,在心律失常和心衰的早期诊断及早期干预的新技术和新方法方面取得突破性的进展,使我国在重大心脏疾病研究3—4个领域达到和保持世界领先水平。同时,培养和造就一批高层次的研究人才,形成可持续创新的核心力量。

2. 中法心血管分子医学论坛

为促进中法两国在心血管研究领域交流与合作,由北京大学和法国国家健康与医学研究院共同举办的"中法心血管分子医学论坛"于2007年7月5日至6日在北京大学召开。

在为期两天的讨论中,共设专题学术报告8个、会议报告22个,内容涵盖心血管疾病的分子遗传机制、microRNA与心血管疾病、离子通道与心血管疾病、受体信号转导与心血管疾病、细胞第二信使与心血管疾病、线粒体与心血管疾病、血管生物学及心脏保护机制等热点课题。本次论坛特别开辟青年学生学者分会,并设有30个优秀学生墙报展示,为加强中法两国青年学生学者相互学术交流、促进年轻学者在本领域的学术发展以及人才培养方面提供了良好的平台。

3. 国际实验动物评估和认可管理委员会(AAALAC)认证

IMM协同实验动物中心自2006年6月开始筹备申请AAALAC的认证工作,并成立由周专教授为组长的AAALAC工作小组,负责申请工作的管理推进。

经过努力,完成了两万多字的计划申请书,拟定了20余项条例/指南,制定SOP200余份,组织了几十次人员培训。为了在最短时间内提高实验动物管理水平,多次邀请国内、国际实验动物专家到北大考察并指导工作,这些专家对北大的实验动物计划提出了非常有益的意见和建议,有力地推动了AAALAC标准在IMM及动物中心的实施。

2007年11月20日至21日,AAALAC委派的检察官Elizabeth Browder博士及张愚博士访问了北京大学。经过两天紧张的检查,两位检察官对北大的实验动物计划十分满意,将在2008年1月的AAALAC委员会议上提出授予我们完全认证。

为与国际接轨,邀请香港大学动物中心总兽医Tony James到北大制订兽医培训计划。

4. 首次大动物心脏冠状动脉结扎及传感器植入手术获得成功

2007年10月29日上午11点,在灵长类动物研究中心顾问、美国新泽西牙医科大学沈幼棠教授指导下,比格犬心脏冠状动脉结扎和起搏器安装手术完成。该犬术后24小时内即可站立行走,标志着我所成功完成了第一台大动物(犬)心脏手术。该犬将通过一系列后续工作,用于制作我国首例清醒大动物心力衰竭模型。预计2008年上半年完成犬研究项目,并启动灵长类手术研究计划。届时,我们将是国际上第二家掌握此类技术的实验中心。

【研究生培养】 2007年招收新生24人(硕士16人,博士8人),目前硕博在读研究生共49人(含医学部学籍学生 4 人)。另有客座学生 20 人。

公派研究生 5 名,分赴哈佛大学、加州大学圣地亚哥分校、辛辛那提大学、衣阿华大学。

2007 年,毕业生王烈成(导师周专教授)获中国生理学会张锡钧优秀青年论文一等奖;2004 级博士生兰晓梅(导师肖瑞平教授)在第六届海峡两岸心血管科学研讨会青年优秀论文评比活动中获得三等奖;1 人获"董氏东方"奖学金,4 人获五四奖学金,2 人获三好学生称号,3 人获单项奖。

首批分子医学所独立培养的 2 名博士毕业生分别赴达拉斯西南医学大学(Southwestern Medical University at Dallas)和加州大学圣地亚哥分校(UCSD)从事博士后研究。与其他单位联合培养博士毕业生 6 人。其中,1 人赴加州大学圣地亚哥分校(UCSD)从事博士后研究,2 人赴美国加州研究机构从事博士后研究,3 人分赴安徽医科大学、皖南医学院、山东大学任教。

2007 年共开设 8 门课程,包括生物技术高级讲座、生物学安全技术讲座、高级分子医学进展、线粒体与人类疾病和健康等。经过两年课程建设,分子医学所研究生课程设置已初步完成。

【队伍建设】 2005 年 10 月,由研究所公派赴美国加州大学圣地亚哥分校学习的郑铭副研究员顺利结束合作交流研究,于 2007 年 7 月提前回国承担建设基因动物平台的重任,其在美工作期间建成的多个品系的基因小鼠也已分批运回北京大学动物中心。

根据非人灵长动物研究中心建设和发展的需要,2005 年 10 月派 2003 级直博生张岩前往灵长类动物研究中心顾问、美国新泽西州牙医科大学心血管研究所沈幼棠实验室学习。两年学成后,于 2007 年 10 月顺利结束学习任务按期回国,并成为非人灵长类动物中心心血管疾病模型研究的重要技术力量。2007 年 11 月,选派张荣利博士到沈幼棠教授实验室进行相关技术的学习交流,为期 1 年。

程和平教授获 2007 年度宝钢奖教金优秀奖;杜权副研究员获 2007 年度中国工商银行教师奖、2006—2007 年度优秀班主任二等奖;郑铭副研究员入选教育部 2007 年新世纪优秀人才支持计划;曹春梅副研究员入选 2007 年度北京市科技新星计划(B 类资助)。

# 前沿交叉学科研究院

【发展概况】 截至 2007 年底,前沿交叉学科研究院共有专职研究人员 1 人,校外兼职科研人员 3 人,专职行政人员 2 人,流动编制工程技术人员 3 人,临时聘用人员 1 人。另外,各个研究中心均有数量不等的校内双聘科研人员。

内设机构由若干跨学科研究中心/研究所组成,包括:生物医学跨学科研究中心、理论生物学中心、纳米科学与技术研究中心、功能成像研究中心、环境健康研究中心等。根据学校《关于成立北京大学环境健康研究中心的通知》(校发[2007]185 号),北京大学环境健康研究中心(虚体)于 2007 年 10 月成立,挂靠前沿交叉学科研究院,由朱彤教授担任中心主任。另外,根据跨学科研究发展的需要,研究院于 2007 年先后成立了生物医用材料与组织工程研究中心、北大源德医疗仪器技术联合实验室、北大—西北医疗口腔医学工程技术联合实验室等 3 个虚体研究机构,挂靠在生物医学跨学科研究中心。

【学术交流】 举办生物医学跨学科学术交流讲座。该讲座从 2001 年开始已连续举办了 167 讲,内容涉及物理学、化学、数学、工程学、信息学、材料科学、生命科学、地质学、医学、哲学、管理学等众多学科。它采取固定时间、固定地点,校本部与医学部的教授到对方交替做报告的方式进行,不仅增进了不同学科之间的了解,开拓了教师和学生的学术视野,激发了多角度的思维方式,而且促进了不同学科专家之间科学思维的碰撞,形成一批跨学科研究项目。2007 年,研究院分别邀请了 9 位校本部的科研人员在医学部做报告,10 位医学部(含临床医院)的科研人员在校本部做报告。

举办纳米安全性问题研讨会。2006 年年底和 2007 年年初,前沿交叉学科研究院先后组织了 2 次关于纳米安全性问题的校内研讨会。化学与分子工程学院李彦教授、环境科学与工程学院胡敏教授和朱彤教授、工学院郑玉峰教授、城市与环境学院胡建英教授、药学院张强教授、第三医院张幼怡教授、公共卫生学院张宝旭教授、基础医学院沙印林教授等分别介绍了在各自领域进行纳米安全性研究的方法、成果、进展和计划。该研讨会有效地融合了各学科已有的技术和方法,整合了已有的研究力量,对北京大学在纳米安全性方面的研究起到重要的促进作用。

举办生物医用材料研讨会。成立于 2007 年 3 月的生物医用材料与组织工程研究中心,为推动在生物医用材料、干细胞与组织工程等方面的学科交叉和研究发展,积极发挥北京大学在材料科学、生命科学和工程学的学科优势,举办了多次学术交流活动。2007 年 3 月举办了首次生物医用材料与再生医学研究学术讲座,邀请了美国生物医学工程院院士 Sahatjian 博士、"863"计划干细胞和组织工程重大专题总体专家组组长裴雪涛研究员、中国生物制品检定所奚廷斐研究员等在会上作学术报告。2007年4—6月,针对口腔科、骨科、心血管介入等3个领域,分别举办了3次北京市生物医用材料产业化现状研讨会,2007年10月组织了医用钛合金研发主题研讨会,2007年12月举办了关于学科交叉与口腔医学交叉研究的主题座谈会。

2007年3月23日,由生物医学跨学科研究中心和北京源德生物医学工程有限公司共同建设的"北大源德医疗仪器技术联合实验室"合作协议签字仪式在英杰交流中心举行。全国人大常委会副委员长、北京大学前沿交叉学科研究院院长韩启德院士,北京大学副校长岳素兰教授,中关村科技开发区管理委员会副主任郭洪,北京源德生物医学工程有限公司总经理吴晓东等出席签字仪式。

2007年暑假期间,在GE公司的推荐和支持下,在"北京大学海外学者研究邀请计划"的资助下,功能成像研究中心邀请了美国加州大学圣地亚哥分校功能成像中心主任Eric Wong教授前来北京进行了为期近3个月的合作研究工作。2007年8月上旬,GE磁共振应用学院物理中心进行了磁共振序列设计的技术培训和设计实习。这些暑期学校的教学和研究工作对推动北京大学在功能成像方面的跨学科研究、提高北大的教师和研究生在该领域的研究水平,起到了十分积极的作用。

2007年8月20—23日,理论生物学中心主办了"从基于结构到基于系统的药物发现"国际研讨会。会议的目的是了解国际上生物网络研究与药物设计相结合的最新动向并与国内外同行建立广泛的合作关系。会议邀请到国内外药物设计和系统生物学研究方面的优秀科学家20人进行特邀报告,参会人员达130余人。会议代表们就基于结构的药物设计、生物模拟和生物网络领域中的新技术、新方法和新进展进行了广泛的交流,并对利用系统生物学方法来研究中药的作用机理进行了深入的研讨。

2007年11月4日,在美国麻省理工大学(MIT)举办的国际基因工程机械大赛(iGEM)上,由理论生物学中心学生组成的北京大学代表队,获得了iGEM大赛的唯一大奖,捧回象征大奖的Biobrick金属雕塑。在此前的初赛中,北京大学代表队以小组第一名脱颖而出,并获得信息处理专项奖第一名。回国后,北京大学iGEM代表队获得了学校的通令嘉奖。

【科学研究】 前沿交叉学科研究院各个研究中心以各自的实验基地为基础,组织多学科的研究力量开展前沿性问题的研究和科学技术攻关,获得了各类跨学科的研究项目支持。2007年,研究院到校科研经费共计769万元。

2007年,生物医学跨学科研究中心方竞教授等人与中科院化学所合作,获批1项"纳米重大科学研究计划"子项目"生物单分子和单细胞的原位实时纳米检测与表征方法"。生物医用材料与组织工程研究中心以团队力量组织研究工作,魏世成教授、郑玉峰教授等参与四川大学牵头的"纳米重大科学研究计划",获批1项子项目"纳米材料在牙组织再生和修复应用的机理研究";奚廷斐研究员参与上海交通大学承担的"纳米重大科学研究计划"项目课题"纳米天然纤维仿生支架促进骨再生的机理研究";邓旭亮教授获批1项863目标导向课题"基于纳米复合技术的口腔组织引导再生膜和颌骨修复材料研究"。此外,奚廷斐研究员、魏世成教授等人还负责完成了北京市科委课题"提升北京生物医用材料产业水平的需求分析与技术选择"。

理论生物学中心2007年申请的国家自然科学基金委员会创新群体项目获得资助,这是在交叉学科方向设立的第一个创新群体项目。该群体利用北京大学的多学科优势,集中了数学、物理、化学及生物领域的研究力量,充分发挥创新群体内知识互补的优势,从实验与理论两个方向开展与生物学交叉的系统生物学研究工作。目前,该创新群体有教授8人,其中长江特聘教授2人,长江讲座教授3人,杰出青年获得者5人,副教授6人。另外,有博士后研究员4人,博士生、硕士生共39人。从横向学科分布看,创新群体成员中数学3人,物理学3人,化学3人,生命科学2人。研究生和博士后中物理学背景有11人,生物学背景10人,化学背景10人,数学背景12人。此外,裴剑锋博士负责的基金委面上项目"核酸与小分子相互作用中的打分与对接研究"也获得批准。

2007年,纳米科学与技术研究中心刘忠范教授担任首席科学家的重大科学研究计划项目"准一维半导体纳米材料的结构调控、物性测量及器件基础"获得批准。

【科研成果】 生命科学学院王世强教授与第三医院张幼怡研究员依托生物医学跨学科研究中心通力合作,利用心衰动物模型开展了心衰早期发病的分子病理机制研究,其研究成果于2007年1月发表在有较高学术影响的国际期刊*PLoS Biology*上。在2007年9月召开的"北京国际心血管病论坛"上,该论文被评为"2006—2007年度全国心血管领域有影响的论文奖"第一名。

理论生物学中心2007年分别在生物网络拓扑结构与动力学性质的关系、基于生物网络的药物设计研究、蛋白质相互作用的定量计算与设计、原核生物基因翻译调控信号和基因组比较研究、真核基因剪接调控信号及剪接位点预测研究等方向上取得了重要进展,代表性研究成果分别发表在 Biophys. J.、PLoS Comp. Biol.、Proteins、PNAS、BMC Bioinformatics 等期刊上。另外,课题组建立了原核基因翻译起始位点及其调控信号的二级数据库 ProTISA。截至 2007 年 10 月,该数据库已经分析了 538 个原核生物物种的全基因组序列,提供了 490000 多个基因的翻译起始位点注释以及起始位点上游的调控信号。关于 ProTISA 数据库的论文已于 2007 年 9 月发表在 Nucleic Acids Res. 上。

纳米科学与技术研究中心 2007 年在纳米电子学与分子电子学、纳米器件与集成技术、纳米化学与单分子科学、材料物理与介观物理 4 个主要研究方向都取得了重要进展,代表性研究成果分别发表在 Nature Materials、Nano Letters、Appl. Phys. Lett.、Journal of Chemical Physics 等期刊上。

【人才培养】 从 2008 年下半年开始,以前挂靠在不同院系的跨学科研究生班将由前沿交叉学科研究院统一管理。2007 年 9—10 月,研究院进行了 2008 级跨学科研究生免试推荐录取工作。研究院专门成立了接收推荐免试研究生工作领导小组,并按照生物医学工程、理论与系统生物学、纳米科学与技术 3 个大的研究方向分别成立了专家考核小组。研究院领导小组和专家考核小组组长共同确定了选拔规则和考核形式、考核内容及评分标准。综合面试主要从专业知识、研究潜力、英文能力、综合素质等方面对申请人进行考察。来自国内 10 余所高校的近 40 名优秀本科毕业生申请了前沿交叉学科研究院免试推荐研究生,最终录取 27 人,其中 7 人为硕士研究生,20 人为直接攻读博士研究生。为鼓励学科交叉,研究院将在 2008 级研究生中推行双导师制度。

理论生物学中心 2007 年首次开设了面向研究生的"理论与系统生物学概论"课程。同时,为了加强中心内部各个课题组的合作并对中心学生科研进展进行总体考核,于 2007 年 8 月召开了理论生物学中心 2007 年年度学术年会,各个课题组的学生代表分别进行了年度科研工作汇报的口头报告,除一年级研究生以外,其他同学均进行墙报展讲,并且举行了墙报展讲比赛。

纳米科学与技术研究中心完成了交叉学科研究生课程体系设计,公共基础课"纳米科学与技术概论"将从 2008 年 9 月开始正式开课,授课任务分别由纳米中心的双聘教师完成。为了进一步加强不同学科之间的交叉,对所招收的直读博士研究生将逐步完善双导师制度,直博生毕业所授学位将按其主要导师的研究方向授予物理电子学、微电子与固体电子学、物理化学或凝聚态物理专业博士学位。

跨学科研究生培养已经初显成效。2007 年是理论生物学中心正式招收跨学科博士研究生毕业的第一年。作为跨学科培养的第一批研究生,3 名学生以第一作者的身份在国际著名杂志 Nano Letter、PNAS 和 Molecular Systems Biology 发表文章。另外,还有 2 名在读研究生在国际著名杂志《生物物理杂志》和《PLoS 计算生物学》发表第一作者文章。

按照学校研究生院的要求,2007 年 11 月纳米科学与技术研究中心申请了北京市交叉学科"纳米科学与技术",按照纳米电子学与分子电子学、纳米器件与集成技术、纳米化学与单分子科学、材料物理与介观物理 4 个主要研究方向组织信息科学技术学院、化学与分子工程学院、物理学院和工学院近 30 名教授完成了该项申请工作。

【队伍建设】 经 2006 年 11 月 8 日北京大学事业规划委员会第三次会议审议,并报请 12 月 8 日第 36 次学校党政联席会批准,前沿交叉学科研究院的总编制不超过 18 人,其中设专职行政人员编制 3 人,专职研究人员编制 15 人。经过公开招聘,研究院 2007 年 3 月聘任赵宇昊为专职行政人员,负责研究生教务和学生管理工作;聘任裴剑锋博士为副研究员,在理论生物学中心从事专职研究工作。另外,根据工作需要,聘任崔志伟、柴玉峰、张泽佳、熊晓玲为流动编制的工程技术人员,分别为各研究中心实验室提供支撑服务。

生物医用材料与组织工程研究中心成立后,聘请了知名生物医用材料专家、中国生物制品检定所主任奚廷斐研究员担任中心主任,聘请了北京大学口腔医学院生物医用材料、口腔医学专家魏世成教授兼任中心常务副主任,聘请了北京大学口腔医学院邓旭亮副主任医师担任中心主任助理。

【基础建设】 学校各方面的大力支持为前沿交叉学科研究院提供了初步的但却是重要的基础条件。目前研究院已经在廖凯原楼 2 号楼 4 层有了固定的办公地点,4 个房间中最大的 1 间为会议室,可以举行 15 人左右的小规模学术交流研讨。

在实验室建设方面,2007 年由纳米科学与技术研究中心彭练矛教授负责进行了微纳加工超净实验室建设,建筑面积约 1200 平方米,现已完成整体建设和基本内部装修,包括光刻机、镀膜仪、电学性质测量设备在内的各种实验设备也已完成采购和招标工作,总价值约 2000 万元。生物医用材料与组织工程研究中心也对位于出版社楼 4 层的实验室进行了改造,在已有的细胞实验室、金属材料实验室的基础上,重点改造了教师办公室、研究生工作室及化学合成实验室,购置了一批基本办公设备,增加了通风橱等基本的化学实验必要设备。

(刘小鹏)

表6-29 生物医学跨学科研究中心学术交流讲座(2007年)

| 总讲座序号 | 时间 | 题目 | 报告人 | 所在单位 |
| --- | --- | --- | --- | --- |
| 149 | 3月28日 | 量子点生物探针技术 | 沙印林 教授 | 北京大学基础医学院生物物理系 |
| 150 | 4月4日 | 钙火花与细胞钙信号转导 | 程和平 教授 | 北京大学分子医学研究所 |
| 151 | 4月11日 | 眼科学发展中尚待解决的新材料问题 | 黎晓新 教授 | 北京大学人民医院眼科 |
| 152 | 4月18日 | 科学究竟是什么? | 吴国盛 教授 | 北京大学哲学系/ 科学与社会研究中心 |
| 153 | 4月25日 | 分子影像学进展及其初步临床应用 | 王霄英 教授 | 北京大学第一医院医学影像科 |
| 154 | 5月9日 | 核磁共振波谱学及核磁共振成像的学科发展与应用 | 冯义濂 教授 | 北京大学信息科学技术学院 |
| 155 | 5月16日 | 肝脏疾病的现状和展望 | 王贵强 教授 | 北京大学第一医院感染科 |
| 156 | 5月23日 | 下一代内窥镜早期诊断技术的研究 | 谢天宇 特聘研究员 | 北京大学工学院 生物医学工程系 |
| 157 | 6月6日 | 酵母菌细胞周期调控网络的动力学理论和实验研究 | 李方廷 副教授 | 北京大学物理学院/ 理论生物学中心 |
| 158 | 6月13日 | 化学探索细胞——思考和难题 | 王夔 院士 | 北京大学药学院无机化学 |
| 159 | 9月26日 | 结直肠癌——诊断与治疗现状 | 顾晋 教授 | 北京大学临床肿瘤学院 |
| 160 | 10月10日 | 医学研究中的数据统计分析 | 耿直 教授 | 北京大学数学科学学院 |
| 161 | 10月17日 | 心肌重塑的分子机制 | 张幼怡 教授 | 北京大学第三医院/ 生物医学跨学科研究中心 |
| 162 | 10月24日 | 骨关节炎与软骨再生 | 葛子钢 特聘研究员 | 北京大学工学院 生物医学工程系 |
| 163 | 10月31日 | 纳米材料安全性评价 | 贾光 教授 | 北京大学公共卫生学院 |
| 164 | 11月7日 | 大气细和超细(纳米)颗粒物对人体健康的影响 | 朱彤 教授 | 北京大学环境科学与工程学院 |
| 165 | 11月14日 | 治疗药物监测/群体药代动力学与临床合理用药 | 王丽 教授 | 北京大学第一医院儿科 |
| 166 | 11月28日 | 治疗脑疾病的希望之星——星形胶质细胞 | 于常海 教授 | 北京大学神经科学所 |
| 167 | 12月5日 | 肿瘤相关的血管新生 | 罗金才 副研究员 | 北京大学分子医学研究所 |

# 体育教研部

【发展概况】 2007年有在职教职员工58人,其中教授6人,副教授27人,讲师12人,助教4人,教辅人员9人。外聘教师及教练员7人。具有博士研究生学历5人,硕士研究生学历13人,双学士9人。领导班子成员是:主任郝光安,副主任李杰、刘铮。直属党支部书记李朝斌,副书记钱永健,支部委员李德昌、郝光安(兼)、萧文革。

【体育教学】 体育教研部主管教学的副主任是李杰,教学教研室的主任是萧文革,秘书是万平,何仲恺老师是研究生教研室主任兼教学研究室副主任。本科教务:宫燕丽,研究生教务:唐彦。

普通学生所开课程分为四类：一是必选课，二是选项必修课，三是任选课，四是通选课。体育代表队学生由教练根据学生参加比赛的情况给学生成绩。根据每年学校招生数量及学生历年选课人数统计，每学期的开课数量控制在230—250个班级左右；对开课项目进行宏观控制，逐年增加新项目。截止到2007年，本科生兴趣选项已从过去的16项发展到32项，增加了5门任选课、1门通选课、3个新项目的研究生课程，加上特色体育课项目，体育课共开设了43个项目52门课程，形成了必修课、选修课、通选课及研究生课程为一体的体育课程体系，最大限度地满足了学生选课需要和兴趣爱好。

本年度成功地申报了两部教材立项：《安全教育与自卫防身》《台球教学》。2007年北京大学批准分别由张锐老师和李德昌老师编写北京大学精品教材《女子防身》和《台球教学》。

"安全教育与自卫防身"获得北京大学精品课程。

本年度完成了太极拳、健美操、拓展课程的网络教材制作。游泳、乒乓球课程的网络教材正在制作中。

日常教学管理做到程序化、科学化、制度化。开学前教学教研室进行总体工作部署，打印本学期教学安排和计划下发到每位教师及教辅人员手中，使教师明确本学期安排和要求。在每学期末，将下学期的课表发放给每位教师。每学期初，针对学生选课中的问题进行答疑、解释和协调工作。此项工作持续时间一个月。每学期中后期，处理学生因病、事等原因无法正常完成学习任务，要求退课、缓考等事件。在网上发布各种通知，使教研部的相关政策和信息能得以及时传播，组织了5次近600人的游泳达标测试。暑期课程按计划进行。2007年暑期课程7月9日—22日按计划进行，王丽文、张亚谦、亓昕、马立军四位老师分别教授健美操、台球、瑜伽和游泳四门课程。完成教学评估文件的整理工作，通过教育部评估专家的本科教学评估。教育部本科教学评估专家于11月19日—23日在北京大学进行教学评估活动，19日上午评估专家组一行20余人，来到刚刚验收完的北京大学体育馆（2008北京奥运会乒乓球比赛馆）进行参观。北京大学校领导与体教部领导教师陪同参观。11月20日，教育部评估专家南开大学校长侯自新莅临体教部指导工作。侯自新听取了体教部主任郝光安的汇报，然后同体教部教师一起座谈交流，查看教学资料。侯校长对北京大学体育工作给予高度评价，他说北京大学的体育工作在硬件方面虽然不是最好的，但在软件方面是一流的，是全国高校学习的榜样。建全、规范了教学管理制度。建立了行政班子及教授定期听课制度。出台北京大学体育教研部实习生管理办法。设立青年教师教学基本功考察方案。出台体教部体育精品课程申报方案。利用假期提前修订并增补了选课手册的内容，充实体育展板资料，印制了选课手册4000册。修改了教学大纲，并印刷400本。

树立"大"体育观意识，推动课程内容的改革创新，促进学生素质全面发展。在原有合格、不合格二级登录的基础上，重点强化了注重学生学习过程，体现平时成绩、专项成绩、理论成绩，体质健康、课外活动融为一体的大体育观。把期末考试压力转化为平时学习的动力，引导学生注重平时的锻炼与学习，努力积累知识，起到了良好的教学效果。

促进教学施行教学评估现代化。改进完善教学评估体系。实施网上教学评估体系，不仅推动课程体系的完善，同时通过网上教学评估，以评促建，使教学效果有了较明显的提高。具体表现在教学中教师以学生为主体的教学方式，提高了学生的创造力和实践能力，同时在教学中也不断促使教师提高教学水平，保证了教学质量。

教师承担教学工作情况。2006年有50名在职教师和7名外聘教师从事体育教学工作。

2007年完成了实习生的实习指导工作，使教学实习工作更加正规与完善。本学年，我部有11名教师承担了北京体育大学运动系实习生的指导工作。

研究生工作。建立研究生体育课教务系统，开通了研究生网上选课，协调冲突，回答、解决研究生在选课和上课过程中所提出的各种问题，完成了研究生课表的录入及研究生期末成绩的登录。

2006年体教部获得硕士学位授予权，并于2007年顺利完成首届招生工作。在申报和落实具体培养与招生方案的同时，针对体教部具体情况，在硕士生培养方案的制订、硕士生课程及学分设置、硕士生网上教务系统建立等几个方面做了大量工作。

教师集体备课制度化。每学期安排几个项目进行备课，加强通识技能的学习与提高。要求每位教师要具备3个以上体育项目的教学能力。定期举办教学研讨会，聘请校内外专家授课。鼓励教师参加与本专业相关的高层次境内外的学习、交流、培训、科研活动，提高业务水平。

顾玉标获综合体育协会优秀教师奖。袁睿超获得北京大学优秀教学奖。

【体育代表队】3月18日，北京大学女篮在天津获得CUBA东北赛区亚军，并获得全国CUBA总决赛的决赛权。

厦门国际马拉松暨首届全国高校马拉松赛3月31日在厦门举

行。北京大学获得高校组团体第三名，刘欣获得女子第三名，成绩是2小时53分。白晔获得男子第七名。

迎奥运首都高校第45届学生田径运动会在北京邮电大学举行，北京大学获得7项第一。

"迎奥运2007年首都大学生羽毛球比赛"5月12日—13日在北京大学举行。北京大学获得三个项目的第一名。

6月9日，在"全国田径大奖赛暨世界田径锦标赛选拔赛"上，北京大学法学院学生邢衍安的110米栏以13秒54的成绩达到国际"A标"（属世界级选手），8月将赴日本大阪与刘翔一起代表中国参加世界田径锦标赛，并获得参加奥运会的资格。这不仅是北京大学高水平体育教育的历史性重大突破，也是全国高校高水平体育教育的突出代表，为北京大学赢得了荣誉。

6月16日，美国普林斯顿大学一行50余名运动员教练员来到北京大学，在北京大学五四田径场同以北京大学为主的北京大学生队进行了友谊比赛，比赛设33个项目，比赛结果北京大学生队获胜。

6月1日—7日，以北京大学体育教研部副主任刘铮为团长的北京大学女子篮球队一行17人，代表中国参加在以色列举行的五国女子篮球邀请赛。结果北京大学获得了第二名的好成绩。参加比赛的有5个队，他们分别是乌克兰队、波兰队、中国队、以色列一队、以色列二队。获得比赛第一名的是波兰队。

7月1日上午，在北京大学五四足球场举行"北京大学足球队接受北京万思达律师事务所赞助"仪式。在今后的三年内，北京万思达律师事务所每年向北京大学足球队赞助5万元人民币，北京大学足球队聘任北京万思达律师事务所所长王辉先生为北京大学足球队名誉领队。2007年，北京大学足球队在北京市足球甲级联赛中获得第三名。

由教育部、国家体育总局、共青团中央联合主办，广东省人民政府承办，中国大学生体育协会协办的中华人民共和国第八届大学生运动会于2007年7月16日至26日在广州大学城举行。北京大学有36名学生代表北京市代表团参加本届运动会，并228分夺回"校长杯"。

8月29日，北京大学法学院学生邢衍安第一次参加世锦赛，跻身大阪世锦赛男子110米栏半决赛，成为与世界级选手刘翔、史冬鹏一起进入半决赛的运动员。

10月11日—16日，中日田径交流赛在日本举行，在刘翔、史冬鹏没有参加的情况下，北京大学邢衍安获得110米栏第一名。

"黄金海岸"杯中国大学生沙滩排球锦标赛于8月29日在大连举行。来自全国各地的20余所高校参加了比赛。北京大学队获得了第八名。

9月1日，海峡两岸高校赛艇挑战赛暨北大清华赛艇邀请赛在厦门举行，北京大学赛艇队以一个艇身的优势，再次战胜清华大学。

11月9日，"全国第八届大学生运动会北京市代表团总结表彰会"在北京大学举行。北京大学副校长鞠传进与来自北京市教育委员会的领导及北京高校的近1000名同学参加会议。北京大学邢衍安同学荣获最佳运动员称号。

12月19日晚，北京大学2007年体育工作总结颁奖晚会隆重举行。许智宏校长出席了会议。

**【群众体育运动】** 北大勇夺第21届"京华杯"棋牌赛冠军。北大在此项赛事的历史战绩上以12：9暂时领先清华。北京大学党委副书记张彦、清华大学党委副书记陈旭出席了闭幕式并共同为北京大学代表队颁发了"京华杯"奖杯。"京华杯"棋类、桥牌友谊赛始于1987年，迄今已连续成功举办了21届，是两校之间的一项传统赛事，于每年4月第一个星期六举行。

4月21日上午，"'与奥运同行 扬北大风采'北京大学2007年运动会开幕式"在北京大学五四运动场隆重举行，来自全校47个院、系、所、中心的3000多名师生参加了开幕式。国际乒联主席沙拉拉先生来到会场，并发表热情洋溢的讲话。

第二届海峡两岸高尔夫邀请赛在台湾大学举行，北京大学获得冠军。

北大乒协代表队夺得第五届首都高校乒协邀请赛冠军。首都高校乒乓球协会邀请赛由北京大学、清华大学、中国人民大学等高校的乒乓球协会联合发起，至今已成功举办五届，旨在促进首都高校乒乓球爱好者之间的交流，达到以球会友、促进首都高校乒乓运动的发展的目的。

迎奥运2007年北京高校"宝矿力水特"杯羽毛球挑战赛于2007年6月24日在清华大学综合体育馆举行，北京大学获得四个项目的第一名。

10月21日，北京大学1000余人参加在奥林匹克体育中心举行的2007北京国际马拉松长跑活动。

京都念慈菴2007北京大学生业余足球冠军赛北京高校教工足球赛开幕式于2007年10月20日在北京大学五四运动场举行。本次比赛的组织委员会主任由北京大学副校长岳素兰担任，主办单位是北京大学生体育协会足球分会，承办单位是北京大学体育教研部和北京大学工会，协办单位是北京大学青少年俱乐部和北京新赛点体育策划有限公司。

2007年迎奥运首都高校游泳锦标赛于12月1日在北京育英学

校举行,来自北京的20余所高校参加了比赛。北京大学游泳协会有10名同学参加了比赛,获得团体第七名。北京大学政府管理学院的李雅文同学获得50米自由泳和50米蝶泳的冠军。

**【体育科研】** 1月举办每年一次的体育教研部科研论文报告会。董进霞教授做科研工作总结汇报,10多名老师报告了论文。论文的质量比往年有明显提高。

经国家社科基金学科评审组评审,全国哲学社会科学规划领导小组审批,我部教师董进霞教授申报的2007年度国家社会科学基金项目"中国女子体育项目发展状况研究"已获准立项。这是体教部首次获得国家社科基金项目的立项。此次立项为全面提升我部学术研究水平奠定了良好基础,并为我部全体教师在科研方面树立了良好榜样,同时也为北京大学体育科研方面争得了荣誉。

"2007年全国体育发展战略研讨会暨首届中国体育产业高层论坛"12月25—27日在新启用的北京大学博雅会议中心举行。来自国家体育总局的领导和全国各地与体育产业相关的高层官员参加了会议。国家体育总局局长刘鹏参加了开幕式,并发表重要讲话。北京大学校长许智宏、副校长岳素兰、党委副书记吴志攀参加了会议,北京大学经济学家厉以宁教授、经济学院院长刘伟教授、法学院院长朱苏力教授做了精彩报告。本次会议由国家体育总局和北京大学以及中国体育发展战略研究会联合主办,北京大学体育教研部、北京大学人文体育研究基地承办。

董进霞教授获得北美体育史学会"Max & Reet Howell奖",这是该学会首次将该奖授予北美以外国家的学者。董进霞教授在北美体育史学会年会做主题报告:"从缠足女人到世界冠军:当代世界中的全球体育和中国女性"。

体教部共有10篇论文入选2007年7月在广州举行的第八届全国大学生运动会科学论文报告会,取得了历届大运会以来北京大学参会的最好成绩。

2007年举办了两次学术沙龙活动,交流体育科研的方法、手段,探讨体育科研的动态和趋势。

获得学校5万元的资助,将出版北京论坛奥林匹克分论坛论文集和女性体育文化论文集。我部教师还在国内外学术杂志发表数篇文章(具体数字有待统计)。

**【后勤管理】** 游泳馆运行的密度较大,为了保证教学、训练和对师生开放,游泳馆实施了托管制度,托管以来,已经进行多次整修,本次整修是从4月28日开始的,5月7日完工。由托管公司出资约27万元,主要对更衣室的通风设备、淋浴设备、橱柜等进行了更新。地面又换了一种材质的防滑渗水面。接待服务台也做了改装,并增加了宣传板和提醒游泳者注意的标志牌。水质也更加清明透彻。

东操场整修完工,9月开学启用。新建的东操场在原来的一块煤渣与火山灰的南北向的田径场和一块土的南北向足球场的场地上,改修为现在的两块人造草坪的东西向的足球场,一块草坪投掷场地。

12月8日上午,北京大学体育馆落成典礼暨启用仪式隆重举行。落成典礼结束后,在场馆内举行了2007"奥运有我"北京大学教工乒乓球团体联赛决赛、北京大学方正乒乓球俱乐部队员表演赛和中国国家乒乓球队队员表演赛。

# 先进技术研究院

**【发展概况】** 先进技术研究院成立于2006年1月12日,是北京大学从事国防科学和应用科学技术研究与管理的实体机构。先进技术研究院着力于发挥北京大学多学科优势,紧密围绕国防科技和关系国计民生的应用科技的需求,整合并充分利用全校有关资源,通过建立更宽松、更有效的政策环境和更灵活的机制,进一步鼓励广大教职工积极争取、承担、参与国防科研和国家急需的大型应用类科研项目的研究工作,力争将先进技术研究院建成国内领先的先进技术发展战略研究基地、关键技术研发基地和军民两用高级人才培养基地,以及北京大学先进技术研发和推广的共享平台。

先进技术研究院机构设置情况:北京大学常务副校长林建华教授兼任先进技术研究院院长;白树林教授任常务副院长,邱建国任行政副院长,金玉丰、程承旗、金野任兼职副院长。先进技术研究院下设项目办公室、质量管理办公室、综合办公室等3个办公室,共有办公室职员4名。研究院设立指导委员会和科技委员会。指导委员会从宏观角度上指导学校和科技委员会的工作;科技委员会具体指导学校在先进技术领域的科研方向和工作。为了进一步做好科研项目的经费预算和决算等相关管理工作,2007年,学校财务部向先进技术研究院派驻会计1名。

**【资质建设工作】**(一)质量管理体系。2006年6月北京大学正式启动质量管理体系认证申请工作,成立了北京大学质量管理体系认证领导小组和工作小组。7月,先进技术研究院组织了质量管理体系内审员培训工作,召开了北京大学质量管理体系认证动员大会和标准宣贯培训会议,按质量管理体系要求编写了《质量手册》和《程序文件》。9月,先进技术研究院组织召开了质量管理体系文件发布会,北京大学质量体系开始试运行。截至2006年年底,先进技术研究院共组织完成了2次质量体系内部审核和1次管理评审。

2007年1月10—12日,北京大学顺利通过了新时代认证中心组织的质量管理体系现场审核。针对质量管理体系运行过程中的一些问题,2007年下半年先进技术研究院组织人员对体系文件进行了增补和修订。新增补和修订后的体系文件于2008年开始执行。(二)科研生产许可。2007年3月12日,北京大学召开科研生产许可认证动员会。此后,先进技术研究院组织了科研生产许可认证相关的安全、环保、消防、设备维护和保密等方面的培训,并于2007年6月18—20日通过了国防科工委组织的专家组现场审核。2007年9月29日,北京大学获得了国防科工委颁发的科研生产许可证书。

【科研基地建设工作】2006年,先进技术研究院整合学校相关科研力量,在充分调研的基础上,根据承担项目类型、人员队伍规模、学科特点,先后设立了13个研究中心,研究中心人员的人事关系仍隶属于其所在院系,科研项目具体由院系和课题项目组负责,先进技术研究院执行项目的校级管理职能。13个研究中心分别为核能与核技术研究中心、宽禁带半导体研究中心、卫星与无线通信研究中心、空天信息工程研究中心、卫星导航与遥感研究中心、冲击爆炸工程研究中心、新型原子钟与量子精密测量研究中心、空天智能系统研究中心、实用网格计算研究中心、先进材料研究中心、数据与知识工程研究中心、信息安全研究中心、水声技术研究中心。2006年起微米/纳米加工技术国家级重点实验室由先进技术研究院负责管理。

2007年先进技术研究院新增4个研究中心,分别是空间环境探测技术与分析研究中心、智能交通系统(ITS)研究中心、空天电波传播技术研究中心、先进信息获取与信息对抗技术研究中心。2007年北京大学新获批放射化学与辐射化学重点学科实验室。截至2007年底,先进技术研究院共设立17个研究中心,并负责1个国家级重点实验室和1个重点学科实验室的管理工作。

为规范先进技术研究院下属研究中心和外聘科研人员的管理工作,2006年先进技术研究院制定了《北京大学先进技术研究院下属研究中心管理暂行规定》和《北京大学先进技术研究院外聘科研人员管理暂行规定》。2007年进一步修订了这两项管理规定。

【科研项目与管理】为规范北京大学国防科研项目管理和加强国防项目经费管理工作,由先进技术研究院起草,经学校批准,于2006年9月印发了《北京大学国防项目管理办法》(校发〔2006〕191号)和《北京大学国防项目经费管理规定》(校发〔2006〕192号)。

2006年是"十一五"的开局之年,项目数量和经费增长较快,充分体现了北京大学在基础科研方面的实力。与2005年相比,项目数量增加50%,经费增长15%。北京大学1个项目获得教育部科技进步一等奖。信息科学技术学院1人获得2006年度总参谋部先进科技工作者称号。

2007年是"十一五"的第二年,也是北京大学相关科研项目增长较快的一年,无论是项目数量还是项目经费都有了大幅提高。2007年在研项目百余项。

2006年先进技术研究院邀请了多个上级部门的领导来学校访问,使得北京大学与上级管理部门建立了比较密切的联系。此外,还邀请有关部门专家举办了多次专项讲座,同时,与相关工业集团的联系也在不断加强。2007年,先进技术研究院邀请来访和到各单位交流数十次,通过交流,一方面使学校老师更加深入地了解科研需求,明确科研方向,另一方面先进技术研究院也与上级管理部门和工业集团建立了密切联系,充分展示了北京大学的科研实力,促成了项目立项与合作开展。

(钟灿涛)

# 药 学 院

【发展概况】 2007年药学院教职工总数194人,其中科学院院士2人、长江学者1人、杰出青年5人、新世纪(跨世纪)人才4人;具有博士学位的65人,具有硕士学位的45人;正高职称34人,副高职称42人,中级职称85人,初级职称18人。

2007年招收六年制学生100名、四年制本科学生37名,夜大学本科生188人,专科生151人;研究生72名(博士生47名、硕士生25名)、进站博士后4名;现有在校生2101名,其中研究生372名(博士生128名、硕士生58名、长学制转入二级学科186名)、六年制学生381名、四年制本科生153名。

在校博士后有16人。在职攻读学位人员45人。

【学科建设】 2007年药学院的学科建设与发展继续保持良好态势,重点学科和天然药物及仿生药物国家重点实验室的建设、获得的科研成果与奖励、发表的高水平学术论文等均取得好成绩。

在教育部对国家重点学科进行考核、评估、增补、认定工作中,药学院原有的三个重点学科:生药学、药物化学和药理学顺利通过评估。药学学科被认定为国家一级重点学科。

按照教育部有关文件及学校的要求,学院组织了二期"985"工程的中期检查,并完成了"创新药物与药学科技创新平台"建设阶段性总结报告。

2007年药学院进一步落实学科建设和发展规划,已初步形成了优秀的科研群体和团队,不断促进学科间的交叉与融合,基础研究水平和学科发展继续保持国内领先地位。

【科研工作】 2007年药学院获得国家自然科学基金18项,博士点基金4项,教育部新世纪人才项目1项,教育部培育项目1项,教育部留学回国启动基金1项,共计课题数25项,共获得经费783.7万元。在研课题67项。

药学院2007年共发表论文243篇(SCI收录133篇),会议发表论文72篇。国内论文121篇,其中核心期刊发表97篇,SCI收录13篇。国外论文122篇(第一完成单位均为药学院),全部为SCI收录的研究型文章116篇,4篇综述,2篇发表在新杂志上。共出版教材及著作等7部,其中专著4部,教材1部,编著2部。专利15项,其中申请8项,获得7项。"中药复杂体系成分分析及体内过程研究"项目获得2007年度高等学校科学技术奖自然科学类一等奖。

表6-30 2007年药学院获国家自然科学基金资助项目

| 课题名称 | 负责人 | 经费(万元) |
| --- | --- | --- |
| 生物活性小分子导向的多中心催化的串联催化反应研究 | 焦 宁 | 21 |
| 寡糖化合物的合成研究:方法及应用 | 叶新山 | 180 |
| 新型抗肿瘤药物蛋白酶体抑制剂的设计、合成及优化 | 徐 萍 | 28 |
| 螺环哌嗪季铵盐类化合物镇痛活性及构效关系的深入研究 | 王 欣 | 28 |
| 组织蛋白酶B敏感的二肽偶联PEG化肿瘤坏死因子的研究 | 戴传云 | 18 |
| 联合包载siRNA/阿霉素的抗耐药肿瘤靶向脂质体的研究 | 王坚成 | 18 |
| 灵芝三萜类成分的药物代谢产物及其药代动力学研究 | 郭晓宇 | 17 |
| 微生物转化模型辅助指导下的华蟾毒精大鼠体内代谢研究 | 马骁驰 | 17 |
| 新型20S肽类蛋白酶体抑制剂的设计、合成及构效关系 | 李润涛 | 35 |
| 中药豨莶免疫抑制活性成分二萜类化合物的结构修饰及活性研究 | 付宏征 | 8 |
| 抗老年痴呆药物β-分泌酶抑制剂的设计、合成及优化 | 雷小平 | 30 |
| 抗肿瘤干细胞脂质体的构建及其对肿瘤干细胞调节机制研究 | 吕万良 | 25 |
| "发夹式"可活化细胞穿透肽介导肿瘤细胞靶向给药系统研究 | 齐宪荣 | 34 |
| 对肿瘤组织具有程序杀伤作用的新型聚合物胶束 | 张 强 | 36 |
| 乳糖衍生物抗粘附新靶点的发现及其抗炎机制的研究 | 李中军 | 50 |
| 核苷酸及其模拟物对细胞钙信号传导过程的作用研究 | 张亮仁 | 70 |
| 氮杂糖类化合物的合成及其免疫抑制活性机制研究 | 叶新山 | 50 |
| 毛莨紫薇抗糖尿病活性成分研究 | 张庆英 | 8 |

表6-31 2007年药学院获教育部重大项目培养计划项目

| 项目名称 | 负责人 | 经费(万元) |
| --- | --- | --- |
| 对肿瘤组织具有程序杀伤作用的新型聚合物胶束给药系统 | 张 强 | 40万 |

【合作与交流】 2007年药学院对外合作与交流在稳步发展的基础上又有所创新。与美国康涅狄格大学建立姊妹学院的关系,与欧洲、美国的5个实验室建立了合作关系,派出7名教师进行合作、交流与研究工作。药学院出国参加各类学术交流、学术会议的教师24人。

【教学工作】 2007年11月18日—23日完成了教育部专家组对北京大学药学院本科教学工作的评估检查并顺利通过,促进了学院教学过程及教学管理的制度化、规范化。

在药学专业教学委员会指导下,对2007级药学长学制(六年制)及应用药学(四年制)教学计划进行了调整,调整后的教学计划适应长学制学生一年级去北京大学本部学习一年及回医学部后续课程学习的要求,因2007年医学部学生去北京大学本部学习的条件不具备,故2007年的学生还是在医学部完成去北京大学本部学习的教学计划。

药学院出版教材有王夔主编的《化学原理与无机化学》和吕以仙、李荣昌主编《医用基础化学》(第二版),其中《医用基础化学》(第二版)获北京市精品教材奖。

2007年8月药学实验教学中心被北京市教委评为"北京市高等

学校实验教学示范中心",2007年9月郭敏杰主持的"改革药学成人教育培养模式,适应我国职业药师资格制度的发展"获准中华医学会医学教育分会2007年度医学教育研究立项课题,2007年12月药学专业被教育部评为"高等学校特色专业建设点"。

2007年4月药化学科国家级继续医学教育基地顺利通过了每三年一次的重新评估审定工作,继续成为国家级继续医学教育基地。

王夑院士获北京市高等学校教学名师奖,张英涛获北京市师德标兵,李嘉伟获北京市教育创新标兵。

【研究生教育】 夏季答辩仍延续硕士生不盲评,博士生抽取1/3进行盲评的做法。2007年共有12名博士参加了盲评。2007年药学院获得奖学金的研究生36人。其中,获五四奖学金1人、医学部特等奖2人、优秀奖7人、中日医药奖2人、光华奖学金9人、东港制药奖学金12人、通用电气奖学金3人。硕士生获奖学金比例为11.3%,博士生获奖学金比例为20.4%。另外评出北京市三好学生1人、优秀干部1人、三好学生标兵2人、北京大学创新奖3人、三好学生18人、单项奖21人。硕士生获奖励比例为17.9%,博士生获奖比例为20.4%。

药学院接收在职申请学位人员15名,其中,在职申请硕士学位13人,在职申请博士学位2人。全年共有16名学员完成学业,通过了学位论文答辩。其中,在职博士1人。药学院面向社会招收的两期研究生课程进修班分别于3月和9月开课。

【党建工作】 2007年药学院在校党员344人,其中教工党员86人,离退休党员55人,本科生党员73人,研究生党员130人。全年发展新党员35人。

2007年药学院党委认真贯彻落实《北京普通高校党建和思想政治工作基本标准》,配合学校顺利完成了《北京普通高校党建和思想政治工作基本标准》的评估检查工作,使药学院两级党组织的党建和思想政治工作进一步制度化、标准化、规范化。创新性地开展党建工作,提出"党工共建和谐学院,和谐系、室"的工作目标。

(李晓菲)

## 公共卫生学院

【发展概况】 北京大学公共卫生学院现设有流行病学与卫生统计学、劳动卫生与环境卫生学、营养与食品卫生学、妇女与儿童青少年卫生学、毒理学、卫生政策与管理学、社会医学与健康教育等七个系及院中心仪器室和预防医学实验教学中心。公共卫生学院教职员工151人,其中正、副教授75人,博士研究生导师22人,硕士研究生导师33人。

2007年,学院教学、科研、学生工作收获颇丰。党委班子平稳换届过渡,工会"北京大学模范教工之家"通过验收,长学制教学改革初见成效,科研经费稳定增长,重点学科、重点实验室建设按部就班,学生实践工作成绩喜人。

【教学工作】 本科教学评估是公共卫生学院2007年教学中心任务。为了迎接本科教学评估工作,学院曾多次召开教学主任和教学秘书会、全院职工和学生大会,动员和自查,广泛听取大家对学院教学工作汇报的意见;各系和学院教办认真准备材料,组织自查和相互交流。学院为各系配备了文件柜和档案盒,规范统一存档材料内容。在自评、互评以及听取校外预评专家的意见和建议基础上,总结经验,查找不足,积极改进。评估期间教育部专家组成员听取学院的教学工作汇报,考察实验教学中心,听流行病学课程,调阅学院2007届本科毕业论文和教学质量控制有关材料。专家组对公共卫生学院的教学工作予以较高评价,希望今后学院能够充分利用良好的教学资源,为我国的公共卫生事业培养高质量的优秀人才。

2007年公共卫生学院招收预防医学专业新生60人,其中七年制29人,五年制31人。目前,预防医学专业共有7个年级,14个班,学生420人。2007年,学院将预防2002级长学制专业实习时间延长至9周,使学生对卫生监督和疾病控制机构的工作有更全面的了解。同时调整了学生实习考核指标和办法,提高考核的有效性和可行性。为了满足学生专业实习的需要,2007年新增加北京市疾病预防控制中心和青岛市卫生局卫生监督局2个教学科研基地,并开始接收长学制学生实习。医学部教学改革项目"以问题为中心的公共卫生综合教学"已在两个年级实施,课题增至5个,30多名教师参与指导,学生的学习成果已汇编成册在年级内交流。90%的同学在自我获取知识的技能、独立思考、创新意识、科研思路、解决实际问题的能力方面提高较大。70%以上同学认为写作和讲演技能、与他人沟通能力有较大提高。其他CMB及医学部的教改项目也在积极进行中。

2007年公共卫生学院共毕业博士研究生21人,硕士研究生20人(含留学生1人);博士后出站2人;在职硕士5人,MPH 31人完成学位论文答辩获得学位。2007年招收博士研究生21人,硕士研究生36人,博士后3人,公共卫生专业硕士79人。随着研究生的扩招,长学制培养进入二级学科以及MPH办学规模的扩大,研究生人数迅速增加,截至2007年9月,在读博士生93人,硕士生107人,博士后5人，在职申请博士学位3人，在职申请硕士学位19人，公共卫生专业硕士（MPH）146人，长学制进入二级学科99人，2007学年在读研究生达到467人。为改善教学条件，2007年公共卫生学院投资10余万元为各系配备笔记本电脑和投影仪，这是近年来学院首次对各系的教学设备提供较大力度的资金支持。学院还对卫1教等三个教室的教学多媒体设备进行改造，提高教学硬件水平。针对近年来导师队伍不断扩大，学院组织研究生导师进行研究生教育研讨。同时开展研究生导师培训，发放培训资格证书，规范研究生管理和培养。

重视教学管理质量，推动函授工作开展。公共卫生学院函授部卫生事业管理专业本科电大秋季招生工作在9月份完成，2006级招收新生28人。11月份完成2008级预防医学专业专升本的招生工作，招收了专升本生73人，学生将在2008年春季正式入学。现有预防医学专业专科19人，本科159人，电大卫生管理专业234人，学员总人数和去年持平。函授部重点抓本科生毕业课题实习和面授课出勤管理工作，特别是对毕业生的论文指导取得了较好效果，毕业生都顺利完成了论文答辩。在考试环节上实现了与海淀区电大合并考场，考试纪律方面有较大改观。2007年已完成继续教育课题：流行病与卫生统计学系李立明教授主持的"《流行病学》（第6版）教材师资培训班"；王红副教授主持的"中美跨学科遗传学研究培训班"；毒理学系郝卫东教授主持的"毒理学进展及新技术讲习班"；妇儿系陈晶琦教授主持的"预防儿童性侵犯教育研究技术与实践培训班"。2007年度，朱文丽、许雅君、崔爽等10人被评为北京大学医学部优秀教师。卫生政策与管理学系获得北京大学医学部教学优秀集体奖。郑迎东、杨健老师获得朱章赓青年教师奖。学院还从各教学基地的带教老师中评选出2007年优秀实习带教教师22名，并予以表彰。

【科研工作】 努力抓好学科建设，流行病学重点实验室通过教育部验收。2007年公共卫生学院儿少卫生与妇幼保健学被教育部批准为"国家重点'培育'学科"。这是教育部从申报重点学科中择优确定水平较高的学科作为国家重点学科的培育对象，予以重点扶持。通过多方努力，尤其是获得"985"项目二期经费的支持，2007年6月流行病学教育部重点实验室建设项目通过专家验收，9月通过教育部验收。重点实验室建设和管理使用步入正轨，为学院的科研发展做出新的贡献。2007年学院斥资改造动物室，建成了SPF级屏障饲养动物设施，获得了动物饲养合格证，已为学院许多实验的开展提供了便利条件。完成了实验教学科研中心二期建设装修改造并购置教学科研仪器，调整加强管理人员。

科研经费申请同比增长，科研成果稳步上升。2007年公共卫生学院加强对科研工作指导与宣传，各系参与申报各类科研项目的积极性日益提高并取得良好成绩。学院获国家自然科学基金5项，金额为136万；卫生部科研项目20项，金额320万；北京市科研项目5项，金额43.5万；国家部委科研项目18项，金额675万；国际合作项目16项，金额346.5万；中国疾病控制中心科研项目19项，金额387万；公司合作项目12项，金额479.5万；其他合作项目12项，金额244.5万，总计107项，金额约为2632万，比上一年度有很大提高。2007年学院在国外刊物发表论文37篇，其中SCI收录32篇。在全国刊物发表论文255篇，地方杂志发表论文1篇，总计293篇。出版论著4本，科普著作4本，教材8本，译著2本。营养学系李勇教授参加"十一五"科技攻关项目"辅助改善老年记忆功能食品的研究及产业化""功能性食品评价技术的研究"项目分别获得150万和100万元资助。流行病与卫生统计学系胡永华教授承担的"北京降压0号治疗原发性高血压疗效及安全性的综合评价"获得310万元资助。詹思延教授承担中国疾病控制中心"中国结核病防治规划抗结核病药品不良反应研究"获150万元资助。营养学系朱文丽副教授获教育部2007年度"新世纪优秀人才支持计划"50万资助。流行病学与卫生统计学系刘民教授课题"肢体残疾预防现状和对策研究报告"获"全国残疾人抽样调查国家课题"一等奖。她主持的"北京市残疾人现状流行病学调查与干预研究"获"第二次全国残疾人抽样调查优秀地方课题"三等奖。"流感疫苗接种的效果效益评价及策略研究"研究成果获中华预防医学会科学技术三等奖。

6月，公共卫生学院召开"科研教学表彰会"，表彰2006年度在科研项目、学术交流、科研处成果等方面成绩突出的单位、个人。并请财务处处长、科研处处长分别作财务管理、科研管理的学术报告。这已经是学院第三次重奖科研、教学先进代表，共表彰人员35人次，奖金十几万元，极大地促进科研工作开展。为进一步加强科研管理，提高科研水平，促进科研工作的开展，学院起草了科研管理办法。目前，科研管理办法征求意见稿正在完善中。

【对外交流】 公共卫生学院注重学术交流与对外合作。2007年学院邀请著名临床杂志《柳叶刀》执行总编威廉·萨玛斯克尔博士、英国《临床证据》主编戴维博士、美国环境保护专家，德国莱比西环境与流行病研究中心沃185克教授、澳大利亚南十字星大学环境科学与管理学院苏密斯·帕萨罗纳教授、美国约翰霍普金斯大学陈思宁博士、新加坡国立大学卫生管理林明健教授、新西兰奥克兰大学流行病学与卫生统计学教研室主任瑞得·杰克教授、台湾实践大学民生学院食品营养与保健生技学系主任黄惠宇教授、餐饮管理学系主任杨琼花教授、美国印第安纳大学应用医学系专家、美国国立癌症研究所蓝青博士、华盛顿大学卫生统计学周晓华教授、南加州大学从事大气污染健康危害的杜昆教授、密西根州立大学药理学和毒理学系雅坤教授、澳大利亚昆士兰理工大学的环境问题专家童世泸教授、台湾中山医学保健学会理事长李孟智教授等分别作学术报告。

2007年组织主办了两个大型的国际会议。5月,北京大学与环太平洋地区大学联盟联合举办的"大学教育在应对21世纪公共卫生挑战中的作用"国际研讨会,主题为"公共卫生人才培养、公共卫生知识的研究、影响公共卫生的政策与实践"。来自中国、美国、日本、澳大利亚等十几个国家和地区20多所大学校长、专家、卫生管理部门及世界卫生组织、国际红十字会、比尔·盖茨基金会等专家、学者60多人参加研讨会。

11月,北京大学与韩国教育财团联合举办的"北京论坛(2007)",北京大学公共卫生学院与人口所联合组织人口与公共卫生分论坛,主题是"人口发展的多元模式和健康保障"。讨论人口转变、健康转变和社会转型过程中的人口健康保障和公共政策问题,针对不同的人口发展态势和不同需求的重点人群提出关键问题和政策建议。14个国家和地区的54位在人口转变与人口政策、人口健康、公共卫生政策与管理、卫生经济、老年医学研究等方面具有世界级影响力的学者和专家作了精彩报告。

(周小平)

# 护理学院

【发展概况】 北京大学护理学院现设4个教研室(内外科护理学教研室、妇儿科护理学教研室、护理学基础教研室和护理学人文教研室)和3个办公室(党院办公室、教学办公室和学生办公室),全院在职教职工48人。35名教师中,教授2人、副教授8人、讲师22人、助教3人;博士4人、硕士23人、学士8人;硕士研究生导师8人。学院承担3个层次、10个轨道的教学任务,学生1739名,其中在校生830人,包括研究生18人,本科生196人,专科生616人。2007年是学院行政班子换届后的第一年,学院领导班子结合国际护理学发展趋势及我国"十一五"期间卫生事业发展纲要的内容,深化护理教学改革、积极探索学院未来的发展方向,提出了"构建以人的健康为中心的护理学教育"的办学宗旨,确定了"建设世界知名的护理学院,培养一流的护理专业和管理人才"的发展目标。

【教学改革】 3月28日成立北京大学护理学院第一届学术委员会和专家委员会,制定了《北京大学护理学院学术委员会章程》和《北京大学护理学院专家委员会章程》。

1月起护理学院全体教职员工积极准备迎接教育部本科教学工作水平评估。9月21日学院召开迎评动员大会,10月8日启动护理学院内部自评工作。在全体教师的积极努力下,护理学院在医学部组织的两次自评中成绩优异,表现突出,获得了学校的表扬。在2007年11月21日教育部本科教学工作水平正式评估中获得了专家的肯定与赞扬。

10月24日护理学院召开了"护理学本专科教育改革"研讨会,北京大学常务副校长、医学部常务副主任柯杨教授,医学部副主任王宪教授,医学部教育处王维民处长、蔡景一副处长及医学部招生办公室郑丽云主任应邀参加。会议提出:为了满足临床对应用型护理人才的需求,满足护理学科发展的需要,护理学院将对护理学本科教育进行调整,学制由原来的五年改为四年,并逐渐增加本科学生的培养规模,减少专科学生人数,为临床一线输送更多优秀的护理专业应用型人才;同时大力发展护理学研究生专业学位教育,重点培养学科型与应用型相结合的专科护理人才,满足临床护理实践对高层次护理人才的需要。

2007年护理学院全面启动新教学计划的设置工作,新的四年制本科教学计划和调整后的专科教学计划已通过护理专业委员会的论证。新教学计划突出以下特点:第一学年增加北京大学校本部的通识教育;专业课程设置中体现早期接触专业和临床的基础上早期接触社区;增加选修课程的比例,除了体现专业特色选修课外,针对就业形势,开设了就业指导课;课程设置的全过程中贯穿护理人文、社会科学知识与护理专业课程的结合;强调课程融合,使理论教学与临床教学结合;增加学生临床实践课程学时,强调对学生综合实践能力的培养。根据国家社区卫生服务的发展目标和相关政策,为了在社区护理人才培养中发挥更大的作用,学院整合现有资源,在前期社区护理教学和研究的基础上筹备建立社区护理教研室,以项目研究带动社区护理教学基地建设,继续深化社区护理课程改革,并在本科护理教学计划中增加社区护理实践内容。

2007年护理学院申报国家级继续教育项目6项。举办全国护理师资骨干培训班及"护理科研提高""人文护理新思维"短期培训班；与北京市医学教育协会合作完成"家庭护理"和"社区概念及常用技术"继续教育培训项目；全年接收师资进修学员20人。

**内外科护理学教研室** 护理学院调整本专科"内科护理学"的教学：①在本科中增加对新进展的文献报告；②调整传染病见习时间；③改革专科生"健康评估"课程的教学方法；④进行e-learning平台的建设；⑤进行《传染病病人的护理》教学片、《身体评估》教学片的拍摄工作。

**妇儿科护理学教研室** 护理学院在妇产科教学中巩固让同学先见习后授课的教学方法，使同学在有感性认识的基础上，更容易理解和学习授课内容；儿科护理学在临床见习安排上进行适当调整，新的教学见习安排加强了同学之间相互交流，提高学生的学习效果；继续采用导师小组的方法指导研究生工作；青年教师参加临床实践，开拓思路，提高教学水平。

**护理学基础教研室** 护理学院实践教学中规范开放实验室制度；编写社区护理教材及技术，同时完成配套的技术音像教材的拍摄；进行护理科研教学改革，增加科研实践训练的内容，改革考试模式，重点提高学生护理科研的实践能力；完成《现代护理新概念与相关理论》北京市精品教材的申报工作；协助北京市卫生局完成"北京市三级、二级医院合同护士调研"、"护理院设置规划"报告；继续进行老年痴呆患者照顾者的护理干预项目研究；开展社区老年慢性病患者健康行为干预；参与完成2项北京市首发基金的申请工作和3项学院科研启动基金的申报。

**护理学人文教研室** 护理学院进行护理与法律、护理美学、护理礼仪的课程教学大纲与考核方法的修订；开展PBL教学模式；通过课堂辩论、小组互助学习、观赏教学影片、讨论和案例分析，提高学生的人文素质和运用知识的能力；开展集体备课、试讲，使人文课程的内容与培养护理学生的法律、伦理、美学、沟通等人文素质的教学目标相契合；采用导师小组方式指导研究生活动；举办全国"人文、社会新思维"学习班；主编《护理伦理学》；承担的"护理教育"课程获得北京大学医学部精品课程。

【科研工作】 充分利用国内外的各种合作渠道和资源，开拓护理研究领域。

2007年，护理学院的"社区护理师资培训项目"获得了中华医学基金会(CMB)的资金支持，该项目将通过研究和实践，探索科学合理的社区护理师资培训模式，初步建立社区护理人才培养的师资队伍和培训基地，开发针对社区护士继续教育需求的社区护理师资队伍培训方案和评价体系。

护理学院参与北京市卫生区域规划项目，主持完成了"护理院设置规划"研究。

与学院教育教学改革相呼应，护理学院主动参与北京市社区卫生服务发展项目，发挥学院的优势，合理利用社区资源，护理学院与北京市西城区德外医院的"社区护士常见慢病健康教育规范化方案研究"、与北京市中关村医院的"社区护士实践教学示范基地的研究"两个项目获得2007年度首都医学发展科研基金重点支持项目资助。

2007年护理学院有国际合作项目2项、国内横向合作项目3项、教育部项目2项、校级项目6项、学院项目5项。全年在医学类核心期刊上发表论文64篇；主编各类教材11部。邹恂教授主编的《现代护理新概念与相关理论》获2007年北京市精品教材。7月6日颁发《北京大学护理学院科研启动基金管理暂行办法》，设立并启动护理学院科研启动基金，12项申报课题中的5项获得2007年学院科研启动基金项目资助。

表6-32 2007年护理学院主要科研项目

| 项目类别 | 项目名称 | 合作单位 | 科研经费(万元) | 经费来源 | 项目负责人 |
| --- | --- | --- | --- | --- | --- |
| 国际合作项目 | 社区护理师资培训项目 | | 17.5(美元) | 中华医学基金会CMB | 段丽萍 |
| | 中日痴呆健康教育课程开发及实施之文化比较 | 日本千叶大学 | 0.4 | 日本千叶大学COE基金 | 周宇彤 |
| 教育部项目 | 从自我发展的观点护理脑卒中患者之效果 | | 3 | 教育部留学回国人员启动基金 | 周宇彤 |
| | 护理干预提高痴呆患者及其照顾者生活质量的研究 | | 20 | 教育部 | 尚少梅 |
| 国内合作项目 | 护理院设置规划 | 北京卫生局、北京市社区卫生服务管理中心 | 2 | 北京市社区卫生服务管理中心 | 尚少梅 |
| | 社区护士常见慢病健康教育规范化方案研究 | 北京市西城区德外医院 | 30 | 首都医学发展科研基金 | 张跃红 尚少梅 |
| | 社区护士实践教学示范基地的研究 | 北京市中关村医院 | 30 | 首都医学发展科研基金 | 杨少琴 尚少梅 |

续表

| 项目类别 | 项目名称 | 合作单位 | 科研经费(万元) | 经费来源 | 项目负责人 |
|---|---|---|---|---|---|
| 校级项目 | 护理干预在提高癌症生存者压力应对能力和生存质量中的作用 | | 10 | "985"项目 | 张彦虎 |
| | 以问题为中心的教学方法对促进评判性思维能力的效果分析 | | 3 | 医学部 | 孙宏玉 |
| | 护理专业学生专业态度及其相关因素研究 | | 0.5 | 医学部 | 孙玉梅 |
| | 护理专业双语教学的探索与实践 | | 0.5 | 医学部 | 郑修霞 |
| | 护理学研究生教育设置专业学位的调查研究 | | 0.5 | 医学部 | 孙宏玉 |
| | 护理学专业研究生就业情况的调查分析 | | 0.3 | 医学部 | 陆虹 |
| 学院项目 | 家庭弹性模式在产后家庭护理中的验证与探讨 | | 0.5 | 护理学院 | 陆虹 |
| | 痴呆患者早期就诊影响因素的研究 | | 0.5 | 护理学院 | 王志稳 |
| | 临床护理人员遭受工作场所暴力与心理创伤的调查研究 | | 0.3 | 护理学院 | 官锐园 |
| | 社区老年人认知功能减退特征及影响因素的多维纵向研究 | | 0.3 | 护理学院 | 李湘萍 |
| | 围绝经期妇女骨质疏松症的"知信行"研究 | | 0.3 | 护理学院 | 吴雪 |

表6-33  2007年护理学院教材编写情况

| 论著名称 | 出版社 | 备注 |
|---|---|---|
| 社区护理学导论 | 北京大学医学出版社 | 主编 |
| 社区护理研究 | 北京大学医学出版社 | 主编 |
| 社区护士岗位培训视听教材 | 卫生部全科医学培训中心 好医生医学教育中心 | 主编 |
| 妇产科护理学 | 北京大学医学出版社 | 主编 |
| 妇产科护理学 | 人民卫生出版社 | 主编 |
| 完全图解——现代照护 | 科学出版社 | 副主编 |
| 外科护理学习题集 | 中国中医药出版社 | 主编 |
| 外科护理学 | 中央广播电视大学出版社 | 主编 |
| 2008护理学专业(执业护士含护士)资格考试应试指导 | 北京大学医学出版社 | 主编 |
| 2008护理学专业(执业护士含护士)资格考试习题集 | 北京大学医学出版社 | 主编 |
| 2008护理学专业(护师)资格考试习题集 | 北京大学医学出版社 | 主编 |

【对外交流】 护理学院继续加强对外国际合作,在与美国CMB的合作中抓住契机,根据国家社区卫生发展的需要,明确学院学科发展的方向,有的放矢建立合作关系;同时与HOPE基金会达成在专科护士培养、博士课程建设、共同举办国际护理学术会议等方面的合作意向。为进一步促进护理专业领域的发展、拓展学生的交流领域,与挪威Oslo大学护理学院续签了继续交流与合作的协议;与日本千叶大学看护学部签署了科研合作、教师交流合作协议;与澳大利亚ACU大学合作。学院全年接待美国、新西兰、澳大利亚、日本、泰国、挪威、丹麦等国家和香港地区共20批55人次交流访问。聘

请国外专家举办的质性研究"K-J法"学习班、评判性思维讲座和护士角色讲座,共有130人次参加学术交流活动。同时护理学院也有9批、15人次参加在日本、韩国、挪威和澳大利亚等国家和香港地区的国际护理学术会议或交流活动。

【学生工作】 护理学院以培养和造就一流的护理专业和管理人才为目标,采用多渠道、多形式加强学生的专业思想教育和职业素质培养。将学生的"职业生涯教育"纳入一系列的主题活动中,教育中突出专业特点,体现全人、全员和全程教育。2007年5月9日,护理学院在会议中心为即将进入临床学习的学生举行了新护士授帽仪式。263名学生接受了来自各临床学院老师的授帽,并接过老师手中的蜡烛,在南丁格尔像前庄严宣誓,决心为振兴护理事业奋斗终生。同学们的专业思想在神圣的时刻再次得到了升华。在新生中开展"入学教育"和"职业生涯教育",邀请在临床一线工作并做出突出成绩的护理学院毕业生,为236名新生举办"感悟护理价值"报告会;在新生班与老生班之间组成联谊班,开展"同伴教育",使其早期了解专业,建立专业感情;开展"我与北医同成长""我心目中的名医名师""诚实守信""我和集体同成长""关爱健康、关爱生命;感恩回报、志愿服务"主题教育活动;"学习十七大,我为党旗增光辉"主题党(团)日活动;开展"和谐社会我贡献"班级大讨论;暑期组织27名同学前往河北易县狼牙社会实践,为易县寨子村的村民进行"高血压知识"宣传与教育;在毕业班增设"就业指导及专业发展培训课程"。护理学院学生社会实践团获2007年"医学部优秀社会实践团"称号,2人获医学部优秀个人称号,1人获"北京大学暑期社会实践先进个人"。

【社会服务】 3月1日,教育部成立了高等学校护理专业教学指导委员会,北京大学护理学院作为教育部高等学校护理专业教学指导委员会主任单位,在推动学科专业建设中起到重要作用。2007年8月30日护理学院受北京市卫生局委托承担北京市七所三级甲等医院"卫生部护理技能竞赛"工作;受北京市卫生局全科医学工程办公室的委托,于12月22日、23日承担北京市社区护士操作考试的主考工作;受卫生部科教司和卫生部全科医学培训中心的委托承担《社区护士岗位培训》教材和音像教材的编写和录制工作;受国家医学考试中心的委托承担"社区卫生人员岗位培训考核"和"护士执业考试"的相关工作;承担4月和10月北京市高等教育自学考试护理专业的命题、阅卷及专升本学生的论文辅导与答辩工作。

表6-34 2007年护理学院获奖情况

| 项目 | 来源 | 获奖者 |
|---|---|---|
| 教育创新标兵 | 北京市教育工会 | 段丽萍 |
| 社会主义荣辱观道德楷模征文 | 北京市委教育工委、中国教育报 | 护理本科2004级田军(三等奖) |
| 优秀教师 | 北京大学医学部 | 郑修霞、孙玉梅、任国华、王志稳 |
| 优秀党务和思想政治工作者 | 北京大学医学部 | 张继英 |
| 优秀党务和思想政治工作先进集体 | 北京大学医学部 | 护理学院党总支 |
| 党建理论研讨会征文 | 北京大学医学部 | 高菲菲(一等奖)、魏乾伟、房爱萍(二等奖) |
| 优秀党日活动 | 北京大学医学部 | 学生党支部 |
| 先进工会委员会 | 北京大学医学部工会 | 护理学院工会 |
| 先进教工之家 | 北京大学 | 护理学院 |
| 精品活动 | 北京大学医学部工会 | 护理学院工会 |
| 模范工会小组 | 北京大学医学部工会 | 行政工会小组 |
| 模范工会主席 | 北京大学工会 | 侯淑肖 |
| 优秀工会工作者 | 北京大学医学部工会 | 任国华 |
| 优秀工会积极分子 | 北京大学工会 | 李娟 |
| 优秀工会积极分子 | 北京大学医学部工会 | 陈敬东 |
| 首都文明职工 | 北京市总工会 | 张进瑜 |
| 演讲比赛 | 北京大学医学部工会 | 吴雪(二等奖) |
| "白衣巧手"手工艺品展 | 北京大学医学部工会 | 梁爽(三等奖) |
| 优秀调研课题 | 北京大学医学部工会 | 侯淑肖(三等奖) |

# 第一临床医学院
（北京大学第一医院）

**【发展概况】** 北京大学第一医院职工 3020 人（其中医护技人员 2136 人），执业医师 662 人，注册护士 1213 人，药师/士 121 人，其他卫生技术人员 17 人。中国工程院院士 1 人（郭应禄）。临床科室 36 个，床位数 1368 张，医技科室 17 个；研究机构：设有 6 个研究所、18 个中心。

**【医疗工作】** 接待门诊 1377208 人次，日平均 3773 人次；急诊 138630 人次，日平均 379.8 人次；手术 17209 人次；急诊抢救 4756 人次，急诊抢救成功率 94.95%；病床使用率 97.34%，入院 38432 人次，出院 38374 人次；床位周转次数 25.70；平均住院日 13.49 天。

组织会诊 1000 余次；参加医疗事故鉴定次数 41 次；接受卫生部保健局任务，外派医疗队上会 14 次，派出人员 61 人；组织院内外继续教育讲座 50 余次，参加人员达 7000 人次；组织 70 次医疗周会；接受进修医师 3000 余人。

为配合卫生部"医院管理年"和北京市"创建人民满意医院"的活动，第一医院在质量控制关键点上下工夫。

加强依法执业管理，完成《医疗机构放射诊疗许可证》等校验、登记、更换工作；办理执业医师注册证书 128 人次。共制订、修订医疗管理规章制度 41 项。按照卫生局精神开展社区卫生对口支援工作，成立了相应的组织机构，制订了工作细则、应急预案、工作流程，按照实施细则开展工作，定期召开协调会，并随时解决工作出现的问题；参加卫生局社区对口支援考核细则的制订；安排社区对口支援卫生服务出诊 270 人次。制订卫生支农年度工作计划并撰写半年度、年度工作总结上交卫生局；外派医师赴密云县医院卫生支农、负责健康快车赴西藏各项具体工作的落实，外派青年医师下基层锻炼 27 人次。制订奥运定点医院工作制度、工作流程；协助场馆经理完成测试赛任务；安排奥运工作中各项医疗工作的具体落实；组织全体场馆人员进行培训。接待各级各类重大检查 20 次。

制订年度重点传染病培训计划，修订 3 项传染病管理制度，完成了传染病漏报监测工作，定期到科室检查传染病漏报情况。第一医院完成 8 次重点传染病知识及传染病上报工作培训，接受上级主管部门培训 3 次，接待上级主管部门传染病检查 3 次。每月将医疗器械使用情况上报北京市药监局。上报一例器械不良事件。参加相关培训及接待上级部门检查工作。

加强医疗质量控制。改变以往培训方式，针对各个临床科室存在的病历缺陷问题进行有针对性的培训。第一医院建立医院一级医疗病历质量监控体系。完成对科室病历质控员的选拔、聘用和规范化培训的工作。严格执行门诊病历书写规范、处方管理制度，杜绝大处方，降低药价比例。全年共查处方 10239 张，病历 636 份，定期在医院信息报展示和全院讲评。召开医疗质量管理委员会会议 2 次；病案管理委员会会议 2 次；输血管理委员会会议 2 次；放射防护管理委员会会议 2 次；药事管理委员会会议 4 次。继续完善专家出诊率考核工作，严格停诊审批，每月将各科停诊情况、出诊情况反馈各科，专家出诊率上报医院管理办公室与科室绩效挂钩。

合理利用有限资源，改善门诊服务流程工作。简化服务流程，本年度逐步实现了门诊二至四层的划价收费一体，极大方便了患者。大门诊电脑挂号系统实施，本年度大门诊取消了手工挂号，开展电脑挂号。为了保证系统的顺利运行，多次召开多科室协调会。实行电脑挂号后，可以不分窗口进行挂号，充分发挥了有限的人力和空间的作用，同时医院可以随时了解各科及每位医生的挂号情况，统计各种数据，进行分析，指导门诊管理工作。拓展不同形式的预约挂号服务，既方便患者又充分合理分流患者，缩短非诊疗时间，改善门诊就医环境。今后将扩大预约范围，增加专家号的数量和专家数量以及专业号。目前我院预约挂号量比例约为 3%。门诊信息化建设，全院各门诊均建立了就诊卡，方便患者就医，加强了医院的财务管理，杜绝假处方领药；部分门诊医生工作站的开展提高了药品通用名的使用率，杜绝药品使用中的差错发生，也可以杜绝大处方、配伍禁忌等，同时为实现划收一体提供便利，缩短患者等候时间。

**【护理工作】** 以"三从"作为创新护理服务工作的切入点。从清晨的第一声问候开始，要求护士以良好的态度、礼貌性的语言对待病人和同事；从早晨交班开始，要求护士以饱满的精神面貌、端庄的仪表、优雅的站姿和坐姿进入工作状态；从病人的第一次提问开始，严格执行首问负责制，要求护士对病人提出的问题不推诿，给予圆满的答复和解决。第一医院护理部向全院护士发出了"向身边榜样韩祥云护士长学习，人人争做护理服务之星"的号召。全院护士以韩祥云护士长为榜样，以真情对待病人，以精湛的技术服务病人，各病房涌现出了许多"护理服务之星""病人最满意的护士"。

为了更好地服务奥运，第一医院护理部制订了奥运服务《门诊工作流程》及《急诊工作流程》，选派 20 名护士参加北京奥体中心体育场"现代五项运动"、北京理工大学体育馆排球比赛活动的现场志愿者服务，选派66名护士参加"迎奥运急诊护士人才"的培训。

护理科研工作：本年度共有33项护理课题立项，目前部分课题已完成，部分课题正在完成中。本年度在各类杂志上发表护理论文84篇，其中在"中国科技论文统计源期刊上"发论文51篇。

【教学工作】 深化教学改革，完善OSBL-PBL教学模式：在2005、2006年基础之上，完成建立"以器官系统为主线教学框架下PBL带教"（OSBL-PBL）教学模式，其联合备课、大课、见习、轮转、联合病例讨论、递进式PBL带教已经成为规范化教学内容，新增加了躯体病精神病学内容，并初步做编撰配套教材的准备。教学改革课题，完成7项医学部教学改革立项的中期总结。新申报国家级课题1项，承担北京市课题1项。顺利完成"2007年全国高校本科教学水平评估"，我院的教学理念、教学模式、教学成果、教学经验和教学设施获评估专家的赞赏和好评。

新入院研究生147人，住院医师69人，进修医师753人。2007年教师节，医院首次评选北京大学医学部优秀导师，评选出五名优秀博士生导师：郭应禄院士、吴希如教授、王海燕教授、朱学骏教授、杜军保教授。

【科研工作】 2007年度第一医院科研工作继续保持良好势头。据中国科技信息研究所11月份公布的2006年科技论文统计的各项结果，第一医院共得到5项奖励，包括2006年度医疗机构SCI收录论文数第3名（论文数95篇、收录总数110篇）、国内论文被引用次数第3名（被引3119次）、MEDLINE收录论文数第6名（202篇）、国内论文数第17名（783篇）等。全院共获科研基金2784.8万元。

2007年第一医院获得"十一五"国家科技支撑计划项目、国家、部委、北京及横向科研基金总数111项，获科研总经费3176.23万元。

第一医院在研课题176项，其中国家、部委、市级课题132项，校级课题8项，院级课题36项。进展执行项目84项，其中国家、部委、市级课题83项，校级1项。结题项目92项，其中国家、部委、市级课题49项，校、院级课题43项。

本年度第一医院组织申报各类奖项10项，获批准2项（已公示1项、颁奖1项）。其中教育部高等学校科学技术奖科技进步一等奖1项（已公示）；宋庆龄儿科医学奖1项（已获批）。组织通信评议2项次，成果登记3项。

本年度第一医院发表论文1223篇，出版书籍16部。被SCI收录论文共158篇（截止到2007年11月30日）。其中论著97篇，综述1篇，其他9篇，会议摘要51篇。国内论文被引用次数排名第3位，被引用次数：3119。

【学术交流】 2007年度第一医院接待来自16个国家和地区的专家学者来访24批共计102人次，来访形式包括：学术交流、参观访问、手术演示、举办研讨会或学习班、洽谈合作、受聘客座教授等。参加国际学术会议318人次，含被邀请讲学、做大会及分会报告等。

【医德医风建设】 2007年度第一医院继续加强党风廉政建设，建立保持共产党员先进性的长效机制。坚持从严治党的方针，按照"党委统一领导，党政齐抓共管，纪委组织协调，部门各负其责，依靠群众的支持和参与"的领导体制和工作格局，在2006年开展治理医药购销领域商业贿赂工作的基础上，第一医院继续深入开展反腐倡廉工作，将治贿工作与精神文明建设紧密结合起来。在治理商业贿赂，建立长效机制工作中，同时也推动了党风廉政建设相关制度的修订，第一医院共制订、修订、整理相关的规章制度76项，涵盖九个方面，重新编写了《党风廉政制度汇编》，并将制度汇编的内容纳入第一医院规章制度总编内容之中。

【后勤基建】 内科病房楼工程情况。2007年4月22日北京市结构长城杯验收小组对内科楼工程进行了检查并顺利通过验收。2007年5月16日，内科楼工程结构封顶。目前已经进入全面精装施工阶段。2006年、2007年内科楼共安排国家预算拨款17067万元，截至11月30日，实际支出8605.00万元；甲供设备及工程招投标项目截至11月底完成金额1918.86万元。

地下通道工程情况。2007年3月27日取得地下通道工程的规划许可证，确定通道宽度4米，长度503米，批复投资3439万元。目前已完成地下通道工程施工图的审查工作及招投标工作。截至11月30日，共支出投资143万元。

门诊楼工程情况。2007年1月完成地质勘探报告，2月门诊楼工程可行性研究报告经卫生部审查后正式报国家发改委社会司，8月初评审中心完成评审报告并上报，目前国家发改委投资司正在审批之中。门诊楼工程已经完成设计和地质勘探工程的招标工作，监理和施工总承包单位的招标已经完成资格预审。

【获奖情况】 2007年3月，第一医院荣获北京市人事局、北京市卫生局颁发的"2006年度北京卫生系统先进集体"称号。2007年度还获得首都精神文明建设委员会颁发的"首都精神文明单位"；民政部颁发的"全国'残疾孤儿手术康复明天计划'先进集体"；北京市西城区人民政府残疾人工作委员会颁发的"北京市西城区按比例安排残疾人就业工作（2006年度）先进单位"等近十项全国、北京市的荣誉。

# 第二临床医学院（北京大学人民医院）

【发展概况】 2007年在编职工总数2396人，其中医教系列人员696人，研究系列人员38人，护理系列人员878人，医技系列人员285人，药剂系列人员85人，检验系列人员56人，管理系列人员106人，工人164人，其他人员88人。

3月，将涉及心血管系统疾病的相关科室（心内科、心外科、高血压科、CCU、血管外科）联合组成心脏中心，该中心的建立既整合了资源，对科室、医院整体全面的发展大有益处，同时也大大方便了患者。医院还新增设了以耳鼻喉科和神经内科为中心的头晕联合专业门诊。已获准成立医学美容科和医疗疼痛科两个科室。

【管理改革】 1.大力倡导院务公开，激发职工工作热情。

2007年，继续本着"公开是原则，不公开是例外"的精神，积极推行院务公开，采取了一系列院务公开的措施，通过对内公开（如：发挥双代会和工会的监督作用，召开院务会、院周会、院长集体办公会、行政办公会，举办各类座谈会，开设院长书记信箱，成立各种咨询决策委员会，改造医院信息系统，发放职工调查问卷等）和对外公开（如：电子触摸屏、院报、网络、投诉电话、院长接待日、信访、社会监督员等）的形式，促进了决策的民主化、科学化、程序化、透明化，激发了广大干部职工的热情和积极性，建立了一整套科学合理的、可操作的院务公开长效机制。此项工作得到了卫生部、北京市卫生局和全国多家医院的肯定。北京市卫生局已于2007年11月12日向全市卫生系统下发了《关于印发北京大学人民医院实行院务公开工作经验材料的通知（京卫工字【2007】17号）》，全文印发了人民医院以"公开是原则，不公开是例外"为题的院务公开工作报告，以推广医院院务公开经验。

2.主持设计医疗卫生服务共同体，探索社区健康管理新模式。

2007年9月25日，由人民医院主持设计的"北京市西城区医疗卫生服务共同体"在医院正式启动。针对严重威胁广大人民群众健康的慢性疾病（如：高血压、冠心病、脑卒中、糖尿病、慢性阻塞性肺部疾病等），建立由医院12类疾病专家与社区全科医生共同组成的以慢病为中心的疾病管理团队，在统一的接诊程序、统一的检验质控、统一的诊断标准、统一的治疗原则、统一的慢病管理方案以及统一的康复计划下，在让广大慢性病患者在社区就可以得到全面、系统、规范的治疗和康复服务的同时，也逐步将社区医疗卫生服务水平提高到大医院的标准上来，让社区居民小病、慢病到社区就医，来最终改变居民传统的就医模式，缓解大医院就医难的问题。该项工作得到国家发展与改革委员会、卫生部、教育部、北京市卫生局、北京市科委等相关部门的肯定和社会的广泛关注，中央电视台"新闻联播""东方时空'十七大'特别报道""北京新闻"等栏目以及《健康报》等多家媒体给予了报道。

3.全面启动文明服务缺陷管理，大幅度提升服务质量。

为了创建医院文明服务新型模式，提高投诉接待及受理的效率，2007年7月2日，人民医院党委在中国共产党建党80周年之际，在全院全面启动了"北京大学人民医院文明服务缺陷管理"的活动，建立了融网络、电话语音、手机短信、触摸屏、信访、上访、意见箱为一体的综合投诉渠道。医院设立专门工作人员对每日投诉与表扬信息进行汇总，核实内容，并及时与患者沟通和反馈，大大缩短了以往靠信件、意见表处理问题的时间。同时人民医院还征集并制订了体现本科室、本部门服务特色的文明用语和服务忌语，作为评价本科室、本部门工作人员文明服务行为的最基本标准。做到对患者及本院职工的投诉和建议给予及时回复并在充分调研的基础上进行积极整改，自文明服务缺陷管理系统启动到2007年12月底，医院共收到有效信息507条，其中包括投诉362条，建议42条，表扬103条，已解决问题410条。医院根据患者提出的意见和建议制定整改措施39项，极大地方便了患者。这种快速有效地解决问题的方法，让医院及时地发现问题，并能及时解决问题，从硬件和软件上不断提高服务水平，得到了广大患者的称赞，不仅有利于完善医院的各项服务质量，同时还有效地提高了患者的满意度。此项活动开展以来，吸引了多家医院来院参观和借鉴。

为加强社会对医院的监督，人民医院特意邀请54名首都社会各界人士担当社会监督员，广泛听取社会的要求和呼声，加强与社会的沟通，真正把为患者服务的各项措施落到实处，不断向"进一步和谐医患关系、不断强化医德医风建设、提高医疗质量和服务水平"的目标迈进。

4.警院共创平安医院新模式，营造和谐就医氛围。

为营造良好的医疗环境，树立良好的医患关系，2007年5月人民医院与北京市公安局西城分局联合成立首都第一家医院内警务工作站，创建"平安医院"的新模式。首先，形成了三位一体的治安防范体系，每天有四名警察、保卫干部与保安人员共同开展安全防范工作，对不法分子起到了巨大的震慑作用。其次，形成了警务人员与保卫人员合二为一的治安组织结构。警务工作站成立半年来，治安环境大为改善，打击行窃、医托、号贩子、医闹工作成绩显著，与2006年同期相比，人民医院被盗案件发案率下降90%，丢失发案率下降50%。既为患者提供了安全的就医环境，有效地降低了患者财物丢失等发案率，同时也为医护人员从业提供了正常安全保障。

【医疗工作】 以"医疗质量持续改进工程"为核心，通过调整结构、优化资源、完善质控，使2007年医疗工作又创历史新高，门诊量140余万人次，急诊量近13.4万人次，年入院总人数36033人次，出院总人数35872人次，床位周转次数29.9次/年，床位使用率100%，平均住院日12.2天，全年手术21485人次。

启动医疗质量持续改进工程，完善医疗不良事件的评估及医疗风险防范体系，完善了医院抢救大队，规范了孕产妇抢救流程，修订了"北京大学人民医院会诊制度"，并加强放射安全和输血安全的管理。

完成新技术申报11项，其中4项已获得批准。此外，病案管理中，甲级病历率54.31%；医院感染管理中，医院感染率2.55%。

根据临床的需要，专门制作了《医院感染管理工作登记本》，便于临床记录、保存和管理，受到欢迎。启用手术室围术期抗生素基数库系统，解决了手术科室围术期用药由病房带入手术室所引发的不安全的问题。北京市医院感染管理质量控制和改进中心顺利通过评审。

2007年人民医院的医保工作的重点放在了宣传医保政策，提升自身服务水平，确保医保工作的正常进行。人民医院新制定规章制度和文件16件，修订4件。通过在医院的网页上、院报上刊登医保动态和知识问答，扩大了医保知识宣传范围。2007年新增代管医疗机构5家。2007年1月至11月，共审核门诊特殊病病历8153人次，较2006年增长14.21%，圆满完成了医保A类定点医院的指控要求。

全年共举办各种咨询讲座活动58次，义诊4次，举办健康讲堂46次，有29个科室125名医师参加支援社区并承担慢病讲座工作。

2007年春节期间开展了"迎奥运、送健康、献爱心、人民医院为人民——北京大学人民医院为奥运工程春节在岗农民工义务查体大型活动"，全体职工放弃休息，为春节期间仍奋战在奥运场馆工地上的千名农民工义务查体和咨询，普查健康，引起了社会极大的反响，受到了上级领导和农民工的高度赞扬。3月20日，人民医院启动了"北京大学人民医院胡大一爱心工程"，为来自我国贫困山区的数十名先天性心脏病患儿完成手术矫正治疗，让孩子们终于成了正常人。2007年还圆满完成支援"健康快车"的第五次医疗任务，成为完成白内障手术最多的医院，为广大"老、少、边、贫"地区的白内障患者送去光明。

8月，人民医院8名医疗专家赴内蒙古兴安盟人民医疗队支援当地医疗工作。一个月来共接诊患者2500人次，手术百余例，义诊100余人次，参与各种讲座近80余次，开展心脏起搏器安置等大型手术，尤其是疑难病例的射频消融术、胫距关节融合术、颞浅动脉、大脑中动脉吻合术填补了该地区的空白，为当地患者解除病痛，圆满完成了支援任务。

获得"2007年首都公共卫生文明单位"称号，并再次被推荐为"2007年首都文明单位"。人民医院急诊科护士王方获得首都十大白衣天使的光荣称号，医院获得全国卫生系统"青年岗位能手"称号1人，首都窗口行业奥运培训工作先进个人1人，"北京市医德楷模"1人，"北京市医德标兵"3人。

【护理工作】 完善护理管理体系建设。成立了"北京大学人民医院护理督导组"，主要负责研究我院护理学科发展方向，并参与重大决策的制定。人民医院还成立了护理成本核算、护理技术操作、药事管理、诊疗环境与护士形象、护理科研信息与对外交流、护理教育、静脉输液、护士执业安全、护理安全与风险管理、急危重症护理、分级护理管理、护理文件书写、规章制度研究组和文明服务缺陷管理组及手术室、麻醉科、供应室专业15个研究组。

完善护理相关制度。配合"医疗质量持续改进工程"项目，组织人员修订规章制度和护理质量管理标准，调整检查内容与方式；做好综合病房建立后的公共床位护理管理，配合"医生跟着病人走"的理念与方法，制订"公共床位护理管理办法""护理会诊制度"等，并委派专人进行前期运转的管理；节假日期间实行以大科为单位的护士长带班制，加强节假日护理管理；建立护理缺陷与风险管理讨论制度，防患于未然。

全力做好护理质量管理。对44个护理单元进行了180余次的质控检查，其中35个护理单元的平均分达到95分以上，住院患者满意度达到97.5%。对病房护士的文明用语、文明举止情况检查，满意度达到90%以上。为方便病人，门诊注射室将抽血时间提前半小时，受到病人的好评。

对护理人事体制进行改革。2007年，实现新护士的合同制改革，并完善合同护士的同工同酬；对心脏中心、外科公共病房等建设中的新病房实行护理奖金与科室脱离，护理奖金与护理责任度挂钩、与工作科室效益脱离的奖金制度改进，为稳定护理队伍，调动不同科室不同岗位的护理积极性做出了改革尝试。

2007年取得了可喜的护理成

绩,在参加卫生部"全国卫生系统护士技能训练和竞赛"的北京市 7 所参赛医院中荣获第二名的好成绩;获北京市教育委员会 2007 年北京高等教育精品教材建设立项 1 项,北京大学医学部"护理质量持续改进"立项 2 项;经申报与审批,临床护理项目 8 项、教改课题 6 项获准北京大学人民医院"研究与发展"基金立项;截至 2007 年 11 月底,在统计源期刊发表护理工作方面文章 67 篇。

【医学教育】 临床医学教育在"创新为基点,教学质量评估为主线,教改为核心,综合素质提高为目标"的发展战略的思想指导下又取得长足进步。人民医院成为北京大学医学部唯一的国家级"人才培养模式创新试验区"和"'十一五'期间'第二类特色专业'建设点","麻醉学"继"外科学"之后又成为国家级精品课程。2007 年获得"十一五"教改课题 4 项,院级教改课题 56 项。同时扩建了临床技能实验室,占地 500 平方米,初步建成临床医学技能培训体系,有力地促进具有我院特色的长学制医学教育模式的建立,使我院的临床技能培训水平进入我国的先进行列,形成北京大学人民医院临床医学教育的又一优势品牌。

2007 年共接受来自医学部、卫生局以及其他兄弟医院 16 个类别的教学任务,学生数总计 1231 人。全年如期完成各类招生、课程、讲座、结业以及毕业派遣等相关工作。

2007 年共接收 525 人参加全国执业医师考试,是医院组织该考试以来最多的一次,也是全北京市承担考生任务最多的医院。人民医院全年共开设继续医学教育课程讲座 229 讲。招收进修医师 453 名,结业 370 名。完成上级单位选送的国内访问学者、学科骨干,共计 59 人的培训工作,结果满意度达 100%。

【科研工作】 共负责、参加科研项目 78 项,获科研基金近 1.1 亿多元。获得国家科技进步二等奖两项、高校科技发明一等奖一项、高校科技奖自然科学二等奖一项、中华医学科技二等奖两项。获得批准授权国家专利两项。由人民医院自行筹资设立的"医院研究发展基金",2007 年已投放近 435.89 万元用于基础、临床、教学、管理及护理研究。2006 年在 SCI 收录期刊上发表论文 57 篇;2007 年在国家统计源期刊发表论文 583 篇,出版学术专著 9 本。

为加快人才培养和团队建设,建立了人才信息库与学科信息库,通过分析对各个学科制定分层管理的目标,并确立重点培养的人才和团队,制定人才培养和团队建设的初步计划,为培养对象提供年度发展的建议和措施,并协助他们实施计划中的相关措施。学科建设及人才培养是人民医院今后一直需要进行的持续建设工程。

【后勤工作】 医疗后勤工作根据"主辅分离、专业管理",继续加大增收节支、科学管理力度,并强调质量、安全、工期并重,为一线医疗服务做坚实的后盾。2007 年,人民医院后勤全体人员全力投入到新病房楼的建设筹备工作,在严谨的市场调研后,通过招标货比三家,不仅将新病房楼物品配置一新,还将节省的资金更新了门诊楼诊室家具,为医院节省了大量的资金。新病房楼的试运营使医院的编制床位数达到 1448 张,实现了医院规模一次里程碑式的飞跃。

实行处室例会制度,严格执行医院经济合同会签制度,让科室全体人员参与管理,更加公开透明化,利于科室管理。

引入现代医院管理的新理念,加强后勤社会化公司的管理,2007 年先后将职工的餐饮服务、中央运输以及后勤动力运行部分工作经过招标交给社会化公司来承担,取得较显著成绩。

人民医院新病房楼在 2007 年 9 月底竣工并投入试运行,为每张病床配置 201 电话,方便病人使用。除此之外,还在新病房楼大厅请工商银行安装了全套的自动存取款机,为患者及职工提供方便。完成新老医院电话总机升级改造扩容工作,由原来 1482 门增加到 2450 门,实现了新老医院电话互通直拨分机号。

完成门诊二层、三层全部,四层、五层大部分的装修工作,目前未装修的区域施工正在有序进行,争取在较短的时间内完成门诊楼的全部装修工作。

【运营工作】 加强财务和审计的管理,规范收支预算,医院经济收支状况进一步好转。医院财政在职工收入有所增加的基础上保持了收支基本持平的良好发展势头。

进一步推行会计委派制。坚持"统一领导、集中管理"的财务原则,根据客观实际需要,合理调整财会人员结构,对南北职工食堂、营养部、药剂科、设备处、院属贝仪医疗设备厂委派会计,对设备处、贝仪医疗设备厂实行会计委派,加强了资金安全和内部控制,节约了人力资源成本。

完成卫生部安排的国有资产清查和上报工作,通过此项工作,完善了我院的国有资产管理制度、定期盘点制度、物资管理的职责,强化计算机系统管理,提高管理水平,为逐步实现国有资产的动态管理奠定基础。

成立清查工作领导小组,组织完成医学部全面清查医院往来资金情况的工作。

【交流与合作】 邀请英国伦敦大学国王学院的教授来医院访问,以魏来副院长为团长的北京大学医学部代表团回访了德国图宾根大学。全年接待各国友人和专家教授的到访 10 余次。

【信息化建设】 建立区域医疗卫

生信息支撑平台。由人民医院主持设计的以信息技术为平台,以大学医院为中心的区域医疗卫生服务共同体依靠我院和IBM的战略合作,建成了国内第一个整合型区域医疗卫生信息平台,居住社区的平台已初步完成,待优化和功能完善。功能社区服务正在积极准备试运行。

构建和完善医院信息化发展的平台。人民医院已完成病理信息管理系统、办公自动化系统Ⅰ期、UPS改造、全院网络改造,临床医生工作站基本模块已在试用阶段,电子病历系统正在调研选型中,PACS/RIS系统升级Ⅰ期正在实施中,医疗高值耗材管理系统进入测试阶段等。

不断充实信息化建设基础。人民医院完成基础字典整理,整理放射模板309条,保证门诊检验条码和预约中心上线。按卫生局文件要求整理字典,保证使用通用名录入及细目打印,完成病案首页改造及附页上传。完成门诊"收费清单""申请单""标准化检验申请单"的调研与整理等。

【党建工作】 圆满完成北京市教工委党建与思想政治评估检查的准备工作并顺利通过评估,积极推进现代医院管理,启动文明服务缺陷管理系统,建立北京首家警务工作站,深入开展治理商业贿赂活动,构建和谐向上的医院文化等,促进了医院的持续发展,为医院开展中心工作和实现奋斗目标发挥了坚强有力的政治核心作用。

急诊科护士王方当选"首都十大白衣天使"。人民医院党委在"5·12"护士节前夕向全院发起了向王方学习的倡议,号召全院职工向王方同志学习。医院团委、护理部和各科室积极响应,组织了"王方同志先进事迹报告会",开展了"向王方同志学习"的主题团日活动,征集学习心得和感想文章,在全院职工中引起了极大的反响,进一步提高了吸引力和凝聚力。

【迎奥运工作】 为配合2008年北京奥运会的医疗工作,人民医院完成了全院奥运急救、英语等相关知识的培训,制定了奥运相关文件16项。全年共举办奥运相关讲座24讲,播放录像75次;开展全员急救技术培训考核,开设专题讲座,网上试题自学及自测,并组织了理论考试(闭卷机考)及技能考试,医院1170余人参加并通过了考试;组织重点人员进行口语强化培训24讲,并逐一进行考试;全院共有2386人参加了内容包括"奥运知识100问""世界风俗禁忌""兴奋剂相关知识""奥运英语试题"等的组卷考试,并取得卫生局颁发的合格证书,覆盖率达100%。

## 第三临床医学院(北京大学第三医院)

【发展概况】 2007年正式职工总数2240人,包括正高职称141人、副高职称251人、中级职称814人、初级师678人、初级士243人,其他人员113人。

【医疗工作】 2007年,第三医院克服改扩建工程给医院各方面工作带来的种种困难,完成了大量繁重的医疗任务。年门急诊量2113794人次,日均门诊7706人次,日均急诊534人次;出院病人41384人次;手术例数26304人次;平均住院日突破10天,降至9.73天;药品收入仅占医药总收入的40.79%。

【医院管理】 继续加强医疗核心制度的完善与落实。依据卫生部2007年5月1日颁布的新《处方管理办法》,第三医院修订医院相关管理办法,并在全院组织实施;组织麻醉药品、第一类精神药品处方权的培训和考核工作;严格病案管理,对《病历书写规范》进行了第四次修订,并审核、推广了表格病历的应用;依照《北京大学第三医院试剂招标采购管理办法》完成了医院所有临床实验室检验试剂的招标工作;进一步完善了医用设备、耗材、药品、试剂的管理办法并加大了监管力度;完成了对《医疗欠费管理办法》的论证修改工作。完成了护理制度的修订;整理出版护士技术操作系列手册和各级护士规范化培训手册,对规范护理工作起到了积极的推动作用。加强对医师执业资格的管理,进一步落实三级查房制度并进行了专项检查。继续强化病案质量管理检查,病案质量有明显提高。进一步落实危重病人访视制度,加强重症病人护理质量管理;落实分级护理制度,强化监督检查,确保护理质量;加强护理质量缺陷管理。

加强医疗关键环节的质量控制。第三医院扎实做好医院感染控制,并重点投入力量推进全院无菌再生物品供应室集中化管理,保证消毒物品的质量安全;推进手卫生工作,减少医患交叉感染;加强临床抗生素合理应用的管理,2007年全院住院病人抗生素使用率由2006年的65.9%下降至60.2%,外科术前规范使用抗生素比例明显提高,达89.54%。第三医院通过处方抽查、网上公示等多种手段加强对处方的监管,避免药物滥用和错用,同时有效地控制了门诊和住院费用的上涨。第三医院加强重点平台的建设与管理,基本完成CCU的改扩建,启动了内科ICU的改造。加强了检验科和临床实验室建设工作,整合临床实验室、PCR实验室,并积极组织申报医学实验室的认证工作。对传染病诊疗区进行了重整改造。积极开展疑难病例讨论,2007年组织院内多学科会诊99例次,有效加强了学科间的交叉与交流,对提高疑难杂症诊治水平起到了积极推动作用。加强对医疗风险的控制,重视医疗纠纷、医疗事故处理，做到管理前移、事前干预和事后典型案例分析与培训教育相结合，有效控制和减少了医疗纠纷。为确保医疗设备正常运转、提高设备完好率、提供良好的设备维修保障服务，第三医院实施了晚间和节假日值班制度。医院还牵头完成了卫生部举办的首次大型核与辐射应急培训与演练任务。

规范新技术、新疗法在临床上的应用。第三医院严格规范新技术、新业务审批准入制度。2007年医院成立"新技术、新业务管理委员会"，全年共批准新技术、新业务20项；增加肝脏移植项目、肾脏移植项目、造血干细胞采集和造血干细胞移植4项诊疗科目；"同种异体肌腱和同种异体半月板移植技术临床应用项目"获得北京市卫生局批准。

改进工作流程，方便患者就医。为满足患者需求，第三医院增设周六上午专家门诊，同时增加了辅助检查，如取血化验等；在内科系统设立简易门诊，方便慢性病病人取药；新增麻醉疼痛门诊，方便疼痛患者就医及拟住院手术患者的咨询评估；改进了外科门诊手术登记制度及术后送病理流程等。启用银行卡刷卡就诊结算制度，目前特需门诊、住院预交金已实现POS机刷卡结算，可提供常用国内和国际信用卡服务。危重病房、部分普通病房试行护理员制度。

【教学工作】 2007年，第三医院圆满完成多层次的教学任务。其中，本科生涉及5个专业，971人；同时还承担着在院研究生、在职申请学位人员、博士后等研究生以上人员共计385人培养任务；医院组织131人参加执业医师技能考试并全部通过。住院医师规范化培训第二阶段考试通过率继续处于较高水平。举办了24个国家级继续教育项目学习班，来自全国各地的1469名学员参加了培训；接收临床进修学员700名。

教学科研楼的投入使用改善了教学硬件环境，医院有普通专科医师培训基地14个，亚专科培训基地10个，5个科室被卫生部确定为内镜诊疗技术培训基地，4个科室成为北京市专科医师培训考核中心。拥有ICU、CCU、RICU、急诊四个专科护理培训基地。理念先进、配置优良的临床技能培训中心为教学方法改革、医学生培养、临床医护人员培训以及奥运医疗保障培训发挥了重要作用。

继续加强师资队伍建设，将一批教学、科研、医疗工作中的优秀骨干补充到博导队伍中；新增了临床药学、外科学（泌尿）、临床检验诊断学博士点，使医院博士点总数达到23个，在岗博士生导师44人。

重点进行了考试方法的改革，建立了标准结构化多站式考试体系，包括网络教学平台、临床技能培训中心、动物实验中心、标准化病人及与之相应的师资队伍。由于持续改进的教学管理和较高的教学水平，第三医院以全A成绩通过了2007年的教育部本科教学评估检查。

【科研工作】 第三医院坚持"以学科建设带动医院发展、以项目建设带动学科发展和人才培养"的战略，不断推动学科发展与进步，确保医院可持续发展。

连续第三年支持临床重点项目。2007年共有11个科室和3个多科联合项目获得项目资助，资助总金额达991万元。自2005年至2007年底，全院共17个科室及3个多科联合项目获得了医院资助。临床项目不仅带动了学科科研水平的提高，也促进了新技术的开展，提升了学科的竞争力。同时也对学科争取国家基金提供了有力的支持，2007年申请的卫生部临床学科重点项目、北京市首都医学发展基金重点项目均从医院临床重点项目中选拔而出。

有计划重点地支持部分科室发展。如消化科与日本富士能公司合作建立消化内镜培训中心，肾内科慢病管理模式项目，皮肤科恢复病房建制为其招收临床博士生创造了条件，风湿免疫科发展，心内科、运动医学与麻省总院合作项目，青年医师和护士人才培养，科室间合作项目等。这些项目的实施已初见成效，对学科建设起到了积极的推动作用。

加强科研平台的建设与管理。中心实验室基本实现正常运转，至2007年底实验台出租率已达到70%；临床干细胞研究中心聘请国外专家进行指导，以较高的技术起点开始运行，眼科、生殖医学中心的干细胞项目已顺利开展，还有8项干细胞项目准备启动。2007年临床药理中心共承接项目44项，总金额达600万元，完成终审28项。为推动临床药理基地的发展，医院和阿斯利康合作成立药物临床研究中心，成立了骨与关节研究中心。

加强对重点项目追踪管理，严格重点学科科研绩效考核标准，支持重点项目申报国家部委级基金。

2007年第三医院共发表科研论文669篇，其中，SCI收录论文81篇，出版专著10部。有23个学科发表了SCI论文，其中心内科、眼科、骨科均发表10篇以上；血管医学研究所与北京大学合作研究心衰早期发病分子机理的学术论文影响因子达14.1。课题申报与经费申请工作有所突破，从国家、省部委获得的科研经费达5000余万元，医院自身投入达1034万元，同时，还获得横向科研基金约600万元。获得院外科研项目59项，其中重大重点项目13项。获得国家科技进步二等奖1项，中华医学奖三等奖2项，1项发明专利获授权。骨科荣获教育部创新团队项目，这是教育部第一次将创新团队项目授予临床学科,表明了教育部对我院优势学科的认可。

学科发展带动了人才的培养,第三医院专家有6人次在9个国际学术组织中任职,4人在4个国际学术刊物中任职,共涉及9个学科领域。在中华系列二三级学会任常委以上职有42人次,涉及20个学科,其中任副主任委员以上19人次,涉及12个学科。

【基础建设】 2007年,门急诊医技楼、运动医学楼主体结构均已完成结构工程量的60%以上;分包工程和材料设备的招标工作全面铺开;电梯工程、应急发电机工程招标已完成,消防工程、物流传输工程、冷水机组设备、外配套项目的锅炉房改造工程的招标工作正在进行中。其他分包项目的招标均在深入论证和方案深化阶段。

【信息管理工作】 2007年,进行了大量信息化建设工作,在眼科、耳鼻喉科、口腔科、生殖医学中心和男科启用了集成检验系统、医学影像系统及合理用药监测系统的门诊医师工作站和电子处方系统,为2008年在医院全面推广门诊与病房信息化管理积累了经验。初步建成手术室和麻醉监护信息系统;初步完成了物资供应系统的升级,为完善物资管理、全面推行科室成本核算创造了条件。在眼科中心启用门诊分诊叫号系统,在改善医院环境、规范就医秩序、优化诊疗流程等方面进行了有益的尝试。

【奥运医疗服务】 作为奥运会指定医院,第三医院提出了"优质、安全、温馨、快捷"的服务理念,制定了《北京大学第三医院关于2008年奥运会及测试赛人员保障的管理办法》等27项奥运医疗规章制度。

根据奥运医疗培训、外语培训、基础知识培训等计划,进行了系统的全员培训。特别是对进驻场馆的赛事医疗保障人员举办的各类培训大大提高了我院医护人员的奥运意识和大赛医疗保障的能力,做到了所有进驻场馆的人员持证上岗。圆满完成了北京奥运会骨干志愿者医疗急救培训工程,先后为本院及周边八所大学和北京人才学校奥运志愿者骨干600余人次进行了心肺复苏的理论知识培训和技能操作培训。

依据奥运医疗服务要求,第三医院制定了奥运医疗服务流程并对奥运医疗服务各个环节的重点人员进行了准备和重点培训;对医疗安全和医疗服务进行了更为严格的管理;对医院整体环境进行了改造,完成了奥运门诊、病房、无障碍设施等硬件的改造工作;对全院标志标牌进行了规范整理;对电力系统等医院运行保障设施进行了更新并加强维护;并依照上级安排,筹备创伤救治基地、核辐射救治基地及化学救治基地的建设工作等,通过一系列大量艰苦的工作,为完成奥运医疗服务做好了充分的准备。

作为2007年至2008年"好运北京"测试赛运动员急性创伤指定医院,以第三医院为主组建的医疗队出色完成了2007年"好运北京"测试赛的医疗保障任务。

【医院管理】 2007年召开了首届管理研讨会,全年共发表管理论文75篇。有17人次在各级管理杂志、学会等兼职。2007年,第三医院牵头承担了卫生部、北京市发改委、中国医院协会六项大型管理课题,其中,"缩短平均住院日经验研究及推广项目",有全国十几家大型医院共同参与。

推进成本核算,降低运行费用,2007年第三医院重点进行了大宗物资采购及管理模式改革。成立物资采购中心,通过规范化采购招标,为医院节约采购成本近200万元;推广网上办公,减少了纸张浪费;重新修订了各项规章制度并再次印刷出版。

【社区医疗工作】 经过多年的实践,第三医院第二门诊部已经形成"专科加全科"的医疗服务特色;中共中央党校院区的开诊方便了党校及周边地区普通老百姓就医。第三医院与12家社区医疗单位签订了对口支援社区卫生服务的协议,是北京市承担社区帮扶点最多的医院。先后共派出70余名相关专业科室主治医师以上的医务人员到社区卫生服务中心开展门诊、会诊、义诊、健康咨询和慢病管理等工作,并对社区卫生服务中心医务人员进行了基本知识、基本技能的培训。第三医院积极开展各种形式的健康教育讲座300多场,为新疆培养特培生5名,全年派出11批共68人到基层医院工作。

# 口腔医学院(北京大学口腔医院)

【发展概况】 北京大学口腔医学院是国家重点口腔医学院校。实行口腔医学院、口腔医院、口腔医学研究所三位一体的管理体制。其宗旨是培养高等口腔医学人才,普及和提高口腔疾病的预防和治疗水平,承担国家及教育部、卫生部有关科研项目。

全院职工总人数为718人,其中正、副高级职称为168人;在岗博士生导师27人,硕士生导师46人。

设有16个临床科室、10个医技科室、3个门诊部、115张病床、335台牙科综合治疗台。年完成门诊量近80万人次,日均门诊量达2500余人次,年收治住院病人3000余人次。北京大学口腔医学院承担来自北京及全国各地口腔及颌面部疾病患者的诊治工作,还承担着党和国家领导人、离退休老干部、各国驻华使节、外国专家及海内外侨胞的口腔保健与服务。

拥有6个研究室、7个实验室、6个研究中心、1个医用实验动物室和1个图书馆，还设有卫生部口腔医学计算机应用工程技术研究中心。中华口腔医学会、中国牙病防治基金会等全国性口腔医学学术机构挂靠在北京大学口腔医学院。

【医疗工作】 2007年全年门急诊总人次为762594人次，比2006年增长2.6%，其中门诊711875人次，同比增长2.7%。急诊50719人次，同比增长1.8%。全年工作日307天，日均门急诊2458人次，同比增长3.0%。现有椅位360台，椅位使用率64.4%，同比增加2.6%。入院总人次3279，同比增长10.1%。出院总人次3267，同比增长10.0%。平均住院日10.9天，同比减少0.4天。手术例数3166例，同比增长10.8%；病床使用率97.9%，同比增加5.4%；床位周转次数32.7次，同比增加3.0次。

医院加强医疗质量监控，定期开展医疗质量检查，重点检查三生及分支机构合同制医师，急救演练，X线片及口腔修复模型的质量，分支机构人员资质与依法执业等。各项医疗质量指标保持在较高水平，各类病案甲级率99.47%，处方和各类医疗表单书写合格率分别为96%和100%，院内感染率1.62%。

加强医疗安全管理，继续以不同形式开展医疗法律法规培训，提高职工的法律意识。组织疑难、纠纷病例会诊以及多学科联合治疗病例的讨论，提高诊治水平。修订并完善医疗工作应急预案并组织相关急救演练，制订口腔颌面部血管畸形、急诊外伤、注射室突发应急病例的工作流程和技术规范。

感染控制进一步加强。开展医院环境卫生监测5877份次，合格率为99.32%。制订职业暴露伤相关制度并组织落实职业暴露伤检测流程，提供咨询与医学观察。院感办加强了住院病人院内感染的实地监测。药剂科和口腔颌面外科病房加强了对住院病人抗菌药物应用的管理，医生对合理用药的意识增强。编辑出版了《医院感染管理通讯》，为医务人员交流院感控制工作经验、学习院感知识和技术提供了平台。职业病防治管理逐步规范，依法开展辐射安全管理、放射性粒子使用管理，放射从业人员健康体检、放射设备状态检测等。

加强传染病管理。以各种形式开展传染病知识培训6次，300余人次参加，明显提高了医务人员防控传染病的知识和能力。在就诊人群中筛查传染病374人次，阳性率为1%。

药事管理工作有了新的起色，重新整理、修订、制定药事管理工作制度及人员岗位职责；组织《处方管理办法》专题讲座；开展药师下临床查房；麻醉和精神药品的管理逐步规范。

医保与物价的管理持续改进并不断完善。2007年年初口腔医学院重新制定医保管理的有关文件，并得到较好落实，医保相关信息工作得到改进。

继2006年启动正畸项目收费方式改革后，2007年口腔医学院先后完成种植、修复项目收费方式的改革，调整后的收费方式运行平稳。通过加强医患沟通和医疗价格的管理，因医疗价格产生的投诉较2006年减少50%。

先后完成2005年度临床新技术新疗法项目终期评审，2006年度项目的阶段检查，以及2007年度项目的立项工作。这些项目的开展，有力地推动了北京大学口腔医学院的新技术新疗法，形成了一大批医疗特色项目，促进了医疗水平的提高。为了推动临床科研工作，年内成功地举办了北京大学口腔医学院首届"新技术新疗法临床应用成果病例汇报会"。

【护理工作】 护理部加强对护士的培训与继续教育，修订了护理风险应急预案，提高护理应急处理的能力。组织护士参加青年教师培训和讲课比赛，举行护理业务大查房，组织新上岗护士科室轮转学习，拓宽护士的知识面，提高护士的业务水平。

【教学工作】 有8年制学博连读生143名、7年制学硕连读生37名、5年制海外班34名、三年制大专生13名、116名进修生。完成40名住院医师规范化培训的教学任务。

新招8年制学博连读生40名、5年制海外班本科生26名、研究生56名，其中博士生31名，硕士生25名。博士后研究人员3名。目前在校研究生144名，其中博士生73名，硕士生71名，博士后研究人员9名。2007年授予学位86名，其中博士32名，硕士54名。

举办国家级继续教育学习班13个，431名医生参加了学习。校级项目19项，参加学习5260人次。全院职工参与继续教育课程的学习已形成自觉行动，学分登记工作纳入制度化、规范化的轨道。参加继续教育学分登记的524名职工，均达到规定学分的要求。

教学办公室组织教学专业委员会审议了口腔医学八年制和五年制海外班教学计划的修订方案，制定了口腔种植的教学大纲，教学运行情况良好。

2月，由北京大学口腔医学院承办的第二届国际口腔医学生学术会议成功召开，6个国家9所大学的院长、老师和医学生205名代表参会。

教学办公室加强了青年教师赛前培训的力度，对报名的120名学员进行了系统的教学理论和技能培训。53名选手参加了第九次青年教师讲课比赛,其中不仅有医生,还有15名护士。

11月下旬接受教育部本科教学评估专家组评估,对北京大学口腔医学院的教学工作给予高度评价。

2007年被评为北京大学学生德育工作先进集体,获得北京大学学生优秀社会实践奖和医学部研究生社会实践二等奖。

【科研工作】 2007年获科研基金资助24项,其中国家自然科学基金9项:重点项目1项、面上项目6项、主任基金2项,卫生部临床重点学科项目2项,科技部重大科学研究计划课题("863"计划)1项,北京市自然科学基金1项,教育部博士点基金5项,教育部留学回国人员启动基金4项,科技部其他项目1项,二期"985"人才计划项目1项,总经费957.15万元,是获得科研经费较多的一年。

2007年发表论文300篇,其中SCI收录论文44篇,创历史新高。出版专著及教材5部,获专利1项。参加国内学术会议32个,国内举办的国际学术会议9个,交流论文49篇。54人次出国参加国际学术会议,交流论文30篇。

2007年主办国内学术会议6个,国际学术会议4个。由口腔放射科承办的第16届国际口腔颌面放射学会年会成功召开,40多个国家和地区的400余名代表参加会议。由牙周科承办的第7次亚太牙周病学术年会,严密的组织和精心安排,受到与会代表的一致好评。在美国拉斯维加斯召开的世界口腔种植万人大会上,不仅有北京大学口腔医学院专家参与专家团的临床病例讲评和学术报告,口腔医学院口腔种植科还作为临床病例现场演示的单位之一,现场直播了种植手术操作过程。

成功组织了国家二级重点学科"口腔临床医学"的考核评估工作以及"口腔基础医学"的申报工作,这两个二级重点学科均获批准,口腔医学成为一级重点学科。

【人才队伍建设】 口腔医学院继续做好高层次创造性人才的引进工作,从荷兰引进的留学回国人员口腔放射科李刚副教授获北京大学医学部优秀人才引进计划项目50万元资助,牙周科候建霞医师获北京市科技新星计划项目(A类)。

王兴教授获中国医师协会第四届"中国医师奖"。王兴、林野教授获首届"中国口腔医师奖"。高岩教授获北京大学2007年度奖教金宝钢优秀奖。

组织各级干部培训学习《劳动合同法》,强化了干部用人的法律意识和知识,为规范用人制度及程序、预防劳动争议奠定了良好基础。

【基建后勤】 成立了北京大学口腔医学院信息化建设工作小组。通过招投标与杭州创业软件股份有限公司签署了建设协议,按计划基本完成了口腔颌面外科病房系统编制、上机、模拟运行、试运行和医护人员实战演练。

门诊病房大楼工程完成了室内二次结构,基本完成了配套设施机房、设备及各种机电设备的安装,各项室外工程,以及内装修工程。春节期间启动医疗设备安装。各项工程质量良好。完成了科研楼的设计工作,近期进入工程施工招标。完成近2000万元设备材料的采购招标工作。完成百草园二期住宅106户职工个人产权证的办理,213名职工住房补贴费的发放工作。

# 临床肿瘤学院
## (北京肿瘤医院)

【医疗工作】 2007年肿瘤医院平均开放床位677张。年门诊患者192727人次,住院患者16277人次,出院患者16029人次,床位周转23次,病床使用率105%,平均住院日16天;七日确诊率97%,出入院诊断符合率99.9%,治愈率43%,好转率45%,死亡率3.7%;全年住院手术4310例。全年医保就医52035人次,医保出院4794人次,全年医保总费用12368.69万元(住院费用9183.64万元,门诊费用3185.05万元)。2007年医院感染率为1.67%。新建泌尿外科、骨与软组织肿瘤科。原在首钢医院借用病房的头颈外科迁回医院。撤销了租用玉渊潭医院的三个病区。支援基层医疗卫生工作,普及乳腺癌预防及规范化治疗的先进医疗技术,12月13日与顺义妇幼老年病院合作成立北京肿瘤医院乳腺中心顺义分中心。

强化医院管理 2007年以迎接检查为契机,将工作重点放在制度的落实上,把考核评价标准内化为日常工作要求,全面提高医院管理力度和水平,把医院管理工作做强、做精。全年接受了卫生部"医院管理年"例行检查(1月),北京市政府行风建设检查(7月),北京市卫生局"抓管理、迎奥运,北京地区医院管理实地考核评价"检查(11月),奥运培训督导检查(9月)等检查,以及物价、医保、审计等专项检查,检查成绩良好。医院2006年以创建人民满意医院考核指标为基本内容,建立了临床医技科室"千分绩效考核体系",今年开始模拟运行。考核办法通过细化、量化各项指标,分配不同权重,将全院医疗工作引导到提高质量、效率、服务上来,克服了收入支出在分配中权重过大的弊端。通过一年模拟,各科室考核得分从年初较为离散到后来逐渐趋同,说明管理"指挥棒"发挥了作用。对考核体系中存在的指标不尽合理之处,进行了调整修改,既体现共性,也兼顾科室间差异,具有较强的可操作性,使考核结果贴近实际,便于与绩效分配挂钩。2008年将实施考核。

**强化病历质量控制** 医院对病历质量常抓不懈,各管理部门从不同角度强化病历质量控制,不断针对存在问题,提出管理措施,促进病历质量提高。医务处组织制定或完善病历书写规范、标准,包括知情同意书规范、手术记录规范、电子病历书写规范、手术分级标准、单病种诊疗规范等,进一步强化临床科室质控医师和院级质控医师作用,建立运行病历实时监控制度。2007年甲级病案率为97.8%。医保处加强医保住院病历环节质量的管理,制作自查表,降低了医保病历返修率和医保基金拒付的发生。医患办针对处理医患争议中涉及的病历质量问题,进行依法行医、规章制度的培训,进一步强化质量意识和法制观念。门诊部稳妥推进门诊病历、处方的信息化建设,建立了门诊医师工作站,使用电子处方(除外麻方)、电子检查单、电子化验单,保证了门诊病历的规范化,减少了医师书写工作。实行门诊病历计算机条码出入库管理。

**建立督导制度** 自10月医务处建立深入一线科室的"督导制度",分内科、外科及医技三个组,每周至少利用两天的时间深入一线科室督导核心制度的落实,帮助解决问题。同时将督导科室落实核心制度的亮点及时报道,激励持续进步;将发现的问题及时书面告知科室,各科室认真落实整改并书面反馈医务处。这一举措使各项医疗管理核心制度能够最大限度地得以落实。在护士长换届竞聘工作中,将"总护士长"岗位更名为"护理督导",形成"护理部主任—护理督导—护士长"三级管理体制。护理督导以季度为周期,做出督导计划,对各科室的护理工作量、质量、文书以及护士长管理等循环检查督导,并评分、排序,在护士长例会上公布,共同分析原因,提出整改措施,下次考核时检查效果,保证护理质量持续性改进。

**加强费用管理** 针对科室特点制定以病区为单位的住院次均费用指标、医药比例指标、单病种费用指标、每门诊人次平均处方费用指标,向科室主任宣传解释,对物价、医保专管员进行培训。通过深入细致管理有效控制了医疗费用增长,与去年相比住院次均费用、医药比例、门诊次均处方金额全面下降,多数单病种费用减少,切实减轻了患者负担。

【**改善就诊环境**】 2007年医院从患者体验出发,在优化流程、改善环境方面加大投入,取得明显成效,受到患者及家属的欢迎。改善就医环境,提高患者就诊的舒适度:年内乳腺中心门诊、妇科门诊完成装修改造,实现一医一患,体现人文关怀;将原占用病区空间的乳腺中心穿刺室、换药室、日间化疗等安排在门诊,有效缓解了病房压力。增设导管维护门诊:为方便患者,自9月17日新设导管维护门诊,病人挂专科号后直接到导管门诊冲管换膜,比原流程减少等待1~2小时。增加窗口,减少排队:新建第二挂号室分流挂号;门诊医保记账窗口由2个增为3个;增加特需门诊挂号收费窗口;挂号人员提前上班、提前挂号,保证每天高峰时段开放七个挂号窗口,缓解门诊大厅拥堵、排长队问题。增设二楼咨询台,使门诊服务更周到、细致。加大力度推行预约挂号:建立专门预约挂号窗口,专人负责。患者可通过电话、现场、网上预约一周内的专家号。预约挂号呈现逐月上升趋势,比去年同期增长四倍多。延长门诊采血时间:早晨提前半小时开始,下午推迟半小时结束。严格执行门诊医师出诊请假制度:门诊医师请假须指定医师替代出诊,保证患者不因医生临时停诊而影响就医。配备医学秘书:配备医学秘书五名,协助专家门诊医师工作,有效提高就诊速度,受到专家和患者的欢迎。对主楼内病区及内镜室、检验科、超声科等医技科室进行全面装修改造。将主楼内的办公用房进行调整,最大限度地满足临床一线的需要,直接服务于患者。

【**和谐医院建设**】 编写《医疗纠纷解决途径》手册,为住院患者提供医疗法律保护及维护权益知识,为医患双方建立公正、平等、互信、和谐的医疗环境起到了积极作用。进一步完善医院内部《医疗纠纷处理流程》,工作模式由纠纷处理前移到环节质量的管控,深入科室征求意见并进行相关制度的督导,发现风险隐患及时告知,并协助科室及时处理,最大限度地保障医院正常医疗秩序。全年无新发医疗事故。在患者增加近30%的情况下,医疗投诉降低20%,医疗纠纷案例(指医院赔付或第三方参与处理或司法处理)从2006年的万分之八点一降至万分之七点五。

经常培训员工"医患沟通的艺术",定期进行患者满意度调查、召开医患座谈会,免费举办向社会开放的"健康大讲堂",向住院患者赠送《癌症康复》杂志等。针对肿瘤患者容易发生心理问题的特点,在护士中培训心理治疗师,配合心理医师,为患者解决痛苦。

为提高医护配合的有效性,护理部主办医护专题沟通讲堂十余次,医师与护士交流观察病情的重点、如何更有效地配合抢救等,使医护合作更加默契,患者切实受益。医、技沟通:医技科室定期征求临床科室意见,主动根据一线需求调整服务,如缩短预约时间和出报告时间等。

【**教学工作**】 全年招研究生50名(博士19名,硕士31名);研究生毕业38名(博士23名,硕士15名)。获得学位29名,其中获得博士学位17名,获得硕士学位12

名。目前在院研究生(包括在职申请学位)共计199人(其中研究生158人,在职申请学位44人)。全年有52名住院医师参加规范化培训,其中15名是新进院的住院医师。有5名住院医师获得第一阶段培训合格证书,通过率71.4%;12名住院医师通过第二阶段培训及考核,通过率70.5%,其中11名获得主治医师资格。2名博士后进站工作,3名博士后完成工作出站。目前在院博士后5名。共接受进修医师132名,国内访问学者12名。肿瘤医院具备博士生导师资格的教师共21名。全年开设研究生课程6门244学时。举办国家级继续教育项目5项200学时,参加学习院外273人次、院内5018人次。举办校级继续教育学术活动32次99学时,参加学习5060人次。举办院级学术活动80次240学时,参加学习13541人次。

申报的"专业学位研究生临床培训网络管理工作平台建设"项目作为北京大学医学部医学学位与研究生教育研究重大课题成功立项。

将青年教师培训作为教学工作的重点之一,启动主治医师教学查房能力、理论授课能力评估工作。邀请知名专家做理论授课、教学查房示范观摩及点评。完成44名主治医师教学查房能力评估、56名主治医师理论授课能力评估工作。鼓励主治医师积极参加并主持青年学术沙龙、参加医院的课程建设工作以及北京大学青年教师基本功比赛等活动,督促青年教师提高自身素质和教学能力。青年教师吴楠作为北京大学优秀选手荣获2007年北京市第五届青年教师教学基本功比赛一等奖和最佳表现奖。

加强学生工作。加强引导,在实践中加强研究生自我教育,提高自我管理的能力。在新生入院教育、集体活动、学术交流、社会实践、就业、奖学金评选等各项工作中,积极鼓励并引导学生会开展工作,提供相应资金支持,使研究生各种能力得到锻炼,使德育教育渗透到每位研究生心中。在研究生中选拔沟通能力强、人际关系融洽、认真负责、乐于助人的同学担任心理观察员,及时了解研究生心理状况、思想动态和工作、学习上的困难,发现问题及时解决,使研究生能全身心投入到学习和工作中。利用网络实现教学系统各种新闻、通知等学术信息的实时公布,表格、资料、文件的上传下载以及开放BBS、一对一留言板、公告栏等多层次的信息交流渠道,为研究生学习提供便利,且对研究生培养各个工作环节,如临床培训、科研课题工作实现全程监督和指导,为深入开展德育教育工作拓宽了宣传阵地。2007年获得北京市德育教育先进集体的荣誉。

【科研工作】 年初明确提出"院有品牌、科有特色、人有专长"的目标。围绕目标医院采取一系列措施,加强学科建设和人才队伍建设,取得成效。

6月,顺利通过教育部"国家肿瘤重点学科建设"复审评估。申报"恶性肿瘤发病机制及应用研究教育部重点实验室"通过初审。全年共申报院外各项课题96项,获资助36项,获科研经费900余万元。其中国家"十一五"科技支撑计划项目子课题2项;获国家高科技"863"项目子课题3项;获国家科技部"973"子课题1项,总计获国家级课题资助13项,经费634万元。申报院内基金58项。完成院外结题项目12项。在研院外课题97项、院内课题60项。截止到11月底,已发表论文142篇,其中第一作者或责任作者的SCI论文28篇,影响因子大于5的7篇,大于3的14篇。申报发明专利2项,获授权发明专利4项。主编出版学术著作4部。

引进6位高层次人才,组建了骨与软组织肿瘤科、泌尿外科。招收35名应届毕业生充实到临床一线和科研、管理部门,均有本科以上学历,其中研究生占85.7%。人员不足的现象得到一定缓解。6月和9月分别召开人力资源研讨会、科研工作研讨会,对人才梯队建设、科研发展方向进行深入研讨,提出以科研为驱动力,提升临床医生的科研能力,为提高学术水平,建设研究型医院奠定基础。制定《专业技术人员科研考核规定》,以五年为一个考核周期,对承担课题、发表论文、考核结果的使用等做出具体规定。制定青年医师出国培养的"攀登计划",建立人才培养长效机制,逐渐形成一支对医院有深厚感情、有归属感,又有先进国家培训经历和国际化视野的高水平人才队伍。

积极开展国内外学术交流。主办了全国食管癌切除食管重建研讨会、数字乳腺诊断及介入应用国际研讨会、全国第十届肿瘤热疗学术大会、第九届全国乳腺癌会议、中日韩腹腔镜胃癌根治手术高级论坛、中英外科论坛等大型学术活动。美国杜克大学、英国皇家外科学会、韩国首尔大学等16位国外专家在肿瘤医院进行学术报告。游伟程院长与美国杜克大学肿瘤中心主任Kim教授签署了国际合作备忘录,建立长期合作伙伴关系。医院成为国内首个美国生物医学信息管理系统试点单位。一系列学术活动活跃了医院学术氛围,增加了国内外之间、各学科之间、科研人员和临床医生之间的彼此了解,为医院在国内外的学术地位提升和今后沟通协作奠定基础。

【医院管理】 7月,在北京大学医学部领导下,医院顺利完成了医院党委换届工作,选举产生新一届党委和纪委委员。完成业务科室三年规划工作。各临床、医技、研究科室在总结上一个三年规划完成情况基础上,制定新三年规划。医院领导明确要求规划要"看得见、摸得着、数得清",有量化的发展、进步目标。宣传工作以构建和谐医院为重心,发挥对外宣传医院品牌、扩大知名度,对内塑造医院医务人员的良好形象、促进医院文化健康发展的作用;确定以对外宣传临床新技术、新疗法为重点的宣传工作方针。同时,党院办增设一名主管宣传工作的副主任,加大宣传工作力度。

2007年共出版《院所通讯》64期,彩版报纸13期。通过院报院刊及时报道医院各项活动,让社会了解医院动态。全年录制视频摄像资料122篇次,在各类电视台播放19篇次。拍摄的新闻片被北医电视台采用22篇,是各附属医院中被采用最多的,连续三年得到北京大学医学部宣传部表扬。

加大网络宣传,及时维护、更新各类信息,尤其是医疗信息,方便患者就医。主动利用成熟的社会网络,为医院打开更多沟通窗口。同北京大学网站、北大医学部网站、北京市卫生信息网站和好医生网等网站建立了良好的合作关系。这些网站上共刊发医院消息201条;其中,北京卫生信息网采用58条,北大新闻网采用50条,北医新闻网采用180条,卫生信息采用13条。

与《人民日报》《北京日报》《健康报》《北京晚报》等40家报纸杂志和20家电视台、广播电台的112名记者建立经常性联系。记者采访并在各类报纸杂志发表稿件90余次。其中《人民日报》高级记者白剑峰于春节发表《医患和谐始于细节——记北京肿瘤医院》,产生良好的社会影响。作为构建医患和谐卓有成效的医院,院领导被邀在北京市卫生工作大会、卫生部"中国卫生发展高层论坛"、卫生部与《人民日报》主办的"全国医院院长高层论坛"等大会发言,赢得

了良好而广泛的社会声誉。全年共有141人在院内外报刊上发表文章362篇。

13人被确定为奥运志愿者,直接参与奥运服务(5名兴奋剂检查官、5名急救护士、3名司机)。同时,医院围绕迎奥运的主题,开展了"划向奥运划船比赛"、迎奥运倒计时一周年签名等活动,营造良好氛围。

【基建与后勤】 严格执行财务制度,重点落实政府采购工作,完成10项政府专项资金和1项自有资金设备的招标采购;建立院内设备采购招标制度和程序,并在4套设备试行。设备采购充分开展市场调查,物资、医疗耗材的采购中加强对供应商的管理,建立了供应商评价制度。加强对科室经济运行的分析,通过全成本核算以及本量利分析,找出科室存在的问题并提出相应的建议,为制定政策提供有力数据支持。

加强审计工作力度,制定了《基建工程全过程审计制度》和《基建工程先预算后结算审计制度》。2007年重点开展包括外科楼、图书馆、报告厅在内的基建(维修)工程审计工作103项,报审金额12391万元,审定金额10164万元,为医院节约资金2227万元。其中外审69项,审减2201万元,审减比例为18%,内审34项,审减金额26万元,审减比例为10%。

全年共组织实施基建改造、修缮工程近60项,投资额近4000万元,其中竣工交付54项,如咖啡屋、VIP病房、乳腺中心和妇科门诊、检验科、超声科、屋顶花园、北门和西门改造等;正在办理前期开工准备的改建项目有泌尿病房、病理科、门诊改造、楼宇连廊、地下车库、层流病房等工程共计6项。

针对"4·02"抢劫案及时查漏补缺,案发次日即修改了医院钱款押送流程,消除了隐患,财务处与保卫处制定了财务收费处防抢工

作预案;会同医保处修改了职工医药费报销制度,最低限度减少院内现金流通,确保资金和职工人身安全。

推进社会化服务,引入社会专业化公司承担配送、绿化、电梯运行服务,减少了40多名临时工,为医院节约了人员经费,降低了管理成本。

# 精神卫生研究所 (北京大学第六医院)

【发展概况】 2007年共有职工318人(含合同制人员),其中卫生技术人员264人。有正高职称19人、副高职称26人。医疗设备总价值为8775278.96元。

2007年北京大学第六医院增加北京大学精神卫生学院名称,并被教育部确认为教学单位。

2007年度北京大学第六医院荣获首都文明单位、首都公共卫生文明单位称号。顺利通过教育部精神病和精神卫生学重点学科和卫生部精神卫生学重点实验室首次评估。通过了北京市卫生局"医院管理实地考核评价"考评组的考评。

【医疗工作】 全年共抽查门诊病历、门诊检查申请单、门诊处方等各200余份。检查修改门诊多专家会诊病历记录140余份。

医务处定期检查病房的医疗工作,对日常工作中发现的问题在每月一次的主任例会上及时通报,提出整改措施并监督落实,强化科室管理意识。严格落实检查三级查房制度和各级医师岗位职责,保证三级查房的落实,确保医疗安全。结合检查中发现的问题,医务处新制定制度6项,以规范临床医疗服务。全年无医疗事故发生。

坚持"三基"训练,苦练临床基

本功。医务处组织抢救小组对住院医生、护士定期培训11次,抢救技能比赛3次,累计300余人次参加。通过抢救技能的培训,使年轻医护人员的抢救技能得到很大的提高和巩固,为保证医疗质量奠定了坚实的基础。

执行疑难/教学病历讨论的制度。医务处组织全院疑难/教学病例讨论8次,累计311人次参加。通过热烈的讨论和专家精彩的讲评,提高了临床医生、进修医生和研究生的专业水平,提供了训练临床思维能力和提高英语水平能力的机会,对疾病诊断技能的提高有很大的促进作用,充分展现了日益浓厚的学术讨论气氛。

医务处组织学术午餐会19场次,1416人次参加,平均每场75人,覆盖全院的医疗、护理、进修人员和临床研究生,提供了一个很好的学习平台。

进行北京市精神卫生条例和如何预防医疗侵权等法律法规的知识培训,170人次参加,对医护技人员进行《北京市精神卫生条例》的考试,171人参加,合格率100%。

门诊部不断改进工作,为患者提供更方便快捷的医疗服务。如:实行挂号收费通柜服务,减少排队次数;开展复诊开药普通门诊,改善就诊秩序和病人等候时间;开设网上或电话预约门诊服务,预约的专家号已达到50%;启用专家门诊分诊叫号系统,合理安排病人候诊;实行门诊病人实名制就诊卡,打击"号贩子"倒号行为。

医技科室挖掘内部潜力,不断改进工作,努力为临床提供良好的服务。修改了有关检验质量分析前的培训细则,新建《生物安全手册》、"2010"电化学发光免疫分析仪的标准操作程序(SOP文件)一项和甲功、激素、乙肝五项等的标准操作程序(SOP文件)11项。开展了甲状腺功能测定和催乳素检查两项新的检验项目。

2007年11月14日,北京市卫生局"医院管理实地考核评价"组从医院管理、医疗、医技、护理、院感、病案、信息、财务、物价九个方面对医院的工作进行了全面而细致的考核评估,并着重检查了医院安全生产相关的内容。考评组专家们对医院的工作给予了充分肯定和好评,提出了医院工作中各方面的亮点,"以科学精神体现人文关怀"的理念已经深入到每位职工的潜意识当中,体现在医疗、护理、管理工作的每一个环节中。医院宽敞、明亮、私密性良好的诊疗环境,井然有序的就诊流程,健全、规范、有可操作性的规章制度,有内涵及一定学术水平的疑难病例讨论记录,规范的技术操作,护理质量的细节管理,等等,给考评专家们留下了深刻的印象。院领导班子非常重视考评组专家们的反馈建议,要求各职能处室在一周内根据考核评估组的建议,对本部门存在的问题提出整改措施,限期完成整改。

表6-35 2007年精神卫生研究所(北京大学第六医院)门(急)诊医疗工作统计

|  | 门诊总人数(人次) | 普通门诊(人次) | 专家门诊(人次) | 特需门诊(人次) | 急诊(人次) | 日平均(人次) |
|---|---|---|---|---|---|---|
| 2007年 | 143250 | 82358 | 39660 | 21199 | 0 | 571 |
| 2006年 | 125809 | 67101 | 39939 | 18769 | 205 | 501 |
| 增减幅度 | +13.86% | +22.74% | -0.7% | +12.95% | -100% | +13.97% |

表6-36 2007年精神卫生研究所(北京大学第六医院)住院医疗工作统计

|  | 入院总人数(人次) | 出院总人数(人次) | 平均住院日(天) | 床位使用率(%) | 床周转数(次/年) | 均床工作日数(天) |
|---|---|---|---|---|---|---|
| 2007年 | 1411 | 1410 | 58.61 | 99.24 | 5.99 | 362 |
| 2006年 | 1480 | 1456 | 56.51 | 105.73 | 6.16 | 385.93 |
| 增减幅度 | -4.66% | -3.16% | +3.72% | -6.14% | -2.76% | -6.20% |

【护理工作】 按预期目标完成,在"双千日""医院管理实地考核评估"和创建"平安医院"活动中取得好成绩。贯彻"以人为本"的理念,推行人性化、个性化护理服务。日常工作中,注重对全院护士进行医疗法规、医德医风教育,培养护士高度责任心、爱心及慎独精神,强化法律意识,严格执行诊疗护理常规,规范护理行为,对工作中出现的安全隐患及时总结并履行逐级讨论制度,根据问题制定防范措施。

重视"三基三严"训练,组织全院护士每月进行理论知识、操作技能、CPR操作练兵考试,组织理论知识、技能竞赛2次。组织院内护理查房8次,医学部护理查房1次,约500人次参加。全年未出现重大差错事故。

拓宽护理服务内涵,坚持出护

理咨询门诊,组织患者家属联谊会24次,组织家属精神疾病知识讲座40次。

继续教育工作:举办国家级继续护理学教育项目一期;组织护士继续教育考试12次,100人次参加,2次大考,参考率90%;护士英语口语培训6次;全年15人次外出参加培训学习;鼓励护士参加学历教育,现大专以上学历者达65.7%。

护理教学:完成医学部护理本、专科学生精神疾病护理学授课90学时,生产实习带教200人;网络见习400人;培训进修护士14人。

参编《心理护理》《老年精神病学》部分章节,参编卫生部"三基三严"精神科章节的编写工作。获一项医学部"护理质量持续改进"管理课题的经费支持。

【科研工作】 2007年以承担单位获得经费批复的项目共46项,批准经费968.9万元。通过了卫生部精神卫生学重点实验室考核评估,通过了教育部"精神病与精神卫生学"重点学科评审。召开了医院科研工作规划会,总结目前科研工作存在的问题,探讨解决问题的方法,形成一系列共识,制定医院科研工作三年的行动方案。

国家科技支撑计划"神经症早期识别与治疗方案优化方案的研究"和"精神分裂症早期诊断技术与规范化治疗研究"于年底获得批复,批准经费共计1150万元。"注意缺陷多动障碍相关功能基因交互作用的研究"和"NRG1-ErnB信号系统在谷氨酸功能底下大鼠模型和抗精神病药物药理机制中的作用"获国家自然科学基金资助。"晚发抑郁伴认知损害的神经生物学标记物研究"和"非典型抗精神病药物疗效个体差异的遗传关联研究"作为"863"计划的子课题立项,预计批准经费为200万元。参加"药物对神经网络的影响"和"疾病遗传易感性"两个"973"计划子课题的研究。卫生部临床学科重点项目"抑郁症与精神分裂症的个体化药物治疗——分子分型的临床应用",获批经费90万元。北京市自然科学基金项目"孤独症神经发育易感基因的关联研究"通过初步审核,首都医学发展基金联合攻关项目和3项重点支持项目通过初步审核。

批准院内第三期青年科研基金项目4项,7项第一期项目通过了结题评议,3项第二期项目通过了中期审查。

公共卫生工作方面,成立了中央补助地方卫生经费重性精神疾病管理治疗项目办公室,在卫生部的领导下负责项目经费预算、技术指导、协调、评估、督导和日常管理工作。成立了项目国家督导组和医疗组,并由卫生部疾控局颁发了聘书。协助卫生部疾控局和政策法规司对《中国精神卫生法(草案)》进行了3次修改,于10月初步通过了卫生部部务会讨论。起草了作为今后精神卫生立法配套规范性文件的《精神障碍医疗程序规范》(草案)。协助发改委和卫生部完成了中国精神卫生服务机构建设规划、精神卫生防治体系建设发展规划和财政保障机制的研究与制定工作。

编写以精神卫生为主题的《两会专刊》(全送专刊),送参加2007年全国人大和政协会议的代表。

与疾控中心健康教育中心共同完成了《精神卫生宣传核心信息手册》,已由卫生部全国下发。担任卫生部"全国精神卫生科普知识征文竞赛"的组织单位,在世界精神卫生日的宣传活动时颁奖,获奖文章己由人民卫生出版社出版。

举办"中国—挪威精神卫生法宣传骨干培训班",第二次连续培训57名来自全国的精神卫生法国家级宣传贯彻讲员。对国内精神卫生人员开展在墨尔本—香港—内地的三地培训。

《中国心理卫生杂志》编辑部取得突破性发展。在精神病学与心理学类学术期刊中,本刊总被引频次列第1位,影响因子列第4位。年收稿近1600余篇,完成12期的编辑、出版、发行工作,全年发表各类论文300篇150万字,年发行9万余册。组织《中国心理卫生杂志》创刊二十周年庆典暨《中国心理卫生杂志》GSK杯优秀论文奖颁奖活动。完成从非独立法人事业单位转变为独立法人企业单位的申报,并获得批准。

国家临床药理试验机构完成Ⅱ、Ⅲ期新药临床试验16项,Ⅰ期药物试验2项,正在进行中的药物试验8项。接受国家药监局对新药试验稽查1次,北京市药监局稽查1次。负责接待申办方各种监察、稽查500人次。对本院医师进行GCP培训数次,送外出参加GCP培训7人次。协调安排医师参加试验启动会78人次,总结会54人次。组织医学伦理委员会议10次,讨论项目50项,协调伦理委员会相关知识培训3人次。组织协调《精神病防治指南》的修订工作,完成《指南》的正式出版。

【医学教育】 本科教学 本科生大课327学时,见习459学时。力争到医学部教学改革的重点课题"临床沟通技巧"课程的设计与实施课题,完成了课题论证、教材初稿、首期教师培训等工作。完成北京大学院系评估报告,顺利完成教育部本科教学水平评估的相关任务,初步完成档案的建立。组织并资助3名青年骨干教师参加"中国医师协会人文医学执业技能培训"。

研究生教育 招生33人(博士8人、硕士16人、在职硕士9人),在学研究生总数101人。新增博士生导师2人、硕士生导师3人、班主任2人。论文答辩18人,申报学位16人,召开学位分会会议2次。修订完善了2005/2006/2007研究生培养和考核标准,顺利解决了研究生临床中的有关问题。严格执行劳动纪律和学籍管理制度,处理2名严重违纪的博士研究生。

**继续教育** 完成80%的国家级继续医学教育基地的项目(申报19项完成15项)。实施北京市精神科专科医师培训,并完善临床研究生/专科医师临床技能考试改革的有关措施,接收3名北京市专科医师。完成卫生部支援西部精神卫生培训班一个,并申报北京市级项目。完成当年本院住院医师规范化培训的相关考核工作。

【**交流合作**】 与哈佛大学、密歇根大学、加州大学、Rochester大学、杜克大学、夏威夷大学、伦敦国王学院、悉尼大学、墨尔本大学、香港大学、香港中文大学、神户大学等著名大学合作,开展多领域的合作研究和学术活动,建立合作项目5项,经费约185.3万元。

2007年全院有42人次出国参加国际学术会议;接待40批、来自10个国家的252名外宾来院参观访问,举办国际会议1次,学术报告会13场;举办Ⅰ类继续教育项目学术交流会13场,Ⅱ类继续教育项目学术交流会17场,参加人数达1200多人次。

【**后勤与基建**】 制定了全院"安全生产责任制",后勤科室的安全制度,维修保障部门的铁木瓦电各工种制定了严格的岗位操作规程。

医院设有外线双路供电保障,全院配电、送电系统设专门机构由专业人员进行管理、维护、检修。配电系统由专人时时进行监控,记录运行状况。制定了停电预案、触电事故的处理、电梯困人处理等安全措施。

严格执行垃圾分类收集处理制度,明确了医疗废弃物收集、运送岗位责任制,并制定了医疗废弃物紧急处理预案。完成配电系统由单路供电改造为双路供电。实现物资计算机网络化管理,完成了医疗病床更新项目,对医疗病床及相关设备进行了更换。完成国有资产清查工作。病房楼、车库、食堂加层基建项目获得立项,工娱室、车库加层工程各项手续申报,工程已接标,工程队和监理进驻医院。

【**医德医风建设**】 医院党政领导班子成员认真学习上级文件,领会精神,统一思想,定期进行中心组学习,认真学习中共中央政策,及时掌握大政方针。

在预防职业犯罪方面,医院党政班子注重治理商业贿赂工作的进一步延续,使广大医务人员、管理人员和重点岗位人员充分认识到开展治理商业贿赂工作是维护市场经济秩序、落实以人为本的科学发展观和构建社会主义和谐社会的必然要求,是整顿和规范医药市场秩序、净化医疗服务环境、切实维护患者切身利益的重要举措。

组织相关领导和重点部门负责人参加治理商业贿赂工作中案例的庭审会,并召开座谈会,交流思想,加强岗位防范意识,做到警钟长鸣。组织相关部门领导学习《医疗卫生机构接受社会捐赠资助管理暂行办法》,成立医院接受社会捐赠资助管理工作小组,使医院接受社会捐赠资助的管理规范化、制度化。组织各部门领导和科室负责人、重点岗位人员,观看北京教育系统组织的"惩治与预防并举,携手共建和谐校园"预防职务犯罪警示教育展,党委副书记现场讲解,使观看的同志们受到了一次生动的预防职业犯罪的深刻教育。

院长、书记亲自挂帅,成立了奥运培训工作领导小组和工作小组、奥运培训办公室。在奥运培训工作全院动员大会上,院长、副院长分别做动员报告,向全院职工发放了奥运英语培训有关的教材和光盘,将奥运培训作为全院职工岗位继续教育学习的重要内容,做到全院培训。组织职工相继观看了奥组委执委会常务副主席蒋效愚的"奥运舞动北京"报告和孙葆丽的"奥林匹克运动与北京奥运会"的报告。邀请北京市卫生学校高级教师高晓蜜做迎奥运文明礼仪培训专题讲座,邀请外交官联谊会副会长鲁培新做外交礼仪培训,要求窗口服务相关人员参加,使大家开阔了眼界,增长了知识,并运用到医疗护理服务之中。

为缓解医患矛盾,减少医疗投诉,制定了医患沟通制度、医患纠纷防范和处理预案。医院定期进行法律法规和医患沟通的培训,各科室定期进行相关服务规范培训,制定科室的纠纷处理预案,做到纠纷(投诉)处理在基层,层层落实。每月有专人对门诊、住院病人进行满意度调查,征求患者意见,不断改进服务。

积极响应卫生部(卫生局)的号召参加医疗责任险,为广大患者及时获得赔偿,缓解医患矛盾尽医院的一份社会责任,增加了医患矛盾的解决途径。

加强法律法规知识培训,提高医护人员法律意识和解决医患纠纷的能力。医务处在要求各临床科室自行定期学习《中华人民共和国执业医师法》《医疗事故处理条例》《北京市精神卫生条例》等法律法规的基础上,邀请北京市十佳法官马军庭长对医护人员进行如何预防医疗侵权的培训和《北京市精神卫生条例》考试。

2007年满意度调查结果:门诊病人平均满意度87.8%,住院病人平均满意度95.4%。全年发放问卷1800份。据不完全统计,2007年收到表扬信59封,锦旗24面。拒收"红包"75人次,拒收礼品81人次,约合人民币81800元。

# 深圳医院

**【发展概况】** 2007年,北京大学深圳医院在北京大学医学部、深圳市卫生局、北京大学香港科技大学医学中心等上级有关部门的正确领导下,经历了来自社会和行业内部的巨大考验,确保了医、教、研及其他各项工作的平稳发展,社会效益和经济效益获得进一步提升。业务工作量逐年增长,2007年,在全深圳市医疗质量评估考核检查中,再次排名全市第一。至此,医院已经连续三年在全市医疗质量整体评估考核中荣获总分排名第一的好成绩。

2007年,医院共完成门急诊194.1万人次,同比增长12.9%。全年出院病人约3.3万人次,同比增长17.8%。

全年共完成住院手术1.9万台,同比增长14.3%。病床使用率105.4%,同比增长4.4%。住院CD型病例占71.3%,Ⅲ、Ⅳ级手术占22.5%。2007年,医院工作量出现"四个增加",即:平诊择期候床大病明显增加;接收外院转诊危重病例明显增加;医生人均承担门诊量、住院量和手术量明显增加;护理人员人均管理病人及复杂程度明显增加。

**【学科建设】** 2007年以来,医院采纳有关专家狠抓专业管理的建议,越来越多科室已逐步采用国内国际标准、规范、常规作为学科发展目标或诊治依据,学习、汲取、消化和推广国内外先进经验和技术。学科建设出现"四个减少":不达标科主任或学科带头人减少;没有明确学科发展方向的科室减少;没有明确专业方向的业务骨干减少;技术空白、设备闲置现象减少。医院首次参加北医系统优秀科室主任评选,4位科主任当选。妇产科是我院医教研全面发展做得较好的学科,在全市第二批重点学科建设中期评审总分第一,获得市政府重点资助,有望成为我院的标杆科室!

**【科研工作】** 教学科研工作渐成体系,管理逐步规范。在医院政策引导下,住院医师规范化培训的通过率由50%提高到79%。北大第二批38名八年制学生顺利完成在我院的学习任务,普遍反映良好。受聘北大研究生导师或教授已达48名,考取北大硕士、博士96名,进站博士后15名,公派前往日、美学习8批37名。主办、承办各种学术会议、疑难病讨论、短期培训等,学术氛围日益浓郁。男性生殖实验室囊括我院4项国家、省自然科学基金和1项市科技创新奖。医院已由普通的地方医院,逐步朝着名校旗下一流临床医学院目标前进!

**【健康产业】** 体检已覆盖院内外5个点,全年工作量增至30.2万人次,业务收入9424万元。质量已由简单的查体向全面健康管理转变。理念创新带来了服务范围和要求的变化。特诊科积极开拓业务,打好专家优质优价服务、高级体检两张牌,去年业务收入2945万元,同比增加20.5%,扭转了过去仅以社会效益为主的局面。体检特诊的投入产出比居全院之首,为医院绩效提高做出重要贡献。

国内外各级领导人和本市干部的保健工作是我院必须接受和做好的一项光荣任务。经过多年磨炼,我院干部保健工作已呈现三个特点:一是体现在高度重视和精心组织的管理水平;二是体现在医务人员精湛技术和周到服务的业务水平;三是体现在精良设备和优美环境的硬件水平。优质服务吸引成千上万各级保健对象和外宾外商。全年完成国家二级以上保健任务11人次,驻地保健3人次,门诊5465人次,住院168人次。特诊病房与中央、省市领导和专家紧密配合,出色完成一项中央重要保健任务。保健对象对我院干部保健工作比较放心和满意,把我院作为首选医院。

**【后勤工作】** 完成对后勤管理公司的全面评估和招投标。众安康公司在全面提高服务承诺、调整收费标准后再次中标。环境管理体系再次通过质量认证。完成医院建设整体规划。科教楼建设已破土动工,有望于今年8月份封顶;门急诊扩建和外科楼设计等工作进展顺利。物资采购、仓储和使用更加规范有序。尽管受物价和灾情影响,医院饭菜质量、供电、供水、供气仍较正常。率先成立医院警务室,打击"医托",制止"医闹",公安部门在我院召开现场会推广经验。强有力的支持保障系统,保证医院安全、无间断运行。

**【党群工作】** 医院新党委成立以来,创新工作方法与思路,以民主评议政风行风工作为主线,抓行风促院风,抓科室民主管理促政风,抓制度建设促各项工作落到实处,抓医院文化建设营造"仁心仁术、博学博爱"的工作氛围。在院务公开、议事规则、行风建设、科室民主管理、招投标监管、医院文化、对口帮扶等取得较好效果。市行评团对我院行风政风给予高度评价。心血管科主任吴淳医师荣获"深圳市十大杰出青年"殊荣。业余文化生活丰富多彩。吃年饭、拜年、发短信三项改革宛如吹来一阵移风易俗的清风。党的工作卓有成效,使医院班子建设、队伍素质和员工的精神风貌发生较大变化。党政班子密切配合、齐抓共管,保证医院中心工作的顺利进行。

**【医院管理】** 增收节支、开源节流取得成效。医院在规模基本稳定情况下,工作量和收入增长均在两位数以上,人均业务量、业务收入均列全市医院前茅,而成本的耗费控制在一位数以内,特别是每百元业务收入支出108元,居市、区各综合性医院最低。医疗欠费和赔偿、社保拒付等都得到有效控制。各种临时性开支被坚决叫停。每门诊和出院费用同比分别下降2.1%和10.0%。上述数据一是提示医院经营绩效继续提高;二是提示绩效提高没有通过高收费、乱收费获得;三是提示绩效提高的同时,还消化了下半年物价调整对医院的巨大冲击。医院绩效的提高保证了员工收入保持不降或略有上升,集体福利继续改善,医院苦心经营、科学管理有了良好回报。

【大事记】 2007年1月26日 深圳北京大学香港科技大学医学中心举行了隆重的科研教学基地奠基仪式。刘应力常务副市长、梁道行副市长,北京大学医学部方伟岗副主任,香港科技大学黄玉山副校长分别代表三方出席开幕仪式并致辞。市卫生局、财政局等政府相关部门的领导及各界嘉宾也出席了奠基仪式。

3月15日 深圳市卫生局揭晓2006年度深圳市医疗服务质量整体评估的结果。在参评的68家医院中,北京大学深圳医院以总分94.356的总成绩以及社会中介机构评估"社会满意度"总分最高而双列榜首。这也是北京大学深圳医院继2005年获得深圳市医疗服务质量整体评估全市第一后,再次蝉联榜首。

3月28日 中国共产党北京大学深圳医院第二届党员代表大会隆重召开。通过民主选举产生的144名党代表以及由民主党派、无党派、入党积极分子组成的44名列席代表以及会务人员近200余人参加了本次大会。本届大会经过民主选举产生了北京大学深圳医院第二届党委委员和纪委委员。

4月19日 医院血液科完成了深圳首例3/6位点相合的造血干细胞移植技术。患者库先生,患急性非淋巴细胞白血病,医院为其输入仅3个位点相合,来自患者父亲的造血干细胞。本例移植标志着北京大学深圳医院自开展造血干细胞移植以来,经过近5年时间的快速发展,已经达到并具备了国内造血干细胞移植的先进水平。

6月9日 为加强与香港科技大学的相互了解,促进双方在生物医学研究领域的合作,医院与香港科技大学举办了首次"深港生物医学研究学术交流会"。

6月17日 粤深港女医师庆香港回归祖国十周年联谊活动在医院会堂隆重举行。来自粤深港地区的200多名女医师参加了此次活动。广东省卫生厅党组书记、副厅长黄小玲、香港特区医院管理局主席胡定旭、律政司司长、基本法委员会副主任梁爱诗女士等领导和嘉宾出席活动并致辞。

6月18日 医院与深圳农业银行、杭州创业软件集团在医院门诊大厅举行了"金穗北大深圳医院卡"首发仪式。此卡集"挂号、分诊、电子处方、电子病历、付费"等数字化就诊一条龙服务于一身,有效简化、就诊流程,提高患者就诊效率,成为真正意义上的电子病历卡。

7月2日 全国医师资格实践技能考试(深圳考点)正式开考。今年是内地首次允许符合报考条件的台湾地区居民参加大陆医师资格考试。作为深圳地区指定的3大考场之一,医院共负责343名考生的考试任务。其中深圳考生260名,香港考生24名,台湾考生59名。

8月19日 全国人大常委会副委员长、九三学社中央主席、中国科学院院士韩启德莅临北京大学深圳医院,就当前医疗体制改革的现状进行现场调研,并为医院题词:"准确定位 服务社会 追求卓越 人才为本"。

10月27日 深圳北京大学香港科技大学医学中心联合美国德克萨斯州医学中心Methodist Hospital举办了为期一周的"妇产科学研究进展国际研讨会",此次会议由医院承办,来自美国、澳大利亚、新加坡、中国香港以及国内其他地区的知名妇产科专家、学者齐聚一堂,为加强妇产科学临床医疗质量控制,介绍及开展新技术、新项目的应用起到推动作用。

10月28日 北京大学深圳医院科教楼基建工程正式开工,工程由深圳市建筑公务署管理,广东省第二建筑工程公司承建,深圳市中行建设监理有限公司承担监理工作。

12月6日 心内科主任吴淳成功当选深圳市第十一届"深圳十大杰出青年"。该活动自9月底正式启动以来,采取社会推荐、组织推荐和个人自荐相结合的办法在全市范围内产生20名候选人,最后经自我演说、现场提问和投票表决环节,由评委会投票、市民代表投票和网上投票的方式,决出"深圳十大杰出青年"。

12月12日 卫生部召开的《第一批数字化试点示范医院结果及试点示范工作研讨会》的会议上,医院荣获卫生部数字化医院试点示范单位。此次公布的第一批数字化试点示范医院共20家,广东省占四家。北京大学深圳医院自2003年起,连续三年每年投入1000万元进行信息化建设,目前,医院在数字化的基础性工作和应用系统等方面取得了实质性进展和初步成果,应用水平已经达到国内先进水平。

# 首钢医院

【发展概况】 2007年,首钢医院在岗职工1231人,其中,卫生技术人员1015人，包括具有高级职称的16人，副高级职称的102人，中级职称的512人，初级师295人，初级士90人。

设备总价值131725072.89元。其中，50万元以上的设备33台（套），10万以上的设备183台（套）。2007年购入有创呼吸机、内镜消洗设备、冷冻切片机等医疗设备21台（套），设备总价值1112543元。

北京大学首钢医院始建于1949年10月，曾先后易名：石景山钢铁公司医院、首都钢铁公司医院、首都钢铁公司总医院、首钢总医院；2002年首钢总公司和北京大学合作办院后更名为北京大学首钢医院，是一所非营利性三级综合医院。

北京大学首钢医院占地面积68436.07平方米，比2006年减少6824平方米，业务用房建筑面积89089.92平方米，比2006年减少5303平方米。

首钢医院设有32个临床科室，9个医技科室，22个职能科室，4个社区卫生服务中心，1个实体（益生商贸公司）。

【管理改革】 2007年8月28日至9月27日，北京大学首钢医院组织科级干部任期述职，75名科级干部就任期工作以及今后三年的部门工作、科室发展进行了总结汇报。在任期述职评考、测评及全面考察的工作基础上，北京大学首钢医院党委会、党政联席会从本院工作实际出发，决定对30名科级干部进行岗位调整，重新进行了科级干部的职务任命和岗位聘任。

2007年12月26日，北京大学首钢医院召开第十六届职工代表大会第一次会议，那彦群院长作了题为《为全面建设北京市一流的现代化大医院而努力奋斗》的工作报告，刘慧琴书记作了题为《坚持以人为本 提高服务意识 构建医院和谐发展的环境》的讲话。

重新修订各种规章制度及完善各类应急预案，广泛开展法律法规宣传，发放《处方管理办法》423本；《抓管理、迎奥运北京地区医院管理实地考核评价工作检查手册》96本；制订《北京大学首钢医院处方管理规定》《北京大学首钢医院急、危重症孕产妇抢救应急预案》《北京大学首钢医院辐射安全应急预案》《北京大学首钢医院依法执业公示制度》等规章制度。

2007年，北京大学首钢医院继续以警示教育、完善制度为治理医药购销领域商业贿赂的工作重点，组织召开治理商业贿赂领导小组会议4次；中层干部会5次；党支部书记会1次。组织全院1243名职工观看《医疗机构药械商业贿赂防范》光盘并进行7场考试。利用多种形式开展警示教育，组织有业务处置权的工作人员观看"预防职务犯罪展览"和《赌之害》光盘；派送15人到北京市警示教育基地参观。每半年举行一次针对重点部门、重点岗位人员参加的警示教育座谈会。组织采购人员参加首钢总公司廉政教育培训班以及北京市卫生局案件庭审，接受普法教育。按照《北京大学首钢医院廉政谈话制度》要求，对科级干部及有业务处置权的工作人员进行预防谈话、诫勉谈话及警示谈话共53人次。

建立健全了《北京大学首钢医院2007年治理医药购销领域商业贿赂专项工作安排》《北京大学首钢医院岗前培训管理办法》《北京大学首钢医院重大投资项目管理规定》《北京大学首钢医院接受社会捐赠资助管理暂行办法》《北京大学首钢医院院务公开实施细则》《北京大学首钢医院处方管理规定》《北京大学首钢医院医疗设备采购招投标管理办法（试行）》《北京大学首钢医院工程招投标管理办法（试行）》等规章制度。

2007年6月1日，北京大学首钢医院按照北京市卫生局要求，门、急诊病历开始使用北京市通用的"一本通"。2007年6月27日，北京大学首钢医院与神华集团正式签署定点医疗服务协议，成为神华集团医疗合作单位。2007年12月25日起，社区卫生服务中心开始实施药品零差率销售工作。

2007年8月21日，由北京市卫生局和多家大型医院专家组成的"北京地区医院管理实地考核评价"专家组对北京大学首钢医院开展"抓管理、迎奥运"工作进行了检查，分别就本院规章制度、物价收费、奥运筹备等方面进行了量化评比。评比结果显示，北京大学首钢医院在北京市21家受检查的奥运定点医院中名列第八。

【医疗工作】 北京大学首钢医院门诊量304834人次，急诊44990人次，日均门诊1224人次，日均急诊123人次；门诊病人手术（门诊开展且有手术记录单者）1125例；急诊抢救579人次，成功528人次，病房抢救41人次，成功19人次；产妇死亡率0‰，早期活产新生儿死亡率3.53‰，围产儿死亡率8.18‰。

编制床位1006张，实际开放床位695张；住院患者15084人次，出院15036人次；入院病人手术5073例；病床使用率82.75%，病床周转次数21.63次/床；出院者平均住院日13.96天/人，治愈率43.4%，好转率51.59%，死亡率4.48%；入出院诊断符合率99.95%，七日确诊率99.35%，术前术后诊断符合率100%。

严格按照《北京大学首钢医院开展新业务准入办法》，开展了9项新技术新业务；

表 6-37　首钢医院 2007 年开展的 9 项新技术新业务

| 科室 | 新技术/新业务 |
| --- | --- |
| 耳鼻咽喉科 | 下鼻甲骨折外移术 |
| 麻醉科 | 髓核化学溶解疗法 |
| 眼科 | 医疗美容 |
| 影像中心 | 超声引导下肾囊肿引流术 |
| 检验科 | 孕中期酶联法唐筛 |
| 检验科 | 乙型肝炎病毒检测微粒子发光检测法 |
| 骨科 | 应用抗血栓梯度压力带预防术后深静脉血栓 |
| 泌尿外科 | 尿道悬吊延长术 |
| 重症监护科 | 康惠尔现代敷料 |

甲级病案率 90.14%,无菌手术切口甲级愈合率 99.67%,无菌手术切口感染率 0.33%,医院感染发生率 2.85%,医院感染漏报率 4.21%。通过对临床医生抗感染药物合理使用的培训指导,预防性用药的比例从 2006 年的 37.71%下降至 2007 年的 36.89%。结合卫生部制定的"手卫生指南",更换了对皮肤刺激性小和不易污染的洗手液及快速手消毒剂,手卫生合格率由 2006 年的 88.97%提高到 2007 年的 96.61%。完成各类传染病网络直报工作 1399 人次,传染病卡上报合格率由 2006 年的 95.5%提高到 2007 年的 95.90%。

北京大学首钢医院医保出院病人 9712 人次,医保病人总费用 112458060 元,人均费用 11579 元,比上年降低 7 个百分点;个人自费比例 2.7%;平均住院日 15 天,药费比例 41.1%。10 月,北京市基本医疗保险中心批准北京大学首钢医院成为医保 A 类医院中医清单免审单位。

为首钢总公司女工防癌普查 6486 人次,厂区保健站管理慢性病 8136 人次。社区卫生服务共管理人口 182267 人,共计 63384 户。提供家庭病床服务床日 2304 个,上门医疗健康服务 4826 次。管理高血压患者 30084 人次、糖尿病患者 6228 人次,冠心病患者 3588 人次,脑血管病患者 2568 人次;精神病患者 8624 人次;恶性肿瘤患者 348 人次,建立健康档案 609618 份。预防接种 53672 人次,接种率 100%,新生儿管理覆盖率 100%,社区卫生服务中心为 60 岁以上老人免费接种流感疫苗共计 11000 余支。

开展义诊宣传 10 次,共 60 名医务人员参加,累计受教育群众 3000 人次,发放宣传材料 4600 份,摆放宣传看板 40 块。组织管理健康教育工作,各科对患者进行健康教育 10450 次,发放健康教育处方 4830 张,接受教育 19330 人次;自制宣传材料 2850 份;开展健康教育讲座 193 次,惠及 1970 人。

与房山佛子庄乡卫生院及长沟中心卫生院签署了支农协议,进行人员及设备支援;安排对口支援医院医师进修,安排专家下乡讲课,认真做好对口支援工作;每月安排各科室医务人员对口支援社区卫生服务工作,保证古城、苹果园、老山、金顶街四个社区卫生服务中心每天都有具有主治医师以上技术职称的人员出诊;安排市残联白内障手术;安排医务人员前往河北省曲阳县第二医院,开展医疗支援工作。

【护理工作】　北京大学首钢医院护理人员在各类杂志、期刊上发表论文 7 篇。其中,发表在核心期刊的论文 3 篇。395 名在岗护理人员中有 10 人取得大学本科学历,18 人取得大专学历。

组织修订了《鼻饲》《输血》《徒手心肺复苏》《静脉输液》的技能操作考核评分细则,为以上各项技能的培训及考核奠定了指标性依据。经过长期锻炼,护理骨干人员英语成绩进步明显,2007 年,1 名护士直接入选北京市卫生局英语专家库,4 名护士选入北京市卫生局组织的中高级英语培训班。2007 年病人对护理工作总体满意度 98.22%,较上年提高 1.52 个百分点。2007 年 5 月,荣获"首都护士迎奥运'双千日'文明优质服务系列活动服务质量年先进单位"称号。2007 年 5 月 22 日,石景山区卫生局将护理质量控制中心和改进工作办公室设在北京大学首钢医院护理部。

【科研工作】　2007 年 3 月 14 日,组织召开了"2007 北京西部医学论坛",论坛分为论文交流和"前列腺增生专题研讨会"两部分,云集了北京地区泌尿外科的专家、学者以及 280 多位医界同仁。

北京大学首钢医院卫生技术人员在各类刊物上发表学术论文 38 篇,出版著作 1 部。其中,发表在核心期刊的论文 32 篇。申报北京市首都医学发展科研基金 11 项(含中医 1 项);申报北京市自然科学基金 4 项;那彦群院长主持开展的"大鼠去势后肾上腺源性雄激素变化规律的研究"获得国家自然科学基金资助,资助金额29万元;横向合作课题4项,获资助7万元;"首钢社区人群心脑血管病防治经验与效果"和"利咽止嗽方治疗喉源性咳嗽的临床研究"分获首钢科技奖一等奖、二等奖,获资助40万元。2007年在研课题6项,其中,首发基金4项,合作课题2项,结题2项。

【医学教育】 北京大学首钢医院职工参加继续教育学习率100%,学分达标率为:高级职称100%、中级职称100%、初级职称99.5%。举办市级继续教育项目4项,举办院级学术讲座15次,参加学术活动200余人次。派出卫生技术人员外出参加研讨会、研修班、学习班等各种学术活动187人次。2名学科带头人分赴韩国、奥地利进行学术交流。2007年5月25日至26日,举办北京西部心血管疾病研讨会,120位同仁与会。2007年6月4日至8日开办了血管成像、组织灌注成像临床应用新进展学习班。来自南宁、沈阳、北京等地的90多位同仁参加学习研讨。

完成大专以上学历教育64人。其中,在职硕士7人、续本科学历并取得证书34人、续大专学历并取得证书23人。

利用"三基"知识试题库软件拟定出临床30个专业的试题并于2007年9月5日和7日组织了三场"三基"知识考试,临床医技科室的255名住院医师、主治医师参加了考试;10月10日举办了岗位练兵技能比武竞赛的决赛,组织进行了现场心肺复苏、气管插管、机械通气、胸外心脏非直流电除颤训练;10月31日组织内、外科系统19个科室开展岗位练兵比武——临床检查结果判读比赛。比赛涉及生化、血气分析、脑脊液检查结果分析、心电图及X光片、CT、MR检查结果的判读。

本科教学方面,完成了辽宁医学院第一轮临床课程教学,新增耳、眼、口腔、中医、皮科等8个教研组,负责内、外、妇、儿、神经病、精神病学的教学任务,共计1658学时;完成北京大学医学部生物医学英语专业2003级教学,共计10门课程,580学时;开始招收培养第一批外科学硕士研究生,涉及泌尿外科和骨科两个专业;着手准备北京大学医学部口腔国际班的教学任务。

【交流合作】 2007年7月12日,由北京大学首钢医院部分参与研究的"老年高血压患者治疗试验"成功完成。该试验是由伦敦帝国大学与全世界14个国家的医务工作者协作,英国心脏基金会和施维亚国际研究所支持的世界性项目,从2003年开始双盲试验。北京大学首钢医院以王健松副院长为组长,心血管病研究所为主体参加了研究。

【信息化建设】 2007年8月,完成体检维护系统v4.3到v6.2.158的版本升级。升级后的体检系统新增健康问卷(自定义)、分配档案号、性别统计等功能。

完成医学工程处综合布线,配置了20个信息点,6台计算机,完成互联网接入,实现网上招标采购。

药剂科、医疗质量处增加查询工作站各1台,完成门诊触摸屏更新。

根据北京市劳动和社会保障局关于加强北京市基本医疗保险门(急)诊医疗费用管理工作的要求,北京大学首钢医院对门、急诊HIS接口进行改造,并于2007年6月30日完成了门诊挂号室、急诊室等窗口单位的扫描枪、微型打印机设备的安装、调试工作,确保门诊医保病人的全部信息及时准确上传至北京市医保中心。

9月,办公厅保健室、办公厅保健站、古城老干部活动中心保健站、防治科中心保健站(焦化保健站)以及古城门诊精神卫生科的8套服务器进行了程序安装、调试,并对4个社区卫生服务中心收费窗口和4个社区保健站的12台计算机进行设备更新及扫描枪、微型打印机等外设的安装调试工作。10月1日,4个社区卫生服务中心及4个社区保健站实现医保病人信息上传。

【后勤与基建】 北京大学首钢医院在节能减排中开展技术创新,先后完成了:制冷机组3台大功率上塔泵更新改造,每天可节电4000度(按2台计算),以100天为一个制冷期计算,一个制冷期可节电40万度,节约电费22万元。换热站移地改造,利用这套设备于供暖期前后20天进行供暖,一个冬季可节约供暖费24.7万元(热力供暖16803元/天,燃气锅炉10613元/天,节省6190元/天)。修旧利废,维修再利用各种设备、管线和零配件400余种,节约5万余元。锅炉燃烧系统调试,燃气消耗量90183立方米,比上年的119353立方米减少了29170立方米,节省7.4万元。

通过一系列节能措施,共减少能耗支出220万元。

8月25日至26日,北京大学首钢医院苹果园社区卫生服务中心进行搬迁改造,从苹果园大街220号迁至苹果园大街86号(原为苹果园派出所),建筑面积由712.5平方米增至725平方米。

9月5日至6日,北京大学首钢医院消化内科进行病房调整,从住院大楼5层东侧调整到10层西侧。

10月18日,北京大学首钢医院开始改造扩建门诊大厅,扩建后的门诊大厅占地1600平方米,可容纳2000多名患者就医。

11月13日,北京大学首钢医院在原呼吸内科的基础上成立了呼吸重症监护室(RCU)及呼吸内科二病区,建筑面积由1300平方米增至2600平方米。

【奥运工作】 为统筹奥运医疗服务工作，成立了奥运办公室。购入《奥运知识100题》《医疗卫生服务常用外语手册》《文明服务迎奥运》《医务人员奥运英语会话》等奥运培训资料，下发到每个职工手里进行学习。

选用《承诺世界，舞动北京》《奥林匹克与北京奥运会》《文明礼仪》《医疗急救》及《礼仪宝典》等教学光盘作为奥运知识培训教材，并于2007年5月15日至6月27日、10月22日至10月26日分两次组织全员培训学习，共播放教学光盘45场，8500人次参与其中。另一方面，开办了科室主任外教英语口语培训班、技术骨干英语口语培训班各一期；同时，为出入院管理处、门诊药房等窗口单位开办了岗位日常用语口语班。

【获奖情况】 2007年1月，北京大学首钢医院获"2006年度北京市人口和计划生育工作先进集体"称号。2月7日，北京大学首钢医院金顶街社区卫生服务中心被北京市卫生局评为"北京市社区卫生工作先进集体"。3月，北京大学首钢医院获得"2006年度首都文明单位标兵"称号，"2006年度北京市卫生系统先进集体"称号，"北京市2006年度献血先进单位"称号。5月，北京大学首钢医院获得"首都护士迎奥运'双千日'文明优质服务系列活动服务质量年先进单位"称号，"2006年度住房公积金管理优秀单位"称号。5月19日，在美国阿纳海姆（Anaheim）举行的第二届华人泌尿外科会议上，那彦群院长荣获全球华人泌尿外科事业终身成就奖。11月1日，第二十二届北京市企业管理现代化创新成果揭晓，"北京大学首钢医院建立现代医院制度的探索"科研成果荣获创新成果二等奖。

【党建工作】 1月至3月，北京大学首钢医院进行党支部改选工作，10个党支部分别选出新的党支部委员会委员，同时以差额选举方式选举出医院第六次党代会的党代表。

3月26日，中国共产党北京大学首钢医院第六次代表大会召开。党委书记刘慧琴分别代表中国共产党北京大学首钢医院第五届委员会、中国共产党北京大学首钢医院纪律检查委员会作了题为《团结奋进 开拓创新 和谐发展 为把我院建设成为北京一流的现代化大医院而努力奋斗》的工作报告和《纪律检查委员会工作报告》。

7月2日，北京大学首钢医院举行推进责任文化建设启动仪式，党委书记刘慧琴做了题为《推进责任文化建设》的动员报告，提出并实施"1234511"工程（即围绕"一个核心"，抓住"两个重点"，做到"三个结合"，突出"四个明确"，强化"五种意识"，形成"一个体系"，实现"一个目标"）。

9月13日至19日，首钢医院组织开展了包括"真情奉献，责任在我心中"为主题的演讲活动以及"北京大学首钢医院风采"摄影作品比赛等第五届文化艺术节系列活动。

荣获了"首都文明单位""首都公共卫生文明单位"等称号。

## 中国药物依赖性研究所

【发展概况】 北京大学中国药物依赖性研究所在卫生部、国家食品药品监督管理局、公安部禁毒局以及北京大学各级领导的支持和关怀下，2007年研究所事业有了进一步的发展。目前在研的科研项目有18项。在社会服务方面，针对药物滥用防治和禁毒工作中的一些问题，受卫生部、国家食品药品监督管理局和公安部禁毒局的委托，研究所开展了大量的流行病学研究。设立在研究所的国家药物滥用监测中心，建立了覆盖全国的药物依赖性监测网络。作为国家镇痛药物和戒毒药物的临床研究基地，承担着国家食品药品监督管理局和卫生部下达的任务及世界卫生组织合作项目。作为国家药物依赖性研究中心，开展了新药的临床前药理毒理学评价研究，并从整体、细胞和分子水平开展了与药物依赖性有关的基础研究。

【学科建设】 研究所的主要特色和学术思路是：建立一套完整的国家级综合性药物依赖研究的科研体系，成为我国各种依赖性药物的临床前和临床药理评价中心，为国家的禁毒和药物滥用防治工作服务。研究所各研究室建设上既有分工又有联系。神经药理研究室主要为戒毒药和镇痛药进行临床前的药理研究；临床药理研究室在神经药理研究室工作的基础上，进行临床评价；药物流行病学研究室在全国范围内，对毒品种类、吸毒人群状况等进行调查、监测和分析，从而为我国政府部门制定禁毒、戒毒政策提供科学依据；药物信息研究室负责提供国内外药物滥用的状况和动态，同时出版《中国药物依赖性杂志》和《降低危害资讯》，编辑、出版各种科普读物，开展预防教育等宣传工作。目前研究所正在积极筹备教育部重点实验室及GLP实验室的建设，并筹建药物依赖新药开发研究室。

【科研工作】 2007年研究所申请到国家杰出青年基金1项、"973"项目1项、985重点学科建设（药理重点学科和精神卫生重点学科）和留学回国人员科研启动基金2项。正在实施中的课题有：国家"十一五"科技支撑计划2项、国家"863"计划项目1项、"973"课题的4项分课题、教育部新世纪人才基金项目1项、国家自然科学基金项目3项、国际合作项目1项。完成世界卫生组织国际多中心合作研究项目及中英性病艾滋病防治合作项目。开展了药物依赖临床前研究4项,戒毒药和镇痛药的临床研究11项。

2007年,研究所高质量研究论文发表数量增加,全所发表(或提交)各类研究论文、报道、综述、调查报告共47篇,其中在国外杂志发表论文16篇,在国内期刊发表论文26篇。编写专著《成瘾医学》,编译专著《酒精和药物滥用——社会心理预防和治疗》和世界卫生组织药物依赖性专家委员会第34份报告。研究所还编辑出版6期《中国药物依赖性杂志》和5期《降低危害资讯》。

【交流合作】 2007年研究所派代表参加国内外学术交流活动11次,邀请国外专家报告12次,各室组织学术活动20次。

2007年研究所接待了外宾来访10次,其中有美国药物依赖学会前任主席、耶鲁大学终身教授、美国贝勒医学院成瘾中心主任Thomas Kosten教授、英国爱丁堡大学神经科学研究中心Dr. Philip Chen、德国艾滋病预防与毒瘾治疗专家Dr. Ingo Ilja Michels及来自美国太平洋研究与发展研究所、美国Baylor医学院、美国Emory大学等专家来访。

2007年4月7日,北京大学中国药物依赖性研究所与印尼国家药物成瘾研究所合作签字仪式在中国药物依赖性研究所珠海临床基地(珠海瑞桦戒毒康复中心)举行。出席签字仪式的中方代表有中国药物依赖性研究所所长陆林教授、副所长刘志民教授、所长助理时杰博士以及临床研究基地的有关人员。印尼方面代表有印尼国家禁毒委员会主席、药物依赖协会主席、公安部委员玛德芒古巴斯提卡将军,印尼国家禁毒局局长、印尼药物依赖协会执行主席苏迪曼先生,印尼国家卫生署公共卫生健康医疗研究和发展中心主任优凡提苏懦提先生,印尼药物依赖协会行政助理黄振强先生。

陆林教授和玛德芒古巴斯提卡将军分别对目前两国药物滥用的流行趋势以及双方在药物滥用领域的研究作了介绍,对今后两所学术交流和合作研究的范围进行了洽谈,在相关领域研究的合作、学术资料和人才交流、共同举办学术研讨会等方面达成共识。双方并就中药在药物依赖领域的应用及研究现状这一感兴趣的内容进行了深入而详细的讨论,对如何在更多国家和地区推广和使用中药进行了探讨,并且对中药在药物依赖治疗中的潜力和定位作出了展望,还就双方感兴趣的问题进行了详细的讨论和对话。双方的合作和交流将有力地推动两所在药物依赖研究领域的发展,对两国的禁毒事业具有重大意义。

【教学工作】 在教学方面,在研究所的努力和学校的支持下,开设了"药物滥用与成瘾"课程,为培养更多的药物依赖领域的科研人员奠定了基础。继续为医疗系本科生和全国临床药理进修班讲授"药物滥用与药物依赖性""药物流行病学"和"临床药理"课程;为研究生讲授"药理学研究方法导论"和"神经精神药理学"课程。同时为中国协和医科大学的本科生和研究生讲授"实验药理学"和"药物依赖与药物滥用"。研究所在2007年培养博士后2名,博士研究生6名,硕士生18名,联合培养研究生6名,八年制学生1名,国际交流学生2名,进修生2名。

【社会服务】 参加卫生部开展全国美沙酮维持治疗工作的摸底调查和阶段性评估,为此分别设计由工作组、门诊点负责人和服药人员填写的调查问卷。参加北京市禁毒处、北京市发改委关于戒毒康复场所的论证会。参加"6·26"国际禁毒日和"12·1"国际艾滋病日宣传教育活动。参加社区帮教活动。

# 生育健康研究所

【发展概况】 北京大学生育健康研究所(Peking University Institute of Reproductive and Child Health)属北京大学医学部直属单位,为"卫生部生育健康重点实验室"依托单位和"中美预防出生缺陷和残疾合作项目"执行单位。现有教职员工18人。其中,副教授以上专业人员6人;9人拥有博士学位,2人拥有硕士学位。

【科研工作】 "中美预防出生缺陷和残疾合作项目"2007年度工作会议7月10日至12日在北京国际会议中心召开。来自河北、山西、江苏和浙江4省30余个县(市)的140余名代表,以及北京大学医学部的领导、北京大学生育健康研究所和美国疾病控制中心(CDC)等美方合作单位的几十名专家参加了会议。两项国家自然科学基金课题和卫生部委托"行动计划"项目顺利进行。研究所生物标本库继续扩大,目前已拥有育龄妇女纸血片标本15万份;出生缺陷核心家庭DNA标本、胎盘等组织标本接近1 500余例;不同地区、不同民族育龄妇女以及精子发育异常、习惯性流产和宫内发育迟缓等病例血液标本近10 000份。另外,研究所拥有60 000张出生缺陷病例彩色照片,拥有2 500 000例妇女孕产期及其生育的孩子从出生到7岁的保健数据库。

2月8日,"卫生部关于印发《孕前保健服务工作规范(试行)》的通知"(卫妇社发[2007]56号)发布,该规范由北京大学生育健康研究所专家起草。4月23日至24日,在无锡市召开"中美合作项目儿童哮喘发病监测研究培训班"。培训班由项目负责人叶荣伟副教授主持。相关市、县(区)妇幼保健院主管院长、儿保医生、社区卫生服务中心/乡镇卫生院的筛查医生以及儿童哮喘指定诊断医院的诊断医生等参加了培训。5月28日至30日,"孕前保健服务启动及研讨会"在上海召开,会议由任爱国教授主持,美国CDC专家Dale Hu博士和卫生部妇社司妇女处处长王斌出席会议并讲话。参加会议的有37个项目县、市项目办领导、卫生局主管局长、妇幼保健院主管院长、妇保科主任、儿保科主任等。会上,叶荣伟副教授和靳蕾副教授还布置了随访项目摸底调查工作。8月9日,任爱国教授参加在北京铁道大厦举行的"卫生科技进社区"项目2007—2008年度试点省项目活动协调会,并报告了"出生缺陷和发育残疾专业委员会"活动方案。

【国际交流】 3月6日至16日美国CDC慢性病与健康促进中心主任Laurance Grummer-Strawn及梅祖国博士一行来访,与李竹教授、刘建蒙教授共同商讨有关孕期营养项目问题,并在项目负责人刘建蒙教授陪同下前往河北省元氏县和满城县对项目进行检查与指导。4月17日,李竹教授、郝玲副教授陪同美国CDC专家Quanhe Yang博士等四位专家考察河北省香河县妇幼保健所,美国CDC驻中国代表Matt Brown也陪同前往。4月24日,美国Emory大学副校长Jeffrey Koplan访问北京大学医学部并拜访李竹教授。5月15日,靳蕾博士和洪世欣副教授陪同美国CDC自闭症专家Cathy Rice、Lorraine Yeung参观西北旺学校。5月16日下午,美国CDC国家出生缺陷与发育残疾中心室主任Margaret Honein及Lorraine Yeung博士和Cathy Rice博士来访,17日,李竹教授和靳蕾博士陪同参观考察香河县三级医疗保健网。5月21日,李竹教授陪同美国CDC专家Margaret Honein、Adolfo Correa、Dale Hu、Lorraine Yeung、Tiffany Riehle、Catherine Webb、Jean Trines一行考察嘉兴市妇幼保健院。6月17日至21日,"第三届发展中国家出生缺陷和残疾大会"在巴西里约热内卢市召开,任爱国、郝玲、李智文应邀参会。8月20日,瑞典Karolinska大学Agneta Yngve副教授来访,任爱国教授、郝玲副教授负责接待。10月3日至7日,美国CDC健康促进协调中心主任Kathleen Toomey博士、国家出生缺陷残疾中心主任Edwin Trevathan博士和RJ Berry博士等一行考察江苏省吴江市、浙江省杭州市、河北省香河县。10月14日至19日,任爱国教授与卫生部妇社司妇女处处长王斌等赴韩国考察妇幼保健工作。10月,郝玲副教授赴美国CDC学习CMV和VB6检测方法,并访问美国宾夕法尼亚州立大学。11月,李竹教授赴美国,与美国CDC、NIH及Emory大学有关专家讨论新一轮中美合作项目事宜。

# 医学部公共教学部

【发展概况】 2007年,公共教学部有在职职工137人,其中正高14人,副高43人;中级68人;博士生导师4人,硕士生导师15人;具有博士学位的13人,占教职工总数9.2%,具有硕士学位的44人,占教职工总数31.2%。学部拥有一支学识渊博、治学严谨、教书育人的专家学者队伍,多位专家出任国内本学科专业学会的负责人。

公共教学部下设五个学系:哲学与社会科学系、医学人文学系、医用理学系、应用语言学系和体育学系。学部拥有生物医学英语本科;科学技术史、应用心理学、马克思主义理论和思想政治教育三个硕士点;科学技术史、应用心理学两个博士点。

【教学工作】 公共教学部所属16个教研室承担着医学部在校本专科生及研究生的公共基础课及医学人文课程,包括医学部和临床医院的教学任务,应用语言学系还同时承担生物医学英语专业课的授课任务。2007年度开出的本、专科生必修课总数349门次,共计15905学时,选修课50门次,共计2072学时;研究生课程9门次,共计1855学时;留学生教学28门次,共计3728学时。

公共教学部重视课程改革与建设,对医学生医学人文教学体系和课程设置以及教学方法进行了一系列改革和尝试,有力地促进了学生素质的全面提高。继2006年首届全国高等学校医学人文素质教育研讨会后,各相关学系、教研室纷纷起草了医学人文课程专题提纲,并充实、完善其中的内容,为临床后期课程的开出积极地做准备。2007年,公共教学部承担的医学部教改课题11项已完成中期汇报。

狠抓教学质量,顺利通过了教育部本科教学工作水平评估。2007年公共教学部本着"以评促建,以评促改,评建结合,重在建设"的方针,不断完善教学管理制度,强化制度的贯彻实施。在学部领导的重视下,在教育科研办公室的组织协调下,多次检查各系教学档案资料,并及时进行指导、评价,确保迎评材料及数据的完整、无误。继续开展学院课堂教学活动监督、检查、指导,及时反馈评估情况,对增强教师的责任感,保证教学质量稳步提高发挥了重要促进作用。在全体师生的共同努力下顺利完成了教育部本科教学工作水平评估任务。

为保证本科生毕业论文质量，出台了《本科生毕业论文评分标准》《学生论文抄袭、剽窃行为的认定和处理办法》《优秀毕业论文评选和不通过毕业论文的认定办法》，对毕业学生论文写作进行严格质量控制，提高教学管理科学化的程度。公共教学部医学英语专业第一届毕业生2002级37名学生完成了本科阶段的学习，顺利毕业。

坚持文理渗透、专业交叉原则，我部在生物医学英语专业本科生的培养上，始终按照复合型人才培养模式进行教学安排。2007年，专业委员会对医学英语培养方案进行了修订，修订后的教学大纲及培养方案将更加适应社会发展对人才的需求。

建立了多媒体及网络环境下的自主学习中心，图文声像并茂的学习资源、形式多样的课内课外教学模式，极大调动了学生学习的积极性，锻炼并提升了他们自主学习的能力、分析问题、解决问题的能力及创新能力。

【科研工作】 2007年，公共教学部在研项目34项，其中国家级项目1项，省部级项目7项，国际合作项目2项，其他24项，经费合计人民币171万元。发表论文74篇，其中核心期刊38篇，主编出版专著25部，其中教材18部，专著5部，译著2部。我部注重开展学术交流活动，举办各种学术会议和培训班。教师参加各种学术会议74人次，其中国际会议24人次。

7月，公共教学部伦理学教研室组织召开了中华医学会伦理学分会第十四届年会。会议主题：临床伦理科研伦理。

7月15日至17日，公共教学部主任张大庆教授率团访问了美国得克萨斯大学加尔维斯顿医学部医学人文研究所（IMH-UTMB）。双方就学术交流、教师培训、研究生联合培养等方面进行了深入交流，达成了多项合作交流协议。

7月17日，公共教学部应用语言学系教师访问美国佐治亚州立大学应用语言学系并进行为期三周的学术交流和教师培训活动。

9月28日—10月7日，医学心理教研室组织了全国性心理治疗学习班。

10月，中国中医科学院医史文献研究所陶广正教授为科学技术史专业研究生做了关于中医传统医学文化的系列讲座。

12月15日—20日，医学人文学系组织举办了教育部高校医学人文骨干教师研修班暨儒家生命伦理学国家继续教育项目。

【党建工作】 2007年，公共教学部党政工作在学部党政领导的直接指导下，始终围绕学部中心工作，以"岗位作奉献，真情为教师"为目标，认真履行职责，团结协作，发扬特别能战斗的团队精神，扎实高效地开展工作，圆满完成了党建评估、学习贯彻"十七大"精神、教学评估、先进教工之家验收等一系列重大工作。

公共教学部党委积极工作，锐意进取，认真完成各级党委布置的各项工作，党政密切配合，在公共教学部的各项工作中尊重和支持行政领导的决策权和指挥权，同时发挥党组织的政治核心作用，为公共教学部的发展提供政治保证与思想保证。2007年党委圆满完成了党建和思想政治工作评估工作，并以评促建，把党建和思想政治工作制度化、规范化；组织全体党员和教职工学习十六届六中全会精神、学习孟二冬和王选事迹、学习党的十七大精神等。学习和讨论了纪委下发的警示教育案例；组织了党支委以上干部学习党的十七大精神座谈会；行政教研室副主任以上干部、党支部委员以上干部的党风廉政讲座。

党政班子重视对青年教师的培养工作。2007年启动青年教师科研基金；组织我部优秀骨干教师培训及社会实践；组织教职工参观王选纪念馆，进行师德师风教育，弘扬了尊师重教的精神，深受广大教师的一致好评。

为更好地迎接2007年教育部对北京大学进行本科教学工作水平评估，按照医学部"迎评"工作的总体要求，我部各职能办公室通力协作设计制作了全面展示公共教学部教学科研工作的展板，精心布置了会议室，细致入微地做好教育部专家莅临我部考察的接待工作。

2007年公共教学部工会，围绕学部中心工作，坚持以"围绕全局、突出维护、凝聚人心、真情服务"为基本工作思路，组织开展了一系列的工作。为营造良好的文化氛围，学部工会开展了教职工们喜闻乐见、丰富多彩的文体活动，很好地活跃了学部的文体气氛，加强了学部的凝聚力。为把我部工会办成教职工温暖和谐的家园，部党政领导高度重视，从人员、经费、活动时间等方面给予了大力支持。在办公用房非常紧张的情况下，专批了一间办公用房作为部工会职工之家之用，还拨款购买了各种娱乐器材。11月30日，我部工会顺利通过"先进教工之家"验收。验收组专家对我部建家工作给予了高度评价。

【学生工作】 2007年公共教学部学生办公室在部党政领导的指导下，结合学生实际，坚持育人为本，以学生为中心，认真做好学生的思想教育和日常管理工作，取得了一定成效。

重视学风建设，注重培养学生的专业思想，营造良好的学习氛围。针对部分同学对专业学习缺乏兴趣、学习积极性、主动性不高的实际，通过组织专业介绍会、师生座谈会、老生新生学习经验交流会等活动,坚定同学们的专业思想,提高学习兴趣。定期进行课堂纪律考勤检查,促使同学们养成良好的学习习惯。

2007年,医学英语第一届学生毕业,为帮助同学们顺利实现就业,通过面谈、电话、邮件等不同方式与每位学生沟通,帮助学生了解就业政策,掌握求职择业的程序和技巧,指导学生适时调整就业心态,科学规划职业生涯。截至2007年8月底,除一名同学因论文原因延期毕业外,医英2002级37名同学全部实现就业,并且就业质量较好。

2007年我院招收研究生12人,其中博士3人。毕业研究生6人,提前攻读博士1人。朱洵同学荣获光华奖学金,赵留记同学荣获北京大学优秀奖学金、北京大学三好生,李颖同学荣获医学部学习优秀奖。

2007年公共教学部医学史教研室对研究生培养方案进行了修订。修订后的培养方案将更加适应社会发展对人才的需求。

2007年研究生班集体组织了丰富多彩的活动,参观大观园及北京城市规划展览馆、香山游、举办座谈会、学术讲座、举办新年联欢会等,加强学生综合素质培养,增强了班级凝聚力。

2007年公共教学部举办了2期医学心理学研究生班,学员达40余人。

【获奖情况】 2007年,公共教学部全体师生发扬不断进取、勇于创新的精神,为公共教学部赢得了荣誉:李芳等10名教师被评为2006—2007学年度北京大学医学部教学优秀个人;贺东奇教授获得北京大学工商银行奖教金;胡佩诚教授被评为"北京市教育创新标兵"。

2007年2月9日至13日,在公共教学部理学系教师的指导下,医学部4支参赛队参加了由美国数学及其应用学会(COMAP)举办的第七届国际大学生跨学科模型竞赛(Interdisciplinary Contest in Modeling, ICM2007)。比赛结果:1组获得一等奖;2组获得二等奖;1组获得三等奖。

2007年,医学史、医学心理学、物理学三门课程经过几年来教师们的不懈努力和创新,已经成为深受广大学生喜爱的医学基础课,并被专家评为2007年北京大学医学部精品课程。

张大庆教授主持的"医学史"课程被评为北京市精品课程。张大庆教授主编的《医学史十五讲》被评为北京市精品教材。

(袁小平、甄娜、谢虹)

# 元培学院

【发展概况】 2007年是元培计划实施的第六年。元培计划已有三届学生顺利毕业,同时迎来了第7届学生,在校生总数达到692人,学生规模不断地扩大。在新生入校之际,元培学院成立。为了适应元培学院的发展,教学管理和学生辅导工作不断改进,运行总体顺利,国际交流项目也更加规范和有声有色。9月6日,北京大学元培学院成立暨元培2007级新生开学典礼在秋林报告厅举行,元培学院正式成立。教育部高教司副司长刘桔、北京大学常务副校长林建华、复旦大学复旦学院院长熊思东教授等领导和同行到会发表讲话,其中林建华常务副校长的讲话为元培学院未来的工作指明了基本方向。元培学院是元培计划实验班的延续和发展,其成立为北大本科人才培养模式改革的进一步深化提供了体制上的保证,元培学院具有一个独立院系的基本职能和建制。年底教育部进行的本科教学水平评估中,元培学院的教学改革工作受到评估专家的充分肯定,并给予高度评价。

【教学工作】 接受教育部本科教学水平工作评估。11月18日—23日,教育部本科教学水平工作评估专家到北京大学评估。11月21日下午,蒋树声、钟宇平、孙健荣三位专家到元培学院,对我院的本科教学工作进行检查评估。学院以最好的精神面貌迎接了这次评估工作,展现了元培学院的成绩和风貌。

跨学科专业建设。为发挥元培学院教育模式的组织优势,扩大元培学生的选择面,组织跨学科专业为元培学院的重要发展方向,2007年学院对跨学科专业的建设机制在学院内部进行了深入讨论,初步统一了思想。2007年年初,学院与地空学院一起,起草了新的"古生物专业"教学计划,学生在生命学院和地空学院课程中选择课程,形成新的跨学科专业,充分发挥我校两个学科的优势。相关专业申请报告通过了理科学部预审和教务长办公会审查,并上报教育部。"古生物专业"招生说明会于2007年12月举行,计划面向2007级新生。"政治、经济与哲学"专业是另一个工作目标,学院开展了一些前期工作,与多个院系达成初步共识,并计划2008年3月完成教学计划制定工作。2007年,元培学院申请教育部"创新人才培养基地",获得批准。

7月,2007届毕业生顺利毕业。除8人延期毕业、3人5年学制,应届毕业学生共140人。其中,实际毕业137人,均获得双证,3人办理暂结业。2001级3名延期毕业的学生也完成了教学计划要求的学分,和2003级毕业生一起获得双证。

表 6-38　元培计划实验班 2005—2007 届毕业生去向统计

| 年级 | 总人数 | 国内读研 | 境外读研 | 就业/考研 |
|---|---|---|---|---|
| 2005 届 | 72 | 29(40.3%) | 21(29.2%) | 22(30.5%) |
| 2006 届 | 102 | 38(37.3%) | 35(34.3%) | 29(28.4%) |
| 2007 届 | 140 | 49(35.0%) | 54(38.6%) | 37(26.4%) |
| 合计 | 314 | 116 | 110 | 88 |

元培计划实验班 2007 级计划招生 150 人，实际报到 185 人，其中男 113 人，女 72 人。其中有各省市状元 10 人。

2006 级专业分流情况：2006 级除有两名女生转入数学科学学院、两人转香港大学学习、1 人休学外，其余 174 人全部确定院系。2005 级 7 人补定院系，2003 级 1 人补定院系。

表 6-39　元培学院 2006 级学生院系分布统计

| 院　系 | 人　数 |
|---|---|
| 数学科学学院 | 23 人 |
| 物理学院 | 18 人 |
| 信息科学技术学院 | 14 人 |
| 化学与分子工程学院 | 11 人 |
| 生命科学学院 | 16 人 |
| 地球与空间科学学院 | 1 人 |
| 城市与环境学院 | 1 人 |
| 环境科学与工程学院 | 1 人 |
| 心理学系 | 9 人 |
| 中国语言文学系 | 6 人 |
| 历史学系 | 1 人 |
| 哲学系 | 1 人 |
| 国际关系学院 | 9 人 |
| 经济学院 | 25 人 |
| 光华管理学院 | 5 人 |
| 法学院 | 17 人 |
| 社会学系 | 6 人 |
| 政府管理学院 | 9 人 |
| 新闻与传播学院 | 1 人 |
| 总计 | 174 人 |

2005 级共有 63 人参加科研基金项目，其中莙政基金 2 项 2 人、校长基金 14 项 29 人、创新计划项目有 17 项 32 人。

**【国际交流】**　2007 年，香港大学承办的"李韶计划"将其北大的本科生全部指标放在元培。我们在北大参与人员的选拔、"李韶计划"在京期间的活动安排等方面做了大量的工作，得到了各方的好评，活动顺利圆满。此外，和耶鲁大学开展的本科生联合培养项目、新加坡国立大学 USP 计划的学生交换项目都在良好运行中。与新加坡大学的交换学生项目将升级为双学位项目，2007 年与对方进行了两次谈判，并在校内各院系进行了多次协调。

**【导师工作】**　9 月，针对新生入学学院举行了导师见面会，各院系的导师基本都与学生见了面，并认真地介绍了各自院系的相关情况。部分导师参加了"学术规范与论文写作"课程工作。学生们反响很好，他们认为在一个学期内能够听到这么多顶尖的导师讲课，很有收获。2007—2008 第一学期，电子系导师组织 2007 级新生到重点实验室进行参观，物理、化学、生物、历史、哲学、艺术、政管的导师分别与 2007 级新生座谈，同学们反映很好。两位专职导师也为 2006、2007 两级新同学做了大量的工作。在他们的指导下，新同学较快地适应了大学的生活与学习状态。

【学生工作】 2006年下半年，根据学校《关于在全校学生中开展廉洁教育活动的意见》，元培出台了《元培计划管理委员会开展廉洁教育工作的实施方案》，取得了较好教育效果。在此基础上，2007年5月在北京大学"廉洁教育月"中，元培计划党总支与信息科学技术学院党委联合举办廉洁教育讲座"腐败——通往地狱之路"，邀请新华社著名记者乔云华就河北省国税局某干部的蜕变过程进行深入细致分析，为广大同学敲响警钟，受到学生的热烈欢迎。为进一步保持廉洁教育成果，积极探索大学生廉洁教育的长效机制，元培学院开始尝试在学生党支部中设立"廉洁教育委员"，负责学生党员的廉洁教育和党支部活动的经费督察，此项工作申请了党建创新课题"在学生党支部设立'廉洁教育委员'的试点"并获得校党委组织部的批准。

完善党员发展流程，进一步加强学生党建工作。学生党员发展工作是学院党建工作的核心。为进一步科学规范党员的发展流程，保质保量推进党员发展工作，元培党总支启动学生党员发展的新思路，对学生党员的发展不再设定上限，而是本着"成熟一个发展一个"的原则，由学生党支部提交考察发展计划，党总支审核认定。

全面动员，脚踏实地，学习贯彻党的十七大精神。根据学工部、组织部和校团委联合发布的《关于开展"学习贯彻党的十七大精神，做全面建设小康社会生力军"学生党团日联合主题教育活动》通知，元培学院学生工作办公室向全院各班级发出通知，要求大家认真学习十七大报告等重要文件，同时密切联系实际学习和生活，充分发挥主动性和创造性，并以项目申报的形式向学生工作办公室提交活动计划。最终，4个年级最终形成了7个项目，形式和内容都有很强的创造性，形成了全体学生广泛参与的学习局面。

完善新生辅导员制度，加强对新生的教育和引导。新生辅导员制度是元培模式下对新生教育和引导的新探索，2007年学院聘任了20名新生辅导员。在认真总结和汲取前一阶段新生辅导员制度运行经验和出现问题的基础上，学院加强规范，积极引导，适度调整，逐步形成了包括选拔、培训、管理、总结四个环节在内的较为成熟的体系，使新生辅导工作逐步完善和系统。

完善成长成才指导体系，教育和引导学生的科学成才观。元培学院学生拥有相对较大的选课自由和学科专业选择权利，同时也承担着更大的选择和成长压力，需要在个人兴趣与家庭期望、社会需求间寻找平衡点。元培学院学生工作办公室针对元培学生的这种特殊压力状况，将"成长成才指导讲座"与导师工作、素质拓展教育等多项工作结合起来，努力形成覆盖学生课程学习、能力锻炼和个人综合素质养成等各个成长成才环节的课内外指导体系。通过讲座、座谈、社会实践等多种途径，教育和引导学生树立科学成才观，正确认识自己的兴趣和能力，为学生的后期发展奠定良好的基础。如，邀请中国著名极地科学家刘小汉教授为大家进行"学习贯彻十七大精神——专业·职业·人生"指导讲座，得到了广大同学的热烈响应，收到了良好的教育效果。

同时，元培学院积极探索各种班级管理模式，努力推进"一对一"约谈制度；把握军训良机，加强交流，加强对学生的教育和引导；全面推进学生活动"项目化管理"，紧扣"奥运"主题，推动丰富多彩的学生课外活动；在"新生杯"各项体育比赛中，元培学院本着贵在参与、强身健体的原则，广泛发动，积极参与，都有不俗表现。另外，院级"新生杯"辩论赛、电子竞技大赛等活动均得到广大学生的热烈欢迎。

对学生特殊群体的关怀和支持。学生特殊群体的工作向来是元培学院学生工作的重点之一，2007年学生工作办公室在梳理前期工作的基础上，加强了对此项工作的支持力度，并充分发挥全体工作人员的积极性，对学生当中存在的问题进行分类，初步形成了心理教育、网络沉迷干预、宿舍关系协调、资助工作等以问题为中心的综合干预，以及家庭经济困难学生的个性化服务等工作体系。

2007年元培学院的学生工作在调研和课题申报方面取得了突破性进展。2007年年初，元培学生工作办公室提出到兄弟院校相近院系进行调研，得到了院领导的大力支持。2007年4月，元培学院拨出专项经费，抽调学生工作办公室骨干，到复旦大学复旦学院、浙江大学竺可桢学院进行了为期1周的调研，并完成了近8000字的调研报告。2007年12月，在北京市教工委"首都大学生思想政治教育课题"项目申请中，元培学院申报支持课题——"科学发展观指导下的元培学生思想政治教育工作研究"获得批准，为元培学院学生思想政治工作的总结和创新打下了良好的基础。

# 教育教学与学科建设

## 本科生教育教学

【概况】 根据教育部安排,2007年11月18日到23日评估专家正式进入北京大学进行本科教学工作水平评估。为做好评建工作,进一步提高本科教学质量,2007年北京大学落实各项教学改革措施,加强教学管理,出台了一系列新政策,取得了良好效果,并获得国家级教学名师和国家级精品课程等奖励。

【本科教学工作水平评估】 1.评建准备和动员。1月,北京大学颁布《关于做好迎接2007年教育部本科教学工作水平评估工作的意见》的1号文件,就提高本科教学工作水平提出了落实评建工作责任制、开展教风学风建设等若干意见。

5月25日,召开迎接教育部本科教学工作水平评估动员大会。闵维方书记要求,全校师生都要认真做好迎接教育部本科教学工作水平评估的各项工作;许智宏校长提出了进一步确立本科教学核心地位、坚持北大精英教育理念等六点要求;林建华常务副校长作了具体部署。

10月21日,召开年度教学工作会议,就即将开始的教育部本科教学工作水平评估工作进行动员。大会听取了许智宏校长关于本科教学评估工作的自评报告,林建华常务副校长对迎评工作进行具体部署,要求全校各教学单位和职能部门统一思想、认真安排、切实做好各项迎评工作;同时,按照教育部和学校的要求,真正做到"以评促建、评建结合",进一步改进和做好本科教学工作。

2.评建工作检查。根据迎接教育部本科教学工作水平评估工作的进度安排,2007年,北京大学组织了多次针对院系、职能部门、教风学风、校园环境的检查,促进了教学管理工作的规范,取得了良好效果。

(1)评建工作情况检查。2007年,由学校领导带队的检查组对各院系、职能部门评建工作准备情况进行多次检查。根据评建工作安排,分阶段对院系和职能部门评建工作准备情况、院系本科教学工作自评报告、教学档案的收集和整理情况进行系统检查,并针对各院系、职能部门评建工作中出现的问题及时予以解决。

(2)教风学风检查。针对本科教学中存在的问题,学校组织了针对教风学风的专项检查。教风学风检查由学生工作部联合教务部、各院系学生工作办公室进行,主要针对学生在教学中出现的迟到、早退、旷课、课上讲话进食等不良现象予以检查纠正,对校园学风改善起到了重要作用。

(3)校园环境检查和整顿。针对校园环境存在的问题,学校组织了多次校领导带队的专项检查。根据检查中发现的问题,明确责任单位,限定整改时间,督促各单位及时完成整改工作,学校给予相应的支持。通过校园环境检查和整顿,使学校卫生条件得以改善,多项环境、安全问题得以解决,促进了良好校园环境的形成。

(4)预评估。10月29日至30日,学校邀请北京师范大学钟秉林校长任组长的校外评估专家组,按照正式评估的各项流程对学校本科教学工作进行检查。通过检查走访,专家组认为北京大学对迎评工作思想重视、准备充分、工作到位,尤其是本科生科研能力、深厚严谨的治学氛围等方面给专家组留下了深刻的印象。同时,专家组也针对预评估过程中发现的问题提出了建设性的意见和建议。

3.以评促建。根据教育部本科教学工作水平评估指标体系的要求,对基础设施进行了系统整改。针对教学楼面积不足的情况,北京大学新建了第二教学楼,同时对第三教学楼和第四教学楼进行改造。作为"以评促建"的重要举措,新教学楼的使用进一步改善了教学条件,缓解了北大教室资源紧缺的压力,为学生提供了更好的学习环境。

4.正式评估。11月18日至23日,受教育部委托,以蒋树声校长为组长、张文显书记为副组长的评估专家组对北京大学的本科教学工作进行了为期五天的实地考察。

考察期间,专家组认真审阅了

《北京大学本科教学工作水平评估自评报告》及支撑材料和原始档案;听取了许智宏校长关于学校本科教学工作情况的报告;考察了生物国家级实验教学示范中心等教学和生活基本设施;参观了校史馆、赛克勒考古与艺术博物馆、奥运乒乓球馆;走访了党委办公室校长办公室等22个职能部门;走访了元培学院等34个教学单位;考察及走访了百度等用人单位以及北京大学第一医院等八个附属和教学医院;调阅了70个班级的4830份试卷,41个专业的646篇毕业论文(设计);随机听课55门次;进行了英语等10个学生基本技能测试;召开了学校领导等10项座谈会;并查看了学生晚自习情况和学生素质拓展项目开展情况。

11月23日,北京大学本科教学工作水平评估反馈意见大会在英杰交流中心阳光大厅隆重举行。会上张文显教授代表评估专家组宣读了《对北京大学本科教学工作水平评估的考察意见》。专家组高度评价了北京大学本科教学工作,认为北大具有先进的教育思想和鲜明的办学特色,坚持社会主义办学方向,扎实推进教育教学改革,取得了突出成绩。北京大学在教育部本科教学工作水平评估中获得全优的好成绩。

5. 评估工作总结。12月26日,北京大学本科教学工作水平评估总结大会在英杰交流中心举行。林建华常务副校长指出,通过深入细致的考察和评估,北大有许多收获:本科教育理念更加清晰,本科教育改革方向更加明确,本科教育特色更加鲜明。同时,北大改善了办学条件,加强了教学管理,寻找差距,为进一步提高本科教育质量打下了良好的基础。

【本科教学改革与建设】 通过2006年一年的全校本科教育教学讨论,凝聚了全校的广泛共识。在此基础上,教务部撰写了《本科教学改革综合报告》,并向学校党政联席会进行了汇报。报告总结了过去一年的讨论结果,理清了现状,明确了思路,提出了具体的改革措施,安排了工作进度。

根据《综合报告》,教务部拟定了《修订北京大学本科生教学计划要点讨论稿》和《关于教学计划修订方案中"大类平台课程"的征求意见稿》,提供各院系讨论,并于2007年12月29日的教学研讨会上得到统一意见,正式展开本轮次的教学计划修订工作。

结合评建工作,教务部对学校的本科教学管理制度进行了清理和检查。修订了《北京大学教师教学工作管理办法》,制定了《北京大学本科实验实践教学管理规定》《北京大学本科毕业论文(设计)工作管理办法》等,形成了较为完整的本科教学管理制度。将各种本科教学相关文件汇编成册,编写了《北京大学教师本科教学工作手册》。

教务部针对通选课存在的问题进行了调研和分析。组织了主要由本科战略组和老教授调研组组成的通选课建设专家组,对通选课建设进行了研讨,基本明确了解决师资队伍、课程层次、教学方式和效果等问题的可能途径,为切实提高通选课质量、凸显通选课的精品性打下了坚实基础。

【质量工程项目】 教育部实施的质量工程对提高高等教育水平与人才培养质量具有重大战略意义。北京大学高度重视该项工程,各项工作已经全面铺开,陆续启动了一些项目的申报和建设工作。包括:

1. 国家级教学团队。组织基础数学教学团队、中国古代史教学团队、医学部生理学教学团队进行申报,全部获得立项,成为北京市级教学团队;其中基础数学教学团队和中国古代史教学团队成为国家级教学团队。

2. 双语教学示范课程。组织生物化学、病理学、人工智能概论3门课程进行申报,生物化学、病理学两门课程获得立项,成为国家级"双语教学示范课程"。

3. 人才培养模式创新实验区。组织元培学院、经济学院和第二临床医学院参加申报,元培学院和第二临床医学院得到批准成为国家级"人才培养模式创新实验区"。

4. 第二类特色专业建设点。组织21个项目参加申报,经济学、法学、西班牙语、阿拉伯语、非通用语种群(印地语、乌尔都语、孟加拉语、梵文、巴利文5个语种)、非通用语种群(蒙古语、菲律宾语、泰国语、波斯语、西伯莱语等12个语种)、地质学、微电子学、核技术、软件工程(设5个专业方向)、临床医学(与北京大学第一医院结合)、临床医学(与北京大学人民医院结合)、口腔医学等17个专业成为国家级"特色专业建设点"。

5. 第一类特色专业建设点。组织学校各院系申报,共收到申请项目20个。经评审,按照教育部申报名额限制确定了2007、2008、2009三年的推荐顺序,其中经费资助项目2007年6个、2008年4个、2009年4个,自筹经费项目三年各2个。2007年哲学、信息与计算科学、化学、生物科学、药学、智能科学与技术、保险、城市管理等8个专业成为国家级"特色专业建设点"。

6. 精品课程。7月,北京市教育委员会公布的2007年度北京地区高等学校市级精品课程名单中,"博弈与社会""田野考古学""解剖学"等10门课程被评为北京市级精品课。11月,教育部公布的2007年国家精品课程名单中,"近代物理实验""保险学原理""神经生物学"等10门课程被评为国家精品课程,"邓小平理论概论""微观经济学"被评为网络精品课程。从2003年至今,北京大学国家精品课程累计达58门,北京市级精品课程达62门。

【**本科生科研训练**】 募集并启动新的一项"本科生科研基金"——"毛玉刚基金"(捐款金额10万/年)。2007年5月25日成功组织了"毛玉刚基金"捐款人与受资助本科生见面会,捐款人在原计划每年捐款7万元(资助12个项目,每个项目资助5000元)的基础上,又增加捐款3万元/年,达到10万元/年,资助17个研究项目。

在完成教育部"国家大学生创新性实验计划"试点工作基础上,2007年完成该项目的正式申报工作,成为全国第一批正式实施该项目的60所高校中的一所。与学校教育基金会合作,新募集一项"本科生科研基金"——"北京大学教育基金会基金"(资助金额20万/年),2008年正式启动。逐步完成"本科生科研基金"("研究课程")的网络管理工作。

注重我校本科生与校外的交流。完成我校"君政基金"资助的本科生赴台湾清华大学及赴复旦大学、苏州大学暑期学术交流工作,以及上述学校学生来我校暑期交流的接待工作。2007年12月,在兰州大学召开的"君政基金管委会第九次会议"上,元培学院2004级本科生栾静同学的学术发言,受到与会专家的好评。

支持学校"挑战杯"工作,推荐在本科生科研训练中成绩优秀项目参加"挑战杯"竞赛,在2007年11月19日落幕的第十届"挑战杯"全国大学生课外学术科技作品竞赛中,我校两项特等奖获奖项目均为"校长基金"资助项目。

【**教学名师奖**】 根据《北京市教育委员会关于评选表彰第三届北京市级教学名师奖暨遴选推荐第三届国家级教学名师奖候选人的通知》要求,各院系共推荐18名人选。学校成立了以王义遒教授和程伯基教授为组长的13名专家组成的评审委员会。5月14日,经评审委员会评审,决定推荐张恭庆教授等10人作为我校候选人。我校二人获国家级教学名师奖,十人获北京市级教学名师奖。

【**教学评估和评奖**】 2007年共评估各类本科课程2591门,上半年评估课程1285门,下半年评估课程1306门,共收集问卷153024份。学生评教结果编印成《2006—2007年第二学期学生课程评估手册》《2007—2008年第一学期学生课程评估手册》,下发到院系各教学单位。2007年采用新的评估系统,调整了评估指标,抑制了评估成绩虚高的现象,使教学评估更为科学;将评估结果直接发送到教师邮箱,完善了评估反馈机制。

构建完善的教学质量监控体系,充分发挥校院两级老教授调研组作用。学校成立老教授教学调研组,对学校教学质量进行监督。院系也根据情况成立相应的老教授督导组。学校老教授教学调研组2007年共听课140余门,完成调研报告三篇,同时积极参与本科教学工作水平评估工作,对教学质量的保证和提高起到重要作用。

6月,评选出2006—2007学年度北京大学教学优秀奖获奖者45人,其中校本部40人,医学部5人,于教师节期间公布表彰。

【**教材建设**】 2007年,北京大学入选北京高等教育精品教材建设立项项目的数量居北京高校首位。根据《北京高校"十一五"教材建设的意见》,北京市教育委员会开展了2007年北京高等教育精品教材建设立项评审工作。北京大学进行了广泛动员,各院系和广大教师申报踊跃;最终有65个项目获得立项,获得立项数再次位居北京高校榜首。

进行2007年北京大学教材建设立项。按照北京大学教材建设规划,2007年进行了每年一次的校级教材立项工作,教务部组织各学科专家进行了严格评审,最终确定58种教材为2007年北京大学教材建设立项项目。

出台"北京大学十一五教材建设规划""北京大学教材建设经费管理办法"。2007年4月,以校发文形式公布了"北京大学十一五教材建设规划""北京大学教材建设经费管理办法",进一步健全了教材建设工作制度。

教材中心认真做好北京大学师生的教材供应工作,2007年销售码洋为2994589.81元。

【**学籍管理**】 2007年应入学普通本科生2988人,有2960人取得学籍。在取得学籍的人中,重新入学1人;在未取得学籍的人中,保留入学资格的3人,取消入学资格(未报到)的25人。留学生应入学301人,实际报到并取得学籍276人,有24人未报到取消入学资格,1人保留入学资格。为在校生补办学生证、办理在学证明、公证证明等2000多人次。为在校本科生发放"乘车优惠卡"3000多张。

全年为普通本科生办理各类异动845人次,其中:休学76人,停学233人,复学260人,转系转专业123人,离校87人,提前毕业2人,转学出1人,保留学籍41人,延期22人。全年为留学生办理各类异动161人次,其中:休(停)复学50人次,退学54人,延期毕业20人,保留学籍37人。考试违纪作弊处理22人,其中记过取消学位19人,严重警告2人,留校察看1人。

毕业生保研初审具备免试资格人数1213人,成功推荐1049,其中推荐到校内889,推荐到校外160。办理学生出国实习、交流、学习等手续500余人。

发放学士学位证书2799本,其中境外办学21本;发放本科毕业证书2825本,其中境外办学21本;发放结业证书107本;发放大专毕业证27本;发放双学位证书

927本;辅修毕业证书147本。

境外办学点1个,学生约200人。

为石河子大学插班培养10名本科生,为香港大学委托培养20名本科生。

【招生工作】 2007年北京大学实际招生总数4103人,其中校本部3277人,医学部826人。招收国内普通本科生3485人(其中校本部2863人,医学部622人);第二学士学位软件工程专业27人,应用心理学6人;思想政治教育专业(专升本)90人;另外,校本部招收留学生291人,医学部招收国内护理学专科生204人。

2007年北京大学文科生源继续在全国高校中遥遥领先,全国有28个省份(不含港澳台侨联合招生)录取线排在重点高校第一批次第一位;理科方面取得可喜成绩,整体生源质量取得突破性进展,超过15个省份的理科录取线高居全国重点高校第一批次首位,大大超越历史水平。共录取各省(自治区、直辖市)第一名文科24人,理科12人。

在2007年度国际数学、物理、化学、生物奥林匹克竞赛中,中国参赛选手17人获得金牌,其中13人进入北京大学,分别是数学金牌3枚,物理金牌2枚,化学金牌4枚,生物金牌4枚,这充分说明北大理科的巨大优势并得到竞赛选手的高度认可。

(关海庭 方新贵 何山 董礼)

# 附 录

表7-1 本科专业目录

| 编号 | 院系编码 | 院系名称 | 专业代码 | 专业名称 |
|---|---|---|---|---|
| 1 | 001 | 数学科学学院 | 070101 | 数学与应用数学 |
| 2 | 001 | 数学科学学院 | 070102 | 信息与计算科学 |
| 3 | 001 | 数学科学学院 | 071601 | 统计学 |
| 4 | 004 | 物理学院 | 070201 | 物理学 |
| 5 | 004 | 物理学院 | 070202 | 应用物理学 |
| 6 | 004 | 物理学院 | 070204S | 核物理 |
| 7 | 004 | 物理学院 | 070501 | 天文学 |
| 8 | 004 | 物理学院 | 070901 | 大气科学 |
| 9 | 004 | 物理学院 | 080508S | 核技术 |
| 10 | 010 | 化学与分子工程学院 | 070301 | 化学 |
| 11 | 010 | 化学与分子工程学院 | 071302 | 材料化学 |
| 12 | 010 | 化学与分子工程学院 | 080510S | 核化工与核燃料工程 |
| 13 | 011 | 生命科学学院 | 070401 | 生物科学 |
| 14 | 011 | 生命科学学院 | 070402 | 生物技术 |
| 15 | 012 | 地球与空间学院 | 070601 | 地质学 |
| 16 | 012 | 地球与空间学院 | 070602 | 地球化学 |
| 17 | 012 | 地球与空间学院 | 070801 | 地球物理学 |
| 18 | 012 | 地球与空间学院 | 070802s | 地球与空间科学 |
| 19 | 012 | 地球与空间学院 | 070803s | 空间科学与技术 |
| 20 | 013 | 环境学院 | 070701 | 地理科学 |
| 21 | 013 | 环境学院 | 070702 | 资源环境与城乡规划管理 |
| 22 | 013 | 地球与空间学院 | 070703 | 地理信息系统 |
| 23 | 013 | 环境学院 | 071401 | 环境科学 |
| 24 | 013 | 环境学院 | 071402 | 生态学 |
| 25 | 013 | 环境学院 | 080702 | 城市规划 |
| 26 | 016 | 心理学系 | 071501 | 心理学 |
| 27 | 016 | 心理学系 | 071502 | 应用心理学 |

续表

| 编 号 | 院系编码 | 院系名称 | 专业代码 | 专业名称 |
|---|---|---|---|---|
| 28 | 018 | 新闻学院 | 050301 | 新闻学 |
| 29 | 018 | 新闻学院 | 050302 | 广播电视新闻学 |
| 30 | 018 | 新闻学院 | 050303 | 广告学 |
| 31 | 018 | 新闻学院 | 050304 | 编辑出版学 |
| 32 | 020 | 中国语言文学系 | 050101 | 汉语言文学 |
| 33 | 020 | 中国语言文学系 | 050102 | 汉语言 |
| 34 | 020 | 中国语言文学系 | 050105 | 古典文献 |
| 35 | 020 | 中国语言文学系 | 050107 | 应用语言学 |
| 36 | 021 | 历史学系 | 060101 | 历史学 |
| 37 | 021 | 历史学系 | 060102 | 世界历史 |
| 38 | 022 | 考古文博院 | 060103 | 考古学 |
| 39 | 022 | 考古文博院 | 060104 | 博物馆学 |
| 40 | 023 | 哲学系 | 010101 | 哲学 |
| 41 | 023 | 哲学系 | 010102 | 逻辑学 |
| 42 | 023 | 哲学系 | 010103 | 宗教学 |
| 43 | 024 | 国际关系学院 | 030201 | 科学社会主义与国际共产主义运动 |
| 44 | 024 | 国际关系学院 | 030402 | 国际政治 |
| 45 | 024 | 国际关系学院 | 030403 | 外交学 |
| 46 | 024 | 国际关系学院 | 030406w | 国际政治经济学 |
| 47 | 025 | 经济学院 | 020101 | 经济学 |
| 48 | 025 | 经济学院 | 020102 | 国际经济与贸易 |
| 49 | 025 | 经济学院 | 020103 | 财政学 |
| 50 | 025 | 经济学院 | 020104 | 金融学 |
| 51 | 025 | 经济学院 | 020107 | 保险 |
| 52 | 025 | 经济学院 | 020115w | 环境资源与发展经济学 |
| 53 | 028 | 光华管理学院 | 020104 | 金融学 |
| 54 | 028 | 光华管理学院 | 110201 | 工商管理 |
| 55 | 028 | 光华管理学院 | 110202 | 市场营销 |
| 56 | 028 | 光华管理学院 | 110203 | 会计学 |
| 57 | 028 | 光华管理学院 | 110204 | 财务管理 |
| 58 | 028 | 光华管理学院 | 110205 | 人力资源管理 |
| 59 | 029 | 法学院 | 030101 | 法学 |
| 60 | 030 | 信息管理系 | 110102 | 信息管理与信息系统 |
| 61 | 030 | 信息管理系 | 110501 | 图书馆学 |
| 62 | 031 | 社会学系 | 030301 | 社会学 |
| 63 | 031 | 社会学系 | 030302 | 社会工作 |
| 64 | 032 | 政府管理学院 | 030401 | 政治学与行政学 |
| 65 | 032 | 政府管理学院 | 110301 | 行政管理 |
| 66 | 032 | 政府管理学院 | 110307w | 公共政策学 |
| 67 | 032 | 政府管理学院 | 110308w | 城市管理 |
| 68 | 039 | 外国语学院 | 050201 | 英语 |
| 69 | 039 | 外国语学院 | 050202 | 俄语 |
| 70 | 039 | 外国语学院 | 050203 | 德语 |

续表

| 编号 | 院系编码 | 院系名称 | 专业代码 | 专业名称 |
|---|---|---|---|---|
| 71 | 039 | 外国语学院 | 050204 | 法语 |
| 72 | 039 | 外国语学院 | 050205 | 西班牙语 |
| 73 | 039 | 外国语学院 | 050206 | 阿拉伯语 |
| 74 | 039 | 外国语学院 | 050207 | 日语 |
| 75 | 039 | 外国语学院 | 050208 | 波斯语 |
| 76 | 039 | 外国语学院 | 050209 | 朝鲜语 |
| 77 | 039 | 外国语学院 | 050210 | 菲律宾语 |
| 78 | 039 | 外国语学院 | 050211 | 梵语巴利语 |
| 79 | 039 | 外国语学院 | 050212 | 印度尼西亚语 |
| 80 | 039 | 外国语学院 | 050213 | 印地语 |
| 81 | 039 | 外国语学院 | 050216 | 缅甸语 |
| 82 | 039 | 外国语学院 | 050218 | 蒙古语 |
| 83 | 039 | 外国语学院 | 050220 | 泰语 |
| 84 | 039 | 外国语学院 | 050221 | 乌尔都语 |
| 85 | 039 | 外国语学院 | 050222 | 希伯莱语 |
| 86 | 039 | 外国语学院 | 050223 | 越南语 |
| 87 | 040 | 马克思主义学院 | 030404 | 思想政治教育 |
| 88 | 043 | 艺术学院 | 050420 | 广播电视编导 |
| 89 | 043 | 艺术学院 | 050422 | 艺术学 |
| 90 | 043 | 艺术学院 | 110302 | 公共事业管理 |
| 91 | 048 | 信息科学技术学院 | 071201 | 电子信息科学与技术 |
| 92 | 048 | 信息科学技术学院 | 071202 | 微电子学 |
| 93 | 048 | 信息科学技术学院 | 080605 | 计算机科学与技术 |
| 94 | 048 | 信息科学技术学院 | 080627s | 智能科学与技术 |
| 95 | 086 | 工学院 | 071101 | 理论与应用力学 |
| 96 | 086 | 工学院 | 081702 | 工程结构分析 |
| 97 | 180 | 医学部 | 100101 | 基础医学(五年) |
| 98 | 180 | 医学部 | 100101 | 基础医学(八年) |
| 99 | 180 | 医学部 | 100201 | 预防医学(五年) |
| 100 | 180 | 医学部 | 100201 | 预防医学(七年) |
| 101 | 180 | 医学部 | 100301 | 临床医学(八年) |
| 102 | 180 | 医学部 | 100301 | 临床医学(五年) |
| 103 | 180 | 医学部 | 100304 | 医学检验(五年) |
| 104 | 180 | 医学部 | 100311w | 医学实验学 |
| 105 | 180 | 医学部 | 100401 | 口腔医学(八年) |
| 106 | 180 | 医学部 | 100401 | 口腔医学(五年) |
| 107 | 180 | 医学部 | 100402w | 口腔修复工艺学 |
| 108 | 180 | 医学部 | 100701 | 护理学(五年) |
| 109 | 180 | 医学部 | 100801 | 药学 |
| 110 | 180 | 医学部 | 100801 | 药学(六年) |
| 111 | 180 | 医学部 | 100807w | 应用药学 |
| 112 | 017 | 软件与微电子学院 | 080615W | 集成电路设计与集成系统 |
| 113 | 017 | 软件与微电子学院 | 080611W | 软件工程 |

表 7-2  本科课程目录

| 课程名称 | 院系 | 年级 | 课程名称 | 院系 | 年级 |
| --- | --- | --- | --- | --- | --- |
| 同调论 | 数学科学学院 | 04 | 实变函数 | 数学科学学院 | 05 |
| 经典力学的数学方法 | 数学科学学院 | 04 | 李群及其表示 | 数学科学学院 | 04 |
| 泛函分析(二) | 数学科学学院 | 04 | 密码学 | 数学科学学院 | 04 |
| 拓扑学 | 数学科学学院 | 05 | 应用随机过程 | 数学科学学院 | 05 |
| 常微分方程定性理论 | 数学科学学院 | 04 | 应用回归分析 | 数学科学学院 | 04 |
| 数值代数 | 数学科学学院 | 05 | 理论力学 | 数学科学学院 | 05 |
| 基础物理(下) | 数学科学学院 | 06 | 并行计算 | 数学科学学院 | 04 |
| 数理逻辑 | 数学科学学院 | 05 | 人工神经网络 | 数学科学学院 | 04 |
| 利息理论与应用 | 数学科学学院 | 05 | 高等统计学 | 数学科学学院 | 04 |
| 非寿险精算 | 数学科学学院 | 04 | 非参数统计 | 数学科学学院 | 04 |
| 时间序列分析 | 数学科学学院 | 04 | 现代数学简介 | 数学科学学院 | 06 |
| 数据结构 | 数学科学学院 | 06 | 抽象代数 | 数学科学学院 | 06 |
| 抽象代数(II) | 数学科学学院 | 04 | 抽象代数 | 数学科学学院 | 06 |
| 衍生工具定价的数学模型和方法 | 数学科学学院 | 04 | 数理统计 | 数学科学学院 | 05 |
| | | | 风险理论 | 数学科学学院 | 04 |
| 数学分析 | 数学科学学院 | | 偏微分方程数值解 | 数学科学学院 | 04 |
| 数学分析(I) | 数学科学学院 | 07 | 低年级讨论班(3) | 数学科学学院 | 06 |
| 数学分析(I) | 数学科学学院 | 07 | 微分几何 | 数学科学学院 | |
| 数学分析(III) | 数学科学学院 | 06 | 应用时间序列分析 | 数学科学学院 | |
| 数学分析(III) | 数学科学学院 | 06 | 数学模型 | 数学科学学院 | |
| 微分几何 | 数学科学学院 | 05 | 概率论 | 数学科学学院 | |
| 数学分析(I)习题 | 数学科学学院 | 07 | 低年级讨论班 II | 数学科学学院 | 05 |
| 数学分析(I)习题 | 数学科学学院 | 07 | 数值方法：原理，算法及应用 | 数学科学学院 | |
| 数学分析(I)习题 | 数学科学学院 | 07 | 符号计算 | 数学科学学院 | 04 |
| 数学分析(I)习题 | 数学科学学院 | 07 | 数学的思维方式与创新 | 数学科学学院 | |
| 数学分析(III)习题 | 数学科学学院 | 06 | 实变函数 | 数学科学学院 | |
| 数学分析(III)习题 | 数学科学学院 | 06 | 同伦论 | 数学科学学院 | 04 |
| 数学分析(III)习题 | 数学科学学院 | 06 | 高等概率论 | 数学科学学院 | 04 |
| 数学分析(III)习题 | 数学科学学院 | 06 | 高等数学(B)(一) | 物理学院 | 07 |
| 数学分析(III)习题 | 数学科学学院 | 06 | 高等数学(B)(一) | 物理学院 | 07 |
| 高等代数(I) | 数学科学学院 | 07 | 高等数学(B)(一)习题课 | 物理学院 | 07 |
| 高等代数(I) | 数学科学学院 | 07 | | | |
| 偏微分方程 | 数学科学学院 | 05 | 高等数学(B)(一)习题课 | 物理学院 | 07 |
| 高等代数(I)习题 | 数学科学学院 | 07 | | | |
| 高等代数(I)习题 | 数学科学学院 | 07 | 高等数学(B)(一)习题课 | 物理学院 | 07 |
| 高等代数(I)习题 | 数学科学学院 | 07 | | | |
| 高等代数(I)习题 | 数学科学学院 | 07 | 高等数学(B)(一)习题课 | 物理学院 | 07 |
| 高等代数(I)习题 | 数学科学学院 | 07 | | | |
| 几何学 | 数学科学学院 | 07 | 线性代数(B) | 物理学院 | 07 |
| 几何学习题 | 数学科学学院 | 07 | 线性代数(B)习题 | 物理学院 | 07 |
| 几何学习题 | 数学科学学院 | 07 | 线性代数(B)习题 | 物理学院 | 07 |
| 几何学习题 | 数学科学学院 | 07 | 线性代数(B)习题 | 物理学院 | 07 |
| 几何学习题 | 数学科学学院 | 07 | 概率统计(B) | 物理学院 | 05 |
| 几何学习题 | 数学科学学院 | 07 | 现代电子电路基础及实验(一) | 物理学院 | 06 |

| 课程名称 | 院系 | 年级 |
|---|---|---|
| 现代电子电路基础及实验（一） | 物理学院 | 06 |
| 现代物理前沿讲座 I | 物理学院 | 07 |
| 大气科学导论 | 物理学院 | 07 |
| 力学 | 物理学院 | 07 |
| 力学 | 物理学院 | 07 |
| 光学习题课 | 物理学院 | 06 |
| 光学习题课 | 物理学院 | 06 |
| 光学习题课 | 物理学院 | 06 |
| 光学习题课 | 物理学院 | 06 |
| 光学 | 物理学院 | 06 |
| 光学 | 物理学院 | 06 |
| 原子物理 | 物理学院 | 05 |
| 原子物理习题 | 物理学院 | 05 |
| 原子物理习题 | 物理学院 | 05 |
| 近代物理 | 物理学院 | 06 |
| 近代物理专题讨论 | 物理学院 | 05 |
| 力学习题 | 物理学院 | 07 |
| 力学习题 | 物理学院 | 07 |
| 力学习题 | 物理学院 | 07 |
| 力学习题 | 物理学院 | 07 |
| 普通物理实验（A）（一） | 物理学院 | 06 |
| 普通物理实验（A）（一） | 物理学院 | 06 |
| 综合物理实验（一） | 物理学院 | 05 |
| 计算物理学 | 物理学院 | 04 |
| 应用磁学基础 | 物理学院 | 04 |
| 计算概论 | 物理学院 | 07 |
| 计算概论 | 物理学院 | 07 |
| 计算概论上机 | 物理学院 | 07 |
| 现代电子测量与实验 | 物理学院 | 05 |
| 天体物理专题 | 物理学院 | 04 |
| 等离子体物理 | 物理学院 | 04 |
| 数学物理方法（上） | 物理学院 | 06 |
| 数学物理方法（下） | 物理学院 | 06 |
| 电动力学（A） | 物理学院 | 05 |
| 电动力学（B） | 物理学院 | 05 |
| 量子力学（A） | 物理学院 | 05 |
| 量子力学习题 | 物理学院 | 05 |
| 量子力学习题 | 物理学院 | 05 |
| 宇宙概论 | 物理学院 | 07 |
| 固体物理导论 | 物理学院 | 05 |
| 数学物理方法习题 | 物理学院 | 06 |
| 数学物理方法习题 | 物理学院 | 06 |
| 数学物理方法习题 | 物理学院 | 06 |
| 卫星气象学 | 物理学院 | 04 |
| 理论力学 | 物理学院 | 06 |
| 平衡态统计物理 | 物理学院 | 06 |

续表

| 课程名称 | 院系 | 年级 |
|---|---|---|
| 核物理与粒子物理专题实验 | 物理学院 | 04 |
| 粒子物理 | 物理学院 | 04 |
| 现代光学及光电子学 | 物理学院 | 04 |
| 大气物理学基础 | 物理学院 | 05 |
| 流体力学 | 物理学院 | 05 |
| 天气分析与预报 | 物理学院 | 04 |
| 环境生态学 | 物理学院 | |
| 工程图学及其应用 | 物理学院 | |
| 自然科学中的混沌和分形 | 物理学院 | |
| 大气概论 | 物理学院 | |
| 大气探测原理 | 物理学院 | 05 |
| 激光物理学 | 物理学院 | 04 |
| 近代物理实验（II） | 物理学院 | 04 |
| 近代物理实验（II） | 物理学院 | 04 |
| 半导体物理学 | 物理学院 | 04 |
| 超导物理学 | 物理学院 | 04 |
| 天文文献阅读 | 物理学院 | 04 |
| 量子场论 | 物理学院 | 04 |
| 群论 | 物理学院 | 04 |
| 高等量子力学 | 物理学院 | 04 |
| 量子统计物理 | 物理学院 | 04 |
| 纳米科技进展 | 物理学院 | 04 |
| 量子光学 | 物理学院 | 04 |
| 核科学前沿讲座 | 物理学院 | 05 |
| 计算机网络概论 | 计算机科学技术系 | |
| 汇编语言程序设计 | 计算机科学技术系 | |
| 文科计算机基础（上） | 计算机科学技术系 | 07 |
| 文科计算机基础（上） | 计算机科学技术系 | 07 |
| 文科计算机基础（上） | 计算机科学技术系 | 07 |
| 文科计算机基础（上） | 计算机科学技术系 | 07 |
| 文科计算机基础（上） | 计算机科学技术系 | 07 |
| 文科计算机基础（上） | 计算机科学技术系 | 07 |
| 文科计算机基础（上） | 计算机科学技术系 | 07 |
| 文科计算机基础（上） | 计算机科学技术系 | 07 |
| 离散数学（I） | 计算机科学技术系 | |
| C++语言程序设计 | 计算机科学技术系 | |
| 微机原理 | 计算机科学技术系 | |
| 线性代数（C） | 化学与分子工程学院 | 06 |
| 高等数学C（一） | 化学与分子工程学院 | 07 |
| 电磁学 | 化学与分子工程学院 | 06 |
| 光学 | 化学与分子工程学院 | 06 |
| 光学习题课 | 化学与分子工程学院 | 06 |

| 课程名称 | 院系 | 年级 | 课程名称 | 院系 | 年级 |
|---|---|---|---|---|---|
| 光学习题课 | 化学与分子工程学院 | 06 | 化工基础 | 化学与分子工程学院 | 05 |
| 普通物理实验 | 化学与分子工程学院 | 06 | 色谱分析 | 化学与分子工程学院 | 05 |
| 化学实验室安全技术 | 化学与分子工程学院 | 07 | 立体化学 | 化学与分子工程学院 | 05 |
| 化学动力学选读 | 化学与分子工程学院 | 04 | 中级分析化学 | 化学与分子工程学院 | 05 |
| 材料物理 | 化学与分子工程学院 | 04 | 环境化学 | 化学与分子工程学院 | 05 |
| 高分子物理 | 化学与分子工程学院 | 04 | 生化分析 | 化学与分子工程学院 | 05 |
| 催化化学 | 化学与分子工程学院 | 04 | 放射化学 | 化学与分子工程学院 | 05 |
| 结构化学选读 | 化学与分子工程学院 | 04 | 波谱分析 | 化学与分子工程学院 | 05 |
| 今日新材料 | 化学与分子工程学院 |  | 化学信息学 | 化学与分子工程学院 | 05 |
| 魅力化学 | 化学与分子工程学院 |  | 辐射化学与工艺 | 化学与分子工程学院 | 04 |
| 化学与社会 | 化学与分子工程学院 |  | 应用化学专题 | 化学与分子工程学院 | 04 |
| 大学化学 | 化学与分子工程学院 |  | 胶体化学 | 化学与分子工程学院 | 04 |
| 计算概论及上机 | 化学与分子工程学院 | 07 | 物理有机化学 | 化学与分子工程学院 | 04 |
| 计算概论及上机 | 化学与分子工程学院 | 07 | 多晶X射线衍射 | 化学与分子工程学院 | 04 |
| 普通化学 | 化学与分子工程学院 | 07 | 综合化学实验（二） | 化学与分子工程学院 | 04 |
| 普通化学 | 化学与分子工程学院 | 07 | 物理化学 | 化学与分子工程学院 | 05 |
| 普通化学实验 | 化学与分子工程学院 | 07 | 物理化学习题 | 化学与分子工程学院 | 05 |
| 普通化学习题课 | 化学与分子工程学院 | 07 | 理论与计算化学 | 化学与分子工程学院 | 04 |
| 普通化学习题课 | 化学与分子工程学院 | 07 | 生物化学实验 | 化学与分子工程学院 | 04 |
| 有机化学（一） | 化学与分子工程学院 | 06 | 高等数学C（一） | 生命科学学院 | 07 |
| 有机化学实验（一） | 化学与分子工程学院 | 06 | 物理学（B）(2) | 生命科学学院 | 06 |
|  |  |  | 有机化学（B） | 生命科学学院 | 06 |
|  |  |  | 有机化学（B） | 生命科学学院 | 06 |
| 物理化学实验 | 化学与分子工程学院 | 05 | 物理化学（B） | 生命科学学院 | 06 |
|  |  |  | 有机化学实验（B） | 生命科学学院 | 06 |
| 无机化学 | 化学与分子工程学院 | 05 | 普通化学(B) | 生命科学学院 | 07 |
|  |  |  | 普通化学实验(B) | 生命科学学院 | 07 |
| 化工基础 | 化学与分子工程学院 | 05 | 生物化学（下）（新陈代谢） | 生命科学学院 | 05 |

续表

| 课程名称 | 院　系 | 年级 |
|---|---|---|
| 基础分子生物学 | 生命科学学院 | 05 |
| 生物化学实验 | 生命科学学院 | 05 |
| 微生物学 | 生命科学学院 | 05 |
| 微生物学实验 | 生命科学学院 | 05 |
| 普通生物学实验(B) | 生命科学学院 | |
| 普通生物学实验(B) | 生命科学学院 | |
| 生物进化论 | 生命科学学院 | |
| 计算概论及上机 | 生命科学学院 | 06 |
| 人类的性、生育与健康 | 生命科学学院 | |
| 普通生态学 | 生命科学学院 | 05 |
| 保护生物学 | 生命科学学院 | |
| 植物分子生物学 | 生命科学学院 | 05 |
| 植物生物学 | 生命科学学院 | 07 |
| 植物生物学实验 | 生命科学学院 | 07 |
| 生物技术制药基础 | 生命科学学院 | 04 |
| 植物生理学（3） | 生命科学学院 | 05 |
| 现代生物技术导论 | 生命科学学院 | 04 |
| 生物学综合实验 | 生命科学学院 | 04 |
| 普通生物学(B) | 生命科学学院 | |
| 基础分子生物学实验 | 生命科学学院 | 05 |
| 脊椎动物比较解剖学及实验 | 生命科学学院 | 06 |
| 生化及分子生物学仪器分析 | 生命科学学院 | 04 |
| 生物学导论 | 生命科学学院 | 07 |
| 生物信息学方法 | 生命科学学院 | 05 |
| 大学语文 | 生命科学学院 | 07 |
| 高等数学(B)（一） | 地球与空间科学学院 | 07 |
| 高等数学(B)（一）习题课 | 地球与空间科学学院 | 07 |
| 高等数学(B)（一）习题课 | 地球与空间科学学院 | 07 |
| 高等数学(B)（一）习题课 | 地球与空间科学学院 | 07 |
| 线性代数(C)习题 | 地球与空间科学学院 | 06 |
| 线性代数(C)习题 | 地球与空间科学学院 | 06 |
| 线性代数(B) | 地球与空间科学学院 | 06 |
| 光学 | 地球与空间科学学院 | 06 |
| 普通物理实验（A）（一） | 地球与空间科学学院 | 06 |
| 普通物理实验（C）（一） | 地球与空间科学学院 | 06 |
| 数学物理方法 | 地球与空间科学学院 | 06 |

| 课程名称 | 院　系 | 年级 |
|---|---|---|
| 数学物理方法习题 | 地球与空间科学学院 | 06 |
| 计算概论 | 地球与空间科学学院 | 07 |
| 物理化学实验（B） | 地球与空间科学学院 | 06 |
| 普通化学实验 | 地球与空间科学学院 | 07 |
| C程序设计 | 地球与空间科学学院 | |
| 地球科学概论（一） | 地球与空间科学学院 | 07 |
| 环境与生态科学 | 地球与空间科学学院 | 06 |
| 古生物学 | 地球与空间科学学院 | 06 |
| 矿床学 | 地球与空间科学学院 | 05 |
| 地球化学 | 地球与空间科学学院 | 05 |
| 大地构造学 | 地球与空间科学学院 | 05 |
| 海洋地质学 | 地球与空间科学学院 | 05 |
| 自然资源与社会发展 | 地球与空间科学学院 | |
| 地球历史概要 | 地球与空间科学学院 | |
| 普通岩石学（上） | 地球与空间科学学院 | 06 |
| 材料与环境矿物学 | 地球与空间科学学院 | 05 |
| 古植物学及其应用 | 地球与空间科学学院 | 05 |
| 岩石学研究方法 | 地球与空间科学学院 | 04 |
| 电离层物理学与电波传播 | 地球与空间科学学院 | 04 |
| 空间科学与空间技术引论 | 地球与空间科学学院 | 04 |
| 地球连续介质力学基础 | 地球与空间科学学院 | 05 |
| 地磁学与地电学 | 地球与空间科学学院 | 05 |
| 地球重力学 | 地球与空间科学学院 | 05 |
| 地磁,地电观测与实验 | 地球与空间科学学院 | 05 |

| 课 程 名 称 | 院　系 | 年级 | 课 程 名 称 | 院　系 | 年级 |
| --- | --- | --- | --- | --- | --- |
| 软件工程原理 | 地球与空间科学学院 | 05 | 土壤学及实验 | 环境学院 | 06 |
| GIS概论 | 地球与空间科学学院 | 05 | 乡村地理 | 环境学院 | 04 |
| 计算数学 | 地球与空间科学学院 | 05 | 中国历史地理 | 环境学院 | 06 |
| 计算机图形学基础 | 地球与空间科学学院 | 05 | 计量地理 | 环境学院 | 04 |
| 数字地形模型 | 地球与空间科学学院 | 04 | 人文地理 | 环境学院 | 06 |
| 网络基础与WebGIS | 地球与空间科学学院 | 05 | 中外城市建设史 | 环境学院 | 06 |
| 地理科学概论 | 地球与空间科学学院 | 04 | 景观规划与设计（含园林绿地规划课程设计） | 环境学院 | 04 |
| 数字地球导论 | 地球与空间科学学院 | 04 | 城市总体规划（课程设计） | 环境学院 | 03 |
| 色度学 | 地球与空间科学学院 | 04 | 规划机助技术（规划CAD） | 环境学院 | 06 |
| 地理信息系统工程 | 地球与空间科学学院 | 04 | 建筑设计概论与初步 | 环境学院 | 06 |
| 遥感图像处理方法 | 地球与空间科学学院 | 04 | 房地产开发与管理 | 环境学院 | 05 |
| 古生态学与古环境恢复 | 地球与空间科学学院 | 05 | 城市基础设施规划 | 环境学院 | 04 |
| 岩浆作用理论概述 | 地球与空间科学学院 | 05 | 城市设计 | 环境学院 | 05 |
| 遥感应用 | 地球与空间科学学院 | 04 | 城市道路交通规划 | 环境学院 | 05 |
| 色彩学基础 | 地球与空间科学学院 |  | 房地产估价 | 环境学院 | 05 |
| 高等数学C（一） | 环境学院 | 07 | 建设项目经济评价 | 环境学院 | 05 |
| 近代物理 | 环境学院 | 06 | 自然地理概论 | 环境学院 | 07 |
| 普通物理实验 | 环境学院 | 06 | 城市经济学 | 环境学院 | 06 |
| 物理化学（B） | 环境学院 | 06 | 规划设计实习 | 环境学院 | 03 |
| 普通化学实验 | 环境学院 | 07 | 城市社会地理学 | 环境学院 | 05 |
| 普通化学 | 环境学院 | 07 | 城市规划系统工程学 | 环境学院 | 03 |
| 板块构造与地震 | 环境学院 |  | 土地评价与管理 | 环境学院 | 04 |
| 世界文化地理 | 环境学院 |  | 水文学与水资源 | 环境学院 | 06 |
| 现当代建筑赏析 | 环境学院 |  | 城市规划研究方法 | 环境学院 | 04 |
| 环境科学导论 | 环境学院 |  | 旅游规划 | 环境学院 | 05 |
| 环境材料导论 | 环境学院 |  | 旅游地理学 | 环境学院 | 04 |
| 人类生存发展与环境保护 | 环境学院 |  | 植物学（上） | 环境学院 | 06 |
| 环境学基础 | 环境学院 |  | 普通生态学3 | 环境学院 | 05 |
| 中国地理 | 环境学院 | 07 | 环境经济学 | 环境学院 | 05 |
| 中国自然地理 | 环境学院 | 05 | 应用数理统计方法 | 环境学院 | 06 |
| 算法与数据结构 | 环境学院 | 06 | 环境污染与人体健康 | 环境学院 | 05 |
| 遥感基础与图像解译原理 | 环境学院 | 05 | 微机应用 | 环境学院 | 06 |
| 地球概论 | 环境学院 | 07 | 地学基础 | 环境学院 | 06 |
| 气象气候学 | 环境学院 | 06 | 微量有毒物风险分析 | 环境学院 | 05 |
|  |  |  | 环境监测(2) | 环境学院 | 04 |
|  |  |  | 生态毒理学 | 环境学院 | 05 |
|  |  |  | 环境科学 | 环境学院 | 05 |
|  |  |  | 环境微生物学 | 环境学院 | 05 |
|  |  |  | 可持续发展 | 环境学院 | 04 |
|  |  |  | 污染物水文地质学 | 环境学院 | 04 |
|  |  |  | 北京历史地理 | 环境学院 |  |
|  |  |  | 文化地理学 | 环境学院 | 06 |
|  |  |  | 文化地理学 | 环境学院 |  |
|  |  |  | 实验心理学实验 | 心理学系 | 06 |

续表

| 课程名称 | 院系 | 年级 | 课程名称 | 院系 | 年级 |
|---|---|---|---|---|---|
| 实验心理学实验 | 心理学系 | 06 | 传播学概论 | 新闻与传播学院 | 06 |
| 知觉和注意 | 心理学系 | 05 | 传播学概论 | 新闻与传播学院 | 07 |
| 实验心理学 | 心理学系 | 06 | 西方当代社会学导论 | 新闻与传播学院 | |
| 社会心理学 | 心理学系 | | 编辑出版概论 | 新闻与传播学院 | 06 |
| 社会心理学 | 心理学系 | | 中国古籍资源与整理 | 新闻与传播学院 | 05 |
| 社会性与个性发展 | 心理学系 | 04 | 中国图书出版史 | 新闻与传播学院 | 06 |
| 社会冲突与管理 | 心理学系 | | 信息检索与利用 | 新闻与传播学院 | 07 |
| 心理统计(1) | 心理学系 | | 社会调查研究方法 | 新闻与传播学院 | 06 |
| 高级统计SPSS软件 | 心理学系 | 06 | 电脑设计(一) | 新闻与传播学院 | 05 |
| 变态心理学 | 心理学系 | | 世界电影史 | 新闻与传播学院 | |
| 生理心理学 | 心理学系 | 05 | 汉语修辞学 | 新闻与传播学院 | 05 |
| 生理心理学 | 心理学系 | | 汉语语言修养 | 新闻与传播学院 | 07 |
| 认知心理学 | 心理学系 | 05 | 出版法规与版权贸易 | 新闻与传播学院 | 05 |
| 认知神经科学 | 心理学系 | 04 | 跨文化交流学 | 新闻与传播学院 | |
| 消费心理学 | 心理学系 | 04 | 英语演讲的艺术与技巧 | 新闻与传播学院 | 05 |
| 生理心理实验 | 心理学系 | 05 | 新闻传播学概论 | 新闻与传播学院 | 06 |
| 电影与心理(心理压力应对篇) | 心理学系 | | 毕业实习 | 新闻与传播学院 | 04 |
| 心理学研究方法 | 心理学系 | 04 | 广播电视专题研究 | 新闻与传播学院 | 05 |
| 组织管理心理学 | 心理学系 | 05 | 新闻传播史(二) | 新闻与传播学院 | 05 |
| 普通心理学 | 心理学系 | 07 | 广播电视采写 | 新闻与传播学院 | |
| 普通心理学 | 心理学系 | | 广播电视节目制作 | 新闻与传播学院 | |
| 大学生心理素质拓展 | 心理学系 | | 播音与主持 | 新闻与传播学院 | 05 |
| 大学生心理健康 | 心理学系 | | 专题片与纪录片创作 | 新闻与传播学院 | 05 |
| 高级统计spss上机 | 心理学系 | 06 | 英语新闻阅读 | 新闻与传播学院 | |
| 心理学概论 | 心理学系 | | 视频编辑 | 新闻与传播学院 | 05 |
| 计算概论(B) | 心理学系 | 06 | 高等数学C(一) | 中国语言文学系 | 07 |
| 计算概论(B)上机 | 心理学系 | 06 | 文科高等数学(I) | 中国语言文学系 | 07 |
| 高等数学(D)(上) | 新闻与传播学院 | 07 | 现代汉语(上) | 中国语言文学系 | 07 |
| 新闻采访与写作(二) | 新闻与传播学院 | 05 | 现代汉语(上) | 中国语言文学系 | 07 |
| 新闻名篇选读 | 新闻与传播学院 | 05 | 古代汉语(上) | 中国语言文学系 | 07 |
| 网络传播 | 新闻与传播学院 | 05 | 古代汉语(上) | 中国语言文学系 | 07 |
| CI研究 | 新闻与传播学院 | 05 | 古代汉语(上) | 中国语言文学系 | 07 |
| 广告文案 | 新闻与传播学院 | | 中国古代文学史(一) | 中国语言文学系 | 06 |
| 新闻摄影 | 新闻与传播学院 | 05 | 中国古代文学史(三) | 中国语言文学系 | 05 |
| | | | 中国当代文学 | 中国语言文学系 | 06 |

表7-3 2007年录取高考理科第一名学生

| 来源 | 姓名 | 性别 | 毕业中学 | 录取院系 |
|---|---|---|---|---|
| 北京 | 林茜 | 女 | 中国人民大学附属中学 | 数学科学学院 |
| 天津 | 路宇衡 | 男 | 天津耀华中学 | 生命科学学院 |
| 河南 | 范佳琳 | 女 | 河南安阳一中 | 生命科学学院 |
| 福建 | 陈默 | 女 | 福建漳州一中 | 光华管理学院 |
| 河南 | 樊玉伟 | 男 | 河南淮阳中学 | 元培学院 |
| 山东 | 赵旭明 | 男 | 山东平度一中 | 生命科学学院 |
| 贵州 | 胡朗 | 男 | 贵州贵阳一中 | 元培学院 |
| 浙江 | 赵倩 | 女 | 浙江新昌一中 | 数学科学学院 |
| 广东 | 张一驰 | 男 | 广东广州执信中学 | 元培学院 |
| 港澳台侨 | 卢淑怡 | 女 | 广东肇庆中学 | 光华管理学院 |

表7-4　2007年录取高考文科第一名学生

| 来　源 | 姓　名 | 性　别 | 毕业中学 | 录取院系 |
|---|---|---|---|---|
| 北京 | 张　玥 | 女 | 北京市101中学 | 中国语言文学系 |
| 福建 | 罗宏晟 | 女 | 福建尤溪一中 | 光华管理学院 |
| 贵州 | 陈芳芳 | 女 | 贵州遵义四中 | 经济学院 |
| 海南 | 林婵娟 | 女 | 海南嘉积中学 | 光华管理学院 |
| 河南 | 马冰一 | 女 | 河南洛阳一高 | 光华管理学院 |
| 黑龙江 | 禹奇峰 | 男 | 黑龙江尚志朝鲜中学 | 经济学院 |
| 湖北 | 张友谊 | 男 | 湖北大冶一中 | 元培学院 |
| 湖北 | 张秋婷 | 女 | 湖北夷陵中学 | 光华管理学院 |
| 湖南 | 戴卉君 | 女 | 湖南长郡中学 | 光华管理学院 |
| 湖南 | 李　燕 | 女 | 湖南师大附中张家界实验中学 | 元培学院 |
| 吉林 | 柏雯瑛 | 女 | 吉林长春朝鲜中学 | 外国语学院 |
| 江苏 | 叶　枝 | 女 | 江苏金陵中学 | 元培学院 |
| 江苏 | 张亦驰 | 男 | 江苏常州中学 | 元培学院 |
| 内蒙古 | 金　朦 | 女 | 内蒙古呼和浩特二中 | 光华管理学院 |
| 宁夏 | 邢　阳 | 女 | 宁夏银川二中 | 光华管理学院 |
| 宁夏 | 马梦璇 | 女 | 宁夏固原一中 | 法学院 |
| 青海 | 王　珊 | 女 | 青海湟川中学第一分校 | 光华管理学院 |
| 山东 | 都珊珊 | 女 | 山东潍坊一中 | 元培学院 |
| 天津 | 於思雨 | 女 | 天津新华中学 | 光华管理学院 |
| 西藏 | 宗　吉 | 女 | 西藏拉萨中学 | 法学院 |
| 西藏 | 张　帆 | 男 | 西藏昌都第一高级中学 | 法学院 |
| 广西 | 林丽渊 | 女 | 广西浦北中学 | 光华管理学院 |
| 浙江 | 求芝蓉 | 女 | 浙江新昌一中 | 元培学院 |
| 江西 | 朱虹璇 | 女 | 江西南康中学 | 元培学院 |
| 重庆 | 黄文帝 | 男 | 重庆外国语学校 | 光华管理学院 |
| 港澳台侨 | 谭　镭 | 女 | 广东广雅中学 | 考古文博学院 |

表7-5　2007年录取中学生国际奥林匹克竞赛获奖学生

| 学　科 | 姓　名 | 性　别 | 所在中学 | 录取院系 | 奖项 |
|---|---|---|---|---|---|
| 数学 | 付　雷 | 男 | 湖北武钢三中 | 数学科学学院 | 金牌 |
| 数学 | 沈才立 | 男 | 浙江镇海中学 | 数学科学学院 | 金牌 |
| 数学 | 邓　煜 | 男 | 深圳高级中学 | 数学科学学院 | 金牌 |
| 数学 | 胡　涵 | 男 | 湖南师大附中 | 数学科学学院 | 金牌 |
| 物理 | 李骜西 | 男 | 湖北华中师大一附中 | 物理学院 | 金牌 |
| 物理 | 彭星月 | 男 | 湖北武钢三中 | 物理学院 | 金牌 |
| 化学 | 方　源 | 男 | 四川绵阳南山中学 | 化学与分子工程学院 | 金牌 |
| 化学 | 徐　磊 | 男 | 上海复旦大学附中 | 化学与分子工程学院 | 金牌 |
| 化学 | 杨　乐 | 男 | 河北石家庄二中 | 光华管理学院 | 金牌 |
| 化学 | 张子旸 | 男 | 江苏省泰州中学 | 化学与分子工程学院 | 金牌 |
| 生物 | 林济民 | 女 | 浙江杭州十四中学 | 生命科学学院 | 金牌 |
| 生物 | 冉　辰 | 男 | 山东青岛二中 | 生命科学学院 | 金牌 |
| 生物 | 周　骞 | 男 | 安徽合肥市第一中学 | 生命科学学院 | 金牌 |
| 生物 | 朱军豪 | 男 | 湖南师大附中 | 生命科学学院 | 金牌 |
| 信息 | 李天翼 | 男 | 上海复旦中学 | 数学科学学院 | 金牌 |

# 研究生教育

【概况】 2007年，北京大学的研究生教育稳步推进研究生培养机制改革，不断完善研究生奖助体系；逐步改进研究生招生考试方式，深化研究生招生办法改革；积极落实"高水平大学研究生公派项目"，推动北大研究生教育的国际化进程；继续建设和完善北京大学研究生教育质量保证体系。

2007年，北京大学招收研究生5610名。其中博士生1457名，硕士生4153名。在校研究生17164人，其中博士生5874人，硕士生11290人。此外，校本部还有在职攻读专业学位研究生5004人。

截至2007年7月，北京大学共授予博士学位9945人；硕士学位40324人。

2007年博士生指导教师1423人。校本部1104人，医学部319人。

北京大学现有38个博士学位授予权一级学科点，其中校本部30个，医学部6个，本部与医学部共享2个；210多个博士学位二级学科点，其中校本部163个（自设12个），医学部47个，本部与医学部共享8个；230多个学术型硕士学位二级学科点，其中校本部186个（自设10个），医学部59个，本部与医学部共享11个。目前，北京大学共有87个二级学科为国家重点学科，覆盖18个一级学科和25个二级学科国家重点学科，居全国高校前列。

2007年入选全国优秀博士学位论文3篇。自1999年至2007年9年累计，北京大学获全国优秀博士学位论文总数为61篇。

【招生工作】 1. 基本情况。2007年，申请北京大学推荐免试硕（含直博）研究生的人数共有3000多人，报名参加硕士生统考（双证）的人数达到19238人，报名参加博士生应试考试的人数共计4145人。北京大学共录取研究生5610人（其中校本部3659人，医学部852人，深圳研究生院682人，软件与微电子学院417人）。在2007年12月18—20日北京教育考试院召开的研究生招生工作及表彰会议上，北京大学荣获"北京市研究生招生工作突出贡献奖"；北京大学魏志义同志荣获"北京市研究生招生科研论文奖"。

2. 招生计划。2007年结合研究生培养机制改革，改进招生计划的制订工作。根据研究生培养机制改革的实施情况，将培养计划分为普通计划、调控计划、单独项目计划和单列计划。根据是否转档案来确定能否申请学业奖学金。凡普通计划和单列计划均可申请学业奖学金；调控计划由招生导师或院系筹措经费；单独项目计划则不能申请学校的学业奖学金，由学生缴纳学费。

在2007年计划安排中，首先是稳定校本部的规模，适当调整医学部、深圳研究生院和大兴软件与微电子学院的招生规模；在基本稳定学术型硕士、博士生招生规模的基础上，适当增加了在职攻读专业学位研究生的招生专业和规模；在努力扩大留学研究生的招生人数，特别是招收西方发达国家留学生的人数的同时，适应国家对港澳台工作政策的调整，适当增加了港澳台录取人数；在保持接收推荐免试研究生质量的前提下，部分院系扩大了推免生的人数；在继续保留单考生计划的同时，根据考生情况，适时调整了报考专业录取人数；保证了强军计划的招生；保证了交叉学科、优秀人才、对口支援、支持西部以及招收少数民族学生的计划；保证了学校学工干部直升、选留和体育、艺术特长生的计划。

3. 招生宣传与咨询。认真做好招生简章和专业目录，让申请和报考人了解北京大学接收和录取研究生的基本条件、交叉学科的发展状况和招生情况、各个院系的招生情况和考试科目、研究生招生政策、有关设立奖助学金的具体情况等。

从2003年开始组织招生咨询日活动已有5年，在不断总结经验的基础上推陈出新。在2007年7月8日的招生咨询日活动中，一方面以宣传咨询活动为主，提供有效渠道方便考生查询专业信息；另一方面是以讲解的形式进行交流活动，包括各院系主管领导组织各学科专业知名专家教授、优秀研究生代表，以报告和座谈的方式，与考生进行面对面的交流。咨询日还邀请了复旦大学等兄弟院校参加，同时邀请了《新京报》《京华时报》《北京青年报》等20多家媒体、网站进行了采访与报道。

在2007年及2008招生宣传工作中，成功地联合了网络、广播电视、报刊等新闻媒介，起到了很好的宣传作用，另外还特别重视发挥北京大学研究生院主页和研究生招生网的作用。

4. 接受面试推荐研究生工作。北京大学校本部2008年推荐免试研究生有3500多人申请，接收1833人。其中直博生280人、硕士生（含硕博连读）1553人；其中来自本校的应届毕业生911人，来自外校的应届毕业生922人。在接收2008年推荐免试研究生的工作中，研究生院实行了多项举措以保证生源质量：

继续进行一级学科综合考试。使接收推荐免试生的过程实际上形成了三次筛选：即材料初审——综合笔试——综合面试。同时各个院系可以根据自己的实际情况来决定，不搞一刀切。

增加招收"硕博连读"和"直博生"的数量。其课程学习、科研工作、学位论文均可以按5年统筹安排，有利于博士生的培养，有利于出更多的科研成果和优秀论文。

各院系对外语水平的要求更加具体。普遍增强了对推荐免试研究生外语的听、说、读、写能力的考察。

接收更多外校的优秀应届本科毕业生。2008年外校推荐到北京大学申请免试读研究生的优秀本科应届毕业生，不仅人数上有了增加，而且质量也有较大提高。

表7-6  2004—2008年北京大学接收推荐免试研究生的数据统计与比较

| 年度 | 人数 | 硕士生 | 硕博连读 | 直博生 | 本校 | 外校 | 校内外比例 |
|---|---|---|---|---|---|---|---|
| 2004 | 1192 | 886 | 99 | 207 | 731 | 461 | 61%/39% |
| 2005 | 1213 | 987 | 87 | 139 | 742 | 471 | 61%/39% |
| 2006 | 1495 | 1075 | 195 | 225 | 852 | 643 | 57%/43% |
| 2007 | 1648 | 1398 |  | 250 | 816 | 832 | 50%/50% |
| 2008 | 1833 | 1553 |  | 280 | 911 | 922 | 50%/50% |

5. 改革与创新。

改进研究生招生计划的制订工作：2007年结合研究生培养机制改革，对研究生实施收费与奖助办法，充分发挥经济杠杆的调节作用，以推进计划工作的改革力度。特别是博士生招生要根据导师科研经费状况，打破大锅饭，优先满足经费充足的导师提出的招生名额。

改革留学研究生招生选拔办法：从2007年起，将招收外国留学硕士、博士研究生的选拔录取办法，由原来的以考生应试考试成绩为主的选拔录取方式，转变为申请报名与考核申请人的素质能力为基础的（申请—审核制）选拔录取方式。在2007年招收留学生的人数比2006年有了较多增加。

改革港澳台生的选拔办法：经教育部批准，2008年北京大学招收港澳台学生实行考试制和申请制两种选拔办法。

采用考试方式招生的院系有：数学科学学院、工学院、生命科学学院、地球与空间科学学院、心理系、新闻与传播学院、历史系、国际关系学院、社会学系、法学院、艺术学院。

实行以综合素质能力为基础的申请考核办法的院系有：物理学院、化学与分子工程学院、信息科学与技术学院、中文系、哲学系、考古与文博学院、经济学院、光华管理学院、中国经济研究中心、软件与微电子学院、信息管理系、政府管理学院、马克思主义学院、外国语学院、对外汉语教育学院、深圳研究院、教育学院、人口研究所、分子医学研究所、城市与环境学院、环境科学与工程学院。

继续扩大接收推荐免试研究生比例，积极选拔校内外优秀生源：接收推荐免试研究生从2004年1263人增加到2008年1883人。理科院系接收推荐免试硕士生名额可到80%，其他院系一般在60%以内。另外部分院系还接收本科起点直接攻读博士学位的推荐免试生，实行硕、博连续培养。

改变招生类别：根据北京大学研究生培养机制改革试点办法的规定，2008年研究生招生的"录取类别"按照考生的人事关系分为"转档"与"不转档"两类。

探索和建立研究生招生质量保障体系：加强对研究生生源质量评价方法的探索和研究，建立生源质量评估体系，并且逐步运用于招生实践中，对于研究生招生工作具有重要的指导意义。

【培养工作】 修订与制定管理工作文件。2007年修订了《北京大学研究生手册》《北京大学在职攻读硕士专业学位人员/学生管理手册》；修订了《北京大学研究生学籍管理实施细则》《博士生培养工作的若干规定》《硕博连读研究生的培养办法》等文件；制定了《北京大学关于研究生学术规范的规定》《北京大学研究生学术交流基金管理办法》《单证专业学位研究生校园卡管理办法》。

实施研究生创新工程。2007年研究生创新工程包括研究生暑期学校和研究生访学基地项目。完成人格社会心理学等7个全国研究生暑期学校、6个国际师资的研究生课程，9个研究生暑期课程，接受7名访学研究生；并作为高校代表在教育部组织召开的"全国研究生暑期学校研讨会"做大会发言。北京大学"研究生访学项目"于2005年10月正式启动以来，共接收了西部高校、重点高校、港澳台地区高校的24名国内访学研究生，在我校进行为期一学年或一学期的访学研究，目前已有11名研究生顺利完成访学研究，实现优秀教育资源的充分共享，培养了高层次创新型人才。

组织申报2008年研究生创新计划。申报2008年研究生教育创新计划的有化学与分子工程学院等5个院系,总计申报"研究生暑期学校"项目4个;"全国博士生学术会议"项目2个;"研究生访学基地"项目1个及"创新型研究生培养制度国际调研""田野考古新技术、新方法培训基地",其他类别项目2个。经教育部批准立项5个,其中暑期学校2个,博士生学术会议1个,访学基地1个,研究项目1个,总资助额95万,为全国高校中立项最多、资助金额最大。

积极落实"高水平大学研究生公派项目"。按照教育部、国家留学基金委2006年11月启动的"国家建设高水平大学公派研究生项目"要求。学校成立了领导小组和工作小组,先后组织三个层面的大型工作会议,及时向各院系研究生主管院长(系主任)宣传该项目并部署具体工作。2007年研究生院联合国际合作部组织了该项目的选拔与评审、推荐以及派出工作。

在北京大学正式确定的283名推荐人中,校本部243人,医学部40人,被留学基金委录取282人,居高校之首。据统计,北京大学推荐人的留学目的国家,除有一名同学到马来西亚外,其余均为发达国家,集中在美、日、德、英、法等高等教育发展世界领先的国家;留学接收院校主要是世界一流大学和科研院所,包括哈佛、斯坦福、麻省理工、耶鲁、牛津、剑桥、早稻田等世界著名大学。此外,截至2007年7月,北京大学共计41人申报国家留学基金委的专项奖学金项目,其中26人被"全额资助项目"等13个专项奖学金项目录取。

组织和推动研究生课程建设。2007年共有58门课程申请立项,根据《关于2007年研究生课程建设申报立项的通知》精神,经授课教师申报,所在院系审查同意,专家评审,2007年决定对36门立项资助,多数课程为本专业基础必修课。对2006年度立项资助的20门研究生课程进行中期检查;对2005年立项的33门研究生课程的建设情况进行结项总结,2007年组织了课程评估。共有458门次课程参评,其中必修课为249门,占54%;选修课161门,占35%;限选课48门,占10%;涉及数学科学学院等19个开课单位,全校所有参评课程平均得分93.63分。

选派奥运实习生。8月,北京大学的87名实习生分三批全部上岗,与奥组委签署了工作协议,成为正式的奥运会赛时实习生。根据工作需要,上岗后这些学生被分配在奥运大厦与24个场馆,每个场馆分配2到10名实习生。在中秋节前夕,研究生院组织了奥运实习生代表座谈会,了解他们在实习岗位上的表现,及时跟踪实习生的培养情况。奥运实习生在"好运北京"系列测试赛中,以自己的实际行动践行"微笑北京,志愿奥运"的精神,受到奥组委的高度赞扬。

为进一步提高研究生的培养质量,加强研究生学术交流能力和国际竞争力的培养,促进研究生培养的国际化,北京大学设立研究生学术交流基金,资助优秀研究生的国际学术交流活动。该项基金由学校拨款设立,由研究生院负责统一管理和使用,2007年度已经接受了3批在校研究生的申请,接受资助总人数为129人,其中博士生96人、硕士生33人。接受资助金额总计为78万,其中博士生58万、硕士生20万。

【学位工作】 2007年度北京大学学位授予共计11856名。其中:博士学位937名,硕士学位5295名,学士学位5624名。

2007年度,根据教育部《关于做好国家重点学科考核评估工作的通知》要求和学校领导的指示精神,北京大学全力做好原有国家重点学科的考核评估与新的国家重点学科增列两个阶段的工作并取得了较好的结果:北京大学二级国家重点学科由81个增加至87个,同时,北京大学被教育部认定18个一级国家重点学科。其中:1个加强建设国家重点学科(二级),3个培育国家重点学科(二级)。

2007年北京大学原有5个北京市重点学科正在接受北京市验收;按照北京市下达的指标,北京大学新申报了2个一级市级重点学科,8个二级市级重点学科和2个交叉学科市级重点学科(待批)。

根据《中华人民共和国学位条例》及其实施办法和《北京大学学位授予工作细则》,北京大学第七届学位评定委员会及其分会2007年已经任期届满。经过细致、科学的换届方案安排与报批,北京大学第八届学位评定委员会及其分会产生。北京大学第八届学位评定委员会由25人组成。

组织完成了2008年度北京大学优秀博士学位论文评选及参加教育部"全国优秀博士学位论文"评选与推荐工作。2007年10月,校学位评定委员会确定了2008年北京大学优秀博士学位论文名单及参加教育部"全国优秀博士学位论文"推荐名单。

2007年完成了联合研究生院成立五周年庆典活动;第四批4名北京大学研究生从莫斯科大学学成归来、第五批2名北京大学研究生派赴莫斯科大学,以及接收第四批莫斯科大学派赴北京大学学生的相关手续办理等工作任务。

10月,研究生院根据国务院学位委员会、教育部、人事部联合下发的"关于开展全国博士生质量调查工作的通知"(学位[2007]30号)文件精神,组织了北京大学博士生质量调查工作。包括问卷发放和回收、统计分析基础数据、总结报告的起草工作,圆满地完成了此次任务。

完成621人的博士学位论文答辩材料审批工作。

授予名誉博士学位4人；至此北京大学授予名誉博士学位总数已达44名。

共受理715人以研究生毕业同等学力在职申请学位。

2007年，文理科工作委员会秘书处承担了全国学会文理科工作委员会的相关工作任务，组织了中国学位与研究生教育学会"十一五"课题、教育部委托课题及重大、重点课题申报立项工作；组织召开了"中国学位与研究生教育学会文理科工作委员会2007年学术年会"。

【奖助工作】 加强奖助工作的制度建设。2006年，北京大学印发了《北京大学研究生培养机制改革办法》《北京大学研究生奖助金资金来源和使用管理办法》以及《北京大学研究生学业奖学金管理办法》等培养机制改革相关文件。2007年，针对在工作中遇到的实际问题，积极与有关部门沟通，起草了《研究生培养机制改革政策的补充规定》和《北京大学学籍异动研究生学费和学业奖学金管理办法》，文件通过校长办公会讨论，在校本部实行。

建立和完善奖助工作体系。从2007年开始，研究生培养机制改革全面实施，逐步完善"以学业奖学金、助研岗位和助教岗位为基础，以专项奖学金为补充，以调控招生计划为特点"的奖助工作体系。

（1）调控招生计划。2007年实行培养机制改革后，博士生基本招生计划中的5%确定为调控招生计划，科研经费特别是国家重大课题经费充足的导师可以以科研经费申请调控招生计划。2007年，全校共调整出43个博士生调控招生计划和7个硕士生调控招生计划，其中34个博士生（另外9个分配给新增学科）调控计划由理学部和信息与工程学部申请获得，支持了科研经费充足、培养条件优越学科的发展。同时，学校通过调控招生计划收回申请经费280万元，作为研究生培养机制改革的专项经费反哺给研究生。

在2007级试点的基础上，2008级的招生计划，除博士生基本招生计划中的5%为调控招生计划外，硕士生基本招生计划中的10%也被划为调控招生计划，进一步深化招生计划的改革。

（2）学业奖学金。从2007级开始，研究生身份标识发生了变化，由原来的"计划内非定向、定向、委培和自筹"改为"人事档案是否转入北京大学"。学校取消了博士生350元/月、硕士生290元/月的普通奖学金，代之以更具激励机制的学业奖学金制度。针对学科特点，学校对各学部学业奖学金比例和金额作了不同的规定，各院系也根据自身实际情况正在探索一套适合院情的学业奖学金评定制度。2007级研究生中共有2658名获得学业奖学金，冲抵学费3136万元，发放生活补贴部分496万元。同时，学费收入314万元作为研究生培养机制改革专项补充经费。

2007年度，北京大学共设立1762个助教岗位，发放600万元助教津贴，资助2002名研究生。

从2006年9月开始，学校实行过渡政策，建议各学部的博士生指导教师向博士生提供助研岗位并发放助研津贴；针对社会科学部和人文学部科研经费不充裕的特点，学校对这两个学部重点支持，对人文学部全额拨款、对社会科学部配套补贴。在取得良好的资助效果后，对于2007级新生，学校规定理学部、信息与工程科学部和社会科学部的博士生指导教师必须为博士生提供助研岗位并发放助研津贴，其中对社会科学部仍采取配套补贴的方式，逐步提高博士生导师的成本意识和责任意识。2007年度，共发放社会科学部和人文学部博士生助研津贴429万元，其中博士生导师或其所在院系补贴171万元，学校配套补贴258万元，共有约900位学生（2003级34人）从中受益。

专项奖学金情况：9月以来，共筹得四笔社会捐赠，设立了北京大学"康正奖学金""王文忠—王天成奖学金""六建奖学金"和"方正春元奖学金"，总额达545万元人民币，年资助总额度达105万元人民币。专项奖学金将纳入研究生奖学金、助学金体系筹使用。

11月，研究生院组织三次各学部各年级博士生参加的座谈会，了解目前博士生获得资助的实际状况，并且根据现状拟定了博士生资助方案。

【中国研究生院院长联席会秘书处】 1. 会议组织。4月2日至3日，中国研究生院院长联席会2007年工作会议在湖南长沙召开。国务院学位办公室负责同志、院长联席会各研究生院院长和全国各省教育厅分管学位与研究生教育工作的负责人出席了会议。国务院学位办公室梁国雄副主任主持了开幕式，国务院学位办公室有关负责同志传达了国务院学位委员会第二十三次会议精神，介绍了全国试点试行研究生培养机制改革工作情况及关于学位办公室2007年工作的主要思路和工作重点。与会人员主要围绕"影响研究生质量的因素及其根源""如何以改革研究生培养机制、提高研究生创新能力为核心，全面提高研究生质量"等议题展开讨论。

中国研究生院院长联席会2007年年会于11月2日—4日在成都召开。出席会议的有国务院学位办公室、教育部有关负责同志及全国57所研究生院院长或常务副院长。此次会议围绕"提高研究生培养质量"的主题展开。会议听取了国务院学位办公室负责同志关于"把研究生教育质量提高到一个新的水平""关于当前研究生培养机制改革工作的几点意见"及"研究生招生工作的基本形式和改革思路"的报告;会议还安排了清华大学、中国科技大学、上海交通大学、华东师范大学、浙江大学、西北工业大学、中国科学院研究生院等研究生院院长就所在研究生院在确保研究生培养质量上的举措作了大会交流发言。在闭幕式上,联席会就 2007 年来所派出的四个院长代表团(出访美国、加拿大、香港等)分别做了汇报报告。会议还根据"研究生院院长联席会条例",同意哈尔滨工程大学研究生院、河海大学研究生院、西北农林科技大学研究生院转成为联席会的正式会员;通过了有关联席会主席单位研究生院换届的提议,新一届主席单位院长将于 2008 年开始开展工作。

2. 国际交流。3 月 20 日—29 日,中国研究生院院长联席会组织了由 16 所研究生院的院长(副院长)参加的院长代表团,访问了香港七所具有研究生培养资质的大学和香港学术评审局,就香港高等教育体制及行政功能、学位与研究生教育及高等教育评估等问题进行了交流与探讨,同时向香港同行介绍了近年来内地研究生教育的改革与发展情况。代表团还分别与在香港科技大学和香港大学学习的内地研究生代表进行了座谈。

5 月 28 日至 6 月 21 日,中国研究生院院长联席会组织 17 所大学研究生院主管研究生培养的负责同志代表团赴美国进行了为期 21 天的考察访问。代表团访问考察了哈佛大学、麻省州立大学、华盛顿大学、夏威夷大学等,听取并了解了有关美国高等教育体制及行政功能情况、学位与研究生教育情况及高等教育评估情况等。

受美国 CGS 主席的邀请,原定由三位研究生院院长代表中国出席 2007 年 8 月 30 日—9 月 1 日在加拿大召开的"研究生教育国际化战略领袖峰会"。由于各种原因,只有清华大学贺克斌院长一人如期成行。此次峰会的议题是研究生教育国际化带来的机遇与挑战、研究生教育国际化交流、国际人才的流动。峰会的目标是开启全球对话,推行研究生教育中好的做法,明确未来研究生教育国际合作的方向。贺克斌院长回国后在院长联席会 2007 年年会上向全体院长介绍了峰会的有关情况。

3. 热点问题研究与成果。2006 年 12 月 8 日—10 日在广州召开了"关于进一步做好研究生培养机制改革工作"研讨会。出席会议的有国务院学位办公室有关领导和各试点学校研究生院的院长或常务副院长。会议交流了试行研究生培养机制改革工作可能出现的问题及相应的对策;研讨了"关于做好试行研究生培养机制改革工作若干意见的建议"报告。

自 2003 年 3 月以来,联席会秘书处组织了 10 所高校的研究生院参与"中国研究生院建设的研究"课题研究。经过数次研讨及修改,报告于 2007 年 7 月以《探索与创新——中国研究生院建设与发展研究》为名由高等教育出版社正式出版。

4. 支持西部地区研究生教育。2007 年,联席会组织了多个小型院长代表团先后出席了湖北省"十一五"学科建设规划论证会议、重庆邮电大学学科建设专家咨询会议、云南省学位与研究生教育学科建设咨询会议等西部地区有关学位与研究生教育的会议。

5. 自身建设。2007 年秘书处出席了《学位与研究生教育》编辑部工作会议、《中国研究生》媒体会议、工科研究生院工作会议、文理科工作会议、"第二批国外著名高校调研"工作会议、"全国博士质量调研"分析学术会议等会议。

联席会新网页于 2006 年 12 月正式试运行,目前运行状况良好。

根据联席会副秘书长的提议,秘书处对全国研究生院的基本信息数据进行了调研,包括:各研究生院工作人员人数;研究生院院长是否校长(常务副校长)兼任;副院长人数、是否兼职的状况;研究生院机构设置及职能、级别;各研究生院是否设置研究生工作部;是否设立专门的学科建设办公室、"211"(或重点建设)办公室、奖助办公室、研究生教育研究办公室等。这对于我们进一步了解全国研究生院的情况,研讨研究生院的建设具有重要意义。

【全国博士生质量调查】 为全面评价中国博士研究生教育的发展状况,分析影响博士质量的相关因素,通过总结博士研究生培养的经验和问题,提出进一步提高博士质量的对策,国务院学位委员会、教育部、人事部于 9 月 28 日联合下发"关于开展全国博士生质量调查工作的通知"(学位[2007]30 号文件),决定在所有博士学位授予单位,开展博士质量调查工作。根据"通知"精神,北京大学研究生院及研究生院医学部分院分别对本部及医学部博士质量进行全面、系统、深入的调查,并对调查采集的基础数据和评价素材进行分析和总结,进一步明确博士研究生教育发展方向,采取切实有效措施,不断提高博士研究生培养质量。

【北大—莫大五周年庆典】 9 月 5 日,"北京大学—莫斯科大学联合研究生院成立五周年庆典"在俄罗斯莫斯科大学新图书馆隆重举行。北京大学校长许智宏院士、莫斯科大学校长萨多夫尼奇教授分别致辞,称赞北大—莫大联合研究生院是中俄高等教育交流与合作的典范,并表示双方将进一步开拓合作领域,继续推进师生交流与联合培养。庆典仪式上,北大代表团播放了为此次活动专门制作的视频短片,借此回顾两校交流与合作历史以及联合研究生院的发展历程。来自两校学生艺术团的学生还表演了精彩的文艺节目。

联合研究生院于2002年5月28日正式成立。是在中俄两国政府"教、文、卫、体合作委员会"的框架下,由北京大学和莫斯科大学两校建立的高层次人才联合培养的教育国际合作机构,她也是中俄两国在教育领域里的一个重点国际合作项目。

【高水平大学公派研究生项目】
10月8日上午,教育部主持召开了2007年度"国家建设高水平大学公派研究生项目"执行工作总结视频会议。北大在英杰交流中心同步举行视频会议,常务副校长林建华出席。教育部、财政部、国家留学基金委的负责同志出席会议,教育部副部长吴启迪主持会议,国家留学基金委张秀琴秘书长就2007年度"国家建设高水平大学公派研究生项目"的落实情况做了汇报,肯定了该项目2007年取得的良好进展,指出了目前存在的一些问题,对2008年度该项目的实施提出了工作安排及主要原则,特别要求攻读博士学位研究生应达到规定比例。

北京大学党委书记闵维方作为三位高校代表之一做了大会交流发言。闵书记从统一认识、高度重视、项目的组织实施、选拔和派出、结果分析等几个方面对该项目在北京大学的具体执行情况向会议作了报告。2007年度北京大学有282名在读研究生为该项目录取,前往19个国家公派留学,其中赴美国有166人。

【研究生教务工作研讨会】 7月11—13日,北京大学2007年度研究生教务工作研讨会在京郊怀柔召开。本次研讨会的主要议题是对北京大学学科建设和研究生教育所存在问题的思考,会议历时两天,来自各学院(系、所、中心)的研究生教务员和研究生院工作人员共计70余人参加了会议。

研讨会由研究生院高岱副院长主持。研究生院王仰麟常务副院长做了"基于学科建设和研究生教育状态对若干问题的思考"的主题报告。在报告中,王仰麟着眼于北京大学研究生教育和学科建设实际,肯定了研究生教务系统工作的重要性和所取得的工作成绩,回顾了近年来北京大学参加"全国百篇优秀博士学位论文"评选、国家一级学科评估和国家重点学科评估工作的情况,并对此做出深入浅出的统计分析。王仰麟结合目前北京大学学科的基本格局概括了各学科目前的发展状态和发展特点,对学科特点、学科地位与学科在科学研究和人才培养上的产出做了简单的比较分析。报告还对研究生教务系统的工作特点和目前所存在的问题做了归纳,并提出了相关建议和对策。

本次研究生教务工作研讨会,关注实际问题,发扬民主作风,就学科建设、人才培养等与北京大学发展密切相关的重要问题展开了热烈而深入的讨论,加强了研究生院各工作部门和院系研究生教务员之间的工作沟通和相互信任。

【研究生培养机制改革】 北京大学从2007年起进一步完善了研究生奖学金、助学金制度。设立的学业奖学金主要用于资助研究生在学期间的生活费和学费。博士研究生每学年学费为1.5万元。学习年限3年的硕士研究生每年学费为1万元;学习年限2年的硕士研究生每年学费为1.35万元。除工商管理硕士、法律硕士等专业学位、考试方式为单独考试的研究生、EDD博士生、人事档案不转入北京大学的研究生、已获硕士学位或博士学位的人员、外国留学研究生以及其他经特别说明的研究生教育项目招收的研究生按原有规定缴学费外,北京大学博士研究生获得学业奖学金的覆盖面为100%,硕士研究生获得学业奖学金的平均覆盖面不低于90%。在资助的力度上也超过往年,有大幅度提高。

与此同时,北京大学设立了大量助研、助教和助管工作岗位。2007年助教岗位津贴是每月800元;博士助研岗位每月不低于450元;硕士助研岗位每月300元;助管岗位每月800元。每学期为研究生提供的助教岗位大约为650~750个、助研岗位大约2000个。

【北京大学研究生教育九十周年】
2007年是北京大学研究生教育发展90周年,围绕这一主题,研究生院策划了一系列庆祝活动。

12月19日北京大学研究生教育90周年庆典新闻发布会拉开了庆典活动的序幕,北京大学校长许智宏院士在新闻发布会上强调,研究生教育代表着一个国家教育发展的水平。林建华常务副校长向与会媒体着重介绍了北大研究生教育的现状。

继往开来(1917—2007)研究生教育90年图片展览,以记录不同时期开展研究生教育的文献资料和珍贵留影为主,回顾北京大学研究生教育的发展历程,展示北京大学研究生教育发展与创新的基本情况和成绩,展览分三部分:开拓进取、继往开来、创新发展。同时完成了画册《继往开来——北京大学研究生教育90年》出版。

《江山代有才人出——北大与中国研究生教育同行九十年》是北京大学研究生院与阳光卫视合作拍摄制作的系列专题片,专题片共20集。同时与新闻传播学院合作,完成纪念文集《江山代有才人出——北京大学研究生教育90周年》的写作及出版。

12月26日举行了隆重而热烈的庆典大会,教育部学位管理与研究生教育司、北京市委教育工委等主管部门的领导,清华大学、哈尔滨工业大学、复旦大学、上海交通大学、南京大学、浙江大学、中国科技大学、西安交通大学等高校主管研究生教育的领导出席庆典并致辞。

与会的"985"院校主管研究生教育的学校领导和研究生院领导在"中国研究生教育发展论坛"共同探讨了研究生教育所面临的机遇和挑战,围绕"研究生创新能力和创新精神的培养与训练及评价、学科发展与研究生教育的关系、学位授予质量的评价"等问题,结合本校研究生教育的实践畅谈研究生教育改革与发展问题。

【医学部研究生招生工作】 2007年共招收研究生850人。其中硕士483人(其中公开报考录取401人、港澳台6人、留学生18人、免试推荐接收58人),博士生367人(其中公开报考录取156人、校内转博175人、直博申请34人、港澳台1人、留学生1人)。

2007年的研究生复试工作作出了调整和改变:

调整硕士生复试成绩计分办法:在2007年硕士生招生复试工作中,复试成绩采用综合计分办法,赋予复试中的各项考察内容不同的权重,特别是将能力倾向测试成绩纳入复试成绩中,实行百分制,60分及格(复试成绩考核项目百分制权重为:能力倾向测试10%、英语听力5%、专业英语10%、专业知识25%、面试50%)。

加强博士生复试工作:首先严格规范了复试办法,下发了《医学部2007年博士研究生入学考试复试工作意见》,进一步明确了复试内容和要求。其次增加了对博士生的背景考察,通过对考生报考材料的评价,审核考生的来源学校、专业、品德、学术水平及其在所报专业领域内的发展潜力。对发表论文、学术会议交流和科研获奖情况等体现科研能力的内容采用加分的办法。加分部分满分30分,作为录取的参考。

改进心理测试方法:在连续两年对考生所做的焦虑和忧郁心理测试的基础上,2007年增加了UK心理测验。UK是一种操作性的测验,其原理是使个体进行某种活动或业务模拟操作,以客观地反映出该个体的内在心理特征。其中主要包括"意志紧张""疲劳性""兴奋性""适应性"和"练习性"等五种心理要素。测定得到的能力、性格、行为特征的信息可靠完整,使心理测试增强其客观性和科学性,为录取考生提供较为可信的参考依据。

同时,制订2008年招生计划和招生专业目录。研究生培养机制改革工作的启动、对导师遴选和上岗办法的重新修订以及教学医院培养点和导师数量增加等因素,使得2008年研究生招生计划制定工作面临着一系列改革。为了做好此项工作,在制订计划前对各学院开展了调研工作,包括招生需求、科研经费状况、临床教学资源状况以及导师队伍等。在此基础上,确定医学部2008年研究生招生规模:招收硕士研究生的总数较2007年增加5%,规模数为480人;博士招生规模与2007年持平,仍为380人。此外,从硕士生和博士生招生总数中分别划出5%,用于对有重大课题、充足科研经费者的支持。需要给予政策支持者须按照一名学生全部学费1/2的额度将经费划拨到医学部学业奖学金专项经费内,以补充医学部学业奖学金的不足。针对医学部2008年以后能够担任住院总医师的学生减少的情况,由各学院确定是否对外招收临床医学博士专业学位研究生。并特别提出在对临床医学专业学位研究生招生中,要慎重考虑考生的从医资格,各临床医学院对考生的从医资格应有相应的措施或要求。

2008年申请医学部推荐免试研究生共175人,比2007年增加33.6%。接收推荐免试研究生140人,较2007年增加了38.6%;其中直博生62人,硕士生78人。140人来自28所高校,其中,43.6%来自本校,41.4%来自设有研究生院的院校或原卫生部部属院校,15%来自其他院校。2008年统招硕士生报考人数较2007年增加了240人,共计2916人。

应教育部要求,完成2007年复试工作录像宣传片。在"2007年全国医学研究生招生改革专题研讨会"上,以该片向参会代表介绍了研究生招生复试工作,受到好评。

2007年就业工作基本情况:2007年毕业研究生642人,比2006年增加了39.6%,就业率仍维持在97.8%,其中博士生达98.8%。同时,毕业生签订"三方就业协议"的数量和比例也达到92%以上。毕业生就业单位遍布全国29个省、市、自治区、直辖市,包括7个西部地区省市,但仍以北京地区为主。共有392名毕业研究生在北京地区就业,占毕业生总数642人的61.1%。

【医学部研究生就业指导与服务工作】 召开多种形式的毕业生就业会议:(1)向毕业生进行就业动员,分析全国劳动力市场状况和就业形势,介绍就业政策,及时与学生沟通与交流,了解毕业生的思想动态和寻求工作的情况,针对问题给予就业指导。(2)2007年药学专业"六年制本硕连读生"首批毕业,就业单位的好坏直接关系到其培养模式的肯定与否。为了做好其就业工作,与药学院配合,在六年制学生进入研究生阶段的初期便对毕业生进行了问卷调查,了解了毕业生的就业状况、意向和需求以及对毕业生进行了就业和违约的教育,使毕业生拓宽了"就业思维和就业定位",焕发了就业热情,增加了竞争力。毕业生不仅成功地在本专业和行业就业,而且有的进入到银行、证券等跨专业、行业领域就业。(3)加强与用人单位的联系,充分利用信函、电话、传真、网络等途径和参加供需见面、宣讲会等走出去请进来,多方式、多渠道收集用人单位信息,拓展毕业生的就业领域。举办了十多场小型用人单位招聘会并组织毕业生参加卫生部、北京市人事局和北京大学等重要的供需见面会。在"医学部研究生就业网"及时公布就业政策和用人单位需求信息,以及有关出国、考研、就业、做博士后等政策和事宜,使毕业生能够快捷地获知用人单位的最新招聘信息。(4)关注"待就业"毕业研究生,把择业援助落实到个人。与每位毕业生建立了联系,随时向他们提供用人单位信息,及时跟踪并掌握他们的就业进展情况。对于确因延期等原因不能及时落实就业岗位的毕业生,2007年医学部启用了"毕业生档案保留两年的政策"。在2007年7月毕业生办理离校派遣时,与毕业生签订了"保留档案两年的协议书"。对于经批准延期到2007年毕业且在2007年未落实就业岗位的毕业生,建议将其转入2008年就业。

表 7-7 2007 年医学部分院毕业研究生去向统计

| | 流 向 | 人数 | 比例(%) | 其中博士 | 比例(%) |
|---|---|---|---|---|---|
| | 总 计 | 644 | 100 | 326 | 100 |
| | 出 国 | 75 | 11.6 | 33 | 10.1 |
| | 录取博士(后) | 30 | 4.7 | 8 | 2.5 |
| 实际参加就业 | 合计 | 539 | 83.7 | 285 | 87.4 |
| | 高等学校 | 206 | 32.0 | 137 | 42.0 |
| | 科研单位 | 34 | 5.3 | 13 | 4.0 |
| | 党政机关 | 22 | 3.4 | 10 | 3.1 |
| | 企业 | 105 | 16.3 | 34 | 10.4 |
| | 金融机构 | 4 | 0.6 | 0 | 0 |
| | 医疗卫生 | 124 | 19.3 | 74 | 22.7 |
| | 其他事业单位 | 14 | 2.2 | 5 | 1.5 |
| | 部队 | 12 | 1.9 | 8 | 2.5 |
| | 待就业 | 13 | 2.0 | 4 | 1.2 |
| | 自主创业 | 2 | 0.3 | 0 | 0.0 |
| | 其他(港澳台) | 3 | 0.5 | 0 | 0.0 |

2008年医学部预计应届毕业研究生共901人,其数量较往年有大幅度增加,比2007年增加了40.3%;从学生类型看,医学科学(理学)学位研究生的比例上升,占全部应届毕业生的72.3%;因此不仅就业人数增加,而且就业范围相对变窄,使就业工作的难度大大增加。面对这种状况,在2007年10月即启动了2008年就业工作,较往年提早两个月;举办了十余场小型用人单位招聘会;收集发布了数千条用人单位招聘信息;开通了与毕业生互动的短信平台等,希望能够保持、甚至提高医学部毕业研究生的就业率和就业质量。

【医学部研究生培养工作】 认真执行培养管理规定,严格审核检查研究生培养的各个环节,随机抽查和定期评估相结合,实行导师负责制,实行中期筛选,保证培养质量,加强研究生创新能力的培养;为使研究生课程设置能很好地适应研究生培养的要求,体现"高、精、新、宽"的特点,体现"拓宽基础、追踪前沿"的教学要求,完成了课程大纲的改革,保证教学质量的逐年提高;在培养过程中,重在智力开发和科研能力的培养,提高研究生的创造性,不断提高服务意识、管理水平和工作效率。

1. 课程教学工作。做好网上选课工作;及时开通学生选课信息,使开课教研室能够及时了解所开课程的选课人数,做好课程准备工作。累计本年度两学期分别接受研究生、在职申请学位人员及外校人员近万人次选课。

为了加强和规范研究生课程教学管理,保证研究生课程教学质量,本年度根据《研究生课程教学管理条例》的要求,对研究生开课情况、备课情况、课堂教学效果、考核方式、教学方法和态度进行了不定期的检查,对部分课程进行了教学观摩,对研究生课程学习的出勤情况和课堂纪律进行了抽查,保证了教学秩序和教学质量。

针对新的培养方案实施一年来的情况,征求了有关学科的意见,对已有的部分专业培养方案进行了补充和修订。同时经开课单位的努力,完成了国内第一部关于实验室安全与有关法规教材的编写工作,并顺利出版《医学研究中的安全防护与相关法规》。

在教育部建设高水平研究生教育项目的支持下,共有94位博士研究生到美国、日本等二十多个国家和香港、台湾地区参加国际学术研讨会及报告会以及联合培养;其中出国参加会议、短期出国研讨、短期合作科研、短期培训进修访问38人次;长期出国联合培养、合作科研58人次。在长期出国联合培养、合作科研博士研究生中,国家公派43人次,国外奖学金项目4人次,单位公派11人次。

2. 规范管理。进一步完善医学部、院二级管理制度,规范学位与研究生教育管理;重视学习与培训,不断提高管理水平;继续开展研究生课程评估;严格和细化研究生管理,使其明确培养的步骤及要求,对培养环节进行了监督审核,及时录入了研究生各门课程成绩,审核了研究生临床轮转的录入,使学生及时了解个人学习情况及每个环节。同时完成了2007末同等学力在职人员申请答辩的能力认定工作。完成培养经费的预算和分配等工作。对基础医学院、实验动物科学部、公共教学部新开及重新调整课程给予了重点的投入。

3. 日常培养工作。3月组织进行了2004级临床研究生阶段考核的补考工作。9—10月组织进行了2007年临床医学专业学位研究生临床轮转情况的抽查工作,了解了研究生的意见,就研究生临床轮转、管理等方面的问题进行了认真、细致的检查,对未能按照培养方案要求完成临床能力训练者责成在规定时间内补齐,针对发现的问题,及时予以纠正;强调二级学院研究生管理部门需要加大监督力度等,以提高研究生培养质量。10—12月组织进行了2007年临床医学专业学位研究生、在职申请学位人员和住院医师阶段考核工作。2007年共有523名考生参加,其中研究生122名,在职申请学位人员54名,住院医师347名。临床医学博士专业学位毕业考核:针对临床医学博士专业学位研究生的毕业考核需要与答辩分开进行的情况,强化了毕业考核的审核和监督,同时对在职申请人员强化了过程的管理和材料的审核上报。为完善在职申请硕士学位和博士学位人员的课程学习、同等学力水平认定工作,制订了《北京大学医学部在职人员申请学位培养过程须知》,使其管理更加规范、有章可循。临床医学硕士专业学位研究生的培养:为加强对临床医学硕士专业学位研究生临床轮转的质量监督,完全落实"四轨合一",保证研究生完成住院医师第一阶段规范化培训,统一颁发住院医师阶段化培训合格证书,配合新的培养方案的落实,制订了专业学位硕士研究生临床能力训练量化检查表和复核临床能力训练轮转科室情况的暂行规定,更加贴近临床实际、更加实用,使临床能力训练情况的质量监督有所依据。

为保证直接攻读/硕博连读医学科学(理学)博士学位研究生、长学制学生培养质量,培养合格的博士生,培养办协同各学院统一组织2005级研究生和2001及2002级长学制学生的资格考试。医学部分院负责专业基础课考试,各学院负责专业课、专业外语和课题开题评议,出台了命题要求,使考核工作更加规范。

顺利接受了长学制学生,根据其进入二级学科的培养规定和有关管理要求,修订了长学制的培养方案,理顺了培养环节及有关要求。

4. 培养管理系统。利用培养管理系统对2007届研究生进行了毕业审核,对2005级临床医学专业学位研究生临床轮转科室进行了审核,及时录入研究生、在职人员和研究生课程进修班学员的课程成绩。

加强了对联合培养的研究生的监管工作,严格按规定程序审核、选拔派出研究生,保证了派出研究生的质量,完成了国家及学校有关部门下达的任务。

及时发布各种信息,对有关培养规定和培养方案及时更新。

5. 研究生课程进修班。2007年举办了应用心理学、护理学、社会医学与卫生事业管理学、精神病与精神卫生学、基础医学、药物化学、药剂学、药物分析、药理学、临床药学、生药学11个专业研究生课程进修班,截至目前共招收学员190人,获得结业证书学员共计92人。

6. 学位授予。2007年共向460名研究生授予学位,其中授予博士学位282人(含临床医学博士专业学位109人,口腔医学博士专业学位19人);授予硕士学位178人(含临床医学硕士专业学位53人,口腔医学硕士专业学位8人);共向227名在职人员授予了学位,其中授予在职人员博士学位68人(含临床医学博士专业学位53人,口腔医学博士专业学位8人),授予在职人员硕士学位168人(含临床医学硕士专业学位74人,口腔医学硕士专业学位4人);授予七年制临床医学硕士专业学位168人,授予七年制口腔医学硕士专业学位37人,授予六年制药学理学硕士学位79人,授予全日制本科学士学位711人,授予专科升本科人员学士学位417人。

2007年3月,受卫生部考试中心委托,组织了在职人员申请博士学位英语全国统考报名和全部考务工作。参考人员106人,54人获得考试合格证。4月至7月,接受在职人员申请硕士学位人员183人,其中申请硕士专业学位的78

人,申请科学学位105人;接受申请博士学位的在职人员40人,其中申请博士专业学位35人,申请科学学位的5人。

7. 教学医院第五批博士、硕士生培养点及导师资格审核。根据北京大学医学部对教学医院博士、硕士生培养点及研究生导师资格审核的工作部署,2007年12月,经过各学位分会初审后已上报至学位办,进一步需经过一级学科专家组评议、医学部学位评定委员会审核及北京大学学位评定委员会确认。此次审核完全依照北医(2006)部研字225号文件《关于调整研究生导师遴选、上岗工作的通知》中"北京大学医学部研究生导师上岗条件"执行,这将使经过审核通过的研究生导师在学位、职称、学术水平、科研项目、科研经费等方面的水平均较前更加提高,在壮大教学医院研究生导师的队伍的同时,也进一步加强了学科培养点的质量,为确保教学医院研究生培养质量提供了保障。

8. 组织导师培训。9月16日,研究生院医学部分院组织了"医学部研究生导师培训会议",来自医学部及附属医院新上岗的博士生导师、教学医院博士生导师及第四批硕士生导师、各院(部)负责研究生工作的管理人员近150人参加了培训,此次培训得到广大研究生导师的充分认可,大家感觉受益匪浅,并留下了中肯的意见和建议。

起草了《关于聘请协助指导研究生导师的补充规定》《关于重申临床/口腔医学博士专业学位临床能力(毕业)考核及学位论文答辩程序的通知》等,进一步规范了研究生导师的管理及临床/口腔医学博士专业学位临床能力(毕业)考核及学位论文答辩程序。

9. 博士后管理工作。2007年博士后进站28人,目前在站72人(其中待就业14人)。主要完成以下工作:协助后勤部门做好博士后公寓住房的调整、搬迁等工作,解决了部分滞留问题;加强博士后管理工作,重点增加自筹经费、企业博士后;严格进站考核录用,做好中期检查和出站评定工作;按照新修订的《博士后研究人员管理工作暂行规定》,督促落实,审核进站、出站论文;组织博士后基金申请及申报工作;7月27—29日组织医学部15名博士后到河北滦平县进行健康咨询活动,医学部共派出内科学、外科学、妇产科学、儿科学、眼科学、肿瘤学、口腔医学、超声诊断等多个学科的博士后参加此次健康咨询。博士后还为当地中医院的医务人员开展了"高血压的治疗误区""肿瘤的治疗进展""颈椎病的预防""宫颈癌的分期和治疗策略"等专题讲座;全国博士后管理信息网络系统开通,按要求电子注册、上报博士后管理的相关数据。

【医学部研究生思想政治工作】
研究生工作部按照党委的统一部署和2007年年初制定的工作计划,全面贯彻落实中共中央16号文件《关于进一步加强和改进大学生思想政治教育的意见》的精神,以研究生纵向班为单位积极开展研究生班级活动和党建工作;推动研究生培养机制改革试点工作,不断完善研究生奖助体系;进行了2007届毕业研究生调查和在校研究生思想状况调查,并对调查问卷结果进行分析;改革研究生社会实践组团模式,扩大社会实践规模;加强研究生思想工作队伍建设,使其政治素质不断提高;与有关部门合作,做好研究生的日常管理工作。

2007年重点落实教育部《关于在大中小学全面开展廉洁教育的意见》,指导各学院(部)组织研究生学习,积极开展廉洁教育活动,并结合医学生将来从事的职业特点,给出活动建议。组织全体研究生学习《北京大学研究生基本学术规范》,规范研究生的学术行为。积极学习党的十七大会议精神,开展丰富多彩的主题党日活动。开展节假日的安全教育等。

自2007级研究生全面启动此项工作后,各学院成立了奖助工作领导小组,遵循公开、公正、公平原则进行评审。根据学生入学考试及面试成绩、导师或学院(部)的招生名额和本单位制定的评奖细则综合确定学生获奖资格和等级。351名参评博士生中,21人获一等奖学金,241人获二等奖学金,68人获三等奖学金,21人未获奖学金。611名参评硕士生中,41人获一等奖学金,390人获二等奖学金,131人获三等奖学金,49人未获奖学金。

2007年医学部研究生共组织社会实践团10个,120多名研究生参加了不同形式的社会实践活动。药学院赴江西实践团、公共卫生学院赴井冈山实践团、北大医院赴山东东阿实践团、人民医院赴江西社会实践团、第三医院赴贵州铜仁地区实践团、口腔医院赴山东济宁实践团、航天医院赴河北实践团、世纪坛医院赴密云实践团、第三医院研四班赴秦皇岛实践团、防艾大讲堂走进福建实践团。参加实践团的研究生有120多人。研究生到革命老区接受了爱国主义教育,重温了革命主义乐观、无畏、牺牲、奉献的精神;同时用所学专业知识为当地群众义诊、咨询和开办讲座等;开展农村新型合作医疗情况、城市社区医疗及全科医生培养模式的调研;了解基层医疗卫生状况,使同学们增强了责任心和使命感。

本次医学部研究生社会实践收到了良好效果,评出医学部研究生暑期社会实践优秀队一、二、三等奖各1名、2名、3名。其中第三临床医学院获医学部社会实践优秀团队一等奖。为鼓励研究生自发组织实践团队,特给予"防艾大讲堂走进福建"实践团鼓励奖。同时第二临床医学院获"首都大学生社会实践优秀团队奖",药学院获"北京大学暑期社会实践优秀团队奖",口腔医学院和第一临床医学院获"北京大学暑期社会实践先进团队奖",李虹和乔志芳老师获"北京大学暑期社会实践优秀领队奖",2名同学获"北京大学暑期社会实践优秀个人奖",4名同学获"北京大学暑期社会实践先进个人奖"。为了加强交流,扩大影响,研究生工作部将此次实践成果汇编成《了解社会、培养责任》。此外,2007年接到中共北京市教工委、北京市教委《关于选拔博士生和博士后到北京市挂职锻炼的通知》后,研究生工作部经过宣传、推荐,有4名博士生报名,经过面试和双向选择,其中两名博士生到房山和延庆卫生局挂职,服务基层,在实践中发挥自己的专业特长。

开展了"2007届毕业研究生调查"及"在校研究生思想状况调查",并对调查问卷结果进行分析,为今后研究生培养和德育教育工作提供重要参考。进一步落实北京大学医学部《关于加强研究生心理卫生健康工作的办法》,在各研究生班中设立心理观察员,共计80名。研究生工作部与学生心理咨询中心合作,进行了两期研究生心理观察员培训及交流,观察员了解班内学生的心理健康状况,在同学中普及心理健康知识,对于存在较为严重心理问题的同学及时向学院(部)研究生办公室报告。研究生心理观察员属于研究生助管岗位,每学期由研究生工作部给予一定补助。另外,研究生工作部分别为研究生辅导员、班主任及导师发放了北京大学学生心理咨询中心编写的《班主任辅导员手册——心理健康教育篇》《研究生导师工作手册——心理健康教育篇》。

为确保学生在求学期间发生意外伤害或疾病时,本人或家庭能得到一定的经济补偿,医学部委托太平人寿保险有限公司为学生开设医疗人寿保险项目,在2007级新生中全面推行,学生自愿办理。目前共有657名新生参保。在做好学生参保工作的同时,针对研究生中出现的特殊情况,积极与中国人寿保险公司及太平人寿保险有限公司配合,做好学生的咨询与理赔工作。宣传、落实市政府《关于建立北京市城镇无医疗保障老年人和学生儿童大病医疗保险制度的实施意见》要求,为医学部符合条件的56名自费研究生办理了大病医疗保险。同时,继续做好日常困难学生资助工作,协助困难学生申请国家贷款,并做好宣传、咨询、放贷、还贷等手续,目前贷款学生12名。在中秋节和寒假春节前分别给予部分生活特别困难学生以资助。

2007年首次有2个班被评为北京市优秀班集体(同时被评为北京大学优秀班集体)。5个研究生班被评为北京大学先进学风班(同时均被评为北京大学医学部先进班集体)。2007年共有315名学生(占学生总数的12.07%)获得北京市、北京大学各类奖励表彰,其中22人获北京大学创新奖,16名同学获北京大学三好学生标兵,9名同学获北京大学优秀学生干部,121名同学获北京大学三好学生奖,142名同学分获北京大学学习优秀、社会工作类单项奖。226名研究生获得各类奖学金,获奖比例14.03%,奖学金总金额为38.77万元,人均奖学金额度1715元。其中20名同学获卫生部中日医药奖,2名同学获北京大学五四奖,2名同学获北京大学康宁奖,80名同学获北京大学光华奖,12名同学获北京大学东港制药奖,11名同学获北京大学医学部优秀研究生特等奖,48名同学获北京大学医学部优秀研究生奖,15名同学获北京大学医学部通用电气医学教育奖,36名同学获多美滋科学苑奖。2007届毕业研究生中评选出67名北京大学优秀毕业生。

医学部分院在发展研究生教育的同时,十分注意加强研究生德育工作队伍建设。2007年先后派研究生工作部老师参加了"中国学位与研究生教育学会德育委员会工作会议""北京市高教学会研究生教育研究会德育专题组2007年年会""中国学位与研究生教育学会德育委员会研究生工作部长会"。通过参加各种会议,与全国各大高校研究生德育工作者们交流沟通,大大拓宽了工作视野,促进了医学部研究生德育工作的开展。

2007年研究生工作部进一步加强对研究生班主任工作的监管。2007年下半年开学伊始,对上一学年的《班主任工作手册》进行回收、检查,并将工作记录作为该学年优秀班主任评优的重要标尺。经过评选,研究生工作队伍中有2人获得北京大学优秀德育工作者称号,分别有2人、4人、7人获得北京大学优秀班主任一、二、三等奖。2人获得北京高校优秀德育工作者称号。肿瘤医学院获得北京高校德育工作先进集体称号。

与保卫处配合,做好研究生公寓及校园治安宣传工作,及时处理学生出现的突发事件;与党委组织部、宣传部密切配合,做好研究生的党建、积极分子的培训和形势教育宣传工作;与后勤各有关部门协作,加强研究生的思想道德、日常行为管理。积极配合房地产管理中心,为做好研究生宿舍楼改造搬迁做了大量学生思想、动员工作,保证了改造搬迁工程的顺利进行。同时,除配合房产中心做好日常研究生宿舍管理工作外,还积极参与房地产管理中心的学生宿舍检查活动,并为学生宿舍管理工作献计献策。协调研究生培养、生活中遇到的各类突发问题、违纪处理事宜。指导研究生会办好"北大生物医学论坛"、学术十杰评选等;配合研究生会多方协调,办好各项体育赛事。

2007年共计发表文章3篇;申请到教育部"十一五"学位制度和研究生教育课题"北京大学医学部研究生学术规范教育的现状调研";并完成北京大学党建课题"医学研究生党建工作的探索与实践"结题工作。

【医药科工作委员会、全国医学专业学位教育指导委员会工作】 进一步调整和完善医学门类学科专业目录设置:医药科工作委员会受国务院学位办公室和中国学位与研究生教育学会的委托,参与并重点承担医学门类学科专业目录设置和修订的组织工作。2007年4月召开学科专业目录修订调整总结会,经与会专家充分讨论,对医学门类学科专业目录设置作了进一步调整、补充和完善。

为促进硕士研究生招生复试工作的规范化和制度化及确保复试的公平与公正,加快硕士研究生招生制度改革,完善拔尖创新人才的培养选拔机制,由中国学位与研究生教育学会医药科工作委员会和全国医学专业学位教育指导委员会联合主办,于2007年7月在牡丹江医学院召开"全国医学研究生招生工作改革专题研讨会"。来自全国42所院校、近130名代表出席了会议。教育部高校学生司研究生招生处陈瑞武处长作了"扎实、稳妥、系统地推进研究生招生制度改革"的重要报告。国务院学位办文理医处朱瑞同志向全体代表阐述了"在职人员攻读硕士学位全国联考的初步设想"。段丽萍秘书长代表两个秘书处围绕本次专题研讨会的主题作了"探讨研究生招生考试内涵,提高研究生培养质量"的主题报告。

根据中国学位与研究生教育学会秘书处的工作安排,2007年下半年对"十一五"研究生教育C类自选课题的进展进行了检查和评选。医药科工作委员会申报的"十一五"课题共19项,学会均予以批准。其中11项上报了工作进展总结参与评选。为确保该项工作深入细致,医药科工作委员会秘书处聘请了五位相关专家对11项课题进行了认真评选,共评出优秀者6项,资助金额6000元;良好者5项,资助金额4000元。为了鼓励各有关院校在学位研究生教育改革中的积极性,促进研究生教育工作的进一步发展,中国学位与研究生教育学会秘书处对以上评选结果已予以审定。

(研究生院、研究生院医学部分院供稿)

## 深圳研究生院

【概况】 2007年,深圳研究生院各单位认真贯彻年初的工作部署,本着"用制度进行规范、为运行提供服务、有选择配置资源、以育人为本"的工作原则开展各项工作。全年共制定和修改完善规章制度14项,并组织相关单位对规章制度进行培训,较好地贯彻落实了各项规章制度,有效带动了全院工作的开展,工作规范化程度和管理水平显著提高,工作效率和效果都有一定程度的改进。

2007年共招收全日制研究生710名,其中博士生39名,硕士生671名;在校生数达到1964人,其中博士生153人,硕士生1811人;毕业研究生517名,其中博士4人,硕士513人,就业率达96.1%;毕业研究生刘逢春等5位同学远赴西藏工作,投身西部建设,占北京大学赴西藏毕业生总人数的一半。

2007年共有教职工278人,包括专任教师51人,校本部兼职教师66人,在站博士后27人,实验技术人员27人,行政管理人员62人,科研机构自聘人员31人,临时工、工勤人员等14人。此外,兼职教师41人。

教师中教授96人,副教授41人。专任教师中外国专家8人,教职工中归国留学人员27人。

【教学工作】 在认真学习许智宏校长在2006年研究生工作会议上的讲话及相关文件精神的基础上,结合深圳研究生院研究生培养和师资队伍的实际情况,按照"研究生分类管理,改革办法分步实施,学校、导师和研究生工作协调推进"的原则,如期启动了研究生培养机制改革。2007年,共有172名按基本计划招收的研究生进入改革体系,改革工作实施顺利。

商学院与香港大学合作的"经济学—金融学"双硕士项目进展顺利。该项目实现了北大和港大的学科优势互补,生源质量高、师资力量强、课程设置和管理到位,逐渐显露出明显的品牌优势,赢得了同学们的肯定和社会上的赞誉。此外,2007年商学院招收了第一批企业管理专业硕士研究生。

【科研工作】 2007年签订项目合同106项,其中纵向课题45项,横向课题61项,包括首次获得"863"计划2项、"973"计划1项;到账科研经费3557.5万元;发表论文182篇,其中核心期刊88篇,SCI收录38篇,EI收录44篇;申请专利11项。

三个拟建国家级重点实验室建设经费陆续到位,仪器购置工作全面展开。化学基因组学实验室获得广东省重点实验室立项资助,环境与城市学院的循环经济实验室获得深圳市重点实验室立项资助,集成微系统国家级重点实验室获得了深圳市重点实验室提升计划资助。

2007年举办了包括"大珠三角城镇群协调发展规划专题研究报告成果交流会""深圳环境展望发布暨城市环境问题研讨会""知识产权刑事保护专题研讨会""中国经营大师论坛三周年暨深圳营销高峰论坛"等若干次高层次学术研讨会。继续扩大与企业和研究机构的科研合作,新增合作企业包括罗氏、辉瑞等国际医药企业以及万泽、格瑞卫康等本地知名企业。

参加"省部产学研结合"会议暨产学研科技创新成果展览,5个项目获得了立项,签订产学研战略联盟项目1项,校企合作项目9项,展示项目4项。

"研究生院长科研基金"等措施的落实有力地推动了研究生科研工作的开展。2007年,信息工程学院2005级硕士研究生边伟等同学的论文在权威学术期刊《电子器件杂志》上发表;在深圳市科技局举办的非共识技术创新项目暨学生创业大赛中,有3个项目获得立项资助,资助金额达30万元;在2007年10月份美国德州仪器大奖赛中,有两个院长科研基金研究团队参赛并进入了决赛。

【学术活动】 2007年共举办各类型学术讲座百余场。商学院举办的"中国与全球经济论坛"、法学院举办的"法学名家论坛"、环境与城市学院举办的"环境与健康论坛"等品牌项目持续火爆。另外,还主办了"北大深圳论坛",参与承办了第七届"中国经济学年会"。一系列高质量、高水平的学术活动开展既提升了我院的学术氛围,在深圳市也产生了较大的社会影响,引起了各界的关注。

【党团工作】 坚持以党建带团建、以团建促党建的方针加强学生党组织建设。2007年,共有学生党员约740人,学生党支部39个,做到了"支部建在班上";教工党员98人,教工党支部6个。

【继续教育】 2007年,招收远程教育学生174人,研究生层次继续教育学员165人,截至2007年底,远程教育在校生669人,研究生层次继续教育在校学员208人,总计在校生877人。此外,2007年继续教育工作取得重要进展,培训领域不断扩展,首次开展了与香港公务员合作与培训,另外,商学院培训部在成立不满一年的情况下,开展了各种高层管理培训,累计招收学员近300人。各类培训取得了良好的社会效益和经济效益。

【校园文化】 举办了以"弘扬五四精神,建设和谐南燕"为主题的第四届五四青年文化节系列活动、"走进南燕大家庭"为主题的迎新系列活动、"学生社团文化节"系列活动等。参加北京大学运动会、大学城运动会以及深圳市第三届"校园青春健身操大赛",展现了深圳研究生院良好的精神风貌。

【重要大事】 5月24日,深圳研究生院科研工作会议隆重举行。大会以"总结经验,了解需求,研讨规划,努力开拓科研工作新局面"为主题。会议系统地总结了科研工作所取得的成绩,同时针对存在的问题、社会需求和发展方向进行了积极的研讨,明确了科研工作的基本思路。

5月26日下午,由深圳研究生院和深圳特区报社联合主办的"北大深圳论坛"在深圳特区报业大厦隆重开幕。"北大深圳论坛"以弘扬北大文化和人文精神为宗旨,服务深圳"文化立市"方针和"和谐深圳"建设,论坛第一讲由著名经济学家、北京大学副校长海闻教授主讲,他以"中国经济未来二十年"为主题,剖析了中国经济发展面临的机遇与挑战。

7月7日晚,由深圳特区报和香港商报共同主办的"深港之星"——深港市民喜爱的百强品牌颁奖典礼在深圳大中华国际交易广场中央大厅隆重举行。深圳研究生院商学院荣膺教育行业"深港市民喜爱的百强品牌"称号。

9月27日,国务院学位委员会同意试点深圳研究生院培养国际法律硕士,国际法学院筹建工作进入实质阶段。该专业依据我国法律硕士培养方案,参考美国法学教育JD培养模式,第一批学生将于2008年9月进入深圳研究生院学习。

11月3日,深圳研究生院教学工作会议召开。在会前广泛调研的基础上,会议全面总结、集中交流了深圳研究生院发展六年来教学工作的成果和经验,查找了问题和不足,提出了改进的重点和方向。全院上下形成了共识,增强了信心,为进一步提高我院教学质量和加强教学管理,开创教学工作新局面奠定了基础。

11月27日,深圳研究生院和联合国环境规划署共同发布了《深圳环境展望》报告。2005年,深圳成为联合国环境规划署在亚太地区第一批开展城市展望项目的先锋城市。深圳研究生院栾胜基教授主持深圳环境展望的研究工作,历时两年,综合分析了深圳市20年来环境状况的变化以及经济社会驱动因素。《深圳环境展望》报告是中国第一份在联合国全球环境展望(GEO)评价框架下编写的城市环境展望报告,是联合国环境规划署GEO评价程序在中国地区的首次应用,也是联合国环境规划署开展的全球环境展望在具体城市层面上全新尝试的重要样本。

# 附 录

**表 7-8　2007 年全国优秀博士学位论文**

| 序号 | 专业 | 作者 | 论文题目 | 导师 |
|---|---|---|---|---|
| 1 | 历史学 | 倪玉平 | 清代漕粮海运与社会变迁研究 | 徐 凯 |
| 2 | 力学 | 段慧玲 | 非均质材料力学中的界面效应 | 王建祥 |
| 3 | 生物学 | 张 华 | 核受体协同激活因子 SRC 家族的功能特异性研究 | 尚永丰 |

**表 7-9　北京大学学位授权点一览表**

| 学科门类 | 学科门类 | 一级学科 | 一级学科 | 学科专业 | 学科专业 | 专业类别 |
|---|---|---|---|---|---|---|
| 01 | 哲学 | 0101 | 哲学 | 010101 | 马克思主义哲学 | |
| | | | | 010102 | 中国哲学 | |
| | | | | 010103 | 外国哲学 | |
| | | | | 010104 | 逻辑学 | |
| | | | | 010105 | 伦理学 | |
| | | | | 010106 | 美学 | |
| | | | | 010107 | 宗教学 | |
| | | | | 010108 | 科学技术哲学 | |
| 02 | 经济学 | 0201 | 理论经济学 | 020101 | 政治经济学 | |
| | | | | 020102 | 经济思想史 | |
| | | | | 020103 | 经济史 | |
| | | | | 020104 | 西方经济学 | |
| | | | | 020105 | 世界经济 | |
| | | | | 020106 | 人口、资源与环境经济学 | |
| | | | | 020120 | 理论经济学(发展经济学) | |
| | | 0202 | 应用经济学 | 020201 | 国民经济学 | |
| | | | | 020202 | 区域经济学 | |
| | | | | 020203 | 财政学(含：税收学) | |
| | | | | 020204 | 金融学 | |
| | | | | 020205 | 产业经济学 | |
| | | | | 020206 | 国际贸易学 | |
| | | | | 020207 | 劳动经济学 | |
| | | | | 020208 | 统计学 | |
| | | | | 020209 | 数量经济学 | |
| | | | | 020210 | 国防经济 | |

续表

| 学科门类 | 学科门类 | 一级学科 | 一级学科 | 学科专业 | 学科专业 | 专业类别 |
|---|---|---|---|---|---|---|
| 03 | 法学 | 0301 | 法学 | 030100 | 法学 | |
| | | | | 030101 | 法学理论 | |
| | | | | 030102 | 法律史 | |
| | | | | 030103 | 宪法学与行政法学 | |
| | | | | 030104 | 刑法学 | |
| | | | | 030105 | 民商法学 | |
| | | | | 030106 | 诉讼法学 | |
| | | | | 030107 | 经济法学 | |
| | | | | 030108 | 环境与资源保护法学 | |
| | | | | 030109 | 国际法学 | |
| | | | | 030110 | 军事法学 | |
| | | | | 030120 | 法学(知识产权法) | * |
| | | | | 030121 | 法学(商法) | * |
| | | | | 030122 | 法学(国际经济法) | * |
| | | | | 030123 | 法学(财税法学) | * |
| | | 0302 | 政治学 | 030201 | 政治学理论 | |
| | | | | 030202 | 中外政治制度 | |
| | | | | 030203 | 科学社会主义与国际共产主义运动 | |
| | | | | 030204 | 中共党史 | |
| | | | | 030205 | 马克思主义理论与思想政治教育 | |
| | | | | 030206 | 国际政治 | |
| | | | | 030207 | 国际关系 | |
| | | | | 030208 | 外交学 | |
| | | | | 030220 | 政治学(国际传播) | |
| | | | | 030221 | 政治学(国际政治经济学) | * |
| | | 0303 | 社会学 | 030301 | 社会学 | |
| | | | | 030302 | 人口学 | |
| | | | | 030303 | 人类学 | |
| | | | | 030304 | 民俗学(含中国民间文学) | |
| | | | | 030320 | 社会学(老年学) | * |
| | | | | 030321 | 社会学(社会工作与社会政策) | * |
| | | | | 030322 | 社会学(女性学) | * |
| | | 0305 | 马克思主义理论 | 030501 | 马克思主义基本原理(与医学部共享硕士授权点) | |
| | | | | 030503 | 马克思主义中国化研究 | |
| | | | | 030505 | 思想政治教育(与医学部共享硕士授权点) | |

续表

| 学科门类 | 学科门类 | 一级学科 | 一级学科 | 学科专业 | 学科专业 | 专业类别 |
|---|---|---|---|---|---|---|
| 04 | 教育学 | 0401 | 教育学 | 040101 | 教育学原理 | |
| | | | | 040106 | 高等教育学 | |
| | | | | 040110 | 教育技术学 | * |
| | | 0402 | 心理学 | 040201 | 基础心理学 | |
| | | | | 040202 | 发展与教育心理学 | * |
| | | | | 040203 | 应用心理学(与医学部共享) | |
| 05 | 文学 | 0501 | 中国语言文学 | 050101 | 文艺学 | |
| | | | | 050102 | 语言学及应用语言学 | |
| | | | | 050103 | 汉语言文字学 | |
| | | | | 050104 | 中国古典文献学 | |
| | | | | 050105 | 中国古代文学 | |
| | | | | 050106 | 中国现当代文学 | |
| | | | | 050107 | 中国少数民族语言文学(分语族) | |
| | | | | 050108 | 比较文学与世界文学 | |
| | | 0502 | 外国语言文学 | 050201 | 英语语言文学 | |
| | | | | 050202 | 俄语语言文学 | |
| | | | | 050203 | 法语语言文学 | |
| | | | | 050204 | 德语语言文学 | |
| | | | | 050205 | 日语语言文学 | |
| | | | | 050206 | 印度语言文学 | |
| | | | | 050207 | 西班牙语语言文学 | |
| | | | | 050208 | 阿拉伯语语言文学 | |
| | | | | 050209 | 欧洲语言文学 | |
| | | | | 050210 | 亚非语言文学 | |
| | | | | 050211 | 外国语言学及应用语言学 | |
| | | 0503 | 新闻传播学 | 050301 | 新闻学 | * |
| | | | | 050302 | 传播学 | |
| | | 0504 | 艺术学 | 050401 | 艺术学 | |
| | | | | 050403 | 美术学 | * |
| | | | | 050406 | 电影学 | * |
| 06 | 历史学 | 0601 | 历史学 | 060101 | 史学理论及史学史 | |
| | | | | 060102 | 考古学及博物馆学 | |
| | | | | 060103 | 历史地理学 | |
| | | | | 060104 | 历史文献学(含敦煌学、古文字) | * |
| | | | | 060105 | 专门史 | |
| | | | | 060106 | 中国古代史 | |
| | | | | 060107 | 中国近现代史 | |
| | | | | 060108 | 世界史 | |
| | | | | 060120 | 历史学(中国少数民族史) | * |
| 07 | 理学 | 0701 | 数学 | 070101 | 基础数学 | |
| | | | | 070102 | 计算数学 | |
| | | | | 070103 | 概率论与数理统计 | |
| | | | | 070104 | 应用数学 | |
| | | | | 070105 | 运筹学与控制论 | |
| | | 0702 | 物理学 | 070201 | 理论物理 | |
| | | | | 070202 | 粒子物理与原子核物理 | |
| | | | | 070203 | 原子与分子物理 | |
| | | | | 070204 | 等离子体物理 | |
| | | | | 070205 | 凝聚态物理 | |
| | | | | 070206 | 声学 | |
| | | | | 070207 | 光学 | |
| | | | | 070208 | 无线电物理 | |

续表

| 学科门类 | 学科门类 | 一级学科 | 一级学科 | 学科专业 | 学科专业 | 专业类别 |
|---|---|---|---|---|---|---|
| | | 0703 | 化学 | 070301 | 无机化学（与医学部共享硕士授权点） | |
| | | | | 070302 | 分析化学 | |
| | | | | 070303 | 有机化学 | |
| | | | | 070304 | 物理化学 | |
| | | | | 070305 | 高分子化学与物理 | |
| | | | | 070320 | 化学（化学生物学） | |
| | | | | 070321 | 化学（应用化学） | |
| | | 0704 | 天文学 | 070401 | 天体物理 | |
| | | 0705 | 地理学 | 070501 | 自然地理学 | |
| | | | | 070502 | 人文地理学 | |
| | | | | 070503 | 地图学与地理信息系统 | |
| | | | | 070520 | 地理学（环境地理学） | |
| | | | | 070521 | 地理学（历史地理学） | |
| | | | | 070522 | 地理学（地貌学与环境演变） | |
| | | | | 070523 | 地理学（城市与区域规划） | * |
| | | | | 070524 | 地理学（景观设计学） | * |
| | | 0706 | 大气科学 | 070601 | 气象学 | |
| | | | | 070602 | 大气物理学与大气环境 | |
| | | 0708 | 地球物理学 | 070801 | 固体地球物理学 | |
| | | | | 070802 | 空间物理学 | |
| | | 0709 | 地质学 | 070901 | 矿物学，岩石学，矿床学 | |
| | | | | 070902 | 地球化学 | |
| | | | | 070903 | 古生物学与地层学 | |
| | | | | 070904 | 构造地质学 | |
| | | | | 070905 | 第四纪地质学 | |
| | | | | 070920 | 地质学（材料及环境矿物学） | |
| | | 0710 | 生物学 | 071001 | 植物学 | |
| | | | | 071002 | 动物学 | |
| | | | | 071003 | 生理学（与医学部共享） | |
| | | | | 071004 | 水生生物学 | |
| | | | | 071005 | 微生物学 | |
| | | | | 071006 | 神经生物学（与医学部共享） | |
| | | | | 071007 | 遗传学（与医学部共享） | |
| | | | | 071008 | 发育生物学 | |
| | | | | 071009 | 细胞生物学（与医学部共享） | |
| | | | | 071010 | 生物化学与分子生物学（与医学部共享） | |
| | | | | 071011 | 生物物理学（与医学部共享） | |
| | | | | 071012 | 生态学 | |
| | | | | 071020 | 生物学（生物信息学） | |
| | | | | 071021 | 生物学（生物技术） | |
| | | 0712 | 科学技术史 | 071200 | 科学技术史（与医学部共享） | |
| | | 0801 | 力学 | 080101 | 一般力学与力学基础 | |
| | | | | 080102 | 固体力学 | |
| | | | | 080103 | 流体力学 | |
| | | | | 080104 | 工程力学 | |
| | | 0809 | 电子科学与技术 | 080901 | 物理电子学 | |
| | | | | 080902 | 电路与系统 | |
| | | | | 080903 | 微电子学与固体电子学 | |
| | | | | 080904 | 电磁场与微波技术 | |

续表

| 学科门类 | 学科门类 | 一级学科 | 一级学科 | 学科专业 | 学科专业 | 专业类别 |
|---|---|---|---|---|---|---|
| | | 0812 | 计算机科学与技术 | 081200 | 计算机科学与技术 | * |
| | | | | 081201 | 计算机系统结构 | |
| | | | | 081202 | 计算机软件与理论 | |
| | | | | 081203 | 计算机应用技术 | |
| | | 0830 | 环境科学与工程 | 083001 | 环境科学 | |
| | | | | 083002 | 环境工程 | |
| | | 0831 | 生物医学工程 | 083100 | 生物医学工程 | * |
| 08 | 工学 | 0801 | 力学 | 080120 | 力学(生物力学与医学工程) | |
| | | | | 080121 | 力学(力学系统与控制) | |
| | | 0810 | 信息与通信工程 | 081001 | 通信与信息系统 | |
| | | | | 081002 | 信号与信息处理 | |
| | | 0811 | 控制科学与工程 | 081101 | 控制理论与控制工程 | * |
| | | 0813 | 建筑学 | 081302 | 建筑设计及其理论 | * |
| | | 0816 | 测绘科学与技术 | 081602 | 摄影测量与遥感 | |
| | | 0817 | 化学工程与技术 | 081704 | 应用化学 | * |
| | | 0827 | 核科学与技术 | 082703 | 核技术及应用 | |
| 10 | 医学 | 1001 | 基础医学 | 100101 | 人体解剖与组织胚胎学 | |
| | | | | 100102 | 免疫学 | |
| | | | | 100103 | 病原生物学 | |
| | | | | 100106 | 放射医学 | |
| | | | | 100120 | 病理学 | |
| | | | | 100121 | 病理生理学 | |
| | | 1002 | 临床医学 | 100201 | 内科学(心血管病) | |
| | | | | 100201 | 内科学(血液病) | |
| | | | | 100201 | 内科学(呼吸病) | |
| | | | | 100201 | 内科学(消化系病) | |
| | | | | 100201 | 内科学(内分泌与代谢病) | |
| | | | | 100201 | 内科学(肾病) | |
| | | | | 100201 | 内科学(风湿病) | |
| | | | | 100201 | 内科学(传染病) | |
| | | | | 100202 | 儿科学 | |
| | | | | 100204 | 神经病学 | |
| | | | | 100205 | 精神病与精神卫生学 | |
| | | | | 100206 | 皮肤病与性病学 | |
| | | | | 100207 | 影像医学与核医学 | |
| | | | | 100208 | 临床检验诊断学 | |
| | | | | 100209 | 护理学 | * |
| | | | | 100210 | 外科学(普外) | |
| | | | | 100210 | 外科学(骨外) | |
| | | | | 100210 | 外科学(泌尿外) | |
| | | | | 100210 | 外科学(胸心外) | |
| | | | | 100210 | 外科学(整形) | |
| | | | | 100210 | 外科学(神外) | |
| | | | | 100211 | 妇产科学 | |
| | | | | 100212 | 眼科学 | |
| | | | | 100213 | 耳鼻咽喉科学 | |
| | | | | 100214 | 肿瘤学 | |
| | | | | 100215 | 康复医学与理疗学 | * |
| | | | | 100216 | 运动医学 | |
| | | | | 100217 | 麻醉学 | |
| | | | | 100218 | 急诊医学 | * |

续表

| 学科门类 | 学科门类 | 一级学科 | 一级学科 | 学科专业 | 学科专业 | 专业类别 |
|---|---|---|---|---|---|---|
| | | 1003 | 口腔医学 | 100320 | 牙体牙髓病学 | |
| | | | | 100321 | 牙周病学 | |
| | | | | 100322 | 儿童口腔医学 | |
| | | | | 100323 | 口腔黏膜病学 | * |
| | | | | 100324 | 口腔预防病学 | * |
| | | | | 100325 | 口腔颌面外科学 | |
| | | | | 100326 | 口腔颌面医学影像学 | |
| | | | | 100327 | 口腔修复学 | |
| | | | | 100328 | 口腔材料学 | |
| | | | | 100329 | 口腔正畸学 | |
| | | | | 100330 | 口腔组织病理学 | |
| | | 1004 | 公共卫生与预防医学 | 100401 | 流行病与卫生统计学 | |
| | | | | 100402 | 劳动卫生与环境卫生学 | |
| | | | | 100403 | 营养与食品卫生学 | |
| | | | | 100404 | 儿少卫生与妇幼保健学 | |
| | | | | 100405 | 卫生毒理学 | |
| | | 1006 | 中西医结合 | 100601 | 中西医结合基础 | * |
| | | | | 100602 | 中西医结合临床 | |
| | | 1007 | 药学 | 100701 | 药物化学 | |
| | | | | 100702 | 药剂学 | |
| | | | | 100703 | 生药学 | |
| | | | | 100704 | 药物分析学 | * |
| | | | | 100706 | 药理学 | |
| | | | | 100720 | [药学]化学生物学 | |
| | | | | 100721 | [药学]临床药学 | |
| 12 | 管理学 | 1201 | 管理科学与工程 | 120100 | 管理科学与工程 | * |
| | | 1202 | 工商管理 | 120201 | 会计学 | |
| | | | | 120202 | 企业管理 | |
| | | | | 120203 | 旅游管理 | |
| | | | | 120204 | 技术经济及管理 | |
| | | 1204 | 公共管理 | 120401 | 行政管理 | |
| | | | | 120402 | 社会医学与卫生事业管理(与医学部共享) | |
| | | | | 120403 | 教育经济与管理 | |
| | | | | 120404 | 社会保障 | |
| | | | | 120405 | 土地资源管理 | |
| | | | | 120421 | 公共管理(公共政策) | * |
| | | | | 120422 | 公共管理(发展管理) | * |
| | | 1205 | 图书馆、情报与档案管理 | 120501 | 图书馆学 | |
| | | | | 120502 | 情报学 | |
| | | | | 120503 | 档案学 | |
| | | | | 120520 | 图书馆、情报与档案管理(编辑) | |
| 20 | 专业学位 | 2001 | 法律硕士 | 200101 | 法律硕士 | * |
| | | 2003 | 工程硕士 | 200301 | 工程硕士 | * |
| | | | | 200309 | 电子与通信工程 | * |
| | | | | 200312 | 计算机技术 | * |
| | | | | 200313 | 软件工程 | * |
| | | | | 200340 | 项目管理 | * |
| | | 2006 | 工商管理硕士 | 200601 | 工商管理硕士 | * |
| | | | | 200602 | 高级管理人员工商管理硕士 | * |
| | | 2009 | 公共管理硕士 | 20090 | 公共管理硕士 | * |

续表

| 学科门类 | 学科门类 | 一级学科 | 一级学科 | 学科专业 | 学科专业 | 专业类别 |
|---|---|---|---|---|---|---|
| 43 | 专业学位 | 4301 | 工程硕士 | 430110 | 集成电路工程 | * |
| 43 | | 4301 | 核能与核技术工程 | 430127 | 核能与核技术工程 | * |
| 55 | | 5501 | 艺术硕士 | 550100 | 艺术硕士 | * |
| 56 | | 5601 | 风景园林硕士 | 560100 | 风景园林硕士 | * |
| 57 | | 5701 | 汉语国际教育硕士 | 570100 | 汉语国际教育硕士 | * |
| 58 | | 5801 | 翻译硕士 | 580100 | 翻译硕士 | * |

注:"专业类别"栏内加 * 为硕士学位授予点;其他为博士学位授予点。

# 继 续 教 育

【概况】 2007年,北京大学致力于打造内涵深厚、质量卓越、知名度高、美誉度大的继续教育品牌和精品项目,塑造以创新为特质的继续教育品格,坚持"高水平、高质量、高效益"的战略定位和"高位点金"的高端品位,各项工作均取得了新的成绩,迈上新的台阶。

在北京大学继续教育指导委员会的指导下,北大继续教育大力发展高端培训,积极控制和主动缩减学历教育规模,按照教育部的文件要求从秋季起停招各种类型的成人脱产班和自考助学班。在积极控制网络学历教育规模的同时,大力建设北大网络学堂等各种形式的网络培训平台,推动网络教育向非学历教育转型。

【高层次继续教育与短期非学历教育】 高层次继续教育总体规模保持稳定,各项工作稳步推进,通过审批的高级研修项目、开始举办和办理结业的培训班数目、结业人数和办学收入均比上年有大幅增长。2007年,通过审批的高级研修项目350个;全校25个单位共开办各类高端培训班265个,共计15191人(次)结业。在品牌项目方面,经济学院的"中国企业家特训班"已连续举办36期,"金融投资家高级研修班"和"财务总监高级研修班"均已连续举办15期,"现代经理人高级研修班"已连续举办18期,现代经理人企业管理研究生课程班已连续举办19期;光华管理学院的中国企业经营者工商管理硕士系列课程班已连续举办16期,"高层经理工商管理系列课程研修班"已连续举办6期,"女性领导力开发课程"已连续举办8期,"广东移动MINI·MBA项目"已连续举办9期,短期工商管理硕士系列模块课程一年开设了16个;北大培训中心的"北京市现代公共管理"高级研修班已连续举办10期;贵州省委组织部"经济管理"高级研修班、中国人民财产保险股份有限公司、中国人寿保险股份有限公司中青年领导干部高级研修班都是多年连续举办,获得委托单位的高度赞赏;哲学系的"管理哲学与企业竞争谋略董事长高级研修班"也已连续举办12期,"乾元国学教室"已连续举办6期。

【进修教师接收工作】 进修教师的品牌项目优势明显,管理工作进入创新阶段。2007年,北京大学全年共接收访问学者及进修教师248人,分别来自全国的近百所高等院校。其中具有副教授以上职称、从事课题研究的国内访问学者176名,以系统学习专业知识为主的进修教师72名。在北京大学接收的全部进修教师中,由中共中央组织部、教育部、人事部、财政部联合实施并资助所有经费,选送西部地区的高校教师到国内重点大学研修访问的"西部之光"项目访问学者2人;"北大——云南省校合作"项目的访问学者16人;北京大学对口支援新疆石河子大学的"手拉手"项目的进修教师和访问学者5人;来自全国各高校的骨干访问学者46名。学术成果方面,经过导师的认真推荐和编辑部同志对选送文章的审核、筛选,最终汇总35篇有一定学术水平的论文,编辑出版了《北京大学学报——北京大学国内访问学者、进修教师论文专刊》。2007年5月,北京大学召开第二届"访问学者及进修教师表彰会暨经验交流会",整个奖励项目共分优秀导师奖、创新成果奖、精诚合作奖、社会实践活动奖、优秀成绩奖、优秀学员奖六个部分,共有34人受到表彰,其中北京大学有关院系的6名教师获得优秀导师奖,28名访问学者及进修教师获得其他奖项。

【学历教育工作】 根据教育部要求,重新修改了学历教育办公室管理职能和工作流程,进一步明确了工作职责,进一步顺和规范了工作程序。

继续调整专业结构和招生计划,适应教育部和学校政策的不断变化,为进一步转型做准备。根据教育部文件精神,取消直属高校成人脱产班的招生,成人教育学院新开设六个夜大学专业,同时考古文博学院新增夜大学考古学专业。

在整个招生录取过程中坚持贯彻实施招生工作阳光工程及"六公开、六不准"原则,及时对社会和考生公开招生章程、招生计划、收费标准,及时公布录取分数线和录取信息,主动接受纪检监察部门的监督指导,确保了招生工作的公平、公正、公开。网络教育学院2007年开始实行滚动招生,在入学考试和审批手续上都做了及时的调整。

2007年学历教育招生与学籍工作的数据如下:

1. 招生工作。成人高考:2007年教育部下达招生计划总计4500,其中专升本3700、专科800。校本部计划共计3210,其中专升本2950、专科260。录取人数校本部总计2910,其中专升本2787,专科123。

网络教育:2007年全年招生总计4857,其中春季招生2394,秋季招生2463。

2. 在校生情况。2007年上半年度在校生总数25079人,其中成人高等教育学生7892人,网络教育学生17187人。下半年度在校生总数27787人,其中成人高等教育学生7873人,网络教育学生19914人。

3. 毕业生情况。2007年成人高等教育毕业生总计3166人,其中本科共计1895人,专科共计1271人。网络教育毕业生总计3061人,其中高中起点本科250人,专升本2811人。

【自学考试工作】 自学考试工作规模稳定,助学工作开始转型。2007年,北京大学的自学考试工作总体规模保持稳定,全日制自学考试辅导班停止招收新生或停止办学。北京大学作为主考学校完成了4个专业和3门公共课程的命题、阅卷、相关课程的实习实验、本科段毕业学生的论文指导与答辩等主考任务,以及各主考专业的毕业和学士学位材料审核等工作;全年阅卷总量约为25万份,专科和本科毕业学生共计4991人,获得北京大学成人教育系列学士学位的本科毕业生2920人。为了执行教育部和学校的有关文件精神,北京大学举办的全日制自学考试辅导班开始转型。法学院自考部停止招收新生,现有学生维持到完成教学计划;外国语学院和信息科学技术学院举办的全日制自学考试辅导班停止办学,现有在校生转入民办学校。心理系举办了业余形式的自学考试辅导班,约有1190人次参加学习,信息科学技术学院举办的计算机及应用专业业余班报名人数接近58人,参加上机实验考前培训1167人。北京大学在广东省承担的4个自学考试主考专业的命题、相关课程的实习实验和毕业生管理、学士学位证书发放等工作全部完成,共计毕业学生200人,获得北京大学相关学科成人教育系列学士学位的本科毕业生96人。广东省自学考试独立办班(小考班)项目现有办学点7个,学生大约800人。北京大学在籍"无法按时毕业"的学生参加自学考试学习的工作继续处于试点状态。

【继续教育指导委员会】 2007年5月25日,北京大学继续教育指导委员会2007年工作会议在校长办公楼103会议室召开。北京大学常务副校长林建华,副教务长李克安、吴宝科,医学部副主任李鹰、王宪,以及来自全校各院系和有关职能部门的近三十位继续教育指导委员会委员出席了会议。

林建华副校长在会上作了重要讲话。他突出强调了北大发展继续教育的重要性,指出北大不仅要适应国家和社会的需求,努力建设世界一流的研究型大学,而且要考虑自身发展和运行的问题,努力提高学校办学的实力和效率。近年来,北大继续教育制度规范、秩序稳定,在增强学校办学实力、提高学校办学声誉上贡献很大,但在具体办学过程中,也出现了一些需要进一步规范的问题和需要协调的利益上的冲突。对此,继续教育指导委员会要从北大整体利益出发,做好协调学校内部办学力量、办学行为的工作,充分兼顾各个院系和各个方面的利益。此外,今年停招昌平校区成人脱产学历教育后,昌平校区下一步的维护与发展问题也要重点研究。

李克安副教务长回顾了三年来我校继续教育改革和发展所取得的成绩,并展望了继续教育发展的方向。他指出应把规范办学作为委员会研究的重点,继续推动继续教育大楼的建设工作。

党办校办副主任李宇宁、学校法律顾问办公室陆忠行律师分别从学校监管和法律维权两方面介绍了北京大学继续教育发展面临的内外形势与挑战。继续教育部部长郑学益向会议汇报了近期的继续教育工作。成人教育学院院长李国斌汇报了我校成人脱产学历教育有关情况与今后发展思路,以及昌平校区所面临的困难。

会议学习了《教育部关于进一步加强部属高等学校成人高等教育和继续教育管理的通知》(教高[2007]9号)和《教育部关于进一步规范中外合作办学秩序的通知》(教外综[2007]14号)两个重要文件,就2007年秋季停招成人脱产班和高教自考脱产助学班后的善后工作、进一步发挥继续教育指导委员会作用、规范院系办学行为、建设继续教育大楼、维护和使用昌平校区、深圳研究生院及深圳产学研基地的办班范围等问题进行研究和讨论。

【成人教育学院】 北京大学成人(继续)教育学院,又称北京大学应用文理学院,是北京大学继续教育部直属的专门从事成人、继续教育以及其他社会教育服务的专门化学院。2007年,学院落实教育部要求和北京大学的指示精神,全面停招成人脱产班,仅开办专升本层次夜大学,同时努力开展非学历教育的培训工作。一年来,学院积极应对了调整转型发展过程中所遇到的各种困难与问题,踏实工作,积极进取,各方面都取得了一定的成绩。

2007年春季新学期共有546名脱产学历教育新生入学。至2007年底,学院有脱产住校学生共3469人,其中昌平校区有1994人,共42个专业班;圆明园校区共有学生1475人,共20个专业班。办学层次主要是高中起点本科、专科起点本科、培训等类别,专业有国际经济与贸易、金融学、金融保险、法学、法律事务、英语、计算机科学与技术、计算机应用技术、财务管理、市场营销等10个专业及与美中教育服务机构(ESEC)合办的全封闭英语口语培训班等。

班子建设。一年来,学院党政领导班子不断加强政治、思想、组织和作风建设,努力推动团结、奋进、开拓、进取良好风气的形成。面对停招成人脱产班后出现的一系列调整状态,院党政领导班子一手抓思想统一,一手抓学院建设发展。通过学习和不断更新观念,提高驾驭把握复杂环境的能力,认真做好调整时期的秩序稳定工作,保证学院的局面和谐,人心不散,工作不乱。

教学管理。2007年学院办学形式和办学方向的转变使在校学生数锐减。面对这种新形势,学院注意继续发挥好服务院系的"平台"作用,主动协调好与各个教学院系的关系,切实有效地认真抓好教学管理工作。组织召开各项教育、教学工作会议,坚持了学校"加强基础,淡化专业,因材施教,分流培养"教学指导方针,通过不断加强教学、学籍、考绩和学风的管理,完善各项教学、学习管理制度与措施,稳定了教学秩序,激发成人脱产班学生的学习积极性。既促进了成人脱产班教学质量的稳步提高,也维护了我校成人脱产班的"品牌"声誉。学院成立新的教学组,制定和实施了8个专业(均为我校其他院系未开办的专业)夜大学专升本的招生计划、教学计划。2007年成人脱产班毕业生就业情况良好,且有147名毕业生报考了各类院校、科研单位的硕士研究生。

招生与培训。学院积极改变办学形式,努力提升成人高等学历教育的办学层次,严格控制生源质量和数量。2007年12月通过成人高考秋季招生共录取专升本层次夜大学学生826人。

为全面拓展学院的发展空间,探索新的发展模式,学院抓住时机,激流勇进,争取在继续教育培训工作上打开局面。学院加强了与海内外及各国成人继续教育院校、机构之间的合作,继续推进与美中教育服务机构(ESEC)合作,T.I.P培训班的开办为提高我国基础教育领域英语师资教学水平和能力做出了贡献,也为我国英语教育师资培养探索了新的途径。2007年1—12月,共开办8期T.I.P培训班,培训中小学英语教师共1320人之多。

研究与合作。2007年,学院加强与国内外成人(继续)教育协作组织、机构、单位和政府的交流合作,加大在成人(继续)教育领域的理论研究工作。中国成人教育协会、北京市成人教育研究会、北京市教育考试院、北京市教委成招办等单位多次到学院进行调研、视察和研讨,进行了学术、理论、经验上的交流探讨。

召开2007年暑期工作研讨会。面对学校继续教育改革与发展的新形势,成人教育事业遇到了许多新的困难和问题,继续保持学院的可持续发展是一个重要课题。2007年暑期,学院召开了工作研讨会。会议决定按学校要求全面停招成人脱产班,仅保留专升本层次夜大学的学历教育形式,并在今后的一个时期内先抓好专升本学历教育和培训类非学历教育相结合、相促进的新教育模式探索工作,努力探索出成人高等教育办学新路子。努力去开拓新渠道,争取在国内外合作方面迈出新的步伐,并最终把重点转向高层次继续教育。

管理与建设。学院不断加强学生的思想教育和管理工作,积极推动"和谐、稳定、进步、健康"的校园文明建设向前发展。

全面停招成人脱产班后,成教院主要收入来源被阻断,可利用经费锐减,再次出现年度结算"入不敷出"的局面。在极端困难的情况下,学院从北京大学全局和长远发展考虑,坚持精打细算、开源节流、厉行节约、艰苦奋斗的工作方针和"守土有责""一天不撤,一天投入不断"的基本原则,继续调剂资金,维护好昌平校区的基础设施建设及软、硬件条件,为维护正常有序稳定的校园环境提供保障。2007年先后支付了昌平校区的用电改造、部分体育设施的添置、外教公寓修建、圆明园5、6号楼顶渗漏工程和电力增容工程以及两校区的"一卡通"、节水改造工程款额。这些工程的竣工极大地节省了能源消耗,改善了学院的办学条件。学院筹集资金20万元改善办公条件;筹集资金6万元注册了昌平校区医务室,保证师生员工的就医条件;筹集资金20万元对昌平校区的污水处理设备进行了维修和改造,使该校区的污水充分得到回收利用;投入20万元继续对昌平园区进行校园环境整治和绿化建设,使其保持了北京市政府北京市绿化委员会授予的"首都绿化美化花园式单位"的良好风貌。1月9日，中国成人教育协会专家到昌平校区调研；3月9日，常务副校长林建华到昌平校区视察。4月21日，学校党委书记闵维方、校长许智宏、常务副校长陈文申、林建华、副书记王丽梅、杨河、副校长鞠传进、张国有等到昌平校区视察并检查指导工作时，均对昌平校区环境的改观、办学条件的变化和成人教育学院所做的工作给予了充分肯定和高度赞赏。

党建与学生工作。学院坚持贯彻学习"三个代表"重要思想，贯彻落实科学发展观，结合学院的实际情况和党员队伍建设的现状，巩固和加强基层党建工作，深入开展各项思想政治教育活动，积极推进和谐、进步、健康的校园文化建设。

1. 2007年，学院以学习党的十七大精神为契机，积极组织开展各种学习活动。学院党、团、群众组织发起了多次主题宣传、知识签名、收看现场直播等活动，各班级还制作了学习宣传册，并利用广播台、展板、条幅、橱窗等手段营造气氛，制作了大型宣传专栏。各党支部分别组织学习《十七大报告单行本》《十七大报告辅导读本》《中国共产党章程》《十七大党章修正案学习问答》等活动，组织开展"学习党的十七大精神，创建世界一流大学"主题党日、"学习贯彻党的十七大精神，做全面建设小康社会生力军"学生党团日联合主题教育活动、参观《复兴之路》大型主题展览等活动，掀起了理论学习的新高潮。

2. 加强基层组织建设，2007年7月，学院党总支与校机关党委共同组织了党支部书记、委员培训班，校组织部部长郭海，机关党委书记、成人教育学院院长李国斌就基层党组织建设和做好组织发展工作，提高党组织的战斗力等问题讲了党课。全院各党支部重视青年教职工和大学生的组织培养，认真做好入党积极分子培养和考察等工作，定期组织理论学习和考察，做好党课培训，通过设立"我身边的共产党员"专栏、学习十七大报告、观看电影《邓小平在1927》、开展党课讲座等措施，引导党员和入党积极分子向党组织靠拢，认真做好党员发展工作。2007年，两校区有1000余人递交了入党申请书，有100多人参加了党校学习，发展党员87人，预备党员转正63人。

3. 加强班主任队伍建设和学生干部队伍建设，提高开展学生工作的水平。隔周举行班主任学习会，并开展了十七大专项学习交流活动。坚持了学生问题排查"零汇报"制度，及时了解学生情况。同时，选拔优秀的班主任参加学校评比，有5名老师被评为校级优秀班主任，通过树立典型、树立标兵、树立先进模范，建立起激励班主任工作机制。

学生干部队伍建设包括院团委、学生党支部、学生会、广播台、国旗班、班级班委会、团支部等，两校区大约共有近400名主要学生干部，是学生中的骨干力量，在广大同学中起着模范与带头作用，他们作为学生工作队伍的重要组成部分之一，为学院的稳定和发展做出了应有的贡献。2007年通过加强学生干部培训、编印并下发《学工系统通讯录》、开展共青团系统评优及表彰等措施，提高学生干部的水平，优化学生干部队伍结构，充分调动和发挥学生干部积极性、主动性和创造性，发挥出学生干部在学院德育工作中应有的作用。

4. 学院学生工作系统加强制度化、信息化建设。制定了严格的经费预决算制度，有活动先计划、先预算，预决算误差尽量控制在5%以内，本月账目本月结清，同时制定了《学生干部考核条例》《关于规范升降国旗的办法》《关于规范日常办公的办法》等，使得各项学生工作有序进行。

学院十分重视信息报送工作，组织力量将学院大事或要闻及时整理，及时报送到学校网络办公系统"学校公告"、《学生工作周报》《团内信息》等信息平台和渠道。为全面反映学院的工作，及时总结成绩，推广成功经验，2007年学院共编辑发行了4期《成教工作》，为学院师生架起了交流沟通的平台，同时也加强了对外的交流。《成教工作》被评为2006—2007年度"北京大学优秀院系团刊"。

5. 为推动创建文明校园、学习型校园与和谐校园工作的进程，学院结合实际开展了一系列的活动。如开展"我爱我家"系列活动，召开学生生活问题沟通会和学习问题促进会，举办"人生理财与规划""海文考研名师专场"等讲座，开展纪念"九·一八"事变75周年、学习十七大会议精神、纪念"一二·九"运动等活动。在学校的各种比赛活动中也取得了出色的成绩，比如北京大学2007年运动会"甲组男女团体总分第三名"及精神文明奖，北京大学第八届学生"演讲十佳"大赛优秀组织奖，北京大学2007年度团支部风采展演大赛优秀组织奖等。

6. 学院志愿者工作一直得到学院党政领导的高度重视和支持，学院青年志愿者协会提出了"全志愿者共青团"口号。

从奥运志愿者启动一开始，学院青年志愿者协会便投入了大量精力，制定了详细的工作筹备细则，精心组织，认真宣传，新招募397位志愿者。学院先后有36位学生参加了国家场馆志愿者的面试和笔试，其中有8人参加"好运北京"北京大学乒乓球场馆测试赛服务工作，24名同学和2名教工注册为奥运志愿者。

2007年4月19日，学院青年志愿者奥运培训计划启动仪式隆重举行，北京奥组委媒体运行部副部长徐济成出席并做了主题为"媒体运行（MPC）在奥运赛事中的作用"的专题讲座。随后，学院分别邀请北京师范大学高嵘教授做了"奥林匹克精神"讲座、奥运急救培训中心陈志老师做了医学急救基本知识与技能讲座，以及学院内自行组织的观看学习光盘等，培训内容包括古代奥运会、现代奥运会及北京奥运会相关知识，培训人数达700余人次。

2007年，学院志愿者队伍与海淀区圆明园东里社区居委会、水磨社区居委会举办了"社区志愿服务和谐行动"之系列共建活动，与河南省鲁山县下坪希望小学开展了"爱心图书室"共建活动，与顺义区太阳村开展了"爱心传递行动"，与昌平区科委开展了"一校带一镇、科普进镇村"主题活动。4月9日—11日，学院在昌平校区、圆明园校区和校本部三角地同时开展了"构建和谐、爱心永恒"主题募捐活动，共募得衣物约3800件，书籍220本，筹集钱款4000余元，其他物品288件，物品经严格统计后分别寄往河南省鲁山县下坪希望小学和北京市顺义区太阳村，为孩子们送去了社会的关爱和温暖。

在积极开展这些活动的同时，学院的志愿者活动也得到了社会的高度认可。2007年1月，院青年志愿者协会荣获昌平区科学技术委员会"一校带一镇，科普进镇村"先进单位；2007年5月，院青年志愿者秘密获"海淀区奥运城市志愿者2007年'五一服务周'先进个人"称号；2007年12月，院青年志愿者协会荣获海淀区青龙桥地区"青之帆"大学生服务团先进集体。其中《北京青年报》分别于2007年4月17日、4月24日、10月5日先后三次对学院先进事迹和先进个人进行了报道。

【网络教育】 2007年北京大学网络教育翻开了新的一页。截至2007年12月底，网络教育学院累计已设立校外学习中心75个，涵盖全国29个省、市、自治区。其中，2007年新设内蒙古赤峰等4个学习中心。现已开设12个专科起点本科层次的专业以及4个高中起点本科层次专业。高中起点本科只在广东、上海、温州三个学习中心招生。2007年下半年，网络教育学院在读学生19914人。自2002年第一批网络教育学生毕业至2007年底，累计毕业生已达28826人，其中6644人获得成人高等教育毕业生学士学位，学位授予率约为23%。在2007年4月和10月的全国网络教育统考中，网络教育学院学生的大学英语B通过率相比2006年增加了7个百分点。

规范管理加强服务。网络教育学院坚持以规章制度的建设来规范教学与教务管理工作，先后编辑了2007年秋季学期、2008年春季学期工作安排并下发给学习中心和相关部门，使各项工作有章可循。在教学活动上继续坚持以学生为中心，教师导学、助学与学生自主学习相结合的方式。学生在自主学习的基础上，通过实时语音答疑、课程论坛、作业系统、课件点播等网络服务平台，可以参加每天晚上7点到9点的网上答疑，并可在24小时内得到助教老师在课程论坛对所提问题的解答。为提高学生学位英语及统考的通过率，网院与新东方迅程网络科技有限公司合作向学生提供考试辅导网络培训课程，取得了良好的效果。

强化技术支持工作。2007年，网络教育学院在坚持为学生服务，为中心服务的理念指导下，加强技术支持建设，努力提高技术支持水平，强化技术支持与服务意识。一是对网站进行全面改版，对原有网站内容进行归纳、整理与总结，使得新网站风格突出，信息明确，简洁大方；二是利用计算机技术、网络技术与数据库技术对传统的学籍管理方式与管理流程进行了改革，实现了学籍管理的网络化、电子化，减轻了工作压力，降低了工作成本，增强了工作的主动性；三是积极开发新系统，为教学及管理服务，这其中包括了对网络教育学院管理平台进行开发完善，丰富了财务、招生、学籍、教务等管理功能，还包括新开发的机考系统，该系统适应招生入学考试需求，兼顾了课程考试，同时启动了题库建设。

教学资源建设。截至2007年底，已完成网络课件469门，共计9239课时。网络教育学院坚持以精品课的标准进行资源建设，2007年完成11门课程共计255课时的课程课件。网络教育课程于2007年首次纳入国家精品课程建设项目。全国高校共推荐报送192门网络教育精品课程，经过网络初评、专家会评及公示程序，最终共有49门被评为网络教育国家精品课。网院于6月至8月完成了3门精品课程建设。其中"邓小平理论概论"和"微观经济学"申报2007年度国家精品课程项目并均获通过。

积极开展网络非学历教育。在稳步做好学历教育的同时，网络教育学院积极开展非学历教育培训，在Moodle平台的基础上开发引入了"引领式教学平台"为非学历教育开展教学。其中"北京大学中小学远程教育课堂"共计开设了三期33个班，培训中小学教师1600名。

广泛联系开展网络教育合作。2007年，网络教育学院加大与国内外相关机构的合作力度，寻求多种合作途径，为网络教育的发展增添新的动力。网络教育学院与知金教育有限公司签订合作协议书，并在山东淄博、潍坊、广东东莞等地启动了招生工作。同时，网络教育学院与中央国家机关工委培训中心签订了合作协议书，设立北京大学现代远程教育中央国家机关工委培训中心教学中心,于2008年3月启动招生。另外,通过与辽宁省电教馆、新疆电教馆、广西教育厅、杭州教育局等多家单位签订协议,积极推广"北京大学中小学远程教育课堂"平台及相关资源。网络教育学院还与美国波特兰州立大学就网络教育合作与开发等项目签订合作意向书,对网上MBA项目合作进行了探讨,达成了初步合作意向。

北京大学网络教育办学层次的主体在成人高等教育类型本科层次的学历教育,同时积极发展非学历教育培训。今后会逐渐提高办学层次,大力发展非学历教育培训,以适应社会区域与经济发展的需求。

【培训中心】 推出干部教育培训系列课程。2007年1月,北京大学培训中心推出《2007年党政干部高级研修班培训系列课程》,旨在落实中共中央《干部教育培训工作条例(试行)》和《2006—2010年全国干部教育培训规划》精神,进一步发挥干部教育培训工作的战略性和基础性作用,适应"十一五"时期经济社会发展需要。课程体系不仅延续了经济学、管理学、法学、文学、历史等北大传统优势学科,而且还紧扣当前国内外前沿形势,研发了"科学发展观""构建和谐社会""新农村建设""自主创新"等专题的课程模块。由于课程体系完善,培训内容具有前瞻性、针对性和实效性,有效地吸引着全国各级党政机构、企事业组织的领导干部和高级经营管理人才前来北大学习、研修和提升。

承办2007年高端培训黄金周。2007年5月21日至5月27日,北京大学继续教育部推出以"高端培训与和谐中国"为主题的"2007北京大学高端培训黄金周",北京大学培训中心与校内相关院系联合承办。其中北大培训中心承办了黄金周开幕式暨北京大学管理创新大讲堂——杰出企业家系列、东城专场、顺义专场等活动。

承办"国际能源、黄金与金属投资高层研讨会"。2007年6月6日上午,北京大学培训中心承办"国际能源、黄金与金属投资高层研讨会",美国纽约商品交易所执行副总裁William Purpura、亚洲部主管Lucy Zhang、长城伟业期货有限公司董事长彭弘、总裁袁小文等一起参加会议。本次论坛的聚焦点在于机构投资者对国际能源、黄金与金属等价格如何产生影响以及纽约商品交易所的交易规则、运行情况等方面,Lucy. Zhang、William Purpura等与中国的业界人士一起探讨了国际市场能源、黄金、金属等资源性商品价格大幅波动情况、原因,以及对中国经济安全和企业的经营发展的预期影响。

邀请利奥·梅拉梅德出任北京大学中国金融衍生品研修院名誉院长。2007年6月11日,全球金融期货之父、芝加哥商品交易所终身名誉主席利奥·梅拉梅德出席由北京大学培训中心、北京大学中国金融衍生品研修院联合承办的"北京大学首届金融创新论坛",并接受邀请出任北京大学中国金融衍生品研修院名誉院长。授予仪式结束后,他以"金融衍生品市场发展的新趋势"为题发表演讲,随后,他向北京大学图书馆赠送图书100多册,以用于金融衍生品领域的教学和科研。

开展网络高端培训。2007年12月,北京大学继续教育部主办、北大培训中心和北大网络教育学院共同研发建设,共同推出北京大学网络学堂。2007年12月16日,在贵州省委组织部主办的"学习十七大精神推动干部教育培训工作实践与创新研讨会"上,北京大学继续教育部部长郑学益代表北京大学向贵州、上海、河南、广西等省市、自治区赠送总价值超过100万元的"北京大学干部教育培训网络精品课程学习卡",用于支持其开展干部教育培训工作。

# 医学继续教育

【概况】 2007年,医学部继续教育处认真贯彻执行学校及上级部门有关文件精神,加大力度推进全校的继续教育工作,进一步完善各项政策和制度,不断规范继续医学教育项目和学分管理办法,努力提高继续医学教育办学质量,积极推进继续医学教育的全面发展。

【住院医师规范化培训】 为加强师资队伍建设,培养高质量医学人才,2007年进一步完善了住院医师规范化培训各项工作,保持了医学部住院医师规范化培训特色,促进了全国住院/专科医师培训工作的顺利进行。

1. 规范《北京大学医学部临床/口腔医学专业学位实施细则》的相关规定。在"关于接受2007年在职人员以同等学力申请硕士学位的工作安排"中,明确规定"申请临床医学硕士专业学位的人员须已取得《北京大学医学部住院医师规范化培训第一阶段合格证书》";在《关于参加2008年在职人员申请博士学位全国外国语统一考试报名通知》中,明确规定"申请专业学位须已完成北医五年住院医师规范化培训",使在职申请临床/口腔医学专业学位管理工作进入良性运行。

2. 完成两次住院医师规范化培训阶段考核工作。认真进行了考前资格的审查和考务准备工作,并在医学部、北大医院、北医三院、肿瘤医院、深圳医院的岗前培训中组织专题讲座。2007年第一阶段考试参加人数362人,合格者212人,通过率58.6%;第二阶段考试参加人数307人,合格者242人,通过率78.8%。

3. 稳步改革技能考试,在提高效率的同时,最大限度降低风险和消费。在住院医师规范化培训第二阶段考试中,手术科室(除骨科)进一步调整临床技能考核方式,变手术面试为手术病例核查达标,避免了手术考核的危险性,减少了人、财、物的投入,以及对临床工作的干扰。

4. 做好证书发放前的资格审查工作。为了更好地规范《北京大学住院医师规范化培训第一阶段合格证书》的发放工作,维护《北京大学住院医师规范化培训第一阶段合格证书》的社会信誉,理顺我校"四轨合一"的培训制度,强化管理工作,继续教育处联合研究生分院于2007年4月对2007年毕业的已通过第一阶段考试(补考者除外)的临床/口腔医学专业学位研究生进行了颁发《北京大学住院医师规范化培训第一阶段合格证书》前的资格审查工作,发现了存在的一些问题,经专家会议讨论制定了相应的解决措施。2007年共发放住院医师规范化培训第一、第二阶段合格证书约229人次。

5. 多方协调,完善病理医师规范化培训。医学部病理学系绝大多数老师是诊断和教学双师型人员,几十年来负责北医三院的病理诊断和面向全国的疑难会诊。但随着医疗市场的法制规范,医疗职称越来越显得重要。今年病理学系从事病理诊断的副教授、调入的主治医师自愿申请参加了第二阶段的考核,全部通过,并获得了优异成绩。讲师参加了第一阶段的考核。新毕业生按培训细则要求纳入规定年限,有关其医疗职称的任命和晋升的工作正在研究中。

6. 为贯彻落实市卫生局《关于开展专科医师临床技能培训考核中心评审工作的通知》精神,做好组织北大医院、人民医院、第三医院进行"北京市临床技能培训考核中心"的申报,并参与了评审工作。

7. 积极宣传、推广北医特色:(1)参加由中国医师协会举办的全国"住院医师/专科医师高峰论坛会",并就"北京大学住院医师规范化培训"做了经验介绍和交流,得到了与会者的肯定。(2)多次接待哈尔滨医科大学、福建省人民医院等兄弟院校对我校住院医师规范化培训工作的考察。(3)参与"北京市专科医师培训"工作,了解北京市住院医师培训情况,理顺"属地管理"问题。

【高层次继续医学教育】 2007年,医学部面向全国开展的高层次继续医学教育,不仅为全国医疗卫生教育单位培养了大批专业技术人才,同时也促进了医学部的学科建设和队伍建设。

1. 拓宽培训渠道,培养更多更好的学科骨干。学校学科齐全,水平高超,尤其是临床学科许多都是全国医院唯一的,每年全国各地的各专业学科骨干热衷于选择我校各医院进行提高学习。在各医院继续教育处的支持下,2007年接收来自教育部、中组部、人事部、北京市卫生局、江西省人事厅、河北省卫生厅、贵阳医学院附院、郑州市卫生局、山西省卫生厅的学科骨干共137名。学员们各自在导师或教学主任的指导下进行为期半年或一年不等的专业学习。访问学者的导师制培养模式受到学员、选送单位和上级部门的赞许。山东省卫生厅科教处决定,从2008年始,北大医学部将作为山东省学科骨干国内培养的独家大学。

2. 打造学科骨干通识课程,提高学科骨干综合素质。由于学科骨干们来自全国各地,多年来一直从事着相对比较窄的专业领域,如何利用他们前来学习的机会,提高他们应对当前医学知识飞速发展、学科交叉度加大、百姓维权意识增强、医疗纠纷明显增加、医疗事故鉴定百分率增加、医疗赔偿数额明显加大等诸多新问题的能力,为此设计了通识课程,从院士报告、名师讲座的人文内容,到医患关系、医疗纠纷处理技巧的法律知识,还有跨学科的基础知识,如循证医学、抗生素临床应用、危重病情判断及急症工作方法。为了提高学科骨干的写作能力,还开出了文献检索和临床研究设计类型等相关内容。通识课程的开设,不但培养和锻炼了教师队伍,也筛选和优化了通识课程。今年开出了两期,并针对学员成分的不同,对课程内容进行调整。

3. 积极组织项目的申报,加强对项目的管理。积极组织国家级继续医学教育项目、市级继续医学教育项目、基地备案项目、高级研修班项目及远程继续医学教育项目的申报工作,不断提高申报项目的数量和质量,并加强对项目的管理,保证项目质量。(1)2007年申报国家级继续医学教育项目共获准167项,举办119项,举办率达71.2%,培训人数13055人;申报北京市市级继续医学教育项目44项,举办23项,举办率达52.3%,培训6651人。(2)2007年申报基地备案项目获准51项,举办基地备案项目38项,举办率达74.5%,培训人数3214人。(3)2007年申报教育部高级研修班评审制项目3项,获准2项。分别为北京大学基础医学院主办的"分子生物学技术高级研修班"和公共教学部主办的"高等学校医学人文骨干教师高级研修班"。(4)通过网上申报2008年国家级继续医学教育项目75项,市级项目7项,申报2008年远程国家级继续医学教育项目7项。

4. 加强继续医学教育项目的监督和检查。2007年配合北京市卫生局对医学部(5家临床医院和1个学院)主办的14项国家级和市级继续医学教育项目进行了现场督查。督查是保证继续教育举办质量的重要手段,通过督查,发现项目举办过程中的问题,以不断改进继续教育管理。

5. 发挥各医院优势,提供大量进修学习机会。2007年临床各医院共举办单科进修班115个(北京大学及医学部继续教育处备案项目),培训学员1341人次;招收零散进修815名。

6. 紧紧依托属地化管理,为北京市医药事业发展作贡献。2007年继续承担北京市卫生局科教处学科骨干培训集中授课任务,为88名学科骨干开设了为期20天的通识课程。

【对内继续教育】 创建世界一流大学和医院改革的深入发展所面临的挑战,对医学部各类人员提出了更高的要求。2007年医学部各类专业技术人员及管理人员对参加继续教育活动的自觉性、主动性和积极性都不断提高,这就要求对继续教育的形式、内容和效果不断加以改进,切实使继续医学教育与临床、教学、科研和管理相结合,为医学部的发展做出贡献。

1. 建立健全规章制度,规范管理。为了不断完善继续医学教育制度,进一步规范继续医学教育管理,提高继续医学教育的质量,根据上级有关文件要求,结合医学部近几年开展继续教育的实践,2007年颁发了新的《北京大学医学部继续医学教育学分授予与管理办法》,新文件对医学部继续医学教育的对象做了进一步明确,学分要求做了相应调整,加大了政策约束力度,激发了专业技术人员参与继续医学教育活动的积极性。

2. 为继续教育管理人员提供外出学习与交流的机会,开阔视野。(1)2007年7月,组织17名管理干部参加了中华医学会医学教育分会继续医学教育/成人医学教育学术年会。聆听了卫生部科教司孟群副司长做的题为《我国卫生技术人员在职教育的现状与思考》的报告,以及中华医学会医学教育分会副主任吕兆丰教授和教育部高等教育司远程教育与继续教育处李平副处长分别做的题为《医学文化理念的错位与医学教育的困境》和《学习型社会中高等继续教育发展方略》专题讲座,使大家充分领会了上级精神,开阔视野及工作思路。(2)2007年10月31日—11月2日,派代表参加第二届中美继续教育论坛,大会做了《大学中美两国大学后继续教育的异同比较:继续教育的历史、价值和使命》等七个议题的报告。医学部代表就护理人员的中外联合办学问题参加了讨论,认识到:学校继续教育是学科建设的重要内容,是学校教育的主体构成之一,是学校人才队伍建设的重要过程,是学校实施可持续发展战略的重要基础。(3)2007年11月,组织7名二级单位管理人员考察了上海市卫生局继续医学教育管理软件的应用情况和国家级继续医学教育项目的管理情况,并与上海医学院附属新华医院和第九医院的同行们就项目管理上的困惑与问题进行了座谈。通过交流,使大家提高了思想认识,转变了观念,解决了工作中遇到的困惑与问题。(4)2007年7月7日至14日,受台湾财团法人厚生基金会的邀请,派代表参加了由卫生部科教司组团对台湾专科医师培养进行的专题考察。通过此次考察,增进了对台湾专科医师培养情况的了解,达到了考察的预期目的。

3. 增强校级继续教育项目内容的先进性、针对性和实效性。2007年,医学部对内开展的校级继续医学教育项目内容更加注重先进性、针对性和实效性。各单位根据继续医学教育不同对象选取相应的教育内容,同时,在继续医学教育活动中,注意加强政治思想、职业道德、人文社会科学等有关内容的学习。2007年医学部校级继续教育项目共申报479项,实际举办469项。其中,校级继续教育项目的内容以医学新进展、专业知识及临床技能为主,共363项,占总数的77.4%;管理学方面的内容共71项,占总数的15.1%;人文、社会科学等内容共22项,占总数的4.7%;计算机等其他方面的内容共13项,占总数的2.8%。2007年医学部参加校级继续医学教育项目总人次达到44859人次,完成继续医学教育学分达标率为97.87%。

4. 开展职业道德教育培训工作。2007年9月—10月,组织北大医院、人民医院、第三医院、口腔医院、肿瘤医院、第六医院对8178名医务人员开展了职业道德教育培训工作,通过举办培训班、专题讲座、研讨会、远程教育等形式的培训,加强了医务人员廉洁行医的意识,提高了反腐自律的自觉性,使医疗秩序、医务人员职业行为更为规范。

5. 积极推行继续医学教育信息化管理。(1)自2002年医学部启动继续医学教育信息化管理系统至今,除公共卫生学院外,学校6个附属医院和医学部4个学院均使用了该管理软件,医学部继续医学教育基本实现了管理的信息化。在使用过程中注意听取二级单位的意见,多次与好医生网站反映系统的缺陷,并根据2007年新修改的《北京大学医学部继续医学教育学分授予与管理办法》,提出完善意见,完善后的系统于2008年1月全面进行升级,有力地推动了医学部继续医学教育管理的信息化建设。(2)与医学部信息中心共同开发了继续教育信息化管理系统,并于2007年10月开始试运行。该系统基于互联网,将项目管理过程放到该系统中,利于管理数据收集,规范管理过程,提高管理科研水平。组织该管理系统的主创人员对各学院(部)和直属单位的主管项目的管理人员进行了培训,并赴上海市卫生局学习考察,对我处的继续教育信息化管理系统起到很好的推动和促进工作。

【成人学历教育】 北京大学医学部与中央广播电视大学联合开办的公共事业管理(卫生事业管理)(本科)专业开放教育试点项目开设情况:

1. 2007年3月3日接受教育部学科专家组评估。专家组对该专业的开设给予充分肯定,同时也指出了目前存在问题:如专职的师资队伍仍显不足,师资梯队建设有待加强,要加大与省电大教师的沟通,加强过程管理和质量监控。并建议进一步加强课程体系和教学内容的研究,制定改革和发展规划,开发和建设一批精品课程与教学案例,努力将这个专业办出特色。

2. 为了进一步落实总结性评估后的整改措施,加强对卫生事业管理专业集中实践环节的指导,提高毕业论文的写作水平和人才培养质量,2007年6月27日—28日,医学部继续教育处与公共卫生学院考察了云南电大的卫生事业管理专业的集中实践环节实施情况。考察组参加了2007届部分毕业生的论文答辩,听取了云南电大理工学院的汇报,并邀请部分毕业生参加了座谈。

3. 为进一步做好课程资源的建设,医学部继续教育处与公共卫生学院及电大农医部领导召开了专业课程建设讨论会,会上决定就课程、教学内容、教材等问题将尽快组织学科专家进行讨论,并落实修订程序。

4. 2007年共招生卫生事业管理专业的电大学生1078人,毕业572人,获得学位30人,占毕业学生的5.24%。

【课题研究】 为加强医学教育管理,推动医学教育改革,提高医学教育质量,培养全面发展的医药卫生人才,中华医学会医学教育分会2007年实施了"医学教育科研课题项目"。经过组织课题申报、形式审查和专家组认真评审,由医学部继续教育处组织申报的"继续医学教育、毕业后医学教育和成人高等学历教育"方面的三个课题全部获准。其中医学部继续教育处是"中国毕业后医学教育标准和认证制度的研究"和"中国继续医学教育标准和认证办法的研究"两个课题组的牵头单位,并分别召开了第一次工作会议,明确了课题目的、范围和内容,完善并确定了课题的研究方法和路线,落实了课题的分工、进度和成果的形式。

【医学网络教育】 学历教育方面,开设有护理学、应用药学、卫生事业管理、医学信息管理专业;办学层次有专科、中专起点升本科、专升本。在全国20个省、自治区、直辖市陆续建立46所校外学习中心,2007年招收新生5662人,毕业学生1984人(其中70人获得成人本科学士学位),在校学生15693人。为保障远程教育质量,一是加大教学资源建设投入,开发和改进了11门课程,并从英国开放大学引入"心理健康与疾病"课程,组织编写346门次的教学辅导资料;二是加大学生支持力度,加强新生入学培训,通过热线电话、BBS、短信平台、电子邮件等各种途径为学生答疑解惑,学生综合满意度达78%;三是加大考核力度,采取集中考试和督考制度;四是将各学习中心逐步纳入学院的ISO质量管理体系,全面贯彻质量管理理念和要求,并出版了《远程教育ISO9001:2000质量管理实务》专著,受到业界好评。

非学历教育方面,2007年9月,获得卫生部授予"开展远程继续医学教育试点单位",成为全国首家具备该资质的高校机构。成功申报2008年继续医学教育项目国家级6个,省市级1个,其中远程继续医学教育项目4个。在全国16个省市区建立培训站点83家,通过电教课堂常年提供最新的实用医学讲座;并举办了卫生行业院校领导和教学管理人员培训班、远程教育质量研讨班、医师(护士)资格考试辅导等各类培训项目,全年培训卫生和教育在职人员10余万人次。

2007年3月3日,第三代教学运营支撑平台(TOSS)成功上线,使报名、录取、缴费、学籍、课程、作业、辅导、考试、答疑、学分统计、毕业等日常教学管理活动实现系统化、信息化,大大提高工作效率,规范了工作流程。外派技术骨干参加脱产培训,提升媒体制作水平,投入30余万元更新媒体制作设备,圆满完成医学部成立95周年庆祝宣传片和校庆日活动拍摄工作,并为办理校园一卡通采集教职工和学生相片8000余张。

积极开展对外交流,借鉴国际先进经验,推动广泛合作。2007年3月13日,英国开放大学(OU)对外合作部Vicky Amos女士和媒体教学部主任David Wilson先生访问学院,双方就课程开发模式及媒体技术在教学中的应用进行深入交流。3月23日,香港大学专业进修学院院长、香港高校继续教育联盟主席杨健明教授率领香港高校继续教育联盟代表团一行7人访问学院,促进了双方的相互了解。5月11日,医学部李鹰副主任、高澍苹院长、继续教育处孟昭群副处长一行4人,应邀访问香港大学专业进修学院,双方进行交流并达成网络课程合作意向。10月25日—26日,成功承办"2007国际远程教育高端论坛"。与会代表400余人,其中有44位国际专家学者。韩启德副委员长担任论坛名誉主席,教育部吴启迪副部长、英国开放大学校长等领导致辞。学院刘虹副院长、夏素华主任应邀在论坛发言。

加强文化建设。建设"阳光文化",秉承大学精神,铸造学院灵魂,为远程医学教育事业发展提供强大精神动力。系统编制了《文化手册》《品牌建设手册》《VI手册》《文化实施纲要》等纲领性文件，并推选出17位员工担任"阳光文化大使"。经常开展管理制度、文化理念、礼仪和管理技能等专题培训，并为全体员工定制工服，促进队伍内强素质、外树形象。创办《时代》院刊，开通门户网站，开展工间保健活动，组建"时代之声"合唱团，安装办公区背景音乐系统与录像监控系统，建设文化墙和院史墙。组织党员深入学习十七大精神，发展1名新党员；并举行工会换届选举。

2007年3月21日，卫生部高强部长、蒋作君副部长等领导莅临视察指导，韩启德副委员长和医学部主要领导亲临现场，听取工作汇报，并对学院做好远程继续医学教育提出要求。5月18日，在网上调查评选中荣获"2006—2007年度公众满意·中国十大名牌网络教育学院"称号。

【医学在职教育培训】 6月23日至24日，由北京大学医学部主办，医学部在职教育培训中心、医学网络教育学院承办的"第三届全国医药卫生行业EMBA高级论坛暨校友会"在逸夫楼报告厅召开。论坛的主题是"医疗和谐与医药卫生行业的可持续发展"。全国人大常委会副委员长、北京大学医学部主任韩启德，北京大学常务副校长、医学部常务副主任柯杨，北京大学医学部党委书记敖英芳，卫生部、北京市卫生局、国家食品药品监督管理局培训中心、中国医师协会有关领导出席了开幕式。论坛期间，除主题报告外，与会代表就相关问题进行了深入交流，校友也结合各自所在地区的问题进行了广泛研讨。

10月25日—26日，以"远程教育的质量和成效"为主题的学术研讨会——"2007国际远程教育高端论坛"在北京国际饭店隆重举行。此次论坛是中国主办的首届国际远程教育学术论坛，也是全球远程教育界的两年一度的学术盛会。200多名嘉宾和正式代表应邀参加论坛，其中包括来自英国、巴西、澳大利亚和新加坡等20多个国家和地区约50位国际代表，北京大学医学部副主任李鹰教授、北京邮电大学王亚杰书记以及国内各高校网络学院院长等40余位嘉宾。全国人大常委会韩启德副委员长应邀担任此次论坛的名誉主席，并在论坛开幕式当天亲切会见参加论坛的部分国内外代表。教育部吴启迪副部长、英国开放大学校长Brenda Gourley教授和北京大学常务副校长柯杨教授分别在开幕式上致辞。

北京大学医学部在职教育培训中心于2007年7月通过卫生部组织的全国统一国家职业技能鉴定考核，并举办了首届健康管理师培训班。经过该中心培训的学员，在参加全国考试的各类人员中通过比例名列前茅，其中三级考试通过率为80%，二级考试通过率为75%。2007年9月21日，卫生部召开职业鉴定工作会，医学部在职教育培训中心荣获"2006年度卫生行业职业技能培训先进单位"。

# 海 外 教 育

【概况】 2007年北京大学外国留学生招生申请及录取人数都达到了历史最高，春秋两个学期共录取新生1138人，其中秋季学期录取1029人。留学生研究生审核录取首度试行，研究生申请人数同比翻一番，录取人数也增加了近一倍，2007年共录取244人，其中硕士186人，博士58人；2007年本科考试首次采取笔试面试结合的做法，共录取295人；进修类新生共599人，主要来自校际交流；政府公派生共148人，其中学位生61人，进修生87人。

【短期留学项目】 2007年，北京大学共接收来自66个国家和地区的短期留学生3102人次，其中国际合作部留学生办公室短期项目接收来自49个国家和地区的短期留学生1510人次；短期项目接收学生的来源较2006年更加多元化，学生来源国家和地区数增加16个，总人数较2006年增长8.8%。全校各院系接收来自59个国家和地区的短期留学生1592人次，较2006年增长22.7%。

2007年，国际合作部留学生办公室共组织各类短期项目53批次，其中汉语研修项目37批次，累计参加学生1050人；"中国学"项目16批次，累计参加学生460人。新增短期项目包括：北京大学—伦敦政治经济学院暑期学校项目（PKU-LSE Summer School）、牛津大学BICC项目、日本大学中国学项目、上智大学中国学项目等。其中北京大学—伦敦政治经济学院暑期学校项目吸引国际学生140余人，分别来自世界40余个国家和地区。

【预科留学项目】 2007年，预科项目招生121名，生源质量逐年提高。2007年结业的预科班中，79名同学被录取为北京大学本科生，在北大11个院系学习。

【港澳台学生】 2007年秋季在校港澳台侨学生502人，其中香港209人、澳门65人、台湾227人、华侨1人；其中博士生154人、硕士生112人、本科生236人。

## 附 录

**表 7-10　2007 年秋季在校长期外国留学生分国别统计**

制表人：王勇　　　　　　　　　　　　　　　　　　　　　制表日期：2007 年 10 月 15 日

| 洲别 | 国家 | 本科 | 博研 | 高进 | 普进 | 硕研 | 学者 | 预科 | 合计 |
|---|---|---|---|---|---|---|---|---|---|
| 大洋洲 | 澳大利亚 | 9 | 2 |  | 7 | 1 |  |  | 19 |
|  | 马绍尔群岛 | 1 |  |  |  |  |  |  | 1 |
|  | 新西兰 | 18 |  |  | 4 | 2 |  |  | 24 |
|  | 瑙鲁 | 1 |  |  |  |  |  |  | 1 |
| 非洲 | 贝宁 | 1 | 1 |  | 1 |  |  |  | 3 |
|  | 布基纳法索 | 2 |  |  |  | 1 |  |  | 3 |
|  | 几内亚比绍 | 103 |  |  | 1 | 2 |  |  | 106 |
|  | 加蓬 | 1 |  |  |  |  |  |  | 1 |
|  | 喀麦隆 | 1 |  |  |  |  |  |  | 1 |
|  | 肯尼亚 | 3 |  |  | 1 |  |  |  | 4 |
|  | 毛里求斯 | 1 |  |  |  |  |  |  | 1 |
|  | 塞舌尔 | 1 |  |  |  |  |  |  | 1 |
|  | 刚果（金） |  | 1 |  | 1 |  |  |  | 2 |
|  | 塞拉利昂 |  | 1 |  |  |  |  |  | 1 |
|  | 阿尔及利亚 |  |  |  | 1 |  |  |  | 1 |
|  | 布隆迪 |  |  |  | 2 |  |  |  | 2 |
|  | 刚果（布） |  |  |  | 1 |  |  |  | 1 |
|  | 摩洛哥 |  |  |  | 1 |  |  |  | 1 |
|  | 南非 |  |  |  | 1 | 1 |  |  | 2 |
|  | 尼日利亚 |  |  |  | 1 | 1 |  |  | 2 |
|  | 塞内加尔 |  |  |  | 1 | 1 |  |  | 2 |
|  | 苏丹 |  |  |  | 1 | 2 |  |  | 3 |
|  | 埃塞俄比亚 |  |  |  |  | 2 |  |  | 2 |
|  | 利比里亚 |  |  |  |  | 2 |  |  | 2 |
|  | 马里 |  |  |  |  | 1 |  |  | 1 |
|  | 坦桑尼亚 |  |  |  |  | 1 |  |  | 1 |
|  | 突尼斯 |  |  |  |  | 1 |  |  | 1 |
|  | 赞比亚 |  |  |  |  | 1 |  |  | 1 |
| 美洲 | 阿根廷 | 1 |  |  | 1 |  |  |  | 2 |
|  | 巴哈马 | 2 |  |  |  |  |  |  | 2 |
|  | 巴西 | 1 |  |  |  | 2 |  |  | 3 |
|  | 伯利兹 | 6 |  |  |  | 1 |  |  | 7 |
|  | 多米尼加 | 1 |  |  |  |  |  |  | 1 |
|  | 多米尼克 | 2 |  |  |  |  |  |  | 2 |
|  | 格林纳达 | 1 |  |  |  |  |  |  | 1 |
|  | 洪都拉斯 | 1 |  |  |  |  |  |  | 1 |
|  | 加拿大 | 52 | 5 | 1 | 8 | 14 |  |  | 80 |
|  | 美国 | 53 | 6 | 5 | 108 | 35 |  | 2 | 209 |
|  | 秘鲁 | 1 |  |  | 2 | 1 |  |  | 4 |
|  | 乌拉圭 | 1 |  |  |  |  |  |  | 1 |
|  | 厄瓜多尔 |  | 1 |  |  |  |  |  | 1 |
|  | 墨西哥 |  | 1 |  |  | 1 |  |  | 2 |
|  | 玻利维亚 |  |  |  | 2 |  |  |  | 2 |
|  | 哥伦比亚 |  |  |  | 1 | 2 |  |  | 3 |
|  | 古巴 |  |  |  | 6 |  |  |  | 6 |
|  | 智利 |  |  |  | 1 |  |  |  | 1 |
|  | 哥斯达黎加 |  |  |  |  | 1 |  |  | 1 |
|  | 危地马拉 |  |  |  |  | 1 |  |  | 1 |
|  | 委内瑞拉 |  |  |  |  | 1 |  |  | 1 |

续表

| 洲别 | 国家 | 本科 | 博研 | 高进 | 普进 | 硕研 | 学者 | 预科 | 合计 |
|---|---|---|---|---|---|---|---|---|---|
| 欧洲 | 爱尔兰 | 1 | | | 1 | | | | 2 |
| | 保加利亚 | 1 | 1 | | 2 | 1 | | | 5 |
| | 俄罗斯 | 4 | 1 | 1 | 23 | 1 | 1 | 1 | 32 |
| | 摩尔多瓦 | 1 | | | | 1 | | | 2 |
| | 瑞典 | 1 | 1 | | 7 | | | | 9 |
| | 瑞士 | 1 | | 1 | 3 | 1 | | | 6 |
| | 意大利 | 1 | | | 10 | 3 | | | 14 |
| | 英国 | 7 | | | 10 | 1 | | | 18 |
| | 德国 | | 1 | | 17 | 1 | | | 19 |
| | 法国 | | 1 | | 21 | 1 | | | 23 |
| | 捷克 | | 1 | | | | | | 1 |
| | 奥地利 | | | 1 | 5 | 1 | | | 7 |
| | 比利时 | | | 1 | | 1 | | | 2 |
| | 西班牙 | | | 2 | 12 | 3 | | | 17 |
| | 阿尔巴尼亚 | | | | 1 | | | | 1 |
| | 白俄罗斯 | | | | 1 | | | | 1 |
| | 波兰 | | | | 2 | | | | 2 |
| | 丹麦 | | | | 5 | | | | 5 |
| | 芬兰 | | | | 3 | | | | 3 |
| | 荷兰 | | | | 15 | | | | 15 |
| | 挪威 | | | | 4 | | | | 4 |
| | 斯洛文尼亚 | | | | 1 | | | | 1 |
| | 乌克兰 | | | | 1 | | | | 1 |
| | 冰岛 | | | | | 2 | | | 2 |
| 亚洲 | 阿塞拜疆 | 1 | | | | | | | 1 |
| | 巴勒斯坦 | 1 | | | | | | | 1 |
| | 朝鲜 | 10 | 2 | 4 | | | | 1 | 17 |
| | 菲律宾 | 6 | 1 | | 4 | 2 | | | 13 |
| | 哈萨克斯坦 | 10 | | | 2 | 3 | | 1 | 16 |
| | 韩国 | 903 | 110 | 6 | 50 | 85 | 6 | 119 | 1279 |
| | 吉尔吉斯斯坦 | 3 | 1 | | 1 | 2 | | | 7 |
| | 柬埔寨 | 1 | | | 1 | | | | 2 |
| | 老挝 | 1 | 1 | | 1 | 1 | | | 4 |
| | 马来西亚 | 26 | 5 | 1 | 1 | 13 | | 1 | 47 |
| | 蒙古 | 9 | 1 | | 5 | 5 | | 6 | 26 |
| | 孟加拉国 | 1 | 1 | | | 1 | | | 3 |
| | 缅甸 | 1 | | | 1 | 1 | | | 3 |
| | 尼泊尔 | 7 | | | 2 | 4 | | | 13 |
| | 日本 | 102 | 15 | 17 | 63 | 19 | 1 | 14 | 231 |
| | 塔吉克斯坦 | 2 | | | 2 | | | | 4 |
| | 泰国 | 23 | 3 | | 8 | 15 | | 4 | 53 |
| | 土耳其 | 2 | | | 3 | | | 3 | 8 |
| | 新加坡 | 36 | 3 | | 4 | 19 | | | 62 |
| | 也门 | 2 | | | | 1 | | | 3 |
| | 印度尼西亚 | 12 | | | 2 | 2 | | 1 | 17 |
| | 越南 | 4 | 2 | | 2 | 2 | | | 10 |
| | 巴基斯坦 | | 3 | | | 1 | | | 4 |
| | 伊拉克 | | 1 | | | | | | 1 |
| | 伊朗 | | 1 | | | 1 | | | 2 |
| | 印度 | | 3 | | 1 | 2 | | | 6 |
| | 乌兹别克斯坦 | | | 1 | | | | | 1 |
| | 以色列 | | | 3 | | | | | 3 |
| 合计 | | 1444 | 177 | 40 | 454 | 274 | 8 | 153 | 2550 |

表 7-11  2007 年秋季在校长期外国留学生分院系统计

制表人：王勇　　　　　　　　　　　　　　　　　　　　制表日期：2007 年 10 月 15 日

| 院　系 | 本科 | 博研 | 高进 | 普进 | 硕研 | 学者 | 预科 | 合　计 |
|---|---|---|---|---|---|---|---|---|
| 地球与空间科学学院 | 2 | 1 |  |  |  |  |  | 3 |
| 对外汉语教育学院 | 2 | 2 |  | 314 | 8 |  | 113 | 439 |
| 法学院 | 108 | 5 |  | 6 | 26 |  |  | 145 |
| 光华管理学院 | 77 | 3 |  | 47 | 66 |  |  | 193 |
| 国际关系学院 | 185 | 23 | 2 | 10 | 52 | 1 |  | 273 |
| 化学与分子工程学院 | 2 | 1 | 1 |  |  |  |  | 4 |
| 环境学院 | 3 | 7 | 1 | 2 |  |  |  | 13 |
| 经济学院 | 130 | 6 | 2 | 11 | 4 |  |  | 153 |
| 考古文博院 | 11 | 8 | 5 |  | 4 | 2 |  | 30 |
| 历史学系 | 39 | 17 | 12 | 7 | 13 | 1 |  | 89 |
| 社会学系 | 49 | 3 | 2 |  | 4 |  |  | 58 |
| 生命科学学院 | 4 | 1 |  |  | 1 |  |  | 6 |
| 数学科学学院 | 3 |  |  |  |  |  |  | 3 |
| 外国语学院 | 1 | 2 |  | 2 | 1 | 1 |  | 7 |
| 物理学院 | 6 | 5 |  | 2 |  |  |  | 13 |
| 新闻传播学院 | 95 | 7 |  | 2 | 3 |  |  | 107 |
| 心理学系 | 6 | 2 |  | 2 | 2 |  |  | 12 |
| 信息管理系 | 7 |  |  |  |  |  |  | 7 |
| 信息科学技术学院 | 3 |  |  |  | 1 |  |  | 4 |
| 医学部 | 441 | 1 | 2 | 16 | 23 |  | 40 | 523 |
| 艺术学系 | 42 | 1 |  |  | 2 |  |  | 45 |
| 哲学系 | 14 | 26 | 3 | 6 | 9 | 1 |  | 59 |
| 政府管理学院 | 67 | 10 |  | 3 | 10 | 1 |  | 91 |
| 中国语言文学系 | 147 | 43 | 9 | 11 | 25 |  |  | 235 |
| 教育学院 |  | 2 |  |  |  |  |  | 2 |
| 科学与社会研究中心 |  | 1 |  |  |  |  |  | 1 |
| 人口研究所 |  | 1 |  |  | 5 |  |  | 6 |
| 北大-耶鲁项目 |  |  |  | 7 |  |  |  | 7 |
| 城市与环境学院 |  |  |  | 1 |  | 1 |  | 2 |
| 力学与工程科学系 |  |  |  | 5 |  |  |  | 5 |
| 中国经济研究中心 |  |  |  |  | 15 |  |  | 15 |
| 合计 | 1444 | 177 | 40 | 454 | 274 | 8 | 153 | 2550 |

# 科学研究与产业开发

## 理工科与医科科研

【概况】 面向国家重大需求,面向科学技术前沿,是北京大学开展科学研究活动所遵循的基本方针。2007年,国家进一步加大科学技术研发投入,科技资源竞争日益激烈。北京大学的科研工作稳步发展,在获得的科研项目和经费方面、在获奖成果方面,理工科与医科科研工作均取得可喜成绩。同时,随着"985工程"二期的进展,北京大学进一步尝试科研管理体制创新,部署科研发展战略,推进以学科前沿和重大科学问题为目标的交叉学科机构建设,在整合校内科技资源的基础上构建重大科技创新平台,以更加具有竞争力的科研格局面向国家科技事业发展的机遇与挑战。

2007年期间,北京大学理工科与医科在研或完成项目2430项,其来源包括国家自然科学基金、国家重点基础研究发展规划(简称"973"计划)、国家高技术研究发展计划(简称"863"计划)、重大科技专项和国际合作等,其中理工科在研项目1644项,医科在研项目786项。

2007年理工科与医科到校科研经费7.89亿,其中理工科6.01亿元,医科1.88亿元。到校科研经费中,国家科技部和国家自然科学基金委来源经费各占38%和22%。国家科技计划项目是北京大学最主要的科研经费来源。

2007年度理工科与医科在我国政府主导的重大基础研究和应用基础研究领域继续保持竞争优势,新获准项目937项,经费6.11亿元。其中包括国家自然科学基金项目400项,国家重点基础研究发展规划"973"项目5项、子项目18个;重大科学研究计划项目2项、子项目7个;"863"计划课题46项,国家科技支撑计划项目课题11个,教育部项目76项,覆盖医药、信息、材料、资源、环境、社会发展等领域。2007年度北京大学在研的国际科技合作各类项目48项,到校经费3105万元;新批项目28项,经费总额1329万元。科技部新批准医学部李凌松教授的"中澳干细胞卓越研究中心"作为"国际科技合作重点机构"之一。

2007年度理工科与医科科研论文在数量保持稳定的情况下,实现质量的大幅提升。2007年被SCI数据库收录的、以北京大学为第一作者单位的论文2198篇,平均影响因子2.25,其中影响因子大于10的论文16篇,最高影响因子26.045。

2007年度北京大学共有125项授权专利(本部102项,医学部23项),申请专利260项(本部227项,医学部34项)。作为前几个年度专利申请数量大幅提升的结果,专利授权数提高明显。

2007年度以北京大学为第一完成单位获国家自然科学二等奖3项、科技进步二等奖2项。2007年以北京大学为第一完成单位获得15项高等学校科学技术奖,其中自然科学一等奖6项,二等奖2项;科技进步一等奖5项;技术发明一等奖2项。此外,北京大学教师还获得何梁何利科技进步奖、中华医学科技奖等多个专项奖励。

截至2007年底,北京大学已有国家实验室(联合、筹)1个,国家重点实验室12个,国家工程中心2个,教育部重点实验室16个(5个在建设中),教育部工程研究中心4个,教育部网上合作中心7个,卫生部重点实验室6个,卫生部工程研究中心2个,北京市重点实验室2个,中关村开放实验室4个。这些研究机构从不同方面为开展科学研究活动提供了良好的支撑平台,将是北京大学整合校内科技资源,争取科技资源的中坚力量。

【科研基地建设】 北京大学拥有不同类型的科研基地,包括各类实验室、工程中心以及跨学科研究机构,主要有国家实验室、国家重点实验室、国家工程研究中心、教育部重点实验室、教育部工程研究中心、教育部网上合作研究中心、卫生部重点实验室、北京市重点实验室、中关村开放式实验室和校内跨学科研究中心等。国家实验室和国家重点实验室是北大科研基地的优秀代表。

北京大学与中科院化学所联合的"北京分子科学国家实验室"(筹)建设工作取得阶段性进展。

12月29日,实验室通过了国家科技部组织的建设计划可行性论证,正式进入建设期。北京大学"核物理与核技术国家重点实验室"正式获准立项建设。4月2日,国家科技部发文原则同意国家重点实验室的建设申请。4月至6月,学校科学研究部会同人事部负责组织了重点实验室主任公开招聘工作。9月27日,国家科技部组织专家组对重点实验室进行建设计划可行性论证。10月26日,国家科技部发文,批准建设核物理与核技术国家重点实验室,重点实验室正式进入建设期。

2007年,在科技部组织的信息科学领域国家重点实验室评估中,区域光纤通信网与新型光通信系统国家重点实验室(与上海交通大学联合)被评为良好类实验室,视觉与听觉信息处理国家重点实验室因排名落后而不再列入国家重点实验室序列。在教育部组织的工程与材料科学领域教育部重点实验室评估中,纳米器件物理与化学教育部重点实验室、水沙科学教育部重点实验室(与北京师范大学联合)均被评为良好类实验室。肾脏疾病、神经科学、生育健康、精神卫生学和医学免疫五个卫生部重点实验室通过卫生部、北京市卫生局组织的专家评估。

2007年,为了加强国家重点实验室管理,修订了《北京大学重点实验室主任招聘暂行办法》(2002年制订),重新制订并公布了《北京大学重点实验室主任招聘办法》(校发[2007]75号)。

2007年,一些新的基地得到批准建设或通过验收。申请"高可信软件技术教育部重点实验室",通过教育部立项,通过建设计划可行性论证,正式进入建设期。申请"恶性肿瘤发病机制及应用研究"教育部重点实验室,通过教育部立项。申请"体内局部诊疗""地球观测与导航"两个教育部工程研究中心并通过专家评审,组织专家进行可行性论证并得到教育部批准正式立项建设。"高分子化学与物理教育部重点实验室""流行病学教育部重点实验室"经过两年多建设,通过教育部组织的验收,正式以教育部重点实验室名义开放运行。完成"机器感知与智能教育部重点实验室"建设计划可行性论证。组织申报第三批中关村开放实验室,获准了"网络信息安全""空间信息集成"两个中关村开放实验室。

完成核物理与核技术国家重点实验室(筹)主任招聘工作。完成湍流与复杂系统国家重点实验室换届工作。医学物理和工程实验室、空间信息集成与3S工程应用实验室等两个北京市重点实验室通过北京市教委组织的建设计划项目中期检查。

除重点实验室外,继续推动具有实际意义的校内研究机构建设。2007年,批准成立了"北京大学—中国地震局现代地震科学技术研究中心""北京大学—水利部农村饮水安全联合中心""北京大学—中国气象局大气水循环与人工影响天气联合研究中心""北京大学生态文明研究中心""北京大学环境健康研究中心""北京大学应用物理与技术研究中心"等。

【科研项目与科研经费】 2007年,理工科与医科共承担和完成了2430项各类项目,到校科研经费近7.89亿元。

1. 国家自然科学基金委员会资助的各类项目。2007年度北京大学在研的国家自然科学基金各类项目1067项,到校经费1.75亿元;新批项目400项,经费总额1.71亿元。

共申请面上项目1030项,获批准312项,获资助总经费8637万元。共申请重点项目62项,获批准20项,获资助经费3740万元。

共有56人申请国家杰出青年科学基金,其中10人荣膺资助,总经费达1820万元。他们分别是数学学院史宇光教授、化学学院张锦教授、城环学院徐福留副教授、信息学院苏开乐教授、光华管理学院蔡洪滨教授和龚六堂教授、医学部陆林教授、管又飞教授、赵明辉教授、黄晓军教授,本年度全国共有180名青年学者获得该项基金资助。

物理学院以欧阳颀教授为学术带头人的研究群体获得基金委创新研究群体科学基金,资助经费总额为500万元。另外,以物理学院赵光达教授、生命学院张传茂教授为学术带头人的两个研究群体在经过基金委组织的评估和考察后,获得后三年的延续资助,资助经费分别为450万元。

共有6位以北京大学作为国内研究基地、目前尚在海外(或港澳)从事自然科学基础研究的优秀青年学者,获得了此项基金资助,他们的合作者都是北京大学相应学科的带头人。获资助的海外(及港澳)青年学者及其合作者(括弧内为合作者)是:张晓东(王忆平,生命学院),朱俊(王忆平,生命学院),韩卫平(周专,分子医学研究所),左建民(陈清,信息学院),丛京生(张兴,信息学院),陈丰原(王宪,医学部)。

在基金委资助下开展各类国际交流与合作共100余项,其中包括国际合作重大项目、国际合作研究项目、在华召开国际会议。广泛开展国际交流与合作,很好地促进了科研人员所承担国家自然科学基金项目的高水平完成。

2. 国家科研计划项目。2007年度北京大学从科技部主管的各类国家科研计划中获得科研经费29861万元(理工科22451万元,医科7410万元),占理工科与医科到校经费的38%。其中,国家重点基础研究发展规划项目("973"项目)

7539万元,重大科学研究计划项目3791万元,高技术研究发展计划项目(863计划)8517万元,科技支撑(原攻关)计划项目及其他科技专项10014万元。

(1)国家重点基础研究发展规划项目(973项目):2007年全国共批准73项,其中北京大学作为第一依托单位获批5项973计划项目,项目首席科学家分别为物理学院叶沿林教授、地空学院鲁安怀教授、分子医学研究所程和平教授、人口学研究所郑晓瑛教授和医学部基础医学院韩济生院士。北京大学目前在研的"973"依托项目11项。此外,北京大学2007年新获批973子项目18项,其中理工科15个,医科3个。

根据科技部的工作安排,2002年立项的973项目及课题均推迟至2008年进行结题验收。

(2)重大科学研究计划:该计划是根据《国家中长期科学和技术发展规划纲要(2006—2020年)》部署的,2006年启动了蛋白质、量子调控、纳米和发育与生殖等四个研究计划。该计划由科技部负责组织实施和总体协调,目前采用973计划项目的运作模式。2007年全国共批准42项,其中北京大学作为项目第一承担单位的项目有2项,项目首席科学家分别是物理学院朱星教授、化学学院刘忠范教授。2007年北京大学在重大科学研究计划中新立课题7项,其中理工科5个,医科2个。

(3)国家高技术发展计划(863计划):2007年北京大学新立"863"计划课题46项,包括专题课题43项,重大重点项目课题3项。其中:信息技术领域14项、生物医药技术领域10项、新材料技术领域6项、地球观测与导航技术领域5项、先进制造技术领域4项、资源环境技术领域4项、海洋技术领域1项、现代交通技术领域1项、现代农业技术领域1项。

(4)2006年,国家科技部在原国家科技攻关计划的基础上,设立国家科技支撑计划(以下简称"支撑计划"),围绕《纲要》确定的重点领域及其优先主题,集成全国优势科技资源进行统筹部署,支持对国家和区域经济社会发展以及国家安全具有重大战略意义的关键技术、共性技术、公益技术的研究开发与应用示范。2006年、2007年,科技部根据成熟一个启动一个的原则,陆续启动了一批科技支撑计划重大、重点项目。截至2007年,我校共获准支撑计划课题34项,首批资助经费共计7090万元。

3.教育部资助项目。2007年北京大学有4个团队入选教育部"创新团队发展计划",入选团队负责人分别为数学学院张平文教授、分子医学所周专教授、医学部黄晓军教授和刘志军教授。

共有28人入选"新世纪优秀人才支持计划"(其中理工科11人、医科7人、人文社科10人)。

2007年度北京大学获准教育部重大项目1个(理工科),重大项目培育资金项目3个(理工科),重点项目1个(理工科);2007年北京大学获得教育部高校博士学科点专项科研基金40项,博士点新教师课题33项。

2007年北京大学理工科与医科获得高等学校全国优秀博士学位论文作者专项资金资助4项,获准教育部留学回国科研启动基金资助41人(理工科25人、医科16人)。

4.北京市科研项目。获准北京市自然科学基金项目30项(理工科8项,医科22项)。

理工科与北京市科委新签科技合同9项,合同金额985万元;2007年度北京大学8名青年教师入选北京市科技新星计划A类(理工科3人、医科5人),3名青年教师入选北京市科技新星计划B类(理工科1人、医科2人)。

2007年度北京大学获得北京市教委共建项目资助经费共1229万元,资助范围包括:科学研究与科研基地建设项目;科技成果转化与产业化项目;学科建设与研究生培养项目;教育教学改革项目;课程建设与教材建设项目;实践教学基地建设项目;外国留学生奖学金。

5.北京大学校长科研基金。2007年北京大学校长科研基金支出情况如下:(1)2006年SCI论文奖励经费622万元;(2)引进人才科研启动费和科研项目资助费共8万元;(3)购买自1900年以来的SCI数据库全部回溯数据31万元;(4)《北京大学学报(自然科学版)》《物理化学学报》和《地学前缘》三个刊物的办刊补助费36万元;(5)专利基金73万元。合计770万元。

【科研成果】 1.论文专著。根据2007年11月中国科学技术信息研究所召开的"第15届中国科技论文统计结果发布会"上发布的统计结果,北京大学2006年度国际论文被引用次数为8647次,在高等院校中排名第1位;国际论文被引用篇数为2816篇,在高等院校中排名第2位。北京大学2006年度被SCI收录论文1957篇,在高等院校中排名第4位。在1997—2006年十年间,北京大学SCI收录论文累计被引用次数达61969次,在高等院校中排名第1位;累计被引用篇数为13195篇,在高等院校中排名第3位。

据统计,2007年被SCI收录的北京大学为第一作者单位或责任作者单位的论文(包括所有类型论文)2193篇(平均影响因子为2.25),其中医学部719篇。北大发表的科学论文呈现总量合理增长、高水平论文数量不断提高的态势,科学论文的影响力明显增强。

2007年出版理工类著作77部,通过鉴定的科技成果共20项。

2. 科技奖项。2007年度以北京大学为第一完成单位获得的科技奖项包括：国家自然科学奖二等奖3项，国家科技进步二等奖2项，与北京大学每年获得国家科学技术奖奖励数目的最高纪录持平。教育部高等学校科学技术奖15项（一等奖13项，二等奖2项），获一等奖项目数在高等院校中位居第一。

2007年度，北京大学城市与环境学院方精云院士、基础医学院尚永丰教授荣获何梁何利科技进步奖。至此，北京大学共有36人获得何梁何利基金的奖励。

3. 专利。2007年度我校共申请专利265项（本部231项，医学部34项），其中PCT国际专利申请5项。2007年度我校获批专利125项（本部102项，医学部23项），其中发明专利122项，美国专利1项，实用新型1项，外观设计1项，较2006年的80项增长56%。

4. 其他成果。2007年度，北京大学两项成果入选高校十大科技进展："禽流感病毒可以母传胎儿且造成多器官感染"（基础医学院顾江等）、"高端彩色打印控制关键技术"（计算机所杨斌等）。在历届"中国高校十大科技进展"评选中（1998—2007），北京大学共16项成果入选，居高校首位。

# 附 录

**表 8-1　国家重点实验室**

| 编 号 | 实验室名称 | 负责人 |
|---|---|---|
| 1 | 人工微结构和介观物理国家重点实验室 | 龚旗煌 |
| 2 | 湍流与复杂系统研究国家重点实验室 | 佘振苏 |
| 3 | 核物理与核技术国家重点实验室（筹） | 叶沿林 |
| 4 | 稀土材料化学及应用国家重点实验室 | 严纯华 |
| 5 | 分子动态与稳态结构国家重点实验室（联合） | 来鲁华 |
| 6 | 蛋白质工程及植物基因工程国家重点实验室 | 朱玉贤 |
| 7 | 生物膜与膜生物工程国家重点实验室（北大分室） | 王世强 |
| 8 | 天然药物及仿生药物国家重点实验室 | 叶新山 |
| 9 | 环境模拟与污染控制国家重点实验室（北大分室） | 胡 敏 |
| 10 | 区域光纤通信网与新型光纤通信系统国家重点实验室（北大试验区） | 徐安士 |
| 11 | 文字信息处理技术国家重点实验室 | |
| 12 | 微米/纳米加工技术国家级重点实验室（北大分室） | 金玉丰 |

**表 8-2　国家工程研究中心**

| 编 号 | 中心名称 | 负责人 |
|---|---|---|
| 1 | 电子出版新技术国家工程研究中心 | 肖建国 |
| 2 | 软件工程国家工程研究中心 | 杨芙清 |

**表 8-3　教育部重点实验室**

| 编 号 | 实验室名称 | 负责人 |
|---|---|---|
| 1 | 数学与应用数学教育部重点实验室 | 丁伟岳 |
| 2 | 北京现代物理研究中心 | 李政道 |
| 3 | 生物有机与分子工程教育部重点实验室 | 王剑波 |
| 4 | 纳米器件物理与化学教育部重点实验室 | 彭练矛 |
| 5 | 地表过程分析与模拟教育部重点实验室 | 陶 澍 |
| 6 | 水沙科学教育部重点实验室（联合） | 倪晋仁 |
| 7 | 造山带与地壳演化教育部重点实验室 | 张立飞 |
| 8 | 分子心血管学教育部重点实验室 | 韩启德 |
| 9 | 神经科学教育部重点实验室 | 万 有 |
| 10 | 高分子化学与物理教育部重点实验室 | *周其凤 |

续表

| 编 号 | 实 验 室 名 称 | 负 责 人 |
|---|---|---|
| 11 | 流行病学教育部重点实验室 | *胡永华 |
| 12 | 信息数学与信息行为教育部重点实验室(联合) | (建设中) |
| 13 | 细胞增殖分化调控机理研究教育部重点实验室 | (建设中) |
| 14 | 高可信软件技术教育部重点实验室 | (建设中) |
| 15 | 恶性肿瘤发病机制及应用研究 | (建设中) |
| 16 | 机器感知与智能教育部重点实验室 | (建设中) |

*说明:学校正式向教育部报文推荐,但尚未收到教育部任命批复

**表 8-4 教育部工程研究中心**

| 编 号 | 网上合作研究中心名称 | 负 责 人 |
|---|---|---|
| 1 | 微处理器及系统教育部工程研究中心 | 程 旭 |
| 2 | 再生医学教育部工程研究中心 | 李凌松 |
| 3 | 体内局部诊疗 | 谢天宇 |
| 4 | 地球观测与导航 | 陈秀万 |

**表 8-5 教育部网上合作研究中心**

| 编 号 | 网上合作研究中心名称 | 负 责 人 |
|---|---|---|
| 1 | 数学与应用数学教育部网上合作研究中心 | 张恭庆 |
| 2 | 生命科学与生命技术教育部网上合作研究中心 | 陈章良 |
| 3 | 应用化学教育部网上合作研究中心 | 焦书明 |
| 4 | 核科学与核技术教育部网上合作研究中心 | 郭之虞 |
| 5 | 软件科学与技术教育部网上合作研究中心 | 杨芙清 |
| 6 | 脑科学教育部网上合作研究中心 | 周晓林 |
| 7 | 流行病学调查网上合作研究中心 | 顾 江 |

(科学研究部 蔡 晖)

**表 8-6 卫生部重点实验室**

| 编 号 | 实 验 室 名 称 | 负 责 人 |
|---|---|---|
| 1 | 卫生部心血管分子生物学与调节肽重点实验室 | 韩启德 |
| 2 | 卫生部肾脏疾病重点实验室 | 王海燕 |
| 3 | 卫生部精神卫生学重点实验室 | 沈渔邨 |
| 4 | 卫生部神经科学重点实验室 | 韩济生 |
| 5 | 卫生部医学免疫学重点实验室 | 高晓明 |
| 6 | 卫生部生育健康重点实验室 | 李 竹 |

**表 8-7 卫生部工程技术研究中心**

| 编 号 | 中 心 名 称 | 负 责 人 |
|---|---|---|
| 1 | 卫生部口腔医学计算机应用工程技术研究中心 | 张震康 |
| 2 | 卫生部肝炎诊断试剂研制中心 | 魏 来 |

(医学部科研处 郑玉荣)

**表 8-8 北京市重点实验室**

| 编 号 | 实 验 室 名 称 | 负 责 人 |
|---|---|---|
| 1 | 医学物理和工程北京市重点实验室 | 包尚联 |
| 2 | 空间信息集成与3S工程应用北京市重点实验室 | 晏 磊 |

表 8-9 中关村开放式实验室

| 编号 | 实验室名称 | 负责人 |
|---|---|---|
| 1 | 微处理器及系统芯片开放实验室 | 程 旭 |
| 2 | 细胞分化与细胞工程实验室 | 邓宏魁 |
| 3 | 空间信息集成与 3s 工程应用北京市重点实验室 | 晏 磊 |
| 4 | 网络与信息安全实验室 | 邹 维 |

表 8-10 2007 年校本部批准成立的交叉学科研究中心

| 编号 | 机构名称 | 负责人 |
|---|---|---|
| 1 | 北京大学-中国地震局现代地震科学技术研究中心 | 陈运泰 |
| 2 | 北京大学-水利部农村饮水安全联合中心 | 倪晋仁、李仰斌 |
| 3 | 北京大学生态文明研究中心 | 潘文石、陈寿朋 |
| 4 | 北京大学环境健康研究中心 | 朱 彤 |
| 5 | 北京大学应用物理与技术研究中心 | 贺贤土、唐少强 |
| 6 | 北京大学-中国气象局大气水循环与人工影响联合研究中心 | 赵春生 |

(科学研究部 蔡 晖)

表 8-11 2007 年理科与医科在研科研项目数统计

| | 单位名称 | 科技部项目 | | | | 国家自然科学基金委项目 | 教育部项目 | 北京市科技项目 | 海外合作项目 | 其他部委省市专项 | 企事业单位委托项目 | 校长科研基金 | 总计 |
|---|---|---|---|---|---|---|---|---|---|---|---|---|---|
| | | 国家973项目 | 国家863项目 | 国家科技支撑及攻关计划 | 国家重大科学研究计划 | | | | | | | | |
| 校本部 | 数学学院 | 10 | 1 | | | 58 | 29 | | 2 | 4 | 3 | | 107 |
| | 物理学院 | 16 | 7 | | 2 | 119 | 42 | 7 | 11 | 27 | 22 | | 253 |
| | 化学学院 | 14 | 5 | | 5 | 128 | 37 | 3 | 6 | 4 | 14 | | 216 |
| | 生命学院 | 16 | 11 | | 3 | 65 | 25 | 8 | 11 | | 6 | 4 | 149 |
| | 地空学院 | 9 | 8 | | | 64 | 13 | 3 | 4 | 25 | 26 | | 152 |
| | 环境学院 | 10 | 5 | 4 | | 65 | 11 | 10 | 20 | 1 | 64 | 1 | 191 |
| | 心理学系 | | | | | 16 | 5 | 3 | 2 | 1 | 2 | 1 | 30 |
| | 信息学院 | 15 | 43 | 5 | 4 | 86 | 22 | 8 | 3 | 148 | 5 | | 339 |
| | 计算机所 | | 5 | | | 4 | 2 | 3 | 2 | 9 | 12 | | 37 |
| | 工学院 | 5 | 2 | | 1 | 35 | 12 | 1 | 1 | 19 | 10 | | 88 |
| | 分子所 | 4 | 1 | | | 7 | 1 | | 2 | | 2 | | 17 |
| | 校本部其他 | 3 | 3 | 3 | | 39 | 2 | 1 | 1 | 8 | 5 | | 65 |
| | 校本部合计 | 102 | 91 | 12 | 15 | 686 | 201 | 47 | 65 | 246 | 171 | 8 | 1644 |
| 医学部 | | 20 | 11 | 28 | 19 | 359 | 155 | 77 | 74 | 20 | 23 | | 786 |
| 总计 | | 122 | 102 | 40 | 34 | 1045 | 356 | 124 | 139 | 266 | 194 | 8 | 2430 |

(科学研究部 张 琰、医学部科研处 肖 瑜)

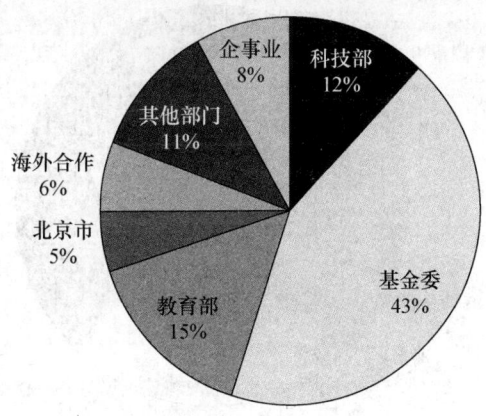

图 8.1　2007 年理科与医科在研科研项目来源

（科学研究部　张　琰）

表 8-12　2007 年理工科与医科科研项目到校经费（单位：万元）

| 单　位 | | 科技部项目 | | | 国家自然科学基金委项目 | 教育部项目 | 北京市项目 | 其他部委省市专项 | 企事业单位委托项目 | 海外合作项目 | 科技开发 | 合计 |
|---|---|---|---|---|---|---|---|---|---|---|---|---|
| | | 973项目 | 863项目 | 支撑计划 | 科技专项 | | | | | | | | |
| 校本部 | 数学学院 | 387 | 78 | | | 977 | 153 | 13 | 62 | 39 | | 75 | 1784 |
| | 工学院 | 260 | 29 | 18 | | 913 | 59 | 21 | 405 | 46 | | 710 | 2461 |
| | 物理学院 | 1930 | 523 | 215 | | 3475 | 86 | 156 | 519 | 129 | 101 | 547 | 7681 |
| | 化学学院 | 1810 | 503 | 67 | 330 | 3729 | 109 | 173 | 251 | 110 | 124 | 275 | 7481 |
| | 生命学院 | 1733 | 911 | 200 | 332 | 1705 | 66 | 220 | 111 | 161 | 797 | 93 | 6329 |
| | 地空学院 | 641 | 259 | 130 | 35 | 1439 | 102 | 171 | 1045 | 265 | 90 | 1791 | 5968 |
| | 城环学院 | 621 | | 457 | | 1449 | 47 | 104 | 294 | 746 | 271 | 314 | 4303 |
| | 环科学院 | 1822 | 966 | 52 | | 507 | 14 | 436 | 185 | 209 | 109 | 1130 | 5430 |
| | 心理系 | | | | 12 | 263 | 51 | 19 | 2 | 50 | 17 | 46 | 460 |
| | 信息学院 | 1914 | 2978 | 1561 | | 1930 | 135 | 172 | 3918 | 235 | | 1484 | 14327 |
| | 计算机所 | | 253 | 205 | | 38 | 40 | 298 | 277 | 385 | 15 | | 1511 |
| | 分子医学所 | 130 | 70 | 12 | | 369 | 6 | | | 17 | 20 | | 624 |
| | 计算中心 | | 48 | | 10 | 7 | | | 185 | | | | 250 |
| | 交叉研究院 | 339 | 104 | | | 12 | | 15 | | 255 | 44 | | 769 |
| | 软件学院 | | | 510 | | | | | | 1069 | | | 1579 |
| | 其他 | | | 542 | | 661 | | 4 | | 52 | 54 | 760 | 2073 |
| | 暂存 | −2603 | −863 | 1623 | 1023 | −4567 | 145 | −200 | −120 | −832 | | | −6394 |
| | 小计 | 8984 | 5859 | 5592 | 1742 | 12907 | 1013 | 1602 | 7134 | 2936 | 1642 | 7225 | 56636 |
| 深圳研究生院 | | | | 274 | | 23 | | | 1100 | 2103 | | | 3500 |
| 医学部 | | 2346 | 2658 | 2330 | 76 | 4551 | 352 | 746 | 1722 | 423 | 1462 | 2127 | 18793 |
| 总计 | | 11330 | 8517 | 8196 | 1818 | 17481 | 1365 | 2348 | 9956 | 5462 | 3104 | 9352 | 78929 |
| | | 29861 | | | | | | | | | | | |

（科学研究部　吴　锜）

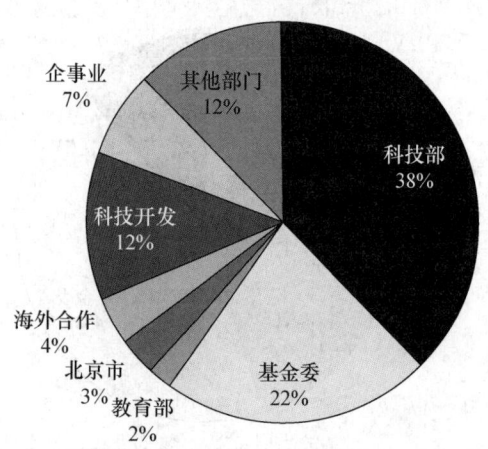

图 8.2 2007 年理工科与医科到校科研经费来源

表 8-13　1998—2007 年全校到校科研经费分类统计（单位：万元）

| 年度 | 理科 | 文科 | 医学部 | 科研编制费 | 合计 |
|---|---|---|---|---|---|
| 1998 | 9887 | 1701 |  | 579 | 12167 |
| 1999 | 14977 | 793 |  | 696 | 16466 |
| 2000 | 27571 | 1820 | 2720 | 758 | 32869 |
| 2001 | 22891 | 2488 | 4467 | 1170 | 31016 |
| 2002 | 29967 | 2600 | 8581 | 1172 | 42320 |
| 2003 | 30748 | 2650 | 9587 | 1153 | 44138 |
| 2004 | 33243 | 3129 | 10562 | 1240 | 48174 |
| 2005 | 42205＋1671* | 5529 | 14277 | 1239 | 64921 |
| 2006 | 48881＋2832* | 6677 | 14096 | 1140 | 73626 |
| 2007 | 56636＋3500* | 7200 | 18793 | 1140 | 87269 |

＊深圳研究生院到院科研经费。

（科学研究部　吴　锜）

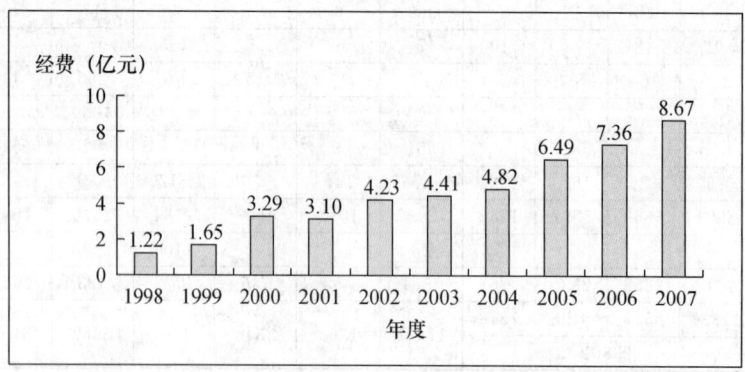

图 8.3　1998—2007 年全校到校科研经费总额增长趋势

（科学研究部　张　琰）

表 8-14　2007 年理工科获准项目及经费（经费单位：万元）

| 单位 | 科技部项目 973项目 | | 重大计划 | | 863项目 | | 支撑计划 | | 自然科学基金委项目 | | 教育部项目 | | 北京市项目 | | 其他部委省市专项 | | 企事业单位委托项目 | | 海外合作项目 | | 合计 | |
|---|---|---|---|---|---|---|---|---|---|---|---|---|---|---|---|---|---|---|---|---|---|---|
| | 项目 | 经费 | 项目 | 经费 | 项目 | 经费 | 项目 | 经费 | 项目 | 经费 | 项目 | 经费 | 项目 | 经费 | 项目 | 经费 | 项目 | 经费 | 项目 | 经费 | 项目 | 经费 |
| 数学学院 | 1 | 109 | | | | | | | 18 | 547 | 10 | 40 | | | 2 | 21 | 2 | 10 | | | 33 | 727 |
| 物理学院 | 3 | 711 | 1 | 320 | 3 | 598 | | | 38 | 2331 | 10 | 39 | 1 | 9 | 8 | 705 | 12 | 83 | 4 | 69 | 80 | 4865 |
| 化学学院 | | | 1 | 461 | 1 | 75 | | | 36 | 2126 | 7 | 51 | 2 | 90 | 3 | 352 | 1 | 60 | 4 | 146 | 55 | 3361 |
| 生命学院 | 1 | 290 | 2 | 522 | 3 | 1175 | | | 23 | 1397 | 2 | 4 | 2 | 332 | 3 | 3070 | 3 | 25 | 4 | 174 | 43 | 6989 |
| 地空学院 | 3 | 636 | | | 5 | 420 | | | 18 | 791 | 4 | 11 | 1 | 11 | 15 | 1116 | 13 | 210 | 1 | 83 | 60 | 3278 |
| 城环学院 | | | | | 2 | 170 | 5 | 980 | 19 | 1323 | 4 | 13 | 4 | 178 | 6 | 1086 | 12 | 237 | | | 52 | 3987 |
| 环科学院 | | | | | | | 1 | 670 | 6 | 161 | 2 | 12 | 1 | 9 | 6 | 80 | 20 | 426 | 9 | 340 | 45 | 1698 |
| 信息学院 | 1 | 147 | | | 18 | 1559 | | | 40 | 1563 | 11 | 28 | | | 53 | 3949 | 3 | 125 | 1 | 37 | 127 | 7408 |
| 工学院 | 2 | 425 | | | 2 | 535 | | | 21 | 823 | 8 | 70 | 2 | 22 | 11 | 197 | 6 | 38 | | | 52 | 2110 |
| 心理系 | | | | | | | | | 5 | 156 | 4 | 8 | 1 | | | | 2 | 8 | 1 | | 13 | 173 |
| 计算机所 | | | | | 2 | 176 | | | 1 | 7 | 3 | 46 | 3 | 103 | 7 | 406 | 6 | 507 | 2 | 37 | 24 | 1282 |
| 分子医学所 | 3 | 989 | | | 1 | 300 | | | 8 | 346 | 5 | 9 | 3 | 40 | | | | | 2 | 244 | 21 | 1928 |
| 交叉研究院 | | | 2 | 548 | | | | | | | | | | | | | | | | | 2 | 548 |
| 人口所 | 1 | 438 | | | | | 1 | 290 | | | | | | | | | | | | | 2 | 728 |
| 其他 | | | | | 1 | 68 | 1 | 146 | 20 | 653 | 6 | 33 | 2 | 27 | 4 | 262 | 3 | 19 | 1 | 201 | 38 | 1409 |
| 总计 | 15 | 3745 | 6 | 1851 | 38 | 5076 | 8 | 2086 | 253 | 12224 | 76 | 364 | 21 | 822 | 118 | 11244 | 83 | 1748 | 29 | 1331 | 647 | 40491 |

（科学研究部　张　瑛）

表8-15 2007年医科科技获准项目及经费（经费单位：万元）

| 单位 | 科技部项目 973项目 | | 863项目 | | 国家科技支撑项目 | | 科技部其他课题 | | 国家自然科学基金委项目 | | 教育部项目 | | 北京市项目 | | 卫生部项目 | | 其他项目 | | 合计 | |
|---|---|---|---|---|---|---|---|---|---|---|---|---|---|---|---|---|---|---|---|---|
| | 项目 | 经费 | 项目 | 经费 | 项目 | 经费 | 项目 | 经费 | 项目 | 经费 | 项目 | 经费 | 项目 | 经费 | 项目 | 经费 | 项目 | 经费 | 项目 | 经费 |
| 基础医学院 | 2 | 918 | 3 | 692 | | | 1 | 250 | 39 | 1355 | 10 | 34 | 5 | 478 | | | | | 60 | 3727 |
| 药学院 | 1 | 202 | | | | | | | 20 | 681 | 7 | 61 | 2 | | | | | | 30 | 944 |
| 公共卫生学院 | | | | | | | | | 5 | 136 | 4 | 9 | 1 | | | | 4 | 42 | 14 | 187 |
| 第一医院 | 1 | 138 | 1 | 90 | 1 | 180 | | | 18 | 596 | 18 | 77 | 9 | 36 | 1 | 272 | | | 47 | 1161 |
| 人民医院 | | | 1 | 50 | 1 | 165 | | | 23 | 726 | 10 | 87 | 5 | 36 | 5 | 7700 | | | 46 | 8942 |
| 第三医院 | 1 | 47 | 1 | 357 | 3 | 542 | | | 18 | 470 | 7 | 70 | 6 | 8 | 1 | 216 | | | 37 | 1403 |
| 口腔医院 | 1 | 259 | 1 | 99 | 4 | 669 | | | 10 | 365 | 9 | 37 | 2 | 8 | | | | | 27 | 1695 |
| 精研所 | | | | | 2 | 1150 | | | 2 | 58 | 2 | 3 | 1 | | | | | | 6 | 1307 |
| 肿瘤医院 | | | | | | | | | 7 | 169 | 2 | 3 | 2 | | | | | | 11 | 172 |
| 深圳医院 | | | | | | | | | 2 | 45 | | | | | | | | | 2 | 45 |
| 药物依赖所 | | | | | 2 | 446 | | | 1 | 200 | 2 | 5 | | | | | | | 5 | 651 |
| 医学分析中心 | 1 | 300 | | | | | | | | | | | | | | | | | 1 | 300 |
| 其他 | | | | | | | | | 2 | 54 | 1 | 4 | 1 | 3 | | | | | 4 | 61 |
| 总计 | 6 | 1564 | 8 | 1588 | 13 | 3152 | 1 | 250 | 147 | 4855 | 70 | 387 | 34 | 569 | 7 | 8188 | 4 | 42 | 290 | 20595 |

（医学部科研处 肖 瑜）

表 8-16 2007 年获准国家自然科学基金项目（经费单位：万元）

| 单位 | 面上项目 项目 | 面上项目 经费 | 重点项目 项目 | 重点项目 经费 | 杰出青年科学基金 项目 | 杰出青年科学基金 经费 | 海外青年合作基金 项目 | 海外青年合作基金 经费 | 创新研究群体 项目 | 创新研究群体 经费 | 科学部主任基金 项目 | 科学部主任基金 经费 | 重大研究计划 面上 项目 | 重大研究计划 面上 经费 | 重大研究计划 重点 项目 | 重大研究计划 重点 经费 | 国际合作及其他类项目 项目 | 国际合作及其他类项目 经费 | 总计 项目 | 总计 经费 |
|---|---|---|---|---|---|---|---|---|---|---|---|---|---|---|---|---|---|---|---|---|
| 信息学院 | 34 | 833 | 2 | 370 | 1 | 200 | 2 | 80 |  |  |  |  | 1 | 80 |  |  |  |  | 40 | 1563 |
| 物理学院 | 28 | 935 | 4 | 805 |  |  |  |  | 2 | 950 |  |  |  |  |  |  | 4 | 91 | 38 | 2781 |
| 化学学院 | 28 | 822 | 3 | 700 | 1 | 200 | 2 | 80 |  |  | 1 | 9 | 1 | 65 | 1 | 170 | 1 | 160 | 36 | 2126 |
| 生命学院 | 10 | 287 | 3 | 460 |  |  |  |  | 1 | 450 | 2 | 18 | 2 | 105 | 2 | 310 | 4 | 155 | 24 | 1847 |
| 工学院 | 17 | 505 | 1 | 220 |  |  |  |  |  |  | 1 | 13 | 1 | 80 |  |  |  |  | 21 | 823 |
| 地空学院 | 16 | 588 | 1 | 190 |  |  |  |  |  |  |  |  |  |  |  |  |  |  | 18 | 791 |
| 城环学院 | 13 | 425 | 1 | 180 | 1 | 200 |  |  |  |  | 1 | 8 |  |  | 1 | 210 | 2 | 300 | 19 | 1323 |
| 数学学院 | 12 | 238 | 1 | 130 | 1 | 140 |  |  |  |  | 1 | 25 |  |  |  |  | 3 | 14 | 18 | 547 |
| 光华管理学院 | 7 | 142 | 2 | 280 |  |  |  |  |  |  |  |  |  |  |  |  |  |  | 9 | 422 |
| 分子医学所 | 6 | 146 | 1 | 160 |  |  | 1 | 40 |  |  |  |  |  |  |  |  |  |  | 8 | 346 |
| 环科学院 | 6 | 161 |  |  |  |  |  |  |  |  |  |  |  |  |  |  |  |  | 6 | 161 |
| 深圳研究生院 | 6 | 131 |  |  |  |  |  |  |  |  |  |  |  |  |  |  |  |  | 6 | 131 |
| 心理学系 | 4 | 111 |  |  |  |  |  |  |  |  | 1 | 7 |  |  |  |  | 1 | 45 | 5 | 156 |
| 其他 | 5 | 100 |  |  |  |  |  |  |  |  |  |  |  |  |  |  |  |  | 6 | 107 |
| 医学部 | 120 | 3213 | 3 | 515 | 4 | 800 | 1 | 40 |  |  | 11 | 109 | 3 | 170 |  |  | 5 | 8 | 147 | 4855 |
| 总计 | 312 | 8637 | 20 | 3730 | 10 | 1820 | 6 | 240 | 3 | 1400 | 18 | 189 | 8 | 500 | 4 | 690 | 20 | 773 | 401 | 17979 |

（科学研究部 马 信）

表 8-17　2007 年医学部获准国家自然科学基金项目(经费单位：万元)

| 单位 | 面上项目 | | 重点项目 | | 主任基金项目 | | 海外青年基金项目 | | 杰出青年基金项目 | | 国际合作项目 | | 重大计划 | | 总计 | |
|---|---|---|---|---|---|---|---|---|---|---|---|---|---|---|---|---|
| | 项目 | 经费 | 项目 | 经费 | 项目 | 经费 | 项目 | 经费 | 项目 | 经费 | 项目 | 经费 | 项目 | 经费 | 项目 | 经费 |
| 基础医学院 | 32 | 921 | 1 | 175 | 1 | 14 | 1 | 40 | 1 | 200 | 3 | 5 | | | 39 | 1355 |
| 药学院 | 13 | 314 | 1 | 180 | 2 | 16 | | | | | 1 | 1 | 3 | 170 | 20 | 681 |
| 公共卫生学院 | 5 | 136 | | | | | | | | | | | | | 5 | 136 |
| 第一医院 | 14 | 374 | | | 2 | 20 | | | 1 | 200 | 1 | 2 | | | 18 | 596 |
| 人民医院 | 20 | 506 | | | 2 | 20 | | | 1 | 200 | | | | | 23 | 726 |
| 第三医院 | 17 | 460 | | | 1 | 10 | | | | | | | | | 18 | 470 |
| 口腔医院 | 7 | 186 | 1 | 160 | 2 | 19 | | | | | | | | | 10 | 365 |
| 精研所 | 2 | 58 | | | | | | | | | | | | | 2 | 58 |
| 肿瘤医院 | 6 | 159 | | | 1 | 10 | | | | | | | | | 7 | 169 |
| 深圳医院 | 2 | 45 | | | | | | | | | | | | | 2 | 45 |
| 生育健康所 | | | | | | | | | | | | | | | 0 | 0 |
| 药物依赖所 | | | | | | | | | 1 | 200 | | | | | 1 | 200 |
| 分析中心 | | | | | | | | | | | | | | | 0 | 0 |
| 其他 | 2 | 54 | | | | | | | | | | | | | 2 | 54 |
| 总计 | 120 | 3213 | 3 | 515 | 11 | 109 | 1 | 40 | 4 | 800 | 5 | 8 | 3 | 170 | 147 | 4855 |

(医学部科研处　肖　瑜)

表 8-18　2007 年各单位获国家自然科学基金面上和重点项目数和经费数

| 单位 | 申请 | | 批准 | | 面上批准率％ | 批准经费(万元) | |
|---|---|---|---|---|---|---|---|
| | 面上 | 重点 | 面上 | 重点 | | 面上 | 重点 |
| 数学学院 | 24 | 2 | 12 | 1 | 50 | 238 | 130 |
| 工学院 | 34 | 6 | 17 | 1 | 50 | 505 | 220 |
| 物理学院 | 61 | 8 | 28 | 4 | 46 | 935 | 805 |
| 信息学院 | 98 | 3 | 34 | 2 | 35 | 833 | 370 |
| 化学学院 | 53 | 3 | 28 | 3 | 53 | 822 | 700 |
| 生命学院 | 25 | 10 | 10 | 3 | 40 | 287 | 460 |
| 地空学院 | 47 | 5 | 16 | | 34 | 588 | 190 |
| 城环学院 | 34 | 1 | 13 | 1 | 38 | 425 | 180 |
| 环科学院 | 22 | 2 | 6 | | 27 | 161 | 0 |
| 分子医学所 | 12 | 1 | 6 | 1 | 50 | 146 | 160 |
| 心理学系 | 14 | | 4 | | 29 | 111 | |
| 光华管理学院 | 21 | 1 | 7 | 0 | 33 | 142 | |
| 深圳研究生院 | 14 | | 6 | | 43 | 131 | |
| 交叉研究院 | 2 | | 1 | | 50 | 20 | |
| 计算机所 | 11 | | 1 | | 9 | 7 | |
| 其他 | 43 | | 3 | | 7 | 73 | |
| 医学部 | 515 | 20 | 120 | 3 | 23 | 3213 | 515 |
| 合计 | 1030 | 62 | 312 | 20 | 30 | 8637 | 3730 |
| 面上重点总计 | 1092 | | 332 | | 30 | 12367 | |

(科学研究部　马　信)

**表 8-19  由北京大学主持的国家重点基础研究发展规划项目(共 21 项)**

| 项目编号 | 首席科学家 | 项目名称 | 状况 |
|---|---|---|---|
| G1998061300 | 严纯华 | 稀土功能材料的基础研究 | 结题 |
| G199906400 | 甘子钊 | 超导科学技术 | 结题 |
| G1999053900 | 丁明孝 | 细胞重大生命活动的基础与应用研究 | 结题 |
| G1999075100 | 姜伯驹 | 核心数学中的前沿问题 | 结题 |
| G2000036500 | 张 兴 | 系统芯片中新器件、新工艺的基础研究 | 结题 |
| G2000056900 | 唐朝枢 | 心脑血管疾病发病和防治的基础研究 | 结题 |
| 2001CB6105 | 刘忠范 彭练矛 | 纳电子运算器材料的表征与性能基础研究 | 结题 |
| 2001CB1089 | 王忆平 | 高效生物固氮机理及其在农业中的应用 | 结题 |
| 2001CB5103 | 郑晓瑛 | 中国人口出生缺陷的遗传与环境可控性研究 | 结题 |
| 2001CB5101 | 李凌松 | 人胚胎生殖嵴干细胞的分化与组织干细胞的可塑性研究 | 结题 |
| 2002CB713600 | 赵 夔 | 基于超导加速器的 SASE 自由电子激光的关键理论及技术问题的研究 | 在研 |
| 2002CB312000 | 梅 宏 | Internet 环境下基于 Agent 的软件中间件理论和方法研究 | 在研 |
| 2003CB715900 | 来鲁华 | 基因功能预测的生物信息学理论与应用 | 在研 |
| 2006CB601100 | 严纯华 | 新型稀土磁、光功能材料的基础科学问题 | 在研 |
| 2006CB302700 | 张 兴 | 纳米尺度硅集成电路器件与工艺基础研究 | 在研 |
| 2007CB307000 | 龚旗煌 | 介观光学与新一代纳/微光子器件研究 | 在研 |
| 2007CB511900 | 郑晓瑛 | 中国人口重大出生缺陷遗传和环境交互作用机理研究 | 新立 |
| 2007CB512100 | 程和平 | 重大心脏疾病分子机理和干预策略的基础研究 | 新立 |
| 2007CB512500 | 韩济生 | 基于临床的针麻镇痛的基础研究 | 新立 |
| 2007CB815000 | 叶沿林 | 放射性核束物理与核天体物理 | 新立 |
| 2007CB815600 | 鲁安怀 | 若干生命活动中矿化作用的环境响应机制研究 | 新立 |

(科学研究部  韦 宇)

**表 8-20  2007 年新获批的国家重点基础研究发展规划课题(共 18 项)**

| 课题编号 | 课题名称 | 负责人 | 所在单位 |
|---|---|---|---|
| 2007CB814905 | 银行与保险业中的风险模型与数据分析 | 吴 岚 | 数学学院 |
| 2007CB613402 | 纳米化合物半导体/硅异质结构发光材料及原型器件 | 秦国刚 | 物理学院 |
| 2007CB815002 | 弱束缚奇特核结构的新形态和强耦合效应 | 叶沿林 | 物理学院 |
| 2007CB815405 | 星系活动和大质量黑洞的形成 | 吴学兵 | 物理学院 |
| 2007CB108705 | 植物育性转换的孟德尔与非孟德尔遗传学机理与应用 | 苏都莫日根 | 生命学院 |
| 2007CB209602 | 地层滤波效应研究与提高分辨率 | 胡天跃 | 地空学院 |
| 2007CB411305 | 陆内造山作用与成矿 | 郭召杰 | 地空学院 |
| 2007CB815602 | 微生物与半导体矿物协同作用的精细过程及其环境功能 | 鲁安怀 | 地空学院 |
| 2007CB310902 | 单计算系统资源虚拟化方法研究 | 李晓明 | 信息学院 |
| 2007CB613608 | 多金属复杂矿元素利用过程的质、能转化规律与系统优化 | 王习东 | 工学院 |
| 2007CB714603 | 复杂风况下大型风力机气动弹性稳定性和动态响应特性研究 | 苏先樾 | 工学院 |
| 2007CB512101 | 重大心脏病的钙信号与活性氧机制 | 程和平 | 分子医学所 |
| 2007CB512103 | 缺血性心脏病的分子遗传学基础 | 田小利 | 分子医学所 |
| 2007CB512108 | 心脏病的灵长类动物模型与转化医学 | 郑 铭 | 分子医学所 |
| 2007CB511901 | 胚胎发育前瞻性队列和重大出生缺陷环境危险因素研究 | 郑晓瑛 | 人口所 |
| 2007CB512501 | 针麻镇痛中高级中枢痛觉信息调制回路的作用 | 万 有 | 基础医学院 |
| 2007CB512906 | 乙型肝炎重症化靶向干预和再生修复治疗的基础研究 | 陈红松 | 北大医院 |
| 2007CB512107 | 生物活性肽谱作为心脏病早期标志物的可行性分析 | 高 炜 | 第三附属医院 |

(科学研究部  韦 宇、医学部科研处  肖 瑜)

表 8-21　由北京大学主持的重大科学研究计划项目（共 5 项）

| 项目类别 | 项目编号 | 首席科学家 | 项目名称 | 状况 |
|---|---|---|---|---|
| 蛋白质研究 | 2006CB910300 | 赵新生 | 蛋白质生成、折叠、组装和降解的规律及其质量控制 | 在研 |
| 量子调控研究 | 2006CB921600 | 李焱 | 新型分子与受限小量子体系制备、光电磁功能及其调控研究 | 在研 |
| 纳米研究 | 2006CB932400 | 彭练矛 | 基于一维纳米材料的新原理器件：纳米碳管为基的纳米器件 | 在研 |
| 纳米研究 | 2007CB936800 | 朱星 | 纳米尺度光学、电学、力学高分辨检测研究 | 新立 |
| 纳米研究 | 2007CB936200 | 刘忠范 | 准一维半导体纳米材料的结构调控、物性测量及器件基础 | 新立 |

（科学研究部　韦　宇）

表 8-22　2007 年新获批的重大科学研究计划课题（共 7 项）

| 课题编号 | 课题名称 | 负责人 | 所在单位 |
|---|---|---|---|
| 2007CB936801 | 纳米尺度光学检测研究 | 朱星 | 物理学院 |
| 2007CB936203 | 基于准一维半导体纳米材料的器件构筑与性能测量 | 刘忠范 | 化学学院 |
| 2007CB914502 | 蛋白质复合物的动态定位 | 蒋争凡 | 生命学院 |
| 2007CB946904 | 神经和肌肉发育相关非编码 RNA 基因的进化模式及其在进化发育生物学中作用的研究 | 樊启昶 | 生命学院 |
| 2007CB935602 | 肿瘤细胞和心肌细胞的纳米力学特性检测与表征 | 方竞 | 交叉研究院 |
| 2007CB936103 | 纳米材料在牙组织再生与修复中的机理研究 | 魏世成 | 交叉研究院 |
| 2007CB935801 | 功能性纳米材料及其导向性纳米载药系统的构建及表征 | 吕万良 | 药学院 |

（科学研究部　韦　宇、医学部科研处　肖　瑜）

表 8-23　2007 年新获批的国家高技术研究发展计划课题（共 46 项）

| 申报领域 | 课题编号 | 课题名称 | 负责人 | 所在单位 |
|---|---|---|---|---|
| 地球观测与导航 | 2007AA12Z111 | 基于超光谱重构的 CCD/CMOS 高光谱成像原型系统研制与比较研究 | 张立福 | 地空学院 |
| 地球观测与导航 | 2007AA12Z334 | GNSS 多模并行接收机集成芯片关键技术研究 | 廖怀林 | 信息学院 |
| 地球观测与导航 | 2007AA12Z234 | 面向应急救援的增强现实地理信息系统技术 | 孙敏 | 地空学院 |
| 地球观测与导航 | 2007AA12Z163 | 基于被动式超低频电磁探测技术的煤矿采空区信息提取 | 田伟 | 地空学院 |
| 地球观测与导航 | 2007AA12Z216 | 顾及语义的中文广义地名智能服务 | 刘瑜 | 地空学院 |
| 海洋技术 | 2007AA09Z201 | 水下地磁导航关键技术与原型系统研究 | 高伟 | 地空学院 |
| 生物和医药技术 | 2007AA02Z165 | 肿瘤相关保守非编码 RNA 及其调控 DNA 的筛选与功能鉴定技术 | 杜权 | 分子医学所 |
| 生物和医药技术 | 2007AA02Z4Z3 | 精神障碍与慢性胃肠道疾病共病的研究 | 段丽萍 | 医学部 |
| 生物和医药技术 | 2007AA02Z317 | ERK 信号通路不同激酶及亚型在病毒复制中整合作用研究 | 彭宜红 | 医学部 |
| 生物和医药技术 | 2007AA02Z146 | 采用基因技术修复视网膜变性造成的视觉功能丧失 | 濮鸣亮 | 医学部 |
| 生物和医药技术 | 2007AA02Z467 | 抗体靶向的肿瘤早期诊断用核磁共振和核医学双功能显像剂的研制及临床前研究 | 王凡 | 医学部 |
| 生物和医药技术 | 2007AA02Z421 | 晚发抑郁伴认知损害的神经生物学标记物研究 | 王华丽 | 医学部 |
| 生物和医药技术 | 2007AA02Z457 | 基于 Junctophilin-2 的心衰早期诊断新技术和临床医学研究 | 王世强 | 生命学院 |
| 先进制造技术 | 2007AA04Z304 | 集成化压阻工艺技术研究 | 张大成 | 信息学院 |
| 先进制造技术 | 2007AA04Z352 | 基于 LTCC 基板的微纳真空封装技术 | 缪旻 | 信息学院 |
| 先进制造技术 | 2007AA04Z313 | 心肌细胞驱动的自组装芯片的制备及应用开发 | 席建忠 | 工学院 |
| 先进制造技术 | 2007AA04Z150 | 基于本体的集成服务系统 | 李伟平 | 软件学院 |
| 现代交通技术 | 2007AA11Z225 | 基于分布式多种传感器融合的交叉口交通数据的自动获取 | 赵卉菁 | 信息学院 |
| 现代农业技术 | 2007AA10Z136 | 通过代谢途径调控降低新疆棉花含糖量的研究与产业化 | 秦咏梅 | 生命学院 |
| 新材料技术 | 2007AA03Z427 | 视网膜下植入的视觉修复性器件及其材料的研究 | 吴慧娟 | 医学部 |

续表

| 申报领域 | 课题编号 | 课题名称 | 负责人 | 所在单位 |
|---|---|---|---|---|
| 新材料技术 | 2007AA03Z403 | 氮化镓基激光器创新结构和关键技术 | 胡晓东 | 物理学院 |
| 新材料技术 | 2007AA03Z351 | 基于纳米复合技术的口腔组织引导再生膜和颌骨修复材料 | 邓旭亮 | 医学部 |
| 新材料技术 | 2007AA03Z238 | 四通道高温超导SQUID心磁图仪研制及专家系统探索研究 | 马 平 | 物理学院 |
| 新材料技术 | 2007AA03Z213 | HTS SQUID在瞬变电磁法弱磁信号测量中应用技术研究 | 杨 涛 | 物理学院 |
| 新材料技术 | 2007AA03Z311 | 与硅基工艺兼容的碳纳米管互连技术 | 傅云义 | 信息学院 |
| 信息技术 | 2007AA01Z127 | 模型驱动的体系结构建模中的元建模技术研究 | 麻志毅 | 信息学院 |
| 信息技术 | 2007AA01Z453 | 智能型垃圾电子邮件实时连续监测系统研究 | 谭 营 | 信息学院 |
| 信息技术 | 2007AA01Z462 | 新型桌面操作系统安全评估检测模型与隐形软件技术研究 | 陈向群 | 信息学院 |
| 信息技术 | 2007AA01Z231 | 三网融合新型接入技术——利用同轴电缆带外信道高速接入技术的研究 | 李红滨 | 信息学院 |
| 信息技术 | 2007AA01Z415 | 适用于无线网络局部共享的数字内容保护技术 | 李平立 | 计算机所 |
| 信息技术 | 2007AA01Z153 | 基于网格的科研数据流上的适应性查询处理系统 | 陈立军 | 信息学院 |
| 信息技术 | 2007AA01Z315 | 面向交互式3DTV的三维视频表示与重构技术研究 | 霍龙社 | 信息学院 |
| 信息技术 | 2007AA01Z150 | 基于新型检索模型的大规模网络信息查询处理技术及其应用 | 孙 斌 | 信息学院 |
| 信息技术 | 2007AA01Z133 | 面向分布实时嵌入式环境的构件模型与运行支撑 | 曹东刚 | 信息学院 |
| 信息技术 | 2007AA01Z159 | 基于用户偏好的智能多通道自适应人机交互 | 王 衡 | 信息学院 |
| 信息技术 | 2007AA01Z191 | 基于内容的Web数据提取、集成与挖掘方法研究 | 王腾蛟 | 信息学院 |
| 信息技术 | 2007AA01Z318 | 虚拟环境中高维海量信息和场景要素的交互式可视化技术 | 陈毅松 | 信息学院 |
| 信息技术 | 2007AA01Z154 | 数据空间的数据关联和数据模型技术 | 李晓明 | 信息学院 |
| 信息技术 | 2007AA01Z437 | 全方位舆情垂直搜索和深度关联分析关键技术与示范系统研究 | 梁 循 | 计算机所 |
| 资源环境技术 | 2007AA06Z412 | 半挥发持久性有机污染物被动采集装置 | 曹 军 | 城环学院 |
| 资源环境技术 | 2007AA06Z408 | 持久性有机污染物的多介质源解析技术 | 刘文新 | 城环学院 |
| 资源环境技术 | 2007AA06Z401 | 受体亲和萃取-液质联用技术检测环境中的雌激素污染物 | 赵美萍 | 化学院 |
| 资源环境技术 | 2007AA06Z213 | 高精度地面、井中地震检波器研制关键技术 | 戴恩光 | 信息学院 |
| 生物和医药技术 | 2007AA021505 | 珍稀药用植物马蓝等抗病毒物质规模化发掘 | 李 毅 | 生命学院 |
| 生物和医药技术 | 2007AA021303 | 典型工业污染环境微生物资源的开发利用 | 吴晓磊 | 工学院 |
| 生物和医药技术 | 2007AA021103 | 肿瘤多肽疫苗的研制及临床研究 | 张 君 | 医学部 |

(科学研究部 范少锋、医学部科研处 肖 瑜)

表8-24 2006—2007年度新获准的支撑计划课题(共34项)

| 课题编号 | 负责人 | 所在单位 | 课题名称 |
|---|---|---|---|
| 2006BAB04A14 | 倪晋仁 | 环科学院 | 丹江口水源区黄姜加工新工艺关键技术研究 |
| 2006BAD20B07 | 王仰麟 | 城环学院 | 综合生态与食物安全风险防范关键技术示范 |
| 2006BAH02A02 | 梅 宏 | 信息学院 | 现代服务业共性服务构件技术研究 |
| 2006BAH02A10 | 高 文 | 信息学院 | 数字媒体内容集成分发平台 |
| 2006BAI01A02 | 霍 勇 | 医学部 | 冠心病早期诊断和综合治疗技术体系的研究 |
| 2006BAI02B05 | 黎晓新 | 医学部 | 年龄相关性黄斑变性临床特征及干预措施的研究 |
| 2006BAI02B07 | 那彦群 | 医学部 | 前列腺增生症及其合并症合理化治疗方案的研究 |
| 2006BAI05B02 | 郑晓瑛 | 人口所 | 出生缺陷人群监测与综合干预模式及示范研究 |
| 2006BAI06B08 | 王 生 | 医学部 | 慢性累积性职业伤害的工效学控制技术研究 |
| 2006BAI16B05 | 邓旭亮 | 医学部 | 新型牙种植体及桩核修复材料及产品 |
| 2006BAI19B06 | 郭新彪 | 医学部 | 机动车尾气对健康影响的评价技术研究 |
| 2006BAJ05A04 | 冯长春 | 城环学院 | 村镇建设规划与土地规划关键技术研究 |

续表

| 课题编号 | 负责人 | 所在单位 | 课题名称 |
|---|---|---|---|
| 2006BAJ05A09 | 吕 斌 | 城环学院 | 村镇空间规划技术集成与标准规范研究 |
| 2006BAJ11B04 | 冯 健 | 城环学院 | 城乡边界识别与动态监测技术研究 |
| 2006BAJ11B06 | 曹广忠 | 城环学院 | 城乡经济要素配置评价关键技术研究 |
| 2006BAJ14B04 | 陈耀华 | 城环学院 | 城市建设用地节约关键技术研究利用 |
| 2006BAK09B08 | 丘泽奇 | 社会学系 | 禁毒工作评估技术和方法研究 |
| 2006BAK21B01 | 吴小红 | 考古学院 | 3500BC-1500BC中国文明形成与早期发展阶段的考古学文化谱系年代研究 |
| 2006BAK21B02 | 莫多闻 | 城环学院 | 3500BC-1500BC中国文明形成与早期发展阶段的环境研究 |
| 2007BA104B02 | 周丽雅 | 医学部 | 我国幽门螺杆菌感染诊断和治疗的规范化研究 |
| 2007BAC16B04 | 栾胜基 | 深研院 | 新农村建设环境污染控制与管理配套技术研究 |
| 2007BAI04B04 | 乔 杰 | 医学部 | 多囊卵巢综合征诊断及防治新技术新方法的研究 |
| 2007BAI04B06 | 姜保国 | 医学部 | 难治性骨折治疗研究 |
| 2007BAI04B09 | 敖英芳 | 医学部 | 运动损伤的相关临床研究 |
| 2007BAI04B10 | 李晓玫 | 医学部 | 慢性肾脏病(CKD)预警与防治研究 |
| 2007BAI07B01 | 郝 伟 | 医学部 | 综合应用社会心理干预方法建立戒毒后预防复吸模式研究 |
| 2007BAI07B03 | 陆 林 | 医学部 | 对已有防复吸疗法的临床再评估研究 |
| 2007BAI07B04 | 刘志民 | 医学部 | 药物维持治疗和无毒社区防复吸新模式研究 |
| 2007BAI17B01 | 黄悦勤 | 医学部 | 神经症早期识别与治疗方案优化方案的研究 |
| 2007BAI17B04 | 于 欣 | 医学部 | 精神分裂症早期诊断技术与规范化治疗研究 |
| 2007BAI18B02 | 侯建霞 | 医学部 | 牙周病与全身疾病相关关系及相应治疗方案研究 |
| 2007BAI18B04 | 周彦恒 | 医学部 | 各类颜面畸形的综合矫治及功能重建的研究 |
| 2007BAI18B06 | 林 野 | 医学部 | 牙列缺损及缺失的种植修复与功能重建的研究 |
| 2007BAI18B11 | 俞光岩 | 医学部 | 血管化自体颌下腺移植治疗重症角结膜干燥症的研究 |

表 8-25 2007年理工科与医科获准"创新团队发展计划"名单

| 单 位 | 研究方向 | 学术带头人 |
|---|---|---|
| 分子医学所 | 细胞钙离子信号学研究 | 周 专 |
| 医学部 | 血液恶性肿瘤的诊治 | 黄晓军 |
| 医学部 | 脊柱疑难重症治疗与研究 | 刘忠军 |
| 数学学院 | 偏微分方程的数值计算及其应用 | 张平文 |

(科学研究部 周 锋)

表 8-26 2007年理工科与医科获准"新世纪优秀人才支持计划"名单

| 姓 名 | 单 位 | 姓 名 | 单 位 | 姓 名 | 单 位 |
|---|---|---|---|---|---|
| 汤华中 | 数学学院 | 江大勇 | 地空学院 | 陈 旻 | 医学部 |
| 夏壁灿 | 数学学院 | 郑玉峰 | 工学院 | 韩文玲 | 医学部 |
| 徐仁新 | 物理学院 | 侯士敏 | 信息学院 | 姜 勇 | 医学部 |
| 杜大明 | 化学学院 | 王千祥 | 信息学院 | 孔 炜 | 医学部 |
| 蒋争凡 | 生命学院 | 郑 铭 | 分子医学所 | 张志谦 | 医学部 |
| 耿海燕 | 心理学系 | 陈红松 | 医学部 | 朱文丽 | 医学部 |

(科学研究部 周 锋)

表 8-27　2007 年理工科与医科获准教育部重大和重点项目

| 项目名称 | 负责人 | 项目类别 | 所在单位 |
|---|---|---|---|
| 华北平原水资源模型化研究和不确定性分析 | 张东晓 | 重大 | 工学院 |
| 移动终端病毒检测技术 | 邹维 | 培育 | 计算机所 |
| 镁-锂超轻金属高容量储氢材料的制备和性能研究 | 李星国 | 培育 | 化学学院 |
| 对肿瘤组织具有程序杀伤作用的新型聚合物胶束给药系统 | 张强 | 培育 | 医学部 |
| 基于大学医院的区域医疗卫生服务创新模式下信息化职称平台的研发与应用 | 王杉 | 重点 | 医学部 |

（科学研究部　周　锋）

表 8-28　2007 年获准的北京市与中央在京高校共建项目（科研与学科建设）

| 建设类别 | 建设项目 | 建设内容 | 负责单位及负责人 |
|---|---|---|---|
| 科学研究与学科建设 | 科学研究与科研基地建设项目 | 社科基地—中国都市经济研究基地 | 社科部 |
| | | 国学研究院 | |
| | | 癌症研究中心 | 医学部 |
| | | 重点实验室—空间信息集成与 3S 工程实验室 | 科研部 |
| | | 重点实验室—医学物理和工程实验室 | |
| | 科技成果转化与产业化项目 | 校企合作—城市垃圾填埋场渗透滤液矿物法预处理技术 | 地空学院 鲁安怀 |
| | | 发明专利实施与转化项目—微污染水体净化关键技术和装置开发 | 环工学院 叶正芳 |
| | | 发明专利实施与转化项目—用于草酸酯合成的钯催化剂的研制与开发 | 化学学院 谢有畅 |
| | | 大学科技园—脉冲式工业型核磁共振分析仪研制与开发 | 信息学院 王为民 |
| | 学科建设与研究生培养项目 | 学科群—教育规划与管理学科群 | 研究生院 |
| | | 重点学科—空间物理 | |
| | | 重点学科—内科学 | |
| | | 重点学科—企业管理 | |
| | | 重点学科—无线电物理 | |
| | | 重点学科—西方经济学 | |

（科学研究部　吴　锜）

表 8-29　2007 年理工科与医科获准北京市自然科学基金项目

| 任务编号 | 项目名称 | 负责人 | 所在单位 |
|---|---|---|---|
| 2082010 | 齿科不锈钢车针表面包覆金刚砂的多层多元复合镀层研究 | 郑玉峰 | 工学院 |
| 2082011 | 一种集成固相柱的高通量免疫分析微流芯片实验室 | 黄岩谊 | 工学院 |
| 4082013 | 超低频遥感器的研制及其在北京市深层地下水探测中应用 | 秦其明 | 地空学院 |
| 4082014 | 面向移动环境的数字权利局部共享与保护机制 | 汤帜 | 计算机所 |
| 4082015 | 新闻视频语义检索关键技术的研究 | 彭宇新 | 计算机所 |
| 5082009 | Gab1 基因调节心肌细胞功能活动的作用和分子机制 | 罗金才 | 分子医学所 |
| 6082012 | 用于农药残留检测的高灵敏度乙酰胆碱酯酶的克隆与表达 | 王戎疆 | 生命学院 |
| 7081004 | 智力障碍/脑发育迟缓家系收集、分析和早期诊治研究 | 姜玉武 | 医学部 |
| 7081005 | 孤独症神经发育易感基因的关联研究 | 张岱 | 医学部 |
| 7082054 | 双氢青蒿素抗光变态反应性接触性皮炎的作用环节研究 | 郝卫东 | 医学部 |
| 7082055 | 新型甲状旁腺肿瘤抑癌基因 4.1R 的作用机制研究 | 刘从容 | 医学部 |
| 7082092 | PGC-1 在胰岛素抵抗大鼠组织表达及作用机制研究 | 张俊清 | 医学部 |
| 7082093 | 白质消融性白质脑病致病基因 EIF2B5 突变功能研究 | 吴晔 | 医学部 |

续表

| 任务编号 | 项目名称 | 负责人 | 所在单位 |
|---|---|---|---|
| 7082094 | 抗肾小球基底膜抗体的免疫学特性与疾病发病机制的关系 | 崔 昭 | 医学部 |
| 7082095 | 自发性高血压血管基质重塑中内源性硫化氢的调节作用 | 金红芳 | 医学部 |
| 7082096 | 自身免疫因素在桥本甲状腺炎疾病进程机制中的作用 | 高 莹 | 医学部 |
| 7082097 | K-ras基因突变引起EGFR抑制剂耐药机制的研究 | 姜冠潮 | 医学部 |
| 7082098 | 应用低密度基因芯片筛选卵巢癌顺铂耐药基因的研究 | 梁旭东 | 医学部 |
| 7082099 | 核移植胚胎干细胞来源的运动神经元祖细胞移植ALS鼠 | 樊东升 | 医学部 |
| 7082100 | 利用微透析研究半规管阻塞术后前庭神经核神经递质变化 | 马芙蓉 | 医学部 |
| 7082101 | 心肌重塑中STATs的基因转录调控研究 | 徐 明 | 医学部 |
| 7082102 | 应用BMR-Ws/Ws大鼠研究MC对肠功能影响机制 | 段丽萍 | 医学部 |
| 7082103 | 中毒性肝损伤的分子机制及生物标志物研究 | 赵金垣 | 医学部 |
| 7082104 | 构建牙再生细胞环境的支架材料的研究 | 冯海兰 | 医学部 |
| 7083110 | 抵抗素:高同型半胱氨酸血症引起胰岛素抵抗的关键因子 | 李 茵 | 医学部 |
| 7083111 | 以Survivin为靶点的基因输送系统用于肿瘤治疗 | 齐宪荣 | 医学部 |
| 7083112 | 胶质瘤靶向载siRNA双配体修饰脂质体的研究 | 王坚成 | 医学部 |
| 7083115 | 放射敏感性基因增强膀胱癌放射免疫治疗作用实验研究 | 张春丽 | 医学部 |
| 7083116 | 肝星状细胞中Hedgehog信号通路的研究 | 李 涛 | 医学部 |
| 9082006 | 北京市流动人口的服务管理与政策研究 | 李建新 | 社会学系 |

(科学研究部 周 锋)

表8-30 2007年与北京市科委新签科技合同

| 项目名称 | 负责人 | 所在单位 |
|---|---|---|
| 北京市空气质量目标实现对策与措施 | 张世秋 | 环科学院 |
| 北京市空气质量与气象条件的关系研究 | 唐孝炎 | 环科学院 |
| 提升北京生物医用材料产业水平的需求分析 | 魏世成 | 交叉研究院 |
| 基于动态行为分析的网络准入管控制 | 邹 维 | 计算机所 |
| 磷酸铁锂产业化技术与生产线建设 | 周恒辉 | 化学学院 |
| 干细胞治疗糖尿病的临床前研究 | 邓宏魁 | 生命学院 |
| 两种干细胞治疗帕金森症的临床方案研究 | 李凌松 | 医学部 |
| 北京市技术经营产业化对策与行动方案研究 | 叶文虎 | 环科学院 |
| 北京市产业发展环境管理战略研究 | 王 奇 | 环科学院 |

(科学研究部 周 锋)

表8-31 2007年获准的公益性行业专项

| 项目主管部门 | 项目名称 | 负责人 | 所在单位 |
|---|---|---|---|
| 国家气象局 | 多通道小型化高能粒子探测仪研究 | 陈鸿飞 | 地空学院 |
| 国家环保总局 | 中国控制含氟温室气体初步对策研究 | 胡建信 | 环科学院 |
| 国家环保总局 | 城市环境与空气质量监测布点优化研究 | 谢绍东 | 环科学院 |
| 国家农业部 | 稻麦重要病毒病株系鉴定和防控技术体系研究 | 李 毅 | 生命学院 |
| 国家海洋局 | 洋中脊及其相关区域的地球科学研究 | 陈永顺 | 地空学院 |

(科学研究部 周 锋)

表 8-32　2007 年度国家科学技术奖

| 奖励类别 | 获奖等级 | 单位排序 | 项目名称 | 获奖人 | 所在单位 |
| --- | --- | --- | --- | --- | --- |
| 国家自然科学奖 | 2 | 1 | 功能准一维半导体纳米结构与物理研究 | 俞大鹏,冯孙齐,徐军,薛增泉,奚中和 | 物理学院 |
| | 2 | 1 | 纳米硅－纳米氧化硅体系发光及其物理机制 | 秦国刚,冉广照,秦国毅,徐东升,张伯蕊 | 物理学院 |
| | 2 | 1 | 蓝藻异型胞分化及环式光合电子传递研究 | 赵进东,史运明,赵卫星,赵饮虹 | 生命学院 |
| 国家科学技术进步奖 | 2 | 1 | 数字化音视频控制技术研究及应用 | 郭宗明,董全武,管雷,肖建国,邹维,俞志勇,戴霖,李春华,何海东,张行功 | 计算机所 |
| | 2 | 1 | 人工膝关节置换术的临床应用及相关基础研究 | 吕厚山,关振鹏,袁燕林,林剑浩,周殿阁,张斌,寇伯龙,刘帆,李虎,冯传汉 | 人民医院 |

（科学研究部　何　洁）

表 8-33　2007 年度教育部提名国家科学技术奖

| 奖励类别 | 获奖等级 | 单位排序 | 项目名称 | 获奖人 | 所在单位 |
| --- | --- | --- | --- | --- | --- |
| 自然科学奖 | 1 | 1 | 寒武纪牙形石、胚胎化石、奥斯坦型化石以及其他共存化石的研究 | 董熙平,刘建波,程红,刘政 | 地空学院 |
| | 1 | 1 | 新的肿瘤相关抗原的发现及其应用前景研究 | 陈慰峰,陈红松,冷希圣,彭吉润,尹艳慧,庞学雯,董学员,张华刚,王宏程,李兵,杨小昂,李燕,李云燕,魏来,张毓 | 基础医学院 |
| | 1 | 1 | 雌激素及其拮抗剂三苯氧胺诱发妇科肿瘤的分子机制研究 | 尚永丰,张华,伍会健,尹娜,易霞,孙晓静,王丹,吴歌,梁静,李瑞芳,张映,孙露洋,杨笑菡,俞文华,陈宇鹏 | 基础医学院 |
| | 1 | 1 | 中药复杂体系成分分析及体内过程研究 | 果德安,叶敏,韩健,杨敏,李烈,张金兰,王朝虹,刘爱华,王巧,盛惠欣,刘荣霞,叶冠 | 药学院 |
| | 1 | 1 | 准一维纳电子材料与结构的控制生长、加工组装及器件基础 | 刘忠范,张锦,朱涛,吴忠云,李清文,南小林,卿泉,郑激文 | 化学学院 |
| | 1 | 1 | 基于调和映射的移动网格方法及其应用 | 张平文,汤涛,李若,汤华中 | 数学学院 |
| | 2 | 1 | 多环芳烃和有机氯农药的环境归趋与区域环境过程 | 陶澍,卢晓霞,刘文新,徐福留,李本纲,曹军 | 城环学院 |
| | 2 | 1 | 子宫内膜癌相关受体与发病机制的研究 | 魏丽惠,王建六,李小平,屠铮,张晓红,王志启,周蓉,赵超,张育军 | 人民医院 |
| 科技进步奖 | 1 | 1 | 儿童晕厥临床诊治的综合研究 | 杜军保,张清友,陈丽,陈建军,王瑜丽,李万镇,唐朝枢 | 第一医院 |
| | 1 | 1 | 综合型语言知识库 | 俞士汶,段慧明,孙斌,常宝宝,刘扬,朱学锋,张化瑞,陆俭明,于江生 | 信息学院 |
| | 1 | 1 | 固定化微生物处理高氨氮废水的研究 | 倪晋仁,叶正芳,崔锋,王志民,籍国东,曾明,徐子恺,赵华章,任志远,王新,温丽丽,姚磊,赵昕,赖鹏,程鹏,王江辉 | 环境与工程学院 |

续表

| 奖励类别 | 获奖等级 | 单位排序 | 项目名称 | 获奖人 | 所在单位 |
|---|---|---|---|---|---|
| 科技进步奖 | 1 | 1 | 基于组件技术的煤矿地测空间管理信息系统 | 毛善君,陈敬柱,李梅,熊伟,刘桥喜,孙敏,贾旭东,徐斌恩,卢本陶,张鹏鹏,花蓓蓓,王正帅,王恒,张平,王平,邵伟超,吴道政,王景康,黄群英,赵红泽,雷小平,任永智 | 地空学院 |
| | 1 | 1 | 90-65纳米极大规模集成电路大生产关键技术研究 | 王阳元,吴汉明,康晋锋,严晓浪,郝跃,徐秋霞,黄如,史峥,张兴,田立林,马晓华,叶甜春,高大为,胡友存,居建华 | 信息学院 |
| 技术发明奖 | 1 | 1 | 卵巢癌抗独特型疫苗(6B11mini)的研究 | 崔恒,冯捷,昌晓红,钱和年,成夜霞,姚煜 | 人民医院 |
| | 1 | 1 | 构件化应用服务器核心技术与应用 | 梅宏,杨芙清,黄罡,王千祥,周明辉,曹东刚 | 信息学院 |

(科学研究部 张 铭 何 洁、医学部科研处 汪 立)

表 8-34  2006 年度中华医学科技奖

| 获奖等级 | 项目名称 | 第一完成人 | 所在单位 |
|---|---|---|---|
| 1 | 雌激素及其拮抗剂三苯氧胺诱发妇科肿瘤的分子机制研究 | 尚永丰 | 基础医学院 |
| 2 | 新的肿瘤相关抗原的发现及其应用前景研究 | 陈慰峰 | 基础医学院 |
| 2 | HLA-DRB1及其特异性结合肽在类风湿关节炎发病机制及治疗中的作用 | 栗占国 | 人民医院 |
| 2 | 子宫内膜癌发病机制的研究 | 魏丽惠 | 人民医院 |
| 2 | 胃癌高发区人群胃癌发生影响因素及干预研究 | 游伟程 | 临床肿瘤学院 |
| 3 | 膝关节交叉韧带损伤的基础与临床研究 | 敖英芳 | 第三医院 |
| 3 | 急性呼吸窘迫综合征的关键机制及对策研究 | 赵金垣 | 第三医院 |

(医学部科研处 汪 立)

表 8-35  2007 年 SCI 数据库收录的北京大学为第一作者单位的论文及分布总体情况

| 单位 | 国内刊物 | | | 国外刊物 | 总 计 | 所占百分比(%) | 平均影响因子 | 最高影响因子 |
|---|---|---|---|---|---|---|---|---|
| | 中文 | 英文 | 小计 | 英文 | | | | |
| 数学科学学院 | 2 | 20 | 22 | 89 | 111 | 5.06 | 0.86 | 4.01 |
| 工学院 | 0 | 9 | 9 | 89 | 98 | 4.47 | 1.50 | 7.70 |
| 物理学院 | 41 | 68 | 109 | 246 | 355 | 16.19 | 2.27 | 9.96 |
| 化学与分子工程学院 | 44 | 22 | 66 | 277 | 343 | 15.64 | 3.19 | 26.05 |
| 生命科学学院 | 4 | 9 | 13 | 89 | 102 | 4.65 | 3.7 | 14.10 |
| 地球与空间科学学院 | 40 | 27 | 67 | 60 | 127 | 5.79 | 1.01 | 12.04 |
| 城市与环境学院 | 0 | 5 | 5 | 45 | 50 | 2.28 | 2.08 | 4.04 |
| 环境工程学院 | 1 | 10 | 11 | 51 | 62 | 2.83 | 1.75 | 4.04 |
| 心理学系 | 0 | 7 | 7 | 32 | 39 | 1.78 | 1.87 | 5.56 |
| 信息科学技术学院 | 7 | 20 | 27 | 121 | 148 | 6.75 | 1.5 | 7.07 |
| 计算机科学技术研究所 | 0 | 0 | 0 | 3 | 3 | 0.14 | 0.70 | 1.00 |
| 分子医学研究所 | 0 | 0 | 0 | 4 | 4 | 0.18 | 5.61 | 9.85 |
| 光华管理学院 | 0 | 0 | 0 | 8 | 8 | 0.36 | 0.99 | 2.17 |
| 北大世佳 | 0 | 0 | 0 | 2 | 2 | 0.09 | 1.85 | 2.54 |

续表

| 单 位 | 国内刊物 | | | 国外刊物 | 总 计 | 所占百分比(%) | 平均影响因子 | 最高影响因子 |
|---|---|---|---|---|---|---|---|---|
| | 中文 | 英文 | 小计 | 英文 | | | | |
| 考古文博学院 | 0 | 0 | 0 | 1 | 1 | 0.05 | 2.54 | 2.54 |
| 人口所 | 0 | 0 | 0 | 1 | 1 | 0.05 | 2.01 | 2.01 |
| 元培计划 | 0 | 0 | 0 | 1 | 1 | 0.05 | 3.97 | 3.97 |
| 医学部 | 12 | 89 | 101 | 618 | 719 | 32.79 | 2.39 | 25.80 |
| 深圳研究生院 | 0 | 0 | 0 | 12 | 12 | 0.55 | 2.05 | 4.66 |
| 深圳医院 | 0 | 1 | 1 | 6 | 7 | 0.32 | 0.93 | 1.74 |
| 总计 | 151 | 287 | 438 | 1755 | 2193 | 100.00 | 2.25 | 26.05 |

(科学研究部 顾邱岚)

**表 8-36  2007 年度 SCI 数据库收录的医学部的论文及分布总体情况**

| 单 位 | 国内刊物 | | | 国外刊物 | 总 计 | 所占百分比 | 平均影响因子 | 最高影响因子 |
|---|---|---|---|---|---|---|---|---|
| | 中文 | 英文 | 小计 | 英文 | | | | |
| 基础医学院 | 3 | 27 | 30 | 104 | 134 | 18.64 | 3.025 | 25.800 |
| 药学院 | 5 | 11 | 16 | 110 | 126 | 17.52 | 1.984 | 7.218 |
| 公卫学院 | 1 | 2 | 3 | 29 | 32 | 4.45 | 2.116 | 5.241 |
| 第一医院 | 1 | 18 | 19 | 129 | 148 | 20.58 | 2.235 | 10.446 |
| 人民医院 | 0 | 8 | 8 | 68 | 76 | 10.57 | 2.641 | 10.370 |
| 第三医院 | 1 | 17 | 18 | 79 | 97 | 13.49 | 2.306 | 7.286 |
| 口腔医院 | 0 | 4 | 4 | 26 | 30 | 4.17 | 1.297 | 4.492 |
| 精研所 | 0 | 0 | 0 | 12 | 12 | 1.67 | 1.506 | 3.857 |
| 肿瘤医院 | 1 | 0 | 1 | 30 | 31 | 4.31 | 2.526 | 6.90 |
| 深圳医院 | 0 | 0 | 0 | 6 | 6 | 0.83 | 2.983 | 5.454 |
| 药物依赖所 | 0 | 2 | 2 | 8 | 10 | 1.39 | 3.891 | 13.494 |
| 生育健康所 | 0 | 0 | 0 | 9 | 9 | 1.25 | 2.447 | 4.009 |
| 其他 | 0 | 0 | 0 | 8 | 8 | 1.11 | 2.324 | 3.718 |
| 总计 | 12 | 89 | 101 | 618 | 719 | 100 | 2.387 | 25.800 |

(医学部科研处 许术其)

**表 8-37  2007 年度被 SCI 数据库收录的影响因子较高的论文清单**

1. Z. Y. Cheng and Y. Z. Li(化学与分子工程学院 李元宗). What is responsible for the initiating chemistry of iron-mediated lipid peroxidation: An update. *Chemical Reviews*, (2007) Mar, 107, (3) 748(IF=26.054)

2. Gu, J(医学部 顾江); Xie, ZG; Gao, ZC; Liu, JH; Korteweg, C; Ye, JX; Lau, LT; Lu, J; Gao, ZF; Zhang, B; McNutt, MA; Lu, M; Anderson, VM; Gong, EC; Yu, ACH; Lipkin, WI. H5N1 infection of the respiratory tract and beyond: a molecular pathology study. *Lancet*, (2007) Sep 29, 370, (9593) 1137(IF=25.8)

3. Y. G. Yao, Q. W. Li, J. Zhang, R. Liu, L. Y. Jiao, Y. T. Zhu and Z. F. Liu(化学与分子工程学院 刘忠范). Temperature-mediated growth of single-walled carbon-nanotube intramolecular junctions. *Nature Materials*, (2007) Apr, 6, (4) 283(IF=19.194)

4. Guan, YF(医学部 管又飞); Zhang, YH; Wu, J; Qi, ZH; Yang, GR; Dou, D; Gao, YS; Chen, LH; Zhang, XY; Davis, LS; Wei, MF; Fan, XF; Carmosino, M; Hao, C; Imig, JD; Breyer, RM; Breyer, MD. Antihypertensive effects of selective prostaglandin E-2 receptor subtype 1 targeting. *Journal of Clinical Investigation*, (2007) Sep, 117, (9) 2496(IF=15.754)

5. Wang, HY; Yan, Y; Liu, Q; Huang, YH; Shen, Y; Chen, LJ; Chen, Y; Yang, QY; Hao, Q; Wang, KW(医学部 王克威); Chai, JJ. Structural basis for modulation of Kv4 K$^+$ channels by auxiliary KChIP subunits. *Nature Neuroscience*,（2007）Jan, 10,（1）32(IF＝14.805)

6. Xu, M; Zhou, P; Xu, SM; Liu, Y; Feng, XH; Bai, SH; Bai, Y; Hao, XM; Han, QD; Zhang, YY(医学部 张幼怡); Wang, SQ(生命科学学院 王世强). Intermolecular failure of L-type Ca$^{2+}$ channel and ryanodine receptor signaling in hypertrophy. *Plos Biology*,（2007）Feb, 5,（2）203(IF＝14.101)

7. C. Y. Wang and Z. F. Xi(化学与分子工程学院 席振峰). Co-operative effect of Lewis acids with transition metals for organic synthesis. *Chemical Society Reviews*,（2007）36,（9）1395(IF＝13.69)

8. C. J. Xiao, X. G. Wang, Z. Y. Pu(地球与空间科学学院 濮祖荫), Z. W. Ma, H. Zhao, G. P. Zhou, J. X. Wang, M. G. Kivelson, S. Y. Fu, Z. X. Liu, Q. G. Zong, M. W. Dunlop, K. H. Glassmeier, E. Lucek, H. Reme, I. Dandouras and C. P. Escoubet. Satellite observations of separator-line geometry of three-dimensional magnetic reconnection. *Nature Physics*,（2007）Sep, 3,（9）609(IF＝12.04)

9. M. Li, L. Chen, D. H. S. Lee, L. C. Yu and Y. Zhang(生命科学学院 张研). The role of intracellular amyloid beta in Alzheimer's disease. *Progress in Neurobiology*,（2007）Oct, 83,（3）131 (IF＝11.304)

10. J. Cai, Y. Zhao, Y. X. Liu, F. Ye, Z. H. Song, H. Qin, S. Meng, Y. Z. Chen, R. D. Zhou, X. J. Song, Y. S. Guo, M. X. Ding and H. K. Deng(生命科学学院 邓宏魁). Directed differentiation of human embryonic stem cells into functional hepatic cells. *Hepatology*,（2007）May, 45,（5）1229(IF＝10.446)

11. C. Y. Wang, P. W. Faloon, Z. J. Tan, Y. X. Lv, P. B. Zhang, Y. Ge, H. K. Deng(生命科学学院 邓宏魁) and J. W. Xiong. Mouse lysocardiolipin acyltransferase controls the development of hematopoietic and endothelial lineages during in vitro embryonic stem-cell differentiation. *Blood*,（2007）Nov 15, 110,（10）3601(IF＝10.37)

12. C. Luo, S. A. Wang and H. C. Liu(化学与分子工程学院 刘海超). Cellulose conversion into polyols catalyzed by reversibly formed acids and supported ruthenium clusters in hot water. *Angewandte Chemie-International Edition*,（2007）46,（40）7636(IF＝10.232)

13. H. B. Xu, B. W. Wang, F. Pan, Z. M. Wang and S. Gao(化学与分子工程学院 高松). Stringing oxo-centered trinuclear ［(Mn$_3$O)-O-III］ units into single-chain magnets with formate or azide linkers. *Angewandte Chemie-International Edition*,（2007）46,（39）7388(IF＝10.232)

14. L. L. Peng, X. Zhang, M. Ma and J. B. Wang (化学与分子工程学院 王剑波). Transition-metal-catalyzed rearrangement of allenyl sulfides: A route to furan derivatives. *Angewandte Chemie-International Edition*,（2007）46,（11）1905(IF＝10.232)

15. Shi, Zhangjie(化学与分子工程学院 施章杰); Li, Bijie; Wan, Xiaobing; Cheng, Jiang; Fang, Zhao; Cao, Bin; Qin, Changming; Wang, Yang. Suzuki-Miyaura coupling reaction by Pd-II-catalyzed aromatic C-H bond; activation directed by an N-alkyl acetamino group. *Angewandte Chemie-International Edition*, 2007, Vol. 46, Iss. 29, p5554-5558(IF＝10.232)

16. Zhang, Y; Zhang, H; Liang, J; Yu, WH; Shang, YF(医学部 尚永丰). SIP, a novel ankyrin repeat containing protein, sequesters steroid receptor coactivators in the cytoplasm. *EMBO Journal*,（2007）Jun 6, 26,（11）2645(IF＝10.086)

17. Z. Jin, H. B. Chu, J. Y. Wang, J. X. Hong, W. C. Tan and Y. Li(化学与分子工程学院 李彦). Ultralow feeding gas flow guiding growth of large-scale horizontally aligned single-walled carbon nanotube arrays. *Nano Letters*,（2007）Jul, 7,（7）2073(IF＝9.96)

18. X. J. Duan, H. B. Son, B. Gao, J. Zhang, T. J. Wu, G. G. Samsonidze, M. S. Dresselhaus, Z. F. Liu(化学与分子工程学院 刘忠范) and J. Kong. Resonant raman spectroscopy of individual strained single-wall carbon nanotubes. *Nano Letters*,（2007）Jul, 7,（7）2116(IF＝9.96)

19. B. Gao, X. J. Duan, J. Zhang, T. J. Wu, H. B. Son, J. Kong and Z. F. Liu(化学与分子工程学院 刘忠范). Raman spectral probing of elec-

tronic transition energy E-ii variation of individual SWNTs under torsional strain. *Nano Letters*, (2007) Mar, 7, (3) 750 (IF = 9.96)

20. X. J. Duan, C. Tang, J. Zhang, W. L. Guo and Z. F. Liu(化学与分子工程学院 刘忠范). Two distinct buckling modes in carbon nanotube bending. *Nano Letters*, (2007) Jan, 7, (1) 143 (IF = 9.96)

21. W. W. Zhou, Z. Y. Han, J. Y. Wang, Y. Zhang, Z. Jin, X. Sun, Y. W. Zhang, C. H. Yan and Y. Li(化学与分子工程学院 李彦). Copper catalyzing growth of single-walled carbon nanotubes on substrates. *Nano Letters*, (2006) Dec 13, 6, (12) 2987 (IF = 9.96)

22. Guan, Lunhui; Suenaga, Kazu; Shi, Zujin; Gu, Zhennan(化学与分子工程学院 顾镇南); Iijima, Sumio. Polymorphic structures of iodine and their phase transition in confined nanospace. *Nano Letters*, 2007, Vol. 7, Iss. 6, p1532-1535 (IF = 9.96)

23. R. M. Ma, L. Dai(物理学院 戴伦), H. B. Huo, W. J. Xu and G. G. Oin. High-performance logic circuits constructed on single CdS nanowires. *Nano Letters*, (2007) Nov, 7, (11) 3300 (IF = 9.96)

24. A. Pan, X. Wang, P. B. He, O. L. Zhang, Q. Wan, M. Zacharias, X. Zhu(物理学院 朱星) and B. S. Zou. Color-changeable optical transport through Se-doped CdS 1D nanostructures. *Nano Letters*, (2007) Oct, 7, (10) 2970 (IF = 9.96)

25. L. P. Xu, L. Robert, O. Y. Qi(物理学院 欧阳颀), F. Taddei, Y. Chen, A. B. Lindner and D. Baigl. Microcontact printing of living bacteria arrays with cellular resolution. *Nano Letters*, (2007) Jul, 7, (7) 2068 (IF = 9.96)

26. R. M. Ma, L. Dai(物理学院 戴伦) and G. G. Qin. High-performance nano-Schottky diodes and Nano-MESFETs made on single CdS nanobelts. *Nano Letters*, (2007) Apr, 7, (4) 868 (IF = 9.96)

27. Li, X; Lian, J; Yu, HJ; Su, B; Xiao, CJ; Shang, YF(医学部 尚永丰); Wang, W. Functional consequences of new exon acquisition in mammalian chromodomain Y-like (CDYL) genes. *Trends in Genetics*, (2007) SEP, 23, (9) 427 (IF = 9.95)

28. H. D. Chen, V. J. Karplus, H. Ma and X. W. Deng(生命科学学院 邓兴旺). Plant biology research comes of age in China. *Plant Cell*, (2006) Nov, 18, (11) 2855 (IF = 9.868)

29. D. M. Yang, W. Z. Zhu, B. L. Xiao, D. X. P. Brochet, S. R. W. Chen, E. G. Lakatta, R. P. Xiao and H. P. Cheng(分子医学所 程和平). $Ca^{2+}$/calmodulin kinase II-dependent phosphorylation of ryanodine receptors suppresses $Ca^{2+}$ sparks and $Ca^{2+}$ waves in cardiac myocytes. *Circulation Research*, (2007) Feb 16, 100, (3) 399 (IF = 9.854)

30. S. Liu, S. Y. Liu, X. L. Zhu, H. H. Liang, A. N. Cao, Z. J. Chang and L. H. Lai(化学与分子工程学院 来鲁华). Nonnatural protein-protein interaction-pair design by key residues grafting. *Proceedings of the National Academy of Sciences of the United States of America*, (2007) Mar 27, 104, (13) 5330 (IF = 9.643)

31. D. W. Wang, L. E. Jao, N. Z. Zheng, K. Dolan, J. Ivey, S. Zonles, X. L. Wu, K. M. Wu, H. B. Yang, Q. C. Meng, Z. Y. Zhu, B. Zhang(生命与分子工程学院 张博), S. Lin and S. M. Burgess. Efficient genome-wide mutagenesis of zebrafish genes by retroviral insertions. *Proceedings of the National Academy of Sciences of the United States of America*, (2007) Jul 24, 104, (30) 12428 (IF = 9.643)

32. F. C. Diao, S. Li, Y. Tian, M. Zhang, L. G. Xu, Y. Zhang, R. P. Wang, D. Y. Chen(生命科学学院 陈丹英), Z. H. Zhai, B. Zhong, P. Tien and H. B. Shu. Negative regulation of MDA5-but not RIG-I-mediated innate antiviral signaling by the dihydroxyacetone kinase. *Proceedings of the National Academy of Sciences of the United States of America*, (2007) Jul 10, 104, (28) 11706 (IF = 9.643)

33. X. F. Zheng(生命科学学院 郑晓峰), X. Y. Dai, Y. M. Zhao, Q. Chen, F. Lu, D. Q. Yao, Q. Yu, X. P. Liu, C. M. Zhang, X. C. Gu and M. Luo. Restructuring of the dinucleotide-binding fold in an NADP(H) sensor protein. *Proceedings of the National Academy of Sciences of the United States of America*, (2007) May 22, 104, (21) 8809 (IF = 9.643)

34. Ai, D; Fu, Y; Guo, DL; Tanaka, H; Wang, NP; Tang, CS; Hammock, BD; Shyy, JYJ; Zhu, Y(医学部 朱毅). Angiotensin II up-regu-

lates soluble epoxide hydrolase in vascular endothelium in vitro and in vivo. *Proceedings of the National Academy of Sciences of the United States of America*, (2007) May 22, 104, (21) 9018 (IF=9.643)

35. Li, J; Li, Y; Yao, JY; Jin, R; Zhu, MZ; Qian, XP; Zhang, J; Fu, YX; Wu, L; Zhang, Y; Chen, WF(医学部 陈慰峰). Developmental pathway of CD4(+)CD8(−) medullary thymocytes during mouse ontogeny and its defect in Aire(−/−) mice. *Proceedings of the National Academy of Sciences of the United States of America*, (2007) Nov 13, 104, (46) 18175 (IF=9.643)

36. W. Z. Ma, L. H. Lai, O. Y. Qi(物理学院 欧阳颀) and C. Tang. Robustness and modular design of the Drosophila segment polarity network. *Molecular Systems Biology*, -2006 (IF=7.941)

37. J. Z. Zhang, W. Gao, H. B. Yang, B. Zhang, Z. Y. Zhu and Y. F. Xue(生命科学学院 薛友纺). Screening for genes essential for mouse embryonic stem cell self-renewal using a subtractive RNA interference library. *Stem Cells*, (2006) Dec, 24, (12) 2661 (IF=7.924)

38. Y. Z. Wu, Y. Y. Huang and H. W. Ma(工学院 马宏伟). A facile method for permanent and functional surface modification of poly(dimethylsiloxane). *Journal of the American Chemical Society*, (2007) Jun 13, 129, (23) 7226 (IF=7.696)

39. L. M. Xie, C. Liu, J. Zhang, Y. Y. Zhang, L. Y. Jiao, L. Jiang, L. Dai and Z. F. Liu(化学与分子工程学院 刘忠范). Photoluminescence recovery from single-walled carbon nanotubes on substrates. *Journal of the American Chemical Society*, (2007) Oct 17, 129, (41) 12382 (IF=7.696)

40. Y. Zhou, W. J. Liu, Y. G. Ma, H. L. Wang, L. M. Qi, Y. Cao, J. Wang and J. Pei(化学与分子工程学院 裴坚). Single microwire transistors of oligoarenes by direct solution process. *Journal of the American Chemical Society*, (2007) Oct 17, 129, (41) 12386 (IF=7.696)

41. J. Luo, Y. Zhou, Z. Q. Niu, Q. F. Zhou, Y. G. Ma and J. Pei(化学与分子工程学院 裴坚). Three-dimensional architectures for highly stable pure blue emission. *Journal of the American Chemical Society*, (2007) Sep 19, 129, (37) 11314 (IF=7.696)

42. Y. Chen, S. Ye, L. Jiao, Y. Liang, D. K. Sinha-Mahapatra, J. W. Herndon and Z. X. Yu(化学与分子工程学院 余志祥). Mechanistic twist of the [8+2] cycloadditions of dienylisobenzofurans and dimethyl acetylenedicarboxylate: Stepwise [8+2] versus [4+2]/[1,5]-vinyl shift mechanisms revealed through a theoretical and experimental study. *Journal of the American Chemical Society*, (2007) Sep 5, 129, (35) 10773 (IF=7.696)

43. C. Peng, J. J. Cheng and J. B. Wang(化学与分子工程学院 王剑波). Palladium-catalyzed cross-coupling of aryl or vinyl iodides with ethyl diazoacetate. *Journal of the American Chemical Society*, (2007) Jul 18, 129, (28) 8708 (IF=7.696)

44. Y. Y. Wang, J. X. Wang, J. C. Su, F. Huang, L. Jiao, Y. Liang, D. Z. Yang, S. W. Zhang, P. A. Wender and Z. X. Yu(化学与分子工程学院 余志祥). A computationally designed Rh(I)-catalyzed two-component [5+2+1] cycloaddition of ene-vinylcyclopropanes and CO for the synthesis of cyclooctenones. *Journal of the American Chemical Society*, (2007) Aug 22, 129, (33) 10060 (IF=7.696)

45. G. X. Cai, Y. Fu, Y. Z. Li, X. B. Wan and Z. J. Shi(化学与分子工程学院 施章杰). Indirect ortho functionalization of substituted toluenes through ortho olefination of N,N-dimethylbenzylamines tuned by the acidity of reaction conditions. *Journal of the American Chemical Society*, (2007) Jun 20, 129, (24) 7666 (IF=7.696)

46. Q. Yuan, Q. Liu, W. G. Song, W. Feng, W. L. Pu, L. D. Sun, Y. W. Zhang and C. H. Yan(化学与分子工程学院 严纯华). Ordered mesoporous Ce1-xZrxO2 solid solutions with crystalline walls. *Journal of the American Chemical Society*, (2007) May 30, 129, (21) 6698 (IF=7.696)

47. S. D. Yang, B. J. Li, X. B. Wan and Z. J. Shi(化学与分子工程学院 施章杰). Ortho arylation of acetanilides via Pd(II)-catalyzed C-H functionalization. *Journal of the American Chemical Society*, (2007) May 16, 129, (19) 6066 (IF=7.696)

48. Y. Z. Xia, Y. Liang, Y. Y. Chen, M. Wang, L. Jiao, F. Huang, S. Liu, Y. H. Li and Z. X.

Yu(化学与分子工程学院 余志祥). An unexpected role of a trace amount of water in catalyzing proton transfer in phosphine-catalyzed (3+2) cycloaddition of allenoates and alkenes. *Journal of the American Chemical Society*, (2007) Mar 28, 129, (12) 3470(IF=7.696)

49. C. Wang, Q. Luo, H. Sun, X. Y. Guo and Z. F. Xi(化学与分子工程学院 席振峰). Lithio siloles: Facile synthesis and applications. *Journal of the American Chemical Society*, (2007) Mar 21, 129, (11) 3094(IF=7.696)

50. Guan, Lunhui; Suenaga, Kazu; Okazaki, Toshiya; Shi, Zujin; Gu, Zhennan(化学与分子工程学院 顾镇南); Iijima, Sumio. Coalescence of C-60 molecules assisted by doped iodine inside carbon nanotubes. *Journal of the American Chemical Society*, 2007, Vol. 129, Iss. 29, p8954-+(IF=7.696)

51. Y. F. Zou, Y. H. Chen, Y. Q. Jiang, J. Gao and J. Gu(生命科学学院 顾军). Targeting matrix metalloproteinases and endothelial cells with a fusion peptide against tumor. *Cancer Research*, (2007) Aug 1, 67, (15) 7295(IF=7.656)

52. Yang, R; Hellmark, T; Zhao, J; Cui, Z; Segelmark, M; Zhao, MH(医学部 赵明辉); Wang, HY. Antigen and epitope specificity of anti-glomerular basement membrane antibodies in patients with Goodpasture disease with or without anti-neutrophil cytoplasmic antibodies. *Journal of the American Society of Nephrology*, (2007) Apr, 18, (4)1338(IF=7.371)

53. Chen, M; Yu, F; Wang, S; Zou, WZ; Zhao, MH(医学部 赵明辉); Wang, HY. Antineutrophil cytoplasmic autoantibody-negative pauci-immune crescentic glomerulonephritis. *Journal of the American Society of Nephrology*, (2007) Feb, 18, (2) 599(IF=7.371)

54. Ren LC, Gao G, Zhao DX, Deng HK(生命科学学院 邓宏魁), et al. Developmental stage related patterns of codon usage and genomic GC content: searching for evolutionary fingerprints with models of stem cell differentiation. *Genome Biology*, (IF=7.172)

55. Lu, L(医学部 陆林); Uejima, JL; Gray, SM; Bossert, JM; Shaham, Y. Systemic and central amygdala injections of the mGluR(2/3) agonist LY379268 attenuate the expression of incubation of cocaine craving. *Biological Psychiatry*, (2007) Mar 1, 61, (5) 591(IF=7.154)

56. H. L. Wang(物理学院 王宏利) and Q. Ouyang. Spatiotemporal chaos of self-replicating spots in reaction-diffusion systems. *Physical Review Letters*, (2007) Nov 23, 99, (21) (IF=7.072)

57. Z. X. Wang, X. G. Wang(物理学院 王晓钢), J. Q. Dong, Y. A. Lei, Y. X. Long, Z. Z. Mou and W. X. Qu. Fast resistive reconnection regime in the nonlinear evolution of double tearing modes. *Physical Review Letters*, (2007) Nov 2, 99, (18) (IF=7.072)

58. Y. J. Zhang and K. T. Chao(物理学院 赵光达). Double-charm production e(+)e(-)-> J/psi+ c(c)over-bar at B factories with next-to-leading-order QCD corrections. *Physical Review Letters*, (2007) Mar 2, 98, (9) (IF=7.072)

59. K. T. Chao(物理学院 赵光达), X. G. He and J. P. Ma. Comment on "Chiral suppression of scalar-glueball decay". *Physical Review Letters*, (2007) Apr 6, 98, (14) (IF=7.072)

60. D. S. Yu and J. B. Chen(信息科学技术学院 陈景标). Optical clock with Millihertz linewidth based on a phase-matching effect. *Physical Review Letters*, (2007) Feb 2, 98, (5) (IF=7.072)

61. Z. Y. Zhang, K. Yao, Y. Liu, C. H. Jin, X. L. Liang, Q. Chen and L. M. Peng(信息科学技术学院 彭练矛). Quantitative analysis of current-voltage characteristics of semiconducting nanowires: Decoupling of contact effects. *Advanced Functional Materials*, (2007) Sep 24, 17, (14) 2478 (IF=6.779)

62. X. B. Zhang, Y. H. Chen, Z. Y. Wang, Z. L. Chen, H. Y. Gu(生命科学学院 顾红雅) and L. J. Qu. Constitutive expression of CIR1 (RVE2) affects several circadian-regulated processes and seed germination in Arabidopsis. *Plant Journal*, (2007) Aug, 51, (3) 512(IF=6.565)

63. S. L. Bai, X. B. Zhong, L. G. Ma, W. J. Zheng, L. M. Fan, N. Wei and X. W. Deng(生命科学学院 邓兴旺). A simple and reliable assay for detecting specific nucleotide sequences in plants using optical thin-film biosensor chips. *Plant Journal*, (2007) Jan, 49, (2) 354(IF=6.565)

64. W. Xue, B. Chen(物理学院 陈斌) and Y. Wang. Generalized space-time noncommutative

inflation. *Journal of Cosmology and Astroparticle Physics*, (2007) Sep, 9 (IF=6.175)

65. Z. H. Fan(物理学院 范祖辉). Intrinsic alignments of galaxies and their effects on weak-lensing detections of mass concentrations. *Astrophysical Journal*, (2007) Nov 1, 669, (1) 10(IF=6.119)

66. Y. F. Wu(物理学院 吴月芳), C. Henkel, R. Xue, X. Guan and M. Miller. Signatures of inflow motion in cores of massive star formation: Potential collapse candidates. *Astrophysical Journal*, (2007) Nov 1, 669, (1) L37 (IF=6.119)

67. Z. X. Shen, X. W. Liu(物理学院 刘晓为), H. W. Zhang, B. Jones and D. N. C. Lin. Oxygen abundance of open cluster dwarfs. *Astrophysical Journal*, (2007) May 1, 660, (1) 712 (IF=6.119)

68. L. Qian, B. F. Liu and X. B. Wu(物理学院 吴学兵). Disk evaporation-fed corona: Structure and evaporation features with magnetic field. *Astrophysical Journal*, (2007) Oct 20, 668, (2) 1145(IF=6.119)

69. A. B. Chen, T. H. Yu and R. X. Xu(物理学院 徐仁新). The birth of quark stars: Photon-driven supernovae?. *Astrophysical Journal*, (2007) Oct 10, 668, (1) L55(IF=6.119)

70. B. X. Xu and X. B. Wu(物理学院 吴学兵). A feedback compression star formation model and the black hole-bulge relations. *Astrophysical Journal*, (2007) Sep 20, 667, (1) 92 (IF=6.119)

71. B. X. Xu, X. B. Wu(物理学院 吴学兵) and H. S. Zhao. Galaxy bulge formation: Interplay with dark matter halo and central supermassive black hole. *Astrophysical Journal*, (2007) Jul 20, 664, (1) 198(IF=6.119)

72. X. B. Wu(物理学院 吴学兵). CO line width and the black hole-bulge relationship at high redshift. *Astrophysical Journal*, (2007) Mar 1, 657, (1) 177(IF=6.119)

73. X. S. Gu and S. H. Han(心理学系 韩世辉). Attention and reality constraints on the neural processes of empathy for pain. *Neuroimage*, (2007) May 15, 36, (1) 256(IF=5.559)

74. Y. Zhu(心理学系 朱滢), L. Zhang, J. Fan and S. H. Han. Neural basis of cultural influence on self-representation. *Neuroimage*, (2007) Feb 1, 34, (3) 1310(IF=5.559)

75. Z. Yang, J. D. O'Brien, X. B. Zheng, H. Q. Zhu and Z. S. She(工学院 佘振苏). Tree and rate estimation by local evaluation of heterochronous nucleotide data. *Bioinformatics*, (2007) Jan 15, 23, (2) 169(IF=4.894)

76. J. He, Y. Z. Wu, J. Wu, X. Mao, L. Fu, T. C. Qian, J. Fang, C. Y. Xiong, J. L. Xie and H. W. Ma(工学院 马宏伟). Study and application of a linear frequency-thickness relation for surface-initiated atom transfer radical polymerization in a quartz crystal microbalance. *Macromolecules*, (2007) May 1, 40, (9) 3090(IF=4.277)

77. H. Chang, J. Y. Hu(城市与环境学院 胡建英) and B. Shao. Occurrence of natural and synthetic glucocorticoids in sewage treatment plants and receiving river waters. *Environmental Science & Technology*, (2007) May 15, 41, (10) 3462(IF=4.04)

78. Y. Wan, X. H. Jin, J. Y. Hu(城市与环境学院 胡建英) and F. Jin. Trophic dilution of polycyclic aromatic hydrocarbons (PAHs) in a marine food web from Bohai Bay, North China. *Environmental Science & Technology*, (2007) May 1, 41, (9) 3109(IF=4.04)

79. Y. X. Zhang, S. Tao(城市与环境学院 陶澍), J. Cao and R. M. Coveney. Emission of polycyclic aromatic hydrocarbons in China by county. *Environmental Science & Technology*, (2007) Feb 1, 41, (3) 683(IF=4.04)

80. S. Tao(城市与环境学院 陶澍), Y. N. Liu, W. Xu, C. Lang, S. Z. Liu, H. Dou and W. X. Liu. Calibration of a passive sampler for both gaseous and particulate phase polycyclic aromatic hydrocarbons. *Environmental Science & Technology*, (2007) Jan 15, 41, (2) 568(IF=4.04)

81. Yi Wan, Qiwei Wei, Jianying Hu(城市与环境学院 胡建英), Xiaohui Jin, Huajun Zhen, Jianyi Liu. Levels, Tissue Distribution and Age-related Accumulation of Synthetic Musk Fragrances in Chinese Sturgeon (Acipenser Sinensis): Comparison to Organochlorines. *Environmental Science & Technology*, (2007), 41, 424-430(IF=4.04)

82. Jianying HU(城市与环境学院 胡建英), Wankun WANG, Zhou ZHU, Hong CHANG, and Feng Ban. Quantitative Structure-Activity Relationship

Model for Prediction of Genotoxic Potential for Quinolone Antibacterials. *Environmental Science & Technology*, (2007), 41(13), 4806-4812(IF=4.04)

83. J. Shang, (环境科学与工程学院 尚静) S. D. Xie, T. Zhu and J. Li. Solid-state, planar photoelectrocatalytic devices using a manosized $TiO_2$ layer. *Environmental Science & Technology*, (2007) Nov 15, 41, (22) 7876(IF=4.04)

84. X. P. Zhu, S. Y. Shi, J. J. Wei, F. X. Lv, H. Z. Zhao, J. T. Kong, Q. He and J. R. Ni(环境科学与工程学院 倪晋仁). Electrochemical oxidation characteristics of p-substituted phenols using a boron-doped diamond electrode. *Environmental Science & Technology*, (2007) Sep 15, 41, (18) 6541(IF=4.04)

85. Y. Song, M. Shao(环境科学与工程学院 邵敏), Y. Liu, S. H. Lu, W. Kuster, P. Goldan and S. D. Xie. Source apportionment of ambient volatile organic compounds in Beijing. *Environmental Science & Technology*, (2007) Jun 15, 41, (12) 4348(IF=4.04)

86. W. Huang(环境科学与工程学院 黄薇), T. J. Smith, L. Ngo, T. Wang, H. Q. Chen, F. G. Wu, R. F. Herrick, D. C. Christiani and H. Ding. Characterizing and biological monitoring of polycyclic aromatic hydrocarbons in exposures to diesel exhaust. *Environmental Science & Technology*, (2007) Apr 15, 41, (8) 2711(IF=4.04)

87. Y. S. Liu(环境科学与工程学院 刘阳生), S. D. Xie and Y. Q. Li. Novel mercury control technology for solid waste incineration: Sodium tetrasulfide (STS) as mercury capturing agent. *Environmental Science & Technology*, (2007) Mar 1, 41, (5) 1735(IF=4.04)

88. Y. L. Zhao, M. Hu(环境科学与工程学院 胡敏), S. Slanina and Y. H. Zhang. Chemical compositions of fine particulate organic matter emitted from Chinese cooking. *Environmental Science & Technology*, (2007) Jan 1, 41, (1) 99 (IF=4.04)

89. H. J. Chen, J. Zhang(工学院 张珏), D. J. Lv and J. Fang. 3-D shape measurement by composite pattern projection and hybrid processing. *Optics Express*, (2007) Sep 17, 15, (19) 12318(IF=4.009)

90. M. Jiang(数学科学学院 姜明), T. Zhou, J. T. Cheng, W. X. Cong and G. Wang. Image reconstruction for bioluminescence tomography from partial measurement. *Optics Express*, (2007) Sep 3, 15, (18) 11095(IF=4.009)

91. C. Peng, Z. B. Li(信息科学技术学院 李正斌) and A. S. Xu. Optical gyroscope based on a coupled resonator with the all-optical analogous property of electromagnetically induced transparency. *Optics Express*, (2007) Apr 2, 15, (7) 3864(IF=4.009)

92. F. Xiao, G. Y. Li and A. S. Xu(信息科学技术学院 徐安士). Modeling and design of irregularly arrayed waveguide gratings. *Optics Express*, (2007) Apr 2, 15, (7) 3888(IF=4.009)

93. W. J. Yang, J. Li, F. Zhang, Y. Y. Zhang, Z. G. Zhang(信息科学技术学院 张志刚), G. J. Zhao, L. H. Zheng, J. Xu and L. B. Su. Group delay dispersion measurement of $Yb:Gd_2SiO_5$, $Yb:GdYSiO_5$ and $Yb:LuYSiO_5$ crystal with white-light interferometry. *Optics Express*, (2007) Jun 25, 15, (13) 8486(IF=4.009)

94. Y. Zhu, Y. Z. Wu, C. Zhou, P. Li, Y. H. Dai, S. Y. Cao and Z. G. Zhang(信息科学技术学院 张志刚). Emission spectrum broadening of $Nd:YVO_4$ with femtosecond laser pulse processing. *Optics Express*, (2007) Aug 6, 15, (16) 10376(IF=4.009)

95. J. S. He, C. Y. Tu(地球与空间科学学院 涂传诒) and E. Marsch. J. S. He, C. Y. Tu and E. Marsch. Can the solar wind originate from a quiet Sun region?, *Astronomy & Astrophysics*, (2007) Jun, 468, (1) 307(IF=3.971)

96. Z. D. You, S. H. Cheng(地球与空间科学学院 程素华) and X. Y. Lai. Z. D. You, S. H. Cheng and X. Y. Lai. The domal metamorphic terrane in Danba, western Sichuan China: Petrological evidences for lithospheric evolution of Songpan-Garze orogenic belt. *Geochimica Et Cosmochimica Acta*, (2006) Aug-Sep, 70, (18) A725 (IF=3.751)

97. Y. F. Zhu(地球与空间科学学院 朱永峰), X. Guo, L. Zhang and B. Song. Y. Zhu, X. Guo, L. Zhang and B. Song. Geochemistry and zircon SHRIMP dating on the Late Paleozoic volcanic rocks in west Tianshan Mountains (Central Asia, Xinjiang). *Geochimica Et Cosmochimica Acta*, (2006) Aug-Sep, 70, (18) A755(IF=3.751)

98. X. Jiang, Y. Liu, B. Yu and M. Jiang(数学科学学院 姜明). Comparison of MISR aerosol optical thickness with AERONET measurements in Beijing metropolitan area. *Remote Sensing of Environment*, (2007) Mar 15, 107, (1-2) 45 (IF = 3.064)

99. Y. G. Shi(数学科学学院 史宇光) and L. F. Tam. Rigidity of compact manifolds and positivity of quasi-local mass. *Classical and Quantum Gravity*, (2007) May 7, 24, (9) 2357 (IF = 2.773)

100. Y. Q. Dong, R. H. Chan and S. F. Xu(数学科学学院 徐树方). A detection statistic for random-valued impulse noise. *Ieee Transactions on Image Processing*, (2007) Apr, 16, (4) 1112 (IF = 2.715)

(科学研究部 顾邱岚)

**表 8-38 2007 年专利申请受理、授权情况统计表**

| 发明人单位 | 申报专利受理(项) | | 授权专利(项) | |
|---|---|---|---|---|
| | 国内专利 | 国际专利 | 国内专利 | 国际专利 |
| 地空学院 | 4 | | 2 | |
| 工学院 | 8 | | 0 | |
| 化学学院 | 27 | 3 | 12 | |
| 环工学院 | 3 | | 3 | |
| 计算机所 | 101 | | 34 | |
| 考古文博学院 | 1 | | 0 | |
| 生命学院 | 5 | 1 | 4 | |
| 物理学院 | 11 | | 7 | |
| 信息学院 | 67 | | 39 | |
| 心理系 | 0 | | 1 | |
| 医学部 | 33 | 1 | 22 | 1 |
| 总计 | 260 | 5 | 124 | 1 |

注：本部专利授权数据来自君尚、纪凯、同立钧成三所北京大学签约知识产权代理事务所。

**表 8-39 2007 年度授权专利清单**

| 序号 | 单位 | 第一发明人或设计人 | 发明名称 | 专利号 | 类型 |
|---|---|---|---|---|---|
| 1 | 地空学院 | 程承旗 | 便携式空间信息交换终端 | 200630305092.0 | 外观 |
| 2 | 地空学院 | 程承旗 | 采用指纹识别技术实现用户身份识别的 PDA | 200620165770.2 | 实用新型 |
| 3 | 化学学院 | 王远 | 一种过渡金属-$\gamma$-$Fe_2O_3$ 纳米材料及其制备方法与应用 | 200410086479.1 | 发明 |
| 4 | 化学学院 | 王远 | 一种正充电单层有机光受体及其制备方法与应用 | 3100821.6 | 发明 |
| 5 | 化学学院 | 肖进新 | 一种复配型表面活性剂及其制备方法与应用 | 200410083657.5 | 发明 |
| 6 | 化学学院 | 张显 | 荧光光谱仪外设组合试样库发光性能的测试方法及装置 | 200410096495.9 | 发明 |
| 7 | 化学学院 | 张学同 | 一种高分子/碳纳米管复合物膜的制备方法 | 200410096856.X | 发明 |
| 8 | 化学学院 | 周其凤 | 一种超高分子量聚乙烯组合物及其专用添加剂与制备方法 | 3142670.0 | 发明 |
| 9 | 化学学院 | 杜大明 | 手性二苯并[a,c]环庚二烯双噁唑啉配体化合物及其制备与应用 | 31018998.0 | 发明 |
| 10 | 化学学院 | 寇元 | 糖精阴离子的离子液体及其制备方法 | 200510086526.7 | 发明 |
| 11 | 化学学院 | 刘忠范 | 制备抗反射薄膜的生物模板法 | 200510136315.X | 发明 |
| 12 | 化学学院 | 谢有畅 | 一种高比表面氧化镁的制备方法 | 200610089473.9 | 发明 |

续表

| 序号 | 单　位 | 第一发明人或设计人 | 发明名称 | 专利号 | 类　型 |
|---|---|---|---|---|---|
| 13 | 化学学院 | 徐筱杰 | 一种用于分子烙印固相萃取的填料及其制备方法 | 200410009139.9 | 发明 |
| 14 | 化学学院 | 翟茂林 | 敏化辐射降解法制备低分子量壳聚糖 | 200610113538.9 | 发明 |
| 15 | 环工学院 | 曾立民 | 大气挥发性有机物在线分析仪 | 200510002895.3 | 发明 |
| 16 | 环工学院 | 曾立民 | 旋转式气体收集装置 | 200510070625.6 | 发明 |
| 17 | 环工学院 | 曾立民 | 固定源排放气体的颗粒物采集监测装置 | 2004100427465 | 发明 |
| 18 | 计算机所 | 黄渭平 | 一种在页面光栅化时刻附加标记的方法 | 200510001855.7 | 发明 |
| 19 | 计算机所 | 贾娟 | 一种对报纸版面进行标题与正文逻辑关联的方法 | 200410091432.4 | 发明 |
| 20 | 计算机所 | 蒋国新 | 一种基于预览图的彩色页面的快速识别方法 | 200510090213.9 | 发明 |
| 21 | 计算机所 | 康凯 | 一种文稿图像几何畸变的校正方法 | 200510135184.3 | 发明 |
| 22 | 计算机所 | 李海峰 | 多位成像深度设备上的调频调幅混合半色调图像处理方法 | 200510116635.9 | 发明 |
| 23 | 计算机所 | 李海峰 | 一种基于双反馈的误差扩散调频挂网方法 | 200510068127.8 | 发明 |
| 24 | 计算机所 | 李海峰 | 一种用于打印机的线圆形网点的生成方法 | 200410101652.0 | 发明 |
| 25 | 计算机所 | 李海峰 | 一种用于凹印制版的无缝混合网点挂网方法 | 200410101653.5 | 发明 |
| 26 | 计算机所 | 李洪伟 | 一种打印作业的页面旋转方法 | 200410101647.X | 发明 |
| 27 | 计算机所 | 李洪伟 | 一种打印服务器的作业提交和参数设置的方法 | 200410101646.5 | 发明 |
| 28 | 计算机所 | 林兆祥 | 一种能够避免打印越界错误的打印控制方法 | 200510076695.2 | 发明 |
| 29 | 计算机所 | 林兆祥 | 一种能够提高内存利用率的打印内存管理方法 | 200510005085.3 | 发明 |
| 30 | 计算机所 | 刘芝 | 一种图像的二值化方法及系统 | 200510132371.6 | 发明 |
| 31 | 计算机所 | 刘洋 | 一种可扩展标记语言文档修改痕迹的记录方法 | 200410083923.4 | 发明 |
| 32 | 计算机所 | 刘志红 | 一种产生调频网点的方法和装置 | 200510063255.3 | 发明 |
| 33 | 计算机所 | 刘志红 | 一种能够减少打印内存需求的打印控制方法 | 200510000586.2 | 发明 |
| 34 | 计算机所 | 刘志红 | 一种能够减少页面预光栅化时间的打印控制方法 | 200410042983.1 | 发明 |
| 35 | 计算机所 | 亓文法 | 一种随机使用多种图元对象进行图像光栅化的方法 | 200510000577.3 | 发明 |
| 36 | 计算机所 | 亓文法 | 一种特殊盒型结构的计算机三维演示方法 | 200510084123.9 | 发明 |
| 37 | 计算机所 | 亓文法 | 一种文档的防拷贝方法 | 200510095849.2 | 发明 |
| 38 | 计算机所 | 亓文法 | 一种适用于多种打印设备的安全文档的打印方法 | 200510134320.7 | 发明 |
| 39 | 计算机所 | 亓文法 | 一种应用三维浮雕进行安全底纹防伪设计的方法 | 200410004753.6 | 发明 |
| 40 | 计算机所 | 史文哲 | 一种检测文档扫描图像旋转角度和缩放比例的方法 | 200510134319.4 | 发明 |
| 41 | 计算机所 | 王长桥 | 一种手持设备上数字作品内容的保护方法 | 200510084122.4 | 发明 |
| 42 | 计算机所 | 王剑 | 一种对图像进行快速压缩和解压缩的方法 | 200510000589.6 | 发明 |
| 43 | 计算机所 | 王剑 | 一种分色页面描述灰度光栅化的方法 | 200510000588.1 | 发明 |
| 44 | 计算机所 | 王伟 | 一种可移植文档格式文件预分色转复合色的方法 | 200410101649.9 | 发明 |
| 45 | 计算机所 | 徐剑波 | 一种已知表格的版面自动定向和定位方法 | 200410042984.6 | 发明 |
| 46 | 计算机所 | 杨斌 | 一种在文本文档中嵌入及检测数字水印的方法和装置 | 200510125727.3 | 发明 |
| 47 | 计算机所 | 杨建武 | 一种基于快速排序算法的快速分页排序方法 | 200410004752.1 | 发明 |
| 48 | 计算机所 | 俞银燕 | 具有硬件适应性的数字内容与硬件绑定的方法 | 200410004751.7 | 发明 |
| 49 | 计算机所 | 张力 | 一种文档加密方法 | 200510093364.X | 发明 |
| 50 | 计算机所 | 景昊 | 一种基于锐化滤波的三维模型特征线提取方法 | 200510011768.X | 发明 |
| 51 | 计算机所 | 李晓东 | 一种IP网络的组播传输方法 | 200410009954.5 | 发明 |
| 52 | 生命学院 | 安成才 | 天花粉蛋白突变体及其编码基因 | 200410074324.6 | 发明 |
| 53 | 生命学院 | 蔡宏 | 一种牛分枝杆菌三联核酸疫苗 | 200410046101.9 | 发明 |

续表

| 序号 | 单 位 | 第一发明人或设计人 | 发 明 名 称 | 专 利 号 | 类 型 |
|---|---|---|---|---|---|
| 54 | 生命学院 | 顾 军 | 一种蛇毒类凝血酶及其编码基因与应用 | 200410084055.1 | 发明 |
| 55 | 生命学院 | 魏丽萍 | 一种预测达菲类药物用药安全性的方法 | 200610011569.3 | 发明 |
| 56 | 物理学院 | 陈志忠 | 一种倒装LED芯片的封装方法 | 200410098902.X | 发明 |
| 57 | 物理学院 | 胡小勇 | 基于二维光子晶体的光二极管及其制备方法 | 200510002913.8 | 发明 |
| 58 | 物理学院 | 康香宁 | 一种针对分布式拒绝服务攻击的防范系统和方法 | 200510002914.2 | 发明 |
| 59 | 物理学院 | 康香宁 | 自然解理腔面的GaN基激光二极管的制备方法 | 200510011195.0 | 发明 |
| 60 | 物理学院 | 冉广照 | 阳极氧化法制备纳米硅颗粒的方法及设备 | 03134724X | 发明 |
| 61 | 物理学院 | 颜学庆 | 射频四极场加速器的调制方法 | 200510012217.5 | 发明 |
| 62 | 物理学院 | 杨志坚 | 氮化物多量子阱发光二极管结构的生长方法 | 31564402.0 | 发明 |
| 63 | 心理系 | 沈 政 | 睡眠与梦的监测和干预系统 | 200610011571.0 | 发明 |
| 64 | 信息学院 | 韩 翔 | 一种FinFET电路与纳机电梁集成的芯片及其制作方法 | 200510005031.7 | 发明 |
| 65 | 信息学院 | 贺学锋 | 一种对等离子体刻蚀进行定量监测的方法及结构 | 200510117341.8 | 发明 |
| 66 | 信息学院 | 王成伟 | 一种将CMOS电路与硅体MEMS单片集成的方法 | 200410049792.8 | 发明 |
| 67 | 信息学院 | 张大成 | 一种加工制造微电子机械系统元器件的方法 | 3127940.6 | 发明 |
| 68 | 信息学院 | 张盛东 | 一种双栅金属氧化物半导体晶体管及其制备方法 | 3137771.8 | 发明 |
| 69 | 信息学院 | 朱 泳 | 一种超深隔离槽开口形状的控制方法 | 200410090620.5 | 发明 |
| 70 | 信息学院 | 蔡一茂 | 闪存存储单元的浮栅及制备方法和一种闪存存储单元 | 200510082811.1 | 发明 |
| 71 | 信息学院 | 陈向群 | 基于模拟器的嵌入式软件运行时能耗估算方法 | 200510086808.7 | 发明 |
| 72 | 信息学院 | 董海峰 | 高精度隧道式加速度计及其制备方法 | 200310122478.3 | 发明 |
| 73 | 信息学院 | 高 峻 | 焦平面读出电路像素单元电路 | 200510011535.X | 发明 |
| 74 | 信息学院 | 郭 奥 | 碳纳米管交叉阵列的制备方法 | 200510126086.3 | 发明 |
| 75 | 信息学院 | 焦秉立 | 一种空时编码方法及相应的发射方法、发射机、通信系统 | 200410009382.0 | 发明 |
| 76 | 信息学院 | 李定宇 | 一种源漏位于绝缘层上的MOS晶体管的制作方法 | 200510086323.8 | 发明 |
| 77 | 信息学院 | 李巨浩 | 分布式拉曼放大器 | 200410009103.0 | 发明 |
| 78 | 信息学院 | 李文新 | 掌纹提取方法和装置 | 200410009380.1 | 发明 |
| 79 | 信息学院 | 彭练矛 | 提高碳纳米管阴极发射效率的方法 | 200410009818.6 | 发明 |
| 80 | 信息学院 | 孙 卫 | 信息安全集成电路可测性与安全性设计方法 | 200410009319.7 | 发明 |
| 81 | 信息学院 | 田 敬 | 基于数据分块冗余和虚拟化存储的在线备份方法 | 200510002915.7 | 发明 |
| 82 | 信息学院 | 田 豫 | 适用于硅台型垂直沟道场效应晶体管的隔离方法 | 200410009282.8 | 发明 |
| 83 | 信息学院 | 王千祥 | 构件化软件系统在线增加新功能的方法 | 200410007736.0 | 发明 |
| 84 | 信息学院 | 伍 刚 | 全光纤绕环调相器及其加工方法 | 200410009633.5 | 发明 |
| 85 | 信息学院 | 奚中和 | 氧化钨微米管及其制备方法 | 200610011721.8 | 发明 |
| 86 | 信息学院 | 项海格 | 基于达波信号方向估计的信号处理系统和方法 | 200410009679.7 | 发明 |
| 87 | 信息学院 | 项海格 | 微型射流泵及其制备方法 | 200410009702.2 | 发明 |
| 88 | 信息学院 | 肖 峰 | 光学相控阵器 | 200410009630.1 | 发明 |
| 89 | 信息学院 | 闫桂珍 | 射流角速度传感器及其制备方法 | 200410009349.8 | 发明 |
| 90 | 信息学院 | 杨 利 | SOC硅衬底的加工方法 | 200410009631.6 | 发明 |
| 91 | 信息学院 | 杨 利 | 射频平面螺旋集成电感的加工方法 | 200410009629.9 | 发明 |
| 92 | 信息学院 | 杨 利 | SOC芯片制备方法 | 200510130744.6 | 发明 |
| 93 | 信息学院 | 于晓梅 | 聚合酶链式反应芯片微系统及其制备方法 | 200510011180.4 | 发明 |

续表

| 序号 | 单位 | 第一发明人或设计人 | 发明名称 | 专利号 | 类型 |
|---|---|---|---|---|---|
| 94 | 信息学院 | 张盛东 | 一种源漏位于绝缘层上的MOS晶体管的制作方法 | 200510086324.2 | 发明 |
| 95 | 信息学院 | 张盛东 | 一种源漏下陷型超薄体SOIMOS晶体管及其制作方法 | 200310103424.2 | 发明 |
| 96 | 信息学院 | 周发龙 | 一种快闪存储器结构及其制备方法 | 200510127626.X | 发明 |
| 97 | 信息学院 | 高 军 | 可扩展标记语言数据流压缩器及其压缩方法 | 2003101169076 | 发明 |
| 98 | 信息学院 | 罗 武 | 提高定时同步调整精度的装置及方法 | 2005100993689 | 发明 |
| 99 | 信息学院 | 梅 宏 | 应用服务器的性能优化方法 | 2004100500352 | 发明 |
| 100 | 信息学院 | 施小康 | 离子注入涨落的模拟方法 | 031537405 | 发明 |
| 101 | 信息学院 | 王腾蛟 | 基于结构分析的可扩展标记语言键约束验证方法 | 2004100429437 | 发明 |
| 102 | 信息学院 | 延 涛 | 双沟道积累型变容管机器制造方法 | 031374360 | 发明 |
| 103 | 医学部 | 陈慰峰 | 肿瘤抗原蛋白及抗原肽在作为肿瘤-睾丸抗原、制备治疗肝癌/肺癌药物中的应用 | 03136069.6 | 发明 |
| 104 | 医学部 | 陈慰峰 | 一种肝癌-睾丸特异性抗原蛋白质和抗原肽 | 200510073393.X | 发明 |
| 105 | 医学部 | 陈慰峰 | 一种肿瘤抗原蛋白质和肿瘤抗原肽 | 03136411.X | 发明 |
| 106 | 医学部 | 尚永丰 | 与乳腺癌有关的基因DREE及其编码的蛋白与应用 | 200510011199.9 | 发明 |
| 107 | 医学部 | 尚永丰 | GIBC基因及其编码的蛋白和应用 | 200510011198.4 | 发明 |
| 108 | 医学部 | 尚永丰 | ZIBC基因及其编码的蛋白和应用 | 200510011197.X | 发明 |
| 109 | 医学部 | 尚永丰 | SIP基因及其编码的蛋白和应用 | 200510011196.5 | 发明 |
| 110 | 医学部 | 周柔丽 | 人肝癌相关基因LAPTM4B的一个等位基因及其编码产物与应用 | 03109786.3 | 发明 |
| 111 | 医学部 | 赵红珊 | 一种检测白血病易感性的试剂盒和方法 | 200510084348.4 | 发明 |
| 112 | 医学部 | 石太平 | 抑制NF-kB和NFAT活化的基因及其编码的多肽 | 200410009098.3 | 发明 |
| 113 | 医学部 | 叶新山 | 氮杂糖类化合物,它们的合成方法,以及作为免疫抑制剂和糖苷酶抑制剂的用途 | 03156099.7 | 发明 |
| 114 | 医学部 | 叶新山 | 抑制异种器官移植免疫排斥反应的五糖抗原的合成方法 | 200410050073.8 | 发明 |
| 115 | 医学部 | 李润涛 | 具有镇痛作用的新型双哌嗪季铵盐类化合物 | 200510055643.7 | 发明 |
| 116 | 医学部 | 杨 铭 | 具有抗HIV活性的取代嘌呤新化合物,制备方法及用途 | 200510055351.3 | 发明 |
| 117 | 医学部 | 王振军 | 大黄酸在抑制血管生成中的应用 | 02159686.7 | 发明 |
| 118 | 医学部 | 冯 捷 | 抗人卵巢癌单克隆抗体杂交瘤细胞系及其单克隆抗体和应用 | 200410080352.9 | 发明 |
| 119 | 医学部 | 秦泽莲 | 瘢痕疙瘩与增生性瘢痕差异表达基因文库及其构建方法 | 03136990.1 | 发明 |
| 120 | 医学部 | 杨 志 | 结直肠癌放射免疫导向手术药物及其制备方法 | 200510011277.5 | 发明 |
| 121 | 医学部 | 寿成超 | 作为VEGF受体Flt-1拮抗剂的肽 | US 7.250.395.B2 | 国际专利 |
| 122 | 医学部 | 寿成超 | 作为VEGF受体Flt-1拮抗剂的肽 | 01823615.4 | 发明 |
| 123 | 医学部 | 杨 志 | 一种含SN3类配体的血管活性肠肽衍生物药物及其制备方法 | 200510011139.7 | 发明 |
| 124 | 医学部 | 柯 杨 | 一种单克隆抗体及其制备方法和用途 | 01120432.X | 发明 |
| 125 | 医学部 | 张 岱 | 精神分裂症易感基因检测方法及易感基因和用途 | 3826483.8 | 发明 |

(科学研究部 何 洁、医学部科研处 赵春辉)

表 8-40　2007 年通过鉴定的科研成果（共 20 项）

| 项 目 名 称 | 第一完成单位 | 组织、批准鉴定单位 |
|---|---|---|
| 固定化微生物处理高氨氮废水的研究 | 环境学院 | 教育部 |
| 新型构件化应用服务器 | 信息学院 | 教育部 |
| 光纤通信系统高速光电收发单元关键技术与系列产品 | 信息学院 | 教育部 |
| 基于组件技术的煤矿地测空间管理信息系统 | 地空学院 | 教育部 |
| 基于 NASBA 技术的传染病（禽流感）早期诊断平台 | 基础医学院 | 卫生部 |
| 雌激素及其拮抗剂三苯氧胺诱发妇瘤的分子机制研究 | 基础医学院 | 卫生部 |
| 新的肿瘤相关抗原的发现及其应用前景研究 | 基础医学院 | 卫生部 |
| 流感疫苗接种的效果效益评价及策略研究 | 公共卫生学院 | 卫生部 |
| 妇女妊娠前后增补叶酸预防神经管畸形初发效果的研究 | 生育健康所 | 卫生部 |
| 儿童晕厥临床诊治的综合研究 | 第一医院 | 卫生部 |
| 五种基因多态性与脑梗塞关系的研究 | 人民医院 | 卫生部 |
| 睡眠呼吸暂停患者的呼吸中枢调节功能异常及其机制研究 | 人民医院 | 卫生部 |
| SARS 及其并发症的影像学研究 | 人民医院 | 卫生部 |
| 子宫内膜癌发病机制的研究 | 人民医院 | 卫生部 |
| 对慢性呼吸道疾病患者进行长期教育、管理及其效果评估 | 人民医院 | 卫生部 |
| 心脏 MR 和 CT 影像对于冠状动脉粥样硬化性心脏病的应用研究 | 人民医院 | 卫生部 |
| HLA-DRB1 及其特异性结合肽在类风湿关节炎发病机制及治疗中的作用 | 人民医院 | 卫生部 |
| 基因治疗难治性运动创伤的实验研究 | 第三医院 | 卫生部 |
| 急性呼吸窘迫综合征的关键机制及对策研究 | 第三医院 | 卫生部 |
| 多囊卵巢综合征的病因学研究 | 第三医院 | 卫生部 |

（科学研究部　何　洁、医学部科研处　汪　立）

表 8-41　校本部 2007 年主办的理工类国际学术会议和研讨班情况统计

| 会 议 时 间 | 会 议 名 称 | 主 办 单 位 |
|---|---|---|
| 2007.04.16-18 | 发射线气体星云的深度分光分析和模型研究 | 物理学院天文系 |
| 2007.05.15-16 | 第二次中日双边储氢材料研讨会 | 化学学院 |
| 2007.06.18-21 | The First Asian-Pacific Symposium on Astrophysical, Space and Laboratory Plasmas | 物理学院 |
| 2007.06.25-07.01 | 非线性微分方程及其应用国际会议 | 数学学院 |
| 2007.06.25-29 | 北京第三次医学影像物理和工程国际会议 | 物理学院 |
| 2007.07.02-05 | 2007 国际多媒体技术大会 | 信息学院 |
| 2007.07.05-06 | 中法心血管分子医学论坛 | 分子医学所 |
| 2007.07.08-12 | 第二届中国-奥地利心理治疗学术交流年会 | 心理系 |
| 2007.07.09-12 | 首届能源与环境研究计算方法大会 | 工学院 |
| 2007.07.11-12 | 机器学习 2007 国际研讨会 | 数学学院 |
| 2007.07.21-22 | 2007 年全国卫生统计联合会议 | 数学学院 |
| 2007.07.23-27 | 31th Annual International Computer Software and Applications Conference | 信息学院 |
| 2007.07.27-08.02 | 北京 2007 年国际动力锂离子二次电池国际会议 | 化学学院 |
| 2007.08.24-26 | 中日核物理合作委员会 2007 年年会 | 物理学院 |
| 2007.08.27-09.02 | 第二届海峡两岸物理研讨会暨物理系主任联席会 | 物理学院 |
| 2007.09.03-07 | 恒星形成研讨会 | 物理学院 |
| 2007.10.09-13 | HERMES 合作组 07 年 10 月合作组大会 | 物理学院 |
| 2007.10.13-15 | 第十届 CAD/graphics 国际学术会议 | 信息学院 |
| 2007.10.19-22 | Workshop on the mutibody dynamics and control, Beijing 2007 | 工学院 |
| 2007.10.26-29 | 第 12 届太平洋地区环境和健康科学协会国际会议/21 世纪的环境和健康：挑战与对策 | 环境学院 |
| 2007.11.06 | UNESCO：水资源管理的伦理学探讨 | 工学院 |
| 2007.11.06-09 | Work on Black Hole Accretion Disks（黑洞吸积盘理论研讨会） | 物理学院 |

（科学研究部　张　琰）

表 8-42　医学部 2007 年主办的国际学术会议和研讨班情况统计

| 时　间 | 会　议　名　称 | 主　办　单　位 |
|---|---|---|
| 2007.01.09 | 发展中国家的环境和健康问题 | 公共卫生学院 |
| 2007.02.22 | 中国城市的大气污染造成的健康影响以及预防对策的国际共同研究和汽车行驶过程中的大气污染暴露评价 | 公共卫生学院 |
| 2007.04.22-23 | King's College London and Peking University Joint Research Symposium | 基础医学院 |
| 2007.05.01 | 第三届北京大学糖尿病论坛 | 基础医学院 |
| 2007.05.10-13 | 首届中国国际生物活性神经肽学术大会——从基础研究到临床应用 | 基础医学院 |
| 2007.05.12 | 北京大学医学部与庆应大学医学部建交 1 周年学术报告会 | 基础医学院 |
| 2007.05.24 | 如何构建一个良好的卫生系统 | 公共卫生学院 |
| 2007.05.24-26 | 大学教育在应对 21 世纪公共卫生挑战中的作用 | 公共卫生学院 |
| 2007.11.02-04 | 北京论坛：人口发展的多元模式和健康保障 | 公共卫生学院 |
| 2007.11.21 | 首届中日韩神经精神病论坛 | 基础医学院 |
| 2007.11.29 | 中澳干细胞研究研讨会 | 基础医学院 |
| 2007.12.06 | 性别平等与公共健康 | 公共卫生学院 |
| 2007.12.12-14 | 系统综述与 Meta 分析 | 基础医学院 |

（医学部科研处　陈绍鹏）

表 8-43　2007 年获得基金委国际（地区）合作项目（共 14 项）

| 项目编号 | 项目名称 | 负责人 | 所在院系 | 起始日期 | 终止日期 | 合作国家 |
|---|---|---|---|---|---|---|
| 90211016 | 东亚地区陆地生态系统碳汇的计量与预测 | 方精云 | 城环学院 | 2007.08 | 2010.07 | 日本、韩国 |
| 40710019001 | 东亚大陆多环芳烃排放、输出与长距离输送潜力 | 陶　澍 | 城环学院 | 2008.01 | 2010.12 | 美国 |
| 30711120581 | Caspase 6 结构与功能研究 | 苏晓东 | 生命学院 | 2008.01 | 2010.12 | 加拿大 |
| 30711120582 | 系统研究蛋白质 Sir2 在衰老中的多方面功能和作用机制 | 昌增益 | 生命学院 | 2008.01 | 2010.12 | 加拿大 |
| 30711120564 | 海马的突触可塑性在成瘾药物复吸中的作用 | 于龙川 | 生命学院 | 2008.01 | 2010.12 | 加拿大 |
| 30711120563 | 噪音、干扰性言语以及老年化对单语或双语的中国人和加拿大人言语理解的影响 | 李　量 | 心理学系 | 2008.01 | 2010.12 | 加拿大 |
| 10571004 | 非线性波动方程和波映射 | 王保祥 | 数学学院 | 2007.01 | 2010.01 | 美国 |
| 30571015 | 澳大利亚-中国联盟-Rett 综合征基因型与表型的关系研究 | 包新华 | 医学部 | 2007.01 | 2007.12 | 澳大利亚 |
| 60276004 | 氮化铟的真正带隙 | 史俊杰 | 物理学院 | 2007.01 | 2008.12 | 澳大利亚 |
| 10471008 | 保险与金融中的风险建模 | 杨静平 | 数学学院 | 2007.10 | 2009.10 | 美国 |
| 10505002 | 原子核手征性的合作研究计划 | 张双全 | 物理学院 | 2007.07 | 2008.06 | 南非 |
| 20425207 | 第二届亚洲前沿有机化学国际学术讨论会 | 裴　坚 | 化学学院 | 2007.07 | 2007.12 | 韩国 |
| 10625101 | 高斯方法与小值问题 | 陈大岳 | 数学学院 | 2008.01 | 2009.12 | 美国 |
| 30770938 | 亚洲发作性睡病论坛 | 韩　芳 | 医学部 | 2008.03 | 2008.03 | 国际会议 |

（科学研究部　马信）

表 8-44　2006 年获得科技部政府间国际合作项目（共 3 项）

| 负责人 | 所在单位 | 期　限 | 合作国家 |
|---|---|---|---|
| 李凌松 | 医学部 | 2006—2011 | 澳大利亚 |
| 郝建奎 | 物理学院 | 2007—2010 | 美国 |
| 高　松 | 化学学院 | 2008—2008 | 美国 |

（科学研究部　张琰）

表 8-45　2007 年获得其他国际(地区)合作项目(共 25 项)

| 所在单位 | 项目来源 | 负责人 | 项目名称 | 项目期限 |
| --- | --- | --- | --- | --- |
| 地空学院 | New Mexico State University | 陈永顺 | ASCENT 研究计划：青藏北部地区地震台阵合作研究计划 | 2007—2011 |
| 分子医学所 | 瑞典卡罗琳斯卡研究院 | 周专 | Mechanisms and kinetics of monoamines relese: | 2007—2009 |
| 分子医学所 | Astrazeneca AB | 罗金才 | lipin-1 mediated intercellular signalling between adipocyte and skeletal muscle cell | 200801—201012 |
| 化学学院 | Agilent Technologies | 刘虎威 | Analysis of Erythropoietin with HPLC-Chip/MS | |
| 化学学院 | NEDO | 李星国 | 非 Pd 系氢分离合金的高性能化和高信赖化研究 | 200702—200712 |
| 化学学院 | Hitachi Chemical | 郭海清 | Synthesis of block copolymer by radical/cation transformation polymerization. The block copolymer is composed of two segments | 200709—200808 |
| 城环学院 | Oregon State University | 陶澍 | PAHs from China: Composition, Exposure, Mutagenicity, and Health Impact | 200804—201303 |
| 环科学院 | FP6 芬兰赫尔辛基大学 | 胡敏 | European Intergrated project on Aerosol Cloud Climate and Air Quality interactions | |
| 城环学院 | 能源基金会 | 王学军 | Study on the Management Measures of key energy users | 200704—200803 |
| 环科学院 | University of Medicine and Dentistry of New Jersey | 朱彤 | Molecular and Physiological Responses to drastic changes in PM concentration and composition | 200707—200712 |
| 城环学院 | 瑞典 Stockholm 大学 | 张家富 | 2007 年度中国—瑞典黄河源区地貌联合考察 | 200708—200709 |
| 城环学院 | Lincoln Institute of Land Policy | 孟晓晨 | 房地产税培训 | 200701—200712 |
| 城环学院 | Lincoln Institute of Land Policy | 孟晓晨 | 城市规划政策评估与示范项目 | 200705—200806 |
| 计算机所 | AJM 3D Solutins,LLC,U.S.A | 周秉锋 | A Web-based collaborative map drawing platform | 200711—200802 |
| 计算机所 | Xerox Corporation | 周秉锋 | Xerox | 200709—200809 |
| 经济中心 | NIH | 赵耀辉 | China Health and Retirement Longitudinal Study-Pilot | 200709—200908 |
| 生命学院 | Eli Lilly and Company | 邓宏魁 | 礼来亚洲杰出科研成就奖 | 无 |
| 生命学院 | CRP-ICGEB | 白书农 | Identification of genes involved in regulation of early stamen development through analysis of proteins binging to CsETR1 promoter in cucumber | 5year |
| 生命学院 | Critical Ecosystem partnership fund | 王昊 | 藏东南生物多样性调查 | 200704—200712 |
| 生命学院 | biogen | 张研 | Determine the expression of Nogo Receptor on Human Neurons | 200704—200804 |
| 物理学院 | Korea Food Research Institue | 朱星 | Polymer Nanocomposites for food packaging applications | 200701—200712 |
| 物理学院 | Leibniz Institute for Tropospheric Research | 毛节泰 | The joint research project Satellite-based aerosol mapping over megacities(20061129 签署) | 20070701—20080630 |

续表

| 所在单位 | 项目来源 | 负责人 | 项目名称 | 项目期限 |
|---|---|---|---|---|
| 物理学院 | The Hong Kong University of Science and Technology | 李成才 | Data mirroring service contract for the collected data of atmosphere, environmental and satellite storage | 200708—200907 |
| 心理系 | University of California, Riverside | 苏彦捷 | | 200710—201010 |
| 信息学院 | Intel | 金玉丰 | Development of Novel 3D through silicon via interconnect & system integration technology | 200708—200907 |

(科学研究部 张 琰)

# 文 科 科 研

【概况】 2007年，北京大学获得国家社科基金重大项目立项1项，国家社科基金年度项目立项30项，2007年度教育部哲学社会科学研究重大课题攻关项目立项2项，教育部人文社会科学研究一般项目立项15项，全国教育科学规划项目1项，教育部留学回国人员科研启动基金项目15项，北京市哲学社会科学"十一五"规划2007年度项目4项，北京市教育科学"十一五"规划2007年度项目2项，全国艺术科学规划2007年度项目1项。2007年文科到账科研经费达到7191万元，比2006年经费增长7.6%。2007年，北大13个基地共申请25项重大课题，居全国之首。

【重点工作】 1. 教育部"新世纪人才支持计划"工作获得新进展。4月，社会科学部组织评选出文科教师12人申报教育部"新世纪优秀人才支持计划"。10月，教育部正式公布入选者名单，文科有10人入选。9月中上旬，社科部按教育部要求对2004—2006年度文科入选者的课题进展情况进行了调查和汇总。教育部要求"985工程"高校入选者的支持经费由所在高校全额资助。

2. 第四届人文社会科学研究优秀成果奖颁奖大会。2006年，教育部组织评选了中国高校第四届人文社会科学研究优秀成果奖。北京大学申报成果59项，获奖成果33项，中奖率为55.9%，其中一等奖5项、二等奖12项、三等奖16项。获奖总数和一、二等奖奖数在全国高校中领先。2007年4月20日，社会科学部组织获奖者代表，参加教育部在人民大会堂召开的颁奖大会。会议由教育部部长周济主持，国务委员陈至立出席会议并做重要讲话。北京大学一等奖获得者袁行霈、闵维方、罗芃（代李赋宁）、仲跻昆上台领奖。

3. 教育部李卫红副部长考察人文社科重点研究基地。5月23日，李卫红副部长考察了北京大学13个教育部人文社会科学重点研究基地并作重要讲话。她希望北京大学的人文社科基地认真总结与回顾各项工作，以更好地适应国家改革发展的大形势，让理论与实践更加紧密地结合起来。许智宏校长在总结讲话中表示，人文社会科学是北京大学的重要组成部分，北京大学具有人文社科的传统优势，今后学校会一如既往地重视人文社科发展，支持重点研究基地建设。9月12日，许智宏校长为13个人文社科重点研究基地的新一届主任颁发聘书。张国有副校长主持聘任仪式。许智宏校长希望基地成为北大学科建设的良好平台，成为"985"和"211"工程的核心力量。

4. 启动改革开放三十年北京大学人文社会科学研究"百项精品成果奖"评选工作。经学校批准，社会科学部于9月10日正式启动评选工作，旨在通过系统回顾三十年来北京大学人文社会科学研究各个发展阶段所取得的主要成绩，拣选精品、树立榜样、示范后学，向北京大学110周年校庆献礼。2007年9月到12月，是院系初评提名和评审专家对被提名成果进行投票的阶段，最终评选结果将于2008年3月公布。

5. 推进文科大楼建设。在社会科学部的积极推动和相关部门的大力协作下，北京大学人文社会科学基础设施建设工作获得重大突破，陆续完成大楼选址、建筑设计、文保规划、园林规划、建设规划等工作，实现了2007年底正式奠基的目标。

6. 举办第四届北京论坛。11月2日到4日，第四届北京论坛在人民大会堂成功举办。本次论坛汇集了来自世界各地的400多名学者，共同探讨人类文明的多元发展模式。本届论坛包括"爱智与弘道：人文奥运的哲学基础""民族关系与宗教共处""多元文明冲突与对话中语言的认同与流变""全球化趋势中企业的跨国发展战略与社会责任""人口发展的多元模式与健康保障""多元文化、和谐社会与可选择的现代性:新媒体与社会发展""人类遗产对文明进步的启示""社会变革与大学发展"等八个分论坛。北京大学社会科学部程郁缀部长作为论坛学术委员会执行委员参加本届北京论坛工作。

【项目管理】 2007年,各类纵向项目工作继续平稳发展。

表 8-46　2007 年组织的纵向项目申报立项情况

| 项目名称 | 申报数 | 立项数 |
| --- | --- | --- |
| 2007 年度国家社科基金重大项目 | 11 | 1 |
| 2007 年度国家社科基金年度项目 | 125 | 30 |
| 2007 年度全国教育科学规划项目 | 19 | 1 |
| 2007 年度教育部哲学社会科学研究重大课题攻关项目 | 4 | 2 |
| 2007 年度教育部人文社会科学研究一般项目 | 63 | 15 |
| 2007 年教育部留学回国人员科研启动基金项目 | 15 | 15 |
| 北京市哲学社会科学"十一五"规划 2007 年度项目 | 15 | 4 |
| 北京市教育科学"十一五"规划 2007 年度项目 | 15 | 2 |
| 全国艺术科学规划 2007 年度项目 | — | 1 |
| 国家广电总局项目 | 7 | 1 |
| 国务院侨办项目 | — | 2 |

表 8-47　2007 年承担的常规纵向项目评审组织工作概况

| 项目名称 | 评审份数 | 评审专家数 |
| --- | --- | --- |
| 国家社科基金年度项目通讯评审 | 4500 | 250 |
| 国家社科基金年度项目会议评审 | — | 17 |
| 教育部人文社会科学研究一般项目会议评审 | — | 7 |
| 教育部哲学社会科学重大课题攻关项目会议评审 | — | 2 |

(注:以会议方式进行的评审无法统计评审份数)

加强项目中期管理,是北京大学 2007 年度人文社会科学研究工作重点之一。2007 年上半年,社会科学部对所有在研的重大项目进行了跟踪检查工作。根据有关上级的要求,还对在研的各类一般项目进行了中期检查。其中仅国家社科基金年度项目,就有 190 个之多。中期管理卓有成效,有力地促进了各类项目的进展。

表 8-48　2006 年跟踪检查的重大项目一览表

| 批准号 | 项目名称 | 项目类别 |
| --- | --- | --- |
| 04&ZD015 | 科学发展观与政府管理改革研究 | 国家社科重大项目 |
| 05&ZD042 | 法律制度与社会建设的和谐 | 国家社科重大项目 |
| 05&ZD017 | 世界多元文化激荡交融中的中国文化建设和文化安全研究 | 国家社科重大项目 |
| 05&ZD026 | 弘扬和培育民族精神问题研究 | 国家社科重大项目 |
| 05&ZD016 | 我国农村人口卫生保障制度研究 | 国家社科重大项目 |
| 06&ZD005 | 社会主义和谐社会构建中的意识形态问题研究 | 国家社科重大项目 |
| 03JZD0011 | 中国市场经济发展研究 | 教育部重大攻关项目 |
| 03JZD004 | 社会主义政治文明与宪政建设 | 教育部重大攻关项目 |
| 03JZDH01 | "三个代表"重要思想研究 | 教育部重大攻关项目 |
| 04JZD00021 | 西部开发中的人口流动与族际交往研究 | 教育部重大攻关项目 |
| 04JZD0005 | 当代宗教冲突与对话研究 | 教育部重大攻关项目 |
| 04JD00040 | 中国和平发展的国际环境研究 | 教育部重大攻关项目 |
| 05JZD00019 | 中国地方政府绩效评价体系与管理机制研究 | 教育部重大攻关项目 |

表 8-49  2006 年纵向项目中期检查情况一览表

| 项目名称 | 年度检查数 | 提交结项数 |
| --- | --- | --- |
| 国家社科基金项目 | 190 | 27 |
| 教育部项目 | 20 | 20 |
| 北京市项目 | 31 | 15 |

继 2005 年突破 4000 万后，今年北京大学人文社会科学科研经费继续保持了强劲的增长势头，并首次突破了 7000 万元大关，总计约 7191 万元。

表 8-50  近 5 年经费增长情况

| 年度 | 2003 年 | 2004 年 | 2005 年 | 2006 年 | 2007 |
| --- | --- | --- | --- | --- | --- |
| 到账经费总额 | 2193 万 | 3299 万 | 5674 万 | 6678 万 | 7191 万 |

（注：2006 年经费统计到 12 月 25 日）

【成果管理】 3 月，社会科学部组织北京大学文科教师申报北京市社科理论著作出版基金第 30 批资助，申报著作 16 项，获准资助 10 项。9 月组织申报第 31 批资助，申报著作 14 项，12 月获准资助 11 项。

4 月 12 日，北京市社科联党组副书记辛国安带队来北京大学开展"北京市哲学社会科学优秀成果奖评选工作科学化、规范化研究"课题调研，社会科学部组织了调研座谈会，中文系、历史系、外国语学院、经济学院、法学院等单位的专家与会并提出咨询意见。

社会科学部还进行了成果统计工作，2006 年文科各单位发表各类科研成果 3476 项，其中专著 201 部、论文 2754 篇、编著和教材 287 部、工具书和参考书 14 部、古籍整理作品 3 部、译著 91 部、研究咨询报告 68 篇、译文 54 篇、音像软件 4 部；发表的署名单位包括北京大学的 SSCI 论文 41 篇、A&HCI 论文 13 篇、SCI 论文 20 篇，共计 74 篇；另外，新统计到尚未检索出的 2005 年 SSCI 论文 2 篇、A&HCI 论文 4 篇、SCI 论文 2 篇，共计 8 篇。以上总计 82 篇论文列入本年度奖励范围，其中实际奖励篇数为 67 篇，包括 2006 年 59 篇、2005 年 8 篇，奖励经额总数为 30.53 万元。

【人才建设】 1 月，社科部组织推荐 18 位文科教师参加在中央党校举办的 2007 年高校哲学社会科学教学科研骨干研修班的学习。7 月，按照教育部要求将已参加学习的 36 名学员的信息汇总，并录入"学员数据库"。

4 月 19 日，教育部公布教育部社会科学委员会新增委员名单。经社会科学部组织推荐，北京大学赵存生、阎步克、徐湘林三位教授当选，任期四年，北京大学委员人数为 16 人（不含已故 2 人）。

【基地管理】 2007 年，北京大学 13 个教育部人文社会科学重点研究基地新申请基地重大课题 25 项，总量达到 161 项。截至 11 月 20 日，北大基地共有 46 项课题通过了教育部鉴定，顺利结项，其中 6 项被评为优秀。为全面反映基地建设八年来的各项成果，社会科学部编辑了《北京大学教育部人文社会科学重点研究基地成果巡礼》大型画册，收录了 13 个重点研究基地在科学研究、人才培养、学术交流、资料建设、咨询服务等方面的综合介绍，汇集了大量数据、图表和照片，成为基地品牌建设的新窗口。10 月 8 到 9 日，教育部在国家教育行政学院召开全国人文社会科学重点研究基地工作会议，确立了重点研究基地发展的新思路，讨论了新一轮基地评估的方案和指标。北京大学张国有副校长、社会科学部程郁缀部长、萧群常务副部长带领北大 13 位基地主任出席了会议。会上，张国有副校长做了题为《创新制度 铸造精品》的报告，全面回顾了八年来北大基地建设的成绩和经验。10 月 15 日，为落实本次基地主任大会的有关精神，围绕即将进行的新一轮基地评估，结合基地建设中存在的实际问题，社会科学部组织召开了基地主任圆桌会议，张国有副校长听取了各位基地主任的汇报，大家就评价体系、科研激励、人员管理、经费使用等方面进行了深入细致的讨论。

中国都市经济研究中心是北京大学唯一一个由北京市社科规划办和市教委联合批准建立的第一批北京市哲学社会科学研究基地。2007 年是其第一个建设周期的终结之年，市社科规划办、市教委对基地进行了验收。11 月 30 日，市教委专家组来到中国都市经济研究中心进行了实地考察。

【科研机构】 2007 年北大文科各院系教师根据科研需要，联合起来申请成立科研机构的势头依然迅猛。2007 年全年北京大学共有 23 个新的文科机构成立，其中上半年 7 个，下半年 16 个（名单见下）。到 2007 年年底，北京大学人文社会科学研究机构共有 232 个。文科科研机构的迅速发展，为北京大学文科的科学研究注入了新的活力。新成立的 23 个文科科研机构到账经费约为 991 万元人民币。

### 表 8-51　2007 年北京大学新成立的文科科研机构

| 机构名称 | 负责人 |
|---|---|
| 北京大学文化遗产保护研究中心 | 孙　华 |
| 北京大学中韩历史文化研究中心 | 王春梅 |
| 北京大学孙子兵法研究中心 | 刘华祝 |
| 北京大学国际战略研究中心 | 王缉思 |
| 北京大学公共管理研究中心 | 张国庆 |
| 北京大学莫里斯经济政策研究所 | 蔡洪滨 |
| 北京大学新西兰研究中心 | 刘树森 |
| 北京大学新媒体营销传播研究中心 | 陈　刚 |
| 北京大学韩半岛研究中心 | 牛大勇、程朝翔 |
| 北京大学中国古代思想文化研究所 | 李　零 |
| 北京大学台海两岸现代化研究中心 | 牛大勇 |
| 北京大学人本管理研究中心 | 江荣海 |
| 北京大学社会经济发展与服务型政府研究中心 | 燕继荣 |
| 北京大学和谐社会研究院 | 郭宝平 |
| 北京大学竞争法研究中心 | 肖江平 |
| 北京大学企业与公司法研究中心 | 甘培忠 |
| 北京大学慈善、体育与法律研究中心 | 凌　斌 |
| 北京大学中国残疾人事业发展研究中心 | 张国有 |
| 北京大学巴基斯坦研究中心 | 唐孟生 |
| 北京大学企业社会责任与雇主品牌传播研究中心 | 王汉生 |
| 北京大学多元文化教育研究中心 | 钱民辉 |
| 北京大学信息化与人类行为研究所 | 陈建龙 |
| 北京大学人物研究中心 | 徐　勇 |

【国际交流】 2007 年全年受理人文社会科学类国际(双边)学术会议申报共 56 个,同比增长 12％。国际学术交流活动的合作对象多元化发展趋势愈发明显。第四届北京论坛在人民大会堂成功举办,社科部程郁缀部长作为执行委员出席大会。本届论坛汇集了五大洲 400 多名专家学者,共同探讨人类文明的多元发展模式。活跃的国际学术交流活动为促进中外文化学术交流、创建世界一流大学发挥了积极的作用。

(李　净)

## 附　录

### 表 8-52　2007 年度重大项目立项一览表

| 项目来源 | 项目名称 | 首席专家 | 单　位 |
|---|---|---|---|
| 教育部 | 金融市场全球化下的中国金融监管体系研究 | 曹凤歧 | 光华管理学院 |
| 教育部 | 互联网等新媒体对社会舆论影响与利用研究 | 谢新洲 | 新闻与传播学院 |
| 国家社科基金 | 新区与协调发展理论与政策研究 | 杨开忠 | 政府管理学院 |

(秦化真)

### 表 8-53　2007 年度国家社科基金项目立项一览表

| 课题名称 | 项目类别 | 负责人 | 工作单位 |
|---|---|---|---|
| 侵权行为法"损害"的概念及相关理论问题研究 | 青年自选 | 薛　军 | 法学院 |
| 司法鉴定模式与专家证人模式的融合——中国司法鉴定制度改革的方向 | 重点项目 | 汪建成 | 法学院 |
| 未成年人司法制度改革研究——以实证分析为基础 | 一般项目 | 赵国玲 | 法学院 |
| 协商行政的原理与制度研究 | 青年项目 | 郑春燕 | 法学院 |
| 非洲—中国合作机制的可持续发展研究 | 一般项目 | 李安山 | 国际关系学院 |
| 一国两制台湾模式 | 一般项目 | 李义虎 | 国际关系学院 |
| 反垄断中相关市场界定的理论与国际实践比较研究 | 一般项目 | 李　虹 | 经济学院 |
| 天道人妖:《五行志》与中古的治道论 | 青年自选 | 游自勇 | 历史学系 |
| 构建和谐社会面临的利益矛盾与社会公平问题的研究 | 一般项目 | 李青宜 | 马克思主义学院 |
| 劳动力市场中的性别问题研究 | 重点项目 | 佟　新 | 社会学系 |
| 新农村建设:产业结构调整与商业组织制度建设 | 一般项目 | 王汉生 | 社会学系 |
| 社会主义和谐社会建设中助人与受助问题研究 | 一般项目 | 马凤芝 | 社会学系 |
| 中国女子体育项目发展状况研究 | 一般项目 | 董进霞 | 体教部 |
| 世界其他主要文明起源研究的历史与现状 | 一般项目 | 拱玉书 | 外国语学院 |
| 西班牙 20 世纪诗歌研究 | 一般项目 | 赵振江 | 外国语学院 |

| 课题名称 | 项目类别 | 负责人 | 工作单位 |
|---|---|---|---|
| 互联网和手机对中国社会生活与政治生活的影响研究——以北京为例 | 一般项目 | 杨伯溆 | 新闻与传播学院 |
| 图书馆数字参考咨询服务质量评价研究：指标体系、测度方法和实施程序 | 青年项目 | 张久珍 | 信息管理系 |
| 信息资源产业与相关产业整合与协同实证研究 | 重点项目 | 赖茂生 | 信息管理系 |
| 唐至北宋之际孟学研究 | 青年项目 | 李峻岫 | 哲学系 |
| 当代西方语言哲学研究 | 重点项目 | 陈 波 | 哲学系 |
| 内涵语义与内涵逻辑研究 | 一般项目 | 周北海 | 哲学系 |
| 英国经验主义美学体系研究 | 一般项目 | 彭 锋 | 哲学系 |
| 权力制衡与系统整合：中国政府决策权、执行权、监督权制约协调运行机制研究 | 重点项目 | 张国庆 | 政府管理学院 |
| 京津冀区域协调发展研究 | 一般项目 | 李国平 | 政府管理学院 |
| 中国大都市区域城镇化中的财税竞争问题及其治理策略研究 | 青年项目 | 陆 军 | 政府管理学院 |
| 中央与地方关系法治化研究——财政维度 | 青年项目 | 魏建国 | 教育学院 |
| 转型实验、中国模式与创新经济学 | 重点项目 | 陈 平 | 经济中心 |
| 民间文学的传承机制及其与当代中国思潮之关系 | 一般自选 | 陈泳超 | 中文系 |
| 面向内容计算的汉语语义角色知识库的研究和建设 | 重点项目 | 袁毓林 | 中文系 |
| 白彝关系语素研究 | 青年项目 | 汪 锋 | 中文系 |

（秦化真）

表 8-54　2007 年度教育部一般项目立项一览表

| 序 号 | 课题名称 | 项目类别 | 负责人 | 单 位 |
|---|---|---|---|---|
| 1 | 现代汉语类词缀研究 | 青年基金 | 曾立英 | 计算语言所 |
| 2 | 中国高等教育政策工具研究 | 规划基金 | 林小英 | 教育学院 |
| 3 | 中国历史时期考古学史 | 规划基金 | 齐东方 | 考古文博学院 |
| 4 | 中国收藏的古埃及文物 | 青年基金 | 颜海英 | 历史学系 |
| 5 | 中国近代特殊教育史研究 | 后期资助 | 郭卫东 | 历史学系 |
| 6 | 西部村落人口、资源与环境的互动：田野调查与对策研究 | 规划基金 | 胡玉坤 | 人口所 |
| 7 | 宗教治理：一项比较研究 | 青年基金 | 卢云峰 | 社会学系 |
| 8 | 当代俄语的变化及发展趋势 | 规划基金 | 褚 敏 | 外国语学院 |
| 9 | 《贝奥武甫》史诗英雄后面的女性形象 | 规划基金 | 王继辉 | 外国语学院 |
| 10 | 伦理意识与心理意识：亨利·詹姆斯小说研究 | 青年基金 | 毛 亮 | 外国语学院 |
| 11 | 受众伦理研究 | 规划基金 | 陈汝东 | 新闻与传播学院 |
| 12 | 当代中国社会变迁中媒介转型的机理、意义与管理——以网络媒介事件为例 | 规划基金 | 师曾志 | 新闻与传播学院 |
| 13 | 日本动漫产业研究 | 规划基金 | 李常庆 | 信息管理系 |
| 14 | 图书馆危机管理实证研究 | 规划基金 | 刘兹恒 | 信息管理系 |
| 15 | 公共预算的政治监督机制研究 | 规划基金 | 文炳勋 | 政府管理学院 |
| 16 | 科技型中小企业开发性金融融资信用体系的理论与实践研究 | 规划基金 | 郁俊莉 | 政府管理学院 |

（刘 睿）

### 表 8-55　北京市"十一五"规划 2007 年度项目立项一览表

| 项目名称 | 所属学科 | 项目类别 | 规划期 | 负责人 |
|---|---|---|---|---|
| 北京文化特色与北京精神新论 | 哲学 | 重点项目 | 十一五规划 | 王 东 |
| 现代性与中国当代文学主潮 | 文学·艺术 | 一般项目 | 十一五规划 | 陈晓明 |
| 北京市老年人服务设施需求研究 | 社会学 | 一般项目 | 十一五规划 | 黄成礼 |
| 《企业所得税法》实施与首都税收法治环境研究 | 法学 | 重点项目 | 十一五规划 | 刘剑文 |

（秦化真）

### 表 8-56　其他各类纵向项目立项一览表

| 项目名称 | 负责人 | 单　位 | 项目种类 | 项目来源 |
|---|---|---|---|---|
| 新时期电视改革发展研究——公共服务视角的电视传播研究 | 俞 虹 | 艺术学院 | 二类课题 | 广电总局 |
| 利益相关者导向的高等教育政策评估研究 | 林小英 | 教育学院 | 青年课题 | 全国教育规划 |
| 2008 年大选对台湾侨务政策的影响 | 印红标 | 国际关系学院 | 委托课题 | 全国侨办 |
| 拉丁美洲华侨华人分布状况与发展趋势 | 李安山 | 国际关系学院 | 重点课题 | 全国侨办 |
| 中国艺术学学科体系建设研究 | 彭吉象 | 艺术学院 | 重点课题 | 艺术规划 |
| 中国法规审查标准及评价系统 | 姜明安 | 法学院 | 重点项目 | 司法部 |
| 公民生育权与社会抚养费制度研究 | 湛中乐 | 法学院 | 一般项目 | 司法部 |
| 我国能源安全保障的经济法机制 | 肖江平 | 法学院 | 一般项目 | 司法部 |
| 欧洲私法一体化研究 | 薛 军 | 法学院 | 青年项目 | 司法部 |
| 网络技术条件下的不正当竞争规制 | 杨 明 | 法学院 | 青年项目 | 司法部 |
| 我国非上市证券法律制度研究 | 郭 雳 | 法学院 | 青年项目 | 司法部 |

（秦化真）

### 表 8-57　国家社科基金 2007 年度提交结项项目名单

| 批准号 | 单　位 | 负责人 | 项目名称 |
|---|---|---|---|
| 05CFX026 | 法学院 | 王锡锌 | 行政立法和决策过程中的公众参与研究 |
| 05BZW040 | 中文系 | 李 杨 | "中国现代文学"与"中国当代文学"之关联研究 |
| 05FZS002 | 历史学系 | 辛德勇 | 秦汉政区与边界地理研究 |
| 05BRK007 | 社会学系 | 郭志刚 | 人口学方法论研究 |
| 05BSH014 | 社会学系 | 钱民辉 | 教育公平与社会分层研究 |
| 05CJL012 | 经济学院 | 王曙光 | 我国民营经济融资约束与民间金融内生成长研究 |
| 05CYY003 | 外国语学院 | 王立刚 | 对现代俄语中评价意义的研究 |
| 05BFX036 | 法学院 | 白建军 | 刑事司法公正性实证研究 |
| 05BJY016 | 光华管理学院 | 吴联生 | 上市公司盈余管理程度研究 |
| 05CJY016 | 经济学院 | 夏庆杰 | 城镇贫困人口现状、问题和对策研究 |
| 04BTQ013 | 光华管理学院 | 董小英 | 知识创新的信息保障体系研究 |
| 04BTQ009 | 信息管理系 | 周文俊 | 当代中国图书馆学史 |
| 04CSH011 | 社会学系 | 周飞舟 | 农村税费改革的社会学研究 |
| 04BZS020 | 历史学系 | 李孝聪 | 中国古代舆地图研究 |
| 04BZS023 | 历史学系 | 阎步克 | 秦汉官阶制与早期帝国官僚 |
| 04BKG008 | 外国语学院 | 张保胜 | 元明清遗存蓝札本梵文文物的解读与研究 |
| 03BFX020 | 法学院 | 刘剑文 | WTO 体制下中国税收债法的建构 |
| 03BFX009 | 法学院 | 李贵连 | 中国法制近代化研究——近代以来司法判决书的整理和研究 |
| 03BZZ019 | 国际关系学院 | 林勋建 | 西方党政关系研究 |

续表

| 批准号 | 单　位 | 负责人 | 项目名称 |
|---|---|---|---|
| 02BFX013 | 法学院 | 盛杰民 | 反限制竞争法律制度研究 |
| 02AZZ003 | 政府管理学院 | 李成言 | 反腐败斗争与民主监督机制建设问题研究 |
| 02CJY024 | 人口所 | 陈　功 | 土地与农村养老保障 |
| 01BSH015 | 社会学系 | 高丙中 | 国家对民间组织的有效治理问题研究 |
| 01CMZ005 | 社会学系 | 麻国庆 | 都市化过程中文化的生产与民族认同——以呼和浩特、银川、乌鲁木齐为例 |
| 01BKS014 | 马克思主义学院 | 阎志民 | 我国现阶段农民问题研究 |
| 00BGJ012 | 国际关系学院 | 王　勇 | 经济全球化时代经贸关系对21世纪前半期中美战略关系的影响 |
| 00CYY001 | 外国语学院 | 付志明 | 汉语、阿拉伯语文化语言之比较 |

(秦化真)

表 8-58　2007 年度教育部一般项目结项名单

| 批准号 | 单　位 | 负责人 | 课题名称 |
|---|---|---|---|
| 01JA720005 | 哲学系 | 陈嘉映 | 科学世界与日常世界的分合 |
| 01JA730004 | 哲学系 | 张志刚 | 20世纪宗教观的主要类型及其方法论分歧 |
| 01JA790057 | 经济学院 | 王跃生 | 当前国际企业制度创新研究 |
| 01JA840003 | 社会学系 | 唐　军 | 村民自治后的家族问题研究 |
| 01JA870001 | 信息管理系 | 谢新洲 | 网上书店技术与经营模式研究 |
| 01JA880022 | 教育学院 | 陈晓宇 | 大学与科技园互动关系的比较研究 |
| 01JB730001 | 外国语学院 | 段　晴 | 原民族宫藏梵语贝叶经整理 |
| 01JB790006 | 经济学院 | 萧　琛 | 网络经济的新理论与新实践 |
| 02JAZ820001 | 法学院 | 刘建文 | WTO与中国税收政策合法化问题研究 |
| 03JB740008 | 中文系 | 陈保亚 | 汉越语音对应语素的时间层次 |
| 03JB750.47 | 外国语学院 | 陈贻绎 | 犹太(希伯来语)圣经文学研究 |
| 03JB820006 | 法学院 | 张守文 | 财政权与财产权的均衡保护 |
| 03JB840002 | 社会学系 | 刘爱玉 | 企业制度变革与工人集体行动可能性研究 |
| 05JA840001 | 社会学系 | 陶　庆 | 民间商会与政府关系的政治社会学研究：协商民主中相互赋权的路径选择 |
| 05JC820039 | 法学院 | 洪艳蓉 | 信贷资产证券化投资者保护法律机制 |
| 96JAQ820017 | 法学院 | 郑胜利 | 知识产权国际保护的发展趋势及我国的对策 |
| 96JBY820016 | 法学院 | 龚刃韧 | 国际法与国内法的关系 |
| 96JBZ810004 | 政府管理学院 | 陈庆云 | 公共政策分析的基本理论与常用模型软件化研究 |
| 98JAP880006 | 教育学院 | 丁小浩 | 高等教育中特困生就学问题研究 |
| 98JBY750.47 | 外国语学院 | 王邦维 | 佛经翻译文学研究 |

(刘　睿)

表 8-59　北京市哲学社会科学"十五"规划项目提交结项名单

| 单　位 | 姓　名 | 学　科 | 项目名称 | 类　别 |
|---|---|---|---|---|
| 考古文博学院 | 赵朝洪 | 历史学 | 东胡林人及其文化研究 | 自筹 |
| 哲学系 | 朱良志 | 文学艺术 | 元代大都绘画史实研究 | 自筹 |
| 法学院 | 邵景春 | 法学 | 电子商务法律制度研究 | 一般 |
| 法学院 | 汪　劲 | 法学 | 北京市地方立法实行可持续发展影响评估制度研究 | 一般 |
| 光华管理学院 | 姜万军 | 经济管理 | 北京市知识型生产组织治理结构研究 | 一般 |

| 单 位 | 姓 名 | 学 科 | 项 目 名 称 | 类 别 |
|---|---|---|---|---|
| 经济学院 | 刘新立 | 经济管理 | 加入WTO对首都保险业的影响及风险管理研究 | 一般 |
| 人口所 | 陈 功 | 经济管理 | 北京老龄产业发展现状、问题与对策研究 | 一般 |
| 社会学系 | 马 戎 | 社会学 | 北京市三类社区中居民委员会功能比较研究 | 一般 |
| 社会学系 | 郭志刚 | 社会学 | 北京市人口老龄化与家庭代际关系 | 一般 |
| 城环 | 邓 辉 | 历史学 | 生态环境变迁与北京城发展关系 | 重点 |
| 法学院 | 周旺生 | 法学 | 当代法理学理论学说研究 | 重点 |
| 马克思主义学院 | 阎志民 | 科社党建政治学 | 第三代领导集体对毛泽东思想、邓小平理论的坚持与发展 | 重点 |
| 中文系 | 陈保亚 | 文学艺术 | 网络汉语研究 | 重点 |
| 中文系 | 王岳川 | 文学艺术 | 20世纪西方文学批评主潮 | 重点 |
| 政府管理学院 | 沈体雁 | 城市学 | 北京历史地理专题数据库建设方法研究 | 一般 |

(秦化真)

表8-60　2007年度教育部文科基地重大课题一览表

| 基 地 名 称 | 课 题 名 称 | 申 请 人 |
|---|---|---|
| 邓小平理论研究中心 | 邓小平发展理论及其当代价值 | 赵家祥 |
| 邓小平理论研究中心 | 防止两极分化、构建新型和谐社会关系问题研究 | 夏学銮 |
| 东方文学研究中心 | 东方现当代文学纪事数据库 | 唐仁虎 |
| 东方文学研究中心 | 梵语与西域胡语文献中的佛教神话研究 | 王邦维 |
| 汉语语言学研究中心 | 作格结构、中动结构的句法语义性质及与被动结构、主动结构的句法语义关联 | 沈 阳 |
| 教育经济研究所 | 基础教育阶段家庭校外教育投资研究 | 曾满超 |
| 教育经济研究所 | 教育财政改革对教育资源分布和教育机会影响研究 | 闵维方　李文利 |
| 美学与美育研究中心 | 中国美学通史（第三卷、第四卷） | 朱良志 |
| 美学与美育研究中心 | 中国艺术批评通史（第三卷、第四卷） | 王耀华 |
| 外国哲学研究所 | 后期维特根斯坦哲学研究 | 韩林合 |
| 外国哲学研究所 | 轴心时代的中国和希腊哲学比较研究 | 赵敦华 |
| 宪法与行政法研究中心 | 国家主权与反分裂的宪法理论研究 | 饶戈平　陈瑞洪 |
| 宪法与行政法研究中心 | 协商民主与地方政权的制度建设研究 | 高全喜　甘超英 |
| 政治发展与政府管理研究所 | 政党内部民主与人民民主关系研究 | 杨 河 |
| 政治发展与政府管理研究所 | 中国政治发展的历史逻辑与核心价值研究 | 毛寿龙 |
| 中国古代史研究中心 | 契丹文字与辽史、契丹史：跨学科的民族史研究 | 刘浦江 |
| 中国古代史研究中心 | 西周重要青铜器铭文综合研究 | 朱凤瀚 |
| 中国古文献研究中心 | 出土战国数术文献研究（以楚墓卜筮祷祠简研究为中心） | 李家浩 |
| 中国古文献研究中心 | 印度泰戈尔大学所藏中国古籍目录 | 吴 鸥　王丽萍 |
| 中国经济研究中心 | 行为经济学研究 | 汪丁丁 |
| 中国经济研究中心 | 信息不对称和医疗体制改革：理论与实践 | 李 玲 |
| 中国考古学研究中心 | 鲁北沿海地区先秦盐业考古 | 李水城 |
| 中国考古学研究中心 | 中国古代丧葬：从晋制到唐制的考古学研究 | 齐东方 |
| 中国社会与发展研究中心 | 多元文化教育与现代性：中国本土的理论与实践 | 钱民辉 |
| 中国社会与发展研究中心 | 中国社会转型期的社区建设与权利关系 | 郭于华 |

(王康宁　郭琳)

### 表 8-61　2007 年 12 月教育部文科基地项目结项名单

| 基地名称 | 项目名称 | 负责人 |
|---|---|---|
| 东方文学研究中心 | 古代东方赞美诗研究——以楔形文字赞美诗和印度赞颂文体 | 葛维钧 |
| 外国哲学研究所 | 日本哲学资料选编（古代、近代部分） | 魏常海 |
| 中国社会与发展研究中心 | 我国西部现代化进程中少数民族社会与文化变迁 | 马　戎 |

（郭　琳）

### 表 8-62　2007 年获得北京市社科理论著作出版基金资助的著作名单

上半年 10 项

| 序号 | 书名 | 作者 | 单位 |
|---|---|---|---|
| 1 | 古文源流丛书 | 徐　刚 | 中文系 |
| 2 | 闽南方言连续变调的语音、语法、语用综合研究 | 陈宝贤 | 中文系 |
| 3 | 不死的纯文学 | 陈晓明 | 中文系 |
| 4 | 清代书院与学术变迁研究 | 刘玉才 | 中文系 |
| 5 | 中国现代解诗学的理论与实践 | 孙玉石 | 中文系 |
| 6 | 分化与突破——14—16 世纪英国农民经济研究 | 黄春高 | 历史系 |
| 7 | 东国圣学——韩国思想史纲 | 张　敏 | 外国语学院 |
| 8 | 防治外来物种入侵立法比较研究 | 汪　劲 | 法学院 |
| 9 | 新公共管理改革：不断塑造新的平衡 | 赵成根 | 政府管理学院 |
| 10 | 健康、村庄民主和农村发展 | 姚　洋 | 中国经济研究中心 |

下半年 12 项

| 序号 | 书名 | 作者 | 单位 |
|---|---|---|---|
| 1 | 齐梁诗歌向盛唐诗歌的嬗变 | 杜晓勤 | 中文系 |
| 2 | 理解自由意志 | 徐向东 | 哲学系 |
| 3 | 北京魅力——北京文化与北京精神新论 | 王　东 | 哲学系 |
| 4 | 海外考察论郑和 | 孔远志 | 外国语学院 |
| 5 | 列王纪研究 | 张鸿年 | 外国语学院 |
| 6 | 知识产权犯罪被害人调查与研究 | 赵国玲 | 法学院 |
| 7 | 作证特免权制度研究 | 吴丹红 | 法学院博士后（已出站） |
| 8 | 全球化与地域性——经济全球化过程中国家与社会的关系 | 唐士其 | 国际关系学院 |
| 9 | 中国企业国际化战略：理论与实践研究 | 武常岐 | 光华管理学院 |
| 10 | 1995—2004 年北京社会经济发展 | 杨　明 | 政府管理学院 |
| 11 | 被害人当事人地位的根据与限度——公诉程序中被害人诉权问题研究 | 韩　流 | 团委 |
| 12 | 经济体制变迁中的财政职能研究——一个财政压力视角的分析 | 秦春华 | 党办校办 |

（倪润安）

### 表 8-63　2006 年北京大学文科 A&HCI 论文目录

| 序号 | 作者单位 | 作者中文姓名 | 期刊作者署名 | 题名 | 期刊 | 成果形式及奖励经费（元） |
|---|---|---|---|---|---|---|
| 1 | 中文系 | 汪　锋 | Wang, F（Wang, Feng） | Historical stratification in linguistics | JOURNAL OF CHINESE LINGUISTICS, 34（2）: 169-171 JUN 2006 | Editorial Material 3500 |

续表

| 序号 | 作者单位 | 作者中文姓名 | 期刊作者署名 | 题　名 | 期　刊 | 成果形式及奖励经费(元) |
|---|---|---|---|---|---|---|
| 2 | 中文系 | 汪　锋 | Wang, F (Wang, Feng) | Stratification: Challenges and resolutions-Strata of Bai as the case | JOURNAL OF CHINESE LINGUISTICS, 34（2）: 220-236 JUN 2006 | Article 4700 |
| 3 | 中文系 | 汪　锋 | Wang, F | Rethinking the *-s hypothesis for Chinese Qusheng tone | JOURNAL OF CHINESE LINGUISTICS, 34（1）: 1-24 JAN 2006 | Article 4700 |
| 4 | 中文系 | 陈保亚 | Chen, BY (Chen, Baoya) | On stratifying sound correspondence | JOURNAL OF CHINESE LINGUISTICS, 34（2）: 192-200 JUN 2006 | Article 4700 |
| 5 | 中文系 | 郜积意 | Gao, JY | Distinguishing the ritual systems of the Han Dynasty's Old and New Texts: Liao Ping's 'Jin Gu Xue Kao' as a focus for discussion | BULLETIN OF THE INSTITUTE OF HISTORY AND PHILOLOGY ACADEMIA SINICA, 77: 33-77 Part 1 MAR 2006 | Article4700 |
| 6 | 哲学系 | 赵敦华 | Zhao, DH | Modern construction and explanatory models of the history of philosophy | CONTEMPORARY CHINESE THOUGHT, 37（3）: 4-19 SPR 2006 | Article 4700 |
| 7 | 哲学系 | 胡　军 | Hu, J | The legitimacy of the discussions on the "legitimacy" of "Chinese philosophy" | CONTEMPORARY CHINESE THOUGHT, 37（3）: 62-68 SPR 2006 | Article 4700 |
| 8 | 哲学系 | 王　博 | Bo W (Bo, Wang) | The world of Zhuang Zi's thought - Preface | CONTEMPORARY CHINESE THOUGHT 38（2）: 19-36 WIN 2006 | English Editoria Material 3500 |
| 9 | 外国语学院 | 刘树森 | Folsom, E; Liu, SS | Walt Whitman: A current bibliography | WALT WHITMAN QUARTERLY REVIEW, 23（3-4）: 155-173 WIN-SPR 2006 | Bibliography3500 |
| 10 | 外国语学院 | 刘　璐 | Hawisher, Gail E. Selfe, Cynthia L. Guo, Yi-HueyLiu, Lu | Globalization and agency: Designing and redesigning the literacies of cyberspace | COLLEGE ENGLISH 68（6）: 619-636 JUL 2006 | English Article4700 |
| 11 | 外国语学院 | 申　丹 | Shen, D | Subverting surface and doubling irony: Subtexts of Mansfield's 'Revelations' and others | ENGLISH STUDIES, 87（2）: 191-209 APR 2006 | Article4700 |
| 12 | 中国经济研究中心 | 姚　洋 | Yao, Y (Yao, Yang) | Establishing a Chinese Theory of Social Justice | CONTEMPORARY CHINESE THOUGHT 38（1）: 15-51 FAL 2006 | English Article 4700 |
| 13 | 中国经济研究中心 | 姚　洋 | Yao, Y (Yao, Yang) | 'Shenshi Zhongguo-Zhuanxing Shiqide Shehui Gongzheng He Pingdeng（Daoyan）'-Introduction to examining China-Social justice and reality in the transitional era | CONTEMPORARY CHINESE THOUGHT 38（1）: 60-67 FAL 2006 | English Excerpt 3500 |

表 8-64　2006 年北京大学文科 SCI 论文目录

| 序号 | 作者单位 | 作者中文姓名 | 期刊作者署名 | 题　名 | 期　刊 | 成果形式及经费奖励(元) |
|---|---|---|---|---|---|---|
| 1 | 光华管理学院 | 陈丽华 | Chen, LH (Chen, L. H.); Deng, NY (Deng, N. Y.); Zhang, JZ (Zhang, J. Z.) | A modified quasi-Newton method for structured optimization with partial information on the Hessian | COMPUTATIONAL OPTIMIZATION AND APPLICATIONS, 35 (1): 5-18 SEP 2006 | Article 4700 |
| 2 | 光华管理学院 | 陈丽华 | Nie PY, Chen LH, Fukushima M | Dynamic programming approach to discrete time dynamic feedback Stackelberg games with independent and dependent followers | EUROPEAN JOURNAL OF OPERATIONAL RESEARCH 169 (1): 310-328 FEB 16 2006 | Article 4700 |
| 3 | 光华管理学院 | 蔡　剑 | Cai, J | Knowledge management within collaboration processes: A perspective modeling and analyzing methodology | JOURNAL OF DATABASE MANAGEMENT, 17 (1): 33-48 JAN-MAR 2006 | Article 4700 |
| 4 | 光华管理学院 | 阎丽静 | Knutson KL (Knutson, Kristen L.), Rathouz PJ (Rathouz, Paul J.), Yan LL (Yan, Lijing L.), Liu K (Liu, Kiang), Lauderdale DS (Lauderdale, Diane S.) | Stability of the Pittsburgh sleep quality index and the epworth sleepiness questionnaires over 1 year in early middle-aged adults: The CARDIA study | SLEEP 29 (11): 1503-1506 NOV 1 2006 | Article 4700 |
| 5 | 光华管理学院 | 阎丽静 | Lauderdale DS (Lauderdale, Diane S.), Knutson KL (Knutson, Kristen L.), Yan LJL (Yan, Lijing L.), Rathouz PJ (Rathouz, Paul J.), Hulley SB (Hulley, Stephen B.), Sidney S (Sidney, Steve), Liu K (Liu, Kiang) | Objectively measured sleep characteristics among early-middle-aged adults - The CARDIA study | AMERICAN JOURNAL OF EPIDEMIOLOGY 164 (1): 5-16 JUL 1 2006 | Article 4700 |
| 6 | 光华管理学院 | 阎丽静 | Yan LJL, Liu K, Daviglus ML, Colangelo LA, Kiefe CI, Sidney S, Matthews KA, Greenland P | Education, 15-year risk factor progression, and coronary artery calcium in young adulthood and early middle age - The Coronary Artery Risk Development in Young Adults study | JAMA-JOURNAL OF THE AMERICAN MEDICAL ASSOCIATION 295 (15): 1793-1800 APR 19 2006 | Article 4700 |

| 序号 | 作者单位 | 作者中文姓名 | 期刊作者署名 | 题名 | 期刊 | 成果形式及经费奖励(元) |
|---|---|---|---|---|---|---|
| 7 | 光华管理学院 | 阎丽静 | Yan LJL, Daviglus ML, Liu K, Stamler J, Wang RW, Pirzada A, Garside DB, Dyer AR, Van Horn L, Liao YL, Fries JF, Greenland P | Midlife body mass index and hospitalization and mortality in older age | JAMA-JOURNAL OF THE AMERICAN MEDICAL ASSOCIATION 295 (2): 190-198 JAN 11 2006 | Article 4700 |
| 8 | 光华管理学院 | 刘国恩 | Liu, GG; Qiu, Y; Christensen, DB; Phillips, GA | An economic evaluation of atypical antipsychotic for bipolar disorder in the NC Medicaid program | VALUE IN HEALTH, 9 (3): A67-A68 MAY-JUN 2006 | Meeting Abstract 0 (同时是 SSCI) |
| 9 | 光华管理学院 | 刘国恩 | Liu, GG; Christensen, DB; Qiu, Y; Phillips, GA | An economic cost analysis of atypical antipsychotic single treatment for bipolar disorder in a medicaid program | VALUE IN HEALTH, 9 (3): A68-A68 MAY-JUN 2006 | Meeting Abstract 0 (同时是 SSCI) |
| 10 | 光华管理学院 | 刘国恩 | Qiu, Y; Liu, GG; Christensen, DB; Phillips, GA | Selection of atypical antipsychotic mono-therapy for patients with bipolar disorder: An analysis of a medicaid population | VALUE IN HEALTH, 9 (3): A72-A73 MAY-JUN 2006 | Meeting Abstract 0 (同时是 SSCI) |
| 11 | 光华管理学院 | 刘国恩 | Fu, AZ (Fu, Alex Z.); Christensen, DB (Christensen, Dale B.); Hansen, RA (Hansen, Richard A.); Liu, GG (Liu, Gordon G.) | Second-generation antidepressant discontinuation and depressive relapse in adult patients with bipolar depression: Results of a retrospective database analysis | CLINICAL THERAPEUTICS, 28 (6): 979-989 JUN 2006 | Article 4700 (同时是 SSCI,只奖励一次) |
| 12 | 光华管理学院 | 郭贤达 | Keh, HT; Chu, SF; Xu, JY | Efficiency, effectiveness and productivity of marketing in services | EUROPEAN JOURNAL OF OPERATIONAL RESEARCH, 170 (1): 265-276 APR 1 2006 | Article 4700 (同时是 SSCI) |
| 13 | 光华管理学院 | 张庆华 | Gan L, Zhang QH | The thick market effect on local unemployment rate fluctuations | JOURNAL OF ECONOMETRICS 133 (1): 127-152 JUL 2006 | Article 4700 (同时是 SSCI) |
| 14 | 光华管理学院 | 陈嵘(已调离) | Zhang J, Chen R, Liang J | Empirical Potential Function for Simplified Protein Models: Combining Contact and Local Sequence-Structure Descriptors | PROTEINS-STRUCTURE FUNCTION AND BIOINFORMATICS 63 (4): 949-960 JUN 1 2006 | Article 4700 不拨款 |

续表

| 序号 | 作者单位 | 作者中文姓名 | 期刊作者署名 | 题名 | 期刊 | 成果形式及经费奖励(元) |
|---|---|---|---|---|---|---|
| 15 | 信息管理系 | 王军 | Wang, J | Automatic thesaurus development: Term extraction from title metadata | JOURNAL OF THE AMERICAN SOCIETY FOR INFORMATION SCIENCE AND TECHNOLOGY, 57（7）: 907-920 MAY 2006 | Article 4700 |
| 16 | 人口研究所 | 郑晓瑛 | Zheng, X (Zheng, X.); Chen, J (Chen, J.); Mi, J (Mi, J.) | The relation of birth weight and lung function during adulthood: a cohort study | EARLY HUMAN DEVELOPMENT, 82（8）: 516-516 AUG 2006 | Meeting Abstract 0 |
| 17 | 人口研究所 | 郑晓瑛 | Song XM (Song, Xiao-Ming), Zheng XY (Zheng, Xiao-Ying), Zhu WL (Zhu, Wen-Li), Huang L (Huang, Lei), Li Y (Li, Yong) | Relationship between polymorphism of cystathionine beta synthase gene and congenital heart disease in Chinese nuclear families | BIOMEDICAL AND ENVIRONMENTAL SCIENCES 19 (6): 452-456 DEC 2006 | English Article 4700 |
| 18 | 人口研究所 | 郑晓瑛 | Wang JF (Wang, Jinfeng), McMichael AJ (McMichael, Anthony J.), Meng B (Meng, Bin), Becker NG (Becker, Niels G.), Han WG (Han, Weiguo), Glass K (Glass, Kathryn), Wu JL (Wu, Jilei), Liu XH (Liu, Xuhua), Liu JY (Liu, Jiyuan), Li LW (Li, Xiaowen), Zheng XY (Zheng, Xiaoying) | Spatial dynamics of an epidemic of severe acute respiratory syndrome in an urban area | BULLETIN OF THE WORLD HEALTH ORGANIZATION 84（12）: 965-968 DEC 2006 | English Article 4700 |
| 19 | 人口研究所 | 郑晓瑛 | Xu YJ (Xu, Yajun), Li Y (Li, Yong), Tang YN (Tang, Yunan), Wang JB (Wang, Junbo), Shen XY (Shen, Xiaoyi), Long Z (Long, Zhu), Zheng XY (Zheng, Xiaoying) | The maternal combined supplementation of folic acid and Vitamin B-12 suppresses ethanol-induced developmental toxicity in mouse fetuses | REPRODUCTIVE TOXICOLOGY 22 (1): 56-61 JUL 2006 | English Article 4700 |

(倪润安)

表 8-65　2006 年北京大学文科 SSCI 论文目录

| 序号 | 作者单位 | 作者中文姓名 | 期刊作者署名 | 题名 | 期刊 | 成果形式及科研经费奖励(元) |
|---|---|---|---|---|---|---|
| 1 | 光华管理学院 | 蔡洪滨 | Cai, HB (Cai, Hongbin); Treisman, D (Treisman, Daniel) | Did government decentralization cause China's economic miracle? | WORLD POLITICS 58 (4): 505-+ JUL 2006 | Article 4700 |
| 2 | 光华管理学院 | 苏良军 | Su, LJ (Su, Liangjun) | A simple test for multivariate conditional symmetry | ECONOMICS LETTERS, 93 (3): 374-378 DEC 2006 | Article 4700 |
| 3 | 光华管理学院 | 苏良军 | Su, LJ; Ullah, A | Profile likelihood estimation of partially linear panel data models with fixed effects | ECONOMICS LETTERS, 92 (1): 75-81 JUL 2006 | Article 4700 |
| 4 | 光华管理学院 | 苏良军 | Su, LJ; Ullah, A | More efficient estmation in nonparametric regression with nonparametric autocorrelated errors | ECONOMETRIC THEORY, 22 (1): 98-126 FEB 2006 | Article 4700 |
| 5 | 光华管理学院 | 黄张凯 | Huang, ZK (Huang, Zhang-kai) | Non-credible privatization | APPLIED ECONOMICS LETTERS, 13 (14): 957-959 NOV 15 2006 | Article 4700 |
| 6 | 光华管理学院 | 许德音（已调离） | Lu JW, Xu D | Growth and survival of international joint ventures: An external-internal legitimacy perspective | JOURNAL OF MANAGEMENT 32 (3): 426-448 JUN 2006 | Article 4700 不拨款 |
| 7 | 光华管理学院 | 许德音（已调离）武常岐 | Xu, D (Xu, Dean); Pan, YG (Pan, Yigang); Wu, CQ (Wu, Changqi); Yim, B (Yim, Bennett) | Performance of domestic and foreign-invested enterprises in China | JOURNAL OF WORLD BUSINESS, 41 (3): 261-274 SEP 2006 | Article 4700 拨给武常岐 |
| 8 | 光华管理学院 | 韩践 | Han, J (Han, Jian); Chou, P (Chou, Paul); Chao, M (Chao, Minston); Wright, PM (Wright, Patrick M.) | The HR competencies-HR effectiveness link: A study in Taiwanese high-tech companies | HUMAN RESOURCE MANAGEMENT, 45 (3): 391-406 FAL 2006 | Article 4700 |
| 9 | 光华管理学院 | 杨东宁 | Stalley, P (Stalley, Phillip); Yang, DN (Yang, Dongning) | An emerging environmental movement in China? | CHINA QUARTERLY, (186): 333-356 JUN 2006 | Article 4700 |
| 10 | 光华管理学院 | 金赛男 | Jin, SN; Phillips, PCB; Sun, YX | A new approach to robust inference in cointegration | ECONOMICS LETTERS, 91 (2): 300-306 MAY 2006 | Article 4700 |
| 11 | 光华管理学院 | 金赛男 | Phillips, PCB (Phillips, Peter C. B.); Sun, Y (Sun, Yixiao); Jin, S (Jin, Sainan) | Spectral density estimation and robust hypothesis testing using steep origin kernels without truncation | INTERNATIONAL ECONOMIC REVIEW, 47 (3): 837-894 AUG 2006 | Article 4700 |

续表

| 序号 | 作者单位 | 作者中文姓名 | 期刊作者署名 | 题名 | 期刊 | 成果形式及科研经费奖励(元) |
|---|---|---|---|---|---|---|
| 12 | 光华管理学院 | 陈嵘（已调离） | Liu, JM (Liu, Jun M.); Chen, R (Chen, Rong); Liu, LM (Liu, Lon-Mu); Harris, JL (Harris, John L.) | A semi-parametric time series approach in modeling hourly electricity loads | JOURNAL OF FORECASTING, 25 (8): 537-559 DEC 2006 | Article 4700 不拨款 |
| 13 | 光华管理学院 | 龚六堂 | Gong, L | Endogenous time preference, inflation, and capital accumulation | JOURNAL OF ECONOMICS, 87 (3): 241-255 APR 2006 | Article 4700 |
| 14 | 光华管理学院 | 龚六堂 | Cui, XY; Gong, LT | Laplace transform methods for linearizing multidimensional systems | ECONOMICS LETTERS, 90 (2): 176-182 FEB 2006 | Article 4700 |
| 15 | 光华管理学院 | 岳衡 | Lee, CWJ (Lee, Chi-Wen Jevons); Li, LY (Li, Laura Yue); Yue, H (Yue, Heng) | Performance, growth and earnings management | REVIEW OF ACCOUNTING STUDIES, 11 (2-3): 305-334 SEP 2006 | Article 4700 |
| 16 | 光华管理学院 | 刘国恩 | Liu, GG (Liu, Gordon G.); Zhao, ZY (Zhao, Zhongyun) | Urban employee health insurance reform and the impact on out-of-pocket payment in China | INTERNATIONAL JOURNAL OF HEALTH PLANNING AND MANAGEMENT, 21 (3): 211-228 JUL-SEP 2006 | Article 4700 |
| 17 | 光华管理学院 | 刘国恩 | Fu, AZ (Fu, Alex Z.); Christensen, DB (Christensen, Dale B.); Hansen, RA (Hansen, Richard A.); Liu, GG (Liu, Gordon G.) | Second-generation antidepressant discontinuation and depressive relapse in adult patients with bipolar depression: Results of a retrospective database analysis | CLINICAL THERAPEUTICS, 28 (6): 979-989 JUN 2006 | Article 4700（同时是SCI，只奖励一次） |
| 18 | 光华管理学院 | 刘国恩 | Liu, GG; Qiu, Y; Christensen, DB; Phillips, GA | An economic evaluation of atypical antipsychotic for bipolar disorder in the NC Medicaid program | VALUE IN HEALTH, 9 (3): A67-A68 MAY-JUN 2006 | Meeting Abstract（同时是SCI） |
| 19 | 光华管理学院 | 刘国恩 | Liu, GG; Christensen, DB; Qiu, Y; Phillips, GA | An economic cost analysis of atypical antipsychotic single treatment for bipolar disorder in a medicaid program | VALUE IN HEALTH, 9 (3): A68-A68 MAY-JUN 2006 | Meeting Abstract（同时是SCI） |
| 20 | 光华管理学院 | 刘国恩 | Qiu, Y; Liu, GG; Christensen, DB; Phillips, GA | Selection of atypical antipsychotic mono-therapy for patients with bipolar disorder: An analysis of a medicaid population | VALUE IN HEALTH, 9 (3): A72-A73 MAY-JUN 2006 | Meeting Abstract（同时是SCI） |
| 21 | 光华管理学院 | 郭贤达 | Keh, HT; Lee, Y | Do reward programs build loyalty for services? The moderating effect of satisfaction on type and timing of rewards | JOURNAL OF RETAILING, 82 (2): 127-136 2006 | Article 4700 |

| 序号 | 作者单位 | 作者中文姓名 | 期刊作者署名 | 题名 | 期刊 | 成果形式及科研经费奖励（元） |
|---|---|---|---|---|---|---|
| 22 | 光华管理学院 | 郭贤达 | Chu S, Keh HT | Brand value creation: Analysis of the Interbrand-Business Week brand value rankings | MARKETING LETTERS 17 (4): 323-331 DEC 2006 | Article 4700 |
| 23 | 光华管理学院 | 郭贤达 | Keh, HT; Chu, SF; Xu, JY | Efficiency, effectiveness and productivity of marketing in services | EUROPEAN JOURNAL OF OPERATIONAL RESEARCH, 170 (1): 265-276 APR 1 2006 | Article 4700（同时是SCI，只奖励一次） |
| 24 | 光华管理学院 | 张庆华 | Gan L, Zhang QH | The thick market effect on local unemployment rate fluctuations | JOURNAL OF ECONOMETRICS 133 (1): 127-152 JUL 2006 | Article 4700（同时是SCI，只奖励一次） |
| 25 | 光华管理学院 | 张志学 王辉 | Tsui, AS; Zhang, ZX; Wang, H; Xin, KR Etc. | Unpacking the relationship between CEO leadership behavior and organizational culture | LEADERSHIP QUARTERLY, 17 (2): 113-137 APR 2006 | Article 4700 张 2350 王 2350 |
| 26 | 光华管理学院 | 王辉 | Bendoly E, Bachrach DG, Wang H, Zhang SY | ERP in the minds of supervisors - Joint roles of task interdependence and cultural norms | INTERNATIONAL JOURNAL OF OPERATIONS & PRODUCTION MANAGEMENT 26 (5-6): 558-578 2006 | Article 4700 |
| 27 | 光华管理学院 | 张建君 | Gu E, Zhang JJ | Health care regime change in urban China: Unmanaged marketization and reluctant privatization | PACIFIC AFFAIRS 79 (1): 49+ SPR 2006 | Article 4700 |
| 28 | 中国经济研究中心 | 林毅夫 | Lin, JYF | Prospect for China-Korea economic relations | CHINA & WORLD ECONOMY, 14 (1): 57-70 JAN-FEB 2006 | Article 4700 |
| 29 | 中国经济研究中心 | 姚洋 | Yao, Y (Yao, Yang) | Village elections, accountability and income distribution in rural China | CHINA & WORLD ECONOMY, 14 (6): 20-38 NOV-DEC 2006 | Article 4700 |
| 30 | 中国经济研究中心 | 姚洋 | Gao, MT (Gao, Mengtao); Yao, Y (Yao, Yang) | Gender gaps in access to health care in rural China | ECONOMIC DEVELOPMENT AND CULTURAL CHANGE, 55 (1): 87-107 OCT 2006 | Article 4700 |
| 31 | 中国经济研究中心 | 姚洋 | Garnaut, R; Song, LG; Yao, Y | Impact and significance of state-owned enterprise restructuring in China | CHINA JOURNAL, 55: 35-63 JAN 2006 | English Article 4700 |
| 32 | 中国经济研究中心 | 马浩 | Ma H, Tan J | Key components and implications of entrepreneurship: A 4-P framework | JOURNAL OF BUSINESS VENTURING 21 (5): 704-725 SEP 2006 | English Article 4700 |
| 33 | 中国经济研究中心 | 赵耀辉 | Li, HB (Li, Hongbin); Zhang, JS (Zhang, Junsen); Sin, LT (Sin, Lai Ting); Zhao, YH (Zhao, Yaohui) | Relative earnings of husbands and wives in urban China | CHINA ECONOMIC REVIEW, 17 (4): 412-431 2006 | Article 4700 |

续表

| 序号 | 作者单位 | 作者中文姓名 | 期刊作者署名 | 题　名 | 期　刊 | 成果形式及科研经费奖励(元) |
|---|---|---|---|---|---|---|
| 34 | 中国经济研究中心 | 曾毅 | Yi, Z; Land, KC; Wang, ZL; Gu, DN | US family household momentum and dynamics: An extension and application of the ProFamy method | POPULATION RESEARCH AND POLICY REVIEW, 25(1): 1-41 FEB 2006 | Article 4700 |
| 35 | 经济学院 | 夏庆杰 | Xia, QJ (Xia, Qingjie) | Economic growth, income distribution and poverty reduction in contemporary China | CHINA JOURNAL, 56: 204-205 JUL 2006 | Book Review 3500 |
| 36 | 经济学院 | 苏剑 | Jefferson, GH; Su, J | Privatization and restructuring in China: Evidence from shareholding ownership, 1995—2001 | JOURNAL OF COMPARATIVE ECONOMICS, 34(1): 146-166 MAR 2006 | Article 4700 |
| 37 | 经济学院 | 苏剑 | Jefferson GH (Jefferson, Gary H.), Hu AGZ (Hu, Albert G. Z.), Su J (Su, Jian) | The sources and sustainability of China's economic growth | BROOKINGS PAPERS ON ECONOMIC ACTIVITY (2): 1-60 2006 | Article 4700 |
| 38 | 教育学院 | 阎凤桥 | Yan, FQ | Asia's educational edge: Current achievements in Japan, Korea, Taiwan, China and India | REVIEW OF HIGHER EDUCATION, 29(2): 257-258 WIN 2006 | Book Review 3500 |
| 39 | 法学院 | 湛中乐 | Zhan, ZL; Li, FY | An analysis of the legal status of higher education institutions | CHINESE EDUCATION AND SOCIETY, 39(3): 10-40 MAY-JUN 2006 | Article 4700 |
| 40 | 人口研究所 | 乔晓春 | Qiao, XC | Aging China: The demographic challenge to China's economic prospects | CHINA QUARTERLY, (185): 182-183 MAR 2006 | Book Review 3500 |

（倪润安）

表8-66　2007年人文社会科学国际学术会议一览表

| 序号 | 编号 | 会议名称 | 时间 | 主办单位 |
|---|---|---|---|---|
| 1 | 20070106 | "中央与地方关系法治化"国际学术研讨会 | 1月6—7日 | 北京大学宪法与行政法研究中心、耶鲁大学法学院中国法研究中心 |
| 2 | 20070112 | 国际四部经济学协会第七届环太平洋会议 | 1月12—14日 | 北京大学光华管理学院 |
| 3 | 2007010A | 全球发展网络年会 | 1月14—19日 | 全球发展网络、北京市人民政府、北京大学 |
| 4 | 20070316 | 邓广铭教授百年诞辰国际学术研讨会 | 3月16—17日 | 北京大学中国古代史研究中心、北京大学历史学系 |
| 5 | 20070327 | "娜拉的姐妹们"纪念易卜生逝世100周年暨关于妇女权利的国家研讨会 | 3月27日 | 北京大学法学院人权研究中心 |

续表

| 序号 | 编号 | 会议名称 | 时间 | 主办单位 |
|---|---|---|---|---|
| 6 | 20070413 | 庆祝"中韩建交15年系列活动"之一"中韩妇女教育与发展论坛" | 4月13—14日 | 北京大学中外妇女问题研究中心 |
| 7 | 20070419 | 国际知识产权的挑战与应对学术研讨会 | 4月19日 | 北京大学知识产权学院 |
| 8 | 20070421 | 日本学研究——现状与展望 | 4月21—22日 | 北京大学亚太研究院 |
| 9 | 20070427 | 东亚文化与经济发展学术研讨会 | 4月27—29日 | 北京大学政府管理学院、北京大学政治发展与政府管理研究所 |
| 10 | 20070518 | 财产及相关法律问题研讨会 | 5月18—20日 | 北京大学法学院、康奈尔大学法学院 |
| 11 | 20070519 | 欧洲研究中心阶段性总结会 | 5月19—21日 | 北京大学欧洲研究中心 |
| 12 | 20070606 | "非义务教育财政问题"高层研讨会 | 6月6—8日 | 中国教育财政科学研究所 |
| 13 | 20070611 | 2007金融工程与风险管理国际研讨会 | 6月11—12日 | 北京大学光华管理学院 |
| 14 | 20070627 | The Nineth NBER-CCER Conference on China and the World Economy | 6月27—30日 | 北京大学中国经济研究中心 |
| 15 | 20070629 | 北大法学院—延世大学法学院学术会 | 6月29日 | 北京大学法学院 |
| 16 | 20070630 | 全球化生产链条下的中国劳工问题 | 6月30日 | 北京大学中国工人与劳动研究中心 |
| 17 | 20070709 | 华威中国劳动法与社会保障法学术研讨会(中国) | 7月9—10日 | 北京大学法学院、英国华威大学法学院 |
| 18 | 2007070A | 第三届社会政策国际论坛暨系列讲座 | 7月中下旬(会期4天) | 中国社会工作教育协会等 |
| 19 | 2007070B | 第四届朝鲜(韩国)语教学国际学术会议 | 7月 | 北京大学外国语学院东语系朝鲜语言文化专业 |
| 20 | 20070806 | 人权课程发展及教育方法研讨会 | 8月6—17日 | 北京大学法学院 |
| 21 | 20070810 | 国际诊所式法律教育与法律职业发展论坛 | 8月10—12日 | 北京大学法学院 |
| 22 | 20070814 | 第六届国际古汉语语法研讨会暨第五届海峡两岸汉语语法史研讨会 | 8月14—16日 | 北京大学汉语语言学研究中心、北京大学中文系、中国社会科学院语言研究所、陕西师范大学文学院 |
| 23 | 20070830 | 北京大学第四届伊朗学在中国学术研讨会 | 8月30—31日 | 北京大学伊朗文化研究所 |
| 24 | 20070831 | 2007中日理论语言学研究国际论坛 | 8月31日—9月2日 | 北京大学外国语学院日语系、(日本)中日理论语言学研究会 |
| 25 | 2007080A | 国际社会发展联合会2007年第15届国际研讨会 | 8月初(会期4天) | 中国社会工作教育协会 |
| 26 | 2007080B | "禅文化与和谐世界"国际学术研讨会 | 8月 | 北京大学外国语学院世界文学研究所 |
| 27 | 20070903 | 海伦·斯诺百年纪念国际学术研讨会 | 9月3日 | 中国埃德加·斯诺研究中心 |
| 28 | 20070907 | 纪念黑格尔《精神现象学》发表200周年国际学术讨论会 | 9月7—9日 | 北京大学哲学系 |
| 29 | 20070917 | 中日学者对谈：和谐社会的建立与发展 | 9月17—18日 | 北京大学亚太研究院 |
| 30 | 20070919 | 国际金融机制改革——从亚洲的视角看 | 9月19日 | 北京大学、中国社会科学院、牛津大学 |
| 31 | 20070920 | 海外华人与祖籍国的动态关系：期望、理解与和谐发展研讨会 | 9月20—21日 | 北京大学国际关系学院 |
| 32 | 20071005 | Origins of Early World Writing Systems | 10月5—7日 | 北京大学外国语学院古代东方文明研究所 |
| 33 | 20071013 | 中国的竞争政策与反垄断法 | 10月13—14日 | 北京大学莫里斯经济政策研究所 |
| 34 | 20071014 | 北京日本语言文化大会 | 10月14—16日 | 北京大学外国语学院日本语言文化系 |
| 35 | 20071016 | 思考"他者"——围绕于连思想的对话国际学术讨论会 | 10月16—18日 | 北京大学哲学系 |
| 36 | 20071016—2 | 文化的往还——东亚近代诸概念的生成与发展 | 10月16—18日 | 北京大学比较文学研究所与日本国际文化研究中心 |

续表

| 序号 | 编号 | 会议名称 | 时间 | 主办单位 |
|---|---|---|---|---|
| 37 | 20071020 | 中日城市与区域发展研讨会 | 10月20—21日 | 中国区域科学协会 |
| 38 | 20071024 | 2007国际远程教育学术研讨会 | 10月24—26日 | 北京大学 |
| 39 | 2007100A | 第一届韩国文学研讨会 | 10月 | 北京大学外国语学院东语系朝鲜语言文化专业 |
| 40 | 2007100B | 纪念曹靖华诞生110周年暨俄罗斯文学国际研讨会 | 10月中下旬 | 北京大学外国语学院俄语系 |
| 41 | 2007100C | "中泰文化交流"国际学术研讨会 | 10月中下旬 | 北京大学泰国研究所、北京大学诗琳通科技文化交流中心 |
| 42 | 2007100D | 落实CEDAW委员会总结性意见国际对话会议 | 10月初 | 北京大学法学院人权研究中心 |
| 43 | 20071101 | 北京大学法学院企业社会责任与公司治理国际研讨会(2007北京论坛"全球化趋势中企业的跨国发展战略与社会责任"分论坛预备会) | 11月1日 | 北京大学法学院 |
| 44 | 20071103 | "人类发展的维度与指标"国际研讨会 | 11月3—4日 | 北大经济学院经济与人类发展研究中心 |
| 45 | 20071103 | 亚洲人力资源开发研究会2007年年会 | 11月3—7日 | 北京大学人力资源开发与管理研究中心 |
| 46 | 20071104 | 软法的挑战:过去、现在与未来 | 11月4日 | 北京大学法学院软法中心 |
| 47 | 20071107 | 人类文明中的秩序、公平公正及社会发展 | 11月7—10日 | 北京大学、哈佛燕京学社 |
| 48 | 20071108 | 中国西南地区史前文化研讨会——从云贵川高原到南海之滨 | 11月8—11日 | 中国考古学研究中心 |
| 49 | 20071108—2 | "乔伊斯与世界文学"国际学术研讨会 | 11月8—9日 | 北京大学外国语学院、世界文学研究所 |
| 50 | 20071115 | "东盟四十周年:回顾与展望"国际学术研讨会 | 11月15—16日 | 北京大学亚太研究院 |
| 51 | 20071119 | "冷战时期美国对外政策"国际会议 | 11月19—22日 | 北京大学国际关系学院 |
| 52 | 2007110B | 跨文化语境中的德语教学 | 11月初 | 北京大学德系、德国研究中心 |
| 53 | 20071201 | 第四届"博彩产业与公益事业"高层论坛暨国际学术研讨会 | 12月1—3日 | 北京大学中国公益彩票事业研究所、澳门理工学院、澳门旅游学院、澳门旅游博彩技术培训中心 |
| 54 | 20071210 | 残疾与发展国际高层论坛 | 12月10—15日 | 北京大学、中国残疾人联合会 |
| 55 | 20071215 | 从北京到京都——人文之光的交汇 | 12月15日 | 北京大学历史学系 |
| 56 | 20071227 | 第二届北京大学-首尔大学-东京大学三校青年学者哲学会议 | 12月27—29日 | 北京大学哲学系与外国哲学研究所 |

(郭　琳)

表8-67　2007年度北京大学"新世纪优秀人才支持计划"文科入选者名单

| 姓　名 | 单　位 | 姓　名 | 单　位 |
|---|---|---|---|
| 陈　刚 | 新闻与传播学院 | 陈　明 | 外国语学院 |
| 梁根林 | 法学院 | 刘　怡 | 经济学院 |
| 邱泽奇 | 社会学系 | 吴联生 | 光华管理学院 |
| 吴晓东 | 中文系 | 徐向东 | 哲学系 |
| 岳昌君 | 教育学院 | 张　帆 | 历史学系 |

(倪润安)

# 科技开发与产业管理

【科技成果推广】 随着科技开发工作和与企事业单位项目合作的发展变化,科技开发部在2007年对原有规定进行修改并完成了修订稿草案,同步广泛征集各院系、相关职能部门和教师意见,使科技开发收入的管理更加规范、便于操作、降低风险,并积极促进科技开发工作。医学部技术转移办公室为进一步完善科技开发激励机制,于10月首次出台《北京大学医学部科技开发收入管理办法》。该规定适用于科技开发项目、横向科研项目、非政府间国际合作项目和境外项目等的经费收入管理,对科技开发项目和横向科研项目的定义、经费收入的划拨等都给出了明确界定,规范了科技开发项目和横向科研项目的管理。

2007年,科技开发部通过各种途径扩大和院系及教师的联系,挖掘和收集校内各院系可推广转化的高新技术成果项目69个,涵盖农业环保、信息技术、生物医药等领域,并将成果汇编印制成册,大力进行项目推广。

为加大成果宣传力度,2007年科技开发部和医学部科研处技术转移办公室参加了第十届中国北京国际科技产业博览会、广东省教育部产学研合作洽谈会、中国江苏首届产学研展示洽谈会、2007中国无锡民营企业高新技术暨产学研合作洽谈会、中国长沙科技成果转化交易会、福建"6·18"项目成果交易会、济南科技展交会、东北亚高新技术博览会、泰州第六届科技经贸洽谈会等国内二十多个产学研方面的展示洽谈会和技术交易会,展示北京大学的学科优势、科研能力及科研成果,在部分重大展会上还展示了一些重点项目的实物,如"无线移动心电监护系统"等,取得了良好的宣传效果,达成了部分合作意向。"LED封装及产品开发"等项目还通过展洽会签署了正式的合作协议。

科技开发部接待了无锡、金华、厦门等地方政府、企业代表团,同时收集地方企业的技术需求信息并向校内发布,加强科研人员与地方、企业的信息交流,努力促成合作。医学部技术转移办公室则积极走访考察相关企业,寻求与企业间的合作,促进学校与产业界及金融投资界的联系,加强医学部在科技方面的对外合作与交流;与地方政府建立联系,寻求政府层面支持,达成开展长期、广泛合作的意向,拓宽科技交流与推广的渠道,为医学部创造经济效益。

在积极加强与地方企业联系的同时,科技开发部也进一步加强与北京市相关部门的合作,尤其是针对北京市科学技术促进中心、北京市技术市场管理办公室、北京科学技术交流中心等与技术转移有密切关系的部门加强了合作。北京市技术市场办公室两次来科技开发部座谈交流,详细解读国家科技部和北京市支持技术转移的相关政策,并在合同登记等方面给予技术指导;科技开发部也协助北京技术市场协会制定《北京技术中介服务行业标准》,并参加北京科技开发交流中心关于首都科技辐射全国服务平台规划建议讨论,同时还在2007年加入了由北京市科委支持、北京技术交易促进中心牵头、联合科技中介服务机构和其他科技资源机构组成的综合性创新服务组织——北京协同创新服务联盟。科技开发部还邀请美国冷泉港研究所技术转移办公室主管文立民博士来校介绍美国大学的技术转移现状及相关制度,有利于在工作中借鉴美国技术转移的经验。

【合同管理】 1. 技术合同大幅增加。2007年科技开发部和医学部技术转移办公室继续加强合同的规范管理,共签订各类技术合同497项,合同额15360万元,共到款9339万元。校本部签订技术合同366项,合同总金额13059万元,比2006年增加38项;其中进款合同283项,比上年增加53项,合同总额比上年增加近千万元;出款合同共计83项,合同金额1135万元。在283项进款技术合同中,合资联营合同5项,合同额2305万元;技术开发合同144项,合同额6245万元;技术转让合同14项,合同额519万元;技术服务与咨询合同120项,合同额2855万元。医学部共签订技术合同131项,合同总金额2301万元。

2007年北京大学还加强与国外企业的合作。其中,科技开发部与美国、德国、法国、瑞典、荷兰、日本、新加坡、泰国等国的企业签署英文版合同25项,合同金额1509万元,较大的合作项目包括与泰国Gold Gift公司的合作(合同金额468万元)、与荷兰壳牌公司的合作(合同金额150万元)、与瑞典哥德堡大学的合作(138万元)、与世界银行的合作(117万元)等。医学部技术转移办公室和已建立长期战略伙伴关系的中外企业保持密切联系,继续推进合作。

2. 合同到款情况。根据财务部账目统计,2007年全校科技开发到款9339万元,校本部到款7225万元,比上年度增加424万元;医学部到款2114万元,比上年度增加960万元。其中,校本部技术开发合同到款4536万元,技术转让到款489万元,技术服务及其他到款2149万元。从院系到款分布看,地球与空间科学学院加大与中石化南方勘探开发研究院、塔里木油田等大型能源企业的合作力度,到款增加了557万元;工学院除了力学系的技术服务合作项目外,新成立的能源与资源工程系也加强了与中石油勘探开发研究院廊坊分院等石油石化企业的合作,到款增加了近290万元;物理学院加强与中核能源科技有限公司、中国核电工程公司等核电企业的合作,到款增加了311万元。

3. 加强服务指导。2007年科技开发部在严格审查合同、控制、防范技术合同风险的同时,也加强了与合同签署相关的服务指导工作,为11项技术开发合同办理了登记免税备案手续,共计免去税款129万余元。对于已到款项,在规范管理的同时,科技开发部积极与教师和财务管理部门沟通,为教师提供优质服务。

【专利转让】 2007年共转让四项专利技术:"一种制备基于氮化镓发光二极管的方法"的发明专利权转让到江苏伯乐达光电科技有限公司,转让价格80万元,由公司进行产业化生产;"诱导胚胎干细胞向胰腺细胞分化的方法"专利技术的专利申请权转让到深圳普安生物科技有限公司,转让费50万元,此外企业还就该技术的后续开发提供150万元研发经费;"提高小型原子束光频原子钟性能的方法及设备"发明专利转让给北京奥普光太科技有限公司,转让费140万元;"基于掩蔽曲线的数字助听器频响补偿方法"和"针对老年性聋的数字助听器语音时长拉伸方法"两项技术折价500万元,以技术入股的方式转到北达华坤科技发展有限公司,并以此为平台开展与古巴的合作。

2007年医学部(含附属医院)申报专利34项(国内专利申报33项,PCT申报1项;发明专利32项,实用新型2项);获专利授权23项(国内专利授权22项,美国专利授权1项;全部为发明专利)。

【产业管理】 2007年,北京大学校产管理委员会进一步加强对校办产业的发展指导和规划,将原科技开发与产业管理办公室分立为科技开发部与校办产业管理委员会办公室,办公室主任由校长助理刘伟担任。校办产业管理委员会办公室执行校产管理委员会关于产业发展与企业管理的各项决议,负责推进校办企业的各项工作。

2007年度北京大学校办产业平稳持续发展。北大资产经营有限公司资产总量合计461亿元;2007年销售收入合计超过450亿元,其中方正集团440亿元、未名集团2.98亿元、维信公司1.73亿元、北京大学出版社2.68亿元;校办产业所属企业利润总额39.5亿元,上缴税金16.65亿元。2007年度校办产业上缴学校改制股权转让款、冠名费以及利润共计4.33亿元,医学部产业上缴各类资金1700余万元。

2007年,校办产业所属企业从业职工总数2300余人,其中专业技术人员占62%,管理人员占20%,拥有高级职称人员占5%。医学部产业系统资产总量为6768万元,总产值1198.2万元,上缴税金36.1万元,下属企业17个,从业职工人数共计228人,在编人员72人,管理人员13人,专业技术人员34人,高级职称17人,外聘人员156人。

【北大资产经营有限公司】 北大资产经营有限公司是经国务院批准、北京大学出资设立的国有独资有限责任公司;2005年11月14日注册资本金由原来的50万元增加到目前的300050.7万元,公司名称由"北京北大资产经营有限公司"变更为"北大资产经营有限公司"。

10月,北大资产经营有限公司法定代表人变更为刘伟。北京大学校产管理委员会任命刘伟为北大资产公司董事长兼总裁,副总裁由廖陶琴和韦俊民担任。北大资产经营有限公司受北京大学的委托,经营管理学校国有资产,代表学校统一持有所属企业及学校对外投资的股权和经营性资产,对北京大学所属的经营性国有资产承担保值增值的责任,享有出资人的权利和义务。

2007年,北大资产经营有限公司积极探索加强对所属企业的规范化管理,逐步建立了以资本为纽带,产权清晰、权责明确、校企分开、管理科学的现代企业制度,使校办所属企业成为承担有限责任,自主经营、自负盈亏、照章纳税的市场主体,同时对国有资产承担了保值增值责任。

2007年,北大资产经营有限公司进一步加强科技企业投融资、促进高新技术产业化、科技园区建设、高新技术企业孵化、对外贸易及经济技术合作交流等重大经营活动。北大资产经营有限公司在统筹学校科技产业资源、调整产业结构、推进学校科技产业化、创办具有文化教育特色和智力资源优势企业等方面发挥了主导作用。

【产业规范化建设】 2007年是教育部在全国开展产业规范化建设的重要时期,在产业规范化建设管理的具体工作中,根据教育部《关于积极发展、规范管理高校科技产业的指导意见》精神,校办产业管理委员会办公室逐步理顺了产业管理体制,建章立制,规范管理,依据先后出台的《北大资产经营有限公司为所属企业提供担保管理办法》和《北大资产经营有限公司为所属企业提供借款管理办法》,逐步规范企业贷款、担保、借款等行为。资产公司聘请了法律顾问,对重要的经济行为和诉讼给予综合分析,从而有效地避免了重大的经济损失和法律纠纷。

4月,根据教育部要求递交了北京大学产业规范化建设进展情况自查报告。产业规范化建设中进一步规范北大资产经营有限公司投资行为,规范派出董事等人员的行为,规范所属企业各种经营行为。逐步完善在学校和企业之间已建立起来的"防火墙"——北大资产经营有限公司的各项职能,促使企业不仅建立以股东会、董事会、监事会为主要标志的现代企业制度的形式,在具体经营实践中逐步完善内部体制、制度和经营理念。北大资产经营有限公司对北京大学所属企业改制后建立产权清晰、权责明确、校企分开、管理科学的现代企业制度起着重要的指导和促进作用;建立并不断完善高校企业管理体制和运行机制,逐步实现了校企分离,有效规避学校经营风险。对新设立的企业,严格控制校名及其简称的冠用,对已经冠名的企业也将逐步去掉冠名。

原北京市北大青鸟软件系统工程公司和北京市北大宇环微电子系统工程公司分别改制为北京北大青鸟软件系统有限公司和北京北大宇环微电子系统有限公司,原化学实验厂改制为北京北大明德化学制药有限公司。四家按要求关闭的公司已逐步过渡,届时自然关闭。北京大学出版社被列为第一批转企改制试点的高校出版社。

6月28日,医学部召开了科技成果转化、产业管理专家委员会第四次工作会议,会议宣布了调整后的专家委员会名单,探索了医大时代教育技术公司的可持续发展路径,讨论了北京北大药业有限公司的情况,听取了北京北医投资管理有限公司总经理的工作汇报。李鹰董事长就北京北医投资管理有限公司近三年工作进行总结概括,柯杨常务副校长对专家委员在产业工作中的积极贡献给了予以充分肯定并表示感谢,希望专家委员们在处理产业历史遗留问题及新的发展思路上发挥各自优势,积极建言献策,推动产业工作向前迈进。

## 附 录

**表 8-68　2007 年进款技术合同统计表**

| 院 系 | 2007 年进款技术合同数 | | | | |
|---|---|---|---|---|---|
| | 技术开发 | 技术转让 | 技术服务与咨询 | 合资联营 | 合计 |
| 数学学院 | 8 | 0 | 2 | 0 | 10 |
| 物理学院 | 11 | 1 | 18 | 1 | 31 |
| 化学与分子工程学院 | 5 | 0 | 2 | 0 | 7 |
| 信息科学技术学院 | 55 | 12 | 10 | 0 | 77 |
| 城市与环境学院 | 5 | 0 | 18 | 0 | 23 |
| 环境科学与工程学院 | 10 | 1 | 23 | 0 | 34 |
| 地球与空间科学学院 | 24 | 0 | 8 | 0 | 32 |
| 工学院 | 14 | 1 | 26 | 0 | 41 |
| 生命科学学院 | 3 | 2 | 0 | 1 | 6 |
| 心理系 | 2 | 0 | 3 | 0 | 5 |
| 其他 | 7 | 0 | 7 | 3 | 17 |
| 医学部 | 5 | 0 | 126 | 0 | 131 |
| 合计 | 149 | 17 | 243 | 5 | 414 |

**表 8-69　2007 年进款技术合同额统计表**

| 院 系 | 2007 年进款技术合同额(万元) | | | | |
|---|---|---|---|---|---|
| | 技术开发 | 技术转让 | 技术服务与咨询 | 合资联营 | 合计 |
| 数学学院 | 104.6 | 0 | 32 | 0 | 136.6 |
| 物理学院 | 227 | 80 | 517.5 | 555.1 | 1379.6 |
| 化学与分子工程学院 | 681.2 | 0 | 9 | 0 | 690.2 |
| 信息科学技术学院 | 1320.7 | 208.8 | 103.1 | 0 | 1632.6 |
| 城市与环境学院 | 230.5 | 0 | 388 | 0 | 618.5 |
| 环境科学与工程学院 | 575.8 | 22 | 403.3 | 0 | 1001.1 |
| 地球与空间科学学院 | 1739.5 | 0 | 86.1 | 0 | 1825.6 |
| 工学院 | 734.4 | 8 | 1054.9 | 0 | 1797.3 |

续表

| 院 系 | 2007年进款技术合同额(万元) | | | | |
|---|---|---|---|---|---|
| | 技术开发 | 技术转让 | 技术服务与咨询 | 合资联营 | 合计 |
| 生命科学学院 | 305 | 200 | 0 | 600 | 1105 |
| 心理系 | 43 | 0 | 26.5 | 0 | 69.5 |
| 其他 | 283.9 | 0 | 234.4 | 1150. | 1668.3 |
| 医学部 | 416.8 | 0 | 1884.5 | 0 | 2301.3 |
| 合 计 | 6662.4 | 518.8 | 4739.3 | 2305.1 | 14225.6 |

表8-70  2007年科技开发到款统计表

| 院 系 | 到 款 额(万元) | | | | |
|---|---|---|---|---|---|
| | 技术开发 | 技术转让 | 技术服务与咨询 | 其他 | 合计 |
| 数学学院 | 75 | 0 | 0 | 0 | 75 |
| 物理学院 | 173 | 0 | 374 | 0 | 547 |
| 化学与分子工程学院 | 121 | 143 | 10 | 1 | 275 |
| 信息科学技术学院 | 1309 | 114 | 61 | 0 | 1484 |
| 城市与环境学院 | 43 | 0 | 270 | 0 | 313 |
| 环境科学与工程学院 | 619 | 138 | 372 | 0 | 1129 |
| 地球与空间科学学院 | 1429 | 0 | 362 | 0 | 1791 |
| 工学院 | 174 | 0 | 486 | 50 | 710 |
| 生命科学学院 | 81 | 6 | 6 | 0 | 93 |
| 心理系 | 8 | 0 | 38 | 0 | 46 |
| 其他 | 502 | 88 | 171 | 0 | 761 |
| 本部小计 | 4534 | 489 | 2150 | 51 | 7224 |
| 医学部 | | | | | 2114 |
| 合 计 | 4534 | 489 | 2150 | 51 | 9338 |

表8-71  2007年科技开发签约超过100万的合同统计

| 项目名称 | 所在学院 | 对方单位 | 合同金额(万元) |
|---|---|---|---|
| 楠溪江风景名胜区总体规划修编 | 城市与环境学院 | 楠溪江风景旅游管理局 | 150 |
| 高速公路建设对风景名胜区的综合影响评价与对策研究 | 城市与环境学院 | 诸永高速公路温州段工程建设指挥部 | 180 |
| 深圳市地质灾害预警预报系统设计与应用 | 地球与空间科学学院 | 深圳市房地产估价中心 | 291.2 |
| 深圳海水入侵地质灾害调查与防治对策研究 | 地球与空间科学学院 | 深圳市国土资源和房产管理局 | 250 |
| 上扬子北部构造与油气成藏构造条件研究 | 地球与空间科学学院 | 西北大学 | 200 |
| 井喷事故中硫化氢污染扩散研究 | 地球与空间科学学院 | 雪佛龙德士古中国能源公司 | 110 |
| 外围低渗透油田水驱递减规律及注气开发新方法研究 | 工学院 | 大庆油田有限责任公司勘探开发研究院 | 126.7 |
| Research Agreement | 工学院 | Shell | 150 |
| Agreement | 工学院 | SAP (Beijing) Software System Co.,Ltd | 150 |
| 中低温地热资源综合利用技术研究 | 工学院 | 中国石油勘探开发研究院廊坊分院 | 200 |
| 油砂可采性评价及尾矿综合利用技术研究 | 工学院 | 中国石油勘探开发研究院廊坊分院 | 200 |
| 煤层气多相渗流机理与产能预测技术研究 | 工学院 | 中国石油勘探开发研究院廊坊分院 | 200 |
| 新建水槽实验装置非标设备研制 | 工学院 | 中国辐射防护研究院 | 145 |
| 电离辐射沉积金属纳米粒子制备催化剂的基础及应用研究 | 化学与分子工程学院 | 中国石油化工股份有限公司北京化工研究院 | 150 |

续表

| 项目名称 | 所在学院 | 对方单位 | 合同金额(万元) |
|---|---|---|---|
| Agreement | 化学与分子工程学院 | Gold Gift Co.，Ltd | 468 |
| Collective Forest Reform in China | 环境科学与工程学院 | The World Bank Group | 116.6 |
| The Environment for Development Initiative-China 2007—2009 | 环境科学与工程学院 | Goteborg University | 138.5 |
| 深圳市水环境改善若干关键问题及其技术对策研究 | 环境学院 | 深圳市环境保护局 | 192 |
| Joint Research Agreement | 生命科学学院 | SUNTORY LIMITED | 100 |
| 利用人胚胎干细胞定向分化获得胰岛细胞技术合作开发 | 生命科学学院 | 深圳善安生物科技有限公司 | 150 |
| 神经生长因子(NGF)15000AU治疗视神经损伤的合作协议 | 生命科学学院 | 厦门北大之路生物工程有限公司 | 175 |
| 湖南桃花江核电厂厂址气象塔和地面气象观测和资料统计分析 | 物理学院 | 中国核电工程公司 | 150 |
| 华能山东石岛湾核电厂高温气冷堆核电示范工程 | 物理学院 | 中核能源科技有限公司 | 176 |
| FC-CORE及芯片设计研发协议 | 信息科学技术学院 | 中国航空工业第一集团公司第六三一研究所 | 100 |
| 纺织电控箱通用测试系统开发 | 信息科学技术学院 | 浙江虎王数控科技有限公司 | 110 |
| 石油核磁共振系统技术合同 | 信息科学技术学院 | 中国石油化工股份有限公司石油勘探开发研究院 | 132.6 |
| 提高小型原子束光频原子钟性能的方法及设备 | 信息科学技术学院 | 北京奥普光太科技有限公司 | 140 |
| 官厅密云水库上游水质水量自动监测系统三期工程监控设备配置和模拟屏建设工程 | 综合所 | 海委信息化项目建设办公室 | 128.3 |
| 复方丹参滴丸对心脏微循环障碍改善作用及其作用机理的研究 | 医学部 | 天津天士力制药股份有限公司 | 266.6 |
| 北京降压0号疗效及安全性评价 | 医学部 | 北京双鹤药业股份有限公司 | 310 |
| 环磷酸腺苷与红枣精华素的药效学开发研究 | 医学部 | 柳林县华安母枣科技发展有限公司 | 281.8 |
| 共建"现代中药实验室" | 医学部 | 江苏康缘药业股份有限公司 | 150 |
| 共建"现代中药实验室" | 医学部 | 福建三爱药业股份有限公司 | 150 |
| 达尔康胶囊临床试验研究 | 医学部 | 焦作玉龙中药科技开发有限公司 | 200 |

**表 8-72　2007年医学部申报专利及获得专利授权情况统计**

| 单位 | 申报国内发明专利数 | 获得授权发明专利数 | 申报国内实用新型专利数 | 获得授权实用新型专利数 |
|---|---|---|---|---|
| 基础医学院 | 5 | 10 | 0 | 0 |
| 药学院 | 12(其中1项申请国外专利) | 4 | 0 | 0 |
| 公卫学院 | 0 | 0 | 0 | 0 |
| 护理学院 | 0 | 0 | 0 | 0 |
| 第一医院 | 2 | 1 | 0 | 0 |
| 人民医院 | 8 | 1 | 2 | 0 |

| 单　位 | 申报国内发明专利数 | 获得授权发明专利数 | 申报国内实用新型专利数 | 获得授权实用新型专利数 |
|---|---|---|---|---|
| 第三医院 | 2 | 1 | 0 | 0 |
| 肿瘤医院 | 2 | 0 | 0 | 0 |
| 口腔医院 | 1 | 5（其中1项美国专利授权） | 0 | 0 |
| 第六医院 | 0 | 1 | 0 | 0 |
| 深圳医院 | 0 | 0 | 0 | 0 |
| 总　计 | 32 | 23 | 2 | 0 |

表8-73　北京大学资产经营有限公司持股企业名录

| 名　称 | 法人代表 | 主要产品或经营范围 | 地　址 |
|---|---|---|---|
| 北大方正集团有限公司 | 魏　新 | 方正电子出版系统，网络产品，数字媒体，计算机软硬件及相关设备、通信设备等 | 海淀区成府路298号方正大厦 |
| 北京北大资源集团有限公司 | 张兆东 | 房地产开发，自营和代理各类商品及技术的进出口等 | 海淀区成府路298号中关村方正大厦4层 |
| 北京北大青鸟软件系统有限公司 | 杨芙清 | 计算机软硬件及外部设、智能化仪器设备技术开发 | 海淀区海淀路5号燕园三区30号305 |
| 北京北大未名生物工程集团有限公司 | 潘爱华 | 生物制药、基因工程药物、金属硫蛋白等 | 海淀区上地西路39号 |
| 北京北大科技园有限公司 | 初育国 | 房地产、成果孵化 | 太平洋科技大厦17层 |
| 北大科技园建设开发有限公司（北） | 初育国 | 科技园基础设施、"孵化器"建设，科技投资、开发等 | 太平洋科技大厦17层 |
| 北京北大临湖科技发展有限公司 | 刘　伟 | 法律、行政法规、国务院允许的，经营写字楼等 | 海淀区中关村北大街151号资源大厦9层 |
| 北大英华科技有限公司 | 李　鸣 | 技术开发、转让、咨询，计算机软硬件及外部设备等 | 太平洋科技大厦14层 |
| 北京北大宇环微电子系统有限公司 | 郝一龙 | 电子产品技术开发、制造、服务等 | 北大微电子所院内 |
| 北京北大明德化学制药有限公司 | 吴　凯 | 生物制药、水产养殖兽药产品等系列专用化学品的开发 | 北京市昌平区科技园区火炬街21号506室 |
| 北京燕园天地科技有限公司 | 郝维诚 | 矿产品、建筑材料技术开发、销售、宝石加工 | 北京大学逸夫楼七层3711—3712室 |
| 北京开元数图科技有限公司 | 姜玉祥 | 数字图书技术、数据库 | 图书馆135—2 |
| 北京北达华彩科技有限公司 | 杨炎华 | 电子产品开发 | 北京大学燕北园306—112 |
| 北京北大方正乒乓球俱乐部有限公司 | 魏　新 | 培养体育健将 | 海淀区成府路298号中关村方正大厦420 |
| 厦门北大泰普科技有限公司 | 王多祥 | 实验室产品、化学品、原料药、动物药品、饲料添加剂、食品添加剂 | 厦门火炬高新区同集园 |

续表

| 名　　称 | 法人代表 | 主要产品或经营范围 | 地　　址 |
|---|---|---|---|
| 北京北大教育投资有限公司（北） | 许振东 | 教育投资、培训、咨询 | 成府路207号北大青鸟楼 |
| 北大软件教育发展有限公司 | 杨芙清 | 教育软件 | 大兴区工业开发区广茂大街9号 |
| 北京北大先锋科技有限公司 | 仇守银 | 化工、科技、培训、咨询等 | 中关村大街资源大厦401 |
| 北京北大金秋新技术有限公司 | 韦俊民 | 电子、化工、生物技术、环保、软件的开发、咨询等 | 北京大学燕南园63号 |
| 北京北大软件工程发展有限公司 | 苗　莉 | 开发各种应用软件等 | 海淀区北四环西路67号大地科技大厦10层1001—1006 |
| 北京北大维信生物科技有限公司 | 刘殿波 | 血脂康及其他生物药品 | 海淀区海淀南路30号10层 |
| 北京北大天创信息技术有限公司 | 王　琪 | 项目投资管理，软件及信息产业 | 西城区复兴门南大街甲2号天银大厦A座203 |
| 北京北大先行科技产业有限公司 | 高　力 | 化工、电子材料 | 昌平科技园区创新路35号 |
| 北京北大国际医院投资管理有限公司（北） | 王　杉 | 医疗及相关产业的投资与管理、咨询、培训等 | 北四环西路52号中芯大厦17层 |
| 北京时代博雅咨询有限公司 | 贺　鑫 | 企业管理培训、管理咨询 | 朝阳区八里庄西里100号住邦2000商务中心A区303 |
| 北京北大众志微系统科技有限责任公司 | 程　旭 | 集成电路设计、制造，软件开发系统集成，网络与电子商务 | 北京市中关村北大街151号资源大厦11层 www.pkunity.com |
| 北大星光集团有限公司 | 倪　鹰 | 系统集成软件开发 | 团结湖公园甲23号 |
| 北京燕园隶德科技发展有限公司 | 赵桂莲 | 法律、行政法规、国务院允许的 | 海淀区海淀路46号办公楼二层 |
| 北京北大创业园有限公司 | 初育国 | 孵化高科技企业 | 太平洋科技大厦17层 |
| 江西北大科技园区发展有限公司 | 周文磊 | 科技园"孵化器"建设，科技投资、开发等 | 江西省南昌市经济技术开发区双港西大街528号 |
| 北京博雅方略管理咨询有限公司 | 窦文章 | 管理培训、咨询服务 | 海淀区西三环北路50号院8号楼河北大厦C二座1601室 |
| 北京燕园科玛技术发展有限公司 | 袁沪宁 | α-亚麻酸 | 中关村北二条3号北大技物楼 |

## 2007年科技推广项目目录

**信息技术**

密码应用安全技术及产品

数字音视频编解码标准（AVS）技术开发项目

基于机器视觉的产品质量在线自动检测系统

基于人脸识别的安全检查系统

智能垃圾电子信息自动过滤系统

基于组件技术的煤矿地测空间管理信息系统

偏振成像遥感平台系统

水下无源导航系统

新型大幅面两用型航空摄影仪

电子产品通用测试系统

新型便携地下信息探测仪

雷达定量估测降水系统

采用基频成分相位差和发声时参量的声纹鉴定方法

睡眠与梦的监测和干预系统

空间信息共享平台与空间数据引擎技术

虚拟现实（Virtual Reality,VR）技术

图像压缩技术

三维可视化技术与系统

智能视觉监控系统

基于网络环境的教学质量实时监控系统的设计与实施

**化工、能源、环保技术**

新型燃料电池聚合物质子交换膜

电离辐射法制备低聚水溶性壳聚糖

水热法制备纳米二氧化钛

PMC多核无机高分子絮凝剂

高质储氢合金的制备和应用技术

一氧化碳高效吸附分离技术

低温气-固反应合成聚维酮碘新工艺研究及产业化

高灵敏宽程现场分析测试盒

提高凝析油气田产量的气润湿反转技术

中低温地热资源综合利用技术

油气田产量预测软件

运用超临界$CO_2$构筑的高效太阳能发电/供冷/供热技术

运用超临界$CO_2$构筑的高效太阳能热水器技术

运用超临界$CO_2$构筑的高效太阳能干燥技术

运用超临界$CO_2$构筑的高效太阳能供暖技术

$CO_2$ 地热泵区域供暖/制冷技术
超低温制冷 $CO_2$ 热泵技术
中低温废热高效利用发电/供暖技术
废热燃料化技术
天然气热冷电高效三联供技术
使用可再生式能源或者清洁能源的海水淡化/污水处理技术
清洁电解水制氢技术
小型风力发电技术
双抗体检测环境雌激素效应的 ELISA 试剂盒
城市生活垃圾渗滤液治理新方法
生物医药
植物延绿节水复壮剂（NSR）
一个具有完全知识产权的多肽抗炎药物
无公害生物饲料与无公害肉食品
重组水蛭素
基于核磁共振成像仪的神经外科手术导航系统
DNA 倍体显微图像自动分析仪

肿瘤诊疗技术开发、转让和技术服务项目群
肿瘤临床诊断红外光谱法
Ⅰ类抗艾滋病新药 AEBL-2
具有细胞凋亡促进活性的多肽
抗中性粒细胞胞浆抗体（ANCA）的检测
Alport 综合征的基因诊断试剂
潜在的肿瘤分子标记物——DD1-6 基因
生物Ⅰ类新药——肝癌多肽疫苗
乳腺癌患者手术、化疗后血清 HER-2 ECD 水平变化对乳癌患者预后具有临床意义
新抗骨质疏松复方中药
促神经再生复方中药
国家Ⅰ类基因工程新药——抗血栓多肽

**技术服务及其他项目**

核设施的大气扩散规律分析、工程气象参数分析及核事故应急系统
北京大学产业集群研究项目

# 国 内 合 作

【概况】 2007 年，国内合作办公室着眼于长远发展，立足于自身建设，逐步推进学校与地方交流与合作走向深入持久发展，围绕学校教学科研这一中心环节，从有利于加强学校自身学科建设出发，积极寻找合作的切入点，集中精力抓大项目、抓有标志性和显示度的项目，重点加强与经济发达地区的联系和沟通，认真配合国家的发展战略和地方发展规划，适时地开展有针对性的工作，努力做好西部对口支援工作，积极探索新的工作方式方法，拓宽学校与地方合作的深度与广度，为学校发展提供了有力的支持。

【交流合作】 1 月 31 日，北京大学与中国地震局共同举行了"北京大学—中国地震局现代地震科学技术研究中心"合作成立签字仪式。研究中心将以地震科学和技术为主要研究方向，承担地震科学和技术的重大科研与工程项目，为国家培养地震科技领域高素质专业人才。中国地震局局长陈建民、北京大学校长许智宏、常务副校长林建华、地球与空间科学学院常务副院长潘懋等出席了签约仪式。

11 月 16 日，应江苏省政府邀请，北京大学组团赴南京参加了"中国·江苏首届产学研合作成果展示洽谈会"。学校共组织了一百多项科研成果参展，北京大学副校长岳素兰出席了此次活动。

6 月 27 日，广东省、教育部和科技部联合召开"广东省教育部科技部产学研结合工作会议"，北京大学等 100 多所部属高校参加了会议。会议总结省部产学研结合工作启动以来的进展情况，总结交流省部产学研结合的经验和做法，部署下一阶段省部产学研结合的工作任务，北京大学许智宏校长代表学校作主题发言。

11 月 16 日上午，绍兴市与北京大学工学院签署框架协议，共建北大工学院绍兴技术研究院，以加快对高新技术领域的前瞻性技术研究，推动绍兴市产业升级、技术进步和结构调整，实现对环境资源的协调开发。绍兴市长张金如、北京大学工学院院长陈十一、浙江省科技厅副厅长罗卫红、副市长郑继伟及有关部门负责人出席签约仪式。

9 月 13 日，北京大学校长许智宏、清华大学校长顾秉林、南开大学校长饶子和在南开大学举行了首次三校圆桌会议。三位校长共同签署了合作备忘录，提出三校积极参与服务天津滨海新区建设，为滨海新区的开发开放和可持续发展提供科技和智力支撑。

8 月 23 日，内蒙古自治区副主席、内蒙古大学校长连辑率领代表团访问北京大学，向北京大学赠送元代圣旨金牌复制礼品和 50 年来内蒙古大学蒙古学研究著作。北京大学校长许智宏代表学校回赠了北大出版的研究书籍。

9 月 8 日，北京大学常务副校长林建华与内蒙古自治区副主席、校长连辑签署了校际合作协议，两校在师资队伍建设、人才培养、联

合科研以及学校管理等方面继续加强合作。内蒙古大学党委书记刘丽华、常务副校长陈国庆等出席了签字仪式。

10月12日,北京大学、内蒙古大学以及新西兰梅西大学在京共同签署了学术交流协议,在学生联合培养、学术资源交流、科研合作等方面共同开展合作。

8月3日,"北京大学、清华大学支援烟台大学建设委员会第九次会议"在烟台大学召开,北京大学校长许智宏代表学校出席了会议,并为烟台大学本科教学质量和学科建设提出了建议和意见。

【对口支援】 8月8日,北京大学党委书记闵维方、常务副校长柯杨率代表团赴新疆石河子大学参加两校对口支援工作例会,教育部副部长吴启迪、兵团副司令员阿勒布斯拜·拉合木出席了会议,吴启迪副部长对北京大学对口支援石河子大学工作给予高度评价。会上,北京大学光华管理学院、经济学院、马克思主义学院、医学部基础医学院、药学院、生命科学学院与石河子大学的商学院、经贸学院、政法学院、医学院、药学院、生命科学学院签署院系合作协议。

全年校本部及医学部共接收石河子大学11名插班生跟读一年,安排接收石河子大学校领导、教师以及中层干部到校访问、学习30余人次,安排一名教师赴石河子大学师范学院挂职任副院长,多名教师赴石河子大学短期讲学。

(国内合作办公室)

# 主要高科技企业

## 北大方正集团公司

【概况】 2007年,方正集团在内部管理、主(辅)业发展、技术创新、企业文化建设等方面都取得显著成绩。截至2007年12月底,全年实现总收入440亿元,利税总额60亿元。拥有5家在上海、深圳、香港及马来西亚交易所上市的公众公司,和海内外的20多家独资、合资企业,员工近3万人。

IT主业方面继续保持发展势头。在IT软件领域,方正电子各项解决方案推动信息技术在传统领域和新媒体行业继续向整合和纵深发展,方正阿帕比推出了定位为全球最大的数字出版物发行平台——"爱读爱看网","方正高端彩色打印控制关键技术"通过国家科学技术成果鉴定,并申请了多项国内国际发明专利。在IT硬件领域,PC销售继续保持增长,同时,作为硬件领域重要发展业务——方正多层电路板,在2007年继续高速发展,方正6英寸芯片也正式出货并交付客户,方正IT硬件产业链完成了从PC到多层电路板再到芯片的高附加值迈进。在第二主业医疗医药产业方面,北大国际医院在北京中关村生命科学园奠基,建成后将弥补北京地区缺少国际化大型医院的空缺。同时面对医药行业市场竞争日趋严峻,原辅材料价格不断上涨的形势,方正集团所属西南合成和大新药业克服种种困难,取得了良好业绩。

在产业创新发展的同时,方正集团十分关注企业品牌建设,积极承担社会责任,不断提升企业社会形象。在世界品牌实验室发布的2007年《中国500最具价值品牌》中,方正集团的品牌价值由2005年的101.85亿元、2006年的103.89亿元提升到2007年的107.52亿元,排名第57,并在品牌中国总评榜(2006—2007)品牌中国金谱奖评奖中,荣获"品牌中国金谱奖——中国信息技术行业年度10佳品牌"称号,同时还荣获"2007年度中国最佳企业公民"奖。

6月21日下午,北京民营科技实业家协会二十周年庆典大会隆重举行。大会公布了北京市第七届"科技之光"优秀品牌企业和优秀企业家评选活动结果,方正集团荣获"辉煌二十年纪念奖""十佳科技品牌企业奖";魏新董事长荣获"杰出创新企业家奖";方正电子赵东岩率领的数字媒体开发部获得"技术创新特别奖"。方正集团董事长魏新出席庆典大会并代表第二代企业家做主题为"发展"的演讲。

【企业发展】 2007年,方正集团集团职能由财务管控向战略管控转变;做实事业群;产业方向上重点突出信息产业及医疗医药两大主业总体原则,在上一年度管理架构调整的基础上,合理调配集团内部各种资源。目前,IT事业群(含IT软件、IT硬件两个事业部)、医疗医药事业群、投资银行事业群、综合事业群、资源集团五个事业群平台已全部搭建完成并已开始全面运作。

作为国内PC产业旗舰,方正科技在2006年销量超过300万台基础上,力争2007年销量达到350万台,市场占有率突破13.5%,保持同比增长28%的高速领跑态势。方正多层电路板,在2007年继续高速发展。8月31日,方正第一批量产6英寸芯片正式出货交付客户。这样方正IT硬件产业链完成了从PC到多层电路板再到芯片的高附加值迈进,使得方正在拥有整机规模组装和关键零部件制造能力后,又拥有了核心元件的制造能力。

3月31日,在北京中关村e世界东区,方正科技携手英特尔、微软联合启动了"方正科技 旗舰启航"大型市场活动,并一举推出了囊括高、中、低价位的 Windows Vista＋酷睿 2PC 军团,重磅出击IT市场。从3月31日至4月30日,方正科技还将联合英特尔及微软公司,深入全国 100 个重点城市,2000 家方正科技店面,把方正"Windows Vista＋酷睿 2"电脑的精彩体验带给广大终端消费者,充分展示方正科技在推广新产品、新技术上的领先优势。

【业务发展】 方正"畅流"帮助扩版后的《中国日报》进行流程再造。方正"跨媒体出版系统"成功签约中国外文出版发行事业局。方正电子继 2007 年年初签约大连《半岛晨报》采编系统后,全面占领东北地区采编系统市场。方正阿帕比内容资源建设比去年同期增长 500%以上,《南方都市报》《羊城晚报》数字报纸相继在方正爱读爱看网上线。目前,晚报都市类报纸综合竞争力 20 强中已有 9 份报纸采用方正数字报纸,全国已有包括《人民日报》《环球时报》等在内的 150 多家报社,300 份报纸采用方正数字报刊技术同步出版数字报纸。

方正经典播控产品——方正"无忧"连续中标国家广播电影电视总局电影频道标清播出系统项目、北京电视台新大楼建设项目播控软件系统;方正硬盘播出二级存储系统,成功拿下天津电视台媒资管理系统与播出系统互联项目和天津广电网络公司数字电视实验室系统项目。方正电子顺利中标湖北电视台播出系统采购项目,至此,湖北电视台总共 8 个频道的播出系统数字化改造已经全部交由方正电子实施。

3月,北大国际医院在北京中关村生命科学园奠基,建成后的北大国际医院将成为北京最大的综合医院,将弥补北京地区缺少国际化大型医院的空缺。同时,作为中国首家能够全面提供健康管理服务的高档医疗机构——北大国际医院健康管理中心于年底在金融街正式运营。另外,作为北大国际医院配套项目北大国际养护中心、北大国际医学数字影像中心也在开始筹建。

【技术创新】 方正阿帕比自主研发的数字出版技术(CEB及DRM)及整体解决方案,已发展为全球领先的数字出版技术提供商和数字出版物传播平台。目前,全国 400 多家出版社正在应用方正阿帕比数字出版解决方案出版发行电子书,已出版的正版电子书品种居全球第一。全球 2900 多家学校、公共图书馆、政府、企事业单位等机构应用此项技术。2007 年 5 月,主题为"创新·共赢"的"2007 方正数字出版产业峰会"在北京隆重举行,这也是方正连续主办的第五届年会。

5月,方正产学研的又一成果、由北京大学计算机科学技术研究所与方正集团联合研制的——方正"高端彩色打印控制关键技术"通过国家科学技术成果鉴定。12月,入选教育部 2007 年"中国高等学校十大科技进展"。不久,再次入选信息产业部 2007 年"信息产业重大技术发明"。高端彩色打印控制关键技术研制成功后,不仅在国内获得广泛应用,而且成功进入国际市场,被世界上著名的数码印刷设备制造商荷兰奥西集团采用,奥西生产的数码印刷设备上将使用方正集团开发的高端打印控制器软件,这是"Founder inside"国际化战略的又一重大进展。

9月,方正集团和北大计算机研究所参加了由国家知识产权局、中国科学院、中国工程院、中国科协等四部委联合主办的"首届全国杰出发明专利创新展"。王选院士在 1987 年获得的欧洲专利——"字形在计算机的压缩表示",以及汤帜博士等的发明专利"一种手持设备文字排版对齐的方法"最终入选。

10月,方正电子在京发布了首款自主品牌直接制版机(CTP)——方正雕龙紫激光直接制版机,同时也发布了在印艺市场的战略规划,这表明:方正将以专业设备制造商的身份,组合其强大的核心软件技术能力、系统集成和服务能力参与到新一轮的印艺市场的竞争当中。未来方正电子将从单纯依靠软件和集成服务参与市场竞争转向以核心技术研发为依托,自主硬件设备为载体,系统集成和服务能力为保障的全自主、全方位解决方案提供商。方正将在巩固原有报业市场领先地位同时,全力在商业印刷业进行拓展,从而进一步提高市场占有率。

【品牌建设】 8月15日,为期5天的"V815 中关村民族品牌精品展"在中关村海龙电子城开幕。本次展会汇集了一批代表中关村高新技术最前沿水平的民族品牌精品,方正科技所携五款主打 PC 和笔记本精品:国内首款"家居电脑",外观时尚靓丽的卓越 S100-3256;"一机多平台"的天瀑 T200-5456;经典畅销机型卓越 K100-3256 以及"经济适用本"FOUNDER R650 和商务人士移动办公的得力助手 FOUNDER R211 两款笔记本电脑都受到了广泛的关注和好评。

美国当地时间 2007 年 11 月 8 日下午,方正集团与火箭队在丰田中心举行了签约仪式。早在 2005 年,方正集团作为第一家与火箭队开展合作的中国企业,在火箭队与中国市场的合作中扮演了重要角色。方正成为火箭队首个中国合作伙伴展现了方正集团在 IT 领域强大的综合实力,为中国企业借势火箭队品牌实现品牌国际化做出了示范。

【知识产权保护】 2007年上半年集团专利申请已达60余件,其中发明专利40余件;集团商标形成了国际国内布局,完成了核心商标的全行业注册和保护性注册,"方正FOUNDER及图形"主商标获得"中国驰名商标"认定;集团知识产权管理制度日趋完善,初步建立了具有国际水准适合方正的知识产权管理机制。2007年2月,方正集团被国家知识产权局列入"全国企事业知识产权示范创建单位",这是继获得全国第三批知识产权试点企业之后,方正知识产权工作再次获得国家主管单位的认可。

2007年8月,方正对美国暴雪娱乐有限公司等被告侵犯具有自主知识产权的方正字库著作权向北京市高级人民法院提起诉讼,并已获得正式受理。该案索赔金额目前已达1亿元人民币,是2007年中国法院受理的IT行业知识产权第一案,也是中国加入WTO以来,中国公司向外国公司就知识产权侵权进行索赔额度最大的知识产权案之一。

方正集团所属的中国西部最大原料药生产基地——西南合成,在上半年成为重庆市政府向国家商务部推荐上报申请"争创出口品牌企业"唯一医药企业。2007年6月15日,西南合成诉印度药业倾销案获胜。这起中国医药产品反倾销第一案的胜利,维护了西南合成和国内相关企业的合法权益,捍卫了民族产业利益。

【方正奖学金、奖教金设立】 2007年9月2日上午,北京大学方正奖学金、奖教金捐赠仪式在北京大学举行。北京大学党委书记闵维方、校长许智宏、副校长张国有、代理副校长兼方正集团董事廖陶琴、方正集团董事长魏新、总裁张兆东、董事张旋龙、副总裁兼首席品牌官施倩等出席了捐赠仪式。自2007年起的三年间,方正集团每年向北大捐资150万元人民币,用于设立方正奖学金、奖教金。其中,方正奖学金将成为北大年度金额最高的奖学金之一,方正奖教金在北大目前年度奖教金中位居首位。

(方正集团)

# 北大青鸟集团

【概况】 2007年,在北京大学和学校产业办的领导下,北大青鸟集团积极从集团经营工作的实际出发,共同奋斗、成绩显著。面对世界经济动荡、全面竞争加剧、国家加大改革力度、经济快速升温的机遇和挑战,北大青鸟集团依托北京大学和各级政府及社会朋友的关怀与支持,积极决策,坚定不移地推进发展进程,发挥团队的聪明才智和力量,各项经营主业迈出了新的步伐,取得了战略性胜利。

企业治理结构进一步完善,企业改制和授权经营趋于完成。资本运作取得重大成绩,取得了显著的经济效益和社会效益。北大青鸟的传统产业IT和教育产业取得了一定成绩。IT产业进行了重大机构整合,良性资源集中到了北大青鸟商用信息公司手中,具有自主知识产权的青鸟网硕软件产品市场竞争力增强,覆盖面明显扩大。北大青鸟旗下的房地产业经营取得突破性进展,文化传媒产业经营效益持续走强,新能源项目获得一定进展。北大青鸟IT职业教育产业依然在国内业界领航,并与中央广播电视大学结盟,搭建IT人才培养的新平台。北大青鸟APTECH获"中国连锁百强""中国十大优秀特许加盟品牌"大奖,北大青鸟APTECH喜获AAA最高信用等级评价。2007年青鸟集团加快了国际合作的步伐,其旗下的日本北大青鸟系统公司在日本成立,更广泛更深入的国际合作已经起步。

2007年,以"回报北大、回报社会"为主题的北大青鸟社会公益活动更加胜过往年。其中,该年度"杨芙清一王阳元院士奖教金"隆重颁发。

在2007年的创新与改革实践中,北大青鸟突出了产业运作与资本运作密切渗透的优势,业绩喜人,为北大青鸟的发展进程建立了新的功绩。北大青鸟"以人为本、创新发展、忠诚求实、注重结果"的企业文化得到进一步弘扬光大,团队自上而下信心更足了,企业未来的战略发展思路更加清晰了。

【获王选科技一等奖】 2007年,由北大青鸟集团旗下的潍坊北大青鸟华光照排有限公司与新疆维吾尔自治区民族语言文字工作委员会和云南省西双版纳报社联合承担的教育部、国家语委民族语言文字规范标准建设及信息化科研项目"基于ISO10646的维、哈、柯、傣文电子出版系统研发"(MZ115-004),获得了国家新闻出版行业的最高科学技术奖——王选科学技术一等奖。

【获全国电子政务大奖】 2007年,以青鸟网硕为基础网管平台的"江苏省电子政务运行管理系统",获中国信息协会和中国信息协会信息主管(CIO)分会举办的2007全国电子政务优秀应用平台评选"2007全国电子政务优秀平台奖"。同时,北大青鸟网软有限公司被评为"2007电子政务应用优秀供应商"。北大青鸟网硕产品已成为我国电子政务网管第一品牌。

【IT教育获大奖】 2007年5月,在由商务部组织的"中国优秀特许奖"专家评审中,北大青鸟集团旗下的北大青鸟APTECH获得了"中国连锁百强"和"中国十大优秀特许加盟品牌"两项大奖。北大青鸟APTECH创造性地将特许加盟经营模式引入职业教育领域,成为首家采用特许加盟模式的IT培训机构。11月,APTECH喜获AAA最高信用等级评价,成为获此殊荣的国内唯一一家IT培训机构。APTECH已经连续5年在营业额、市场占有率、增长率三项指标评比中位居行业第一,已成为国内规模最大、规范度最高的IT职业教育机构。

【获国家多项资金支持】 2007年,当年完成机构整合改革的北大青鸟商用公司,努力发展软件产品研发和产业化,申报项目过硬,得到了国家组织的专家组的充分认定,其申报的"青鸟商业智能产品"、自主开发并拥有独立自主知识产权的软件产品"青鸟网硕软件项目"技术成果转化等项目成功得到了国家发改委、财政部、信息产业部等政府资金资助,总额达到700多万元,这为自有产权软件产品的发展拓宽了道路。2007年10月,青鸟商用公司连续第2年被北京质协信用评价中心评为"北京市重质量守信用企业"。

【日本北大青鸟公司成立】 2007年4月16日,日本北大青鸟系统公司在日本召开成立大会,神奈川县川崎市市长阿部出席成立大会并致辞祝贺,北大青鸟集团总裁许振东、副总裁张万中专程赴日参加成立大会,许振东总裁设酒会盛情答谢日本各界朋友。居于日本著名IT产业巨头前五位的NTT DATA、富士软件、野村综研等企业热烈祝贺公司成立。该公司的成立,主要从事中日科技和文化交流,促进日本企业到中国投资,促进中国对日本派遣IT人才从事软件开发,是北大青鸟着陆东瀛所发起的新一轮国际合作战略。

【与CESI战略合作】 2007年8月10日,作为国内软件与信息服务行业的旗舰企业,北京北大青鸟商用信息系统有限公司和国际电子技术标准化权威研究机构中国电子技术标准化研究所(简称CESI)在北京联合举办签约仪式暨新闻发布会,宣布双方结成战略合作伙伴。双方将本着公平、公正的原则,以体系认证为带动,在业务培训、品牌推广、信息服务和标准化活动等领域进行全方位的战略合作。

【结盟中央电大】 2007年12月7日,中央广播电视大学与北大青鸟集团旗下北京青鸟信息技术教育发展有限公司隆重签约,正式建立双方战略合作伙伴关系。双方将就学历教育相关专业与非学历证书培训之间的课程置换正式展开合作,共同促进学历教育与职业教育的结合,携手推动中国IT教育事业发展。

【环宇消防全国行业领先】 北大青鸟旗下的河北北大青鸟环宇消防公司由于经营战略得当,2007年经营创收比上一年增长35%还多,业绩稳居全国同行业第4位。该公司2007年的经营战略是"全线防守,重点突破;看准十指,断其一指"。按照这个战略,该公司对全国的市场区域实行了三步走的全方位攻略。一大部分区域守住自己的地盘;另一部分实行重点扶植;对上一年已经扶植强壮的第三部分,则集中整个公司的人、财、物资源进行全天候配合,使其重点突破。

【"青鸟生"回母校活动】 "青鸟班"是北大青鸟集团全额资助的基础教育高中班,专门选择录取学校所在地附近几个省份品学特优、生活特困难的学生来校寄宿就读,并免除其一切学习、生活费用。2007年3月28日,顺利考取北京著名高校的在读"青鸟生"回母校——北大附属实验学校省亲,全国青联常委、北大青鸟集团总裁许振东与同学亲切座谈,这八位同学分别来自北京大学、北京理工大学、北京农业大学和北京科技大学。从2006年开始青鸟集团还对考入北大、清华的"青鸟班"学生每人每年提供一万元奖金,保证他们大学期间的学习生活费用。

【"杨芙清-王阳元院士奖教金"】 2007年9月28日,"杨芙清-王阳元院士奖教金"隆重颁发。该奖教金是杨芙清-王阳元院士奖励基金的一部分。杨芙清-王阳元院士奖励基金是以杨芙清院士捐赠其所得15万港元的何梁何利奖和王阳元院士捐赠其所获得的50万元新台币的潘文渊研究杰出奖为基础,以北大青鸟集团进一步出资为后援,由北京大学与杨芙清院士、王阳元院士及北大青鸟集团共同签订协议,于1999年正式在北京大学设立的。其中奖教金的奖励额度在北大各种奖教金当中是最高的。2007年,有北大医学部一人获得了杨芙清-王阳元院士奖教金特等奖,北大各学部、院、系的15人获得了优秀奖。

【王岐山视察东华广场】 2007年5月24日,时任中共中央委员、北京市委副书记、市长王岐山一行到东直门交通枢纽暨东华国际广场商务区项目建设现场视察,向北大青鸟集团执行总裁徐祗祥等了解工程建设情况,对工程项目的质量、管理、进度和安全工作表示满意。

(李启龙)

## 北大维信生物科技有限公司

北大维信生物科技有限公司目前由北大资产经营有限公司、亚洲药业集团有限公司和北控高科技发展有限公司合资经营,致力于天然药物和现代中药的研究、开发、生产和销售。具有国际先进水平的调脂药物血脂康胶囊是北大维信的主导产品,它是现代生物技术与祖国传统医药相结合的产物,是北京大学的优秀高科技成果,血脂康胶囊已成为国产降血脂药物第一品牌。2006年,"北大维信"入选北京市"著名商标"。公司生产厂区位于中关村永丰高新技术产业开发基地,已通过GMP认证。厂区占地面积2.7万平方米,建筑面积8千余平方米,拥有10万级超净生产车间,设备先进,年生产能力:胶囊3亿粒,片剂1亿粒,颗粒剂1千万袋。

2007年7月,北大维信作为三大特许赞助商参加了由17个部委发起主办的"中医药中国行"活动,该活动历时三年,以"传承中医国粹,传播优秀文化,共享健康和谐"为主题,通过在全国范围举办走进农村社区、中医大篷车万里行等多种形式的科普宣传活动,集中展示中医药悠久的历史、科学的理论、独特的方法、良好的疗效,让社会了解中医药为中华民族繁衍生息所做出的巨大贡献,了解中医药在维护人民健康、促进经济社会发展、弘扬我国优秀传统文化等方面的重要地位和作用。

2007年,北大维信公司严格根据FDA要求组织开展了血脂康药代动力学研究方法的开发和验证、药代动力学的临床研究、稳定性研究和品质检验报告涉及的测试方法的重新开发和验证等,经过一年多的努力工作,以上研究取得了重要成果。该项工作的推动对中药国际化,乃至国内中药企业的产品国际化都意义深远。

3月,北大维信公司入选中关村科技园区首批百家"创新型试点企业"。同年8月,北京市工业促进局认定北大维信为"北京市市级企业技术中心"。

作为一家高新技术企业,截至2007年,维信公司累计申请27件专利,其中国内24件,国际3件,已获得授权12件,国内5件,国际7件。此外公司还申请商标55件,其中国内49件,国际商标6件,拥有注册商标21件,包括国内15件,国际6件。

10月10日至13日,第十八届长城国际心血管会议在北京国际会议中心举行,北大维信作为唯一一家拥有本土循证医学证据的现代调脂中药生产企业参会,本次公司参展活动主要以一个36平方米的展台和北大维信卫星会为主,吸引了专家、医生的广泛关注和参加。

"维信医学教育奖"自2006年首次亮相,即受到了医学部师生的热烈欢迎。该奖旨在鼓励在各医学专业领域中品学兼优、勤学奋进的优秀学生。

(北大维信)

## 北大未名生物工程集团有限公司

【概况】 北大未名生物工程集团有限公司2007年依然致力于生物产业的发展和生物经济体系的建立,重点投资生物医药、生物能源和生物服务三大领域,拥有北京北大生物城、厦门北大生物园、广州流溪湾生物港三大基地,是中国具有影响力的现代生物企业集团。已构建了比较完善的研发体系:生物药物研究中心、疫苗研究中心、国家作物分子设计中心、生物智能研究中心、生物经济研究中心等机构和多个研发平台及一批优秀的研发人才,主要进行生物经济、生物药物(基因药物和多肽药物)、人用疫苗、现代中药、作物的分子育种、生物智能源和生物智能技术等方面的研究。2007年产品生产销售收入稳定在3亿元,所属北京科兴创造了可喜的效益,销售收入达2.58亿元。

未名集团主要产品有:注射用鼠神经生长因子(恩经复® Nobex®)、甲肝灭活疫苗(孩儿来福® Healive®)、甲乙肝联合疫苗(倍尔来福® Bilive®)、流感裂解疫苗(安尔来福® Anflu®)以及数百种中药配方颗粒。

【人用禽流感疫苗】 继成功研制SARS疫苗后,未名集团下属北京科兴生物制品有限公司与中国疾病预防控制中心共同承担了"人用禽流感疫苗"研制课题。该课题I期临床试验的结果已发表在世界权威医学杂志《柳叶刀》上,目前已完成II期临床试验。人用禽流感疫苗的成功研制充分展现了未名集团强大的自主创新能力。未名集团成功地实践了以企业为主体的新的研发模式,使北京大学走在人用疫苗研制的世界前列,受到党和国家领导人的充分肯定。

【研究与开发】 长效重组蛋白药物公共技术平台:其核心是利用人血清白蛋白与治疗性蛋白药物形成分子融合,延长治疗性蛋白质在血液中的丰衰期,实现蛋白质药物长效化。目前已完成长效重组人红细胞生成素、长效重组人α干扰素、长效重组人粒细胞集落刺激因子三个长效重组蛋白药物临床前研究并获得了多项中国和美国专利。

多肽药物研究:初步构建了动物肽类毒素研究开发技术平台,已经发现了一批具有重要药用价值和应用前景的具有自主知识产权的新毒素分子。国家一类新药——虎纹镇痛肽已获得临床批文,进入I期临床试验阶段,并通过基因工程方法在昆虫病毒中表达成功,已获得中国、美国及欧洲专利。科技部已于2007年11月正式启动由未名集团为牵头单位的"多肽药物研究"课题,课题研究周期为三年,目前已处在实施阶段。

【合作与拓展】 杜邦公司2007年底与集团下属的北京未名凯拓农业生物技术有限公司合作成立北京凯拓迪恩生物技术研发中心。

杜邦公司的加盟将使未名集团的原始投资大大增值,也将更有力地促进未名凯拓各项业务的进一步拓展。该研发中心的目标是以加快发现如高抗逆性、抗营养贫瘠等高品质农艺性状基因,致力于为中国乃至全球提高主要农作物的产量。

北大未名与四川沱牌曲酒股份公司合作成立成都未名药业有限公司,利用其现有的土地与GMP厂房资源,拓展药品生产与代加工业务。

(未名集团)

# 首都发展研究院

【概况】 2007年,在北京市委市政府和北京大学的领导下,为更好地发挥首都发展研究院的作用,使北京大学与北京市交流合作更具组织性、能动性、系统性,首都发展研究院积极配合首都发展的战略需求,围绕"新北京、新奥运",发挥职能作用,在自身能力建设、整合北大力量服务首都以及开展决策支持研究等方面取得了显著成绩。

【能力建设】 2007年,首都发展研究院从软、硬两个方面着手,不断加强自身能力建设。一是北京大学明确了首都发展研究院的定位和职能,配置相应的人员编制和领导干部,通过校内招聘和组织任命,蔡满堂担任首都发展研究院副院长,雷虹任兼职副院长。二是首都发展研究院逐步建立和完善了应用经济学博士后流动站,截止到2007年,先后培养了22名博士后,校内15人,在站7人,博士后队伍成为首都发展研究院的"高层流动研究队伍"。三是建成了一支小而精的工作队伍,建立了广泛的国内外联系,形成了"小核心、大网络"的发展格局。四是在原有办公研究用房的基础上,办公场所得到逐步完善,办公室、多媒体教室、资料室、会议室、内外网络办公、文印室等各类基础设施完备,办公形象和工作效率得到提升。

【服务首都发展】 1. 配合北京大学党委办公室校长办公室,组织北京市发展与改革委员会与北京大学新年座谈会。2007年1月12日,北京市发改委党组副书记、副主任柴晓钟,市发改委党组成员、副主任刘志、吴桂英、张工、卢映川等一行22人莅临北京大学,与北京大学校长许智宏,常务副校长陈文申、林建华、柯杨,副校长岳素兰、张国有,首都发展研究院常务副院长杨开忠,以及北京大学各院、系、所、各主要部门负责人进行座谈。

2. 与北京市经济与社会发展研究所合作主办《决策要参》。2006年2月至今,该刊紧扣首都发展中的重大问题,内容涉及文化创意产业、区域创新、现代服务业发展、后奥运经济研究等方面的理论与实践研究,介绍国际发达国家和地区的先进经验,力求为市委、市政府制定相关政策提供具有针对性的海内外重要政策研究成果。到2007年底已出版32期,在北京市政机关起到了良好的咨询作用,成为各级政府的主要理论阅读材料。

3. 组织国际会议。包括协助北京市政府举办全球发展网络(GDN)年会。GDN是由世界银行等国际组织发起成立的一个全球发展研究网络,重点支持发展中和转型国家的社会经济发展研究。经报北京市政府批准,北京大学向GDN提交了在北京召开一届GDN年会的申请,GDN同意于2007年1月在北京召开第八届年会。2007年1月,GDN第八届年会成功举办,来自全球100多个国家的600名代表汇聚北京,就亚洲崛起、特别是中国和印度两个亚洲大国的发展对全球经济的影响等问题开展了高水平的学术讨论。此外,首都发展研究院还参与了"北京论坛"的策划组织工作。

4. 承办"北京大学国子监大讲堂"。2007年,北京市委、市政府提出建设"学习之都"的目标。2007年3月4日,市委常委、市委教育工委书记朱善璐率首都发展研究院领导到东城区调研。朱善璐书记建议北京大学与东城区合作建设"北京大学国子监大讲堂",构建民族的、大众的、权威的传统文化学习平台,打造优秀学习品牌,弘扬优秀传统文化,推进人文奥运建设,提升学习型城区建设水平,努力构建和谐社会首善之区。在"北京大学国子监大讲堂"筹建过程中,北京大学召开党政联席会,确定了以张国有副校长为组长的工作机构,成立了专家组和协调办公室,办公室设在首都发展研究院。2007年9月8日,"北京大学国子监大讲堂"启动仪式在东城区国子监举行,截止到2007年底,已经授课九讲。2007年11月10日,在"迎奥运首都市民终身学习日"活动中,朱善璐书记和市教委刘利民主任等领导视察了"北京大学国子监大讲堂",张国有副校长率首都发展研究院有关领导出席活动。朱善璐书记对"北京大学国子监大讲堂"给予了高度评价,强调应继续扩大影响力和辐射面。"北京大学国子监大讲堂"开讲以来,社区民众参与热情逐渐高涨,已有数十位固定听讲市民,其中最远的来自河北燕郊。《光明日报》《北京日报》《北京青年报》《京华时报》《新京报》《北京晨报》《北京竞报》《北京娱乐信报》等各大媒体对此进行了报道；首都之窗、新浪网、搜狐网、北京文博网、现代教育传媒网、浙江在线、湖州在线、中金在线等都以"昔日皇家大学，今日国学讲堂"为主题对"北京大学国子监大学堂"的启动和开讲进行了广泛宣传，产生了很好的社会反响。

5. 组织北京大学人文社会科学院系负责人及学校相关部门负责人实地考察参观国子监。组织上述人员分两批到国子监参观学习，加强对北大与国子监、红楼历史渊源的了解，夯实"北京大学国子监大讲堂"的组织基础。

【科研工作】 1. 承担科研项目。包括：（1）杨开忠，"环渤海和东北老工业基地的科技人力资源支撑状况研究"（中国科协）；杨开忠，"环渤海地区2006—2015年经济社会发展环境承载力综合研究"（中国科协）；杨开忠，"我国区域城镇化管理的系统研究"（国家自然科学基金重点项目）；李国平，"京津冀城市群发展与调控研究"（北京市哲学社会科学"十一五"规划项目）；李国平，"加强北京与天津滨海新区合作研究"（北京市科技计划课题）；李国平，"环渤海地区可持续经济发展研究"（中国科协信息中心委托）；李国平，"北京市落实区县功能定位调研"（北京市发展和改革委员会委托项目）；李国平，"京津冀区域协调发展研究"（国家社会科学基金项目）；沈体雁，"北京经济结构的现状、问题与对策研究"；沈体雁，"北京市国民经济和社会发展对基础测绘的需求调研报告"；沈体雁，"北京国际汽车博览中心发展战略研究"；沈体雁，"环渤海地区环境承载力空间管治研究"；薛领，"北京市'十一五'规划纲要年度评估"；陆军，"北京市城市人口规划评估分析"（北京市规划委员会委托）；陆军，"北京市国际化大都市发展进程及战略研究"（北京市哲学社会科学办公室委托）；万鹏飞，"国外地方政府依法行政、依法管理研究"（国务院法制办政府法制研究中心）；万鹏飞，"新城规划执行中公共产品的保护和利用"（北京市规划委）；万鹏飞，"北京市应急信息机制发布研究"（北京市应急办）；万鹏飞，"国外突发公共事件新闻处置参考材料编译"（中共北京市委宣传部）；万鹏飞，"首都地区应急联动机制研究"（北京市应急办）；万鹏飞，"北京市突发公共事件应急处置新闻宣传操作指南"（中共北京市委宣传部）；万鹏飞，"城市管理中的公民参与——国外的经验和北京市的对策"（北京市发改委）。

2. 提交科研报告。包括：杨开忠（主持），《环渤海地区2006—2015年经济社会发展环境承载力综合研究》；杨开忠（主持），《环渤海地区可持续经济发展研究》；杨开忠（主持），《河南省淅川县香严寺佛文化生态休闲旅游区总体规划及两处重点地段修建性详细规划》；杨开忠（主持），《西藏自治区旅游发展总体规划（2005—2020）》规划文本修编；李国平（主持），《加强北京与天津滨海新区合作研究》；李国平（主持），《环渤海地区可持续经济发展研究》；李国平（主持），《北京市落实区县功能定位调研》；沈体雁（主持），《北京经济结构的现状、问题与对策研究》；沈体雁（主持），《北京市国民经济和社会发展对基础测绘的需求调研报告》；沈体雁（主持），《北京国际汽车博览中心发展战略研究》；沈体雁（主持），《环渤海地区环境承载力空间管治研究》；薛领（主持），《北京市"十一五"规划纲要年度评估》；陆军（主持），《北京市城市人口规划评估分析》；陆军（主持），《北京市国际化大都市发展进程及战略研究》；万鹏飞（主持），《国外地方政府依法行政、依法管理研究》；万鹏飞（主持），《新城规划执行中公共产品的保护和利用》；万鹏飞（主持），《北京市应急信息机制发布研究》；万鹏飞（主持），《国外突发公共事件新闻处置参考材料编译》；万鹏飞（主持），《首都地区应急联动机制研究》；万鹏飞（主持），《北京市突发公共事件应急处置新闻宣传操作指南》；万鹏飞（主持），《城市管理中的公民参与——国外的经验和北京市的对策》。

3. 学术科研成果。在学术论文发表方面主要有：陈良文、杨开忠，《生产率、城市规模与经济密度：对城市集聚经济效应的实证研究》，《贵州社会科学》，2007年2月第2期总206期；杨开忠，《北京市人口超载形势与对策》，《人口研究》，2007年第1期第31卷；杨开忠，《论京畿地区区域合作》，《领导之友》，2007年第1期；杨开忠，《天津滨海新区开发开放必须依托京津冀》，《领导之友》，2007年第2期；蔡红、杨开忠，《青藏地区旅游客源市场规划战略构想》，《首都经济贸易大学学报》，2007年第2期；翁瑾、杨开忠，《一个具有不对称特点的垄断竞争的空间模型》，《系统工程理论与实践》，2007年第27卷第2期；杨晓、杨开忠，《中国货币政策影响的区域差异性研究》，《财经研究》，2007年第2期；吴晓栋、沈体雁，《当前我国开发区发展的区域差异研究》，《2007中国城市规划年会论文集》，2007年9月；沈体雁、夏帆、刘良明、王煌基，《基于MODIS数据的城市边界监测方法及其比较测绘通报》，2007年01期；沈体雁、王伟东等，《城市增长时空系统动态学模拟研究系统工程理论与实践》，2007年01期；沈体雁、李迅，《基于多主体的城市微模拟平台Grid ABGIS研究》，《北京大学学报（自然科学版）》，2007年04期；沈体雁、罗丽娥等，《基于LRM的北京城市未来增长模拟研究》,《北京大学学报(自然科学版)网络版》,2007年01期;徐瑛、杨开忠、沈体雁,《中国经济快速发展中的集聚经济转型研究》,《经济问题探索》,2007年07期;沈体雁,《曹妃甸:循环经济的现实范本》,《中国远洋航务》,2007年9月刊;薛领、王冰松、杨开忠,Study on the Temporal and Spatial Features of Changes with Commuting, Employment and Residence in Beijing,收录于《北京论坛论文选集》;万鹏飞,《中国城市灾害应急管理的理念、体制与对策》,《减灾应急处置与综合减灾》,2007年2月。在学术著作方面:万鹏飞,《协作性公共管理——地方政府新战略》,北京大学出版社,2007年8月。

4. 参加咨询活动。参与北京市及有关区县"十一五"规划咨询工作。首都发展研究院与中国社科院、国家发改委宏观经济研究院、北京市社科院、野村综合研究所、罗兰·贝格国际管理咨询(上海)有限公司以及普华永道咨询(深圳)有限公司北京分公司一道,被聘为北京市"十一五"规划咨询单位。并就如何推进北京市科技创新,服务首都建设提出了详细的咨询报告。受委托研究编制北京市海淀等区县《"十一五"经济社会发展规划纲要》。另外,首都发展研究院专家还是北京市"十一五"规划专家组成员、海淀区"十一五"规划专家组组长、东城区"十一五"规划专家组副组长等。

积极参与与首都发展密切相关的国家规划编制工作。这些包括:(1)国家中长期科学技术规划纲要起草工作小组成员;(2)国家经济和社会第十一个五年规划专家委员会委员;(3)主持承担并完成国家发改委《京津冀都市圈区域规划区域创新体系等专题(2006—2010)》《京津冀都市圈区域规划北京市规划研究》,以及科技部《"十一五"京津冀区域科技发展规划研究与制定》;(4)牵头承担中国科学技术协会重大咨询项目"环渤海地区经济社会发展承载力研究";(5)首都发展研究院同北京市经济与社会发展研究所合作,研究完成《北京市服务业发展研究报告》等,为相关政策制定提供了重要参考依据。

# 深港产学研基地

【概况】 2007年,深港产学研基地进一步贯彻理事会指导精神,更加明确了"积极为区域经济社会发展服务"的自身定位,树立了务实高校的工作作风,因势利导、灵活主动地推动和开展各项工作,积极调动各方资源,面向地区发展提供智力服务,密切联系产业开展应用研究,为中小企业提供多方位支持,为区域发展培养高层次紧缺人才,实现了平稳快速发展。

【科技成果转化】 根据五年发展规划"将基地建设成大孵化器——即科技成果转化基地"的目标,积极开展产业孵化工作,吸引具有产业前景的科研项目落户深圳,同时营造良好环境,为其发展提供服务。2007年基地获深圳市科技局批准成为深圳市科技孵化器,并获得政府专项资助;基地产业发展中心被认定为深圳市创业辅导示范基地,获国家发展与改革委员会创业服务专项资助。目前基地共有孵化企业109家,其中来自北京大学科技成果转化的企业10家,来自香港科技大学成果转化的企业6家。

【应用研究】 针对实验室建设中存在的困难和对应用研究的不足,基地首次以专项资金的方式对应用科研工作提供支持和帮助,引导和扶持实验室应用科研工作。在加强公共研发平台建设和企业横向研发合作方面,建立了环境友好高分子新材料研发中心,与香港科技大学合作共建人类语言技术深圳研发中心。在科研成果方面,海岸大气室"深圳河(湾)引调水方案研究"获得2006年度广东省水利学会水利科学技术奖二等奖;2007年共获科研经费近300万元,其中包括"863"项目、"908"项目、深港创新圈项目、深圳市科技项目、南山区科技项目等;申请实用新型专利1项,SCI收录论文6篇,出版专著2部;举办专业人员短训班两期,共41名。

【政府决策顾问咨询】 依托深港发展研究院搭建起深港合作发展的智力平台,吸引了一批各个领域的专家学者关注深港地区经济社会发展,大力推动深港创新圈建设,为政府决策提供智力支持,取得了预期的研究成果和社会影响。深港发展研究院自2006年4月成立以来,积极参与了深圳园博园改造、深圳海洋问题研究、深圳高等教育发展、深圳北部硅谷建设等一系列深圳市、区政府的重大课题调研工作。深圳市多次征求和听取深港发展研究院专家意见,尤其是在建设新大学的方案当中汲取了大部分思路。

深港发展研究院组织专家就深港合作发展过程中的关键问题进行讨论,以研究报告和专家建言方式为政府决策提供智力支持,研究报告和专家建言在完成后均报送深圳市政府,并由深圳市政府送发各主要政府部门。此外,积极承接深圳市的软课题研究工作,主要包括：西部通道开通后对南山社会经济的影响及对策研究，南山区科技资金改革研究，建设深港电脑、信息、软件行业信息平台，建设"深港创新圈"实施计划研究，大学城周边经济带建设发展规划策略研究，南山区打造特色产业园区研究，南山区拓展产业发展空间研究，关于深圳海洋产业发展综合战略的研究，等等。2007年，深港产学研基地成立了北科区域发展研究院，侧重开展与区域经济发展相关的产业规划研究，目前承担了深圳市宝安区、深圳贸工局、湖北孝感高新区等产业与区域规划项目。

**【高层次人才培训】** 2007年，深港产学研基地在培训市场竞争日趋激烈的情况下，积极拓展深圳干部的高端培训和国际化培训项目，实现年度培训收入1100万元。其中，国际培训项目收入400万元。同时，通过与政府、企业的有效合作取得了良好的社会效益和经济效益，赢得了委托单位和学员的广泛赞誉，树立了优质的教育培训品牌，并形成新的培训特色。

加强国际交流合作，积极将世界名校教育培训资源引进深圳，探索了与海外合作培训的新模式，与美国锡拉丘兹大学、英国伯明翰大学、新加坡国立大学等合作，为深圳市、区提供高质量的培训。承担了深圳市委组织部胜任力班（一、二期）、市委办公厅班、宝安区委社区班、龙岗区城市化班、人力资源班、公共服务班、宝安区文化局文化事业管理高级研修班、卫生局高级护理质量管理研修班、卫生事业管理高级研修班等培训任务。受深圳市中小企业服务中心委托，举办"深圳市民营及中小企业高级工商管理研修班"，培养造就了一批具有开拓精神、创新能力和适应国际竞争需要的高层次、复合型企业家队伍，开创了高层次企业管理人才培养工作的新模式。

**【对外合作交流】** 继续落实"3＋X"方针，加大与各界的合作力度，为深港产学研基地吸引新资源，拓宽发展空间。与美国大学理事会、加州大学总校、美国多科技协会、日本TLO校园创新组织、中国国际留学人才基金会等在人才培养、科技成果转化等方面密切合作。2006—2007年间，美国大学理事会、加州大学均在中国落地并建立中国事务办公室；美国多科技协会的各项工作也已顺利开展；日本TLO校园创新组织在基地设立办公室，以公司方式投入运营，并得到深圳市政府的大力支持；2007年8月，深港产学研基地还成为中国国际留学人才基金会会员单位。

与此同时，深港产学研基地举办了多场论坛讲座，深化了交流合作工作，其中包括：承办两期博士后创新讲堂，邀请中国科协副主席赵忠贤和香港科大创校校长吴家玮教授担任演讲嘉宾；与深圳市宝安区委宣传部、组织部和人事局合作，承办三场"宝安讲坛"，邀请北京大学的海闻教授、梁柱教授等前来演讲；与南山区人事局合作，共同举办南山区人事局服务承诺制专题系列讲座，到场观众达1600人次；与香港资讯科技联会共同举办香港科技经济高峰会，参加由国家外国专家局与深圳市人民政府主办的国际人才高峰论坛，参加中国国际留学人才基金会与深圳市政府主办的腾飞工程——中国国际化人才培养计划启动仪式及首届国际校长论坛。

（邓小昆）

# 主要教学科研服务机构

## 图 书 馆

**【概况】** 2007年，图书馆在文献资料建设和整理、读者服务、基础设施建设、内部管理制度建设、分馆建设、学术交流等诸多方面保持良好发展态势，圆满完成中国高等教育文献保障系统（CALIS）、中国高校人文社会科学文献中心（CASHL）项目进展顺利，圆满完成了本科教学评估工作中的相关评估任务。2007年，图书馆顺利完成行政班子换届工作；引进各学科人才4人，并于年底完成新进馆人员的集中轮训；组织全体党员到遵义、韶山进行红色教育，组织离退休党员参观李大钊纪念馆。图书馆工会开展了图书馆值班员工状况调查；通过定期体检、建立活动室和工会宣传园地、完善网上宣传沟通机制、组织开展乒乓球比赛、爬山、舞蹈活动、摄影比赛、联欢会等文体活动，做好"模范教工之家"的延伸工作。

**【文献资源建设】** 1. 2007年，图书馆加强各类信息资源的采访、引进与自建，进一步规范文献采访工作，中文图书的采访品种大幅增加，形成系统保障；外文图书的采访在采购的品种和数量上有所增加，但捐赠少于往年；中文期刊略有增加，外文期刊逐年略有减少，这在一定程度上体现了外文电子期刊采访对印刷型期刊采访的影响。

表 8-74  2007 年图书馆采访(装订)量统计

| 项目 | | 文科 | | 理科 | | 总计 | |
|---|---|---|---|---|---|---|---|
| | | 种 | 册(合订) | 种 | 册(合订) | 种 | 册(合订) |
| 图书 | 中文 | 35062 | 77840 | 4061 | 9192 | 39123 | 87032 |
| | 外文 | 6547 | 7160 | 1124 | 1264 | 7671 | 8424 |
| | 图书总计 | 41609 | 85000 | 5185 | 10456 | 46794 | 95456 |
| 期刊 | 中文 | 2439 | 4577 | 1565 | 2824 | 4004 | 7401 |
| | 外文 | 1338 | 1169 | 696 | 1035 | 2034 | 2204 |
| | 报纸 | | | | | 201 | 582 |
| | 期刊总计 | 3777 | 5746 | 2261 | 3859 | 6239 | 10187 |
| 学位论文 | | 2222 | | 1305 | | 3527 | 3527 |
| 音像资料 | | | | | | 1036 | 2197 |
| 年新增馆藏总计 | | | | | | 57596 | 111367 |

2007年，图书馆进一步规范文献采访工作，重新修订了《北京大学图书馆文献资源供应商选择管理办法》，招标选择了三家主要的中文图书供应商，大宗采购均按协议进行，以保证图书馆能够围绕学校的教学科研任务，进行全面的、高质量的、及时的、成本合理的文献资源采访。

2007年，图书馆从各种渠道搜集到的古文献包括：古籍 149 种/约 3000 册(绝大部分为家谱，还包括契约、戏曲等)；拓片 1057 种/1093 份，捐赠 96 种(年代自东汉至清朝，绝大部分为唐代墓志)。其中，中国科学院潘吉星先生捐赠的敦煌出土的古写本《汉将王陵变文》后半部分，使我馆的该善本得以补全，此件《王陵变文》已经被国家评审委员会初步定为国家一级文物。

2007年，图书馆接收了不少捐赠。一般捐赠包括：中文图书 4351 种/9236 册，外文图书 169 种/343 册，中文刊 1453 种，外文刊 1067 种；其他比较珍贵的赠书主要为特藏和古文献资源，约有 2 万余册，其中包括：

中文系教授段宝林捐赠其个人收藏的民俗文化文献 15000 余册。赠书以中国大陆民间文学、民间文艺学和民俗学为主要内容，兼及澳门、日本、韩国、美国、加拿大等地的民俗学资料。品种繁多、门类齐全是这批赠书的一大特色。赠书还有全国各地民间文学刊物的创刊号，民俗学田野调查的资料，大量的全国民间文学资料的非正式出版物等，都非常珍贵，资料的收集难度也较大，极大地充实了我馆民俗研究资料。

侯仁之先生第三次赠书，文献量不大，但较之前两次更加珍贵，包括地理照片、学术资料剪报、书信、手稿及图书，其中包括手稿原件《海淀园林区的开发与北京大学校园》和《未名湖》等珍贵资料。

法国知名汉学教授侯思孟(Donald Holzman, 1926 年生)的赠书 4000 余册，主要为中外文汉学图书。

北大校友谢承仁教授赠书，多为古籍善本，主要包括历史学家金毓黻著《辽东志》(有金先生题识)；《关黔议奏》(手抄原件)戚继光碑拓片；清代户部颁发江西省牙帖；清代奏折(原件)；道教全真宗龙门法派戒律师世系表；多种文字地图等。

欧盟赠书。自 2007 年起，关于赠送和保存欧盟文献事宜，欧盟与图书馆签订协议，2007 年共收到欧盟文献 733 册。

2. 注重引进多媒体在线资源，大大丰富了多媒体馆藏与服务。

图书馆着重加强特色资源和新型载体资源的采集，尤其是网络型多媒体资源的引进以及多媒体学习中心的改造重开，丰富了学生视野，为教学科研提供了多样化的新型资源。2007 年引进的著名多媒体在线学术资源有："知识视界"视频教育资源库、爱迪科森《网上报告厅》、KUKE 数字音乐图书馆、新东方网络课程数据库等，大大提升了多媒体服务水平。目前，多媒体资源年增量达 1.49TB，包括北大讲座、世纪大讲堂、戏剧、音乐、学习参考资料以及电影等的采集和加工，使我馆多媒体资源总量达到 1.92TB，并按服务发布和存储两种形式保存数据，保证了多媒体资源的服务。

3. 积极筹集经费建设电子资源。

通过 CASHL 补贴、捐赠、资助和院系分摊等各种形式筹集，2007 年电子资源经费比 2006 年增长近 30%。因此，电子资源建设在收藏体系方面，即资源类型的多样化、学科的合理配置以及收藏级别等方面，取得了重大进展，重资引进了几个重要的学术电子资源库：中国基本古籍库、BvD 全球财经分析数据库、Thomson 科技集团的

Century of Science 回溯数据、中国期刊网博士论文全文数据库等，并增加了续订品种，使我馆电子资源的体系更加完善并保持了延续性（见表8-75）。

**表 8-75　图书馆 2007 年电子资源累计统计**

| 项　　目 | | 种 | 份/册/个 |
|---|---|---|---|
| 数据库 | | 437 | 460 |
| | 外文数据库 | 233 | 256 |
| | 中文数据库 | 204 | 204 |
| 电子图书 | | | 487148 |
| | 外文电子图书 | | 278097 |
| | 中文电子图书 | | 209051 |
| 电子期刊 | | | 45410 |
| | 外文电子期刊 | | 23465 |
| | 中文电子期刊 | | 21945 |

电子资源建设更加注重采访前的评估和读者的需求，多次组织相关学科的师生对拟购资源进行推荐和意见调查，并组织专题数据库演示会以及相关数据库的试用，对上述重要学术电子资源的采访给出了决策支持，为满足教学科研的需要提供了重要保障。

2007年，在高校图工委《高等学校图书馆数字资源计量指南（2007年）》的基础上，信息咨询部根据实际情况起草修订了本馆电子资源统计标准，对我馆的数字资源进行了全面的清点和统计，规范了我馆电子资源的统计。

【数字化特色馆藏】　2007年，自建数字资源方面也取得了不小的成绩，各特色资源库的建设均有不同进展（详见表8-76），资源总量已达10TB以上（详见表8-77）。其中，本校博硕士学位论文及燕京大学论文数字化扫描全部完成，教学参考电子图书全文服务准备工作即将完成。

**表 8-76　二次文献及自建数据库统计表（截至 2007 年底）**

| 项　目 | | 数量(种) | 备　注 |
|---|---|---|---|
| 馆藏目录 | 中心馆 | 906234 | 2099831 册 |
| | 分馆 | 331939 | 956885 册 |
| | 总计 | 1113934（去重） | 3260833 册（去重） |
| 古籍 | 元数据 | 150588 | 书影 22539 幅，古籍电子图书 26164 册 |
| 拓片 | 元数据 | 52448 | 7143 幅全文图像 |
| 舆图 | 元数据 | 1170 | 8000 幅全文图 |
| 学位论文 | 题录 | 19580 | |
| | 全文 | 15004 | |
| 热点话题 | 题录 | 15761 | |
| | 全文 | 10396 | |
| 视频点播 | 讲座类 | 390 | 集 |
| | 电视类 | 337 | 集 |
| | 录像带 | 900 | 盘 |
| 北大名师 | 人物 | 223 | |
| | 照片 | 4213 | |
| | 文章题录 | 53 | |
| | 书目记录 | 5584 | |
| | 多媒体题录 | 8 | |
| 教参书 | 全文 | 3688 | 册 |
| 北京历史地理数据库 | 文字 | 4000 | 万字 |
| | 图片 | 1000 | 幅 |
| | 地图 | 350 | 幅 |

表 8-77　数字采集与扫描加工总量(截至 2007 年底)

| 资源名称 | 加工方式 | 总量 |
| --- | --- | --- |
| 古籍与民国图书 | 扫描加工 | 108962 册 |
| 教学参考书 | 扫描加工 | 3688 册 |
| 学位论文 | 扫描加工 | 17547 册 |
| | 网上发布 | 15004 册 |
| 拓片 | 扫描加工 | 9634 拍 |
| 舆图 | 扫描加工 | 7096 拍 |
| 古代珍本字画 | 扫描加工 | 7000 幅 |
| 善本书影 | | 2500 余幅 |
| 多媒体资源(北大讲座,世纪大讲堂,中华传统文化等) | 拍摄、采集加工 | 700 余集 |
| 其他图像(北京历史地理,北大名师等) | 扫描加工 | 2000 余幅 |

【数字加工中心】 北京大学数字加工中心建设方案已获学校批准,该中心将根据北京大学各学科教学和科研的需要提供数字化加工和数据加工服务,为北京大学学术信息资源的服务和存储奠定基础,更有力地支持北京大学的教学科研活动。2007 年开展的数字化加工管理工作包括:

全面清理 2002 年以来的数字加工成果,形成了完整的数字加工统计记录,包括加工的资源名称、加工用途、加工数量、数据保存格式和地点、数据发布情况、元数据情况、提交和发布日期等,为今后查询加工情况、规范加工管理奠定了基础。

整理并完善数字加工相关的技术和工作规范,形成了多媒体资源的采集加工标准、数据加工标准和唯一标识符方案等新的标准规范,并进一步完善了数字资源唯一标识符、数字加工技术规范等原有的标准规范,初步构成体系。

重整数字加工工作流程和相关管理规定,规范数字加工工作:2007 年,图书馆对数字加工的工作流程、收费标准、人员以及操作规范等进行了梳理,形成了一整套的数字加工管理条例、工作流程、委托单和工作单、工作纪律、岗位设置和工作职责等规章制度,使数字加工工作纳入规范管理轨道。

此外,数字存储设备已经到位并启用,相关存储空间已经分配完成,使我馆数字资源的存储得到保障。目前我馆存储设备裸容量达到 20TB,并积极与学校相关机构讨论数字资源的存储与长期保存问题。

【文献编目】 2007 年,中心馆目录数据加工工作在实现招标采访后,编目业务流程作了重大调整,工作效率和效果明显提高,完成(见表 8-78)新书、新刊、学位论文编目 63289 种/116672 册,电子资源数据的整理和导入 35639 条,回溯编目 10699 种/58313 册,完成期刊更新及改号 2572 种。

在自动化集成系统升级到 Unicode 版后,小语种文献编目的编码问题得到解决,小语种文献编目提上工作日程,相关部门在订单、参数、馆藏和流通政策以及编目细则、参数使用、索书号分配原则等方面的实施进行了讨论和规范,不仅规范了已有的西文编目,而且日俄文文献编目首次在本馆系统中全面开展并提供网上检索。

2007 年,图书馆自动化系统书目数据库中新增机读数据共 133351 种/363942 册,截至年底,在图书馆主页中提供给读者查询的机读书目数据共计 1113934 种/3260833 册,其中中心馆数据 950840 种/2301468 册。

古文献编目方面,卡片转换为计算机目录的工作已全部完成,并在"祕籍琳琅"中提供检索服务;未编古文献的整理与编目工作全面展开,未整理过的馆藏古文献将被精心整理并向读者服务。此外,图书馆还有向 CALIS 联机目录数据库提交和修改书目记录的任务,2007 年共向 CALIS 提交中外文书刊原始编目记录 21414 条,修改记录 1044 条;提交中文古籍原始编目记录 394 条。

表 8-78　图书馆文献编目统计

| 项目 | | 新编 | | 回溯 | | 总计 | |
| --- | --- | --- | --- | --- | --- | --- | --- |
| | | 种 | 册 | 种 | 册 | 种 | 册 |
| 图书编目 | 总计 | 59560 | 112931 | 10379 | 20242 | 69939 | 133173 |
| | 中文文科 | 34343 | 78448 | | | 34343 | 78448 |
| | 中文理科 | 5774 | 11084 | | | 5774 | 11084 |

续表

| 项　目 | | 新编 | | 回溯 | | 总计 | |
|---|---|---|---|---|---|---|---|
| | | 种 | 册 | 种 | 册 | 种 | 册 |
| | 中文书小计 | 40117 | 89532 | 5590 | 12351 | 45707 | 101883 |
| | 西文文科 | 13881 | 17406 | | | 13881 | 17406 |
| | 西文理科 | 1911 | 2074 | | | 1911 | 2074 |
| | 日文文科 | 3073 | 3254 | | | 3073 | 3254 |
| | 日文理科 | 162 | 171 | | | 162 | 171 |
| | 俄文文科 | 392 | 466 | | | 392 | 466 |
| | 俄文理科 | 24 | 28 | | | 24 | 28 |
| | 外文书小计 | 19443 | 23399 | 4789 | 7891 | 24232 | 31290 |
| 期刊编目 | 总计 | 2405 | 0 | 3 | | 2408 | |
| | 中文刊 | 2249 | 0 | | | 2249 | |
| | 外文刊 | 156 | 0 | | | 156 | |
| 学位论文 | 总计 | 3527 | | | | 3527 | 3527 |
| 电子资源 | 总计 | 35639 | | | | 35639 | 35639 |
| 总计 | | | | | | 111513 | 172339 |

（注：期刊编目中册数为合订本或单个卷期，未统计）

**【旧藏及特藏整理】** 一是以各种形式收集和整理各类特色馆藏，例如：在流通部的大力协助下，在保存本的民国图书中找到胡适藏书、子民图书室图书、名人签名本图书841册；开始对中国学文献进行全面清点；整理清点并制作"文革"小报目录；对原有的来自美新处等处的藏书进行整理和挑选，等等；二是利用已有的特藏资源进行深层次开发和科学研究工作，例如"国家清史编纂工程——西文清史图录"项目选取了9000幅西文清史图片并加以数字化，并为照片和图片命名。在查阅大量相关资料的基础上，校订了所有的人名、地名和建筑物名，著录文字达90万字。该项目是有史以来首次对西文典籍中有关清史图像的系统整理，是清史纂修不可或缺的基础工程。又如，上述工作的基础上，在本校外语学院各系、比较文学所、历史系、哲学系师生的大力支持下，开始编写《西文汉学珍本提要》，对图书馆珍藏的西文善本做初步和部分的揭示，年底已完成100种的提要文字10万字。

**【大流通服务】** 为了充分体现图书馆的服务功能，突出以人为本的服务理念，使读者不受限制地自由出入阅览区域，图书馆提出"大流通"服务模式，并自2007年起逐步实施，首先要做的工作是永磁磁条剔旧、可充消磁磁条嵌新工作。图书馆对国内外多种图书监测系统、可充消磁条进行多次对比试验，考察了多家国内已经实行大流通服务管理的图书馆，制定了详细的实施方案和计划。此项工作是实行"大流通"的服务模式的基础，主要涉及磁条更换、图书清点和磁条复查工作。

**【读者服务】** 2007年，图书馆服务工作进一步发展，推出了新的服务措施：提升电子资源检索服务、咨询服务、读者培训、馆际互借/文献传递等工作的品质；完善图书馆门户网站；建设多媒体中心（共享多媒体空间）；致力于人性化服务环境建设；开馆时间继续保持106.5小时/周，借阅服务时间85小时/周，同时调整各日常服务的时间使其趋于一致，方便读者利用图书馆的资源和服务。

其中，传统服务量略有下降（见表8-79、表8-80），电子资源服务和主页点击率均有增长，反映了读者使用资源的电子化网络化趋势。电子资源检索服务得到扩展，包括数据库、电子期刊、电子图书等的免费检索和阅览、Internet资源浏览和电子邮件收发、学术文档编辑和处理等。2007年，电子资源检索服务共接待到馆读者82441人次，比2006年的59319人次增长了39%；除到馆读者外，本校师生及授权用户还可在校园上检索电子资源，电子资源检索人次与全文下载篇次仍保持在千万次以上（见图8.4）。

表 8-79　2007 年与 2006 年传统服务统计比较

|  | 2006 | 2007 | 增长比例 |
|---|---|---|---|
| 入馆人次 | 2286294 | 2246004 | －1.76％ |
| 外借册次 | 1069049 | 944625 | －11.64％ |
| 阅览册次 | 2875234 | 2532879 | －11.91％ |

表 8-80　2007 年与 2006 年续借与预约服务量比较

|  | 2006 | 2007 | 增长比例 |
|---|---|---|---|
| 续借册次 | 479742 | 481253 | 0.31％ |
| 预约册次 | 69516 | 57656 | －17.06％ |
| 借出预约 | 34646 | 29870 | －13.78％ |

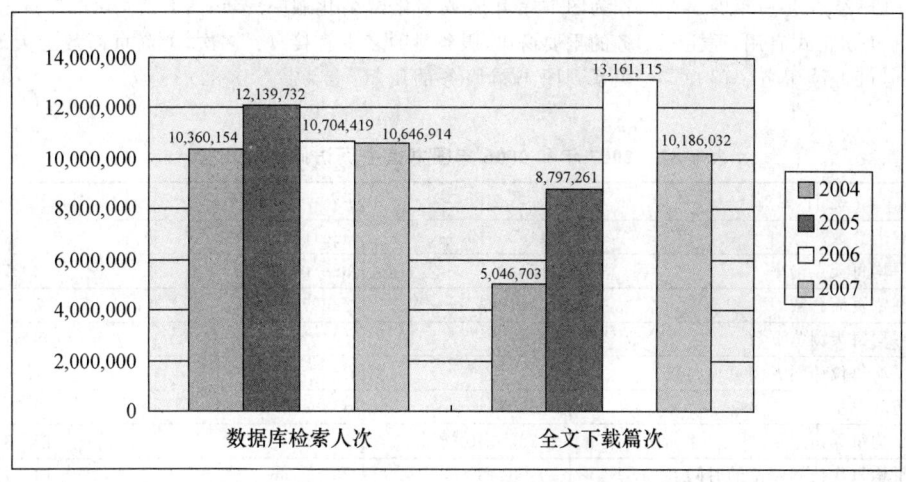

图 8.4　中心馆电子服务发展状况

参考咨询服务形成完善的服务体系，由馆内咨询、电话咨询、网上咨询等多种形式结合、一般咨询与课题咨询组成多层次结合的综合性咨询服务。2007 年完成了"世界各国高等教育毛入学率的比较分析""国外著名大学图书馆西文图书购书以及经费情况""国外人文社科书出版情况""文献管理软件调研"等大中型课题的咨询，这些咨询以其服务质量和服务速度得到了用户的高度认可。5 月，我馆科技查新站顺利通过了教育部的科技查新年检。

表 8-81　2007 年参考咨询服务统计表

| 项 | 目 | 2006 | 2007 | 单　位 |
|---|---|---|---|---|
| 网上咨询 | | 6110 | 6977 | 条 |
| 课题咨询 | 查新 | 44 | 73 | 项 |
|  | 查收查引 | 398 | 326 | 项 |
|  | 专题/定题服务 | 71 | 23 | 项 |
|  | 热点话题 | 2118 | 2534 | 条 |

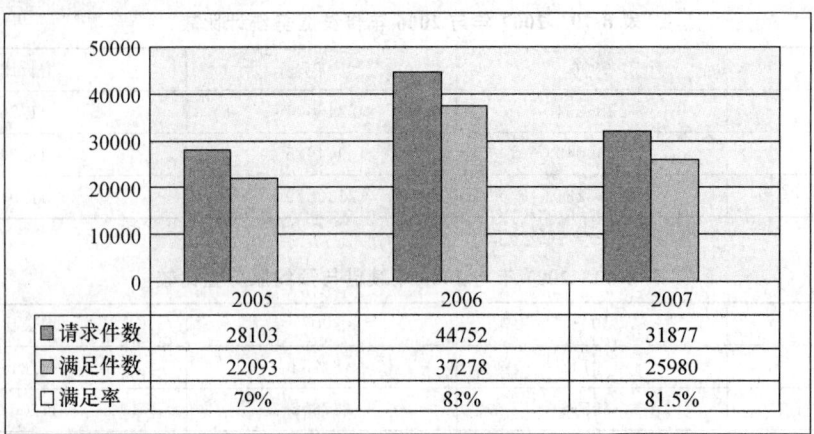

**图 8.5　图书馆历年馆际互借/文献传递服务增长比较**

图书馆门户经过近一年的试用，于 2007 年年初正式启用，原主页不再更新但可继续服务。门户作为图书馆开展数字化网络化服务的重要窗口，服务量的多少直接关系到图书馆服务的质量。2007 年，图书馆主页的年点击率为 3 亿多次，浏览页面数大大增加（见表 8-82）

**表 8-82　2007 年和 2006 年图书馆主页访问情况比较**

| 统计栏目 | | 2006 年 | 2007 年 | 同比增长 |
|---|---|---|---|---|
| 点击率 | 点击总数 | 144935615 | 324195113 | 143.59% |
| | 平均每天点击率 | 416424 | 888206 | 132.27% |
| 浏览页面数 | 浏览页面总数 | 20941883 | 38297099 | 97.91% |
| | 平均每天浏览页数 | 54457 | 104924 | 108.51% |
| | 平均每位访问者浏览页面数 | 23 | 28 | 21.74% |
| 访问量 | 访问总量 | 7826935 | 5339185 | −26.91% |
| | 平均每天访问量 | 24288 | 13180 | −45.73% |
| | 平均每次访问停留的时间 | 00:08:48 | 00:07:36 | −13.64% |
| 访问者 | 不同访问者的数量（注 1） | 1945804 | 1543540 | −14.97% |
| | 只有访问一次本主页的访问者 | 1453745 | 1061378 | −21.96% |
| | 多次访问本主页的访问者 | 492059 | 482162 | −5.68% |

注 1："不同访问者的数量"——唯一访问者由统计软件根据域名和 IP 分析得出。对于来自同一 ip 的访问者，统计软件认定其为一个唯一访问者。不同的人使用同一台机器或同一个 ip 地址，均认为是一个唯一访问者。因此，唯一访问者量明显少于访问者量。

注 2：webtrends 统计 jsp 动态页面，对需要查询提交的页面，会同时统计该页面调用类，所以会出现部分页面重复统计两次的情况。因此，出现点击率和浏览页面明显高于往年的情况。

注 3：由于有效与无效点击均统计，故点击率很高，而实际的有效访问却减少。

注 4：由于原主页系统的统计器在新门户启用时意外关闭，2007 年的统计中没有包含原主页的统计数据。

根据具体页面访问量，除首页外，读者最关注、访问最多的页面为书刊目录检索；其次为与电子期刊、数据库和电子图书相关的网页，图书馆主页中的电子学术资源依然是读者关注的重点，主页对电子资源的揭示和有效的组织给读者检索电子资源提供了极大的方便；统一认证和学科导航作为门户新增功能受到读者的关注和使用。

【多媒体服务】　2007 年，多媒体资源与服务开创全新局面，多媒体服务完成创新转型并取得成功，多媒体服务空间、服务设施以及服务环境等都发生了巨大变化，多媒体服务也得到北京大学用户越来越多的关注和肯定，图书馆多媒体服务成功转型为基于学术需求的数字多媒体服务。

多媒体服务布局、设备设施和空间环境获得极大改善。新的多媒体服务区域由多媒体学习中心、视听欣赏区、多媒体研讨室和视教室共同组成：（1）多媒体学习中心以开放舒适的服务布局为特色,向用户提供全新的、丰富的数字多媒体和视音频资源,包括学术讲座、学习参考资料、语言学习辅助资源以及经典影视/音乐/戏曲等;(2)视听欣赏区配备了大屏幕电视和CD试听机,读者可以欣赏电视节目、观看学术报告以及欣赏音乐等,在学习之余享受视听休闲;(3)多媒体研讨室可以为教学科研以及学生活动等提供协同学习或研讨的空间和设备;(4)视听教室除了为课程、会议和活动等提供场地服务外,2007年度还开展了高水平的音乐欣赏和培训等活动。

多媒体服务的设备设施建设成果显著,2007年增加了多媒体服务用机,扩容了多媒体播放中央控制设备,引进了高端的视听欣赏设备以及多媒体编辑制作设备,多媒体服务在此基础上扩展了服务范围。配合多媒体学术资源的建设,并适应读者的需求,以IC(Information Commons信息共享空间)的服务理念建设多媒体服务共享空间,强调为用户提供一站式的服务以及协同学习的环境。

多媒体宣传培训活动富有成效。为了推广新型的多媒体服务,2007年举办了多项宣传、展览和培训等活动,这些活动对读者了解和利用多媒体服务、提升多媒体服务的形象等都起到了巨大作用,通过这些活动多媒体服务也越来越获得读者的关注和喜爱:(1)进行多媒体服务宣传周及读者调查活动,内容包括多媒体资源及服务展览、多媒体资源及服务宣传推广、多媒体服务宣传片拍摄及播映、多媒体服务读者调查、多媒体资源使用培训、多媒体文化鉴赏系列等;宣传周期间还针对多媒体资源和服务开展了读者问卷调查活动,调查对于我们下一步开展工作、引进资源具有重大的参考意义。(2)举办多媒体学术研讨会,向国内各界展示北京大学图书馆基于学术需求的数字多媒体服务的建设成果和建设经验,奠定了图书馆在新型多媒体服务方面的领先地位。(3)多次在有关会议或图书馆进行多媒体学术资源及服务展览,向全国同行和相关领域人士以及读者介绍新型的多媒体服务。(4)注重多媒体资源用户培训,将"多媒体学术资源及其使用"这一专题正式纳入图书馆"一小时讲座"系列培训活动中,开始进行日常培训。此外,图书馆还举办了多媒体资源的专场培训活动,如新东方课程库的讲座、爱迪科森学术报告厅的专场讲座等,吸引了大量读者前来参加。

多媒体服务效果显著。经过多方面的宣传和培训,多媒体资源和服务正在吸引越来越多的用户使用,其影响力不断增强。2007年多媒体学习中心的读者到馆接待量接近40000人次(详见表8-83),读者流量与前两年相比有大幅的增长;多媒体资源的利用频率迅速增加,几个知名数据库在下半年一经引进就引起读者的极大关注,检索与点击量节节攀升(见表8-84),其中仅"新东方网络课程库"点播就达65000次以上,平均每天400余次。同时多媒体学术数据库还引起了教师用户的极大关注,如"知识视界视频教育库"中的视频资源等被相关院系的教师指定为其课程的多媒体参考资料,多媒体资源和服务的读者对象正在从学生向教师倾斜,其对教学科研的影响力正在逐步显现。

**表8-83 2007年多媒体服务统计**

| | 统 计 项 目 | 数 | 量 |
|---|---|---|---|
| 读者接待 | 多媒体学习中心 | 37,007人次 | |
| | 视听欣赏区 | 1,600人次 | |
| | 南配殿音乐课 | 60场 | 12,000人次 |
| | 南配殿音乐欣赏 | 25场 | 2,200人次 |
| | 南配殿影视欣赏 | 150场 | 22,000人次 |
| | 南配殿文艺活动/讲座/培训 | 450场 | 67,500人次 |
| | 多媒体研讨室 | 8场 | 200人次 |

**表8-84 2007年多媒体资源检索服务统计**

| | 统计项目 | 数 量 | 备 注 |
|---|---|---|---|
| 多媒体资源检索 | 登录(或检索) | 26,114频次 | 包括:新东方网络课程库和自建数字资源 |
| | 在线点播 | 120,782频次 | 包括:爱迪科森网上报告厅与知识视界视频教育库 |

【用户调查】 2007年度,图书馆共做了两项用户调查工作,并通过调查改进工作,提高服务品质。

1. "北大学生用户学术性电子资源以及相关培训和服务需求及利用情况调查",调查对象为居住在北大燕园、畅春园的本科生、研究生,调查内容为调查对象对北大图书馆学术性电子资源的使用状况和相关需求,及其对学术性电子资源相关服务和培训的需求。根据调查结果,图书馆对读者的意见进行了回复并改进了相关工作,2007年还与分馆共同举办了"新平台、新服务"的系列培训活动,对图书馆的服务进行了大规模的宣传和培训,包括:异彩纷呈的特色收藏、网上实时咨询、科技查新、馆际互借与文献传递、多媒体学术资源、报刊服务新亮点以及人文社会科学最新电子资源报道等,是图书馆根据读者调查结果提升读者服务的一次有意义的尝试。

2. "北京大学教师和研究生学术信息资源需求及利用调查",旨在为教师和科研人员提供个性化服务寻找理论依据。此次调查总计回收有效问卷528份,其中教师占50%以上。调查问卷主要涉及两个方面的内容:(1)用户信息需求行为的总体情况;(2)用户对信息提供机构的具体利用情况。本次调查对用户到馆情况、利用本校图书馆及校外图书馆的情况、到馆用户对资源与服务的利用情况、利用电子资源情况、获取专业资源的途径以及如何获取最新研究进展等问题进行了分析,为我馆如何改善学科服务提供了基础。

【分馆建设】 2007年,分馆建设工作持续发展,工作特点是举办一系列业务培训,深化服务,加强互动,继续促进北京大学的资源共享。全年共发展6家分馆,校本部3家:考古文博学院、中文系、信息技术学院;附属医院3家:口腔医院、肿瘤医院、北大第六医院。至此,分馆总数已经达到25家。2007年各分馆新增书目记录42343种/112958册,截至年底,分馆机读数据量已达956885条;外借量达176282册次,比2006年增加46379册次;分馆文献续借量为10245册次。

1. 图书馆加强对各分馆的业务培训工作,全年共计安排5次业务培训及1次参观考察,内容涉及编目、流通、读者服务等图书馆主要业务。业务培训工作包括:中文编目培训、西文编目培训、服务培训——"新资源、新平台、新服务——北京大学图书馆读者服务体系介绍"专题讲座、CASHL服务讲座——哲学社会科学研究的信息资源保障:CASHL资源与服务介绍、流通培训。此外,图书馆组织了部分分馆工作人员对深圳、香港、广州三地的六家图书馆和其下属的部分分馆进行了考察学习,开阔了自己的眼界,同时也看到了不同图书馆分馆的构建模式,对比自己的情况找优点找差距,对分馆业务水平的提高起到了积极的促进作用。

2. 分馆在深化服务、加强与中心馆及分馆间互动方面取得了较大成效。分馆除提供基本服务及学科服务外,与中心馆配合积极开展多种服务工作,如配合读者调查、配合各类服务推介尤其是电子资源服务推介和宣传、配合CASHL和CALIS项目开展的文献传递服务等,2007年更是加强了与分馆深层次的沟通,通过各种形式的活动,创造直接与院系教员和分馆的主管领导对话的机会,通过沟通,双方加强理解、促成合作。主要成效有:(1)2007年院系分馆/资料室共完成CASHL文献传递3481笔,CALIS文献传递673笔,两项合计为4154笔;(2)参与数据库试用和评估活动,对于数据采访提供了有力的支持;(3)积极邀请院系师生参加数据库宣传活动,如邀请到100余名师生参加"Century of Science开通仪式及SCI应用学术报告会",对于全方位地解读科学引文数据库、培训科研工作者的信息素养起到重要作用;(4)参加院系分馆召开的工作座谈会,就分馆的业务工作以及彼此间的合作问题进行交流讨论,尤其是采访政策、经费使用、服务定位等原则性问题,这种直接面对院系师生听取他们的意见和需求的方式对于分馆的未来发展模式指明了方向;(5)走访分馆,即中心馆分馆建设负责人员主动到院系分馆进行访问的一种交流形式,对于了解各分馆的实际情况、指导和协调分馆的工作起到了重要作用;(6)召集分馆负责人座谈会,就学校正在制定的办公用房管理办法中的图书馆馆舍部分征求意见;(7)协助分馆资源建设,包括外文原版刊采访协调、中心馆与分馆间的文献调拨、将专业捐赠文献直接调拨至分馆,等等。

【数字图书馆门户】 经过2006年的试运行,2007年1月2日,数字图书馆门户暨图书馆新主页正式运行。与原主页相比,门户新增的功能有:统一认证、统一检索、知识导航、资源调度与全文获取、网上咨询、网络培训、个性化服务、网站索引、动态消息等。新门户于2007年1月2日正式运行。新门户的设计特点有:在总体设计上以用户需求为主导,在整合应用上多途径集成资源和服务,在学科体系上以教学科研为服务目标,在开放建设上面向信息化校园和外部共享环境,对原有服务采取优化与平稳继承发展,以方便用户、实现资源和服务的最大和最优化利用为目标科学设计服务链,依托CALIS的技术与标准规范将其他应用系统整合在一起。

新门户的效益主要体现于服务功能、服务形式以及发展方面。从服务功能上看,门户整合了海量资源、多元化服务,使以往分散的资源和服务互相衔接起来,用户因此会更多地使用图书馆的网络服务和图书馆主页。从服务形式和发展的角度看,图书馆主页一方面保留了以往的重点服务并进行了优化调整;另一方面又增加了很多网络服务,并和图书馆外的信息服务环境结合起来,堪称是从传统服务到数字化服务的圆满结合、平稳过渡和飞跃发展。

**【基础设施建设】** 图书馆基础设施建设为图书馆业务和服务工作提供全面的保障和支持。主要工作包括：环境支持（包含各种硬件设备如服务器、网络、微机等，以及图书馆舍及相关设施）；软件系统的开发与维护（包含数据库、集成管理系统、其他各类应用系统等）；图书馆运行、协调与安全保障等。

1. 积极进行机房远程管理KVM产品的调研、环境搭建、系统测试等工作，制定KVM实施方案，形成适合本馆的运行模式。2007年底，相关设备已经到位，KVM设备的安装、机房重新布局、机柜及服务器位置等工作即将完成。

2. 数字资源存储体系建设工作取得实质进展。数字存储设备于年初到货，存储系统安装和调试工作相继完成，并及时完成了相应的空间划分、数据迁移等具体工作，数字存储系统正式启用。同时，配合存储系统的使用，还制定了《存储系统管理和使用规范》，旨在规范存储系统的使用，保障系统和数据等的安全，提高系统的使用效率。

3. 根据信息技术的发展，继续进行硬件设备与网络环境的升级与改造工作。（1）无线网升级：图书馆的无线网网络速率从11M/s提高到54M/s，网络发射器的数量从38个增加到82个，并增加了信号覆盖范围。同时，图书馆进行了无线网应用相关问题的交流和培训，以提高无线网络服务水平。（2）防火墙设备：通过防火墙的相关设置完成对馆内服务器和阅览室的网络安全管理，进而加强网络安全保障；具体措施包括及时更新病毒防攻击特征库、维护防垃圾邮件的列表等；通过利用防火墙的监控功能及时发现网络攻击和网络病毒的发作，从而能够及时处理；并能通过防火墙日志查找可疑的网络行为。（3）服务器采购和整合分流：本年度针对过保的服务器和负载过重的服务器进行整合和分流，同时结合新采购的服务器和新增数据库发布服务，进行合理规划和服务分流，并及时完成新增加/分流的服务，保证了图书馆各项服务的顺利进行。（4）安装本馆的 Windows Update 服务器，并允许工作人员自行给系统打补丁，消除了由于长期不及时打补丁可能带来的各种隐患，提高了微机操作系统的安全性。（5）更新OPAC检索用机，应用北大众志的NC一体机，无论从设备管理还是从读者使用上，都有较大的提升。

4. 增建、维护、更新各类应用系统，包括：图书馆自动化集成系统UNICORN的维护与新功能的挖掘；数字图书馆门户主页中各应用系统的维护，如统一认证系统、各特色库系统平台等。

5. 进一步完善馆舍设施，如东楼粉刷、学术报告厅改造、书架等家具的更新与维护、空调与电器等的保养及维修维护，等等。

6. 完成图书馆规章制度的修订工作，对图书馆管理制度、业务工作规范以及读者服务规章制度进行了全面的修订重审。这是继2000年以来规模最大的一次规章制度的修订，它适应了图书馆管理出现的新情况和业务工作新发展的需要，为图书馆各项工作的正常运行起到了重要作用。

**【学术交流】** 2007年图书馆共接待国内外各界参观、访问人员共38批；接待国内外图书馆界来访、交流等63批；接待电视台、媒体拍摄13次。2007年图书馆在研项目共9项，获得项目经费100多万元；发表各类成果56项，其中著作类5项；举办国内学术会议3次；参加国内外各类学术会议156人次，提交论文10篇；受聘讲学派出16人次，来馆8人次；派出国内外考察与进修学习26人次。

10月30日，图书馆联合北京高校图工委举办了"多媒体学术资源建设暨服务共享空间研讨会"，北京地区52所高校图书馆及相关单位的140余位代表参加了会议，主要内容包括多媒体学术资源建设暨服务共享空间的主题报告和多媒体资源建设及服务整体解决方案相关的产品演示及培训研讨。研讨会重点展示了北京大学图书馆基于学术需求的数字多媒体服务的建设成果和建设经验，奠定了图书馆在新型多媒体服务方面的领先地位。

12月28日，"百年科学，百年北大——北京大学 Century of Science 开通仪式暨科学引文索引（SCI）应用学术报告会"在北京大学图书馆学术报告厅举行。我校是中国内地第一家购买SCI全部数据的机构，Century of Science 涵盖了人类自1900年以来所出版的重要学术文献的书目、参考文献和被引用的信息，完整地勾勒出一个多世纪以来科学发展的轨迹。本次开通仪式，将为北京大学打开一个世纪的科研宝库的大门，利用百年来珍贵的科学文献，发现和成就未来更新的科研成果。

图书馆在2007年还举办了第八届五四科学讨论会，共收到论文76篇，对工作中的前沿问题和热点问题进行研讨并提出解决措施。会议对提升图书馆各项业务工作的水平、提高职工的学术研究能力起到了重要作用。

**【本科教学评估】** 11月19日，北京大学本科教学评估专家组来到图书馆。图书馆作为评估专家集体走访的第一站，从文件资料准备、图书馆资源展示到访问路线、馆舍环境等各方面均做了精心的准备。由朱强代表图书馆做了题为"努力建设世界一流大学图书馆"的主题报告，从馆藏特色、服务教学、基础设施建设、图书馆共享体系等方面向专家组详细汇报了近年来图书馆工作的成就。接着,专家们参观了正在举办的"北京大学图书馆馆藏精华展",此展览展出了图书馆馆藏的孤本珍籍两百余册/件,在专业人员的讲解下,专家们对图书馆的150余万册珍贵古籍的典藏情况以及外文特色珍藏的情况有了比较详细的了解,并对图书馆的珍品收藏给予了极高的评价。最后,专家组成员参观了多媒体资源与服务展览、闭架借书处及目录厅、阳光大厅、多媒体学习中心及公共影视音乐欣赏区、保存本阅览室、人文社科区、图书馆主机房以及台湾文献中心,对北大创建世界一流大学图书馆的各项举措留下深刻印象。23日,在学校召开的"本科教学工作水平评估反馈意见大会"上,专家给予了图书馆很高的评价:图书馆珍品荟萃,馆藏丰富,管理手段先进,服务效果好。

【CALIS 项目】 2007年,中国高等教育文献保障系统(CALIS)项目进入调整期,为CALIS三期工作进行各项准备。主要工作如下:

1. 引进资源集团采购改革工作取得初步成效。根据《CALIS引进资源集团采购管理办法》和《CALIS引进资源工作规范》,CALIS对引进资源集团采购工作进行了改革,并取得初步成效。

2. 联机编目资源建设与业务发展顺利。2007年联机编目中心完成的相关业务文件包括:组织《CALIS联机编目手册例解.西文部分》的评审工作、修改意见归纳、编辑、联系出版等工作;根据项目进展中发现的影响资源建设的业务问题,以研究与意见归纳的形式,形成若干文件,强化质量控制;根据工作需要,开始编写拟正式出版的日文教材与规范手册。有关的业务文件及完成情况如下:(1)2007年联合目录书目数据总量达到214万和2007年增量为20万;(2)完成了大量数据整理和清理工作,包括:数据库中书目记录的人工干预、重复数据合并、数据删除及记录修改共计23794条;书目数据中重复标目共处理1425条;中文书目数据中的分类号与对应的主题标目的整理580296条;完成西文LC分类与中图法分类转换21430条;(3)截至2007年底,共有成员馆634家,其中高校成员馆603家,公共馆5家,商业用户26家,其中新增用户42家;(4)2007年成员馆联机下载数据650万条左右,为4个成员馆批处理数据10余次。

3. 圆满完成系统软件开发升级、技术测试和技术支持工作。包括:(1)新开发了四种软件:新版CALIS个性化门户系统(第一阶段)、CASHL中心服务网站(新版)、CALIS SOA基础平台(EJB 3.0+JSF+OSGi),完成了Equinox的扩展和整合,支持OSGI R4;(2)完善和升级了20种软件,包括联机编目系统、CCC系统、馆际互借系统、门户构建系统、统一认证系统、ProQuest学位论文订购系统等;(3)完成了统一认证规范、统一计费规范、参考咨询、日志统计、新版门户组件规范、服务接口OSGI规范等6类CALIS部分标准规范的完善和增补工作;(4)完成了统一检索系统知识库、资源调度知识库的升级和完善配置工作;(5)完成了特色库中心系统数据的重新收割、中国学位论文平台(中信所)数据格式转换、学位论文中心系统(清华)的数据导出工作、CASHL数据的转换;(6)完善了8个数字图书馆项目的实施,包括:北京大学数字图书馆(完善)、武汉理工大学数字图书馆(基本完成)、四川大学数字图书馆(升级)、西南交大数字图书馆(已完成)、郑州大学数字图书馆(已完成)、延边大学数字图书馆(已完成)、公安大学数字图书馆门户(完善)、南京航空航天大学JALIS学位论文中心系统;(7)完成了CALIS自己的各类软件、CALIS子项目软件测试、导航库中心和本地系统等软件的测试工作和技术支持。

4. 表彰为CALIS项目建设做出突出贡献的单位和个人。CALIS专题项目圆满完成了"十五"建设任务后,为鼓励先进,CALIS管理中心决定设"十五CALIS项目建设突出贡献奖",对为项目建设做出突出贡献的单位和个人进行表彰。本次表彰共有29个单位,91位个人获奖。

5. CCC升级后系统功能全面提升。CCC西文期刊篇名目次数据库新版本在2007年5月中旬正式发布,系统功能全面提升。CCC系统收录3万多种西文期刊的篇名目次数据,其中有2.2万种现刊的篇名目次每星期更新一次。系统标注了CALIS高校图书馆的纸本馆藏和电子资源馆藏;系统把各图书馆馆藏纸本期刊和图书馆购买全文数据库包含的电子期刊与篇名目次有机地集成到一起,使读者可以直接通过系统的资源调度得到电子全文;并且系统连接了CALIS馆际互借系统,读者可以把查找到的文章信息直接发送文献传递请求获取全文。本系统还为成员馆提供多种用户使用查询统计报告、成员馆馆藏导航数据下载、成员馆电子资源维护等服务。截至12月底,CCC的成员馆已达到507家。

此外,CALIS管理中心于2007年起被学校批准为副处级独立建制,挂靠图书馆,这为CALIS项目今后更稳更快更好地发展奠定了基础。

【CALIS文理中心】 CALIS全国文理文献信息中心是CALIS三级保障体系的重要组成部分之一。2007年,文理中心在引进数字资源、自建资源、馆际互借与文献传递、用户培训、咨询服务、基础设施建设等方面继续推进工作,主要成绩如下:(1)在引进数据库方面共组织21个集团,包括英文数据库19个集团、75个数据库;中文数据库2个集团,97个数据库,参加集团的馆次累计达到1277个;(2)积极参与CALIS第五届引进数据库训练周活动,开展数据库培训服务,提高数据库的利用,共培训来自173所高校和45家机构的用户334人;(3)加强对数据库的评估工作,共发布评估报告7个;(4)实施了"数字多媒体服务示范项目",进行多媒体学术资源建设,构建多媒体服务共享空间,开展基于学术需求的、基于网络环境的新型的、数字化的多媒体服务,该项目已达到预期的示范效应。

【CASHL项目】 作为国家和教育部繁荣哲学社会科学计划的组成部分和公共服务平台,自2004年启动以来,中国高校人文社会科学文献中心(CASHL)一直遵循"建设国家人文社会科学信息资源平台,为国家人文社会科学研究提供最终保障"的最终发展目标,贯彻"以资源为基础、以服务为根本"的发展方针,"整体建设、分布服务、共知共享、讲求效益"的发展策略,在教育部社科司和CASHL专家委员会的指导下,在CASHL管理中心和各中心馆的共同努力下,取得了不断的进步。截止到2007年底,CASHL取得的发展成绩有:(1)资源数量和品种不断增长:目前已拥有国外人文社会科学印本期刊7534种,占国外人文社会科学期刊总量的50%多;人文社会科学外文图书24万种;"高校人文社会科学期刊目次库"目次数据610万条;电子图书26万种;电子期刊900多种。(2)影响不断扩大,用户数量持续增长:目前已有268所高校以及7所非高校机构(如中国社会科学院)正式签约成为CASHL的机构用户,1.5万人直接注册成为CASHL的个人用户,CASHL服务的最终用户超过百万人。(3)服务效益日渐明显:越来越多的用户对CASHL反应热烈,使用CASHL的服务,"高校人文社会科学期刊目次库"检索总量已接近3000万次,电子资源全文下载119万篇,原文传递突破20万篇,CASHL收藏的资源得到了100%的利用,其中检索次数最多的刊达到60多万次,原文传递请求最多的期刊达到了2365次。文专图书也开始在高校中开展校际借阅服务。(4)内部运行管理体系逐步健全,已完成了以管理中心为龙头、以全国中心、区域中心、学科中心三级服务体系为主体、以CALIS管理中心和教图公司为支持的整体运行机制建设,并成立了CASHL专家委员会、高校馆际互借协调组等业务指导与协调机构,通过服务平台、服务评估、服务结算、服务协调、财务管理、人力配备等各方面的管理办法和措施,不断加强CASHL管理,使CASHL逐步进入到正常的运行轨道。

## 医学图书馆

【概况】 北京大学医学图书馆历史悠久,专业藏书丰富。医学图书馆始建于1922年,现馆于1989年建成并投入使用,馆舍面积为10200平方米,提供阅览座位600余个。医学图书馆藏书以生物及医药卫生类为主,截止到2007年底,共有各类藏书近54万册;中外文纸本期刊近4000种。图书馆注重数字化信息资源的建设,已引进或自建医药卫生数据库近60多个,中外文医药电子全文期刊12000种,是目前国内医学专业文献资源充实、网络环境优良、软硬件设施较为先进的医学图书馆。

医学图书馆文献资源与北京大学各附属医院图书馆文献资源协调配套,共同形成全校医、教、研工作所需的医药卫生文献保障系统。图书馆特藏有珍、善本古代图书,其中有中国大陆唯一珍善本—手抄本《太平圣惠方》一部十函共100卷100册。

1985年,教育部在北医图书馆建立了全国唯一的医学外国教材中心。中心积极引进国外优秀医学教材和教学参考书,为全国医学教材的研究与发展提供文献信息保障;1991年被卫生部确定为文献资源共享网络系统华北地区中心馆;1993年被卫生部部医学情报工作管理委员会确认为科研成果查新定点单位(北京大学医学信息咨询中心);1998年教育部在北医图书馆设立中国高等教育文献保障系统(CALIS)全国医学文献信息中心,作为"211工程"医药重点学科所需文献的保障基地。

医学图书馆提供的主要服务内容有:馆内阅览、图书外借、信息咨询、科研立项及成果鉴定查新、定题服务、计算机光盘与网络数据库检索、计算机操作与Internet浏览、听音、多媒体光盘阅览、馆际互借、文献传递、文献缩微与幻灯片制作、文献复印等。同时,承担各专业本科生、研究生和部分进修生的医学文献检索与利用教学,并不定期地举办各类计算机检索培训班。医学图书馆还根据读者的要求不断扩大业务范围,改进服务手段,提高服务质量。

2007年,在全体馆员的共同努力下,在学校领导的全面支持、关心下,图书馆本着"一切为读者服务"的宗旨,围绕优化服务、拓展图书馆教育和信息的功能,从读者服务、业务管理、提高人员素质入手,通过一年扎扎实实的努力,圆满地完成了2007年的各项工作。

【读者服务工作】 2007年,医学图书馆继续把"读者至上、服务第一"的服务宗旨贯穿到各项基础服务工作之中。

增加开放时间,满足读者需求。随着学校的发展,师资队伍壮大,学生人数增多,使图书馆直接面对的读者对象不断增加。为满足读者需要,增加了各阅览室的开放时间,每周一至四晚馆时间还增加了借还书业务,大大方便了读者。截至 11 月 30 日,医学图书馆全年借还图书共计 174633 册,指导读者查阅文献、解答读者咨询问题共计 482 人次,修补破损图书1300 余册,装订图书 680 册,各项统计数据与去年同期相比均有提高。

增添电脑,更换家具,改善阅览环境。为了更好地迎接教育部的教学评估,医学图书馆馆领导根据实际情况提出申请,医学部下拨了 109.5 万元经费,用于医学图书馆的电脑及家具的更新。为此,医学图书馆专门成立了调查小组,前去周边的高校图书馆参观考察,经过多次会议商讨,确定了招商方案,在医学部设备处的大力支持下,招标工作顺利进行,采购了新电脑 96 台。同时,由于医学图书馆现在所使用的书架及桌椅已经严重老化,为了改善读者的阅览环境,医学图书馆此次也更新了阅览桌、阅览椅,并在有限的条件下为读者开辟了休息区,使读者的阅览环境大为改善。另外,还购置一批绿色植物与花卉、布置镜画,使医学图书馆的阅览环境更加美观、温馨。

完善排架,更新导引标识。为了使各项服务工作更加贴近读者,配合清点剔旧工作,医学图书馆遵循图书分类排架规则,对图书书库和期刊书库进行全面倒架、整架,实现严密规范排架。为了让读者利用图书资源更加得心应手,医学图书馆还对全馆书架进行了重新标识,设置各类书架指引标牌,使图书、期刊标引更加规范。

创新服务措施,改进服务内容。医学图书馆努力创新各种服务措施,以适应不断变化的读者需求。例如,流通部样本书阅览室除存放 1985 年以后的中文科技图书样本外,还将当年的外文新书展览一年;文艺图书室对读者不开放时,读者可将文艺图书还到二楼中外文图书阅览室;工具书阅览室除完成日常开发利用工具书、开展新书导读工作外,还为药学院的学生开设文献课;为充分利用图书馆资源,医学图书馆于 2007 年 8 月对视听室进行布局改造,增加计算机,受到读者的一致好评;开展与北京大学图书馆的异地还书工作,截至 11 月 30 日,全年前往北京大学图书馆异地还书 10363 册,带回医学图书馆图书 1164 册,深受本部及医学部师生欢迎,为本部和医学部开展科研、学习、交流提供了便利。

在加强电子资源的宣传、推广和培训的基础上,2007 年,医学图书馆各类数据库的使用量较前两年有较大的提高,其中电子期刊全文数据库的使用量猛增,已达近 100 万人次。

表 8-85　医学图书馆 2007 年
电子资源的使用统计

统计日期:2007 年 1 月—12 月 10 日

| 资源类型 | 访问数(人次) |
| --- | --- |
| 文献索引数据库引文分析数据库 | 120818 |
| 循证医学数据库 | 14712 |
| 引文分析数据库 | 46706 |
| 自建数据库 | 8148 |
| 电子图书 | 72417 |
| 学位论文 | 24992 |
| 综合数据库 | 44884 |
| 电子期刊全文库 | 938311 |
| 远程访问数据库 | 36629 |
| 医海导航所有页面 | 37567 |
| 参考咨询页 | 67716 |
| 主页 | 1332757 |

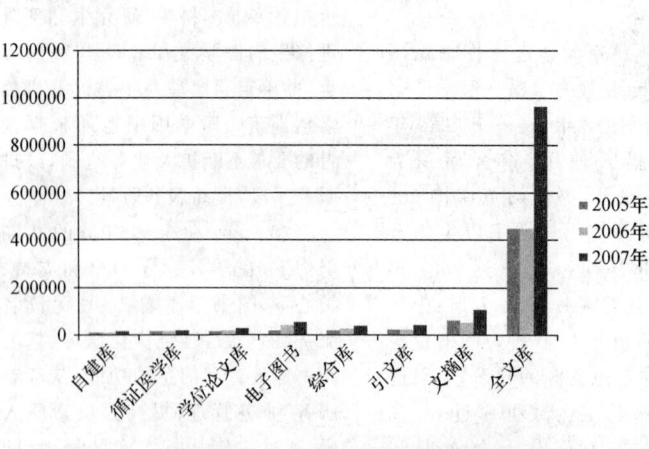

图 8.6　2005 年—2007 年各类数据库使用情况统计

医学图书馆积极开展学科馆员工作。开展了流行病学教研室、天然药物与仿生药物国家重点实验室、护理学院和生物化学教研室、病理学教研室和病理生理学教研室的学科调查研究工作。了解各学科的研究人员和学生对我们图书馆相应专业图书、期刊和数据库等各类资源的使用情况,是否有特殊需求等。目前,医学图书馆已经和各教研室和学院建立了良好的互助关系,并经常发送学术讲座通知等。这项工作还有待于进行深入的定题服务、新资源的介绍和一些课题的合作等。

2007年,医学图书馆完成了数据库讲座系列、新生入馆教育、医学部通选课等多项用户培训工作,取得了良好的效果。

表8-86  2007年完成信息用户培训教育项目情况

| 培训对象 | 授课学时数(学时) | 授课人次数(人次) |
|---|---|---|
| 本科生 | 30 | 1125 |
| 专升本 | 45 | 2200 |
| 研究生 | 36 | 2178 |
| 长学年制PBL教学 | 8 | 569 |
| 电子资源系列讲座 | 18 | 127 |
| 北京大学医学网络教育学院和中央电大卫生事业管理专业 | | 2000 |
| Ovid北京地区培训中心 | 4 | 120 |
| 合计 | | 8319 |

医学图书馆主页是在网络环境下,向用户展示我馆服务宗旨、提供各种服务项目的重要窗口。医学图书馆主页以用户需求为主导,以其丰富的内容、活泼的风格,受到广大读者的好评。截至12月10日,主页访问量已达2045111人次。

根据医学部校园卡工作会议的决定和信息中心的统一规划和部署,校园卡工作于12月在医学图书馆全面推进和展开。按学校决定,自2007年12月5日起,全校师生使用校园卡入馆和借阅图书,原借书证将停止使用。为此,医学图书馆在大厅入口处安装门禁系统的通道机,实现更为科学和高效的管理。同时,为保证持有校园卡的读者能够通过刷卡的方式顺利进入图书馆,图书馆证卡管理室自2007年12月开始为读者办理校园一卡通激活借书功能手续,此项工作目前正在有条不紊地进行中。

【资源共享】 2007年,医学图书馆通过多种途径和策略向读者推介馆际互借的服务。作为CALIS医学中心我们除为本校用户服务外,还面向全国医药院校提供文献传递服务。2007年,医学图书馆际互借小组积极与CALIS系统中的其他服务馆配合圆满完成CALIS验收任务,其间与CALIS系统中的北京大学、清华大学、武汉大学、浙江大学、山东大学、上海交通大学、复旦大学、南京大学、四川大学、西安交通大学、吉林大学、北京航空航天大学、中国农业大学通过CALIS馆际互借系统进行文献申请的结算。2007年为205个单位和个人提供了馆际互借服务,接待用户总计813人次,比上一年增长12.5%。共处理馆际互借申请3722条,比上一年同期增长13.1%。

目前,医学图书馆提供的参考咨询方式有:电话咨询、读者当面咨询、邮件咨询、咨询台咨询,其中以电话咨询为主。由于网上咨询台垃圾内容太多,今年只开展到3月份。各类咨询课题236件,其中包含国家自然科学基金委、教育部、科技部、全国中小企业创新基金以及河北等全国省市的兄弟院校的课题基金。由此说明我馆的咨询服务不断地向全国范围不同级别网络化的模式发展。

表8-87  2007年参考咨询业务量统计

| 课题咨询 | | 上门咨询 | 电话咨询 | 邮件咨询 | 网上咨询 | |
|---|---|---|---|---|---|---|
| 查新咨询 | 查收查引 | 专题咨询 | | | | (1—3月) |
| 157 | 69 | 10 | 58 | 452 | 190 | 307 |

【资源保障】 2007年,医学图书馆印刷型资源平稳发展,具体采购情况如下:中文图书:采购3105种7891册;外文图书:采购713种820册;外教中心:采购331种365册;中文报刊:订购671种;外文报刊:订购198种;接收赠刊:中文2000册,西文676册。

2007年医学图书馆更注重数字化信息资源的建设,通过引进或自建电子资源的方式,电子资源大幅度增长。

表 8-88　2007 年订购电子资源统计

| 电子资源类型 | 数量统计 |
| --- | --- |
| 中文数据库 | 10 个（4 种） |
| 外文数据库 | 48 个（6 种） |
| 中文电子期刊 | 3 个（8200 种） |
| 外文电子期刊 | 26 个（10931 种） |
| 中文电子图书 | 2 个（114850 册） |
| 外文电子图书 | 7 个（9187 册） |
| 多媒体资料库 | 2 个 |

医学图书馆的清点、剔旧工作是整个图书馆文献资源建设中非常重要的一环，直接关系到图书馆为高校建设提供信息服务的能力。为此，2007 年 9 月医学图书馆对新中国成立后所收藏的全部科技图书进行了清点、剔旧，以保持合理的馆藏结构，更好地为读者服务。全体馆员在馆领导的统一安排下，积极投身此项工作，按时保质保量地完成了既定任务。

【基础设施】　2007 年医学图书馆计算机硬件环境不断改善，个人电脑、服务器等均有增加。具体情况如下：服务器：2007 年增加到 20 台（包括 3 台代管），分别是：IBM PC 服务器 4 台（新增 1 台，一卡通系统专用）；HP 服务器 3 台；DELL 服务器 9 台（1 台代管）；SUN 服务器 3 台（1 台代管）；组装服务器 1 台（代管）。网络存储系统：2 套（含 2 套磁盘阵列）。馆内网络系统：含 2 台 Cisco 交换机。个人用电脑：近 174 台，其中工作人员用机 54 台，读者用机 120 台。

医学部骨干网为千兆网络，并以百兆光纤连接至校本部。医学图书馆现有网络为千兆网，支持 IPv6。图书馆现有交换机 3 台，共有可使用的端口 226 个左右，接入为百兆。全馆共有信息点 700 多个。学生阅览区和自习室都有无线网覆盖，最高速率达到 54M。

2005 年底，医学图书馆升级了 Sirsi 自动化集成管理系统。为推动附属医院图书馆进一步发展，向各附属医院读者提供更好的服务，从 2007 年 4 月起，自动化部开始调查附属医院馆情况，制定上马 Sirsi 系统工作计划，设置系统参数，建立数据质量监督机制，以帮助附属医院图书馆上马 Sirsi 自动化集成管理系统。2007 年 9 月口腔医院馆正式在 Sirsi 系统上回溯中文图书数据，肿瘤医院、精研所图书馆也将陆续正式使用 Sirsi 系统。

【人力资源】　2007 年 9 月，医学图书馆按学校要求完成 2007 年度考核、聘任及评优工作。2007 年退休职工 3 名：流通部馆员杜枫、副研究员馆员张大生、办公室馆员屠晓渝。新进职工 2 名：流通部张建静、徐速。

【科研成果】　发表论文情况：耿良．中医文献检索应注意的几个问题．河南中医，2007,27(4):79；张燕蕾．二维码技术及其在数字图书馆中的应用探析．现代情报，2007(10),94-95；李春英、谢志耘、高琴等．Problem-Based Learning 教学中的信息素质教育．图书情报工作，2007,51(1):126-128；李春英、陶丽芳．参考咨询服务中读者信息心理行为研究．图书馆建设，2007，增刊,138-140；李春英等．1996—2006 年北京大学发表高引用论文的统计分析．北京大学学报（自然科学版），2007,43(5):728-732；沈霞．MEDLINE 和 EMBASE 数据库在我国高校使用情况分析．医学信息，2007,20(11):1932-1934；沈霞，张晓雁，尹源．国内外生物医学文献资源在我国的分布现状．图书情报工作，2007，增刊(2)；李维，尹源．CALIS 馆际互借系统对医学文献保障的影响．中华医学图书情报杂志，2007,16(1):15-17；王爱华．Internet 上英文运动医学资源导航．医学信息学杂志，2007(4):356-358；殷蜀梅．基于 Medline 的医学数据挖掘系统研究．现代图书情报技术，2007(4):12-16。

【交流往来】　1 月 16 日至 26 日，李刚馆长赴台湾访问，同时就建立与台湾大学医学院图书分馆的姊妹关系与台大面谈。回京后正式签订《北京大学医学图书馆与台湾大学医学院图书分馆建立姊妹馆意向书》。

8 月 31 日，香港基督教界医生交流团来馆参观访问，李刚馆长介绍图书馆基本情况。

10 月份，Igroup 公司组织的泰国医学图书馆访问团到我馆参观交流访问。

【CALIS 医学中心】　2007 年 CALIS 全国医学文献信息中心除做好集团采购数据库、馆际互借与文献传递、联机编目等工作外，为提高医学成员馆馆员的业务能力、培养其专业素质，发起了"CALIS 医学图书馆员继续教育计划"。该计划旨在通过多种继续教育模式，与全国医学图书馆一起，共同提高医学图书馆员的综合素质和专业技能，推动医学图书馆的建设与发展，为我国生命科学的研究与实践提供信息保障。作为继续教育模式之一的网络课堂项目，是"CALIS医学图书馆员继续教育计划"的重要组成部分，也是今后CALIS医学中心着力推荐的项目。通过这个项目的实施，医学中心期望能够提高我国高校医学图书馆馆员的专业知识技能，强化各成员馆的继续教育工作，为各馆建设尽一份力。

CALIS全国医学图书馆员网络课堂是基于因特网的远程教育培训系统，以Centra实时互动远程教学会议系统为技术平台。结合当前医学图书馆的发展万向，设计继续教育课程和专题讲座，聘请国内外相关领域的专家学者作为主讲人，定期举办网络实时讲座或讨论。同时，建立教学效果评估和考核机制，授予学分，逐步建立馆员业务水平资格认证制度。网络课堂继续教育模式可以大量节省馆员因参加学习而发生的路途时间和花费，让教育工作更快速、更有效，共享学习资源，节省时间，降低教育成本。另外，馆员自主选择学习内容、学习时间及学习进度，无需受时间及地点的限制。从2007年3月至今，CALIS全国医学图书馆员继续教育网络课堂已举办10次，共计参与馆近300馆次，参与馆员近5000人次，取得了极大的社会效益和经济效益。参与馆员纷纷表示这种学习方式形式便捷，效果明显。今后CALIS医学中心将继续努力，为协调高校医学图书馆丰富的文献资源和人力资源，建设高等院校医学文献联合保障体系做出应有的贡献。

## 出版社

【发展概况】 2007年，北京大学出版社出版图书4168种次，比上年增长1.73%，其中新书品种1854种，比上年下降3.94%左右；发行码洋5.16亿元，比上年增长15.70%；销售收入2.61亿元，比上年增长10.59%。2007年，出版社上交学校1400万元，同时，支持学校教材建设专项基金100万元，支持《儒藏》编纂100万元。

到2007年底，出版社职工有347人，其中事业编制98人，其他人员249人；正高职称10人，副高职称40人，中级职称93人；博士学位12人，硕士学位119人，本科91人，大专40人。

【转企试点】 按照《中共中央国务院关于深化文化体制改革的若干意见》（中发〔2005〕14号）精神，结合高校出版单位的发展实际，教育部和新闻出版总署制定了《高等学校出版体制改革工作实施方案》，北京大学出版社被列为第一批转企试点的高校出版社。2007年，在学校党委的指导下，出版社体制改革领导小组成立，并按照相关文件的要求，认真制定了北京大学出版社体制改革方案和实施程序，经学校党政联席会通过后上报教育部和新闻出版总署，2007年底，中宣部文化体制改革办公室、新闻出版总署正式批准改制方案和实施程序，转企各项工作任务顺利推进。

【版权工作】 出版社坚持"立足北大，面向全国，走向世界"的开放办社模式，2007年，北京大学出版社对外输出版权收益84万元，输出版权59种，其中教材47种、学术著作5种、一般图书7种；引进版权185种，其中教材69种、学术著作53种、一般图书63种。北京大学出版社被文化部、商务部、广电总局、新闻出版总署等六部委联合认定为"2007－2008年度文化出口重点企业"。

【重点工程】 2007年大兴印刷物流基地在学校相关部门的大力支持下，工程设计、工程建设招投标工作顺利完成，并已正式启动，目前完成印刷厂厂房（13000平方米）的主体框架建设和库房（40000平方米）的地基基础。

【出版社荣誉】 2007年，北大出版社在各方面取得突出成绩，先后获得了多项荣誉。主要包括：

1. 全国图书版权输出先进单位。2007年8月30日，第十四届北京国际图书博览会隆重开幕。当天下午，国家版权局授予北京大学出版社等36家出版单位"2006年全国图书版权输出先进出版单位"荣誉称号。

2. 全国语言文字工作先进集体。2007年11月，北京大学出版社被国家语委授予"全国语言文字工作先进集体"荣誉称号。作为一家综合性大学出版社，近年来，北大社努力贯彻国家有关语言文字规范的法规和标准，在语言文字规范化的实践方面开展了大量工作，为推动语言文字工作规范发展做出了突出贡献。在推动语言文字的使用和规范上，努力反映社会需要，竭力服务社会实践，在注重推动多语言文种出版物的丰富和使用、重视语言文字专业图书出版方面做出了应有的贡献。

3. 2007年，北京大学出版社被北京市版权局评为"2006年度北京地区版权贸易十佳单位"，版权部主任谢娜同志被评为"2006年度版权贸易十佳版权经理人"。

4. 国家图书馆文津图书奖。2007年12月，由北京大学出版社出版的图书《中华文明史》（共4册，袁行霈等主编）、《中国教育公平的理想与现实》（杨东平著）获得第三届"国家图书馆文津图书奖"。此次"国家图书馆文津图书奖"共评出10本获奖图书，北京大学出版社出版的图书占全部获奖图书的1/5。本届图书奖收到出版社、读者、作者、专家推荐的参评图书共563种。

（陈　健）

# 档案馆

**【概况】** 档案馆成立于1993年4月,既是学校档案工作的职能管理部门,又是永久保存和提供利用本校档案的科学文化事业机构。根据工作职能划分,档案馆下设收集指导、管理利用和技术编研三个办公室,编制13人,现全馆有工作人员10名,其中高级职称2名,中级职称7名。

档案馆馆藏档案现有北京大学、西南联合大学、日伪占领区北京大学、北平大学、燕京大学5个全宗,涉及党政、学籍、科研、基建、人物、出版、会计、声像、设备、实物10个档案门类。截至2007年底,馆藏档案排架长度1700多米。

2007年4月19日,校发(2007)53号文任命马建钧为档案馆馆长、校史馆馆长,郭卫东、周爽、刘晋伟为档案馆副馆长、校史馆副馆长。

2007年档案馆继续加强收集指导工作,遵循提高归档质量和案卷质量的基本工作原则,展开多种形式的档案培训;加强管理制度建设,修订了多项管理规章制度,并把保卫、保密工作纳入日常管理工作之中;加强档案利用和服务、档案理论研究、历史档案整理鉴定等工作,正确处理档案开放与保密的关系,共接待利用者1445人次,提供档案9349卷(件),复制5307张,共整理历史档案3103卷(件),录入历史档案数据19475条。

**【档案收集】** 档案馆负责全校77个独立归档单位、4个挂靠归档单位共81个单位的文书、学籍、科研等十类档案的收集、指导、整理、立卷和检查、归档等工作。针对兼职档案员档案收集整理时间分散,人员更替频繁等特点,加强对各单位兼职档案员的上门指导,从材料的收集整理等初期阶段入手,为提高档案归档质量打好基础。

1. 在科研部的支持和配合下,按照《北京大学科技档案管理实施细则》的有关规定,初步健全和完善了科技档案的管理规范。经过双方的共同努力,1996年至2007年包括国家自然科学基金等重大、重点项目科技档案全部归档完毕。

2. 在基建工程部的支持和配合下,完成了1997年至2001年的基建档案共四百余卷的整理工作,改变了多年来基建档案未归档的状况。同时,对蓝建办的基建档案也在积极的整理过程中,截至2007年底已整理完毕两百余卷。

3. 会计档案是档案馆馆藏档案的一个重要门类,2007年对会计档案进行全面清查整理。燕京大学、西南联合大学、北京大学等全宗共3566卷会计档案和会计资料全部核查完毕。

4. 2007年收集、整理、接收各门类档案共计17378卷(件)。

表8-89 2007年收集、整理、接收各门类档案情况统计

| 文书 | 5886卷件 | 学籍 | 7122卷 | 科研 | 170卷 |
|---|---|---|---|---|---|
| 基建 | 642卷 | 照片 | 2286张 | 音像 | 47件 |
| 人物 | 23件 | 学生卡片 | 1143卷 | 实物 | 59件 |

**【学术研究】** 2007年,档案馆重点加大对外交流工作力度,参加了教育部以及中国高校档案学会的多次学术会议,同时也协办了一些学术研讨会议,接待兄弟院校来访,通过对外学术交流和业务探讨,活跃了学术气氛,促进了档案管理工作水平的提高。

2007年,档案馆接待了来自浙江大学、江南大学、武汉大学、重庆大学、燕山大学以及本市13所高校档案馆同行来访。参加了在西安交通大学(西安,4月)召开的教育部直属高校档案工作协会第五届二次理事会,广西大学(南宁,11月)召开的中国高校档案学会"全国高校档案馆(室)馆长思想论坛暨2007年学术年会",协办了"中美高校档案管理座谈会"(北京,6月)以及北京高校档案研究会"第四届会员代表大会及学术研讨会"(北京,12月)。

2007年档案馆完成的《北京大学档案馆馆藏精品》(第一册)正式出版,在档案类核心期刊共发表论文5篇(李海军、王淑琴、王瑾、吴先年等),刘晋伟申请的课题"多媒体档案管理和利用研究"列入北京市档案局科技项目支持计划,《现代档案管理基础》——21世纪档案信息化管理系列教材(刘晋伟副主编)正式出版。

**【信息化建设】** 2007年档案馆继续开发和完善档案管理系统,加强档案数据库建设。档案管理系统作为各类业务系统数据的最终归结点,重点解决与其他业务系统数据交换、数据接口、存储模式等问题。

1. 档案数据库建设取得较大进展。截至2007年底,档案数据库各类信息条目已达33万余条。今年重点加强了对声像档案数据库的建设,照片档案的原文数据库在去年扫描到2000年的基础上,将2001—2006年的照片全部扫描完毕,进入档案系统数据库,照片档案已达17750张。音像档案在2006年建立的流媒体服务器的基础上,2007年对全部声像档案进行了核对整理,并将1970年以来的录音带548盘进行了数字化,转换为流媒体格式存储。录像带559盘整理完毕。

2. 加强网络安全防范,确保档案数据安全。随着档案数据库建设逐步推进,确保档案信息安全显得尤其重要。档案馆一方面与学校网络中心配合,通过技术手段保障档案馆网络安全;另一方面,通过专人管理、口令加密、多重验证等手段,在管理工作中消除事故隐患。档案馆现有服务器6台,其中5台由档案馆负责日常维护。为保障档案管理信息系统正常运行,维护网站及各个服务器的安全,档案馆制定了计算机网络管理安全制度,做到每天进行数据备份,确保数据的安全性和完整性。

3. 完善档案系统建设,加强与学校其他系统的数据交换。档案WEB管理利用系统和收集录入系统的开发是今年档案馆信息化建设的重要工作,是2004—2007年档案管理系统和检索系统的升级。由于学校近年招生工作的变化,教务部和研究生院的数据库都相应做了调整,使档案系统与教务系统原有的数据接口出现问题,档案馆及时对系统进行了升级,增加在职硕士和单证硕士的数据导入。截至2007年底,本科双学位和深圳研究生院的数据导入工作仍有待完善。

【保密工作】 档案馆是安全保密重点部门。档案馆在全体工作人员中确立了"保密工作无小事"的思想观念,把"强化教育、明确责任、落实制度、加强管理、保住秘密"作为档案馆保密工作的总思路,进一步加强和完善了档案库房的安全管理,加强安全教育,增强责任心。档案馆认真做好各项自查工作,按照学校质量体系认证和保密工作的有关要求,从档案材料的收集、整理、借阅到档案库房的日常管理、温湿度记录等都建立了相应规范和工作记录。2007档案馆在学校质量体系认证和科研生产许可证的评审工作中,在学校安全保卫、保密等各项检查评审中都取得较好成绩。2007年档案馆被评为北京大学安全保卫工作先进集体、保密工作先进集体。王淑琴被评为北京大学2007年度安全保卫工作先进个人。

(贾永刚 刘晋伟)

## 医学档案馆

【概况】 2007年医学部档案馆有专职档案人员5人,其中侯建新为副馆长兼书记。

【档案接收进馆】 2007年档案馆接收永久和长期档案共1720卷(件)(截止到2007年9月)。其中党政文书档案70卷、出版物档案10卷、教学档案1166卷、科研档案317卷、产业档案2卷、设备档案3卷、基建档案143卷、礼品档案9卷(件)。

【档案提供与利用】 2007年,医学档案馆提供多种形式的档案查阅,如来馆查阅、电话查询、借阅等,为医学部相关工作提供便利。利用档案人员广泛,有医学部各部处管理人员、职工个人、学生、各附属医院、社会人员、毕业出国人员等,自2006年9月至2007年9月共借阅档案1108件,393人次(来电来函未包括在内)。

【计算机录入案卷目录】 从10月17日开始,通过教育处请学生助理将2004年以来的科研档案、基建档案、人物档案等进行录入。

【剪报】 将2006年的剪报284篇装订为9册,并全部发布到医学部档案馆网站上,供大家上网查看。

【组织工作】 参加医学部十七大代表的选举工作及机关党委的换届选举工作,夏桂青、王兆怡参加机关党委第二次党代会会议,夏桂青、付玉蓉参加了机关党委组织的北大校史及反腐败展览。党支部组织全体党员及群众学习和讨论警示教育材料和十七大报告等相关学习材料。

11月13日,档案馆党支部的党员及群众参观在军事博物馆举办的大型主题展览《复兴之路》,接受革命教育。

按照医学部送温暖募捐活动的要求,医学档案馆全体同志踊跃捐助衣物。

【工会工作】 工会小组长王兆怡认真组织,精心设计,组织档案馆全体人员参加2007年12月14日机关工会组织的趣味体育运动会。关心离退休人员,及时通知医学部组织的体检、旅游、文体活动、领送节假日发放的礼品等。

(夏桂青)

## 校 史 馆

【概况】 校史馆设立于2001年3月,馆舍建筑于2001年9月落成,校史展览于2002年5月4日正式开放。展览主要内容分为北京大学校史陈列和北京大学杰出人物展(一)两个部分:校史陈列以光荣革命传统和优良学术传统为主线,将北大历史分为九个阶段依次展示,有图片、图表800余幅,实物展品440余件,展板273块,展线长度400余米;北京大学杰出人物展(一)为北大历史上217位杰出革命家、思想家、理论家、教育家、科学家的生平简介及照片。

2007年3月13日,学校任命马建钧为档案馆馆长、校史馆馆长,郭卫东、周爽、刘晋伟为档案馆副馆长、校史馆副馆长。校史馆内设研究室、办公室、资料室,编制7人,兼职1人,返聘12人。日常工作主要为校史展览、校史研究及校史文物的征集、保管和展出。邱玉红被评为校优秀工会干部。

【校史展览】 本年度接待参观总人数为22489人,其中校内人员、校友和客人5020人,校外人员

17469人，团组66个。积极配合学校，圆满完成了本科生教学评估专家组、新生入学教育、北大开放日等参观接待工作。配合党委办公室校长办公室、组织部、国际合作部、教育基金会、深港产学研基地、先进技术研究院、学生资助中心等单位，接待了出席各种活动的校友、国内外各界朋友和团组，如本科生教学评估预评估专家组和评估专家组、中组部北大考察组、中国奥组委北大考察组、军工资格认证专家组、台湾中山大学访问团、韩国梨花女子大学参观团、德国学术交流中心德语教师年会与会的全国德语教师、香港公务员培训班、全国学联香港学生代表团、宋庆龄基金会台湾学生代表团、国家行政学院党委书记姜其康、前外交部长李肇星、香港华人置地集团执行董事刘鸣炜，等等。

为全面展示北京大学校址及校园的变化与发展，由校史馆筹划并得到学校素质教育项目资金资助的"北京大学旧址模型"和"燕园鸟瞰浮雕"项目于本年度全部完成。

【专题展览】 围绕学校教学与科研等主体工作，举办、协办各种形式和内容的专题展览，是校史馆可持续发展的重要工作之一。本年度完成了"书生本色 学者风范"系列展览之"汤用彤先生生平图片展"；为配合新生入学教育，特邀请到由中科院自然科学史研究所、古脊椎动物与人类研究所和瑞典驻华大使馆联合举办的中瑞"中国西北科学考察团八十周年纪念展"到馆展出。

【校史研究】 2007年校史研究工作的重点是《北京大学图史（1898—2008）》的编写。此项工作集全馆之力，历时十余年，收集北大珍贵历史照片约千张，力求图文并茂全面真实地再现北大发展历程。目前已基本完成编写，拟于2008年由北大出版社正式出版，作为献给北京大学110周年校庆的礼物。

原北京大学党委书记王学珍主持编写的《北京大学校志》和《北京高校志》已经完成了部分门类。《北京大学纪事》在百年校庆时出版，获各界好评，2008年拟出版修订版。由中国李大钊研究会与校史馆合作进行的《李大钊年谱长编》已完成30万字的撰写任务，拟于2008年作为庆祝北大建校110周年图书出版。郭建荣研究员主编的《西南联合大学图史》由云南教育出版社出版，《北大才女》亦编就待出版。

馆内同仁发表或撰写了多篇有关校史的研究文章，其中有：《精神财富永放光芒》（《北京大学校友通讯》2007年第43期）、《下辈子还选体操》（《北京大学校刊》2007年4月3日第1117期）、《〈每周评论〉作者笔名考》《李大钊〈我的马克思主义观〉一文若干问题的探讨》《关于汤用彤生平几点史实的考证》《弘扬北大传统 创建和谐校园》《严复辞北大校长职原因之一解》。

参加了以下学术研讨会："弘扬和培育中华民族精神"课题讨论会（1月，北京）、"报刊与近代中国知识分子"（4月，香港）、"李大钊英勇就义80周年暨李大钊生平思想研讨会"（4月，北京）、"第二届全国大学校园文化建设论坛"（5月，广州）、"大学文化百年"课题会（5月，广州）、"纪念丁文江先生诞辰120周年学术研讨会"（10月，黄桥）、"西南联大与现代中国学术研讨会"（11月，昆明）、"严复思想与中国现代化"（11月，福州）、"大学文化研究与发展中心成立五周年纪念暨高层论坛"（12月，北京）。

为纪念中瑞西北科学考察80周年和西南联大成立70周年，组织撰写了《西北科考从北大出发》《西北科学考察团概况》《蒋梦麟校长与西南联大》《善教者使人继其志》《西南联大研究日渐繁荣》等文章在北大校刊（2007年5月15日第1121期、2007年10月22日第1132期）上专版发表。为更好地研究和宣传校史，筹划了"北京大学校史研究专版"提纲，以期与校刊更好地配合宣传校史研究的成果。

参与了大学文化研究与发展中心的部分科研工作，如《世界多元文化激荡交融下的大学文化——海峡两岸大学文化高层论坛论文集》的编辑，《北大气象》《北京大学文化百年》等的筹划。

参加北京市党史研究室的有关研究课题，完成了《北京大学抗战时期财产损失调查》一文和《北京市革命史百科全书》23个词条的撰写工作。为北京市《北京的名人故居·海淀卷》撰写了15个词条。

在做好校史研究和宣传的同时，还特别重视结合研究成果为学校的各项工作服务。如为迎接党建和思想政治工作基本标准评估拍摄的专题片提供素材照片；参加为迎接本科教学评估而举办的关于北大办学指导思想的研讨，认真参加了自评报告中"办学思想的历史回顾"部分的讨论和修改，并为"重视基础教育，培养时代英才"的北京大学本科教育展提供了60多张素材照片；为研究生教育90年发展历程的图片展览提供参考意见；为学校新主页提供"北大简介"和历任校长书记的简介及照片等资料；为北大标识设计提供参考意见；为校团委组织毕业生离校活动提供照片，等等。

另外，还完成了校史馆触摸屏部分院士介绍的增补工作，为全国妇联筹办的中国妇女儿童博物馆提供了资料和照片。

【文物征集】 本年度的重点仍为校史人物照片的征集和整理，聘有专人负责此项工作。本年度征集到北大4位老教师人物照片250张。

上半年对藏品室进行调整，并主动邀请考古文博学院的文物保护专家来馆指导文物的保护和管理工作。校史馆现有藏品311件，学校与国内外交流活动礼品570件，其中本年度新收礼品62件。

【学习交流】 2007年利用出席学术研讨会的机会，组织馆内部分人员参观了浙江大学、复旦大学、上海交通大学、南京大学、云南师范大学校史展，以及绍兴蔡元培纪念馆、鲁迅故里、杭州马寅初纪念馆、上海中共一大会址、上海博物馆、上海蔡元培纪念馆、南京总统府、梅园新村纪念馆、南京博物院、江苏泰兴新四军黄桥战役纪念馆、黄桥丁文江故居纪念馆等专业展馆，两类总计16个，并与有关人员进行了座谈交流。在展览主题及内容逻辑结构的确定、展览手段的运用、展览环境的营造、展览效果的扩展、展馆与相关部门的合作、校史与校园文化的关系等方面均得到有益启示。组织全馆参观了孔庙、国子监、鲁迅博物馆、北京李大钊故居。与来访的四川大学、山东理工大学、西北工业大学、浙江大学、中国政法大学等院校的同行进行了业务交流。

【安全保卫】 校史馆注意结合场馆特点，悉心摸索安保规律，抓住各种机会，采用多种形式保持并不断促进全员安全保卫意识的提高，做到人防与技防相结合，力求保证场馆自身及参观人员的安全。2007年校史馆主动与文保公司协商，公平合理确定双方的权利、义务以及必要的约束，特别注意同安保大队各级领导沟通情况，并多次进行保安员岗位责任的培训。与学生资助中心合作组织的学生志愿者开馆值班活动，将安保工作列为巡视的重要内容。坚持执行值班人员定时巡视展区、访客登记、按时清馆、安保监控系统录像定期检查、馆领导定期组织分管人员实地检查安保情况、保安班长向馆办领导定期汇报工作等制度，以保证全员防范意识的加强和具体工作行为的落实。在完善消防报警系统的同时，适当增配展厅和办公区的灭火器材，定期检查，尽可能做到万无一失。力求逐步建立消防报警、安全监控系统维护的长效机制，坚持与专业部门签订保修期后定期维护保养协议，通过定期检查、分期分批抽查等方法，努力做到预防为主，及时发现解决问题，保证设备完好运行。2007年校史馆馆内连续六年做到"十无"达标，并被保卫部推荐为本年度北京大学安全保卫工作先进集体。文清河被评为校安全保卫工作先进个人。

【图书资料】 继续加强北大图书馆校史馆分馆的规范化管理，每周定期对社会开放。2007年新进图书199册，现有书刊3145册。本年度借阅图书1423册次，本馆阅览896人次，对外开放阅览93人次。读者咨询146次，课题咨询32次。

（马建钧、郭卫东、周 爽）

# 北京大学学报（自然科学版）

【概况】 2007年，《北京大学学报（自然科学版）》印刷出版6期，共880页，刊载学术论文138篇。其中数学3篇，力学7篇，物理学7篇，化学2篇，生命科学2篇，电子学与信息科学35篇，地球与空间科学37篇，地理学与环境科学34篇，心理学9篇，科研管理2篇。2007年，53篇论文通过中国学术期刊（光盘版）电子出版社在中国期刊全文数据库分4期出版了网络版（预印本），上述论文发表周期比印刷版缩短50％以上。2007年7月4日，经学校主管领导林建华副校长同意，由北京大学科学研究部通知，将《北京大学学报（自然科学版）》编辑委员会负责人的称谓恢复为"主编""副主编"，不再沿用"主任委员""副主任委员"的称谓；同时，编辑部负责人不再称"主编"而称"编辑部主任"。

【数据库收录情况】 《北京大学学报（自然科学版）》刊载的论文继续被国际权威检索数据库美国《化学文摘》（CA）、英国《科学文摘》（SA）、美国工程索引网络版（EI）以及国内30多家检索机构收录。表8-90列出2006年刊载论文被国际权威数据库收录情况的部分数据。

表8-90  2006年《北京大学学报（自然科学版）》刊载论文被国际检索机构收录情况

| 学科 | 刊载论文篇数 | CA | SA | EI |
| --- | --- | --- | --- | --- |
| 数学 | 11 | 0 | 2 | 7 |
| 力学 | 10 | 0 | 10 | 9 |
| 物理学 | 25 | 5 | 23 | 24 |
| 化学 | 3 | 3 | 1 | 3 |
| 生物学 | 4 | 4 | 0 | 4 |
| 电子学与信息科学 | 26 | 0 | 26 | 25 |
| 地球与空间科学 | 22 | 6 | 11 | 21 |
| 地理学与环境科学 | 34 | 12 | 11 | 32 |

续表

| 学科 | 刊载论文篇数 | CA | SA | EI |
|---|---|---|---|---|
| 心理学 | 4 | 0 | 1 | 2 |
| 科研管理 | 1 | 0 | 0 | 1 |
| 增刊 | 19 | 18 | 0 | 19 |
| 合计 | 159 | 50 | 85 | 147 |
| 收录百分比 |  | 31.45 | 53.46 | 92.46 |

（《北京大学学报（自然科学版）》编辑部）

【计量指标】 据中国科学技术信息研究所出版的《2007年版中国科技期刊引证报告》中对国内1723种主要科技期刊的统计，《北京大学学报（自然科学版）》2006年各项计量指标保持稳定，总被引频次和影响因子较2005年略有提升，见表8-91（同时列出2005年同类数据）。

表8-91 《北京大学学报（自然科学版）》2005—2006年论文计量指标

| 年份 | 总被引频次 | 影响因子 | 他引率 | 即年指标 | 引用刊数 | 扩散因子 | 学科影响指标 | 学科扩散指标 | 被引半衰期 |
|---|---|---|---|---|---|---|---|---|---|
| 2005 | 589 | 0.444 | 0.97 | 0.086 | 326 | 55.35 | 0.36 | 3.75 | 5.3 |
| 2006 | 682 | 0.472 | 0.93 | 0.193 | 353 | 51.76 | 0.32 | 4.15 | 5.5 |

（《北京大学学报（自然科学版）》编辑部）

【获奖情况】 据中国科学技术信息研究所2007年11月15日"2006年度中国科技论文统计结果发布会"公布，《北京大学学报（自然科学版）》入选"2006年百种中国杰出学术期刊"。85个自然科学综合类学术期刊中，获得这一称号的只有5个。至此，《北京大学学报（自然科学版）》已连续3年荣获"百种中国杰出学术期刊"称号。

# 北京大学学报（哲学社会科学版）

【概况】 2007年，《北京大学学报（哲学社会科学版）》在2007年继续坚持以邓小平理论和"三个代表"重要思想为指导，坚持和贯彻科学发展观，贯彻党和国家的新闻出版方针、政策，坚持正确的人文导向，贯彻"双百"方针，走理论联系实际、学术结合时代之路，刊物不断取得新成绩。

【继续探索办刊机制】 《北京大学学报（哲学社会科学版）》的总体办刊理念是结合本校实际，突出本校特色，树立精品意识，尽量多刊载研究解决国家或地区经济、社会发展中具有全局性、前瞻性、战略性的重要研究成果，多刊载在基础理论方面有创新意义、特别是具有原创意义的学术成果。在栏目设置方面，充分发挥北大文、史、哲的传统优势，结合重点学科、重点基地、重大课题和学术活动进行选题策划；同时广泛吸收校外、海外知名学者的优质稿件。

在稿件选择方面，《北京大学学报（哲学社会科学版）》所刊发的文章90％以上都是来自校内校外、国际国内的约稿。学科编辑在积极面向校外、面向国际组稿约稿的同时，深入各院、系、所、中心，主动向有深厚学术造诣的著名学者和中青年骨干教师组稿约稿，了解他们的研究专长和研究动态，在充分沟通的基础上根据学术热点问题、前沿问题策划选题、组织稿件和遴选稿件；同时面向一些著名学者组稿约稿，并聘请他们担任相关栏目的特约主持人。

在制度建设方面，《北京大学学报（哲学社会科学版）》坚持公平、公正、公开的原则，建立了有权威、负责任的专家库，逐步推行对稿件实行双向匿名评审制和三审制，有效遏制了关系稿、人情稿、职称稿、学位稿和学术赝品等不良现象。

在完善编辑规范方面，随着计算机科学技术的飞速发展和检索、评价技术问题的解决，编排规范也应该与时俱进，实现两个转变：一是从主要考虑技术转变到考虑"人"：必须操作简单，方便作者写作、读者阅读和编者编排；二是从统一性转向多样性，必须考虑各类学术性期刊、各家学术期刊和不同学科各自的特点。在此过程中，《北京大学学报（哲学社会科学版）》的同志们积极开展研究探索工作，程郁缀教授、刘曙光副编审直接参与讨论，他们的论文《学术期刊编排规范是动态发展的》经发表后产生了较大的社会反响并被《新华文摘》转载。《北京大学学报（哲学社会科学版）》将从2008年起执行新的编排规范，在统一性的基础上体现多样性，突出综合性学术期刊的特点，凸显《北京大学学报》的个性，尊重不同学科的研究范式和不同学者的研究习惯，更大程度地方便读者、作者和编者。

【加强编辑队伍建设】 一本刊物反映了以主编为首的编辑集体的素质，包括学识水平、学术品位、学术鉴赏力等。《北京大学学报（哲学社会科学版）》近年来特别注重编辑队伍建设和青年编辑的培养。近两年，经过认真慎重考察选调了2名新的编辑，形成了一支精诚团结、通力合作的编辑队伍。同时，注重对编辑理想信仰、学识素养、艺术趣味的培养；鼓励和支持编辑参与各种学术会议、业务培训以及承担力所能及的科研工作；加强编辑部与其他兄弟院校学报之间的交往和联系，相互切磋砥砺，相互取长补短，充分调动编辑的主动性和创造性。

按照新闻出版总署的有关规定，2007年6月6日—6月12日，《北京大学学报（哲学社会科学版）》主编程郁缀、副主编刘曙光参加了中国期刊协会举办的2007年度全国高校社科学报主编岗位培训班，经考核成绩合格，取得了新闻出版总署颁发的《岗位培训合格证书》，做到了持证上岗。接下来，编辑部还将陆续安排其他编辑人员参加各种岗位培训，使所有编辑人员都做到持证上岗。

【学术影响】 自从入选教育部首届哲学社会科学名刊以来，《北京大学学报（哲学社会科学版）》的建设成效显著，在国内外享有良好声誉，已成为国内期刊界的一面旗帜。根据中国人民大学书报资料中心全文数据库检索情况，《北京大学学报（哲学社会科学版）》在2007年被全文转载61篇，索引56条，转载率居全国高校社科学报之首。根据中南财经政法大学图书馆期刊信息检索中心检索报告，《北京大学学报（哲学社会科学版）》2007年共被中国人民大学书报资料中心、《新华文摘》《高等学校文科学术文摘》《报刊文摘》等检索途径转载的文章，在全国综合性大学学报中位居第一。根据中国学术期刊（光盘版）电子杂志社、中国科学文献计量评价研究中心和清华大学图书馆编写的《中国学术期刊综合引证报告（2007版）》，《北京大学学报（哲学社会科学版）》在大学学报社会科学类综合高校中的总被引频次、基金比、影响因子、5年影响因子和即年下载率均名列前茅。

## 北京大学学报（医学版）

【获奖情况和计量指标】 在11月15日召开的中国科技论文统计结果发布会上，《北京大学学报（医学版）》荣获"第六届中国百种杰出学术期刊"，本刊已连续四届获此殊荣。另据中国科学技术信息研究所公布的资料，本刊影响因子再次名列同类医学院校学报第一，为0.640；总被引频次名列第五，为964次。

【栏目建设】 2007年，《北京大学学报（医学版）》开辟"学科交叉"和"疑难/罕见病例分析"两个新栏目，以满足学科发展的需要。

【出版情况】 2007年，《北京大学学报（医学版）》全年出版6期正刊，共计669页。召开6次编委定稿会议，保证了论文评审的公正和公平。11月，在方伟岗副主编主持下，召开了本刊第8届编委会第2次会议，就本刊的现状、存在的主要问题和今后的工作重点进行了研讨。

学报编辑部在相关编委的大力支持下，2007年共完成了5个重点（专题）号的组稿工作，由俞光岩副主编、李铁军编委组织的第1期"口腔"重点号。由王玉凤编委组织的第3期"小儿"重点号，同时为本期论著的英文摘要做了抽印本，并在相关领域的国际会议上进行宣传，取得了非常好的效果和反响。在2006年本刊编委会上丁洁副主编提议开辟"疑难/罕见病例分析"栏目，这个栏目为展示医学部临床诊疗水平提供了一个很好的平台。经过半年的努力，在编委、审稿专家、附属医院科研管理部门老师和临床医生们的大力支持下，"疑难/罕见病例分析"栏目于第4期推出，受到了临床医生的欢迎。王海燕教授为祝贺该栏目的开辟，专门撰写了题为"办好病例分析类栏目，为提高临床诊疗水平提供新平台"的述评文章。在这篇述评中，她写道："通过写病例报告，培养年轻医生的临床观察、分析能力和科学表达能力，也体现了我们作为一流学科的医疗水平。"她还建议"今后在青年医师（主治医师晋升副高职）的晋升考核中，北京大学医学部应将发表的临床病例（理）报告增设为个人学术业绩的考核内容之一"。本年度的最后一期稿件，是由胡大一、高炜编委牵头组织的"心血管病"重点号，三个附属医院积极参与了投稿、审稿等工作，唐朝枢副主编也对本专题给予了极大的支持。另外，我们进行了2008年第1期的"口腔"重点号，仍由俞光岩副主编、李铁军编委组织。

【人事变动】 5月，因周传敬主任退休，由曾桂芳副编审担任编辑部主任。

（曾桂芳）

## 计算中心

【概况】 2007年底，计算中心及信息通讯中心共有职工83人，其中正高级职称7人，副高级职称17

人,中级职称43,初级职称11人,无职称5人。具有本科以上学历59人,占中心总人数71%以上,其中具有博士学位的5人,硕士学位25人,学历结构逐年改善。2007年中心退休3人,招聘4人。

2007年,计算中心坚持将服务教学作为立足点,推进科学管理,加强队伍建设,强化服务意识,提高服务质量,在校园网建设、电子校务开发、微机教学实验、制订可操作可检查的服务措施等方面都取得可喜成就。

计算中心代表北京大学承担的"中国下一代互联网示范工程CNGI示范网络核心网CNGI-CERNET2/6IX"项目获得教育部科学技术进步一等奖和国家科学技术进步二等奖。2007年,计算中心共发表论文17篇,其中国际会议论文2篇,核心刊物论文4篇,有3篇去年发表的论文被EI和ISTP检索收录。

2007年11月21日,教育部本科教育工作水平评估小组成员、武汉大学副校长李文鑫教授到计算中心评估检查,重点了解服务本科生教学、校务管理等情况,并做出了"北京大学计算中心能在经费相对紧张的条件下承担大量工作任务,低成本、高效率地实现校园网的建设、运转和维护,成功推进多个校务管理系统的开发和整合,使学校的各项信息化建设水平均位于全国高校前列,是十分令人佩服的"评价,计算中心顺利通过教育部本科教育工作水平评估。

2007年,计算中心着力加强理论学习,建设学习型党支部;着力加强组织建设,关心入党积极分子的成长;着力加强工会工作,开展了声乐训练班、摄影比赛、乒乓球循环赛、郊游、参观等丰富多彩的工会活动。2007年,计算中心荣获校运动会团体总分第5名奖杯和精神文明奖杯、女子团体乒乓球赛第3名,2007校工会平民学校贡献奖、校工会模范工会主席奖、校工会先进工会干部奖和校工会先进职工奖。

【微机教学实验室】 2007年,计算中心大型微机教学实验室被评为北京市高等学校计算机教学示范中心及国家计算机实验教学示范中心,在高校同类实验室中处于领先水平,这是1993年以来计算中心第二次荣获国家级实验室荣誉,也是北京大学第五个国家级实验教学示范中心。

2007年主要完成以下工作:

1. 完成全校计算机、英语教学实习机时73万小时(上半年33万小时、下半年40万小时)。在下半年研究生机时、中心成人教育机时明显增加的情况下,实验室努力确保全校计算机、英语教学实习正常运行,连续七年保持100%的教学实习课完好率。

2. 为学术竞赛提供良好服务。2007年4月28日,第五届北京大学程序设计(ACM)大赛在计算中心4、5、6、7号机房开始,在连续5个小时的比赛期间,系统未出现任何问题,保障大赛圆满结束。

2007年5月11日至13日,第四届北京大学数学建模大赛在计算中心国防生计算机实验室进行,100多名同学参加了本次连续三昼夜(共72小时)的比赛。微机室一如既往,做好了赛前、赛中软硬件技术支持和全天候值班服务,确保了比赛的顺利进行。

3. 连续七年确保机器完好率在99%以上。由于多媒体机房易损零部件(耳麦)比2005年增加了五倍,因此带来了维护量的增加。微机室成员坚持规范化、制度化维修,随时响应;坚持日、周、月、季维护相结合、软硬件相结合、管理与技术相结合,使机器完好率连续七年达到99%以上,为全校本科生和部分研究生提供了高质量的实习、讲课环境。

4. 为进一步遏制客户端不健康的文件存在和使用,值班人员不断加强巡查力度。在2007年上半年机房每周整理用户盘的基础上,2007年下半年改为每天清理一次,使不健康的文件内容得到明显遏制。

5. 2007年上、下半年新学期伊始,分别重新整理、优化、恢复了8个机房软、硬件、网络新环境,保证了2007年全年整个实习环境的质量。

6. 完成了大量的日常性工作,主要包括:对大量固定师生用户和逐年增加的短期用户非教学账户的服务、收费与管理;对计算机、英语教学实习教学账户的服务、收费与管理;每学期4000名同学英语机时的选择、补选、改选、账号创建和注销工作;配合学校迎新工作,为教务部、餐饮中心提供迎新平台;完成全校计算机职称考试和应聘人员计算机水平考试环境的搭建、上课、辅导、出题和阅卷任务;为学校2007年春季运动会提供MIS管理系统的技术支持;为全校500名贫困生提供每人50小时的自由上机时间;2007年下半年,为北大平民学校102名学员提供了每周2小时免费机时服务;为计算中心成人教育提供教学实习机时服务;为国防生拨款、两次添加上机机时;为3-8号机房增加上课功能,使全部机房都具备同学能实习、老师能上课的双功效环境,进一步提高了教学质量。

【网络建设】 2007年,顺利完成校园网以及中国教育和科研网(CERNET)北京大学主节点的建设、运行和管理任务;承担了多项国家科研项目和学校"985""211"项目;配合实验室与设备管理部开展了网络设备清查工作,从2006年12月1日开始对全部资产进行清查,共涉及网络设备1365台、无线网络设备302台、服务器和PC机183台、其他设备64台,总计1914台,并于5月7日通过实验室与设备管理部的核查。为进一步优化网络运行环境，规范日常工作，网络室还正式启动了设备管理系统、IP地址管理系统、信息点管理系统、光纤管理系统的开发。其中，IP地址管理系统开发基本完成，正在准备数据导入；设备管理系统开发基本完成，正在准备数据导入和后期完善；信息点管理系统即将完成；光纤管理系统正在调研中。2007年1月和12月，中国下一代互联网示范工程CNGI示范网络核心网CNGI-CERNET2/6IX先后获得教育部科学技术进步一等奖和国家科技进步二等奖，北京大学为第二完成单位。2007年的主要工作包括：

1. 网络建设、管理和运行维护。

1月，篓斗桥学生宿舍1113个信息点建设完成并投入使用；3月，完成中关园、燕东园、蔚秀园家属宿舍2921个信息点的联网工程；4月10日开始，与中国科学院网络中心签订协议，通过光纤链路200Mbps接入科技网，开辟校园网第二出口，加速校园网内用户对外网访问速度，并起到了链路备份作用；6月14日，完成网络升级设备招标工作，升级后的校园网边界采用思科7609路由器及SCE流控设备，增强了校园网出口的稳定性，提高了出口带宽的可用性，此项工作将于2008年1月完成设备安装调试并正式上线运行；6月19日，在实验室与设备管理部的主持下完成网络设备招标工作，于11月完成全部设备安装调试，新公共教室楼现有信息点622个，目前全部教室可以提供有线、无线上网，同时在教室中控提供了网络支持环境；8月，完成中关园留学生公寓7、8、9号楼网络设备招标工作，2008年5月将全部投入使用；8月3日，完成新化学南楼1000个信息点网络设备招标工作，12月18日结束有线设备安装，2008年1月将完成全部设备的安装调试；10月，计算中心3层校园网用户服务办公室建成并对外提供服务，4块液晶显示屏实时监控校园网主干流量、校园出口流量、CERNET主节点流量、重要服务器运行状态、机房监控等网管信息；11月，就理顺旧楼网络布线维护工作与基建工程部达成一致意见，确定学生宿舍38—42楼、畅春新园1—4号楼、畅春园63号楼等首批楼宇按约定进行交接，对该批楼宇的网络状况进行抽查并负责维护网络布线系统；11月14日，在实验室与设备管理部的主持下完成对三教、四教464个信息点改造的网络设备招标工作，有线网络将于2008年1月投入使用。

2007年还进行了无线网二期、公共教室楼和新化学南楼无线网络建设，改善了图书馆、理科教学楼、一教、理科一号楼等校内部分公共区域的无线网络环境，增强了无线网络实时监控和管理能力，可以根据实际用户需求情况调整无线网络IP地址分配情况。截至2007年底，共提供无线网络用户专用IP地址网段19个，同时在线人数峰值为1600～1700台左右。围绕1136机房的改造，对其电源、网线、光纤、25对大对数等都作了重新设计、施工、布线，以提高1136机房安全性，该机房主体改造将于2008年1月基本完成。为提高校园网出口的安全性、稳定性，避免由物理线路故障带来的全校断网，经与教育科研网协商，在北京大学、清华大学、北京邮电大学节点之间通过光纤连接建立一条万兆环路，确保整个华北地区网络稳定性。5月24日进行光纤链路测试，6月5日进行设备连接，6月14日进行链路切换测试，测试效果达到预期需求，华北地区主节点到清华备份线路建成。开通了网络出口流量管理系统，提高了网络出口带宽的有效使用；根据使用需要拓宽了网络出口，追加长宽网络接入、拓宽电信通网络出口，使网络更加通畅。解决了计算中心1340和1402机房的供电系统——UPS蓄电池超期使用至无法工作的问题。

2007年，完成蔚秀园、中关园、燕东园三园联网，接通用户1700余户，敷设网线130公里，敷设光纤17公里，熔接光纤2300点，卡接RJ—45水晶头9600余个，固定面板1700余个，打穿墙孔300余个，楼外固定穿线管3000余米。完成燕北园、医学部的光纤入地工程，并通过了校审计室委托校外相关部门的工程审计。设立24小时热线服务，为包括医学部在内的办公区、学生区、家属区网络上门服务700余次。对新建的经济学院大楼、教育学院大楼、物理系金楼、勺园北招、第三、四教室楼等工程的网络布线图纸进行了审核，并提出建议反馈给相关部门。完成人事部50乙楼、资产部50丙楼、校园服务管理中心、生物楼东、中、西馆、建筑研究院二期工程、艺术系电教机房、博实商场、万柳教师公寓楼、中关园专家公寓7号综合楼、信息学院超静厂房、第二教室楼等11个单位的综合布线和光纤工程。

此外，为改进网络运行值班的服务质量，提高响应速度，从4月15日开始，网络运行值班由每天安排一人值班调整为主副两人值班。完成了医学部光缆入地工程，并于2007年12月通过验收；完成医学部教学大楼无线网络系统的建设及病理楼的网络改造；开通了医学部及附属医院的财务VPN专网，开通了医学部VPN网，使老师及学生在校园外也可以访问校内信息；对医学部网络用户提供了免费培训。

2. 服务工作。

2007年，完成了高性能安全邮件系统建设工作，加强了邮件系统的稳定性和抗攻击能力；扩充了邮件网关,垃圾邮件过滤升级已安装完成(已安装4台,上线2台);为全校提供服务的赛门铁克防病毒软件从9.0中文版升级到10.2英文版,支持Windows Vista;对IP网关客户端程序升级,增加了用户主机信息查询功能,便于故障定位,加速故障处理;进一步扩大医学部内各部处服务器的托管业务,形成校内数据中心。

2007年还调研开发整合了校园网多项网络服务方案,将校园网网络服务相关的统一身份认证、网关、用户账号管理、邮件系统等功能模块整合为http://its.pku.edu.cn,为校园网用户提供了单一的登录界面,方便用户使用。新版将于2008年2月在全校范围实施。2007年下半年,服务器提供了多链路服务,改善外网访问速度。截至2007年底,为邮件系统、代理服务、www服务、its服务及部分原系服务器等系统提供多链路服务。网络视频会议系统正式投入使用,目前已为法学院、人口所、社会学系、物理学院、工学院、国际合作部等校内十多个单位提供了上百个小时的视频会议或远程教学服务,并免费为3名学生提供了远程面试服务。为增加同用户沟通的渠道,进一步改善服务质量,网络室研发的利用web方式用户报告网络故障的机制也已上线运行。以"挑战杯"五四青年科学奖竞赛为契机,以校园网使用情况调查为主题,进行了校园网使用情况调查,分两组从网络使用环境、网络对用户的影响两个方面开展了每组500人左右样本量的调研。

此外还开展了以下工作:1月,允许因欠费被封锁的用户收发邮件;5月,DNS系统硬件从1999年采购的服务器升级,并对系统进行了优化;5月29日,将对外提供服务的电话号码从32个减为3个(62751340、62751341、62751040);6月20日,负载均衡设备F5正式上线,实现邮件系统负载均衡;7月,完成万兆IP网关程序开发,完成万兆IP网关的认证、计费、控制三个组件的总体设计,编码实现Alpha版程序;7月2日—7日,网络室配合用户账号管理办公室完成了约8000名本科生和研究生离校手续的办理;8月,保研、转系同学自动完成账号迁移;12月,网关认证系统的负载均衡进行开发、测试并将于2008年1月正式上线,CERNET华北地区主节点新增了1个用户——中央民族大学。

3.科研工作。

已通过验收的科研项目包括:下一代互联网示范工程——"面向IPv6的互联网安全体系结构和关键技术研究"项目(6月11日),下一代互联网示范工程——"大规模路由和组播技术的研究与试验"项目(6月11日),下一代互联网示范工程——"数字家庭网络处理器芯片及家庭网关研究与产业化"项目(7月13日),国家信息安全计划"P2P系统特征分析与监控技术研究"项目(7月10日)。

正处于研发阶段的科研项目包括:国家信息安全计划"面向P2P网络的积极防御技术研究"项目;CNGI06"基于CNGI网络环境的跨机构统一认证与资源授权中间件";863"跨机构用户统一认证资源授权与审计系统"(12月19日进行了中期检查)。

此外,"北京大学校园网网络管理与安全保障体系""北京大学校园无线网络"获得"北京大学第四届实验技术成果奖"三等奖;2007年11月,国家信息安全计划"P2P网络环境下特定信息监控技术研究"课题,与信息科学技术学院网络实验室、计算机科学技术研究所合作进行,获得经费50万。

【管理信息系统建设】 电子校务系统的建设和运行保障是MIS室的重要职责,为保证该系统四十余台设备及数据中心的日常运行,从2007年1月下旬开始对机房的所有设备实现了系统监控的智能化,通过监控系统向值班人员和服务器负责人发送预警短信,为及时解决问题提供了有效的手段。此外,还开通了医学部新版财务网上查询系统;协助药学院改造网页,协助各单位使用发布平台更新网页,并继续为医学部各部门设计网页;维护医学部主页、精品课程网站、网络教学平台、视频服务、校内信息系统等;为医学部继续教育处开发的管理信息系统已进入试运行阶段;完成医学部组织部干部公示及任免系统的开发任务;开发了医学部信息中心内部考核系统;正在开发医学部工程审计管理系统。

2007年,MIS室新建开发和改进多个应用系统,具体成果如下:

综合学生信息系统。该系统涵盖了学生在校全过程的管理与服务系统,涉及学校的多个部门。在深入分析与需求调研的基础上,从跨部门的学生选课系统开始实施,2007年底完成了选课系统的开发工作。

科研项目经费预决算系统。该系统整合了科研部、社科部和先进技术研究院科研项目及经费信息,建立统一的科研项目管理平台,并与财务系统实现及时的信息共享,可以为项目负责人及科研管理人员提供比较完整的科研预决算统计及支出明细数据,有利于更加有效地控制项目研究进程。

工薪及纳税系统。该系统完善了工薪合并纳税的功能,增强了工资发放的流程管理。

总务部财务汇总系统。该系统将总务部九个独立核算的财务系统进行了集中优化,方便部门统一管理,为今后统一报表、统一核算奠定了基础。

学生收费与发放系统。2007年9月,研究生培养机制进行了重大改革。为此,在暑期对该系统进行了改造,保证研究生新生报到时收费工作的顺利进行。

学生工作系统。在该系统中增加院系学生保险信息处理功能,使院系可参与完成保险费的录入,还可查询统计学生保险费的缴纳和拖欠的情况。

综合信息门户系统。该系统于2007年3月15日正式运行,丰富了面向师生员工的服务内容,采用了多种先进技术手段方便用户使用信息。

基础平台建设。目前纳入统一用户管理的用户数已达62546人,接入的应用系统达到10个。通过"综合数据管理平台"接入了教务部、研究生院、人事部系统和医学部的人员数据。

网络教学平台建设。配合本科教学评估工作,对该平台的内容进行了调整。

【高性能并行计算】 2007年,大型高性能计算机IBM RS-6000/SP和HP Cluster机群在运行室的精心维护下稳定运行。得益于在系统容错、高可用性方面的探索研究,加上机房电力系统稳定,制冷循环良好,有效保证了HP机群和RS-6000这两台机器一直在合理环境下工作,有效降低了硬件故障的发生率。考虑到目前的主流服务器已从机架式转向刀片式,而目前计算中心仍使用2005年3月购买的机群,特地对HP、曙光等公司的最新刀片式设备进行了测试,详细了解此类设备的性能和功耗,为下一阶段的工作奠定了基础。

为帮助用户调试程序、解决问题,先后在IBMRS-6000和HP机群上,帮助物理学院、信息科学技术学院、微电子系、力学系、数学科学学院等多个院系的师生修改调整程序、调试运行模式,为确保学校科研工作的顺利进行作出了贡献。

(孙光斗、陈萍、朱洪起、丁万东、张翎、李庭晏)

## 医学部信息通讯中心

【概况】 医学部信息通讯中心现有正式员工15人,返聘2人,临时工作人员2人。主要负责医学部的网络、电话、校园一卡通正常运转及网上信息的建设与发布管理。

【校园网建设】 2007年的网络建设工作主要包括:完成了教学大楼的无线网络系统的建设及病理楼的网络改造。开通网络出口流量管理系统,提高网络出口带宽的有效使用。根据使用需要拓宽了网络出口,追加长宽网络接入、拓宽电信通网络出口,使网络更加通畅。开通医学部及医院的财务VPN专网,开通医学部VPN网,使老师及学生在校园外也可以访问校内信息。进一步扩大校内各部处服务器托管业务,成为校内数据中心。

【电话网建设】 开通数字114电话查号系统,可同步提供电话号码的查询。为了节省经费,在8280局校内交换机上开通IP17909长途业务。

【校园一卡通建设】 开通医学部校园一卡通,已经完成图书馆、学生食堂、宿舍门禁的一卡通应用。其他应用正在进一步建设。

【信息工作】 开通新版财务网上查询系统。协助药学院改造网页。继续协助各单位使用发布平台更新网页,为各单位设计网页。维护北医主页、精品课程网站、网络教学平台、视频服务、校内信息系统等。为继续教育处开发的管理信息系统进入试运行阶段。完成组织部干部公示及任免系统的开发。开发了信息中心内部考核系统。正在开发医学部工程审计管理系统。配合本科教学评估调整网络教学平台内容。

【服务工作】 累计完成超过1000次网络及电话上门服务。每周三上午免费对网络用户进行培训。

## 医药卫生分析中心

【概况】 北京大学医药卫生分析中心直属北京大学医学部,多次通过国家计量认证评审,是具有检测资质的单位,属于学校公共服务体系,为校内外医、教、研服务。依据重点学科的科研特点,下设五个实验室(细胞分析实验室、蛋白质组学实验室、放射性药物实验室、环境与卫生分析实验室、药学与化学分析实验室),共有各种现代化仪器设备60余台(仪器设备总价值近8000万元人民币),同时拥有一支业务素质高的科研和技术队伍,目前是全国高校中发展最好的分析中心之一。除配合和参与学校各学科承担的国家重点重大科研课题的实施外,医药卫生分析中心还承担"十五"国家科技攻关、"863"重大专项、科技部专项资助、国家自然科学基金等多项研究课题;同时承担研究生和本科"高等波谱分析""细胞分析""实验核医学""环境卫生分析"等教学任务;发表研究论文多篇,SCI收录若干余篇。医药卫生分析中心已发展成国内集研究和测试服务为一体的一流的分析中心,实验条件和各类分析仪器已接近国际水平。

【细胞分析室】 细胞分析室的工作主要包括以下内容:流式细胞分析与分选、激光共聚焦显微镜分析以及图像分析;每年春季开展研究生、本科生教学工作;参加各种技术交流会;根据需求不定时地接受技术培训;接待校内外用户和参观团等。

1. 测试创收。2007年细胞分析室年创收为23万(229028元)。其中:

流式细胞分析与分选工作。

流式测试样品总数为7550个,包括校内5300个、校外2250个;测试费总计120528元,包括校内6万元、校外42863元,课题协作费17665元。流式细胞分选有效总时数为1200小时,包括校内800小时、校外400小时;分选总创收为3.85万元,包括校内0.35万元、校外3.5万元。

激光共聚焦显微镜分析。有效开机总时数为1600小时,包括校内1120小时、校外480小时;测试费总计为3.5万元,包括校内2.45万元、校外1.05万元。

图像分析。有效开机总时数为920小时,包括校内250小时、校外650小时、教学20小时。测试费总计为3.5万元。

2. 教学工作。圆满完成2007年春季"激光共焦显微镜与流式细胞术"课程的研究生和本科生教学,选课总人数120人,包括硕士、博士研究生90人,本科医学实验班30人。教学总时数48学时,其中理论课24学时,实验课24学时。理论课教学(大课)包括流式细胞术(8学时),激光共聚焦显微镜(8学时),图像分析(8学时)。2007年获得北京大学医学部科学出版基金资助项目一项,编写了《流式细胞术原理与应用教程》教学参考书,预计2008年初正式出版发行,拟定北京大学2008年春季研究生教学中正式使用本教科书。该书对国内研究生、本科生教学乃至同行科技人员工作将会产生积极影响。

3. 进修培训。2007年度细胞分析室接受技术培训或进修人员有:流式细胞分析技术培训3人,细胞分选培训4人,激光共聚焦显微镜进修4人,培训10人。在细胞分析室经过若干时间的技术培训与学习,学员的专业技术水平有很大提高,回到本职岗位后很快成为专业技术骨干,对细胞分析室评价较高。

4. 技术交流。2007年,细胞分析室人员先后赴杭州、北京等地,参加了全国干细胞分选技术交流会、流式细胞术的临床应用与进展、共聚焦样品制备培训班、2007徕卡荧光纳米纤维术交流会、生物医学相关的最新光学影像技术介绍、实验室资质认定评审准则宣贯培训会议等重要的学术交流会议和培训活动;并接待各界人士来访、大学生参观共计20余次。

【电镜分析室】 2007年,电镜分析室在测试样品方面,共扫描电镜400个、机时数400小时;透射电镜370个、机时数370小时,测试工作创收7万元。在科研工作方面,与北京大学医学部天时力微循环研究中心合作承担了科技部国际合作项目:"复方丹参滴丸对心脏微循环障碍的改善作用及其作用机理的研究",研究经费为490万元。此外,电镜分析室的三名工作人员还为硕士、博士研究生开设了"生物医学电镜技术课"等课程。

【氨基酸分析室】 2007年,氨基酸分析室以第一作者身份在《中国组织工程研究与临床康复》上发表论文《苯丙酮尿症患者病情控制前后血清氨基酸含量比较》,该论文获得《中国组织工程研究与临床康复》杂志一等奖。2007年,氨基酸分析室共分析样品187个,参加指导研究生论文4篇,并为48名本科生和研究生讲授"氨基酸分析仪在科研和临床上的应用"。

【蛋白质组学实验室】 在校内外测试服务方面,样品预处理平台为生物化学与分子生物学系、药学院药物化学系、生物物理学系、生物化学学系、免疫学系、公共卫生毒理学系、药物筛分中心、北京大学第三医院消化科和妇产科等单位提供双向凝胶电泳实验服务,共做双向电泳实验样本80余块,酶切样品180余个。2007年,蛋白质组学实验室添置了一台Dionex公司微量高效液相色谱仪,增加了对复杂蛋白质样品的分离手段,对提升实验室样品前处理能力起到重要作用。仪器在2007年9月份安装、调试完毕,并经过应用培训后已开始正常运行,2008年初正式对外开展测试服务。质谱平台为化学与分子工程学院、免疫学系、生物化学与分子生物学系、天然药物与仿生药物国家重点实验室、天然药物学系、化学生物学系、药理学系、药剂学系、生物物理学系、北京大学人民医院、北京大学第三医院消化科、北京大学第一医院眼科、北京大学生命科学中心以及药学院生药、物化、有机等单位提供测试服务;并同时为北京理工大学生物系、中国原子高科股份有限公司、中国原子能科学研究院、军事科学研究院、山东青岛海洋大学等校外单位提供测试服务。质谱平台的测试领域主要涉及蛋白质鉴定(指纹谱、氨基酸序列和修饰等测定)、多肽、核酸、聚合物、糖类、药物分子及其他小分子类化合物的分子量测定,聚合物的修饰,富勒烯的修饰等,共测试样品约300个。此外,蛋白质组学实验室有一半的工作人员作为志愿者参加了2008年北京奥运会兴奋剂检测培训。

在教学工作方面,应公共卫生学院和药学院等院系的要求,为本科生和研究生组织了多次仪器实习教学课,帮助学生更好地了解和掌握质谱和两维凝胶电泳等蛋白质组学实用技术;接待了来自校、各学院、各中心的数十批交流学生的参观访问。

在科研工作方面,与基础医学院免疫系陈慰峰院士开展合作课题研究,与北京大学第三医院消化科林三仁教授合作开展胃液中胃癌标志物探索研究,与北京大学第三医院妇产科张小为副主任合作开展血清中卵巢癌标志物探索研究,与白求恩医科大学第三人民医院妇产科的合作课题也已签约。

此外,蛋白质组学实验室的科研人员还自行开展了科研工作,如应用蛋白质组学技术分析参与自噬的相关蛋白、关于 PDCD5 蛋白与 DNA 相互作用研究等。

在学术交流方面,蛋白质组学实验室邹霞娟同志获得国家留学基金委的资助,于 2006 年 9 月起在哈佛大学做博士后项目九个月,主要参与研究合成的 staple 多肽与其他蛋白之间相互作用。2007 年,蛋白质组学实验室的四位科研人员参加了在成都举办的中国有机质谱年会。2007 年,娄雅欣等发表论文《应用蛋白质组学技术初步分析 HeLa 细胞饥饿诱导的自噬相关蛋白》《它莫西酚诱导乳腺癌 MCF-7 细胞自噬的比较蛋白质组学研究》,钟丽君等发表论文《Angiopoietin-1 基因修饰的骨髓间充质干细胞(MSC)的蛋白质组学方法分析》,此外,还与基础医学院、北京大学第三医院消化科、药学院及北京大学生命科学院等联合发表(或已投稿)论文。

在实验室建设和仪器维护管理方面,完成了 Waters 公司 Q-Tof 质谱仪前级机械真空泵的更换、离子源系统的清洗以及毛细管色谱仪的维护等工作,使该仪器连续几年来均保持良好运行状态。沃特斯和岛津公司的 MALDI-TOF 质谱仪也分别进行了维修。完成了相关配套设备的维护,如两维凝胶电泳仪电源维修及部分零件更换、纯水系统的过滤器等更换、UPS 电源电池更换,等等。蛋白质组学实验室人员积极参加教育部对医药卫生分析中心的计量论证复查验收工作,由于蛋白质组学实验室有两台质谱仪是新加入计量论证,因此有关文件资料都需要重新准备和编写。经过努力,此项工作顺利通过教育部检查,促进了实验室的规范化管理。此外,还积极配合学校仪器设备清查工作,加强了实验室设备管理。

【医学同位素研究中心(放射性药物实验室)】 加强科学研究,"抗体靶向的肿瘤早期诊断用核磁共振和核医学双功能显像剂的研制及临床前研究"项目获准"863"立项,申请经费 300 万元;承担的北京市科委主题计划项目"胃癌特异性靶向放射性治疗药物$^{90}$Y-DOTA-3H11 的临床前研究开发"通过一期验收,2007 年获得资助经费 100 万元。2007 年,在 *Bioconjugate Chemistry* 杂志发表论文 1 篇,已接受待发表论文 1 篇;在《中华核医学》杂志发表论文 1 篇,已接受待发表论文 1 篇;在《同位素》杂志发表论文 2 篇,已接受待发表论文 2 篇;在《核化学与放射化学》杂志已接受待发表论文 3 篇;发表国际会议论文 4 篇。

加强教学工作,承担了基础医学院本科生"实验核医学"和研究生"放射性同位素技术与安全"的理论课和实验课的教学工作;与原子能院联合培养 3 名研究生获硕士学位。目前在读博士生 1 名,在读硕士生 4 名,其中 1 名学生与原子能院联合培养。

加强学术交流,博士生刘昭飞代表实验室参加美国核医学年会,并做口头报告;与美国斯坦福大学陈小元教授实验室和美国普度大学刘爽教授实验室开展科研合作,共同发表文章;与中科院化学所高明远教授课题组进行合作,共同承担"863"课题,研究多功能分子探针。

提供公共服务,承担了北京大学医学部的同位素分析测试,为生化、免疫、干细胞、神经、生物物理、生理、生育健康、药学、药剂、药理、肿瘤、心血管以及附属医院的相关科室提供同位素技术支持。

【卫生与环境分析室】 在科学研究方面,共投寄论文 10 篇,其中发表 7 篇,接受 4 篇;另外还撰写了会议文章 3 篇;全年共到位北京市自然科学基金 6 万元。生命元素组学研究进展顺利,特别是在毒品产地鉴别研究上的成果证实了生命元素组学理论的生命力,产生了明显的社会效益;铅同位素比值血铅溯源研究也有进展,发现了血铅可能源于大气飘尘中水溶性铅的线索;发现了铅同位素在生物体内分流的现象,有助于同位素生物分离的研究;前往加拿大开展两次学术交流,并应邀作一次学术报告,加拿大方面也来卫生与环境分析室进行了学术交流。接下来,已经开展的"生命元素总谱""无机元素在生物体内的形态、价态研究""富硒蛋白的研究与开发"等项目将在生物无机领域逐步处于国内领先地位;卫生与环境分析室获准成立的"生命元素组学实验室"在生命元素组学研究方面有了开拓性进展,3 次被邀请参加全国性学术会议并作大会发言。

继续承担教学任务,目前有研究生 4 名、进修生 1 名,开设了"高级医药卫生仪器分析"研究生课程;多次协助公共卫生学院开展本科生教学,经常接受各学院、附属医院以及外单位博士后、博士生、硕士生毕业专题的实验工作。

在校内外服务方面,对北京大学医学部的内部测试服务原则上收取成本费,共测试样品 1000 余份,约 4.9 万元;对外服务创收约 16 万元左右。

【党政工作】 先后组织党员职工和入党积极分子参观辽宁省葫芦岛市塔山阻击战烈士园林、北京门头沟区柏峪村抗日战争根据地、爨底下村、飞机博物馆等地,参与机关工会组织的趣味运动会等活动,积极开展爱国主义、集体主义和传统文化教育;完成医药卫生分析中心计量认证五年换证审查工作;成功申请"中关村开放实验室";完成测试收入分配工作;派出 13 人作为志愿者参加北京奥运会兴奋剂检测的相关工作。

(王靖野)

## 实验动物科学部

【概况】 2007年，实验动物科学部坚持"以为教学和科研工作服务为中心，确保提供优质足量的实验动物，确保提供全方位的动物实验服务"的工作宗旨，在本专业核心期刊发表论文9篇，圆满完成了各项工作任务，已逐渐成为学校生命科学教学与科研工作的有力支撑。

【实验动物生产及供应】 完成了六个品系大、小鼠的微生物净化升级工作；自筹资金50余万元添置了部分动物饲养、实验设备并对小楼动物饲养室实验动物质量监测实验室进行了改造，进一步改善了动物实验条件。2007年共向校内外供应合格（达到SPF/VAF标准）实验动物25万余只，充分满足了学校医教研的需求。2007年比2006年的模型动物生产量、供应量又上了一个新台阶，比2002年增长近20倍；2001年至今，经自检和北京市实验动物管理办公室的抽检证实，实验动物科学部生产的实验动物在北京地区质量最好，完全符合国家标准要求。

【动物实验】 协助各教研室及附属医院等89家单位进行动物实验256项；受校内外27家单位委托，以合同形式独立承担并完成有关毒理学、一般药理学、免疫学、肿瘤学等方面的动物实验42项。

【教学培训工作】 完成研究生（硕士、博士）"实验动物学"课程4个班、近1000人、共计128学时的教学工作，选课学生经考试合格后全部取得了北京市科学技术委员会颁发的从业人员上岗证书；完成药学院本科生"实验动物学"教学36学时的教学任务；完成《实验动物学》教材的编写工作；举办了11个实验动物从业人员（包括做动物实验的教学及研究人员、研究生）岗位证书培训班，培训校本部及附属医院等单位相关人员等500多人。

（郑振辉）

## 现代教育技术中心

【概况】 现代教育技术中心在教务长直接领导下，主要承担北京大学教学信息化建设、应用、管理和服务等工作任务，包括网络多媒体课件制作、教学信息资源库管理、网络教学支撑、教师的教育技术培训、音视频技术对教学的支持与服务、全校多媒体教室和语言实验室教育技术设备（设施）的规划管理和服务、新技术教育应用的研究开发与推广应用和有线电视天线维修管理等。现代教育技术中心还担负了全国高等学校教育技术协作委员会秘书处的工作，2007年完成了CETA网站维护、筹备并协助举办全国高等学校教育技术协作委员会第五届年会暨学术交流会、换届工作等工作任务。此外，现代教育技术中心还积极服务学校各部门、各院系，例如：参与学校标识系统的设计工作、本科教学工作水平评估新闻跟踪拍摄工作、数字媒体实验教学中心的规划设计和谈判工作；帮助党委组织部制作干部培训班光盘；帮助国际关系学院对国际论坛活动进行拍摄、编辑及制作光盘，等等。

2007年1月，现代教育技术中心成立了新的领导班子，汪琼为现代教育技术中心主任，杨全南、崔光佐、侯建军（兼）为中心副主任，原班子成员自然免职。2007年12月崔光佐调离北大。

【教学平台工作】 北京大学网络教学平台。维护"北京大学网络教学平台"正常运行，解决师生们在使用中遇到的问题，2007年网络课程总量达437门，教师注册用户258人，涉及院系28个，学生用户20203人，访问次数2397304次。协助北大信息科学技术学院完成学院网络教学平台的初步移植工作。

北京大学公共英语网络教学平台。维护"北京大学公共英语网络教学平台"正常运行，按公共英语教研室的要求修改平台资源，包括新增资源（例如听力网上测试等）和修改资源（每学期的教学计划），2007年平台上的学生用户为5746人，网上完成测试约10万次。

新技术研究。研究了当前流行的几种教学平台（Moodle、LAMS、Sakai、BlackBoard等）的情况，为北京大学网络教学平台的选择做准备；在政府管理学院试用BlackBoard平台，2007年有5位老师的7门课程使用该平台，学生用户400名；在Moodle试点平台上开发了"大学新生学习指导"开放课程，2007年有来自19个学院的420名新生自愿登陆访问学习。

【服务网站建设】 中心网站改造。改造现有中心网站的内容和界面，突出中心所提供的各类服务；建立了中心内部网站，促进中心工作项目化管理，提高中心工作的实效性和质量要求。

北京大学精品课程网络平台与资源建设。规划及配置新流媒体服务器；更新支撑平台各种信息；支持2007年度的20门市级、12门国家级精品课程申报工作；为申报各级精品课的教师制作了15门课程网站（其中获国家级3门，市级5门），为获得各级精品课程的教师更新了16门课程网站；增加2007年度的10门市级、10门国家级精品课程展示；对运行在精品课程网络平台上的各类精品课程（国家级56门，北京市级62门，校级52门）进行疑难解答、监控管理等技术支持。

各类网站开发工作。开发了多媒体课件大赛网站，包括网上报名系统，并提供了9门培训教程录像；开发了教务部迎评促建网站，包括开发信息发布系统并管理维护网站；设计开发了新技术资源培训网站，内容包括教育技术、新技术资讯、电脑知识等各种信息资料，截至 2007 年底共有教学录像课件 238 条；建设了教室管理网站，建立了公共教室网上检索系统，提供教室位置导航、教室装备照片及操作流程视频片，该系统包括了文史楼、理教、一教、电教、新二教的各种教室和相关教学设备信息；调试了北京大学课堂实录点播系统，上传完整课程 13 门。

【教学服务工作】 教学过程实录。2007 年共录制 29 门课程，其中：全程录制了 13 门精品课程，详见表 8-92；完成了对石河子大学 10 门课程的直播工作，详见表 8-93；对电教 112 和电教 239 教室的 2 套录播系统进行了全面测试，自 2007 年 9 月 10 日开始每个教室选中 3 门课程进行课堂全程录像，详见表 8-94。此外，还协助申报了北京市精品课程 20 门，包括课堂录像、实验片拍摄、资料整理及光盘制作；协助申报国家精品课程 15 门，包括课堂录像及实验片制作。

表 8-92　全程录制精品课程统计

| 序号 | 课程名称 | 教师 | 院系 | 格式 | 学时数 |
|---|---|---|---|---|---|
| 1 | 中国古代史 | 邓小南,张帆 | 历史学系 | rm | 52 |
| 2 | 西方美学史 | 章启群 | 哲学系 | rm | 28 |
| 3 | 政治经济学 | 刘伟 | 经济学院 | 直录转 rm | 41 |
| 4 | 技术哲学导论 | 吴国盛 | 哲学系 | 直录转 rm | 29 |
| 5 | 数学物理方法 | 吴崇试 | 物理学院 | rm | 82 |
| 6 | 中国现代文学史 | 温儒敏 | 中文系 | 直录转 asf, rm | 56 |
| 7 | 美国文化与社会 | 袁明 | 国际关系学院 | 三分屏 | 26 |
| 8 | 农村社会学 | 杨善华(1) | 社会学系 | 直录转 rm | 28 |
| 9 | 城市社会学 | 杨善华(2) | 社会学系 | 直录转 rm | 30 |
| 10 | 中国历史地理 | 韩茂莉 | 环境学院 | 三分屏 | 28 |
| 11 | 现代汉语 | 沈阳 | 中文系 | rm | 46 |
| 12 | 古代汉语 | 邵永海 | 中文系 | rm | 60 |
| 13 | 哲学导论 | 张世英、张翔龙 | 哲学系 | rm | 32 |
| 合计 | | | | | 538 |

表 8-93　对石河子大学直播 10 门课程统计

| 序号 | 课程名称 | 教师 |
|---|---|---|
| 1 | 西方美学与西方艺术 | 彭锋 |
| 2 | 中国古代政治与文化 | 阎步克 |
| 3 | 社会心理学 | 侯玉波 |
| 4 | 西方美学史 | 章启群 |
| 5 | 中国经济专题 | 林毅夫 |
| 6 | 世界文化地理 | 邓辉 |
| 7 | 现当代建筑赏析 | 董豫赣 |
| 8 | 管理哲学 | 陈少峰 |
| 9 | 社会心理学 | 侯玉波 |
| 10 | 亚太概论 | 陈峰君 |

表 8-94　电教 112 教室、电教 239 教室课堂全程录像统计

| 序号 | 课程名称 | 教师和院系 | 教室 |
|---|---|---|---|
| 1 | 线性代数(B) | 冯荣权(数学院) | 112 |
| 2 | 自然地理概论 | 陈效逑(环境) | 112 |
| 3 | 艺术与人生 | 张中秋(哲学) | 112 |
| 4 | 计算概论 | 周文灵(工学院) | 239 |
| 5 | 计算流体力学 | 蔡庆东(力学) | 239 |
| 6 | 核科学前沿讲座 | 冒亚军(物理) | 239 |

教学促进工作。为全校听力考试提供设备技术服务20余次;举办了两期北京大学教职工教育技术一级培训,培训69人次,46人通过了最后的考核;6月13日—7月3日举办了多媒体课件设计大赛培训,共培训9门课程45学时,来自全校20个院系的37位老师和同学参加了培训;举办了机关人员技能培训,为北京大学组织部讲授定制课程,时间为半天;10月22日和12月27日分别推出2期《北大教学促进通讯》电子季刊,该刊物包括名师名课、成功范例、经验与探索、理论与方法等栏目,并于每个季度邀请2~3名教师进行访谈,从国内外网站上收集有价值的促进教学文章;12月与工会、人事部、教务部合作举办了4次"北大教学论坛";完成了《北大教师教学参考手册》初稿和初版评审,该手册介绍了北京大学有关鼓励教学的政策和规定、教学环境及可用的教学资源以及开展有效教学的策略性建议;完成了国外40所大学教学促进中心服务的调研报告初稿。此外,还承担了青年教师教学基本功比赛、北京大学教学论坛、袁行霈教授国学讲座等教学活动的拍摄和后期剪辑制作工作。

教室设备维护。完成了理教、一教、哲学楼、电教、文史楼94个多媒体教室,电教楼、文史楼18个语音教室的设备日常管理、教室服务、维修工作;解决了部分投影机亮度不足、理教屏幕挡黑板、一教教室扩音及部分教室无法播放声音等问题;完成了电教8个语音教室投影系统的设备升级,安装了教室设备报警系统,修复语音教室控制台主板线路突发故障两次,避免了停课现象;完成了新教学楼53间教室考试听力系统的安装,经过多次调试及设备更换,目前已正式交付使用。

提出了二教(74间)和三教、四教(62间)多媒体教室集中控制方案、对原有管道线路的修改方案以及直播教室的系统方案设计,确定了设备的参数、选型标准,参与了招标等工作。目前二教总控室全部设备已经安装调试完毕,达到预期要求,其稳定性、易用性等已满足原定标准。三教和四教已完成了设备管线的前期穿线工作,12月份进行设备安装工作。

此外,还制定了学生助管相关制度,确定助管员招聘、日常管理、工资发放等相关政策;完成了二教、电教、文史楼学生助管的招聘、排班日常管理和每月的考勤统计,工资计算、工资报表等相关工作。

教学工作。承担了北京大学成人教育2005级计算机大本课程的教学管理工作,2007年共开设课程9门,完成了从课程建设、教师安排、经费管理、考试考核、成绩审查等一系列工作;指导硕士研究生毕业5名,指导本科生毕业2名。

【机房管理工作】 开展现代教育技术中心辖区网络环境维护工作,维护范围包括整个电教大楼、文史楼(2个VLAN子网)、理教楼(有特殊需要时要临时组建直播网络)、无线局域网(来自2950网络端口支持);主要工作包括域名解析服务器、代理服务器、网管服务器、域用户服务器等的日常维护。完成了现代教育技术中心服务器机房改造工作,购置了新的设备,进行了重新布线,现共有服务器30台左右。对现代教育技术中心购买的Oracle 10g软件进行升级,开展了新功能的培训工作。完成了现代教育技术中心和文史楼部分网络的更新、改造以及网络管理基线系统的部署、安装工作,保证了现代教育技术中心网络的正常运行。将现代教育技术中心的403机房改造为多媒体数字加工制作机房,共有双核计算机50台。

【有线电视工作】 2007年,完成了学校几个主要园区增加6个光节点的工作,以及燕南园、资源宾馆、蓝旗营小区的线路更新改造(电缆改光缆)工作;完成了万柳校区有线电视系统安装工作,目前第一期工程已经完成,万柳校区有线电视信号由北大校本部通过光缆送出;完成了新教学楼的考试广播线穿线工作及电动幕的穿线工作;完成了多次全校性的电视台直播工作,包括比尔·盖茨北大演讲、北大教职工运动会开幕式、2007年度毕业典礼、2007年度开学典礼、国际文化节、奖学金颁奖典礼、2008年元旦晚会;完成了全校有线电视系统7000多用户的日常维修工作;完成了学校部分自交费用户有线电视费交费工作的顺利过渡,制订了新的收费制度,据不完全统计,到2007年底已收取收视费约7万。

# 管理与后勤保障

## "985工程"与"211工程"建设

【概况】 2007年"985工程"到位资金5.83亿元,至此"985工程"二期建设18亿中央专项资金全部到位;北京市的支持力度显著增强,2007年下拨资金1509万元。

2007年,北京大学积极实施"北京大学海外学者讲学计划",共投入经费270万元,邀请海外学者讲学、讲座人次较2006年有大幅度提高。外籍专家来校任教、讲学的内容大多集中在国际学术前沿问题,带来了本学科领域发展的新动向、新进展或是角度新颖的创新思路,对于提高北京大学师生的学术水平、提高教学质量、促进教材更新、改革教学方法等产生了积极的推动作用;讲座类活动则以介绍本学科领域世界前沿的信息、最新科研成果以及科研方法为主,对开拓师生的研究思路起到了重要作用;合作撰写学术论文并在国际知名期刊上发表的比例也有所提高。

2007年,北京大学继续推进"北京大学优秀青年人才引进计划",旨在引进和培养下一代学术和学科带头人。2005—2007年期间,根据学科规划布局和科技创新平台(基地)建设的需要,重点培养和引进了100名左右有学术发展潜力的优秀青年学术带头人,以提升在新兴以及交叉科学领域的竞争能力。根据过去两年的执行情况,2007年对该计划进行了修订,使其更加完善,符合北京大学未来队伍建设机制改革的方向。2007年该计划批准引进18人,到位16人。

【资金到位和执行情况】 2007年"985工程"二期实施已进入第四年,国家加大了投入力度,2007年12月收到教育部下达北京大学2007年"985工程"中央专项经费拨款5.83亿元,其中校本部48940万元、医学部9360万元、校本部队伍建设13400万元、平台和基地建设29340万元、公共支撑条件建设6200万元。

继续贯彻"以队伍建设为核心,以交叉学科为重点,以机制改革为动力"的建设原则,建设资金严格按照"科技创新平台"和"哲学社会科学创新基地"安排,择优扶重,确保重点学科经费投入,确保思路成熟的项目得到优先建设,保证了专项经费突出重点建设的方针,重点解决了一些学科发展的瓶颈问题。

基础学科整体实力得到进一步增强,建立了一些具有世界先进水平的科学研究和基础设施平台。2007年建立了一批新的实验室,如微纳米加工超净实验室、环境和健康流动观测实验室、地下水及土壤环境微生物实验室、宽频带地震仪流动台阵观测平台等一批重要的、具有先进水平的公共技术平台;投入800万元重点新建和改造了一批教学实验室,显著改善了教学条件。

重点支持前沿交叉学科研究院、工学院、先进技术研究院、分子医学所、科维理天文与天体物理研究所、中国社会科学调查中心、高能物理研究中心等一批前沿和交叉学科研究机构的建设。2007年3月31日,中国社会科学调查中心正式成立了包括诺贝尔经济学奖得主、芝加哥大学教授James J. Heckman在内的国内外跟踪调查和数据应用资深专家30人的学术顾问会,启动了中国家庭动态跟踪调查的准备工作,经过数轮反复讨论,调查问卷设计完成,并进行了试调查。该中心积极与上海大学、复旦大学、中山大学等相关院校探讨未来的合作,还向国务院提交了申请国家财政资助的专门报告,并得到积极反馈。

为加强科技创新平台科研能力建设,明确了对国家和部委重点实验室的支持方案,2007年共实施主任基金310万元。继续加强国家文科基地建设,拨付配套建设经费520万元。为适应人文社会科学学科建设的特点,进一步提高学科建设资金的使用效率,改进了原来项目管理办法,设立并试行人文社会科学出版专项经费和人文社会科学学术交流专项经费,儒藏研究得到较快进展。

在"985工程"二期基础设施建设方面,新教学楼竣工并投入使用,新化学楼也已建成,部分缓解了学科发展空间制约的困境;人文大楼建设方案已经通过论证,并举行了开工仪式。

【与北京市共建项目】 北京市为支持中央在京高校的发展,引导中央在京高校为北京市经济建设和社会发展服务,促进中央在京高校与北京市属市管高校的合作,设立了"北京市与中央在京高校共建项目"。2007年,北京市的支持力度显著增强,北京大学共获得1509万元建设经费,分别用于科学研究与科研基地建设、科技成果转化与产业化、学科建设与研究生培养、教育教学改革项目、精品教材建设、实践教学基地建设、大学生主题教育活动专项等项目。

# 发展规划工作

【概况】 发展规划部是在学校党委和行政的领导下,对学校的发展规划进行研究、论证、贯彻和落实的职能部门。2007年,发展规划部积极推动和实施北京大学战略规划的制定工作,以三个规划委员会为核心,开展学科、事业和校园规划工作,加强调研论证和统筹协调功能。同时,发展规划部在制定规划及处理有关学科、事业和校园的各项事务的过程中,还主动开辟渠道,通过各种形式广泛征求师生及校友的意见建议,促进了决策的民主化和科学化。2007年,发展规划部共组织召开学科规划委员会、事业规划委员会及校园规划委员会会议11次,审议事件78项,撰写各种会议纪要、发展规划简报29期、发展战略简报8期,发放事业发展规划项目审批意见书12件、校园规划项目审批意见书16件、出具校园建设项目确认函6件。2007年,为迎接高校党建和思想政治工作评估,发展规划部撰写了《北京大学发展规划工作汇报》草稿;为迎接教育部本科教学评估,发展规划部撰写了《北京大学自评报告》第一部分"办学指导思想",并在评估期间向专家汇报了学校发展规划工作,得到了好评。2007年,由发展规划部为主填写报送的重要报表包括:《教育部直属高校机构编制与人员使用情况统计表》《事业单位机构编制专项调查详表》《北京大学基本编制测算表》以及《部分高校编制统计表》等。

2007年4月,环境保护办公室暨辐射防护室的挂靠单位由发展规划部变更为实验室与设备管理部。此外,2007年,因工作需要,发展规划部校园规划办公室增加了一名新的工作人员。

【学校发展战略规划工作】 前期调研与准备工作。为借鉴国内外著名大学制定规划的有益经验,发展规划部编辑了两卷本的《大学发展规划参考资料选编》,自主开展了有关"国外大学财务收支结构"的研究、有关"高校机关机构改革"的研究、有关"美国一流大学本科生专业及课程设置调研"以及有关"世界一流大学专职科研人员问题"的研究,收集了部分世界一流大学专职科研人员规模的资料以及中学生心目中的北京大学形象调研报告等。

全面启动发展战略规划工作。2007年,北京大学成立了发展战略规划领导委员会与专家委员会、发展战略规划工作组与秘书组,并形成了关于北京大学发展战略规划制定工作的时间表。北京大学战略规划的制定工作进入了全面讨论与动员阶段。北京大学发展战略针对"北京大学的使命、定位、价值观问题""学科结构与布局问题、教学及人才培养问题""科研格局与竞争力问题""队伍建设问题""管理体制与机制问题""医学部与校本部深度融合问题"及"筹资与财务问题"共八个核心问题设置了专题调研小组。2007年,发展规划部协调985工程暨211工程办公室、教务长办公室、医学部科研处等有关部门,筹备组织了各类战略规划座谈会20余场,并将座谈会形成的意见建议整理成会议纪要,编印成8期《北京大学战略规划简报》呈送校领导参阅。此外,发展规划部还与985工程暨211工程办公室共同建立了北京大学战略规划网站。该网站既是战略规划工作征求意见、交流信息的平台,又是战略规划工作组、秘书组的工作平台。发展规划部面向全校招募战略规划学生志愿者,选拔了12名在校学生参与规划制定活动,协助整理会议材料,以便更好地发挥同学们的主人翁责任感,吸收同学们的智慧。

修订完善规划纲要草稿。通过各类座谈会及规划专题小组的调研,《北京大学创建世界一流大学中长期规划纲要(征求意见稿)》日趋完善。该方案已提交2007年北京大学寒假战略研讨会和2008年暑期战略研讨会讨论。

【学科规划与事业规划】 1. 加强对重大专项工作的调研、规划和论证,促进资源有效配置。主要包括以下几项工作:

北京大学深圳研究生院长期发展问题调研。发展规划部邀请有关方面专家成立了深圳研究生院调研工作小组,广泛收集和阅读了深圳研究生院有关资料,在深圳研究生院和校本部先后召开多场座谈会,进行了广泛深入的调研工作。在此基础上,由发展规划部执笔,深圳研究生院调研工作小组向校领导提交了《北京大学深圳研究生院长期发展问题调研报告》。调研报告简要回顾了深圳研究生院五年来的发展状况，评估了教学、科研和管理工作的现状，分析了深圳研究生院当前面临的机遇和挑战，提出了将来可能采取的发展目标模式，还提出了一些推进工作的建议。该报告在2007年北京大学暑期战略研讨会上进行了汇报并得到原则通过。

研究制定北京大学章程。2007年，发展规划部加入北京大学章程起草工作领导小组、工作小组和秘书组，积极参与并承担了北京大学章程的撰写工作。随后，根据校领导指示，结合北京大学章程前期调研情况，由发展规划部负责撰写北京大学章程。

对外科研合作中成立法人问题的调研。2007年，发展规划部陆续收到若干份校领导批转的北京大学分支机构成立独立事业法人的申请报告。发展规划部在法学院相关专业博士生的协助下，对学校二级机构成立独立法人的问题从法律角度进行了专题研究，征求了党办校办、财务部、产业管理办公室等相关部门的意见建议，并赴兄弟院校相关单位进行调研。最后，形成《关于对外科研合作中成立法人问题的调研报告》并呈报学校领导。

北京大学综合体育馆赛后运营方案的调研与落实。根据校领导指示，发展规划部牵头研究制定北京大学综合体育馆赛后运营方案。为此，发展规划部同体育教研部先后考察了兄弟院校的体育场馆的建设与管理。考虑到体育场馆管理的专业性特点，发展规划部经学校同意，聘请中体华奥咨询有限公司为北京大学提供专业的场馆评估咨询服务。2007年底，中体华奥咨询有限公司相关负责人提交了《北京大学综合体育馆的赛后运营方案纲要》，并对初步方案进行了中期汇报。

北京大学科研管理体制的调研。为加强科技开发与成果转化工作，发展规划部赴兄弟校调研相关单位的工作职能、机构设置和人员配置情况并形成报告呈报学校领导。

北京大学院系行政编制与办公室设置的调研。2007年，发展规划部陆续收到城市与环境学院、环境科学与工程学院以及政府管理学院关于明确行政编制与岗位设置、增加行政人员编制的报告。根据校领导指示，为探寻院系行政管理工作的规律性，从而为新成立的院系提供有关行政人员编制、岗位及办公室设置的标准和依据，发展规划部同人事部进行了沟通，调研了我校各院系现有的行政人员编制与岗位设置情况；还根据学科特点和院系规模，同院系负责人召开座谈会，在此基础上就院系行政编制与岗位设置问题形成了初步建议。

学校基本制度调研。2007年，发展规划部参与了学校基本制度调研工作，并在其中承担了学校的规模问题研究项目，撰写了《北大规模研究项目书》等材料。

2. 组织学科、事业规划委员会，研究审议学科、事业规划事项。

2007年，发展规划部围绕北京大学教学科研和人才培养的中心任务和建设研究型大学的目标，通过学科规划委员会和事业规划委员会，积极参与学校重大学术机构、教辅单位的筹建、调整和完善工作以及我校党政机关调整内设机构和人员编制的研究论证工作，具体包括：关于深圳研究生院、工学院、信息学院、地空学院、政府管理学院等院系提出增设博士、硕士学位授权点学科的审议；关于元培学院的机构建制、内设科室及人员编制的设置问题的审议；关于对外汉语教育学院、核磁共振中心人员编制的调整的审议；关于北京大学国际乒乓球培训中心、联合国教科文组织亚太地区世界遗产培训与研究中心的筹建；关于社会科学调查中心运行机制、人员待遇的研讨；关于CALIS管理中心独立建制问题的审议；关于成立标识管理办公室、北京大学会议中心中关新园管理部的审议以及有关保密委员会办公室、国有资产管理委员会办公室、招生办公室、博物馆及会议中心等单位的内设机构与人员编制调整的审议。发展规划部还对燕园街道办事处的职能定位和队伍建设进行了调研，提出了意见建议；对学校文物保护管理体制进行了调研，提出了意见建议，该建议经学校党政联席会议审核，予以批准。

【校园规划】 2007年，发展规划部坚持"服务教学科研和学科建设的原则""可持续发展的原则""以人为本的原则""保护和利用兼顾的原则"以及"有限资源统筹使用的原则"，面向全局，充分挖掘校园规划的深度和广度，增加校园规划委员会专家比例，如增加生态保护、文物保护及艺术等领域的专家，提升校园规划的科学性。发展规划部坚持根据学科布局和事业发展指导校园规划和空间分配，使资源配置更趋科学、合理。

2007年，发展规划部组织召开校园规划委员会会议7次，校园规划专题工作会议10次，讨论、审议的事项共55项。主要议题包括：工学院与前沿交叉学科研究院规划设计方案、环境绿色大楼建筑设计方案、第三教室楼改造方案、新法学楼建筑设计修改方案、公共教室楼室外环境设计方案、新化学南楼室外环境设计方案、北京国际数学中心初步设计方案等。与此同时，发展规划部积极主动地开展校园规划工作，其中包括以下多项专项工作：

制定与推进昌平园区规划方案。北京大学决定于2008年停止昌平校区高中起点成人脱产教育。根据校领导指示，发展规划部经调研提出了昌平园区规划方案，该方案根据昌平园区的地理位置和相关学科的特点，规划将昌平园区建设成为科研项目的实验基地、研发基地、大型实验设备基地和产业化基地，以及高层次培训基地。2007年北京大学暑期战略研讨会原则通过了该规划方案。

协调和制定校内用地和用房使用分配方案。为优化整合学校的空间资源，2007年发展规划部主要协调了北京大学——斯坦福大学中心、国学与新诗研究中心、北京大学——香港理工大学中国社会工作研究中心的用房规划；参与了景观设计学大楼建设协议和备忘录的修改；研究审核了人文大楼、环境绿色大楼、城市环境与景观大楼等建筑的使用方案。

推进未名湖水环境综合改善工作。为改善未名湖水环境，2007年，发展规划部牵头组织校内相关单位同法国威利雅水务公司进行洽谈，并与海淀区水务局联系，以解决未名湖的水源问题。

迎接北京大学110周年校庆相关工作。为迎接北京大学110周年校庆，发展规划部组织了"北京大学校门设计及东校门周边环境景观设计方案"和"校内静态交通空间的整治规划"；与燕园街道办事处共同调研、确定了北京市08办布置的北京大学重要地段建筑物外立面粉饰工程方案；承担了北京大学纪念讲堂前广场"校友泉"方案的征集协调工作；编制完成了"北京大学校园标识系统规划设计方案"；协助标识管理办公室进行标识方案的审定，积极参加标识管理办公室组织的新闻发布会、方案评审会、标识牌验收会、踏勘考察等多项活动；还撰写了《关于我校形象建设中学院英文名称翻译的建议》。

【肖家河教师住宅项目】 2007年3月27日，北京大学研究决定，调整肖家河教师住宅建设领导小组组成人员，并成立了项目报批、征地拆迁、规划设计建设、信息发布和政府协调等5个工作小组负责具体工作。9月11日，北京大学研究决定，调整部分学校领导班子成员分工和委员会、领导小组、工作小组组成人员，调整后的北京大学肖家河教师住宅建设领导小组由鞠传进副校长任组长，李强校长助理任常务副组长。其他组成人员不变。

2007年北京大学肖家河教师住宅建设领导小组共召开六次全体会议，对项目建设涉及的重大事项和阶段性工作进行了研究部署。主要开展的工作包括：

1. 肖家河教师住宅项目的前期报批工作。截至2007年底，肖家河教师住宅建设项目已完成的前期报批手续包括：教育部关于肖家河建设的批复函件；北京市教委《建设项目征询意见函》；北京市规委《规划意见函复》；北京市建委《建设项目征地通知单》；北京市规划委员会、北京市测绘设计研究院出具的北京大学肖家河项目"建筑用地钉桩测量成果报告书"；《北京市规委与北京市文物局联合办公会议纪要》，纪要中表示：正式批准肖家河住宅建筑高度由4.5米提升到18米及《北京市规划委员会建设规划意见书（选址）》。

2. 成立肖家河项目建设办公室。2007年12月13日，学校党政联席会研究决定，成立北京大学肖家河项目建设办公室（以下简称"建设办"），任命白利明为建设办主任，李猛、刘学志为建设办副主任。建设办受北京大学肖家河教师住宅建设领导小组的领导，在校内相关职能部门的协助下，专职负责肖家河教师住宅项目的报批、拆迁、规划设计和工程建设等全过程的组织协调与管理工作。

建设办成立后，在鞠传进副校长和李强校长助理的领导下，围绕加强办公室自身建设、建立健全各项规章制度和推进征地拆迁谈判前期准备与报批手续等目标加紧工作，至2008年寒假前，制订了"经费审批权限与管理办法（讨论稿）"，建立了办公室例会制度和与土地方、政府主管部门及兄弟院校的定期沟通机制，完成了2003年以来项目建设文件、资料的收集与整理工作，初步理顺了项目关系和征地、拆迁、规划与建设工作流程，明确了下一阶段工作重点，为项目的全面展开奠定了良好的基础。

# 对 外 交 流

【概况】 2007年，北京大学的对外交流工作持续稳步发展。截止到2007年底，北京大学已与世界55个国家和地区的250余所大学和研究机构建立了校际交流关系，北京大学与海外高校及机构新签或续签校际交流协议、重点项目协议61个，共接待210个由校领导率领的大学代表团。2007年，为进一步深化与海外相关高校的交流与合作，北京大学累计派出校级交流代表团19个；开展主题大学日5个，包括在北京大学举办的爱丁堡大学日、梨花女子大学日、维也纳大学日、悉尼大学日，以及在早稻田大学举办的北京大学日。2007年，北京大学海外学者讲学计划不断完善，全年聘请的外国专家达到300多人次，来自美国、英国、法国、德国、俄罗斯、日本、加拿大、韩国、新加坡、澳大利亚、乌克兰、印度、南非、伊朗、朝鲜、西班牙、菲律宾、奥地利、意大利、以色列等20余个国家。此外,诺贝尔奖大师校园行、英文科技论文系列讲座/课程等项目的开展,为北大师生提供了了解最新学术动态、把握世界学术前沿的良好机会。

据统计,2007年北京大学师生因公出国3111人次,其中出国参加学术会议1398人次、访问考察472人次、合作研究281人次、出国讲学55人次、进修学习123人次、实习培训53人次、校际交流575人次;因公赴港澳台地区839人次。

【校际交流】 2007年开展的校际交流项目主要有:

1. 北大——耶鲁联合本科项目。春季学期北京大学、耶鲁大学各有12名本科生参加,秋季学期各有7名本科生参加。项目全年共邀请5名耶鲁大学教师开设9门英语课程,4名北京大学教师开设4门英语课程,所有课程面向全校学生开放。作为项目的重要组成部分,北大——耶鲁系列讲座全年共邀请6名耶鲁大学知名教授在北京大学举办讲座,其中包括诺贝尔化学奖得主希德尼·艾特曼教授、著名史学大师史景迁教授等,受到了全校师生及学界、媒体的广泛关注。5月18日,耶鲁大学校长理查德·莱温教授率领耶鲁大学百人代表团访问北京大学,并举办专题研讨活动。

2. 北大——莫大联合研究生院。9月5日,"北京大学——莫斯科大学联合研究生院成立五周年庆典"在莫斯科大学举行。北京大学校长许智宏院士、莫斯科大学校长萨多夫尼奇院士分别致辞,称赞北大——莫大联合研究生院是中俄高等教育交流与合作的典范,并表示双方将进一步开拓合作领域,继续推进师生交流与联合培养。北大——莫大联合研究生院成立于2002年5月,2003年正式启动,两校开始互派学生到对方学校学习。截至2007年,双方各派出约30人参加联合培养项目,学生分布在语言文学、政治、法律、环境科学、数学等领域。

3. 北大——密大学院。北京大学——密歇根大学学院是一所跨学科研究型人文社会科学学院,由北京大学和密歇根大学两所大学强强联合,通过跨国界、跨学科、跨文化的合作,开展教学与研究活动,实现教育资源的共享,推动国内的教学改革。学院于2006、2007两年成功地完成了由密大教授亲自执教的10门暑期课程,得到了学生的一致欢迎和好评。2007年夏,北京大学与密歇根大学成功开展首次本科生暑期交流项目,4名北大学生和3名密大学生分别到美国和中国进行为期2个月的访问学习。

【政要来访】 2007年,访问北京大学的国家元首、政府首脑包括挪威首相斯托尔滕贝格、泰国公主诗琳通、约旦国王阿卜杜拉二世、日本首相福田康夫等。全年共有约60个外国政要代表团、70余位外国驻华使节来访。

1. 挪威首相斯托尔滕贝格来访。2月27日,挪威首相斯托尔滕贝格访问北京大学,出席"娜拉的姐妹:当代中国女性研讨会"开幕式,并发表"娜拉在哪里"主题演讲。

2. 泰国公主诗琳通来访。4月3日,泰国公主诗琳通访问北京大学,出席在生命科学学院举行的"中泰农业生物技术研讨会"开幕式暨主题报告会,并参加了北京大学为她举办的生日宴会。诗琳通公主在许智宏校长的陪同下,参观了组培室、分子实验室、遗传与发育实验室。许智宏校长、诗琳通公主在"中泰农业生物技术研讨会"开幕式上先后致辞,双方表示希望中泰两国能在农业生物技术方面进一步加强合作,共同应对未来粮食安全等问题所带来的挑战。

3. 约旦国王阿卜杜拉二世来访。10月30日,约旦国王阿卜杜拉二世访问北京大学,并在英杰交流中心就中约外交关系、在国际事务中的角色、文化交流等发表演讲。阿卜杜拉二世在演讲中指出,中国的成功对中东发展起到了很好的榜样作用。他说:"我们将中国视为高速发展的榜样和国际事务的引领者。"他强调,"我们需要在经济上建立伙伴关系,以此加速解决地区冲突,并对全球政治经济稳定做出贡献。"阿卜杜拉二世表示,2008北京奥运会将是展示中国悠久历史和国际地位的绝好机会,他预祝北京奥运成功,并希望阿拉伯国家与中国加强交流,继续高效合作,共同创造辉煌未来。

4. 日本首相福田康夫来访。12月28日,日本首相福田康夫在办公楼礼堂发表演讲。福田康夫希望北大学生加深对日本的了解,并提出中日两国除了和平友好之外,并没有其他的选择,中日两国应该加强合作,为亚洲的稳定与发展做出贡献。福田康夫认为:日本应当正视历史,对自己的错误进行反省,认真地反省历史才会避免重蹈覆辙。两国应该冷静讨论和对待分歧,了解相互之间的差异,将眼光放在两国在未来的共同利益上。针对北大建设,福田康夫还专门提出了"北京大学福田方案":在学术研讨方面,邀请更多的北大学者前往日本交流;在学生培养方面,从明年开始,每年从北大选送100名,北大附中选送50名学生前往日本学习交流;进一步加强北大日本研究中心在推进日本研究方面的作用,希望更多的学生走上研究日本之路。

【选派学生出国学习工作】 北京大学学生海外学习项目(EAP,Education Abroad Program)在高等教育全球化趋势的背景下应运而生，近年来发展迅速。2007年，EAP项目中校际交换为35个，涉及16个国家和地区；暑期学校3个，分别为耶鲁大学暑期项目、约克大学暑期项目、萨尔斯堡大学暑期项目；常规奖学金项目5个，包括东京大学ADK奖学金、瑞典STINT奖学金、剑桥大学韩世灏奖学金、剑桥大学Win Yip奖学金及中法自然科学基金委博士后奖学金项目；其他奖学金项目20余个。

2007年，国家留学基金管理委员会推出"国家建设高水平大学公派研究生项目"，旨在培养一批具有国际视野的创新型人才，填补我国前沿学科及空白学科的人才缺口，塑造具有世界先进水平的科研团队和学科专业。2007年，北京大学共选派282名研究生参加此项目，赴国外一流大学/科研机构接受联合培养或者攻读博士学位。重点选派的领域为能源、资源、环境、农业、制造、信息等关键领域及生命、空间、海洋、纳米及新材料等战略领域和人文及应用社会科学。

【北京论坛】 11月2—4日，第四届北京论坛举行，来自42个国家和地区的441名知名专家学者围绕着"文明的和谐与共同繁荣——人类文明的多元发展模式"这一主题，在"爱智与弘道：人文奥运的哲学基础""民族关系与宗教共处""多元文明冲突与对话中语言的认同与流变""全球化趋势中企业的跨国发展战略与社会责任""人口发展的多元模式与健康保障""多元文化、和谐社会与可选择的现代性：新媒体与社会发展""人类遗产对文明进步的启示""社会变革与大学发展"等八个分论坛，从文化与文明的角度就当今人类社会所面临的诸多问题进行了广泛而深入的探讨，成为2007年深秋北京的一大学术盛会，为全球学者所瞩目。

第四届北京论坛嘉宾云集、精彩纷呈，充分彰显了北京论坛的国际化和世界级特征。全国政协副主席、致公党中央主席罗豪才，教育部部长周济，北京市教育工作委员会书记朱善璐，韩国SK集团董事长崔泰源，韩国高等教育财团事务总长金在烈等出席了开幕式。联合国副秘书长约瑟夫·弗纳·里德大使（Joseph Verner Reed）作为本届论坛的嘉宾，在开幕式上宣读了联合国秘书长潘基文的贺信并致辞。中国人民外交学会名誉会长、外交部前部长李肇星，智利共和国参议长、前总统爱德华多·弗雷（Eduardo Frei Ruiz-Tagle）分别做了特邀报告；美国伯克利加州大学教授罗伯特·安东尼·斯卡拉宾诺，亚洲协会副理事长、香港恒隆集团主席陈启宗，北京大学艺术学院院长叶朗分别作了主旨报告。

连续四届"北京论坛"的成功举办，使论坛所倡导的文明和谐的理念成为全球哲学社会科学界共同关心的中心话题，各国的人文社会科学界都在关注"北京论坛"。论坛更加贴近经济与社会发展的实际，积极为构建和谐社会出谋划策，同时特别关注奥运话题。

【国际文化节】 10月20日，北京大学第四届国际文化节举行，国家外国专家局科教文卫专家司司长杨长聚，教育部国际合作与交流司副司长刘宝利，国家汉语国际推广领导小组办公室副主任赵国成，国家留学基金管理委员会副秘书长李建民和北京市人民政府外事办公室副主任李洪海等出席了开幕式。

来自67个国家和地区的青年学生分别围绕"人文奥运""科技奥运"和"绿色奥运"进行展示，全面展现各国的体育文化和各国学子对奥运的理解；来自俄罗斯、德国、奥地利、冰岛、巴基斯坦、伊拉克、尼日利亚等29个国家的驻华使馆官员和13位驻华大使出席了本届国际文化节并参加了当日上午举行的"驻华大使与北大学子对话"活动；20多位中外知名画家和在北大参加国情研习课程的24名香港特别行政区高级公务员代表也参加了当天的活动。

国际文化节的举办以加强国际交流、促进中外友谊为目的，推动中华文化走向世界，促进世界了解中国，在国际化视野下推动文化的和谐、发展与繁荣。中外学生在此多元文化的平台上加强沟通、增进理解，培养自己的世界眼光和国际理解，为构建一个持久和平、共同繁荣的和谐世界而共同努力。

【港澳台交流】 积极发展与港澳台地区高校、学术机构的交流关系，截至2007年，北京大学共与台湾地区8所、香港特别行政区5所、澳门特别行政区2所大学签订了学术交流与合作协议。在港澳台交流方面，主要开展了以下工作：

1. 纪念香港回归十周年系列活动。2007年，北京大学举办系列活动，纪念香港回归祖国十周年。5月，全国人大常委会副秘书长、香港特别行政区基本法委员会委员、澳门特别行政区基本法委员会主任乔晓阳在北大做专题报告，以其在香港立法实践中的资深经验，总结了香港基本法的实施状况，全面、系统地介绍了全国人大常委会三次解释香港基本法的过程。6月，"成功的十年：'一国两制'在香港的实践"学术研讨会在北大举行，全国人大常委会香港特别行政区基本法委员会副主任梁爱诗，香港中华总商会会长霍震寰，香港特别行政区驻京办事处主任曹万泰，香港"一国两制"研究中心总裁张志刚等嘉宾，以及来自北京大学等高校的专家学者共120余人出席研讨会。与会学者围绕着香港基本法与香港的繁荣稳定、港人治港的基本经验、稳定与繁荣的互动、内地因素与香港的发展、"一国"和"两制"的关系探讨,以及一国两制在实践中面临的新情况、新问题及对策和建设繁荣、稳定、和谐的新香港等议题展开了热烈讨论。学者们一致认为,回归十年是香港的一个重要里程碑,也是香港发展的新起点。香港目前正处在一个重要的战略发展机遇期。在中央政府的大力支持下,有香港特别行政区政府和七百万香港居民的共同努力下,香港的未来会更加美好。

2. 香港特区政府高级公务员国家事务研习课程。4月和10月,北京大学先后举办第七期、第八期香港特区政府高级公务员国家事务研习课程,共有来自香港特区政府各部门的52名高级公务员参加。课程讲座内容涵盖国家政治、经济、文化、外交、奥运、医疗卫生等各个方面的内容,并安排学员旁听外交部新闻发布会、法院案件审理,参观学生宿舍等。研习课程让学员亲身体会国家发展的显著成果,也认识到发展中存在的问题,增强其对祖国的认同与热爱。作为研习课程的重要组成部分,学员赴湖南、河南进行社会考察。通过实地考察,学员领略了祖国文化的博大精深,也充分认识了地方经济社会发展的现状,对国情有了更为准确、全面的把握。

## 附 录

表9-1 2007年北京大学因公出访人员统计表

| 序号 | 出访类别<br>国别 | 长期任教 | 短期讲学 | 访问考察 | 公派研究生项目 | 合作研究 | 进修学习 | 就读学位 | 实习培训 | 校际交流 | 学术会议 | 其他 | 合计 |
|---|---|---|---|---|---|---|---|---|---|---|---|---|---|
| 1 | 阿根廷 | | | 2 | | | | | | | 1 | | 3 |
| 2 | 阿拉伯联合酋长国 | | | | | | | | | | 1 | | 1 |
| 3 | 埃及 | | | 1 | | | | 1 | | | 3 | 6 | 11 |
| 4 | 爱尔兰 | | | 1 | | 5 | | 2 | | 4 | 4 | | 16 |
| 5 | 爱沙尼亚 | | | | | | | | | | 1 | | 1 |
| 6 | 奥地利 | | | 2 | | 4 | 3 | | | 17 | 22 | | 48 |
| 7 | 澳大利亚 | | 1 | 21 | 5 | 11 | 3 | | | 4 | 32 | | 77 |
| 9 | 巴基斯坦 | | | 4 | | | 2 | | | | | | 6 |
| 10 | 巴西 | | | 4 | | | | 2 | | | 18 | | 24 |
| 11 | 白俄罗斯 | | | | | | | | | | | 1 | 1 |
| 12 | 保加利亚 | | | 1 | | | | | | | 1 | | 2 |
| 13 | 比利时 | | 1 | 1 | | | | 1 | | 3 | 14 | | 20 |
| 14 | 波兰 | | | | | | | | | | 10 | 2 | 12 |
| 15 | 朝鲜 | | | | | 1 | 5 | | | | | | 6 |
| 16 | 丹麦 | | | 6 | 1 | | | | | 24 | 6 | | 37 |
| 17 | 德国 | 1 | 4 | 45 | 22 | 32 | 11 | | 2 | 33 | 66 | 6 | 222 |
| 18 | 俄罗斯 | | | 24 | | 2 | | | | | 24 | 7 | 57 |
| 19 | 厄瓜多尔 | | | 1 | | | | | | | | | 1 |
| 20 | 法国 | | 1 | 37 | 10 | 18 | 7 | 3 | | 17 | 50 | 8 | 151 |
| 21 | 菲律宾 | | | 23 | | | 1 | | | | 1 | | 25 |
| 22 | 芬兰 | | | 1 | | 1 | | | | 4 | 3 | | 10 |
| 23 | 哥伦比亚 | | | | | | | 1 | | | | | 1 |
| 24 | 圭亚那 | | | | | 1 | | | | | | | 1 |
| 25 | 哈萨克斯坦 | | | | | 1 | | | | | | | 1 |
| 26 | 韩国 | 3 | 2 | 33 | 1 | 12 | 2 | | 3 | 11 | 169 | 19 | 255 |
| 27 | 荷兰 | 1 | | 5 | 6 | 5 | 2 | | | 7 | 15 | | 41 |
| 28 | 加拿大 | | 4 | 3 | 9 | 6 | 14 | | | 19 | 40 | | 95 |
| 29 | 加纳 | | | 1 | | | | | | | | | 1 |
| 30 | 柬埔寨 | | | | | | | | | | 6 | | 6 |
| 31 | 捷克 | | | | | | | | | | 9 | 2 | 11 |

续表

| 序号 | 国别 | 长期任教 | 短期讲学 | 访问考察 | 公派研究生项目 | 合作研究 | 进修学习 | 就读学位 | 实习培训 | 校际交流 | 学术会议 | 其他 | 合计 |
|---|---|---|---|---|---|---|---|---|---|---|---|---|---|
| 32 | 克罗地亚 | | | | | 1 | | | | | 1 | 2 | 4 |
| 33 | 拉脱维亚 | | | | | | | | | | | 1 | 1 |
| 34 | 马耳他 | | | | | | | | 1 | | | | 1 |
| 35 | 马来西亚 | | | 1 | | | | | | | 19 | | 20 |
| 36 | 美国 | 1 | 7 | 70 | 141 | 90 | 13 | 1 | 16 | 86 | 299 | 29 | 753 |
| 37 | 蒙古 | | | 3 | | | 2 | | | | 5 | | 10 |
| 38 | 孟加拉 | | | | | | | | | | 1 | | 1 |
| 39 | 缅甸 | | | | | | | | | | 1 | | 1 |
| 40 | 摩洛哥 | | | | | | | | | | 1 | | 1 |
| 41 | 墨西哥 | 1 | | | | | 4 | | | | 6 | | 11 |
| 42 | 南非 | | | 3 | | 3 | | | | | 8 | | 14 |
| 43 | 尼泊尔 | | | 4 | | | | | | | | | 4 |
| 44 | 挪威 | | | | | 2 | | | | | 2 | 3 | 7 |
| 45 | 葡萄牙 | | | 1 | | 1 | | | | | 7 | | 9 |
| 46 | 日本 | 2 | 12 | 102 | 14 | 46 | 21 | 7 | 7 | 53 | 241 | 18 | 523 |
| 47 | 瑞典 | | | 6 | 2 | 2 | 5 | | | 9 | 7 | 1 | 32 |
| 48 | 瑞士 | | 1 | 4 | 1 | 9 | 2 | | | 8 | 43 | | 68 |
| 49 | 塞内加尔 | | | | | | | | | | 1 | | 1 |
| 50 | 斯洛伐克 | | | | | 1 | | | | | | | 1 |
| 51 | 斯洛文尼亚 | | | | | 2 | | | | | | | 2 |
| 52 | 苏丹 | | | | | | | | | | 1 | | 1 |
| 53 | 泰国 | | | 24 | | 1 | | | | | 69 | 6 | 100 |
| 54 | 突尼斯 | | | | | | | | | | 1 | | 1 |
| 55 | 土耳其 | | | 1 | | | | | | | 7 | | 8 |
| 56 | 委内瑞拉 | | | | | | | | | 1 | | | 1 |
| 57 | 文莱 | | | | | | | | | | | 2 | 2 |
| 58 | 西班牙 | 1 | 1 | 1 | 1 | | 1 | 1 | | | 19 | | 25 |
| 59 | 希腊 | | | 1 | | | 2 | | 1 | | 2 | | 6 |
| 61 | 新加坡 | | 6 | 4 | | 5 | 1 | | | 24 | 26 | 6 | 72 |
| 62 | 新西兰 | | | 1 | 1 | | | | | | 9 | | 12 |
| 63 | 匈牙利 | | | 1 | | | | | 1 | | 4 | | 6 |
| 64 | 叙利亚 | | | | | | 1 | | | | | | 1 |
| 65 | 牙买加 | | | | | | | | | | 1 | | 1 |
| 66 | 伊朗 | | | | | | | | | 5 | | 2 | 7 |
| 67 | 以色列 | | | | | | 2 | | | | | 14 | 16 |
| 68 | 意大利 | | | 3 | 7 | 1 | 2 | 2 | | 2 | 1 | 34 | 1 | 53 |
| 69 | 印度 | | | 1 | | 1 | 11 | | 1 | 3 | 37 | | 54 |
| 70 | 印度尼西亚 | | | 3 | | | | | | | 4 | | 7 |
| 71 | 英国 | | | 18 | 13 | 16 | 6 | 3 | 9 | 2 | 41 | 5 | 113 |
| 72 | 约旦 | | | | | | | | | | 1 | | 1 |
| 73 | 越南 | | | 2 | | | | | | | 8 | | 10 |
| 74 | 智利 | | | 1 | | | | | | 3 | 3 | | 7 |
| 75 | 中国香港 | | 43 | 125 | | 22 | 16 | 1 | 13 | 18 | 140 | 26 | 404 |
| 76 | 中国澳门 | | 3 | 14 | | | | | | 3 | 12 | 2 | 34 |
| 77 | 中国台湾 | | 11 | 154 | | 22 | 21 | | 5 | 17 | 157 | 14 | 401 |
| | 合计 | 10 | 102 | 765 | 230 | 325 | 160 | 16 | 71 | 383 | 1707 | 181 | 3950 |

# 人 事 管 理

【教职工队伍状况】 2007年北京大学教职员工队伍的建设继续朝着控制规模、结构合理的方向发展。截至2007年12月31日,北京大学校本部教职工总数为5911人,其中具有博士学位1786人。教学科研人员2301人,其中具有博士学位1657人,占71.9%。和往年相比,教师队伍的平均年龄呈下降趋势。

表 9-2　2007年北京大学校本部教职员工基本情况一览表

| 人员及分布 | 数量(人) | 比例 |
|---|---|---|
| 总规模 | 11027 | 100% |
| 在职总人数 | 5911 | 53.6% |
| 其中:女性 | 2469 | 41.8% |
| 教师 | 2301 | 38.9% |
| 非教师专业技术人员 | 1343 | 22.8% |
| 党政管理人员 | 952 | 16.1% |
| 工勤人员 | 948 | 16% |
| 中小学幼教 | 367 | 6.2% |
| 其中:教师 | 320 | 87.2% |
| 附中 | 220 | 60% |
| 附小 | 105 | 28.6% |
| 幼教 | 42 | 11.4% |
| 事业编制 | 5326 | 90.1% |
| 企业编制 | 116 | 2% |
| 集体所有制 | 469 | 7.9% |
| 博士后流动人员 | 507 | 4.6% |
| 离退休人员 | 4609 | 41.8% |
| 其中:离休人员 | 320 | 6.9% |
| 退休人员 | 4214 | 91.4% |
| 退职人员 | 75 | 1.7% |

表 9-3　2007年北京大学校本部人员分布情况

| 总计 | 教学科研 | 实验技术 | 工程技术 | 党政管理 | 选留学工 | 图书资料 | 出版印刷 | 财会 | 医护 | 中小幼教 | 工勤 |
|---|---|---|---|---|---|---|---|---|---|---|---|
| 5911 | 2301 | 438 | 280 | 887 | 65 | 232 | 99 | 180 | 114 | 367 | 948 |

表 9-4　2007年北京大学校本部教师队伍年龄结构

| | 平均年龄 | | 45岁以下教授 | | 60岁以上教授 | | 45岁以下教师 | |
|---|---|---|---|---|---|---|---|---|
| | 教师平均 | 教授平均 | 数量 | 比例 | 数量 | 比例 | 数量 | 比例 |
| 1999年 | 43 | 55 | 171 | 22.0% | 367 | 46.0% | 1403 | 60.4% |
| 2004年 | 42 | 50 | 257 | 32.2% | 144 | 18.1% | 1460 | 65.5% |
| 2007年 | 43 | 50 | 370 | 36.4% | 151 | 14.8% | 1551 | 67.4% |

表 9-5　2007年北京大学校本部教师队伍的学历状况

| 学位状况 | 2006年 | | 2007年 | |
|---|---|---|---|---|
| | 人数 | 比例 | 人数 | 比例 |
| 博士学位 | 1543 | 68.9% | 1651 | 71.8% |
| 硕士学位 | 455 | 20.3% | 425 | 18.5% |
| 学士学位 | 222 | 9.9% | 76 | 3.3% |

表 9-6　2007年北京大学校本部现有人员编制构成

| 总计 | 事业编制 | 企业编制 | 集体编制 | 合同制工人 | 博士后 |
|---|---|---|---|---|---|
| 6533 | 5326 | 116 | 469 | 115 | 507 |

表 9-7　2007 年北京大学校本部现有人员职称分布

| 专业技术职务 | 人数 | 百分比 |
| --- | --- | --- |
| 正高级职务 | 1015 | 17.2% |
| 其中：教授 | 904 | 15.3% |
| 副高级职务 | 1657 | 28.0% |
| 其中：副教授 | 1005 | 17.0% |
| 中级职务 | 1636 | 27.7% |
| 初级职务 | 443 | 7.5% |
| 员级职务 | 17 | 0.3% |
| 无 | 1143 | 19.3% |
| 合计 | 5911 | 100% |

**【增员情况】** 1. 校本部。2007年北京大学校本部增员217人，均为事业编制，其中获博士学位96人，占44.3%；硕士学位77人，占35.5%；本科及双学位44人，占20.3%。2007年的增员中，教学科研占45.2%，党政管理（含选留学工）占40.1%。

2007年，北京大学校本部选留毕业生114人，占增员的52.5%，其中博士21人，占18.4%；硕士62人，占54.3%；本科及双学位31人，占27.2%；硕博研究生83人，占72.8%。除去选留两年的学生工作干部29人，实际选留毕业生85人，研究生比例占97.6%，达到教育部规定的研究生占80%的要求。

2007年，北京大学校本部录用留学回国36人，占16.6%，选留博士后22人，占10.1%，地方调入43人，占19.8%。留学回国、选留博士后及地方调入共101人，占全年总增员的46.5%，其中博士学位75人，占74.2%。此外，北京大学校本部还引进正高职称人员19名。

表 9-8　2007 年北京大学校本部增员分布

| 小计 | 教学科研 | 实验技术 | 党政管理 | 选留学工 | 图书资料 | 医护 | 中小幼教 |
| --- | --- | --- | --- | --- | --- | --- | --- |
| 217 | 98 | 18 | 57 | 29 | 4 | 6 | 5 |

表 9-9　2007 年北京大学校本部增员的类别及学历分布

| | 合计 | 选留毕业生 | 录用留学回国 | 地方调入 | 选留博士后 | 其他 |
| --- | --- | --- | --- | --- | --- | --- |
| 合计 | 217 | 114 | 36 | 43 | 22 | 2 |
| 博士 | 96 | 21 | 34 | 19 | 22 | |
| 硕士 | 77 | 62 | 2 | 13 | | |
| 本科/双学位 | 44 | 31 | | 11 | | 2 |

表 9-10　2007 年北京大学校本部选留毕业生岗位分布

| | 总计 | 教学科研 | 实验技术 | 工程技术 | 党政管理 | 学生工作 | 图书资料 | 财会 | 校医院 | 中小幼教 |
| --- | --- | --- | --- | --- | --- | --- | --- | --- | --- | --- |
| 总计 | 114 | 21 | 5 | 4 | 46 | 29 | 4 | 0 | 4 | 1 |
| 博士 | 21 | 17 | 2 | 1 | 1 | 0 | 0 | 0 | 0 | 0 |
| 硕士 | 62 | 3 | 3 | 3 | 45 | 0 | 4 | 0 | 3 | 1 |
| 本科 | 31 | 1 | 0 | 0 | 0 | 29 | 0 | 0 | 1 | 0 |

表 9-11　2007 年北京大学校本部引进人员岗位分布（非毕业生）

| | 总计 | 教学科研 | 实验技术 | 党政管理 | 出版编辑 | 财会 | 医护 | 中小幼教 | 工勤 |
| --- | --- | --- | --- | --- | --- | --- | --- | --- | --- |
| 总计 | 103 | 77 | 9 | 11 | | | 2 | 4 | |
| 博士 | 77 | 73 | 4 | | | | | | |
| 硕士 | 15 | 3 | 2 | 7 | | | 2 | 1 | |
| 本科 | 11 | 1 | 3 | 4 | | | | 3 | |

2. 医学部。2007年北京大学医学部的人事调配工作继续实行编制控制,以调整结构、优化队伍、搞好梯队建设为出发点,把有限的编制资源用到教学、医疗和科研第一线。在控制人员总量的同时,仍有计划地吸引优秀人才和补充新生力量。除继续补充有发展潜力的副高层面的学术骨干和青年业务骨干外,还有计划地补充较高学历的青年技术人员,以提高技术人员队伍的学历层次。2007年,北京大学医学部共调入43人,比去年减少11人,其中副高级及以上16人,中级14人。从学历分布看,博士17人,硕士8人。2007年,北京大学医学部共接收毕业生326人,比去年减少61人。

表9-12 2007年北京大学医学部增员岗位及来源分布表

| 项目 | | 小计 | 岗 位 | | | | | | | 来 源 | | | |
|---|---|---|---|---|---|---|---|---|---|---|---|---|---|
| | | | 教学科研 | 医药护技 | 实验技术 | 工程技术 | 党政管理 | 图书资料 | 出版印刷 | 留学回国 | 京外调干 | 京内调入 | 军队转业 |
| 专业技术职务 | 正高 | 5 | 2 | 3 | | | | | | 2 | 1 | 2 | |
| | 副高 | 11 | 7 | 2 | | | 1 | | 1 | 6 | | 5 | |
| | 中级 | 14 | 3 | 9 | 1 | | 1 | | | 8 | | 6 | |
| | 初级 | 13 | | 5 | | | 8 | | | 2 | | 11 | |
| | 未定 | | | | | | | | | | | | |
| 合计 | | 43 | 12 | 19 | 1 | | 10 | | 1 | 18 | 1 | 24 | |
| 学历 | 博士 | 17 | 9 | 7 | 1 | | | | | 13 | | 4 | |
| | 硕士 | 8 | 2 | | | | 3 | | | 4 | | 4 | |
| | 本科 | 16 | | 7 | 1 | | 7 | | 1 | 1 | 1 | 14 | |
| | 大专 | 1 | | | | | 1 | | | | | 1 | |
| | 中专 | 1 | | 1 | | | | | | | | 1 | |
| 合计 | | 43 | 11 | 18 | 2 | | 11 | | 1 | 18 | 1 | 24 | |

表9-13 2007年北京大学医学部接收毕业生岗位分布表

| 项目 | | 小计 | 岗 位 | | | | | | | 来 源 | | | | |
|---|---|---|---|---|---|---|---|---|---|---|---|---|---|---|
| | | | 教学科研 | 医药护技 | 实验技术 | 工程技术 | 党政管理 | 图书资料 | 出版印刷 | 考研 | 出国 | 调到本市其他单位 | 调到京外其他单位 | 其他 |
| 专业技术职务 | 正高 | 5 | 1 | 3 | | | 1 | | | | | 4 | 1 | |
| | 副高 | 11 | 1 | 7 | 1 | | 2 | | | | 1 | 10 | | |
| | 中级 | 23 | 7 | 12 | | | 4 | | | 5 | 5 | 11 | 2 | |
| | 初级 | 48 | 2 | 41 | 1 | | 4 | | | 3 | 2 | 43 | | |
| | 未定 | 2 | | 2 | | | | | | | | 2 | | |
| 合计 | | 89 | 11 | 65 | 2 | | 11 | | | 8 | 8 | 70 | 3 | |
| 学历 | 博士 | 16 | 2 | 14 | | | | | | 3 | | 12 | 1 | |
| | 硕士 | 20 | 7 | 6 | | | 7 | | | 5 | 4 | 9 | 2 | |
| | 本科 | 19 | 2 | 11 | 2 | | 4 | | | 4 | 1 | 14 | | |
| | 大专 | 18 | | 18 | | | | | | | | 18 | | |
| | 中专 | 16 | | 16 | | | | | | | | 16 | | |
| 合计 | | 89 | 11 | 65 | 2 | | 11 | | | 12 | 5 | 69 | 3 | |

【减员情况】 1. 校本部。2007年北京大学校本部共减员194人,其中离退休137人,调出、辞职、自动离职、在职死亡、选留结束57人。据此计算,北京大学校本部2007年实际净增员23人。在上述137名离退休人员中,教学科研人员30人(教授25人),其他人员107人(正高14人);在上述以其他形式减员的57人中,教学科研人员15人(教授1人),其他42人。

表 9-14  2007 年北京大学校本部减员岗位分布

| 减员分类 | 小计 | 教学科研 | | 其他人员 | | | | | | | | |
| --- | --- | --- | --- | --- | --- | --- | --- | --- | --- | --- | --- | --- |
| | | 教授 | 其他 | 实验技术 | 党政管理 | 图书资料 | 出版编辑 | 财会 | 医护 | 中小幼教 | 工勤 | 选留学工 |
| 离退休 | 137 | 25 | 5 | 20 | 28 | 5 | 4 | 2 | 5 | 6 | 37 | |
| 其他减员 | 57 | 1 | 14 | 11 | 2 | 1 | 2 | | | 3 | | 23 |
| 合 计 | 194 | 26 | 19 | 31 | 30 | 6 | 6 | 2 | 5 | 9 | 37 | 23 |

注：其他人员中含正高 14 人。

2. 医学部。2007 年，北京大学医学部共调出 89 人，比去年减少 43 人；其中副高以上 16 人，比去年减少 5 人。整个医教研队伍趋向稳定，但领军人才的缺乏仍是人才引进工作亟待解决的关键问题。

表 9-15  2007 年北京大学医学部减员岗位及流向分布表

| | | 小计 | 岗位 | | | | | | | 来源 | |
| --- | --- | --- | --- | --- | --- | --- | --- | --- | --- | --- | --- |
| | | | 教学科研 | 医药护技 | 实验技术 | 工程技术 | 党政管理 | 图书资料 | 出版印刷 | 本校 | 外校 |
| | 博士后 | 6 | 2 | 3 | | | 1 | | | 4 | 2 |
| | 博士 | 98 | 13 | 83 | | | 1 | | 1 | 84 | 14 |
| 学历 | 硕士 | 107 | 9 | 63 | 4 | | 22 | 2 | 5 | 58 | 49 |
| | 本科 | 39 | | 20 | 3 | 1 | 15 | | | 12 | 27 |
| | 大专 | 76 | | 76 | | | | | | 48 | 28 |
| | 中专 | 0 | | | | | | | | | |
| 合 计 | | 326 | 24 | 245 | 7 | 3 | 39 | 2 | 6 | 206 | 120 |

【长江学者聘任】 作为教育部《高等学校"高层次创造性人才计划"实施方案》（[2006]4 号）中的主要组成部分，北京大学对长江学者推荐遴选工作极为重视。5 月底教育部发文后，北京大学开展了长江学者推荐遴选工作。经过各院系的积极工作，海内外优秀人才申报踊跃，共有 36 名优秀人才通过了同行专家评审，其中，海外申报者占总人数 1/3，在海外任教授职务有 9 人。北京大学组织了自然科学、人文社会科学两个专家委员会，进行学校一级的筛选和推荐。经学校专家委员会的严格审核，共遴选出姜明等 19 人为特聘教授，郭岩等 7 人为讲座教授正式候选人。

为了继续发挥聘期届满的长江学者的作用，学校出台了《关于长江学者聘期届满评估以及续聘工作的意见》，对于聘期中业绩优秀的长江学者继续聘用，并享有原有长江学者的待遇。学校于 11 月召开了第五批长江学者届满评估专家委员会，对聘期届满的长江学者进行聘期评估，并对是否续聘进行了投票表决。第五批长江学者共 8 人，受聘 5 年来在人才培养方面共承担 22 门本科生或研究生核心课程，共指导了 103 名博士生、38 名硕士生的培养工作；在科学研究方面共承担 69 项科研任务，科研经费共 5785.7 万元；在科研成果方面，共发表论文 445 篇，其中 SCI、EI、ISTP（特邀）收录 361 篇。经各单位推荐及学校专家委员会评估，第五批长江学者张平文等 7 人续聘特聘教授岗位，汤超续聘讲座教授岗位。

【人才开发与培养】 1. 校本部。2007 年，北京大学校本部办理公派出国人数共计 73 人，共有公派留学人员 82 人回校。2007 年办理有关留学项目 12 项，推荐人数共计 120 余人。2007 年，北京大学与留学基金委合作"青年骨干教师出国研修项目"总计 11 人（校本部 7 人，医学部 4 人）。留学基金委的"高校管理干部培训项目"1 人，"2007 年高校优秀党务工作者、辅导员班主任和思想政治理论课骨干教师出国研修项目"1 人。根据国家留学基金委的要求和部署，人才办认真总结了北京大学与留学基金委合作的"青年骨干教师出国研修项目"第一期（2005—2007）的执行情况，提交了内容翔实的总结报告，经与国家留学基金委秘书处协商修订，拟订了新的合作协议，双方签署后决定合作启动"青年骨干教师出国研修项目"第二执行周期（2008—2010）。

表9-16　2007年北京大学校本部公派出国(境)人员的派出类别

| 派出类别 | 人数 | 派出类别 | 人数 |
|---|---|---|---|
| 单位公派进修 | 23 | 国家公派进修 | 12 |
| 校际交流 | 18 | 随任 | 1 |
| 单位公派任教 | 14 | 其他 | 1 |
| 国家公派讲学 | 4 | | |
| 总计 | 73人 | | |

表9-17　2007年北京大学校本部公派出国(境)人员的学历、职称、年龄分布状况

| 职称 | 人数 | 学位 | 人数 | 年龄段 | 人数 |
|---|---|---|---|---|---|
| 正高 | 12 | 博士 | 52 | 50岁以上 | 11 |
| 副高 | 41 | 硕士 | 15 | 45—50岁 | 4 |
| 中级 | 17 | 学士 | 3 | 40—45岁 | 19 |
| 初级 | 3 | 无学位(大学) | 3 | 35—40岁 | 15 |
| | | | | 30—35岁 | 14 |
| | | | | 30岁以下 | 10 |
| 总计 | 73人 | | | | |

表9-18　2007年北京大学校本部公派出国(境)人员派出国别(地区)

| 国别 | 人数 | 国别 | 人数 | 国别 | 人数 | 国别 | 人数 |
|---|---|---|---|---|---|---|---|
| 美国 | 28 | 英国 | 2 | 荷兰 | 2 | 印度 | 1 |
| 加拿大 | 1 | 法国 | 1 | 澳大利亚 | 1 | 埃及 | 1 |
| 日本 | 10 | 西班牙 | 1 | 西班牙 | 1 | 泰国 | 1 |
| 韩国 | 6 | 新西兰 | 1 | 蒙古 | 1 | 中国澳门 | 1 |
| 德国 | 9 | 瑞典 | 1 | 墨西哥 | 1 | 中国香港 | 1 |
| 总计 | 71人 | | | | | | |

表9-19　2007年北京大学校本部公派留学人员回校工作类别分布

| 派出类别 | 回国人数 | 批准延期人数 |
|---|---|---|
| 国家公派进修 | 16 | 1 |
| 国家公派读博士 | 2 | |
| 单位公派进修 | 27 | 8 |
| 校际交流 | 18 | |
| 单位公派出国任教 | 17 | 2 |
| 其他 | 2 | |
| 总计 | 82 | 11 |

2007年，主要完成了以下人才项目：化学与分子工程学院高松、生命科学学院赵进东当选中国科学院院士，数学科学学院柳彬入选新世纪百千万人才工程；数学科学学院姜伯驹当选全国模范教师；马克思主义学院陈占安当选全国优秀教师、全国高校优秀思想政治理论课教师；中国语言文学系当选全国教育系统先进集体；物理学院朱世琳、计算机所赵东岩、生命科学学院瞿礼嘉获得中国科协中国青年科技奖；北京大学第一医院李海潮获得北京市五四奖章；城市与环境学院阙维民被评为文化部2007年非物质文化遗产保护工作先进个人。另外，推荐国家统计局统计专家2人，推荐国务院城镇居民基本医疗保险部际联席会议办公室试点评估专家2人，推荐北京市高考命题人员3人。

在"百人计划"方面，2005年了发布《北京大学优秀青年人才引进计划(试行)》及其实施细则，正式启动北京大学的"百人计划"——优秀青年人才引进计划。"百人计划"由学校优秀青年人才引进领导小组负责实施，由优秀青年人才引进专家委员会负责学术审议，人事部负责日常管理工作。两年以来，北京大学共批准引进优秀青年人才33人(2007年批准17人)，已经报到16人(2007年报到10人)。2007年10月，根据实际运行情况，对优秀青年人才引进计划进行了修订，实施细则的修订工作正在进行。

2. 医学部。北京大学医学部现有两院院士10人，在聘长江学者特聘教授7人，讲座教授3人，"新世纪百千万人才工程"国家级人选4人。2007年，医学部围绕创建世界一流大学的目标，实施人才强校的战略，以高层次创造性人才队伍建设为龙头，完善人才引进机制，优化队伍结构，努力建设一支高素质、可持续发展的人才队伍。2007年医学部共有9人纳入人才计划，其中正高职3人，副高职6人，医学部给予460万元的配套经费支持。

北京大学医学部积极鼓励青年教师在职攻读学位，2007年医学部有81位青年教师在职攻读学位，其中在职攻读硕士学位58人，在职攻读博士学位23人。2007年医学部选派76名骨干教师出国留学，其中国家公派留学12人，单位公派留学64人。在派出人员中：副高级以上人员37人，中初级人员39人；派往美国32人，德国7人，澳大利亚3人，日本9人，法国、加拿大等其他国家25人；出国进行合作研究的31人，进修学习33人，攻读博士学位4人，访问学者7人，医疗援助1人。自费留学4人，豁免2人，延期20人。

【新教职工岗前培训】　1. 校本部。2007年，组织举办了"2007年北京大学校本部新任教职工岗前培训班"，邀请了我校知名学者、教育与管理领域的专家、学校及有关管理部门领导作了11场报告，校本部新聘用的教职工86人参加了培训。

2. 医学部。组织613名新教师进行岗前教育理论培训,其中医学部本部49人、附属医院214人、教学医院242人、北京科技大学108人。为了全面提高新教师的素质,结合医学院校的特点,在课程设置和内容上做了一定的调整和安排,培训效果比较理想。612人取得高等学校教师岗前培训合格证书(7人考试未通过,参加补考后通过6人)。此外对医学部从1996年到2007年组织的新教师岗前教育理论培训情况进行了全面统计和总结工作,12年来共对5333人进行了培训。

【学术专家公寓】 2007年学术假期间,北京大学提供了39套公寓,为到我校进行学术交流的国内外专家提供了一个舒适、安静、宽松、自由的生活环境。其中,有部分院系租用学术专家公寓用于新引进人才在落实住房之前的过渡。

【通用岗位设置管理】 根据国家人事部《事业单位岗位设置管理试行办法》及实施意见,按照《人事部、教育部关于高等学校岗位设置管理的指导意见》《教育部直属高等学校岗位设置管理暂行办法》(教人[2007]4号)及《教育部办公厅关于北京大学岗位设置方案的批复》(教人厅[2007]4号)等文件的要求,在教育部统一部署下,结合北京大学校本部的实际情况,校本部实施了通用岗位的首次聘任。

广泛开展动员工作。岗位设置管理是事业单位改革进程中的重要环节,关系广大教职员工的切身利益,社会关注度高,学校非常重视。2007年7月教育部召开动员部署大会后,学校随即在暑期战略研讨会上传达教育部领导讲话,校领导集中学习了国家相关政策和文件精神,深入研究并做出工作部署。8月28日在全校中层干部大会上作了全面动员和部署;10月19日,学校召开全校动员大会,布置全校岗位聘任实施工作。在此过程中,学校召开了十多次座谈会,细致宣传解释政策,广泛听取意见。人事部门在2006年基本工资套改阶段工作基础上展开了大规模摸底测算,对其中的重点政策和关键性难点,及时请示教育部人事司,并多次与兄弟院校交流,细致扎实的工作为积极稳妥实施奠定了较好基础。

制定岗位设置方案。岗位设置方案既要集中体现国家政策,也要符合北京大学实际情况。北京大学人事部从事业单位改革的全过程着眼,在基本工资套改阶段,即2006年11—12月,就已抽调力量对岗位设置方案及专业技术高级岗位做了初步测算分析。2007年7月教育部统一布置后,北京大学人事部于7、8、9三个月集中力量就方案初稿在工作小组、职能部门、工会教代会、教师代表沟通会上征求意见;9月4日、9月19日前后两次向教育部汇报,最后形成的方案经工作小组、领导小组讨论后,于9月25日经校长办公会审议通过后于10月上旬上报教育部审核。岗位设置方案制定过程中,同时考虑了聘任条件和聘任办法,并且经历了"聘任条件——高级岗位指标"反复核对、调整完善的过程,明确了专业技术高级岗位层级结构2:3:5的紧张态势是未来实施的关键难点。同时向教育部陈述了相关行业指导意见拟定的高级岗位层级结构2:4:4将对我校平稳实施产生的重大影响,希望得到教育部支持。11月29日,《教育部办公厅关于北京大学岗位设置方案的批复》正式下达,根据批复意见的精神,人事部进一步调整与完善了《北京大学岗位设置审核表》。

设定通用岗位聘任条件和程序。通用岗位聘任的重点是高级岗位特别是专业技术二、三级岗位的聘任条件。聘任条件需遵循国家政策的指导,在反复征求意见的基础上,经深入细致研究,我校专业技术岗位的聘任条件按以下原则确定:聘任条件既要体现国家政策的导向,更要反映北京大学创建世界一流大学的目标要求;聘任条件要统筹兼顾文理医各大类学科的平衡和全校教学科研的平衡;聘任条件要便于操作,以确保平稳实施。在上述原则的指导下,聘任条件分为教学、科研、社会服务三类五项,各项具体指标充分体现学术导向和国家教育和科技政策导向,按学术资历、基本条件、激励条件等综合因素确定我校专业技术高级岗位聘任的复合模式。在聘任程序方面,考虑到北京大学自1999年以来实施"985"专项岗位聘任所积累的成功经验,选择了学院岗位聘任委员会、学部学术委员会、校学术委员会三级评议,最后由校长办公会批准的传统流程。同时成立了学校人事争议调解委员会,协调处理相关事项。北京大学于2007年10月16日批准《北京大学岗位设置管理实施办法》《北京大学岗位聘任实施细则》《北京大学管理岗位设置与聘用管理办法》三个文件,下发全校实施。

实施岗位聘任。北京大学于10月19日召开动员大会,传达精神、下发文件,要求校内各单位将学校政策以适当的方式向教职工传达,同时注意保密;各单位按文件规定的条件测算,将正高级专业技术人员拟聘岗位落实到人。11月1日至3日,学校集中整理各单位初测的拟聘名单,拟定了各单位高级岗位首次聘任指标,经学校党政联席会议批准后执行。12月5

日,学校再次召开动员会,对各单位在测算过程中提出的问题进行细致的政策解释,各单位聘任工作全面展开。12月20日,学校召开人文、社科、理学、信息各学部负责人联席会议,汇报全校通用岗位聘任的基本政策、聘任条件和进展情况。学部主任袁行霈、甘子钊等充分肯定了学校平稳实施的基本做法。12月底,学部、校学术委员会、校长办公会相继听取了岗位聘任情况汇报,讨论通过了聘任结果。2008年3月,学校按照聘任后的岗位调整岗位工资,从2007年12月开始执行。

通用岗位首次聘任结果。经过努力,专业技术二、三级岗位聘任结果完全符合当初的设计和批准下达到各单位的指标,首次聘任实现了学校预定的计划。长江学者特聘教授聘任到二级岗位为89.8%,聘任到三级岗位的为10.2%;杰出青年基金获得者聘任到二级岗位的占58.9%,聘任到三级岗位的占27.4%,另有少数副教授杰出青年基金获得者聘任到副高级专业技术岗位。专业技术二级岗位留有少量余地,三级岗位留有较大余地,为下一步调整以及吸引人才留下了合理空间。

【年度考核与岗位聘任】 1. 校本部。9月初正式启动2006—2007年度考核与2007—2008年度岗位聘任工作,并召开全校各单位领导干部大会进行了布置。人事部同时下发《关于年度考核与岗位聘任的通知》(北人发[2007]004号)。各单位于9月17日前完成了本年度岗位考核与聘任工作;各职能部门审核了各单位新聘A类岗位人员的申报材料;各学部于9月28日前完成了所属各单位聘任结果的审议工作。

2007—2008年度,校本部聘任各类岗位人员3890人,岗位聘任总数控制在4000个岗位限额之内,经费总额也控制在预算规定的限额之内。A类岗904人,其中:A1岗161人,A2岗269人,A3岗474人。BC类岗位2020人。职员制人员966人,其中:院系职员制252人,教辅单位职员制9人,机关职员制705人(含选留学工58人)。校本部各单位拟新聘A类岗位人员89人,其中A1岗6人,A2岗25人,A3岗58人,学部审议通过89人。新聘A类岗位人员占A类岗位总数的9.8%,比上一年度的12.2%又有降低,表明随着聘岗工作的规范化,岗位设置相对稳定,各单位的岗位聘任日趋平稳。

在教学科研单位聘岗方面,全校各教学科研单位共聘岗2775人。A类岗位876人,其中:A1岗位155人,A2岗位267人,A3岗位454人。BC类岗位1647人。教学科研单位职员制人员考核合格共聘任252人。在教学辅助单位聘岗方面:图书馆、计算中心、教育技术中心、校医院等教学辅助单位共聘岗402人,其中:A类岗位人员22人,BC类岗位人员371;职员制9人。此外,校机关及直属单位共聘岗713人。

2. 医学部。按照北京大学人事部《年度考核与岗位聘任的通知》(北人发[2007]004号文)和医学部《关于2006—2007学年度考核及2007—2008年度岗位聘任的通知》(北医(2007)部人字174号)文件的要求,完成2006—2007学年度医学部本部ABC及职员岗人员考核聘任工作。各临床医院和本部其他未设ABC及职员的单位执行自然年度考核制度,考核工作如期完成。2007年北京大学医学部本部设ABC及职员岗单位应参加考核人员1389人,实际参加考核人员1309人。其中,优秀人员138人,占实际参加考核人数的10.54%;合格人员1169人,占实际参加考核人数的89.30%;不合格人员2人,占实际参加考核人数的0.15%;未考核人员78人,占应参加考核人数的5.62%;审查期间暂不参加考核人员2人,占应参加考核人数的0.14%。按照考核结果进行了新一轮的岗位聘任,此次聘ABC岗位953人(含博士后58人)、职员岗位326人,共计1279人。

医学部本部未设ABC及职员岗位的单位应参加考核的人员346人,实际参加考核人员334人。其中,优秀人员13人,占实际参加考核人数的3.89%;合格人员320人,占实际参加考核人数的95.81%;不合格人员1人,占实际参加考核人数的0.3%;未考核人员9人,占应参加考核人数的2.6%;审查期间暂不参加考核人员3人,占应参加考核人数的0.87%。

各临床医学院应参加考核的人员9261人,实际参加考核人员9006人。其中优秀人员810人,占实际参加考核人数的8.99%;合格人员8121人,占实际参加考核人数的90.17%;不合格人员75人,占实际参加考核人数的0.83%;未考核人员255人,占应参加考核人数的2.75%。

【专业技术职务聘任】 1. 校本部。(1)教师系列。在教授(含研究员)系列中,共批准校本部74个正高级岗位进行招聘,其中至少12个岗位专门用于对外招聘。各单位实际推荐56名候选人。通过学部及校学术委员会审议,实际通过52名,结果见表9-20。

表 9-20　2007 年北京大学校本部各学部教授(研究员)审议结果

| | 总数 | 占年度指标 | | 其他 | | | | 未通过人数 |
| --- | --- | --- | --- | --- | --- | --- | --- | --- |
| | | 正常 | 破格 | 引进 | 提退 | 转聘 | 其他 | |
| 人文学部 | 15 | 14 | 1 | 0 | 3 | 0 | 0 | 1 |
| 社科学部 | 16 | 16 | 0 | 5 | 1 | 0 | 0 | 2(不含代评) |
| 理学部 | 12 | 11 | 1 | 0 | 0 | 1 | 1 | 0 |
| 信息学部 | 9 | 8 | 1 | 3 | 0 | 0 | 0 | 0 |
| 合计 | 52 | 49 | 3 | 8 | 4 | 1 | 1 | 4 |

在副教授(含副研究员)系列中,校本部共下达 90 名副教授岗位,各单位实际推荐 77 名候选人,经过学部及校学术委员会审议,实际通过 75 名,学部审议未通过 2 人。

表 9-21　2007 年北京大学校本部各学部副教授(副研究员)审议结果

| | 总数 | 占年度指标 | | 其他 | | | 未通过人数 |
| --- | --- | --- | --- | --- | --- | --- | --- |
| | | 正常 | 破格 | 引进 | 代评 | 其他 | |
| 人文学部 | 16 | 12 | 4 | 2 | 0 | 0 | 0 |
| 社科学部 | 24 | 22 | 2 | 4 | 0 | 1医学部+1软件学院 | 2 |
| 理学部 | 18 | 17 | 1 | 3 | 1 | 0 | 0 |
| 信息学部 | 17 | 16 | 1 | 7 | 0 | 5软件学院 | 0 |
| 合计 | 75 | 67 | 8 | 16 | 1 | 7 | 2 |

在讲师(含助理研究员)系列中,各学科审议组审议通过教师系列中级职务 8 人,经校学术委员会确认,全部通过。

(2) 非教师系列。在正高职务系列中,校本部各学科评议组共申报正高职务 24 名,学科评议组指标为 16 名,学科评议组实际评议 16 名候选人。分会及专业技术职务评审委员会评议后,通过 14 名。在评议中,损失晋升机会一次者 10 人,结果见表 9-22。

表 9-22　2007 年北京大学校本部各分会正高职务评议结果

| | 占年度指标 | | 提退 | 其他 | 损失晋升机会人数 |
| --- | --- | --- | --- | --- | --- |
| | 总数 | 备注 | | | |
| 实验/财会/工程分会 | 2 | 教授级高级工程师2 | 1 | | 1 |
| 图书出版分会 | 5+2 | 校本部研究馆员1、编审2<br>医学部研究馆员1、编审1 | | | 2 |
| 医疗卫生分会 | 1+1 | 医学部主任医师1 | 1 | 引进1 | 0 |
| 校产分会 | 1 | 教授级高级工程师1 | | | 1 |
| 教育管理分会 | 4 | 研究员3、教授1 | 6 | 提调1 | 6+2 |
| 合计 | 13+3 | | 8 | 2 | 10+2 |

注:"+"后面的数字为医学部申请人员的统计。

在副高职务系列中,校本部各学科评议组共申报副高 39 名,学科评议组指标为 29 名,学科评议组实际评议 29 名候选人。分会及专业技术职务评审委员会评议后,通过 26 名。在评议中,损失晋升机会一次者 13 人,结果见表 9-23。

表 9-23　2007 年北京大学校本部各分会副高职务评议结果

| | 占年度指标 | | 提退 | 其他 | 损失晋升机会人数 |
| --- | --- | --- | --- | --- | --- |
| | 总数 | 备注 | | | |
| 实验/财会/工程分会 | 7 | 高级工程师7 | | 引进1 | 4 |
| 图书出版分会 | 8+3 | 校本部副研究馆员4、副编审4<br>医学部副研究馆员1、副编审2 | | 引进1+代评1 | 5 |
| 医疗卫生分会 | 0+1 | 医学部副主任医师1 | | 代评3 | 0 |
| 校产分会 | 1 | 副研究员1 | | | 0 |
| 教育管理分会 | 10 | 副研究员8、副教授2 | 2 | | 4 |
| 合计 | 26+4 | | 2 | 6 | 13 |

注:"+"后面的数字为医学部申请人员的统计。

在中初级职务系列中,职务晋升主要根据实际工作表现,并严格按照学历和任职年限的规定执行。中初级职务原则上不破格。审议通过专业技术非教师系列的中级职务56人,其中实验/财会/工程分会18人,图书出版分会3人,医疗卫生分会1人,教育管理分会34人。另有中级职务代评30人。审议通过教育管理分会初级职务3人。代评初级职务4人。

2. 医学部。2007年,北京大学医学部进一步完善专业技术职务评聘工作,根据各单位队伍现状及发展要求,确定晋升比例,宏观控制队伍的结构。按照《北京大学教师聘任和职务晋升(暂行)规定》和《北京大学医学部专业技术职务评审聘任条例》要求,医学部坚持学术标准,组织完成2007年专业技术职务的评聘工作。2007年共有289人通过高级专业技术职务的评审聘任,在202名晋升人员中,晋升正高职65人,晋升副高职137人。

表9-24　2007年北京大学医学部高级专业技术职务聘任情况表

|  | 正高级职务 | | | | 副高级职务 | | | | 小计 |
|---|---|---|---|---|---|---|---|---|---|
|  | 晋升 | 增聘 | 确认 | 转系列 | 晋升 | 增聘 | 确认 | 转系列 |  |
| 本部 | 13 |  | 4 |  | 28 |  | 4 | 1 | 50 |
| 临床医院 | 52 | 8 | 2 | 2 | 109 | 18 | 18 |  | 209 |
| 教学医院 |  | 5 | 2 |  |  | 19 | 4 |  | 30 |
| 合计 | 65 | 13 | 8 | 2 | 137 | 37 | 26 | 1 | 289 |

表9-25　2007年北京大学医学部教师队伍职务结构、年龄结构统计表

| 职务 | 年龄段 总数 | 35岁以下（人数） | 36—45岁（人数） | 46—55岁以上（人数） | 56岁以上（人数） |
|---|---|---|---|---|---|
| 正高级 | 675 | 1 | 244 | 262 | 168 |
| 副高级 | 1021 | 123 | 671 | 167 | 60 |
| 中级 | 1299 | 848 | 353 | 87 | 11 |
| 初级 | 331 | 301 | 23 | 6 | 1 |
| 合计 | 3326 | 1273 | 1291 | 522 | 240 |

表9-26　2007年北京大学医学部教师队伍学历结构统计表

| 年度 学历 | 2007年 | | 2006年 | | 2005年 | |
|---|---|---|---|---|---|---|
|  | 人数 | 百分比 | 人数 | 百分比 | 人数 | 百分比 |
| 博士 | 1441 | 43.3 | 1225 | 38.0 | 1060 | 35.4 |
| 硕士 | 1008 | 30.3 | 861 | 26.8 | 841 | 28.1 |
| 本科及以下 | 877 | 26.4 | 1131 | 35.2 | 1093 | 36.5 |
| 合计 | 3326 | 100 | 3217 | 100 | 2994 | 100 |

【流动编制管理】　2007年,北京大学校本部流动编制人员共245人,比2006年增加49人。近两年,由于新机制单位较多,同时各单位用人方式逐步增多,流动编制以每年20~30人的规模增长。在新增流动编制人员管理上,人才中心坚持几项原则:学校实行总量控制,防止流动编制人员规模迅速扩大;向教学科研单位或教辅岗位倾斜,逐步压缩具有经济实体性质单位的人员数量;实行新增流动编制人员的单位与人才中心签署工作备忘录的制度,督促用人单位加强管理,帮助用人单位明确流动编制的日常管理内容。

在流动编制人员管理方面开展的主要工作包括:(1)规范程序性服务,理清学校、用人单位与海淀人才之间的关系,基本做到程序性服务均由海淀人才加盖公章的做法,以强化人事代理的概念;(2)加强年度考核工作,通过考核清理不在岗人员,考核结果及时存放海淀人才;(3)强化聘用合同管理,重新拟定不同类别人员聘用合同的样本,实行聘用合同备案制度;(4)加强流动编制人员住房公积金和社会保险的缴纳工作,与财务部、工资与福利办公室协商,共同规范办事程序;(5)改变办事程序,规范流动编制人员调出程序,实行离校转单制度,以便于结算与学校的各种关系,保护学校相关单位的利益。

【富余人员管理】　2007年,北京大学校本部转岗富余人员队伍基本趋于稳定,人才交流中心不再接收新的转岗富余人员,同时努力督

促待岗人员上岗，2007年度转岗富余人员队伍没有净增，现共有离退休人员（含退职）26人，在职人员32人，总计58人。

【临时聘用人员管理】 1. 校本部。经过近两年的努力，北京大学校本部的临时聘用人员管理基本走上规范化管理轨道。2007年度，人才中心共办理备案手续2845人次，同比增加1400人次，增长51%。2007年，人才中心在临时聘用人员管理方面所做的工作包括：

规范备案程序，强化合同管理。继续与财务部相配合，实行不备案不发放劳动报酬的政策，使校内大多数单位都具备了备案意识。在备案过程中，逐步强化用人单位依合同进行管理的观念，要求其在备案时提供合同复印件，强化合同管理。

协助工资与福利办公室做好社会保险的缴纳工作。目前，已经建立了很好的合作模式，即：备案时解释和宣传社会保险政策，督促用人单位及时到工资与福利办公室办理社会保险缴纳手续；工资与福利办公室办理完毕缴纳和停缴手续时，每月交人才中心核对，以及时了解人员变动情况。

增强法制建设，降低劳动纠纷发生率。经过这几年的劳动法普及和工作中的宣传，各单位在劳动用工方面的法律意识得到很大的加强，大部分劳动纠纷都能够在学校内通过工会和人才交流中心的调解得到解决。针对2008年1月1日施行新的《劳动合同法》，在2007年12月11日邀请劳动网法律专家范战江作专门的讲座，解读新《劳动合同法》，全校各单位共计50位人事干部参加了讲座，基本了解了新合同法的立法初衷和最大的变化，为今后合法用工以及如何规避风险打下了一定的基础。

2. 医学部。截止到2007年底，北京大学医学部本部共有临时聘用人员502人，其中为274人办理了社会保险。2007年6月8日下发了《北京大学医学部关于加强临时聘用人员管理的暂行规定》（北医（2007）部人字88号）及《关于成立临时聘用人员管理工作领导小组的通知》（北医（2007）部人字87号），进一步规范了医学部临时聘用人员用工及管理行为。

【工资与福利】 1. 校本部。2007年年初，校本部教职工近6000人的工资按照国家工资体制改革的要求全部入轨，以岗位工资、薪级工资为基本结构的国家收入分配体系运转正常。

表9-27　2007年北京大学校本部工资日常工作量统计表（单位：人次）

| 起薪 | 停薪 | 工资变动 | 暂停薪及恢复 | 内部调动 | 病休及恢复 | 合计 |
| --- | --- | --- | --- | --- | --- | --- |
| 413 | 200 | 534 | 63 | 29 | 3 | 1242 |

2007年是实施新的工资结构后的首次晋升薪级，2006年度考核合格人数为5861人（含当年退休人员），晋升一级薪级工资，人均月增资30元。2007年，全校参加晋升工资档次年度考核人员共5883人（不含在站博士后人员），考核合格者5738，考核不合格者145人，考核不合格的主要原因是不在学校工作。

表9-28　2007年北京大学校本部福利费支出统计表（单位：元）

| 下拨院系所福利费 | 离退休人员纪念品 | 各种临时补助及慰问 | 校机关家属互助医疗费 | 合　计 |
| --- | --- | --- | --- | --- |
| 442600 | 5480 | 4600 | 12523 | 465203 |

2007年新办理高干医疗16人，目前享受高干医疗待遇人员有1150人。为体现国家和学校对高级人才的关怀，2007年下半年组织43名高级专家在北医三院上地门诊部、北京医院进行了体检。组织开展2007年奖教金申报评审工作，共设置6个奖项，获奖149人，奖金总额145万元；配合校工会对从事教育战线工作满30年的55名教职工进行了表彰。

此外，根据近几年实行的住房分配货币化改革，开展了住房补贴相关工作。根据中央和北京市新的住房补贴政策规定，今后住房补贴将随工资一起按月直接发放。因此住房补贴与福利住房的直接关系逐步减少，正逐步变为一种新的薪酬形式。人事部工资福利办公室承担了住房补贴发放过程中全部人事信息的提供和核对工作。2007年，提供了与住房补贴相关的各类人事信息共计1975条，保证了该项补贴及时准确地发放。

2. 医学部。2007年医学部本部退休人员45人，其中：干部退休30人，工人退休15人。围绕高等学校收入分配制度改革，医学部人事处在工资和福利方面做了以下工作：

收入分配制度改革。2007年收入分配制度改革重点是进行岗位设置工作，9月份完成了医学部本部及附属医院岗位设置工作，上报了岗位设置审核表。之后进行岗位聘任摸底预测和任职、激励等条件的修改及完善工作。12月下发《北京大学医学部本部岗位设置实施细则》及《北京大学附属医院岗位设置管理实施办法》。

工资福利日常工作。完成2007(学)年度考核合格以上人员的正常晋升薪级工作和年终一次性奖金的发放工作。完成2006年9月至2007年7月第七轮岗位奖励津贴的发放工作,实际发放总额1945.05万元。根据京劳社资发(2007)111号《关于调整北京市2007年最低工资标准的通知》,医学部从2007年7月1日起执行每月730元最低工资标准。根据教人司[2007]275号《关于转发组通字〔2007〕20号、组通字〔2007〕25号文件的通知》,医学部提高了红军时期参加革命工作的离休干部护理费标准(从2007年8月1日起执行),医学部本部1人(王承祝)护理费月增资600元,享受副省(部)长级医疗待遇。经2007年11月12日医学部第29次部务办公会研究,从2007年11月起按北京市城市居民最低生活保障标准,提高"五七连"家属工生活补助费标准,并且今后随标准调整作相应提高。在"特岗特贴"审核发放工作方面,为保卫处干部及校卫队15名在编工作人员提高一个薪级工资,月增资397元,年增资4764元;为93名博士生导师发放每人每月200元博导津贴;1—6月为基础学院解剖教研室27名在职人员发放特殊岗位津贴48600元,7月—12月为基础学院解剖教研室25名在职人员发放特殊岗位津贴45000元。在抚恤金及遗属困难生活补助费审核发放工作方面,为15位死亡人员发放丧葬费及抚恤金246600元,为3名因公致残人员发放伤残抚恤金13440元,为23位遗属发放遗属生活困难补助62160元。

【社会保险】 1. 校本部。2007年校本部各种社会保险的人数分布和缴纳情况详见表9-29:

表9-29 2007年北京大学校本部各种社会保险人数和缴费情况统计

| 项目 | 月平均缴费人数 | 新增 | 减少 | 单位缴纳金额合计 | 个人缴纳金额合计 |
|---|---|---|---|---|---|
| 医疗保险 | 1527 | 565 | 592 | 3501663 | 580152 |
| 失业保险 | 7087 | 814 | 734 | 3604878 | 1176869 |
| 养老保险 | 1824 | 613 | 557 | 7290963 | 2913927 |
| 工伤保险 | 7085 | 692 | 610 | 1008540 | |

在工伤保险方面,按照《工伤保险条例》(国务院第375号令)和《关于全面启动事业单位参加工伤保险有关事项的通知》(京劳社工发[2007]34号)的规定,校本部从2007年4月1日启动了工伤保险工作,使七千多名不同编制、不同户籍的职工顺利地从原多种管理模式过渡到新的工伤保险程序,为下一步社会保险改革奠定了基础。具体情况统计见表9-30:

表9-30 2007年北京大学校本部工伤保险工作情况统计表

| 分 类 | 项 目 | 数 额 |
|---|---|---|
| 人员情况 | 年终人数 | 7201人 |
| | 其中:事业编制职工 | 5399人 |
| | 企业编制职工 | 4人 |
| | 流动编制人员 | 193人 |
| | 临时聘用人员 | 1605人 |
| | 4—9月缴费总人次 | 63768人次 |
| 工伤待遇 | 确认老工伤人数 | 28人 |
| | 办理新工伤认定人数 | 2人 |

2. 医学部。根据京劳社发〔2007〕34号《关于全面启动事业单位参加工商保险有关事项的通知》的要求,医学部从2007年4月起参加工伤保险。缴纳范围包括了事业编制职工及临时聘用人员共1887人。由单位按照缴纳基数的0.5%缴纳工伤保险费,职工个人不缴费。截至2007年12月31日,为医学部下属11个二级单位实行人事代理的自筹编制人员、合同制人员、临时用工人员及个人存档人员共计622人分别办理了各项社会保险,其中养老、失业、医疗保险均为600人,工伤保险592人,代理缴纳生育保险391人,代理缴纳住房公积金345人。2007年因各种原因终止保险代理117人,转入保险代理119人。

表 9-31　2007 年北京大学医学部本部 2007 年社会保险缴费情况表(缴费单位：元)

| 保险项目 | 缴费时间段 | 月均人数（人） | 单位正常缴费 | 个人正常缴费 | 补缴保险单位缴费 | 补缴保险个人缴费 | 合计 |
|---|---|---|---|---|---|---|---|
| 养老保险 | 2007.01—2007.12 | 287 | 606244.40 | 242497.76 | 962.40 | 384.96 | 850089.52 |
| 失业保险 | 2007.01—2007.12 | 1860 | 796385.33 | 257722.54 | 5293.65 | 1764.85 | 1061166.37 |
| 工伤保险 | 2007.04—2007.12 | 1860 | 225106.06 | | 834.09 | | 225940.15 |
| 医疗保险 | 2007.01—2007.12 | 253 | 187283.00 | 21788.20 | | | 209071.20 |

【离退休工作】 1. 校本部。2007年共办理退休手续137人，报批缓退手续12人。截至2007年底，北京大学校本部共有离退休人员4609人。2007年办理离退休死亡抚恤49人，人均抚恤费24805元。

贯彻《北京市老干部工作领导责任制》，制定了《贯彻落实〈北京市老干部工作领导责任制〉的实施细则》，并严格按照责任制的要求，加强对离退休工作的领导。2007年9月，北京市委教育工委《党建和思想政治工作基本标准》达标检查工作组对北大党建和思想政治工作进行全面评估，老干部工作是党建和思想政治评估的重要内容之一。学校党委以此为契机，进一步加强对离退休工作的领导，全面总结和梳理2004年以来离退休工作的进展。根据评估工作部署，学校成立了领导小组和工作小组，人事部周岳明部长担任第八小组组长，负责离退休工作的总结与自评工作，向达标检查工作组汇报我校离退休工作情况，党委办公室、校长办公室和离退休办公室相关负责人参加了检查组的个别访谈，细致汇报了离退休具体工作。

认真落实离退休政治待遇和生活待遇，现有53位离休干部享受生活补贴，人均2645元。提高离退休人员退休费，提高人员4495人，人均月增资443元；其中离休330人，人均月增资762元；退休4165人，人均月增资417.7元。截至2007年12月底，校本部离退休人员的月人均收入为3039元，比2006年12月提高了492元，提高幅度为16.17%。

加强调查研究，坚持老干部学习和情况通报制度，坚持走访慰问制度，确保活动经费到位，提高离退休福利待遇，并通过特困补助缓解高额医疗费用困扰，推动老干部"四就近"工作。离退休管理办公室深入开展了"迎奥运、庆十七大"主题活动，根据北京市委教育工委的工作部署，在老同志中广泛开展"真情奉献迎奥运、共建和谐乐晚年"和庆祝党的十七大主题实践活动，先后组织、参加或举办了"迎奥运促和谐牵手万米走"活动、"迎十七大、迎奥运"文艺演出、党的十七大精神学习活动、"迎奥运、庆十七大"老年书画摄影作品展等活动，并组织老同志开展了参观休养活动。

2. 医学部。截至2007年底，北京大学医学部共有离退休人员4094人，其中离休干部305人、退休3789人（上述人员中含党员1374人）；医学部本部有离退休人员1241人，其中离休105人、退休1136人（上述人员中含党员446人）。

医学部党委行政高度关心和重视离退休人员工作，积极解决离退休人员急需解决的问题。多年来老干部一直没有固定的活动场所，很多老干部活动不能正常开展。后经多方筹措资金，于2007年正式立项解决老干部活动中心，并于10月份破土动工，经过几个月的紧张施工，一座漂亮的1200平方米的老干部活动中心建成。内设多功能厅、教室、阅览室、棋牌室、办公室等，功能较齐全。活动中心的建成为离退休老同志办了一件实事，解决了多年来困扰老同志活动的场所问题。

医学部坚持每周三在老干部活动中心为离退休人员报销药费，老同志周五也可去校医院报销药费，基本上做到随到随收、不用排队，十分方便。坚持每年为老同志免费查体一次，做到有病早发现、早治疗。

医学部坚持每年春秋季各组织一次离退休人员运动会，每年春秋季各组织一次旅游参观活动。举办医学部第十二届门球赛和第十七届老年书画摄影展，规模一次比一次大、内容一年比一年丰富。长期坚持办书画班、计算机班、合唱、京剧、民乐、舞蹈、门球队等，通过这些活动，增进老同志身心健康。

【博士后工作】 2007年，北京大学校本部共招收博士后研究人员225名（包招国资名额51名，学校配套34名，自筹经费95名，留学回国7名，外籍2名，企业27名，深圳研究生院9名）。其中理工科进站123名，占进站总数的55%；文科进站100名，占进站总数的45%。2007年全年应出站240人，现已办理出站187人，其中留校工作23人。现在站人数558名。

表 9-32　2007 年北京大学校本部各流动进出站人数一览表

| 单位 | 进站 | 出站 | 单位 | 进站 | 出站 |
|---|---|---|---|---|---|
| 城市与环境学院 | 7 | 12 | 法学院 | 5 | 5 |
| 地空学院 | 21 | 11 | 光华管理学院 | 28 | 20 |
| 分子医学所 | 2 | 1 | 国际关系学院 | 2 | 1 |
| 工学院 | 10 | 3 | 教育学院 | 4 | 2 |
| 化学学院 | 22 | 28 | 经济学院 | 19 | 7 |
| 环境科学与工程学院 | 4 | 5 | 考古文博学院 | 1 | 3 |
| 计算机科学研究所 | 2 | 2 | 历史学系 | 2 | 1 |
| 生命学院 | 12 | 11 | 马克思主义学院 | 3 | 0 |
| 数学学院 | 7 | 9 | 人口研究所 | 2 | 2 |
| 物理学院 | 14 | 17 | 社会学系 | 5 | 3 |
| 心理学系 | 1 | 2 | 外国语学院 | 2 | 2 |
| 信息科学技术学院 | 21 | 20 | 信息管理系 | 1 | 3 |
| 政府管理学院 | 14 | 5 | 哲学系 | 3 | 2 |
| 中国经济研究中心 | 7 | 6 | 中国语言文学系 | 2 | 3 |

2007 年 3 月 27 日，北京大学第 642 次校长办公会上通过《北京大学博士后研究人员日常经费管理办法》和《北京大学博士后研究人员工资管理办法》，进一步规范了博士后日常经费管理和工资管理，大幅度提高了博士后日常经费和博士后在站期间的工资福利待遇。贯彻落实国家《关于博士后研究人员工资待遇问题的通知》（国人部发[2006]89 号）和《关于调整博士后日常经费标准的通知》（国人部发[2006]112 号）等有关政策，进一步加强和完善我校博士后管理工作，起草《关于进一步落实我校博士后公积金的报告》，并于 2007 年 12 月经校长办公会讨论通过，博士后住房公积金待遇于 2008 年 1 月 1 日起正式落实。根据我校教职工住房改革精神，对我校博士后住房进行改革，起草《北京大学博士后公寓管理办法》，启动博士后住房补贴。并多次组织博士后学术和联谊活动。

表 9-33　2007 年北京大学校本部博士后科研情况

| 获得第四十二批中国博士后科学基金资助情况 | | | |
|---|---|---|---|
| 总人数 | 57 | 总资助金额 | 201 万元 |
| 一等资助人数 | 15 | 二等资助人数 | 42 |
| 2007 年我校博士后获国家级科研项目情况 | | | |
| 983 项目 | 2 项 | 经费 | 190 万元 |
| 国家自然科学基金项目 | 13 项 | 经费 | 152 万元 |
| 国家社会科学基金项目 | 5 项 | 经费 | 36 万元 |
| 2007 年我校博士后发表论文情况统计 | | | |
| SSCI 论文 | 11 | ISTP 论文 | 8 |
| 国内核心期刊 | 175 | 国内一般论文 | 85 |
| 国际会议论文 | 57 | 国内会议论文 | 41 |
| 专著 | 14 | 译著 | 7 |
| 科研项目 | 181 | 项目总经费 | 990.93 万元 |
| 2007 年我校博士后发表 SCI 论文情况统计 | | | |
| 2007 年 SCI 论文 | | 138 篇 | |

【人事档案管理】　1. 校本部。2007 年共有人事档案 42365 卷，其中在职职工（包括博士后）档案 6076 卷，离退休人员档案 3456 卷，出国辞离职人员档案 1326 卷，学生档案 31507 卷（其中本科生档案 11649 卷，本科待分生档案 528 卷，硕士生档案 9584 卷，博士生档案 4695 卷，研究生待分生档案 426 卷）。与此同时，人事部人事档案室还负责全校人事档案和学生档案的监督与业务指导工作。

（1）"三龄一历"的审核及认定工作。2007 年校本部副处级以上干部"三龄一历"的审核及认定工作全部结束,其中包括审核更改出生日期的个人申请、调查报告、证明材料和上级批复;审核更改参加工作时间的上级批复或确认其参加工作时间的文件;审核中共党员《入党志愿书》和1985年、1990年填写的《党员登记表》;审核报考学生登记表,本科学历学位材料和硕士、博士学历学位材料。

(2)库房档案排序方法的改变及条形码技术应用。人事部加强库房管理,利用科学的档案排序及检索方法,对库房档案进行重排。查询方式逐步由卡片管理转向计算机数据库管理,实现了与教务部、研究生院、人事部三大信息源头的资源共享,制定了规范的人事档案转递系统、目录系统、电子卡片及人事档案办公室干部档案管理工作程序流程。以标签设计为核心,标签中的所有元素采用面向对象的实现方式,对标签中的任何元素进行属性设计,设计出独特个性化的标签;同时,支持数据的批量生成,自动按照指定的规则产生系列数据,也可以通过与EXCEL之间的数据通道,实现从现有数据库中导入数据到系统中,对于大批量打印条形码标签,变得非常简单。采取按照拼音顺序、按四声定位的方式把全部档案重新排队,对号入座,所有职工档案使用条形码标签。经过整理后,档案有序可查,提高了工作效率。2007年,采用学生档案按院系和学号方法排序,实践证明这一排序方法是科学的,提高了工作效率,减少了差错率。

(3)学生档案材料收集归档及转递工作。2007年6月20日召开了北京大学2007届毕业生暨2007级新生档案材料收集归档及转递工作培训会,全校各院系所中心及相关职能部门人员共72人参加了会议。会上研讨分析了毕业生就业档案服务工作面临的形势和任务,部署了2007年毕业生就业工作中与学生档案密切相关的各项服务体系支撑工作。人事档案办公室就2007届毕业生暨2007级新生档案材料收集归档及转递的具体工作流程进行培训。

(4)毕业生转档。2007年,共处理机要本科2862件,研究生3816件,送北京市高校毕业生就业指导中心学生(本科生)档案82件;除此之外非机要转递档案112件,日常查阅学生档案2016件次,借出学生档案材料(发展党员)1105次。

(5)2007级新生档案材料收集归档。新生档案主要来自教务部、研究生院、各院系中心,也有的直接机要发至人事档案室。通过将档案汇总、核对、整理、制作目录、归类、贴上标签、重新装入新的档案袋、按学号排序、最后逐个审核,共接收本科新生档案2978件,研究生新生档案3699件。

此外,2007年的博士后档案共计632份,其中全档289份,仅有在站材料的343份。收集进站材料210份,中期考核210份,其他零散材料30多份。2007年10月发调档函18份,档案转递172份,接收档案97份。

2.医学部。医学部人事处档案室负责医学部在职职工、博士后、离退休人员、出国人员人事档案的管理工作,累计4756份。2007年医学部本部完成档案接收(审核)工作86份(其中:毕业生47份,博士后19份,人员调入20份);办理转出81份(其中:调动62份,离退19份)。完成出国人员的档案清理工作。办理查借阅1108份,材料归档1005份。

总体看来,2007年北京大学收支总量和固定资产总量仍保持稳健增长趋势,表明学校教学科研事业发展活跃,办学实力进一步增强。

# 财 务 工 作

【概况】 2007年北京大学收入总额为418949万元,比2006年的357200万元增加61749万元,增长17.29%。其中:专项经费拨款72131万元,比2006年的91479万元减少19348万元,主要是"985"工程专款比上年减少23700万元;扣除专项经费拨款后的各类收入为346818万元,比2006年的265721万元增加81097万元。除上级补助收入比上年略有减少外,其他各项收入均比上年有所增加,其中,科研经费拨款增加10039万元,其他经费拨款增加10786万元,教育事业收入增加10523万元,科研事业收入增加1968万元,其他收入增加45519万元。

2007年北京大学支出总额为375331万元,比2006年的284883万元增加90448万元,增长31.75%。年末固定资产总额为522680万元,比2006年的404259万元增加118421万元,增长29.29%。

【财务专题分析】 1.多渠道筹措办学经费。2007年学校收入具体构成情况如下:教育经费拨款119858万元,科研经费拨款69082万元,其他经费拨款30941万元,上级补助收入296万元,教育事业收入89922万元,科研事业收入17690万元,经营收入758万元,附属单位缴款760万元,其他收入89642万元。国家拨款(包括教育经费拨款、科研经费拨款、其他经费拨款和上级补助收入)占总收入的52.56%,是学校办学财力的主要来源;学校自筹资金(包括教育事业收入、科研事业收入、附属单位缴款、经营收入和其他收入)占总收入的47.44%,是弥补办学经费不足的重要来源。学校的事业发展不再单纯依靠国家拨款,而是逐步形成了以国家拨款为主、多渠道筹措办学经费的格局。

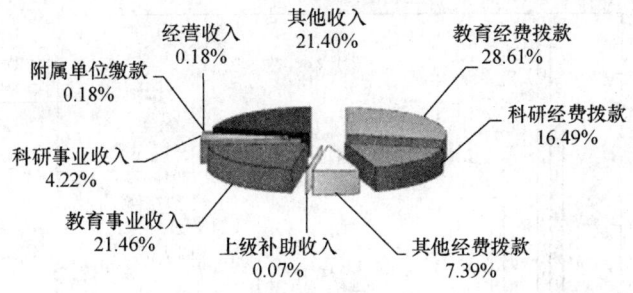

图9.1 北京大学2007年收入构成

(1)自筹经费能力增强。为弥补办学经费的不足,促进学校工作的可持续发展,在保证正常教学科研工作的前提下,学校积极开展各种社会服务,努力发展校办产业,广泛争取海内外捐赠和社会资助。2007年学校自筹经费收入达198772万元,比上年的140631万元增加58141万元,增长41.34%。

从2005—2007年收入情况比较图中可以看出,学校自筹经费保持逐年增长趋势,大大缓解了学校事业发展和办学经费不足之间的矛盾,为增强办学实力、提高办学效益提供了资金保障。

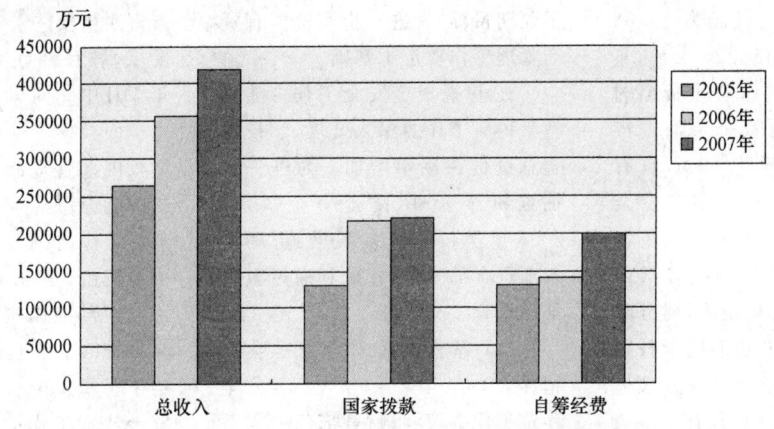

图9.2 北京大学2005—2007年收入情况比较图(单位:万元)

(2)支出结构合理。2007年学校总支出为375331万元,教学支出和科研支出占总支出的69%,这表明学校在支出预算安排上始终以教学科研为核心,资金投向明确,支出结构合理。

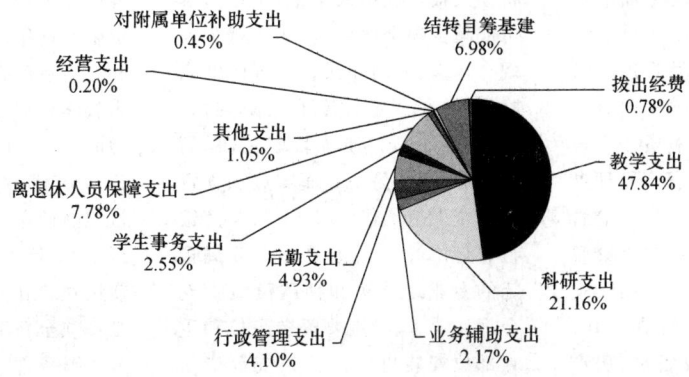

图9.3 北京大学2007年支出构成图

与2006年相比,学校各项支出情况比上年更为活跃,尤其是教学、科研支出继续维持较高水平。此外,随着离退休人员数量的逐年增加和待遇提高,学校每年用于离退休方面的支出也在持续上升,学校的负担将越来越重。

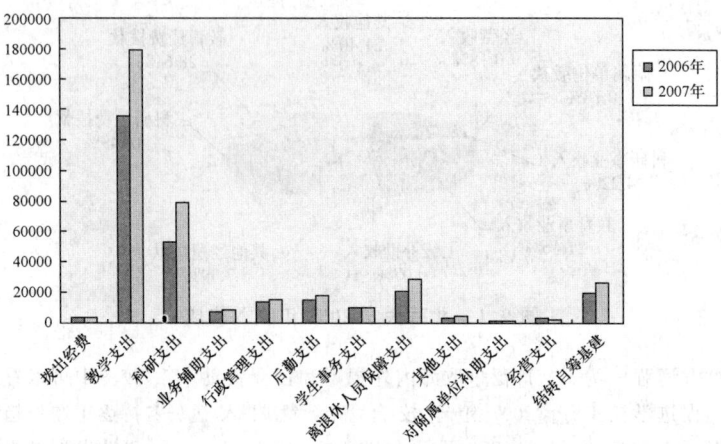

图9.4 北京大学2006、2007年支出构成比较图

2. 财务指标评价良好。2007年北京大学现实支付能力11.68个月,潜在支付能力9.26个月,非自有资金余额占年末货币资金的比重为89%,自有资金余额占年末货币资金的比重为65%,自有资金动用程度为65%,自有资金净余额占年末货币资金的比重为57%。以上数据表明学校各项财务指标均维持在合理范围,财务状况实现了良性循环,也表明学校财务工作的指导思想和财务管理体制是适合实际情况的,只有坚持稳健、可持续发展的财政方针,才能确保学校各项事业的稳定与发展。

【财务管理工作】 1. 强化国有资产监管。为贯彻落实教育部下发的《教育部直属高校、事业单位国有资产使用和处置行为管理授权审批暂行办法》,加强学校国有资产管理,学校恢复了国有资产管理委员会,并成立了国有资产管理办公室,从组织上保障国有资产监管工作的顺利开展。同时,根据财政部、教育部的统一部署,学校于上半年开展了国有资产清查工作。此次清查由财务部、设备部、房产部等部门组织实施,清查范围包括校本部、医学部、附中、附小、软件学院等单位。经过认真清查,达到了预期目标,为进一步完善国有资产管理工作奠定了基础。

2. 重视资金安全工作。随着教学科研工作的深入开展,学校资金总量也在逐年增加。为进一步加强资金管理,防范资金风险,2007年学校采取多项措施,确保各项资金的安全,并顺利通过教育部的检查。

(1) 落实学校安全稳定会议精神。2007年4月,学校召开安全稳定工作会议,将财务部门列入重点监控单位。为保证将资金安全工作落到实处,学校一方面采取了有效措施,如安装财务POS机并将个人报销款项入至银行卡等,尽可能减少现金使用量,从而避免因现金运送、使用和保管出现的安全隐患,并在一定程度上预防、制止了"小金库",方便了教职工,提高了服务质量;另一方面重点加强资金安全保卫工作,采取了与工商银行签订协议、由银行委派公安局指定的专业运钞车和押款员负责现金押运业务、在重要资金岗位和重点部位安装摄像监控系统等诸多举措。

(2) 接受教育部资金安全工作检查。根据教育部《关于全面清查直属高校往来资金情况的通知》要求,教育部联合检查组于2007年4月中旬对学校资金安全进行了全面检查。检查内容主要包括:学校内部管理制度和规避财务风险的能力;是否建立有效可控的财务管理体制;是否建立科学的财经决策机制;是否建立较为完整、规范的内部控制制度等。学校在认真自查的基础上,对检查组的工作给予了积极配合。检查组对学校资金管理工作的总体评价是:财务管理比较严格,会计基础工作符合规范,内部控制制度健全,岗位经济责任划分明确,大额资金审批程序完善;北京大学的财务工作在资金量逐年加大、经济来源多元化和经济活动日趋复杂化的情况下,为教学科研的顺利开展提供了有力的财务保障。

3. 执行国库集中支付制度。按照财政部、教育部的规定,学校从2007年7月开始对部分资金的使用执行国库集中支付制度。这是一项全新工作,各级领导非常重视。财务部专门起草了校级和本部门内部工作文件,确保各项工作规范、有序开展;同时组织召开相关单位财务负责人会议,宣传国家政策,争取支持配合。在此基础上,对校内财务人员进行严格培训,要求大家尽快熟悉具体业务,更好地为教学科研服务。经过多方努力,国库集中支付工作进展顺利。

4. 配合开展研究生培养机制改革。根据教育部要求,学校从2007级学生开始实行研究生培养机制改革。为配合学校做好此项工作,财务部于2007年上半年就改革过程中涉及的财务相关问题进行调研,在此基础上,结合学校一系列文件,明确了财务工作思路。暑假期间,财务部还与计算中心、研究生院一起开发了针对培养机制改革的"奖助学金发放系统",保证了研究生新生在2007年9月初顺利入学,并将奖学金及时、准确发放给相关学生。

5. 结余资金清理工作。2007年年初,教育部专门下发关于清理结余资金的文件,教育部财务司也在多次会议上提出清理结余资金的要求。学校对此十分重视,专门组织召开了相关单位财务负责人会议,传达国家政策和教育部要求,并对学校实际情况进行了分析,取得了较好的效果。财务部为清理结余资金的管理部门,成立了清理工作小组,为顺利完成资金清理工作提供了良好服务。

6. 加强财务信息化建设。2007年学校重点研发了包括新一代工资发放系统、科研经费预决算管理系统、经费拨款到位系统、助研经费发放系统、财务人员自动化办公系统在内的5个信息系统,并针对国库集中支付和清理结余资金情况对现有财务系统进行了改造。医学部在附属医院安装并使用统一的财务核算软件,从而实现了与附属医院的财务联网,有效增进了财务沟通;医学部还通过信息系统研发,实现了所有资金的网上查询功能。上述工作对提高财务

工作效率、为学校教学科研提供优质服务起到了重要作用。

7. 协助做好奥运筹备工作。财务部全力配合奥组委和学校,做好奥运场馆建设、校园周边环境整治等工作,并抽调了三名业务骨干负责北大奥运场馆团队的日常财务工作,保证了奥运会乒乓球测试赛在我校的成功举办。在奥运会、残奥会期间,财务部还将组成专门小组配合北大场馆团队的财务工作,保障奥运筹办工作和奥运会期间工作的顺利开展。

(田 丽)

# 审 计 工 作

【概况】 2007年,北京大学审计工作持续稳步发展,为学校各项事业的建设发展做出了贡献。在国家审计署2005—2007年度全国内部审计先进单位评选中,北京大学被评为全国内部审计先进单位。2007年,共完成各类审计审签项目(出具审计报告、意见)1792项:财政审计289项,工程审计1489项,企业审计4项;其中包括领导干部任期经济责任审计9项。审计工作取得了如下绩效:

为学校增收节支、创造效益。通过加强内部审计的管理控制作用,学校资源利用效益不断提高。其中,通过对学校有关事项的专项审计,为学校直接减少支出100万元;通过对建设工程审计,为学校直接减少支出2000多万元,直接减少进度款、拨付款2700多万元。

为学校防范风险。通过处理违法违规资金,防范学校资金资产安全风险和违规风险;经过学校内部审计的项目或单位,在外部审计或检查时普遍反映良好。

促进内部管理与控制机制建设。通过审计工作,提出促进内部管理控制机制建设的意见和建议

数十条,促进了学校内部管理活动的规范运行。近年来连续进行审计的单位,其内部管理规范化程度明显提高。

【财政审计】 学校预算执行和重点专项资金审计。根据学校特点,针对此项业务长期持续开展且学校资金量大、二级单位较多、业务复杂等特点,将全面审计与重点审计相结合,预算执行情况审计与大额资金支出月度审计审签相结合,二级预算单位延伸审计与对其负责人经济责任审计相结合,合理确定审计方式、科学整合审计资源,促进学校预算管理规范化程度不断提高。根据教育部主管司局要求,组织开展了对"'十五'中国高等教育文献保障系统(CALIS)项目"(跨校项目)的预算执行情况进行了审计,并重点对后勤经费预算执行情况进行了审计。

大额资金月度审计审签。严格执行教育部"银行对账单双签制"的有关规定,坚持按照我校《大额资金月度审计审签规范》开展工作,每月对于10万元大额资金支出严格执行审计程序,特别是对非经常性业务开支重点审核。通过这些工作,规范了大额资金的支出程序,完善了资金管理的内部控制,确保了资金安全。

二级单位财务与管理审计。开展二级单位审计14项,包括院系3项,机关3项,直属附属单位6项,后勤实体2项。通过审计,处理了账外资金、大额资金使用违规、收入不上缴、资产管理失控、工程转包等问题,促进了二级单位的内部管理机制建设,防止了学校资源、资产收益的流失,防范了学校风险。

专项预算审核。根据学校要求,对学校有关专项预算项目进行事前审计,发挥了内部审计的事前控制作用,促进了专项预算的规范化管理和学校资金使用效益的提高。

【建设工程审计】 在2006年开始进行全过程审计的基础上,全面开展建设工程全过程审计。在审建设工程项目12项,建筑面积51万平方米,计划投资19亿元,本年完成投资8亿元。此外,继续开展竣工结算审计,审结竣工结算项目143项,审定建安工程费用5亿元。

建设项目概预算审计。进一步完善建设造价控制机制,与相关部门配合,推动成立北京大学建设工程投资评审小组,加强对建设投资的事前控制。投资评审小组对投资估算、设计概算等进行评审,确定建设投资的控制目标,进行限额设计,在确保满足工程项目使用功能和质量性能的前提下,尽可能节约经费,控制工程建设开支,提高建设经费使用效益。2007年,投资评审小组对人文大楼等6项工程进行了评审,确定了投资标准和规模,对建设投资控制形成了有效约束,为提高建设资金使用效益打下了基础。此外,还对大中型项目设计阶段建设投资控制的情况进行审计,促进限额设计的落实;对改造项目、中小型项目直接进行概算审计,为建设工程投资评审小组审定概算提供决策支持。

建设项目招投标审计。在2006年制定出台《北京大学建设工程项目招标管理办法》的基础上,继续推动招标工作的规范化、科学化。学校招标评标工作得到明显改进,程序更为规范,招标工作更为严谨。在全过程审计项目中,校内材料设备招标采用了上网公告、合理低价竞标,按照学校招标办法组成评标小组记名投票的方式,取得了较好的效果。截至2007年12月底,学校投资工程项目中"暂估暂定项目"招标结果比预算节省约1591万元,有效地提高了学校建设资金的使用效益。

建设项目施工阶段审计。通过对工程变更及洽商费用的审计,有效遏制了施工过程中不合理洽商的发生,以及高估冒算的出现。截至2007年12月底,洽商类审减金额总计为1086.51万元。通过对工程进度款进行审计,有效阻止了工程款超付的发生,截至2007年12月底,审计审减金额1850万元。通过对基建工程部的月度工程拨付款进行审计,规范了建设资金的使用,减少学校工程款支付的风险,截至2007年12月底,全年送审金额67490.34万元,审定66637万元,审减853.34万元。除在前述有关重点环节设置审计控制机制外,坚持对工程管理情况按季度出具审计报告,进行审计评价,提出审计意见和建议,旨在促进工程管理部门进一步完善内部管理机制,规范管理行为,有效控制工程造价。此外,还坚持对工程建设进行全过程审计,确保建设投资得到有效控制。除由于出资方要求提高装修品质以及复杂工程设计变更较多等因素影响的个别工程外,截至2007年12月底,新化学楼等10项工程造价都基本控制在预算之内。

建设项目竣工结算审计。在竣工阶段,继续对10万元以上的经过监理公司和工程管理部门初审的工程项目进行竣工结算审计,截至2007年12月底,审结工程项目133项,其中送审金额51250万元,审定金额50332万元,审减金额918万元,二次审核审减率为1.8%。

【企业审计】 委托会计师事务所、评估公司对青鸟集团改制审计、评估进行复核,委托会计师事务所、评估公司对资源集团产权转让进行审计、评估,对北大资产经营公司2003年1月—2007年5月财务收支与管理情况进行审计。通过审计,为学校领导进行产业方面的决策提供了必要的信息和决策支持。

【经济责任审计】 2007年开展领导干部经济责任审计9项,包括院系领导干部经济责任审计3项,机关和直属附属单位领导干部经济责任审计6项。在经济责任审计中,加强了调研和访谈,全面了解和掌握被审计单位业务与管理情况,并对审计结果多方听取和征求意见,确保审计结果客观公正,审计质量不断提高。通过审计,促进领导干部和领导班子全面掌握本单位管理状况,促进领导干部认真履行所承担的经济责任,促进单位进一步完善内部管理机制,规范内部管理。

【内部审计转型与建设】 不断借鉴国际内部审计的先进理念,探索其在我国大学的实现途径,努力使内部审计从传统内部审计向现代内部审计转变。

在审计领域上,审计工作从以关注资金为主,向全面关注资金、资产、资源转变。为实现好这一转变,审计部门从学校内部资源配置的方向、结构及其变化,资源配置与管理控制的关系上关注资源配置的新方向、新变化,从而确定审计的领域、方向、重点。把资源配置的方向作为内部审计的方向;把管理控制薄弱的环节作为内部审计的重点。

在审计目标上,从合规性审计为主向管理与绩效性审计为主转变,充分发挥审计工作对于提高学校资源利用效益的作用。在内部审计的各种目标中,突出强调为提高学校资源利用效益服务,并以此引导整个审计工作。2007年实现了管理与绩效性审计比例在审计工作中占到70%的目标。

在审计方式上,从事后审计为主向事前审计为主转变,也就是从事后检查向事前控制的转变,充分发挥内部审计在管理控制中的作用,把传统的检查处理问题的工作方式转变到通过建立审计控制机制或促进建立其他控制机制防止问题发生的工作方式上来。2007年实现了事前审计比例在审计工作中占到70%的目标。

依照上述工作理念,2007年在内部审计建设和管理上,主要开展了以下工作:

1. 内部审计队伍建设。坚持"建立一支专业化、职业化、适应国际内部审计发展与世界一流大学建设的内部审计队伍"的目标,经过努力,以国际注册内部审计师为骨干的审计队伍初步形成。校本部审计人员中,70%审计人员具有国际注册内部审计师资格。此外,还有8人次具有中国注册会计师、注册造价工程师、注册税务师、注册资产评估师、注册价格鉴证师等专业资格。为适应审计工作的不断发展,组织审计人员参加了现代内部审计理念、经济责任审计、建设工程审计等方面的培训,组织开展了内部审计论坛等形式的研讨交流活动,促进了审计人员专业水平的提高。

2. 内部审计规范标准建设。通过近年发展,学校建立了完整的以《北京大学内部审计规定》为核心的内部审计制度体系。目前,适合学校情况与现有审计人员特点的一套内部审计实务标准与工作程序已经形成,该标准细化流程,注重程序、目标引导过程,包括5大类40多个规范性的文件,并在8年的实践中不断修订完善。从1999年9月时的《审计业务规范与文书格式》到现在的《内部审计实务手册》,每一项工作都建立了程序与标准。为适应建设项目全过程审计的开展,在2006年基础上又增加了建设项目全过程审计造价综合分析等方面的规范指南。

3. 内部审计业务技术建设。(1)"业务入手、问题导向"的审计方法逐步完善。近年来提炼和总结出的"业务入手,问题导向"审计方法继续深入应用。传统审计习惯于从"账面入手"开展工作,注意力在会计凭证、会计账簿、会计报表,这样容易使审计工作局限于会计信息,而忽略了其他信息。按照"业务入手"审计方法,要求审计人员全方位地获取信息、提炼信息,在审计业务过程中既要查账务、查账户,又要查业务,既要关注财务信息也要关注业务信息,既要运用查账手段也要运用调研手段,来揭示存在问题,提炼有用信息和综合分析,并从体制、机制上提出解决和防范问题的办法。随着审计方法的改革,审计活动不再局限于财务收支的审计,而是拓展到与资源利用有关的业务活动及其内部控制,通过对业务活动及其内部控制的审计,完善整个管理控制过程,从而防范风险、创造效益。(2)基于通用软件的数据分析技术逐渐使用。学校审计部门充分发挥电子数据审计的优势,从手工数据审计向电子数据审计逐步过渡,并积极探索不基于专门的审计软件、而是基于通用软件的审计模式和方法。在工具改善、方式转变的基础上,充分利用电子数据,强化数据分析,提高了审计效率、质量和效果。

4. 内部审计理论建设。2007年7月,王雷申报的"管理与绩效审计框架研究"课题获得中国教育审计学会一等课题立项,并开展了对管理与绩效审计框架的研究工作;相关工作人员还参加了教育部财务司的"高校校长经济责任审计中的财务分析研究"课题研究工作。

5. 内部审计环境建设。学校审计部门通过多种方式,宣传内部审计在学校发展中的作用,营造各方理解、关心、支持审计工作的局面。在工作中,既充分发挥内部审计的管理控制作用,又与各相关业务职能部门建立良好的沟通机制与工作关系,站在不同角度为学校改革与发展服务,共同为学校防范风险、提高资源利用效益。

## 资 产 管 理

【房地产管理】 2007年,根据学校的规划和安排,房地产管理部进一步加强了对各类房屋、土地资源的科学管理与合理调配,主要开展了公用房调配与管理、教职工住房的管理与服务、土地与房屋产权管理等方面的工作。

1. 公用房调配与管理。

(1)调整与分配。将政府管理学院腾空的部分法学楼、老化学楼办公用房分配给马克思主义学院、社会学系、艺术学院、人口所、心理系、学校法律顾问办公室等单位使用,分配调整的房屋建筑面积约622平方米;按照学校公用房配置领导小组批准的分配与调整方案,协助化学与分子工程学院完成搬入新化学南楼,将化学南楼、技术物理楼、加速器楼内的化学学院应腾空房间调整分配给外国语学院、物理学院、工学院、环境学院、地球与空间科学学院、对外汉语教育学院等6家单位,分配与调整的房屋建筑面积约27000平方米。

(2)搬迁与周转。配合会议中心完成校内北招待所的搬迁腾空;督促生命科学学院腾空交回生物东、中、西馆;腾空燕南园50号平房、燕南园51号小楼部分和燕东园30号小楼,分配给儒藏中心、艺术学院、社会调查中心等单位作临时办公使用;协助社区服务中心进行清华园四至七公寓商店北平房的搬迁谈判。

(3) 竣工验收。新建公用房竣工验收9处，建筑面积合计89791平方米。其中包括：北大体育馆，第二教室楼，畅春园60甲、61甲、64、65学生宿舍，畅春园食堂，燕北园生活服务楼，附小地下车库。

(4) 医学部公用房普查。医学部后勤与基建管理处完成医学部全部公用房的普查工作，摸清了每间房屋的面积、使用部门、目前用途等基本情况，普查涉及医学部55栋(处)房屋，共计6708间，使用面积20余万平方米，并先后进行2次复查，为公用房管理制度的出台提供翔实准确的基础资料。

2. 教职工住房的管理与服务。

(1) 校本部。2007年，共为选留应届毕业生74人、引进人才及调入人员52人、申请调整教师公寓27人安排教师公寓153套(间)，其中成套房144套，非成套房9间；安排教师公寓粉刷检修65套(间)。为博士后办理进站入住207人次，粉刷检修博士后公寓24套(间)。经调查核实，2007年共计清理收回房屋62套(间)，建筑面积约2140平方米。办理退休、调出、病故转单220余人次，开具校外住房及教职工住房补贴情况调查表、教师优惠证明600余人次。统一支付西二旗供暖费约211万元；支付西三旗育新花园小区、六道口静淑苑小区供暖费约100万元，物业费约43万元。

(2) 医学部。2007年，共完成79套教职工公寓粉刷装修；清退出不符合入住公寓条件的职工31人；为符合入住单身床位和成套公寓条件的144名新参加工作职工和老职工办理了入住手续；为14名因怀孕及因病行动不便仍在本岗位坚持工作的职工安排入住5%房源。共完成12套博士后公寓置换工作。

3. 土地与房屋产权管理。在国有土地使用权登记工作方面，办理肖家河土地预审和成府园征地结案，取得畅春新园土地证，对未领取土地证的土地进行了预登记。在房屋产权管理工作方面，办理了北河沿、燕北园334楼、畅春新园等房产证，与清华大学协商了蓝旗营公建划分。

(姜如、陈杰、杨晶、孙品阳)

【房改工作】 2007年，学校住房制度改革工作主要包括房改售房和教职工住房补贴发放等工作。

1. 房改售房工作。2007年共发放1997价、1999价、2001价房产证628本，其中蓝旗营房产证417本、燕北园农转居拆迁户房产证211本；共办理退、购房等房改售房手续16户。

2. 住房补贴发放和预算决算报送工作。在住房补贴发放工作方面，校本部发放教职工住房补贴2596人，发放补贴资金8763万元；医学部住房补贴发放约8300万元，领取住房补贴职工2600余人；校本部为1667名在职无房教职工启动新标准月补贴，发放补贴资金2367万元；校本部完成教职工住房补贴账户内住房补贴统一支取和销户工作，将教职工住房补贴专户内的补贴资金全部发放给教职工本人，发放人员共计3318人，发放补贴资金8215余万元。在住房补贴预算决算报送工作方面，编制完成《2006年北京大学住房改革支出决算报表》《2007年北京大学住房补贴预算报表》和《2008年住房改革支出预算报表》，并按时上报教育部。

3. 住房调查及审核工作。2007年年初，对近3000名职工的住房调查表进行逐一重新审核。2007年下半年，组织新进校人员、退休后关系转民政局人员、1999年后已故人员、农转工人员等1035名教职工填报《中央在京单位住房情况登记表》和《北京大学教职工住房补贴申请审核表》等表格。经审核，将符合住房补贴发放标准的教职工名单在全校范围内张榜公示，公示人员共计1385人。根据学校住房制度改革工作小组的决定，自2007年10月底，组织蓝旗营集资建房购房教职工填写《中央在京单位职工住房情况登记表》和《北京大学教职工住房补贴申请审核表》，收回并审核相关表格900余份。同时，采取设立咨询电话、撰写填表说明、与业主代表座谈等方式，就蓝旗营住房产权证办理、集资房住房补贴政策、填报相关表格等有关情况向老师们进行通报和解释，做好蓝旗营集资购房教职工住房补贴发放的前期准备工作。

4. 住房制度改革工作小组会议。2007年9月，学校调整了北京大学住房制度改革工作小组成员名单(校发[2007]162号)。2007年，工作小组共召开了三次工作会议，根据会议的决定和安排，房地产管理部相继完成蓝旗营集资建房购房教职工、农转工职工的住房补贴调查、审核工作，为最终落实这部分职工的住房补贴工作奠定基础。同时，会议还就引进青年教师的住房问题、办理蓝旗营产权证过程中的有关情况以及发放教职工住房补贴过程中的若干具体情况等问题进行讨论，明确了房改过程中的工作原则和操作办法。

(杜德华、孙品阳)

【房地产管理重点专项工作】 2007年，房地产管理部在完成日常服务保障工作的同时，重点完成公用房管理制度改革、教师公寓管理机制改革、未名湖北岸区域拆迁、篓斗桥学生公寓北侧道路改建工程拆迁、五道口住宅项目建设、校内16楼和17楼的搬迁腾空工作、高访公寓启用、校园综合整治以及信息化建设等方面的工作。

1. 公用房管理制度改革。公用房管理制度改革进入具体实施阶段。2007年,结合我校公用房实际情况,在调研兄弟院校公用房改革经验并广泛听取院系意见的基础上,房地产管理部提出了《北京大学公用房管理条例(修改稿)》(以下简称《条例》)。7月,学校公用房改革工作小组召开会议,对《条例》的主要内容进行集中讨论。随后,房地产管理部先后组织财务部、人事部、科研部、实验室与设备管理部、图书馆等部门举行专题会议,对《条例》进行认真讨论;同时,与信息科学技术学院、化学与分子工程学院等院系进行沟通,听取院系意见和建议,对《条例》做进一步修改和完善。11月29日召开了《条例》定稿通报会,鞠传进副校长、公用房改革工作小组成员、部分院系代表出席会议,就《条例》内容再次进行广泛讨论,并提出了相关意见和建议。12月18日,《条例》经第672次校长办公会讨论通过。《条例》将首先在化学与分子工程学院、信息科学技术学院、哲学系等院系试行,条件成熟后将逐步在全校范围内实行。《条例》的实行将改变学校房产资源无偿使用的传统观念,促进房产资源的有效合理配置,提高房产资源的使用效益。

2. 教师公寓管理机制改革。2007年,房地产管理部就教师公寓现状和存在的问题进行了认真分析,并多次与人事部、财务部等职能部门进行沟通。同时走访了清华大学、中国人民大学、北京师范大学等高校,调研了解教师周转用房的管理情况。经过认真准备,房地产管理部起草了《我校教师公寓现状及存在的问题分析》《教师公寓管理机制改革调研报告》和《教师公寓管理办法(讨论稿)》,并提请教师公寓管理委员会进行讨论研究。按照鞠传进副校长的指示以及教师公寓管理委员会会议精神,房地产管理部与教代会及工会生活福利委员会、人事部、财务部等部门再次进行了沟通和研讨。经过努力,最终完成了改革方案的修改完善工作,并提请学校党政联席会讨论研究。

3. 未名湖北岸区域拆迁工作。

2007年,未名湖北岸拆迁工作进入攻坚阶段,面临的困难更加艰巨。在校领导的支持以及教职工所在单位的配合下,房地产管理部全力投入,截至8月底,后湖地区拆迁剩余住户全部搬迁完毕,共拆迁教职工住户131户,拆除房屋13000多平方米(正式房屋6000多平方米,自建房屋近7000平方米),占地面积40000多平方米。此次拆迁的成功完成,不仅保证了"北京国际数学中心"以及"人文大楼"工程的顺利建设,而且为学校今后的发展预留了一定的空间。更主要的是,通过此次拆迁,极大地促进该区域校园环境整治,更好地进行文物建筑修缮和保护,彻底解决私搭乱建、非法出租、治安、消防隐患等长期困扰学校的问题。

4. 篓斗桥学生公寓北侧道路改建工程拆迁工作。

篓斗桥学生公寓北侧道路改建工程,铺设雨水、污水管道以及保证消防通道畅通,需要对蔚秀园平房95—100号平房进行拆迁,涉及教职工住户5户,正式房屋10间,自建房屋10多间。房地产管理部积极向海淀区建委和北京市建委争取,办理了追加拆迁计划以及有关拆迁手续。经过多方努力,3月底,拆迁工作顺利完成,共拆除房屋建筑面积503平方米,保证了改建施工的顺利进行。

5. 五道口教师经济适用房项目建设。

2007年,房地产管理部积极协助并督促法政公司做好五道口项目有关工作,推进项目不断进展。一是积极协调办理项目套型面积以及规划、开工手续事项,争取到北京市教委、规委以及教育部的大力支持,项目于3月办理了《施工许可证》并正式开始动工建设;二是努力协调办理居民回迁问题,争取最大程度减少回迁户数,并力争拆迁住户全部异地安置;三是与财务部密切配合,协助办理对法政公司项目建设给予必要的资金支持,确保项目顺利进行。截至2007年底,五道口项目进展顺利,住宅部分已经建设到地上十层,预计2008年6月完成结构封顶,2009年工程竣工。2007年4月,学校成立"五道口教师住宅置换售房工作小组",负责房屋置换和售房方案的制订。为配合小组的工作,房地产管理部精心准备,完成了学校相关区域的数据测算。6月,草拟《北京大学五道口教师经济适用房置换基本方案》,经第18次党政联席会讨论通过。

6. 校内16楼、17楼的搬迁腾空工作。

根据学校安排,校内16楼、17楼教工宿舍腾空用于临时办公。16楼、17楼共有131间集体宿舍,主要居住人员为部分无房教职工、进修教师和各单位临时聘用人员、部分历史遗留占房户等。为确保如期顺利腾空,保证现居住人员的平稳过渡,房地产管理部认真准备,开展了大量的细致工作,针对不同人员,分别采取了相应的处理方式。在校领导的支持和各相关单位的密切配合下,5户历史遗留占房户问题得到妥善处理,楼内其他住户得到妥善安置。11月9日,搬迁腾空顺利完成,16楼粉刷检修后已经启用,奥运安全保障和服务人员顺利入住;17楼也已正式移交给教育财政研究所。

7. 高访公寓启用。

2007年5月,中关园高级访问学者公寓7套二居室精装修工程顺利完成。为加强管理与服务,房地产管理部委派专人负责,并拟定公寓收支办法、公寓管理办法等相关管理规章制度。截至2007年底,有近二十位国内外高级访问学者短期入住,运行情况良好。

8. 校园环境综合整治。

根据校领导的指示,房地产管理部、燕园街道办事处、居委会等单位积极配合海淀区城管监察大队高校执法分队进行违法建设拆除工作。截至2007年底,依法拆除了燕南园及冰窖区域22户约1300平方米的违法建设,清理了2户非法占房户。

9. 房屋安全检查。

根据国家及北京市的有关规定,结合北京大学实际情况,房地产管理部按照《北京大学房屋安全检查实施方案》的计划安排,2007年10月至12月间共完成了承泽园、燕北园、燕南园、燕东园、科学院、北河沿及黄庄等区域126栋楼房和小楼的安全检查,总建筑面积约17万平方米。

10. 北京大学房地产管理信息系统建设。

房地产管理部与计算中心密切合作,加快系统的建设进程。整个系统框架基本完成,公房子系统已投入使用,房产子系统正在试用,其他部分正在进行功能的测试,系统将于2008年全面投入使用。

(殷雪松)

【实验室建设与管理】 截至2007年底,北京大学共有实验室171个,其中校本部82个,医学部89个。2007年实验室建设与管理方面的主要工作包括:

1. 实验教学示范中心建设与评审。

按照教育部和北京市教委关于开展高等学校实验教学示范中心建设和评审工作的通知要求,组织相关实验教学中心的建设与申报工作。2007年,经济管理、计算机和药学三个参评中心全部被评为北京市级实验教学示范中心,其中经济管理和计算机实验教学中心被评为国家级实验教学示范中心。至此,北京大学共有国家级实验教学示范中心5个,即:基础物理实验教学中心、化学基础实验教学中心、生物基础实验教学中心、经济管理实验教学中心和计算机实验教学中心;北京市实验教学示范中心8个,除上述5个国家级实验教学示范中心外,另外三个分别为:电子信息科学基础实验中心、生物医学实验教学中心和药学实验教学中心。

2. 教学实验室建设。

根据新闻、艺术等学科发展需要,组建成立校级管理的"北京大学数字媒体实验教学中心",并由学校经费支持343万元建成Avid非线编实验室,为新闻、艺术及相关专业本科实验教学提供条件支持。由"211"经费支持28.46万元建成外语学院同声传译实验室并投入使用,有力促进相应学科的发展,成为外语学院获得开设口译硕士点批准的重要支持因素,为北京大学文科实验室建设打下良好基础。此外,北京大学实验教学设备补充经费在全校范围内共支持本科教学实验室建设项目12个,共计金额84.11万元;北京大学实验教学改革经费在全校范围内共支持实验教学改革项目17个,共计金额128.485万元。

3. 实验技术队伍建设。

2007年,北京大学新评聘教授级高工3人(其中含提退1人),高级工程师/高级实验师7人,工程师/实验师20人。为鼓励实验技术队伍的积极性和创造性,促进实验技术水平的不断提高,根据《北京大学实验室工作评审奖励办法》的相关规定,实验室与设备管理部在全校范围内组织开展"北京大学第四届实验技术成果奖"(每两年一次)的申报、评审工作。经过院系推荐、校评审专家组评审、现场考察和公示等阶段,共评选出获奖成果42项,其中一等奖7项(校本部5项,医学部2项),二等奖14项(校本部10项,医学部4项),三等奖21项(校本部15项,医学部6项)。

4. 公共教室建设。

2007年,北京大学对原有的第一、三、四教学楼、理教、文史楼等公共教学楼进行改、扩建,并新建第二教学楼。实验室与设备管理部负责组织教学楼教学设备、设施更新、改造的方案制定、论证和招标采购工作,主要包括的设备、设施有:多媒体、集中控制、移频扩音、中央空调、黑板、桌椅、窗帘等,招标采购金额共计1542万元。

(张聂彦 张 媛)

【仪器设备管理】 截至2007年底,北京大学在用仪器设备总量增至123536台,价值人民币21.98亿元(校本部85348台,价值人民币16.99亿元;医学部38188台,价值人民币4.99亿元)。其中,40万元以上大型仪器设备549台,价值人民币6.79亿元(校本部451台,价值人民币5.81亿元;医学部98台,价值人民币9800万元)。2007年,北京大学新增800元以上仪器设备15707台,价值人民币2.22亿元(校本部11872台,价值人民币1.79亿元;医学部3835台,价值人民币4300万元)。其中,校本部新增40万元以上大型仪器设备20台,价值人民币3900万元;医学部新增40万元以上大型仪器设备8台,价值人民币700万元。2007年仪器设备管理方面的主要工作包括:

1. 仪器设备清查。根据财政部、教育部、北京市人民政府相关文件要求,组织完成北京大学(含医学部)仪器设备清查工作,对全校共计117027台、价值20.70亿元的仪器设备进行了全面清查,其中37个校本部单位和医学部单位出现仪器设备盘亏。全校仪器设备盘亏共计3536台,盘亏金额2396.49万元。清查工作结束后,为进一步加强北京大学仪器设备管理工作，根据学校领导指示，在全校范围内下发《仪器设备清查工作总结报告》，并向全校各单位书面反馈清查中发现的问题和整改建议。同时，对清查中发现的部分问题进行了处理和规范，对清查过程中涌现的先进集体和个人进行表彰，对清查中发现的仪器设备盘亏制定了专门的赔偿方案并监督执行。

2. 第十五期大型仪器设备开放测试基金的结算工作。第十五期大型仪器设备开放测试基金共完成测试项目671个，使用测试费437.79万元，测试机时56062小时，测试样品41470个。受益单位包括化学与分子工程学院、生命科学学院、物理学院、地球与空间科学学院、城市与环境学院、环境科学与工程学院、信息科学技术学院、考古文博学院、数学科学学院、工学院、分子医学研究所、心理学系、医学部等。

3. 第十六期大型仪器设备开放测试基金的申报和评审。第十六期大型仪器设备开放测试基金共收到课题申请801个，测试费申请总额达826万元，申请机时90余万小时，申请样品测试10万余个。通过评审，最终获得批准的课题共792个，测试基金总额达571万元，其中学校出资350万元，申请人配套经费221万元。参加第十六期开放的仪器设备增加到100台，动物中心首次纳入开放基金系统。

4. 北京科学仪器协作共用网入网仪器的管理。2007年，北京大学加入北京科学仪器协作共用网的仪器共10台。

5. 大型仪器设备测试服务。2007年，北京大学大型仪器设备测试服务总收入达625.22万元（含北京科学仪器协作共用网入网仪器设备服务收入，不含大型仪器设备测试基金部分）。

6. 大型仪器设备购置可行性论证。2007年，共开展40万元以上大型仪器设备购置可行性论证工作24次。

7. 大型教学科研仪器设备使用情况调查。根据教育部和北京市教委的文件要求，完成了校本部304台40万元以上的教学科研仪器设备的年度使用情况调查分析。其中，使用机时800小时以上的仪器占64.80%，使用机时2000小时以上的仪器占22.70%。

8. 校级科研公共平台建设。（1）正式启动"985"（二期）重点建设项目——北京大学实验动物中心二期工程建设。截至2007年底，该项目已完成主体结构建设，进入内部装修阶段。作为心理行为学研究基地，实验动物中心二期建成后将为灵长类动物电生理实验和认知神经科学研究提供实验条件支撑，有力促进我校生物心理学及相关研究的深入开展。同时，中心三期建设已通过可行性论证，四期建设也在规划之中。为了使实验动物中心与国际接轨，具备承担国际重大项目及药物研发的资格和条件，在学校领导和相关教授的支持下，实验动物中心积极推进AAALAC和GLP国际认证的各项工作。2008年2月，北京大学通过了AAALAC完全认证，GLP认证工作也已在进行中。（2）正式启动"985"（二期）重点建设项目微纳米加工超净公共实验室建设。该实验室总投入3000万元，定位为面向全校的微纳米超净加工工艺平台，建成后将为微纳米材料等相关学科的教学科研工作提供有力支持。目前该项目已完成实验室基础建设工程，全部14台大型仪器设备通过论证，5台进口仪器及部分国产仪器已陆续到货、验收通过并投入使用。

9. 编制《北京大学大型科学仪器设备汇编》。为整合我校科技资源，促进资源共享，充分发挥大型科学仪器的使用效益，进而促进学科交叉与融合，实验室与设备管理部组织编制了《北京大学大型科学仪器汇编》，全面收录了我校在用40万元以上大型教学科研仪器的信息，并已分发到各教学科研相关单位。

10. 旧仪器设备的报废、调剂与回收。规范旧仪器设备的报废程序，及时发布拟报废仪器设备信息，供全校教学、科研调剂使用，充分发挥这些仪器设备的使用效益。对确实没有利用价值的旧仪器设备进行分类集中，招标出售，2007年全校旧仪器设备变价收入为199.39万元。

（张解东、李小寒、周勇义、盛路、崔洪伟）

【仪器设备采购】 2007年，实验室与设备管理部进一步完善招标采购制度，规范仪器设备采购申报、审批程序以及招标采购的流程。作为"阳光采购"机制之一，定期公布学校通用设备实际采购价格及采购工作相关信息，使全校教职工及时掌握通用类仪器设备的实际价格变动情况。2007年，在仪器设备采购方面的主要工作包括：

1. "985工程"采购。截至2007年底，"985工程"一期仪器设备经费总拨款4.35亿元，已全部完成；"985工程"二期仪器设备经费总拨款2.41亿元，已执行1.79亿元，其中2007年执行8319.41万元（国外5351.42万元，国内2967.99万元）。签订进口采购合同115项，合同金额折合人民币5351.42万元，购置仪器设备276台（件、套、批）；其中，40万元以上大型仪器设备14台（套），超过140万人民币的超大型仪器设备5台（套），包括：物理学院的"L140-2k低温制冷系统"、化学与分子工程学院的"傅立叶回旋变换质谱仪"、分子医学研究所的"基因芯片测试系统"、微纳米加工超净实验室的"扫描探针显微镜"、生命科学学院的"微聚焦光源"等。

2. "十五""211工程"采购。截至2007年底,"十五""211工程"仪器设备经费总拨款2.57亿元,已全部执行完毕,其中2007年执行1193.6万元(国外258.6万元,国内935万元)。签订进口采购合同8项,合同金额折合人民币258.6万元,购置仪器设备24台(件、套、批);其中,40万元以上的大型仪器1(套),为生命科学学院的"蛋白快速分离系统"。

3. 招标采购。2007年,实验室与设备管理部共组织仪器设备招标采购73次,招标金额共计6667.8万元。其中校本部仪器设备招标50次,招标金额共计3589.4万元;医学部仪器设备招标23次,招标金额共计3078.4万元。通过招标方式采购,为学校节省了大量经费。

4. 国内仪器设备采购。2007年,采购国内仪器设备近1亿元人民币。实验室与设备管理部共审核通用设备采购4011万元;审核、签订5万元以上合同221份,合同金额共计4817.5万元。

5. 国外仪器设备采购。2007年,共计从国外采购仪器设备639台(套),折合人民币约7420.51万元,谈判、签订外贸合同265项。

6. 接受境外赠送。2007年,共接受境外友好赠送的仪器设备、图书等5台(套、批),折合人民币55.64万元,全部赠送仪器设备均办理了申请接受赠送的行文、报审、进口审批手续。通过谈判、共建等方式争取到国内仪器设备厂商赠送4次,共获得赠送仪器设备130余台,价值116.5万元。

7. 办理科教用品免税。2007年,共办理免税184项,免税合同金额折合人民币约3954.20万元,按平均税率25%计算,共免除税款约988.55万元。

(石铄、张聂彦)

【实验室安全与环境保护】 随着实验室安全和辐射安全问题越来越引起社会的关注,北京大学有责任在从事教学科研的同时,避免或减少对环境的污染,提高师生的环保意识。2007年,在实验室安全、环境保护和辐射防护方面的主要工作包括:

1. 危险化学废物管理与处理。2007年,共组织处理废液及废旧试剂12批,共计37.5吨,共支出废物处理经费44.26万元。处理动物尸体5批,共计350公斤,支出处理经费1576.12元。同时,完成北京市环保局、北京市安全生产监督管理局、北京市教委下发的各项实验室危险化学品、危险废物情况的调查和统计工作。

2. 实验室安全检查。近年来,我国高校发生的多起实验室安全事故引起各高校对实验室安全工作的重视。为确保北京大学的实验室安全,实验室与设备管理部采取定期检查与不定期抽查相结合的方式,2007年对物理学院、化学与分子工程学院、生命科学学院等实验室集中的院系进行了多次安全检查,并对检查中发现的问题提出整改要求,取得了较为显著的效果,减少了实验室安全隐患。

3. 辐射安全与防护。(1)换领辐射安全许可证。根据国家相关规定要求,北京大学从2006年4月开始启动辐射安全许可证申请换领工作,经过申请、审议、现场检查等阶段,医学部和校本部分别于2007年6、7月份顺利完成换领国家环保总局颁发的《辐射安全许可证》工作。(2)放射源管理。按照国家相关部门要求,北京大学于2007年9月对全校放射源情况进行清查,并根据放射源种类和活度实际情况,分两批对校本部闲置、废旧放射源进行处置,解决了学校历史遗留的废旧放射源问题。第一批废旧放射源共计112枚由天津放废库收贮,第二批44根Co60源由原子高科股份有限公司送至吉林省城市放射性废物库收贮。同时,通过多方争取和沟通,得到中美核技术合作项目资助,为学校争取到8万美元的废旧放射源收贮费用资助。北京大学医学部根据国家有关部门要求,多次对医学部放射性实验室进行安全检查,处理了沉积多年的放射性液体废物;整理了放射性物质相关管理制度。2007年5月,北京大学医学部废旧放射源及废物治理方案通过环境评价,经国家环境保护总局批准,将历史遗留的83枚废旧放射源按规定进行了收贮。(3)放射源库安防升级改造。根据北京市地方标准文件要求,完成了全校(含医学部)所有放射性物品库的门窗锁和视频监控系统改造。通过与国家环保总局辐射安全中心沟通,将北京大学化学学院辐照实验室作为中美合作项目之一,由美方资助5万美元完成安全防范系统的升级改造。北京大学医学部于2007年12月下旬通过北京市公安局对放射性实验及储存场所的技术安全验收工作。(4)放射工作人员管理。根据国家文件要求,北京大学严格执行相关法律法规,对从事放射性工作的人员进行严格管理,包括个人剂量管理、身体检查和培训,保证放射工作人员的身体健康,杜绝辐射事故的发生。经国家环保总局培训,2007年北京大学校本部4人获得国家环保总局颁发的辐射安全与防护培训合格证书。

4. 环境保护。为确保我校师生饮水安全、保证未名湖水质,定期监测我校饮用水和湖水水质,并组织落实节水标志的张贴以及环保宣传等工作。2007年,发展规划部、总务部、实验室与设备管理部的环境保护办公室多次就未名湖水系水源补给匮乏问题开会协商,并多次邀请北京市人大代表哈图卓日克、海淀区水务局局长胡淑彦等来我校就未名湖中水水源补给问题洽谈,到访专家对未名湖水源补给问题提出了许多建设性的意见和建议。

（张志强、张聂彦）

【制度化与信息化建设】 2007年，实验室与设备管理部继续加强部门制度化建设和信息化建设工作，主要包括：制订了《北京大学实验教学设备补充经费管理办法（试行）》和《北京大学实验教学改革经费管理办法（试行）》两部规章制度；完成了"大型仪器设备开放测试基金管理系统"建设，实现了大型仪器设备开放测试基金申报、评审、执行、总结、结算全过程的计算机网络化管理；初步完成"仪器设备经费和采购管理信息系统"建设，初步实现从立项、论证、招标、采购的全过程网络化管理；完善了实验室与仪器设备管理信息系统功能，在原有系统的基础上，增加报废统计、数据转储、条码标签打印等功能，进一步提高了仪器设备管理效率和水平。

（张　媛）

附　表

表9-34　2007年北京大学土地基本情况汇总表

| 序　号 | 土　地　坐　落 | 面　积（平方米） |
|---|---|---|
| 1 | 海淀区海淀路5号 | 1016971.00 |
| 2 | 海淀区颐和园路102号（蔚秀园） | 84851.11 |
| 3 | 海淀区北京大学畅春园 | 60644.06 |
| 4 | 海淀区成府路燕东园 | 185073.10 |
| 5 | 海淀区北京大学中关园 | 160200.70 |
| 6 | 海淀区北京大学承泽园 | 58748.41 |
| 7 | 海淀区清华南路4—7公寓 | 15732.44 |
| 8 | 海淀区骚子营北京大学燕北园 | 94472.54 |
| 9 | 海淀区中关村19号楼 | 663.66 |
| 10 | 海淀区中关村23号楼 | 651.55 |
| 11 | 海淀区中关村25号楼 | 1017.84 |
| 12 | 海淀区中关村26号楼 | 1045.24 |
| 13 | 海淀区中关村北二条街3号 | 13182.95 |
| 14 | 海淀区中关村北二条街7号 | 1527.07 |
| 15 | 海淀区大泥湾北大附中 | 55485.32 |
| 16 | 海淀区北河沿3号楼 | 581.68 |
| 17 | 海淀区上地朱房 | 7529.80 |
| 18 | 海淀区教养局10号 | 353.80 |
| 19 | 海淀区苏家坨镇金仙庵 | 16779.40 |
| 20 | 海淀区苏家坨镇金仙庵朝阳院 | 6667.00 |
| 21 | 海淀区苏家坨镇寨口村44号 | 1681.83 |
| 22 | 东城区黄米胡同7号 | 837.00 |
| 23 | 东城区黄米胡同9号 | 400.00 |
| 24 | 东城区礼士胡同141号 | 375.20 |
| 25 | 东城区北河沿大街155号 | 374.10 |
| 26 | 东城区东高房胡同21号 | 3093.00 |
| 27 | 昌平区十三陵镇北京大学昌平园区 | 346296.00 |
| 28 | 昌平区十三陵镇西山口村南 | 3935.00 |
| 29 | 昌平区十三陵镇西山口村南苗圃 | 11260.00 |
| 30 | 昌平区十三陵镇太陵园村东南侧 | 1938.00 |
| 31 | 昌平区南口镇太平庄村 | 6667.00 |

续表

| 序号 | 土地坐落 | 面积(平方米) |
|---|---|---|
| 32 | 昌平区十三陵镇西山口村南1号泵站 | 815.00 |
| 33 | 昌平区十三陵镇北京大学昌平园区污水处理池 | 120.00 |
| 34 | 海淀区海淀路36号 | 589.44 |
| 35 | 海淀区海淀路38号 | 777.79 |
| 36 | 海淀区海淀路44号 | 132.61 |
| 37 | 海淀区海淀路46号 | 1548.05 |
| 38 | 海淀区海淀路50号 | 2150.52 |
| 39 | 海淀区蓝旗营教师住宅小区 | 25323.84 |
| 40 | 海淀区蓝旗营教师住宅小区商建 | 5964.45 |
| 41 | 海淀区北京大学畅春新园学生宿舍 | 19999.94 |
| 42 | 海淀区北京大学簍斗桥学生宿舍 | 7775.00 |
| 43 | 海淀区北京大学成府园 | 102212.30 |
| 44 | 海淀区万柳大学生公寓 | 23557.61 |
| 45 | 海淀区学院路38号(医学部) | 389130.90 |
| 46 | 西城区草岚子胡同8号(医学部) | 4398.60 |
| 合计 | | 2743531.85 |

(杨 晶、谢国康)

表9-35　2007年北京大学房屋基本情况汇总表

| 类别 | 校本部建筑面积(平方米) | 医学部建筑面积(平方米) | 合计建筑面积(平方米) |
|---|---|---|---|
| 一、教学科研及辅助用房 | 504126 | 150586 | 654712 |
| 公共教室 | 59113 | 33530 | 92643 |
| 图书馆 | 57438 | 10024 | 67462 |
| 体育馆 | 10802 | 2700 | 13502 |
| 会堂 | 12421 | 3492 | 15913 |
| 实验室和其他教学科研及辅助用房(院系) | 364352 | 100840 | 465192 |
| 二、行政办公用房 | 23085 | 12031 | 35116 |
| 三、生活用房 | 518920 | 117278 | 636198 |
| 学生宿舍 | 252909 | 95950 | 348859 |
| 教工集体宿舍 | 26430 | 1530 | 27960 |
| 学生食堂 | 39311 | 6443 | 45754 |
| 生活福利及其他附属用房 | 200270 | 13355 | 213625 |
| 四、教工住宅 | 496460 | 64629.92 | 561089.92 |
| 五、产业用房 | 199265 | 5630 | 204895 |
| 六、附小、附中用房 | 87778 | | 87778 |
| 总计 | 1829634 | 350154.92 | 2179788.92 |

(胡垣霞、谢国康)

表9-36　2007年北京大学教职工住宅现状情况表

| | 建筑面积(平方米) | 使用面积(平方米) | 居住面积(平方米) | 实住户数(户) | 有成套房户数(户) | 住房成套率(%) |
|---|---|---|---|---|---|---|
| 校本部 | 534227.00 | 401674.00 | 241004.00 | 8818 | 7226 | 82 |
| 医学部 | 109012.35 | 75916.31 | 59326.31 | 1655 | 1491 | 90 |
| 合计 | 643239.35 | 477590.31 | 300330.31 | 10473 | 8717 | 83 |

注：住宅面积中包括蓝旗营小区、安宁里小区及部分校外购福利房面积。

(赵月娥、王雨雨)

表 9-37　2007 年北京大学成套家属房汇总统计表

| 区片 | 套数(套) | 建筑面积(平方米) |
|---|---|---|
| 主校园内 | 96 | 9834.00 |
| 医学部校内 | 1312 | 82642.88 |
| 附中 | 108 | 6000.00 |
| 中关园(含科学院) | 1286 | 79083.00 |
| 蔚秀园 | 817 | 43403.00 |
| 畅春园 | 320 | 20068.00 |
| 承泽园 | 386 | 24961.00 |
| 燕东园(含清华园) | 884 | 51698.00 |
| 燕北园 | 1390 | 96700.00 |
| 蓝旗营 | 641 | 75600.00 |
| 西三旗(一期) | 368 | 25949.80 |
| 　其中 1. 校本部 | 316 | 22387.00 |
| 　　　　2. 医学部 | 52 | 3562.80 |
| 西三旗(二期) | 165 | 17350.49 |
| 　其中 1. 校本部 | 129 | 14575.00 |
| 　　　　2. 医学部 | 36 | 2775.49 |
| 六道口 | 102 | 7539.90 |
| 燕东园小楼 |  | 4198.00 |
| 燕南园小楼 |  | 3475.00 |
| 合计 | 7875 | 548503.07 |

（赵月娥、王雨雨）

表 9-38　2007 年北京大学非成套家属房汇总统计表

| 房类别 | 使用面积(平方米) | 建筑面积(平方米) |
|---|---|---|
| 一、平房 | 7518.6 | 10020.8 |
| 　校本部 | 7012.6 | 9347.8 |
| 　医学部 | 506.0 | 673.0 |
| 二、筒子楼 | 5440.4 | 7252.0 |
| 三、集体宿舍 | 17754.0 | 23666.0 |
| 　校本部 | 16606.2 | 22136.0 |
| 　医学部 | 1147.8 | 1530.0 |
| 合计 | 30713.0 | 40938.8 |

注：筒子楼为蔚秀园 23 楼、科学院 19 楼、校内 44 楼部分；医学部无筒子楼。

（赵月娥、王雨雨）

表 9-39　2007 年北京大学实验室基本情况一览表(校本部)

| 序号 | 单位 | 实验室个数 | 实验室使用面积($m^2$) | 教学实验(2005—2006 学年) | | | 仪器设备 | | 其中 20 万元以上 | |
|---|---|---|---|---|---|---|---|---|---|---|
| | | | | 实验个数 | 实验时数 | 实验人时数(万) | 数量 | 金额(万元) | 数量 | 金额(万元) |
| | 合计 | 82 | 88416 | 1342 | 15641 | 125.86 | 60710 | 139112.31 | 981 | 73916.68 |
| 1 | 数学科学学院 | 2 | 2100 | 23 | 75 | 0.30 | 2426 | 1626.90 | 0 | 0 |
| 2 | 工学院 | 5 | 2887 | 31 | 119 | 2.94 | 2952 | 5355.10 | 31 | 2380.76 |
| 3 | 物理学院 | 11 | 15872 | 258 | 1505 | 28.10 | 8262 | 21561.12 | 134 | 12603.84 |
| 4 | 信息科学技术学院 | 13 | 14254 | 206 | 6817 | 34.80 | 9453 | 24732.67 | 172 | 13708.67 |
| 5 | 化学与分子工程学院 | 15 | 20050 | 135 | 1215 | 31.63 | 8008 | 21290.58 | 205 | 13979.77 |
| 6 | 生命科学学院 | 9 | 9685 | 261 | 1981 | 17.75 | 6709 | 17188.20 | 135 | 8282.20 |
| 7 | 地空学院 | 6 | 5105 | 194 | 1128 | 3.53 | 4239 | 6865.38 | 44 | 2591.70 |
| 8 | 环境科学与工程学院 | 3 | 2840 | 0 | 0 | 0 | 2062 | 4841.44 | 49 | 2435.37 |

续表

| 序号 | 单位 | 实验室个数 | 实验室使用面积(m²) | 教学实验(2005—2006学年) | | | 仪器设备 | | 其中20万元以上 | |
|---|---|---|---|---|---|---|---|---|---|---|
| | | | | 实验个数 | 实验时数 | 实验人时数(万) | 数量 | 金额(万元) | 数量 | 金额(万元) |
| 9 | 城市与环境学院 | 2 | 800 | 83 | 625 | 2.22 | 2970 | 3735.90 | 31 | 1145.93 |
| 10 | 心理学系 | 4 | 1440 | 104 | 1485 | 1.58 | 750 | 724.38 | 3 | 212.89 |
| 11 | 中国语言文学系 | 1 | 80 | 3 | 144 | 0.19 | 771 | 751.80 | 0 | 0 |
| 12 | 考古文博学院 | 1 | 1200 | 0 | 0 | 0 | 1109 | 1814.18 | 16 | 747.20 |
| 13 | 光华管理学院 | 1 | 450 | 37 | 526 | 2.77 | 1908 | 1763.09 | 5 | 197.89 |
| 14 | 北京核磁共振中心 | 1 | 2000 | 0 | 0 | 0 | 209 | 3311.15 | 8 | 2993.88 |
| 15 | 现代教育技术中心 | 1 | 1128 | 0 | 0 | 0 | 1508 | 2113.57 | 12 | 490.44 |
| 16 | 计算机科学技术研究所 | 1 | 1100 | 0 | 0 | 0 | 269 | 571.53 | 4 | 291.20 |
| 17 | 计算中心 | 1 | 3240 | 0 | 0 | 0 | 3780 | 10176.36 | 67 | 5361.17 |
| 18 | 图书馆 | 1 | 400 | 0 | 0 | 0 | 1946 | 4421.16 | 37 | 2030.99 |
| 19 | 分子医学研究所 | 1 | 785 | 0 | 0 | 0 | 1012 | 2220.32 | 14 | 778.26 |
| 20 | 北京大学实验动物中心 | 1 | 1900 | 0 | 0 | 0 | 139 | 172.90 | 2 | 62.59 |
| 21 | 电子光学与电子显微镜实验室 | 1 | 500 | 7 | 21 | 0.05 | 182 | 3802.76 | 12 | 3621.93 |
| 22 | 北京现代物理研究中心教育部重点实验室 | 1 | 600 | 0 | 0 | 0 | 46 | 71.82 | 0 | 0 |

(李小寒、张 嫒)

表9-40　2007年新增40万元以上大型仪器设备一览表(共20台)

| 序号 | 设备名称 | 价格(元) | 经费来源 | 购买(使用)单位 |
|---|---|---|---|---|
| 1 | 蓝光激光器 | 692524.31 | 科研经费 | 信息学院 |
| 2 | 飞秒光学参量振荡器 | 1356667.30 | 科研经费 | 物理学院 |
| 3 | 气质联用仪 | 528252.71 | 科研经费 | 环工学院 |
| 4 | 半导体泵浦固体激光器 | 536684.22 | 科研经费 | 物理学院 |
| 5 | 分子影像系统 | 460560.00 | 科研经费 | 数学学院 |
| 6 | 蛋白快速分离系统 | 756915.19 | 211经费 | 生命学院 |
| 7 | 微聚焦光源 | 1697449.79 | 985经费 | 生命学院 |
| 8 | 气相色谱-质谱联用仪 | 674640.68 | 985经费 | 生命学院 |
| 9 | 液相色谱-质谱联用仪 | 865107.54 | 985经费 | 生命学院 |
| 10 | 傅立叶回旋变换质谱仪 | 4940000.00 | 985经费 | 化学学院 |
| 11 | 液相色谱-质谱联用仪 | 1412492.65 | 985经费 | 环境学院 |
| 12 | 基因芯片测试系统 | 1900000.00 | 985经费 | 分子医学所 |
| 13 | L140-2k低温制冷系统 | 15931446.80 | 985经费 | 物理学院 |
| 14 | 基因分析仪 | 1349633.91 | 985经费 | 分子医学所 |
| 15 | 原子层沉积仪 | 763508.42 | 985经费 | 微纳平台 |
| 16 | 扫描探针显微镜 | 1900000.00 | 985经费 | 微纳平台 |
| 17 | 单面紫外光刻机 | 1209008.00 | 985经费 | 微纳平台 |
| 18 | 石英晶体微量天平 | 664308.40 | 985经费 | 环工学院 |
| 19 | 气质联用仪 | 585506.00 | 985经费 | 城市与环境学院 |
| 20 | 椭偏仪 | 765798.80 | 985经费 | 微纳平台 |
| | 合计： | 38990504.72 | | |

注：尚未最终结算的设备其价格按合同预付款金额统计。

(张宇波)

表 9-41  2002—2007 年大型仪器设备开放测试基金使用情况表

| 序号 | 年份 | 校拨测试费(万元) | 经费来源 | 资助课题(个) | 测试费总额(万元) |
|---|---|---|---|---|---|
| 十一期 | 2002—2003 | 70.00 | "985"一期 | 374 | 91.00 |
| 十二期 | 2003—2004 | 152.00 | "十五""211" | 443 | 198.00 |
| 十三期 | 2004—2005 | 204.00 | "十五""211" | 564 | 306.00 |
| 十四期 | 2005—2006 | 249.14 | "十五""211" | 628 | 373.70 |
| 十五期 | 2006—2007 | 299.75 | "985"二期 | 690 | 449.63 |
| 十六期 | 2007—2008 | 350.00 |  | 792 | 571.00 |

(李小寒)

表 9-42  第十六期大型仪器设备开放测试基金开放仪器一览表

| 序号 | 仪器编号 | 仪器名称 | 型号 | 所属院系 | 仪器负责人 |
|---|---|---|---|---|---|
| 1 | 0510080 | 高效液相色谱仪 | Agilent 1100 | 城环学院 | 刘 煜 |
| 2 | 0306881 | 极谱仪 | 757VA | 城环学院 | 蒙冰君 |
| 3 | 0201581 | 气相色谱仪 | Agilent 6890 | 城环学院 | 刘 煜 |
| 4 | 0201580 | 气相色谱-质谱联用仪 | HP6890/5973N | 城环学院 | 刘 煜 |
| 5 | 9901713 | 总有机碳分析仪 | TOC-5000A | 城环学院 | 蒙冰君 |
| 6 | 0001685 | 激光粒度仪 | FRITSCH A22 | 城环学院 | 蒙冰君 |
| 7 | 0103753 | 快速溶剂提取仪 | ASE-300 | 城环学院 | 蒙冰君 |
| 8 | 0307604 | 元素分析仪 | PE2400 | 城环学院 | 贺金生 |
| 9 | 0108579 | 大幅面扫描仪 | Atlas Plus P-93 | 城环学院 | 刘雪萍 |
| 10 | 0510102 | 微波消解/萃取系统 | MARSXPRESS | 城环学院 | 蒙冰君 |
| 11 | 0001352 | 激光粒度分析仪 | MS2000 | 城环学院 | 周力平 |
| 12 | 9902810 | 气相色谱仪 | HP-6890 | 城环学院 | 王永华 |
| 13 | 0407727 | 气相色谱-质谱联用仪 | 5973 I | 城环学院 | 刘 煜 |
| 14 | 0510101 | 气相色谱仪 | Agilent 6890N | 城环学院 | 刘 煜 |
| 15 | 8801723 | 激光显微探针定年系统 | VSS | 地空学院 | 刘玉琳 |
| 16 | 0108956 | 高分辨气谱质谱联用仪 | MSTATION 700-D | 地空学院 | 陈左生 |
| 17 | 0210230 | 激光显微定年系统 | MS5400 | 地空学院 | 季建清 |
| 18 | 0108955 | 电子探针 | JXA-8100 | 地空学院 | 舒桂明 |
| 19 | 0407725 | 顺序式 X 射线荧光光谱 | ADVANTXP+ | 地空学院 | 杨 斌 |
| 20 | 0210622 | 激光拉曼光谱仪 | RM-1000 型 | 地空学院 | 任景秋 |
| 21 | 0606221 | 多功能 X 射线粉末衍射 | X'pert Pro MPD | 地空学院 | 王河锦 |
| 22 | 0210472 | 聚焦离子束系统 | STARTA DB235 | 电镜实验室 | 徐 军 |
| 23 | 9400782 | 透射电子显微镜 | H-9000NAR | 电镜实验室 | 陈 晶 |
| 24 | 8200065 | 透射电子显微镜 | JEM-200CX | 电镜实验室 | 张小平 |
| 25 | 0407723 | 环境扫描电子显微镜 | Quanta 200FEG | 电镜实验室 | 陈 莉 |
| 26 | 8600028 | 扫描电子显微镜 | KYKY-AMRAY 1000B | 电镜实验室 | 张会珍 |
| 27 | 0302852 | 场发射透射电子显微镜 | Tecnai F30 | 电镜实验室 | 尤力平 |
| 28 | 9501243 | 场发射扫描电镜 | 1910FE | 电镜实验室 | 张会珍 |
| 29 | 0303559 | 500 兆核磁共振谱仪 | AV 500 | 核磁中心 | 金长文 |
| 30 | 0303325 | 800 兆核磁共振谱仪 | AV 800 | 核磁中心 | 金长文 |
| 31 | 0303326 | 600 兆核磁共振谱仪 | AV 600 | 核磁中心 | 金长文 |
| 32 | 0700001 | 400 兆核磁共振谱仪 | AV 400 | 核磁中心 | 金长文 |
| 33 | 0700000 | 600 兆核磁共振谱仪 | DRX 600 | 核磁中心 | 金长文 |

续表

| 序号 | 仪器编号 | 仪器名称 | 型号 | 所属院系 | 仪器负责人 |
|---|---|---|---|---|---|
| 34 | 8400195 | 色谱质谱联用仪 | ZAB-HS | 化学学院 | 贺晓然 |
| 35 | 9703476 | 热分析系统 | TA3100 | 化学学院 | 章斐 |
| 36 | 0006914 | 超高真空镀膜机 | ULS-400 | 化学学院 | 王银川 |
| 37 | 0108938 | 等离子发射光谱仪 | PROFILE SPEC | 化学学院 | 张莉 |
| 38 | 9900780 | 气相色谱仪 | HP6890 | 化学学院 | 刘虎威 |
| 39 | 9900777 | 高压液相色谱仪 | HP1100 | 化学学院 | 刘虎威 |
| 40 | 9400788 | 气相色谱-质谱仪 | HP5971A | 化学学院 | 张秀 |
| 41 | 9803387 | 元素分析仪 | VARIO EL | 化学学院 | 王智贤 |
| 42 | 0210195 | 激光光散射仪 | ALV/DLS/SLS-5022F | 化学学院 | 郑容 |
| 43 | 0502371 | 多功能成像电子能谱 | Axis Ultra | 化学学院 | 谢景林 |
| 44 | 9400785 | 核磁共振波谱仪 | ARX-400 | 化学学院 | 吕木坚 |
| 45 | 0108939 | 热台偏光显微镜 | DMLP | 化学学院 | 潘伟 |
| 46 | 0303532 | 扫描探针显微镜 | SPI3800N,SPA-400 | 化学学院 | 潘伟 |
| 47 | 9801798 | 毛细管电泳仪 | P/ACE 5500 | 化学学院 | 张新祥 |
| 48 | 9900528 | 凝胶渗透色谱 | 515+2401+2487 | 化学学院 | 孙玲 |
| 49 | 9801799 | 高效液相色谱仪 | HP1100 | 化学学院 | 孙玲 |
| 50 | 9802240 | 比表面和孔径分布测定 | ASAP 2010 | 化学学院 | 章斐 |
| 51 | 9400803 | 紫外可见近红外光度计 | UV-3100 | 化学学院 | 周永芬 |
| 52 | 9400801 | 傅氏变换拉曼红外谱仪 | Raman950/Magna-IR750 | 化学学院 | 翁诗甫 |
| 53 | 9400783 | X射线衍射仪 | DMAX-2400 | 化学学院 | 廖复辉 |
| 54 | 0401834 | 液相色谱-质谱联用仪 | SURVEYOR-LCQDECA | 化学学院 | 袁谷 |
| 55 | 9802238 | 色-质联用仪 | GCQ GC/MS | 化学学院 | 张新祥 |
| 56 | 0210194 | X射线荧光光谱仪 | S4-Explorer | 化学学院 | 张莉 |
| 57 | 0303529 | 核磁共振谱仪 | 300MHz Mercury Plus | 化学学院 | 林崇熙 |
| 58 | 0108930 | 影像板X射线衍射仪 | RAPID-S | 化学学院 | 章士伟 |
| 59 | 0401840 | 全自动旋光仪 | P-1030 | 化学学院 | 宛新华 |
| 60 | 0404637 | 圆二色光谱仪 | J-810 | 化学学院 | 宛新华 |
| 61 | 0210465 | 调制式扫描量热仪 | Q100 | 化学学院 | 章斐 |
| 62 | 0507397 | 稳态/瞬态荧光光谱仪 | FLS920 | 化学学院 | 张莉 |
| 63 | 0604084 | 热重分析仪 | Q600SDT | 化学学院 | 章斐 |
| 64 | 9703268 | 核磁共振仪 | Varian 200MHzMercury | 化学学院 | 林崇熙 |
| 65 | 0604091 | 冷场发射扫描电镜 | S-4800 | 化学学院 | 王银川 |
| 66 | 0706424 | 核磁共振波谱仪 | AM-300 | 化学学院 | 林崇熙 |
| 67 | 9801106 | 荧光光谱仪 | FL4500 | 化学学院 | 孙玲 |
| 68 | 0301647 | 液相色谱-质谱联用仪 | 1100LC/MS Trap SL | 环科学院 | 孙卫玲 |
| 69 | 0210480 | 石墨炉原子吸收分析仪 | AAS Zeenit 60 | 环科学院 | 孙卫玲 |
| 70 | 0510134 | 气相色谱-质谱联用仪 | 5973I | 环科学院 | 孙卫玲 |
| 71 | 0210218 | 总有机碳/总氮分析仪 | Multi TOC/TN 3000 | 环科学院 | 孙卫玲 |
| 72 | 0407733 | 离子色谱 | ICS-2500 | 环科学院 | 孙卫玲 |
| 73 | 0201583 | 高性能计算服务器 | 9076-550 | 计算中心 | 孙爱东 |
| 74 | 0108948 | 粒子成像流场测量系统 | Y120-15E | 力学系 | 强明 |
| 75 | 0407504 | 扫描探针显微镜 | Nspm-6800 | 力学系 | 强明 |
| 76 | 0107525 | 数字化扫描电子显微镜 | KYKY-2800 | 力学系 | 强明 |

续表

| 序号 | 仪器编号 | 仪器名称 | 型号 | 所属院系 | 仪器负责人 |
|---|---|---|---|---|---|
| 77 | 0103757 | 激光测振仪 | OFV-3001/353 | 力学系 | 强 明 |
| 78 | 0604089 | 原位纳米力学测试系统 | TriboIndenter | 力学系 | 强 明 |
| 79 | 8600050 | 透射电子显微镜 | JEM-100CX | 生命学院 | 付洪兰 |
| 80 | 0405161 | 制备超速离心机 | L-80XP | 生命学院 | 潘 卫 |
| 81 | 0108941 | 激光共聚焦显微镜 | Tcs-sp | 生命学院 | 桑华春 |
| 82 | 9703266 | 中压液相层析系统 | 18-1112-41 | 生命学院 | 任燕飞 |
| 83 | 0210467 | 流式细胞分选仪 | MOFLO | 生命学院 | 杜立颖 |
| 84 | 0201576 | 蛋白质序列分析仪 | Procise 491 | 生命学院 | 沈为群 |
| 85 | 0605224 | 串联飞行时间质谱仪 | Ultraflex | 生命学院 | 纪建国 |
| 86 | 0107670 | 脉冲激光溅射沉积系统 | PLD-IV | 物理学院 | 聂瑞娟 |
| 87 | 0407740 | 碳14测量加速器质谱仪 | 1.5SDH-1 | 物理学院 | 刘克新 |
| 88 | 8601027 | 串列静电加速器 | 5SDH-2 | 物理学院 | 马宏骥 |
| 89 | 9301743 | 瞬态荧光及拉曼光谱仪 | XY | 物理学院 | 杜为民 |
| 90 | 9701789 | 材料研究衍射仪 | X'PERT-MRD | 物理学院 | 王永忠 |
| 91 | 0404088 | 磁学性质测量系统 | MPMS XL-7Tesla | 物理学院 | 陈晋平 |
| 92 | 0303530 | X射线衍射仪 | X' Pert Pro | 物理学院 | 杜红林 |
| 93 | 0508027 | 精密阻抗分析仪 | Agilont 4294A | 物理学院 | 沈 波 |
| 94 | 0508028 | 半导体参数分析仪 | Agileut 4155C | 物理学院 | 沈 波 |
| 95 | 0608982 | 高温高阻霍尔测量系统 | Accent | 物理学院 | 沈 波 |
| 96 | 0703602 | 诱导耦合等离子刻蚀机 | KYICP-T888036 | 物理学院 | 康香宁 |
| 97 | 0404087 | 物理性质测量系统 | PPMS 9Tesla | 物理学院 | 陈晋平 |
| 98 | 9703475 | 交变梯度磁强计 | 2900-04C | 物理学院 | 陈海英 |
| 99 | 0210231 | 标准快速磁刺激系统 | ESI-128system | 心理系 | 韩世辉 |
| 100 | 0404726 | 场发射扫描电镜 | XL30SFEG | 信息学院 | 陈 清 |
| 101 | 0000000 | 实验动物开放平台 | | 实验动物中心 | 朱德生 |

(李小寒)

表9-43　2005—2007年北京大学参加北京科学仪器协作共用网情况统计表

| 时间<br>(年) | 测试项目<br>(个) | 测试样品<br>(个) | 测试机时<br>(小时) | 测试费收入<br>(万元) | 获运行补贴费<br>(万元) |
|---|---|---|---|---|---|
| 2005 | 204 | 4404 | 6971 | 94.79 | 12.55 |
| 2006 | 256 | 4643 | 7725 | 128.09 | 16.14 |
| 2007 | 316 | 8732 | 11986 | 197.00 | 16.31 |

(李小寒)

表9-44　1998—2007年北京大学大型仪器设备测试服务收入统计表

| 年度 | 金额(万元) | 年度 | 金额(万元) |
|---|---|---|---|
| 1998 | 54.00 | 1999 | 80.00 |
| 2000 | 100.00 | 2001 | 138.00 |
| 2002 | 178.00 | 2003 | 270.00 |
| 2004 | 328.00 | 2005 | 436.83 |
| 2006 | 454.81 | 2007 | 625.22 |

(李小寒)

表 9-45　2007 年北京大学大型仪器设备购置论证统计表

| 序号 | 仪器名称 | 参考型号 | 参考单价（万元） | 经费来源 | 申请单位 | 申请人 | 论证日期 |
|---|---|---|---|---|---|---|---|
| 1 | 柯达分子影像系统 | Vivo-FX | 47 | 科研经费 | 数学学院 | 姜　明 | 2007.12.17 |
| 2 | 超高速摄像系统 | Ultra Framing | 244 | 985 工程 | 工学院 | 佘振苏 | 2007.12.11 |
| 3 | 飞秒光学参量振荡器 | VIS-S1 | 140 | 985 工程/973 项目 | 物理学院 | 李　焱 | 2007.02.08 |
| 4 | 紫外光刻机 | MJB4 | 172 | 973 项目 | 物理学院 | 秦国刚 | 2007.10.22 |
| 5 | 原子层沉积仪 | Lesker | 170 | 985 工程 | 信息学院 | 陈　清 | 2007.06.21 |
| 6 | 扫描探针显微镜 | Veeco | 200 | 985 工程 | 信息学院 | 彭练矛 | 2007.07.19 |
| 7 | 椭偏仪 | SE800DUV | 98 | 985 工程 | 信息学院 | 彭练矛 | 2007.07.19 |
| 8 | 液氦低温探针台 | Lakeshore-TTP4 | 80 | 985 工程 | 信息学院 | 彭练矛 | 2007.07.19 |
| 9 | 光刻机 | MJB4 | 176 | 985 工程 | 信息学院 | 彭练矛 | 2007.07.19 |
| 10 | 紫外-近红外光谱仪 | HR800 | 394 | 985 工程 | 信息学院 | 彭练矛 | 2007.07.19 |
| 11 | AVS 编码器 | AVS Encoder | 139 | 国家科技支撑计划 | 信息学院 | 高　文 | 2007.10.16 |
| 12 | 高密度等离子刻蚀机 | ICP-98C | 48 | 973 项目 | 化学学院 | 徐东升 | 2007.09.26 |
| 13 | 透射电子显微镜 | JEM-2100F/1400 | 680 | 985 工程 | 化学学院 | 严纯华 | 2007.12.10 |
| 14 | 线性离子阱质谱仪 | LTQ-XL | 440 | 985 工程 | 生命学院 | 赵进东 | 2007.11.06 |
| 15 | 便携式光谱仪 | FieldSpec ProFR | 65 | 985 工程 | 地空学院 | 范闻捷 | 2007.11.08 |
| 16 | 振动观测仪 | SAMTAC-802H | 107 | 211 工程 | 地空学院 | 雷　军 | 2007.09.03 |
| 17 | 气质联用仪 | 320-MS | 120 | 985 工程 | 城环学院 | 陶　澍 | 2007.11.09 |
| 18 | 气质联用仪 | Agilent 7890/5975C | 60 | 985 工程 | 城环学院 | 陶　澍 | 2007.11.09 |
| 19 | 液质联用仪 | UPLC-Quattro Primer XE | 150 | 985 工程 | 城环学院 | 胡建英 | 2007.04.20 |
| 20 | 气相色谱-质谱联用仪 | GC7890A/MS5975C | 64 | 863 项目 | 环科学院 | 陆思华 | 2007.07.16 |
| 21 | Avid 非线性编辑系统 | AvidMedia Composer | 182 | 985 工程 | 艺术学院 | 邱章红 | 2007.09.25 |
| 22 | 基因分析仪 | ABI 3130XL | 160 | 985 工程 | 分子医学所 | 田小利 | 2007.02.08 |
| 23 | 转基因系统 | Leica | 96 | 985 工程 | 分子医学所 | 田小利 | 2007.02.08 |
| 24 | 基因芯片扫描系统 | TG | 256 | 985 工程 | 分子医学所 | 田小利 | 2007.02.08 |

（张解东　周勇义）

表 9-46　2007 年北京大学接受境外赠送科教用品一览表（共 5 批）

| 序　号 | 品　　名 | 折合人民币（元） | 受赠单位 |
|---|---|---|---|
| 1 | 分光荧光光度计 | 104841.60 | 化学学院 |
| 2 | 图书 | 81231.30 | 法学院 |
| 3 | 图书 | 100219.90 | 法学院 |
| 4 | 高速气体物理实验装置 | 128640.00 | 工学院 |
| 5 | 图书 | 141504.00 | 历史系 |
|  | 合计： | 556436.80 |  |

注：外币兑人民币折算汇率按 2007 年 12 月 31 日的数据统计。

（张宇波、张　洁）

# 基 建 工 作

【概况】 截至2007年底，有在编人员30人。在编人员中教授级正高职称1人，副高级职称8人，中级职称13人，初级职称或无职称8人。2007年11月27日，学校任命白利明为基建工程部副部长。

2007年，基建分党总支带领全体党员干部，坚持勤政廉政的思想教育，保持共产党员先进性教育成果，联系基建工作实际，不断增强党员干部的责任感、使命感，发挥党员先锋模范作用，以实际行动确保学校基建任务圆满完成。基建党员队伍不断扩大，经后勤党委批准，2007年9月14日，基建分总支讨论通过李钟等4位预备党员按期转正。截止到2007年12月底，基建工程部分总支共有党员40人，其中：在职一支部党员为21人（北京大学建筑设计院4人），占在职人员56%；退休二支部党员为19人。

2007年，基建工程部在工程管理中积极配合各类监督工作，工程项目严格执行招投标管理制度（设计、施工、监理），接受政府相关部门监督，招标过程接受校内及社会相关部门监督管理。2007年开始全面开展工程项目全过程跟踪审计，基建工程部积极主动配合审计监督，共同完善审计程序，共同监督工程建设。2007年工程竣工结算继续接受审计室监督，无论项目大小，无论政府监督还是校内监督，均实施阳光工程。2007年完成政府监督招标工程6项，校内招标205项，送学校审计工程结算50项。

2007年，基建工程部继续加强内部建设。其中包括：加强集体决策，定期召开部务会和全体职工大会，遇到新情况共同研究，充分发挥集体智慧；加强内部管理和制度建设，制定一系列管理制度，通过内部竞聘任命了一批管理干部，进一步提升了工作效率；营造和谐工作环境，注意协调与校内各部门之间以及各级政府主管部门之间的工作关系，为解决工程项目实际问题创造了条件。

2007年，按照教育部要求，基建工程部参与制定了北京大学"十一五"期间基本建设计划，为北京大学分期实施校园建设总体目标做出了贡献。

【基建投资】 2007年教育部批准北京大学基建投资共计48项，79.85万平方米，计划总投资398043万元。2007年度安排北京大学基建投资93247万元，其中，属于基建投资计划91247万元（含教育部拨款1247万元，学校自筹及捐款90000万元），另有专项国拨投资计划2000万元用于流感疫苗专项研究。在91247万元的基建投资计划中，校本部45项，71.25万平方米，年度投资计划86685万元；医学部3项，8.6万平方米，年度投资计划4562万元。

2007年，北京大学基建工程实际完成投资79300万元。其中，校本部完成投资为76868万元，医学部完成投资为2432万元；实际完成投资为本年工程建设投资计划的85%。另外，2007年基建工程部还完成北京大学会议中心自筹资金项目"中关园留学生公寓"工程投资13957万元（该项目由北京市立项，不在教育部投资计划内）。2007年未完成投资计划的主要原因为：一是部分新开工程以及尚未开工工程，其预付备料款占用一定资金，不能计入投资完成额；二是计划竣工销号项目，由于审计尚未完成、结算资金不到位等原因，未进行竣工结算，不能形成投资完成额。

在改造工程项目方面，2007年完成维修改造工程投资7280万元。其中，万柳教师周转楼改造3482万元，生物东中西馆改造134万元，三、四教改造1567万元，东操场改造761万元，北招待所改造243万元，地学楼改造69万元，赛克勒博物馆改造450万元，燕东幼儿园修缮改造65万元，成府园临时停车场改造80万元，其他改造资金约429万元。

【工程项目管理】 2007年继续推行工程项目管理制，全面做好安全、质量、投资、进度和文明施工等各项工作。2007年校本部新建和改造工程开复工主要项目21项，建筑规模约为445692平方米。其中，竣工项目11项，竣工面积189976平方米；在建项目10项，建筑规模约255716平方米。

1. 竣工工程。主要包括：（1）新化学南楼工程，建筑面积22634平方米，地上九层，地下一层，2006年初开工，2007年7月竣工。此工程含大量理科实验室，为配合特殊使用功能建设过程较为复杂。（2）篼斗桥学生宿舍及食堂工程，总建筑面积20800平方米，其中宿舍楼15700平方米，食堂5100平方米。宿舍楼总计516间宿舍，可容纳学生1032人。本工程2006年初开工，四栋宿舍楼在2006年12月底竣工交付使用。食堂精装修于2007年7月竣工。（3）北京大学体育馆工程，建筑面积26900平方米，2005年9月开工，2007年11月竣工。北京大学体育馆作为奥运比赛场馆，是重点建设工程，各级领导非常重视，基建工程部与监理、施工单位积极配合，加强安全教育，狠抓施工质量，加强过程控制，保证施工进度，严密组织材料设备招标，控制工程造价。在结构长城杯验收中，此项工程一次性通过现场验收；2007年11月26日，一次性通过竣工验收。（4）公共教室楼工程，建筑面积36512平方米，地上五层，地下两层，2006年4月开工，2007年8月竣工。公共教室楼通过了结构长城杯的验收，得到专家们一致好评。（5）北大附小地下车库工程，建筑面积2870平方米，建设地下车库二层，可停车102辆。2006年7月开工，2007年5月竣工。（6）东操场改造工程，场地面积17000平方米，2006年12月开工，2007年6月竣工。（7）生物东中西馆改造工程，建筑面积1959平方米，2006年5月西馆开工，2007年10月竣工。（8）万柳教师宿舍改造工程（一期），建筑面积45000平方米，改造范围为4—6号楼，2007年3月开工，2007年12月竣工。（9）赛克勒考古博物馆改造工程，建筑面积3000平方米，地下一层，地上二层，2007年9月开工，2007年12月竣工。（10）中关园7号楼工程，建筑面积5695平方米，地下两层，地上五层，为中关园留学生公寓的设备用房及办公楼。2006年4月开工，2007年12月竣工。（11）三、四教改造工程，建筑面积7606平方米，2007年6月开工，2007年12月竣工。

2. 在建工程。主要包括：（1）光华企业家研修院工程，建筑面积29933平方米，地上五层，地下二层，2006年1月开工，计划2008年5月底竣工。目前结构施工已经完成，正在进行内部设备安装。（2）中关园留学生公寓一期（专家公寓及甲型公寓）工程，建筑面积24000平方米，地下两层，地上六层。2005年3月开工，计划2008年5月正式投入使用。目前精装修即将完工。（3）经济学院综合楼工程，建筑面积16642平方米，地上5层，地下2层，2007年5月开工，2008年1月底结构封顶，计划于2008年9月竣工。（4）金工实验楼工程，建筑面积3330平方米，地上4层，地下有一个局部的100多平方米的水箱。2007年9月开工，计划2008年9月竣工。（5）北大医院大楼工程，建筑面积32768平方米，2007年3月开工，地下二层，地上五层，计划于2008年5月底竣工。（6）教育学院大楼工程，建筑面积7780平方米，2007年7月开工，计划2008年7月竣工。目前正在进行结构施工，预计2008年1月底结构封顶。（7）中关园留学生公寓1—6号楼工程，建筑面积127005平方米，共6座建筑单体，一号楼为酒店式公寓，另外五座楼为留学生公寓，地下普遍为三层，其中一、二、三、五号公寓均为地上十二层。2007年3月开工，计划2009年1月竣工。（8）北大附中图书馆扩建工程，建筑面积2815平方米，目前土建装修部分已经完成，正在进行精装修工作，由北大附中独立负责。（9）北招待所改造工程，建筑面积2943平方米，2007年9月开工，计划2008年6月竣工，目前正在进行结构施工，预计2008年1月底结构封顶。（10）燕园社区服务中心综合楼工程，建筑面积5500平方米，2007年3月开工，计划2008年初竣工。

【工程前期报批】 即将到来的2008年北京奥运会，对我校工程建设具有极大的推动作用，同时也促使我校加快工程建设的步伐。教育部对直属高校建设项目的规模以及资金来源的控制更加严格，北大校园又处于国家重点文物保护区内，新建项目报批工作受到各方影响较大。学校非常关注报批手续的进度，在学校领导的大力支持下，新的领导班子加强了前期报批工作力量，解决了一系列制约我校建设的问题，加快了建设项目报批的步伐。

人文大楼是2007年前期报批工作的重点，由于该项目建设资金有部分来源于国拨资金，教育部特委托清华大学建筑设计研究院进行了可行性研究报告的论证评估，并于2007年12月上旬专门召开了由教育部、建设单位、设计单位、可研编制单位、评估单位以及使用单位共同参加的北京大学人文大楼可行性研究报告论证评估会，与会的各位专家对工程建设规模、设计方案、工程投资等情况进行了讨论研究。此外，按照北京市文物局要求，基建工程部邀请校内外五位专家对方案进行了专家论证，人文大楼的设计方案最终获得了上述各位专家的一致认可，认为大楼项目选址合宜，设计方案布局合理，有传统特色，同时满足教学、科研功能需要，从而使项目前期报批工作得以顺利进行。

肖家河项目于2007年4月接到教育部项目建议书批复文件，在张佳利副部长的协调下，现已取得了市建委项目用地征询意见函并办理了市规委给建委的规划意见函复，已申报取得项目规划意见书，并根据规划意见书要求重新完成了测绘钉桩成果。目前发展规划部已发文，明确了设计任务书的具体设计要求，以完成设计方案的征集工作。

由于力学系并入工学院，原力学实验楼项目和交叉学科与工学院大楼项目合并为工学院与交叉学科大楼，建设内容不变。由于教育部要求原两项目建议书无法沿用，因此我部再次申报项目建议书，为促进项目重新立项，莫元彬部长与财务部闫敏部长多次赶往教育部等上级部门说明项目情况与建设经费来源等问题，对项目立项起到明显推动作用，预计本年底可取得项目建议书批复。

2007年取得开工证并已经开工的新建项目有6项，共计187525平方米，包括教育学院大楼、经济学院综合楼工程、北大医院大楼工程、金工实验楼工程、中关园留学生公寓二期工程（1—6号楼）、科技成果转化中心。已开工的改造项目有4项，共58549平方米，包括北招待所改造、赛克勒博物馆改造、万柳教师周转楼改造、三、四教改造。其他正在办理和准备办理工程报批的项目有6项，包括景观设计学大楼、新法学楼、北达资源中学食堂、国际数学研究中心等。正在进行或准备进行设计、勘查招标的项目有6项，包括肖家河教工住宅、歌剧院大楼、艺术大楼、工学院与交叉学科大楼等。正在准备立项阶段的项目有2项：环境绿色大楼、餐饮综合楼。

（黎　黎）

# 总务系统工作

【总务部】　2007年，总务部遵照学校党委、行政的整体工作部署，坚持以"三个代表"重要思想和十七大精神为指导，深入贯彻落实科学发展观，努力构建和谐校园，在完成学校日常后勤服务保障工作的同时，做好本科教学评估、党建评估、奥运会乒乓球测试赛、十七大和两会代表用车保障、110周年校庆筹备、节能减排、保证食堂价格稳定等重点工作；同学校有关部门密切配合、协调安排学校重大活动的后勤保障和服务工作；牵头完成暑期校园开放参观和冬季未名湖冰场的组织管理工作。在工作中，总务部全体员工秉承"全心全意为教学科研和师生员工服务"的宗旨，努力提高服务意识和服务水平，切实加强总务部机关建设和规范化管理，坚持管理、协调、监督、服务总务系统各中心，促进中心改革发展稳定，为北京大学创建世界一流大学和构建优质安全和谐发展的后勤服务保障体系做出了贡献。

1. 协助制定学校后勤事业发展规划，理顺后勤管理体制和运行机制。

按照学校事业发展"十一五"规划和教育部、北京市教委高校后勤"十一五"规划的内容要求，结合北大后勤工作实际，积极思考学校后勤工作的发展规划，组织总务系统中心主任参加发展规划部召开的后勤事业发展战略研讨会，为学校工作出谋划策。

按照社会化改革进程中形成的总务部与各中心甲乙方契约关系和"小机关、多实体、大服务"的管理模式，总务部作为甲方代表学校履行"管理、协调、监督、服务"职能。2007年，总务部严格落实八字方针，一方面加大对中心人事、财务和资产的监督力度，加强各项考核与经费的管理使用；另一方面帮助中心协调好与各方面的工作关系，大力支持其自身建设发展。各中心作为乙方具体承担后勤服务保障职责，总务系统规范、良性的运行机制得到不断完善。

2. 为学校工作提供后勤保障服务。

全力做好本科教学评估工作。按照学校党委、行政的指示精神以及2007年10月29日鞠传进副校长在后勤系统本科教学评估迎评促建会上提出的具体要求，总务部多次召开总务系统中心主任和部机关工作人员迎评工作动员会，传达本科评估工作的重要意义、迎评各项准备情况和本科教育的基本状况，要求总务系统全体工作人员高度重视，以扎实的准备工作和良好的精神面貌迎接评估。总务部组织专门力量，对教学楼、学生宿舍、学生食堂、校园道路、绿化环境等进行改造，从改善硬件设施方面，为迎评做好准备。在继续做好日常保障服务工作的同时，总务部协调各中心，集中利用正式评估前半个月的时间，对各项工作认真清查、发现死角、查漏补缺，确保评估期间水电暖基础保障和餐饮、学生宿舍、浴室、教室、校园环境、运输等各项服务工作万无一失，为圆满完成各项检查验收做出了贡献。

确保奥运测试赛顺利进行。总务部派出两位副部长，一位参加学校奥运办工作，一位借调到场馆团队工作；同时派出校园管理服务中心、餐饮中心、水电中心的骨干到场馆团队，从事设施管理、物流管理、餐饮供应、水电运行领域的日常管理工作。在奥运测试赛前，按照奥组委、08办要求，完成了奥运马拉松赛道改造和乒乓球场馆外围环境整治，保证赛事顺利举办。

参与学校重点工作，维护校园秩序，保护校园环境。总务部牵头成立了"暑期开放校园参观管理工作小组"，出台了《北京大学开放校园参观实施办法》，暑假期间共接待个人、团体参观者15万余人，营造了有序、友好、和谐的校园参观氛围，学校的教学、科研和师生生活秩序井然，较好地保护了校园环境卫生、绿化、文物古迹和各种设施，受到校领导和师生好评。总务部牵头成立了"未名湖冰场管理小组"，制定了《关于未名湖冬季冰场管理办法》，发布了《未名湖冰场管理公告》，保障了正常的教育教学活动、和谐的冰上活动秩序。此外，总务部还积极参与了学校军工生产、科研认证、学校标志、标识及纪念品的规范管理、学校道路引导标志的设计及管理等工作。

开展节能减排工作。总务部响应国家建设资源节约型社会的号召,贯彻党的十七大提出的节能减排工作部署,按照北京市政府以及相关管理部门的节能减排要求,配合北京大学创建绿色校园的目标,从管理、经济、技术等多方面入手,制定了一系列节能管理办法,在全校进行广泛宣传,提高师生员工的节能减排意识。2001年以来,开始在所有院系、单位实行用水用电全额收费管理办法,用经济杠杆促进节能减排,取得了很好的社会效益和经济效益;近几年来又不断尝试采用各种节水、节电、环保的新技术、新产品,使得北京大学的节能减排工作迈上了一个新台阶。经过努力,北京大学的节能减排工作一直走在兄弟院校的前列,学校节能办多次代表北大赴全国、北京市高校节能工作会议介绍经验,全年接待兄弟院校节能工作考察团二十余次。

积极应对涨价压力,确保餐饮伙食价格平稳。2007年,高校餐饮面临猪肉价格、副食品价格上涨的巨大压力,按照国务院、教育部、北京市委市政府、北京市教委关于"应对猪肉价格和副食品价格上涨,做好高校学生食堂工作"的要求,总务部协调餐饮中心,采取减免水电费等措施,缓解价格上涨对学生食堂工作的不利影响,维持学生食堂饭菜价格不变、质量不变、数量不变,维护学校和谐稳定。

大型活动的保障服务工作。总务部和各相关部门密切配合,在毕业生离校、迎接新生、北京大学开放日、毕业生就业招聘会、北京论坛、第四届国际文化节等大型活动和学校重大外事活动中,提供后勤保障,保证各项活动圆满完成。

安全生产工作。在各项保障服务工作中,总务部始终把"做好安全稳定工作"放在首位,切实做好安全生产、防火防盗、食品卫生、交通运输等安全工作。总务部利用中心主任会议和安全保卫专项会议等各种机会,传达上级安全工作精神与要求,提高中心负责人对学校稳定和安全保卫工作的认识。在总务系统内部,通过加强安全管理,形成"重视安全,加强安全,全员讲安全"的有利局面和日常安全工作的良好规范。一是完善应急预案体系和责任体系,组织健全,制度落实,责任到人,防范到位;二是进行经常性的安全教育和安全常识演练;三是做好供暖、供电、供水、消防各种设备设施和学生宿舍、公共教室、公共浴室等安全设施的维护、检修工作,确保安全生产和管理服务安全;四是做好外来务工人员管理,减少安全稳定隐患。

3. 队伍建设。

加强队伍建设,构建一支能有效支撑学校后勤事业可持续发展的管理、技术、服务骨干队伍,构建和谐的用工环境,已成为和谐校园建设的重要组成部分。截止到2007年12月,总务系统事业编制473人、流动编制30人、各类临时聘用人员1363人、短期工和施工队等95人、返聘23人,共计1984人。在推出如下各项队伍建设举措的同时,还协助后勤党委组织了"迎奥运、展风采、强体魄、构和谐"体育竞赛活动,增强了队伍凝聚力。

规划后勤人事队伍建设。针对目前高校后勤普遍存在的用工问题和人事队伍建设的困难,总务部多次赴兄弟院校调研汲取经验,撰写《关于北京大学后勤岗位设置及收入分配制度改革难点探讨暨后勤队伍建设报告》,提出了后勤岗位设置的根本目标任务,以及分步骤解决中心主任、科室干部、技师、大学生骨干队伍、申请事业编制等"老人老办法、新人新办法"的待遇问题和政策,分别同发展规划部和组织、人事部门进行了沟通协商。

加强干部队伍建设。在总务部机关干部队伍建设方面,根据《校本部机关干部考核实施办法》的要求,召开全体会议,认真组织2007年度机关干部述职考评工作,对4位处级干部的考核测评表当场封存上报组织部;对其他10名工作人员的测评表进行统计,德、能、勤、绩、廉合格率均达到100%,形成《考核测评汇总表》上报组织部。2007年,总务部运行办聘任1名副主任,增强了管理工作的力量,调动了职工的积极性。在中心主任队伍建设方面,针对我校收入分配制度改革在中心主任层面存在的职务职级待遇等方面的遗留问题,形成《关于给总务系统中心主任级别待遇的报告》并多次与组织人事部门协商。2007年,水电中心主任张鸿奎获得方正(优秀管理奖)奖教金,学生宿舍管理服务中心主任王君波被评为"北京高校优秀德育工作者",调动了后勤管理干部的积极性。

加强对大学生的聘用和培养。目前,总务系统共有流动编制30人,其中2007年新引进3人(硕士2人,本科1人)。这些大学生在管理、技术岗位上发挥了重要作用,有12人担任科室或部门的负责人,有3人晋升为中级职称。为了能长远地管好、用好、留住人才,解决流动编制在使用过程中遇到的问题,总务部多次向人事部递交《关于流动编制转为人事代理编制的报告》。同时,于2007年启动了流动编制人员事业单位工资套改,制定了流动编制人员住房公积金缴费标准相关规定,并就流动编制教育管理系列职称评聘问题进一步与组织、人事部门协商。

贯彻落实《劳动合同法》,重视外来务工人员管理。认真组织人事干部参加各种《劳动合同法》培训,对于实际操作过程中的技巧问题加以关注、研究和针对性培训。对各单位非事业编制人员的用工情况进行摸底。后勤各单位集中利用2007年上半年的时间,进一步完善了规章制度,进行了减员增效。

按照《劳动合同法》规定,充分发挥工会组织在参与民主管理、调解矛盾、联系用人单位和劳动者之间的桥梁纽带作用。在校工会的帮助下,组织务工人员参加平民学校,主要开展文化素质和学校认同感等方面的培训,努力构建和谐的用工环境。此外,考虑到北方交通大学、中国农业大学等校都建立了"劳动争议调解委员会",办公室设在工会,总务部也正在开展相关调研。餐饮中心、供暖中心、幼教中心等聘请了法律顾问,在发生劳动争议和纠纷时,可以帮助用人单位规避风险、解决矛盾。

4. 财务管理。

2007年,总务部预算指标5695.7万元,预算支出6105.2万元,预算超支409.5万元,超支部分由以前年度预算结余支付。全年修购专项经费收入1934万元,专项经费支出2527万元,垫支593万元。各中心上缴收入114.9万元,各中心返还工资702.78万元。2007年自筹资金投入支出559万元,其中:用于改善学生用餐环境284万元,用于校园环境改造等26万元,用于学生宿舍家具更新49万元,用于学校班车购置200万元。2007年水电费支付5870万元,回收6259万元,上交学校95万元。

在具体工作中,通过加强会计核算,完善财务制度,严格管理各项经费,保证总务系统预算收支综合平衡。一是加强后勤财务管理,严格执行收支两条线,规范各项收费制度;二是通过对各中心使用统一的财务软件和联网,加强各中心的会计核算工作,从而对中心核算实现时时监管和检查;三是加强资金监督和管理,规范各种资金的使用范围,提高资金的使用效益;四是控制经费支出,保证财务收支综合平衡。

5. 基础设施建设与改造。

总务部在基础设施改造方面投入约1800余万元,努力提高后勤保障能力,为学校建设发展大局以及本科教学水平评估、110周年校庆筹备、2008奥运会及测试赛等重点工作提供良好的硬件支撑条件。

(1)为迎接本科教学水平评估、110周年校庆和北京奥运会,总务部集中进行了室内外设施改造与环境整治工作,营造优美整洁舒适的校园环境,共涉及改造工程用款400余万元。主要包括:对重点教学行政楼进行常规维修和检测,公用教室楼道粉刷、更换玻璃,学生宿舍楼安装护栏、更换厕所排风扇,学生食堂维修,全校道路普查、修整、更换路牙,对临湖轩梅石碑、文博院、勺海亭、办公楼、图书馆、南北阁、未名湖北岸、东岸、国关北侧、化学南北楼西侧、大讲堂东侧、理科楼周边、二体周边等地区进行绿化及环境改造,运输、清运渣土及垃圾63车,全校路灯检修、擦洗、油漆。

(2)对集中供暖锅炉房的1—3号锅炉炉墙进行拆除重砌,对3号炉麻石除尘器进行改造,改善老旧设施,提高供暖热效率及锅炉运行安全系数。以上各项改造工程用款350余万元。

(3)改造加速器变配电室,确保国家重点实验室安全稳定的用电环境。加速器变配电室位于学校东门外重离子所院内,是学校电网非常重要的10KV配电室之一,也是为教学科研服务的重要场所之一。该配电室修建于80年代初期,距今使用近30年,站内设备与线路严重老化,存在较大安全隐患。2007年,使用教育部下拨的改造专项经费187万元,从暑期开始历时2个月,更新高低压柜和变压器。改造后的新配电室,于9月15日正式发电,并于10月24日验收运行,能够保证加速器及其附属设备的安全稳定运行,保证国家重点实验室的正常科研活动,并充分满足未来一段时间内重离子所的用电发展需求。

(4)投入改造工程款120余万元,对两眼地热井连接外线,对全校6眼水井更换不锈钢立管,保障了全校饮用水安全。

(5)改造学生宿舍浴室,改善学生洗浴条件。继2006年完成部分宿舍楼的"学生浴室进宿舍"工程后,利用暑期对45—48楼学生宿舍淋浴系统进行改造,新增楼内浴室32间,充分改善学生的洗浴条件。到目前为止,全校共有17座宿舍楼(校内12座、畅春新园5座)、92间浴室实施了"学生浴室进宿舍"工程,使大多数同学都可以享受到"足不出楼、方便洗浴"的便捷,也缓解了学生大浴室的压力,受到领导和学生的好评。以上各项改造工程用款110余万元。

(6)改造学生宿舍。包括:45—48楼2—3单元门厅建设,33楼、34B楼家具更新,47楼及箓斗桥安装信报柜和家具,28、29楼暖气改造100余间,15座楼安装窗护栏,暑期例行粉刷维修、检修宿舍1600余间。以上各项改造工程用款250余万元。

(7)改造学生食堂。在学一食堂安装吸顶式空调13台;在艺园、学五食堂安装立式空调13台;在畅春新园设立早餐food饭店。以上各项改造工程用款53万元。

(8)帮助运输中心完成4辆大轿车的更新采购,投入经费200万元,改善教职员工的乘车环境。

(9)对幼教中心蔚秀幼儿园进行整体改造、粉刷和修缮;对燕东幼儿园30号小楼和中心办公室进行房屋修缮,并协助基建工程部对燕东幼儿园进行环境改造。投入经费110余万元。

表 9-47　总务部 2007 年度完成工程统计表

| 序号 | 项目名称 | 内容 | 资金额度 | 资金来源 |
|---|---|---|---|---|
| 1 | 全校污水泵 | 重点为维护修理保养 | 8 万元 | 水电运行费 |
| 2 | 承泽园上水外线 | 需改造更换新上水管 | 15 万元 | 自筹 |
| 3 | 蔚秀园平房区域 | 更换部分上水管道约 200 米 | 4 万元 | 运行维修费 |
| 4 | 蔚秀园 14—24 楼 | 更换室内上水管道约 2500 米 | 20 万元 | 运行维修费 |
| 5 | 燕北园小区 10 栋楼 | 更换室内上水管道约 2000 米 | 16 万元 | 运行维修费 |
| 6 | 燕东园外线 | 更换上水管道约 1500 米 | 30 万元 | 运行维修费 |
| 7 | 燕东园 32、33、34 楼 | 更换室内上水管道约 1000 米 | 8 万元 | 运行维修费 |
| 8 | 畅春园 55 楼 | 更换室内上水管道约 300 米 | 2.4 万元 | 运行维修费 |
| 9 | 承泽园北院 | 更换院内上水管道约 400 米 | 8 万元 | 运行维修费 |
| 10 | 技物楼上水外线 | 上水外线改造 | 242 万元 | 修购专款 |
| 11 | 加速器变电站 | 更新改造 | 187 万元 | 修购专款 |
| 12 | 承泽园电外线 | 更换临时供电电缆 185 米 | 20 万元 | 校专款 |
| 13 | 节电器安装 | 学生宿舍 | 80 万元 | 公共水电节余款 |
| 14 | 理科楼周边 | 草坪灯、路灯检修 | 20 万元 | 校专款 |
| 15 | 文史楼 | 外电源工程 | 30 万元 | 自筹 |
| 16 | 第一教室楼 | 外电源工程 | 40 万元 | 自筹 |
| 17 | 节能工程 | 喷灌及节能灯试验 | 15 万元 | 节能奖励金 |
| 18 | 节水产品应用 | 节水水龙头、节水便池等器具 | 8 万元 | 自筹 |
| 19 | 节电产品应用 | 水泵电机节电器、节能路灯、室内节能照明、节能镇流器等 | 12 万元 | 自筹 |
| 20 | 地热井设备安装 | 潜水泵安装水位检测报警器 | 2 万元 | 运行维修费 |
| 21 | 学生区 45—48 楼 | 打通 2—3 单元、门厅改造 | 31 万元 | 自筹 |
| 22 | 学生宿舍厕所改造 | 45—48 楼 | 41.5 万元 | 运行维修费 |
| 23 | 浴室进宿舍工程 | 45—48 楼室内及室外工程 | 128 万元 | 校专款 |
| 24 | 45—48 楼改造 | 拆顶柜,恢复地面及墙面 | 3.5 万元 | 运行维修费 |
| 25 | 学生宿舍家具更新 | 33 楼、34B 楼 | 99 万元 | 校专款 |
| 26 | 学生宿舍 | 47 楼及菱斗桥学生信报柜 | 23 万元 | 校专款 |
| 27 | 学生宿舍 | 40—42 楼饮水机安装 36 台 | 75 万元 | 校专款 |
| 28 | 畅春新园学生宿舍 | 饮水机更换滤芯 | 2.7 万元 | 运行维修费 |
| 29 | 学一食堂 | 安装空调 10 个 | 30 万元 | 自筹 |
| 30 | 艺园 | 安装空调 5 个 | 16 万元 | 自筹 |
| 31 | 学五食堂 | 安装空调 8 个 | 25 万元 | 自筹 |
| 32 | 畅春新园宿舍 | 临时早餐点建设 | 3 万元 | 自筹 |
| 33 | 临湖轩梅石碑 | 绿地改造工程 | 9.5 万元 | 运行维修费 |
| 34 | 文博院 | 绿化工程 2400 平方米 | 18.7 万元 | 运行维修费 |
| 35 | 勺海亭 | 绿地改造工程 3200 平方米 | 9.6 万元 | 运行维修费 |
| 36 | 办公楼、图书馆、南北阁 | 部分草坪更新 | 26 万元 | 自筹 |
| 37 | 荷花湖龙头吐水处 | 泵房整修,景石调整 | 10 万元 | 运行维修费 |
| 38 | 化学北楼北、外文楼南 | 铺人行步道 300 平方米 | 8 万元 | 运行维修费 |
| 39 | 学生区 44、48 楼、学五食堂南侧 | 方砖路改柏油路 1100 平方米 | 25.3 万元 | 自筹 |
| 40 | 学生商店前柏油路 | 旧柏油路翻新 850 平方米 | 19.6 万元 | 运行维修费 |
| 41 | 大浴室前 | 旧柏油路翻新 1200 平方米 | 27.6 万元 | 运行维修费 |
| 42 | 校医院南侧、东侧 | 旧柏油路翻新 920 平方米 | 21.16 万元 | 运行维修费 |
| 43 | 学生区 45—47 楼 | 旧柏油路翻新 900 平方米 | 20.7 万元 | 运行维修费 |
| 44 | 学生区 45 楼至勺园 3 号 | 旧柏油路翻新 1250 平方米 | 28.75 万元 | 运行维修费 |
| 45 | 运输中心 | 4 辆大轿车更新 | 200 万元 | 自筹 |
| 46 | 幼教中心 | 园内绿化、教学楼维修粉刷等 | 110 万元 | 自筹 |
| 47 | 合计 | | 1780.01 万元 | |

6. 节约能源,建设节约型校园工作。

2007年是备战奥运的决战之年,是学校110周年校庆筹备的关键之年,校节能办公室积极响应党中央及北京市有关部门的要求,按照党的十七大提出的节能减排工作目标和要求,坚持协调、推广、宣传和监督的原则,切实做好学校各项节能减排、保护资源、持续发展的工作,将绿色奥运的理念贯彻到学校的节能工作中。

水电运行管理。为保障学校教学科研及师生生活的正常用水用电,我们协调水电中心进一步强化管理、加强巡视、按期维修、保证运行,并制定了相应的应急预案,确保了全校水电运行的安全。

安全用电。2007年我们根据北京市教委《关于加强高校学生公寓安全卫生工作的通知》要求,认真贯彻校领导和部领导的指示精神,协同学校有关职能部门——学工部、团委、保卫部、总务部、水电中心、学宿中心在春季、秋季开展了两次安全卫生宣传、教育和检查活动,取得了较好的效果。

坚持执行全校用水用电全额收费的市场运作机制,将节约能源纳入市场经济的轨道。2007年是执行全额收费办法的第六个年头,全校各单位及广大师生的节约意识、资源意识和环境意识有了显著提高,各单位的成本核算观念也进一步增强。全年水电费总支出为5870万元,总收费为6259万元,收支基本平衡,略有节余。

深化节能改造。继续自筹资金在学生宿舍、教室和路灯安装照明节电器,取得了节电20%左右的良好效益;利用节水奖励金在学生宿舍内进行节水器具的改造安装,对勺海亭、文博苑地区的绿化喷灌设施进行节水建设与改造;对一些新型节水、节电产品进行了试用,在部分教室试装免冲水小便器,个别教室试用高效节能型灯管等,寻求新的节能减排技术和方法,提高我校的节能工作水平。

加强节能宣传。积极配合各级政府的能源管理部门及市区节水办在世界节水日、全国节水宣传周及节能宣传周开展节水、节能宣传,并于9月份根据国务院及教育部的有关精神和教育部高等教育司下发的《关于进行"节能减排学校行动主题教育活动"》通知的要求,在校内进行了相关"节能减排主题教育活动"。积极与学校相关学生社团联系,组织学生进行座谈,介绍我校历年来所采取的节能减排新措施、新技术、新设备,使同学们对学校近年来在节能减排方面所做的工作有更加全面深入细致的了解,同时引导学生树立节能环保观念,关注生活中节电、节水、节约资源的方式方法,从自己做起,从身边的小事做起,真正落实节能环保进学校。

7. 卫生工作。

2007年环卫消杀工作情况:环卫日清扫保洁360889平方米(清扫169146平方米、保洁191743平方米),湖泊的清理保洁103518.4平方米;全校年产生生活垃圾4380标准箱(车);全年共清运树枝树叶830车;全年清运渣土140车;全年清掏化粪池1072车;全校灭蚊蝇共6次,每次要给213座楼进行消杀工作,如家属区106座,办公区、教学区61座,学生宿舍区47座,还有11个单位;全校灭蟑15次,共90多天,大小食堂共计14个,学生宿舍共2000多间。

(总务部)

【餐饮中心】 2007年,餐饮中心承担了巨大的原料上涨压力。受国际原油涨价和美国次级房贷危机的影响,国内食品原材料市场价格持续高涨,据国家统计局数据,到第4季度,食品年同期涨幅达18%左右。而食品中又以食堂日常消耗量较高的猪肉、食用油等涨幅最大。来自北京高校餐饮采购的统计数据,2007年12月份与2006年8月对比:猪肉均价上涨105%,食用油上涨107%,蛋上涨40%,调料上涨13.9%,干货上涨39.71%,主要大宗食品原材料实际采购价格综合上涨27.61%。在严峻的高价市场环境和各种补贴未到位的情况下,餐饮中心干部职工千方百计、齐心合力,克服重重困难,保证了伙食价格和质量的基本稳定,圆满完成了北大餐饮服务任务。

全校2007年伙食消费收入7442.7万元,比去年同期增加290万元。主要食品原材料消耗总量969万公斤,其中:肉类87万公斤、蛋类29万公斤、油类46万公斤、粮食类232万公斤、蔬菜类532万公斤、鲜奶类13万公斤、豆制品30万公斤。全年平均日就餐人数:22752人。其中注册在校学生29722人(本科生15609人、硕士生9849人、博士生4264人),教职工(含离退休和流动编制)15171人,各类交流、访问、一年以上培训班、进修人员11780人。学生月消费(以实际用餐75次/月统计):305.83元(2006年303.25元)。餐饮中心现有经营面积202300平方米。食堂(含万柳)9个(不含昌平和农学院、大兴软件学院三个校区)。现有职工873人,其中事业编制职工(含集体编制职工)132人,占15.12%,流动编制10人,占1.15%,劳务合同731人,占83.73%。

9月18日,根据市场和北大校内情况,中心制定了《餐饮中心近期保持学校伙食稳定工作预案》。预案在保证食品卫生安全、价格不变、质量稳定、防止补贴外流等方面制定了系列可行办法,其中包括各食堂亭点停止出售临时卡和现金收取;继续牵头我中心倡导组织的"北京高校伙食联合采购"阳光工程;加强内部管理,通过节约水、电、气以及食品原材料降低成本,坚持对食堂伙食成本给予补贴,按食堂流水补贴4~5‰(不管学校补贴何时到位);关注并随时掌握市场信息和北京主要高校伙食服务、价格成本动态;食堂开售半份菜,方便学生自助搭配选餐;加强"食堂经理值班制度"的落实和发挥监督员桥梁纽带作用。餐饮中心全体员工按照预案执行,圆满完成任务。

截至2007年底,餐饮中心已经连续50年无群体食源性疾患。这是业内重大突破性成就。这一辉煌业绩的取得是建立在严谨的食品卫生态度和科学的食品卫生管理基础上的。中心重视食堂员工卫生责任意识培训,加大食品卫生监督频次和奖罚力度,是近千名员工在各自的岗位上严格执行采购、验收、贮存、加工、销售、洗净消毒等管理制度的结果。50年未发生群体食源性疾患的优秀办伙历史,为维护学校正常教学秩序和师生饮食健康提供了有力保障。

2007年,餐饮中心编印图书《北大餐饮这五年(2003—2007)》,全书分总结篇、述职篇、研究篇、学生参与篇、宣传篇、读书篇、考察篇、荣誉篇、感悟篇共九部分,分别收集了5年来,餐饮中心50多名管理干部和监督员等在各自岗位上共计200篇文章。闵维方书记、许智宏校长、鞠传进副校长分别为本书题词作序。副总务长、餐饮中心主任崔芳菊作为本书的主编也为本书写了序,她在序文中说,我们编辑这本书,就是加强企业文化建设的一种尝试,它融入了员工的很多想法,展现了他们的风采,是集体辛劳的呈现,相信将为北大餐饮队伍的建设、内部的和谐发挥很好的作用。

北京高校食品原材料联合采购招标活动作为北京高校食品原材料的主要采购形式之一,在北京市教委和北京高校伙专会的领导下,截止到2007年底已成功举办了八次。2007年就举办春秋两次。联合采购有"阳光工程"的美誉,在保障北京高校食品安全、降低办伙成本、堵塞采购漏洞、抵制商业贿赂等方面,联采都发挥了不可替代的作用。教育部、北京市政府、北京市教委和北大校领导对高校集中联采工作一直给予充分肯定和大力支持,教育部还发出进一步加强高校食品原材料集中采购的重要指示。北大餐饮中心携快速食品检测箱,成为2007年展会备受关注的亮点。北大除学生监督员现场参与监督签约外,后勤党委领导也亲临现场了解采购全程。

继学一食堂2004年被评为A级食堂后,2007年农园、学五食堂又被评为A级食堂。北京大学属于海淀区卫生局卫生监督所辖区餐饮单位。卫生考察组主要通过现场卫生知识询问、员工操作演示、随机留样化验、现场拍照等手段进行综合评分。量化分级管理是动态管理,获得卫生A级单位后,区卫生监督部门仍将对其卫生状况进行监控,确定下个年度能否保持A级。学一食堂已连续5年获A级。

全年培训工作采取外训内训相结合的方式进行。外部培训包括请进来相关部门专业人士进行培训和派出去参加相关行业的学习。外训既有中国烹饪协会专家讲座,还有知名的营养专家到学校来授课;既邀请专业食品卫生监督部门专家授课,又有职业培训学校的系列课程讲座;劳动仲裁的专业人士和律师也为我们讲授相关的课程;还包括行业协会组织的出国考察,使员工在培训中不断开阔眼界学习新知识。内部培训工作由中心职能部室配合进行,质检监督室、运行保障室、信息室、财务室、人力资源等都是根据中心整体工作的需要,结合管理中发现的问题有针对性地组织培训。全年共组织38项5000多人次的各种培训,使得餐饮队伍整体服务水平与时俱进。全年培训费支出达19.38万元,创历史最高。

餐饮行业长期以来用工制度形成的随意性和市场化,积累了各式各样的矛盾,随着新的《劳动合同法》的颁布,这些矛盾集中凸显出来。对一些普遍问题,还邀请学校组织部、人事部、总务部的主管领导商讨用工办法和应对策略,得到了很多支持。2006年年底开始,中心积极组织经理以上用人单位的负责人学习新法,学习相关的法律解释。并联系海淀劳动仲裁委(科)的仲裁员,针对我们的人员结构和提出的问题帮助提供相应的解决方案,指导管理人员应对用工矛盾的技巧,设"小锅灶"讲授案例及解决预案。同时,聘请专门的律师,明确问题,提出要求,对中心的用工给予法律的专业支撑。2007年分别介入劳动用工案36人次,基本上得以妥善解决。

食堂监督员制度诞生3年多来,在建设和谐校园中发挥了重要作用,产生了多赢的局面。2007年一年监督员回答师生意见360多件,在此期间,餐饮中心、学生会权益部和常委会,共同完成了《餐饮中心学生监督员工作条例》和《餐饮中心聘任学生监督员协议书》的修改工作。餐饮中心与学生会、团委共同组织学生餐饮相关活动,旨在丰富学生业余生活,拉近服务者与被服务者的距离,共建共享和谐校园。继第二届"十佳服务员""十佳菜肴"评选和"北京大学第二届厨艺大赛"后,在2007届毕业之际,餐饮中心、学生会和研究生会共同策划了以"再品'十佳菜肴'回味燕园温情"为主题的赠送毕业生餐券活动。2007年,学一食堂凭借在青年工作、公益桌贴、大伙特色服务等方面的表现,获得首届"青年文明号"殊荣。

2007年是餐饮中心通过ISO9001国际质量管理体系运行

的第3年，中心顺利通过ISO9001国际质量管理体系复审。评审专家参观了采购部加工间、库房、食堂后厨和质检化验室等加工和销售现场，对各部门有效地开展规范化、程序化、标准化的管理和服务工作表示赞扬，专家对文件、记录、顾客反馈意见和程序文件等都进行了详细审核并提出改进意见。复审也让我们看到体系的质量方针、质量目标不是一成不变的，它们是随着体系的运行不断升华的，从而彰显体系的有效性。

2007年，分总支按照后勤党委的部署，学习十七大会议精神，一切围绕创和谐、保稳定、遵规律的大局来开展工作。努力化解矛盾，主动开展服务，工作业绩显著，荣获北京大学先进党支部荣誉称号。

（金宏丽　甄涛）

【水电中心】　2007年，水电中心在中心领导班子的带领下，在校领导、总务领导的关心和支持下，认真贯彻落实党的十七大精神，以科学发展观统领工作全局，以推进和谐建设为目标，中心全体职工积极进取、务实创新，圆满完成了"保证水电运行，提供优质服务"的工作任务，为我校教学科研工作的顺利开展做出了应有的贡献。

全年全校供电约8491.96万度，供水240.64万吨；燕北园维修室供电305.61万度，供水54.65万吨；全年共收取水电费6259万元。

1.校园供电系统。2007年，对全校1座110千伏变电站、9个开闭站、30余处10KV配电室、12处箱变、近100台户内外变压器及数万米高低输配电线路进行24小时的巡视和检修，对校园2000余盏路灯进行24小时的巡视和检修；确保校园电网全年8760个小时无一次人为原因造成全校停电，为学校教学科研和师生的工作生活创造了良好的用电条件。

配合学校各类电力设施新建和改造，本着"安全有序、严格操作"的原则完成校内3个10KV开闭站、7个10KV配电室及3处建设工地临时变压器发电工作。

对用电负荷不断增加的家属区的输配电线路及设备进行了调整并加大维修力度，加强线路巡视，今年共拆装、修理家属区变压器3台，拆换跌落保险5套，拆换负荷开关6套，拆换避雷器6台。

派专人负责学校各类重大活动的高压配电室的值班保电工作。共派出30余人次圆满完成"2007首都留学生新年晚会""本科教学评估""2007好运北京国际乒乓球邀请赛""日本首相北大演讲"等各项重大活动的安全供电。

2.校园给排水系统。2007年，水电中心技术人员全年共排除校园水网上水管线、阀门、水泵、除沙器、变频器和流量器等各类问题20余起，保证全校供水系统的正常运行。同时，对校内3.5万余米的雨污水管线进行疏通和维护。

改造校内家属区上水管线。校家属区蔚秀园、承泽园上水管道由于使用年限较长，管线严重老化，居民多次反应水量不足。为了彻底解决该问题，水电中心对该地区全部上水管线进行检修和更新，为用户彻底解决了用水问题。

完成挖漏抢修、检修阀门、疏通下水管道、夏季换纱、清修全校污水泵等各项工作，保证了全校给排水设施的正常运行，为全校师生的教学和生活提供了良好的用水环境。

3.校园水电收费。2007年，水电中心水电收费科完成了对全校近千户公用单位、7300多户居民、30余座学生宿舍楼、近6000户IC卡售电户进行了查表、检修和水电收费等工作。

水电收费科圆满完成公共办公区、家属用户、集体宿舍等用户水电费的季查、年收费工作。其中，水电查表完成率达到99%，准确率为100%；在校各部门的配合下，基本完成了全校水电费收缴工作。

水电收费科配合总务部、保卫部、教务部、学宿管理中心对学生宿舍楼进行了两次安全用电检查，并在检查中及时排除安全隐患。

4.校园零星维修。水电中心零修班全年完成报修水电零星维修23457次，挖漏抢修50多处，检修阀门130多个，疏通下水管道2万余米，夏季换纱120平方米，清修全校污水泵10处；燕北园家属区完成上下水零修小票3900余张，玻璃等其他零修小票300余张，电工零修小票2800余张，公共设施零票400余张，挖漏3处，更换进户水管100余米。

继续推行校内维修车流动维修服务，该车校园维修服务工作行程约10000余公里，完成维修服务小票5000余张。

5.防汛抢险工作。水电中心防汛小组共接居民报修电话76个，出险抢修69次，共苫塑料布1000余米，清淘疏通雨水沟约1500米，为居民修缮漏雨房屋、阳台10余处。

6.奥运乒乓球场馆设施管理工作。11月，根据上级领导的工作安排，水电中心负责北京大学乒乓球场馆的设施管理保障工作。场馆设施运行团队从熟悉场馆入手，认真了解每一台设备的功能、每一组管线的走向，根据图纸和施工方的介绍，对场馆内所有设施进行了排查和检测，圆满完成场馆承办各项赛事的设施保障工作。

7.校园水电施工工程。完成承泽园、蔚秀园上水改造工程、公共教室室外给排水工程、光华企业家研修院室外排水工程、留学生公寓6、7号楼外线给水工程、交流中心沉降广场改造工程、暑期学生宿舍45—48楼浴室厕所改造工程、北大成府园区市政给水工程、理科楼周边路灯安装工程、一教空调电源安装工程、公共教室楼电气外线工程、化学南楼电气外线工程、三教电气外线工程、科技园电气外线工程等60多项水电设施、线路的新建和改造工程。

8. 校园水电物业管理。继续对理科楼群、光华楼、生命大楼和畅春新园学生公寓、第二教室楼等20余万平方米的楼宇实施了物业管理，负责承管楼宇内的水、电、空调、电梯等设施的安全稳定运行。

（张海峰）

【供暖中心】 2007年是供暖中心各项事业稳步发展的一年。4月，中心通过组织干部评测及公开招聘成立电气管理科，负责供暖运行及浴室运行的电气管理维修工作。中心现有事业编制职工76人，流动编制10人。本年度新招聘1名大学毕业生，2名职工办理退休手续。

1. 供暖工作。2007年供暖总面积为1699976平方米，供暖运行总经费为3109万元。2007年5月经过认真的准备、调研，学校煤炭管理小组对今年的煤炭进行了招标，确定了2007年的购煤价格和煤炭供应商，并按照招标结果完成了预定的进煤、存煤任务，场地存煤12000余吨，在煤炭供应厂家存煤16000吨。通过质量技术监督局的抽检，煤炭质量合格，为冬季的供暖做好了准备。在中心职工的共同努力下，供暖中心继续被北京市评为2006—2007年度供热先进单位。2007年暑期中心除完成供暖系统的正常夏季检修外，还对从1997年投入运行的集中供暖锅炉房1号、2号、3号锅炉炉墙进行了重新砌筑。为改善集中供暖锅炉房3号炉麻石除尘器的运行状况并进一步达到北京市环保局的排放标准，7月利用自己的发展金中心对1号2号3号炉麻石除尘器进行了达标改造。中心利用暑期用自己的发展金对学生宿舍28、29楼的室内管道及散热器进行更换。8月底，中心投资为外来务工人员翻建的二层钢结构采板房宿舍全面竣工，建筑面积为429.88平方米。8月底集中供暖锅炉房、蔚秀园锅炉房、燕北园锅炉房视频监视系统安装工程竣工。此外中心还完成了二附中外线更新工程，学校理科楼东侧部分低温管道保温更新工程。

2. 浴室工作。7月，由学校出资供暖中心承担的学生浴室进宿舍工程对学生宿舍45、46、47、48楼进行了改造，并陆续投入使用，截至2007年底，中心所属的公共浴室由2006年的56间增加到96间，共有淋浴喷头960个，其中集中公共浴室4间，共有淋浴喷头546个；宿舍楼内浴室92间，共有淋浴喷头414个。在工作量增大的前提下，浴室科职工克服了种种困难，迅速地完成了接收工作，平稳地完成了运行工作。面对日益增多的工作量和工作人员，中心对浴室的管理人员进行了调整，补充专业技术人员去应对新技术，加强对浴室职工的管理，编制服务手册，增强职工的服务意识和特殊情况处理能力，加大检查力度，强调文明服务和挂牌上岗，奖惩结合，进一步完善岗位责任制，从而改善了职工的服务态度，提高了服务质量。2007年，中心校内学生大浴室被校团委授予"青年文明号"单位。7月，中心还完成了畅春新园学生宿舍地热水处理装置由"爆气装置＋药＋石英砂"过滤方式到"爆气＋锰砂过滤＋活性炭"吸附方式的改造，大大提高浴水水质。暑假期间，中心在不影响留校学生及教工正常洗浴的前提下，对学生大浴室及教工浴室进行装修，安装防滑地砖、塑钢吊顶、塑胶楼梯等。9月中心完成了两口地热水井的连通管工程，共新建直径133毫米连通管道920米，此外还完成了成府园留学生公寓输送管工程，共新建直径159毫米输送管580米，为学生正常洗浴及本科教学评估工作打下坚实的基础。

（解 芳）

【校园管理服务中心】 2007年校园管理服务中心共有事业编制职工56人，流动编制1人，职高毕业见习期职工6人，外来务工人员229人，离退休职工270人，代管职工9人。下设中心办公室、财务室、绿化环卫服务部、保洁服务部、茶饮服务部、收发室、订票室等职能部门。主要承担校本部绿化养护工作，绿化新建和改造的全部工程，校内道路、校园、公共教室及部分院系办公用房的清引保洁工作，报刊、杂志订阅及信件报刊的投递，饮用开水的管理和供应，寒暑假学生返家车票和日常师生出行的火车票、航空机票的预订及部分送旧迎新工作。

1. 园林绿化日常养护管理工作。2007年完成校本部90万平方米绿地及植物的养护管理工作，完成乔木28561株、灌木51151株、月季13099株、绿篱203627株（折合25453.4延长米）、草坪254362平方米、竹子16408株、宿根花卉及攀援植物89458株日常养护管理工作，530株一、二级古树的日常养护管理工作。为了丰富校园内植物品种的多样性，2007年引进了3种乔木（法国冬青、大叶女贞、黄玉兰）和1种灌木（小檗），共300株植物。

2. 植物病虫害防治工作。2007年校本部发现美国白蛾三处，校园管理服务中心及时上报海淀区绿化办公室，并组织人员剪除带有虫害的枝条，集中焚化处理，同时进行了药物防治，效果很好。同时设立6处美国白蛾监测点，并在重要地点进行了生物防治，释放了周氏啮小蜂。2007年防治病虫害挖蛹28斤，打药700吨。

3. 绿化新建和改造工程。

2007年绿化工程在继续做好2006年未完成项目基础上，新开工程29项：已完成的重点绿化工程有文博院二期、勺海亭、梅石碑、法学院二期、燕南园56号院、燕南园、承泽园、燕东园、二教周边等九项绿化工程。另外，结合教育部组织的本科教学评估验收工作完成了电话室至静园道路两侧、国际关系学院周边及大讲堂东侧分车带内更换种植绿篱，葛利普墓周边、一教北侧、28楼、16楼周边、农园北侧、光华南侧、南校门外、保卫部东至理科楼天井、教材科西侧、遥感楼西侧、水塔周围、二体篮球场周边等绿化环境改造整治，未名湖南岸防水土流失，学生区种草及40楼、一教草坪砖整修及孔间种草等绿化工程，奥运乒乓球测试赛前"五四"体育场相关设施的拆除和场地平整及赛后场地恢复43985平方米。种植草坪23600平方米，宿根花卉754株，栽植乔木305株，灌木5293株，栽植竹子3200株，点布景石180吨，铺装1748平方米。

4. 荒山绿化义务植树工作。完成学校昌平3505亩荒山绿化义务植树与养护工作，全年种植树木37875株，新栽白皮松2000株，修剪过株60000株，全年护林防火未发生险情，圆满完成市、区两级规定的任务。

5. 环卫、保洁工作。2007年校本部校园清扫面积169146平方米，保洁面积191743平方米，湖泊的清理保洁103518.4平方米，公共教室服务、卫生保洁工作（7月四教拆除）。现有教室273间22521个座位，清扫保洁面积63093平方米，其中二教新增保洁面积30200平方米，教室74间，座位6954个。负责校内47个院系、所、室保洁清扫有偿服务工作，面积68538平方米，体育场馆落成后的卫生保洁（馆内26900平方米，馆外43985平方米）开荒及测试赛赛事运行期间的清废保洁工作，配合学校完成研究生考试、阅卷工作，暑期高考阅卷，毕业生招聘会的保洁服务工作。2007年8月28日保洁服务部正式接手第二教学楼的管理工作，成立了第二教学楼管理办公室，改变了过去单一负责保洁工作的职责，协调各部门的工作。

2007年清运生活垃圾4380标准箱，粪便清掏清运1072车，清运树枝及建设垃圾970车，配合校爱卫会灭蟑灭蝇工作。

6. 其他工作。2007年共分拣、投递信件359640余封，印刷品226800斤，挂号信113016封，报纸749160余份，国际信件69120封，国际印刷品38880斤，杂志44232份。现售火车票39783张，飞机票1900张，完成寒暑假学生返家及返校车票11377张。饮用开水供应10291吨。毕业生离校托送行李1800余件，接发新生行李1572件，9月2日在北京站、北京西站设立迎新站，接待新生到校工作。

（刘凤梅）

【学生宿舍管理服务中心】 目前学宿中心共管理校本部燕园校内、畅春新园、畅春园（篓斗桥）三个宿舍园区，共有33栋学生宿舍楼，建筑面积196725.47平方米，本、硕、博住宿学生19921人。学宿中心共有职工212人，其中校编15人，外聘楼长114人，保洁员63人，维修人员20人。

1. 毕业生离校和新生入住工作。2007年校本部住宿毕业生5124人，分布在20栋宿舍楼。学宿中心多次召开会议布置毕业生离校期间的各项工作，组织开展各类宣传员活动，对毕业生离校的注意事项做出提醒，倡议同学们文明离校，争做文明北大人，以真情回报母校的培养。各楼管组毕业生离校工作开展得细致入微，按章办事却又不失人情味，切实从毕业学生角度出发为他们排忧解难。

学宿中心在暑假期间就做好了5950名新生入住的各项准备工作。在各方工作人员的通力合作下，经过一个暑假的努力，破旧的房间被粉刷一新，宿舍楼里的各种设施都已到位。入口处竖立着饱含着热情的迎新板报及楼长提示，告诉同学们各种入住的注意事项。门厅里还有校园地图、学生宿舍管理规定等，帮助新生尽快熟悉校园生活。迎新当日，面对前来报到的同学，学宿中心工作人员亲切细致地交代各种入住程序和注意事项，对来早了要求提前入住的同学，学宿中心及时安排解决他们的住宿问题；对车次晚点赶不上白天报到的同学，学宿中心又留人在晚上值班等待。整个迎新的过程中，学宿中心的工作人员热情细致，认真负责地完成了迎新任务。

2. 学生宿舍搬迁。为配合学校整体工作，学宿中心于7月6日组织开展27楼学生搬迁工作。27楼多为博士研究生，书籍行李较多，学宿中心积极向总务部申请后，为搬迁同学免费提供车辆并发放编织袋。搬迁之前学宿中心制定了详细的搬迁时间表，全天分10个时段发车，明确每名同学的搬迁时间。对有困难的同学，学宿中心单独协调解决。110名同学下午三点前全部搬迁完毕。整个过程井然有序，未发生任何物品丢失事件，获得了同学们的好评。

3. 暑期综合修缮。从7月8日毕业生离校结束起，学宿中心的全体职工积极努力，配合各施工单位开展了暑期宿舍修缮工程。学宿中心的负责同志制定了详细周密的工作计划并经常现场办公，组织协调工作方案，验收检查工作质量。在一个多月的时间里，共粉刷维修、检修宿舍1600间，改造45、46、47、48楼楼内浴室32间，改造28、29楼宿舍暖气100间，改造45、46、47、48楼二三单元门厅

4. 各类住宿安排。根据学校的工作安排,学校于暑期组织本科新生中的党员提前到校报到培训,需要我学宿中心临时集中安排住宿,培训后再入住正式分配宿舍。学宿中心接到通知后,立即组织专人负责此项工作,打破常规开启绿色通道。制定住宿方案、从沈阳专车紧急运送400套卧具、组织人员加班清扫房间及配备家具设施、协调供电室提前供电、配合学工部在40楼设置接待站、新生校园卡授权等一系列前期准备工作快速到位。在准备期间,有同学提前到校,学宿中心便将同学安排到楼长室旁边的宿舍,保证同学们安全的同时也方便楼长照顾他们的生活。8月25日,350名新生党员正式报到,在为期5天的培训过程中,学宿中心切实做好了各项后勤保障工作。8月30日,距全校新生报到还有两天的时间,学宿中心在40楼为党员办理宿舍入住手续。当天下午全部学员都已提前入住正式分配的宿舍。

2007年暑期,学宿中心继续与教务部、中文系、法学院等单位合作做好暑期学校学员的住宿工作。对于来自海内外的300余名学员,学宿中心制定了详细的接待方案,并通过多种宣传方式介绍学校的规章制度及各种衣食住行方面的详细信息,力争在短时间内使同学们适应宿舍生活。楼长和保洁员们的热情付出也换来各地同学们的认可,同学们在离校时表示非常喜欢北大的宿舍环境及文化氛围,很多台湾学生临走时都主动和楼长阿姨合影留念。

2007年是北大-耶鲁交换项目实施的第二个年头。学宿中心和国际合作部通力合作,抽调优秀的管理服务团队为该项目提供后勤保障。并定期与同学们交流征求他们的意见,针对外籍学生提出的建议及时调整服务工作,为同学们创造一个良好的生活环境,提供高质量学习交流平台。

5. 迎评工作。学宿中心先后召开了中心办公会、保洁员会和楼长会,对"迎评"工作进行了安排和部署。投入专项经费添置自行车架、粉刷宿舍楼道、购置鲜花地毯等物品。同时聘请专业清洁公司对36、37两栋楼的污水管道进行了彻底的清理,从源头上根治了厕所异味。学宿中心先后两次会同学工部及各院系学工老师,对学生宿舍室内卫生进行检查,敦促同学们养成良好卫生习惯:垃圾及时清理、定期开窗通风等,宿舍室内卫生状况有了明显的改观。

11月19日下午,教育部本科教学水平评估组专家到学生宿舍36、37楼检察指导工作。在36楼自习室专家组副组长吉林大学党委书记张文显教授以及专家组的其他成员一边翻阅《北大楼长》一边听取了王君波主任的介绍,并就我校学生宿舍现状、宿舍文化建设、科学管理等方面交换了意见。会后专家们还对学生宿舍进行了走访,亲切地同同学们交谈了解情况。最后,专家们对我校的学生宿舍管理工作提出了表扬,表达了希望我们取得更好成绩的美好祝愿。

6. 宿舍管理。学宿中心于11月下旬至12月中旬开展了本年度"文明卫生宿舍"创建评比活动。各楼管组共上报候选宿舍1814间,经过复查后1098间宿舍达到文明卫生宿舍标准,被授予"文明卫生宿舍"称号,获奖宿舍占学生宿舍房间总数16.4%。获奖个人3473人。此项工作得到越来越多同学们的认可和参与,同学们都把这当作生活中的一件大事来看,给予了高度重视。做好此项工作对于提高同学们的团队、奉献、自觉等素质都具有极大帮助,有利于促进大学生全面成才。

学宿中心全体干部职工认真学习贯彻执行学校安全保卫工作条例和相关文件精神,定期召开安全保卫专题工作会,安全保卫工作职责到人。定期检查与不定期抽查相结合,逐一排查各种不安全的隐患,将其消灭在萌芽状态。本年度学宿中心多次及时向两办、保卫部汇报涉及同学生命财产安全的重要信息,并对一些突发事件有效地进行了危机干预,有效地保护了同学们生命财产安全。学宿中心配合学校相关部门开展了"2007年春秋季安全教育暨安全检查"活动,逐楼、逐层共检查了近2000余间宿舍,有效地指导同学们遵守相关安全制度。学宿中心46楼二单元张瑞通楼长还获得了"校园群防群治"先进个人称号。

学宿中心加强与各院系、学工部和团委的联系。依托院系、职能部门,多渠道管理,重要信息及时沟通,通力配合很好地解决了各类住宿纠纷。工作效率大大提高,违章留宿、违反安全用电规定的行为明显减少。在资料统计方面,学宿中心10月份开展了管理资料一览表的修订工作。详细核查统计了住宿人员、楼宇基本资料、安全设施设备等一系列资料。针对统计结果,学宿中心初步制定了2008毕业生离校和新生住宿方案。为2008年度工作计划制定及后勤相关系统开展维修、改造工程提供参考性意见。

7. 队伍建设。本年度又有四栋新宿舍楼投入使用,为此,4月25日学宿中心召开楼长招聘会。一批来自部队、企事业单位高素质离退休干部参加应聘,他们纷纷表示向往北大的人文环境,也很高兴为北大学子们的成长出一份力。通过考核,一批优秀的楼长加入了我们的管理队伍。学宿中心今年收到来自同学们表扬楼长的信件十余封。尤其是毕业生楼同学们在离校前夕纷纷自发给楼长留言,一条条饱含深情的话语鼓舞着每一个宿管人。

学宿中心每月召开一次保洁

员会议。选派优秀保洁员参加学校的"平民学校"课程。种种举措造就了一支高素质的保洁员队伍。全年同学写来各类表扬保洁员拾金不昧、助人为乐等优秀事迹的感谢信十余封。今年学宿中心组织人力修改制定了一系列保洁员规章。从劳动纪律到工作流程,规范了每一个细节。同时针对新《劳动合同法》修订了保洁员用工合同。

8. 生产采购及维修工作。木工厂全年共生产家具900套,同时承担了21000套学生家具、全校165个公共教室16274个座位、办公楼、部分院系办公室、实验室家具的维修。家具科切实做好全校家具建账登记工作,2007年全校各单位共购置新家具12304件。购置家具金额总计8607458.17元。同时作为安全防火重点单位,两部门均严格执行安全制度,制定安全预案及定期排查隐患。

（宋 飞）

【运输中心】 2007年,中心运输服务保障工作保持稳定发展。中心把加强落实安全管理责任制和提高安全生产管理水平作为全年工作重点,在班车运行、车场车库管理、学校大型活动用车、司机安全教育等方面加强管理力度,有效保证了全年运输任务的完成。特别是学校大的用车重要活动和班车运输服务是中心全年工作任务的重点。2007年,中心运行班车9辆,负责学校燕北园、西二旗、西三旗教职工和附小学生驻地的班车接送工作,通过加强班车任务管理和司机的安全服务教育,保证了全年220天运行无事故,累计接送教职工184800人次,安全运行70400公里。中心还按计划完成了学校"两会"、接新生、"北京论坛"等大型出车任务和学校其他教学科研任务,中心按要求实现了全年安全生产目标,全年安全运输922321公里,被评为"北京市交通安全先进单位"。

2007年,中心依然面临运输成本提高的压力,中心在运输成本支出的环节进行了合理有效的控制,在控制燃油消耗方面,对驾驶员的驾驶规范操作和车辆停放时间、空调使用范围、车辆保养等方面都加强了监督指导,号召每个司机树立节约和环保意识,从日常工作每个环节入手,珍惜每一滴油料、每一度电、每一滴水、每一份汽车配件,从点滴入手培养职工节约意识,使职工树立勤俭节约为荣浪费为耻的思想,爱护车辆、珍惜油料,提高节能技术操作水平。2007年中心节能降耗工作取得成效,整体运输成本稳中有降,燃油损耗也得到有效控制。

为迎接2008年奥运会,保证学校奥运志愿者和学校奥运重要活动用车有基本保证,中心继续对不符合环保要求的4台京通黄标大客车进行淘汰,在4月份又新购置了4台欧3标准的苏州金龙大客车。经过几年的努力,截止到2007年上半年,中心符合奥运环保要求和交通上路标准的运输车辆已达到70%以上,2007年车辆结构和节能环保调整已初步显现,大小车型配置趋于基本合理,通过对车辆的分步调整为2008年奥运期间车辆达标运行打下好的基础。

为提升中心服务质量,在后勤党委支持下,中心于5月14日与化学与分子工程学院青年志愿者协会开展了"奥运在我心,点滴志愿行"活动启动仪式,通过陆续开展的互动交流,了解奥运文明礼仪知识,学习英语,开展车容车貌展示活动,使中心驾驶员提高了奥运文明服务意识,掌握了服务技能,为迎接2008年北京奥运会做好运输服务工作奠定良好基础。

（牛林青）

【幼教中心】 幼教中心目前有教职员工135名,其中事业编制职工42名,外聘人员93名。现有教学班25个,亲子班1个。在园儿童655名,教职工子女319人,占总数的48.7%;三代子女115人,占总数的17.6%;外单位子女221人,占总数的33.7%。2007年,中心在保教工作质量、教科研和办园水平、社会效益等方面获得良好的发展,取得阶段性成果。

2007年,中心加大对管理干部队伍及教师队伍的建设。管理干部的建设上,调整了中心两位业务主任分工,除了继续各自有所侧重地主管全中心的业务工作外,还各兼一所幼儿园的园长,全面承担分园工作,取得较大成绩。为中层管理干部的成长搭建平台,提供机会参加市、区的各种管理培训学习,提高科学管理的意识和实际的管理能力。分析教师队伍的现状,制定《教师成长培训工作计划》,通过园本培训、教科研活动等多种形式提升教师的专业素养。加强各岗人员的岗前和岗上的应用性培训。引进人才,快速提升教育质量。以聘任制的形式聘任北京大学心理系博士毕业生和来自其他优秀园所的骨干教师,招聘一名特教专业的硕士研究生和四位学前专业、英语专业的应届本科生担任一线教师,补充科研队伍和一线骨干教师队伍的力量,提高师资队伍的整体水平。鼓励并支持教师参加市、区各种评优活动,展示幼教中心教师业务能力。其中2名教师被评为北京市"市级骨干教师",4名教师被评为"海淀区区级骨干教师"和"区级学科带头人"。六篇教育活动案例在"海淀区优秀教育活动案例评比"中,分获一、二、三等奖。一个教育活动首次被评为"海淀区幼儿园教育活动创新奖"。五位教师被评为"海淀区优秀青年教师",五位教师获得"海淀区优秀教育工作者"称号。分享阅读课题组的三位教师分获全国教学评比特等奖、一等奖和三等奖。多名教师的自制玩具参加海淀区自制玩教具比赛获区二等奖、三等奖。

在《幼儿园教育指导纲要》精神指导下，全体教职工围绕中心整体工作计划与要求，继续坚持以保教质量的提高为基础，增强服务北大的意识，切实认真地开展各方面的工作，不断提高幼儿园的保教工作质量。

（1）梳理、确立全新的教育理念，形成幼教中心领先的特色教育模式。经过多方讨论和专家指导，幼教中心提出建立全纳幼儿园的发展目标，将全纳的教育理念贯穿于中心的各项工作之中。即：在以满足普通儿童的个性化教育需要的基础上，用仁爱之心科学地接纳包括特殊需要儿童在内的学龄前儿童，努力实践教育零拒绝。落实到具体的教育教学工作，中心尝试以开展各种特色课程为初期的探索途径，开展幼儿个性化教育的实践研究。在未增加收费的前提下，本着家长自愿选择的原则，开设了国学书法、奥福音乐、体操、分享阅读以及双语特色课程，大大丰富了教育服务的内容，满足了孩子们的成长需要，更赢得了广大家长的大力赞扬。这项改革虽然加大了教育成本，但却使我们的服务质量得到更好的提升。同时，为更好地开展全纳教育，2007年6月19日，北京大学幼教中心正式成立"特殊需要儿童教育资源中心"，为北京大学幼教中心开展特殊需要儿童学前教育工作拉开新的帷幕。通过对特殊需要儿童的早期干预的研究，带动全中心幼儿个性化支持体系的建立，使所有的孩子都受益。

（2）加大科研力度，科研工作初见成效。依托中心承担的多个课题研究活动，中心成立教科研小组，充分整合各种相关资源，如：教育、心理专业研究机构：北京大学心理学系、北京师范大学学前教育系和特殊教育系、首都师范大学心理学系、中央教科所等。同时，发动北京大学"爱心社"的同学以及北京大学和北京师范大学的博士、硕士生做兼职教师和兼职研究小组成员，参与中心各项课题的研究工作，取得较好成效：由北京市教委委托，独立承担"特殊儿童随班就读课程模式研究"的研究课题；主办"生态式艺术教育国际研讨会"，并代表课题组做主题发言和大会致辞；独立承担主编的《生态式教育》一书出版；受邀参加全国"首届海峡两岸慈善论坛"，做题为《同享一片蓝天，用爱温暖童年》的大会发言，阐述全纳教育的重要意义及所作出的努力，引起两岸四地各界人士的广泛关注，并刊登于2007年12月1日的《光明日报》；受北京市教委委托，中心科研小组独立承担对全市十八所基地园的园长和融合教育专职教师的第一期专业培训任务。

（3）提高教师专业素质，确保高质量的教育水平。继续坚持加强教研组建设，发挥基层教研组织的作用，形成基层教研氛围。结合班级特色活动，加强在国学、奥尔夫音乐教学、分享阅读、生态式艺术教育等方面的教学实践研讨及管理，重点研究在班级教育教学中如何与主题活动结合，以及如何开展家长宣传工作等，提高班级相关教育教学活动的研讨力度，保证较好的教育教学质量。积极开展北京市教委委托研究课题"特殊需要儿童早期教育干预课程模式"的实践研究工作，将特教教研组的研究活动与普教教研活动结合起来，进行多种融合模式的研究工作，带动全园融合教育工作的开展。加强对幼儿在园一日生活活动的管理、检查，组织教师互相观摩、学习、研讨，提高教师对日常常规性工作的关注，并注意进行反思、改进。组织教师进行自制玩教具材料的制作、展示、交流，评比优秀作品，促使教师关注幼儿活动材料，研究幼儿活动材料，为幼儿的成长提供更好的环境支持。

（4）加大服务力度，做好后勤服务。幼教中心是服务于北京大学教科研工作的后勤保障部门之一。做好服务是中心工作的主要任务，在此前提下，2007年中心在名额紧张的情况下，仍预留出相当一部分名额给10月份进站的博士后子女和其他院系国外归来人员子女，甚至院系请来的访问学者的子女等。并尽量保证随来随入托，切实解决教职工的后顾之忧。在北京大学本科教学水平评估验收期间，中心突出做好安全保障和服务两方面的工作，进行三次安全检查，责任落实到人，另外，还提供早来和晚接服务，全力保障教职员工参加本科教学水平评估验收工作。

在学校及总务部领导的大力支持下，2007年8月，中心两所幼儿园的主教学楼、办公楼、特教资源楼、伙房、部分户外活动场地、院墙、大门等进行了装修和改造，消除了重要的安全隐患，保障了基本的安全。为幼儿户外活动场地铺装橡胶软地垫，为儿童添置玩具、图书、套床、消毒柜，装置教室展版，添置教学用电脑、投影仪，为伙房添置A级食堂所需的炊具设备等，大大改善了中心的办园条件，为孩子们营造了一个安全、美观的教育环境。

中心始终把保护幼儿的生命和促进幼儿健康放在工作首位。在学校、总务部和保卫部的支持下，中心两幼儿园均安装了电子监控系统，教室内安装了报警器，实现幼儿园的科学创安。因为突出的工作，2007年中心被评为"北京大学安全工作先进集体"，一人获先进个人。定期组织教师和保育员开展学习，有针对性地深入班级指导和监督保育工作，实践保教合一。保健人员实行分班管理方式，做到有重点有记录。加强疾病和传染病的宣传与预防工作,控制传染病的蔓延。开展科学营养配餐,重新制订符合幼儿营养摄取量的两套食谱(婴儿食谱和幼儿食谱),以满足不同年龄段幼儿生长发育的需要,促进幼儿健康成长。2007年,中心顺利接待了燕东幼儿园A级食堂的复验工作,同时蔚秀幼儿园食堂通过北京市A级食堂的验收。

幼教中心党支部目前有党员30名,其中大专以上学历的党员28名,青年党员4名。支部重视党员思想建设,积极开展学习和民主生活。利用五一放假期间,组织党员开展了红色之旅活动,使党员在思想上有了进一步提高。注重积极分子的培养,他们共上交思想汇报40篇。2007年中心支部书记被评为"北京大学优秀党务工作者"。关注团员队伍的建设,开展丰富多彩的团员活动,增强团员意识,增加团组织的凝聚力,协同后勤团委举办相关讲座,丰富了团员业余文化生活,举办舞蹈培训班等。

(王燕华)

【电话室】 电话室现有事业编制职工14人,务工人员8人,退休职工13人。负责电话业务、电话线务、电话收费、电话号码查询及党办校办的文印工作。在各项工作中严格履行岗位职责,严格执行各项规章制度并积极开展文明服务活动,为电话用户提供优质方便快捷服务,加强安全生产教育,把安全生产放在第一位,不断强化职工安全意识,确保通信保障任务顺利完成。

2007年共安装电话1800部,其中学生宿舍电话610部;迁移电话650部,其中学生宿舍电话160部;检修电话8000部,其中学生宿舍电话5000部;安装电话宽带350部;维护用户电话电缆2.5万米;修复各类电话故障800个;受理电话业务2000余份;收缴电话费话费单24万份;电话号码查询5.5万人/次;打印文件1.3万份,印刷复印文稿25万页。

在通信保障方面,积极做好奥运工程的通信保障工作,协助学校基建工程部完成奥运场馆通信管道的基础建设,新建管道1100米;为保障学校第一体育馆棒球场的电话通信,改接通信电缆500米;完成畅春新园学生宿舍560部和中关园留学生公寓268部电话安装任务;完成教育学院楼、新法学院电话电缆1200米的铺设任务;完成了国际合作部新楼200米通信电缆铺设任务;对通信电缆进行了排查,对不合格的电缆进行了全面检修,保证了电话的正常运行,提高了通信质量。

(赵洪才)

【后勤党委】 2007年,党的十七大胜利召开,北京市进入迎接2008年奥运会决战之年,北京大学顺利完成奥运会乒乓球测试赛、本科教学评估和党建验收各项工作任务,并为迎接110周年校庆打下良好基础。北大后勤党委作为学校的基层党组织,始终同党和国家、北京市及北京大学的发展保持一致,按照学校党委和行政的工作部署与要求,围绕中心,服务大局,重点完成好组织党员学习十七大报告;配合学校完成党建验收、奥运会乒乓球测试赛、本科评估和110周年校庆筹备任务;结合学校正在进行的收入分配制度改革,提出后勤事业特别是人事队伍发展规划并多次组织协调后勤各单位负责人向校领导和相关部门汇报,力争解决好后勤"老人"与"新人"的问题;引导后勤各单位认真学习贯彻《劳动合同法》,规范后勤用工管理,确保学校安全稳定和构建和谐校园。在日常工作方面,后勤党委进一步加强领导班子思想建设、组织建设、干部队伍建设和作风建设,进一步履行好党的政治核心、战斗堡垒、配合行政保障监督、思想政治与精神文明建设职责,继续做好党支部建设与党员的教育管理,继续支持老干部和群众团体工作。与此同时,在新的社会历史时期下,后勤党委创新工作思路与方式,创造性地开展了一些工作,形成了特色,取得了进展。后勤党委所属分总支4个,党支部26个(其中在职12个、退休8个、混合6个)。党员450名(预备17名,正式433名;在职252名,离退休198名),分布在后勤13个部门:总务部、房地产管理部、基建工程部、会议中心、燕园社区服务中心、餐饮中心、水电中心、供暖中心、校园管理服务中心、学生宿舍管理服务中心、运输中心、幼教中心和电话室。

1.学习活动。后勤党委按照上级党组织的要求,高度认识学习十七大报告和《中国共产党章程》的重要意义,认真组织党员学习,在学习的内容、学习的形式和学习的范围方面形成特色。在学习的内容方面,一是紧紧围绕主题,深刻领会和准确把握十七大报告精神;二是结合高等教育实际,学习十七大报告中对教育工作的新要求;三是关注党章新变化,坚持学习和贯彻好党章。在学习的形式方面,一是党员自学和党支部组织党员集中学习相结合;二是党员参加学校党委组织的"十七大精神报告会";三是党员参观《复兴之路》大型主题展览。在学习的范围方面,党委委员和行政单位负责人等党员领导干部带头学习,党员的学习范围覆盖全体在职和离退休党员(含预备党员)、入党积极分子和群众骨干。通过认真学习十七大报告和党章,后勤党委全体党员统一思想,提高认识,坚持正确的思想和理论指导,将报告的精神和高等教育工作的新要求新发展紧密结合，从思想的高度认识北大创建世界一流大学的重要意义，理论联系实际，做好后勤保障服务工作。

2. 基层党组织党建验收工作。自查阶段，后勤党委高度重视，多次召开党委委员会议和扩大会议，传达上级党组织的指示精神和工作要求，使全体同志统一思想，提高认识。形成《后勤党委对照〈党建基本标准〉自查总结》（以下简称《自查总结》）上报组织部。整改提高阶段，督促各基层党支部认真准备，按时上交工作计划、总结、《党支部工作手册》等支部层面需要的材料。继续修改完善《自查总结》，形成《凝聚党员群众 做好服务保障 共建和谐校园——后勤党委党建和思想政治工作自评报告》。验收阶段，召开党建检查宣传动员会，将学校党委和后勤党委迎接检查的各项准备情况向与会人员进行通报，并就接受达标检查两天的餐饮服务、学生宿舍管理服务、校园环境治理等后勤保障服务和后勤党委各党支部、党员个人参加座谈会与材料抽查的工作进行了具体布置。后勤党委以各项迎评准备为契机，在圆满完成党建验收工作任务的同时，促进了党建和思想政治工作的全面完善提高。

3. 后勤保障服务。做好奥运会测试赛、本科教学评估、110周年校庆筹备等各项工作的后勤保障服务，为教学科研和师生员工提供优质安全、及时有效的日常保障服务。对于后勤事业发展规划、人事队伍建设规划以及深化改革后可能出现的问题，都有清醒的认识和长远的规划。

4. 思想政治建设、组织建设和队伍建设。在思想政治建设方面，坚持领导班子学习制度。重点是国家路线、方针、政策，"三个代表"重要思想和十七大精神，反腐倡廉教育，学校党政会议精神和后勤社会化改革文件纪要。开好领导干部民主生活会。2007年，根据胡锦涛总书记在中央纪委第七次全体会议上强调的"切实抓好领导干部作风建设"的讲话精神，按照学校党委和纪委的要求，认真开好党员领导干部加强作风建设民主生活会。在组织建设方面，坚持民主集中制，认真落实中央关于"重大事项决策、重要干部任免、重要项目安排、大额度资金的使用，必须经集体讨论作出决定"的"三重一大"制度。在干部队伍建设方面，支持干部上岗培训和在岗教育，按照组织部的要求，各单位副处级以上干部认真填写《北京大学干部学习培训手册》中2006年度的《干部培训学分登记表》。后勤有16名党员领导干部参加了北京市在线学习，丰富了培训形式，缓解了工学矛盾，促进了队伍建设。后勤干部通过参加培训，不断提高做好后勤管理服务工作的领导能力与决策水平。配合党委组织部做好干部选拔、干部交流的组织考察与民意测评工作，做好奥运会乒乓球馆场馆经理的推荐工作。贯彻落实中共中央颁布的《关于党员领导干部报告个人有关事项的规定》（中办发[2006]30号），严格按照《北京大学关于贯彻落实党员领导干部报告个人有关事项规定的实施办法》，做好副处级以上干部个人有关事项报告和收入申报的相关工作。针对我校收入分配制度改革在后勤中心主任层面存在的职务职级待遇等方面的遗留问题，形成《关于给后勤中心主任级别待遇的报告》并多次与组织人事部门协商，希望能够较好地解决问题。

5. 党风廉政建设。后勤系统各单位管理和使用学校大量的资产，后勤党委严格按照学校党委和纪委的要求，加强党员领导干部的法制观念和廉政意识，落实党风廉政建设责任制和相关配套制度，坚持重点人员、重点环节、多种形式监督，在党风廉政建设方面取得了一定成效。一是坚持思想预防为主，不断丰富学习教育的形式，在广大党员特别是党员领导干部中，逐步建立了反腐倡廉的教育机制。二是坚持落实党风廉政建设责任制，完善规章制度。三是坚持干部选拔任用、财政资金运行等重点环节的监督，发挥党内监督、审计监督、社会监督等多种形式的监督作用，推行和完善党务公开、政务公开，后勤系统涉及人、财、物的大宗项目向校内公开、向社会公开，加大监督力度。

6. 党支部建设与党员教育管理。加强党支部建设。各单位党支部设置合理，能够按时进行换届选举。本年度，党委将届满支部的换届选举作为一项重要工作来抓，重点是任期已满尚未改选的支部换届、退休支部的调整和支委会的健全与完善。抓好党支部书记培训。利用支部换届选举，严格考察书记人选，把选好一个称职的支部书记当成党委第一责任，目前，党支部书记中具有高级职称的比例基本达到50%。支部的工作有计划、措施和总结，党委对支部的工作有指导、帮助、检查和评比。后勤2名党员被评为优秀党务工作者，3人获党务和思想政治工作奉献奖。加强党员教育管理保障服务。不断丰富教育的内容和形式，将理论学习、讨论活动与参观考察充分结合。健全党内组织生活制度，严格每月一次的组织生活，监督领导干部参加双重组织生活。保障党员权利，扩大党内民主。认真贯彻《中国共产党党员权利保障条例》，尊重并保障党章规定的党员各项权利的实施。今年，按照党内选举的有关原则，顺利完成出席党的十七大、北京市第十一次党代会和北京大学党代会党员代表的推荐工作。发挥好党员的先锋模范作用。在6月份党委组织部开展的"共产党员献爱心"捐款活动中，后勤党委218名在职、52名离退休党员和10名入党积极分子，累计捐款数额达14792元。加强党员发展工作。针对后勤一线党员少、年轻党员少的状况，加大了在生产一线工人技术骨干和中青年中发展党员的力度。在吸收新党员方面坚持发展原则，既严格依照党章，又不求全责备，坚持"成熟一个，发展一个"，慎重发展党员，共发展党员13人。积极主动培养积极分子，组织后勤24人参加党校2007年度积极分子培训班，并且做到每个积极分子都有明确的联系人。

7. 制度建设。建立健全和完善后勤党委职责范围、后勤党委理论中心组学习规定、后勤党政领导班子会议制度和议事规则、后勤党委"三重一大"制度实施细则、关于加强党支部建设的十项管理制度、党支部工作综合量化考核及评估办法、关于后勤干部的考核办法、后勤党委关于贯彻落实党风廉政建设责任制的实施办法等各项规章制度。对党委和支部的日常性工作规范进行整理汇编，形成《党委工作备忘录》和《党支部工作备忘录》，发至每位党委委员和支部书记手中。制定申请入党人、入党积极分子、发展对象登记表格，完善相应数据库，并建立相关人员信息半年统计的工作机制。按照党委组织部的工作部署及时升级党员信息数据库和党内统计系统，做好年度统计工作。

8. 宣传工作。完成了《后勤通讯》的改版工作，创办《北大后勤》，每月1期，全年10期，改版后已出版5期。在信息的丰富性、稿件的实效性、文字的艺术性和版面的美观性等方面都发生了较好的变化，以便更加迅速快捷地传递后勤信息，在学校和后勤各单位中获得了较好的评价，成为向校内各单位特别是服务对象宣传后勤工作的一个重要载体。

9. 老干部和群众团体工作。支持学校的离退休和老干部工作。请离退休老同志到单位，主动向他们介绍学校和后勤工作的近期动态与发展变化，向他们发放《后勤通讯》《北大后勤》等宣传杂志，主动听取意见，改进工作。关心他们的思想状况和现实困难，帮助解决问题。组织好年底慰问和团拜。支持后勤工会与共青团的工作。针对职工最关心、最亟需解决的问题，努力为大家排忧解难谋利益，通过工会，努力做好每年节假日看望病号和慰问工作，把温暖送到职工的心中。积极支持工会开展多种形式的体育健身活动，增强职工体质，活跃文化生活。加强后勤团组织建设，充分调动团员青年的积极性，使后勤团的工作有了新气象。支持后勤团委开展适合青年特点的活动，2007年重点是开展北京大学"创建青年文明号"试点活动，进一步增强了团组织的凝聚力，收到了较好的效果。

10. 文化建设。加强后勤文化建设，使之成为校园文化建设重要组成部分。借助向孟二冬教授和王选院士学习的机会，在学校努力开展师德师风建设、医德医风建设的同时，后勤党委也要求后勤干部职工加强后勤职业道德建设，建立相应的职业道德建设试行规定，并预备在后勤各单位加以推广。在2006年成功举办后勤首届文化节的基础上，为进一步丰富后勤人文化生活，建立健康积极向上的后勤文化，深入开展"迎奥运、讲文明、树新风——我参与、我奉献、我快乐"活动，北大后勤系统于下半年组织"迎奥运、展风采、强体魄、构和谐"体育竞赛活动。通过体育活动的开展，增强后勤职工的身体素质，增强后勤队伍的凝聚力，弘扬奥运精神，构建和谐后勤，以更好地为学校的改革发展稳定提供安全优质的后勤保障服务。加强对外来务工人员的管理、培养和激励，建设和谐后勤。后勤大量保障服务工作是由外来务工人员承担的，目前，后勤务工人员将近2000人，对他们的管理服务做好了，有利于北京大学和北京市的安全稳定。一是指导支持务工人员参加平民学校第二期培训班学习。9月至12月，后勤89名务工人员参加平民学校第二期培训班学习，85人顺利结业。二是积极应对《劳动合同法》的颁布和实施，重视对外来务工人员的规范管理。三是在日常的管理中，注意加强这支队伍的建设，凝聚、服务好外来务工人员。后勤党委通过加强后勤文化建设和加强外来务工人员队伍建设，并且在这些方面形成了一些行之有效的方式方法，归根结底，是通过发挥党的政治核心和战斗堡垒作用，发挥思想政治工作方面的优势，团结凝聚广大干部职工，为创建世界一流大学做好后勤保障服务工作而共同奋斗，为和谐共建贡献力量。

(朱滨丹)

## 医院管理

【卫生部支援西部地区农村卫生项目】 根据《卫生部关于开展2007年度部属(管)医院支援西部地区农村卫生项目的通知》(卫医发[2007]192号)规定,积极与内蒙古自治区、海南省卫生厅沟通,落实具体受援单位。2007年9月底,北京大学医学部派出两支医疗队,人民医院对口支援内蒙古乌兰浩特兴安盟人民医院,第三医院对口支援三亚市人民医院,2007年10月底两支医疗队圆满完成任务胜利归来。第一医院接受四川省进修生3名,人民医院接受内蒙古乌兰浩特兴安盟人民医院进修生3名,共计6名。北京大学医学部主动请缨,经卫生部医政司批准,组织了北京大学医学部临床专家讲师团赴云南、西藏参加医学论坛。

医院管理处积极与有关省、市、自治区卫生厅/局沟通,落实两个培训班学员。北京大学医学部医院管理处于9月11日至25日负责举办了医院中层管理干部培训班。第六医院10月8日至11月4日负责举办了精神卫生培训班。

11月17日,北京大学医学部召开2007年支援西部医疗工作总结大会,40人参加会议。共有3支医疗队、两个培训班、两个临床专家讲师团用计算机多媒体形式进行了汇报。

【中国医院协会大学附属医院分会】 2007年5月,将中国医院协会大学附属医院分会简介、分会组织管理办法、分会组织机构设置等上北京大学医学部局域网医院管理处网页。

9月6日至7日,组织北京大学医学部30余名医院管理干部参加中国医院协会"2007年国际医院交流与合作论坛"。

2007年第三季度至第四季度,筹备中国医院协会大学附属医院分会换届/成立相关工作事宜。

【医疗信访】 截至11月份,医院管理处共接待、处理群众投诉类来信、来访、来电共计106件次,除重访外,计69件,比去年1—12月减少25件。

4月11日,参加卫生部办公厅"从源头上解决医疗信访暨医疗纠纷问题座谈会",撰写"正确处理医疗投诉,努力构建和谐医患关系"论文书面交流。

4月17日,医院管理处英立平处长前往首钢医院了解患者赵尔发事件详情。

【其他工作】 1月31日,参加北京大学通州首届医学论坛的授课专家落实工作。

4月和10月两次参加外国医师考试内科、整形外科、眼科等科目考务工作。

全年为有关部门提供所需医疗数据。

## 教育基金会与校友工作

【捐赠概况】 2007年,在学校领导和基金会理事会的高度重视和领导下,在各院系、各部门的共同努力下,教育基金会共获得1800余笔来自海内外企业、社团、基金会、校友和朋友的捐赠,年度捐赠总额首次突破3亿元人民币。社会捐赠为正在加快改革与发展进程的北京大学提供了重要支持。在2007年接受的捐赠中,12.6%用于设立奖学金、助学金、奖教金,29.3%用于科学研究资助,17.4%用于院系发展及其他项目,40.7%用于学校基础设施建设。主要成绩如下:

1. 大额捐赠持续增加。延续2006年的佳绩,基金会在2007年再次获得多项大额捐赠,其中1000万港币以上的捐赠有:新加坡邱德拔信托基金支持奥运场馆建设的第二笔捐赠款5741余万人民币到账;香港青年实业家刘鸣炜捐赠5000万港币支持教育学院和其他学科的教学科研工作;金光集团支持生命科学大楼建设的2000万人民币到位;上海大润发有限公司捐赠1500万人民币支持奥运场馆建设;美国廖凯原基金会先后捐赠1133余万人民币用于法学院大楼建设、廖凯原奖学金及十佳教师奖等;著名作家金庸捐赠1000万人民币支持国学研究;香港恒基兆业副主席李嘉诚捐赠1000万港币支持国际关系学院发展。

2. 奖助学金增幅明显。2007年,基金会管理的校级奖学金、助学金、奖教金和研究资助项目共计133项,发放总额为20248972.7元,共奖励资助6201位教师和学生;93项院系级奖助金中有43项发放了奖励资助款,发放总额为2265480.22元,共奖励资助432位教师和学生。无论项目总数、发放金额还是奖助人数均比上年有大幅增长。

在2007年新设的奖助学金中,捐赠总额在100万以上的项目显著增多。其中500万以上的基金项目有李惠荣奖学基金、戴德梁行奖助学基金,100万以上的年度捐赠项目有富的奖学金、富的助学金、香港道德会奖学金、方正奖学金,等等。这些项目的设立加大了学校对优秀学生的奖助力度。

此外,由于研究生培养机制的改革,2007年专项用于奖励研究生的奖学金也逐渐增多。主要有六建奖学金、康正奖学金、方正春元奖学金,以及王文忠—王天成奖学金等。

3. 校友捐赠开创新局面。2007年,多位校友自发以班级、年级或院系为单位设立基金支持学校发展。如计算机系1983级校友为庆祝毕业20周年设立的"8308助学基金";1987级校友为庆祝入学20周年设立的"北大1987基金";光华管理学院36位校友发起成立的"光华校友基金"。与以往设立的班级基金相比,这些基金的参与人数和捐赠总额均有大幅提升,组织核心也由海外校友向内地校友转移。

【重大活动】 2007年,学校先后授予尹衍樑、比尔·盖茨、刘鸣炜、廖凯原"北京大学名誉校董"称号,授予黄志源"北京大学杰出校友"称号,进一步增进了他们对北大的感情和认同。基金会充分利用北大的知识和人才优势,在香港、北美、中国内地等重点地区搭建了多个活动平台,通过开展各种类型的交流活动,吸引和培养更多的校友和朋友关心支持北京大学的发展。

1. 香港地区。"北京大学政治经济文化沙龙"自2005年开幕以来,已日益成为北大与香港各界进行思想与文化沟通的重要平台。5月15日,沙龙第五讲在香港港丽酒店举办,闵维方书记发表致辞,法学院尹田教授做了题为"中国物权法的意义"的报告,共有300多位来自香港政界、商界、学术界的校友和朋友前来出席。

2. 北美地区。促进北大与北美地区的交流和合作,在北京大学教育基金会(美国)的协助下,基金会在北美地区发起了全美北京大学校友会代表大会、未名论坛、中秋慈善晚宴等多项活动。10月13日至14日,第三届全美北京大学校友会代表大会在美国洛杉矶太平洋棕榈酒店成功召开,未名论坛及慈善晚宴也先后在旧金山和洛杉矶两地举办,共吸引近300名校友和朋友参加,在当地社区产生了良好的反响。

3. 中国内地。借鉴以上两个平台的经验,5月份,基金会把一年一度的校庆答谢酒会与专家专题讲座结合起来,把酒会的主题从"答谢、交流"提升为"答谢、交流、学术、合作",得到了与会嘉宾的充分肯定。此外,基金会还和校友会一起组织了多次校友聚会活动,如邀请出席全国"两会"的校友返校、组织中青年校友春节聚会以及校庆校友日返校活动等。

【项目管理】 2007年,基金会管理的各类捐赠项目共计770余项。基金会为每个项目设立专门账户,单独核算、专款专用,并及时向捐赠人提供项目执行情况、财务报告以及《基金会年度报告》,确保资金的使用符合捐赠人的要求。

基金会圆满完成了奥运场馆捐赠者纪念铜像雕塑以及叶氏鲁迅讲座教席的讲座教授遴选工作;举办全校奖教金颁奖典礼、全校奖学金颁奖典礼以及各类颁奖会、见面会、座谈会、演讲会近30次;向100多家捐赠方寄送了项目执行情况和财务报告,向50余家捐赠方提供了获奖助学生的申请表、成绩单、感谢信等附加资料。规范、透明的管理保证了项目的可持续发展。

此外,基金会还向捐赠人发放了四期《北京大学发展通讯》,寄送了中秋贺信和新年贺卡,并在重要捐赠人生日或其他重大纪念日时送上贺信和礼物,加强了与捐赠人的常规联系。

【机构建设】 2007年,基金会严格按照《基金会管理条例》的要求,以及《北京大学教育基金会理事会章程》的规定,召开了两次基金会理事会,加强了理事会对基金会工作的领导和决策作用。9月12日,北京大学教育基金会第三届理事会第五次会议一致通过闵维方担任基金会新一届理事长。

10月,民政部依据《基金会评估指标体系》中确定的评估标准,对全国符合资质的基金会从基础条件、内部治理、工作绩效、社会评价四个方面进行了综合评估。在理事会领导的高度重视下,基金会秘书处积极筹备,认真部署,准备了翔实丰富的评估材料。在经历基金会自评、专家组实地考察、评估委员会终审、媒体公示四个阶段的评估后,北京大学教育基金会被评为4A级等级,名列全国非公募基金会第一名。通过评估,基金会也进一步明确了自己的功能和使命,促进了综合能力的建设和监管体制的完善,为各项工作更上新台阶打下了坚实的基础。

【校友工作】 4月28日上午,近500名校友重返燕园,齐聚英杰交流中心阳光大厅庆祝母校建校109周年。北京大学校长、校友会会长许智宏,常务副校长、校友会常务副会长陈文申,北大校友会顾问、原副会长叶向忠,北大校友会常务副会长郝斌、李安模,副会长李忠、谢青、王洒、沈仁道等与校友们共议燕园情怀,畅谈母校发展。

此次校庆返校活动之一的"名师讲坛",特别安排了北京大学历史系钱乘旦教授作题为"探索世界强国之路"的学术报告。

北京大学"两会"校友返校活动自2004年开始,每年举办一届。3月10日,原文化部副部长艾青春、国务院发展研究中心局长李善同、福建省政协副主席黄瑞霖、中科院力学研究所主任胡文瑞院士、中国农业大学校长陈章良教授等70余位"两会"校友重返母校、欢聚一堂,共忆昔日燕园情怀、畅谈母校发展。北京大学党委书记闵维方,校长许智宏,常务副书记吴志攀,常务副校长陈文申,党委副书记王丽梅、杨河,以及校长助理张维迎、朱星、李岩松出席了招待会。

8月4日至5日,来自世界各地的150名校友理事和各地校友会代表在山东日照汇聚一堂,就近两年来校友工作的经验、问题及发展方向等进行了深入的探讨和交流。许智宏校长、郝斌常务副会长出席并讲话。大家畅所欲言,为母校的发展建言献策,同时还就近两年来组织校友工作的经验和问题提出了建设性的意见和建议。

为配合北大本科教学水平评估和校园规划等工作,校友会多次组织在京的校友代表为母校发展进言献策。先后举办三次校友座谈会,发送数百份调查问卷,校友们非常热情地为北大的教学和发展提出各自宝贵的建议。许智宏校长等参会领导对校友们关心母校、支持母校发展给予了充分肯定和感谢。

5月25日,首届"北京大学高尔夫协会杯"高尔夫邀请赛在北京万柳高尔夫球场成功举行。本次比赛以"关爱母校、以球会友、热爱自然、健康发展"为宗旨,近百名北大校友和会员参加了赛事,使活动成为了凝聚校友力量,增强母校情怀,沟通交流、增进感情的盛会。

(教育基金会 校友会)

## 附 录

**表9-48　2007年度基金会管理的奖学金、助学金、奖教金、研究资助项目总览**

| 项目 | 奖学金 | 助学金 | 奖教金 | 研究资助 | 合计 |
|---|---|---|---|---|---|
| 校级项目 | 73 | 41 | 11 | 4 | 129 |
| 院系项目 | 49 | 24 | 9 | 5 | 87 |
| 合计 | 122 | 65 | 20 | 9 | 216 |

**表9-49　2007年度基金会管理的奖学金项目一览**
**(1—73项为校级;74—122项为院系级)**

| 序号 | 项目名称 | 捐赠单位或个人 | 捐赠金额(单位:人民币元) |
|---|---|---|---|
| 1 | 李惠荣奖学金 | 李惠荣 | 9439995 |
| 2 | 华润奖学金 | 华润股份有限公司 | 2400000 |
| 3 | 方正奖学金 | 北大方正集团有限公司 | 1000000 |
| 4 | 廖凯原奖学金 | 美国廖凯原基金会 | 1000000 |
| 5 | 潍柴动力奖学金 | 潍柴动力股份有限公司 | 1000000 |
| 6 | 明德奖学金 | 北大之友(香港)有限公司 | 985408.6 |
| 7 | 光华奖学金(本部) | 光华教育基金会 | 800000 |
| 8 | 富的奖学金 | 富的大学生助学基金 | 382165 |
| 9 | 董氏东方奖学金 | 香港董氏慈善基金会及东方海外货柜航运有限公司 | 337000 |
| 10 | 唐仲英奖学金 | 唐仲英基金会 | 320000 |
| 11 | 星光国际奖学金 | 北京星光国际传媒有限公司 | 300000 |
| 12 | 奔驰奖学金 | 戴姆勒·奔驰公司 | 218284.38 |
| 13 | 三星奖学金 | 三星集团 | 215000 |
| 14 | 苏州工业园区奖学金 | 苏州工业园区 | 210000 |
| 15 | 中国石油奖学金 | 中国石油天然气集团公司 | 200000 |
| 16 | 杨芙清—王阳元院士奖学金 | 杨芙清院士、王阳元院士、青鸟集团 | 192000 |

| 序 号 | 项目名称 | 捐赠单位或个人 | 捐赠金额（单位：人民币元） |
|---|---|---|---|
| 17 | 东港奖学金 | 浙江东港工贸(集团)有限公司 | 150000 |
| 18 | 摩根士丹利奖学金 | 摩根士丹利添惠亚洲有限公司 | 145000 |
| 19 | POSCO奖学金 | POSCO青岩财团 | 138000 |
| 20 | 佳能奖学金 | 佳能公司 | 126173.97 |
| 21 | 张昀奖学金 | 李克敬 | 120105.6 |
| 22 | 中营奖学金 | 香港中营都市与建筑设计中心 | 120000 |
| 23 | 光华奖学金（医学部） | 光华教育基金会 | 119200 |
| 24 | 康宁研究生奖学金 | 康宁公司 | 105336 |
| 25 | 泽利奖学金 | 黄绍文 | 105000 |
| 26 | 美林集团奖学金 | 美林集团 | 100000 |
| 27 | 杨新慧奖学金 | 杨新慧 | 100000 |
| 28 | 张洹奖学金 | 高安基金会张洹 | 100000 |
| 29 | 中国工商银行奖学金 | 中国工商银行 | 100000 |
| 30 | 方树泉奖学金 | 方树福堂基金 | 99973.57 |
| 31 | 明德优秀学生干部奖学金 | 北大之友(香港)有限公司 | 80000 |
| 32 | 三菱东京日联银行奖学金 | 三菱东京日联银行 | 77464.2 |
| 33 | 宝钢奖学金 | 宝钢教育基金会 | 69800 |
| 34 | 建信基金优秀学子奖学金 | 建信基金管理有限责任公司 | 67800 |
| 35 | 丰田奖学金 | 日本丰田汽车公司 | 63000 |
| 36 | CASC公益奖学金 | 中国航天科技集团 | 50000 |
| 37 | SK奖学金 | SK集团 | 50000 |
| 38 | 光华鼎力奖学金 | 光华鼎力教育机构 | 50000 |
| 39 | 韩国学研究基金奖学金 | 韩国国际交流财团 | 48750 |
| 40 | 冈松奖学金 | 冈松家族 | 47826 |
| 41 | 高盛全球领导者奖学金 | 国家留学基金管理委员会、高盛公司 | 45000 |
| 42 | 华为奖学金 | 深圳华为技术有限公司 | 45000 |
| 43 | 奇瑞21世纪东方之子奖学金 | 中华社会文化发展基金会、安徽奇瑞汽车销售有限公司 | 44100 |
| 44 | 大韩生命保险奖学金 | 大韩生命保险株式会社 | 42000 |
| 45 | IBM奖学金、IBM自强奖 | 国家留学基金管理委员会、IBM(中国)公司 | 40000 |
| 46 | 杜邦奖学金 | 杜邦中国集团有限公司 | 40000 |
| 47 | 索尼奖学金 | 中国青少年发展基金会 | 40000 |
| 48 | 住友商事奖学金 | 日本住友商事株式会社 | 40000 |
| 49 | 德康霓克奖学金 | 邹周 | 38400 |
| 50 | 惠普奖学金 | 国家留学基金管理委员会、惠普公司 | 38000 |
| 51 | 中国科学院奖学金 | 中国科学院人事教育局 | 35000 |
| 52 | 格瑞卫康奖学金 | 深圳市格瑞卫康环保科技有限公司 | 30000 |
| 53 | 三井住友银行全球基金会奖学金 | 国家留学基金管理委员会、三井住友银行全球基金会 | 30000 |
| 54 | 东宝奖学金 | 通化东宝实业集团公司 | 24000 |
| 55 | 西南联大奖学基金 | 西南联大北京校友会、北京大学教育基金会 | 24000 |
| 56 | 社会育才张令昭奖学金 | 吴英蕃基金会 | 22455 |
| 57 | 恒生银行奖学金 | 恒生银行 | 21000 |
| 58 | 黄鹰育才奖学金 | 道和律师事务所 | 20000 |
| 59 | 林超地理学奖学金 | 刘闯、刘阳 | 20000 |
| 60 | 三昌奖学金 | 北京三昌宇恒科技发展有限公司 | 20000 |
| 61 | 社会育才周昭庭奖学金 | 广州莉都化妆品有限公司 | 20000 |
| 62 | 中国石油塔里木奖学金 | 中国石油天然气股份有限公司塔里木油田分公司 | 20000 |

续表

| 序 号 | 项目名称 | 捐赠单位或个人 | 捐赠金额（单位：人民币元） |
|---|---|---|---|
| 63 | 松下育英奖学金 | 中国友好和平发展基金会 | 19500 |
| 64 | 欧阳爱伦奖学金 | 欧阳桢兄妹 | 15500 |
| 65 | 冯奚乔奖学金 | 冯奚乔纪念基金会 | 12000 |
| 66 | 西南联大国采奖学金 | 江国采校友 | 10000 |
| 67 | Harold Demsetz 经济学奖学金 | 杨国华 | 9200 |
| 68 | 顾温玉生命科学奖学基金 | 顾达诚、孙同方；顾乐诚、张光裕；顾孝诚、蔡荣业 | 9000 |
| 69 | 成舍我奖学金 | 成舍我纪念基金会 | 8640 |
| 70 | ESEC 奖学金 | 美国教育服务机构（ECEC） | 7950 |
| 71 | 谢培智奖学金 | 谢培智教授的亲友 | 5400 |
| 72 | 张景钺奖学金 | 张景钺教授的亲友 | 5000 |
| 73 | 芝生奖学金 | 冯钟璞 | 2400 |
| 74 | 章文晋奖学金 | 美国 TAI 基金会 | 1146735 |
| 75 | 研究生院康正奖学金 | 北京康正宏基房地产评估有限公司 | 500000 |
| 76 | 教育学院知行奖学金 | 教育学院校友 | 483529.69 |
| 77 | 考古学院陈雄蔡兰苏伉俪考古学基金 | 陈雄、蔡兰苏 | 410292 |
| 78 | 蒋震奖学金 | 蒋震工业慈善基金会 | 399481.21 |
| 79 | 国际关系学院博华奖学金 | 陈伍玉华 | 299754.94 |
| 80 | 物理学院帝光奖学金 | 深圳帝光电子有限公司 | 100000 |
| 81 | 研究生院王文忠王天成奖学金 | 王文忠 | 100000 |
| 82 | 法学院仇浩然奖学金 | 仇浩然（Hallam Chow） | 99580.56 |
| 83 | 研究生院宣明奖学金 | 世界宣明会 | 90000 |
| 84 | 信息学院长飞奖学金 | 长飞光纤光缆有限公司 | 80000 |
| 85 | 信息学院捷迪讯奖学金 | 捷迪讯公司（JDS Uniphase Corporation） | 76438.67 |
| 86 | 工学院埃克森美孚石油奖学金 | 埃克森美孚石油公司 | 75846.26 |
| 87 | 蒋震海外交流奖学金 | 蒋震工业慈善基金会 | 73639 |
| 88 | 经济学院国泰奖学金 | 国泰人寿保险股份有限公司 | 68000 |
| 89 | 新闻学院南方都市报新闻学奖学金 | 南方都市报 | 52000 |
| 90 | 法学院普衡奖学金 | 美国普衡律师事务所 | 50000 |
| 91 | 法学院权亚奖学金 | 北京市权亚律师事务所 | 50000 |
| 92 | 法学院中元奖学金 | 广东中元律师事务所 | 50000 |
| 93 | 研究生院方正春元奖学金 | 北京方正春元科技发展有限公司 | 50000 |
| 94 | 医学部通用电气奖学金 | 通用电气（中国）有限公司 | 50000 |
| 95 | 地空学院中科院地球物理学奖学金 | 中国科学院地质与地球物理研究所 | 40000 |
| 96 | 化学学院杜邦高性能涂料奖学金 | 杜邦中国集团有限公司北京分公司 | 40000 |
| 97 | 化学学院赛拉尼斯奖学金 | 赛拉尼斯（中国）投资有限公司 | 40000 |
| 98 | 信息学院英特尔奖学金 | 英特尔公司 | 39270.5 |
| 99 | 国际关系学院 LG 化学奖学金 | 乐金化学（中国）投资有限公司 | 30000 |
| 100 | 国际关系学院环球时报奖学金 | 环球时报社 | 30000 |
| 101 | 陈岱孙基金 | 社会各界 | 30000 |
| 102 | 费孝通奖学金 | 费孝通教育基金 | 25000 |
| 103 | 历史学系刘绍唐奖励基金 | 刘绍唐奖学基金 | 25000 |
| 104 | 华藏奖学金 | 香港佛陀教育协会 | 22470 |
| 105 | 微电子学系泰瑞达奖学金 | 泰瑞达（Teradyne）公司 | 22000 |
| 106 | 法学院韩国世宗律所奖学金 | 韩国法务法人世宗律师事务所 | 20000 |
| 107 | 哲学系杨清钦奖学金 | 杨清钦宗教学基金收益 | 19950 |
| 108 | 马寅初基金 | 社会各界 | 17035.69 |

续表

| 序号 | 项目名称 | 捐赠单位或个人 | 捐赠金额（单位：人民币元） |
|---|---|---|---|
| 109 | 儿玉凌子基金 | 儿玉绫子、铃木重岁 | 13984.03 |
| 110 | 法学院理律奖学金 | 财团法人理律文教基金会 | 11762.84 |
| 111 | 广发奖学基金 | 广发证券责任有限公司 | 10000 |
| 112 | 化学学院长园新材奖学金 | 深圳市长园新材料股份有限公司 | 10000 |
| 113 | 谢义炳基金 | 谢义炳教授的亲友 | 7803.26 |
| 114 | 信息学院安捷伦杯半导体制造技术论文大赛奖学金 | 安捷伦科技有限公司上海分公司 | 7000 |
| 115 | 王仁院士奖学基金 | 赵永红 | 6000 |
| 116 | 严景耀奖学基金 | 雷洁琼教授 | 5270.79 |
| 117 | 法学院斯缔尔奖学金 | 北京斯缔尔商务调查服务有限责任公司 | 5000 |
| 118 | 杨郑留奖学基金 | 社会各界 | 2874.63 |
| 119 | 人口经济研究生学术会 | 曾毅 | 2500 |
| 120 | 袁方教授纪念基金 | 袁方教授的学生 | 1411.76 |
| 121 | 顾毓琇名誉教授奖学基金 | 顾毓琇教授 | 1110.19 |
| 122 | 校医院红十字志愿服务奖 | 崔从政 | 1000 |
| 总计 | | | 26828568.33 |

表 9-50　2007 年度基金会管理的助学金项目一览
（1—41 项为校级；42—65 项为院系级）

| 序号 | 项目名称 | 捐赠单位或个人 | 捐赠金额（单位：人民币元） |
|---|---|---|---|
| 1 | 富的助学金 | 富的大学生助学基金 | 1910825 |
| 2 | 香港道德会助学金 | 香港道德会 | 1279398.98 |
| 3 | 8308 助学金 | 83 级计算机系校友 | 712993.74 |
| 4 | 黄奕聪伉俪助学金 | 黄荣年及夫人 | 699845.01 |
| 5 | 罗氏慈善基金会罗定邦助学金 | 罗氏慈善基金 | 646700 |
| 6 | 周虞康奖助学金 | 周氏教育基金（筹）周虞康 | 350000 |
| 7 | 郑格如助学金 | 郑格如基金会 | 323503.61 |
| 8 | ING 贫困学生助学金 | 荷兰国际集团亚太区 | 300000 |
| 9 | 霍宗杰助学金 | 霍宗杰 | 255879.77 |
| 10 | 宣明助学金 | 世界宣明会 | 240000 |
| 11 | 南航"十分"关爱助学金 | 南航"十分"关爱基金会 | 200000 |
| 12 | 晨兴助学金 | 晨兴教育基金 | 199318.12 |
| 13 | 思源奖助学金 | 香港思源基金会 | 160210.95 |
| 14 | Teoh 基金会助学金 | Teoh 基金会 | 297899.98 |
| 15 | 奔驰助学金 | 戴姆勒·奔驰公司 | 105969.67 |
| 16 | 张洹助学金 | 张洹 | 100000 |
| 17 | 张维迎助学金 | 张维迎及其朋友 | 100000 |
| 18 | 悟宿助学金 | 悟宿基金会 | 94833.28 |
| 19 | 黄乾亨助学金 | 黄乾亨基金会 | 89912.19 |
| 20 | 滋根助学金 | 中国滋根乡村教育与发展促进会 | 72000 |
| 21 | 建信基金爱心助学金 | 建信基金管理有限公司 | 60000 |
| 22 | 杨福如助学金 | 杨福如 | 56000 |
| 23 | 李良玉—肖玉敏育才助学金 | 李良玉、肖玉敏 | 50000 |
| 24 | 苏永乾助学金 | 苏永乾伉俪 | 50000 |
| 25 | 区士达助学金 | 区士达 | 49976.5 |

续表

| 序 号 | 项 目 名 称 | 捐赠单位或个人 | 捐赠金额（单位：人民币元） |
|---|---|---|---|
| 26 | 曾富城助学金 | 曾富城 | 49976.49 |
| 27 | 古龙文教基金助学金 | 古龙著作管理发展委员会代理人赵震中 | 48000 |
| 28 | 社会育才助学金 | 法国友人 | 31563.6 |
| 29 | 许戈辉助学金 | 许戈辉 | 30000 |
| 30 | 浩瀚助学金 | 浩瀚基金会 | 20000 |
| 31 | 香港校友会助学金 | 香港校友会 | 17638.75 |
| 32 | 信息学院校友励志助学金 | 邵铮 | 15398.9 |
| 33 | 智慧助学金 | 照惠法师（释照惠） | 14392.5 |
| 34 | 社会育才助学金 | 孙烨 | 10000 |
| 35 | 湘成助学金 | 李奔豪 | 9000 |
| 36 | 罗亚南校友助学金 | 罗亚南校友 | 8399.4 |
| 37 | 王献平、崔林林校友助学金 | 王献平、崔林林校友 | 7734.1 |
| 38 | 社会育才助学金 | 梁淦基 | 5000 |
| 39 | 社会育才助学金 | 陈妙玉小姐 | 5000 |
| 40 | 社会育才助学金 | 杨常青校友 | 3867 |
| 41 | 易卫卫助学金 | 易卫卫老师 | 2000 |
| 42 | 物理学系七七校友基金 | 物理学系七七级校友 Xia, Tingkang | 98803.9 |
| 43 | 法学院肖蔚云教育基金 | 肖蔚云的亲友 | 54728.02 |
| 44 | 医学部进知德善助学金 | 北京新恩仕医疗科技有限公司 | 50000 |
| 45 | 物理学院兰怡女子物理助学金 | 物理学系80级29位校友 | 48724.83 |
| 46 | 法学院伦道夫助学金 | 伦道夫（Patrick A. Randolph） | 42735.62 |
| 47 | 法学院仇浩然助学金 | 仇浩然（Hallam Chow） | 30000 |
| 48 | 数学学院金融教育扶贫助学金 | 中国金融教育发展基金会 | 24000 |
| 49 | 中国经济研究中心信威助学金 | 深圳信威电子有限公司 | 24000 |
| 50 | Zhang Foundation 晓苓北大西藏中学助学金 | Zhang Foundation | 23202.3 |
| 51 | 法学院育才奖助学金 | 威联德衡医疗器械有限公司 | 20000 |
| 52 | 法学院美迈斯助学金 | 美国美迈斯律师事务所 | 15000 |
| 53 | 法学院同学助学基金 | 李宁 | 15000 |
| 54 | 社会育才（李安城）助学金 | 李安城校友 | 10000 |
| 55 | 白仁杰奖助基金 | 白仁杰 | 10000 |
| 56 | 贫困学生患病救助基金 | 救助顾孝亮同学募捐委员会 | 10000 |
| 57 | 法学院育才奖助学金 | 山东德义律师事务所 | 9000 |
| 58 | 物理学系八八级助学基金 | 物理学系八八级校友 | 8894.22 |
| 59 | 法学院王献平、崔林林助学金 | 王献平、崔林林校友 | 7734.1 |
| 60 | 法学院长城律师助困基金 | 长城律师事务所 | 7500 |
| 61 | 法学院君合法律特困基金 | 君合律师事务所 | 5100 |
| 62 | 法学院斯缔尔助学金 | 北京斯缔尔商务调查服务有限责任公司 | 5000 |
| 63 | 甘雨沛助困基金 | 甘雨沛 | 5000 |
| 64 | 数学学院83级校友基金 | 数学学院83级校友 | 3767.05 |
| 65 | 化学8203校友基金 | 刘娣校友 | 107 |
| 总计 | | | 9211534.58 |

表 9-51 2007 年度基金会管理的奖教金项目一览
（1—11 项为校级；12—20 项为院系级）

| 序号 | 项目名称 | 捐赠单位或个人 | 捐赠金额（单位：人民币元） |
|---|---|---|---|
| 1 | 中国工商银行奖教金 | 中国工商银行 | 1025000 |
| 2 | 方正奖教金 | 北大方正集团有限公司 | 500000 |
| 3 | 杨芙清—王阳元院士奖教金 | 杨芙清院士、王阳元院士、青鸟集团 | 380000 |
| 4 | 正大奖教金 | 北大正大发展基金 | 200000 |
| 5 | 树仁学院奖教金 | 香港树仁学院 | 53227 |
| 6 | 宝洁奖教金 | 宝洁公司 | 50292 |
| 7 | 宝钢奖教金 | 宝钢教育基金会 | 50000 |
| 8 | 北京银行奖教金 | 北京银行 | 50000 |
| 9 | 东宝奖教金 | 通化东宝实业集团公司 | 25000 |
| 10 | IBM 奖教金 | 国家留学基金管理委员会、IBM（中国）公司 | 20000 |
| 11 | 朱光潜奖教金 | 朱光潜的亲属 | 8000 |
| 12 | 工学院埃克森美孚石油奖教金 | 埃克森美孚石油公司 | 75846.26 |
| 13 | 经济学院国泰奖教金 | 国泰人寿保险股份有限公司 | 32000 |
| 14 | 研究生院华为奖教金 | 深圳华为技术有限公司 | 30000 |
| 15 | 地空学院孙贤鉌基金 | 社会各界 | 22225.72 |
| 16 | 胡济民教科奖基金 | 社会各界 | 15500 |
| 17 | 信息学院捷迪讯奖教金 | 捷迪讯公司（JDS Uniphase Corporation） | 15200 |
| 18 | 优秀青年加速器工作者奖 | 陈佳洱教授 | 10000 |
| 19 | 莱姆森奖教基金 | 莱姆森 | 4197.29 |
| 20 | 关伯仁奖教基金 | 关伯仁 | 1049.17 |
| 总计 | | | 2567537.44 |

表 9-52 2007 年度基金会管理的研究资助项目一览
（1—4 项为校级；5—9 项为院系级）

| 序号 | 项目名称 | 捐赠单位或个人 | 捐赠金额（单位：人民币元） |
|---|---|---|---|
| 1 | 正大论文奖 | 北大正大发展基金 | 800000 |
| 2 | 笹川良一优秀青年奖学基金 | 日本财团 | 210000 |
| 3 | 桐山教育基金研究资助 | 日本阿含宗桐山靖雄 | 210000 |
| 4 | 韩国学博士奖学金 | 韩国国际交流财团 | 36919 |
| 5 | 国际关系学院教师出国研修基金 | 香港贞观陶瓷企业有限公司梁国贞 | 597609.84 |
| 6 | 团委河合创业基金 | 日本通用工程股份有限公司 | 94485 |
| 7 | 泰兆奖助金 | 泰兆教育基金 | 50000 |
| 8 | 505 出版基金 | 莱辉武 | 50000 |
| 9 | 中文系孟二冬教授纪念学术基金 | 孙川校友 | 23038.8 |
| 总计 | | | 2072052.64 |

# 会 议 中 心

【概况】 北京大学会议中心是1999年9月正式组建的专业化服务实体，主要承担以下工作任务：组织承办各类会议，开展各种形式的对外学术、文化交流活动；管理经营群众文化活动场所，组织开展各类群众文化艺术活动；为外国专家、留学生和中外宾客提供住宿、餐饮等服务。

会议中心组建时下设办公室、会议与学术交流部（对外称"北京大学对外交流中心"）、百周年纪念讲堂管理部和勺园管理部，2003年8月增设中关园留学生公寓建设项目部，负责中关园留学生专家公寓园区前期筹备和施工阶段的工作，并为建成后的运行管理做准备。2007年4月学校批准会议中心设立中关新园管理部，撤销原中关园留学生公寓建设项目部。

会议中心组建八年以来稳定运行，在学校工作中发挥了积极作用，逐渐成为学校举办各类活动的重要基地和对外展示形象的窗口，在校内外产生了越来越深远的影响，取得了良好效益。2007年会议中心全体干部、员工认真学习闵维方书记、陈文申常务副校长2006年勺园园庆大会讲话精神，进一步强化服务主体意识，不断增强品牌意识，提高了服从学校大局、服务广大师生的自觉性；所属各部门全体员工扎实工作，锐意进取，努力为创建世界一流大学提供一流服务，发挥自身综合优势，为支持教学科研、人才培养和对外交流，为加强学生素质教育、丰富校园文化生活做出了积极贡献，顺利完成了各项任务。

在会议中心总体框架下，2007年对外交流中心、讲堂、勺园继续紧密合作，在管理、经营上相互借鉴，在人员、设备等方面相互支援、互通有无，形成合力，共同承担和圆满完成了日本福田首相、泰国诗琳通公主、北京论坛（2007）、北京市高校党建达标验收、学校春节团拜会等多项重大接待服务工作。在11月份承担为教育部本科教学工作水平评估专家组和校内工作人员提供全部住宿、餐饮、会议服务过程中，对外交流中心腾出已被预订的会场，布置准备至深夜，全新的阳光大厅、新闻发布厅加上热情精细的服务，确保学校汇报会、评估意见反馈大会等大型活动进行顺利；讲堂积极配合展示学生精神风貌和学校素质教育成果的五四文化节闭幕式，缜密安排，周到服务；勺园制订了高规格VIP接待方案，将热情温馨的微笑服务、程式严格的规范化服务、针对不同细节的个性化服务、满足特殊需求的跟进式服务等有机结合，干部员工同甘共苦放弃休息倾情奉献。由于组织周密、操作精细，会议中心迎评接待整体质量达到了前所未有的新水平，得到专家组、学校领导和有关部门高度评价。

2007年中关园留学生公寓园区工程取得新的重要进展，7—9号楼精装工程接近尾声；1—6号楼施工建设全面展开；4、6号楼土建施工已封顶；与总务部合作的京热168号地热井工程5月11日竣工。为适应长期运营管理工作需要，4月24日学校批准设立中关新园管理部，组成新的总经理班子，确定"七部一室"机构设置。

会议中心注重加强干部队伍建设，自2003年起坚持每年举办研讨会，组织干部学习理论、更新观念、交流经验，2007年主题为"如何认识和处理社会效益与经济效益的关系"，通过会前自学准备，会上畅所欲言，会后汇编文章这种研讨教育学习活动，对统一干部思想，提高干部素质，增强团队凝聚力起到了积极作用，为会议中心整体工作再上新台阶奠定了基础。2007年还首次在会议中心内部实现干部有序流动，为整合会议中心干部资源做了有益尝试。

2007年会议中心首次举办员工中秋联欢晚会，以体现会议中心家庭般的温暖和会议中心特有的和谐氛围，增强企业凝聚力和员工归属感，丰富了会议中心企业文化内涵。

2007年会议中心取得良好效益，积极回报学校和师生。会议中心全年总收入6295万元，实现利润1479万元，上缴学校800万元。其中对外交流中心收入1037万元，利润191万元，上缴学校50万元；讲堂收入1158万元，利润378万元，上缴学校50万元；勺园收入4100万元，利润910万元，上缴学校700万元，包括根据学校与正大集团的协议，正大中心上缴学校教育基金会100万元纳入北大正大基金，支持学校教学科研工作。

2007年交流中心会场对校内单位免收、减收费用59万元；讲堂为学校及机关各部门免费提供场地70次，师生艺术团体免费排练170次，支持校内活动免收75万元、收费优惠65万元；讲堂在低价位基础上以兑换券形式再为师生让利20%，2007年销售兑换券1084本，优惠师生2.71万元。会议中心坚持帮助贫困生走进高雅艺术殿堂，2007年讲堂赠送音乐会门票价值72000元，为400名贫困生免费发送2400张兑换券折合人民币12000元；讲堂还捐赠学生资助中心15000元，赞助爱心社10000元。

2007年，会议中心被评为海淀区交通安全先进单位、北京大学安全保卫先进单位。

范强任会议中心主任，陈振亚、张胜群、刘寿安任副主任。会议中心办公室设在勺园，郝淑芳任办公室主任。2007年共有员工662人，其中学校编制员工180人。

（范　强　郝淑芳）

【勺园】 2007年勺园紧紧围绕学校、会议中心工作，坚持服务宗旨，坚持两个效益并重的原则，进一步强化了全体员工的主体意识，提高了服从学校、服务师生的自觉性，继续保持整体的稳定运行。

1. 接待工作。在为长住外国专家和留学生提供住宿、餐饮等服务的同时，2007年勺园共接待中外宾客19898人次住宿，其中外宾4760人次，港澳台宾客700人次，各类国际、国内会议167批，短训班20批，年平均住房率82.5%，全年约28万人次在勺园就餐；圆满完成了泰国诗琳通公主等重要外宾和教育部重点实验室评估、教育部本科教学工作水平评估和预评估、北京市高校党建达标验收、全球公共政策高级培训班等多项重要活动的接待任务。

2007年11月学校接受教育部

本科教学工作水平评估过程中,勺园承担了为专家组和校内会务工作人员提供全部住宿、餐饮和大部分会议服务的艰巨任务。这次迎评接待规格高、规模大、时间长、服务要求之高、工作难度之大是勺园多年来未曾有过的。经过认真筹备、精心操作,勺园圆满完成了这一重要的接待任务,得到各位专家、学校领导和有关部门的高度评价。这次迎评接待能够获得成功的主要原因可归纳为:全体高度重视,处处精益求精,高规格定位、超水平发挥;员工艰苦努力,人人倾情奉献,高强度工作、超负荷投入;所有部门大力协同、密切合作;各级干部忠于职守、率先垂范。

2. 打造优质服务品牌。2007年,勺园服从学校大局,5月按时完成了腾空移交北招工作,并继续为原住宿专家提供后续延伸服务;7号楼餐厅在首批达到食品卫生A级单位标准后,连续三年保持稳定;积极完善设施升级上档,继续推进计算机网络系统建设和应用,开发OA办公系统,调整优化勺园主页,提高工作效率,优化对外形象;8号楼客房配制了众志网络计算机,大大方便了住宿宾客上网浏览,提升了服务品质;继续完善VIP接待制度,深化首接负责制。着力打造具有学校特点和自身优势的服务品牌。

3. 内部管理和队伍建设。2007年继续坚持部门经理例会制度,继续完善各项内部管理制度。完成新一轮干部岗位聘任工作,优化了机构设置,一些部门产生了新的负责人,实现了干部在会议中心内部的有序流动;举办了第二期"现代酒店职业训导员培训班",健全了训导网络,31名训导员有计划地开展基层培训活动;全年坚持对新员工进行岗前培训,培训的正规化和实用性程度提高;2007年先后有河北、广西和北京三批实习生结束实习,其中一部分留下正式加入员工队伍,新一批河北大专生正在进行实习;积极支持员工采用多种形式进行在职进修学习,提高文化知识和技术水平,2007年又有9名员工参加学校工会举办的平民学校学习,有25人正在学习大学本科或专科课程。

在2005年调整全员待遇体系之后,2007年又一次适度提高了员工待遇标准,规范了员工待遇结构,在待遇体系中进一步体现了管理责任与技术含量,还专门增加了体现员工文化程度和在勺园服务年限的内容,做到了在勺园整体经济效益稳定的前提下,员工待遇逐步得到改善。进一步规范员工招收、聘任等程序,缩短了试用期,提高了试用期待遇标准,进一步严格签订、履行用工协议的要求,优化了部门用工条件,保障了员工基本权益。

勺园由范强兼任总经理,张胜群兼任副总经理。范强还兼任北京大学正大国际中心总经理,马钧任北京大学正大国际中心副总经理。2007年共有员工418人,其中学校编制员工165人。

(郝淑芳)

【对外交流中心】 2007年,对外交流中心继续致力于开展对外学术交流活动,并为学校和各院系、单位提供高质量和专业化的会议策划、联络、咨询、组织、会务等一系列服务。中心自筹经费对英杰交流中心阳光大厅、新闻发布厅进行了整体装修改造并在9月开学之际正式投入使用,装修后的英杰交流中心愈发成为校内重要活动的首选场所;中心管理体制逐步完善成熟,骨干队伍保持稳定,制度的优化和人力资源的稳定将为中心今后的可持续发展起到关键性作用。

组织承办国际会议。2007年组织承办了"第十三届射频超导会议""第十二届太平洋盆地环境与健康科学联盟国际会议""北京论坛(2007)"等14项国际、国内会议。

海外交流项目。2007年与海外高校开展了14项教育交流项目。包括"美国堪萨斯州大学中国法律暑期项目""香港房地产项目""台湾高校学生会负责人访问团""香港社工专业大陆考察团"等。2007年适逢香港回归祖国10周年,我校与香港各高校交流项目较往年明显增加。

海外旅游团队来访。2007年共接待了来自12个国家和地区222批13380人次的海外旅行团队来校参观访问。

会场租用。2007年中心共举办了3226场会议,来中心参加各种会议和活动的人数约19万人,比去年略有减少。其中重要会议210场,协助党办校办举办活动28场,协助国际合作部举办活动15场。

重要接待。协助学校和国际合作部接待了国外首脑1位:约旦国王阿卜杜拉二世。同时还接待了日本前首相海部俊树、希腊外长以及巴基斯坦外长等。

对外交流中心由陈振亚兼任主任,崔岩任副主任。2007年共有员工27人,其中学校编制员工3人,另有学生助理30余人。

(陈振亚)

【百周年纪念讲堂】 2007年讲堂遵照会议中心"社会效益与经济效益并重"原则,继续坚持"以人为本,科学管理,服务师生,繁荣文化"工作理念,持续深化服务意识,强化责任意识,细化管理意识,使各项工作稳步推进,在繁荣文化、提供服务、硬件改造、内部管理等各方面都上了一个新台阶。

1. 提高活动质量,提升服务品质。

(1) 文艺节目繁中推精,亮点活动影响深远。2007年讲堂观众厅和多功能厅优势互补,推出各类演出165场(校内演出14场,国内

108场,国外43场),电影150场,观众总人数48万。通过郎朗、李云迪、陈佩斯、郭德纲、中央芭蕾舞团、中国交响乐团、国家话剧院、中国爱乐乐团、解放军军乐团、北方昆曲剧院等百余名家名团成功演出,讲堂在赢得师生口碑的同时加深了与各演出单位合作关系,巩固拓展了"中国话剧百年在北大"、三部委"高雅艺术进校园""北大昆曲剧场""乐之语经典室内乐系列""相约北京""打开音乐之门""北大五四交响音乐会"等品牌项目。电影除及时推出年度新片大片之外,还适时回放大量经典老片,另外导演、演员与影迷的面对面交流也在校园内外引起良好反响。

2007年讲堂承办各类会议、报告、展览、典礼等活动总计937场,共计38万人次。通过成功举办"2006影响世界华人盛典""微软2007创新盛会"、市教委迎奥运演出等亮点活动,提升社会影响力的同时接待众多嘉宾,如一月内两次莅临讲堂的李长春同志,其他包括刘淇、刘云山、周济、韩启德等政界要人,金庸、杨振宁、比尔·盖茨等学术界、商界大腕。亮点频出,名人云集,使各界对讲堂关注程度不断提高。

(2)全面到位服务,拓宽业务领域。百周年纪念讲堂充分利用学校优越的无形资产和中心的资源优势,努力拓展服务内容,规范服务方式,将多功能厅、四季庭院、202会议室、展廊等场地合理规划利用,从茶点提供、横幅制作、喷绘设计、会场布置、场务管理、住宿联系、餐饮订购、装台配合、卫生清洁等各个方面为活动主办方创造便利条件。无论是作为剧场还是会场而言,讲堂都千方百计创造一流的演出条件,提供一流的会议服务,积极配合主办方,确保各项活动达到优质水平。全方位优质服务为讲堂承接各项大中小型活动奠定坚实基础,在稳定原有顾客群的同时,不断吸引新客源,在首都演出市场中站稳脚跟,赢得校内外活动主办方和国内外艺术团体的广泛好评。

(3)2007年讲堂进一步发挥"艺术课堂"优势,推进学生素质教育。《大讲堂》期刊栏目越发规范化,讲堂网站、节目单越发专业化,"艺术课堂"越发品牌化,"演、讲"并行的演出模式越发普遍化。

2.贯彻规范化管理,完善软硬件建设。

狠抓人力资源,推进规范管理。2007年,百周年纪念讲堂以规范内部管理为突破口,通过贯彻"ISO9001国际质量体系认证",深化人力资源工作,专门成立人力资源组;制度建设和队伍建设两手抓,编写完成各部门工作规范及工作日志,进一步细化各岗位职责、工作流程和作业指导书;完善对员工的培养和培训机制,严格招聘、考核,引进优秀人才,实现员工队伍动态平衡;2007年底顺利通过认证。

2007年讲堂核拨学生志愿者活动经费两万元支持开展活动,每月定期组织骨干交流工作心得,保证其招新、培训、上岗等活动有序进行,促其实现自主管理。

改造舞台机械,确保安全运行。2007年讲堂自筹资金140万元,对运行近十年的观众厅舞台机械全面改造,大大加强其安全性、稳定性;专门建立消防监察小组,设立安全奖励基金,坚持每月巡查制度化、消防安全培训全员化,为讲堂长期安全运行提供了有效保证。

百周年纪念讲堂管理部由刘寿安兼任主任。2007年共有员工63人,其中学校编制员工6人,另有学生志愿者120人。

(刘寿安)

【中关新园】 2007年是中关园留学生专家公寓园区工程建设和运行筹备同步推进的第二年。4月24日学校批准成立会议中心中关新园管理部,作为会议中心内设机构,负责园区建设和管理工作。经过努力,一期工程精装施工、二期工程施工建设、园区整体建设、运营筹备、内部建设等方面均取得了大幅度进展。

1.拆迁工作。

正式启动9号楼北侧最后一排平房(8户)拆迁工作,截至年底完成2户拆迁。

2.工程建设。

一期工程(7—9号楼)精装工程接近尾声。配合基建工程部推进7—9号楼精装工程,即将竣工验收。11月2日园区正式发电;5日锅炉正式点火;14日7—9号楼开始供暖。

二期工程(1—6号楼)施工建设全面开展。完成消防报批工作,配合设计院完成施工图、精装图出图工作。1月19日完成七通一平工作;2月27日获得开工证,二期工程全面开工。截至年底,1、2、3、5号楼土建施工至地上3层;4、6号楼土建施工已经基本封顶。

京热168号地热井工程。5月11日168号地热井施工终孔竣工,实际井深3218.68米,日出水量最大可达2555.71立方米,出水温度63度,超越合同要求指标,经验收评定为优良井;完成该井与静园119号地热井管线连通工程,完成该井水处理房地质勘查、方案设计和施工图审查工作。

园区外管线建设。完成7—9号楼网络布线、手机信号放大系统、有线电视系统、电话系统及外线各楼连接等工程。

3.筹备运行及设施完善招标、采购。

经校主管领导批准,由相关部门组成筹备运行招标工作小组,根据《筹备运行招标管理办法》《筹备运行小金额采购/完善项目工作管理办法》《筹备运行招标事项工作纪律》,负责实施筹备运行及设施完善招标工作,全年共计完成28

个招标项目,总金额达1400万元。

4. 内部建设加紧推进。

初步完成机构设置。管理部实行总经理领导下部门负责制度,设人力资源部、财务部、接待销售部、客务部、餐饮部、工程部、安保部和总经理办公室"七部一室"。

继续推进制度建设。相继完善出台《员工招聘、录用管理办法》《采购管理办法》《员工培训管理办法》等10个规章制度,另有近10个重要制度正在审议完善中。

规范园区形象识别系统。在深化会议中心形象识别系统基础上,与社会酒店同类行业规范接轨,以符合专业化服务工作的特殊需求,逐步建立园区形象识别系统。在此基础上,完成一期工程VI导示设计及实施工作。

全面推进信息化建设。园区协同办公系统(万户)、人力资源系统(朗新HR)、财务系统(久其)和酒管系统(泰能)进入全面实施阶段,为园区运营管理奠定了坚实基础。11月中关新园域名(www.pkugv.com和zgygv.pku.edu.cn)申请获批,园区主页更新设计正在酝酿中。

广拓渠道聚揽人才。通过走出去(专场招聘会、宣讲会、网络/报刊招聘等)、引进来(招收成建制员工、与实习生学校长期合作等),全年共招聘录用各层次、各工种人员135人,包括4批总计48名成建制员工和实习生。

强化培训,开荒保洁。通过入职培训、业务实操培训、英语培训等,使新员工尽快融入园区,并在业务技能上逐步达到岗位要求;同时完成博士后公寓开荒保洁及维护清洁工作。

完善预算思路,加强资金控制。优化预算思路,以预算约束、规范资金使用。至年底初步完成2008年预算编制工作。

满足接待,拓展客户渠道。走访校各院系单位,了解接待需求,组织参观专家公寓各户型房间;参考市场行情,在承接学校接待服务收费思路基础上,与学校人事部博士后管理办公室、财务部多次沟通,于11月底向主管校领导报文请示博士后公寓管理模式及收费标准;专家公寓、留学生公寓各房型收费标准。

防消结合有限封闭管理。针对园区周边环境特征情况,采取有限封闭式管理;加强安全保卫工作,进行消防演习,确保园区安全运行。

设备调试运行维护。园区强电、弱电(共有8大弱电系统)、水暖空调系统结构复杂,技术含量较高,设备调试工作艰巨细致。经过下半年集中调试、维护,大部分设备运行正常,其余设备待7—9号楼正式投入运行后再调试启动。

中关新园管理部由张胜群兼任总经理。2007年共有员工157人,其中学校编制员工6人,学校财务派驻会计1人,兼职员工1人。

(张胜群 何海燕)

# 燕园社区服务中心

【社区服务】 1. 社区网络服务。2007年,呼叫器用户为2100户。全年呼叫总数为2350次,其中家政服务及检测呼叫1976次,医疗求助呼叫228次,安全求助呼叫16次;全年接听热线电话23421个。社区网络服务积极发挥沟通作用,热心为教职工排忧解难。

社区服务信息网站设有十个栏目,630余个网页,由于及时发布有关社区服务方面的信息,备受居民关注。全年17.3万人次访问,平均每天访问人数473人次。

2. 社区家政服务。2007年,社区家政服务项目共有54项。在服务项目中,需求量最大的是保姆、小时工和零修服务。全年为教职工提供家政服务11678人次,其中介绍保姆小时工1110人次,维修服务4082次。

小时工的服务一直是家政服务工作中的重要项目,为了做好小时工的服务工作,家政服务的管理人员认真总结多年来的实践经验,针对小时工服务中存在的问题,对40多名小时工进行了历时一周的业务培训,培训后进行了考核。

充分发挥服务队的作用,为教职工及时提供维修服务。2007年,服务队完成服务量2396人次。社区服务队发挥拾遗补缺的作用,干别人不愿意干或者不干的事,社区服务队在服务工作中认真贯彻"服务第一""用户第一"的服务原则,"急用户之所急",认真做好每一项服务,得到了用户广泛好评。

3. 大型便民服务活动。2007年,组织大型便民服务活动两次。社区中心组织50多家服务单位参加了大型便民服务。有5766人次接受服务,为8250人次提供了医疗等方面的咨询,发放各种宣传资料8500余份,参加服务活动的工作人员达220多人。

4. 社区网络服务站贴心服务。便民服务站坚持送货上门,坚持邻里式帮助服务,对老年体弱、行走不方便的用户给予特别的照顾,哪怕是一袋奶、一棵白菜,他们都坚持每天给他们送到家里,解决这些老年用户的生活困难,让他们感觉到社区的真情服务。便民服务站全年为用户送货上门6486人次，维修服务587人次，并涌现出杨清永等拾金不昧的先进典型，受到用户的好评。便民服务站的服务人员以真诚的服务、用心的服务，把服务站办成老师用户们的贴心站、放心站、方便站。

【对外合作】 2007年暑假，受北大国际合作部委托，社区中心承办了第三届北大—哥伦比亚大学暑期汉语项目住家活动，共计有291名留学生、115人次的老师参加了接待活动。

在住家活动期间，社区中心与国际合作部、哥伦比亚大学暑期汉语研修项目方充分地沟通与协调，认真组织、灵活安排，跟踪服务、善始善终，得到了各方面的赞誉。

【社区建设】 2007年改造、扩建和维修了一批社区服务设施，改善了服务环境，为教职工提供了更多的生活便利。主要完成了以下建设任务：

燕东园粮店改招待所工程，将原燕东园粮店用房，改造成为二层带卫生间的标准间客房23间。改造面积628平方米；燕北园生活服务用房三层办公用房室内装修工程，装修面积504平方米；校内48楼南招待所扩建和装修改造，施工面积829平方米；燕园社区中心综合楼主体工程建设5412平方米，进入室内装修阶段；各园区装修改造工程12项，1482平方米；小修零修项目35项，415平方米。

【社区经营】 社区中心按照以经营补服务、以服务促经营的发展原则，大力发展社区经济，开源节流、积极开拓市场，取得了较好的经营收益和社会效益。

2007年，社区下属企业，全部按合同规定完成了各项指标，全年收入505万元。新开办的燕东园招待所增加标准间客房23间；校内招待所改造装修后增加标准间客房7间，增加了经济收益。社区中心开办的博文职业培训学校开办了18个工种、60个班次的培训工作，1800人次通过了培训。博文学校在全体工作人员的共同努力下，扭亏为盈，取得了良好的社会效益。

【安全管理】 2007年度，社区中心加强消防安全管理力度，建立和健全了消防安全组织机构；与下属各单位签订了治安综合治理领导责任书和防火安全责任书；坚持每年三次（春节、五一、十一）的定期综合检查，以及每月不定期的抽查，及时消除检查中发现的安全隐患；改造和完善消防设备。2007年度进行了3次大型综合检查，9次抽查；3个单位获得"综合检查流动红旗"。通过社区中心全体员工的努力，全年未发生任何安全生产事故，保证了社区服务的正常进行。

（李永新）

## 附 录

表9-53 燕园社区服务中心企业名录

| 企业名称 | 经理 | 经营地址 | 联系电话 |
| --- | --- | --- | --- |
| 北大理发店 | 石玉华 | 校内三角地 | 62753284 |
| 北京校苑博实商场 | 练勤 | 校内燕南路 | 62750033 |
| 北大超市发超市 | 曹雨清 | 北京大学畅春园 | 62758364 |
| 社区中心招待所 | 常玉琦 | 48楼南、承泽园、七公寓北侧 | 62755755 |
| 产业中心招待所 | 宗宝利 | 北京大学畅春园 | 62767990 |
| 燕园蔚秀餐厅 | 刘继凤 | 蔚秀园 | 62755715 |
| 北大水电队 | 王志柱 | 水塔东侧平房 | 62757963 |
| 北京海淀北大综合服务社 | 吴文彬 | 校内学五东南侧 | 62765982 |
| 北京海淀国辉洗衣部 | 孙国 | 校内东南侧 | 62754271 |
| 北大燕园建筑工程队 | 吴宝明 | 校内朗润园南侧 | 62751554 |
| 北京海淀成龙玻璃经销公司 | 魏永忠 | 昌平阳坊 | 62943389 |
| 北京海淀新北高科技开发公司 | 苑天舒 | 上地国际创业园C座8层 | 62974070 |
| 北京燕园隶德科技发展有限公司 | 赵桂莲 | 北大校内 | 62752067 |
| 北京燕园博文职业技能培训学校 | 王燕华 | 北大校内 | 62767210 |

# 燕园街道办事处

【概况】 2007年是奥运筹备工作的决战之年,燕园街道办事处在北京大学和区政府双重领导下,以邓小平理论和"三个代表"重要思想为指导,以科学发展观为统领,以构建社会主义和谐社会为主线,以党的十七大和2008年奥运会召开为契机,紧密围绕市、区政府和学校对燕园街道工作总体要求,履行政府职能,积极发挥北京大学与海淀区的桥梁纽带作用,把和谐社区建设和迎奥运环境整治工作作为重点,实现了年初制定的工作计划。

【党建工作】 以学习贯彻党的十七大会议精神为重点,不断提高党员干部的思想政治觉悟。十七大后,街道迅速在辖区掀起了学习贯彻落实党的十七大精神热潮,组织辖区党员干部学习十七大报告及新党章,并对园区认真贯彻落实十七大精神宣传、学习做出部署,希望各党支部在组织党员学习十七大报告的同时,要号召园区中的党员、干部争做遵守党纪国法的模范、学习的模范、为民排忧解难的模范、邻里团结互助的模范、带头参与社区管理、社区建设和社区公益活动的模范、带头维护社区安全稳定、化解各类矛盾、构建和谐社会的模范。要切实把广大党员干部群众的思想和行动统一到十七大精神上来,要牢记党员光荣使命,发挥党支部的战斗堡垒作用和党员的先锋模范作用,严于律己,宽以待人,恪尽职守。作为国家行政管理最基层的部门——燕园街道办事处的每一个工作人员,不论是正式的还是临时的工作人员,都要树立权为民所用、利为民所谋、情为民所系的工作理念,要在日常的工作中关注、推进以改善民生为重点的各项工作,要依靠群众,倾听民声,妥善处理各种矛盾和突发事件,保持园区稳定,为促进社区和谐,为创建世界一流大学优化校园环境做出贡献。

完成北京大学参加中国共产党北京市第十次代表大会代表的选举工作和北京市教育工委对北大党建和思想政治工作基本标准达标情况检查的准备工作。

【环境综合整治】 2007年辖区的环境综合整治是以迎奥运为契机,围绕优化校园环境这一目标,对奥运场馆、马拉松路线、自行车路线以及火炬传递路线等关键区域进行重点整治。

拆除北京大学校内燕南园违法建筑22户,总面积1376.30平方米,清运渣土垃圾508车,共计3195吨。

针对扰乱校园秩序的游商、小贩、黑车、黑导,联合公安、城管等部门综合打击。查扣非法商贩物品:假冒北大纪念品300多件、体育用品6箱、书籍20箱、文化衫300余件;收缴盗版、黄色光盘300余张;收缴非法小广告5000余张、清理小广告10000余张、收缴非法教材400余册;查扣各种玉米、水果、红薯500余斤、饮料300余瓶;查扣三轮车50辆次、自行车10辆次;收缴桌子20张、小板凳20只;劝退、驱逐无照商贩18000人次。

为迎奥运美化环境,按照市政府的要求,对街面楼房进行粉刷,2007年对22栋楼宇进行了外立面粉饰,面积达51000余平方米。

对辖区937户出租房屋和8100人的流动人口变化情况进行了两次普查,并与出租房主签订了治安《责任书》。

【社区建设】 社区活动。2007年,居民工作围绕着"迎奥运、讲文明、树新风、促和谐、建首善"这一主题,以宣传奥运为契机,开展丰富多彩的社区活动:(1)参加海淀和谐杯乒乓球比赛,270多人参加了初赛、复赛,并进入决赛,取得了好成绩;(2)支持老年人晨练活动,给每个社区配备新的录音机和DVD,为居民走出家门,积极参与社区丰富多彩的娱乐活动提供条件;(3)庆祝"第三届海淀教育节"活动,居民科组织七个社区居民举行了文化、艺术作品展览,展出各类绘画、书法、摄影、手工艺作品113件,其中有4件优秀作品送往海淀区参展;(4)开展各种丰富多彩、健康有益的文体活动;(5)举办了"迎奥运乒乓球观赛礼仪讲座"。

老旧小区停车场改造。2007年上半年对承泽园社区进行了停车场扩路改造工程,其中扩路铺路1552平方米,新栽种大叶黄杨9612株,划停车泊位72个,划行驶线311延长米,投入资金35万余元;下半年对燕东园社区进行了停车场扩路改造工程,其中扩路铺路3190平方米,划停车泊位108个,划禁止停车线320延长米,投入资金40万余元。

【内部管理】 明确党政分工,根据个人专长和特点,确定分管领域,各司其职,既有分工又有合作;定期召开行政办公会,讨论日常工作,不定期召开党政联席会,研究、决定重大事项。

制定《公章使用管理办法》《财务管理办法》《工作人员考勤办法》《关于参加党政联席会的基本要求》等文件。实行公章备案管理,收回各种公章82枚备案,其中报废29枚,确定继续使用的53枚,全部指派专人保管。建立相应的用工卡片,为规范用工奠定基础。

【其他工作】 失业转入76人,学生转入40人,为失业人员办理求职证 197 张;优惠证 51 张;为 45 位失业人员办理自谋职业手续;办理灵活就业 9 人,市弹性就业 2 人,失业人员实现再就业共计 220 人,全年共为 47 人发放失业金 87609 元,其中为 35 人办理了一次性领取 24 万元;报销失业人员医药费 17 人次 152689 元,城镇失业人员就业率达到了 66.5%。全年办理新增退休手续 23 人,日常管理退休人员 144 人,为 543 人报销药费 213.36 万元。为辖区"一老一小"办理医疗保险 452 人。为辖区老年人安装一按灵 31 户,应急门铃 30 户。组建了燕北园老年中心电脑培训室。

办理一胎《生育服务证》168 本;独生子女证 80 本;办理新生儿入户手续 133 人;办理随父入户通知单 38 份;查验流动人口《婚育证》475 本;为 478 名青少年、幼儿办理"国寿学平"保险;为 280 余名无业人员发放独生子女费;为 140 余名独生子女父母发放一次性奖励 21 万;为流动人口育龄妇女办理免费技术服务卡 29 份;各用人单位免费为育龄妇女查体 700 多人次。

5 月份,正式启动房屋普查工作,共培训房屋普查员 25 名,普查房屋图元 1605 个,普通住宅 6105 户,填写分幢现场调查表 580 张,详细清单 952 张,圆满完成了房屋普查任务。自 11 月 19 日起承担辖区北京市政府住房保障申请和初级审核工作,成立了经济适用住房保障领导小组、经济适用住房保障评审小组、经济适用住房保障办公室,到年底已办理了电话咨询 136 人次,来人咨询 166 人次,领取核定表 54 份。

对 260 家生产单位进行了安全检查,就 25 家发现的问题提出了整改意见,并进行复查,整改率达 98%。

为全校 761 名一、二年级的经济困难学生捐款 5 万元;为慈善协会捐款 14195 元。

(修亚冬)

## 特殊用房管理中心

【概况】 2007 年 4 月 10 日,学校批准成立特殊用房管理中心,任命赵桂莲为中心主任、廖陶琴为中心财务总监、权忠鄂为中心财务副总监、周波为中心副主任。特殊用房管理中心成立之初,经学校党政联席会多次研究,明确了特殊用房管理中心的使命、工作任务、功能定位、管理办法和运行模式等。4 月 16 日,校长办公会确定了特殊用房管理中心单位编码为 418;6 月 20 日,学校出台《北京大学万柳公寓管理规定》(校发〔2007〕108 号文件),为特殊用房管理中心管理万柳公寓提供了政策依据;2007 年第 20 次党政联席会讨论批准了 2007 年留校青年教职工入住万柳公寓的收费标准。

特殊用房管理中心成立伊始,立即向原管理万柳公寓的畅春物业公司送达了合同到期届满自然终止的函,并从原物业公司的工作人员中选聘特殊用房管理中心的首批工作人员。通过竞聘上岗、双向选择,第一批受聘人员共 60 余人,初步建立起特殊用房管理中心的服务队伍。6 月 30 日,特殊用房管理中心与畅春物业公司顺利办理交接手续。之后又从校内外招聘 20 多位管理干部。至此,特殊用房管理中心正式承担起对北大万柳公寓全方位的管理工作。

在学校领导的关怀下,特殊用房管理中心取得了社会效益和经济效益"双丰收",圆满完成了 2006 级深圳研究生院、2007 级新生 1742 人以及青年教师、博士入住任务,完成了海淀区政府公务员入住任务;全年收入达到预期目标,全年收支相抵仍有盈余;在职工队伍建设、企业文化建设、学生生活管理等方面都取得了一定成绩。

【队伍建设】 为提高管理水平,确保安全运行,经学校同意,特殊用房管理中心设置了六个管理机构:经营管理部、工程管理部、财务管理部、人力资源管理部、综合管理部、学生工作办公室;三个运行实体:动力运行部、安保部、保洁部。六个管理部门设主任、副主任,三个运行实体设主管。为了提供更优质的服务,特殊用房管理中心还设立了 24 小时值班总服务台,撤销了原各区楼长 8 人,将原学生辅导员 7 人划归院系管理,学生住宿系统管理职能全部并入总服务台。

管理机构设置后,紧接着在校内外招聘工作人员、动力运行人员、安全保卫人员和保洁人员,并对各部门各岗位进行了定编定岗工作。截至 2007 年底,特殊用房管理中心员工近百人,主管以上干部 15 人,从主任到员工都有明确的岗位职责。同时,加强在岗职工的培训,使新职工认识北大、熟悉万柳,以主人翁姿态热情服务师生。

【公寓维修】 经过近 5 年的使用,万柳公寓已进入了维护高峰期。公寓内宿舍和墙壁多年没有粉刷,室内设备设施损毁严重,房间多年没有彻底保洁,很多公共区域无人管理。对此,特殊用房管理中心在资金紧张的情况下,不向学校伸手要钱,组织了三个工程队,对万柳公寓进行大面积维修改造,本着"少花钱、多干事、出精品"的原则,坚持"旧的能用不换新的、能自己干的不外包、能清包的不大包、能小修的不大修"。由于管理认真,预算审计严格,全部工程节约资金近百万元。

**【公寓管理】** 特殊用房管理中心加大了宿舍管理力度,1至3区大门安装了门禁系统,每套房户门安装了磁卡锁,建立起24小时值班的总服务台,这些举措方便了同学,提高了万柳公寓的智能化管理水平,也初步解决了社会人员随意进出万柳公寓导致的安全隐患等问题。

在调整宿舍工作上,对应退宿而未退宿的同学耐心做工作,逐个沟通情况,想方设法为同学排忧解难;对已毕业暂时没有地方住宿的同学,帮助介绍其他住宿地点;对物品没有地方存放的,帮助解决物品存放问题;对有心理问题的同学,与学生辅导员、学生助理一起,耐心劝说,化解矛盾。经过6个月的工作,共调整宿舍281间,涉及1044人,清退毕业应退宿而未退宿的同学60多人,腾出15间房屋,从而保证了2007年新同学的顺利入住。

在房源数量上,特殊用房管理中心与楼管人员逐一进行核对。目前,万柳公寓1至3区共有483套房,合计873间。在追缴跑费、漏费上,优化了原有的收费软件,理顺了与计算中心、财务部的数据交换系统,借助数据库核查与重新清点核对入住人员,共查处600多名未交费学生,收缴住宿费90多万元,有效防止了跑费、漏费现象。

万柳公寓原对外出租的复印摊点、理发室、洗衣房等,基本是无偿使用,且不付水电费。特殊用房管理中心成立后,经过整治全部缩减了使用面积,每年按服务用房标准缴纳房屋租金和水电费。

在房屋资源调整方面,特殊用房管理中心按照《北京大学万柳公寓管理规定》的要求,对1区原各院系公用的辅导员室作了调整,将其改造为学生上自习的多功能室;关闭了大自习室,开放1、2区多个小自习室和多功能室。经过调整,既充分盘活了资源,又满足了同学们上自习的要求;腾出的大自习室对外经营预计年租金收入上百万元。对体育活动中心进行调整,将台球室和健身房移到地下一层,增加了体育活动中心面积;同时购置一批新的体育活动器材,学生对此十分满意。原体育活动中心用于底商招租,预计年收入可达40余万元。对楼长室作了调整,并腾出了1至3区的设备间和开水间。对原办公用房作了调整,由43间办公用房调整为8间,其余35间全部用于学生住宿。

**【环保节能工作】** 这方面的工作主要包括:(1)更换节水箱642个。水箱未更换前每天需向中水房补充自来水19吨,更换后不仅不再需要补充自来水,而且中水还有节余。这一改造不仅节约了资金,更重要的是节约了北京非常短缺的水资源。(2)用计费式开水器替代免费热水器。特殊用房管理中心根据三区入住人员调整,撤销大部分楼层开水器,集中提供两台计费开水器,不仅防止了浪费用水的现象,同时比传统开水器节能81%以上。(3)堵漏、整改、节电。对公共区域用电经逐项核对,堵住了偷漏电现象,对分布不合理的照明用电进行了调整布局,对地下室风机采取分时段开机,让校外用房自行承担电费,对1至3区公共区域1000多盏长明灯更换为声控灯。这些措施明显降低了万柳公寓应承担的电费。以特殊用房管理中心成立以来的半年为例,原来平均每个月学校需支付电费20多万元,重新核算后平均每个月只需支付15万元电费。

**【环境综合治理】** 为了规范万柳公寓的管理,创造一个安全舒适整洁的居住环境,特殊用房管理中心对万柳公寓进行了全面整治。主要包括:(1)原三区自习室门廊内的煎饼摊、卡摊、售货点全部取消,水果摊、原商号无偿占用的小商厅,也都进行了移址,并按规定缴纳房租。(2)对万柳公寓南门重新设计,请书法家杨辛先生为万柳公寓题词;在万柳公寓东门内侧设二道门,将万柳公司底商与学生公寓完全划开;新建自行车棚,共处理1000多辆废旧自行车,有效解决了自行车乱存放的问题;拆除了楼道内的展板、橱窗、小海报,安装液晶显示屏发布通知消息,基本解决了园区内乱张贴的问题;对1至3区的门廊和立柱做了设计和粉刷;在公寓楼内公共区域摆放了常绿花木。(3)对学生套房内的卫生间、盥洗间由过去学生自行打扫,改为每天由保洁员入室保洁。

# 北京大学医院

**【概况】** 本年度职工总数229人(含合同制人员),其中卫生技术人员193人,包括正高职称11人,副高职称39人,中级职称85人,初级职称58人;行政后勤36人。年底医疗设备总价值2539.97万元。本年度新购置医疗设备总值18.19万元,成立质量控制办公室。

2007年，北京大学医院被评为北京市无烟医院，获海淀区卫生局慢性病防治工作三等奖，海淀区卫生局妇女病防治技术信息管理工作表彰，海淀区卫生局计划生育技术信息管理工作表彰，1人获北京市卫生局流感疫苗接种工作先进个人，1人获海淀区卫生局妇女病防治技术信息管理工作优秀奖。获北京大学安全保卫工作先进单位，北京大学交通安全先进单位，北京大学"奥运有我"教工普拉提弹力带操竞赛一等奖，1人获北京大学优秀党务和思想政治工作者。

【内部管理】 实施质量管理体系认证。实施ISO9001：2000质量管理体系认证，完善各项规章制度和操作规程，制订医院质量管理体系《程序文件》《质量手册》《科室工作手册》《岗位说明书》，加强，实现工作责任、目标、计划、实施、检查、评估、持续改进等系统化、规范化管理，提高效率。北京经典智业认证咨询中心负责培训指导，历经十个月的准备，落实、监督、检查、改进，通过内审员培训考核、一审、二审、模拟审，于7月获得深圳市环通认证中心有限公司质量管理体系认证证书。

职工管理。1月起，取消合同制人员绩效奖与在职职工差别对待政策，合同制人员收入明显增加，有利队伍稳定。10月，进行二级职代会换届，11月，召开第二届职代会第一次会议，审议《新院建设规划纲要》《新院成本核算原则》。9月，对上学年在职职工133人进行岗位考核，并进行在职职工124人及流动编制职工4人新学年的岗位聘任。11月学校党委组织部启动医院行政班子换届工作，进行测评、考察和个别访谈。12月学校进行财务审计。

创建人民满意医院。开展医院管理年活动，创建人民满意医院，坚持以科学发展观为指导，以病人为中心，以提高医疗服务质量为主题，以保障医疗安全、构建和谐医患关系为主要内容，落实ISO9001：2000质量管理体系工作要求，进一步完善各项规章制度和诊疗规范，实行院、科两级管理，规范医疗行为，依法执业，继续加强"三基三严"岗位练兵活动。

反商业贿赂工作。继续开展治理医药购销领域商业贿赂自查自纠工作，1月起各科室填写医德医风情况季报表。党委书记参加北京大学纪委举办专职纪检监察干部交流培训会议，做治理商业贿赂专题汇报。3月，邀请北京大学法学院教授对全员进行法律法规培训，主要内容涉及医疗环境、治贿问题和依法行医。6月，全院干部会学习《中共中央纪委关于严格禁止利用职务上的便利谋取不正当利益的若干规定》，党员干部23人填写自查表。7月，接受海淀区卫生局治理医药购销领域商业贿赂专项工作督导检查组督导检查。

【医疗工作】 全年门诊249493人次，急诊28244人次，急诊危重症抢救人数0。实有床位数101，住院401人次，出院399人次，床位周转3.95次，床位使用率29.32%，平均住院日27.11天，七日确诊率100%，出入院诊断符合率100%，治愈好转率87.87%，死亡率5.93%。住院手术60例。共派外出服务154人次。组织12次到社区春、秋季便民服务及大型宣传活动，医务人员61人次参加。全年未发生医疗事故。查体29884人次，其中学生14242人次，教职工8610人次，妇科3464人次，幼儿654人次，三大员1784人次，其他1130人次。

1. 慢病管理。配合《北京市118折子工程》，在市医保中心和国家医学健康发展中心的支持下，开展糖尿病知己管理工作，管理糖尿病病人128人，糖尿病高危人群121人。1月9日市卫生局、市医保中心在北京大学英杰交流中心召开糖尿病知己健康管理的推广会。

2. 病案管理。实行三级医师负责制，病案质量管理委员会负责病案的质控工作，医务科每月1～2次终末病历抽查，共查住院病历102份，甲级病案率达95%以上。病案质量管理委员会不定期抽查运行病历（包括门诊病历）。每月查处方1～2次，合格率达90%。对病历及处方中的问题及时沟通。

3. 传染病管理。年报各种传染病卡片431张，进行各类计划免疫接种29401人次，在入学体检和毕业生体检时，共筛查出传染病人73人次，有效处理突发疫情6起。

4. 医院感染管理。定期对医院重点科室重点部位进行物表采样和空气培养，全部资料做好记录并存档备查。全年共采样344件，合格率96%。全年空气培养415间/次，合格率99%。对不合格项逐一进行原因分析，及时向相关科室反馈，提出整改措施，在各科室监控医师和监控护士的配合下，整改措施得以落实。每月对出院病历进行抗生素使用情况统计，了解抗生素使用是否合理，全年住院病人抗生素使用人数251例，使用率62.9%。院感率为8.27%，漏报2例，漏报率6.06%。全年院内感染发生率≤10%，漏报率≤10%。对全员进行了2次院感相关知识的培训和考核，对保洁人员培训1次。

5. 医保工作。全年医保就医1276人次，医保病人总费用336746.78元，其中：区公务员门诊1247人次，门诊总费用163821.12元，出院17人次，出院总费用110278.88元，出院医保病人次均费用6486.99元。基本医疗出院病人12人次，出院总费用62646.78元，出院医保病人次均费用5220.57元。宣传医保政策，培训医务人员，每月自查处方，严格控制处方药量，完整填写病历，了解病人病情,及时调整用药。

6. 医疗支援工作。社区卫生支农和社区对口支援工作,帮管理、传技术、送设备,全年共下乡服务3次,有29人次参加各种医疗活动,义诊、咨询420人次;培训卫生院医务人员3次,接受培训62人次;摆放宣传板40张;发放健康宣传资料2000余份。共投入资金3万余元(不含捐赠车辆)。

【护理工作】 围绕医院质量管理体系认证工作,制订本部门体系文件,以北京市护理质控中心护理质量考核标准为依据,修订和完善医院《护理规章制度》《常见疾病护理常规》,制定适宜的工作目标及护理规章和相关流程,对综合病房、急诊社区、手术室、供应室护理工作质量目标进行适宜性调整,细化科室《护理质量考核标准》《护理部月查房质量考核标准》,制定成册,下发科室。强化质量管理,坚持每月进行护理综合质量查房,定期召开护士长会,及时评价,提出整改措施。迎奥运加强岗位练兵及护理核心制度和常用护理技术培训,开展全员徒手心肺复苏技术培训及院内急救的医护配合演练,规范基础护理操作训练。加强住院病人一级护理和危重病人护理,将医院感染管理工作纳入护理综合目标管理。加强护理人员资质管理,严格依法执业,建立技术档案。全院8名护理先进工作者在纪念5.12国际护士节大会上获得表彰。

全年派出护理人员1000余人次协助完成查体工作;各类公共服务58人次;进行护理查房、护士长例会31次;全体护理人员大会2次;组织护理人员业务学习21次;参加北京市社区护士培训9人,并取得合格证书。组织护理人员理论与技能考核,共计199人次参加。护理部主任作为专家组成员参加海淀区卫生局对高校医院社区卫生绩效考核工作。

【科研工作】 继续与北京心肺血管疾病研究所合作进行"十一五"国家科技支撑计划"代谢综合征发病趋势及综合控制研究",进行为期第15年的追访,并协助开展阿司匹林抗药性的检测和颈动脉超声的检查工作。参加卫生部北京医院组织的国家"十一五"科技支撑计划课题"2型糖尿病及其并发症的干预控制研究"(课题编码:2006BA102B08)中的糖尿病患病高危个体生活方式干预研究工作。首都医学发展基金科研项目"强化降压治疗研究"(项目编号为2002—2014)已经全部完成结题。参与国家963"蛋白质复合物动态变化的分子机制和功能研究"项目,负责肿瘤相关蛋白质复合物的动态转运、定位等研究工作。全年院外发表医学科技论文10余篇。

【教育培训】 8名医师参加北京市组织的全科医师培训,取得全科医师证书。3名医师参加北京市组织的慢病师资骨干培训班,取得结业证书。6名医师参加短期学习班。全年为本院职工举办业务培训30次,共1500余人次参加。

开设"大学生健康教育""生活中心理学"两门通选课,有300余名学生选修。医务人员下院系健康讲座和健康咨询21次,健康教育大课堂5次,参加培训的教职工1521人次。对大学生进行健康讲座7次,1350人次参加。

北京大学红十字会针对人工呼吸、胸外按压、灾难逃生等急救安全进行培训,120名大学生进行现场演练及理论与实操考试;开展预防艾滋病青年同伴教育课程,举办3期青年同伴教育培训班,共培训60余人。

【国际交流】 继续与日本渡边牡蛎研究所合作,渡边贡先生一行8月来院访问,对"活性牡蛎丸对妇女月经不调的研究"进行探讨;11月27日第二届国际牡蛎研讨会"牡蛎养殖的可持续发展与人类健康"在杭州召开,2名医师应邀在大会发言;10月1人作为学术委员会主要人员参加在上海召开的国际心理治疗大会,主持工作坊及分会场,并作大会总结。

【信息化建设】 对机房设备进行更新,检测4台交换机,更换1台交换机。配合首信公司进行医疗保险网络升级改造;配合市医保门诊上传结算和区医保门诊上传工作,与HIS系统接口,更新20余台电脑。加强管理,及时进行防病毒软件升级,保证医院各部门办公自动化的使用安全。

【后勤与基建】 1月12日举行新医院大楼开工奠基仪式,历经10个月,3.2万平方米土建工程主体结构于10月21日封顶。医院本着"严格程序、规范管理、提高效率"的原则,配合学校基建部、审计室、设备部、计算中心等部门开展工作。学校成立医院新大楼协调组,主管校长不定期召集会议,解决工程中的问题。每周召开基建例会,实施新院大楼全过程跟踪审计方案;本年共组织考察厂家及参观医院13次,请相关公司举办专业技术讲座5次,3月,中元设计院提交全套二版图,组织全院科室主任、护士长确认功能需求、流程、布局。对水源热泵打井工程、普装、精装卫生洁具、医院信息化系统软件、精装修设计方案进行校内招标;对电梯、双电源切换箱、照明、动力配电箱、隔离开关、插座箱进行市场招标并做精装修工程资审。

【其他工作】 1月,创刊《医院工作简报》,建立一个院内弘扬正气、通报情况、沟通交流的新园地,季刊4期;在校内发行《社区保健论坛》2期。副处以上干部5人参加学校理论中心组学习、劳动合同法系列培训等,并参加北京市干部在线学习,每人完成40学分;干部1人参加学校中青年骨干培训班。为迎奥运,开展"三基三严"培训和奥运系列培训,包括奥运知识、奥运礼仪、奥运英语、奥运急救。4

月,医院医师自编英语教材,医务人员利用午休时间学习英语。参加卫生局组织的奥运知识考核,216人获得合格证书。11月,院党委书记在全院会上做"贯彻十七大精神,坚持以人为本,建设和谐医院——职业道德、服务礼仪及医患沟通"培训,并请副书记做语言、动作示范配合。职工220人参加北京大学工会"学十七大精神、迎教育部评估、促学校发展"知识竞答活动,获优秀组织奖。

医院与学校签订安全稳定目标责任书,医院与科室签订安全责任书,医院职工人手一册《应急手册》,组织5批共120余人到海淀安全教育馆参观体验;医院举办交通安全培训并进行有奖测试。

4月,全院开展"开源节流,改善医院管理"献计献策活动,提出70余条意见建议,逐一研究,制订方案,改进工作。6月,组织党团员、入党积极分子参观抗日战争纪念馆,并召开"开源节流,改善医院管理"献计献策活动总结表彰大会。

4月和12月,召开两次大学生见面会;5月,实行大学生监督员制度,学生会招聘大学生监督员2人,每人每天来院工作1小时,发现问题及时沟通,9月,召开校内监督员座谈会。11月,召开全校各院系、单位领导参加的北京大学健康促进工作会议。

红十字会红丝带项目部举办为期一个多月的"社会性别与健康"系列活动。活动内容主要包括观影、讲座和问卷调查。共随机发放调查问卷1000份,回收有效问卷243份。组织2次献血活动,有365人献血,共416袋。举行"情系燕园,共赢健康"2次大型义诊活动,接受义诊超过200人次。

(叶树青)

# 北京大学附属中学

【概况】 北大附中创办于1960年,地处北京中关村高科技园区。北大附中是北京市重点中学,北京市示范高中,北京大学基础教育的教育教学实验基地和后备人才的培养基地,是北京大学创建世界一流大学的重要组成部分。

北大附中秉承北京大学爱国、进步、民主、科学的光荣传统,坚持"勤奋、严谨、求实、创新"的优良学风,以"肩负天下,敢为人先,追求卓越,志存高远"作为自己的办学理想,把蔡元培先生倡导的"发展个性,涵养人格"作为自己的教育教学方向。

北大附中以"三个面向"为办学指导思想,全面贯彻教育方针,积极推进素质教育。北大附中坚持"以人为本",坚持走改革创新之路,倡导学生自主学习和自我管理,形成了鲜明的办学特色和生动活泼、丰富多彩的校园文化。

学校占地50000余平方米,在校初高中学生总数2200余人。学校拥有充足、符合新课程需要的实验室和多媒体教室,以及现代化的塑胶操场、塑胶篮球场、体育馆和宽敞明亮的图书馆。学校信息网络系统十分完备。学校拥有整洁、舒适的食堂、宿舍。古朴厚重、大气儒雅的教学楼被绿色树木环抱,鲜花装点着东、西花园,整个校园优雅、亮丽、宜人。

北大附中具有一大批德高望重、业绩卓著的名师。在教育教学中倡行民主包容,尊重个性;师生和谐,教学相长的理念,形成了学校独特的办学特色和风格。北大附中崇尚"道法自然",尊重规律,坚守"育人为本",把每一个学生的健康成长、和谐发展看得至高无上。

北大附中既强调面向全体学生,又重视特长生和尖子生的培养;既强调学生基础理论学习,又注重学生创新能力和动手能力的提高;既强调课堂教学,又重视开展课外活动和社会实践,鼓励学生在全面发展的基础上做到学有所长。

建校以来学校共培养毕业生数万人,为高校输送了大批优秀人才。恢复高考后的升学成绩一直在全市名列前茅。在尖子生培养方面取得了十分可贵的经验和显著成绩。在全国及北京市数学、物理、化学等竞赛中硕果累累;在国际中学生学科竞赛中有多人多次获得金、银、铜牌。北大附中是北京市中小学科技活动示范学校和青少年科技俱乐部活动基地学校、全国先进体育传统基础学校和北京市绿色学校。

作为京城名校,北大附中的办学水平不断提高,同时还把大力发展远程教育,与社会分享教育资源,积极支持边远贫困和少数民族地区的教育作为自己的使命和光荣,赢得广泛赞誉。

北大附中早在20世纪60年代就开始招收外国留学生,是中国最早开放办学的学校之一。学校经常接待国外教育代表团。目前已与10多个国家的学校建立了友好关系。学校金帆管乐团、舞蹈团先后赴美、日、俄等国家以及港、澳、台等地区演出。北大附中已经成为具有广泛国际联系的开放性学校。

2007年,北大附中在各级各

类评比中表现突出,并顺利通过市级科技示范校验收。姜民、李艳两名教师获中学创新教学优秀奖;在海淀区第一届数学教师解题大赛中,共获得一等奖8项、二等奖1项,并荣获集体优秀奖;在2007年海淀区"初中教师教学基本功展示活动"中,8人分获一、二、三等奖。同时,北大附中被授予"北京市健康促进学校""2006年度海淀区学校健康教育与健康促进工作先进单位"等称号。

【内部建设】 1.机构设置。2007年1月,根据学校工作需要,学校相继成立了教师工作部、社团工作部、健康工作部。教师工作部的职能是:收集整理教师信息,严格进行教师年度考核,为每一位教师建立了档案,强化教师的继续教育,参与每年一度的"教师教学评教"工作;抓好学科建设,促进"教师专业化发展"。社团工作部的主要职能是:颁布学生社团章程,对学生社团进行了重新登记。健康工作部的主要职能是:主管体育组、医务室、心理咨询室,目的在于提高师生的身体与心理健康水平,积极引导教工参加各种适合自己的体育锻炼活动。

2.学习活动。2007年12月,在备受关注的《中华人民共和国劳动合同法》将于2008年1月1日实施之际。北大附中邀请北京大学法律顾问陆中行律师为学校中层以上干部进行《劳动合同法》学习辅导讲座。陆律师深入浅出的辅导和大量实例的论证使到会的同志对《劳动合同法》条文的理解加深,把握更加准确。附中领导就一些法律上的问题和陆律师进行了深入的交流和探讨。

3.教学研讨。1月13日,北大附中在总政沙河培训基地召开了推进新课标实施的专题研讨会,副校长张继达作了"新课程与教学管理专业化发展"的主题发言,教务主任姜民重点介绍了深圳中学新课标的实施情况,康健校长就"新课程与启发式教学"进行了总结发言。主讲人的发言不时被大家的提问打断,会议气氛活泼轻松,大家对新课程的实施充满了信心。我校学生处、后勤、图书馆、网络中心等相关部门的负责人列席了会议。

【大事记】 1月26日至2月7日,社团工作部主任、地理博士陈廷礼老师随北京青少年科技俱乐部考察团,到美国夏威夷州进行学习交流活动。

1月27日至2月11日,北大附中师生39人赴法国德比西中学进行友好交流访问。

1月29日至2月12日,学校12名师生赴澳大利亚交流。在墨尔本拜访Scotch College School和PLC school,并就互访及合作事宜做了更加深入的探讨。

2月上旬,7名教师赴友好学校芬兰罗素高中进行学习和交流,为两校未来三年的合作规划了蓝图。

2月9日,北京大学附属中学和日本瑞穗实业银行(日本最大的银行之一)签订协议,接受该银行以学生和教师为对象的奖励基金。奖励基金从目前开始为期10年,每年日本瑞穗实业银行向北大附中提供40万元人民币,奖励我校10位教师和数十位学生。

3月19日,北京市科协副主席张开逊以《创造与探索——关于青少年科学教育的思考》为题为学生作科普报告。

3月22日,北大附中副校长张思明同志到手拉手学校永乐店镇中学为该校全体教师三百多人做《用心做教育、携手共成长》的专题讲座。

3月22日至25日,北大附中四个项目参加了第27届安捷伦北京市青少年创新大赛并取得两项一等奖、两项二等奖的优异成绩。王晨波同学的《芬兰晕彩斜长石晕彩成因探讨》获得"未来地学家奖"银奖;曲芳菲同学作为市长奖获得者,接受了市长颁奖,同时代表获奖同学做了精彩发言。

3月27日,北大附中优秀教师、政治组长舒嘉文老师到永乐店中学为高三年级文科班共约200名学生和10余名文科班的教师做了题为《解读07高考北京说明(简版)》的讲座。

3月27日,北大附中教职工"英语口语班"在西楼420口语教室开课。

4月22日,北大附中15位教师前往北京11中学,参加了为期一天的北京市普通高中课程改革教师通识培训活动。

4月27日北大附中校长康健、美术老师何秉钊、学生代表曲芳菲前往301医院,探望季羡林先生。季羡林先生与其进行了亲切交谈。先生容光焕发,精神矍铄,思维敏捷。谈话的气氛轻松和谐。先生当场亲笔签名把他的部分著作赠予北大附中。先生赠予北大附中的书有《中华传统美德警句名言》《病榻杂记》《季羡林谈写作》《相期以茶 季羡林散文集》《禅与文化》《季羡林谈佛》等多种书籍。

5月16日,高二年级小论文宣讲答辩在学校大礼堂举行。最终,周雯、杜皓华的论文《耶果果皮培养料栽培草菇实验研究》获一等奖,张湜溪、桑淼、汪浩源等分获二、三等奖。

5月24日,河北涿鹿希望中学40名师生到校进行教学交流活动。在附中师生的陪同下走进课堂与附中学生一起听课学习,并参观了校园、北京大学和清华大学。

5月28日下午,"汉语桥 英国中小学校长访华之旅"50多名校长访问北大附中,与附中学生进行了亲切交流。

7月,在第五届全国中小学信息技术创新与实践活动决赛中,吴晓、钱立坤同学获电脑平面设计项目二等奖。

7月1日至14日，北大附中5名学生参加了悉尼大学主办的International Science School(ISS)，进行为期两周的学习、参观活动。沈诗然同学在比赛中被授予Science & Engineering Challenge Award（科学与工程设计挑战奖）。

9月，第八届北京市中小学师生电脑作品评选活动，刘义菡同学的《变迁》动画获一等奖；任东昊的《NeoDrawer 3.0》获程序设计一等奖；指导老师是李冬梅、毛华均。

9月10日上午，北大附中举行"奥运与我——北大附中奥运主题墙装饰启动仪式"。

9月15日和17日，初一年级在东楼209阶梯教室为刚入学的初一新生组织了题为"我们是这样起步的"学长团"入学适应"主题报告会。

10月17日，2007—2008学年学生代表大会于西楼礼堂召开。康健校长致辞对北大附中学生的自我管理、学生对学校生活的关注表示了肯定。学生会主席赵曦做了2006—2007学年学生会工作汇报。

10月30日，北大附中首届瑞穗奖学金颁奖仪式在学校礼堂隆重举行。

11月16日，北大附中学生自发捐献的1600件冬衣顺利送到海淀区团委，并将由区团委转送到内蒙古克什克腾人的手中。

11月18日晚，珍妮古道尔博士在北大附中开启2007年中国之旅公众演讲序幕。

11月10日至11日，北大附中学生社团负责人联席会议召开。会议通过了《北大附中学生社团活动章程（试行）》，并决定成立第一届北大附中学生社团联合会。

12月5日，国家教师基金"十一五"教育科研规划课题评审立项会在南楼会议室召开。会上，各课题组的代表都对本组的课题进行了介绍。

12月7日，海淀区数学年会在北大附中举行，北大附中七位老师讲授了公开课。

12月17日，北大附中邀请中科院资深院士李荫远先生与高一一班学生交流。

12月30日，北大附中自主举办了首届正规的模拟联合国大会，本次会议全真模拟联合国安理会讨论朝鲜核问题，来自我校、人大附中、北京四中、清华附中、汇文中学等学校的40多名精英学子齐聚一堂，按照安理会的议事程序发言、辩论、磋商和交流。

（王欧阳）

# 北京大学附属小学

【概况】 2007年，附小有70个教学班，学生2919人，教职工157人（不含外籍教师）。其中专任教师129人，特级教师1人，中学高级教师4人，北京市学科带头人2名，北京市中青年骨干教师5名，海淀区学科带头人11名，海淀区骨干教师11名。专任教师本专科以上学历达到96.8%。

【行政工作】 在北京大学人事部、组织部的组织领导下，经民意测验，附小于6月29日换届完毕，尹超任校长，潘东辉为副校长。7月19日附小在威海召开了教职工代表大会，提出了："抓细节，促内涵发展；搭舞台，培养名师梯队；拓视野，与国际接轨"的25字方针。附小人决心以更加开放的胸怀，积极乐观的人生态度全面推进学校的各项工作。

【校园管理】 下半年对地下车库的进出口进行了改造，并建成了具有200米环形跑道和铺设人工草皮的操场，修建了看台，结束了附小十几年没有操场的历史。十一前完成了校园的围墙、雨水管道、体育场地围网的建设，增加了10张大理石乒乓球台。操场的建成，体育设施的增加，扩大了学生的活动空间。

3月27日，由海淀区健康教育所、海淀区教委保健所组成的检查团到我校复检健康促进学校工作。附小各项工作均通过检查，达到了北京市的健康促进标准，受到了好评。

11月6日，海淀区督导室及西苑中心学区对附小进行了督导复查。督导组认真查阅了资料，深入课堂听了推门课和展示课。校长尹超通过报告详细地汇报了附小一年的改进工作，督导组充分肯定了附小的工作。

【教学工作】 12月28日至30日，附小承办了四年一届的"两岸四地"语文教学研讨活动，来自港澳台地区和大陆的小学语文界的领导、专家和优秀教师约2000人云集附小。在此次活动中，附小的开闭幕式以其宏大的气势震撼了两岸四地的贵宾的心灵，展示了附小人的精神面貌，体现了附小人的团结。

10月11日，附小首次举办"校园开放日"活动，邀请部分家长来校参观、听课、观摩，受到了家长们的欢迎。家长们更进一步地了解了附小的教育教学特色，对学校的开放态度和老师们的教学水平、职业素养大加赞赏。附小认真征求了家长们对学校管理及教育教学的意见建议，以便日后改进。校园开放日活动,拉进了学校与家长之间的距离,促进了附小的教育教学工作。

5月22日至24日,海淀区对五年级学生的语文、数学、英语三个学科进行了监测,附小学生成绩优秀。

附小共17人参加了海淀区第四届"世纪杯"课堂展评活动,赵雪丽、任辉、廖丽莎、朱小云、贾继红、刘雪英、延瑞、苏小娜、李颖、石润芳等10人获得一等奖,李宏娟、何秀雯、段燕梅、董茂静等4人获得二等奖,张月琴、周丽杰、张国富等3人获得三等奖,成绩斐然。

9月11日,金鹏科技团、金帆艺术团评审小组到附小,分别对我校的科技和艺术工作进行评审,附小通过了审核,被命名为金鹏科技分团、金帆艺术团。9月,附小鼓号队参加了海淀区鼓号队风采大赛,不负众望,获得了"金奖"和"鼓号队示范学校"的光荣称号。

接待了深圳教师团、温州教师代表团、新加坡博仁小学、美国Glen Cove学区艺术总监Nomi Rosen、香港协恩中学附属小学、新加坡公教中学附小、英国中小学校长、新加坡义顺小学、美国GKE基金会、韩国首尔大学附属小学、韩国科技访问团、美国印第安纳州Crooked Creek的来访,并对韩国首尔大学附属小学、新加坡公教中学附小进行了回访。4月份,附小民族艺术团55名师生受邀赴新西兰进行文化交流活动,分别在奥克兰、惠灵顿、罗托鲁阿、汉密尔顿4个城市进行了"京腔京韵中国娃"专场演出,在当地引起强烈反响。各项交流活动扩大了影响,提升了附小的办学质量。

【德育工作】 3月份,附小合唱队参加了喜迎奥运倒计时500天的活动,赢得了组委会的一致好评。体现附小校风"向上、勤奋、活泼、文明"的福娃健身操,在附小得到了普及和推广。附小利用少先队专题广播宣传奥运知识;音乐专题欣赏奥运歌曲,体育专题讲解体育比赛规则,英语专题讲解各国的礼节和奥运用语。附小网站参加了北京市奥运教育示范校网页设计评比,荣获三等奖。大队部制作的5块奥运宣传展板,参加了北京市奥运教育成果展。10月22日,附小开展了"奥运冠军进校园"的活动,前体操冠军刘璇到附小与同学们见面并讲话,极大鼓舞了学生的热情。丰富多彩的活动,激发了学生们的团队精神和积极向上的风貌,把附小奥林匹克教育又推进了一步。

(附属小学)

# 党建与思想政治工作

## 组织工作

【概况】 截至2007年12月,全校共有中国共产党党员21672名,年增长率为7.03%,占全校总人数的32.41%。其中,校本部14551名,占本部总人数的33.36%;医学部7121名,占医学部总人数的30.63%。学生党员占全校党员总数的43.09%,离退休党员占全校党员总数的17.00%。在职教职工中党员比例为35.37%,学生中党员比例为25.53%,其中研究生达到37.92%,本科生达到15.05%。与2006年相比,学生党员比例稳步提高。

2007年,北京大学共发展党员1421人。其中,教师54人、学生1179人(研究生515人,本科生664人)、干部23人、其他专业技术人员(含博士后)91人、工人14人。

截至2007年12月,北京大学共有院系级党组织56个(其中校本部42个,医学部14个),党支部990个(其中,校本部635个,医学部355个;教职工党支部514个,学生党支部381个,离退休党支部95个)。与前两年相比,北京大学党组织数量相对稳定,党支部数量稳中有升。

全校共有中层领导干部505人,其中校本部350人,医学部155人。北京大学中层领导干部的年龄结构保持相对稳定性。2001—2007年,正处级干部平均年龄保持在50岁左右,副处级干部平均年龄保持在44岁左右。学历结构和职称结构也都保持了持续改善的势头。少数民族干部、女干部和党外干部的比例保持在相对合理的水平上。

表10-1 北京大学中层领导干部分布情况(2007年)

单位:人

| | 总数 | 正处级 | 副处级 | 女性 | 民主党派 | 少数民族 | 具有高级职称 | 具有博士学位 | 具有硕士学位 |
|---|---|---|---|---|---|---|---|---|---|
| 全 校 | 505 | 168 | 337 | 173 | 21 | 26 | 409 | 185 | 150 |
| 校本部 | 350 | 115 | 235 | 97 | 13 | 17 | 293 | 137 | 115 |
| 医学部 | 155 | 53 | 102 | 76 | 8 | 9 | 116 | 48 | 35 |

【党建工作】 1. 学习贯彻党的十七大精神。按照北京大学党委统一部署,在党员、干部中深入开展学习宣传贯彻党的十七大的各项活动,将全校党员、干部思想统一到十七大精神上来。

拨出专项经费购买十七大报告单行本、修订后的《中国共产党党章》《十七大报告辅导读本》和《十七大党章修正案学习问答》,要求全校党员、干部学习文件,领会精神。邀请北京大学党委闵维方书记、中央党校李君如副校长作学习辅导报告,使党员、干部对十七大精神的理解和把握更为全面、准确、深刻。

印发《关于在教工党支部中深入开展"学习党的十七大精神,创建世界一流大学"主题党日活动的通知》,要求各教工党支部把学习贯彻十七大精神与学校教学、科研、管理、服务等具体工作紧密结合,充分发挥党支部的战斗堡垒作用。党委组织部、学生工作部、团委联合组织实施了"学习贯彻党的十七大精神,做全面建设小康社会生力军"学生党团日联合主题教育活动。

为及时总结基层党组织学习贯彻十七大精神的特色,交流经验、宣传典型,党委组织部编印了《北京大学"学习十七大精神,贯彻落实科学发展观"简报》,对基层学习贯彻十七大精神的好经验、好做法进行宣传推广,鼓励各基层党组织学习先进典型,丰富活动内容,创新学习形式,增强学习实践十七大精神、贯彻落实科学发展观的积极性、主动性和实效性。

2. 党建和思想政治达标创先工作。

按照"加强基础、健全机制,突出重点、鼓励创新,注重实绩、科学规范,以评促建、评建结合"的工作原则,以厚实的基础、突出的成绩和良好的状态顺利通过《北京市高校党的建设和思想政治工作基本标准》(以下简称《基本标准》)达标检查,并在先进校评选中进入北京市党的建设和思想政治工作先进普通高等学校行列。

在2006年深入部署的基础上,2007年继续推进党建迎评工作的开展,先后召开了由学校领导、相关职能部门负责人和院系党组织负责人参加的中期汇报会、工作会、现场会、自查会和动员会,并深入各院系党组织了解情况、检查工作,确保各级党组织严格按照《基本标准》自评自建。

认真对照《基本标准》的各级指标、测评要素和达标检查的具体要求,完成了包括《书记报告》《校长补充报告》《综合报告》《特色工作汇编》《专项工作汇编》《基层单位工作汇编》《自查报告》《重要数据统计》《支撑材料目录》等在内的9类、138盒支撑材料。

以评促建、以评促改,通过评建提升基层党建和思想政治工作水平。针对党建迎评中暴露出来的问题,认真总结经验,挖掘问题根源,制定整改措施。迎评结束之后,及时开展总结,对各类材料进行归档保存,为今后工作奠定基础。

3. 大力推进基层党建工作创新。

北京大学党委始终将基层党组织建设放在党建工作的突出位置,对基层党组织创造性地开展工作提供支持、加强指导,努力提高基层党组织建设的制度化、规范化、科学化水平。2007年,北京大学党委按照党员年人均100元的标准,向各基层党委下拨党支部工作与活动专项经费1240300元。为支持离退休党员的活动,按照每人30元的标准下拨了专门活动经费64080元。充足的经费保障,为基层党组织创造性地开展工作提供了有利条件,也成为基层党支部开展活动的动力。继续开展"基层党建创新立项"工作,调动基层党组织创新基层党支部活动组织和管理方式的积极性和主动性。校本部共有21个院系级党组织的95个项目获准立项,共计下拨活动经费132400元。这些项目涵盖了理论学习、社会考察、实践调研、志愿服务、理论研究、组织建设等多个领域,展现了基层党组织的创造活力。印发了《北京大学党支部工作指导手册》和《党建工作文件选编》,为基层党建工作的制度化、规范化建设提供基本依据。

4. 党员发展和管理工作。

党委组织部指导各基层党组织做好党员发展规划和年度工作计划;树立"关口前移"意识,建设数量充足、质量过硬的入党积极分子队伍;坚持"成熟一个,发展一个"的原则,针对不同学科、不同年级的学生党员发展问题,提出有针对性的解决方案;对热心公益、在学生中有威信和影响力、能够成为院系管理骨干和学科带头人的青年教师主动关心、加强引导,努力推动在青年教师中发展党员的工作。为适应新形势下党员流动的复杂情况,方便组织关系转接,北京大学党委组织部设计了《组织关系介绍信》电子版,提高了工作效率和信息准确程度,毕业生组织关系转出周期由原来的一个月缩短为一周。各基层党组织按部就班开展了党费收缴、使用、管理、党员档案审查等日常管理工作,在管理中不断融入为党员服务的内容。

5. 奖励表彰工作。

全校共有11个单位、148名基层党务工作者(含9名"李大钊奖"获得者)受到学校党委表彰。北京大学党委隆重举行纪念建党86周年暨表彰大会,对全校共产党员和广大党务工作者进行集中教育。

6. 党建和思想政治工作理论研究。

为建立健全党建研究工作体系和成果体系,开展了2007级本科新生思想状况调研和党委秘书队伍状况调研;北京大学党建研究会二期课题结项评审工作顺利结束,共有23项课题结题,三期课题立项评审工作完成,共有16项课题获准立项;《北大党建》第九、十期正式出版,内容更为鲜活,特色更为鲜明;北京大学党委承担的北京高校党建研究会2006年度课题"新时期党内民主建设与党员教育管理服务的互动机制研究"顺利结项,并被评为优秀等级;高效率、高质量承办了教育部思政司主办的"学习贯彻十七大精神,加强高校党的建设"专题课题研讨会,并作为牵头高校承担了"党的十七大对高校党建工作提出的新任务新要求"重点课题。

【党校工作】 1. 加强党员教育工作,充分发挥新生党员的先锋模范作用。

北京大学党委决定,从2007年度开始举办本科新生党员培训班,在本科新生入学前对党员进行集中教育培训。8月25日至30日,党委组织部、党校、学生工作部联合举办"北京大学2007年本科新生党员培训班",对352名新生党员进行了培训,占新生总数的约13%。培训内容包括理想信念教育、校情校史教育、骨干素质培养、人文素质培养等方面。

2. 完善主体培训班次与自主选修培训班次有效结合的干部教育培训体系。

6月27日至11月6日,举办北京大学第34期干部培训班,培训对象为2006年5月1日至2007年4月30日期间新上岗的中层领导干部,以及2006年5月1日以前已上岗但尚未接受系统培训或尚未结业的中层领导干部,共计66人,其中校本部45人,医学部21人。在总结以往干部培训经验的基础上,本期培训班体现出一些新特点:内容设计充分考虑干部实际学习需求,遵循"理念与实务并重、政治素质与管理能力并重"的原则;分阶段集中培训,注重搭建干部交流平台;注重培训班的文化建设,增强凝聚力和吸引力;强调人文关怀,强调服务干部,在服务中增强干部的服务意识;推进干部培训学分制,加强干部教育培训工作的规范化管理。本期培训班还结合结业典礼,首次举办了北京大学干部培训班管理论坛。

为贯彻实施《劳动合同法》,增强干部依法管理意识,加强对劳动合同制人员的规范管理,12月15日至27日举办了《劳动合同法》与规范管理干部专题培训班。本次培训由干部自主选修,报名参加培训班的干部共72人,累计培训干部170人次。培训班在内容设计上确保实务性、针对性,使培训内容相对自成体系,先后邀请政府有关部门领导、法律界专家和北京大学领导围绕《劳动合同法》的立法背景、立法原则、主要特点及贯彻实施,劳动争议的预防与处理,《劳动合同法》的执法成本分担机制,用人程序和用人行为的规范化管理等主题举办了四场专题报告,增强了领导干部"依法用人、规范管理"的意识。

首次组织中层领导干部参加北京市干部在线学习。按照北京市委组织部、北京市委教育工委干部处的要求,积极动员和组织中层领导干部参加北京市干部在线学习,共有58位中层领导干部参加了本年度的在线学习。

医学部为中层干部举办专题培训讲座。4月12日,邀请中央党校张荣臣教授做了题为《全面加强新形势下的领导干部作风建设》的专题辅导报告。5月23日,邀请常务副书记吴志攀作题为《中国单位组织发展中的"精神资本"》的报告。医学部副处以上中层干部、各单位党办主任以及部分管理人员参加了培训。

医学部党委组织部、党校举办了中青年骨干培训班,35名业务骨干和管理骨干参加了培训。7月27日,北京市委党校张勤教授为培训班做了题为《团队建设与团队精神》的专题报告。7月28日—8月1日,医学部党委组成了以党委书记敖英芳、党委副书记李文胜、顾芸、纪委书记孔凡红担任领队,医学部组织部部长戴谷音担任队长,医学部工会主席王春虎担任临时党支部书记的中青年骨干考察团,赴湖南省进行社会实践。9月13日举行了湖南之行座谈会,总结、交流了大家的收获和体会。

3. 入党积极分子培训工作。

4月8日至5月12日,举办了北京大学第14期党性教育读书班,对接收了党的知识培训班系统培训并结业、表现突出的学生入党积极分子进行针对性培训。与党的知识培训班相比,党性教育读书班在培训内容上更加强调"党性修养""党员先锋模范作用的发挥和保持党员的先进性"等内容,共培训学生入党积极分子1151人。

4月下旬至6月底,举办了北京大学2007年度教职工入党积极分子培训班。本期培训班的培训对象既包括事业编制教职工,也包括事业编制以外的流动编制教职工和劳动合同制职工,涉及北京大学教学科研单位、党政管理机构、后勤产业系统的258位教职工入党积极分子。其中,医学部相对自主地组织实施了161位教职工入党积极分子的培训工作。培训内容包括理想信念教育、党的基本理论、党员意识教育、共产党员的基本条件、如何争取早日入党等方面。在组织实施上,主要以专题讲座、党课辅导报告、读书自学、结业考试等形式为主。

10月21日至12月22日,举办了北京大学第20期党的知识培训班,对本科生、硕士研究生和博士研究生群体中的学生入党积极分子进行党的基础知识和基本理论的系统培训。本期培训班在继承往年培训经验的基础上,有了一些新的改进:一是由各单位党委指派负责人,专门负责协调和管理本单位参训学员;二是各单位党委指派学员相对集中的党支部书记或支部委员担任领队,全程参加培训,并负责本单位培训工作的具体组织实施工作,党校通过评选优秀领队的办法建立领队激励机制;三是在考勤方式上实行电子刷卡考勤,对学员出勤情况进行有效管理;四是党校提供部分经费,鼓励各单位特别是领队在规定动作之外开展创新性培训活动;五是分校区及相关办学实体相对自主地组织实施,但在内容上与党校保持一致。其中,医学部培训271人,昌平园区培训257人,方正软件技术学院培训550人,软件与微电子学院培训120人,深圳研究生院培训120人,累计培训1318人。2007年度全校党的知识培训班共培训学生入党积极分子3057人。

【干部工作】 1. 贯彻落实《党政领导干部选拔任用工作条例》,加强干部工作制度化、规范化建设。

为提高干部的政策理论水平,促进基层工作的规范化,编写了《干部工作文件选编》《北京大学组织工作文件汇编》《北京大学基层党委换届工作手册》等资料,印发给全校各单位和中层干部。在充分调研、反复研讨的基础上,起草《北京大学落实述职述廉制度暂行办法》《北京大学关于对党员领导干部进行谈话和函询的暂行办法》《北京大学关于贯彻落实党员领导干部报告个人有关事项规定的实施办法》等文件。

2. 推进中层领导班子调整和干部任免工作。

2007年,校本部共完成基层党组织和行政班子换届11个,完成班子调整和充实31个,新建班子6个,撤销建制3个;另有7个基层党组织和行政班子换届,5个班子调整和充实工作正在进行中。共任命中层干部110人次,其中新任干部45人,提任(副职提为正职)干部10人,连任干部22人次,调配任命干部33人次;干部定级1人;免辞干部70人次;任命科级干部37人次;为10名干部到龄办理了退休手续。在干部任免工作中,共撰写考察材料60份,填写《干部任免审批表》110份,发放和统计测评表984份,个别访谈614人次。

3. 加大领导干部管理和监督的力度。

根据市纪委、市委组织部安排,2007年3月初校级领导班子和各院系处级领导班子召开了以加强领导干部作风建设为主题的专题民主生活会,取得了较好效果。继续做好干部经济责任审计工作,委托审计室对8个院系和直属附属单位行政班子进行了换届审计,对2名中层干部进行了离任审计。在班子换届、干部任免和加强干部作风建设中与纪委召开了两次联席会议,讨论健全干部廉政相关工作,对审计报告书中反映出的问题进行认真分析,督促有问题的单位及时改进。邀请纪委同志参加部分班子换届工作,在干部任职进行公示前,委托纪委对新任、提任以及其他确有必要的干部出具廉政意见书,2007年共委托纪委对55名干部出具了廉政意见书。

根据学校统一安排,2007年9月对全校33个校部机关开展了干部年度考核工作,687人参加了考核。机关干部在所在部门进行了述职,并在本部门内进行了无记名测评,最终684人考核合格,另有3人考核不合格。通过考核,促进了机关干部进一步转变工作作风和改进服务态度。

继续做好处级以上领导干部和离退休厅(局)级以上干部登记备案工作。2007年度在北京市公安局出入境管理处进行干部登记备案的情况是:累计新增56人,更新39人,撤销33人。继续做好干部收入申报、有关事项报告工作,在申报表和报告表回收过程中,通过电话、短信等方式提醒,确保了回收率,2006年下半年和2007年上半年的干部收入申报率分别达94.9%和94.1%,2007年的个人有关事项报告率达到95.3%。

4. 组织教育管理与德育系列专业技术职务评审。

形成了《关于改进教育管理与德育系列专业技术职务评审工作的意见》,对2007年的职称评审工作进行改进,主要是增加专家预评环节、实行"代表性业绩成果"制度和完善分会述职报告制度,出台《北京大学教育管理与德育系列专业技术职务专家预评工作实施办法(试行)》。2007年3月评审准备工作正式启动,经过了报名、材料审核、专家预评、评审组评审和公示等环节,最终评出正高级11人(其中提退6人,破格提调1人),副高级12人(其中提退2人),中级34人,初级3人。

5. 加强后备干部队伍建设。

北京大学党委常委会在广泛征求意见的基础上,研究确定了26名校级后备干部。其中,45岁以下的11人,女干部6人,具有博士学位17人。完成了中层后备干部调整工作。通过组织推荐、领导推荐、个人自荐三个途径,经过汇总和初步审核,确定218名干部为中层后备干部人选,并及时调整和补充了北京大学中层后备干部库。

6. 积极落实奥运赛事志愿者专职工作人员推荐工作。

按照北京奥运会志愿者工作协调小组办公室、北京市教育工作委员会要求,推荐校内教师、干部共计18人,输送到奥运有关部门担任赛事志愿者专职工作人员。

7. 全国人大、政协及北京市人大、政协换届人选的推荐、考察工作。

2007年下半年,全国人大、政协和北京市人大、政协启动了新一届代表(委员)的推荐、选拔、选举和考察工作。在校党委领导下,与统战部密切配合,推荐7人为北京市人大代表候选人,3人为全国人大代表候选人。经过上级党委研究,确定北京大学共有8人作为第十一届全国人大代表考察人选,20人作为第十一届全国政协委员考察人选,7人为北京市第十三届人大代表候选人,20人为北京市第十一届政协委员,3人为政协常委候选人考察人选。根据市委教育工委要求,在纪委、统战部、医学部相关部门及相关院系的配合下组成16个(次)考察组,深入到各个相关单位,对22个考察对象的政治素质、主要特点和德、能、勤、绩、廉的表现、主要不足和建议等方面的情况听取意见,共访谈237人次,撰写考察材料32份。

8. 扩大和规范干部交流工作。

在校党委的领导下,继续开拓新的干部交流渠道。2007年共开展或合作开展干部交流工作17项,完成挂职锻炼任务干部36人,选派挂职锻炼干部28人,接受来校挂职锻炼干部7人。制定《挂职锻炼工作管理办法》《干部交流工作手册》和《来校挂职锻炼干部服务指南》等文件,进一步规范了干部交流和挂职锻炼工作。

【机关建设】 按照胡锦涛总书记提出的"党性要强、作风要正、工作要实、业务要精"的要求,党委组织部持续加强机关建设,通过创新工作方式、加强内部建设、明确责任制、完善沟通协调机制、推动调研工作,把组织部建设成为学习型、研究型、开拓型、和谐愉快健康发展型和服务型组织,营造和谐健康的工作氛围,提高落实校党委意图、履行部门职责的效能,做到出典型、出经验、出理论、出专家、出思想。

2007年9月,组织部新网站正式启用。该网站使用动态程序管理网站栏目和页面,增加了网上调查、站内搜索等新功能,同时启用了内部论坛以搭建内部交流平台和工作平台。2007年11月,在计算中心、软件工程中心的支持下,党员和干部管理信息系统部署完毕并开始试用。党员和干部管理系统包括入党积极分子管理、党员管理、党组织管理、教育培训管理、党费管理、组织关系接转、干部任免管理、民主生活会等多个模块,涵盖了组织工作的各个方面。

2007年度,组织部全面推进调研工作,以"中层领导班子和干部队伍建设"课题为依托,把深入基层和兄弟院校调研作为推动党建和干部工作上层次、上水平、更好地服务基层的重要手段,同时作为推动年轻干部尽快掌握情况、熟悉业务的重要渠道。

(党委组织部)

# 宣 传 工 作

【概况】 2007年,宣传思想战线在学校领导班子的坚强领导下,围绕中心、服务大局,内聚人心、外树形象,有力促进了学校综合实力特别是软实力的全面提升,为学校改革发展稳定提供了精神动力、思想保证和舆论支持。

认真落实学校党委重要工作部署和要求,充分展现宣传思想战线的凝聚力和战斗力。将学习宣传贯彻十七大精神作为首要政治任务,确保党的创新理论和教育方针在学校办学实践中得到及时、完整、生动的体现。全力以赴迎接"两个评估",全面展示北京大学党建和思想政治工作,本科教学工作取得的丰富成果。医学部党委宣传部还配合医学部95周年庆典开展各项工作,筹备和承办了中国卫生思想政治工作促进会医学教育分会成立大会暨首届全国医学教育思想政治工作研讨会。

持续抓好理论学习研讨和思想政治工作,努力促进马克思主义中国化最新成果深入人心。加强学校和院系两级理论中心组学习机制,将校理论中心组和院系中心组学习紧密结合起来,一起安排,共同学习;充分发挥北京大学综合性学科优势,组织高水平、跨学科的理论研究和交流;继续做好舆情调研工作,全力维护校园政治稳定。

切实加强新闻宣传和新闻危机事件公关,积极营造有利于学校改革发展的社会舆论环境。构建新闻宣传长效机制,积极向外媒推介新闻稿件,召开了《北京大学视觉形象识别系统管理手册》新闻发布会、北京论坛(2007)新闻发布会、研究生教育九十年新闻发布会等一系列发布会。强化新闻宣传策划意识,塑造北京大学改革发展稳定和谐的正面形象。完善新闻宣传应急机制,最大限度地减少新闻危机事件的负面影响。

继续按照"三贴近"要求加强校园媒体建设,真正做到唱响主旋律和提倡多样性的有机统一。校刊全年共出报32期,其中奔驰副刊4期,专刊4期。电视台工作共完成《北大新闻》63期,完成各类专题片36部。新闻网突出新闻的舆论引导功能,提高专题策划的规模效应。广播台制作了3档新闻类节目,2档文学欣赏类节目,以及音乐类节目5档、娱乐类节目1档、特区类4档。英语新闻网注重国际化、专题化、创新性、开放性等特色。摄影组在校内外报纸杂志共发稿一百多幅图片。医学部党委宣传部进一步加强《北医》部刊、《北医人》杂志、北医新闻网、校园广播台、北医电视新闻、校园橱窗的宣传阵地建设。

繁荣发展以社会主义核心价值体系为根本的和谐校园文化,为创建世界一流大学提供有力的精神文化支持。举办了2006年十大人民警察演讲、方永刚先进事迹报告等大型活动,组织教职工参观《复兴之路》主题展览。加强师德师风和校风学风建设,举办了学习宣传胡锦涛总书记在全国优秀教师代表座谈会上的重要讲话精神座谈会。医学部党委宣传部继续广泛开展控烟工作,在做好创建无烟校园、无烟医院工作的基础上,制定了"引领健康,将控烟工作推向全国"的目标。

【理论工作】 1. 理论学习。

学习宣传贯彻十七大精神,确保党的创新理论和教育方针在学校办学实践中得到及时、完整、生动的体现。十七大召开当天,学校领导班子成员和广大师生全程观看了电视直播并召开了座谈会。十七大期间,校刊、新闻网、电视台、广播台等多家媒体对十七大的进展情况和北大师生的庆祝和研讨活动进行了全面报道、深入报道。十七大闭幕后,校党委宣传部围绕读报告、听辅导、谈体会,开展了一系列形式多样的学习活动。10月23日,组织党委理论中心组专题学习十七大精神,十七届中央候补委员、校党委书记闵维方结合自己参加十七大的深刻感受和体会,深入细致地传达了党的十七大精神。10月25日,组织全校副处级以上干部和离退休老同志代表、民主党派负责人等300余人,召开了传达学习贯彻党的十七大精神工作会议,校党委书记闵维方、校长许智宏以及学校领导班子全体成员、老领导出席会议,大会还邀请了吴树青、梁柱、赵存生、黄宗良、刘伟等五位校内理论专家作辅导性发言。10月28日,联合党委组织部、学生工作部在百周年大讲堂举办"学习党的十七大精神报告会",中央党校副校长李君如为2000多位北大师生代表做了关于学习党的十七大精神的辅导报告,校党委副书记杨河主持了报告会。12月4日,医学部党委宣传部邀请了国际关系学院黄宗良教授为党委理论中心组成员及党员干部作《学习党的十七大报告的若干体会》的辅导报告。12月13日,医学部党委举办第二次"十七大报告学习会",宣传部邀请经济学院院长刘伟教授做题为《我国的经济发展与宏观调控——学习十七大报告经济发展思想的体会》的报告。

加强学校和院系两级理论中心组学习机制,用马克思主义中国化最新成果武装头脑、推动实践、指导工作。校党委宣传部以学校和院系两级理论中心组为学习载体,以马克思主义中国化最新成果为学习主题,形成了多中心、广覆盖的学习教育体系,打牢了全校师生团结奋斗的思想基础。3月到5月,部署安排了有关十六届六中全会关于构建和谐社会重大战略思想的学习;5月到7月部署安排了有关社会主义核心价值体系的学习;10月到12月,部署安排师生学习十七大报告,原原本本领会和掌握十七大精神;12月到1月,部署安排师生学习中国特色社会主义理论体系的重点内容,用党的最新精神武装师生头脑、指导工作,加快创建世界一流大学的步伐。

2. 理论研讨。

充分发挥北京大学综合性学科优势,组织高水平、跨学科的理论研究和交流。举办的研讨会主要有:3月9日,举办2007年理论建设座谈会;4月6日,举办"理论工作者的当代使命和责任——北大学习方永刚先进事迹座谈会";5月25日,举办"科学发展与社会和谐"学术研讨会,来自北京大学、中国人民大学、武汉大学、中国传媒大学、山东大学、中央党校、中央党史研究室等高校和科研院所的近百位专家学者齐聚一堂,共同研讨如何在科学发展观的指导下更好地构建社会主义和谐社会,北京大学党委书记闵维方、教育部社会科学司副司长袁振国、国家社会科学基金规划办主任张国祚、中央党史研究室副主任李忠杰在开幕式上先后致辞,中央党校副校长李君如教授等专家学者分别作了主题发言,北京大学党委副书记杨河教授主持大会并作书面发言。医学部党委宣传部还以"加强思想政治工作研究,推进卫生文化建设与发展"为主题,举办了医学部党建理论征文及研讨活动,共征集到来自医学部各二级党委的投稿57篇,评选出一等奖3篇、二等奖7篇、三等奖10篇,编辑制作了《探索与启迪——北医人党建理论研讨会特刊》。12月1日,医学部2007年党建理论研讨会成功举行,医学部党委宣传部组织论文获奖作者进行了大会报告,此次研讨会就如何加强思想政治工作研究,以卫生文化建设带动和谐医院、和谐校园发展进行了探讨和交流。

12月1日,中国卫生思想政治工作促进会(以下简称总会)医学教育分会(以下称医学教育分会)在北京大学医学部宣布成立。医学教育分会由北京大学、复旦大学、华中科技大学、哈尔滨医科大学等全国44家从事医学教育的院校组成。该会议由医学部承办,是医学部举办的会议中参会人员涉及面最广的会议之一。成立大会当天,举行了首届全国医学教育思想政治工作研讨会,来自全国十一所从事医学教育的院校代表交流了医学教育思想政治工作经验。作为中国卫生思想政治工作促进会医学教育分会的秘书处,医学部党委宣传部在此次会议期间承担了大量工作。会议策划、材料起草、会务接待、会刊编印、会程安排、宣传报道,宣传部组织人员,加班加点,群策群力,在两办、团委等部门的支持配合下,圆满完成了任务。此次大会的举办不仅带动了中国医学教育思想政治工作的步伐,也为展示北医近年来医学教育思想政治工作发展建设成就提供了契机。

3. 调研和舆情工作。

舆情信息工作呈现以下几个新特点:(1)"保量求质"。继续保持上报舆情信息的数量稳定,一年来共上报舆情信息240余篇。同时,在确保数量的基础上在上报舆情信息的质量上狠下工夫,寻求单条采用的新突破。今年被中宣部单条采用的舆情信息共12条,单条采用率位居全国前列。其中上报的《"民间分析家"盛行令人担忧》等舆情信息被评为优秀信息。(2)充分发挥自身特色。把舆情信息报送的重点从社会舆情向校内舆情转变,更多地突出北大的自身特色,更多地突出北大教师和学生的思想特色,把握和分析师生思想的新变化,总结和上报北大在思想政治文化工作方面的经验和举措,使舆情信息工作更好地为北大发展服务。上报了《北大两课改革受到学生的热烈欢迎》等一批具有北大特色的舆情信息。(3)追求原创。结合重大社会和理论热点问题,深入分析,仔细研讨,撰写有自己观点和见解的原创舆情信息,上报了《许三多与超女同流行的冷思考》等许多原创信息,受到了中宣部的好评。

【新闻宣传】 1. 服务"两个评估",展示北京大学党建和思想政治工作、本科教学工作取得的丰富成果。

制作两个大型主题展览和一系列专版。《创新与发展——十六大以来北京大学学习、研究、实践党的创新理论成果展》分三个部分，第一部分是"发挥哲学社会科学学科优势，积极学习研究党的创新理论"，第二部分是"参与马克思主义中国化进程，不断丰富发展党的创新理论"，第三部分是"密切结合创建世界一流大学，努力践行传播党的创新理论"，整个展览主题鲜明，令人鼓舞，受到了学校领导和迎评专家的好评。《传承创新，改革发展——北京大学本科教育展》共分六个部分，第一部分介绍北大办学理念的历史沿革，第二部分介绍北京大学本科教学改革的探索与实践，第三部分介绍本科教学成果硕果累累，第四部分介绍北大师德建设的成就和教书育人的良好氛围，第五部分介绍北大学生爱国进步、以天下为己任的传统，第六部分介绍北大丰富多彩的校园文化，非常全面、准确、生动地反映了北大本科教育的理念模式和经验成果，是对我校本科教育工作一次很好的回顾和总结。校刊编辑了党建评估、元培计划、本科教学工作水平评估等多个内容宣传专版。校电视台制作了《光与火的洗礼——中国共产党与北京大学》《元培计划与北大本科教学改革》等主题宣传片。

做好实时直播、系列报道、图片结集制作等氛围营造工作。"两个评估"期间，校刊、新闻网、电视台、广播台等校园媒体集中骨干力量，全程参与、全程服务、全程报道评估组专家检查工作情况，第一时间发布评估工作新闻和全校各部门、各院系迎接评估的相关情况，为评估工作的顺利进行创造了积极有利的思想舆论环境。摄影组还在很短时间内给三十多位评估专家整理出高质量的图片集，得到了校领导和专家们的一致好评。

医学部党委宣传部收集了各单位的相关材料，围绕2004年到2007年以来的党建工作，进行了系统、集中的总结，制作了16块精美的展板，还编辑制作《求索与奉献——新时期的医学部党建》画册，为评估专家组了解医学部党建工作成绩提供了内容翔实的文本。11月20日—21日，北京大学医学本科教育接受教育部评估检查。党委宣传部积极配合评估组工作，派出四支队伍，全程跟踪报道。每支报道组包括文字记者、摄影记者、摄像记者，刊发了大量文字和图片报道，并在北医新闻网上以快讯的方式第一时间发布最新消息。

2. 对外宣传报道。

构建新闻宣传长效机制，进一步加强新闻发布制度。校党委宣传部多次就北京大学的重大信息和活动召开新闻发布会，及时与媒体沟通，积极向外媒推介新闻稿件，第一时间让社会了解北大的情况，使新闻宣传常规工作机制更加完善。召开《北京大学视觉形象识别系统管理手册》新闻发布会、研究生招生新闻发布会、校园参观新闻发布会、北京论坛（2007）新闻发布会、研究生教育九十年新闻发布会。

强化新闻宣传策划意识，塑造北京大学改革发展稳定和谐的正面形象。一是大力宣传工作进展和成绩，组织力量就一些重要主题采写一批有分量的稿件在主要媒体上刊登。例如，为宣传北京大学推动马克思主义中国化最新成果"三进"工作的成绩，组织采写了《学以致用 用以促学——北大以学习十七大精神为契机推进思想政治教育》(《光明日报》11月21日)，等等。二是及时把握工作亮点和典型，积极配合社会媒体开展宣传报道。例如，大学生士兵高明光荣退伍返校，校党委宣传部协助各主要媒体，采写刊登了《男儿有志挥金戈——记在校入伍大学生、二炮某导弹旅技术营班长高明》(《人民日报》9月3日)、《喜见新人挑大梁——记在校入伍北京大学学生、二炮某部班长高明》(《光明日报》9月2日)等多篇长篇报道文章。三是高度重视工作热点和难点，努力掌握新闻舆论的主动权。2008年是奥运年，北京大学作为乒乓球比赛的场馆所在地，难免成为瞩目的焦点，校党委宣传部组织开展了一系列正面宣传报道活动。

拓展新闻宣传工作思路，深化与社会媒体的合作和互动。北京论坛（2007）的宣传报道延续了以往卓有成效的媒体合作机制。《中华读书报》以论坛的论题为线索，从8月29日起，制作了10期专刊，除两期用作论坛品牌宣传外，每期一整版解读分论坛话题。同时，为了达到更好的宣传效果，又选择了《科学时报》作为合作媒体。《科学时报》于10月8日专辟4个版就各分论坛论题，专访了国内外相关领域数位院士、专家，展开讨论。随着北京论坛（2007）的召开，《科学时报》又刊载了数篇颇有深度的篇幅较大的文章。

完善新闻宣传应急机制，最大限度地减少新闻危机事件的负面影响。一方面，继续遵循以往的工作原则，对内尽快想方设法制止危机事件影响的扩大，对外是根据危机事件的特点和性质选择合适的应对策略。另一方面，更加注重与新闻媒体的多方位沟通，为社会更客观、公正地看待北京大学搭建平台。

医学部党委宣传部积极采写医学部各项活动的信息报道，完成医学部2007年团拜会、卫生部高强部长北医行、医学部党委理论中心组学习、医学部控烟活动引发外界兴趣、医学部举行十七大报告学习会、医学部后勤提前供暖、凝聚每份爱——北医95周年庆典文艺晚会举行、宣传党支部成立等重要活动的宣传报道20多篇。

【校园文化建设】 1. 文艺活动。以社会主义核心价值体系为根本，繁荣发展反映时代精神、具有北大特色的校园文化。校党委宣传部承办和协助承办的活动主要有：3月16日，2006年十大人民警察来北大演讲；3月31日，凤凰卫视《世界因你而美丽》2006影响世界华人盛典在北大百年讲堂举行；4月18日，北大合唱团若干同学为周华健配唱，录制奥运主题曲《你是明星》；4月19日，游子吟合唱团大讲堂演出，邀请校外媒体数家来访报道；4月23日，方永刚先进事迹报告团作客北大；6月6日，教育部与中央电视台科教频道联手推出大型专题晚会《奠基》，配合央视2007年教师节特别节目文艺作品征集，选送作品，参与录制；11月，中央有关部门举办大型主题展览《复兴之路》，组织全校教职工400多人分批分次前往军事博物馆参观。

医学部党委宣传部配合医学部95周年庆典开展各项工作，联合承办的"凝聚每份爱"——北医95周年庆典文艺晚会。3月29日，召开医学部控烟工作会议；5月31日，第二十个世界无烟日到来之际，举办"创建无烟环境，构建和谐校园"主题签名活动；6月11日，参加第13届全国吸烟与健康学术研讨会；8月，主办全国医学生控烟与健康夏令营；12月21日，举办北医控烟宣传日活动；6月22日，医学部庆祝建党86周年文艺演出在会议中心礼堂隆重举行，宣传部联合工会、团委做了大量工作。

2. 精神文明创建。将精神文明创建与迎接奥运工作紧密结合，按照市委教育工委《关于以"和谐先锋 文明示范"为主题，进一步推进首都教育系统"迎奥运 讲文明 树新风"活动的意见》精神，发动和带领全校师生以和谐校园建设为目标，精心组织、认真实施，用灵活多样的形式宣传"绿色奥运、科技奥运、人文奥运"理念，普及文明礼仪知识，师生的文明素质得到了很大提高，有力地促进了校园和谐，创建工作取得了明显成效，也为北大校园文化增添了奥运理念、志愿精神等新鲜元素。

3. 和谐文化建设。组织采写《关注每一个人的发展——北京大学建设和谐校园记事》（《人民日报》2月26日）、《北大：全方位建设和谐校园》（《光明日报》2月27日）、《春风化雨润心田——北京大学以人为本构建和谐校园纪事》（《中国教育报》2月27日），宣传北京大学和谐校园建设；组织采写《学以致用 用以促学——北大以学习十七大精神为契机推进思想政治教育》（《光明日报》11月21日），宣传北京大学推动马克思主义中国化最新成果"三进"工作。

4. 师德师风和校风学风建设。认真贯彻落实十七大精神，更加明确地将提高教育质量作为师德师风和校风学风建设的根本目标，以师德师风建设带动校风学风建设。9月3日上午，举办了学习宣传胡锦涛总书记在全国优秀教师代表座谈会上的重要讲话精神座谈会。校党委副书记杨河主持会议并讲话，部分院系负责人、师生代表围绕胡锦涛总书记讲话的重要意义、现实要求等内容展开了热烈讨论。

【校刊】 2007年校刊全年共出报32期，其中奔驰副刊4期，专刊4期。各期报纸内容不仅覆盖了学校各项工作及重大活动，而且深入准确，具有较高的公信力。同时，注意避免空洞、枯燥的宣传，将主旋律有机地、巧妙地、弥散性地渗透和溶解在各种消息、通讯、专访、述评和理论文字之中，充分体现高知识含量、高学术品味、高育人效能等北大特色。

强化策划意识，打造特色栏目和版面。对学校的重大新闻事件提前进行新闻策划，保证宣传的活力和张力。全年共出版专版11个，包括纪念孟二冬专版、西北科考八十周年专版等。全年共编辑、策划专栏近二十个：如燕园学人、创新团队、奥运与北大等。

注重稿件质量，突出宣传北大。采写多篇反映北大改革发展、教学科研成果和优秀教师事迹的新闻报道，被各类网站和《人民日报海外版》《北大人》《中国社会科学院院报》等转载，对于宣传北大，塑造北大良好的社会形象起到积极作用。在今年北京好新闻（高校校刊系列）的评选中，北大校刊的作品数量和质量均名列前茅。

纪念校刊创刊90周年。编辑数十个版面的纪念专刊，通过历史的脚步、名人手记、我与校刊等版块，从各个方面展现校刊的发展历程，并从校刊近百年的历史画卷中展现北大百年的发展变化。同时，编辑部也对报纸的发展进行了展望。

加强网络版校刊建设。在网络版的建设中，更加注重突出报纸特色，通过FLASH形式，使网上的报纸更加生动逼真，便于翻阅。并建设了数据库，一年来报纸上所有的内容，都可以在网上分门别类地浏览、查找。

【电视台】 2007年，北京大学电视台共完成《北大新闻》63期、新闻681条；完成《聊吧》《美丽人生》《新闻观察》《媒体聚焦》《第八日》《影视新生代》《我的留学日记》《体育地带》《校园攻略》《新闻直通车》《大讲堂》等其他栏目178期；完成第九届光华新年论坛宣传片、2006年运动会回顾、北京大学招生宣传片、北京大学研究生复试工作经验总结、杨辛书法艺术——泰山颂、五彩奥运、幼教中心亲子运动会纪实、北京大学视觉形象、献给永远的2007、毕业典礼专题片《现在完成时》、北京论坛（2007）宣传片中英文版、2007年开学典礼专题片、第三十四期中层干部培训总结片、乒乓球馆介绍片等专题片36部；直播2007年新年联欢晚会、2007年全校运动会、比尔·盖茨北大演讲会、第四届国际文化节、北京论坛（2007）之夜、教职工文艺汇演、北京大学体育馆启用仪式等新闻26场；全程拍摄2007年校领导寒假战略研讨会、挪威首相演讲会、葡萄牙总统演讲会、日本首相演讲会、约旦国王王后演讲会、本科教学工作水平评估大会等新闻69场次；整理1996年以前的新闻资料约900分钟，党建评估、教学评估、北京论坛、国际文化节等音像素材共约3500分钟；收录十七大、全国优秀教师座谈会、世界华人盛典、北大清华赛艇比赛等十多个其他电视媒体的节目。

在完成常规工作的同时，校电视台利用自身的优势，与校内外多个单位举办了合作交流活动。年初，校电视台与学生会联合举办的"北京大学第三届体育主持人大赛"圆满落幕；5月，电视台与大嘴传媒旗下《看电影》杂志合作，成立"《看电影》北京大学记者站"；9月，北大团委授予校电视台"共青团北京大学委员会影视人才培养基地"牌匾，宣告校电视台人才培养向全校学生进一步开放。同时，与国际合作部的学生记者团达成合作意向，在实践工作中共同培养外交方面的电视记者；11月，校电视台与新浪达成协议，在新浪播客页面首页上播出校电视台的精彩节目，这是全国高校电视台首家在新浪网设立的播客。根据协议，校电视台将定期为新浪提供优秀节目，供新浪网进行推介传播。作为校电视台的传统活动，北大校园文化中的一项品牌活动，北京大学主持人大赛即将在2008年举行决赛，2007年底，初赛已经顺利举办，复赛和决赛的筹备工作正在进行之中。

【广播台】 1. 制作节目概况。

新闻类3档：《未名每日播报》，新闻简讯类节目，每天制作，及时报道校内外大事；《未名新闻专题》，新闻专题，侧重北大发生的大事的深度报道；《大话燕园》，新闻专题节目，主要侧重校园文化等软新闻。

访谈节目1档：《有故事的人》。

文学欣赏类2档：《文海星空》，文学综合类节目；《瀚海寻风》，中国文学专题。

音乐类5档：《音乐盒（musicbox)》，综合流行音乐节目；《音乐伞兵（music trooper）》，欧美新歌推介节目；《天天点歌》，点歌祝福节目；《未名湖音乐欣赏》，中国和西方古典音乐欣赏节目。同上年相比，音乐节目有所减少，节目类型得到整合。

娱乐类1档：《烤鱼片》，娱乐综合节目。

特区类4档：《和风大杂烩》，日本文化类节目；《中国电影博物馆校园时间》，双周制作，介绍优秀影片；《留学生活我爱你》，国际文化交流节目，由留学生为主力之作；《英语布丁》，前半年，中英双语美文欣赏。

2. 拓展传播方式。（1）燕园校区的有线广播系统，分为生活区、未名湖区和静园区，针对不同区域的特点播出不同的节目，三套共计每天两个小时。（2）燕园之声网站，在内容上做到每周更新。（3）人民网教育频道，通过中央人民广播电台银河网络转播。

3. 推进广播台规范化运作。修订《北京大学广播台章程》，制定章程实施细则，完善工作记录制度，做到每项重大工作有案可查。同时，启动节目评优计划，建立内部激励机制。

4. 完成办公楼礼堂音响交接工作。上半年完成与党委办公室校长办公室的办公楼礼堂音响设备交接工作，11月28日设备手续交接完毕。12月28日日本首相福田康夫北大演讲会，协助开展工作和机务值班。

【新闻网】 2007年，新闻网共发布稿件8186篇，图表1203帧（个），建立专题40多个。为了延伸新闻报道的深度，充分利用多媒体处理手段，在专题、图片、链接、同主题阅读等方面全面加强了新闻信息的二度创设。新闻网多名工作人员获得北京市新闻奖、校刊协会新闻奖、保密工作优秀奖和资助工作优秀奖等各项奖励。主要工作如下：

1. 常规新闻报道。在新闻报道上，一是严格政治把关，体现学校工作主旋律；二是在内容上，突出教学科研主题，更好服务教学科研中心工作；三是在信息聚合上，突出专题策划的规模效益，增强重要新闻的冲击力和感染力；四是在时效上，突出重点时段的新闻供应，有效提高新闻点击率和更新速度；五是在信息采编流程中，突出新闻的舆论引导功能，提高信息发布的计划性和阶段性。

2. 开设专题栏目和系列报道。针对学习十七大、北京市党建评估、教育部本科教学评估、北京论坛、奥运场馆和好运北京测试赛、研究生教育90周年、困难生绿色通道等重要新闻事件，主动策划燕园学子、优秀研究生每周一星、北大课堂、学生社团风采、校园艺术展示等系列报道，获得了很好的反响。

3. 主页改版和技术创新。改版后的新主页雍容大气，受到很多师生的肯定；新闻网服务器建立了外部镜像，突破了教育网和学校局域网存在的技术瓶颈，有利于扩大北大新闻的社会影响力。

4. 记者团队管理。新闻网记者团的建设实现了从老师管理为主，向老师指导、学生骨干自我管理为主的重要飞跃,共创作稿件500篇左右,其中重大稿件30多篇,为北大网络宣传做出了突出贡献。

【摄影】 摄影组在校内外报纸杂志共发表了一百多幅图片。"希拉克总统与北大学生在一起"图片,获得北京市新闻奖(高校校刊类)一等奖。在"两个评估"期间,完成图片结集出版任务;还承担了搜集图片、策划设计、印制展板、组织布展等大型图片展览的任务,共制作展板一百五十幅左右,图片四百多幅。

【英文新闻网】 2007年,英文新闻网在原有基础上始终保证每周工作日的新闻和图片更新,做到编译新闻和自采新闻相结合,力求全面、及时、有针对性地报道北大新闻。迄今更新的文字新闻总量达到2000余条,另有图片新闻4050余幅。对2007年11月2日至4日举行的北京论坛进行了有深度、有特色的系统报道,总计报道70多篇。

通过严格筛选,重新整合了编译和记者队伍,学生人才遍及全校各个院系,还吸引留学生加入新闻采写活动之中。学生团队还发挥创意,设计并制作了精美的英文网文化衫,不仅增强了团队的凝聚力,而且也为英文网的宣传工作起到了积极的作用。

在新闻报道工作中,英文网继续坚持国际化、专题化、创新性、开放性四大特色,建设好 Global、Focus、Campus、Feature 等专题,做好图片北大工作。

【医学部校园媒体】 2007年,医学部《北医》部刊、《北医人》杂志、北医新闻网、校园橱窗、校园广播台、北医电视新闻等校园媒体正确把握政治大局和学校发展大局,坚持以正确的舆论引导人,以高尚的精神塑造人,以优秀的新闻鼓舞人为宗旨,通过发展自身优势,形成自身特色。

《北医》编辑部继续加大对在医教研方面做出突出成绩的先进个人的报道力度。同时为了加强对科研工作的宣传,开辟了《重点实验室访谈》专栏。尤其是在下半年,《北医》针对新时期宣传工作需要进行了大面积的改版,改版后的《北医》内容更加丰富,报道更趋深入,版面更为合理,无论信息质量上还是新闻报道量上都有明显的提升。

经过两年多的探索和成长,《北医人》杂志逐步走向成熟。2007年,《北医人》共出刊6期。其中包括控烟夏令营特刊1期、医学部95周年庆典特刊1期、医学部党建理论研讨会特刊1期,共制作人物专访7篇。

北医新闻网以其迅速敏捷、短小精悍、主题明确越来越受到广大师生的关注,起到了内聚人心、外塑形象的作用,营造了良好的校园舆论氛围。2007年,北医新闻网共采写、编辑、上传各类新闻3300多条,选编图片1000余幅,建立和完善专题新闻14个,更换重要新闻20期,首页图片新闻38期。

校园橱窗在经过改建后焕然一新,被誉为医学部的"文化走廊"。2007年,校园宣传橱窗以《热烈祝贺中国共产党第十七次全国代表大会召开》等为题材,共制作展板8块,采用图片176张。以控烟夏令营、开学典礼、95周年庆典、迎接教学评估、中国卫生思想政治工作促进会医学教育分会成立等为主题制作专题展板60块。

2007年,北医广播台在原有基础上进一步丰富了栏目内容,节目有所扩展,更加注重结合医学生的特点,新增加了校外新闻、影视、奥运筹备工作报道等深受同学欢迎的内容,共制作播出《新闻纵横》352条,《文学欣赏》24期,《综艺》24期,《音乐》39期,《英协》14期,《校外新闻》202条,《体育新闻》10期。

2007年,北医电视新闻共编辑电视新闻17期,消息140余条,时长约300分钟。每周电视新闻的播放成为校内及家属区了解医学部动态的重要窗口。

(党委宣传部)

# 统 战 工 作

【概况】 2007年,北京大学统战工作坚持以邓小平理论、"三个代表"重要思想为指导,深入贯彻落实科学发展观,认真学习中共十七大文件,贯彻落实各级统战工作会议精神,加强党委对统战工作的领导,广泛团结全校统战各界人士,围绕中心、服务大局,加强制度化建设,增强自觉性和计划性,工作不断取得新进展。

1. 学习中共十七大报告,贯彻落实各级统战工作会议精神。

十七大召开期间,统战部加强与各民主党派成员的联系,了解他们对十七大的反应,交流对十七大报告的初步感受。十七大闭幕后,统战部邀请各民主党派、侨联会负责人和无党派代表人士举行学习中共十七大精神座谈会,畅谈学习十七大报告的体会及对我国经济社会发展的感受和建议。医学部统战部召开了统战人士学习十七大精神座谈会并开展了学习十七大报告征文活动,收集征文21篇,并利用统战部网、北医新闻网、信息周刊、医学部部刊等,及时宣传报道学习的情况。

2006年至2007年,全国统战工作会议、北京市统战工作会议、北京大学统战工作会议、北京高校统战工作会议和全国高校统战工作会议先后召开。统战部认真贯彻落实各级统战工作会议精神,并接受了市委统战部就贯彻落实全国和北京市统战工作会议精神进行的督导检查;向全国高校统战工作会议提交了北大统战工作经验总结材料。全国高校统战工作会议召开后,统战部在全校基层党委统战委员会议和民主党派负责人会议上宣讲了会议精神。医学部党委也及时召开了统战工作会议、民主党派负责人会议,进行传达学习。

2. 结合党建基本标准达标检查评估,总结北京大学统战工作。

2007年9月,市委教育工委对北京大学党建基本标准达标进行检查评估。在自查阶段,统战部经与党办、组织部、宣传部、港澳台办等有关部门认真讨论汇总后撰写出《围绕中心、服务大局,不断推进学校统战工作——北京大学统战工作专项自查报告》,并撰写了《加强领导、完善机制,发挥专长、服务发展——北京大学民主党派和党外代表人士特色工作总结》,分别收入校党委编印的《北京大学党建和思想政治工作专项工作材料汇编》和《北京大学党建和思想政治工作特色工作材料汇编》中。检查评估期间,检查组部分成员在校党委书记陪同下专门到统战部检查工作,当面听取汇报,对北大统战工作给予高度评价。医学部各二级党委(总支)也适时召开了统战人士参加的座谈会、通报会,沟通情况,听取意见和建议。

3. 协助各民主党派北大组织加强自身建设、推动工作创新。

结合各民主党派市委和中央换届,推进学校民主党派组织建设。2007年5月份开始,各民主党派分别召开北京市和全国代表大会,选举产生了新一届领导机构。北大各民主党派成员共有29人当选为市委委员,包括1名主委、4名副主委;24人当选为中央委员,包括1名主席、1名副主席、4名常委。2007年,各民主党派又发展了一批新成员。九三学社北大和清华基层组织联合举办了暑期骨干培训,九三学社市委并安排北大两名成员分别到市药监局和计划生育委员会挂职锻炼。

积极协调组织各民主党派参加"七·一"优秀党务和思想政治工作先进评选表彰。经党委统战部、医学部统战部与各民主党派组织负责人认真协商提名并经学校评议小组表决通过,中国民主同盟北大委员会和中国农工民主党北大委员会被评为学校优秀党务和思想政治工作先进集体,4位民主党派成员被评为先进个人。

4. 结合全国和北京市"两会"换届人选推荐提名,支持党外代表人士积极参政议政,推进党外代表人士工作。2007年9月份开始,北京市和全国"两会"换届代表候选人人选和政协委员人选推荐提名工作全面启动。根据上级有关部门部署,在校党委领导下,统战部与组织部密切配合,工作紧张有序,根据下达的名额,按时、高质量报送了北京市、全国政协委员推荐人选材料和中央提名地方选举的党外全国人大代表候选人人选登记表,向有关民主党派中央提供了可推荐提名为全国政协委员人选的部分党派成员的考察材料;并组织和参与了对学校及社会各界提名的政协委员推荐人选进行的测评和考察。还结合"两会"换届提名推荐工作,对全校党外代表人士的名单进行了调整、充实。在北京高校全国政协委员名额有所减少的情况下,北大"两会"代表委员保持了原有的基本格局:共有10人当选为十一届全国人大代表(其中党外8人,1人当选为副委员长,1人当选为常委),23人任十一届全国政协委员(其中党外19人,5人当选为常委);7人当选为十三届北京市人大代表(其中党外4人,1人当选为常委),23人任十一届北京市政协委员(其中党外17人,1人当选为副主席,5人当选为常委)。

根据国家审计署、中国和平统一促进会、市政府参事室、市纪委监察室、市侨商会的要求和提名,推荐一批党外人士和著名专家学者到有关政府部门和社会团体任职,并协助进行考察。积极支持、选送无党派代表人士参加上级统战部门组织的考察、培训。北大"两会"代表、委员认真履行职责,积极参政议政。2007年全国"两会"期间,全国人大代表刘凯欣教授关于"加强科研管理"的议案,全国政协常委韩汝琦教授"技术创新不能靠长官意志"和全国政协委员林毅夫教授"三农问题的核心是农民收入问题"、王晓秋教授"取消高中文理分科的建议"等几项提案都引起有关部门高度重视和社会广泛关注;十届市政协五次会议期间,北大五位政协委员提交的提案被评为市政协优秀提案。

5. 统战研究调研、信息和宣传工作。统战部代表参加了在浙江余姚举行的和谐社会建设研讨会和在南昌举行的第十二次全国高校统战工作研讨会,并分别提交了研究论文;积极参与市委教育工委和高校统战研究会组织的无党派人士工作调研。年底前,向市统战理论研究成果、调研成果评比报送了四篇文章,其中一篇被评为统战理论研究优秀成果二等奖。北大市政协委员向北京市政协研究会"学习贯彻中共十七大精神,开创政协工作新局面"研讨会提交了5篇论文,是近年来最多的一次。贾庆国撰写的"中国政党制度"被评为本届研究会优秀论文。

全年统战部共报送了24份北大统战信息简报,为上级有关部门提供了不少质量高、分量重的信息,报送和被采用的信息数量和质量在北京高校继续保持领先地位,获市统战系统信息工作优秀单位三等奖。符国群、陆杰华、肖鸣政等被评为市政协优秀信息工作者。中央统战部六局来函,对陆杰华、吴明、贾庆国、佟新等信息员提出表扬。

医学部统战部在其新闻网和统战部网页发布信息130余条、宣传栏3版,并向医学部部刊、信息周刊及民主党派市委、市侨联投稿40余篇。

【主要工作】 1. 北京市委统战部、教育工委领导检查北大统战工作。5月31日,北京市委统战部常务副部长闵克、市委教育工委副书记王民忠等来校,对北京大学贯彻落实全国和北京市统战工作会议精神情况进行督导检查。参加督导检查的还有市委统战部党外干部处处长马振生和副处长王素江、干部处副处长董贵蛟、研究室副主任张静生,以及市委教育工委统战群工处处长钱卫等。北大党委副书记杨河,医学部党委副书记顾芸,校党委统战部部长卢咸池、副部长付新、副部长兼医学部统战部部长乔力等接待了市委统战部和市委教育工委的有关领导,并就北大近期统战工作情况作了汇报。

2. 召开统战系统庆祝香港回归十周年座谈会。6月28日下午,北京大学召开统战系统庆祝香港回归十周年座谈会。参加座谈的四十多位民主党派成员、无党派人士、归国侨眷、台胞台属和少数民族教师中,有从事国际关系、台湾问题、政治学研究的专家,有长期居住香港的退休教授,有各个历史时期回国的归侨。他们中间有全国政协常委、北京市政协副主席韩汝琦(民革),全国政协委员谢衷洁(无党派、归侨),全国政协委员、北京市政协常委贾庆国(民盟),北京市政协常委、市党外高级知识分子联谊会理事胡坚(无党派),市政协常委张仁尧(民革)、卢咸池(中共、台胞),市政协委员王德煌(致公党、归侨)、肖鸣政(民进),北京市党外高级知识分子联谊会理事李义虎(无党派)、海淀区政协委员张向英(致公党)、李少军(中共、哈尼族)等。全国人大常委会香港基本法委员会委员、法学院教授饶戈平从"一国"与"两制"的关系、基本法的性质和定位两个方面作了主题发言。十多位同志在座谈会上踊跃发言,盛赞邓小平提出"一国两制"构想的伟大创举和香港回归祖国这一历史盛事。

3. 29位民主党派成员入选各党派新一届北京市委。5—6月份,八个民主党派北京市委先后完成换届工作,北大有29位民主党派成员被选入各党派北京市委员会,其中1人当选为主任委员、4人当选为副主任委员、5人当选为常委。被选入民主党派北京市委的29位民主党派成员及他们所任职务分别是:民革市委常委吴泰然(地空学院教授)、委员关平(地空学院教授)、涂平(北大第一医院教授);民盟市委副主委贾庆国(国际关系学院副院长、教授)、常委鲁安怀(地空学院教授)、委员刘力(光华管理学院教授)、沈正华(图书馆研究员)、卫燕(肿瘤医院主任医师)、晋长伟(口腔医院副教授);民建市委副主委符国群(光华管理学院教授)、委员邱建国(先进技术研究院副院长、副教授)、李海丽(北大第一医院副主任医师);民进市委副主委胡军(哲学系系主任、教授)、委员张颐武(中文系教授)、肖鸣政(政府管理学院教授)、霍勇(北大一院教授);农工民主党市委副主委顾晋(肿瘤医院副院长、教授)、常委李刚(基础医学院教授)、委员孙东东(法学院教授)、熊辉(北大一院副主任医师)、张海燕(人民医院副主任护师);致公党市委委员王若鹏(物理学院副院长、教授)、王晓敏(北大一院副主任医师);九三市委主委马大龙(校长助理、基础医学院教授)、常委陆杰华(社会学系教授)、吴明(公共卫生学院副院长、教授)、委员沈兴海(化学学院教授)、屠鹏飞(药学院教授)、王仁贵(北大医院主任医师)。

4. 举行统战系统学习十七大精神座谈会。10月29日,党委统战部邀请各民主党派、侨联会负责人及部分无党派人士举行北京大学统战系统学习十七大精神座谈会。校本部民革、民盟、民建、民进、农工、致公、九三等民主党派组织和侨联会负责人及部分无党派人士参加了座谈会。与会各位党外人士就中共十七大报告中关于经济、社会、文化、资源环境、台湾等方面的论述进行了深入的学习和研讨。

5. 民盟中央主席蒋树声与北大民盟成员见面座谈并作重要讲话。11月19日至23日,国家教育部组织对北大进行本科教学工作水平评估,民盟中央主席、原南京大学校长蒋树声担任评估专家组组长。11月21日下午,蒋树声主席在繁忙的检查评估事务中,抽空与北大民盟成员见面座谈。民盟北京市委主委葛剑平,副主委朱尔澄、李怀方等也参加了座谈会。民盟北大委员会主委鲁安怀、民盟北大医学部委员会主委季加孚分别汇报了民盟北大组织的工作情况。蒋树声主席与到会的北大民盟成员进行了无拘束的交谈并作了重要讲话,他高度评价北大校本部和医学部民盟成员为学校发展做出的贡献,希望北大民盟成员牢记并发扬民盟优良传统,一方面要积极履行参政议政、民主监督的职责,另一方面要努力在自身领域不断做出新成绩。

6. 24位民主党派成员入选各

党派中央。到 12 月份，八个民主党派中央先后完成换届工作，北大 24 位民主党派成员被选入各民主党派中央，其中 1 人当选为主席、1 人当选为副主席、4 人当选为常委、18 人当选为委员。被选入民主党派中央的 24 位民主党派成员及他们所任职务分别是：民革中央委员吴泰然（地空学院教授）；民盟中央常委贾庆国（国际关系学院副院长、教授），委员陈晓明（中文系教授）、季加孚（肿瘤医院外一科主任、教授）、鲁安怀（地空学院教授）、蔡洪滨（光华管理学院教授）；民建中央常委丁伟岳（数学学院教授），委员倪晋仁（环境科学与工程学院教授）、顾红雅（生命科学学院副院长、教授）；民进中央常委胡军（哲学系副系主任、教授），委员张颐武（中文系教授）、刘凯欣（工学院教授）、霍勇（北大一院心内科主任、教授）；农工民主党中央委员孙东东（法学院副教授）、顾晋（肿瘤医院副院长、教授）、樊东升（北大三院副院长、教授）；致公党中央常委赵进东（生命科学学院副院长、教授），委员陈仲强（北大三院院长、教授）；九三学社中央主席韩启德（医学部主任、教授），副主席马大龙（校长助理、基础医学院教授），委员申丹（外国语学院教授）、刘伟（体育教研部副教授）、吴明（公共卫生学院副院长、教授）、蔡少青（药学院教授）。

表 10-2　2007 年底校本部民主党派组织机构状况

| 党派名称 | 委员会数 | 支部数 | 2007 年发展人数 | 总人数 |
| --- | --- | --- | --- | --- |
| 民革 |  | 1 |  | 28 |
| 民盟 | 1 | 9 | 2 | 213 |
| 民建 |  | 1 |  | 24 |
| 民进 |  | 6 | 2 | 111 |
| 农工 |  | 1 | 1 | 8 |
| 致公党 |  | 1 |  | 31 |
| 九三 | 1 | 7 | 1 | 137 |
| 台盟 |  |  |  | 1 |
| 总计 | 3 | 26 | 6 | 553 |

表 10-3　2007 年底医学部民主党派组织机构状况

| 党派名称 | 委员会数 | 支部数 | 2007 年发展人数 | 总人数 |
| --- | --- | --- | --- | --- |
| 民革 |  | 1 |  | 37 |
| 民盟 | 1 | 4 | 11 | 137 |
| 民建 |  |  |  | 3 |
| 民进 |  |  | 1 | 17 |
| 农工 | 1 | 5 | 2 | 261 |
| 致公党 |  | 1 | 2 | 21 |
| 九三 | 1 | 8 | 9 | 333 |
| 台盟 |  |  |  |  |
| 总计 | 3 | 19 | 25 | 809 |

（统战部）

# 纪检监察工作

【概况】　以邓小平理论、"三个代表"重要思想和科学发展观为指导，认真贯彻党的十六届六中全会和党的十七大精神，结合学校实际，落实中纪委、北京市纪委的工作部署。纪委积极发挥组织协调作用，协助党委、行政贯彻落实党风廉政建设责任制，扎实推进惩防体系建设。围绕学校中心工作，加强监督检查。

北京大学纪委监察室被教育

部授予"全国教育纪检监察先进集体"荣誉称号。"廉洁修身、和谐发展——2007年北京大学廉洁教育活动月专题展览"在北京市纪检监察系统"五好一创"评选中荣获"好作品"优秀奖。北京大学纪委课题组的论文《廉政文化进校园要处理好三个关系》被评为北京教育纪检监察工作研究会优秀论文一等奖、2007年全国教育纪检监察优秀调研报告。北京大学纪委被评为全国教育纪检监察调研工作成绩突出单位。2008年4月2日,北京市纪检监察学会召开2008年年会暨理论研讨会,我校党委副书记、纪委书记、北京市纪检监察学会监事王丽梅出席会议,并参与为2007年度论文获奖者颁奖。本次年会在78篇参选论文中共评出二等奖4篇(一等奖空缺),三等奖6篇,优秀奖10篇。我校廉政建设研究中心主任李成言教授撰写的《当前商业贿赂滋生蔓延的主要原因及其治理对策》、监察室副主任侯志山撰写的《廉政文化进校园要处理好三个关系》获二等奖;医学部纪委监察室孔凡红、赖林涛撰写的《医药购销领域商业贿赂问题及其防治对策》获三等奖;北京大学纪委监察室撰写的《贯彻落实惩防体系实施纲要思路研究》、侯志山撰写的《高校商业贿赂及其防治对策》获优秀论文奖。

【党风廉政建设】 贯彻落实党的十七大精神和中纪委、市纪委系列会议精神,精心部署和落实反腐倡廉工作。学校在年初召开的校党委常委会、纪委会上,认真学习和传达、贯彻中央纪委七次全会、国务院第五次廉政工作会议和市纪委十次全会暨全市党风廉政建设工作会议精神,并研究制定学校2007年度党风廉政建设工作计划。

4月13日,学校党委召开"北京大学2007年党风廉政建设工作会议",传达上级有关党风廉政建设工作精神,就学校2006年纪检监察工作进行总结和交流,对2007年学校党风廉政建设和反腐败工作进行部署。校党委常务副书记吴志攀主持大会。党委书记闵维方、校长许智宏以及学校领导班子全体成员、校纪委委员出席会议,学校各职能部门负责人、基层院系党委书记、纪检监察委员参加会议。党委书记闵维方同志在工作会议上作重要讲话。他着重强调了加强领导干部作风建设的重要性和紧迫性问题,提出切实增强领导干部作风建设的自觉性和责任感,要在加强学校管理工作的过程中大力锤炼干部作风,要把加强作风建设和加强学校管理结合起来,切实转变管理作风,努力提高管理效能,并提出"形成合力""目标责任""严格制度""责任追究""狠抓落实"等五个具体要求。党委副书记、纪委书记王丽梅在会上对2006年全校党风廉政建设工作作了全面回顾,并代表党委部署了北京大学2007年党风廉政建设工作任务。提出以加强领导干部作风建设和学校管理工作为重点,着力做好四个方面的工作:一是以加强领导作风建设为切入点,围绕学校中心工作,重点加强对学校副处级以上领导干部的监督,加强对权、钱、物等重点环节、重点部位的监督检查。二是以领导干部为重点,深入开展党风廉政教育。三是要继续加强信访和案件查处工作,充分发挥案件查处的治本作用。四是继续建立健全惩治预防腐败体系,推进学校制度建设和规范管理,从源头上预防腐败。五是加强监督检查,治理和纠正行业不正之风。王丽梅还介绍了教育系统职务犯罪情况的规律和特点,分析了我校党风廉政建设的形势,针对容易发生问题、产生腐败现象的重点环节、关键岗位和突出问题,提出了进一步的要求和预防、惩治措施。医学部纪委书记孔凡红作了题为"加强医德医风建设,创建人民满意医院"的发言;财务部部长闫敏作了题为"加强财务管理,切实做好服务,促进学校发展"的发言。向与会人员下发了文件《2007年北京大学党风廉政建设工作实施意见》(党发〔2007〕12号)、《2007年北京大学党风廉政建设和反腐败工作主要任务分工》(党发〔2007〕13号)、《北京大学纪检监察信访工作规定》(党发〔2007〕14号)。

协助校党委、校行政制定《2007年北京大学党风廉政建设和反腐败工作主要任务分工》,将党风廉政建设任务分解为26项具体内容,分别落实到有关主管领导和相关部门。经3月27日校党政联席会议讨论通过,以党发〔2007〕13号文件发至校内各单位。

【领导干部廉洁自律工作】 廉洁自律工作重点是:

按照中纪委要求,对领导干部廉洁从政问题进行了五项重点清理纠正:(1)在商品房买卖置换中以明显低于市场价格购置或以劣换优谋取不正当利益的;(2)以借为名占用他人住房、汽车的;(3)以赌博或变相赌博等形式收钱敛财的;(4)借委托他人投资证券或其他委托理财的名义获取不正当利益的;(5)为本人谋取预期的利益或以各种方式为配偶、子女和其他亲友谋取不正当利益的。对于企业管理干部,要求有关企业高级管理人员认真落实中央纪委、中央组织部等印发的《国有企业领导人员廉洁从业若干规定(试行)》,提高人员的廉洁自律意识。

学习贯彻《中共中央纪委关于严格禁止利用职务上的便利谋取不正当利益的若干规定》。纪委监察室下发了《关于认真学习贯彻〈中共中央纪委关于严格禁止利用职务上的便利谋取不正当利益的若干规定〉的通知》(北大纪发〔2007〕3号),转发了中纪委下发的《规定》(中纪发[2007]7号)以及北京市纪委的相关文件,并公布了纪委监察室专门的咨询电话与电子信箱,及时与各单位沟通情况,解疑释惑。纪委监察室会同党委组织部印制了一万多册的宣传材料,发给每位教职工党员和学生党支部书记。

自查申报。校本部所属各院系、各直属附属单位副科级以上的党员干部,机关各部门中的全体党员、各企业中的校管党员干部、后勤各中心副主任以上的党员干部对《中共中央纪委关于严格禁止利用职务上的便利谋取不正当利益的若干规定》所列禁止行为都进行了自查和申报。医学部自查申报的人员范围为:医学部所属副处以上的党员干部;党委委员、纪委委员;学院、医院的党委委员、纪委委员;医学部机关、学院、医院各级党政工作人员(含医院后勤科级干部)中的共产党员;学院、医院党支部书记、党员系主任(含副主任)、党员科主任(含副主任)、党员科护士长;后勤机关的党员和各实体副科以上的党员干部;产业系统管理人员中的党员。北京大学(含医学部)应参加自查人数2146人,实际交表人数2021人。根据自查人员填报的登记表,均未有违纪行为。

召开民主生活会。上半年,各级领导班子以加强领导干部作风建设为主题,召开民主生活会。会上,各级领导班子成员按照胡锦涛总书记在中央纪委第七次全会上提出的树立忧患意识、公仆意识、节俭意识和八个方面良好风气的要求以及群众提出的意见、建议和测评情况,认真开展批评和自我批评。检查班子和班子成员在思想作风、学风、工作作风、领导作风、生活作风等方面存在的问题,制定相应的整改措施。

干部廉政谈话。纪委负责人同本校50多名新上岗的副处级以上干部进行了集体廉政谈话。医学部附属第三医院将干部廉政谈话制度进一步向科级干部延伸。医学部在多年来坚持干部任期届满述职述廉制度的基础上,增加了对机关18个部处、后勤、产业等部门正职领导干部的届中集中述职述廉考核和民主测评,加大了干部管理和监督的力度。

【反腐倡廉宣传教育】 进一步完善"大宣教"工作格局,广泛开展反腐倡廉宣传教育,构筑拒腐防变的思想道德防线。

领导干部廉洁自律教育。学校党委书记闵维方在2007年年初的干部会上专门就加强领导干部作风问题发表重要讲话;坚持领导班子任前廉政谈话制度,对领导班子及其成员进行贯彻民主集中制、严格执行"三重一大"决策制度以及廉洁自律等方面的教育;六月份,校党委副书记、纪委书记王丽梅为参加培训的几十名新上任副处级以上干部作了《干部的廉政建设与党风党纪建设》专题讲座;人民医院对新聘任上岗的职能部处负责人、科主任、科护士长及支部书记进行廉政培训,医学部纪委和行政领导作了"责任、廉政、监督"和"加强法规学习,作合格领导者"等专题讲座;第三医院将干部廉政培训进一步向科级干部延伸,对所属后勤新聘任科级干部进行了集体廉政教育。

预防职务犯罪展览。6月11日至8月31日期间,校纪委、校团委联合将北京市教育纪工委、北京市海淀区人民检察院在北京市教育系统开展的"惩治与预防并举,携手共建和谐校园"预防职务犯罪警示教育展活动引入校园。该展览选取了近年来全国教育系统30余件职务犯罪案件典型事例,由36块展板组成,在北京大学三角地专题展出。纪委、团委联合发出通知,要求各单位党委组织教职工和学生前往参观,结合此次活动安排一次党内组织生活,鼓励大家积极撰写观后感悟等文章。观看展览后,有28人写了观后感,18个单位交了组织参观活动的总结。医学部纪委还组织了在各附属医院进行巡回展出。

大学生廉洁教育。纪委、监察室和学生工作部联合开展了以"廉洁修身、和谐发展"为主题的"2007年北京大学廉洁教育活动月"(学工发[2007]010号文件)。教育内容包括:一是教育学生自觉遵守校规校纪;二是教育学生养成言行合一、表里如一的诚信意识;三是教育学生树立廉洁自律、爱岗敬业的职业精神;四是教育学生杜绝考试作弊、论文抄袭、学术造假等不良行为。活动时间:5月11日—6月11日。活动月期间,学校举行了多场主题报告会、警示教育展览和总结表彰活动;各院系相继开展了主题党团日、主题班会、座谈讨论会、观看教育影片、参观教育基地等丰富多彩的教育活动。2007年第6期的《是与非》杂志,还以图片新闻的形式报道了本次活动月的基本情况。

【师德师风建设】 出台《北京大学关于进一步加强师德建设的意见》(党发[2007]5号),以指导和推进学校的师德师风建设。学校宣传部、人事部等牵头单位与党办校办、教务部、研究生院、科学研究部、社会科学部等协办单位密切配合,通力协作,通过加强教育、完善制度、有效监督、严肃学术纪律,切实纠正学术和教学科研活动中的各种不端、不廉行为,努力营造良好的教书育人环境。

【医德医风建设】 各附属医院认真贯彻落实《卫生部关于全面推行医院院务公开的指导意见》和《北京大学医学部进一步加强医德医风建设的意见》,深入开展医院管理年活动,采取多种形式对医护人员进行廉洁从业教育,加强医德医风建设,改善医院管理,进一步规范医院的医疗收费、医疗服务和医药采购行为,强化防治商业贿赂长效机制建设,促进了医疗服务态度的改善和行风建设水平的提高。据不完全统计,仅上半年,北京大学附属第三医院和人民医院医务工作者就主动退交红包现金43300元,退还物品5件。在6月北京市纠风办进行的政风行风检查中,6所附属医院的行风建设均获得好评。

10月11日,人民医院院务公开经验交流会在人民医院举行。北京大学党委和医学部、附属医院纪委专职纪检监察干部及医学部学院、机关、后勤、产业等部门主管纪检监察工作的书记30余人参加。人民医院院长王杉做了《公开是原则,不公开是例外》的主题报告。北京大学党委副书记、纪委书记王丽梅、医学部党委副书记顾芸出席会议并讲话。

【党建评估】 根据北京市委教育工作委员会2006年10月下发的《北京普通高校党建和思想政治工作基本标准》的有关要求和检查验收的通知精神,纪委监察室撰写了近万字的北京大学党风廉政建设工作专项自查报告《坚持求真务实,认真做好党风廉政建设工作》,协同相关部门完成了三个特色材料:校务公开特色工作总结《适应新形势 把握新特点 不断深入实行校务公开管理制度》、信访特色工作总结《坚决维护政治稳定 积极构建和谐校园》和治理商业贿赂专项工作特色工作总结《加强领导 稳步推进 深入开展治理商业贿赂专项工作》。

【信访接待与案件办理】 信访接待。2007年度共收到信访举报234件(其中校本部112件,医学部122件),其中,来信191件(校本部82件,医学部109件)、来访20件(校本部10件,医学部10件)、电话23件(校本部20件,医学部3件)。信访中反映经济类的有61件,组织人事类的1件,失职类的3件,侵权类2件,违反社会主义道德类5件,申诉类1件,批评与建议20件,其他类141件。

案件办理。3月份按照北京市教育纪工委"关于开展2007年高校案件检查工作的通知"精神,对2006年所办案件质量进行自查,完成了自查报告并接受北京市教育纪工委的检查,评价案件质量良好。

【监督检查工作】 教育收费检查。3月,转发《教育部等部门关于2007年规范教育收费、进一步治理教育乱收费工作的实施意见》(教监[2007]4号)、全国治理教育乱收费部际联席会议办公室《关于做好春季开学后教育收费检查工作的通知》(部际办函[2007]4号)和北京市治理教育乱收费局际联席会议办公室《关于开展春季教育收费检查工作的通知》等文件,要求相关单位认真组织学习,并按照文件要求,研究制订本单位落实上述文件精神的实施意见,开展春季教育收费自查。

基建工程项目招投标监督。校纪委监察室指派专人列席参加基建工程部、总务部及后勤部分服务中心、会议中心、出版社等单位牵头组织的新建、改造工程以及大宗物资采购招标项目395项,在参与中监督,在监督中服务。督促有关部门加强管理,堵塞漏洞,防止违法违纪行为的发生。

奥运场馆监督。6月19日,北京大学体育馆场馆监督办公室正式派驻场馆,校纪委副书记周有光任监督办公室主任,办公室设有两名工作人员。派驻场馆后,根据监督委员会的要求及监察审计部制定的工作职责,按照"关口前移,重在预防,全程介入,严格监督"的原则开展工作。及时传达、贯彻中央关于奥运筹办的指示精神和北京奥组委党风廉政建设会议精神;传达中共北京市纪委《关于严明纪律确保第29届奥运会顺利举办的通知》(京纪发[2008]8号)及奥组委制定的《场馆工作人员赛事纪律规定(试行)》等相关文件;开展"廉洁办奥运""节俭办奥运"主题教育活动;落实责任制,组织全体工作人员签署"廉洁办奥运"责任书;做好场馆运行团队工作人员赛时纪律的宣传、动员、检查工作;制定了《北京大学体育馆场馆运行监督工作方案》和《北京大学体育馆场馆监督办公室工作人员岗位责任制》《北京大学体育馆"廉洁办奥运"责任制实施细则》《北京大学体育馆重要岗位责任制实施办法》等制度,为场馆规范运行提供保障。

对涉及人、财、物等重大事项的决策过程进行监督,对场馆资金和物资的管理和使用进行监督。至测试赛结束时,共参与预算或经费的审核125次,金额383万余元,其中金额在万元以上(含)的资金审核39次,金额367万余元;测试赛结束至今审核万元以上资金支出12次,金额42万余元;参与物资采购的审核73次,审核采购总金额40万余元;参与采购合同的审核2次,提出建议2条;参与审查和完善物流业务口对外签订的订货单(合同)5份。

【惩防体系建设】 按照中共中央颁布的《建立健全教育、制度、监督并重的惩治和预防腐败体系实施纲要》的要求,2007年是贯彻落实《北京大学关于贯彻落实〈建立健全教育、制度、监督并重的惩治和预防腐败体系实施纲要〉的具体办法》第一阶段规划的关键一年。我们坚持围绕建设世界一流大学的总体目标和学校中心工作,把惩防体系建设纳入学校工作的总体格局,与业务工作一起部署、一起落实、一起检查,实现了业务工作与惩防体系建设的初步融合;纪委监察室协助校党委、行政贯彻党风廉政建设责任制,强调各级党政领导班子和领导干部坚持"一岗双责",实现"两手抓",促使各部门相关责任主体各负其责,保证了惩防体系建设各项任务的较好完成;坚持以制度建设为突破口,推动惩防体系建设全面开展。相继制定、修订相关制度78项。其中包括《北京大学关于严禁设立"小金库"的规定》(党发〔2007〕74号)、《北京大学落实述职述廉制度暂行办法》(党发〔2007〕2号)、《北京大学关于对党员领导干部进行谈话和函询的暂行办法》(党发〔2007〕3号)、《北京大学关于贯彻落实党员领导干部报告个人有关事项规定的实施办法》(党发〔2007〕4号)、《北京大学纪检监察信访工作规定》(党发〔2007〕14号)、《北京大学医学部关于进一步加强医德医风的意见》(北医〔2007〕党字34号)、《北京大学医学部贯彻落实卫生部、国家中医药管理局〈医疗卫生机构接受社会捐赠资助管理暂行办法〉实施细则》(北医〔2007〕部字85号)。

【五校一院联席会议】 从2006年开始建立的由北京大学纪委、北京体育大学纪委、北京科技大学纪委、北京外国语大学纪委、中国农业大学纪委五所高校和海淀区人民检察院组成的预防职务犯罪工作联席会议制度。北京大学牵头举办了第八次联席会议,参与和研究2007年联席会议的工作重点:一是通过参观和专题研讨增强对本单位承担的奥运工程建设和学校基建工程建设等工作的监督能力和水平,二是通过对教育系统发生的案件进行分析、总结和研讨,研究和探索高校预防职务犯罪工作的思路和方法。利用检校联席会这个平台,充分发挥高校和检察院各自的优势,最终形成两个较高水平的课题成果,推动纪检、监察工作能力和水平的提高。联席会议还组织参观考察了北京科技大学、中国农业大学、北京体育大学、北京大学奥运场馆建设工程,以及到国家体育总局秦皇岛奥运训练基地学习和交流。

【校际交流】 9月中旬,浙江大学纪委郑发平副书记带队,由基建处、财务处、保卫处处长、科学技术研究院院长、监察处处长助理参加,一行6人到北京大学调研考察,与北大纪委共同交流研讨纪检监察工作。两校就"惩防体系构建工作""院系权力运行体制和监督机制的构建""校园廉政文化建设和党风廉政建设"以及"学校财务管理、科研经费管理、基本建设和集中采购工作的管理"等专题进行交流。11月下旬,北京广播电视大学纪委书记付悦群带领该校党办主任、学生处等干部共5人来校交流廉洁教育情况。12月下旬接待东北林业大学纪委来校调研党风廉政建设情况。

【纪检监察干部队伍建设】 1.基本情况。1月22日至1月23日在昌平召开北京大学专职纪检监察干部交流培训会议,各医院纪委在会上交流了治理商业贿赂工作的情况,听取海淀区检察院副检察长王长林同志的专题报告和校党委副书记兼纪委书记王丽梅的培训报告。10月份,在人民医院召开院务公开工作经验交流会,校纪委和医学部纪委专职纪检监察干部及医学部学院、机关、后勤、产业等部门主管纪检监察工作的书记30余人参加。11月,组织校纪委与医学部纪委专职干部到北京市反腐倡廉法制教育基地参观展览。3月至4月间,校本部、医学部两级纪检监察干部14人次参加教育部监察学会组织的教育纪检监察干部业务培训班。

2.调研成果。完成研究课题文章四篇:由纪委监察室侯志山起草的《廉政文化进校园要处理好三个关系》、医学部纪委赖林涛撰写的《廉政文化初探》、产业党工委副书记、北大资产经营有限公司副总裁韦俊民撰写的《整合企业监督资源,完善北京大学校办企业监督体系的思考》、肿瘤医院纪委撰写的《治理商业贿赂专项调研报告》。

(纪委监察室)

# 保 卫 工 作

【队伍建设】 为进一步做好安全稳定工作,切实加强对安全稳定工作的领导,学校把安全工作列入重要议事日程。2007年,校党委、校行政在以往的基础上进一步明确和落实了五位主抓安全稳定工作的校领导并进行了具体分工。同时,进一步梳理健全了"三会三小组",即:国家安全领导小组、安全稳定工作领导小组、治安综合治理委员会、燕园地区交通安全管理委员会、防火安全委员会、流动人口管理领导小组。除了加强保卫部、派出所、校卫队职能部门建设外,明确机关各部门和院系党政一把手为安全稳定工作第一责任人,并明确有专人负责安全稳定工作,各个院系和学生宿舍楼还建立有专职保卫干部和安全员、安全教育宣传骨干;自上而下形成了安全稳定管理工作的组织体系,确保安全稳定工作责任明确、分工清楚、领导有力。

【完善规章制度】 整理近十年来国家各部委、北京市委市政府及各职能部门颁布下发的一系列文件、政策、规定,印制了《上级政策规定汇编册》。在此基础上,还针对新时期新特点,研究起草或修订了《北京大学安全稳定工作管理规定》等十余项规定。2007年3月至4月,在校领导亲自组织起草、修订和组织数次讨论的基础上,形成了北京大学法规性文件,即:《北京大学安全管理工作规定》(讨论稿)、《北京大学突发事件应急处置预案》(讨论稿)、《北京大学大型活动安全管理规定》(讨论稿)等管理规定草案。并于4月12日至13日召开安全稳定工作会议,对以上规章制度进行了研究讨论,明确了各级安全组织、负责人、职责、制度,闵维方书记、许智宏校长、张彦副书记在会上作了重要讲话和工作报告,并签订了《安全稳定责任书》。这次会议进一步确立了规定,健全了制度,同时也明确了职责和责任。

【维护校园稳定】 加强防范邪教工作,深入细致地开展摸底排查、帮助教育、思想转化以及反邪教宣传工作;校内"法轮功"案件发生率得到有效控制。2007年共进行防范和收缴邪教宣传品23件次,收缴了一定数量的书籍、光盘和单张宣传品,重要情况报公安机关。

高度重视、积极协助有关部门开展协查工作,多次劝阻校外人员在校内举办非法活动。

加强"防范"长效机制的建设,校党委与主管领导组织党委办公室校长办公室、保卫部等相关部门认真研究,初步建立了四个防范体系,即信息搜集、分析、报告体系,排查摸底体系,师生自我防范体系,大型活动中的安全防范体系。

【重大警卫活动】 2007年,保卫部共完成各类大型活动安保值勤84次,其中三级警卫以上25次,各项大型活动值勤57次。其中包括中共中央政治局常委李长春同志和政治局委员、市委书记刘淇等领导人来北大参加活动的警卫活动;约旦国王和王后、挪威首相等外国政要来北大等重大外事活动。在"两会""十七大""北大本科教学评估"等重大活动期间,都认真制订方案和预案,精心组织,周密部署,狠抓落实。2007年3月,凤凰卫视主办的"世界因你而美丽——2006影响世界华人盛典"及凤凰卫视十一周年台庆日在北京大学百周年纪念讲堂举行。全国政协副主席罗豪才、韩启德等国家领导人以及章子怡、冯小刚、刘翔等各界知名人士也参加了大会。

【消防工作】 消防问题一直是学校安全稳定工作的重要问题,而且我校还存在文物设施多、大屋顶建筑多、多媒体教室多、自动化办公区多、施工现场多、教学实验室多、不少师生和工作人员安全意识较弱等"六多一弱"的问题,因此,针对以上现状,2007年消防工作主要包括以下重点工作:(1)在全校师生员工中树立消防意识。一年来,由于工作到位、措施得力,全校各单位都把消防安全工作放在比较重要的位置,提到了单位的议事议程上来,加强了对学生和员工的教育和培训。其中,分子医学研究所在日常管理工作中,加强组织机构建设和规章制度建设,落实安全责任制和安全教育进学分,强化安全检查,在2007年11月国际实验动物管理评估中获得好评并取得认证协会(简称AAALAC)认证。此外,学校保卫部与校学生会沟通,共同组织"119"消防日宣传活动,取得了良好的效果,进一步加强了学生的消防安全意识,受到了学生的欢迎和认同。(2)加大基础设施的建设和消防设施、消防器材的投入。随着学校对存在消防隐患和基础设施陈旧建筑的改造,学校危旧建筑逐年减少,一方面改善了教学办公条件和校园环境;另一方面改造了电源线路、用电量进行了增容,增加了室内消防栓,从根本上排除了基础设施方面的消防隐患。校内各单位尤其是理科院系,特别是重点实验室以及人员聚集场所,针对安全检查中的意见,每个单位都积极配合,配备足够的消防器材,保障消防安全,为教学、科研的顺利进行和开展提供了良好的环境。(3)加强消防制度的建立与规范。学校消防安全工作的重点是学生宿舍、公共聚集场所和实验室。几年来,总务部、学生宿舍管理服务中心和校内食堂在有关部门的指导下,加大人力、物力、财力的投入,探索出了一套行之有效的消防安全制度。(4)切实做好消防安全工作,为教学和科研服务。消防安全是确保校园安全的重心之一,为此,学校保卫部一年中通过召集校内施工单位以及基建工程部相关人员召开消防安全工作会议,进行安全检查、发出隐患通知、办理施工证、动火证、工程消防验收、室内外消防栓检查、埋设消防栓标志桩、联系购买维修灭火器等多种方式,确保校园内消防安全,有效控制了全年我校发生的10次火灾、火险,未造成较大损失。

【校园环境秩序整治】 近两年来,校园秩序备受广大师生的关注,特别是针对交通、游商、三角地秩序、横幅悬挂、黑车等问题,这些问题在教代会代表提案中有所体现,不仅给我校师生的生活工作带来诸多不便,而且也存在着治安隐患。学校党委对此高度重视,在党政联席会上作为一项专题进行讨论,确立了"不要完全禁锢于'执法权'的圈子,要向'管理权'要校园秩序"和"校园不能等同于社会"的理念,要求相关部门下决心、下大力气予以整治,争取能在短时间内使校园秩序和治安环境有所改善。依据校党委、行政的决心,校主管领导张彦副书记、鞠传进副校长,组织党办校办、保卫部、总务部、学工部、团委、街道等相关部门进行了详细的研究,拟制了集中整治方案,主要包括:

(1)解决暑期校园游的问题。2007年暑假前学校成立了应对暑期校园参观工作小组,改进往年的办法,建立了2007年校园暑期参观(包括节假日和平时的周六日)

提前预约制度，对校园参观团队进行分流限制管理，有效解决了假日校园人满为患的问题。

（2）治理校园交通秩序。针对交通问题保卫部已经采取了一些切实可行的办法，如增加、更换各类交通标识、标牌102块；划机动车及非机动车车位线400余米，重新规划机动车车位651个。新安装各类障碍桩103个等。2007年10月，也就是在教学评估前，实行了社会车辆进校预约制度，有效控制了社会穿行车辆和周边单位职工到校内停放车辆的情况，校内交通秩序混乱和乱停车的状况有所缓解，使车流量由原来的每天进出校园10000余辆次降低到现在的6000～8000余辆次，但由于社会车辆在不断增加，校内单位和个人的车辆也在增加，所以校园交通管理仍是值得研究值得下大力气解决的问题。

（3）治理商贩、黑车问题。为进一步加强校园环境综合治理工作，我校相关部门联系社会有关职能机关，积极探索综合治理的新思路、新模式、新方法。目前，我校对商贩治理工作在职责上进行了调整，并确定街道的8名城管协管员调整给保卫部管理使用，全天候配合保卫部的清理整治工作。保卫部调整勤务模式，集中进行治理，一方面要求校内单位的经营场所、经营摊位的使用人不能店外经营；另一方面加强游商的治理，为有效管住由校外入校的三轮车商贩，自2007年8月份起实行了三轮车入校办证制度，加强门卫管理，禁止游商进入校园；同时对盘踞在校园内的游商，经劝告仍不听劝阻的，对其三轮车进行暂扣；并提醒校内单位禁止为不法商贩的车辆、物品存放提供场所。经过一系列的努力，校园环境有了较大的好转。此外，学校保卫部对我校黑车情况及司机身份进行了调研，并逐个提醒、告知，并与城管、公安相关部门积极沟通，研究整治校内黑车的机制及办法。

（4）规范横幅审批及悬挂。为进一步规范室外临时展位设置、横幅悬挂工作，更好地管理和服务学校的校园文化活动，本着"扶持学生活动，规范宣传方式，限量有序管理"的方针，今年10月份实行了《北京大学规范管理室外展位和横幅的工作方案》。规定了展位的审批原则、审批方式、展位设置地点（横幅悬挂位置）、展位时间（横幅悬挂时间）、单位任务分工及监督等。将社团活动展位推移至16楼北侧，使16楼北侧的道路更加畅通。

【治安防范】 2007年，面对日益复杂的社会治安环境及其对校园的渗透，保卫部积极配合公安、安全等机关做好治安防范工作，认真学习和贯彻"整体防控、精确指导、精确打击"的工作思路，按照"多警种、具体化、动态化、勤务化"的最小作战单元运行模式，结合自身特点进行精确指导、精确打击，有效地维护了校园治安秩序。

燕园派出所共接警1976件，其中刑事、治安案件1422件，含110报警720件（其中110刑事类警情113件）；其他各类报警纠纷554件。从发案区域看，110刑事警情案件主要发生在北京大学校内点区域，占全部案件的63%；块内社区接报110刑事警情23件，比去年28件减少5件，下降17%；北京大学校内点区域接报110刑事警情39件，比去年27件上升12件，上升44%。在此基础上，加大违法犯罪问题的打击力度，全年全所共拘留人员12名，其中治安拘留5人，刑事拘留7人，破案14起，同时送外所协助拘人20人。此外，燕园派出所在上级机关和相关部门配合下，在居民纠纷调解、重点人监控、吸毒人员监控教育、矫正人员管理、精神病人监护、二代居民身份证办理、信息大普查等方面，开展了卓有成效的工作。

【安全教育】 2007年，保卫部与学校其他部门积极探索和拓展宣传教育工作的渠道，利用网络、演习、讲座、主题教育等多种活动形式，在全校范围内大力营造安全保卫的氛围，努力提高广大师生员工的安全意识。

在网络安全管理方面，保卫部积极主动地关注网络信息、介入网络活动。保卫部进一步健全了对网络信息的监控机制，安排专人进行24小时网络监控工作，一旦发现问题及时上报，并定期收集汇总《一周网络信息资料收集汇编》供决策参考；同时，保卫部和医学部保卫处都对各自的网页进行了更新，增加了形式多样的服务内容，充分利用互联网的优势开展安全信息的发布和安全知识的宣传，取得了良好的工作成效。在安全教育方面，采取多种形式，加强对在校学生的安全知识的普及和安全教育。一年来，保卫部与学工部等部门协同合作，注重大学生安全教育工程长效机制的建立，认真落实"十一五"规划的"三进"要求（进课堂、进教材、进学分），加强安全教育的师资队伍的建设，深入开展各项安全教育工作，努力拓展安全教育和安全稳定工作领域，开创安全教育新局面。2007年，保卫部着手编写《北京大学大学生安全防范知识》等宣传资料，旨在进一步提高学生的安全防范意识。

【流动人口管理】 2007年，为了加强对流动人口和出租房的管理，北京大学开展了关于《依法办证、共建和谐家园》主题宣传日等活动，并与燕园街道密切配合，到流动人口协管员办公室及居委会协调工作。组织流动人口协管员，对7个家属园区出租房及暂住人员进行逐户摸底、统计、登记。通过初步统计，截至2007年12月31日，在辖区登记的流动人口现有6188人，其中校内单位2375人，家属园区1220人,施工队工地1135人,成教学生1458人。办理流动人口《暂住证》2838份。出租房屋621户、1261间。以上基础工作对管理工作中的科学决策起到了重要作用。

【荣誉】 2007年,保卫部2名工作人员被北京市公安局荣记三等功,11人荣获北京市公安局个人嘉奖,保卫部被评为北京大学信息工作先进单位、海淀区治安综合治理先进单位,并被北京市公安局荣记集体三等功。

(保卫部)

# 工会与教代会工作

【概况】 2007年,北京大学教代会、工会在校党委的领导和市教育工会的指导下,在校行政的支持下,在各位代表、工会干部及广大会员的共同努力下,以邓小平理论和"三个代表"重要思想为指导,深入学习贯彻党的十六届六中全会和十七大精神,全面落实科学发展观,以构建和谐校园、促进学校发展建设为主题,以服务大局、服务教职工为根本,以推动校务、院务公开工作为重点,以加强基层工会组织建设、推进二级教代会制度建设为保障,以丰富工作内容、创新工作方式为途径,较为广泛地调动了各方面的积极性,在学校改革、发展和稳定的工作大局中发挥了应有的作用。

【教职工代表大会】 完善教代会制度。在2007年学校教代会年会上,许智宏校长作了学校行政工作报告,校教代会执委会副主任、校工会常务副主席孙丽作了教代会执委会、工会委员会工作报告,校党委常务副书记吴志攀作了关于工资改革的报告,鞠传进副校长作了校园基本建设和资产管理方面的报告,校人事部部长周岳明作了人事制度改革的报告,党委书记闵维方作了大会的总结讲话。校工会将各代表组讨论的意见形成报告上报,为学校的改革发展献计献策。2007年学校教代会年会审议通过了《关于建立健全二级单位教职工代表大会制度的意见》,校本部分单位组织召开二级教代会年会,认真答复落实教职工代表提案和意见建议。医学部各医院、学院先后建立了通过教代会民主评议领导干部和干部述职制度,取得了较好的效果。

推动提案落实工作。党办校办和教代会、工会召开了"教代会提案落实工作协调会",邀请组织部、教务部、研究生院、人事部、保卫部、总务部等职能部门的领导出席,共同商讨提案落实办复事宜。校教代会、工会组织召开了"北京大学教代会提案工作主题沟通会",邀请校领导和有关部门负责人与提案人、附议人及教代会代表进行座谈,共同研究商讨有关教代会专题提案的落实措施。医学部工会召开了教代会代表提案及意见建议落实情况通报会,医学部相关党政领导和13个部处的处长和教代表参加会议。2007年教代会年会期间共征集代表提案35件、意见13件,通过书面答复、电话答复和沟通会等方式,提案和意见的答复率分别达到了100%和85%。根据反馈表统计,教代会代表对提案和意见答复工作的满意率(含比较满意)分别为95%和90%。医学部在医学部教代会年会期间征集代表提案20件,意见建议共35件。职能部处回复立案提案18件、意见23件,回复率分别为90%和65%。

【校(院)务公开】 推进校(院)务公开工作。为了进一步推进校(院)务公开工作,副校长、工会主席岳素兰带队赴"教育部校务公开工作先进单位"山东大学考察,学习借鉴先进经验。同时,校工会注重挖掘基层鲜活的经验,以先进带动整体。在2006年暑期干部培训中,人民医院王杉院长作了"公开是原则,不公开是例外"的院务公开经验介绍。暑期组织召开了以"加强民主管理,充分发挥教代会、工会作用,促进校(院)系)务公开"为主题的2007年北京大学工会干部暑期培训暨经验交流会,北京市总工会党组书记、副主席张建民作了工会工作辅导报告,马克思主义学院和药学院的工会主席分别介绍本单位院务公开的经验和体会。副校长、工会主席岳素兰代表学校作了《明确任务 落实责任 进一步发挥工会在校务公开中的作用》主题报告。医学部工会通过举办工会干部培训暨工作交流会、编辑《校务公开实务》书籍等,推动了院务公开工作的深入。

坚持校务咨询制度。2007年,校工会组织召开了四次校领导与教职工主题沟通会:(1)就学生教育管理模式和工作状况,组织召开了"学生教育管理模式和工作状况主题沟通会",校党委副书记张彦及学工部的领导与来自各院系的20多位教师代表进行了深入交流;(2)就教职工关注的工资制度改革和岗位设置管理,组织召开了"学校岗位设置管理工作主题沟通会",校党委常务副书记吴志攀及人事部的领导与教代会代表进行了面对面的沟通;(3)针对迎接本科教学评估工作中教职工的不同意见,组织召开了"本科教学评估与学校发展主题沟通会",常务副校长林建华及教务部的领导与教师代表们进行了深入交流;(4)为了做好教代会提案落实工作,组织召开了教代会提案工作主题沟通会,副校长、工会主席岳素兰、党委组织部领导和保卫部领导,就代表提案中提出的问题与提案人、附议人以及教代会代表进行了沟通。

【师德医风建设】 师德医德先进评选。校工会积极组织开展师德医德评优,为广大教职工树立师德医德楷模。2007年,经济学院李庆云教授被评为北京市"孟二冬式的优秀教师"。2007年是北京市医德先进评比年。第三医院被评为"全国医德建设先进集体",第一医院韩湘云教授被评为"全国医德标兵"。我校还荣获"北京市医德建设先进集体"2个、"北京市医德楷模"4人、"北京市医德标兵"14人等,在全市展现了北大教职工的师德医德风采。校工会通过工会网站、《北大教工》和《教工之声》杂志,编辑《北京大学师(医)德先进人物事迹选编》等媒介和形式,宣传以上师德先进集体和个人,医学部工会举办了"为师修德"报告会。

出版师德征文文集。校工会将在"学习王选、孟二冬,推进师德师风建设"征文活动中获奖的征文编辑成《以德治教 以德育人》一书,党委书记闵维方,校长许智宏,副校长岳素兰、鞠传进、张国有亲自为本书题词,林建华常务副校长为本书作序。征文文集出版后,校工会召开"学习贯彻胡锦涛全国优秀教师代表座谈会讲话精神暨师德征文表彰会"。医学部工会也编辑出版了《谈古论今话北医》等书籍。

动员教工参与评估。校工会组织召开了本科教学评估与学校发展沟通会,引导教职工统一思想、提高认识。组织开展了"学习十七大会议精神、迎接本科教学工作水平评估,促进学校改革发展"知识竞答活动,有4270多名教职工踊跃参加,25个单位获得优秀组织奖。医学部工会也组织教职工参加《劳动合同法》《工会法》、十七大报告的学习和知识问答等。评估专家孙建荣教授专程来工会调研,对工会、教代会工作给予高度评价。

【青年教师工作】 组织教学基本功比赛。2007年4月,校工会召开了北京大学第六届青年教师教学基本功和现代教育技术应用演示竞赛和北京高校第五届青年教师教学基本功比赛的总结表彰会,许智宏校长出席会议并作了重要讲话,会议对获奖的青年教师进行了表彰。2007年11月,北京大学第七届青年教师教学演示竞赛顺利举办(包括人文社科类、理工类和医科类),来自32个学院(系、所、中心)的56名青年教师参加了竞赛,观摩人数超过百人。

开展社会实践活动。暑期,校工会组成两个社会实践考察团,分别由常务副校长林建华、医学部党委书记敖英芳带队,赴井冈山和韶山进行考察实践。65名青年教师和青年管理干部参加,接受革命传统教育和爱国主义教育。考察结束后,编辑出版了《井冈红色之旅》等考察报告文集。

举办"青年教师学术沙龙"和"教学论坛"。校工会于11月启动青年教师学术沙龙活动。同时,校工会与教务部、人事部、现代教育技术中心联合举办了"北京大学教学论坛"系列讲座,邀请我校著名教授、专家学者与青年教师畅谈大学教学与人才培养问题。

【女教职工工作】 校工会通过"三八节"慰问信、座谈会等多种形式的活动,在思想上关心,在事业上鼓励和支持女教职工为学校的改革和发展建功立业。

针对不同的女教职工群体,校工会举办了"我与北大共发展"女性外来务工人员座谈会、"创造新业绩,共谱和谐曲"女干部座谈会(党委书记闵维方,党委副书记王丽梅,副校长、工会主席岳素兰出席)、"知识女性,魅力人生"女教授座谈会(党委常务副书记吴志攀,副校长、工会主席岳素兰出席)。

根据女性的健康需要,校本部组织基层工会的女工委员开展了"全民健身,与奥运同行"健康大步走活动,医学部组织了"我与奥运同行"庆"三八"女教职工登山比赛等一系列活动。

校工会与我校中外妇女问题研究中心联合举办了"中韩女性教育与发展论坛"。校工会还举办了"中美职业女性发展比较"报告会,邀请美国斯基德模大学东亚研究部主任陈茅教授为部门工会女主席和女工委员作主题报告。

2007年,校工会女教职工委员会荣获"北京市教育工会先进女教职工委员会"称号。

【生活福利工作】 开展健康服务,促进教职工身心健康。举办北京大学健康大讲堂系列讲座,邀请知名学者、专家举办了4讲,并在北大电视台全程播出。校本部工会和医学部工会继续大力宣传女职工安康保险。

2007年6月,校工会举办了北京市部分高校单身教职工联谊活动,来自北京10余所高校的300多名单身教职工参加了此次活动。2007年暑期组织教职工前往欧洲、俄罗斯、新疆、云南和内蒙古旅游。组织了暑期驾驶员培训班、汽车展示、代购代销、办理麦德龙超市会员卡、手机优惠套餐等各种活动,举办理财讲座及现场咨询活动,受到教职工的欢迎。

【维护教职工权益】 通过多种渠道和形式及时了解教职工的需要和诉求,针对教职工最关心、最亟需解决的问题,为教职工排忧解难谋利益。2007年工会与学校党委办公室校长办公室、人事部、财务部等部门协调处理8件劳动关系争议与工资争议问题,接待教职工来访,帮助解决班车管理等问题。

2007年，校本部和医学部工会慰问知名教授学者、劳动模范、优秀教职工、困难教职工共计近200人次，还慰问了节日期间坚守在工作岗位的后勤职工。医学部工会11月组织教职工向灾区捐献棉被、棉衣2367件，捐款13325元。

【工会组织自身建设】 继续开展建家达标活动。2006年年底至2007年5月，校本部和医学部分别对部门工会"教职工之家"的建设情况进行了全面考核验收，最终评出13家"模范教职工之家"、21家"先进教职工之家"、23家"合格教职工之家"，并召开了2007年建家验收表彰会。

完善激励机制，评优创先。2007年，校工会根据《北京大学工会奖励实施办法》，采取自查、互评、现场验收等方式对二级单位建家工作进行验收，通过交叉评审起到了互相促进的作用。在"公开、公平、公正"原则的指导下，进行自下而上的推荐、评审，最终授予13个集体"先进工会委员会"称号、19个集体"先进工会小组"称号、5个集体"先进教职工社团"称号，并召开了表彰大会予以表彰。医学部工会评选出了16个"模范工会小组"，并召开了2007年精品活动评审会，评选出11个精品活动，促进了工会工作水平的提高。

创建学习型工会组织。2007年暑期，校工会组成工会干部考察团，由副校长张国有率团赴厦门大学工会、集美大学工会进行实地调研和交流。

在党的十七大召开之后，校工会组织召开了学习贯彻十七大精神报告会暨组织宣传工作会议，邀请国际关系学院教授、博士生导师孔凡君为工会干部解读十七大报告，传达十七大会议精神。

在考察和学习的同时，校工会还大力开展调查研究。2007年，校工会将2005年度和2006年度的获奖论文与调研报告汇编成集。

2007年，我校提交的4篇调研报告和6篇论文在北京市教育工会评选2007年基层工会优秀论文、调研中获奖，占全部获奖总数的40％。医学部工会立项的14项课题均已结题并召开了汇报会。图书馆工会完成的《北京大学图书馆值班员工情况调研报告》反映了实际问题，得到相关领导的重视并正在解决。

加大宣传工作力度。2007年，校工会继续加大宣传工作力度，《北大教工》全年出刊4期，《教工之声》全年出刊6期，刊物的质量和水平逐步提高。2007年11月，北大工会网站更新和改版工作顺利结束。在各基层工会组织的大力支持下，成功组建了40多人的工会通讯员队伍，大大提高了基层活动报道的效率。

2007年，教代会、工会在各项工作中取得一定的进步和成绩，这是学校党委高度重视的结果，闵维方书记获得了"2007年北京市全心全意依靠教职工办好学校的好书记"荣誉称号。我们的进步也是学校行政及各职能部门的大力支持、全体工会同仁共同努力、广大教职工积极参与的结果。

【平民学校】 北京大学工会联合校内多家单位于2006年重新开办了平民学校。2007年3月至7月，平民学校开办了系列讲座，主题分别为"北京大学的光荣历史与传统""走向人类性健康""中国司法制度与公民法律意识"和"交友恋爱与心理健康"。经过第一期的探索和努力，平民学校第二期学员扩至102名，并于2007年9月13日举行开学典礼。

2007年，平民学校增加计算中心为平民学校理事单位，在原有的三长制（学务长、教务长、总务长）之下增设教学管理办公室、学员管理办公室、志愿者管理办公室和综合管理办公室四个日常管理机构，并设立班主任制度，平民学校管理工作的效率大为提高。

平民学校第二期学员的课堂教学、课外活动都比第一期更加成熟完善，学员们利用课余时间创办班刊《百草堂》、举行"环保爱校"主题活动等，创造了良好的学习氛围。

【创办"北京大学工会爱心基金"】 在教代会代表提案的基础上，教代会执委会、工会常委会联席会议经过长时间的讨论酝酿和精心策划、周密筹备，经学校党政联席会议批准，正式成立了北京大学工会爱心基金，并于2007年4月25举行了爱心基金启动仪式。党委书记闵维方，常务副校长林建华，副校长、校工会主席岳素兰，党委副书记杨河，副校长鞠传进等校领导出席了启动仪式。

2007年，"爱心基金"共收到来自校内外的11家单位的捐款共计20.8万元，收到来自校内71家单位的2697位教职工的捐款共计290869.6元，共计498869.6元。目前，北京大学工会爱心基金已经送出了五笔善款，共计31000元。

【开展"奥运有我，校庆有我"系列活动】 2007年上半年，校本部和医学部分别举办了北京大学运动会和医学部第45届教职工田径运动会，通过在运动会上表演大型团体操（本部1400人参加，医学部500多人参加），带动教职工参与健身锻炼。举办的主要活动还有第二十一届"京华杯北大、清华棋牌友谊赛"（获得冠军）、工会干部登山比赛等。

下半年，大力开展"奥运有我"系列项目竞赛，如教职工中国象棋比赛、围棋比赛、高校教工足球联赛、教工乒乓球联赛（60支队伍）、网球联赛、普拉提健身操（700人）、健康大步走（3015人）、参加首都教师第一届艺术节合唱比赛（获得金奖），举办"奥运有我，校庆有我"北京大学教工文艺汇演等。医学部工会也举办了丰富多彩的文化活动，如足球比赛、羽毛球比赛、教职工书画展、教职工游泳比赛、诗歌朗诵会，并与医学部党委宣传部合作举办了医学部95周年庆典文艺晚会。医学部5个节目入选北京地区卫生系统迎七一文艺汇演，其中2个节目又进入全国卫生系统汇演并分别荣获最佳表演奖和最佳风采奖，医学部工会也荣获了优秀组织奖。

现有校级教工社团19个，二级单位教工社团（协会、小组）88个。例如，公共卫生学院成立了6个兴趣小组，每周举办活动，学院50%的教师积极参与兴趣小组的活动。

校工会加大力度向基层工会下拨专项经费，鼓励和支持分工会、部门工会组织研讨、举办各种文体活动，为教职工小家添置文体器材（2007年向基层工会赠送乒乓球台40个），向基层工会提供活动场地等，部分基层工会举办的活动还面向全校教职工开放。

## 学　生　工　作

【迎评工作】　全力做好迎接北京市党建和思想政治工作基本标准检查工作。与各相关系统、部门通力合作，高质量地完成了迎评准备工作。以此为契机，认真开展自查自纠、自评自建工作，对2003年以来开展学生党建和大学生思想政治教育的工作成绩和基本经验进行深入总结，对"文明生活、健康成才"主题教育活动、大学生廉洁教育、红旗在线网站建设等特色工作进行系统梳理，撰写了各类评估报告材料，圆满完成了迎评工作任务。

全力做好迎接教育部本科教学工作水平评估工作。严格按照评估指标体系和学校迎评工作整体安排，调派专门力量，全力做好评估报告的撰写工作，保质保量地完成评估材料的收集、整理和报送工作；坚持以评促建、以评促改，统筹协调全校各院系，深入开展"迎教学评估、促学风建设"主题班会、课堂纪律检查、宿舍风貌检查，狠抓校风学风建设，着力整顿上课迟到、早退等不良学风现象，在全校范围积极营造文明健康的校园氛围和浓郁深厚的学习风气，有效带动了整个系统的工作整体发展。医学部学生工作系统多次召开学生干部动员大会和学生代表座谈会，持续开展各类整改工作和学生建设工作，圆满完成各项迎评准备工作。

【队伍建设】　着力加强党风廉政建设工作。组织全体干部不断加强党纪政纪、廉政法规的学习和教育，深入学习《中国共产党党内监督条例》《中国共产党纪律处分条例》《建立健全教育、制度、监督并重的惩治和预防腐败体系实施纲要》等文件精神，不断强化干部队伍的工作作风建设、廉洁自律意识和防腐拒变能力。全面贯彻落实党的十七大精神，坚持以改革创新精神全面推进党的建设，针对干部队伍和党员队伍高度重合的实际情况，深入开展"学习贯彻党的十七大精神、创建世界一流大学"主题党日活动，引导党员干部认真学习、深刻理解中国特色社会主义理论体系，持续推进党员干部队伍的思想建设、组织建设和作风建设，着力营造信念坚定、作风正派、清正廉洁、甘于奉献的干部队伍作风。

着力加强干部队伍培训工作。加大对外学习考察力度，组织考察团赴上海复旦大学以及广州、深圳等地学习考察。积极开展理论研究和业务工作培训，编写下发《北京大学辅导员培训教材》，先后举办学生违纪处理与申述受理、心理健康教育、就业指导和职业规划、理论研究和公文写作、青年发展与学生工作等多场培训讲座；在多个院系召开学生工作现场办公会，积极促进院系学生工作的经验交流和推广，着力提升学生工作干部、辅导员和班主任队伍的理论修养水平和业务工作能力。进一步健全辅导员班主任情况调查统计制度，形成《北京大学2007年辅导员班主任队伍状况统计报告》，起草《关于北京大学辅导员班主任队伍建设现状及今后工作规划的报告》，对辅导员班主任队伍建设做出长远规划，有效推进干部队伍"职业化、专业化、专家化"的建设进程。医学部在门头沟区斋堂学生军事训练基地举办了2007年新上岗班主任培训暨学生工作经验交流会，并选派学生工作干部参加"职业生涯设计的教育"培训班、"学校心理危机干预与危机事件应急管理实务技术"培训班、教育部班主任培训班等培训活动。

进一步加强选留学生工作干部和学生骨干队伍建设。进一步规范选留学生工作干部月度会制度，编撰出版《北大选留一族》刊物。在2007届选留学生工作干部的分配任用上，持续加大向院系基层的倾斜力度，有效充实了院系基层的学生工作力量。学生助学校实现了助理费提交和助理信息统计的网络化管理，革新了学分制选课制度，将培训内容从单纯的理论培训向理论学习和素质拓展相结合转变。学生工作记者团更名为学生工作宣传骨干中心，在2007级新成员中试行"基本能力培养——创新能力培养——领导能力培养"逐层递进的学生骨干培养模式,有意识地加强政治理论学习和业务培训力度,学生骨干队伍的战斗力不断增强。

**【学生思想政治教育】** 开展学习贯彻党的十七大精神主题教育活动。认真贯彻落实《中共教育部党组关于教育战线认真学习贯彻党的十七大精神的通知》和《中共北京大学委员会关于认真学习贯彻党的十七大精神的通知》精神,持续深入开展各类学习教育活动。举办大型报告活动,集中宣讲十七大精神,先后邀请中共中央党校李君如副校长、校党委闵维方书记、经济学家厉以宁教授等专家学者解读十七大精神,组织了多场上千人的主题报告活动,并通过人民网对部分讲座进行网络直播,有效扩大教育覆盖面。扎实开展各类学习研讨活动,着力培养北大学生成长为具有坚定理想信念和较高理论修养的青年马克思主义者,指导学生工作宣传骨干中心、红旗在线、学生助理学校等学生骨干团体广泛开展各类座谈会、研讨会等学习活动,组织召开多场北大学生学习十七大精神座谈会,先后撰写、上报多期《情况反映》和《工作简报》,推广北大学生学习贯彻十七大精神的成功做法,不断深化教育实效。适时启动以"学习贯彻党的十七大精神,做全面建设小康社会生力军"为主题的学生党团日联合主题教育活动,充分体现"党建带团建、团建促党建"的工作原则,高度契合当前团支部和班集体高度重合、党支部跨班越级设立的组织结构实际,有效整合教育资源,确保教育实效,得到了基层院系和学生党团组织的一致欢迎。全校各院系积极响应号召,组织开展知识竞赛、参观访问、专题调研、理论研讨、征文比赛等各类学习活动,共提交优秀活动项目80余个。医学部通过讲座、讨论会、出刊物等多种形式组织学生认真学习领会党的十七大精神,激发学生争做"四个新一代"先锋的热情,主题教育活动取得圆满成功。

拓展学生党建工作新途径。8月,联合组织部共同举办北大历史上首次本科新生党员培训班,以"时代先锋、青年表率、追求卓越、勇于担当"为主题,针对本科新生党员的实际特点和成长需求,开展专题报告、互动参与、素质拓展、学员展示、参观调研、分组讨论等特色鲜明的再教育工作。通过为期五天的集中培训,新生党员的理想信念更加坚定,理论水平明显提升,骨干意识显著增强,培训班在拓展学生党建工作新途径、促进新生党员全面成长成才、彰显学生党员示范带动效应等诸多方面取得了实效。

联合组织部举办第八届学生党支部书记培训班,在昌平校区集中开展为期一天的封闭式理论学习和工作研讨。通过聆听报告、分组讨论、经验交流、总结汇报等培训环节,有效提升了学生党支部书记的党性修养和业务水平,促使其在实际工作中自觉加强理论学习,增强党员意识,改进工作方法,充分发挥其在学生党支部建设中的先锋表率和领导核心作用。

以六周年站庆为契机,推进学生党建网站红旗在线的建设工作,着力构建功能更加强大、服务更加完备、技术更加先进的学生党建工作网络阵地,4月至5月,面向全校学生党员开展了网上党的知识竞赛和主题征文大赛;6月,顺利完成自建站以来规模最大的改版工作,信息公布、信息检索、网络互动等功能布局更加完善,新推出的"网上党支部"频道开创了高校红色网站与学生党支部"互动"之先河;先后推出学习方永刚、大学生廉洁教育、学习党的十七大精神等专题教育网页,积极开展各类网络思想政治教育活动,荣获北京市第八届党员教育电视片观摩评比三等奖,并被评为全国高校"十佳思政网站"。

探索研究生思想政治教育工作新抓手。7月,组织召开学生工作暑期研讨会,将进一步加强和改进研究生思想政治教育工作确立为下一阶段全校学生工作的重点。拿出专项经费,启动"北大学生成长成才指导讲座"课题(研究生类)招标,针对研究生工作设计了10大类14个子课题,鼓励基层学生工作干部围绕学计划指导、职业生涯规划、和谐身心建设、人际关系处理等与研究生成长成才密切相关的重要课题开展专项理论研究和探索工作,并计划将研究成果转化为教学材料,于2008年春季学期组织各院系广泛开设研究生成长成才指导课程。启动"青春的榜样——北京大学优秀研究生系列报道"工作,与《光明日报》《科学时报》《北京日报》等校外媒体合作,通过在全校范围内深入挖掘、广泛宣传优秀研究生个体和团队的先进事迹,有效发挥优秀研究生的示范效应和榜样力量,鼓励全体研究生提升思想道德水平,坚定成才报国志向,激发学术科研兴趣,促进全面成长成才。医学部组织120余名研究生、10个社会实践团赴江西、贵州等地接受爱国主义教育,重温革命主义乐观、无畏、牺牲、奉献的精神,运用所学专业知识为当地群众提供义诊、咨询和讲座,开展农村新型合作医疗情况、城市社区医疗及全科医生培养模式的调研。

创新各类主题教育活动。开展大学生廉洁教育活动。按照学校党委《关于在全校学生中开展廉洁教育活动的意见》的工作部署,着手对已经开展的廉洁教育工作进行全面总结。4月,北大应邀在全国高校廉洁教育工作电视电话会议上作主题发言,全面介绍开展廉洁教育工作的基本情况和成功经验;5月,组织开展以"廉洁修身、和谐发展"为主题的廉洁教育活动月,有效整合主题党团日、主题班会、学生成长成才指导讲座、职业生涯规划、警示教育展览等多种教育途径,形成了全方位、多层面、立体式的教育工作局面。在此基础上,通过开展院系评比表彰和经验总结工作,积极推进各院系将廉洁教育纳入院系日常工作范畴;通过申报北京市反腐倡廉教育"五好一创"评选、海淀区精神文明最佳活动申报等工作,深入总结教育经验,不断彰显北大廉洁教育的社会影响力和示范效应。

开展"向高明学习"主题教育活动。下发《关于号召全校学生党支部和班集体深入学习高明先进事迹的通知》,举办高明返校座谈会、高明事迹报告会,组织学生代表集体观看《新闻联播》报道,鼓励全校学生深入学习高明的先进事迹和优秀品质;与第二炮兵部队、新华社、中央电视台、《人民日报》《光明日报》等部队和媒体单位展开全面合作,加大对外宣传力度,面向全社会树立当代大学生和解放军战士的优秀典型,充分发挥先进榜样的道德示范和模范表率作用。

开展形势政策教育活动。邀请国家发改委宏观经济研究院常修泽教授、黑龙江省铁力市委书记孟庆杰等就当前经济社会发展中的若干热点问题作专题讲座;先后组织学生聆听外交部长杨洁篪为首都大学生所作的"国际形势与中国外交"的形势政策报告会,参加高富浪同学先进事迹报告会、学习北京市公安局天安门地区分局先进事迹座谈会。

开展毕业教育和新生入学教育活动。2007年的毕业教育推出创新举措,提出"2007·向梦想出发"的教育主题,具有鲜明的时代性和强烈的感召力,在学生中获得了广泛认同。在这一主题下,"成长感恩""爱岗敬业"和"文明离校"三大系列教育活动环环相扣,"雕刻梦想,型塑精彩人生——优秀校友访谈沙龙"、《毕业前需要去做的十件事》温馨提示等创新活动相继展开,取得了良好的教育效果。医学部为毕业生出版精美的毕业生画册——《北医,爱在延续》,教育毕业生把美好留给母校,做到文明离校。新生入学教育在2006年成功改革的基础上,着力凸现与家长充分沟通交流、携手培养人才的教育理念,在迎新现场发放《携起手来,共同培育英才——致北京大学2007级本科新生家长的一封信》《新生家长手册》,努力构筑家庭学校通力合作、全员育人的良好局面。全国人大常委会副委员长、医学部主任韩启德院士在医学部开学典礼上向新生提出了"开阔视野,确定恢宏志向;保持充分自信心;把书读活,不要死读书、读死书、书读死,更不要读书死以及全面发展、增长才干"四点期望。

【学生日常管理】 持续推进学生管理工作的规范化、制度化建设。按照"规范化、制度化、科学化、人性化"的工作发展思路,在规范工作流程、完善制度体系两个方面狠下工夫。试行《北京大学学生违纪处理卷宗(试行)》与《北京大学学生退学申诉处理卷宗(试行)》,配备相应的填表说明,以协助相关部门和院系在开展工作时做到程序正当、证据充分、依据明确、定性准确、处分适当;编撰并下发《北京大学学生管理工作文件汇编》300余本,全面收录《北京大学学生奖励条例》《北京大学学生违纪处分条例》等学生管理工作常用条例与文件;制作并悬挂学生管理工作指南展板,涵盖学生评奖评优、学生团体保险、学生日常行为违纪及申诉处理等诸多工作内容,为院系开展学生管理工作、为学生办理相关手续提供了明晰而实用的指导。创新学生工作先进单位的评选办法,制定出台《北京大学学生工作先进单位评分细则》,施行"院系互评打分——校内相关部门评议——部长书记联系会讨论——校奖励评审委员会审定"一整套规范、科学的评选程序,受到基层院系的广泛欢迎,得到了学校奖励评审委员会的充分肯定。大力加强理论研究工作,持续推进工作从规范化、制度化向科学化层次的提升。针对思想偏激、心理脆弱、经济贫困、学业困难、学籍异动、生活独立等六类"重点学生",在全校范围内先后两次开展排查工作,初步建立了"重点学生"的资料档案;定期开展假期安全教育,发放《关于假期安全给同学的一封信》和《学生假期安全卡片》25000余份;完成了学生学籍异动登记、研究生普通奖学金造册、学生违纪处理、学生违纪申诉受理等常规管理工作。

评奖评优工作顺利开展。2007年共评出各项校级个人奖励3930名,包括三好学生标兵232人、创新奖126人、三好学生1589人、优秀学生干部98人、社会工作奖661人、学习优秀奖1183人、红楼艺术奖17人、五四体育奖24人;共评出各项校级集体奖励106个,包括学生工作先进单位6个、学生团体创新奖5个、校级优秀班集体30个、先进学风班65个;分别推荐北京市三好学生57名、北京市优秀学生干部19名、北京市优秀班集体19个。在优秀毕业生的评选过程中,继续加大对自愿到边远艰苦地区或者基层工作的毕业生的表彰力度,共评出校级优秀毕业生810名,推荐北京市优秀毕业生162名。在各级政府和社会各界的关怀和支持下,2007年北京大学共设立奖学金68项,奖金总金额达1100多万元;共评出获奖学生3313人,人均奖金额度3340余元,奖金总额、获奖人数、获奖比例、人均获奖金额与2006年相比均有很大提高。奖学金总额增幅为45.18%,学生获奖率增幅为2.48%,人均奖金额度增幅为

23.88%。充分发挥颁奖典礼活动奖励先进、勉励全体的教育作用,成功举办奖学金颁奖典礼和北京大学深入推进"文明生活、健康成才"主题教育活动暨2006—2007学年度奖励表彰大会。在组织好全校性奖励表彰大会的同时,成功组织开展了苏州园区奖学金签字仪式暨宣讲会、戴德梁行奖助学金颁奖会、POSCO奖学金颁奖会、光华奖学金颁奖会、曾宪梓奖学金颁奖会、康宁奖学金座谈会等一系列专项奖学金的颁奖会、签字仪式及联谊活动。

积极开展学生团体保险工作。改革学生团体保险工作,调整工作时间,简化操作程序,将投保工作纳入学生管理信息系统,极大提高了工作效率。投保学生范围进一步扩大,共有16575名学生投保。妥善处理了意外身故学生的保险理赔事宜,为学校顺利解决此类突发事件发挥了重要作用。根据北京市政府《关于建立北京市城镇无医疗保障老年人和学生儿童大病医疗保险制度的实施意见》和《关于做好本市镇无医疗保障老年人和学生儿童参保与缴费工作的通知》的文件精神以及学校的整体安排,学工部和人事部、财务部密切配合,圆满完成了"一老一小"政策规定的相关工作,为802名具有北京市户口但不享受公费医疗的在校学生办理了重大医疗保险,为这一部分学生顺利完成学业提供了有力保障。

加大优秀个人和集体的宣传力度。推出优秀毕业生先进事迹专题展览、优秀个人和先进集体专题展览,印制下发《北京大学校报》(学生工作部表彰专刊)5000余份。加大对学生工作先进单位的宣传力度,在《北大青年研究》上开辟专栏,刊登先进单位的学工队伍风采照,刊载先进单位提交的理论文章,积极促进基层学生工作的经验推广。着力做好对外宣传工作,推出高明、郭晓春等优秀学生代表和IGEM团队等优秀集体代表。其中,高明同学顺利当选"2007年全国大学生年度人物",IGEM团队顺利入选"2007年首都十大教育新闻事件"候选新闻,充分展示了北大学生的良好形象和昂扬风貌。

【国防教育】 高质量完成大学生征兵工作。2007年在校大学生征兵工作以优秀大学生士兵高明为宣传典型,配合深入有效的媒体报导,积极开展大规模的征兵宣传和动员活动。经过严格选拔,最终3名本科生光荣加入中国人民解放军,实现了携笔从戎、献身国防、建功军旅的光荣梦想。

落实"常规教育纳入军训"理念,顺利完成学生军训工作。8月18日至31日,北京大学本部2006级2952名本科生分别在怀柔学生军训基地和康庄611学生军训基地完成了军事技能训练。医学部组织514名学生顺利完成军事理论课学习、政治训练、军事体能训练工作,着力增强学生国防意识,培养遇事果断、不畏困难、团结协作的精神。2007年的军训工作坚持"常规教育纳入军训"的育人理念,制定《2007年在学生军训中开展常规教育工作的安排》,组织开展了主题班会、国家安全防务专题讲座、心理健康教育专题讲座、观看教育影片等教育活动,强化了军事训练的育人功能。

国防教育活动蓬勃开展。举办"砥砺青春、心系国防——北京大学国防教育活动月"主题教育活动,通过大型签名、专家讲坛、图片展览、越野比赛、参观考察、电影展播、辩论大赛、文艺晚会等系列活动,增强师生的国防意识,拓展国防教育的育人功能。举办了定向越野、宣传展览、高明先进事迹座谈会等教育活动,取得了积极效果。6月,与解放军艺术学院联合举办了"北大军艺心连心"交流活动。校长许智宏、党委副书记张彦以及解放军艺术学院政治委员谢立宏,副院长冷冰、左青,副政治委员章其平,政治部主任刘强,解放军驻北大清华选培办主任凌铁等领导出席了交流活动的"人才培养座谈会",就两校如何进一步加强合作、推进学生国防教育活动进行了深入交流;两校师生还在北大百年纪念讲堂共同演出了"北大军艺心连心联欢晚会",充分展示了解放军战士的飒爽英姿和当代大学生献身国防的志向决心。

持续加大对各类学生社团的扶持力度,支持学生定向运动协会举办全校新生定向运动比赛、定向运动周、北京高校定向越野邀请赛等大型赛事活动;支持学生军事爱好者协会出版会刊、举办"华山论剑"辩论赛、军事爱好者讲坛、将军诗书画展等大型活动。顺利完成2006级文科学生和2007级理科学生共计3000多人的军事理论课教学工作,继续开设的"孙子兵法导读""当代国防"等通选课程受到全校学生的热烈欢迎,课堂教学的育人主阵地作用得到充分发挥。

【学生心理健康教育】 完善监控网络,健全防护机制,做好心理危机排查与干预工作。开展定期和临时危机排查上报工作,及时有效识别学生中的危机个体。通过月报制度,将每月汇总的危机情况和干预案例形成报告。针对心理专项助理在知识结构、工作经验等方面存在的差异,推出针对性的分层培训模式。以心理健康普测的结果为基础,结合危机排查、院系临时危机情况汇报等信息,完善并及时更新问题学生心理健康档案,并定期给予追踪、监控、建议和治疗。

开展心理咨询工作和心理健康教育活动。建立完善《专兼职心理咨询师考核制度》《兼职心理咨询师接受督导条例》《病例及相关档案管理条例》《缓考建议制度》等一系列咨询制度和条例。坚持为专、兼职咨询师安排每周一次的专业督导,并划出专用经费,派送专职咨询师参加高水平的国内外培训班,为学生心理咨询工作提供坚实的专业保障。对日常心理咨询和治疗工作进行了主题式的细化分类,普及和推广心理咨询,更有针对性地帮助学生解决心理问题。网络在线咨询与三角地现场咨询相结合,同时做好常规咨询和项目化咨询,适应学生心理健康教育的要求。

开展心理健康教育的理论研究。开设1学分的"大学生心理素质拓展课",通过活泼生动的互动教学方式,运用大量学生生活、学习案例,并从心理学角度进行细致的分析,将心理健康知识与学生生活紧密结合,帮助同学们提高自我解决问题的能力。成功举办两届整体健康活动月,普及推广朋辈辅导工作坊,组织心理健康精品讲座,指导北大整体健康协会在心理健康教育宣传普及工作中发挥积极作用,独立主办心理健康教育报《燕园心声》,建设心理健康教育网站,承办首届首都高校大学生心理健康辩论赛,通过一系列活动践行全方位育人、全过程育人的理念。

【学生资助工作】 认真贯彻落实宣传国家最新资助政策。组织学习国家最新资助政策,并向学校的各个相关部门、院系传达。依据新的国家资助政策以及财政部、教育部、全国学生资助管理中心陆续发布的学生资助工作方面的各项配套文件,结合北大资助家庭经济困难学生工作的已有基础和现实特点,制定和完善了新规章制度或实施管理办法,为落实国家新资助政策提供制度保障,并通过网络和信息发布亭宣传国家最新资助政策。

以家庭经济困难学生为本,打造服务型中心。秉承"一切为了同学,一切服务同学,全心全意做家庭经济困难学生的贴心人"的服务宗旨,切实把各项工作落实到提升服务水平上。进一步完善直接面向同学开展国家助学贷款办理工作的服务机制。加强毕业生还贷教育,提供还贷政策的咨询服务;提升直接面向学生办理助学金申请工作的比例,增进服务效果。实施温馨家园计划,加强节日化资助力度与临时困难补助帮扶力度,创设校内勤工助学岗位,满足广大同学需求。

搭建平台,拓宽学生资助渠道。进一步密切与校内单位的沟通和合作,同时不断加强与校外有关机构的联系与合作,在项目的日常管理和创新上做出有益的探索,较好地落实了资助育人的理念,使受助同学与捐助方之间保持了良好、和谐的互动关系,为广大受助同学增长知识、提升能力创造了较好的条件和机会。

重视资助公平,确保资助资金安全、公正使用。在自身管理机制上不断加以完善,为各项资助资金的使用提供了安全良好的制度保障。多次邀请学校纪检、审计部门工作人员走入中心监督助学金评审工作,核实相关评审数据,为助学金评审、发放等各个环节的安全、公正提供有效的监督机制。创建了以助学金评审委员会为工作平台的评审工作制度,促进整个评审过程的透明、合理和权威。

推动学生服务总队发展。在指导学生服务总队开展活动的工作上继续落实资助育人理念和实际举措,推出"北京大学公益之星"评奖表彰活动,激励和教育学生心怀感恩、热心公益、回报社会,使"真情回报社会、塑造精彩人生"的总队精神进一步得到落实和深化,推动了学生服务总队社会公益服务活动和总队综合育人模式的建立和发展。

【学生就业工作】 进一步建立健全专业化、全程化的职业指导工作体系。提出以职业生涯规划为核心,建立健全职业指导体系,变单纯的就业指导为复合的职业指导的工作思路,拓展增设多项工作项目,建立健全专业化、全程化的职业指导体系,主要分为职业测评和职业规划辅导(一对一)、职业指导教育(一对多)、职业指导活动(多对多)、职业指导学科(多对一)四个层面。秉承专业化、全程化职业指导的工作理念,成立职业规划工作室,面向全校各年级学生开展专业化的职业测评、职业规划辅导和咨询工作。开设"大学生职业生涯规划"课程、职业规划训练营、职业指导工作坊、就业指导专家系列讲座、《北大学生就业指导》报、职前教育网络学堂,增强学生的职业意识,帮助学生了解社会需要,树立正确的人生观、价值观与职业观,提高职业规划和求职就业的能力。开展校园文化活动、职业见习、就业实习等一系列群体性活动。编写北京大学职业生涯规划课程大纲、教材、职业规划案例教材、就业指导常识手册,参与教育部和北京市教委就业指导课程教材的编写,开发职业测评软件系统,翻译出版国外高校职业指导教材、有关专著等。成立职业发展教研室,统筹协调职业指导的教学研究工作。进行阶段性和过程性的职业指导,在时间维度上做到了"瞻前顾后":把职业指导服务向前延伸,面向中学生提供选择专业志愿的指导和服务,把职业指导服务直接送到北大新生报到处;把职业指导工作体系向后延伸,做好毕业生成长成才的追踪调查与服务工作。多次组织问卷调查和校友走访活动,调查了解重点用人单位的需求特点及对北大毕业生的使用、评价以及校友发展情况等。

建立以和谐就业为目标的保障体系。提出重点关注三类人群的工作思路:一是引导和推荐品学兼优、综合素质好、创新能力强的优秀毕业生到国家重点行业与领域、到国民经济的主战场建功立业、成长成才;二是引导和鼓励政治素质高、综合能力强、志愿并适合到基层和西部就业的毕业生到艰苦地区施展才华、锻炼成才;三是加强对就业有障碍毕业生(主要体现为"有业不就")的支援工作,通过帮助学生熟悉政策、了解形势,合理调整个人择业观念和就业期望值,努力做好这部分毕业生的思想引导、信息服务、政策咨询和就业推荐工作。经过努力,毕业生就业的行业、地域分布更加合理与多元化,一大批毕业生奔赴中央国家机关、地方政府部门、国家重点企事业单位、高新技术企业、著名跨国公司等国民经济主战场;101位毕业生志愿前往基层和西部地区工作,其中14名应届毕业生(本科毕业生6名,毕业研究生8名)到北京市朝阳区、海淀区、顺义区和通州区农村担任村党支部书记助理或村委会主任助理,87名应届毕业生签约到祖国西部工作(包括正式签约派遣到西藏自治区就业的13名毕业生)。2007年北大到基层、西部、国家重点行业与领域就业的毕业生比例高达72%,比2006年增加了两个百分点,就业质量得到显著提升。

加快就业工作队伍专业化、职业化建设。通过培训、研讨、交流等方式,进一步提高就业工作人员的专业化水平。多次组织校系两级就业工作人员参加北京高校毕业生就业指导中心和教育部全国高等学校学生信息咨询与就业指导中心举办的"就业工作人员专业化培训——大学生职业生涯规划指导"专题培训、"台海大学生职业指导论坛""首届中国职业生涯发展高峰论坛"等相关活动;建立"专家库",聘请"学生职业发展导师",帮助学生认识自我、了解职业、更好地进行职业规划。落实"走出去、请进来"的工作宗旨,加强国际交流,远赴美国、加拿大高校学习考察职业指导经验,邀请英国伦敦政治经济学院、美国南加州大学大学生职业指导工作人员来北大进行交流等。保持毕业生就业工作队伍的相对稳定,实现就业工作相对"职业化"的工作目标,院系就业工作负责人从"泛兼职化"向"专兼结合、专职为主"转型。

深化与用人单位合作,探索校企共赢新模式。组织200余次专场宣讲招聘会、4次10~30家用人单位参加的中型规模招聘会、1次205家用人单位参加的大型洽谈会。深化与用人单位合作,在海淀区人事局的支持下,作为北京高校牵头单位组织举办"海淀区第二次重点高校—知名企业沙龙"活动。从社会需求的角度,协调用人单位在高校培养环节提前介入,加强对学生职业能力的培养,与学校一起就如何选拔优秀毕业生、共同承担对大学生的职业指导教育、就业工作人员到企业挂职体验、提供实习岗位等方面提出合作方案,有效整合资源,解决信息不对称的问题,在促进大学生就业和企业甄选人才方面起到了积极的促进作用。

完善调查研究工作的制度化建设。组织"北京高校毕业生薪酬调查""北京大学2007年毕业生就业洽谈会调查""'大学生村官'现状及预期调查""职业规划咨询日调查""北京大学本科毕业生情况跟踪调查""北京大学本科毕业生用人单位跟踪调查""本科毕业生攻读硕士研究生导师评价调查""北京大学毕业生签约调查"以及"北京大学毕业生调查问卷"等9项调查。充分了解毕业生就业期望、就业满意度、在校学生需求和用人单位评价等信息,并把调查研究作为一项制度固定下来,在《北京大学2007年毕业生就业工作实施意见》中规定:"各级负责毕业生就业工作人员努力做好调查研究工作,了解重点用人单位的需求特点及对北大毕业生的使用、评价等情况,各院系要掌握本单位学生在校学习、就业过程及毕业之后职业发展的基本状况。"

【青年研究中心】 加强网络监管工作和舆情报送工作。继续深入贯彻落实教社政[2004]17号文件精神,在"用户实名制"和"建成校内网络用户信息交流平台"的基础上,进一步加强网络监管和舆情报送工作,完善相关制度,加大监控力度,扩大监控范围。完善修订了青年研究中心《工作人员带班制度》《学生助理值班守则》《校园网删文标准》《处理校园突发事件应急处置预案》,补充细化了值班汇报和责任追究制度,启动了未名BBS站规的修订工作。2007年下半年,顺利完成未名站务组新老成员的交替工作,并通过网上和网下等多种渠道,理清和明确了学校和未名站务组之间的关系,为今后的管理和建设奠定了基础。面对复杂多变的网上负面信息,注意把握删帖的时机和火候,进一步提高了网络监管的科学性和艺术性。从2007年下半年开始,青年研究中心逐步恢复舆情报送工作,并进一步健全舆情报送机制,形成了多角度、全覆盖的网络舆情信息收集体系。

提升《北大青年研究》杂志的编辑水平。编辑出版四期《北大青年研究》杂志,发表文章80余篇,共计40余万字。杂志在校内外的影响力进一步扩大,刊登的多篇文章被校外核心期刊选用。1月,召开《北大青年研究》编委会2007年度第一次全体会议,总结两年来在编辑出版工作中的成绩和不足,探讨并确立杂志今后的发展方向。协办"2007年北京大学学生工作系统理论培训",邀请《北大青年研究》杂志的部分顾问来到北大,专门就如何进行论文写作进行培训。

启动"北大·地带"网站的升级改版工作。2007年下半年,就北大·地带网站存在的问题进行了集中调查、分析和讨论,初步确定北大·地带网站的改版升级方案。在维持网站正常运营的前提下,借鉴web2.0时代网站发展思路,分四步对网站进行升级改版:建设北大网上影音库,开设名师博客,打造"北大百科"品牌以及改进原有频道,增加原创性。

【德育研究】 启动"北大学生成长成才指导讲座"课题(研究生类)招标,针对研究生工作设计了10大类14个子课题,并计划将研究成果转化为教学材料,于2008年春季学期组织各院系广泛开设研究生成长成才指导课程。编撰《高校学生管理危机研究——典型案例及处理机制》,对学生管理危机处理机制进行了理论分析和系统总结;以《北大青年研究》为阵地,发表多篇理论文章,深入探讨学生保险工作、重大疾病和意外身故危机的防范应对工作、学生违纪处理工作等多个重点工作领域,部分论文在核心期刊发表,产生了广泛的社会影响;医学部撰写《北京大学医学部学生工作状况调研报告》,综合反映了辅导员、班主任及各级学生工作主管领导对医学生教育、教学、管理等方面的意见和建议。编写《北京大学"文明生活、健康成才"主题教育活动工作简报》7期、《学生工作简报》7期、《学生工作周报》38期、《北大学生思想动态》3期、《情况反映》9期,全面反映了不同时期学生学习、生活中的热点问题,为学校领导和上级主管部门掌控情况、做出决策、开展工作提供了重要的参考依据。

(学生工作部)

# 共青团工作

【概况】 2007年,北大团委始终高举中国特色社会主义旗帜,以邓小平理论和"三个代表"重要思想为指导,牢固树立科学发展观,深入贯彻落实党的十七大精神,准确把握共青团十五届五中全会和共青团北京市第十二次代表大会精神,在校党委的领导和上级团组织的指导下,在全体团干部和广大团员青年的共同努力下,胜利召开了共青团北京大学第十七届委员会第四、五次全体(扩大)会议,围绕构建社会主义和谐社会和实施"新北京、新奥运"战略构想的发展大局,紧扣北京大学创建世界一流大学的中心工作,明确"第二主角"的育人功能,切实改进大学生思想政治教育,努力繁荣发展校园文化,不断完善青年成才服务体系,深入加强共青团组织建设、能力建设、制度建设和作风建设,校本部和医学部共青团的各项工作取得了新成绩,呈现出新气象,创造了新格局,迈上了新台阶。

深入贯彻党的十七大精神,继续落实中央16号文件要求,引导青年坚定理想信念,大力提升思想政治教育工作水平。2007年,北大团委秉承"育人为本、德育为先"的理念,深入学习贯彻党的十七大精神,全面把握时代特征,深入立足青年特点,在全面筹备北大110周年校庆工作和2008年北京奥运会志愿者工作的基础上,牢牢抓住建团85周年、学习党的十七大精神等重要契机,大力开展理想信念和爱国荣校教育,深入开展"践行科学发展观,争当'四个新一代'"主题教育活动和"我的未来十三年"的主题团日活动,引导广大青年学生继承和弘扬北大的光荣传统,认清自己肩负的历史重任,自觉争当符合中国特色社会主义事业发展需要的"四个新一代"优秀青年。

紧密围绕北京大学建设社会主义和谐校园、创建世界一流大学的中心工作,明确共青团"第二主角"的育人作用,着力推进大学生素质教育,推动校园文化大发展大繁荣。北大团委、学生课外活动指导中心进一步完善职能,按照"因材施教、分流培养"的思路,于2007年下半年在中文系、地球与空间科学学院等十个院系实施了大学生素质拓展计划试点工作。学术竞赛硕果累累,文化体育再谱华章,各类文化节、品牌活动营造了浓厚和谐的校园文化氛围。社会实践亮点突出,环境保护教育初显规模,北京大学提交的"中国大学生环境教育基地"荣获了"中国青年丰田环境保护奖"自评选以来的首个"特别奖"。"百镇千村"调查计划、"五彩奥运,微笑北大"志愿服务行动计划、"和谐共谱,青春同行"班团组织行动计划、中国大学生环境教育推广计划等四大重点团队计划取得了良好的社会影响。北京大学申报的"积极引导原创文艺发展,深化思想政治教育工作——校园原创文艺工作成果"被教育部评选为2007年全国高校校园文化建设特等奖。

坚持"党建带团建",牢固树立科学发展观,不断加强共青团自身建设。北大团委秉承光荣传统,树立"以人为本、胸怀大局,求真务实,与时俱进"的工作理念,发扬"特别能吃苦,特别能战斗,特别能创造"的优良作风,以可能达到的最高标准要求自己,将奋发有为的精神状态与脚踏实地的实际行动结合在一起,努力实现北大共青团事业的新发展。2007年1月举行的共青团北京大学第十七届四次全委（扩大）会议，全面分析了当前北大团委的职能定位和工作重点，为共青团事业发展打开了全新的局面；10月举行的共青团北京大学第十七届五次全委（扩大）会议，切实把团干部和团员青年的思想统一到了党的十七大精神上来，将新时期新阶段的北大共青团事业不断推向前进。2007年底，校团委根据工作需要，对机关部门设置进行了调整，全面理顺工作机制，有效激发工作活力。以学习贯彻党的十七大精神为契机，深入推进团干部"123"学习计划，学习型组织和服务型组织建设有效推进。坚持"内提效率，外树形象"的理念，不断增强问题意识和事业观念，充分利用现代信息技术提高工作效率和对外亲和力，工作规范化与信息化建设不断加强。

2007年，医学部团委立足学生团组织和青工团组织两大阵营，从理想信念、文化、实践、组织等方面着手，努力构建全方位育人体系，促进青年成长成才。医学部团委于2007年11月、12月在共青团系统内组织开展了"学习贯彻十七大精神，争做'四个新一代'先锋"主题教育活动。利用建党、建国、"五·四""一二·九"等具有重要纪念意义的节庆日，以征文、演讲、座谈、文艺演出、主题升旗、展板宣传等多种形式，广泛开展以弘扬民族精神为主要内容的爱国主义教育活动。以北医95周年庆典为契机，相继开展了丰富多彩的庆祝活动。积极组织团员青年广泛开展奥运志愿服务活动、暑期社会实践等实践活动。完善"青年文明号、青年岗位能手"（简称"号、手"）创建体系，加强医德医风建设。

【学生思想政治教育】 团委坚持以科学发展观为指导，深入落实中央16号文件要求，贯彻"育人为本、德育为先"的工作理念，将大学生思想政治教育摆在首要地位，以深入推进"践行科学发展观，争当'四个新一代'"主题教育活动为主线，以服务青年全面成才为旨归，全面构建、不断巩固导向明确、内涵丰富、机制健全、成效显著、具有北大特色的大学生思想政治教育体系，取得了显著的育人实效。

上半年，团委紧紧抓住建团85周年这一重要契机，充分汲取增强共青团员意识主题教育活动的成功经验，全面开展建团85周年纪念活动和传统文化教育活动。4月中旬，校团委结合"和谐社会与青年发展"征文在全校团员青年中开展纪念建团85周年暨"传承五四火炬，铭刻北大精神"主题征文活动。4月28日，数十名师生来到校内李大钊铜像前，参加"纪念李大钊先生英勇就义80周年暨庆祝建团85周年主题活动"，北大学生党支部和团支部代表在铜像前重温入党、入团誓词。当天，团委还制作了《重读李大钊》小型书册在校内发放。北大青年理论骨干发展中心和理论社团的学生致信方永刚教授，表达以方永刚为榜样，坚定信仰、传播真理，做李大钊先生传人的志向和决心，受到社会广泛的赞誉。5月3日，由共青团中央举办的"我与祖国共奋进"中国青年群英会的八位英模代表做客北大，与北大学生代表就"青年成长与祖国发展"的主题进行了座谈交流。北大团委还积极开展传统文化教育，引导广大青年深刻体悟中华民族精神，牢固树立社会主义核心价值体系。3月16日，由校团委宣传部推出的"古韵新知"中国传统文化主题图文展亮相三角地。4月上旬，校团委宣传部联合国学研究协会，在三角地橱窗展示了"古韵新知"中国传统文化主题图文展之"仁"板块。5月下旬，校团委宣传部与国学研究协会再度合作，推出"古韵新知"中国传统文化主题图文展第三期——"义"。

下半年，团委紧紧抓住党的十七大召开、北大110周年校庆在即等契机，深入组织开展学习党的十七大精神系列活动，广泛开展"践行科学发展观，争当'四个新一代'"主题教育活动和爱校荣校教育活动。10月15日上午9点，北大团干部和团员青年代表在团委221会议室集中收看了十七大开幕式实况转播，聆听了中共中央总书记胡锦涛代表十六届中央委员会所作的大会报告，并在观看后开展了热烈的学习讨论。10月15日，北京大学和谐社会研究会成立大会暨北大学生理论社团学习十七大报告精神座谈会举行。10月16日，校团委理论研究室举行"学习贯彻十七大，争当青年马克思主义者"座谈会。10月17日，2007年度北京大学团系统干部培训暨团干部学习十七大报告专题学习班举行。10月25日，北京大学邓小平理论研究中心与校团委、青年理论骨干发展中心联合培养青年马克思主义者项目启动仪式暨"学习贯彻十七大精神，争当青年马克思主义者"主题座谈会举行。10月26日下午，共青团北京大学委员会召开第十七届委员会第五次全体（扩大）会议，深入学习党的十七大精神，研究部署"践行科学发展观，争当'四个新一代'"主题教育活动。11月3日，北京大学第二十四期团校开学典礼暨北京大学共青团"践行科学发展观，争当'四个新一代'"主题教育活动启动仪式在百周年纪念讲堂纪念大厅隆重举行。11月7日，校团委正式启动"学习贯彻十七大，科学发展促和谐"大学生十七大精神志愿宣讲活动。11月15日，北京大学研究生会骨干十七大精神宣讲团出征仪式暨首场报告会在海淀区东升乡会议中心举行。11月22日，由团市委、市学联、北京大学共同主办的"时代旗帜与青年使命"首都高校学生理论社团先锋论坛在北京大学举行。10月—11月，集中举办了"马克思主义与当代社会发展"系列讲座等数十场主题讲座,创办了《青年马克思主义者》刊物。12月7日,北大青年十七大精神宣讲团来到海淀区中关村街道软件社区,开展主题为"民生视角下的十七大精神"宣讲活动。12月18日,北京大学第二届"博士生进朝阳"挂职团成员奔赴朝阳区酒仙桥街道大山子社区,向150余名来自社区的基层干部和群众开展十七大精神宣讲活动。

借迎接110周年校庆之机,大力进行爱校荣校教育。北大团委指导和支持学生会、研究生会充分发挥凝聚和团结全校学生的作用,根据110周年校庆筹备工作的统一部署,举办了校庆口号、DV征集和北京大学研究生"德赛"学术论坛等丰富多彩的迎接校庆活动,营造浓厚的爱校荣校氛围。为迎接北大110周年华诞,学生会和研究生会代表全体北大学子授予母校北京大学第十二届"我爱我师——最受学生爱戴的老师"暨"十佳教师"特别奖,表达了北大青年对母校的无限崇敬和深切热爱。5月22日,以"爱校·荣校"为主题的北京大学2007年度毕业班团支部风采展演大赛成功举办。通过爱校荣校教育,有力引导广大青年学生将热爱母校、关心母校的热情转化为奋发有为、开拓创新的精神动力和服务奥运、服务校庆的实际行动。

切实增强政治责任感和敏感性,积极维护校园安全稳定。北大团委发挥团报团刊、橱窗、校园网络等宣传阵地的教育引导作用,建立健全以《情况反映》《网络观察》等为依托的校园舆情监测机制,密切关注青年学生群体中的热点、焦点和难点问题,及时掌握青年学生的思想动态,积极做好信息收集与反馈、化解矛盾、应急处理等工作,努力形成齐心协力保稳定、聚精会神谋发展的大好局面,有效维护了校园安全问题,促进了教学科研顺利开展。

【理论研究】 团委高度重视理论研究和宣传引导工作,充分发挥北大团委理论研究的先锋优势,把握理论研究的前瞻性、实践性、指导性,突出宣传引导工作的方向性、创新性、实效性,大力推动团的理论研究和宣传引导工作。在组织上,加强青年理论骨干发展中心的建设,带动团校以及青年马克思主义发展研究会等学生理论社团,主动发挥"理论代表队"的作用。在机制上,深入推进"理论研讨""学习例会""专题学习""专业写作""实践调查""基层理论研究"等特色工作,不断完善《学习简报》《理论前沿》《北大调查》等理论学习载体,有力地促进了学习的日常化和规范化。2007年,团委以理论研究室为基础,全面推进理论学习与调查研究工作;以应用统计研究会为抓手,深入加强调查研究工作;以"青年调研奖"评比为依托,大力推动基层理论课题研究。团委深入细致地开展了以"北大青年的新精神新理念""北京大学学生奥运志愿服务活动参与状况"等为主题的一系列调查研究,通过大范围、全方位科学的调查研究,推出了一批高水平研究成果。"新北大,新青年,新奥运"系列研究项目第一期于2007年3月至2007年12月间顺利开展,"和谐社会与青年发展"研究项目、"时代精神与北大青年"研究项目、"奥运遗产与青年志愿服务事业可持续发展"研究项目取得丰硕成果。在《中国青年研究》《北大青年研究》等刊物上发表了多篇理论文章。2007年,北大团委被评为北京共青团调研工作先进单位,北大团委撰写的《驻海淀区高校大学生就业需求状况调研报告》《北京大学学生奥运志愿服务活动参与状况调研报告》分别获得北京共青团调研工作优秀调研成果一等奖、二等奖。

【宣传引导】 《北大青年》配合学校中心工作,积极调整思路,推进报纸改革,加强内部建设,有效发挥了共青团宣传工作主渠道的职能。自2007年1月1日138期至2008年1月1日152期,共出版15期,累计字数约55万字。其中,采访老师近50人次,采访学生近100人次,采访校外人员14人次,包括"师者人生"专栏报道老师14人,"他们从这里启航"专栏报道校友12人。在版式改革方面,《北大青年》于2007年6月第144期首次成功尝试了完全自主排版,并在此基础上将原来报纸的四版拓展到八版。报纸排版由报社学生编辑独立操作,在排版技术攻关、版面语言设计上获得了进一步的提高,全面实践了《北大青年》作为一份学生刊物完全由学生独立采写编评和独立排版出刊的目标,为《北大青年》的进一步发展提供了技术保障。同时,报纸积极提高图片质量,优化图文搭配,使版式外观在一年发展中不断进步,增强对同学的吸引力,有利于报纸服务同学、宣传教育作用的进一步实现。在内容建设上,报纸一方面拓宽视角,将选题思路从校园延伸至社会、国家、世界,自2007年上半年开始尝试在头版开设重大时政或社会热点话题的策划性报道,特别是在2007年下半年十七大召开之后,《北大青年》结合胡锦涛总书记十七大报告相关精神,陆续推出教育公平、生态文明、文化软实力等专题报道,从北大学子的视角看待社会问题及国家改革发展进程中的重大事件,引导北大青年关注国家大事、社会民生,培养强烈的社会责任感、使命感。另一方面,报纸继续坚定以读者为本位的方向,不断推进内容改革,在专题化、专栏化和专业化方面取得了很大的成效。《北大青年》报社注重加强报社人员培训,积极做好人才的发掘、培养和指导工作。报社通过系列培训讲座,邀请知名学者、业界专家开讲,有效地提高了报社成员的业务素质。

网络宣传力量不断加强,北大团委网站建设扎实推进。2007年,校团委宣传部先后两次对团委网站进行适时改版,对网站内容加以分类整合。以业务模块为划分标准,在网站显要位置突出北大团委在校园文化建设中的各类精彩活动;在网站顶端特别开辟"党的十七大学习专栏",及时报道校内外各类十七大学习活动的进展及相关理论研究成果;进一步完善了团委网站的更新制度,拓展了网站的各项功能,使之成为共青团宣传工作的重要渠道。页面的更新和功能的完善使北大团委网站时效性、资料性、服务性等特点进一步彰显。在第23个教师节来临之际,为响应胡锦涛总书记在全国优秀教师座谈会上的讲话精神,团委通过网络祝福帖接力的方式开展了相关庆祝活动,引起了许多老师和同学的热烈反响。与此同时,团委充分发挥网络优势,尝试开辟宣传工作新方式。2007年,团委充分利用校内宣传媒体进行多方位、多角度的宣传,更加重视未名BBS的作用,通过进站画面、未名文摘、校园热点等多种方式的宣传有效扩大了北大团委的活动范围和影响。

医学部除《北医之窗》《共青团工作简报》等传统团属刊物外,医学部各二级团委相继推出了自己的特色刊物,如基础医学院的《基音》、公共卫生学院的《公卫学生简报》。团属刊物的丰富为团员青年了解党和国家的方针政策,学习党的理论知识提供了更加广阔的平台。

【大学生素质教育】 北大团委以科学发展观为指引,立足创建世界一流大学的发展大局,着眼培养领导型创新型人才的育人目标,进一步完善学生课外活动指导中心职能,循序渐进推进大学生素质拓展计划试点工作,推动校园文化大发展大繁荣,不断丰富广大师生精神文化生活。

学生课外活动指导中心建设进一步推进,功能进一步完善。团委紧紧把握机遇,明确定位,不断加强学生课外活动指导中心建设,对第二课堂和校园文化建设进行整体规划与统一布局,对学生参与课外活动加强指导,打造育人为本、科学规范、内容丰富、特色鲜明的素质教育项目体系。为进一步加强对学生课外活动的指导,校团委、学生课外活动指导中心于暑假期间制作完成了《走进第二课堂——北京大学学生课外活动指导手册》。9月初,将该手册发放给2007级本科新生。9月3日—17日,校团委、学生课外活动指导中心对全校(含医学部)学生社团进行重新登记注册。9月3日—28日,校团委、学生课外活动指导中心进行了本学期新社团成立的注册和审批工作。12月15日,由校团委、校学生课外活动指导中心发起建立的北京大学原创文艺网面世。12月中旬,由校团委、学生课外活动指导中心发起的"北大学生课外活动指导网"正式建成。

大学生素质拓展计划试点稳步推进。按照共青团中央相关文件精神,经过广泛的意见征求和深入的调研论证,北大团委、学生课外活动指导中心以培养综合素质、提高就业竞争力为导向,按照"因材施教,分流培养"的教改思路,在学习借鉴兄弟院校成功经验的基础上,于2007年下半年在中文系、地球与空间科学学院、城市与环境学院、外国语学院、社会学系、信息科学技术学院、中国经济研究中心、元培学院、法学院实施了大学生素质拓展计划试点工作,并定期开展了相关的协调配合与联系督导,鼓励试点单位结合实际,各显其能,大胆创新,为"1+1+X"素质拓展计划的全面实施做了充分的准备。

11月18日—23日,教育部对北大进行本科教学工作水平评估。北大共青团从服务大局、服务青年的高度出发,积极参与本科教学水平评估工作。按照学校的统一部署,加强与相关单位的沟通联系,认真做好相关项目的评估准备工作;充分发挥主动性、创造性,统一规划,合理布局,充分展示北大校园文化的独特魅力和北大青年的精神风貌,为迎评工作创造良好的校园文化氛围。校团委还以此为契机,仔细发现、分析、解决问题,以评促建、以评促改,评建结合,切实改进共青团育人工作。

【学术科研】 2007年,团委大力支持推进学术科研活动。五四学术文化节、研究生"学术十杰"评选、医学部青年科技文化艺术节等品牌活动营造了浓厚的校园学术氛围。北京大学第十五届"挑战杯"——五四青年科学奖竞赛影响力进一步提升,在第十届"挑战杯"全国大学生课外学术科技作品竞赛终审决赛中,北大共有两件作品摘得特等奖,以总分全国第三的成绩捧得"优胜杯"。第四届"江泽涵杯"数学建模与计算机应用竞赛成功举办,针对重点参赛院系,校团委专门制作参赛指导手册发放到学生宿舍,并通过网站为比赛的顺利开展提供了一个畅通的信息平台。本届数学建模与计算机应用竞赛共有95支团队、285名同学报名参赛,较2006年的71支团队有较大突破,创历史最高纪录。北大参赛团队在第23届美国大学生数学建模竞赛中荣膺特等奖,并有多支团队获得一、二等奖。北京大学第九届"北大科技园杯"学生创业计划大赛于2007年3月正式启动,历时9个月,共计收到创意书近30份,作品包括能源、生物医药、服务、信息技术金融、环保等多个类别,参赛同学达200多人,涵盖校内23个院系,无论参赛水平还是组织水平均有很大提高。北京大学与日本通用工程股份有限公司积极接触,并于 2007 年 4 月继续设立了北京大学团委"河合创业基金",专门用于支持在课余时间从事创新创业活动的北大学生。

【社会实践】 2007 年,北大团委紧紧抓住全国大中专学生志愿者暑期"三下乡"10 周年、北大暑期社会实践活动 25 周年以及迎接 2008 年北京奥运会和北大 110 周年校庆的重要机遇,鼓励广大学生以"实践奥运精神,共促和谐发展"为主题,着重开展了"百镇千村"调查计划、"五彩奥运,微笑北大"志愿服务行动计划、"和谐共谱,青春同行"班团组织行动计划、中国大学生环境教育推广计划等四大重点团队计划,在团队课题指导、两部联合组团、安全教育保障、实践成果展示等方面取得新的突破,受到《光明日报》等校外媒体的高度关注,社会影响进一步提升,社会实践育人大课堂日趋成熟。2007 年暑期,北大共有 300 余支实践团队、3000 余人次奔赴全国各地,广泛开展奥运志愿服务、新农村建设考察、就业见习、课题调研、挂职锻炼等丰富多彩的社会实践活动。2007 年,我校被评为"首都大学生社会实践先进单位",4 人荣获"首都高校社会实践先进工作者"荣誉称号,共获得 3 项"首都大学生社会实践优秀成果",共有 9 支团队荣获"首都大学生社会实践优秀团队奖"。10 月 20 日,北大团委承建的中国大学生环境教育基地推广项目总结报告会召开,启动了中国大学环境教育网,为环境教育的推广搭建起更为广阔的平台。2007 年,基地共组织选拔了由全国各地高校学生组成的 34 支团队(共计 306 人次)深入广东、浙江等全国 19 个省、自治区和直辖市的 6 所高校、11 所中小学、20 个社区、21 个农村,开展了形式多样的环境教育宣传、推广和调研活动,覆盖人数达 30000 人以上,以实际行动自觉践行生态文明的理念,引起广泛的社会关注。2007 年暑期医学部团委先后组织了三支暑期社会实践团,分别赴河北省清河县、辽宁省辽阳市、河南省洛阳市,开展暑期社会实践活动,并在辽宁省辽阳市中心医院建立了"北京大学医学部学生社会实践教育基地"。其中赴辽阳市实践团被评为"2007 年首都大学生社会实践优秀团队"。

【校园文化建设】 2007 年,团委从创建世界一流大学、培养领导型创新型人才的整体战略格局出发,充分发挥学生课外活动指导中心的协调和服务功能,凝聚传统精髓,汲取时代精华,发挥独特优势,将北大校园文化逐步打造成为深入实施素质教育、服务青年成长成才的主阵地。

学术文化方面,开展了五四学术文化节、研究生"学术十杰"评选、医学部青年科技文化艺术节等品牌活动,举办了"环境·科技·和谐""走近科学 走进院士""魅力女性,美丽人生"等系列讲座,举办了"燕园论衡——北京大学研究生系列学术沙龙""北京大学研究生学术年会"等研究生学术活动,编辑出版《北京大学研究生学志》两期,启动"青春北大,燕园韶华"校史校情系列讲座,承办"永远的故宫"系列讲座,结合"挑战杯"校内学术竞赛举办了"挑战杯"参赛指导系列讲座,结合 2007 年北京大学暑期社会实践活动举办了"科学组团,理性实践"暑期社会实践系列培训讲座。成功举办北京大学第十五届"挑战杯"——五四青年科学奖竞赛、第四届"江泽涵杯"数学建模与计算机应用竞赛、第九届"北大科技园杯"学生创业计划大赛。编辑出版了《北大讲座》第 14～16 辑,基本构建了全方位的讲座合作模式,进一步提升了"北大讲座"的品牌质量和社会效应。各院系团组织积极举办学术文化节,地球与空间科学学院"'天地人'文化节"、哲学系"社会·文化·心灵"系列讲座、法学院模拟法庭训练营、政府管理学院市长论坛、物理学院"萃英"研究生学术沙龙等活动广受好评。

文体文化方面,新生文艺汇演、新年联欢晚会、校园十佳歌手大赛、演讲十佳大赛、剧星风采大赛、"一二·九"文化节系列活动、"北大杯""硕士杯"等多项文体品牌活动蓬勃开展。北京大学第二届国际大学生环境论坛、北京大学第三届 NGO 文化节、2007 年"爱心万里行"新闻发布会、英语文化交流协会戏剧交流活动、巴渝文化周暨重庆火锅节、台湾风情图片展等特色活动百花齐放。校园话剧《成荫》的编排演出和毕业电影《离骚》终结篇的摄制工作顺利完成。北京大学"国球联赛""追梦五环"大学生趣味奥运挑战赛、武学名家讲座、自行车协会"五月文化周"、首届北京跆拳道大赛、高校棒垒联赛等体育活动受到广大学生欢迎。北大团委围绕"与奥运同行、扬北大风采"主题,发起"阳光体育运动计划",积极组织学生参与群众体育运动,促进了"体育文化年"全员参与、和谐健康的良好氛围。2007 年,北大棋牌队屡屡斩获佳绩,取得了第十二届亚洲大学生围棋团体赛、第三届"北大——哈佛"国际象棋团体赛、第一届北京市大学生中国象棋、国际象棋、围棋联合赛和第二届"石大——古香潭"杯大学生棋类邀请赛等多项赛事冠军。校园原创文艺异彩纷呈,3 月,专门成立了影音工作室,配备了专业器材。9 月,与北大电视台联合成立"北京大学影视编导人才培养基地",拓展文艺人才培养渠道。11 月,《逐梦燕园》北京大学校园原创文艺作品专辑出版。12 月,完成《校园文艺活动指导手册》初稿,坚持鼓励发展原创文艺。

2007 年,医学部首次举办了

以"健康医夏"为主题的消夏文化节,相继举办篮球联赛、乒羽联赛、各类棋牌比赛、趣味运动会等活动。各学院基层团组织积极开展了丰富多彩的、符合学生团员特点的文体活动:基础医学院举办的"关注安全·关爱生命"系列活动;公共卫生学院举办的"言行天下"主题辩论赛;护理学院举办的"1+1学习生活畅谈会";公共教学部举办的"英语配音大赛"。第三临床医学院(北医三院)团委围绕医院中心工作举办了"立足本职,畅想奥运"主题征文、演讲比赛;口腔医学院团委为了迎接奥运会的到来,组织开展了"攀登梦想"迎奥运登香山、"迎奥运,学英语"等多次主题活动;临床肿瘤学院团委在2007年中相继开展了"好运北京"奥运知识问答、"划向奥运"划船比赛等丰富多彩的文化活动。2007年3月至4月,医学部学生会举办了以"唱响校园二十载,情系北医九五辰"为主题的第二十届十佳校园歌手大赛。3月至4月,医学部各学生社团举办了以"精彩奥运、华彩北医、炫彩社团"为主题的社团文化节。9月至10月,医学部学生会举办了"以芳草风华正茂,九五杏林长青"为主题的新生活动月,为新同学提供良好的学习生活指导和广阔的个人展示空间。11月,医学部研究生会举办了以"奥运·健康·和谐——新形势下医学发展的机遇与挑战"为主题的北大生物医学论坛。

【青年志愿服务】 2007年,团委认真贯彻上级指示精神,结合北京奥运会、北大110周年校庆和"微笑北京"三大主题,实施了"五彩奥运,微笑北大"志愿服务行动计划,认真落实了志愿者招募、选拔、培训、确认等各项工作,并积极探索符合志愿者特点、具有北大特色的工作机制,为圆满完成2008年奥运会志愿者工作奠定了坚实的基础。

志愿者工作体系全面完善,夯实奥运会志愿者工作组织基础。北大团委充分利用团结青年、凝聚青年的优势,率先倡导并实行"全团志愿者"管理模式。3月,团委对校内各级青年志愿者协会进行了改组,构建出"学校—学部—院系"三级工作体系,并导入志愿者制服系统,使五个学部的志愿者服装与奥运五环的蓝、黑、红、黄、绿五色一一对应,增强了志愿者的身份认同感。3月27日晚8时,在北京奥运会倒计时500天和北京大学110周年校庆倒计时403天的特殊时刻,由北京大学团委、工会、体育教研部和奥运工作领导小组办公室联合主办的"五彩奥运,微笑北大"志愿服务行动计划暨北京大学体育文化年·国球联赛启动仪式隆重举行。团委还充分调动和发挥学校、学部和院系三个层面的积极性,4月—5月,人文学部以论坛、诗会、艺术展等形式开展了"人文奥运话人文"主题活动;理学部围绕"志愿中国·绿色奥运"开展了"推进中国ROHS·倡导绿色电子"大型社会调查活动。自4月起,启动了"五彩奥运接力计划",引入积分排名制度,设置了"五彩奥运接力计划"积分榜,努力营造争先创优的良性竞争氛围,使广大奥运会志愿者相互促进,共同提高。

健全奥运会志愿者报名工作体系,确保招募工作顺利进行。团委在全校范围内设立了39处固定的院系报名点和2处校级咨询点,自主开发了"奥运会志愿者报名系统",并通过网络、图片、讲座等多种形式进行广泛宣传,同时积极动员学生党员、学生干部、社团骨干成员等发挥先锋带头作用,踊跃报名。截至12月1日,北大奥运会、残奥会志愿者申请人共计12908人,占在校生总数的42.3%。截至12月底,北大已为奥运乒乓球测试赛输送通用志愿者379人,并以10%左右的比例确定了后备志愿者30人;国际田联竞走挑战赛通用志愿者840人、马拉松公开赛通用志愿者593人、全国田径锦标赛通用志愿者1835人正在选拔过程中。已录用媒体运行专业志愿者429人、贵宾陪同及语言服务专业志愿者16人、医疗服务和兴奋剂控制专业志愿者104人,其中已为奥运乒乓球测试赛输送专业志愿者71人,为艺术体操国际邀请赛输送专业志愿者10人,并将为中国举重公开赛输送专业志愿者77人。同时,以第四届国际文化节为契机,与校国际合作部、留学生办公室等单位紧密配合,借助"奥运文化展览与主题游园会""驻华大使与北大学子对话"等活动,在校园内营造出"五洲同迎奥运,四海共筑和谐"的浓厚氛围。截至12月底,北京大学共有来自25个国家和地区的427名留学生同学报名了奥运会赛会志愿者。

按照"尊重、发展、保护"的要求,不断深化志愿者培训工作,大力开展奥林匹克教育,促进大学生成长成才。北大团委以全面提高志愿者的素质和能力为目标,制订了《北京大学奥运志愿者培训工作计划》《北京大学奥运会志愿者骨干培训计划》等一系列文件,采取系统培训与实践教育相结合的方式,区分通用志愿者、专业志愿者和骨干志愿者的不同特点和要求,实现了培训工作的分类、分层次、分阶段管理。自3月起,恢复开展"北京大学奥运会志愿者通用培训系列讲座",在全校开设了"体育新闻学与跨文化交流"课程,成立了北京大学奥运会志愿者骨干培训学校第二期学员班,启动了"走进鸟巢"和"走近乒乓球馆"场馆志愿者培训系列讲座;坚持"学用结合"的原则,通过模拟志愿者的真实工作场景,在北京大学体育馆内开展了"场馆定向越野"活动,组织志愿者参加校庆日、北京论坛、重大国际交流和学术活动、各类体育赛事等志愿服务,让志愿者多渠道接受"体验式教学";同时,重视志愿者身心和谐发展,以"微笑传递"为主题,先后开展了"排队推动宣传日""与劳动者握手——走进奥运乒乓球馆""情系奥运、服务人民、构建和谐广场"等一系列活动,以奥林匹克精神和志愿精神提高志愿者和广大同学的思想道德素质。自3月起,通过共青团主页、《北大青年》、三角地橱窗,借助北大新闻网、电视台、广播台等宣传阵地先后开展了"燕园遍设礼仪角"文明礼仪推广活动、"奥运心 燕园情"英语之星演讲比赛、"青春奥运"博士生学术论坛等一系列活动,积极开展奥林匹克教育。

主动配合场馆团队和专业项目组,率先实行"院系—业务口"馆校对接模式。6月,与国家体育场运行团队率先制定和签署了《国家体育场通用志愿者馆校对接工作备忘录》,为赛会志愿者馆校对接工作的开展提供了范例;与国家体育场、北京大学体育馆运行团队分别组建了志愿者馆校对接工作小组,并且形成了场馆志愿者工作小组月度例会制度;与国家体育场运行团队签署了《国家体育场测试赛通用志愿者馆校对接工作备忘录》等一系列文件。同时,结合不同业务口的需求条件和不同院系学生的专业特点,将馆校对接工作拓展成为"院系—业务口"对接模式,使各业务口的志愿者来源专业化并成建制,并让院系团委的专职干部与业务口经理逐一对接,为下阶段的"人岗对接"、志愿者管理、激励保障等工作打下了良好的基础。积极指导医学部团委、外国语学院团委、新闻与传播学院团委等单位发挥专业优势,将有专业特长的同学送到需要的岗位上去。

充分利用测试赛练兵机会,完善赛时志愿者工作机制。团委以"发现问题、解决问题"为导向,组织志愿者参加奥运测试赛和其他大型体育赛事,检验志愿者队伍的实战能力,完善赛时志愿者工作机制,探索志愿者管理、激励保障等有效工作模式。截至12月上旬,已选派志愿者参加了世界跆拳道锦标赛、第七届全国残运会等5项大型体育赛事和世界青年赛艇锦标赛、2007年国际曲棍球邀请赛等5项好运北京系列体育赛事的志愿服务工作。12月8日,校内测试赛和国家乒乓球队表演赛成功举办。12月13日—19日,"好运北京"2007国际乒联职业巡回赛总决赛和"好运北京"2007年国际乒乓球邀请赛在北京大学体育馆相继举行。北京大学一方面选派学生工作经验丰富、综合素质优秀的专职团干部作为志愿者进入场馆;另一方面,还在乒乓球测试赛志愿者团队中建立了临时团组织,将组织架构与业务口设置及志愿者来源单位结构相匹配,进一步深化"场馆团队—团总支""业务口—团支部(团小组)"赛时对接模式,帮助志愿者尽快实现以院系为单位向以业务科为单位的组织归属感的过渡。大力加强测试赛志愿者团队的文化建设,通过开展素质拓展、建立短信平台、开设未名BBS奥运会志愿者专题版面等形式,营造了浓郁的互动交流氛围和积极踊跃的学习氛围,使志愿者团队形成了富有凝聚力和战斗力的组织文化,志愿者队伍展现出健康向上的精神风貌。特别在志愿者激励保留方面,团委坚持"以人为本",在奥组委制定的统一保留激励计划外,采取赛前以开展思想动员为重点、赛中以开展外围保障为重点、赛后以开展互动交流为重点的工作思路,激发志愿者的担当意识,并通过赛前召开动员会、及时通报信息、节假日问候,赛中发放餐饮、通信补助、组织看望、慰问志愿者并现场办公、赛后举行经验座谈、开展联欢活动等方式为志愿者解决后顾之忧,与志愿者进行深入的互动交流,营造出和谐向上的团队文化,进一步激发和保持了广大志愿者同学的参与热情。

奥运会志愿者"1+1＞2"逐步实现。在积极开展奥运会志愿服务活动的基础上,团委着眼青年志愿服务事业的长远发展,努力引导志愿者将一次性的奥运志愿服务行为发展成为持久性的志愿服务习惯,促进奥运遗产转化和志愿精神内化,实现"1(奥运会)+1(志愿者)＞2(奥运会志愿者工作)"的效果。北京大学以"迎奥运、讲文明、树新风"活动为统揽,以"爱心传递微笑——'五彩'志愿者在行动"为主题,大力推进日常志愿服务活动,积极传播志愿服务精神,深化奥林匹克教育。3月,启动了"爱心传递微笑"计划,先后开展了"奥运心情串联""回报烛光"、校园导游、校园环境整治、迎新服务、电脑维修、社区志愿服务等实践活动。医学部"控烟志愿服务行动"、法学院"普法教育"、外国语学院天安门国旗班英语培训、心理学系成长热线、政府管理学院等院系的民工子弟小学支教等院系专业项目以及爱心社"爱心万里行"、阳光志愿者协会"阳光10000、绿风社"'积累点滴'校园节水行动"等社团特色项目都成为北大志愿服务事业的闪亮名片。10月,团委启动了"星级志愿者"评选活动,建立星级志愿者评选制度,有效调动了同学们参与志愿服务的热情。11月,提出"院系青年志愿者协会服务日"(简称"青协日")的工作思路,将每个院系与每月中的固定日期相对应,号召各院系在"青协日"积极开展志愿服务活动,发挥专业特色,从身边做起、从小事做起。北大青年志愿者本着平民学校"传承平等理念、成就平民梦想"的宗旨,以主动、热情的态度帮助进城务工人员进行学习,积极组织并参加平民学校各项志愿服务活动。团委鼓励青年志愿者立足校园、服务社会,深入开展以"实践奥运精神,共促和谐发展"为主题的2007年学生暑期社会实践,共有26支实践团队分别奔赴了6个奥运协办城市和祖国各地,通过奥运文化传播、文明礼仪宣讲等多种形式,弘扬志愿服务精神,在增长见识、扩大视野、提高能力的同时为地方经济社会发展做出积极贡献。

研究生支教工作继续推进。5月21日—24日,在北大副校长鞠传进的带领下,由校党委组织部、校党委宣传部、校团委、校学工部、中文系等单位组成的支教慰问团在新疆维吾尔自治区团委党组书记张文泉、团区委副书记张华中和新疆团校校长马合木提·海力力等人的陪同下,慰问新疆维吾尔自治区团校北大第八届研究生支教团的部分同学。10月25日,北京大学第九届研究生支教团成立,其中医学部继续选派一名同学参加支教。10月30日,校团委书记韩流、校团委志愿者工作部部长阮草一行专程赴青海省西宁市大通县看望了在当地服务的北京大学第九届研究生支教团的部分同学。

【青年文明号评选】 2007年,团委继续推动青年文明号评选活动,扩大评选范围,细化评选指标。3月29日,由校团委组织的北京大学2006青年文明号评审会成功举行。北京大学幼教中心、北京大学餐饮中心学一食堂、北京大学供暖中心浴室科等三家单位被评为北京大学2006年青年文明号。同时,校团委大力推动北京大学2007年青年文明号活动适当扩大评选范围和评选指标,统筹兼顾学校各个层面的青年群体,将范围进一步扩大到所有符合《北京大学青年文明号管理办法(试行)》的优秀青年教职工集体,包括学校从事教学、科研、管理、后勤或医务工作的,人数在3人(含3人)以上的集体,同时各学院(系、所、中心)可以办公室、教研室、实验室、课题组、科研团队等为对象,各党群机构、行政机关、直属单位可以部门、科室或服务岗、台、站等为对象申请参评。

医学部团委始终坚持扎扎实实开展"号、手"工作,通过完善"青年文明号、青年岗位能手"(简称"号、手")创建体系,坚持"号、手"创建与管理相结合,加强医德医风建设。按照《北京大学医学部青年文明号管理办法》和《北京大学医学部青年岗位能手管理办法》,各附属医院成立了"号、手"创建工作领导小组、共青团病房和共青团窗口,团员青年加强学习、提高自身综合素质,从根本上转变了观念,精神面貌、服务质量、服务态度都有了很大提高。2007年,北京大学第三医院运动研究所创伤组、北京大学口腔医学院正畸科获得"全国青年文明号"荣誉称号,北京大学第一医院杨勇、北京大学人民医院陈红松获得"全国青年岗位能手"荣誉称号。2007年医学部团委授予北京大学人民医院外一科、北京大学第三医院妇科病房、北京大学第三医院眼科门诊、北京大学临床肿瘤学院淋巴一病区四个集体北京大学医学部"青年文明号"称号,并重新认定北京大学第一医院急诊抢救室、北京大学第一医院妇儿医院儿科三病房等23个集体为"北京大学医学部青年文明号"。同时医学部团委授予北京大学第一医院王健、北京大学人民医院陈雷、北京大学第三医院李危石、北京大学口腔医院符云霞、北京大学临床肿瘤学院斯璐、北京大学第六医院刘琦、北京大学基础医学院石爽、北京大学药学院王坚成、北京大学公共卫生学院许雅君、北京大学护理学院侯淑肖、北京大学公共教学部苏英等同志"北京大学医学部青年岗位能手"称号。

团委还积极拓展青年工作的新格局。立足青年教师群体的实际需要,与北大工会合作,促成了"青年教师访谈"与"青年教师沙龙"两项工作,为青年教师搭建起风采展示、深入交流的平台;对民主党派、无党派成员、港澳台学生、留学生等特殊青年群体进行深度调研,积极论证筹建青年联合会事宜,尝试开展青年文艺活动、校内青年交友互动、与其他青联组织交流等活动,努力探索青年统战工作的着力点。

【青年团干与学生骨干培养】 团委高度重视团组织的队伍建设,不断加大青年团干与学生骨干的培养力度。2007年,为了积极响应团中央青年马克思主义者培养工程的号召,进一步推进学习型、服务型组织建设,北京大学团委以庆祝建团85周年和北大团校成立25周年为契机,明确将加强和改进青年马克思主义者培养工作作为全年校团委的工作重点。11月5日,中共中央政治局委员、全国人大常委会副委员长王兆国同志在《全团要讯》第65期"北大团委创新学生骨干培养方式增强培训效果"一文上作出重要批示,指出:"北大团委探索创新对学生骨干的培养、培训方式,有利于加强大学团委组织、领导作用,又充分发挥学生骨干作用,有利于团组织增强凝聚力,扩大影响力。"

"123"学习计划全面推进。"123"学习计划,即每周举办1次学习型、研究型工作例会,每月下旬举行2小时的理论学习会,同时组织团干部参加读书学习班、工作研讨班、经验交流班等3个学习班。2007年10月至12月,北京大学团委举办党的十七大精神专题学习班,通过编撰《理论前沿》等辅导材料,举行理论研讨会、撰写理论学习笔记的方式,引导团干部深入学习贯彻中国特色社会主义理论体系;围绕奥运会志愿者工作、大学生素质拓展计划、学生骨干培养、和谐校园建设等重点工作,选取先进典型进行经验介绍,加强沟通交流;充分利用北京大学的学科优势和丰富的教育资源,邀请赵存生、夏文斌、郭建宁、刘志光等专家学者给团干部开设专题讲座,培养科学精神和文化素养,每月举行1期读书沙龙,学习研讨《学哲学 用哲学》《于丹〈论语〉心得》《文明的冲突》《中国社会的新陈代谢》等书籍,用现代科学文化知识和人类创造的优秀文明成果充实团干部的头脑;积极开展研究式培训、菜单式培训、体验式培训和网络式培训,着力加强团干部思想建设、理论建设、能力建设和作风建设,不断深化学习型组织建设。组织团干部围绕《给自己的考卷》,对自身工作中存在的问题进行了深入、系统的思考。在学校网站上建立了"北大团委之家"博客,确立了接力写作的制度,有效促进了团干部交流和学习。通过参与"123"学习计划,广大专职团干部的学习意识和学习能力显著增强,并形成了一批高质量的工作研究成果。2007年度,校团委荣获"北京共青团培训工作先进单位"称号。

第二届"北大学生骨干训练营"成功举办。结合当代大学生骨干的历史使命与成才要求,北大团委于7月13日至7月30日成功举办"卓越路·光明行"2007年北京大学学生骨干训练营。训练营由第一次集训、团队社会实践及第二次集训暨成果汇报三个阶段构成,将团队实践和集体培训相结合、读书思考和调查研究相结合、自主学习和同伴教育相结合,在团队管理方面、团队实践方面、学习成果方面,形成了翔实的行旅笔记、规范的调研报告、读书报告、精彩的展示PPT和DV,向全校团员发出了"始终高举理想主义火炬 立志做'四个新一代'先锋"的宣言。训练营的先进模式引起了社会高度关注,《人民日报》《中国青年报》和《全团要讯》分别对训练营进行了深入报道。

开展纪念团校25周年系列活动,改进北大团校育人模式。北大团委以建团85周年为契机,围绕学生骨干培养的发展方向和模式进行了深入调查研讨。2007年4月22日,团校在百周年纪念讲堂多功能厅举行了"同脉相依,携手共进——纪念建团85周年暨北大团校成立25周年"系列活动启动仪式。系列活动期间,团校在总结以往的教学经验和问题的基础上撰写了调研报告,探索团校工作中的问题和解决方法;举办了纪念团校成立25周年新老学员系列座谈会,邀请了团校第十五期学员、优秀校友到校与第二十三期团校学员进行了面对面的交流;在三角地橱窗展出"纪念北大团校成立25周年图片展",介绍北大团校的发展历程和新时期的育人成效。同时,第二十三期团校学员顺利结业。在充分总结过去北大团校办学经验的基础上,整合现有的办学条件和资源,对团校的培训教学模式进行了改革创新。以团校为龙头,按照"立足高端,重心上移;统一品牌,延展手臂"的思路,形成了各方参与、多方协调、多层次、多渠道的学生骨干培训工作机制。同时全面改进团校教学方法,坚持"以人为本、立足高端、因材施教、分类培养",注重"自我教育、同伴教育、实践教育",以高级团校和研究生团干研修班为重点,针对高层次学生骨干进行长期的、系统的、高标准的培训;以初级团校为基础,针对低年级的本科学生骨干开展与工作岗位相结合的思想培训和技能培训;以专题培训班为依托,对具有不同兴趣和需求的学员开展更富针对性和专业性的短期培训。2007年下半年,北大团委以校团委综合办、组织部、宣传部为试点,做好初团学员的推荐、选拔、岗位分配和培训工作,积极搭建校院(系)两级互动的学生骨干培养平台。

北大团委还积极树立同学们"身边的榜样",开展了"每周一星"系列报道及年终评选活动,深入报道在学生工作、学术研究、文体活动、学生社团、应用创新等领域取得突出成绩的学生骨干,并在年底进行了"北大学子年度之星"的终选,以引导、激励团员青年以优秀学生骨干典型为榜样,树立远大理想,锻造优秀品格,提升综合素质,努力成长为"四个新一代"有为青年;细致开展2006—2007年度评优表彰工作,加大了评优表彰后续工作力度,总结、推广基层团组织工作成功经验,深入宣传共青团标兵等先进个人的典型事迹,进一步彰显学生骨干的模范引领作用。

医学部团委在坚持并不断改进"三会两制一课"制度的基础上,进一步创新团的组织生活内容和方式,以传统节日和重大历史事件纪念日为契机,集中组织开展主题团日等活动。各基层团组织充分把握"五·四""一二·九"运动等历史事件的纪念日,学习十七大精神,医学部95周年华诞等重要契机,组织开展了丰富多彩的主题团日活动,深入开展了"寻找身边榜样 让青春在岗位闪光"系列活动。医学部团委坚持集中培训与自学相结合、培养与锻炼相结合、理论与实践相结合的原则,通过定期举办共青团工作研讨会、新老团干部座谈会等,拓展团干部工作思路,提高团干部的综合素质和工作能力,努力建设一支"党放心、青年满意、政治坚定、作风过硬、勇于创新、自觉奉献"的团干部队伍。

【学生组织与学生社团】 1. 学生会。5月26日,北京大学第二十九届学生会中期调整在英杰交流中心新闻发布厅举行。全体代表鼓掌通过了执委会和常代会的工作报告,听取了执委会主席团、常代会会长团成员候选人的演讲和答问,经过无记名投票,王江蓉、刘远超、齐向宇、张硕、张度、高翔、郭宇岚七位同学当选第二十九届学生会执委会主席团成员,孙晓力、梁鸥、黄帅当选第二十九届学生会常代会会长团成员。在主席团特别会议上,高翔被推选为执委会主席。会长团一致推选孙晓力为常代会会长。

积极参与校园文化建设。2007年,学生会继续推进"爱·生活"主题活动,先后开展了爱·生活之"公益广告设计大赛"、校园首届厨艺大赛等一系列细致而深入人心的活动。成功开展2007—2008年度北京大学十佳歌手大赛,举办了第三届剧星风采大赛、第四届"英语之星"大赛、第四届体育主持人大赛、第六届"北大之锋"辩论赛系列活动。积极参与校园文化建设。3月24日,由校学生会、研究生会和篮球协会共同举办的"北大杯"篮球比赛在二体篮球场开赛,揭开了"北大杯"系列赛事的序幕。3月27日,为了庆祝北京奥运会倒计时500天,进一步宣传"北大杯"系列赛事,校学生会在三角地举办了"庆奥运倒计时500天"主题宣传活动。4月13日,由校学生会权益委员会和中国质量万里行促进会联合举办的"学生权益咨询中心现场咨询活动"在三角地举行。5月初,由校学生会主办的北京大学2007本科生"学术希望之星"评选活动全面展开。10月13日,校学生会及各大体育类社团组织的北京大学"新生杯"体育比赛拉开了序幕。学生会通过一系列的校园文化活动,引领校园文化潮流,倡导广大同学文明生活,健康成才。

深入推进自身建设。3月16日,校学生会大执委会新学期首次全体会议召开。5月下旬,校学生会编写完成2006—2007年度《北京大学学生会维权工作总结》。9月9日,校学生会举办了"2007年北京大学学生会迎新宣讲会"。9月27日,校学生会大执委会召开2007—2008学年度第一次全体会议。10月15日,校学生会在学生会办公室对十七大报告进行了集体学习,并展开了热烈的讨论。10月19日,校学生会新学期交流活动成功举行。11月9日,北大团校学生会骨干专题培训班举行开学典礼。11月24日,北京大学第二十九届学生会常代会第六次全体会议召开。

2. 研究生会。5月27日,北京大学第二十三次研究生代表大会在电教报告厅举行。会议审议了第二十七届研究生会执委会工作报告、第十七届研究生会常代会工作报告和第二十三次研究生代表大会提案报告,并选举产生了新一届研究生会执委会主席团和常代会主任团成员。滕飞当选为新一届研究生会执委会主席,李晶珏、佟志伟、张婷、韩松、葛献鹏、褚昆等6人当选为副主席;林经纬当选为新一届研究生会常代会主任,王艳华、戴宏民当选为副主任。

加强研究生会自身建设,丰富校园文化氛围。不断完善各项制度,部长例会、主席团例会定期化、机制化,各部例会也实现了固定化、正规化;全面提升服务同学的水平和能力,维护研究生同学权益;着力推动学术创新和学术交流,打造具有北大特色的研究生校园学术氛围;大力开展校园文体活动,营造丰富多彩的和谐校园文化新局面。9月9日,校学生会和研究生会向全校同学发出了题为"感谢恩师教诲,弘扬优良学风"的倡议。9月27日,校研究生会"就业与创业系列讲座"之"中国企业的纳斯达克之路"成功举办。11月1日,北京大学研究生会博士生部邀请了我国著名的心理学专家杨凤池教授和CCTV《心理访谈》节目主持人阿果来到北大作了题为"倾听心理故事,倡导快乐人生"的专题讲座和互动活动。11月4日,校研究生会主办的第二届研究生体育文化节开幕式成功举行。11月10日,北京大学第二十八届研究生会第一次大执委会议隆重召开。11月15日,北京大学研究生会骨干十七大精神宣讲团出征仪式暨首场报告会在海淀区东升乡会议中心举行。11月25日,由校研究生会博士生部发起,联合中文系研究生会、中医学社、医学部中医协会共同主办的题为"医乃仁术——'和'与'善'的针灸"的专题讲座举行。12月16日,由校研究生会主办的北京大学研究生"元培杯"学术讲演大赛初赛举行。

3. 学生社团。团委紧密围绕"文明生活、健康成才"活动主题以及育人中心工作,利用密切联系学生的优势,通过引导各类社团开展丰富多彩的活动,激发广大学子踊跃参与第二课堂建设。团委以"体育文化年"和素质拓展计划实施为契机,充分结合北京奥运和北大校庆两大主题,积极组织和引导学生社团开展丰富多彩的文体活动。

紧扣"育人"主题,加强资源整合力度,推动对学生社团的分类指导。针对社团工作与学生联系紧密的优势,团委坚持"科学引导、合理规划、分类指导、重点扶持、整体推进"的社团工作思路,贯彻"紧扣育人主题,加强有效引导,整体宏观调控,局部精确干预"的整体思路,为社团发展创造良好环境。2007年3月和9月,团委根据《北京大学学生社团管理规定》，两次对全校的学生社团进行了重新登记注册并开展了新社团成立审批工作。2007年学生社团登记注册首次实现了对医学部学生社团的登记认证，截至2007年10月，北京大学学生社团已达250家，其中60余家建立了团支部。根据学生社团的具体特征和不同特点，将数目众多的学生社团细化为理论学习、学术科技、实践促进、公益志愿、地域文化、合作交流、文化艺术和体育健身等八大门类。鉴于学生社团指导单位在社团各项工作开展中的重要作用，团委在学生社团指导工作中探索多重指导单位和指导教师制度，以求通过进行动态分类指导，加强统筹协调和资源优化配置，为社团发展提供更专业的业务指导，实现社团发展与学校工作推进的双赢，提升社团的育人功效。

团委对2007年3月、10月的新学期社团大会和4月启动的第11届社团文化节进行了合理规划。社团文化节持续到10月，成为广大学生社团进行集中展示的绝佳舞台。其中，北京大学第三届NGO文化节吸引了包括世界自然基金会、国际野生生物保护学会在内50多所海内外知名NGO的参与。2007年"爱心万里行"新闻发布会则邀请到前外长李肇星出席。此外，爱心社助残周、自行车协会文化周、英语文化交流协会戏剧交流活动、巴渝文化周暨重庆火锅节、台湾风情图片展等一系列精彩的活动也吸引了众多师生的眼光。在党的十七大胜利召开之际，和谐社会研究会、科学发展观研究会、恒学会等三家学生理论社团应运而生，北大理论社团的规模进一步壮大，在主题教育活动中发挥着重要的辐射带动作用。

2007年11月，顺利开展了一年一度的社团评优表彰工作，并第一次将医学部学生社团纳入评优，共同评选出了新一届品牌社团和本年度十佳社团。其中，爱心社、山鹰社和自行车协会成功蝉联品牌社团，台湾研究会和医学部中医协会则首次获此殊荣；阳光志愿者协会、模拟联合国协会、街舞风雷社、青年马克思主义发展研究会、乒乓球协会、黔中文化发展促进会、棒垒球协会、元火动漫社、朗诵艺术协会、医学部轮滑协会当选为十佳社团。

【机关建设】1月20日，共青团北京大学第十七届委员会第四次全体(扩大)会议在英杰交流中心新闻发布厅举行。校党委副书记张彦出席会议并作重要讲话。通过民主选举，于明明、王桔、白小龙、卢亮、史善峰、孙力强、朱立达(按姓氏笔画排序)7位同志在全体委员会上被增补为共青团北京大学第十七届委员会委员，卢亮、史善峰、朱立达3位同志被增补为共青团北京大学第十七届委员会常务委员会委员。会议总结了2006年度北大团委工作，并按照上级精神对2007年度北大团委工作进行了部署。

2007年，北大团委全面加强联系服务基层团组织工作，着力构建和谐组织。4月10日，共青团北京大学机关总支委员会正式成立。2007年9月起，校团委书记韩流开始走访各院系团委，加强对基层组织的了解和指导。2007年，团委根据实际情况，对基层"党建带团建"工作情况进行了调研，并向党委组织部申请立项，申报课题"北京大学党建带团建工作研究与展望——共青团视角的思考"。在调研的基础上，11月，党委组织部、学生工作部、校团委组织了"学习贯彻党的十七大精神，做全面建设小康社会生力军"学生党团日联合主题教育活动，对党建带团建工作进行了新的探索。2007年暑期起，团委组织部开始采访各基层团组织书记，编写院系组织特色工作案例库，引导、促进基层院系组织的相互交流和借鉴，加强经验指导。2007年，团委大力促进支部工作规范化，进一步完善《北京大学团支部工作指导手册(试行)》的撰写与完善工作，加强对基层团支部的指导。2007年下半年，团委开展了关于团日工作的调研，大致摸清了团日工作中存在的问题，明确了团日工作的改革、发展思路。2007年，校团委组织开展了以"志愿服务"为主题的非毕业班风采展演大赛及以"爱校·荣校"为主题的毕业班风采展演大赛，着力搭建基层团支部的展示平台。

认真做好2006—2007年度评优表彰工作，加大了评优表彰后续工作力度，总结、推广基层团组织工作成功经验，结合"每周一星"活动，宣传了共青团标兵等先进个人的典型事迹，彰显北大优秀青年典型的模范引领作用。许昱华、李海潮被评为北京市五四奖章标兵，地球与空间科学学院团委被评为北京市五四红旗团委，历史学系2004级本科班团支部被评为北京市五四红旗团支部，校团委副书记吕晨飞被评为北京市优秀团干部，校团委副书记郑清文被评为"奥运先锋"——2007年度北京市优秀团干部，医学部团委副书记史金龙被评为北京市优秀共青团员，工学院2005级本科班团支部、中国语言文学系2004级本科2班团支部等23个支部被评为北京市高校"先锋杯"优秀团支部。在校内评优中，评选出了信息科学技术学院团委等8个红旗团委，工学院团委等10个先进团委，数学科学学院2006级博士班团支部等31个优秀团支部组织建设奖、法学院 2006 级本科 4 班团支部等 22 个优秀团支部工作创新奖、政府管理学院 2004 级本科班团支部等 14 个优秀团支部学术实践奖,朱斌等 10 名共青团标兵,汪小琳等 10 名十佳团支书,金武阳等 7 名优秀新生团支书,王直轩等 222 名优秀团干部,王洪艳等 206 名优秀团员。

(团　委)

# ·人 物·

## 在 校 院 士 简 介

### 中国科学院
### 数学物理学部

**李政道** 美国物理学家。1926年11月25日生于中国上海市，原籍江苏苏州。1944—1946年先后就读于浙江大学、西南联合大学。1946年入美国芝加哥大学物理系研究院学习，1950年6月获哲学博士学位。1953—1960年历任美国哥伦比亚大学助理教授、副教授、教授，1960—1963年任普林斯顿高等研究院教授，1964年至今任哥伦比亚大学费米物理教授，1984年至今任哥伦比亚大学教授。李政道教授是中国科技大学、北京大学等11所大学的名誉教授。1994年6月8日当选为首批中国科学院外籍院士。

李政道教授曾获诺贝尔物理学奖（1957）、爱因斯坦科学奖（1957）、法国国立学院布德埃奖章（1969，1977）、伽利略·伽利莱奖章（1979）、意大利共和国最高骑士勋章（1986）、埃·马诺瑞那爱瑞奇科学和平奖（1994）等。他是美国艺术和科学院院士（1959）、美国国家科学院院士（1964）、意大利林琴科学院院士（1986）和台湾"中研院"院士（1957）。

李政道教授关于弱相互作用中宇称不守恒定律以及其一些对称性不守恒的发现，是极为重要的划时代贡献，为此，李政道教授和杨振宁教授共获1957年诺贝尔物理学奖。

从20世纪40年代末到70年代初，李政道教授在弱相互作用研究领域做了许多具有里程碑性质的工作：除去宇称不守恒定律，还有二分量中微子理论、两种中微子理、弱相互作用的普适性、中间玻色子理论以及中性K介子衰变中的CP破坏等重要研究成果。

在统计力学方面，李政道和杨振宁研究了一阶相变的本质（1952）；完成了稀薄玻色硬球系统低温行为的分析（1956）；他们还对量子多体系统的维里展开做了一系列的研究（1956—1959），并和黄克孙一起研究了量子玻色硬球系统的能级（1956—1957），等等。这些研究对多体理论做出了开创性的和重大的贡献。

20世纪70和80年代，李政道教授创立了非拓扑性孤子理论及强子模型方面的研究，具有经典意义。量子场论中的"李模型"对以后的场论和重整化研究有很大影响。"KLN定理"的提出，为分析夸克—胶子相互作用奠定了理论基础。"反常核态"概念的提出，深化了人们对真空的认识，推动了相对论重离子碰撞的理论和实验研究工作。用随机格点的方法研究量子场论的非微扰效应，并建立离散时空上的力学，理论上受到广泛重视。李政道教授近年来关于高温超导的系统理论研究工作，也是别具一格的。

从20世纪70年代起，李政道教授为中国的教育事业和科学技术的发展做出了重大的贡献。为了在中国发展高能物理和建立高能加速器，在李政道教授的建议和安排下，自1979年，由几十位中国学者到国外学习和培训，后来成为建立北京正负电子对撞机（BEPC）、北京谱仪和进行高能物理实验的骨干；1982年当我国高能物理事业举棋不定的关键时刻，他帮助我国选择了一个既先进又符合国情的BEPC方案，并促成了中美高能物理合作，使BEPC工程在选择方案、进行设计和建设中都得到了美国高能物理界的帮助和支持，对撞机能如期建成，并成为当今世界上在c-τ物理研究能区唯一的高亮度电子对撞机，并做出了重要的物理结果，这与他的努力是分不开的。

为了年轻人的尽快成才，李政道教授除在国内长期开设讲座外，还倡议并创立了中美联合招考物理研究生计划（CUSPEA），在1979年到1989年的十年内，中国共派出了915位研究生，并得到美方资助。1985年，李政道教授又倡导成立了中国博士后流动站和中国博士后科学基金会,并担任全国博士后管理委员会顾问和中国博士后科学基金会名誉理事长。1986年,他争取到意大利的经费,在中国科学院的支持下,创立了中国高等科学技术中心(CCAST)并担任主任,每年回国亲自主持国际学术会议,并指导 CCAST 开展多种形式的学术活动,对提高科技人员的水平起了重要作用。同时,在北京大学建立了北京现代物理中心(BIMP);其后,成立了在浙江大学的浙江近代物理中心和在复旦大学的李政道实验物理中心。

**姜伯驹** 1937年9月生,汉族,祖籍浙江苍南。1957年毕业于北京大学数学力学系,留校任教至今。曾在美国普林斯顿高等研究所、美国伯克利数学科学研究所等处作研究访问,在美国加州大学、德国海德堡大学等校任客座教授。1980年当选为中国科学院数学物理学部委员(院士),1985年当选为第三世界科学院院士。1995—1998年为北大数学科学学院首任院长,现任数学科学学院教授。

姜伯驹教授长期从事拓扑学研究。20世纪60年代,在不动点理论中 Nielsen 数的计算方面取得突破性进展,所创的方法在国外称为"姜子群""姜空间"。80年代,运用低维拓扑学的理论和方法,证明了曲面自同胚的最少不动点数等于 Nielsen 数;并以辫群为工具发现了与高维情形相反,曲面自映射的最少不动点数一般不等于 Nielsen 数,全面解答了已有50年之久的 Nielsen 不动点猜想。之后又开拓了 Nielsen 式的周期点理论,并进一步探索其与低维动力系统的联系。2000—2005年曾任科技部973计划"核心数学中的前沿问题"项目的首席科学家。

姜伯驹教授于1982年和1987年分别获国家自然科学奖三等奖和二等奖。1988年获陈省身数学奖,1996年获何梁何利基金科学技术进步奖,2002年获华罗庚数学奖。2002年获中华全国总工会的全国五一劳动奖章。2006年获教育部的高等学校教学名师奖。

姜伯驹教授是第七、八、九、十届全国政协委员。1995—2000年曾任教育部理科数学与力学教学指导委员会主任。

**张恭庆** 1936年5月出生,汉族,上海人。1959年毕业于北京大学数学力学系,曾在美、英、法、德、意大利、瑞士、加拿大等国作研究访问。1991年当选为中国科学院数学物理学部院士,1994年当选为第三世界科学院院士。张恭庆教授曾在1982年获得国家自然科学奖三等奖;1986年获得陈省身数学奖;1987年获得国家自然科学奖二等奖;1993年获得第三世界科学院数学奖;1995年获得何梁何利科技进步奖。他还在1994年的世界数学家大会上作了45分钟的应邀报告。张恭庆教授是第八、九、十届全国人大代表。现任北京大学数学科学学院教授,国务院学位委员会数学学科评议组召集人,高校数学研究与人才培养中心主任,北京大学校学术委员会委员。曾任北京大学数学研究所所长(1998—1999),第七届中国数学会理事长(1996—1999)。他还是许多国际数学核心刊物的编委。

张恭庆教授曾在非线性泛函分析及非线性偏微分方程理论研究中获得了国际领先成果,特别是建立和发展了孤立临界点无穷维 Morse 成果,把几种不同的临界点定理纳入了一个新的统一的理论框架,由此又发现了好几个新的重要的临界定理,运用这一理论,得到了一批重要理论成果。

此外,他发展了集值映射拓扑度和不可微泛函的临界点理论,解决了一批有实际应用的非线性偏微分方程的自由边界问题。

**杨应昌** 1934年5月生,北京市人。1958年毕业于北京大学物理系,留校任教至今。期间曾在法国国家科研中心路易·奈尔实验室和美国密苏里-罗拉大学材料研究中心工作。现任北大物理系教授,凝聚态物理博士生导师。1997年当选为中国科学院院士。

杨应昌教授研究物质的磁性,研究宏观磁性与微观结构的联系,以基础研究为先导,结合我国资源特点,在探索新相、发现新效应、开发新型稀土磁性材料方面取得一系列在国际上领先的研究成果,曾获得国家自然科学二等奖、王丹萍科学奖、国家教委科技进步一等奖等。

**陈佳洱** 1934年10月生,上海市人。1954年毕业于吉林大学。1963—1966年为英国牛津大学和卢瑟福高能研究所访问学者,1982—1984为美国纽约州立大学石溪分校核物理实验室和劳伦斯伯克利实验室访问科学家。曾在1996年8月至1999年12月任北京大学校长,1999年12月至2003年12月任国家自然科学基金委员会主任、党组书记。1999年以来先后获美国加州门罗学院、日本早稻田大学、香港中文大学、英国拉夫博鲁大学等院校荣誉理学博士学位,并当选为英国物理学会特许会员(Chartered Physicist)、纽约科学院院士。1993年当选为中国科学院数学物理学部院士,2001年当选为第三世界科学院院士。现为北京大学物理学院技术物理系教授。陈佳洱教授现任全国政协十届常委,国家自然科学基金委员会顾问,国务院学位委员会委员,中科院研究生院物理科学学院院长,中国科协荣誉委员、北京市科协名誉主席、中国博士后科学基金会名誉主席以及国际纯粹与应用物理学联合会(IUPAP)执委会副主席、萨拉姆国际理论物理研究中心科学理事会理事等职。曾任中国物理学会六、七届理事长,北京市科协五、六届主席以及中国科学院数学部主任,亚太物理学会联合会理事长等职。曾当选中国共产党十五届中央候补委员,中国共产党十六次全国代表大会代表。

陈佳洱教授长期从事加速器的教学与科研工作,在开拓发展我国的射频超导加速器、加速器超灵敏质谱计、射频四极场加速器、高压静电加速器以及束流物理等众多的低能加速器及相关的应用领域,取得了突出的成果,发表论文150余篇。

陈佳洱教授1986年被评为国家级有突出贡献中青年专家,先后获得国家高技术研究发展计划先进个人一等奖、国家科技进步二等奖、省部级科技进步一等奖和二等奖各三项以及光华科技基金一等奖、何梁何利基金科学与技术进步奖等奖励。

**甘子钊** 1938年4月生,广东省信宜县人。1959年10月毕业于北京大学物理系,1959年10月至1963年1月在北京大学物理系读研究生,后留校任教至今。1991年当选为中国科学院数学物理学部院士。现任北京大学物理学院教授、北京现代物理中心副主任,国家超导实验室学术委员会主任,人工微结构和介观物理国家重点实验室学术委员会主任。甘子钊教授兼任中国人民政治协商会议第九、十届常委,《中国物理快报》(Chinese Physics Letter)主编,中国物理协会副理事长。

甘子钊教授的研究领域是固体物理和激光物理。1960年至1965年间,主要从事半导体物理的研究工作。曾在半导体中的电子隧道过程、杂质电子状态、磁共振现象等方面进行过理论研究,解决了锗中隧道过程的物理机理。1970年至1978年间,主要从事激光物理的研究工作,曾在二氧化碳气体激光器和燃烧型气体动力学激光器的研制,气体激光器的频率特性等方面进行过实验和理论研究,对发展我国的大能量气体激光做出一定贡献。1978年至1982年间,主要从事光与物质的相互作用的研究,曾提出多原子分子光致离解的物理模型和光在半导体中相干传播的理论。1982年至1986年主要从事固体电子状态的研究,曾在半导体中杂质的自电离状态、量子Hall效应、绝缘体—金属相变、磁性半导体中磁极化子、低维系统中电子输运等方面进行理论研究。从1986年开始,转入高温超导电性的实验和理论研究,主持北京大学的高温超导和全国超导攻关项目的研究工作,对我国高温超导研究的发展做出重要贡献,并负责组建国家重点实验室"人工微结构物理实验室"的工作,在国际与国内学术刊物上发表论文50余篇。甘子钊学术工作的特点是致力于凝聚态物理与光学物理的前沿研究,并力求把理论研究与实验研究结合起来。1984年被授予"国家级有突出贡献中青年专家"称号。

**文兰** 1946年3月生,安徽省泾县人。1969年毕业于北京大学数学力学系,1981年于北京大学数学系获硕士学位,1986年于美国西北大学数学系获博士学位。1988年至今在北京大学数学学院工作,其间多次在美国西北大学等国外院校做学术访问。1999年当选为中国科学院数理学部院士,2005年当选为第三世界科学院院士。现为北京大学数学学院教授。

文兰教授主要从事微分动力系统方面的研究,在C1封闭引理、非扩张双曲吸引子、C1连接引理、稳定性猜测、星号猜测、Palis猜测等动力系统的若干困难的基本问题上做出了重要贡献,产生了令人瞩目的国际影响。

文兰教授是我国动力系统学术带头人,曾主持自然科学基金委重点项目"动力系统与哈密顿系统",973重大项目"核心数学的前沿问题"中的"动力系统"子课题等。

文兰教授于1996年获陈省身数学奖,1997年获香港求是杰出青年学者奖。主要社会兼职有《数学学报》等国内刊物编委,美国*Discrete and Continuous Dynamical Systems*编委,中国数学会理事长。

**丁伟岳** 1945年4月26日生于上海市,1968年毕业于北京大学数学系,"文革"后以优异的成绩考取中国科学院数学研究所研究生,1986年获博士学位。现为中国科学院院士。

丁伟岳教授在几何分析这一当代基础数学的前沿领域的许多重要而困难的课题上做出了令人瞩目的成果。他推广了著名的 Poincare-Birkhoff 定理并将其应用于常微分方程周期解的存在性问题；在著名的 Nirenberg 问题研究上取得了突破性进展，首次证明了该问题有解的充分条件，这一结果与其他一系列相关研究有利地推进了具共形不变性的半线性椭圆方程的理论；在调和映射的存在性问题和热流方法、Kahler-Einstein 度量的存在性等一系列重要问题上也获得了有国际影响的结果。目前丁伟岳教授指导的一个几何分析青年研究中心，集中了一批该领域的优秀青年数学家，并取得了丰硕的成果。

丁伟岳教授曾获国家自然科学奖二等奖、陈省身数学奖和求是杰出青年奖，并于 1991 年被国家教委和国家学位委员会授予"做出突出贡献的中国博士学位获得者"。

**陈建生** 1938 年 7 月生，1963 年毕业于北京大学地球物理系天体物理专业。1979 年—1980 年在英澳天文台访问，1982 年—1983 年在欧洲南方天文台访问，现任中国科学院北京天文台研究员，中国科学院—北京大学联合北京天体物理中心主任，1986 年起任博士生导师，1991 年当选为中国科学院院士，中国科学院数理学部副主任。现任北京大学天文系主任，兼任中国科学院天文学科专家委员会主任，国家自然科学奖等国家评审组专家，中国科技大学兼职教授，国际天文学会第 9 届、第 28 届委员会组委，美国 *Fundalmental of Cosmic Physics* 学报编委，中科院学位委员。

陈建生教授的主要研究领域包括：类星体巡天、类星体吸收线、星系际介质、星系物理、施密特 CCD 测光及大视场、大尺度、大样本天文学。现领导 BATC（北京—亚里桑那—台湾—康奈狄克）CCD 多色巡天计划。现主持"九五"中科院重大基础研究项目及国家基金委重点项目。陈建生教授是第八届全国政协委员、第九届全国人大常委、教科文卫委员会委员，中—德议会友好小组成员。

**赵光达** 1939 年 10 月生于陕西省西安市，1963 年毕业于北京大学物理系。现任北京大学物理学院理论物理所教授。1994 年被评为国家有突出贡献的中青年专家。1997 年获中国物理学会评选的周培源物理奖。2001 年当选为中国科学院院士。

赵光达教授在粒子物理学的强子物理和量子色动力学等方面取得了有意义的研究成果，首次从 QCD 轴矢流反常的基本关系出发，研究了 $h,h$C 与赝标重夸偶素之间的混合及现象学，解释了 J/Y 的辐射衰变实验，对 $\Psi(2S)$ 的预言与之后的实验一致。与研究生一起对 NRQCD 和重夸克偶素物理进行了研究，首次给出了强衰变中色八重态对 QCD 辐射修正的贡献，证明了红外发散的抵消，并得到了符合实验的 P 波粲偶素强衰变宽度；指出色八重态可将 D 波粲偶素在许多过程中的产生率提高一两个数量级，是对 NRQCD 产生机制的关键性检验；预言了正负电子对撞中 J/Y 的产生截面以色八重态的贡献为主，得到了美国和日本两个 B 介子工厂最新实验结果的支持。与合作者预言了奇异数等于 $-2,-3$ 的重子谱，并被之后发现的 W*(2250) 等重子所验证。有关夸克模型和重子谱、重子磁矩、胶子球、及 B 介子衰变的四篇论文被国际粒子物理界权威评述机构"粒子数据组"连续引用。

**田刚** 1958 年 11 月生，江苏省南京市人。1982 年毕业于南京大学数学系，1984 年获北京大学硕士学位，1988 年获美国哈佛大学数学系博士学位，现任北京大学教授、美国麻省理工学院西蒙讲座教授。曾任美国斯坦福、普林斯顿等大学访问教授。自 1998 年起，受聘为北京大学长江讲座教授。2001 年，田刚当选为中国科学院院士。2004 年，他当选为美国艺术与科学院院士。

田刚教授解决了一系列几何及数学物理中重大问题，特别是在 Kahler-Einstein 度量研究中做了开创性工作，完全解决了复曲面情形，并发现该度量与几何稳定性的紧密联系。与人合作建立了量子上同调理论的严格的数学基础，首次证明了量子上同调的可结合性，解决了辛几何 Arnold 猜想的非退化情形。田刚教授在高维规范场数学理论研究中做出了杰出贡献，建立了自对偶 Yang-Mills 联络与标度几何间深刻联系。由于他的突出贡献，田刚教授获美国国家基金委 1994 年度沃特曼奖，1996 年获得美国数学会的韦伯伦奖。

**徐至展** 1938 年 12 月 16 日生，江苏省常州市人。1965 年北京大学物理系研究生毕业。1967 年 3 月至今在中国科学院上海光学精密机械研究所工作，曾任该所所长，现任该所学术委员会主任。徐至展1991年当选为中国科学院数学物理学部学部委员（院士）。2004年当选为第三世界科学院院士。徐至展现为中科院上海光学精密机械研究所研究员，从2000年10月起被聘为北京大学物理学院教授，并担任中科院—北京大学激光物理与超快光科学联合研究中心主任。

徐至展教授主要从事并主持现代光学、激光物理、强场超快科学等领域的研究。作为首席科学家曾长期主持并出色完成国家攀登计划、国家973计划等国家级重大科技项目，2006年再次被聘任为国家973计划项目首席科学家。在国内外重要学术刊物上发表论文300余篇，近年约30余次被邀在重要国际学术会议作大会主题或特邀报告。

徐至展教授作为第一获奖人曾获国家科学技术进步奖一等奖一项（2004年），国家自然科学奖二等奖两项（1995年、2001年）、三等奖一项（1989年），国家技术发明奖二等奖一项（1999年），全国科学大会重大成果奖一项（1978年）等多项国家级科技奖励。1998年获何梁何利基金科学与技术进步奖。他培养的3位博士相继获得全国优秀博士学位论文奖。他是1990年国家人事部批准的国家级有突出贡献的中青年专家，1995年被国务院授予全国先进工作者称号，被评为1993年度上海市十大科技精英、1996年度上海市科技功臣。

徐至展教授目前还担任全国政协常委，国务院学位委员会学科评议组成员，《光学学报》、Chinese Optics Letters 主编，国际量子电子学理事会理事，美国光学学会Fellow，美国光学学会Fellows & Honorary Members 委员会成员等。

**周又元** 天体物理学家，1938年生于上海，原籍江苏南京。1960年毕业于北京大学物理系。曾任中国天文学会星系和宇宙专业委员会主任。现为中国天文学会常务理事和中国天文学会教育工作委员会主任。2001年当选为中国科学院院士。

周又元教授主要从事类星体和活动星系核的研究，同时涉及宇宙学、宇宙大尺度结构和高能天体物理等的研究。20世纪70年代与他人合作采用射电类星体子源之间的距离作为判据进行光度标定，改善了类星体的Hubble图，支持了类星体红移的宇宙学起源本质；80年代中期与他人合作，在国际上较早利用类星体获得100Mpc的超大尺度结构的观测证据，并被大样本星系巡天所证实；90年代他与合作者通过对活动星系核内部结构和辐射机制的深入研究，首次得到活动星系核大蓝包形状参数方程，确认了大蓝包的辐射来自吸积盘及其冕区，得到大蓝包的温度分布，给出了估算中心黑洞质量的新方法；并发现FeKα短时标变化规律新类型，用耀斑模型对各种类型的变化规律进行了统一解释。发表论文100余篇，其中在国际一流杂志（*Ap.J*，*A&Ap.*，*M.N.R.A.S*)发表13篇，在《中国科学》发表10篇。他的论文受到国际学术界重视，有15篇论文被国际权威杂志（*Nature*，*Science*，《天文和天体物理年评》，*Physics Report* 等）介绍和引用，*Nature*（270，205，1977）曾发专文介绍他及合作者研究的内容和意义。

周又元教授1980年和1990年两次获中科院自然科学二等奖，1992年获中科院有突出贡献中青年科学家奖。

**苏肇冰** 1937年生，1953—1958年就读于北京大学物理系，1991年被选为学部委员（院士）。现为博士生导师，中科院院士，第三世界科学院院士。1994—1998年任中科院理论物理研究所所长。

苏肇冰教授目前主要研究领域为强关联多电子系统、介观系统、低维凝聚态系统和非平衡量子统计。他与周光召、郝柏林、于渌合作，系统地把现代量子场论与统计格林函数结合，发展了适用于平衡和非平衡统计的闭路格林函数方法，已经应用到相变临界动力学等多种问题。与合作者论证了电磁波在粗糙金属表面传播的安德逊局域化，提出了在金属小颗粒悬浮液体中可能通过测量吸收系数观察电磁波局域化的迁移率边界的建议。与于渌合作，推广了黄昆的多声子晶格弛豫理论，建立了准一维有机导体系统中非线性元激发的量子跃迁理论。

苏肇冰教授1987年获中科院科技进步一等奖，1999年获中科院自然科学一等奖，2000年获何梁何利基金科学与技术进奖，2000年获国家自然科学二等奖。

**张焕乔** 核物理学家，1933年12月23日生，重庆人。1956年毕业于北京大学技术物理系，一直在中国原子能科学研究院工作，现任研究员、博士生导师和北京串列加速器国家核物理实验室主任，兼任北京大学教授、中核集团公司科技委高级顾问、国防科工委专家咨询委员会委员、中国物理学会常务理事。1997年当选为中国科学院院士。

张焕乔教授先后从事中子物理、裂变物理和重离子反应的实验研究。为我国第一台中子晶体谱仪和第一台中子衍射仪的建立做出了重要贡献。参与压电石英单晶中子衍射增强现象的发现,并提出合理解释。为国防需要测量部分重要核数据,提供若干测试手段和方法。系统研究自发裂变和中子诱发裂变的中子数及其与碎片特性的关联,提供了高精度252Cf自发裂变的平均中子数,成为国际上"热中子常数和252Cf自发裂变中子产额"这组重要初级标准中被收入的唯一中国数据。系统研究近垒和垒下重离子熔合裂变角分布,在国际上首先采用碎片折叠角技术实现将熔合裂变与转移裂变分开,发现碎片角异性的异常现象,并参加提出理论解释,最近得到国外实验支持。在国外合作研究垒下重离子熔合反应的平均角动量激发函数和熔合势垒分布中,首次揭示双声子激发引起熔合势垒分布劈裂成三个峰,表明复杂的核表面振动影响垒下熔合增强。该工作成为这方面研究的一个典型工作。采用转移反应作探针和发展ANC方法,首次研究稳定核激发态中子晕,观测到12B第二、第三激发态和13C第一激发态为中子晕态,扩大了晕核研究范围。

张焕乔教授在国内外杂志发表上百篇文章,在国际学术会上做了16次邀请报告。曾获国家自然科学奖等多项奖励,1991年被评为核工业总公司优秀科技工作者,2004年获何梁何利奖。

**解思深** 1942年2月生,山东青岛人。1965年毕业于北京大学物理系,1983年毕业于中科院物理所,获理学博士学位。1965年至1978年在宁夏钢铁厂任技术员,1984年至1986年在美国科罗拉多大学电机工程与计算机科学系做博士后,1986年至今历任中国科学院物理研究所副研究员、研究员。2003年当选为中国科学院数学物理学部院士,2004年当选为第三世界科学院院士。解思深现任中国科学院物理研究所研究员、博士生导师、国家纳米科学中心主任、首席科学家,从2005年5月起被聘为北京大学信息科学技术学院教授。

解思深教授在1987年—1992年期间主要研究高温氧化物超导体的合成、相关系和晶体结构。在超导氧化物体系的相关系和晶体结构测定上有过重要的贡献。编写《高温超导》一书,由湖南教育出版社。1991年至今主要从事碳纳米管及其他一维纳米材料的合成、结构和物理性质的研究,在定向碳纳米管的制备、结构和物理性质的研究方面取得了一系列的重要进展。先后在 Science、Nature 上发表三篇文章,并在 Phys. Rev. Letts.、Phys. Rev. B、Appl. Phys. Letts.、Advanced Materials 等发表多篇学术论文;论文被引用3500余次。

解思深教授于1989年获国家自然科学一等奖,1991年获国家自然科学三等奖,1998年中科院科技进步三等奖,2000年获何梁何利科学技术进步奖、桥口隆吉基金会材料奖、国际科学检索系统(ISI")1981—1998年经典论文奖,2001年获中科院自然科学一等奖,2002年获国家自然科学二等奖和周培源基金会物理奖。

**王诗宬** 1953年1月生,江苏盐城人。1981年获北京大学硕士学位,留校任教至今。1988年获加州大学洛杉矶分校博士。访问过五大洲的30余所高校和研究院。2005年当选为中国科学院数学物理学部院士。现为北京大学数学科学学院教授。

王诗宬教授主要研究低维拓扑,涉及几何群论、不动点、动力系统和代数拓扑等领域。与人合作有成果如下:发现三维流形中本质浸入曲面不能提升成有限覆叠中嵌入曲面的第一个例子;观察到卫星结上循环手术的障碍,证明了双曲流形中的浸入本质曲面边界数的有限性;在有限群作用、手性、流形嵌入、吸引子与流形拓扑间的制约等方面均有颇具创意的研究;特别是开拓和发展了三维流形间的映射这个研究领域,在探索覆叠度的唯一性、非零度映射的存在性、有限性、标准型及其与三维流形拓扑的相互作用中,有一系列预见和佳作。

王诗宬教授1994年获中国青年科学家奖,1995年获求是杰出青年奖,1998年获陈省身数学奖,2001年获国家自然科学奖二等奖。2002—2006年曾是北京大学长江学者。王诗宬教授还是 Algebr. Geom. Topology、Topology Appl.、《中国科学》《数学年刊》等杂志的编委。

## 中国科学院化学部

**唐有祺** 1920年7月生,中共党员、九三学社成员,江苏省原南汇县人。1942年毕业于同济大学理学院化学系,获理学学士学位;1950年毕业于美国加州理工学院,师从化学界泰斗 L. Pauling,获博士学位。1950年5月至1951年5月在美国加州理工学院为博士后研究员,1951年8月在清华大学化学系任教,在院系调整中转入北京大学化学系至今。1980年当选为中国科学院化学部学部委员(院士)。现为北京大学化学与分子工程学院教授。

唐有祺教授一直从事物理化学和结构化学研究,为我国晶体结构和结构化学研究做了重要奠基和发展工作。早在50年代就撰文关注生物大分子结构研究,后相继提出和指导胰岛素晶体结构测定工作,领导开展了蛋白质结构和分子设计研究,以及多肽合成和表征,并曾任"生命过程中重要化学问题研究"攀登项目首席科学家。在载体自发单层分散等研究基础上,又提出建设分子工程学倡议,在攀登项目"功能体系的分子工程学研究"项目,以及在尔后入选的973基础科研项目中任顾问,在此强调了功能意识和组装设计思想,对新形势下的科研工作起指导和推动作用。著有《结晶学》(1957)、《统计力学及其在物理化学中的应用》(1964)、《化学动力学和反应器原理》(1974)、《对称图像的群论原理》(1977)、《有限对称群的表象及其群论原理》(1979)和《相平衡,化学平衡和热力学》(1984),发表论文400余篇。

1982年"胰岛素晶体结构测定"获国家自然科学奖二等奖;1987年"晶体体相结构与晶体化学的基础研究"获国家自然科学奖二等奖;1991年"胰蛋白酶和Bowman-Birk型抑制剂复合物系列立体结构研究"获国家自然科学奖三等奖;2006年"使用单层分散型CuCl/分子筛吸附剂分离一氧化碳技术"获国家科技发明奖二等奖以及国家教委等省部级奖九项。

1978年以来,先后担任北京大学物理化学研究所所长;分子动态与稳态结构国家重点实验室主任和学术委员会主任;国家教育委员会科技委员会主任;第三届国家自然科学奖励委员会副主任以及第一届国家科技奖励委员会成员;国际晶体学联合会第十四届执委会副主席;中国化学会第二十二届理事会理事长;中国晶体学会理事长;全国政治协商会议第八届和第九届常委及第九届科技委副主任等职。

徐光宪 1920年生,浙江省绍兴市人。1944年毕业于上海交通大学化学系,1951年获美国哥伦比亚大学博士学位,回国后在北京大学任教。1980年当选为中国科学院化学部学部委员(院士)。现任北京大学化学与分子工程学院教授、博士生导师,稀土材料化学国家重点实验室学术委员会名誉主任。曾获1994年首届何梁何利科技进步奖,2005年又获何梁何利科学成就奖。2006年获北京大学首届蔡元培奖。

徐光宪教授与合作者在量子化学领域中,提出了原子价的新概念 nxcπ 结构规则和分子的周期律、同系线性规律的量子化学基础和稀土化合物的电子结构特征,被授予国家自然科学二等奖,他编著的《物质结构》被授予国家优秀教材特等奖。他创建"串级萃取理论",并与严纯华等合作者,深入发展这一理论,在全国普遍推广应用,取得国际领先水平和巨大的经济及社会效益。

张滂 1917年生,江苏省南京市人。1942年毕业于国立西南联合大学化学系,1949年获英国剑桥大学博士学位。曾任中国化学会常务理事等职。1991年当选为中国科学院化学部院士。现任北京大学化学与分子工程学院教授,博士生导师。

张滂教授在有机化学领域有很深的造诣,他特别着重于基础理论研究,取得了独创性的成果,在国内外重要期刊上发表了数十篇高水平的论文。他在以天然产物为中心的有机合成、新型化合物、试剂和方法的研究及新的有机反应的发现等研究领域都做出了突出的贡献。他还长期担任国家化学课程改革的学术领导工作,为我国有机化学人才的培养、教材建设及教学改革做出了重大贡献,深受全国同行的敬仰。

黎乐民 1935年12月生,广东省电白县人,1959年毕业于北京大学技术物理系,留校任教;1965年北京大学研究生毕业。曾任美国能源部能源与矿物资源研究所客座科学家。1991年当选为中国科学院化学部院士。现任北京大学化学与分子工程学院教授、博士生导师、院学术委员会主任;北京大学校学术委员会和理学部学术委员会委员;北京大学稀土化学研究中心主任。

黎乐民教授早年从事核燃料配位化学和萃取化学研究,用正规溶液理论解释了萃取过程中惰性稀释剂的溶剂效应;把两相滴定法推广应用到生成复杂萃合物的情况。1977年以后主要从事量子化学和物理无机化学研究。在同系线性规律、双层点电荷配位场模型、分子中的原子与原子轨道、某些麻醉镇痛剂的构效关系等的研究中取得有特色的成果;系统研究镧系化合物的电子结构和成键特征以及相对论效应产生的影响,阐明了这类化合物稳定性变化规律的微观机制;发展了四分量、两分量和标量相对论以及非相对论的高精度密度泛函计算方法和程序;提出新的大体系分区计算和局部高精度计算或相对论计算的方法以及接合相对论—非相对论密度泛函计算方法等。研究成果"应用量子化学——成键规律和稀土化合物的电子结构"获得1987年国家自然科学奖二等奖。还获得过省部级科技成果奖多项。合作编著有《量子化学——基本原理和从头计算法》(上、中、下三册)《量子化学——基本原理和从头计算法题解》《分子对称性群》等研究生教材;其中《量子化学——基本原理和从头计算法》一书得到读者的好评。

黎乐民教授还兼任中国科学院化学学部常务委员会副主任;"稀土材料化学及应用"国家重点实验室学术委员会主任;"理论与计算化学"国家重点实验室学术委员会主任;中国材料研究会计算材料学分会副主任;《中国科学》(B辑:化学)执行副主编,《高等学校化学学报》《中国化学快报》和《分子科学学报》副主编。

**刘元方** 1931年2月生,中共党员,浙江省宁波市人。1952年毕业于北京燕京大学。1952年起在北京大学任教。1980—1981在美国Lawerance Berkeley 国家实验室进修,师从诺贝尔奖获得者G. T. Seaborg教授。1987—1988作为访问教授在瑞士Paul Scherrer研究所工作。1991年当选为中国科学院化学部院士。现为北京大学化学与分子工程学院教授(1983年)。

40年来,刘元方教授在核化学与放射化学领域做过许多开拓性和创造性的工作。在创立和建设我国第一个放射化学专业的教育事业中做出了贡献。例如1960年领导建成了我国第一台5万转/分的浓集235U的雏型气体离心机;利用超铀元素重离子核反应首次直接制得251Bk,解决了从几十种元素中快速分离纯Bk的难题,重制了251Bk的衰变纲图等;1994年以来,在生物—加速器质谱学研究中做出了优良成果,研究了尼古丁、MTBE、丙烯酰胺等分子的基因毒性;2001年以来,积极从事纳米材料的生物效应研究。在 *Phys. Rev. C*、*Nucl. Phys. A*、*Nature Nanotechnology*、*Radiocarbon*、*Carbon* 等杂志上发表论文约160篇,著有《放射化学》(科学出版社,1988)、《核化学与放射化学》(北京大学出版社,2007)等书四种。1986年获得国家教委科技进步一等奖。

刘元方教授兼任上海大学纳米化学与生物学研究所所长,国防科工委高放射性废物处置专家组副组长等职,国际《放射化学学报》顾问编委。曾任中国核化学与放射化学学会理事长,国际化学联合会(IUPAC)放射化学和核技术委员会主席,中国科学院化学学部副主任。

**周其凤** 1947年10月生,中共党员,湖南省浏阳市人。1965年考入北京大学化学系,1970年留校工作;1981年9月于美国麻省大学获得硕士学位;1983年2月于美国麻省大学获得博士学位。1983年5月起在北京大学化学与分子工程学院任教,1990年被聘为教授。1999年当选为中国科学院化学部院士。2001年6月至2004年7月任国务院学位委员会办公室主任、教育部学位管理与研究生司司长。2004年7月被国务院任命为吉林大学校长(副部长级),同时继续担任北京大学化学与分子工程学院教授、高分子科学与工程系主任、高分子科学研究所所长、教育部高分子化学与物理重点实验室主任等职务。

周其凤教授的主要研究领域是高分子合成、液晶高分子、高分子的结构与性质等。在液晶高分子方面,周其凤创造性地提出了"Mesogen-Jacketed Liquid Polymer"(甲壳型液晶高分子)的科学概念并从化学合成和物理性质等角度给出了明确的证明。此外,还对液晶高分子的取代基效应进行了系统而深入的研究,得到了有重要科学意义的成果;最先发现通过共聚合或提高分子量可使亚稳态液晶分子转变为热力学稳定液晶高分子两个原理;并发现了迄今认为是最早人工合成的热致液晶高分子等。近年来,周其凤和他在北大的同事们一起,对甲壳型液晶高分子及其在材料结构与性能设计中的应用进行了系统而深入的研究,不断取得新成果。在2007年6月于纽约召开的 IUPAC 高分子会议 IUMACRO-07 上,他应邀代表其研究小组作了45分钟的大会报告。取得中国发明专利3个,主持国家自然科学基金委重点项目2个,科技部973子项目1个等。

周其凤教授曾获1986年北京大学教学优秀奖,1988年中国化学会高分子基础研究王葆仁奖,1988年教育部"霍英东青年教师基金",1991年国家教委科技进步二等奖,1992年中国青年科学家提名奖,1997年国家教委、人事部"全国优秀留学回国人员"称号,1997年国家自然科学三等奖,2001年中国化学会高分子化学创新论文奖,2001年获北京大学教学成果一等奖,北京市教育教学成果一等奖等。

黄春辉 1933年5月生,中共党员,江西省吉安县人。1955年毕业于北京大学化学系,同年留校工作至今,黄春辉作为访问学者于1981—1983年间在美国能源部 Ames 国家实验室和 Arizona 大学化学系进行合作研究。2001年当选为中国科学院化学部院士。现任北京大学化学与分子工程学院教授。

黄春辉教授主要从事稀土配位化学和分子基功能膜材料方面的研究。前者内容涉及稀土元素的萃取分离、稀土配合物的分子设计、合成、结构及性质研究,特别是稀土配合物的光致发光及电致发光性质的研究。在分子基功能材料的研究中,将二阶非线性光学材料分子设计的原理引入光电转化材料的设计中,发现了两者在构效关系上的相关性,开发了一类新的光电转化材料。

黄春辉教授著有《稀土配位化学》(1997)、《光电功能超薄膜》(2001)和《有机电致发光材料与器件导论》(2005)。此外,还参加编写了《无机化学丛书第七卷 钪及稀土元素》《稀土》等专著。在国内外重要学术期刊 J. Am. Chem. Soc.、Adv. Mater.、Science in China B 等发表论文 300 余篇,他引 1800 余次。

黄春辉教授先后主持国家重点基础研究 973 子课题、中国高科技研究发展计划 863 子课题以及国家自然科学基金等项目。2005年获何梁何利基金科学与技术进步奖,2003 年获国家自然科学二等奖。现兼任《中国稀土学报》常务编委、中国稀土学会常务理事。

王夔 1928年5月,无党派人士,天津市人。1949年毕业于燕京大学,获理学学士学位。1949—1952年先后为燕京大学和北京大学化学系研究生。1952年,分配到北京大学医预科任教。1953年起在北京医学院(现北京大学医学部)从事教学和科研工作。1991年当选为中国科学院化学部院士。现为北京大学医学部药学院化学生物学系教授。

王夔教授是我国生物无机化学研究的先行者之一,是细胞无机化学开拓者之一。他的课题组在细胞层次上研究无机物的生物效应的化学基础,跟踪细胞应答过程中发生的化学事件,研究它们与病理和毒理过程的关系,从而阐明无机物干预生命过程的机制,研究无机药物。目前,王夔主持国家自然科学基金重点项目"稀土元素的生物化学反应和有关细胞化学过程的干预"的研究,目的在于阐明稀土生物效应的化学机制,解释稀土金属离子生物效应的两面性和非线性浓度依赖关系,为稀土农用和药用提供合理基础。此外,他还参加了国家 863 计划和北京市科技计划的创新药物和中药研究的 ADMET 研究平台建设,开展了考虑 ADMET 性质合理设计抗糖尿病无机药物的工作。

王夔教授曾获国家教委科技进步奖二等奖两次、三等奖一次,教育部科技进步奖一等奖一次,北京市科技进步奖二等奖一次,中科院科技进步奖二等奖和三等奖各一次。2000 年获何梁何利科学与技术进步奖。2006 年获北京大学蔡元培奖。目前担任《化学进展》和 Frontiers of Chemistry in China 主编。

张礼和 1937年9月生,中共党员,江苏省扬州市人。1958年毕业于北京医学院药学系;1967年于北京医学院药学系研究生毕业。1967年至1981年在北京医学院任助教、讲师;1981年至1983年在美国弗吉尼亚大学化学系做访问学者;1983年至1985年在北京医科大学药学院任副研究员;1985年至1999年在北京医科大学任教授;1999年至今在北京大学药学院任教授。1995年当选为中国科学院化学学部院士。现为北京大学药学院教授、天然药物及仿生药物国家重点实验室学术委员会主任。

张礼和教授主要从事核酸化学及抗肿瘤、抗病毒药物方面的研究。自1990年以来系统研究了细胞内的信使分子 cAMP 和 cADPR 的结构和生物活性的关系,在此基础上发展了作用于信号传导系统,能诱导分化肿瘤细胞的新抗癌剂,发展了结构稳定、模拟 cADPR 活性,并能穿透细胞膜的小分子,成为研究细胞内钙释放机制的有用工具。系统研究了人工修饰的寡核苷酸的合成、性质和对核酸的识别,提出了酶性核酸断裂 RNA 的新机理,发现异核苷掺入的寡核苷酸能与正常 DNA 或 RNA 序列识别同时对各种酶有很好的稳定性,寡聚异鸟嘌呤核苷酸有与正常核酸类似形成平行的四链结构的性质,发现信号肽与反义寡核苷酸缀合后可以引导反义寡核苷酸进入细胞并保持反义寡核苷酸的切断靶 mRNA 的活性,研究了异核苷掺入 siRNA 双链中去对基因沉默的影响,为发展基因药物提供了一个新途径。共发表论文 200 多篇;获得中国专利 3 项。

张礼和教授曾获日本 Hoshi University 名誉博士学位(1990

年);美国密苏里-堪萨斯大学Edgar-Snow Professorship(1992年);何梁何利科技进步奖(1999年);国际药联(FIP) Millennium Pharmaceutical Scientists Award (San Francisco,USA)(2000年);国家自然科学奖二等奖(2004年)。兼任国务院学位委员会学科评议组药学学科召集人;中国药学会副理事长;IUPAC,Organic & Biomolecular Chemistry 委员会委员(Titular Member);英国皇家化学会高级会员(FRSC)亚洲药化学会主席(1998—1999)及 Organic & Biomolecular Chemistry、ChemMedChem、Medicinal Research Review 和 Current Topics of Medicinal Chemistry 编委;《中国药物化学》杂志主编,《高等学校化学学报》副主编等职。

**高 松** 1964年2月生,安徽省泗县人。1985、1988和1991年先后获北京大学化学系理学学士、硕士和博士学位。1988年7月留校任教至今。1995至1997年初,作为洪堡学者在德国亚琛工业大学访问研究。1999年,作为求槎学者在香港大学进行合作研究。2007年当选为中国科学院化学学部院士。现任北京大学化学与分子工程学院教授(1999年),长江学者(2002年)。

高松教授主要从事配位化学与分子磁性研究,他和他的研究组结合分子设计合成与各种物理方法,系统研究分子固体中磁性离子的相互作用、磁弛豫、磁有序等与分子结构、晶体结构、单离子各向异性等的关系,在发现新的磁现象、发展新类型分子磁体方面取得了一些重要进展。例如,系统发展出设计分子磁体的一些新途径:新短桥分子磁铁、混桥杂化磁体、微孔磁体、不对称"三原子单桥"构筑分子弱铁磁体等;发现一些弱作用体系外磁场依赖的慢的磁弛豫行为,得到第一例同自旋单链磁体等。1998—2007年,高松及其合作者在配位化学和分子磁性领域发表SCI论文200余篇,累计SCI引用4000余次,h指数34。10余次应邀在相关重要国际会议上作报告。正在主持国家自然科学基金委重大项目"分子固体的控制合成与功能性质的研究"。

高松教授2006年获国家自然科学二等奖;2004年获第八届中国青年科技奖;指导的博士生论文2002年获全国百篇优秀博士论文奖。英国皇家化学会会士(FRSC,2007—)。兼任中国化学会常务理事,北京化学会副理事长。Chem. Soc. Rev.、《中国科学B》《化学进展》《无机化学学报》《中国稀土学报》、CrystEngComm、Inorg. Chem. Commun 等杂志顾问编委或编委。

## 中国科学院地学部

**董申葆** 1917年9月生于北京,原籍江苏常州。1936年考入北京大学地质学系;1940年西南联合大学地质地理气象学系毕业后,在经济部资源委员会矿产测勘处工作;1941年重返西南联合大学读研究生,1944年获硕士学位后留校任助教;1945年回北京大学地质学系工作;1948年赴法国攻读博士学位;1951年2月回国任北京大学地质学系副教授、校务委员。1952年任北京地质学院教授,当年10月被派往东北地质学院(后为长春地质学院)地质勘探系任教授,历任该系主任、院长助理、院长。1980年当选为中国科学院地学部学部委员(院士)。1984年调任北京大学地质系(现地球与空间科学学院)教授至今。

董申葆教授是我国变质地质学的开创者之一。在1941年他就对云南易门昆阳群变质岩进行了研究,留学法国期间重点研究了法国中部高原的变质岩;50至60年代,他带领学生对山东等四省的前寒武纪变质岩区作了1:20万地质调查,提出了变质建造和混合岩化成矿等观点。他认为变质建造具有双重性,将变质建造区分为两大类型,将与变质作用有关的矿床划分为三个基本类型。这些创新观点对开展我国变质岩区地质调查和找矿勘探有重要指导意义。20世纪70年代末至80年代初,他倡导并组织领导了变质地质图的编制工作,1985年完成了编图。他在《中国变质地质图(1:400万)及其说明书》和《中国变质作用与地壳演化的关系》(合著,1986)等著作中,对中国的变质作用类型、变质相及变质相系、变质旋回及变质地质单元等进行了合理的划分,并以此为基础论述了中国大陆形成与演化的历史。他还开展了对蓝片岩等高压变质岩的研究,指出蓝闪石绿片岩相应属于过渡相系,并对蓝闪石变质作用是由于大洋板块向大陆板块的俯冲这一传统观点有不同认识,认为其中相当一部分属于大陆之间的俯冲。他对花岗质岩石的分类、成因和演化有着独特的见解,早期发表了《花岗岩成因类型的划分》(1983)、《花岗岩与交代结构构造及其成因意义》(1987)等重要论文。最近发表了《花岗岩拓扑学的研究展望》(2001)和《花岗岩拓扑学的反思》(2003)等文章,提出了"花岗岩拓扑学",用与时间有关的拓扑学处理方法研究花岗岩,并对花岗岩进行成因分类。

董申葆教授在1978年全国科学大会上被授予"先进工作者"称号;1987年获"全国优秀图书

奖"一等奖;1989年获国家自然科学奖二等奖;1990年获"全国高等学校先进科技工作者"称号;1996年获"李四光地质科学奖荣誉奖"。

董申葆教授于1959年当选为中国地质学会理事,曾任吉林省地质学会理事长、国务院学位委员会第一届评议组成员。1984年当选为中国矿物岩石地球化学学会常务理事。

**侯仁之** 1911年12月生,山东恩县人。1940年毕业于燕京大学,1949年获英国利物浦大学博士学位。1952年任教于北大地质地理系,曾兼任地质地理系主任和北大副教务长等职。1980年当选为中国科学院地学部学部委员(院士)。现任北京大学城市与环境学院教授、博士生导师。

侯仁之教授长期致力于历史地理学的教学与科学研究,1950年发表"中国沿革地理课程商榷"一文,第一次在我国从理论上阐明沿革地理与历史地理的区别及历史地理学的性质和任务。他在对北京历史地理的研究中,解决了北京城市起源、城址转移、城市发展的特点及其客观规律等关键性问题,为北京旧城的改造、城市的总体规划及建设做出重要贡献。他还在西北干旱及半干旱地区的考察中,揭示了历史时期不合理的土地利用是导致沙漠化的重要原因,为沙区的治理,在决策上提出了重要的科学依据。1984年被英国利物浦大学授予"荣誉科学博士"称号。

侯仁之教授还兼任北京市人民政府首都发展战略顾问组顾问等职。

**赵柏林** 1929年4月生,辽宁省辽中县人。1952年毕业于清华大学气象系。其后在北京大学物理系及地球物理系任助教和讲师。1979年越级晋升为教授。1984年被聘为博士生导师。1957—1959年在苏联莫斯科大学和苏联科学院应用地球物理所进修。1991年当选为中国科学院地学部院士。1994年当选为莫斯科国际高等学校科学院院士。现任北京大学物理学院大气科学系教授。

赵柏林教授是大气科学及遥感技术专家。他在云降水物理和人工影响天气,大气(光学、微波)遥感,无线电气象,卫星气象及气候变化等领域做出重大贡献。他在苏联进行了人类首次人乘气球入云测量云中电荷的试验。研究雨层云人工增雨和冰雹机制,用于人工影响天气实践。研制多频微波辐射计系列监测天气变化,微波辐射计与雷达联合测雨,提高了精度。建立微波地物实验室遥感水面油污和土壤湿度。研究了微波传播在大气云雨中的衰减和大气波导预报。建立光学遥感大气污染(大气气溶胶和二氧化氮)的新方法,利用卫星遥感东亚尘暴和大气臭氧的分布。建立海洋低空大气遥感系统,并参加中日合作西北太平洋云辐射实验,得到良好的结果。主持世界气候研究计划项目——中日合作全球能量与水分循环试验的淮河流域试验,取得成功,提高了淮河流域气象水文的预报。著作有《大气探测原理》(1987)和《赵柏林文集》(2001)等。

赵柏林教授曾获全国科学大会奖(1979),国家科学技术进步奖一等奖一项(1987),教育部科技进步奖一等奖两项(1986和2006),其他部委二等奖三项(1992和1997)以及何梁何利科学与技术进步奖(2004)。被授予"国家有突出贡献的中青年专家"称号(1989),全国高等学校先进科技工作者(1990),全国气象科技先进工作者(2006)。

社会兼职包括中国气象学会常务理事和全国博士后管理委员会专家组专家。

**涂传诒** 1940年7月生,北京市人。1964年毕业于北京大学地球物理系。先后于1980—1981年在美国天主教大学、1988—1990年在德国马克斯普朗克学会高空研究所从事合作研究。2001年当选为中国科学院地学部院士,2006年当选为第三世界科学院院士。现任北京大学地球与空间科学学院教授。

涂传诒教授主要从事太阳风湍流和形成机制方面的研究。至2006年5月,涂传诒(含合作)发表论文中有75篇被SCI引用1766次,其中涂传诒为第一作者的文章共被引用1206次。其中4篇第一作者论文每篇被SCI引用超过100次,16篇第一作者论文每篇被SCI引用20次以上。涂传诒在该领域中取得自主重大原始创新成果,包括如下内容:发现太阳风中存在湍流串级过程。发现太阳风加热的能源来自湍流串级能量。提出太阳风能量供给和传输机制。首次把阿尔芬波传播理论与磁流体湍流理论结合起来,创建了描述太阳风湍流传输特性的"类WKB湍流理论"。在此基础上又创建了太阳风阿尔芬湍流串级加热理论和推广的湍流间歇理论,从而开辟了新的研究道路。通过合作研究发现太阳风流动起源于极区冕洞磁漏斗结构中光球层上方五千公里至二万公里的高度范围。提出沿径向的太阳风流动是由垂直径向大尺度对流运动驱动的新观点,突破以往学术界流行的太阳风起源于一维流管的想法和理论。提出五千公里尺度或更大的磁圈在磁漏斗结构中的磁重联供给太阳风初始的质量动量和能量。

涂传诒教授曾两次获得国家自然科学二等奖(1989年和2001年),获得国际科联空间研究委员会(COSPAR)颁发的Vikramsarabhai奖章(1992年),获得首届王丹萍科学奖(1992年),获得何梁何利科学与技术进步奖(2002年),获得陈嘉庚科学奖(2006年)。

**张弥曼** 1936年4月生,浙江省嵊县人。1960年毕业于苏联莫斯科大学地质系。1982年获瑞典斯德哥尔摩大学博士学位。1960年至今在中国科学院古脊椎动物与古人类研究所工作。1991年当选为中国科学院地学部院士。现为中国科学院古脊椎动物与古人类研究所研究员,2001年9月起被聘为北京大学地球与空间科学学院教授。

张弥曼教授长期从事比较形态学、古鱼类学、中生代晚期及新生代地层、古地理学及生物进化论的研究。20世纪60年代初期在我国东南沿海一带考查和研究中生代晚期(距今约一亿三千万年)的鱼类化石。1965年底至1966年在瑞典国家自然史博物馆开始泥盆纪鱼类化石的研究。经过约十年的研究间断之后,70年代中期调查、采集和研究了东北白垩纪中期(距今约一亿年)及渤海沿岸地区新生代始新世(距今约五千万年)以来的含油地层中的鱼类化石,对含油地层的时代和环境提出了与当时通行的观点不同的意见,后来被石油地质专家们采用或部分采用,为祖国的石油勘探和开发做出了贡献。她还结合前人长期以来的工作成果,总结了我国东部晚中生代以来鱼类区系的演替情况,指出了由各时期中国东部鱼类区系与世界其他地区鱼类区系的异同而引发的一系列很有意义的、值得进一步探讨的动物地理学方面的问题。由于生物和地球的协同进化,这些问题也将涉及曾经发生过的有关地质事件。她的这些工作引起了国际同行的广泛兴趣。更重要的是她在泥盆纪鱼类研究方面所得出的成果。由于她曾师从瑞典学派的三位主要学者Stensio、Jarvik及Orvig,因此她在斯德哥尔摩期间有可能采用虽耗费大量时间但能提供丰富信息的连续磨片及腊制模型的方法,对中国特有的产于云南省早泥盆世的肉鳍鱼类杨氏鱼(Youngolepis)进行深入细致的研究,成为目前曾用这种方法工作的少数人之一。通过连续磨片对杨氏鱼脑颅、脑腔及血管、神经通道的复原而得到的详细结果,不仅用传统的观察方法很难获得,甚至采用最新的用CT照影的方法也无法得到这样准确的信息。她对杨氏鱼及另一种肉鳍鱼类,即属于肺鱼类的奇异鱼(Diabolepis)所做的形态解剖学方面的工作对于近十几年来肉鳍类的系统发育关系和四足动物起源方面的研究有较大的影响,受到国际古生物界和系统动物学界同行的普遍重视。由她主持的课题在泥盆纪鱼类化石方面所取得的重要成果,曾获得国家自然科学二等奖,中国科学院自然科学一等奖,中国科学院重大成果一等奖;此外,她对中国东部中生代及新生代鱼类区系的研究,也曾获中国科学院科技进步二等奖。1999年获何梁何利奖。

**童庆禧** 湖北武汉人,1961年毕业于苏联敖德萨水文气象学院。遥感学家,中国科学院遥感应用研究所研究员,我国最早从事遥感研究的专家之一。早年从事气候学、太阳辐射和地物遥感波谱特征研究。在我国首先提出关于多光谱遥感波段选择问题,并在理论、技术和方法上进行了研究。主持了中国科学院航空遥感系统的研制,"七五"攻关中发展成为具有国际先进水平的"高空机载遥感实用系统"。倡导和开展了高光谱遥感研究,在岩石矿物识别、信息提取和蚀变带制图方面取得突破。根据植被光谱特征研究发展的高光谱导数模型和光谱角度相似性匹配模型等为高光谱遥感这一科技前沿的发展与应用奠定了基础。

1997年,童庆禧教授当选为中国科学院院士。

**马宗晋** 1933年1月生,吉林省长春市人。1955年毕业于北京地质学院,获学士学位,留校任教一年半。1957年考入中国科学院,受教于孙殿卿,1961年毕业于地质所获硕士学位。毕业留所任助研,为构造力学实验室组长。1967年调地震工作系统工作,后任中国地震局分析预报中心副主任,1988年4月调地震局地质研究所任所长,1991年当选中国科学院院士,1995年11月至今任地质研究所名誉所长。2001年起被聘任为北京大学地球与空间科学学院教授,学位委员会主任。2005年任国家减灾委员会专家委员会主任。

马宗晋教授主要从事地质构

造、地震地质、减轻自然灾害、全球构造动力学研究,1964年完成节理定性分期配套等小构造研究,在全国构造地质教学中广为选用。提出长、中、短临渐近蕴震模式,成为中国预报强震的主要思想和工作程序。提出现今地球动力学,建立了3个全球的现今构造系统,论证了地球变动的韵律性和非对称性,从而提出以壳、幔、核细分层角差运动为基础的地球自转与热、重、流联合的动力模式构想,对全球构造动力模式进行了新的分析与综合,为灾害和矿产科研提供了部分基础。提出了综合减灾的减灾系统工程设计。发表论文二百余篇,专著五本,编著十八本。主持地震综合预报、国家重大自然灾害对策研究、中国地壳变动网络工程(一期、二期)、全球构造双重非对称性研究。

马宗晋教授1978年获全国劳动模范称号,1981年获国家出版局优秀图书奖《1966—1976九大地震》,1982—2002年间获中国地震局科技进步一等奖六次(排名第一)。2002年"中国重大自然灾害对策研究"获国家科技进步二等奖,"中国地壳变动网络工程项目"获2006年度国家科技进步二等奖。现担任《中国地震》《地震地质》《中国科学D》《中国石油》等刊编委。

**叶大年** 1939年7月生,中共党员,民盟盟员,广东省鹤山市人。1962年毕业于北京地质学院地质系岩石和矿物专业本科;1966年9月研究生毕业于中国科学院地质研究所。1966年9月至今在中国科学院地质与地球物理研究所工作,历任研究实习员、助理研究员、副研究员和研究员。1991年当选为中国科学院地学部院士。现任中国科学院地质与地球物理研究所研究员,从2001年9月起被聘为北京大学地球与空间科学学院教授。

叶大年教授主要从事矿物学、晶体化学和矿物材料方面的研究,开拓了矿物学的新领域——结构光性矿物学,并著有世界上第一部此领域专著(1988年地质出版社);解决了用X-射线粉末法鉴定长石、辉石、角闪石、石榴石等造岩矿物的鉴定难题,出版了《X-射线粉末法及其在岩石学中的应用》专著(1984年科学出版社);研究了铸石学的理论和工艺各种主要问题,主编了《铸石研究》(1980年科学出版社);在统计晶体化学方面,开展了颗粒随机堆积的研究,发现一些重要的堆积常数,揭示了地球圈层氧离子平均体积守恒定律。近年来研究城市地理,揭示城市分布的对称性,著有《地理与对称》(2000年上海科技教育出版社)。叶大年发表的论文有170余篇。

1978年,叶大年教授的研究成果"结构光性矿物学研究"获全国科学大会奖;1986年,"结构光性矿物学研究"获中国科学院自然科学二等奖,"沸石在水泥中的应用"获国家科技进步奖三等奖。

**陈运泰** 1940年8月10日生于福建厦门,广东省潮阳县人,中共党员。1962年毕业于北京大学地球物理系。1966年研究生毕业于中国科学院地球物理研究所。1966至1978年任中国科学院地球物理研究所研究实习员。1978至1982年任中国地震局地球物理研究所副研究员。1981至1983年为美国洛杉矶加州大学(UCLA)地球和行星物理研究所(IGPP)访问学者。1982年3月至今任中国地震局地球物理研究所研究员。1986至2000年任中国地震局地球物理研究所所长。现任中国地震局地球物理研究所名誉所长。1986年至今任中国地震学会理事长(1986—1991年,1995年至今),副理事长(1991—1995年),中国地球物理学会常务理事,《地震学报》(中、英文版)主编,《地球物理学报》副主编,《中国科学》《科学通报》《自然科学进展》编委。1989至1991年任国际数字地震台网联合会(FDSN)副主席,1995至1999年任国际学术刊物《纯粹和应用地球物理》(PAGEOPH)编委;现任国际学术刊物《地震学刊》(JOSE)编委(1998年至今),联合国际地质对比计划(IGCP)"大城市地区的地震地面运动"项目学术委员会委员(1995年至今)。曾任中国科学技术协会第三届全国委员会委员(1986—1991),现任中国科学技术协会第五届全国委员会委员。1998年至今任国际大地测量和地球物理学联合会(IUGG)中国委员会副主席,国际地震学与地球内部物理学协会(IASPEI)中国委员会主席。1991年当选为中国科学院院士。1998至2000年任中国科学院地学部副主任。1999年当选为第三世界科学院(TWAS)院士。

陈运泰教授从事地震学和地球物理学研究,并在地震波理论、地震震源理论和数字地震学研究中做出了突出贡献。他用地震波、大地测量、形变和重力等资料反演与综合研究邢台、昭通、海城、唐山等大地震震源过程的工作,是我国震源研究领域的先驱性工作,并因此获1978年全国科学大会奖。

20世纪70年代以来,陈运泰在国内外学术刊物上发表论著150余篇(部),他与人合著的《地球物理学基础》《震源理论》等,长期以来被用作该领域的主要教材。他的研究成果曾获得全国科学大会奖(1978)、国家自然科学奖三等奖(1987)、中国地震局科技进步奖二等奖(1983、1985、1988)、一等奖(1997)、国家科技进步奖三等奖(1998)、何梁何利科学与技术进步奖(2000)等多项奖励。1986年他被人事部评为"国家有突出贡献的中青年专家"。他长期担任硕士生导师(1981至今)、博士生导师(1984至今)和博士后导师,并任中国科学院研究生院兼职教授、北京石油大学、浙江大学、青岛海洋大学兼职(客座)教授。1978年以来培养了200余名学生和研究生,其中包括两名伊朗博士研究生和数名外国(罗马尼亚、德国等国)的博士后。

## 中国科学院技术科学部

**杨芙清** 1932年11月生,中国共产党党员,江苏省无锡市人。1958年毕业于北京大学数学力学系(研究生)。1957—1959年在前苏联科学院计算中心和莫斯科大学数力系学习,1962—1964年任前苏联杜勃纳联合核子物理所计算中心中国专家。1959年至今在北京大学工作。1991年当选中国科学院信息技术科学部院士。现任北京大学信息与工程科学学部主任、软件工程国家工程研究中心主任、软件与微电子学院理事长、北京大学信息科学技术学院教授。

杨芙清教授主要从事系统软件、软件工程、软件工业化生产技术和系统等方面的教学和研究工作。主持研制成功我国第一台百万次集成电路计算机多道运行操作系统和第一个全部用高级语言书写的操作系统;倡导和推动成立北京大学计算机科学技术系,1983—1999年担任系主任期间,将该系建成国内一流和国际知名的计算机科学技术研究和人才培养基地;在国内率先倡导软件工程研究,创办了国内第一个软件工程学科;开创了软件技术的基础研究领域;主持了历经四个五年计划的国家重点科技攻关项目——青鸟工程和国家863计划若干重点课题的研究;创建了软件工程国家工程研究中心;提出"人才培养与产业建设互动"的理念,创建了以新机制、新模式办学的示范性软件学院。发表论文150余篇,著作8部,培养了百余名硕士、博士和博士后。

杨芙清教授于1978年获全国科学大会奖,1998年、2007年获国家科技进步二等奖,1996年获电子工业部科技进步特等奖,2005年获国家级教学成果奖一等奖等十七项国家及省部级的奖励。

现兼任国务院学位委员会学科评议组第一召集人,中国软件行业协会副理事长,北京市人民政府专家顾问团顾问,IEEE Fellow(2003年),贝尔实验室基础科学研究院(中国)高级顾问,《中国科学》《科学通报》《电子学报》副主编,清华大学、复旦大学、浙江大学、香港科技大学等校兼职教授。

**王阳元** 1935年1月生,中共党员,浙江省宁波市人。1958年毕业于北京大学物理系;1958年至今在北京大学工作,1982年至1983年美国加州大学伯克利分校高级访问学者。1995年当选为中国科学院信息技术科学部院士。王阳元现为北京大学信息科学技术学院教授(1985年)、微电子学研究院首席科学家。

王阳元教授主要从事微电子学领域中新器件、新工艺和新结构电路的研究。20世纪70年代主持研究成功我国第一块3种类型1024位MOS动态随机存储器,是我国硅栅N沟道MOS技术开拓者之一。80年代提出了多晶硅薄膜"应力增强"氧化模型、工程应用方程和掺杂浓度与迁移率的关系,被国际同行认为"对许多研究者都有重要意义","对实践有重要的指导意义"。研究了硅化物薄膜及深亚微米CMOS电路的硅化物/多晶硅复合栅结构;发现磷掺杂对固相外延速率增强效应以及$CoSi_2$栅对器件抗辐照特性的改进作用;90年代在SOI/CMOS器件方面,提出了器件浮体效应模型的工艺设计技术。研究成功了多种新型器件和电路;与合作者一起提出了多晶硅发射极晶体管的新的解析模型,开发了成套的先进工艺技术,对独立自主发展我国集成电路产业有重要意义。90年代后期研究微机电系统(MEMS),任国家重点实验室主任,主持开发了三套具有自主知识产权的MEMS工艺,开发了多种新型器件并向产业转化,获得一批发明专利。近期又致力于研究纳米级集成电路。在任全国ICCAD专家委员会主任和ICCAT专家委员会主任期间,领导研制成功了我国第一个大型集成化的ICCAD系统,使我国进入能自行开发大型ICCAD工具的先进国家行列。为推动我国微电子产业的发展,作为发起人之一,创建中芯国际集成电路制造有限公司,领导建设成功了我国第一条12英寸纳米级集成电路生产线,使我国集成电路大生产技术水平处于国际先进水平。共培养百名硕士、博士和博士后。发表科研论文230多篇,出版著作6部。

王阳元教授拥有20项重大科

技成果。1978年获全国科学大会奖,1991年获国家教委科技进步一等奖,2003年获何梁何利科技进步奖,2007年获国家科技进步二等奖,共计19项国家级和省部级奖励。同时,王阳元教授长期担任中国电子学会副理事长,《半导体学报》和《电子学报》(英文版)副主编,信息产业部科技委委员(电子),美国 IEEE Fellow 和英国 IEE Fellow 等。

**秦国刚** 1934年3月生于江苏省南京市,原籍江苏昆山。1956年7月毕业于北京大学物理系,1961年2月研究生毕业于该系(固体物理方向)。长期从事半导体材料物理研究。现任北京大学物理学院教授。

秦国刚教授及其研究组在半导体杂质与缺陷和多孔硅与纳米硅镶嵌氧化硅发光领域做出系统的和创造性的成果,例如:在中子辐照含氢硅中检测到结构中含氢缺陷在导带以下 0.20eV 深能级,在国际上最早揭示硅中存在含氢深中心,提出的微观结构,被实验证实;发现退火消失温度原本不同的各辐照缺陷在含氢硅中变得基本相同;最早揭示氢能显著影响肖特基势垒高度。测定的硅中铜的深能级参数被国际权威性半导体数据专著采用。1993年对多孔硅与纳米硅镶嵌氧化硅光致发光提出量子限制—发光中心模型,成功解释大量实验,得到广泛支持;首次观察到 p-Si 衬底上氧化硅发光中心的电致发光现象。在此基础上,设计并研制出一系列硅基电致发光新结构,如:半透明金膜/纳米($SiO_2/Si/SiO_2$)双垒单阱/p-Si 等。发光波长从近红外延伸到近紫外。所提出的电致发光机制模型,被广泛引用。

秦国刚教授曾获国家教委(教育部)科技进步一等奖和二等奖各一次,中科院自然科学奖二等奖一次;获物理学会 2000—2001 年度叶企孙奖。在国内外重要期刊上发表论文 180 余篇,其中 SCI 论文 130 余篇。

**叶恒强** 1940年7月生,广东省番禺市人。1963年毕业于北京钢铁学院(现北京科技大学);1967年中国科学院金属研究所研究生毕业。曾任金属研究所副所长(1990—1998)、所长(1998—2001);中国电子显微镜学会理事长(2000—2004);973计划"材料计算设计与性能预测基础问题"项目(2001—2004)首席科学家。1981、1985年在美国 Arizona State University、1982年在比利时 Antwerp University、1988年在日本东北大学做访问学者。1991年当选为中国科学院技术科学部院士。现任中国科学院金属研究所研究员(1986— )、北京大学物理学院教授(2002— )。

叶恒强教授主要从事材料科学与工程(一级)学科下的材料物理化学(二级)。20世纪70年代,他对高温合金材料的故障分析中,发现了冲击韧性随硅含量出现马鞍形变化的规律,为冶金产品的质量改进做出了贡献。80年代初,对层状晶体的长周期结构进行了系统的探索,发现了两种新的相畴,用高分辨点阵像确定了碳化硅中6种多型体的结构。80年代中,他与合作者与国外同时独立地发现晶体块体中传统晶体学不允许的五次对称性,进而与合作者发现并研究了二十面体对称、八次对称等准晶相,为我国在准晶实验研究居于国际前列做出了贡献,为此获1987年国家自然科学奖一等奖。作为我国最早从事固体原子像的研究者之一,他对固体材料结构与缺陷进行了深入的研究,在高温合金长时间时效析出的拓扑密堆相中发现了四种新相及大量的平移畴、旋转畴结构,总结出这类相结构的晶体学构造规律。此成果获1986年中科院科技进步一等奖。用高分辨像直观揭示合金非公度结构的原子模型,在固体表面与界面中观察到新的重构与界面及应产物。已发表 250 余篇学术论文,合作出版了《电子衍射图》《高分辨电子显微学》《高空间分辨分析电子显微学》等六部著作。他先后主持重大基金项目两项:"材料表面与界面研究"(1992~1996);"金属间化合物关键基础性问题研究"(1998~2001)。他重视培养青年人才,协助郭可信先生指导的博士生张泽、硕士生王大能获首届(1985年)吴健雄物理奖。指导的博士生已有2人获全国百篇优秀博士论文奖,3人获中国科学院院长奖学金特别奖。

叶恒强教授的研究成果"晶体精细结构的电子衍射与电子显微镜研究"获得国家自然科学三等奖(1982年),"电子微衍射图及解释"获国家自然科学四等奖(1989年);1994年获钱临照奖(中国电子显微镜学会);1996年获何梁何利科学技术进步奖;"材料界面结构的研究"1999年获国家自然科学四等奖,"机械合金化过程中非晶态与纳米晶形成及结构研究"获辽宁省科学技术一等奖(2002年)。

社会兼职主要包括973计划顾问专家组成员(第三届 2004—2006;第四届 2007— );国务院学位委员会学科评议组(材料科学与工程)成员(1998— );中国科学院研究生院学位委员会成员(2000— )。现任 *Materials Letters*

主编之一(2003— );《材料研究学报》主编(2001— )。

**黄　琳**　1935年11月生,江苏省扬州市人。1957年毕业于北京大学数学力学系,1961年该系研究生毕业。1957年8月至2006年3月先后在北京大学数学力学系、力学系工作,1984年特聘为教授。1985年9月至1986年9月,1989年3月至1989年9月和1994年12月至1995年4月三次在美国UMAS等高校做访问学者进行合作研究,期间曾访问包括哈佛大学在内的多所大学进行学术交流。1990年和1996年他还对日本与澳大利亚分别进行过短期的学术访问。2003年当选为中国科学院信息技术科学部院士。曾获包括国家自然科学三等奖在内的多项奖励。现任北京大学工学院力学与空天技术系教授。

黄琳院士一直从事系统稳定性与控制理论方面的研究工作,早在1959年结合飞机安定性分析提出多维系统衰减时间概念并给出估计方法,该成果作为中国的两项成果之一参加1963年第二届国际自动控制联合会(IFAC)学术大会;1964年就解决了现代控制理论中的一些基本问题:给出单输入系统极点配置定理,并且给出了二次型最优控制的存在性、唯一性与线性控制律。后来又给出了输出反馈实现二次型最优控制的充要条件,并指出在一般情况下该问题无解。1986年,首先给出了稳定多项式其凸组合保持稳定的充要条件,及利用顶点集与边界集判断多面体多项式族稳定的一组充分条件。随后与美国学者一起给出并证明了分析多项式系统族稳定性的棱边定理,有效地降低了计算复杂性,被业界誉为里程碑式的结果。与国内学者合作给出了更为基础的边界定理,在多项式稳定性理论中相继提出了值映射、参数化等概念,建立了一系列重要定理,形成了一套系统的理论体系。进一步在鲁棒控制前沿领域,控制器与对象同时摄动问题、积分二次约束问题、模型降阶问题、非线性系统总体性质等方面指导开展了一系列研究工作,做出了有价值的成果。1993年至1997年,主持国家八五重大基金项目"复杂控制系统理论的几个关键问题"(验收评价为优)。此外先后主持973项目子课题,攀登项目子课题,以及多项面上项目的研究任务。出版三部著作,其中《系统与控制理论中的线性代数》被评为科学出版社1984年优秀科技图书,《稳定性理论》1996年获国家教委优秀学术著作特等奖,2003年由科学出版基金优先资助出版《稳定性与鲁棒性的理论基础》,在该书中首次将鲁棒性与稳定性这两个基本概念统一于同一框架下,提炼与总结了相关的基础理论成果。目前正主持基金委重点项目"非线性力学系统的控制"。目前研究兴趣在航空航天中复杂运动控制、非线性力学系统的总体特性及其控制等。

黄琳教授在人才培养上做出了突出贡献,培养的研究生中有不少已成长为国内外知名学者,其中有航天控制领域专家(神舟飞船系列控制系统副总设计师)、长江学者与杰出青年基金获得者、中国科学院1999年十大优秀博士后称号获得者等。

黄琳教授目前兼任北京航空航天大学、浙江大学、东北大学、南京航空航天大学、华南理工大学、中南大学、南京理工大学等多所院校兼职教授或名誉教授,任中科院科学出版基金技术科学组组长。

**郭光灿**　1942年12月生,籍贯福建省惠安县人。中国科学技术大学教授。1965年7月毕业于中国科学技术大学无线电电子学系。1981年9月—1983年9月在加拿大多伦多大学做访问学者。从2005年1月起被聘为北京大学物理学院兼职教授。2003年当选为中国科学院信息科学学部院士,2009年当选为第三世界科学院院士。现任中国科学院量子信息重点实验室主任,中国物理学会理事,中国光学学会理事,全国量子光学专业委员会主任,国际刊物 International J. of Quantum Information 的 Managing Editor;国家科技部973项目"量子通信与量子信息技术"首席科学家,中科院重要方向项目首席科学家,国家基金委创新群体学术带头人。国家科技部中长期规划"量子调控"重大项目——"量子通信与量子计算的物理实现"首席科学家;荣获国家自然科学二等奖,何梁何利奖,安徽省自然科学一等奖,安徽省2007年重大科技成就奖,被评选为中国科学院先进工作者、教育部全国优秀教师。培养博士研究生65人,其中两人荣获全国百篇优秀博士论文奖。

郭光灿教授主要从事量子光学、量子密码、量子通信和量子计算的理论和实验研究。在量子信息的研究中,提出概率量子克隆原理,并推导出最大克隆效率公式,被称为"段—郭概率克隆机""段—郭界限",概率克隆机成为两种不同类型的量子克隆机之一;在实验上研制成功概率量子克隆机和普适量子克隆机,证实相关的理论预言;国际上首次提出量子避错编码原理,该原理成为三种不同原理的量子编码之一,已被实验证实;提出一种新型的量子处理器,可有效地降低腔消相干的影响,并实现多种信息功能,已被实验证实;在量子密码研究中,通过商用通信光路实现北京到天津之间125公里单向量子密钥传输;发明量子密码通信网络的关键部件"量子路由器",并通过商用光纤实现四端口量子密码网络的通信,首次实现武汉量子政务网;实验上实现量子受控非门的隐形传送,理论上提出固态容错量子计算新方案,为解决量子计算的物理实现提供了可能的途径;提出一种新型的量子点纠缠光源,该光源可以成为一种高效的光纤远程通信的纠缠光源;首次证明量子信道的私密容量是不可加的。

## 中国科学院 生命科学和医学学部

**许智宏** 1942年生于江苏省无锡市。1965年毕业于北京大学生物系植物学专业;随后考入中国科学院上海植物生理研究所,攻读硕士研究生,毕业后留在该所长期工作。1979年至1981年,先后在英国约翰依奈斯研究所和诺丁汉大学从事研究工作;自1983年起,历任上海植物生理研究所副所长、所长兼植物分子遗传国家重点实验室主任。1992年10月至2003年2月任中科院副院长;1999年11月起任北京大学校长。曾任中国细胞生物学会理事长,中国植物学会副理事长,中国生物工程学会副理事长;现任国际植物组织培养和生物技术协会主席,中国植物生理学会理事长,联合国教科文组织人与生物圈中国国家委员会主席,中国科学院学部科学道德建设委员会主任。1995年当选为第三世界科学院院士;1997年10月当选为中国科学院院士。现为北京大学生命科学学院教授、中国科学院上海植物生理研究所研究员。

许智宏教授长期从事植物发育生物学、植物细胞培养及其遗传操作、植物生物工程的研究。在植物发育、组织和细胞培养以及生物工程领域,已发表论文、综述、专著共200多篇(册)。

许智宏教授曾获中国科学院自然科学一等奖、国家自然科学三等奖等奖项,1988年被评为国家级有突出贡献的中青年专家,1991年被评为全国做出突出贡献的留学回国人员,并先后获香港大学荣誉教授、英国 De Montfort 大学和诺丁汉大学、香港城市大学、日本早稻田大学、加拿大麦吉尔大学荣誉理学博士学位,澳大利亚墨尔本大学荣誉法学博士学位和加拿大蒙特利尔大学荣誉博士学位。

**翟中和** 1930年8月生,江苏溧阳人,中共党员。1950—1951年在清华大学学习。1956年毕业于前苏联列宁格勒大学。1959—1961年在前苏联科学院生物物理研究所进修。1984—1986年在美国麻省理工学院生物学系做访问教授。1991年当选为中国科学院生命科学和医学学部院士。现为北京大学生命科学学院教授。

翟中和教授曾在细胞超微结构、放射生物学、病毒与细胞生物学等领域从事科研与教学。较早建立细胞超微结构技术,首次研制成鸭瘟细胞疫苗,在动物病毒复制与细胞结构关系的研究方面取得了突出成就。近二十多年来,主要进行核骨架—核纤层—中间纤维体系、非细胞体系核重建、细胞凋亡等方面的研究,取得了许多创新成果,被国内外所引用。先后在国内外发表论文280余篇,专著15部。主编的《细胞生物学》被评为全国高校优秀教材一等奖,发行50万册。

曾获得国家自然科学奖三次(二等奖、三等奖、四等奖各一次)、国家科技进步奖三等奖,教育部科技进步一等奖五次,何梁何利科技进步奖,桥本初次郎(日本)电子显微学奖。培养硕士生、博士生与博士后共80余名,有三名博士生先后获得全国优秀博士论文奖。

翟中和教授现为北京市学位委员会副主任,全国博士后管委会专家组召集人,清华大学双聘教授。曾任香港科技大学、南京大学、武汉大学、南开大学、中山大学等学校兼职教授或客座教授。现任《分子细胞学报》《微生物学报》编委。曾任国家重点科研规划专家顾问委员会委员、国务院学位委员会学科组召集人、亚洲太平洋地区细胞生物学会联盟副主席、中国细胞生物学会副理事长、中国电子显微镜学会副理事长。美国细胞生物学会第六届大会、第十四届世界电子显微学会大会、亚洲—太平洋细胞生物学大会组委与顾问。中国医科院分子肿瘤开放实验室、中国医科院医学分子生物学开放实验室等十多个重点实验室学术委员。曾任 Cell Research、《美国电子显微学报》《实验生物学报》《动物学报》《植物学报》《电子显微学报》等杂志编委。

**朱作言** 1941年9月生,湖南省澧县人。1965年毕业于北京大学生物系,1980年毕业于中国科学院研究生院。

自1965年起,先后在中国科学院水生生物研究所任研究实习员、助理研究员、副研究员、研究员和研究所所长,其中,1980—1983年和

1998—1994年间分别在英国和美国的大学和研究所进修和工作。1997年当选为中国科学院院士,1998年当选为第三世界科学院院士,2007年被授予英国阿伯丁大学科学博士荣誉学位。现任中科院水生生物研究所研究员,国家自然科学基金委员会副主任,《科学通报》执行主编,中国国际科技合作协会会长,从2000年5月起被聘为北京大学生命科学学院教授。

主要从事遗传发育生物学及生物技术方面的研究。取得了多项具有开创意义的重要成果,为鱼类基因育种奠定了理论基础,发表相关论文100多篇,其中3篇已成为转基因鱼领域公认的经典文献,先后6次获得国家和省部级科技成果奖。

**韩启德** 1945年7月生,中共党员,九三学社成员,上海市人,病理生理学家。1968年毕业于上海第一医学院医学系,1982年在西安医学院获医学硕士学位,1985年9月至1987年8月在美国埃默里大学药理系进修。曾任北京大学常务副校长、研究生院院长、北京医科大学副校长、研究生院院长、北京医科大学心血管基础研究所所长。1997年当选为中国科学院院士,2004年12月当选为第三世界科学院院士。现任全国人大常委会副委员长、九三学社中央主席、中国科学技术协会主席、欧美同学会中国留学人员联谊会会长、北京大学医学部主任、北京大学前沿交叉学科研究院院长、国际病理生理学会主席、国际心脏研究学会中国分会主席、中国病理生理学会理事长。

韩启德教授长期以来从事分子药理学与心血管基础研究。在α1肾上腺受体α1-AR亚型研究领域获重要成果,1987年在国际上首先证实α1-AR包含两种亚型,后系统研究α1-AR亚型在心血管分布、功能意义以及病理生理改变。近年来,关注学科交叉研究,开始研究生物单分子在细胞中的转运及其生物学意义,用复杂系统手段研究肾上腺素受体的网络调节。发表学术论文200余篇,据不完全统计,发表的论文被SCI收录刊物引用1700余次。讲授心血管病理生理学、受体学等诸门课程。

韩启德教授曾于1992年获国家教委科技进步一等奖,1993年获卫生部科技进步三等奖,1994年获国家自然科学三等奖,1995年获国家教委科技进步一等奖,1998年获何梁何利科技进步奖,2000年获得高校自然科学奖一等奖,1990年获卫生部授予的"优秀留学回国人员"称号,1991年获国家人事部与教委授予的"做出突出贡献的留学回国人员"称号,1994年获国家人事部授予的"有突出贡献的中青年专家"称号,1993年被聘为博士研究生导师,已培养博士30人,硕士7名,博士后7人。

**吴阶平** 1917年1月22日生,江苏省常州市人。中国科学院院士、中国工程院院士。1942年毕业于北平协和医学院获医学博士学位,1947—1948年在美国芝加哥大学进修,1981年被聘为博士研究生导师。

主要科研成果包括:提出肾结核对侧肾积水的新概念,使原来不能挽救的病人获得康复机会;计划生育研究中在输精管结扎术的基础上提出多种输精管绝育法,国际已承认我国居于领先地位;经17年临床资料的积累确立了肾上腺髓质增生为独立疾病;对肾切除后留存肾的代偿性增长自八十年代起进行了系统的实验和临床研究。

1982年编著《性医学》为我国开展性教育打下基础,发表医学论文150篇,编著医学书籍21部,其中13部为主编。获得全国性的科学技术奖7次。

**陈慰峰** 1935年11月生,上海市人。1958年毕业于北京医学院医疗系,1982年毕业于澳大利亚墨尔本大学,获哲学博士学位;1958年至今在北京大学医学部(原北京医科大学)工作。1985年任基础医学院教授,1995年当选为中国科学院生命科学和医学学部院士。现任北京大学医学部免疫学系教授,博士生导师。

陈慰峰教授主要从事胸腺内T淋巴细胞分化研究。发现在早期T细胞阶段,即进行T细胞受体基因重排;证明胸腺细胞功能成熟是在髓质区进行的,是以程序性过程,呈阶梯性功能成熟发育的;证明胸腺微环境基质细胞在诱导T细胞受体表达,胸腺细胞功能成熟及细胞凋亡中均有诱导作用,指出在胸腺髓质区胸腺细胞经历"二次胸腺选择"的发育过程。现正从分子及细胞机理方面深入研究。近十年来,从事肿瘤免疫研究,从肝癌细胞中克隆出多个新的CT(肿瘤-睾丸)及新型CP(肿瘤-胎盘)抗原编码基因;证明肿瘤患者对CT及CP1抗原有特异T细胞免疫应答;这些抗原可用于肿瘤免疫治疗,亦可作为肿瘤标志物判断肿瘤预后及疗效。发表原著科研论文三百余篇。

陈慰峰教授曾主持并仍参与863及973课题、国家自然科学基金委重点课题、北京市基金委重点课题,主持与美国LUDWIG肿瘤研究所合作研究。陈慰峰获得十多项科技成果奖,主要包括:卫生部科技成果甲级奖(1984);国家教委科技成果一等奖(1993);国家自然科学奖三等奖(1993);国家教委光华科技奖一等奖(1995);何梁何利科技成果奖(1996);北京市自然科学技术进步二等奖(1999);国家教委二等奖(第三获奖人)(2005);高等学校科学技术奖自然科学一等奖(第二获奖人)(2006),等等;获得授权的国家发明专利3项,并于1988年被国家人事部授予"有突出贡献的中青年专家"称号;1990年被人事部授予"全国科技先进工作者"称号。

陈慰峰教授长期从事中国免疫学会工作,历任中国免疫学会秘书长、副理事长、理事长;国际免疫学会联合会(IUIS)执行委员;亚洲—大洋洲免疫学会联盟(FIMSA)副主席等职。作为大会主席,在我国成功举办第三届FIMSA免疫学学术大会。他为我国免疫学的发展和取得国际地位做出了重要的贡献。

**韩济生** 1928年7月生,中共党员,浙江省萧山市(现杭州市)人,生理学家,博士研究生导师。1953年毕业于上海医学院医学系。在大连医学院生理高级师资班进修后,先后在哈尔滨医科大学(1953)、北京卫生干部进修学院(1956)、北京中医学院(1961)、北京医学院(1962)等单位生理系任教。1979年由讲师直接晋升为教授。1983—1993年任北京医科大学生理教研室主任,1987年任北京医科大学神经科学研究中心主任。1993年任卫生部神经科学重点实验室主任,神经科学研究所所长。1993年当选为中国科学院生命科学与医学学部院士。现为北京大学神经科学研究所、北京大学医学部神经生物学系教授。

从1965年开始从事针灸原理研究,1972年以来从中枢神经化学角度系统研究针刺镇痛原理,发现针刺可动员体内的镇痛系统,释放出阿片肽、单胺类神经递质等,发挥镇痛作用;不同频率的电针可释放出不同种类阿片肽;针效的优、劣取决于体内镇痛和抗镇痛两种力量的消长。研制出"韩氏穴位神经刺激仪(HANS)",对镇痛和治疗海洛因成瘾有良效。1987—2000连续13年获美国国立卫生研究院(NIH)RO1科研基金用以研究针刺镇痛原理。2004—2009年获NIH重点科研基金与哈佛大学合作研究针刺戒毒原理,其间兼任哈佛大学精神病学科兼职教授。2007年担任中国科技部"基于临床的针麻镇痛的基础研究"(973)首席科学家。在国内外杂志及专著上发表论文500余篇,出版中文专著9册,编写英文教科书1册。

获国家自然科学二等奖和三等奖各一次,国家科技进步三等奖一次,卫生部甲级奖三次、乙级奖二次,国家教委一等奖二次、二等奖一次,国家民委一等奖一次,北京市科技进步一等奖一次,国家中医药局二等奖一次。1992年获北京医科大学"桃李奖"。1984年被评为"有突出贡献的中青年专家"。1995年获何梁何利科技进步奖,被评为北京市先进工作者。2006年获"北京大学先进党员标兵"称号,2006年获北京大学首届蔡元培奖。

1979年以来应邀到27个国家和地区的100余所大学和研究机构演讲206次。多次担任国际学术会议主席和大会报告人,1990—2002年任世界卫生组织(WHO)科学顾问,1991至今任美国国立卫生研究院(NIH)顾问。获国际脑研究组织与美国神经科学基金会联合颁发的"杰出神经科学工作者奖学金"(1985),被选为瑞典隆德皇家学院国际院士,国际疼痛研究会(IASP)教育委员会委员(1991—1995)和中国分会会长(1989— ),担任两届国际麻醉性物研究学会(INRC)执委会委员。2007年任国际神经肽协会中国分会主席。现兼任国务院学位委员会学科评议组成员,中国博士后科学基金会理事会医学组长;北京神经科学会名誉理事长;中华医学会疼痛学分会主任委员;《生理科学进展》杂志名誉主编,《中国疼痛医学杂志》主编,《国际神经科学杂志》《中国药理学通报》《中国中西医结合杂志(英文版)》《中国药物滥用防治杂志》等编委。

**方精云** 1959年7月生,安徽怀宁县人。1982年毕业于安徽农学院林学系,同年考入北京林学院教育部政府派遣出国研究生;1983年赴日本留学,分别于1986年3月和1989年3月获日本信州大学硕士和大阪市立大学博士学位。1989年—1996年在中科院生态环境中心工作,先后任助研、副研、研究员和中科院重点实验室副主任。其间,于1992—1993年任日本学术振兴会博士后研究人员,1996年度在加拿大McGill大学生物系做访问学者。1997年5月起在北京大学城市与环境学系工作。其间,先后在美国Missouri大学(2001)、日本筑波大学(2002)、美国北卡大学—Chapel Hill(2004)和宾州大学(U Penn,2007)以及德国柏林自由大学(Freie Universitt Berlin, 2007)等地短期工作或交流。方精云2005年当选为中科院生物学部院士,现为北京大学生态学系教授、长江学者。方精云主要从事全球变化生态学、植被生态学以及生物多样性等方面的研究,在国内外发表学术论文210余篇(SCI 收录刊物70余篇),其中 Science 2 篇,美国科学院院刊(PNAS)2 篇。他建立了我国陆地植被和土壤碳储量的研究方法,系统研究了我国陆地生态系统的碳储量及其变化,较早地开展了碳循环主要过程的野外观测,构建了中国第一个国家尺度的陆地碳循环模式,为我国陆地碳循环的研究奠定了基础;系统研究了我国大尺度的植被动态及时空变化,揭示了我国植被生产力的变化趋势、空间分异及其对气候变化响应的规律;系统开展了我国植被分布与气候关系的定量研究,提出了基于植被气候关系的我国植被带划分的原则和依据,首次采用统一的调查方法,较系统地研究了我国山地植物多样性的分布规律。他还较为系统地研究了我国一种重要的木本植物属——水青冈属(Fagus L.)植物的生物学及生态学特性,较深入地研究了长江中游湿地50年来的生境变迁及其生态后果。

方精云教授始终重视野外调查工作。20多年来,对中国和日本的主要植被类型都曾做过实地考察或定点观测,研究地点涉及我国西藏、青海、新疆、黑龙江、海南等25个省区和日本的一些地区。1995年参加我国首次北极科学考察,对加拿大高纬度地区的生物、冻土、冰雪和大气进行过研究。方精云于1994年获首届国家杰出青年科学基金,1996年入选国家劳动人事部百千万人才工程第一、二层次,2001年获宝钢教育奖,2003年获教育部自然科学一等奖(第一完成人),2004年获国家自然科学二等奖(第一完成人),2006年获教育部—李嘉诚基金会"长江学者成就奖",2007年获何梁何利科学技术进步奖(生命科学)。

方精云教授在国内外多个学术机构中任职,现任中国生态学会副理事长、北京市学位委员会副主任委员、全球陆地碳观测(TCO)工作组成员、国际学术刊物 *Frontiers in Ecology and the Environment*、*Ecosystems*、*Global Environment Change*、*Ecological Research*、*Research Letters in Ecology* 编委会成员、日本 *Tropics* 科学指导委员会成员,是国内多个学报的副主编或编委,并是 *Science*、*Nature* 等20多个国际重要刊物的审稿人。

**童坦君** 1934年8月生,浙江省慈溪市人。1959年毕业于北京医学院医疗系,1964年研究生毕业,师从生化专业刘思职院士。1964年4月留校任教至今,历任讲师(1978—1984)、副教授(1985—1987)、教授(1988— )。1978年12月被教育部选拔为中美建交前首批访美学者,先在约翰·霍普金斯大学作研究访问,后在美国国立卫生研究院(NIH)进行博士后研究训练,1981年回国。1986—1988年在美国加州大学戴维斯分校、纽约大学等地再次作研究访问。2005年当选为中国科学院生命科学和医学学部院士。现为北京大学基础医学院教授,北京大学衰老研究中心主任。

童坦君教授主要从事老年医学基础研究,在国内外学术期刊上共发表研究论文160余篇。20世纪70年代末,揭示生物体液中存在抑癌活性物质,此物质对癌细胞具有杀伤作用,但不抑制自身骨髓细胞,成果发表在《中国科学(英文版)》1979年第7期;后主攻衰老分子机理,率先将细胞生物学与分子生物学理念和技术引入我国老年医学基础研究。童坦君领导的研究组系统揭示 p16 等细胞衰老相关基因的作用机制、基因调控及信号转导,证实环境因素不仅可直接作用,也可引发基因变化,间接影响衰老;在国际上首先证明 p16 不通过端粒酶,可影响端粒长度与 DNA 修复能力;为观察不同因素对衰老影响,创建了估算人类细胞"年龄"的基因水平生物学指征,建立了一套国际承认的评估细胞衰老的定量指标,可用于衰老研究,也可检验药物抗衰作用。童坦君曾主持国家自然科学基金重点项目,承担国家攻关课题等多项,现主持国家重点基础研究发展规划项目"细胞复制性衰老的机制",已培养博士生20余名,硕士生10余名,主编了《医学老年学》《医学分子生物学》《生物化学》,参编各种专业书籍数十部,并创立了"中华健康老年网"。

童坦君教授主持的课题获2006年高等学校自然科学一等奖、北京市科学技术一等奖各1项;2002年获中华医学科技二等奖,1995—2001年间获省部级科技进步二等奖3项;相关课题曾入选"2002年度中国十大科技进展""2002年度中国高等学校十大科技进展";2002年被选为"北京市教育创新工程"创新标兵。童坦君1992年起获国务院颁发的政府特殊津贴,1993年曾获北京市普通高校优秀教学成果一等奖。

**赵进东** 植物生理学及藻类学专家。1956年11月11日生于重庆,江苏省武进市(现常州市)人。1982年毕业于西南师范大学,1990年在美国德克萨斯大学获博士学位。1993—1994年在美国加州 ABI 公司任研究员。1994年至今在北京大学任教。2007年当选为中国科学院生物学及医学学部院士。现为北京大学生命科学学院教授(1996年),长江学者(2000年)。现任中国植物学会常务理事,中国植物生理学会常务理事。

长期从事藻类生物学研究,对蓝藻细胞分化和格式形成有系统研究,尤其对蓝藻异型胞分化中的信号转导和基因表达调控有深入研究,揭示了钙结合蛋白和钙离子信号在蓝藻细胞分化中起到的重要调控作用。对蓝藻藻胆体吸收光能在两个光系统间的分配与调节开展了系统研究,对揭示藻胆体吸收光能向光系统1传递的途径和调控方式有重要贡献。

曾获得"全国优秀华侨"称号(1999);2006年获得教育部自然科学奖一等奖;2007年获得国家自然科学二等奖。

## 中国工程院
## 信息与电子工程学部

**何新贵** 1938年10月生,中共党员,浙江省浦江县人。1960年本科毕业于北京大学数学力学系,1967年研究生毕业于北京大学数学力学系,80年代初留学美国俄亥俄州立大学计算机和信息科学系,1960年4月至2002年8月先后在国防部五院、七机部(后改航天部)、国防科委和原科工委任技术员、工程组长、室主任、工程总师、所科技委主任和总工程师等职。2001年当选为中国工程院信息与电子科学技术学部院士。2002年9月被聘任为北京大学信息科学技术学院第一任院长,现任北京大学信息科学技术学院教授。

何新贵教授长期从事计算机软件和人工智能的理论研究和工程实践工作,是我国首批计算机软件工作者之一。特别在模糊理论与技术、计算智能及数据库等领域做出了具有创造性和系统性的贡献。他提出了一套较完整的模糊数据库的理论与技术,提出了加权模糊逻辑、模糊计算逻辑、模糊区间值逻辑和模糊分布值逻辑等多种非标准模糊逻辑,提出了可执行模糊语义网、模糊H网和主动模糊网络等概念,并提出了一种巨并行的浸润推理模式和加权神经元网络理论,特别是近年来对其提出的过程神经元网络的研究等,对边缘科学"知识处理学"的最终建立和发展起了较大促进作用。此外,他对编译程序和数据库管理系统的实现技术,以及软件过程改进技术等也做出了较大贡献。至今,已发表第一作者学术论文130多篇,并著有《模糊知识处理的理论与技术》(初版和第2版)、《模糊数据库系统》《特种数据库技术》《知识处理与专家系统》《编译程序方法导引》、The Implementation of A Multi-backend Database System (Prentice-Hall 出版)、《过程神经元网络》(并由 Springer 出版社出版英文版 Process Neural Networks)等11部专著,编撰《软件工程进展》《人工智能新进展》等5本文集,并是我国《信息科学技术百科全书》《数据库百科全书》《数据库大辞典》和《军事百科全书》等多部大型辞书的主编和主要撰稿人。在软件工程实践方面,20世纪60年代初,他为我国导弹武器进行科学计算和数字仿真,提出了较有影响的最优分段逼近和有理平方逼近等理论和方法;1962年在我国最早开发成功宏汇编系统,1973年在国产计算机上开发成多个FORTRAN编译系统;80年代中,他任总工程师领导实现了我国早期的一个计算机网络工程及其上的管理信息系统;从1986年开始长期担任我军大型软件工程"军用共性软件系统"的技术负责人和总设计师,负责该工程的总体设计和组织实施等全面工作;从1996年开始,长期担任中国载人飞船工程软件专家组组长,负责我国载人飞船工程的软件工程总体方案的设计和实施工作,进行全工程级的软件质量保证。

何新贵教授曾先后获国家或部委级以上科技进步奖19项,其中12项排名第一。长期担任北京计算机学会理事长、中国计算机学会抗恶劣环境计算机专业委员会主任、中国软件行业协会系统与软件过程改进分会会长,并任《计算机学报》副主编和《计算机工程与设计》和《智能系统学报》主编。

## 中国工程院
## 农业轻纺与环境工程学部

**唐孝炎** 1932年10月生,汉族,江苏省太仓市人。1953年毕业于北京大学化学系;1959年1月至1960年5月,曾在苏联科学院地球化学与分析化学研究所进修;1985年9至1986年10月,先后在美国布鲁克海文国家实验室(Brookhaven National Laboratory)和美国国家大气科学研究中心(NCAR)任客座研究员。自1953年起,一直在北京大学工作。1995年当选为中国工程院农业、轻纺与环境工程学部院士。现为北京大学环境科学与工程学院教授,博士生导师。

唐孝炎教授在我国创建环境化学专业和开创、发展大气环境化学新领域方面有显著贡献。在环境化学前沿领域大气臭氧、酸雨和大气细颗粒物(气溶胶)化学方面做过许多具有开拓性和创造性的系统工作。领导组织了兰州光化学烟雾大规模现场综合研究,证实了光化学烟雾在我国的存在,发现了我国光化学烟雾不同于外国的成因。在国内,设计建造了第一个大气光化学反应模拟装置和最早建立了化学反应与大气扩散相结合的计算模式。对酸性雨水、雾水和云水开展了酸化过程的化学研究。在国际公约履约方面,尤其是在《维也纳臭氧层保护公约》和《蒙特利尔议定书》的履约过程中为国家做出了重要贡献。她主持编写的"中国消耗臭氧层物质逐步淘汰国家方案",1993年1月经国务院批准,3月获《议定书》国际执委会批准,被译成六国文字,作为其他国家的参考范本。1972年创建了我国最早的环境化学专业,率先开设了环境概论、三废治理、环境化学和大气化学等一系列环境新课程。1990年出版的《大气环境化学》教科书(2006年再版),先后获得教育部、国家环保局优秀教材一等奖、北京市先进教育集体和教材一等奖。30余年来,已为我国环境科学的科研、管理和教学培养了大批学术带头人和骨干。唐孝炎教授曾参加国家中长期科技规划第十专题战略及其政策研究,多次主持国家攻关项目、973、863有关项目、国家自然科学重大基金项目和北京市空气质量达标战略研究、北京市大气污染控制研究等。

唐孝炎教授于1998年获国家科技进步一等奖;1985年、1987年、1990年三次获得国家科技进步二等奖;1993年获国家教委科技进步一等奖;1996年获何梁何利科学技术进步奖;2003年获国家环保总局臭氧层保护个人特别金奖;2004年获国家环保总局第二届中国保护臭氧层贡献奖特别金奖、北京大学环境中心集体奖;2005年获美国国家环保局平流层臭氧保护奖、北京大学环境中心集体奖;2005年获联合国环境署和世界气象组织维也纳公约奖;2006年获北京市政府首都环保之星奖等。

唐孝炎教授曾任国际纯粹与应用化学联合会(IUPAC)的大气化学委员会衔称委员(类似常务委员)(1988—1996)。自1993年起担任联合国环境署(UNEP)臭氧层损耗环境影响评估组共同主席。在国内曾任中国环境学会副理事长多届,教育部环境科学教学指导委员会主任、副主任等。

## 中国工程院医药卫生工程学部

**吴阶平** (双院士,详见中国科学院生命科学和医学学部)

**陆道培** 1931年10月生,农工民主党党员、中共党员,浙江省宁波市人。1955年毕业于同济医学院,获学士学位。后分配至原北京中央人民医院(今北京大学人民医院)内科,1957年起主要从事血液病临床和实验研究。于1980年及1986年获世界卫生组织和世界癌联奖学金分赴英国皇家医师进修学院Hammersmith医院及美国哈佛大学医学院Brigham & Women Hospital专修白血病和骨髓移植。1981年起任北京大学血液病研究所所长,1984年7月任北京大学人民医院内科教授,1985年起任北京大学人民医院内科主任、北京大学血液病国家重点学科带头人(首席专家)、北京市和上海道培医院医学总监。1996年当选为中国工程院(医药卫生学部)院士。

陆道培教授对我国血液病学发展做出了多方面的杰出贡献,其中最重要的是开创了我国异基因骨髓移植事业的先河,并促进了造血干细胞移植事业在我国的迅速发展。在国际上进行了首例异基因骨髓移植治愈无丙种球蛋白血症;率先在临床上证实第三者细胞有利于HLA配型不全相合的造血干细胞移植;发现了硫化砷在急性白血病的治疗作用。同时还是我国出凝血疾病领域少数奠基人之一,也是再生障碍性贫血诊断和治疗的先驱,并在白血病治疗中起着学术带头人的作用。已发表360余篇(部)论著,包括《白血病治疗学》等4部专著,参与编写19部著作。多次主持召开国际或全国专业学术会议,2002年当选亚洲血液学会(AHA)副主席,并被国际血液学会(ISH)推举为第11届国际血液学会(ISH-APD)2007年大会主席。

鉴于陆道培教授对我国血液病学发展做出的重大贡献,陆道培教授除荣获国家科学技术进步二等奖(排名第一)等多项重大奖励外,还荣获何梁何利奖和陈嘉庚奖。由于他在开展单倍型造血干细胞移植的带头作用与贡献,已获2007年北京市科技进步一等奖(仅此一项,排名第一)与2006年中华科技奖二等奖(排名第一)。

2005年被复旦大学聘为教授,并担任复旦大学第五人民医院血液病中心主任。他自1994年至2005年担任中华医学会副会长,随后任中华医学会常务理事、中国医学名词审定工作委员会主任、中华医学会血液学分会名誉主任委员、造血干细胞学组名誉主任。同时担任国内外近10所大学的名誉教授或兼职教授。在国内外多种医学杂志任主编、副主编或编委。

**郭应禄** 1930年5月4日生于山西省定襄县,中共党员。1956年于北京医学院医学系本科毕业,1963年于北

京医学院泌尿外科专业研究生毕业;1956年迄今在北京大学第一医院工作,先后担任泌尿外科主任、医院副院长、北大泌尿外科研究所所长等职务。1983年4月至1983年10月在加拿大麦吉尔大学医院移植科研修。1999年当选为中国工程院医药卫生学部院士。现任北京大学第一临床医学院名誉院长、北京大学泌尿外科研究所名誉所长、北京大学第一医院男科病防治中心主任、北京大学泌尿外科医师培训学院院长,主任医师、教授、博士生导师。

郭应禄教授是我国泌尿外科和男科学新一代学科带头人,主编著作32部,发表论文300余篇、成果20余项。曾获第一届吴阶平杨森医药学奖一等奖,荣获香港外科学院荣誉院士称号。1982年主持研制国内ESWL样机,1984年用于临床治疗肾结石,1987年首创俯卧位治疗输尿管结石,是国内ESWL领域的开拓者。80年代率先开展经尿道手术、输尿管镜、皮肾镜和腹腔镜的微创手术,1991年主编第一部《腔内泌尿外科学》,为我国这一领域的奠基人。80年代写作第一部肾移植专著《肾移植》,1995年提出腔内热疗3个温度段的观点,澄清了国际上模糊概念。1991年创建腔内泌尿外科和ESWL学组,1995年创建中华医学会男科学会。同年组建北京医科大学泌尿外科培训学院,为我国泌尿外科事业的快速发展做出了卓越的贡献。

近年来获奖成果有《腔内泌尿外科的应用与推广》获2005年中华医学科学进步二等奖;《Uroplakin基因和启动子在人膀胱癌中的研究》获2004年北京市科技进步三等奖;《复式脉冲碎石机的研制及应用》获2003年湛江市科技进步一等奖和广东省科技进步二等奖;《局部热疗的三个温度段概念》获2002年北京市科技进步三等奖;《体外冲击波碎石系列研究》获2000年北京市科技进步二等奖。

第八届、第九届全国政协委员,现任中国医师协会泌尿外科医师分会会长、中华医学会组织管理委员会副主任委员、《中华临床医师》杂志总编辑、中华医学会泌尿外科分会名誉主任委员、中华医学会男科学分会名誉主任委员、《中华泌尿外科》杂志名誉总编辑。

**沈渔邨** 1924年2月出生,浙江省杭州市人,1951年毕业于北京大学医学院医学系,精神病学家、教授、博士研究生导师,1997年11月当选为中国工程院院士。1951年赴苏联留学攻读精神病学研究生,1955年毕业,获医学科学副博士学位。曾任北京医学院第三附属医院精神科主任、副院长,北京大学精神卫生研究所所长,WHO/北京精神卫生研究与培训合作中心主任。现任北京大学精神卫生研究所名誉所长,卫生部精神卫生学重点实验室主任,《中国心理卫生》杂志社社长。

20世纪50年代,沈渔邨率先改革精神病院约束病人的旧管理模式,创立人工冬眠新疗法,为控制病人兴奋、实行开放管理创造条件。20世纪70年代首创在农村建立精神病家庭社会防治康复新模式获得成功,获卫生部乙级科技成果奖,成果已在国内推广。20世纪80年代引进精神疾病流行病学调查的先进方法,组织国内六大行政区的12个单位进行了全国首次精神疾病流行学调查,使得我国精神疾病流行病学研究水平迅速与国际接轨,于1985年获卫生部乙级科技成果奖。并对老年期痴呆筛查和诊断工具、发病率、患病率及发病危险因素进行研究,开展抑郁症病人的生化基础与药物治疗机理研究。上述课题在1993年分别获得卫生部与国家教委科技进步三等奖。20世纪90年代研究我国不同民族酒瘾的遗传学,首先发现我国蒙古族为ADH多态。20世纪60年代开始指导研究生。1984年被聘为博士研究生导师,为我国精神病学专业培养出第一名博士研究生和第一名博士后研究人员。

主编《精神病学》大型参考书于1980年、1988年、1995年、2001年出版四版,分别获卫生部优秀教材奖、国家新闻出版署优秀科技图书二等奖、卫生部杰出科技著作、科技进步二等奖。目前正在进行第五版的编辑工作。主编卫生部规划教材《精神病学》第二版、第三版,主编的《精神病防治与康复》荣获中宣部颁发的全国首届奋发文明进步图书二等奖。发表论文百余篇,被SCI收录19篇。参加国际学术会议50余次。1986年被挪威科学文学院聘为国外院士。1990年12月被美国精神病学协会聘为国外通讯研究员。曾任WHO总部精神卫生专家组成员,卫生部精神卫生咨询委员会主任委员,国务院学位委员会医学科学评议组成员,《中华精神科》杂志总编辑。1959年被北京市授予"文教卫生先进工作者"荣誉称号。20世纪90年代是北京医科大学首批8位名医之一。2002年8月由国务院残疾人工作协调委员会、卫生部、民政部、财政部、公安部、教育部、中国残疾人联合会授予"全国残疾人康复工作先进个人"称号。2006年荣获中国医师协会首届杰出精神科医师奖。

**庄 辉** 1935年1月生,中共党员,浙江省奉化市人。1961年毕业于前苏联莫斯科第一医学院。1961年9月

起在中山医科大学任教;1963年1月调入北京大学医学部工作至今。先后3次赴澳大利亚维多利亚州立传染病参比实验室(兼世界卫生组织病毒参考、生物安全性和协作研究中心)做访问学者。1991年5月至8月任日本大学医学院第一病理学教研室客座教授。2001年当选为中国工程院医药卫生学部院士。现为北京大学基础医学院病原生物学系教授。

庄辉教授主要从事病毒性肝炎研究。首先证实我国存在流行性和散发性戊型肝炎;在国内首先建立戊型肝炎实验室诊断技术和猕猴动物模型;研制成功"戊型肝炎病毒 IgG 抗体酶联免疫测定试剂盒"和"乙型肝炎病毒表面抗原胶体金试纸条"等。在国内外学术期刊上共发表论文450余篇,参加编写英文著作5册,中文著作30余册,译著1册。

庄辉教授曾主持国家"七五""八五""九五"攻关课题;参加国家"十五"攻关课题、973计划、863计划、国家科委重大专项课题、国家科技攻关计划引导项目、中比和中日科研合作课题(中方主持人)等。

2003年获美国专利一项,1993年和1999年获国家科技进步二等奖两项,1998、1999、2004年获国家新药证书三项;1991、1992、1997年获卫生部科技进步一、二、三等奖各一项;1998年获教育部科技进步二等奖(基础类),1992年获中国人民解放军总后勤部科技进步二等奖,2005年获中华医学科技进步一等奖,1999年获浙江省科技进步一等奖,1991年获北京市科技进步一等奖等。1983年被评为北京市教育系统先进工作者,1986年获卫生部"有突出贡献的中青年专家"称号,1989年被评为北京市劳动模范,1991获国务院颁发的政府特殊津贴,1994年获光华科技基金二等奖。现任世界卫生组织西太区消灭脊髓灰质炎证实委员会委员、亚太地区肝病学会理事、国际疫苗研究所理事会理事、国务院学位委员会学科评议组成员、国家药典委员会委员、卫生部病毒性肝炎专家咨询委员会委员、中华预防医学会副会长、中华医学会理事、中华医学会肝病学会名誉主任委员及《中华肝脏病》等十余种期刊的顾问、名誉总编、总编、常务编委或编委。

# 教 授 名 录

## 信息科学技术学院

| | | | | |
|---|---|---|---|---|
| 杨芙清 | 王阳元 | 韩汝琦 | 何新贵 | 迟惠生 |
| 解思深 | 周乐柱 | 毛晋昌 | 杨冬青 | 张天义 |
| 徐安士 | 赵宝瑛 | 屈婉玲 | 王克义 | 丁文魁 |
| 孙家骕 | 邵维忠 | 郭瑛 | 赵兴钰 | 闫桂珍 |
| 姜玉祥 | 刘新元 | 王子宇 | 张志刚 | 高 文 |
| 李晓明 | 谢昆青 | 陈徐宗 | 代亚非 | 程玉华 |
| 焦秉立 | 谭少华 | 陈向群 | 张大成 | 金玉丰 |
| 赵玉萍 | 彭练矛 | 查红彬 | 何永琪 | 陈 钟 |
| 郝一龙 | 梅 宏 | 夏明耀 | 胡薇薇 | 王捍贫 |
| 王兆江 | 康晋锋 | 许 超 | 朱柏承 | 汪国平 |
| 张盛东 | 苏开乐 | 张 兴 | 王厚峰 | 陈 清 |
| 金 野 | 刘晓彦 | 张 铭 | 吴文刚 | 李红滨 |
| 何 进 | 封举富 | 程 旭 | 吴玺宏 | 刘 宏 |
| 李文新 | 陈章渊 | 揭斌斌 | 张耿民 | 黄 如 |
| 郭 弘 | 李志宏 | 赵卉菁 | 王千祥 | 侯士敏 |
| 张海霞 | 谢 冰 | 赵建业 | 王亦洲 | 崔 斌 |

## 地球与空间科学学院

| | | | | |
|---|---|---|---|---|
| 马宗晋 | 童庆禧 | 张弥曼 | 叶大年 | 涂传诒 |
| 陈运泰 | 董熙平 | 焦维新 | 方 裕 | 蔡永恩 |
| 郝维城 | 宋振清 | 郭仕德 | 郑海飞 | 潘 懋 |
| 徐 备 | 侯建军 | 李 琦 | 秦其明 | 吴泰然 |
| 高克勤 | 白志强 | 晏 磊 | 陈永顺 | 赵永红 |
| 刘树文 | 王河锦 | 陈晓非 | 马学平 | 关 平 |
| 韩宝福 | 程承旗 | 魏春景 | 秦 善 | 陈衍景 |
| 鲁安怀 | 张立飞 | 郭召杰 | 宁杰远 | 胡天跃 |
| 曾琪明 | 邬 伦 | 陈 斌 | 陈秀万 | 张进江 |
| 朱永峰 | 李江海 | 传秀云 | 傅绶燕 | 黄清华 |

## 数学科学学院

| | | | | |
|---|---|---|---|---|
| 谢衷洁 | 张恭庆 | 姜伯驹 | 丘维声 | 赵春来 |
| 刘嘉荃 | 王 铎 | 丁伟岳 | 文 兰 | 裘宗燕 |
| 王诗宬 | 刘化荣 | 郑志明 | 徐树方 | 刘和平 |
| 伍胜健 | 方新贵 | 何书元 | 谭小江 | 刘张炬 |

| | | | | | | | | | |
|---|---|---|---|---|---|---|---|---|---|
|李治平|高 立|耿 直|田 刚|张继平|周先碗|郝福英|顾 军|朱玉贤|安成才|
|孙文祥|王 鸣|莫小欢|许进超|李伟固|赵进东|白书农|蔡 宏|张传茂|王忆平|
|房祥忠|潘家柱|夏志宏|宗传明|马尽文|顾红雅|陈建国|陈章良|李 毅|柴 真|
|徐 恺|刘力平|蒋美跃|柳 彬|陈大岳|饶广远|纪建国|邓兴旺|饶 毅|邓宏魁|
|王长平|林作铨|姜 明|鄂维南|王正栋|苏晓东|孔道春|吕 植|昌增益|张 博|
|刘旭峰|刘培东|王冠香|任艳霞|葛力明|瞿礼嘉|王世强|蒋争凡|魏文胜|郭红卫|
|周蜀林|张平文|冯荣权|蔡金星|王保祥|魏丽萍|苏都莫日根| | | |
|汤华中|朱小华|甘少波|史宇光| | | | | | |

### 物理学院

| | | | | | | | | | |
|---|---|---|---|---|---|---|---|---|---|
| | | | | |\#\#\# 心理学系| | | | |
|赵柏林|张焕乔|杨应昌|秦国刚|陈佳洱|钱铭怡|谢晓非|李 量|王 垒|周晓林|
|吴思诚|甘子钊|陈建生|徐至展|周又元|韩世辉|苏彦捷|王登峰|吴艳红| |
|赵光达|王德煌|叶恒强|赵 夔|郭光灿| | | | | |
|段家忯|刘松秋|郭之虞|熊光成|邢启江| |\#\#\# 力学与工程科学系| | | |
|包尚联|丁富荣|张保澄|高政祥|郭建栋|黄 琳|苏先樾|顾志福|王 炜|方 竞|
|冯庆荣|卢咸池|俎栋林|姚淑德|吕建钦|刘凯欣|耿志勇|白树林|陈 璞|王建祥|
|李重生|王稼军|陈金象|朱 星|张国义|佘振苏|陈国谦|李存标|王 龙|楚天广|
|范淑兰|方 胜|钱思进|刘树华|张建勇|谭文长|唐少强|郑玉峰| | |
|张 酣|王晓钢|王世光|叶沿林|欧阳颀| |\#\#\# 中文系| | | |
|田光善|樊铁栓|谭本道|钱维宏|陈 晶|袁行霈|孟 华|李家浩|董学文|张剑福|
|胡晓东|张 杰|俞大鹏|李振平|马中水|葛晓音|温儒敏|方锡德|李 零|董洪利|
|许甫荣|刘玉鑫|马伯强|王福仁|史俊杰|商金林|宋绍年|程郁缀|卢永磷|王洪君|
|班 勇|鲁向阳|王宇钢|王若鹏|刘克新|高路明|吴 鸥|耿振生|李小凡|夏晓虹|
|熊传胜|冒亚军|范祖辉|沈 波|龚旗煌|张 鸣|曹文轩|陈平原|陈跃红|王岳川|
|张宏升|郑汉青|王洪庆|刘晓为|吴学兵|沈 阳|刘 东|车槿山|陈保亚|傅 刚|
|李定平|胡永云|戴 伦|季 航|刘 川|朱庆之|孔江平|戴锦华|杨荣祥|陈晓明|
|孟 杰|蒋红兵|张家森|李 焱|盖 峥|刘勇强|钱志熙|郭 锐|张颐武|袁毓林|
|徐仁新|赵春生|尹 澜|陈 斌|朱守华|孙玉文|于迎春|李 杨|项梦冰|韩毓海|
|朱世琳|彭逸西| | | |吴晓东|潘建国| | | |

### 化学与分子工程学院

| | | | | |\#\#\# 历史学系| | | | |
|---|---|---|---|---|---|---|---|---|---|
|唐有祺|徐光宪|刘元方|黄春辉|黎乐民|王晓秋|张希清|宋成有|房德邻|徐 凯|
|魏根拴|李克安|章士伟|裴伟伟|姚光庆|李孝聪|王春梅|朱凤瀚|徐 勇|钱乘旦|
|黄其辰|段连运|周其凤|寇 元|钱民协|邓小南|董正华|臧 健|王红生|王小甫|
|程正迪|贾欣茹|袁 谷|刘 锋|林建华|罗志田|许 平|杨奎松|牛大勇|阎步克|
|刘虎威|赵新生|李星国|其 鲁|杨 震|朱孝远|茅海建|陈苏镇|郭卫东|高 毅|
|李元宗|严纯华|魏高原|刘忠范|王剑波|高 岱|王新生|彭小瑜|辛德勇|荣新江|
|王哲明|王 远|邹德春|邵元华|来鲁华|李剑鸣|刘浦江|郭润涛|王立新|张 帆|
|甘良兵|席振峰|高 松|宛新华|施祖进|欧阳哲生| | | | |
|沈兴海|吴 凯|金长文|张新祥|黄建滨| |\#\#\# 考古文博学院| | | |
|陈尔强|刘文剑|李 彦|夏 斌|裴 坚|赵朝洪|高崇文|权奎山|刘 绪|黄蕴平|
|李子臣|徐东升|刘海超|齐利民|张 锦|王 迅|赵化成|赵 辉|李水城|齐东方|
|付雪峰| | | | |王幼平|张 辛|林梅村|秦大树|徐天进|
| | | | | |孙 华|李崇峰|张 弛|吴小红|杭 侃|

### 生命科学学院

| | | | | |\#\#\# 哲学系| | | | |
|---|---|---|---|---|---|---|---|---|---|
|翟中和|潘文石|朱作言|丁明孝|程 红|叶 朗|魏常海|李中华|杜小真|王 东|
|樊启昶|罗静初|李松岗|于龙川|许崇任| | | | | |

靳希平 赵敦华 张祥龙 王海明 胡 军　　杨开忠 燕继荣 李国平 傅 军 顾 昕
陈 来 张学智 尚新建 姚卫群 刘壮虎　　赵成根 季羡林 姜永仁 韩振乾 任光宣
王宗昱 郭建宁 何怀宏 丰子义 周北海　　赵玉兰 张玉安 罗 芃 石春祯 韩敏中
任定成 朱良志 张志刚 章启群 陈 波　　裴晓睿
韩水法 陈少峰 韩林合 吴国盛 孙尚扬

徐向东 刘华杰 聂锦芳 王 博　　　　　　　　　　外国语学院

### 经济学院

　　　　　　　　　　　　　　　　　　　　姜望琪 李桂霞 唐仁虎 唐孟生 李先汉
　　　　　　　　　　　　　　　　　　　　王邦维 刘曙雄 于荣胜 刘金才 吴新英
萧灼基 李庆云 睢国余 萧国亮 王志伟　　梁敏和 赵 杰 辜正坤 段 晴 金景一
刘文忻 萧 琛 郑学益 李心愉 叶静怡　　张 敏 谢秩荣 张世耘 李昌珂 王继辉
何小锋 林双林 郑晓瑛 孙祁祥 王大树　　黄必康 丁 宏为 刘建华 韩加明 拱玉书
刘民权 胡 坚 刘 伟 乔晓春 周 云　　彭广陆 刘树森 申 丹 周小仪 赵华敏
王跃生 宋新明 章 政 李涌平 刘 怡　　高一虹 程朝翔 秦海鹰 王辛夷 钱 军
黄桂田 李绍荣 穆光宗　　　　　　　　　金 勋 王东亮 李 玮 李 政 赵白生
　　　　　　　　　　　　　　　　　　　　王 建 查晓燕 赵桂莲 黄燎宇 王 军
### 法学院
　　　　　　　　　　　　　　　　　　　　姜景奎 董 强

　　　　　　　　　　　　　　　　　　　　### 光华管理学院

郑胜利 刘守芬 罗玉中 李贵连 饶戈平
姜明安 张建国 周旺生 王世洲 白桂梅　　厉以宁 曹凤岐 杨岳全 张国有 梁钧平
龚刃韧 尹 田 郭自力 白建军 朱苏力　　朱善利 王建国 李 东 刘 力 武常岐
甘培忠 赵国玲 邵景春 吴志攀 李 鸣　　何志毅 王立彦 张维迎 单忠东 涂 平
曲三强 陈兴良 张 平 刘剑文 张 骐　　张红霞 邹恒甫 刘 学 陈丽华 于鸿君
贺卫方 汪 劲 马忆南 潘剑锋 汪建成　　陆正飞 符国群 陈 嵘 刘玉珍 姚长辉
叶静漪 钱明星 梁根林 刘凯湘 张千帆　　徐信忠 江明华 雷 明 张一弛 蔡洪滨
王 磊 刘 燕 张守文 陈瑞华　　　　　　龚六堂 吴联生

### 国际关系学院
　　　　　　　　　　　　　　　　　　　　### 马克思主义学院

邱恩田 袁 明 张锡镇 张世鹏 王缉思　　易杰雄 陈占安 林 娅 智效和 李青宜
杨保筠 尚会鹏 李安山 连玉如 牛 军　　程立显 祖嘉合 侯玉杰 李淑珍 仝 华
张光明 叶自成 贾庆国 许振洲 李保平　　尹保云 杨 河 黄小寒 李毅红 孙蚌珠
孔凡君 潘 维 李义虎 张小明 朱 锋　　孙代尧 康沛竹 孙熙国
罗艳华 王正毅 唐士其

　　　　　　　　　　　　　　　　　　　　### 体育教研部
### 信息管理系
　　　　　　　　　　　　　　　　　　　　田敏月 顾玉标 李德昌 郝光安 张 锐
赖茂生 王锦贵 马张华 段明莲 祁延莉　　董进霞
刘兹恒 李国新 王子舟 王余光 李广建
陈建龙 周庆山　　　　　　　　　　　　　### 艺术学系

### 社会学系
　　　　　　　　　　　　　　　　　　　　彭吉象 俞 虹 李 松 朱青生 李爱国
　　　　　　　　　　　　　　　　　　　　丁 宁 陈旭光 李道新
吴宝科 杨善华 王汉生 王思斌 马 戎
郑也夫 刘世定 郭志刚 蔡 华 钱民辉　　### 对外汉语教育学院
谢立中 张 静 陆杰华 佟 新 高丙中
邱泽奇 王铭铭 刘爱玉 方 文　　　　　　张秀环 李大遂 李晓琪 王若江 张 英
　　　　　　　　　　　　　　　　　　　　杨德峰
### 政府管理学院

　　　　　　　　　　　　　　　　　　　　### 计算机科学技术研究所
陈庆云 李成言 袁 刚 李 强 沈明明
江荣海 关海庭 周志忍 徐湘林 路 风　　肖建国 陈晓鸥 周秉锋 邹 维 汤 帜
张国庆 王浦劬 黄恒学 肖鸣政 金安平　　郭宗明 赵东岩

### 教育学院

| | | | | |
|---|---|---|---|---|
| 高利明 | 陈学飞 | 康 健 | 闵维方 | 陈向明 |
| 马万华 | 陈洪捷 | 丁小浩 | 施晓光 | 闫凤桥 |
| 汪 琼 | | | | |

### 中国经济研究中心

| | | | | |
|---|---|---|---|---|
| 陈 平 | 周其仁 | 梁 能 | 曾 毅 | 海 闻 |
| 林毅夫 | 巫和懋 | 汪丁丁 | 宋国青 | 平新乔 |
| 胡大源 | 霍德明 | 卢 锋 | 朱家祥 | 李 玲 |
| 赵耀辉 | 姚 洋 | 马 浩 | | |

### 计算中心

| | | | | |
|---|---|---|---|---|
| 黄达武 | 孙光斗 | 丁万东 | 李庭晏 | 张 蓓 |
| 种连荣 | | | | |

### 新闻与传播学院

| | | | | |
|---|---|---|---|---|
| 龚文庠 | 徐 泓 | 关世杰 | 肖东发 | 杨伯溆 |
| 程曼丽 | 谢新洲 | 陈 刚 | 刘德寰 | |

### 分子医学研究所

| | | | | |
|---|---|---|---|---|
| 李 建 | 周 专 | 程和平 | 田小利 | 梁子才 |

### 工学院

| | | | | |
|---|---|---|---|---|
| 韩平畴 | 陈十一 | 王健平 | 郑 强 | 米建春 |
| 王习东 | 孙 强 | 李克文 | 谢天宇 | 杨剑影 |
| 吴晓磊 | | | | |

### 软件工程国家研究中心

| | | |
|---|---|---|
| 王立福 | 吴中海 | 张世琨 |

### 城市与环境学院

| | | | | |
|---|---|---|---|---|
| 王缉慈 | 韩光辉 | 唐晓峰 | 蔡运龙 | 陶 澍 |
| 许学工 | 吕 斌 | 王永华 | 方 拥 | 莫多闻 |
| 韩茂莉 | 张永和 | 冯长春 | 周力平 | 阙维民 |
| 王红亚 | 陈效逑 | 杨小柳 | 方精云 | 刘耕年 |
| 吴必虎 | 徐福留 | 王仰麟 | 俞孔坚 | 曾 辉 |
| 王学军 | 柴彦威 | 李有利 | 胡建英 | 刘鸿雁 |
| 李喜青 | 朴世龙 | | | |

### 环境与工程学院

| | | | | |
|---|---|---|---|---|
| 唐孝炎 | 叶文虎 | 白郁华 | 栾胜基 | 郭怀成 |
| 宋豫秦 | 毛志锋 | 张远航 | 胡建信 | 马晓明 |
| 蔡旭晖 | 倪晋仁 | 朱 彤 | 张世秋 | 谢绍东 |
| 徐晋涛 | 胡 敏 | 邵 敏 | 曾立民 | 李文军 |
| 要茂盛 | 童美萍 | | | |

### 方正集团

| | | | | |
|---|---|---|---|---|
| 张兆东 | 张炳贤 | 陈文先 | 魏 新 | 汪岳林 |
| 蒋必金 | 廖春生 | 黄肖俊 | 贾江涛 | |

### 青鸟公司

| | | | |
|---|---|---|---|
| 刘永进 | 苏渭珍 | 田仲义 | 杨 明 |

### 未名集团

| | |
|---|---|
| 潘爱华 | 张 华 |

### 维信公司

| |
|---|
| 段震文 |

### 资源集团

| | | |
|---|---|---|
| 仇守银 | 黄琴芳 | 张永祥 |

### 校办公司

| | | |
|---|---|---|
| 王 川 | 周亚伟 | 初育国 |

### 图书馆

| | | | | |
|---|---|---|---|---|
| 戴龙基 | 高俾贤 | 沈正华 | 沈乃文 | 朱 强 |
| 宋力生 | 陈 凌 | 肖 珑 | 聂 华 | |

### 餐饮中心

| |
|---|
| 崔芳菊 |

### 校医院

| | | | | |
|---|---|---|---|---|
| 顾钟瑾 | 张玉梅 | 杨萍兰 | 周广华 | 张宏印 |
| 李 华 | | | | |

### 社区服务中心

| |
|---|
| 赵桂莲 |

### 党办校办

| | | | |
|---|---|---|---|
| 吴树青 | 赵存生 | 许智宏 | 林钧敬 | 陈文申 |
| 张 彦 | | | | |

### 发展规划部

| |
|---|
| 冯支越 |

### 纪检监察室

| | |
|---|---|
| 王丽梅 | 侯志山 |

### 组织部

| |
|---|
| 岳素兰 |

## 宣传部
赵为民

## 统战部
付 新

## 人事部
周岳明　王红印　刘 波

## 国际合作部
庞志荣　潘庆德　刘新芝

## 财务部
闫 敏

## 教务部
金顶兵　卢晓东

## 科研部
吴 锜　周 辉

## 研究生院
魏志义　郑兰哲

## 继续教育部
李国斌　张 虹

## 基建工程部
莫元彬

## 总务部
鞠传进　张宝岭

## 实验室与设备管理部
史守旭

## 出版社
许耀明　张文定　徐万丽　金娟萍　刘 方
杨书澜　王明舟　张黎明　张 冰　高秀芹

## 街道办
张书仁

## 医 学 部

说明：本名录为2007年在职的具有正高级专业技术职务的人员。

## 基础医学院

**教授**

| 陈慰峰 | 崔彩莲(女) | 崔德华 | 方伟岗 |
| 高晓明 | 高远生 | 高子芬(女) | 宫恩聪 |
| 顾 江 | 管又飞 | 郭长占 | 韩济生 |
| 韩文玲(女) | 贾弘禔 | 库宝善 | 李 刚 |
| 李凌松 | 李学军(女) | 李 英(女) | 刘国庆 |
| 刘树林 | 鲁凤民 | 马大龙 | 毛泽斌 |
| 梅 林(女) | 濮鸣亮 | 钱瑞琴(女) | 邱晓彦 |
| 邱幼祥 | 沙印林 | 尚永丰 | 沈 丽 |
| 谭焕然(女) | 唐朝枢 | 唐军民 | 田新霞 |
| 童坦君 | 万 有 | 汪南平 | 王克威 |
| 王 露(女) | 王文恭 | 王 宪(女) | 王 韵(女) |
| 文宗耀 | 吴立玲(女) | 谢蜀生 | 徐国恒 |
| 杨宝学 | 尹长城 | 于常海 | 张 波 |
| 张书永 | 张炜真 | 张永鹤 | 张 毓 |
| 章国良(女) | 郑 杰 | 周春燕(女) | 钟延丰 |
| 祝世功 | 朱卫国 | 朱 毅 | 庄 辉 |

**研究员**

| 吴鎏桢 | 祝 虹(女) |

**编审**

| 安晓意(女) | 冯腊枝(女) |

**教授级高级工程师**

尚 彤(女)

## 药学院

**教授**

| 艾铁民 | 蔡少青 | 崔景荣(女) | 果德安 |
| 雷小平(女) | 李长龄 | 李润涛 | 李中军 |
| 梁 鸿(女) | 刘俊义 | 卢 炜 | 吕万良 |
| 蒲小平 | 齐宪荣 | 史录文 | 屠鹏飞 |
| 王 超 | 王 夔 | 王 璇(女) | 王银叶 |
| 徐 萍(女) | 杨晓达 | 杨秀伟 | 叶新山 |
| 曾慧慧 | 张礼和 | 张亮仁 | 张 强 |
| 张天蓝 | | | |

**研究员**

| 车庆明 | 崔育新 | 郭绪林 | 解冬雪(女) |
| 林文翰 | 杨 铭(女) | | |

## 公共卫生学院

**教授**

| 安 琳(女) | 曹卫华 | 陈 娟(女) | 郭新彪 |
| 郭 岩(女) | 郝卫东 | 胡永华 | 季成叶 |
| 贾 光(女) | 康晓平 | 李立明 | 林晓明(女) |
| 刘 民 | 马 军 | 马谢民 | 钮文昇 |
| 潘小川 | 王洪玮(女) | 王培玉 | 王 生 |

| 王晓莉(女) | 王 燕(女) | 吴 明(女) | 肖 颖(女) |
| --- | --- | --- | --- |
| 詹思延(女) | 张宝旭 | 张金良(女) | 张拓红(女) |

**研究员**

| 陈晶琦(女) | 康凤娥(女) | 李可基 | 李 勇 |
| --- | --- | --- | --- |
| 王京宇 | 武阳丰 | 续美如(女) | 余小鸣(女) |
| 周小平(女) | | | |

### 护理学院

**教授**

| 尚少梅(女) | 郑修霞(女) | | |
| --- | --- | --- | --- |

### 公共教学部

**教授**

| 丛亚丽(女) | 董 哲 | 贺东奇 | 洪 炜 |
| --- | --- | --- | --- |
| 胡德康 | 胡佩诚 | 贾炳善 | 李 菡(女) |
| 刘大川 | 刘 奇(女) | 刘新芝(女) | 王 玥(女) |
| 吴任钢 | 张大庆 | | |

### 党政机关、后勤、直属及产业

**教授**

| 李 竹 | 李书隽 | 田 佳(女) | |
| --- | --- | --- | --- |

**研究员**

| 柏 志 | 蔡景一(女) | 陈立奇 | 戴 清 |
| --- | --- | --- | --- |
| 邓艳萍(女) | 樊建军 | 高澍苹(女) | 侯 卉 |
| 李 鹰(女) | 梁建辉 | 刘建蒙 | 刘穗燕(女) |
| 刘秀英 | 刘志民 | 陆 林 | 马长中(女) |
| 聂克珍 | 彭嘉柔(女) | 乔 力(女) | 任爱国 |
| 王春虎 | 谢培英(女) | 辛 兵(女) | 徐白羽(女) |
| 张成兰(女) | 张 翎(女) | | |

**主任医师**

| 韩方群(女) | 王晓军(女) | 易 英 | |
| --- | --- | --- | --- |

**研究馆员**

| 林小平 | 谢志耘 | 尹 源(女) | |
| --- | --- | --- | --- |

**编审**

| 安 林 | 白 玲(女) | 赵 莳(女) | 赵成正(女) |
| --- | --- | --- | --- |
| 周传敬(女) | | | |

### 第一临床医学院（北大医院）

**教授**

| 鲍圣德 | 丁 洁(女) | 丁文惠(女) | 杜军保 |
| --- | --- | --- | --- |
| 高献书 | 郭晓蕙(女) | 郭应禄 | 黄建萍(女) |
| 黄一宁 | 霍 勇 | 蒋学祥 | 姜 毅 |
| 金 杰 | 李克敏(女) | 李若瑜 | 李小梅(女) |
| 李晓玫(女) | 廖秦平(女) | 刘梅林 | 刘新民 |
| 刘荫华 | 刘玉村 | 那彦群 | 潘柏年 |
| 秦 炯 | 任汉云 | 唐光健 | 涂 平 |
| 万远廉 | 王贵强 | 王海燕(女) | 王 丽 |
| 王荣福 | 王薇薇(女) | 王蔚虹(女) | 王荫华(女) |
| 温宏武 | 吴新民 | 肖永红 | 谢鹏雁 |
| 辛钟成 | 徐小元 | 姚 晨 | 杨慧霞(女) |
| 杨尹默 | 严仁英(女) | 晏晓明(女) | 袁 云 |
| 张 宏(女) | 张仁尧 | 张彦芳(女) | 章友康 |
| 赵明辉 | 周丛乐(女) | 周利群 | 周应芳 |
| 朱 平 | 朱天岳 | 朱学骏 | 邹英华 |
| 左 力 | 左文莉(女) | | |

**主任医师**

| 白 勇 | 包新华 | 岑溪南 | 柴卫兵 |
| --- | --- | --- | --- |
| 陈 倩 | 陈永红 | 迟春花(女) | 段学宁 |
| 冯 琪 | 冯珍如(女) | 甘晓玲(女) | 高惠珍 |
| 高燕明 | 洪 涛 | 黄 真(女) | 霍惟扬 |
| 季素珍 | 贾志荣 | 金燕志(女) | 李淳德 |
| 李桂莲 | 李海潮 | 李 简 | 李 鸣 |
| 李巧娴(女) | 李淑清(女) | 李 挺 | 梁丽莉 |
| 梁卫兰 | 林景荣 | 刘玲玲(女) | 刘世援 |
| 刘桐林 | 刘小颖 | 刘新光 | 刘玉洁 |
| 柳 萍 | 卢新天 | 马玉凤(女) | 那 加 |
| 聂红萍 | 聂立功 | 庞 琳(女) | 齐慧敏 |
| 乔歧禄 | 秦 永 | 山刚志 | 宋鲁新 |
| 宋以信 | 孙 洁 | 谭 伟(女) | 汤秀英 |
| 汪 波 | 汪 欣 | 王爱萍(女) | 王东信 |
| 王广发 | 王化虹 | 王继琛 | 王建中 |
| 王宁华 | 王 平 | 王全桂 | 王仁贵 |
| 王维民 | 王文生 | 王霄英(女) | 王 颖 |
| 文立成 | 肖 锋 | 肖慧捷(女) | 肖江喜 |
| 肖水芳 | 许 幸 | 杨海珍(女) | 杨俊娟(女) |
| 杨 柳 | 杨 欣 | 杨 勇 | 姚 勇 |
| 邑晓东 | 殷 悦 | 于岩岩 | 赵建勋 |
| 张宝娓 | 张澜波 | 张明礼 | 张淑娥 |
| 张晓春 | 张学智 | 张月华(女) | 张卓莉 |
| 章小维 | 朱丽荣 | | |

**研究员**

| 高树宽 | 李海峰 | 李惠芳 | 李六亿(女) |
| --- | --- | --- | --- |
| 刘晓燕 | 马兰艳 | 潘 虹 | 戚 豫 |
| 王学美(女) | 伍期专 | 夏铁安 | 辛殿祺 |
| 徐国兵 | 杨艳玲 | 俞莉章 | 张春丽 |
| 张庆林 | 张祥华 | | |

**主任药师**

| 崔一民 | 孙培红(女) | | |
| --- | --- | --- | --- |

**主任护师**

| 陈建军(女) | 丁炎明(女) | 王 群(女) | |
| --- | --- | --- | --- |

**主任技师**

| 艾 乙 | 刘静霞(女) | 卢桂芝 | 苗鸿才 |
| --- | --- | --- | --- |
| 孙孟里(女) | 王 彬 | 吴北生 | 赵 宜(女) |

**编审**

单爱莲(女)

## 第二临床医学院(人民医院)

**教授**

| 白文俊 | 陈 红(女) | 崔 恒 | 杜如昱 |
| 杜湘珂(女) | 冯传汉 | 冯 艺(女) | 高旭光 |
| 高占成 | 郭 卫 | 何权瀛 | 洪 楠 |
| 胡大一 | 黄晓波 | 黄晓军 | 纪立农 |
| 姜保国 | 姜燕荣(女) | 解基严 | 冷希圣 |
| 黎晓新(女) | 李建国 | 栗占国 | 刘开彦 |
| 卢纹凯(女) | 陆道培 | 吕厚山 | 苗懿德 |
| 彭吉润 | 王德炳 | 王建六 | 王 俊 |
| 王 梅(女) | 王秋生 | 王 杉 | 王天龙 |
| 王晓峰 | 魏 来 | 魏丽惠(女) | 余力生 |
| 张建中 | 张庆俊 | 张小明 | 张 正(女) |
| 朱继业 |

**主任医师**

| 安友仲 | 鲍永珍 | 曹照龙 | 陈 欢 |
| 陈 彧 | 戴 林 | 高承志 | 高 燕(女) |
| 郭静竹(女) | 郭丹杰 | 郭继鸿 | 何晋德 |
| 胡肇衡 | 黄 迅 | 贾 玫 | 江 滨 |
| 寇伯龙 | 李书娴 | 李 澍 | 李月玺 |
| 梁冶矢 | 林剑浩 | 刘桂兰(女) | 刘海鹰 |
| 刘慧君(女) | 刘 军 | 刘兰燕(女) | 刘玉兰 |
| 陆爱东(女) | 毛 汛 | 倪 磊 | 牛兰俊 |
| 曲星珂 | 任泽钦 | 沈丹华(女) | 沈 浣 |
| 苏 茵(女) | 孙宁玲 | 佟富中 | 万 峰 |
| 王福顺 | 王 豪 | 王宏宇 | 王 茜 |
| 王山米(女) | 王少杰 | 王伟民 | 王智峰 |
| 吴 夕(女) | 吴 彦 | 伍少鹏 | 邢志敏 |
| 许俊堂 | 许兰平 | 杨拔贤 | 杨德启 |
| 杨铁生 | 于贵杰 | 袁燕林 | 曾超美 |
| 张海澄 | 张乐萍(女) | 张立红 | 张文娟 |
| 赵 辉 | 赵明威 | 赵 彦(女) | 朱继红 |
| 朱天刚 |

**研究员**

| 戴谷音(女) | 何申戌 | 何雨生 | 黄 锋 |
| 李春英 | 李月东 | 刘艳荣(女) | 路 阳 |
| 王吉善 | 赵 越 | 周庆环(女) |

**主任药师**

| 顾 健(女) | 李玉珍(女) |

**主任技师**

| 李 丹(女) | 滕智平(女) |

**编审**

| 李燕华(女) | 林文玉(女) |

## 第三临床医学院(北医三院)

**教授**

| 敖英芳 | 陈跃国 | 陈仲强 | 董国祥 |
| 段丽萍(女) | 樊东升 | 高 炜(女) | 韩启德 |
| 贺 蓓(女) | 洪天配 | 克晓燕 | 李 东 |
| 李健宁 | 李邻峰 | 林共周 | 林三仁 |
| 刘忠军 | 马潞林 | 马庆军 | 马志中 |
| 毛节明 | 乔 杰 | 孙永昌 | 汪 涛 |
| 王金锐 | 王 薇(女) | 王 侠 | 王 悦 |
| 王振宇 | 徐 智 | 杨 孜 | 翟所迪 |
| 张同琳 | 张 捷 | 张永珍 | 赵金垣 |
| 周丽雅(女) |

**主任医师**

| 陈凤荣 | 崔国庆 | 丁士刚 | 范家栋 |
| 付 卫 | 葛堪忆 | 顾 芳(女) | 郭长吉 |
| 郭丽君(女) | 郭昭庆 | 韩鸿宾 | 韩劲松 |
| 郝燕生 | 洪 晶(女) | 黄雪彪 | 黄 毅 |
| 黄永辉 | 侯宽永 | 胡跃林 | 贾建文 |
| 李 比 | 李海燕 | 李惠平 | 李 松 |
| 李伟力 | 李小刚 | 李 选 | 李昭屏 |
| 李志刚 | 刘桂花 | 刘剑羽(女) | 刘书旺 |
| 刘晓光 | 刘湘源 | 刘瑜玲 | 林发俭 |
| 鲁 珊(女) | 吕愈敏 | 马芙蓉 | 马力文 |
| 马勇光 | 苗立英(女) | 闵 燕 | 聂有智 |
| 朴梅花(女) | 齐 强 | 沈 扬 | 宋世兵 |
| 孙 宇 | 谭秀娟(女) | 童笑梅 | 王爱英 |
| 王 超 | 王海燕(女) | 王 军 | 王俊杰 |
| 王 丽(女) | 王立新 | 王少波 | 王雪梅(女) |
| 魏 玲 | 吴玲玲 | 肖卫忠 | 修典荣 |
| 徐 梅(女) | 徐希娴 | 许艺民 | 胥 健 |
| 姚婉贞 | 闫 明 | 闫天生 | 杨碧波 |
| 杨雪松 | 叶蓉华 | 余家阔 | 袁 炯 |
| 张凤山 | 张福春 | 张连第 | 张璐芳 |
| 张 克 | 张燕燕(女) | 赵 军 | 赵素焱 |
| 赵扬玉 | 郑丹侠 | 周 方 | 周劲松 |
| 周谋望 | 朱 曦 | 朱 昀(女) | 庄申榕 |

**研究员**

| 艾 华 | 陈东明(女) | 陈贵安 | 付贤波 |
| 耿 力(女) | 李树强 | 林 丛 | 秦泽莲 |
| 沈 韬 | 王新利(女) | 吴建伟 | 许 锋 |
| 于长隆 | 张小为 | 张幼怡 | 赵一鸣 |
| 周洪柱 |

**主任护师**

张洪君(女)

**主任技师**

| 吕志珍(女) | 杨池荪(女) |

## 口腔医学院

**教授**

| | | | |
|---|---|---|---|
| 曹采方(女) | 冯海兰(女) | 傅开元 | 傅民魁 |
| 高学军 | 高 岩 | 葛立宏 | 郭传瑸 |
| 贾绮林 | 姜 婷(女) | 李铁军 | 林久祥 |
| 林琼光(女) | 林 野 | 刘宏伟(女) | 吕培军 |
| 马 莲(女) | 马绪臣 | 毛 驰 | 孟焕新(女) |
| 欧阳翔英(女) | 秦 满 | 沙月琴(女) | 孙勇刚 |
| 王嘉德(女) | 王伟建 | 王新知 | 王 兴 |
| 魏世成 | 谢秋菲(女) | 徐 军 | 许天民 |
| 俞光岩 | 岳 林(女) | 曾祥龙 | 张博学 |
| 张成飞 | 张 丁(女) | 张 刚 | 张 益 |
| 张震康 | 周彦恒 | | |

**主任医师**

| | | | |
|---|---|---|---|
| 蔡志刚 | 陈 洁(女) | 董艳梅(女) | 樊 聪 |
| 高 娟(女) | 高雪梅(女) | 胡晓阳 | 华 红 |
| 姬爱平 | 姜 霞(女) | 晋长伟 | 李彤彤 |
| 李巍然 | 刘玉华(女) | 罗 奕 | 马 琦 |
| 邱立新 | 孙 凤(女) | 谭建国 | 佟 岱 |
| 王忠桂(女) | 王世明 | 王泽泗(女) | 王尊一(女) |
| 张汉平(女) | 张建国 | 谢毓秀(女) | 徐 莉(女) |
| 阎 燕(女) | 翟新利 | 张 清(女) | 张万林 |
| 张 伟 | 张祖燕 | 赵士杰 | 赵燕平(女) |
| 郑树国 | 周永胜 | | |

**研究员**

| | | | |
|---|---|---|---|
| 甘业华 | 林 红(女) | 张筱林 | 郑 刚 |

**主任技师**

吴美娟(女)

**教授级高级工程师**

王 勇

## 临床肿瘤学院(肿瘤医院)

**教授**

| | | | |
|---|---|---|---|
| 陈敏华(女) | 邓大君 | 方志伟 | 顾 晋 |
| 黄信孚 | 季加孚 | 柯 杨(女) | 李吉友 |
| 李萍萍(女) | 吕有勇 | 任 军 | 寿成超 |
| 徐光炜 | 许佐良 | 杨仁杰 | 勇威本 |
| 游伟程 | 张力健 | 张青云 | 张珊文 |
| 张晓鹏 | | | |

**主任医师**

| | | | |
|---|---|---|---|
| 陈克能 | 陈 晓 | 范志毅 | 高雨农 |
| 郝纯毅 | 胡永华(女) | 李金锋 | 李 鸣 |
| 林本耀 | 刘宝国 | 刘淑俊 | 陆爱萍 |
| 马丽华(女) | 欧阳涛 | 沈 琳 | 施旖旎(女) |
| 孙 艳(女) | 王 怡 | 卫 燕 | 邢宝才 |
| 徐 博 | 薛仲琪 | 严 昆 | 杨 跃 |
| 章新奇(女) | 张集昌 | 张乃嵩 | 朱广迎 |
| 朱 军 | | | |

**研究员**

| | | | |
|---|---|---|---|
| 方家椿 | 何洛文(女) | 钱 程 | 万文徽(女) |
| 张焕萍(女) | 张 联 | 张宗卫 | |

**主任药师**

张艳华(女)

**主任技师**

韩树奎

**编审**

凌启柏

## 精神卫生研究所(第六医院)

**教授**

| | | | |
|---|---|---|---|
| 崔玉华(女) | 黄悦勤(女) | 沈渔邨(女) | 王玉凤 |
| 于 欣 | 张 岱 | 周东丰(女) | |

**主任医师**

| | | | |
|---|---|---|---|
| 丛 中 | 甘一方 | 韩永华 | 李 冰(女) |
| 刘 靖(女) | 吕秋云 | 唐登华 | 王希林(女) |
| 王向群 | 张大荣 | 张鸿燕(女) | 周 沫 |

**研究员**

| | |
|---|---|
| 司天梅(女) | 汪向东 |

# 2007年在岗博士生导师名录

**马克思主义哲学**

丰子义  郭建宁  王 东  杨 河  易杰雄

**中国哲学**

陈 来  胡 军  李中华  楼宇烈  庞 朴
汤一介  王 博  魏常海  张学智  朱伯昆

**外国哲学**
　　杜小真　韩林合　韩水法　靳希平　尚新建
　　张祥龙　赵敦华
**逻辑学**
　　陈　波　刘壮虎　周北海
**伦理学**
　　陈少峰　何怀宏
**美学**
　　叶　朗　章启群　朱良志
**宗教学**
　　孙尚扬　王宗昱　姚卫群　张志刚
**科学技术哲学**
　　傅世侠　龚育之　刘华杰　孙小礼　吴国盛
**政治经济学**
　　陈德华　黄桂田　雎国余　李顺荣　刘　伟
　　卢　锋　孙蚌珠　吴敬琏　吴树青　叶静怡
　　章　政
**经济思想史**
　　晏智杰　郑学益
**经济史**
　　萧国亮　周其仁
**西方经济学**
　　樊　刚　海　闻　胡大源　李绍荣　刘文忻
　　平新乔　宋国青　汪丁丁　王志伟　易　纲
**世界经济**
　　海　闻　王跃生　萧　琛
**理论经济学(发展经济学)**
　　林毅夫　姚　洋　曾　毅　赵耀辉
**国民经济学**
　　高程德　高尚全　龚六堂　李善同　厉以宁
　　秦宛顺　王　益　王梦奎　邹恒甫
**区域经济学**
　　李国平　杨开忠
**财政学(含税收学)**
　　林双林　刘民权　王大树
**金融学**
　　曹凤岐　陈　平　单忠东　高西庆　何小锋
　　胡　坚　李庆云　李心愉　刘　力　孙祁祥
　　王大树　萧灼基　徐信忠　姚长辉　于鸿君
　　周春生
**产业经济学**
　　张来武　张维迎　朱善利
**统计学**
　　陈　嵘
**法学理论**
　　巩献田　罗玉中　张　骐　周旺生　朱苏力

**法律史**
　　贺卫方　李贵连　王　哲　武树臣　徐爱国
　　张建国
**宪法学与行政法学**
　　姜明安　罗豪才　王　磊　王锡锌　袁曙宏
　　湛中乐　张千帆
**刑法学**
　　白建军　陈兴良　储槐植　郭自力　梁根林
　　刘守芬　王世洲　张　文　赵国玲
**民商法学**
　　刘凯湘　钱明星　曲三强　韦　之　尹　田
　　张　平　郑胜利
**诉讼法学**
　　陈瑞华　潘剑锋　汪建成　张玉镶
**经济法学**
　　甘培忠　贾俊玲　刘　燕　刘剑文　刘瑞复
　　盛杰民　张守文
**环境与资源保护法学**
　　汪　劲　魏振瀛　朱启超
**国际法学**
　　白桂梅　龚刃韧　李　鸣　李红云　饶戈平
　　邵景春　吴志攀
**政治学理论**
　　关海庭　李　强　李成言　李景鹏　宁　骚
　　王浦劬　谢庆奎　许耀桐　袁　刚
**中外政治制度**
　　金安平　潘　维　沈明明　徐湘林　许振洲
**科学社会主义与国际共产主义运动**
　　黄宗良　孔凡君　李青宜　林代昭　林勋建
　　潘国华　沙健孙　孙代尧　仝　华　尹保云
　　张光明　张世鹏　智效和
**马克思主义理论与思想政治教育**
　　陈占安　程立显　林　娅　赵存生　祖嘉合
**国际政治**
　　陈峰君　李　玉　李安山　李保平　李义虎
　　梁守德　陆庭恩　尚会鹏　王　杰　杨保筠
　　张锡镇
**国际关系**
　　方连庆　连玉如　刘金质　王缉思　王正毅
　　袁　明　张小明　朱　锋
**外交学**
　　贾庆国　牛　军　叶自成
**社会学**
　　方　文　郭志刚　李中清　刘世定　马　戎
　　钱民辉　邱泽奇　佟　新　王汉生　王思斌
　　谢立中　谢　宇　杨善华　张　静　郑也夫
　　周雪光

### 人口学
陆杰华　穆光宗　乔晓春　宋新明　郑晓瑛　周云

### 人类学
蔡华　高丙中　王铭铭

### 马克思主义基本原理
黄小寒　林娅　孙熙国　夏文斌

### 马克思主义中国化研究
陈占安　康沛竹　赵存生

### 思想政治教育
程立显　祖嘉合

### 教育学原理
陈向明

### 高等教育学
陈洪捷　陈学飞　汪永铨　喻岳青

### 文艺学
董学文　卢永磷　王岳川　张健

### 语言学及应用语言学
陈保亚　孔江平　李晓琪　王洪君　王若江　张英

### 汉语言文字学
耿振生　郭锐　蒋绍愚　李小凡　陆俭明　沈阳　宋绍年　孙玉文　杨荣祥　袁毓林　朱庆之

### 中国古典文献学
安平秋　董洪利　高路明　金开诚　李零　李家浩　孙钦善

### 中国古代文学
程郁缀　傅刚　葛晓音　刘勇强　钱志熙　夏晓虹　袁行霈　张鸣

### 中国现当代文学
曹文轩　陈平原　陈晓明　方锡德　李杨　商金林　温儒敏　吴晓东　张颐武

### 比较文学与世界文学
车槿山　陈跃红　戴锦华　刘东　孟华　严绍璗　赵白生

### 英语语言文学
程朝翔　丁宏为　高一虹　辜正坤　韩加明　韩敏中　姜望琪　刘树森　刘意青　钱军　申丹　沈弘　王逢鑫　周小仪

### 俄语语言文学
查晓燕　李明滨　任光宣　赵桂莲

### 法语语言文学
董强　罗芃　秦海鹰　田庆生　王东亮　王文融

### 德语语言文学
范大灿　谷裕　黄燎宇　李昌珂　王建

### 日语语言文学
金勋　刘金才　彭广陆　于荣胜　赵华敏

### 印度语言文学
段晴　季羡林　刘曙雄　唐孟生　唐仁虎　王邦维

### 西班牙语语言文学
赵振江

### 阿拉伯语语言文学
谢秩荣　仲跻昆

### 亚非语言文学
陈岗龙　拱玉书　李政　梁敏和　裴晓睿　张敏　张玉安　赵杰

### 传播学
陈刚　程曼丽　龚文庠　关世杰　邵华泽　肖东发　谢新洲　徐泓　杨伯溆

### 艺术学
陈旭光　丁宁　李松　彭吉象　俞虹　袁禾　朱青生

### 史学理论及史学史
董正华

### 考古学及博物馆学
高崇文　李崇峰　李水城　林梅村　刘绪　齐东方　秦大树　权奎山　宿白　孙华　王幼平　吴小红　徐苹芳　徐天进　严文明　张弛　张辛　赵辉　赵朝洪　赵化成

### 历史地理学
侯仁之　李孝聪　于希贤

### 专门史
牛大勇　荣新江　王晓秋　徐万民

### 中国古代史
邓小南　郭润涛　荣新江　田余庆　王天有　王小甫　徐凯　阎步克　岳庆平　张希清　朱诚如　朱凤瀚　祝总斌

### 中国近现代史
房德邻　郭卫东　金冲及　刘桂生　罗志田　茅海建　欧阳哲生　杨奎松

### 世界史
董正华　高毅　何顺果　彭小瑜　宋成有　王红生　王立新　王新生　许平　朱孝远

### 基础心理学
方方　韩世辉　李量　钱铭怡　沈政　苏彦捷　王垒　王登峰　吴艳红　谢晓非　周晓林　朱滢

### 基础数学
蔡金星　丁帆　丁石孙　丁伟岳　方新贵　冯荣权　甘少波　葛力明　姜伯驹　蒋美跃　李承治　李伟固　刘和平　刘嘉荃　柳彬

| 莫小欢 | 彭立中 | 丘维声 | 史宇光 | 孙文祥 |
| --- | --- | --- | --- | --- |
| 谭小江 | 田 刚 | 田青春 | 王保祥 | 王长平 |
| 王冠香 | 王诗宬 | 文 兰 | 伍胜健 | 夏志宏 |
| 徐明曜 | 杨家忠 | 张恭庆 | 张继平 | 赵春来 |
| 郑志明 | 周蜀林 | 朱小华 | 宗传明 | |

**计算数学**

| 鄂维南 | 高 立 | 郭百宁 | 李 若 | 李铁军 |
| --- | --- | --- | --- | --- |
| 李治平 | 汤华中 | 王 鸣 | 徐树方 | 许进超 |
| 应隆安 | 张平文 | 周 铁 | | |

**概率论与数理统计**

| 陈大岳 | 房祥忠 | 耿 直 | 何书元 | 李 航 |
| --- | --- | --- | --- | --- |
| 刘 军 | 刘力平 | 马志明 | 钱敏平 | 任艳霞 |
| 沈向洋 | 谢衷洁 | 郁 彬 | 郑忠国 | |

**应用数学**

| 陈亚浙 | 程乾生 | 邓明华 | 郭懋正 | 胡德昆 |
| --- | --- | --- | --- | --- |
| 姜 明 | 李 未 | 林作铨 | 刘培东 | 刘旭峰 |
| 刘张炬 | 马尽文 | 潘家柱 | 裘宗燕 | 史树中 |
| 王 铎 | 王正栋 | 夏壁灿 | 徐茂智 | 杨静平 |
| 杨义先 | 张恭庆 | 张乃孝 | | |

**理论物理**

| 陈 斌 | 邓卫真 | 季向东 | 李定平 | 李重生 |
| --- | --- | --- | --- | --- |
| 刘 川 | 刘玉鑫 | 卢大海 | 马伯强 | 马中水 |
| 宋行长 | 苏肇冰 | 赵光达 | 郑汉青 | 朱世琳 |
| 朱守华 | | | | |

**粒子物理与原子核物理**

| 班 勇 | 陈金象 | 樊铁栓 | 郭 华 | 郭秋菊 |
| --- | --- | --- | --- | --- |
| 冒亚军 | 孟 杰 | 钱思进 | 王晓钢 | 许甫荣 |
| 姚淑德 | 叶沿林 | 张焕乔 | | |

**凝聚态物理**

| 陈 勇 | 戴 伦 | 甘子钊 | 高政祥 | 胡晓东 |
| --- | --- | --- | --- | --- |
| 季 航 | 吕 劲 | 欧阳顾 | 秦国刚 | 沈 波 |
| 史俊杰 | 汤 超 | 田光善 | 王福仁 | 吴思诚 |
| 熊光成 | 杨应昌 | 叶恒强 | 尹 澜 | 俞大鹏 |
| 张 酣 | 张朝晖 | 张国义 | 朱 星 | |

**光学**

| 陈志坚 | 龚旗煌 | 古 英 | 郭光灿 | 蒋红兵 |
| --- | --- | --- | --- | --- |
| 李 焱 | 刘春玲 | 王若鹏 | 徐至展 | 张 杰 |
| 张家森 | | | | |

**无线电物理**

| 陈徐宗 | 董太乾 | 郭 弘 | 汤俊雄 | 杨东海 |
| --- | --- | --- | --- | --- |
| 张志刚 | | | | |

**无机化学**

| 卞祖强 | 陈志达 | 高 松 | 顾镇南 | 黄春辉 |
| --- | --- | --- | --- | --- |
| 荆西平 | 李 彦 | 李国宝 | 李维红 | 李星国 |
| 林建华 | 施祖进 | 孙聆东 | 王文清 | 王颖霞 |
| 王哲明 | 吴瑾光 | 徐光宪 | 徐怡庄 | 严纯华 |
| 张亚文 | 支志明 | | | |

**分析化学**

| 李 娜 | 李克安 | 李美仙 | 李元宗 | 刘 锋 |
| --- | --- | --- | --- | --- |
| 刘虎威 | 罗 海 | 邵元华 | 杨荣华 | 张新祥 |
| 赵美萍 | 周恒辉 | 朱志伟 | 庄乾坤 | |

**有机化学**

| 陈家华 | 杜大明 | 甘良兵 | 裴 坚 | 施章杰 |
| --- | --- | --- | --- | --- |
| 王剑波 | 席振峰 | 杨 震 | 余志祥 | |

**物理化学**

| 曹傲能 | 黄建滨 | 黄其辰 | 金长文 | 寇 元 |
| --- | --- | --- | --- | --- |
| 来鲁华 | 黎乐民 | 林炳雄 | 刘 莹 | 刘海超 |
| 刘文剑 | 刘忠范 | 马季铭 | 齐利民 | 唐有祺 |
| 王 远 | 吴 凯 | 吴云东 | 夏 斌 | 谢有畅 |
| 徐东升 | 徐光宪 | 徐筱杰 | 张 锦 | 章士伟 |
| 朱月香 | | | | |

**高分子化学与物理**

| 曹维孝 | 陈尔强 | 程正迪 | 范星河 | 郭海清 |
| --- | --- | --- | --- | --- |
| 贾欣茹 | 李子臣 | 梁德海 | 马玉国 | 宋乃恒 |
| 宛新华 | 危 岩 | 魏高原 | 周其凤 | 邹德春 |

**化学(化学生物学)**

| 刘元方 | 钱民协 | 孙红芳 | 王海芳 | 袁 谷 |
| --- | --- | --- | --- | --- |
| 赵新生 | | | | |

**化学(应用化学)**

| 褚泰伟 | 刘春立 | 彭 静 | 其 鲁 | 沈兴海 |
| --- | --- | --- | --- | --- |
| 王祥云 | 魏根栓 | 魏雄辉 | 翟茂林 | 赵达慧 |

**天体物理**

| 艾国祥 | 陈建生 | 邓李才 | 范祖辉 | 韩金林 |
| --- | --- | --- | --- | --- |
| 景益鹏 | 刘富坤 | 刘晓为 | 吴鑫基 | 吴学兵 |
| 武向平 | 徐仁新 | 张 坚 | 张华伟 | 赵 刚 |
| 周 旭 | 周又元 | | | |

**自然地理学**

| 蔡运龙 | 陈效述 | 陈宜瑜 | 方精云 | 蒋有绪 |
| --- | --- | --- | --- | --- |
| 刘鸿雁 | 王红亚 | 王仰麟 | 许学工 | 杨小柳 |
| 曾 辉 | | | | |

**人文地理学**

| 柴彦威 | 董黎明 | 冯长春 | 李贵才 | 吕 斌 |
| --- | --- | --- | --- | --- |
| 阙维民 | 王缉慈 | 吴必虎 | 杨吾扬 | 俞孔坚 |
| 周一星 | | | | |

**地图学与地理信息系统**

| 程承旗 | 方 裕 | 李 琦 | 马蔼乃 | 秦其明 |
| --- | --- | --- | --- | --- |
| 邬 伦 | | | | |

**地理学(环境地理学)**

| 胡建英 | 陶 澍 | 王学军 |
| --- | --- | --- |

**地理学(历史地理学)**

| 韩光辉 | 韩茂莉 | 唐晓峰 |
| --- | --- | --- |

**地理学(地貌学与环境演变)**

| 李有利 | 刘耕年 | 莫多闻 | 夏正楷 |
| --- | --- | --- | --- |

## 气象学
付遵涛　胡永云　钱维宏　秦大河　谭本馗
王洪庆　杨海军　张庆红

## 大气物理学与大气环境
陈家宜　李万彪　刘树华　毛节泰　张宏升
赵柏林　赵春生　郑国光　周秀骥

## 固体地球物理学
蔡永恩　陈晓非　陈永顺　陈运泰　胡天跃
黄清华　臧绍先　赵永红

## 空间物理学
傅绥燕　濮祖荫　涂传诒　肖　佐　宗秋刚

## 矿物学,岩石学,矿床学
陈　斌　陈衍景　邓　军　董申保　关　平
莫宣学　王河锦　魏春景　闫国翰　张立飞

## 地球化学
刘树文　穆治国　郑海飞　朱永峰

## 古生物学与地层学
白志强　董熙平　高克勤　郝守刚　郝维城
马学平　王德明

## 构造地质学
郭召杰　韩宝福　侯建军　李江海　马宗晋
潘　懋　史　謌　吴淦国　吴泰然　徐　备

## 第四纪地质学
李树德　周力平

## 地质学(材料及环境矿物学)
传秀云　鲁安怀　秦　善

## 植物学
白书农　崔克明　范六民　顾红雅　郭红卫
李　毅　林忠平　饶广远　许智宏　尤瑞麟
赵进东

## 动物学
吕　植　潘文石　王戎疆　许崇任　闫凤鸣

## 生理学(与医学部共享)
柴　真　王世强　于龙川　张　研　周　专
唐朝枢　王　宪　朱　毅　汪南平　刘国庆
徐国恒

## 细胞生物学(与医学部共享)
陈建国　邓宏魁　丁明孝　蒋争凡　林　硕
罗金才　舒红兵　苏都莫日根　　滕俊琳
肖瑞平　翟中和　张　博　张传茂　朱作言
柯　杨　李凌松　沈　丽

## 生物化学与分子生物学(与医学部共享)
蔡　宏　昌增益　顾　军　纪建国　金长文
孔道春　李　建　梁宋平　罗　明　秦咏梅
茹炳根　苏晓东　田小利　王忆平　魏文胜
夏　斌　郑晓峰　朱圣庚　朱玉贤　童坦军
贾弘禔　寿成超　吕有勇　邓大君　李　刚
周春燕　尚永丰　朱卫国　王文恭　毛泽斌
黎　健

## 生物物理学(与医学部共享)
程和平　吴才宏　文宗耀　尹长城　沙印林

## 生物学(生物信息学)
李松岗　龙漫远　罗静初　魏丽萍

## 生物学(生物技术)
安成才　陈章良　邓兴旺　瞿礼嘉　梁子才

## 科学技术史(与医学部共享)
何祚庥　任定成　张大庆

## 一般力学与力学基础
楚天广　王　龙

## 固体力学
胡海昌　黄筑平　刘凯欣　苏先樾　王　炜
王建祥　王敏中

## 流体力学
陈国谦　陈十一　黄永念　李存标　佘振苏
谭文长　唐少强　魏庆鼎　吴介之

## 工程力学
白树林　顾志福　袁明武

## 力学(生物力学与医学工程)
方　竞　郑玉峰

## 物理电子学
陈　清　侯士敏　解思深　彭练矛　吴锦雷
夏明耀　薛增泉　张耿民　赵建业　周乐柱

## 微电子学与固体电子学
程玉华　甘学温　韩汝琦　郝一龙　何　进
黄　如　吉利久　揭斌斌　金玉丰　康晋锋
李志宏　刘晓彦　倪学文　盛世敏　王新安
王阳元　吴文刚　许铭真　闫桂珍　张　兴
张大成　张利春　张盛东　赵宝瑛　朱跃生

## 计算机系统结构
程　旭　丛京生　代亚非　李晓明　王克义

## 计算机软件与理论
陈　钟　崔　斌　董士海　李大维　李实恭
梅　宏　屈婉玲　邵维忠　沈昌祥　苏开乐
孙家骕　唐世渭　汪国平　王捍贫　王厚峰
王立福　吴中海　许　进　许卓群　杨冬青
杨芙清　俞士汶　张　铭　张世琨

## 计算机应用技术
查红彬　迟惠生　封举富　高　文　郭宗明
何新贵　谭少华　谭　营　汤　帜　吴玺宏
肖建国　谢昆青　许　超　周秉锋

## 环境科学
白郁华　郭怀成　何玉山　胡　敏　胡建信
李文军　栾胜基　马晓明　毛志锋　邵　敏
宋豫秦　唐孝炎　徐晋涛　叶文虎　张世秋

张远航　朱　彤
**环境工程**
　　查克麦　黄国和　倪晋仁
**力学(力学系统与控制)**
　　耿志勇　黄　琳
**通信与信息系统**
　　陈章渊　焦秉立　金　野　梁庆林　王子宇
　　邬贺铨　吴德明　项海格　谢麟振　徐安士
　　许　浚　赵玉萍
**信号与信息处理**
　　查红彬　迟惠生　封举富　何新贵　谭少华
　　吴玺宏　许　超
**摄影测量与遥感**
　　陈秀万　童庆禧　晏　磊
**核技术及应用**
　　包尚联　陈佳洱　郭之虞　刘克新　鲁向阳
　　吕建钦　唐孝威　王宇钢　张保澄　赵　夔
　　祖栋林
**会计学**
　　陆正飞　王立彦　吴联生
**企业管理**
　　成思危　符国群　郭贤达　江明华　靳云汇
　　雷　明　李　东　梁　能　梁钧平　刘　学
　　涂　平　王建国　王其文　武常岐　熊维平
　　徐淑英　杨岳全　尹衍樑　张国有　张一弛
　　张志学
**行政管理**
　　薄贵利　陈庆云　傅　军　黄恒学　李习彬
　　刘　峰　路　风　汪玉凯　王　健　肖鸣政
　　张国庆　周志忍
**教育经济与管理**
　　丁小浩　闵维方
**图书馆学**
　　李国新　刘兹恒　王锦贵　王余光　王子舟
　　吴慰慈
**情报学**
　　陈建龙　关家麟　赖茂生　梁战平　秦铁辉
　　王惠临　徐学文　余锦凤　赵澄谋
**图书馆、情报与档案管理**
　　王锦贵　王余光
**神经生物学**
　　韩济生　于常海　万　有　崔德华　王　韵
　　崔彩莲　王克威
**遗传学**
　　钟　南　杨　泽
**人体解剖与组织胚胎学**
　　周长满　濮鸣亮

**免疫学**
　　陈慰峰　马大龙　高晓明　张　毓　邱晓彦
　　韩文玲
**病原生物学**
　　庄　辉　刘树林　鲁凤民
**病理学**
　　郑　杰　方伟岗　张　波　顾　江
**病理生理学**
　　韩启德　吴立玲　祝世功　管又飞　高远生
　　娄晋宁
**药理学**
　　李学军　李长龄　陆　林　梁建辉　章国良
　　张永鹤　蒲小平　崔景荣
**放射医学**
　　王　凡
**流行病与卫生统计学**
　　李　竹　李立明　胡永华　游伟程　詹思延
　　刘志民　刘　民　武阳丰
**劳动卫生与环境卫生学**
　　王　生　赵一鸣　郭新彪　贾　光　潘小川
　　王京宇
**营养与食品卫生学**
　　李　勇　李可基　林晓明
**儿少卫生与妇幼保健学**
　　季成叶　王　燕　陈晶琦
**卫生毒理学**
　　周宗灿　郝卫东
**社会医学与卫生事业管理**
　　郭　岩　吴　明　王培玉　张拓红
**药学化学生物学**
　　王　夔　张礼和　刘俊义　李中军　李润涛
　　叶新山　杨晓达
**药物化学**
　　杨　铭　崔育新　张亮仁　徐　萍
**药剂学**
　　张　强　卢　炜　吕万良
**生药学**
　　赵玉英　果德安　蔡少青　屠鹏飞　杨秀伟
　　林文翰
**临床药学**
　　史录文　翟所迪
**应用心理学**
　　胡佩诚
**内科学**
　　朱　平　任汉云　霍　勇　丁文惠　洪　涛
　　刘梅琳　谢鹏雁　张　宏　章友康　李晓玫
　　汪　涛　王　梅　赵明辉　郭晓惠　刘新民
　　王广发　王贵强　徐小元　于岩岩　陆道培

| 刘开彦 | 黄晓军 | 郭继鸿 | 孙宁玲 | 胡大一 |
| 陈　红 | 何权瀛 | 高占成 | 刘玉兰 | 栗占国 |
| 魏　来 | 纪立农 | 毛节明 | 张幼怡 | 高　炜 |
| 张永珍 | 姚婉贞 | 贺　蓓 | 林三仁 | 吕愈敏 |
| 周丽雅 | 段丽萍 | 克晓燕 | 洪天配 | 赵金垣 |
| 孙铁英 | 林江涛 | 姚树坤 | 成　军 | 王福生 |

**儿科学**

| 王　丽 | 杜军保 | 丁　洁 | 秦　炯 | 周丛乐 |
| 戚　豫 | 黄建平 | 杨艳玲 | 李　松 | 钱　渊 |
| 吴建新 | | | | |

**神经病学**

| 袁　云 | 黄一宁 | 高旭光 | 樊东生 |

**皮肤病与性病学**

| 朱学骏 | 李若瑜 | 涂　平 | 张建中 | 李邻峰 |

**影像医学与核医学**

| 蒋学祥 | 邹英华 | 王荣福 | 杜湘珂 | 洪　楠 |
| 李建国 | 王金锐 | 李　选 | 韩鸿宾 | 杨仁杰 |
| 陈敏华 | 张晓鹏 | 贾少微 | | |

**临床检验诊断学**

| 夏铁安 | 徐国兵 | 张　正 |

**外科学**

| 刘玉村 | 李　龙 | 万远廉 | 朱天岳 | 郭应禄 |
| 那彦群 | 周立群 | 辛钟成 | 李　鸣 | 张祥华 |
| 金　杰 | 李　简 | 鲍圣德 | 冷希圣 | 王　杉 |
| 朱继业 | 吕厚山 | 姜保国 | 郭　卫 | 王晓峰 |
| 白文俊 | 解基严 | 王　俊 | 张同琳 | 徐　智 |
| 董国祥 | 修典荣 | 党耕町 | 娄思权 | 陈仲强 |
| 刘忠军 | 马庆军 | 李健宁 | 王振宇 | 马潞林 |
| 王满宜 | 田　伟 | 蔡志明 | 关志忱 | 张福先 |

**妇产科学**

| 廖秦平 | 杨慧霞 | 周应芳 | 魏丽惠 | 崔　恒 |
| 王建六 | 陈贵安 | 乔　杰 | 杨　孜 | |

**眼科学**

| 晏晓明 | 黎晓新 | 姜燕荣 | 王　薇 | 曹安民 |
| 马志中 | 吴玲玲 | | | |

**耳鼻喉科学**

| 余力生 | 马芙蓉 |

**运动医学**

| 于长隆 | 敖英芳 | 林共周 | 艾　华 | 余家阔 |

**麻醉学**

| 吴新民 | 王东信 | 杨拔贤 | 冯　艺 |

**中西医结合临床**

| 钱瑞琴 | 王学美 |

**口腔组织病理学**

| 高　岩 | 李铁军 |

**牙体牙髓病学**

| 王嘉德 | 高学军 |

**牙周病学**

| 曹采方 | 孟焕新 | 沙月琴 | 欧阳翔英 |

**口腔颌面外科学**

| 马绪臣 | 俞光岩 | 王　兴 | 林　野 | 马　莲 |
| 郭传瑸 | 傅开元 | 魏世成 | 张　益 | |

**口腔修复学**

| 冯海兰 | 徐　军 | 吕培军 | 谢秋菲 | 王新知 |

**口腔正畸学**

| 傅民魁 | 林久祥 | 曾祥龙 | 周彦恒 | 许天民 |

**肿瘤学**

| 徐光炜 | 黄信孚 | 勇威本 | 李萍萍 | 李吉友 |
| 顾　晋 | 季加孚 | 任　军 | 陈克能 | 张青云 |
| 张珊文 | 张力建 | | | |

**精神病与精神卫生学**

| 沈渔邨 | 周东丰 | 王玉凤 | 张　岱 | 黄悦勤 |
| 于　欣 | 司天梅 | | | |

# 2007年逝世人物名单

| 姓　名 | 单　位 | 职　称 | 生卒年 |
|---|---|---|---|
| 严仁赓 | 经济学院 | 教授 | 1910—2007年 |
| 赵　靖 | 经济学院 | 教授 | 1922—2007年 |
| 朱伯崑 | 哲学系 | 教授 | 1923—2007年 |
| 周　密 | 法学院 | 教授 | 1923—2007年 |
| 潘德扬 | 地球与空间科学学院 | 教授 | 1926—2007年 |
| 刘晓波 | 外国语学院 | 研究馆员 | 1927—2007年 |

| 姓　名 | 单　位 | 职　称 | 生卒年 |
|---|---|---|---|
| 高天礼 | 生命科学学院 | 教授 | 1929—2007 年 |
| 陈瑞兰 | 外国语学院 | 教授 | 1929—2007 年 |
| 佟　伟 | 地球与空间科学学院 | 教授 | 1930—2007 年 |
| 李认兴 | 物理学院 | 教授级高工 | 1931—2007 年 |
| 孙静云 | 外国语学院 | 教授 | 1931—2007 年 |
| 王　哲 | 法学院 | 教授 | 1932—2007 年 |
| 李标国 | 化学与分子工程学院 | 教授 | 1934—2007 年 |
| 万美君 | 外国语学院 | 教授 | 1934—2007 年 |
| 蒋尚诚 | 物理学院 | 教授 | 1935—2007 年 |
| 谢　安 | 物理学院 | 教授 | 1938—2007 年 |
| 石志夫 | 政府管理学院 | 教授 | 1938—2007 年 |
| 程士宏 | 数学科学学院 | 教授 | 1939—2007 年 |
| 林本达 | 物理学院 | 教授 | 1939—2007 年 |

# 2007年北京大学党发、校发文件

**党　发**

| 党发[2007]1号 | 关于北京大学医学部第十一次党员代表大会选举结果的批复 |
|---|---|
| 党发[2007]2号 | 关于印发《北京大学落实述职述廉制度暂行办法》的通知 |
| 党发[2007]3号 | 关于印发《北京大学关于对党员领导干部进行谈话和函询的暂行办法》的通知 |
| 党发[2007]4号 | 关于印发《北京大学关于贯彻落实党员领导干部报告个人有关事项规定的实施办法》的通知 |
| 党发[2007]5号 | 北京大学关于进一步加强师德建设的意见 |
| 党发[2007]6号 | 关于印发《北京大学关于中共北京市第十次代表大会代表选举工作方案》的通知 |
| 党发[2007]7号 | 关于以加强领导干部作风建设为主题召开处级领导班子专题民主生活会的通知 |
| 党发[2007]8号 | 关于印发《中共北京大学委员会、北京大学关于进一步加强构建社会主义和谐校园工作的若干意见》的通知 |
| 党发[2007]9号 | 关于肖渊、戴谷音职务任免的通知 |
| 党发[2007]10号 | 关于石敬慈、孔凡红职务任免的通知 |
| 党发[2007]11号 | 关于戴谷音、顾芸职务任免的通知 |
| 党发[2007]12号 | 关于印发《2007年北京大学党风廉政建设工作实施意见》的通知 |
| 党发[2007]13号 | 关于印发《2007年北京大学党风廉政建设和反腐败工作主要任务分工》的通知 |
| 党发[2007]14号 | 关于印发《北京大学纪检监察信访工作规定》的通知 |
| 党发[2007]15号 | 关于成立北京大学国有资产管理机构的通知 |
| 党发[2007]16号 | 关于转发《中共教育部党组关于开展向方永刚同志学习的通知》的通知 |
| 党发[2007]17号 | 关于印发《中共北京大学委员会迎接党建和思想政治工作基本标准达标检查实施方案》的通知 |
| 党发[2007]18号 | 关于评选表彰党务和思想政治工作优秀个人及先进集体的通知 |
| 党发[2007]19号 | 关于北京大学经济学院党员大会选举结果的批复 |
| 党发[2007]20号 | 关于成立北京大学城市与环境学院的通知 |
| 党发[2007]21号 | 关于成立北京大学环境科学与工程学院的通知 |
| 党发[2007]22号 | 关于心理学系党委换届的批复 |
| 党发[2007]23号 | 关于魏国英免职的通知 |
| 党发[2007]24号 | 关于孙明、姚静仪、蒋尚达任职的通知 |
| 党发[2007]25号 | 中共北京大学委员会关于深入学习北京市第十次党代会报告的通知 |
| 党发[2007]26号 | 关于转发《人事部 教育部关于授予郭力华同志"全国模范教师"荣誉称号的决定》的通知 |
| 党发[2007]27号 | 中共北京大学委员会关于转发北京教育系统学习贯彻北京市第十次党代会精神的文件的通知 |
| 党发[2007]28号 | 关于北京大学光华管理学院党员大会选举结果的批复 |
| 党发[2007]29号 | 关于北京大学软件与微电子学院党员代表大会选举结果的批复 |
| 党发[2007]30号 | 关于北京大学医学部机关第二次党员代表大会选举结果的批复 |
| 党发[2007]31号 | 关于调整领导班子分工的通知——廖陶琴 |
| 党发[2007]32号 | 关于马化祥任职的通知 |
| 党发[2007]33号 | 关于北京大学地球与空间科学学院党员大会选举结果的批复 |
| 党发[2007]34号 | 关于北京大学对外汉语教育学院党员大会选举结果的批复 |

| 党发[2007]35号 | 关于北京大学精神卫生研究所第二次党员大会选举结果的批复 |
|---|---|
| 党发[2007]36号 | 关于霍晓丹、刘杉杉职务任免的通知 |
| 党发[2007]37号 | 关于衣学磊、姚卫浩、韩流职务任免的通知 |
| 党发[2007]38号 | 关于陈宝剑任职的通知 |
| 党发[2007]39号 | 中共北京大学委员会关于表彰党务和思想政治工作先进集体与优秀个人的决定 |
| 党发[2007]40号 | 关于沈扬、张书仁职务任免的通知 |
| 党发[2007]41号 | 关于成立中国共产党北京大学艺术学院总支部委员会的通知 |
| 党发[2007]42号 | 关于印发《中共北京大学委员会组织员制度(试行)》的通知 |
| 党发[2007]43号 | 关于转发《中共教育部党组关于向林强、李明素、阿木冬吐鲁甫同志学习的决定》的通知 |
| 党发[2007]44号 | 关于沈扬任职的通知 |
| 党发[2007]45号 | 关于束鸿俊、张晓黎职务任免的通知 |
| 党发[2007]46号 | 关于晓凤任职的通知 |
| 党发[2007]47号 | 关于北京大学公共卫生学院第二次党员大会选举结果的批复 |
| 党发[2007]48号 | 关于北京大学临床肿瘤学院第二次党员大会选举结果的批复 |
| 党发[2007]49号 | 关于王维民、辛兵职务任免的通知 |
| 党发[2007]50号 | 关于缪劲翔任职的通知 |
| 党发[2007]51号 | 关于转发《中共教育部党组关于学习贯彻胡锦涛总书记在全国优秀教师代表座谈会上重要讲话精神的通知》的通知 |
| 党发[2007]52号 | 关于转发《中共北京市委教育工作委员会北京市教育委员会关于学习贯彻胡锦涛总书记在全国优秀教师代表座谈会上重要讲话精神的通知》的通知 |
| 党发[2007]53号 | 关于转发《首都精神文明建设委员会办公室关于开展"迎奥运、讲文明、树新风"活动专题片征集及评选活动的通知》的通知 |
| 党发[2007]54号 | 中共北京大学委员会关于认真学习贯彻党的十七大精神的通知 |
| 党发[2007]55号 | 关于转发《中共教育部党组关于教育战线认真学习贯彻党的十七大精神的通知》的通知 |
| 党发[2007]56号 | 关于陈永利任职的通知 |
| 党发[2007]57号 | 关于修亚冬任职的通知 |
| 党发[2007]58号 | 关于杨国华任职的通知 |
| 党发[2007]59号 | 关于杨晓雷任职的通知 |
| 党发[2007]60号 | 关于《北京大学学生工作规划(2007—2009)》批复 |
| 党发[2007]61号 | 关于《安全稳定工作规划(2007—2010)》的批复 |
| 党发[2007]62号 | 关于《北京大学突发事件应急预案》的批复 |
| 党发[2007]63号 | 关于孙含欣任职的通知 |

校 发

| 校发[2007]1号 | 北京大学关于做好迎接2007年教育部本科教学工作水平评估工作的意见 |
|---|---|
| 校发[2007]2号 | 关于现代教育技术中心领导班子任职的通知 |
| 校发[2007]3号 | 关于蔡满堂任职的通知 |
| 校发[2007]4号 | 关于认真做好寒假和春节期间安全工作的通知 |
| 校发[2007]5号 | 关于落实与中国工程物理研究院在超导加速器等方面开展科研合作的意见 |
| 校发[2007]7号 | 关于表彰2006年度北京大学全国优秀博士学位论文及学校优秀博士学位论文获得者及其导师的决定 |
| 校发[2007]8号 | 关于徐信忠、陆正飞等职务任免的通知 |
| 校发[2007]9号 | 关于同意北京大学民航总医院教学医院更名的批复 |
| 校发[2007]10号 | 关于同意北京回龙观医院为北京大学教学医院的批复 |

| | |
|---|---|
| 校发[2007]11号 | 关于调整北京大学教师公寓管理委员会组成人员的通知 |
| 校发[2007]12号 | 关于同意聘请马丁·卡诺伊先生为北京大学客座教授的决定 |
| 校发[2007]13号 | 关于同意聘请金子元久先生为北京大学客座教授的决定 |
| 校发[2007]14号 | 关于同意聘请天野郁夫先生为北京大学客座教授的决定 |
| 校发[2007]15号 | 关于法学院行政班子任职的通知 |
| 校发[2007]16号 | 关于韩流等职务任免的通知 |
| 校发[2007]21号 | 关于北京北大化学实验厂改制和企业国有资产无偿划转的批复 |
| 校发[2007]23号 | 关于试行《北京大学学生违纪处理卷宗》与《北京大学学生退学申诉处理卷宗》的通知 |
| 校发[2007]24号 | 关于印发《北京大学学术道德规范建设方案》的通知 |
| 校发[2007]25号 | 关于印发《北京大学教师学术道德规范》的通知 |
| 校发[2007]26号 | 关于印发《北京大学教师教学工作管理办法》的通知 |
| 校发[2007]27号 | 关于印发《北京大学研究生基本学术规范》的通知 |
| 校发[2007]28号 | 关于印发《北京大学信息化建设规划纲要》和《北京大学信息化建设规划及实施方案》的通知 |
| 校发[2007]29号 | 关于苏彦捷任职的通知 |
| 校发[2007]30号 | 关于成立北京大学资产清查领导小组和领导小组办公室的通知 |
| 校发[2007]32号 | 关于成立北京大学奥运工作领导小组办公室的通知 |
| 校发[2007]33号 | 关于林潮、刘晓为任职的通知(科维理天文与天体物理研究所) |
| 校发[2007]34号 | 关于批复资产管理部内设机构负责人招聘结果的通知 |
| 校发[2007]35号 | 关于同意将氮化镓衬底材料产业化技术无形资产无偿划转给北大资产经营有限公司的批复 |
| 校发[2007]36号 | 关于调整和新建北京大学迎接教育部本科教学评估工作组织机构的通知 |
| 校发[2007]37号 | 关于批复产业管理部内设机构负责人招聘结果的通知 |
| 校发[2007]38号 | 关于成立北京大学建校110周年庆祝活动筹备委员会的通知 |
| 校发[2007]39号 | 关于黄克服任职的通知 |
| 校发[2007]40号 | 关于黄清华、陈晓非职务任免的通知 |
| 校发[2007]41号 | 关于调整和成立北京大学肖家河教师住宅建设领导小组和工作小组的通知 |
| 校发[2007]42号 | 关于印发《北京大学财经工作领导小组工作规程》的通知 |
| 校发[2007]43号 | 关于印发《北京大学资金运作管理办法》的通知 |
| 校发[2007]44号 | 关于印发《北京大学资金运作管理业绩考核和奖励办法》的通知 |
| 校发[2007]45号 | 关于印发《北京大学校内非法人独立核算二级单位财务管理和会计核算办法》的通知 |
| 校发[2007]46号 | 关于对图书馆私设"小金库"行为给予通报批评的决定 |
| 校发[2007]47号 | 关于成立北京大学奥运场馆赛后管理筹备工作小组的通知 |
| 校发[2007]48号 | 关于成立北京大学特殊用房管理中心的通知 |
| 校发[2007]49号 | 关于资产管理部更名的通知 |
| 校发[2007]50号 | 关于成立北京大学五道口教师住宅置换售房工作小组的通知 |
| 校发[2007]51号 | 关于批复教务部内设机构负责人招聘结果的通知 |
| 校发[2007]52号 | 关于同意聘请冯华健先生为北京大学客座教授的决定 |
| 校发[2007]53号 | 关于档案馆、校史领导班子任职的通知 |
| 校发[2007]54号 | 关于任命章京为北京蒙特因技术开发公司法定代表人和经理的决定 |
| 校发[2007]55号 | 关于同意医学部出售所属校外住宅的批复 |
| 校办[2007]57号 | 关于环境保护办公室暨辐射防护室变更挂靠单位的通知 |
| 校发[2007]58号 | 关于同意北大深圳研究院注册事业单位法人的批复 |
| 校发[2007]59号 | 关于成立北京大学—水利部农村饮水安全研究中心的通知 |
| 校发[2007]60号 | 关于同意授予贝罗贝先生北京大学名誉教授称号的决定 |
| 校发[2007]61号 | 关于同意聘请付强为北京大学客座教授的决定 |

| 校发[2007]62号 | 关于同意聘请铁学熙为北京大学客座教授的决定 |
|---|---|
| 校发[2007]63号 | 关于同意聘请秦宏为北京大学客座教授的决定 |
| 校发[2007]64号 | 关于成立北京大学标识管理办公室的通知 |
| 校发[2007]68号 | 关于成立北京大学会议中心中关新园管理部的通知 |
| 校发[2007]69号 | 关于张佳利任职的通知 |
| 校发[2007]70号 | 关于调整校办产业管理机构的通知 |
| 校发[2007]71号 | 关于解除韩珠干部聘用合同的决定 |
| 校发[2007]72号 | 关于信息管理系行政班子任职的通知 |
| 校发[2007]73号 | 关于转发《教育部办公厅关于印发〈教育部直属高校、事业单位国有资产使用和处置行为管理授权审批暂行办法〉的通知》的通知 |
| 校发[2007]74号 | 关于印发《北京大学关于严禁设立"小金库"的规定》的通知 |
| 校发[2007]75号 | 关于印发《北京大学重点实验室主任招聘办法》的通知 |
| 校发[2007]76号 | 关于调整国有资产管理委员会组成人员的通知 |
| 校发[2007]77号 | 关于成立北京大学出版体制改革领导小组和工作小组的通知 |
| 校发[2007]78号 | 关于成立北京大学国际战略研究中心的通知 |
| 校发[2007]79号 | 关于经济学院行政班子任职的通知 |
| 校发[2007]80号 | 关于成立北京大学莫里斯经济政策研究所的通知 |
| 校发[2007]81号 | 关于成立北京大学公众考古与艺术中心的通知 |
| 校发[2007]82号 | 关于成立北京大学文化遗产保护研究中心的通知 |
| 校发[2007]83号 | 关于成立北京大学孙子兵法研究中心的通知 |
| 校发[2007]84号 | 关于成立北京大学中韩历史文化研究中心的通知 |
| 校发[2007]85号 | 关于成立北京大学公共管理研究中心的通知 |
| 校发[2007]86号 | 关于成立北京大学新西兰研究中心的通知 |
| 校发[2007]87号 | 关于调整北京大学素质教育委员会组成人员的通知 |
| 校发[2007]88号 | 关于调整安全稳定工作一线领导小组组成人员的通知 |
| 校发[2007]89号 | 关于调整北京大学国家安全工作领导小组组成人员的通知 |
| 校发[2007]90号 | 关于调整北京大学治安综合治理委员会组成人员的通知 |
| 校发[2007]91号 | 关于调整燕园地区交通安全委员会组成人员的通知 |
| 校发[2007]92号 | 关于调整北京大学(校本部)防火安全委员会组成人员的通知 |
| 校发[2007]93号 | 关于调整北京大学(校本部)流动人口管理工作领导小组组成人员的通知 |
| 校发[2007]94号 | 关于表彰学生资助工作先进单位和个人的决定 |
| 校发[2007]96号 | 关于陈进元、李亚文任职的通知 |
| 校发[2007]97号 | 关于同意聘请陈正豪为北京大学客座教授的决定 |
| 校发[2007]98号 | 关于同意聘请胡纪如为北京大学客座教授的决定 |
| 校发[2007]99号 | 关于印发《北京大学视觉形象识别系统管理办法》的通知 |
| 校发[2007]100号 | 关于成立北京大学国子监大讲堂专家小组、工作小组的通知 |
| 校发[2007]101号 | 关于撤销万柳学区办公室的通知 |
| 校发[2007]103号 | 关于同意联合主办"坚定信念创新篇　迎接党的十七大"——向全国高校与各省市赠送《红色中华第一书》活动的批复 |
| 校发[2007]104号 | 关于成立北京大学计算机实验教学中心的通知 |
| 校发[2007]105号 | 关于沈如群、方伟岗职务任免的通知 |
| 校发[2007]106号 | 关于转发《中央国家机关和事业单位差旅费管理办法》的通知 |
| 校发[2007]107号 | 关于周波职务任免的通知 |
| 校发[2007]108号 | 关于印发《北京大学万柳公寓管理规定》的通知 |
| 校发[2007]109号 | 关于赵文莉职务级别的通知 |
| 校发[2007]110号 | 关于孙波彬职务级别的通知 |

| 校发[2007]111 号 | 关于转发《教育部关于加强学校暑假期间安全工作的紧急通知》的通知 |
|---|---|
| 校发[2007]112 号 | 关于尹超、潘东辉任职的通知 |
| 校发[2007]113 号 | 关于对赵琳博、周帆、王国祯竞赛团队予以通令嘉奖的决定 |
| 校发[2007]114 号 | 关于同意聘请张其洲先生为北京大学客座教授的决定 |
| 校发[2007]115 号 | 关于同意聘请赵军辉先生为北京大学客座教授的决定 |
| 校发[2007]118 号 | 关于成立北京大学学术道德委员会的通知 |
| 校发[2007]126 号 | 关于表彰北京市高校第五届青年教师教学基本功比赛暨北京大学第六届青年教师教学基本功和现代教育技术应用演示竞赛获奖单位和个人的决定 |
| 校发[2007]127 号 | 北京大学关于表彰 2007 届优秀毕业生的决定 |
| 校发[2007]128 号 | 关于批复实验室与设备管理部挂靠单位负责人招聘结果的通知 |
| 校发[2007]130 号 | 关于成立北京大学建设工程投资评审小组的通知 |
| 校发[2007]131 号 | 关于雷虹任职的通知 |
| 校发[2007]136 号 | 关于社会学系、社会学人类学研究所行政班子任职的通知 |
| 校发[2007]137 号 | 关于强世功、梁根林职务任免的通知 |
| 校发[2007]138 号 | 关于上海北京大学微电子研究院行政班子任职的通知 |
| 校发[2007]141 号 | 关于进一步加强博士后队伍建设与管理的意见 |
| 校发[2007]142 号 | 关于印发《北京大学博士后研究人员日常经费管理办法》的通知 |
| 校发[2007]143 号 | 关于印发《北京大学博士后研究人员工资管理办法》的通知 |
| 校发[2007]144 号 | 关于李国华免职的通知 |
| 校发[2007]145 号 | 关于印发《北京大学大学生学籍管理细则》的通知 |
| 校发[2007]146 号 | 关于印发《北京大学研究生学籍管理实施细则》的通知 |
| 校发[2007]147 号 | 关于房地产管理部内设机构更名的通知 |
| 校发[2007]148 号 | 关于成立北京大学元培学院的通知 |
| 校发[2007]149 号 | 关于表彰北京大学国军标质量管理体系认证和武器装备科研生产许可认证工作先进集体和先进个人的决定 |
| 校发[2007]150 号 | 关于刘波职务任免的通知 |
| 校发[2007]151 号 | 关于印发《北京大学本科考试工作与学术规范条例》的通知 |
| 校发[2007]152 号 | 关于表彰国家、北京市教学名师奖和北京大学教学优秀奖获得者的决定 |
| 校发[2007]153 号 | 关于表彰国家级、北京市级精品课程和北京市精品教材获得者的决定 |
| 校发[2007]154 号 | 关于表彰北京大学第四届实验技术成果奖获奖人员的决定 |
| 校发[2007]155 号 | 关于表彰北京大学 2006—2007 学年度优秀德育奖获得者和优秀班主任的决定 |
| 校发[2007]156 号 | 关于李强、刘伟任职的通知 |
| 校发[2007]157 号 | 关于生命科学学院院长任免的通知 |
| 校发[2007]158 号 | 关于刘伟、何志毅任职的通知 |
| 校发[2007]159 号 | 关于转发上级部门有关财务管理工作三个文件的通知 |
| 校发[2007]160 号 | 关于印发《研究生培养机制改革政策的补充规定》的通知 |
| 校发[2007]162 号 | 关于调整部分学校领导班子成员分工和委员会、领导小组、工作小组组成人员的通知 |
| 校发[2007]163 号 | 北京大学关于表彰三十年来招生战线上优秀个人的决定 |
| 校发[2007]164 号 | 关于科学研究部部长任免的通知 |
| 校发[2007]165 号 | 关于北京大学医学伦理委员会更名的通知 |
| 校发[2007]166 号 | 关于批复房地产管理部内设机构负责人聘任结果的通知 |
| 校发[2007]167 号 | 关于印发《北京大学附属中学章程》的通知 |
| 校发[2007]168 号 | 关于统一思想、提高认识、全力支持奥运工作的通知 |
| 校发[2007]169 号 | 关于生命科学学院行政班子调整的通知 |
| 校发[2007]170 号 | 关于张国有、刘伟、何志毅职务任免的通知 |
| 校发[2007]171 号 | 关于成立北京大学校办产业管理委员会办公室的通知 |

| 校发〔2007〕172号 | 关于戴长亮、张庆东职务任免的通知 |
| --- | --- |
| 校发〔2007〕173号 | 关于刘耕年免职的通知 |
| 校发〔2007〕174号 | 关于刘元满、张英职务任免的通知 |
| 校发〔2007〕177号 | 关于同意授予野依良治先生北京大学名誉教授称号的决定 |
| 校发〔2007〕178号 | 关于成立北京大学数字媒体实验教学中心的通知 |
| 校发〔2007〕179号 | 关于同意聘请陈长汶先生为北京大学客座教授的决定 |
| 校发〔2007〕180号 | 关于同意聘请李尔平先生为北京大学客座教授的决定 |
| 校发〔2007〕181号 | 关于同意聘请宋謌平先生为北京大学客座教授的决定 |
| 校发〔2007〕182号 | 北京大学岗位设置管理实施办法 |
| 校发〔2007〕183号 | 北京大学岗位聘任实施细则 |
| 校发〔2007〕184号 | 北京大学管理岗位设置与聘用管理办法 |
| 校发〔2007〕185号 | 关于成立北京大学环境健康研究中心的通知 |
| 校发〔2007〕186号 | 关于成立北京大学应用物理与技术研究中心的通知 |
| 校发〔2007〕187号 | 关于成立北京大学生态文化研究中心的通知 |
| 校发〔2007〕188号 | 关于成立北京大学—中国气象局大气水循环与人工影响联合研究中心的通知 |
| 校办〔2007〕189号 | 关于印发《北京大学安全管理工作规定(试行)》的通知 |
| 校发〔2007〕190号 | 关于印发《北京大学大型活动安全管理规定(试行)》的通知 |
| 校发〔2007〕191号 | 关于做好110周年校庆筹备工作的通知 |
| 校发〔2007〕192号 | 关于印发《北京大学信访工作规定》的通知 |
| 校发〔2007〕193号 | 关于资产清查核实结果处理的意见 |
| 校发〔2007〕201号 | 关于北京大学信息化建设协调小组更名和人员调整的通知 |
| 校发〔2007〕202号 | 关于表彰北京大学仪器设备清查工作先进集体和先进个人的决定 |
| 校发〔2007〕203号 | 关于印发《北京大学优秀青年人才引进计划》的通知 |
| 校发〔2007〕204号 | 关于印发《北京大学突发事件应急预案》的通知 |
| 校发〔2007〕205号 | 关于成立《北京大学章程》起草委员会和工作小组的通知 |
| 校发〔2007〕206号 | 关于同意聘请约瑟夫 J·诺顿先生为北京大学客座教授的决定 |
| 校发〔2007〕207号 | 关于成立北京大学体育馆临时管理工作组的通知 |
| 校发〔2007〕208号 | 关于杨兴文、李振任职的通知 |
| 校发〔2007〕209号 | 关于成立北京大学人本管理研究中心的通知 |
| 校发〔2007〕210号 | 关于成立北京大学社会经济发展与服务型政府研究中心的通知 |
| 校发〔2007〕211号 | 关于成立北京大学和谐社会研究中心的通知 |
| 校发〔2007〕212号 | 关于成立北京大学竞争法研究中心的通知 |
| 校发〔2007〕213号 | 关于成立北京大学企业与公司法研究中心的通知 |
| 校发〔2007〕214号 | 关于成立北京大学慈善、体育与法律研究中心的通知 |
| 校发〔2007〕215号 | 关于成立中国残疾人事业发展研究中心的通知 |
| 校发〔2007〕216号 | 关于成立北京大学巴基斯坦研究中心的通知 |
| 校发〔2007〕217号 | 关于成立北京大学企业社会责任与雇主品牌传播研究中心的通知 |
| 校发〔2007〕218号 | 关于成立北京大学多元文化教育研究中心的通知 |
| 校发〔2007〕219号 | 关于成立北京大学信息化与人类信息行为研究所的通知 |
| 校发〔2007〕220号 | 关于成立北京大学历史人物研究中心的通知 |
| 校发〔2007〕221号 | 关于成立北京大学台海两岸现代化研究中心的通知 |
| 校发〔2007〕222号 | 关于成立北京大学韩半岛研究中心的通知 |
| 校发〔2007〕223号 | 关于成立中国古代思想文化研究所的通知 |
| 校发〔2007〕224号 | 关于成立北京大学新媒体营销传播研究中心的通知 |
| 校发〔2007〕225号 | 关于同意由北京大学文化产业研究院组织拍摄电影《孟二冬》的批复 |
| 校发〔2007〕226号 | 关于对北京大学iGEM代表队予以通令嘉奖的决定 |

| | |
|---|---|
| 校发[2007]227号 | 关于批复实验室与设备管理部内设机构负责人招聘结果的通知 |
| 校发[2007]229号 | 关于批复总务部内设机构负责人招聘结果的通知 |
| 校发[2007]230号 | 关于给予深圳研究生院姚剑申严重警告处分的决定 |
| 校发[2007]231号 | 关于白利明任职的通知 |
| 校发[2007]232号 | 关于副总会计师任免的通知 |
| 校发[2007]233号 | 关于北京大学—林肯研究院城市发展与土地政策研究中心的通知 |
| 校发[2007]234号 | 关于同意授予斯拉夫金博士北京大学名誉教授称号的决定 |
| 校发[2007]235号 | 关于印发《学籍异动研究生学费和学业奖学金管理规定》的通知 |
| 校发[2007]236号 | 关于将北京大学直接持股企业的股份划转至北大资产经营有限公司的决定 |
| 校发[2007]238号 | 北京大学关于表彰2006—2007学年度学生优秀个人和先进集体的决定 |
| 校发[2007]239号 | 关于成立联合国教科文组织亚太地区世界遗产培训与研究中心北大中心的通知 |
| 校发[2007]240号 | 关于成立北京大学肖家河建设办公室的通知 |
| 校发[2007]241号 | 关于再次确认北京大学附属中学食堂实行财务独立核算的通知 |
| 校发[2007]242号 | 关于印发《北京大学公用房管理条例》的通知 |
| 校发[2007]243号 | 关于批复基建工程部内设机构负责人招聘结果的通知 |
| 校发[2007]244号 | 关于批复信息化建设与管理办公室内设机构负责人招聘结果的通知 |
| 校发[2007]245号 | 关于批复科学研究部内设机构负责人招聘结果的通知 |
| 校发[2007]246号 | 关于成立"夸父"计划办公室的通知 |
| 校发[2007]248号 | 关于批复社会科学部内设机构负责人招聘结果的通知 |
| 校发[2007]249号 | 关于表彰北京大学第四届实验技术成果医学部奖获奖人员的决定 |
| 校发[2007]250号 | 关于成立北京大学文物保护管理委员会的通知 |
| 校发[2007]251号 | 关于成立北京大学地球科学实验教学中心的通知 |
| 校发[2007]252号 | 关于微米纳米加工技术国防科技重点实验室副主任任职的通知 |

# 表彰与奖励

## 2007年北京大学党务和思想政治工作先进集体、优秀个人（含李大钊奖）表彰名单

### 北京大学党务和思想政治工作先进集体

数学科学学院党委
信息科学技术学院党委
中国语言文学系党委
历史学系党委
经济学院党委
外国语学院党委
第三医院党委
肿瘤医院党委
基础医学院党委
民盟北京大学委员会
中国农工民主党北京大学委员会

### 北京大学优秀党务和思想政治工作者——李大钊奖

| | |
|---|---|
| 刘　锋 | 化学与分子工程学院党委书记 |
| 权忠鄂 | 财务部党支部书记、副部长 |
| 莫多闻 | 环境学院党委书记 |
| 邹　惠 | 工学院党委副书记 |
| 李寒梅 | 国际关系学院党委副书记、亚非研究所所长 |
| 李成言 | 政府管理学院党委书记 |
| 李树强 | 第三医院党委副书记、党委办公室院长办公室主任 |
| 王春虎 | 北京大学工会常务副主席、医学部工会主席 |
| 李　鹰 | 医学部副主任 |

### 北京大学优秀党务和思想政治工作者

| | |
|---|---|
| 刘旭峰 | 数学科学学院应用数学函数论党支部书记 |
| 马尽文 | 数学科学学院计算、信息、实验室党支部书记 |
| 李　焱 | 物理学院光学所教工党支部书记 |
| 肖　庆 | 物理学院行政教工党支部书记 |
| 严　伟 | 信息科学技术学院网络所党支部书记 |
| 邓　斌 | 信息科学技术学院党委委员 |
| 荆西平 | 化学与分子工程学院无机化学研究所党支部书记 |
| 盛淑兰 | 地球与空间科学学院行政党支部书记 |
| 刘　卉 | 环境学院党委秘书 |
| 计璧瑞 | 中国语言文学系当代、民间文学党支部书记 |
| 金　英 | 考古文博学院党委副书记 |
| 张中秋 | 哲学系美学—伦理学党支部书记 |
| 张小强 | 经济学院原党委副书记 |
| 王永健 | 经济学院党委副书记 |
| 陈丽华 | 光华管理学院管理科学与信息系统党支部书记 |
| 王　辉 | 光华管理学院企业管理党支部书记 |
| 甘超英 | 法学院理论法学党支部书记 |
| 杨晓雷 | 法学院院长助理 |
| 陈文广 | 信息管理系情报学党支部书记 |
| 李　康 | 社会学系党委组织委员 |
| 佟秀英 | 外国语学院德语系党支部书记 |
| 宁　琦 | 外国语学院党委副书记 |
| 冯雅新 | 马克思主义学院马克思主义中国化研究所党支部副书记 |
| 宋国兴 | 马克思主义学院政治经济学研究室党支部书记 |
| 张　积 | 新闻与传播学院教工党支部书记 |
| 侯华伟 | 教育学院党委委员兼团总支书记 |
| 张丽娜 | 校工会副主席兼党支部书记 |
| 缪劲翔 | 党办校办常务副主任兼支部组织委员 |
| 迟行刚 | 组织部副部长兼成人教育学院党总支书记 |
| 周有光 | 校纪委副书记 |
| 刘　燕 | 幼教中心党支部书记 |
| 马志永 | 供暖中心分总支副书记兼宣传委员、供暖中心第二党支部书记 |
| 季　红 | 图书馆原党委副书记、流通特藏党支部书记 |
| 胡美香 | 出版社文科第一党支部书记 |
| 商鸿业 | 出版社行政第二党支部书记 |

| | | | |
|---|---|---|---|
| 刘丽霞 | 北京大学医院外科党支部书记 | 张玉琴 | 医学部后勤与基建管理处社区居委会主任兼党支部书记 |
| 杜友明 | 附属中学文科一支部书记 | 侯利平 | 医学部产业党总支书记 |
| 景志国 | 附属中学文科一支部宣传委员 | 吴 明 | 九三学社北京大学第二委员会副主委 |
| 白志强 | 软件与微电子学院党委书记 | | |
| 王柏艳 | 软件与微电子学院党委秘书 | | |
| 段震文 | 北京北大维信生物科技有限公司党支部书记 | | |
| 董德刚 | 北京北大方正软件技术学院党总支书记 | | |

## 北京大学党务和思想政治工作奉献奖

| | |
|---|---|
| 修亚冬 | 街道机关第一党支部书记 |
| 刘万祺 | 应用文理学院圆明园校区第二学生党支部书记 |
| 孙光斗 | 直属单位党总支副书记 |
| 丁夕友 | 元培计划管理委员会党总支副书记 |
| 于素荣 | 对外汉语教育学院行政党支部书记 |
| 牛宏伟 | 深圳研究生院学生工作处副处长兼团总支书记 |
| 孙江红 | 附属小学直属党支部副书记 |
| 李朝斌 | 体育教研部直属党支部书记 |
| 刘凯欣 | 民进北京大学委员会副主委 |
| 种连荣 | 九三北京大学委员会常务副主委 |
| 邱建国 | 民建北京大学支部副主委 |
| 陈永红 | 北大医院儿科党支部书记 |
| 赵建勋 | 北大医院外科党支部书记 |
| 罗光辉 | 北大医院离退休党总支书记 |
| 刘玉洁 | 北大医院原妇产科党支部书记 |
| 杨 斌 | 北大医院纪委委员 |
| 毛 汎 | 人民医院党委委员 |
| 姜燕荣 | 人民医院眼科党支部书记 |
| 徐国英 | 人民医院急诊科党支部书记 |
| 苏 茵 | 人民医院内科联合二支部党支部书记 |
| 杜秉华 | 第三医院教育处学生党总支书记 |
| 鲍慧玲 | 第三医院儿科党支部书记 |
| 李铁军 | 口腔医学院党委书记 |
| 张瑞颖 | 口腔医学院党委副书记兼纪委书记 |
| 朱 军 | 临床肿瘤学院党委副书记 |
| 郭 军 | 临床肿瘤学院内科第二党支部书记 |
| 冯 健 | 精神卫生研究所工会常务副主席 |
| 孙 英 | 基础医学院生物化学与分子生物学系党支部副书记 |
| 郭 琦 | 基础医学院党委书记 |
| 孙 敏 | 基础医学院办公室主任 |
| 王坚成 | 药学院研究生党总支书记 |
| 郭 昀 | 药学院学生党总支组织委员兼团委书记 |
| 胡永华 | 公共卫生学院院长 |
| 徐善东 | 公共卫生学院党委副书记 |
| 贺新华 | 公共教学部医学人文学系党支部副书记 |
| 辛 兵 | 医学部教育处党支部书记 |
| 刘淑英 | 医学部机关党委书记 |
| 魏引树 | 信息科学技术学院原党委副书记 |
| 郝福英 | 生命科学学院原生物化学与分子生物学党支部书记 |
| 焦维新 | 地球与空间科学学院党委委员 |
| 盛淑兰 | 地球与空间科学学院行政党支部书记 |
| 刘大平 | 地球与空间科学学院遥感教工党支部书记 |
| 杨 飚 | 考古文博学院党委委员 |
| 孔宪倬 | 外国语学院党委委员 |
| 王彩琴 | 外国语学院原日语系党支部书记 |
| 郑惠康 | 外国语学院原俄语系党支部书记 |
| 李桂霞 | 外国语学院党委副书记 |
| 梁雅卿 | 外国语学院阿拉伯语系党支部书记 |
| 郭胜华 | 外国语学院原日语系党支部副书记 |
| 李国斌 | 机关党委书记 |
| 朱飞云 | 继续教育部退休教工 |
| 刘淑敏 | 组织部综合办公室主任 |
| 叶静漪 | 校纪委副书记 |
| 陈淑敏 | 校工会退休教工 |
| 郭利敬 | 学生工作部退休教工 |
| 杨永义 | 学生工作部退休教工 |
| 毕源章 | 科学研究部退休教工 |
| 张宝岭 | 后勤党委书记 |
| 董温华 | 校园管理服务中心党支部副书记 |
| 张耀鸿 | 校园管理服务中心绿化办公室主任助理 |
| 田秀玲 | 出版社党委组织委员 |
| 冯金梅 | 附属中学党委副书记 |
| 张秀环 | 对外汉语教育学院党总支书记 |
| 王顺洪 | 对外汉语教育学院党总支书记 |
| 韦俊民 | 产业党工委副书记 |
| 李珊珊 | 北大维信党支部组织委员 |
| 赵兰明 | 直属单位党总支委员 |
| 武占学 | 校史馆党支部书记 |
| 杨全南 | 现代教育技术中心党支部书记 |
| 付克让 | 北大医院退休第八党支部书记 |
| 王玉合 | 北大医院门诊部主任科员 |
| 王晓峰 | 人民医院党支部书记 |
| 黄福祥 | 人民医院工会主席 |
| 范德瑞 | 人民医院退休党支部副书记 |
| 范淑梅 | 人民医院退休党支部委员 |
| 石印广 | 人民医院总务处党支部书记 |
| 范凤立 | 第三医院党支部书记 |

| 张瑞颖 | 口腔医学院党委副书记兼纪委书记 | 蔡晨荣 | 公共卫生学院党办主任科员兼工会常务副主席 |
| --- | --- | --- | --- |
| 戴锡兰 | 口腔医学院党支部书记兼工会副主席 | | |
| 冯海兰 | 口腔医学院修复科主任 | 李 红 | 医学部教育处副处长 |
| 闫春喜 | 口腔医院紫竹院义齿加工中心副主任 | 王全宇 | 医学部党校主任科员 |
| 刘建成 | 第六医院党委委员、医师 | 崔新东 | 医学部后勤退休第三党支部书记 |
| 贾春红 | 精神卫生研究所党委副书记 | 颜淑芹 | 医学部后勤饮食中心党支部书记 |
| 冯桂琴 | 精神卫生研究所机关党支部书记 | 张秀明 | 医学部医院院长(代)兼党支部书记 |
| 冯 健 | 精神卫生研究所工会常务副主席 | 刘路刚 | 医学部印刷厂党支部书记 |
| 刘贵军 | 精神卫生研究所审计、监察干部 | 郭蔚航 | 医学部产业退休一党支部书记 |

# 2007年北京大学奖教金获得者名单

| 姓 名 | 单 位 | 奖项名称 |
| --- | --- | --- |
| 陈仲强 | 医学部 | 杨芙清-王阳元院士奖教金(特) |
| 封举富 | 信息科学技术学院 | 杨芙清-王阳元院士奖教金 |
| 金玉丰 | 信息科学技术学院 | 杨芙清-王阳元院士奖教金 |
| 杨东海 | 信息科学技术学院 | 杨芙清-王阳元院士奖教金 |
| 杨冬青 | 信息科学技术学院 | 杨芙清-王阳元院士奖教金 |
| 蔡永恩 | 地球与空间科学学院 | 杨芙清-王阳元院士奖教金 |
| 范祖辉 | 物理学院 | 杨芙清-王阳元院士奖教金 |
| 张双棣 | 中国语言文学系 | 杨芙清-王阳元院士奖教金 |
| 胡 军 | 哲学系 | 杨芙清-王阳元院士奖教金 |
| 周旺生 | 法学院 | 杨芙清-王阳元院士奖教金 |
| 连玉如 | 国际关系学院 | 杨芙清-王阳元院士奖教金 |
| 李海潮 | 医学部 | 杨芙清-王阳元院士奖教金 |
| 魏丽惠 | 医学部 | 杨芙清-王阳元院士奖教金 |
| 伟 程 | 医学部 | 杨芙清-王阳元院士奖教金 |
| 李学军 | 医学部 | 杨芙清-王阳元院士奖教金 |
| 陈 钟 | 软件与微电子学院 | 杨芙清-王阳元院士奖教金 |
| 赵进东 | 生命科学学院 | 方正奖教金(特) |
| 郭怀成 | 环境科学学院 | 方正奖教金(优) |
| 方新贵 | 数学科学学院 | 方正奖教金(优) |
| 李 焱 | 物理学院 | 方正奖教金(优) |
| 陈志达 | 化学与分子工程学院 | 方正奖教金(优) |
| 王 垒 | 心理学系 | 方正奖教金(优) |
| 荣新江 | 历史学系 | 方正奖教金(优) |
| 赵化成 | 考古文博学院 | 方正奖教金(优) |
| 章 政 | 经济学院 | 方正奖教金(优) |
| 李贵连 | 法学院 | 方正奖教金(优) |
| 关海庭 | 政府管理学院 | 方正奖教金(优) |
| 王东亮 | 外国语学院 | 方正奖教金(优) |

| 姓　名 | 单　位 | 奖项名称 |
|---|---|---|
| 岳昌君 | 教育学院 | 方正奖教金（优） |
| 杨尹默 | 医学部 | 方正奖教金（优） |
| 沈　琳 | 医学部 | 方正奖教金（优） |
| 杜湘珂 | 医学部 | 方正奖教金（优） |
| 梁　鸿 | 医学部 | 方正奖教金（优） |
| 王志锋 | 医学部 | 方正奖教金（优） |
| 焦书明 | 化学与分子工程学院 | 方正奖教金（管理） |
| 范　平 | 光华管理学院 | 方正奖教金（管理） |
| 李　鹰 | 医学部 | 方正奖教金（管理） |
| 祝　虹 | 医学部 | 方正奖教金（管理） |
| 乔淑芝 | 党委办公室校长办公室 | 方正奖教金（管理） |
| 张庆东 | 组织部 | 方正奖教金（管理） |
| 石小萍 | 人事部 | 方正奖教金（管理） |
| 廖陶琴 | 财务部 | 方正奖教金（管理） |
| 王　卫 | 教务部 | 方正奖教金（管理） |
| 贾爱英 | 研究生院 | 方正奖教金（管理） |
| 张鸿奎 | 总务部 | 方正奖教金（管理） |
| 尹　超 | 附属小学 | 方正奖教金（管理） |
| 耿　直 | 数学科学学院 | 正大奖教金（特） |
| 刘文剑 | 化学与分子工程学院 | 正大奖教金（特） |
| 孔江平 | 中国语言文学系 | 正大奖教金（特） |
| 何顺果 | 历史学系 | 正大奖教金（特） |
| 曹广忠 | 环境科学学院 | 正大奖教金 |
| 李振山 | 环境科学学院 | 正大奖教金 |
| 王金延 | 信息科学技术学院 | 正大奖教金 |
| 侯贵廷 | 地球与空间科学学院 | 正大奖教金 |
| 朱永峰 | 地球与空间科学学院 | 正大奖教金 |
| 刘培东 | 数学科学学院 | 正大奖教金 |
| 胡晓东 | 物理学院 | 正大奖教金 |
| 徐东升 | 化学与分子工程学院 | 正大奖教金 |
| 励　争 | 工学院 | 正大奖教金 |
| 许红霞 | 中国语言文学系 | 正大奖教金 |
| 朱孝远 | 历史学系 | 正大奖教金 |
| 王守常 | 哲学系 | 正大奖教金 |
| 叶　闯 | 哲学系 | 正大奖教金 |
| 萧　琛 | 经济学院 | 正大奖教金 |
| 张玉镶 | 法学院 | 正大奖教金 |
| 潘剑锋 | 法学院 | 正大奖教金 |
| 张海滨 | 国际关系学院 | 正大奖教金 |
| 王益明 | 信息管理系 | 正大奖教金 |
| 杨善华 | 社会学系 | 正大奖教金 |
| 陆　军 | 政府管理学院 | 正大奖教金 |

| 姓　名 | 单　位 | 奖项名称 |
|---|---|---|
| 张海燕 | 外国语学院 | 正大奖教金 |
| 丁林棚 | 外国语学院 | 正大奖教金 |
| 周黎安 | 光华管理学院 | 正大奖教金 |
| 杨东宁 | 光华管理学院 | 正大奖教金 |
| 彭　芳 | 体育教研部 | 正大奖教金 |
| 彭吉象 | 艺术学系 | 正大奖教金 |
| 李红印 | 对外汉语教育学院 | 正大奖教金 |
| 陈昌凤 | 新闻与传播学院 | 正大奖教金 |
| 彭宇新 | 计算机科学技术研究所 | 正大奖教金 |
| 柴　真 | 生命科学学院 | 东宝奖教金 |
| 袁洪生 | 生命科学学院 | 东宝奖教金 |
| 张　博 | 生命科学学院 | 东宝奖教金 |
| 洪　龙 | 生命科学学院 | 东宝奖教金 |
| 陈丹英 | 生命科学学院 | 东宝奖教金 |
| 温东辉 | 环境科学学院 | 宝洁奖教金 |
| 李红燕 | 信息科学技术学院 | 宝洁奖教金 |
| 于江生 | 信息科学技术学院 | 宝洁奖教金 |
| 周蜀林 | 数学科学学院 | 宝洁奖教金 |
| 徐树方 | 数学科学学院 | 宝洁奖教金 |
| 卢大海 | 物理学院 | 宝洁奖教金 |
| 丁富荣 | 物理学院 | 宝洁奖教金 |
| 邹德春 | 化学与分子工程学院 | 宝洁奖教金 |
| 梁宇和 | 生命科学学院 | 宝洁奖教金 |
| 谢广明 | 工学院 | 宝洁奖教金 |
| 郑玉峰 | 工学院 | 宝洁奖教金 |
| 王志军 | 信息科学技术学院 | 中国工商银行教师奖 |
| 张东和 | 地球与空间科学学院 | 中国工商银行教师奖 |
| 吕建钦 | 物理学院 | 中国工商银行教师奖 |
| 耿志勇 | 工学院 | 中国工商银行教师奖 |
| 金永兵 | 中国语言文学系 | 中国工商银行教师奖 |
| 秦大树 | 考古文博学院 | 中国工商银行教师奖 |
| 陈　东 | 经济学院 | 中国工商银行教师奖 |
| 袁　刚 | 政府管理学院 | 中国工商银行教师奖 |
| 姚克成 | 外国语学院 | 中国工商银行教师奖 |
| 仝　华 | 马克思主义学院 | 中国工商银行教师奖 |
| 李　茵 | 教育学院 | 中国工商银行教师奖 |
| 卢　锋 | 中国经济研究中心 | 中国工商银行教师奖 |
| 刘鸿雁 | 环境科学学院 | 中国工商银行教师奖 |
| 罗　武 | 信息科学技术学院 | 中国工商银行教师奖 |
| 张飞舟 | 地球与空间科学学院 | 中国工商银行教师奖 |
| 伍胜健 | 数学科学学院 | 中国工商银行教师奖 |
| 何淑嫦 | 心理学系 | 中国工商银行教师奖 |

| 姓 名 | 单 位 | 奖项名称 |
|---|---|---|
| 史一蓬 | 工学院 | 中国工商银行教师奖 |
| 姜 涛 | 中国语言文学系 | 中国工商银行教师奖 |
| 尚小明 | 历史学系 | 中国工商银行教师奖 |
| 徐怡涛 | 考古文博学院 | 中国工商银行教师奖 |
| 孙永平 | 哲学系 | 中国工商银行教师奖 |
| 王跃生 | 经济学院 | 中国工商银行教师奖 |
| 刘守芬 | 法学院 | 中国工商银行教师奖 |
| 王 慧 | 法学院 | 中国工商银行教师奖 |
| 初晓波 | 国际关系学院 | 中国工商银行教师奖 |
| 张广钦 | 信息管理系 | 中国工商银行教师奖 |
| 熊跃根 | 社会学系 | 中国工商银行教师奖 |
| 黄燎宇 | 外国语学院 | 中国工商银行教师奖 |
| 苏良军 | 光华管理学院 | 中国工商银行教师奖 |
| 王成英 | 马克思主义学院 | 中国工商银行教师奖 |
| 戴名辉 | 体育教研部 | 中国工商银行教师奖 |
| 朱晓亚 | 对外汉语教育学院 | 中国工商银行教师奖 |
| 贾积有 | 教育学院 | 中国工商银行教师奖 |
| 平新乔 | 中国经济研究中心 | 中国工商银行教师奖 |
| 贺东奇 | 医学部 | 中国工商银行教师奖 |
| 杜 权 | 分子医学研究所 | 中国工商银行教师奖 |
| 贺灿飞 | 环境科学学院 | 北京银行教师奖 |
| 臧运祜 | 历史学系 | 北京银行教师奖 |
| 王大树 | 经济学院 | 北京银行教师奖 |
| 陈端洪 | 法学院 | 北京银行教师奖 |
| 张久珍 | 信息管理系 | 北京银行教师奖 |
| 李建新 | 社会学系 | 北京银行教师奖 |
| 王一丹 | 外国语学院 | 北京银行教师奖 |
| 黄 育 | 体育教研部 | 北京银行教师奖 |
| 张 积 | 新闻与传播学院 | 北京银行教师奖 |
| 罗 湉 | 外国语学院 | 朱光潜奖教金 |
| 李道新 | 艺术学系 | 朱光潜奖教金 |
| 王剑波 | 化学与分子工程学院 | 宝钢奖教金 |
| 杨云红 | 光华管理学院 | 宝钢奖教金 |
| 周其仁 | 中国经济研究中心 | 宝钢奖教金 |
| 高 岩 | 医学部 | 宝钢奖教金 |
| 程和平 | 分子医学研究所 | 宝钢奖教金 |

# 2006—2007年度学生奖励获得者名单

### 北京市三好学生

| 数学科学学院 | 高 堃 | 贺 鹏 |
| 工学院 | 王圣凯 | 巩克壮 |
| 物理学院 | 王春岩 | 高文旆 |
| 地球与空间科学学院 | 王海洋 | 王文涛 |
| 信息科学技术学院 | 杨曈健 田 昊 | 张 芳 |
| 化学与分子工程学院 | 刘 玥 | |
| 生命科学学院 | 张鸿康 | 马海粟 |
| 城市与环境学院 | 张霁阳 | 颜 磊 |
| 环境科学与工程学院 | 谢旭轩 | |
| 历史学系 | 严 帅 | |
| 哲学系 | 董 鹏 | |
| 国际关系学院 | 李 雪 | 李 智 |
| 经济学院 | 刘丁华 | 张 悦 |
| 光华管理学院 | 广 东 | 吴 慧 |
| 法学院 | 吴双双 | 汤洁茵 |
| 信息管理系 | 石崇德 | |
| 社会学系 | 赵玉金 | |
| 政府管理学院 | 林 赛 | |
| 外国语学院 | 戴甚彦 | 邢燕燕 |
| 马克思主义学院 | 李佳伟 | 王国峰 |
| 教育学院 | 吴艳艳 | |
| 新闻与传播学院 | 吴 琦 | |
| 元培学院 | 邝玉婷 | 王 轩 |
| 基础医学院医学预科班 | 刘 洋 | |
| 口腔医学院 | 叶 颖 | |
| 第一临床医学院 | 孟志超 | |
| 第二临床医学院 | 赵 敏 | 王 凯 |
| 第三临床医学院 | 周 妍 | |
| 第四临床医学院 | 杨 拓 | |
| 航天临床医学院 | 王志强 | |
| 公共卫生学院 | 王 欣 | |
| 护理学院 | 段 琳 | |
| 民航临床医学院 | 唐 胤 | |
| 公共教学部 | 徐 鹏 | |
| 基础医学院 | 何丹青 | |
| 基础医学院 | 张健薇 | 张晨光 |
| 药学院 | 王 惟 薛小超 | 杨春晖 |
| 中日友好临床医学 | 苏运超 | |

### 北京市优秀学生干部

| 数学科学学院 | 孙启明 |
| 地球与空间科学学院 | 董 攀 |
| 生命科学学院 | 孟 庚 |
| 城市与环境学院 | 兰宗敏 |
| 环境科学与工程学院 | 王中友 |
| 历史学系 | 陈 捷 |
| 哲学系 | 刘 丽 |
| 光华管理学院 | 周寅猛 |
| 信息管理系 | 余频捷 |
| 外国语学院 | 郭晓春 |
| 教育学院 | 李存峰 |
| 元培学院 | 屈仁丽 |
| 基础医学院医学预科班 | 李文倩 |
| 基础医学院 | 王永强 |
| 药学院 | 陈子豪 |
| 公共卫生学院 | 邬 娜 |
| 第三临床医学院 | 钟沃权 |
| 第三临床医学院 | 姜 雪 |
| 第二临床医学院 | 郭立民 |

### 北京市优秀班集体

| 数学科学学院 | 2006级博士生班 |
| 物理学院 | 2006级本科生4班 |
| 信息科学技术学院 | 微电子2005级本科生班 |
| 生命科学学院 | 2005级博士生班 |
| 城市与环境学院 | 2003级城市规划班 |
| 历史学系 | 2006级硕士生班 |
| 法学院 | 2006级本科生3班 |
| 外国语学院 | 2006级英语系本科生班 |
| 政府管理学院 | 2006级本科生班 |
| 光华管理学院 | 2006级本科生工商1班 |
| 国际关系学院 | 2006级本科生班 |
| 元培学院 | 2004级本科生班 |
| 基础医学院医学预科班 | 2006级临床医学5班 |
| 基础医学院 | 口腔2004级本科生班 |
| 公共卫生学院 | 预防2004级本科生1班 |
| 第一临床医学院 | 2002级本科生2班 |
| 第三临床医学院 | 外科研究生班 |

| 药学院 | 研究生3班 |
| 深圳研究生院 | 2006级商学院双硕士生班 |

## 三好学生标兵

### 数学科学学院
王长长　高堃　赵晓磊　王国强　李吉有　贺鹏
傅列　冯鑫铿　魏文哲

### 工学院
巩克壮　朱虹宇　熊向明　王圣凯

### 物理学院
范悦　林中杰　康杨森　胥建国　丁志博　刘喆
王春岩　郭文琼　高文旆　陈弦

### 地球与空间科学学院
王海洋　王文涛　贾科　陶涛　金慧然　马海建

### 信息科学技术学院
林晨希　杨暐健　张逸林　杨震　张耀文　周黎
刘成　张兆俊　陈辰　张芳　王建伟　宋轩
黄晖　李浩源　田昊　张信　张译　刘剑华
刘石磊

### 化学与分子工程学院
刘玥　樊婧　汪骋　张鸿鹏　傅用增　胡渭
赵帅　石臻锐　王子涛

### 生命科学学院
张鸿康　马海粟　丛倩　金武阳　张蓬　余大海
李川昀

### 城市与环境学院
张霁阳　兰宗敏　甘慧洁　张礼文　刘柯　颜磊

### 环境科学与工程学院
胡珊　谢旭轩

### 心理学系
房伟标　杜忆

### 中国语言文学系
邹昕　李军　肖振华　徐昌盛　王禹　于淑静
孙轶旻

### 历史学系
陈冠华　严帅　张晓莉

### 考古文博学院
梁天羽　张宇翔　王书林

### 哲学系
张梧　董鹏　孟庆楠

### 国际关系学院
李雪　徐静毅　李智　衣远　宫金玉

### 经济学院
曾雪兰　刘丁华　杨光　张悦　丁明明　党笑蕊

陈思　胡迪

### 光华管理学院
广东　薛超　张馨野　吴海南　史小楠　鄢凡
史小燕　吴慧　杨常新　朱炜　张继东

### 法学院
吴双双　朱毅　李德妮　姚渊铭　王成　刘晓春
潘旻然　贾晓童　王开元　汤洁茵　郭维真

### 信息管理系
冯时　石崇德

### 社会学系
赵玉金　汪琳岚

### 政府管理学院
林赛　惠长虹　杨京涛　李丹阳

### 外国语学院
杨任任　戴甚彦　张琳娜　黄淳　邢燕燕　邵雪萍
吴非　白晨阳　张艺

### 马克思主义学院
李佳伟　桑良勇　何江明　王国峰

### 教育学院
吴艳艳

### 中国经济研究中心
周卫华

### 人口所
李兰

### 对外汉语教育学院
王文龙

### 艺术学院
章丹露　魏莱

### 新闻与传播学院
刘智超　孔春霞　吴琦　满毅

### 元培学院
齐彦艳　方解石　王轩　黄华泰　邝玉婷

### 软件与微电子学院
刘飞　张磊　苑雪芳　王欢　唐臻

### 深圳研究生院
曲洪娟　胡丛立　刘楠　李梨　徐栋　卢峰
陶亚东　王志强　王莉　邱福香　贡方超　戴璐
朱顺妮

### 基础医学院医学预科班
曾妍　赵晨　王哲　王瀚音　张大磊　刘洋

### 医学部本专科
曹长琦　张英斌　孙玥　刘淼　韩启飞　吴烁
叶颖　陈晓梅　杨丽娟　唐胤　张健薇　周冰莹
郑奕　陈逾钦　孟志超　王倩怡　肖怡娜　林威
赵敏　周妍　王志强　赵云龙　郭超　戴晓晨

| | | | | | |
|---|---|---|---|---|---|
| 杨拓 | 于杰 | 王晓迪 | 周城 | 何丹青 | 王珊珊 |
| 上官思怡 | | | | | |

### 医学部研究生

#### 基础医学院

| | | |
|---|---|---|
| 王飞 | 张晨光 | 刘镭 |

#### 药学院

| | |
|---|---|
| 柳雨时 | 杨春晖 |

#### 公共卫生学院

| | |
|---|---|
| 喻达 | 何忠虎 |

#### 第一临床医学院

| | |
|---|---|
| 姜茜 | 张婷婷 |

#### 第二临床医学院

| | |
|---|---|
| 尹军祥 | 王凯 |

#### 第三临床医学院

| | |
|---|---|
| 龚开政 | 吴奉梁 |

#### 口腔医学院

许永伟

#### 精神卫生研究所

李雪

#### 临床肿瘤学院

李永恒

## 三好学生

### 数学科学学院

| | | | | | |
|---|---|---|---|---|---|
| 苏乃芳 | 蔡振宁 | 朱庆三 | 傅潇鹏 | 李健 | 章尧 |
| 赵颖 | 李晓东 | 沈临辉 | 蒋扬 | 汪哲楠 | 叶子纯 |
| 丁鹏 | 王国祯 | 闵斌 | 朱煦雯 | 柳智宇 | 陈宁远 |
| 方旭赟 | 张姗姗 | 王超 | 樊昊阳 | 甘文颖 | 何珂俊 |
| 姜宇辉 | 韩思蒙 | 吴怡君 | 陈世炳 | 杨修 | 胡雅琴 |
| 谭昌汇 | 王灵朝 | 孙若愚 | 刘译璟 | 黄晶 | 沈烨锋 |
| 宋睿 | 王婉洁 | 张兴潭 | 张伟 | 陈琴 | 何平 |
| 汪小琳 | 付蓉 | 曹璞 | 苗纯 | 刘知海 | 林战刚 |
| 景泰淞 | 胡禹 | 谭志宏 | 姚锋平 | 王彩芳 | 韦卫 |
| 张宇 | 张浩 | 程修远 | 张硕 | 石亚龙 | 宋鹏 |
| 王洪艳 | 张贺信 | | | | |

### 工学院

| | | | | | |
|---|---|---|---|---|---|
| 成名 | 陈思 | 张凯 | 雷鸣 | 陈熹 | 白彬 |
| 杨亮 | 张扬飞 | 马徽冠 | 廖勤拙 | 王鑫 | 井庆深 |
| 麦金耿 | 钟星立 | 郑春红 | 李泽森 | 黄林 | 吴天昊 |
| 郑莹 | 李开涛 | 夏振华 | 赵真龙 | 魏庆凯 | 黄伟 |
| 施国敏 | 何劲聪 | | | | |

### 物理学院

| | | | | | |
|---|---|---|---|---|---|
| 刘恒 | 黄炜 | 徐阳阳 | 闫佶 | 张博尧 | 叶晓飞 |
| 马荣荣 | 王玉杰 | 刘育伟 | 汪宇佳 | 李政 | 张之梦 |
| 管晓寅 | 江蔼庭 | 许嘉宾 | 肖潇 | 黄浩 | 王哲 |
| 杨柳 | 游海波 | 卢志鑫 | 刘欢 | 谭腾 | 王承 |
| 邵辰 | 刘鹏飞 | 孔德圣 | 赵昕 | 穆森 | 张彦峰 |
| 陈梦曦 | 杨再宏 | 李鹰 | 孙春发 | 于涛 | 刘英民 |
| 李震 | 徐茂龙 | 罗洁莹 | 姚昊旻 | 袁为 | 杨子文 |
| 高原 | 池航 | 顾超 | 于萌 | 张艳 | 刘大勇 |
| 李诣 | 罗恒 | 余怀强 | 李峰铭 | 张伟明 | 陈蕾 |
| 何法 | 杨薇 | 汪世英 | 陈宇 | 刘镇洲 | 段靖 |
| 曹中鑫 | 亓冲 | 马滟青 | 李罂辙 | 贺丽 | 徐怡冬 |
| 张昊 | 陶岳斌 | 王璐 | | | |

### 地球与空间科学学院

| | | | | | |
|---|---|---|---|---|---|
| 吕锐 | 陈石 | 简星 | 孙艺 | 邹莹 | 苟娜 |
| 马知途 | 齐羽 | 陆忞 | 孙志东 | 祝贺君 | 薛露露 |
| 闫彬彦 | 涂继耀 | 高危言 | 南鹏 | 易鸿宇 | 尹超 |
| 胡张翼 | 曹玉良 | 赵璐璐 | 刘韬 | 姚硕 | 陶欣 |
| 苏怀洪 | 项楠 | 余奕 | 张勇 | 王武名 | 唐有彩 |
| 皋璐 | 金晶 | 郭瑞龙 | 邓松涛 | 李军 | 赵世湖 |
| 田晖 | 张聪 | 郭丽爽 | 李百寿 | | |

### 信息科学技术学院

| | | | | | |
|---|---|---|---|---|---|
| 郭健 | 武文琦 | 曾柯森 | 丁丁 | 刘慧杰 | 周毅 |
| 李霁昕 | 刘晓兰 | 李鑫 | 阮光尘 | 吴定明 | 黄文彬 |
| 唐鼎皓 | 王义 | 许诺 | 帅昕 | 王超 | 张林 |
| 牛犇 | 李晓东 | 孙明慧 | 赵益 | 崔静 | 赵翔宇 |
| 吴怡 | 谢迪 | 蒋晓 | 李宏伟 | 张良杰 | 张颖 |
| 陈巍 | 肖琳 | 柳明海 | 刘峰 | 张林华 | 邹江 |
| 潘芓 | 曾晨 | 张纯 | 韩小梅 | 乐旭广 | 曹梦文 |
| 林思聪 | 李柳青 | 马永强 | 李科 | 刘锋 | 吴俣 |
| 黄敏华 | 司赢 | 高汉鸿 | 李黄煌 | 杨锟 | 平夏雨 |
| 赵思楠 | 李思然 | 叶初阳 | 何苗 | 王振华 | 邢国峰 |
| 宋诗琴 | 康兆一 | 乔颖 | 陈雅稚 | 姚嘉 | 马祥音 |
| 吕品 | 徐聪 | 刘宇希 | 孙熙 | 侯姗姗 | 李伟华 |
| 余诗孟 | 赵冀杰 | 陈文玑 | 魏贤龙 | 曹振 | 孙含欣 |
| 赵思 | 张蕾 | 周武 | 曾瑞 | 张雅聪 | 廖唯榮 |
| 韦春阳 | 卞超轶 | 姜梦林 | 李仕琦 | 杨竞峰 | 刘雪松 |
| 章彦星 | 温苗苗 | 阮一叶 | 冯沁原 | 宋晖 | 张若兴 |
| 孙天博 | 姜廷松 | 吴士章 | 刘妹 | 张小娴 | 肖赛 |
| 廖玮鸿 | 乐天 | 顾远 | 劳丰 | 李方舟 | 罗鑫 |
| 李昂 | 肖冰峻 | 毛宸宇 | 史尧 | 栾天昊 | 李玉婷 |
| 丁惟 | 倪超 | 王鹏 | 罗闪 | 文潇 | 李天玮 |
| 金鑫 | 施晓罡 | 赵鑫 | 李鑫 | 王玮 | 章新春 |
| 袁文清 | 丁羽 | 姚金宇 | 徐新营 | 唐孝通 | 傅斌 |
| 张乐 | 李润欣 | | | | |

### 化学与分子工程学院

| | | | | | |
|---|---|---|---|---|---|
| 唐雯 | 钟绮文 | 徐骏 | 冯博 | 王志坚 | 吴沣 |
| 田松海 | 寿恒 | 王建斌 | 朱贺 | 魏贺佳 | 胡珀 |
| 尹宁 | 王菲 | 李超然 | 宋晨 | 韩晔华 | 刘宇 |

| | | | | | | | | | | | |
|---|---|---|---|---|---|---|---|---|---|---|---|
| 夏建中 | 林 松 | 孙少阳 | 朱 斌 | 李瑶琦 | 潘 琼 | 罗 潇 | 赵 诺 | 华 锐 | 孟晓旭 | 吴 浩 | 穆鉴臣 |
| 师 安 | 彭 晨 | 窦乐添 | 权 力 | 杨 霞 | 王 竞 | 况颖秋 | 徐静泊 | 倪 钰 | 胡 鸿 | 季爱民 | 陈 倩 |
| 贠 琳 | 金 鑫 | 李振东 | 王文娟 | 葛国平 | 潘 峰 | 王希峰 | 翟 韬 | 林晓洁 | | | |
| 陶治源 | 朱叶子 | 吴 昊 | 杜亚平 | 褚海斌 | 旷桂超 | | | 考古文博学院 | | | |
| 周晓雪 | 许 杰 | 于海波 | 汪 灿 | 杨 坤 | 陈 涛 | 卢 一 | 李林东 | 刘 薇 | 柏 柯 | 徐新云 | 黄晓帆 |
| 宋 杨 | 李坤桦 | 程 强 | 龙媛媛 | 孙 昊 | 焦 雷 | 余雯晶 | 吕 宁 | 王 敏 | 施文博 | | |
| 任 臻 | 赵文博 | 白 皓 | 李东阵 | 孙吉莹 | 刘恺鹏 | | | 哲学系 | | | |
| 李鸿义 | 王秀腾 | | | | | 肖 宇 | 杨 超 | 李 林 | 任建党 | 苏 阳 | 谷红岩 |
| | | 生命科学学院 | | | | 杨洪源 | 戴晓芳 | 任小溪 | 李凤丹 | 王 楷 | 朱 晶 |
| 杨璐菡 | 贾 岳 | 周慧杰 | 任庆鹏 | 王 杉 | 林一山 | 陈 涛 | 陈 凌 | 颜 筝 | 李海峰 | 陈代东 | 唐纪宇 |
| 李超然 | 刘 畅 | 任 杰 | 张 力 | 刘 翔 | 侯仙慧 | 徐思源 | 刘洪宇 | 蔡文菁 | 刘 颖 | 郗 戈 | |
| 李田园 | 陈 妍 | 张 赟 | 万 仟 | 孙进京 | 王 慧 | | | 国际关系学院 | | | |
| 陈 欢 | 董隽永 | 黄 磊 | 朱巧昀 | 朱芳芬 | 陈振夏 | 叶啸林 | 龚 正 | 潘 晔 | 徐 逸 | 殷晴飞 | 王丁楠 |
| 郭婧然 | 张 杰 | 施 杨 | 胡迎春 | 逄 宇 | 唐 艳 | 马明宇 | 沈贤元 | 石相宜 | 孙 璐 | 梁 驰 | 孙 敏 |
| 张 晨 | 陈 哲 | 徐 磊 | 王锐鹏 | 刘平丽 | 毛希增 | 黄宇蓝 | 邓 洁 | 姜 鑫 | 张雅梅 | 徐丹丹 | 邓晓天 |
| 雷 蕾 | 王 迪 | 纪玉锶 | 扈春阳 | 赵 敏 | 蒋 琳 | 赵 宇 | 桂 丹 | 于 帅 | 李慧芬 | 习 欣 | 孙正则 |
| 夏 爽 | 李倩怡 | 何 嘉 | 刘 壵 | | | 肖 桃 | 曾小顺 | 梁 健 | 廖文亮 | 朱晓琦 | 王 磊 |
| | | 城市与环境学院 | | | | 马相伯 | 李新宇 | 龚 婷 | 胡 波 | | |
| 刘笑彤 | 文 婧 | 宋丽青 | 沈咏美 | 张诚昊 | 彭思圆 | | | 经济学院 | | | |
| 连 欣 | 祁兆寰 | 朱 丹 | 王开颜 | 叶友斌 | 王文涛 | 曾雪兰 | 赵 悦 | 刘丁华 | 彭 天 | 毛亦可 | 曹青青 |
| 邓蜀星 | 王雨爽 | 黄 姣 | 张 纯 | 谢志华 | 颜亚宁 | 张越昕 | 李梦遥 | 胡 迪 | 林 榕 | 王梦婷 | 阎 开 |
| 塔 娜 | 赵陆胤 | 游 鸿 | 赵春红 | 朱晟君 | 李晓瑭 | 郭 嘉 | 刘 洋 | 杨 光 | 任文渊 | 郭 瑞 | 郭雯雯 |
| 张 雪 | 王天璞 | 林为栋 | 陈 默 | 孙小珊 | 陈小洁 | 张 林 | 陈 思 | 王 云 | 戴恒琛 | 宋 晨 | 何 杨 |
| 宋 超 | 张 骞 | 邵 帅 | 唐 勇 | 孙 强 | 邵 隽 | 夏小雨 | 党笑蕊 | 杨健健 | 李 昂 | 高思雨 | 李雨娟 |
| 马禄义 | 王 滔 | 马 旻 | 林玉军 | 奚雪松 | 段晓峰 | 林 潇 | 周妍伶 | 王 霞 | 黄宏兴 | 张 悦 | 章春燕 |
| 鄩晓雯 | 赵烽君 | 刘 慧 | 丁洪建 | 黄 赟 | | 郑晶晶 | 邓 天 | 王小溪 | 丁明明 | 金旭毅 | 吕 佳 |
| | | 环境科学与工程学院 | | | | 王 祥 | 罗 钰 | 陈 聪 | 林 锟 | 杜 伟 | 董继华 |
| 王 佳 | 陈 悠 | 贺 佳 | 李其林 | 郁亚娟 | 卢 娜 | 冯旭南 | 刘 京 | | | | |
| 李 峰 | 费颖恒 | 刘 颖 | 朱秀萍 | 朱高洪 | 谢旭轩 | | | 光华管理学院 | | | |
| 蔡佳亮 | 胡 珊 | 张雯婷 | 张宝刚 | | | 姜鹏程 | 李兮旸 | 田建利 | 姜英伟 | 刘 洋 | 骆红霞 |
| | | 心理学系 | | | | 贺家琳 | 李恩伦 | 杨 捷 | 沈 宁 | 张小丹 | 周克钢 |
| 张华飞 | 陈 淞 | 石 慧 | 叶柱轩 | 金 暕 | 秦 漠 | 刘海峰 | 汪 超 | 张唯雅 | 郭利川 | 黄庆伟 | 刘中华 |
| 刘 飚 | 王昳洁 | 涂艳苹 | 葛鉴桥 | 杜 忆 | 徐凯文 | 丁 瑛 | 李 颖 | 庆出蓝 | 卢雪花 | 王 硕 | 马继维 |
| 李廷睿 | 乔灵思 | 罗晓晨 | 胡军生 | 邓 晶 | | 谭精灵 | 白国锋 | 石凌怡 | 王晓昱 | 王晓辉 | 张志远 |
| | | 中国语言文学系 | | | | 王俊杰 | 郭乃嘉 | 秦小深 | 胡 晓 | 彭一博 | 肖 肖 |
| 万 辉 | 闵 慧 | 刘 坤 | 王 展 | 尤 康 | 钱晓静 | 秦 雨 | 郭 爽 | 李宜萌 | 熊壮壮 | 姚 正 | 张扬文 |
| 唐璐璐 | 关 也 | 金 晶 | 金 锐 | 钟永强 | 尹 翀 | 周凌慧 | 魏 可 | 胡 森 | 陈一侨 | 国晓雯 | 李佳佳 |
| 顾 虹 | 耿 葳 | 邢 程 | 董思聪 | 范 雪 | 曾石铭 | 顾 飞 | 何世悦 | 许 超 | 邵 晴 | 杨光灿 | 杨 华 |
| 高 峰 | 李 莎 | 魏 雪 | 郭跃辉 | 陈恒舒 | 徐德林 | 孙一丁 | 李 玥 | 王云龙 | 杨 涛 | 俞丽君 | 赵 蕾 |
| 王琳琳 | 王耐刚 | 杨元美 | 赵丽华 | 李 静 | 祝宇红 | 魏 冰 | 安 悦 | 王 洋 | 吴 坚 | 吴玉立 | 朱华伟 |
| 关思怡 | 仝十一妹 | | 柴 巍 | 刘 岩 | 文 韬 | 张鸿凯 | 冯 佳 | 胡 炜 | 黄 达 | 吕振艳 | 苏依依 |
| 王 勇 | 魏 辰 | 赵明月 | 李 锐 | 李 佳 | 张 蕾 | 冯晓岚 | 何晓奇 | 滕 飞 | 申慧慧 | 郑少武 | |
| 万 娜 | 侯瑞芬 | 曾 恺 | 陈 殿 | 高新华 | 胡森森 | | | 法学院 | | | |
| 张 娜 | | | | | | 陈艺方 | 刘 佳 | 卢 璟 | 杜丽婧 | 汪丹丹 | 吾采兵 |
| | | 历史学系 | | | | 代 锷 | 贾 勇 | 蒋 航 | 胡 超 | 苏 盼 | 廖 然 |
| 胡晓丽 | 李怡文 | 吴奕锋 | 刘 路 | 高 岳 | 陈 丹 | 李坤睿 | 余 珊 | 劳佳琦 | 马 彪 | 吴 静 | 王森鹤 |

| | | | | | |
|---|---|---|---|---|---|
| 贺 剑 | 都 兰 | 殷晓霞 | 李长桦 | 成敏嘉 | 刘海浪 |
| 侯东方 | 王 琦 | 蔡克蒙 | 卢 奕 | 邱 颖 | 李 霞 |
| 刘远萍 | 茅少伟 | 吴华莎 | 王 艳 | 王 鑫 | 曾 龙 |
| 符明子 | 王 瑛 | 吕晓轩 | 王大伟 | 吴 沂 | 刘 晗 |
| 秦丹鸿 | 刘 庄 | 贺 鑫 | 向天宁 | 刘斯亮 | 王秋雯 |
| 温 雅 | 江 南 | 黄若薇 | 徐 莹 | 孙 晶 | 余慧婷 |
| 刘李依 | 殷秋实 | 石 躁 | 刘诗聪 | 周 杰 | 曲广娣 |
| 刘真珍 | 汪闻超 | 张 胜 | 宋振武 | 杨秋岭 | 梁晓晖 |
| 李志刚 | 孙运梁 | 宋建强 | 黄 韬 | 刘书燃 | 尤陈俊 |
| 吴元元 | 申柳华 | 焦海涛 | 刘性仁 | | |

### 信息管理系

| | | | | | |
|---|---|---|---|---|---|
| 谢晓添 | 刘雅琼 | 金 燕 | 刘 菲 | 骆 杨 | 范 凡 |
| 翁 荔 | 何 冰 | 孙小婷 | 王 琳 | 杨文欣 | 张 超 |
| 麦晓华 | 刘树婷 | 吴懿咏 | 李 雅 | 蔡 箐 | |

### 社会学系

| | | | | | |
|---|---|---|---|---|---|
| 张翩翩 | 汪栋杰 | 眭静坤 | 王旭辉 | 赵 蔚 | 张亚辉 |
| 杜 月 | 韩 琳 | 宫海韵 | 徐晨馨 | 刘雪婷 | 郭 琦 |
| 赵玉金 | 王 璜 | 李 丁 | 马吟秋 | 胡飞飞 | 汪琳岚 |
| 连佳佳 | | | | | |

### 政府管理学院

| | | | | | |
|---|---|---|---|---|---|
| 吴 津 | 夏 雪 | 徐涌斐 | 郭战伟 | 张 曦 | 管利民 |
| 石 佳 | 陶 郁 | 高 明 | 严 超 | 李 勇 | 都 巍 |
| 陈剑锋 | 徐 正 | 马 杰 | 田 园 | 陈秀欣 | 徐 瑛 |
| 李玉萍 | 张 昊 | 宋 堃 | 刘祥军 | 崔 佳 | 方 然 |
| 石 萌 | 张福顺 | 梁 玢 | 王懂棋 | | |

### 外国语学院

| | | | | | |
|---|---|---|---|---|---|
| 杨 婧 | 许冰心 | 何 磊 | 卢盈宇 | 嘎松次成 | |
| 赵薇薇 | 柳 静 | 黄 敏 | 盛 甜 | 周 晨 | 汪远航 |
| 宋西雅 | 何玲玲 | 陈 果 | 沈宇杰 | 孙海峰 | 李 嘉 |
| 吕姗姗 | 苗赫然 | 林 礼 | 孟雨菲 | 李 訸 | 赵文清 |
| 陈宏璋 | 付 莉 | 刘骏强 | 贾 斐 | 霍 然 | 王睿君 |
| 冯婧晨 | 贾 盾 | 田 萌 | 金 铭 | 谭利辉 | 吴允兵 |
| 吴 健 | 朱东山 | 刘一璇 | 崔 悦 | 陈晓径 | 于 超 |
| 黄 莹 | 冯婧时 | 钱一帆 | 周 正 | 袁 琳 | 王 英 |
| 保 骏 | 李雪梅 | 王 静 | 钱 程 | 宋 娍 | 黄 茜 |
| 夏 雨 | 姚 骏 | 周 新 | 李晓婷 | 黄重凤 | 廉超群 |
| 熊 燃 | | | | | |

### 马克思主义学院

| | | | | | |
|---|---|---|---|---|---|
| 段雪聪 | 吴江月 | 赖文霞 | 李 杨 | 吴珊珊 | 马喜波 |
| 吴海昌 | 牛京苗 | 赵 冉 | 郭文涛 | 田鹏骋 | 李 何 |
| 刘晓晨 | 燕鹏程 | 朱俊杰 | 黎 滢 | 王国峰 | 孔卫涛 |
| 程 荣 | 潘雪飞 | 林 靖 | 于 岩 | 周志文 | 岳全力 |

### 教育学院

| | | | | |
|---|---|---|---|---|
| 王 硕 | 吕 媛 | 陈伯栋 | 沈文钦 | |

### 中国经济研究中心

| | | | | | |
|---|---|---|---|---|---|
| 邓昌荣 | 王 鞿 | 张 璐 | 路 乾 | 王 琅 | |

### 人口所

| | | |
|---|---|---|
| 余 昕 | 张 元 | 陈 嵘 |

### 对外汉语教育学院

| | | |
|---|---|---|
| 崔巍巍 | 俞巧娜 | 陈丽君 |

### 艺术学院

| | | | | | |
|---|---|---|---|---|---|
| 李 静 | 刘 静 | 吴燕武 | 姜一博 | 马瑞青 | 李 源 |
| 付相波 | 魏 莱 | 林 楠 | | | |

### 新闻与传播学院

| | | | | | |
|---|---|---|---|---|---|
| 方可成 | 崔远航 | 聂 瑶 | 李 理 | 池 岩 | 陈经超 |
| 刘 阳 | 肖 芳 | 伍嘉威 | 吴 青 | 江晶静 | 陈 玥 |
| 郭雅婧 | 杨 蕊 | 骆盈盈 | 李利军 | 冯 颖 | 孙晓峰 |
| 王 菲 | 卞民德 | 王 漪清 | 武 萌 | 相丹妮 | 朱宏祥 |
| 张蓓蓓 | 黄缘缘 | | | | |

### 元培学院

| | | | | | |
|---|---|---|---|---|---|
| 陈雪莹 | 段晓琳 | 类 凡 | 张画欣 | 阙建容 | 张博然 |
| 孙 冰 | 伍 姣 | 漆 佳 | 王 凝 | 朱肖昱 | 潘钜桐 |
| 刘 伟 | 李骥堃 | 张东舟 | 赫 滋 | 杜 飞 | 孙 凌 |
| 于艳新 | 刘 岩 | 李婧思 | 冯 雷 | 张 引 | 谷宇辰 |
| 王 子 | 林 叶 | 王 珏 | 熊一璘 | 李 倩 | 李晓杰 |
| 徐丽敏 | 伍 昱 | 谢宇宏 | 冯 峰 | 韦 薇 | 马致远 |

### 软件与微电子学院

| | | | | | |
|---|---|---|---|---|---|
| 李 文 | 张隽永 | 王 岩 | 王 颖 | 陈 良 | 罗明佳 |
| 张 俊 | 胡惠文 | 熊 桔 | 孙 玉 | 朱乐睿 | 陈佩佩 |
| 莫 巍 | 刘 哲 | 刘震华 | 常双龙 | 陈 柯 | 张卫东 |
| 胡溢洋 | 柳英丽 | 苗经纬 | 刁玉鹤 | 王 亮 | 耿丽敏 |
| 袁 锐 | 徐 佩 | 刘鹏飞 | 梁成修 | 蒋 飞 | 李大亮 |
| 张大伟 | 赵 静 | 田林立 | | | |

### 分子医学所

| | |
|---|---|
| 方华强 | 魏 娜 |

### 深圳研究生院

| | | | | | |
|---|---|---|---|---|---|
| 张 楠 | 杨志超 | 朱慧武 | 张楚天 | 程卉超 | 丁春乐 |
| 陈 豪 | 向玉婷 | 郭 盟 | 朱珊庆 | 任 波 | 王智韬 |
| 李清亮 | 李 毅 | 史松祥 | 赵宇宁 | 潘君艳 | 李 博 |
| 谢 娜 | 李 奇 | 孔令华 | 唐 维 | 赖晓强 | 何起济 |
| 边 伟 | 李科佳 | 胡伟波 | 雷 宇 | 郑世普 | 肖 坚 |
| 马晓慧 | 曲世竹 | 付同杰 | 王宗鹏 | 窦江涛 | 吴志君 |
| 杜权威 | 程乐东 | 赵 磊 | 秦 健 | 苏淑枝 | 李冠宇 |
| 甘佳军 | 邢贝贝 | 刘俊福 | 曹满贵 | 戴鑫栋 | 许 强 |
| 陈晓年 | 吴志坚 | 孙 晓 | 龙羽婧 | 徐 斌 | 汪志群 |
| 范雪新 | 祝佳杰 | 刘 侃 | 安思源 | 樊琴亚 | 杨晓娜 |
| 黄 珏 | 马 强 | 苗 壮 | 张海军 | 王天瑜 | 陈乃元 |
| 计军平 | 杨巨帅 | 杨 凡 | 王 晓 | 苏 萍 | 邢彦超 |
| 薛建东 | 史洪波 | 张 隽 | 于海丰 | 张颖媛 | 张永晖 |
| 沈华玲 | 卢 苏 | 易云卿 | 胡 芳 | 肖 珊 | 杨顺顺 |
| 王 晶 | 钱峰勇 | 何述钟 | | | |

## 基础医学院医学预科班

| | | | | | |
|---|---|---|---|---|---|
| 杨帆 | 陈静 | 顾闻达 | 吴恺 | 李德润 | 陈彦如 |
| 臧鑫 | 孙玥 | 胡展 | 唐琦 | 吴梦 | 郑博隆 |
| 潘雪阳 | 王江源 | 马妍 | 许婕 | 杨珏 | 章亚琼 |
| 戴帆帆 | 方冬 | 阎凯 | 刘晴 | 罗洋 | 王超 |
| 高莉 | 崔莹 | 安宇 | 黄媛 | 张斌 | 张晔 |
| 吕晓娟 | 郑琴 | 王峻瑶 | 李思奇 | 郑歌 | 付玉 |
| 王宇 | 梁颖 | 黄一平 | 王旭 | | |

## 医学部本专科生系统

| | | | | | |
|---|---|---|---|---|---|
| 李佳星 | 黄晓琳 | 赵宏伟 | 石砚 | 王芳 | 侯艳茹 |
| 方俏 | 杨金金 | 刘文静 | 陈练 | 李圆 | 徐滢莹 |
| 朱曼 | 王凯平 | 赵海芳 | 李艳丽 | 赵晓曦 | 王晓莎 |
| 张多多 | 龚金 | 王晓莹 | 周志清 | 王梓凝 | 孙葭北 |
| 赵晓卉 | 张岳楠 | 张岑 | 范爽 | 王赫然 | 赵茜 |
| 王美玉 | 张璐 | 于金芳 | 王硕 | 唐月新 | 方凯 |
| 黄诺 | 王婧 | 张晓迪 | 袁长征 | 武珊珊 | 黄燕萍 |
| 于杰 | 马新平 | 杨丽娟 | 杨婷 | 赵欣 | 张金洋 |
| 张岩 | 桑林 | 赵霞 | 李博彧 | 孙舒雯 | 苏仙 |
| 董司雯 | 杨冬梅 | 陈杨 | 余盈盈 | 鲁华菲 | 尚维 |
| 宗蕊 | 孙雨 | 张蕊 | 徐鹏 | 邵钧 | 李孟辉 |
| 武艳军 | 相盈 | 刘莹 | 范雪莱 | 王珊 | 尤然 |
| 叶颖 | 宋广瀛 | 廖雁婷 | 解明思 | 孙星河 | 吴超群 |
| 王瞳 | 宋韩明 | 陈璨 | 赵伟 | 王碧琦 | 李金妮 |
| 索丽叶 | 王韵 | 楚红 | 田淦中 | 李梦瑶 | 郑永祥 |
| 范芳芳 | 吴静晔 | 陈晗 | 周冲 | 冯硕 | 张雨帆 |
| 崔媛媛 | 于姝 | 董艳 | 林日远 | 张浩然 | 杨开来 |
| 季滢 | 顾阳春 | 邱素均 | 夏驭龙 | 王忱 | 王黛芳 |
| 王婕敏 | 张明博 | 莫晓冬 | 郭玉婷 | 庞超楠 | 何为 |
| 张锋 | 徐力 | 周靖 | 冯璜 | 王韵 | 王雪东 |
| 邵苗 | 刘蔚 | 黄睿 | 史作慧 | 林玮 | 杨志凯 |
| 喻小娟 | 吴翔 | 卓敏 | 乔虹 | 朱一辰 | 邱丽 |
| 高露娟 | 牛悦青 | 米兰 | 范洋溢 | 张媛 | 张冉 |
| 诸祎 | 王晶 | 刘洋 | 李士杰 | 王喻 | 崔玄 |
| 陈卿 | 王子昕 | 吴静 | 梅林 | 郭金竹 | 宋岩 |
| 何康敏 | 赖颖斯 | 李俊 | 孙晓东 | 张锋 | 朱葛 |
| 寇毅 | 董士勇 | 陈欢 | 胡瑜超 | 陈江飞 | 穆瑶 |
| 马瑞 | 吴寸草 | 李倩 | 范天藤 | 黄蔚 | 宁少男 |
| 刘砺 | 李梦 | 王春昊 | 何及 | 李淑元 | 章俊麟 |
| 卢欣 | 张婷 | 王菲 | 叶丽华 | 杨琳 | 金武 |
| 李然 | 乔雪 | 王晓锋 | 于童 | 陈文静 | 殷其蕾 |
| 刘黎黎 | 李荷楠 | 陆峥飞 | 田杨 | 桂宾 | 孙威 |
| 孔晓牧 | 张艺宝 | 王敬庭 | 冯刚 | 于洪馗 | 贾平一 |
| 雷铭 | 王欣 | 刘子源 | 王天昱 | 李丹 | 陈骏良 |
| 刘烨 | 高玥 | 于琛琛 | 吴静云 | 金怡汶 | 郭惟霄 |
| 孟昭婷 | 孟令超 | 闫琦 | | | |

## 医学部研究生系统

### 基础医学院

| | | | | | |
|---|---|---|---|---|---|
| 闫俊娟 | 上官文学 | | 赵树雍 | 郭昊 | 解雪芬 |
| 杨立涛 | 吉振兴 | 张颖 | 唐上明 | 薛瑞琪 | 王玥 |
| 熊富霞 | 吴逸园 | 魏代玉 | 张园喜 | 窦豆 | 梅其勇 |
| 于传飞 | 朱虹 | 王晓艺 | 李文鹏 | 高松 | |

### 药学院

| | | | | | |
|---|---|---|---|---|---|
| 管晓东 | 徐英 | 孔德涛 | 凌思凯 | 俞捷 | 王芳 |
| 韩天相 | 刘扬 | 毛玉丹 | 王冠男 | 韩冬 | 韩方斌 |
| 杨世进 | 李介博 | 张子川 | 赵海誉 | 马克 | 陈文倩 |

### 公共卫生学院

| | | | | | |
|---|---|---|---|---|---|
| 刘玲 | 叶晓芳 | 夏萍萍 | 武轶群 | 唐迅 | 徐轶群 |
| 严峻霞 | 刘桂生 | 王粉燕 | 李娜 | 李希 | 赵燕 |
| 夏惜惜 | | | | | |

### 护理学院

张丽燕

### 公共教学部

赵留记

### 第一临床医学院

| | | | | | |
|---|---|---|---|---|---|
| 钱芳 | 关海涛 | 刘红洁 | 栾兴华 | 武颖超 | 郑博 |
| 欧媛 | 李美蓉 | 张军军 | 张静 | 胡艳 | 张玉立 |
| 高澜 | 丁嘉祥 | 温泉 | | | |

### 第二临床医学院

| | | | | | |
|---|---|---|---|---|---|
| 曹珊 | 刘丽君 | 公磊 | 赵丽君 | 孙晓云 | 赵金霞 |
| 邓世洲 | 张韬 | 洪莲 | 刘霞 | 彭涛 | 李绪斌 |
| 纪宇 | | | | | |

### 第三临床医学院

| | | | | | |
|---|---|---|---|---|---|
| 兰杰 | 尹奕 | 严杰 | 李志强 | 张小青 | 肖晗 |
| 郭妍宏 | 王静 | 周非非 | 张辛 | 潘柏林 | 马勇 |

### 口腔医学院

| | | | | | |
|---|---|---|---|---|---|
| 周伟华 | 田华 | 尚建伟 | 邢凤霞 | 任秀云 | 陈磊 |
| 黄明伟 | | | | | |

### 精神卫生研究所

| | | |
|---|---|---|
| 沙莎 | 阎浩 | 郭春梅 |

### 临床肿瘤医学院

| | | | | | |
|---|---|---|---|---|---|
| 石涛 | 王娟 | 董采萱 | 崔湧 | 苏亚辉 | 王宏伟 |
| 鲁志豪 | | | | | |

### 第四临床医学院

| | |
|---|---|
| 殷耀斌 | 冯硕 |

### 第五临床医院

| | |
|---|---|
| 黄林英 | 祁鹏 |

### 中日友好临床医学院

崔益亮

### 第九临床医学院
刘军乐　张秋强
### 航天临床医学院
郭　辉

## 创 新 奖

### 一、社会工作类创新奖
#### 化学与分子工程学院
冯孝文
#### 医学部
邓世洲　曹长琦
#### 地球与空间科学学院
胡才博
#### 深圳研究生院
熊樱子
#### 经济学院
彭　放

### 二、艺术类创新奖
#### 中国语言文学系
沈　力
#### 艺术学院
马瑞青

### 三、体育类创新奖
#### 数学科学学院
吴镇国
#### 工学院
刘英皓
#### 心理学系
刑衍安
#### 国际关系学院
张　雨　孙　晋
#### 法学院
金　轲　姜　燕
#### 社会学系
刘　晓
#### 艺术学院
王寅博
#### 新闻与传播学院
丁　颖　高　曦
#### 体育类创新团队
北京大学赛艇队

### 四、学术类创新奖
#### 数学科学学院
葛　颢　叶乐天
#### 工学院
王启宁　孙成奇　赵　惟　胡永辉　吴元子　易　新
陈　昱　肖翌萱　胡赟之
#### 物理学院
马仁敏　何　林　江　萍　刘祝捷
#### 地球与空间科学学院
龚俊峰　黄　舟　张元元　罗　曼　潘金花　牛晓露
高　铎　王　珏　胥　森
#### 信息科学技术学院
刘讓哲　冯沁原　杨　蕾　丁　飞　王　理
#### 化学与分子工程学院
姚亚刚　彭　程　陈春来　杨　帆　金　钟　赵　晨
高　波　杨　韬　王　涛
#### 生命科学学院
蔡　军　李炯棠　秦　汉　胡蕴菲　胡　滨　刘啸峰
#### 城市与环境学院
张彦旭　刘娅囡　任　佶
#### 环境科学与工程学院
周　丰　朱秀萍
#### 中国语言文学系
刘占召　赵丽华　李计伟　解　芳
#### 历史学系
陈　昊　胡　鸿　赵　梅
#### 哲学系
郜　戈　甘祥满　王　珏　张　梧
#### 国际关系学院
项佐涛
#### 经济学院
何国俊　李　雪　伊丽娜　吕　焱
#### 信息管理系
范　凡
#### 外国语学院
邵雪萍　杨　蔚
#### 社会学系
杜　月
#### 马克思主义学院
王永浩
#### 教育学院
康　乐
#### 中国经济研究中心
张　昕　钟宁桦

### 深圳研究生院
吴海生　杨甜甜

### 医学部
艾　玎　陈征山　邵璐宁　叶菊香　吴　婷　封　波
李　涛　杨艳蕊　秦　雪　曹　琦　陈春花　张晓燕
綦　惠　丁嘉祥　李孟森　张军军　徐　曼　姜　茜
王淑梅　周海燕　孙　哲　张　蕾　王绮昕　罗来春
宋　昱　朱毓纯　闫　婕　初　明　陆峥飞　范天藤
梅　林　郭京川

### 学术类创新团队
北京大学数学建模竞赛代表队国际一等奖获奖团队
北京大学机器人竞赛团队
北京大学湍流与复杂系统科技奥运攻关组
第七届国际大学生跨学科模型竞赛一等奖获奖团队

## 优秀学生干部

### 数学科学学院
孙启明　宋琪凡　游佳明

### 工学院
郑宇朋　韩　松

### 物理学院
夏　炎　廉　和　宋星灼

### 地球与空间科学学院
马君亮　刘金秋　董　攀

### 信息科学技术学院
叶　靖　赵　莉　佟志伟　支　流

### 化学与分子工程学院
闫　博　梁　竹　齐　剑

### 生命科学学院
王　苏　孟　庚

### 城市与环境学院
刘居正　潘峰华

### 环境科学与工程学院
王中友

### 心理学系
沈益飚　商佳音

### 中国语言文学系
孙　欣　邵琛欣　陈　蒙　宫　铭

### 历史学系
陈　捷　孙　琇

### 考古文博学院
张　钊　燕生东

### 哲学系
刘　丽　刘振丽

### 国际关系学院
张　慧　黄宇蓝　于慧玲

### 经济学院
刘　源　郝亚明　解利艳

### 光华管理学院
周寅猛　安佰琳　王　健

### 法学院
崔　强　代　锷　王　涛　陈　猛

### 信息管理系
余频捷　王丽华

### 社会学系
房　瑶　梁　晨

### 政府管理学院
杨先哲　孙朝阳　韩　冬

### 外国语学院
贺　曦　周海东　郭晓春

### 马克思主义学院
黄　琅　赵昱博

### 教育学院
李存峰

### 中国经济研究中心
李宗彬

### 人口所
田　野

### 对外汉语教育学院
张　艳

### 艺术学院
解　明　王　艳

### 新闻与传播学院
王　宇　刘　楠

### 元培学院
屈仁丽

### 软件与微电子学院
肖明清　李成凯

### 深圳研究生院
王　维　吴云侠

### 基础医学院医学预科班
叶绽蕾　李文倩

### 医学部
杨晓燕　孙丽颖　张珊珊　于　楠　黄晓寒　刘　岩
王永强　郝　锋　车欣轩　陈子豪　倪　婧　顾娇娇
林启星　钟沃权　姜　雪　王　坤　李文庆　李小钧
李　毅　徐明江　郭立民　刘　旸　陈晓播

## 学习优秀奖

### 数学科学学院

| | | | | | |
|---|---|---|---|---|---|
| 周 帆 | 赵 斌 | 罗海丰 | 张 原 | 章 顾 | 张子立 |
| 陈 江 | 穆 放 | 韩 霄 | 朱 方 | 黄世琼 | 王子龙 |
| 陆 鑫 | 张 超 | 孙鹏飞 | 郑 豪 | 周 鑫 | 葛 旸 |
| 徐尚华 | 苏 威 | 张宇辰 | 刘 庆 | 许现民 | 邵嗣烘 |
| 李纯毅 | 李 通 | 寿昊畅 | 生云鹤 | 程建涛 | 王 林 |
| 杨 磊 | 杨 璇 | 吴朔男 | 秦 晋 | 刘 健 | 王 涵 |
| 徐 劼 | 郑 骋 | 樊昊霏 | 努尔买买提 | | |

### 工学院

| | | | | | |
|---|---|---|---|---|---|
| 陈慧军 | 季 曦 | 李旭东 | 蔺 冰 | 张衍涛 | 李卓政 |
| 刘 仙 | 秦 雷 | 杨延涛 | 高紫阳 | 郑宜色 | 苟金平 |
| 杜特专 | 张 乐 | 宋 磊 | | | |

### 物理学院

| | | | | | |
|---|---|---|---|---|---|
| 陈潇聪 | 张 亮 | 吕迎辉 | 贺环宇 | 李成超 | 靳 柯 |
| 黄 博 | 刘祝捷 | 任 通 | 冯思敏 | 马 雯 | 王 勋 |
| 叶起斌 | 郑家新 | 李志强 | 茅宇豪 | 伊炳祺 | 靳 松 |
| 罗 星 | 田 尧 | 史亦非 | 马立英 | 牛中明 | 焦洁青 |
| 刘政豪 | 谢 晨 | 汤夏平 | 王 智 | 佟 玲 | 林 芳 |
| 芦佳宁 | 李 阳 | 周伊晓 | 徐 楠 | 钟凤娇 | 吴志峰 |
| 马 岳 | 严 羽 | 华 博 | | | |

### 地球与空间科学学院

| | | | | | |
|---|---|---|---|---|---|
| 冯继承 | 王 瑞 | 李 潇 | 尹 丹 | 卢先春 | 裴 睿 |
| 宋晓鹏 | 杜江辉 | 钟日晨 | 赵 星 | 刘 婷 | 田晓婷 |
| 李四维 | 袁一泓 | 舒启海 | 官小波 | 贺 毅 | 金 川 |
| 王祎轩 | 段玉婷 | 郑传续 | 赵 磊 | 曹 宝 | 黄凤茹 |
| 马 明 | 何国源 | 杜彬彬 | 梁晓峰 | 尹大朏 | 朱 强 |
| 鲍 莹 | 黄 铮 | 于向前 | 王 喆 | 勾志阳 | |

### 信息科学技术学院

| | | | | | |
|---|---|---|---|---|---|
| 李翔宇 | 李宏展 | 赵 瑜 | 张 宇 | 李 敏 | 丁亚楠 |
| 刘新星 | 高泓彧 | 吴峰锋 | 陈洪维 | 李 翔 | 梁 巍 |
| 徐 晨 | 樊 错 | 孙 啸 | 袁 征 | 张世登 | 叶 乐 |
| 袁辰雨 | 罗 洁 | 张佳璐 | 张增寅 | 陆路希 | 徐文权 |
| 李婷婷 | 谷 琪 | 刘德成 | 陈露希 | 刘 超 | 吉聪睿 |
| 涂 昭 | 马 铭 | 强晓刚 | 路志学 | 程道放 | 张云洁 |
| 张荣庆 | 任 伶 | 杨 晔 | 孟 娜 | 吕 敏 | 万广鲁 |
| 杜岳林 | 郭少松 | 李德珠 | 罗雪峰 | 王以芳 | 雷吉科 |
| 江 润 | 房 路 | 樊 波 | 高 嵩 | 王丽丽 | 樊雪娇 |
| 吕雨田 | 赵旭婷 | 房福志 | 施云朋 | 周明达 | 杨寿贵 |
| 李 强 | 余晓琦 | 林 肯 | 吴小朋 | 耿艳林 | 诸葛菁 |
| 王冠男 | 廖 冰 | 王子南 | 杨 阳 | 陈 薇 | 高 岩 |
| 杨 杰 | 王一然 | 孟俊毅 | 刘谡哲 | 陈 晨 | 钱则侃 |
| 杨 涛 | 刘恩亚 | 孙一曾 | 朱 虹 | 邓天松 | 刘 辉 |
| 单黎平 | 魏 鹏 | 周 凯 | 杨 成 | 李文亮 | 龚巍巍 |

| | | | | | |
|---|---|---|---|---|---|
| 李树节 | 蒋佳琪 | 朱洋洋 | 李军国 | 刘 振 | 周 模 |
| 刘仁直 | 陆自清 | 关 焱 | 赵加奎 | 申 钧 | 王铁磊 |
| 杨云璐 | 陈晓璐 | 张乐吟 | 陈湘萍 | 徐慧龙 | 徐春香 |
| 杨佳琦 | | | | | |

### 化学与分子工程学院

| | | | | | |
|---|---|---|---|---|---|
| 周金生 | 宋春啸 | 张 晨 | 宋旭波 | 晁 伟 | 张永毅 |
| 滕明俊 | 王博远 | 江 来 | 于 菲 | 蒋小蕗 | 关冰涛 |
| 黄一宁 | 俞 瀚 | 戴小川 | 陈芳芳 | 蔡桂鑫 | 张 博 |
| 苏 凯 | 何玙伽 | 秦校军 | 曹瑞国 | 毛舒能 | 陈海波 |
| 姜 珊 | 董 霄 | 李 飞 | 任晓白 | 高 敏 | 杨 倩 |
| 程 进 | 朱 地 | 廖 磊 | 杨胜韬 | 王 旸 | 李 雁 |
| 付 颖 | 郝 燕 | | | | |

### 生命科学学院

| | | | | | |
|---|---|---|---|---|---|
| 舒兴盛 | 仲 华 | 刘思俣 | 岳 明 | 刘 军 | 潘圣语 |
| 吴锡梅 | 薛 茗 | 于 洋 | 王天宇 | 刘 卓 | 高 巍 |
| 古 今 | 顾培希 | 张 翼 | 韩 娟 | 刘海松 | 崔 佳 |
| 姜 岳 | 韩 旭 | 王 栋 | 曹晓芳 | 李林宸 | 卢雯雯 |
| 林继强 | 陈 婧 | 王 澜 | 葛 熙 | 普颖颖 | 赵 驰 |
| 鄢守宇 | 黄祎祺 | 郁 茜 | 张 蔚 | 蔡 军 | 刁飞慈 |
| 余真理 | 刘 琰 | 欧 洋 | 周 鹏 | 秦 汉 | 周艳峰 |
| 熊 堃 | 陶若婷 | 高煜芳 | 周 延 | 刘炎林 | 刘贤伟 |
| 刘 芳 | | | | | |

### 城市与环境学院

| | | | | | |
|---|---|---|---|---|---|
| 张才玉 | 王宇凡 | 韩雅飞 | 沈亚婷 | 张新平 | 李鹏飞 |
| 王 星 | 王旭辉 | 邓 威 | 李一静 | 佟 萌 | 胡 璟 |
| 刘 俊 | 沈路路 | 潘元犁 | 刘娅囡 | 黄潇婷 | 何 峰 |
| 纪 绪 | 徐 冰 | 刘 珐 | 郑衡泌 | 潘 晟 | 刘德成 |
| 叶 昱 | 陈伟乐 | 王 田 | 常 红 | 刘明达 | 赵寰熹 |
| 张彦旭 | 覃金堂 | | | | |

### 环境科学与工程学院

| | | | | | |
|---|---|---|---|---|---|
| 王红丽 | 钟 玲 | 汪 婷 | 李昌凌 | 周固君 | 常 明 |
| 刘筱璇 | 于 娜 | 谢建宇 | 刘新罡 | 付东康 | 黄 凯 |
| 宗悦茹 | 刘 哲 | 彭建雄 | 柏耀辉 | 岳玎利 | 何霄嘉 |
| 李 阳 | 张懿华 | 韦芳玲 | 陈 梅 | 张广之 | |

### 心理学系

| | | | | | |
|---|---|---|---|---|---|
| 李 嘉 | 王 璐 | 李燕洁 | 万 蕊 | 刘冰云 | 黄 莹 |
| 陈瑞云 | 石振昊 | 谢 宁 | 王孟元 | 魏 丽 | 吕晓晶 |
| 高 隽 | | | | | |

### 中国语言文学系

| | | | | | |
|---|---|---|---|---|---|
| 周 昀 | 邓韵娜 | 李国春 | 郭红霞 | 杨 琼 | 曾南逸 |
| 陈 思 | 陈 周 | 张婧婧 | 黄湘金 | 张 力 | 田 媛 |
| 张欣悦 | 张丽音 | 向伊梅 | 陈先明 | 吴 洋 | 张振亚 |
| 何双双 | 朴 婕 | 邝剑菁 | 徐欢颜 | 崔 蕊 | 崔 柯 |
| 李 春 | 欧阳国焰 | | | | |

### 历史学系

| | | | | | |
|---|---|---|---|---|---|
| 王 娟 | 张宁芳 | 徐力恒 | 施 展 | 乔 芳 | 桂始馨 |

| | | | | | |
|---|---|---|---|---|---|
| 贾 彤 | 朱天啸 | 李 兮 | 宁永娟 | 尤 李 | 王 果 |
| 陈 昊 | 万 翔 | 高 宇 | | | |

**考古文博学院**

| | | | | |
|---|---|---|---|---|
| 靳 森 | 王 晶 | 刘振华 | 耿庆刚 | 蔡宇琨 | 周文丽 |
| 缪 丹 | 王冠宇 | 郑 好 | 刘 未 | | |

**哲学系**

| | | | | |
|---|---|---|---|---|
| 王 涵 | 赵金刚 | 马 凌 | 王 梓 | 高海波 | 徐 陶 |
| 韩文博 | 方 慧 | 仲海霞 | 朱坤容 | 周龙生 | 郭丽兰 |
| 雷 博 | 杜 鹃 | 严 亮 | | | |

**国际关系学院**

| | | | | |
|---|---|---|---|---|
| 张赋杰 | 李欣然 | 冯 峥 | 林心蕊 | 叶紫薇 | 朱淑娴 |
| 刘 峰 | 徐嘉蔚 | 包珮琳 | 陈晓晨 | 田 苗 | 强 音 |
| 熊姗姗 | 程多闻 | 邱力戈 | 刘洋波 | 郭翠萍 | 庄 娜 |
| 黎又嘉 | 孙文竹 | 储云燕 | 孟 艳 | 赵光锐 | |

**经济学院**

| | | | | |
|---|---|---|---|---|
| 温鹤飞 | 谢文怡 | 刘 斌 | 陈 晨 | 周 文 | 吴军一 |
| 朱哈雷 | 王冬萌 | 伊丽娜 | 行 星 | 李 慧 | 郑 鑫 |
| 李华威 | 钱珺薇 | 吴倩颖 | 于金玉 | 马 森 | 刘怡然 |
| 黄若琰 | 曾 江 | 刘小瑞 | 陈人可 | 樊忻昕 | 朱至瑜 |
| 王 卓 | 刘 艺 | 陈 岑 | 张 毓 | 李时宇 | 杨 凝 |
| 李晓琳 | 赵 奎 | 贾 蕾 | 唐 威 | 刘 愿 | 林卫斌 |
| 姜 卉 | 董 纳 | 钱一思 | 张琼妹 | | |

**光华管理学院**

| | | | | |
|---|---|---|---|---|
| 蔡 婧 | 刘倩倩 | 梁余音 | 万家琴 | 程 涛 | 刘丹丹 |
| 徐 莺 | 徐逸志 | 胡瑜璐 | 钱小倩 | 桑 林 | 吴 涛 |
| 阎贵成 | 邱 汛 | 王 实 | 车来玉 | 李龙俊 | 罗佳媛 |
| 李可心 | 刘 曦 | 刘世靖 | 杨明韬 | 蔡宇杰 | 贾智慧 |
| 郜和平 | 刘一川 | 张 萌 | 瞿 茜 | 王锦坤 | 朱 珠 |
| 林 珑 | 周 涵 | 李鸿钰 | 何一峰 | 魏 聘 | 李书玲 |
| 任慧文 | 孙绍莉 | 邢向飞 | 邱 静 | 谢 毅 | 朱娅静 |

**法学院**

| | | | | |
|---|---|---|---|---|
| 谢珂珺 | 钱思雯 | 曹 哲 | 黄艺彬 | 李 娴 | 林浩博 |
| 许静颐 | 王 婧 | 顾文婷 | 顾 磊 | 刘文静 | 刘晓俊 |
| 富 琪 | 吴思敏 | 曾燕斐 | 唐俊文 | 施文璋 | 杨安妮 |
| 曹 暑 | 李 洁 | 周 倜 | 王凯帆 | 颜 炟 | 甘晓晨 |
| 王湘羽 | 杨 彧 | 金 印 | 李子瑾 | 刘莲莲 | 夏小雄 |
| 陈日晶 | 姚 谧 | 钟震宇 | 庄田田 | 李 嘉 | 张 林 |
| 康 静 | 陈韵希 | 李 晶 | 周艺燕 | 魏云飞 | 李 娟 |
| 蔡小萌 | 邱晓琼 | 王 源 | 刘培俊 | 刘妙香 | 张怡超 |
| 于 勤 | 周思丞 | 杜忻奕 | 江 溯 | 门金玲 | 李瑞生 |
| 李一笑 | 袁 嘉 | 郭敬敬 | 缪因知 | 褚福民 | 邓 晔 |
| 葛红春 | 魏宇明 | 王 斌 | 严厚福 | | |

**信息管理系**

| | | | | |
|---|---|---|---|---|
| 张 亮 | 孙鹏飞 | 邱奉捷 | 陈雪飞 | 黄 敏 | 蔚海燕 |
| 罗建岚 | 陈 茜 | 李 焱 | 谷秀洁 | 闫 慧 | 杨薇薇 |
| 王雪菲 | 朱 荀 | 张宏胜 | | | |

**社会学系**

| | | | | |
|---|---|---|---|---|
| 张 匀 | 翟昕怡 | 刘 爽 | 庆小飞 | 郑少雄 | 朱 涛 |
| 杨 敏 | 常 超 | 朱 颖 | 王霞绯 | 阳妙艳 | 胡 瑜 |
| 陈 强 | 骆为祥 | 盛智明 | | | |

**政府管理学院**

| | | | | |
|---|---|---|---|---|
| 韩伟玮 | 杨诗婕 | 江俞颖 | 黎映桃 | 庄德水 | 段保良 |
| 刘 姗 | 张皓天 | 哈依古丽 | | 李 楠 | 李 春 |
| 裴亚琴 | 李 泰 | 哈艳梅 | | | |

**外国语学院**

| | | | | |
|---|---|---|---|---|
| 罗 弥 | 毛远波 | 欧锡乾 | 李昶伟 | 薛美满 | 纳 海 |
| 胡 越 | 贾 云 | 郑青亭 | 李 芹 | 姜新丽 | 时 晓 |
| 李 晰 | 王 瑜 | 朱小琳 | 徐惠珍 | 解 璞 | 杨 曦 |
| 皮建军 | 张 婷 | 李 企 | 徐 曦 | 杨春升 | 徐红霞 |
| 白 帆 | 冯 杰 | 李红梅 | 王小婷 | 蔡潇洁 | 张 晶 |
| 贲月梅 | 唐泽龙 | 高 冀 | 焦 阳 | 潘 珊 | 侯建波 |
| 芮晓松 | | | | | |

**马克思主义学院**

| | | | | |
|---|---|---|---|---|
| 张德强 | 王 瑛 | 刘 晨 | 秦 谊 | 王 颖 | 谢 天 |
| 崔 丽 | 刘重飞 | 李 颖 | 张建平 | 张 震 | 张毅翔 |

**教育学院**

| | | |
|---|---|---|
| 边国英 | 李 炜 | 黄 琳 |

**中国经济研究中心**

| | | |
|---|---|---|
| 周 伟 | 董 丰 | 邱凉飞 |

**人口所**

| |
|---|
| 刘延艳 |

**对外汉语教育学院**

| | | |
|---|---|---|
| 罗艺雪 | 胡晓丹 | 王 欣 |

**艺术学院**

| | | | | |
|---|---|---|---|---|
| 叶 宇 | 李 佳 | 李 伟 | 刘 从 | 田 梦 | 周小诗 |
| 郝元义 | 张园园 | 王乃超 | | | |

**新闻与传播学院**

| | | | | |
|---|---|---|---|---|
| 周马丽 | 韩攀科 | 王天夫 | 王媛媛 | 李卓雅 | 张 炀 |
| 张 成 | 张紫瑞 | 王 莉 | 黄何林 | 武云路 | 冯 震 |
| 杨文俊 | 杨大伟 | | | | |

**元培学院**

| | | | | |
|---|---|---|---|---|
| 邓 拓 | 李 翱 | 刘 扬 | 毕 涛 | 彭 旭 | 伍 珍 |
| 肖 丹 | 靳相宜 | 龙腾飞 | 王 阳 | 韩 光 | 周 淳 |
| 马文江 | 田 禾 | 毛寓安 | 赵 岳 | 季张龙 | 张琳弋 |
| 刘 莹 | 姜 斌 | 陶雯雯 | | | |

**软件与微电子学院**

| | | | | |
|---|---|---|---|---|
| 浦明明 | 郭 稷 | 赵俊霞 | 向竹青 | 李 岩 | 戟 冯 |
| 宋 扬 | 田 玥 | 刘江锋 | 郭 森 | 白 云 | 胡 涛 |

**分子医学所**

| | |
|---|---|
| 彭 薇 | 孙 蕾 |

### 深圳研究生院

| | | | | | |
|---|---|---|---|---|---|
| 魏其学 | 陈文翰 | 张锦涛 | 楼明慧 | 刘 彦 | 王宇杰 |
| 季 娟 | 彭玉磊 | 储雯玉 | 蒋俊阳 | 张 默 | 杨用斌 |
| 谢 峰 | 罗 浩 | 牛 凡 | 李荣兴 | 殷积磊 | 曾 勇 |
| 马 伟 | 李 伟 | 尤金霞 | 黄 凯 | 王 巍 | 卞 蓉 |
| 丁洪震 | 邝 莎 | 陈思远 | 何 京 | 王一鸣 | 王静渝 |
| 江 宏 | 李 荔 | 李丹萍 | 李 硕 | 杜 谢 | 郭文静 |
| 丁 怡 | 张军松 | 陈 龙 | 吴博文 | 申楚晗 | 李明明 |
| 唐会然 | 孙 齐 | 曾小顼 | 焦 志 | 廖婷婷 | 张宗芳 |
| 林 云 | 程李秋 | 凌 洁 | 汤爱莲 | 王艳艳 | 施 思 |
| 韩晓燕 | 史松衢 | 李昌海 | 陈景愈 | 安 娜 | 樊 丽 |
| 仝 德 | 秦佩恒 | | | | |

### 基础医学院医学预科班

| | | | | | |
|---|---|---|---|---|---|
| 彭 洋 | 陈 雯 | 黄山雅美 | | 张扬子 | 赖青颖 |
| 贾 芃 | 肖雨萌 | 王 玮 | 屈晓旋 | 刘 美 | 李 彭 |
| 冷颖林 | 周 堪 | 杨 柳 | 章晶晶 | 王 莎 | 贺文斌 |
| 于 洋 | 潘 璐 | 李志盈 | 张茉沁 | 段天娇 | 陈 璐 |
| 李 潇 | 张智科 | 郭晓丹 | 宋 瑞 | 何 娜 | 张 璐 |
| 胡 佳 | 肇 诣 | 王萍萍 | | | |

### 医学部本专科生系统

| | | | | | |
|---|---|---|---|---|---|
| 王文雅 | 孙 乐 | 韩付平 | 霍常鑫 | 甄 鹏 | 胡辛欣 |
| 梁 蕊 | 韩金金 | 王越敏 | 李 璐 | 吴晓雯 | 苗金刚 |
| 刘 田 | 单 蕊 | 王 媛 | 李秀茅 | 曹彦硕 | 孙志伟 |
| 杜文军 | 季然然 | 马 腾 | 刘 茜 | 万 璐 | 孔令英 |
| 任春燕 | 刘娅明 | 田 晨 | 雷洁萍 | 范雯怡 | 杨学礼 |
| 李 昂 | 田 爽 | 袁 瑛 | 宋 智 | 徐 进 | 黎学海 |
| 王媛娜 | 刘占莹 | 修 晨 | 田 间 | 程艳娇 | 肖 星 |
| 孙雪瑶 | 李小红 | 曹 颖 | 周 岩 | 宋金雷 | 陈 扬 |
| 陈晓欢 | 王晓霞 | 戴晓静 | 刘木清 | 孟 甜 | 丁 绪 |
| 任抒欣 | 李 颖 | 桑 田 | 张 帆 | 吕卓远 | 钟 鸣 |
| 郭 洋 | 杨 飚 | 王 博 | 陈 卓 | 张文轩 | 刘 剑 |
| 张 洁 | 徐冷楠 | 王旻舒 | 贾 琳 | 赵 敏 | 陈星伟 |
| 王 砣 | 莫漓虹 | 李春媚 | 穆合塔尔 | | 刘 林 |
| 陈香梅 | 李 萌 | 高小曼 | 曹晓静 | 张 楠 | 王 晶 |
| 何 洋 | 王媛媛 | 周 知 | 杨 嫣 | 苗 恒 | 宋 颖 |
| 钱 敏 | 刘 倩 | 汲 婧 | 张 宁 | 温 禾 | 王 真 |
| 冯 瑶 | 王晋伟 | 彭 妮 | 周 婷 | 奥 登 | 王 昱 |
| 陈 卓 | 黄雪梅 | 陈 熹 | 周 一 | 洪梅花 | 田 野 |
| 王学瑛 | 张 琦 | 徐定婷 | 马家芳 | 宋一萌 | 李若婧 |
| 孙纯广 | 李 倩 | 王 溪 | 曹 晨 | 孙 曼 | 于 欢 |
| 张 亮 | 尚 瑶 | 杨 琼 | 林稚雅 | 孙 晟 | 张力月 |
| 王 辉 | 孙丽娜 | 郑维维 | 李志昌 | 种 红 | 李 丹 |
| 范筱斐 | 陈 帆 | 马 雯 | 张 洲 | 杨麦云 | 王 丽 |
| 孙扬波 | 吕 涛 | 胡 君 | 杨 柳 | 王 瑜 | 史睿智 |
| 曾庆奇 | 张仲一 | 顾 楠 | 郑兴邦 | 李 嘉 | 房爱萍 |
| 孟 洁 | 刘 丹 | 隋锡朝 | 冯 雪 | 艾亚萍 | 马 可 |
| 崔希凯 | 丁彩翠 | 刘志刚 | 沈 娟 | 李莎莎 | 张福誉 |

唐绍庚　宋　祝　郝沁育　房捷欣
热孜万古丽·买买提

### 医学部研究生系统

#### 基础医学院

| | | | | | |
|---|---|---|---|---|---|
| 魏 庆 | 洪 超 | 李媛媛 | 孟 莉 | 王佩荣 | 周云枫 |
| 张立英 | 余子璘 | 许兰俊 | 闫 萌 | 孟 丽 | 綦 惠 |
| 刘婷婷 | 潘海晖 | 吉彦莉 | 武立鹏 | 王昊旻 | 俎鲁霞 |
| 张 浩 | 李玉娟 | 吴 静 | 李 莲 | 王贵彬 | 崔 扬 |
| 叶菊香 | | | | | |

#### 药学院

| | | | | | |
|---|---|---|---|---|---|
| 张 烁 | 薛彬彬 | 朱 静 | 张春雷 | 徐 崑 | 周雨虹 |
| 杜偲倩 | 陈玉平 | 王鹏程 | 王 媛 | 张鲸惊 | 何梅孜 |
| 吕 杨 | 李云峰 | 朱传钧 | 范 莉 | 冯 洁 | 张宏宁 |
| 田 超 | 王 瑞 | 韦 珩 | | | |

#### 公共卫生学院

| | | | | | |
|---|---|---|---|---|---|
| 张景怡 | 胡 婧 | 李小飞 | 何民富 | 栾 承 | 田 芳 |
| 周荇佼 | 钱文彩 | 王福强 | 孟 莎 | 蔡 楠 | 林 鑫 |
| 吴 晟 | 刘媛媛 | 邢国振 | | | |

#### 护理学院

张 慧

#### 公共教学部

李 颖

#### 第一临床医学院

| | | | | | |
|---|---|---|---|---|---|
| 田 地 | 张宗耐 | 丁 峰 | 曹 菊 | 刘晓燕 | 黄 晨 |
| 吴兰英 | 王洪霞 | 房立平 | 乔建军 | 黄永初 | 王晓莉 |
| 王轩久 | 杨丽华 | 李 静 | 李建国 | 于 杨 | 张潇潇 |

#### 第二临床医学院

| | | | | | |
|---|---|---|---|---|---|
| 寇玉辉 | 高 翔 | 林 巍 | 张 辉 | 唐雪梅 | 丘 辉 |
| 孙小亮 | 范岳峰 | 胡 浩 | 陈建飞 | 苗娅莉 | 张彦斌 |
| 王艳华 | 孙雅逊 | 赵 旸 | | | |

#### 第三临床医学院

| | | | | | |
|---|---|---|---|---|---|
| 李 键 | 杨雨润 | 刘 峰 | 赵海燕 | 张雁林 | 张 琳 |
| 杨敏星 | 李 静 | 李 旭 | 吴建国 | 张 娜 | |

#### 口腔医学院

| | | | | | |
|---|---|---|---|---|---|
| 陈 歆 | 张 靖 | 胡 恺 | 孙志鹏 | 李德利 | 朱一博 |
| 付 坤 | 孙晓军 | 欧阳莉 | | | |

#### 精神卫生研究所

| | | | | |
|---|---|---|---|---|
| 杨 蕊 | 帅 澜 | 丰 雷 | 钱 英 | |

#### 临床肿瘤学院

| | | | | | |
|---|---|---|---|---|---|
| 吴剑挥 | 严 颖 | 李 强 | 仲西瑶 | 李双喜 | 王雪茜 |
| 金仲慧 | 马 博 | | | | |

#### 第四临床医学院

杜伟力　肖　斌

#### 第五临床医学院

尹自龙　孙　飞

### 中日友好临床医学院
练　睿

### 第九临床医学院
翟翼飞　赵楠楠

### 航天临床医学院
杜左萍

### 首都儿科研究所
王秋霞

## 社会工作奖

### 数学科学学院
陈卓瑾　罗福生　蒋星博　陈建羽　刘　鸣　程晓行
王　露　余　悦　王　曦　罗　增　刘　锐　丁丹丹
张　苗　李　明　曲文卉　颜　巍　王　彬　江　萍
刘　余　陈　浩　刘　岩　陈　鑫　刘艳玲　黎巧玲
张雨侠　李　申　姜博川　周　晶　贾继伟　薛　原
唐明宇　邹积凯

### 工学院
朱金波　路益嘉　李　曼　许智菲　邢济谦　胡　鉴
温　凯　李姗姗　秦欢欢　邓　昊　郁苗苗　张　超
温　鑫　居理宁　陈伯君

### 物理学院
王　胜　杨　达　戴　芩　刘宏剑　王加彬　周　迪
刘家怡　李　阳　欧阳子皓　李　硕　徐冠杰
何　花　胡　根　王超龙　程奕源　玉　静　包　魁
梁青青　林　科　朱　彤　吴苏醒　张　立　张　洋
段侨杰　石光明　魏玉科　王　诚　许应瑛　李　丁
郭春蕊　张　健　梁世博　刘　实　黄建斌　何　群
吕林辉　李　凡　王福全　孙　玄　齐胜利

### 地球与空间科学学院
徐海卿　王任重　陈　旭　古　琳　欧新潭　朱　云
吴飞龙　侯晓丽　周　阳　陈家富　曹　杉　李智超
高　林

### 信息科学技术学院
杜　朋　陈　星　韩普晓　贾　峥　褚　昆　吴天琪
刘　诚　魏　然　缪烨枫　朱　成　熊校良　徐兆伟
史江辉　添　天　李　超　程惠阁　钱　铭　蒋亚康
张　舟　金　婧　张　涵　张献祥　刘虹邑　翟跃阳
叶　茸　万玉龙　王　勇　谢　乐　郑穗欣　周　斌
崔靖雯　冯天骁　马子桐　戴宏民　阮　肖　黄开木
西　鹏　郝　力　闻茗萱　赵庆亮　林　帆　王大雨
刘丽颖　舒尚斌　钱　昊　刘鹏宇

### 化学与分子工程学院
刘硕妍　王冠博　吕祎轩　翟羽京　张　慧　寇　睿
高　阳　钱　康　张耀中　邱顺晨　金建余　章晨曦

徐科锐　韩东燃　赵　悦　陈　忠　陈清伟　祝小雷
张嘉迪　李　卉　林子寅　马小华　徐　超　花镇东
霍建龙　孙　坚　胡　珂　王　昊　傅　培　代克化
宋立鸿　林　辰　宋　阳

### 生命科学学院
李　倩　胡　婧　张　钧　魏学海　王　玮

### 城市与环境学院
毛熙彦　马晨越　胡钧宇　周琴丹　李思远　王清卿
刘　明　史科路　樊成丹　陈伟劲　缪杨兵　黄　斌
张　雯　刘元博　莫　琳　常　青　胡　冰　郑一就
齐　玲　余嘉玲

### 环境科学与工程学院
刘吉星

### 心理学系
谢佳秋　柯紫筠　王　茜　蒋心怡　路宇称　肖振宇
陈雨露

### 中国语言文学系
王承丞　张鸣豪　尉程炜　郑伟汉　丛治辰　曾慧娟
赖琳娟　郑伟娜　翟　昊　徐到稳　陈春敏　马俊江
王靖楠　邵　鑫　张　帅　孙洪伟　王振华　肖伟山
黄　帅　李　杨　蒋　鲲　王晓冬　李计伟　侯兴泉
董岑仕　赵　煜　朱晓科　胡宇芳　尹艳霞　吴新锋
袁　园　张凡姗　杨霁楚

### 历史学系
王　颖　姜张翠子　　　任一英　谢　蔚　张　静
冯荣玉　周诗茵　王　浩　孙正军

### 考古文博学院
冉宏林　张　静　方笑天　张闻捷　高　薇

### 哲学系
庄　莉　古仲兵　高广伟　胡　镔　周敬敬　郑　丹
简成章　李　爽　孙珊珊　王　诚　周木村

### 国际关系学院
孟　克　康丽曼　朱丹青　贾韶罡　徐粟影　毕方圆
张　燕　孙力舟　马　奇　张　鹏　钟　卫　吕继阔
周衍冰　张　元　胡　渝　王　京　张润泽　李玉磊
努尔兰·巴合提努尔

### 经济学院
张　敏　林凡彬　袁　佳　卢新月　明　了　王　非
王　森　石　琳　沈　冲　张启明　任秋潇　袁树仁
任孟琦　王舒婷　郭翌超　潘醒东　周　健　李　鑫
柴沿清

### 光华管理学院
曹　瑱　邓抒岚　李雨阳　周静波　孙楠楠　刘清照
赵子娟　魏博文　刘小山　卢秀文　申　旎　张松毅
谢　尼　张秀娴　黄　朵　朱正华　郭　琳　李一硕
刘小君　黄达鑫　李大宽　张　驰　孙　鹏　孙馨蕊

| | | | | | | | | | | | |
|---|---|---|---|---|---|---|---|---|---|---|---|
| 阮 晨 | 白洁莹 | 黄 莎 | 魏晓爽 | 于雪彦 | 周 宇 | 弓 健 | 文 静 | | | | |
| 邢 滨 | 李剑飞 | 卢 丹 | 张雪松 | 崔 浩 | 林小驰 | | | 元培学院 | | | |
| 王军凯 | 王 然 | 赵君秋 | 马庆林 | 陈云云 | 祝继高 | 俸国萍 | 赵兴龙 | 师 帅 | 史团伟 | 周 聪 | 刘蔚然 |
| 赵 宇 | 王轶欢 | 张艳娇 | 万 芊 | | | 徐 清 | 赵东晴 | 周 全 | 曲江寒 | 闫 欣 | 杨竹箐 |
| | | 法学院 | | | | 冯 明 | 袁 哲 | 李东豪 | 黄龙女 | 卢金蜂 | 黄 杨 |
| 陈少毅 | 曾 嘉 | 陈 励 | 许 冰 | 杨文菁 | 高大应 | 范春贤 | 张 韧 | 钟泽民 | 文熙韬 | 李 欣 | 李 辰 |
| 韩里燃 | 史 诗 | 吕晓轩 | 王 悦 | 傅建省 | 戴 锐 | 张安宇 | | | | | |
| 陈 莹 | 徐雪霞 | 陈 晔 | 熊 可 | 刘书燃 | 许春彬 | | | 软件与微电子学院 | | | |
| 刘晓迪 | 胡 超 | 谢广远 | 陈 旭 | 叶浪花 | 张虹霞 | 赵兴华 | 晋星辉 | 孙逸涵 | 周 瑶 | 纪力文 | 聂 靖 |
| 杨宗威 | | | | | | 陈 方 | 赵 磊 | 何 渊 | 黄晓明 | 饶 乐 | 翁志超 |
| | | 信息管理系 | | | | | | 分子医学所 | | | |
| 王一帆 | 陈光华 | 张梦雅 | 曾克宇 | 王 冬 | 许美静 | 谢文俊 | | | | | |
| | | 社会学系 | | | | | | 深圳研究生院 | | | |
| 陈慧萍 | 刁乃琦 | 鲍程亮 | 石 松 | 崔 忱 | 陈 旭 | 陈 鹏 | 张 建 | 王 恶 | 赵 璟 | 胡全安 | 卢成建 |
| 梁 昆 | 梁 晨 | 林 虹 | 赵 蕊 | | | 姚 博 | 黄丽华 | 张政操 | 赵中华 | 王雨辰 | 王智锋 |
| | | 政府管理学院 | | | | 吴 凌 | 蔡 涛 | 付 刚 | 乔现虎 | 冀 业 | 邢 勇 |
| 李荔馥 | 魏 健 | 黄俊森 | 杨 拯 | 王永望 | 刘国兴 | 李文楷 | 李陈锋 | 刘 鑫 | 曹生民 | 曲广宁 | 童 强 |
| 孟禄山 | 王文广 | 陈贵兵 | 李子奇 | 段晓雁 | 赵 滕 | 樊 亮 | 张珊珊 | 路 旭 | 林溪松 | 陈 琛 | 江晓影 |
| 徐世达 | 张 纯 | 尤宇川 | 刘 伟 | 王丽君 | 栾 吉 | 周 豪 | 曹 伟 | 张 旭 | 朱国红 | 达林泰 | 周雄飞 |
| 董晓菡 | 姬 懿 | 李国超 | 张 蕾 | 迪丽米然别克 | | | | 基础医学院医学预科班 | | | |
| | | 外国语学院 | | | | 王俊杰 | 郭慧凝 | 田 雨 | 李昱熙 | 刘 笑 | 郭 歌 |
| 陈 功 | 高 翔 | 程轶潇 | 王 东 | 谢依诺 | 祁 萌 | 毛光楣 | 刘 璐 | 张书婷 | 胡晓晟 | 章文博 | 蒋晓晓 |
| 钟 意 | 李清华 | 田 凯 | 王 爽 | 于 乐 | 高雅祺 | | | 医学部 | | | |
| 冯 姝 | 宋 蕊 | 霍建勋 | 黄青橙 | 赵轶凡 | 钟 晨 | 刘晓默 | 李文德 | 戴 亮 | 徐 雪 | 尚 维 | 姜 杉 |
| 黄 卓 | 刘 乐 | 欧阳天 | 王世岳 | 李 爽 | 于 洋 | 林 洁 | 姜 宇 | 蒋 析 | 王 乔 | 翁 庚 | 王江蓉 |
| 王立丽 | 徐苏晨 | 孔茂颖 | 代学田 | 苏 梦 | 徐 蓓 | 韦金奇 | 李嘉华 | 张庆芬 | 黄 森 | 林清诺 | 王 博 |
| 郭 沫 | 王黄典子 | | 张智栋 | | | 齐 梦 | 赵 通 | 孔金峰 | 靳培浩 | 都 潇 | 王 妍 |
| | | 马克思主义学院 | | | | 宋立娜 | 柏 明 | 王雅祺 | 田 野 | 吴 迪 | 杨昊旻 |
| 郭秋燕 | 李 婷 | 杨欣伟 | 陈思源 | 唐 琳 | 李洪展 | 王京凯 | 李 杨 | 谢 旻 | 韩 蕴 | 张辰雪 | 王 影 |
| 杨海昆 | 马 超 | 闫克伟 | 张 艳 | 郭 林 | 许元荣 | 唐 渊 | 宋晓禹 | 郑少芳 | 刘小露 | 柴 月 | 黄 山 |
| 李剑雄 | 张雪森 | 李雯雯 | 高志慧 | 孙曼琳 | | 裴喜燕 | 邓瑞芬 | 周 健 | 罗 佳 | 王 郁 | 高阳旭 |
| | | 教育学院 | | | | 刘 擘 | 刘晓鲁 | 陈 颖 | 陕 飞 | 郑凌冰 | 张耀朋 |
| 夏振国 | 戴 芳 | 陈汉聪 | | | | 罗 聘 | 宫一宸 | 谭文诗 | 张丹丹 | 潘 鹏 | 龚一蕾 |
| | | 中国经济研究中心 | | | | 徐艺翀 | 杨 婧 | 潘 鑫 | 陈 忻 | 鲁方亮 | 樊文强 |
| 贾继承 | 岳大洲 | 高伟栋 | 潘幸兴 | 陈国栋 | 邹 奔 | | | | | | |
| 史 晨 | 宫 彪 | 李冬婷 | 李新宇 | 林美娜 | | ## 五四体育奖 | | | | | |
| | | 人口所 | | | | | | | | | |
| 林 淦 | 傅 可 | 李成福 | | | | | | 新闻与传播学院 | | | |
| | | 对外汉语教育学院 | | | | 黄悠然 | 胡译丹 | 花 琳 | 赵唐薇 | | |
| 耿 直 | 严 可 | | | | | | | 经济学院 | | | |
| | | 艺术学院 | | | | 罗 飞 | 周正卿 | 谭 赛 | | | |
| 叶 赛 | 陈 佳 | | | | | | | 法学院 | | | |
| | | 新闻与传播学院 | | | | 刘晓萌 | 岳 琮 | | | | |
| 曹 璐 | 王默晗 | 陶雪璇 | 王 梓 | 胡倩怡 | 马德林 | | | 政府管理学院 | | | |
| 徐名宇 | 李陶蔚 | 庄 婕 | 王金媛 | 毕文娟 | 周 丹 | 黄俊森 | | | | | |
| 钟 声 | 赵 琳 | 乐 嫒 | 李星野 | 席淑静 | 肖龙凤 | | | | | | |

### 软件与微电子学院

俞 恺　潘 扬　郑宏磊　赵福升　林榕城　姚 阳
宋妍焱　蔡 尉

### 医学部

姜 芳　章 蕾　张 元　吕 昂　方 祎　陈晓东
宋关阳

## 红楼艺术奖

### 软件与微电子学院

李 鹤　李 康　陈明鸣　高 盈　马钰弦　袁 帅

### 深圳研究生院

孙晓雪　尹 静

### 医学部

窦 梦　范 芸　张如艳　殷诺雅　吴伦比　张 珂
董 璐　李天舒　冯陈陈

## 优秀班集体

| 数学科学学院 | 2006 级博士生班 |
| 工学院 | 2006 级博士生班 |
| 物理学院 | 2006 级本科生 4 班 |
| 地球与空间科学学院 | 2006 级地质博士生班 |
| 信息科学技术学院 | 微电子 2005 级本科生班 |
| 化学与分子工程学院 | 2006 级本科生 1 班 |
| 生命科学学院 | 2005 级博士生班 |
| 城市与环境学院 | 2003 级城市规划班 |
| 环境科学与工程学院 | 2006 级硕士生班 |
| 历史学系 | 2006 级硕士生班 |
| 考古文博学院 | 2004 级本科生班 |
| 法学院 | 2006 级本科生 3 班 |
| 外国语学院英语系 | 2006 级本科生班 |
| 政府管理学院 | 2006 级本科生班 |
| 社会学系 | 2006 级硕士生班 |
| 光华管理学院 | 2006 级本科生工商 1 班 |
| 国际关系学院 | 2006 级本科生班 |
| 经济学院 | 2005 级本科生金融班 |
| 马克思主义学院 | 2006 级硕士生班 |
| 教育学院 | 2006 级硕士生班 |
| 新闻与传播学院 | 2004 级本科生班 |
| 元培学院 | 2004 级本科生班 |
| 基础医学院 | 医学预科班 2006 级临床医学 5 班 |
| 基础医学院 | 口腔 2004 级本科生班 |
| 公共卫生学院 | 预防 2004 级本科生 1 班 |
| 第一临床医学院 | 2002 级本科生 2 班 |
| 航天临床医学院 | 2003 级本科生 9 班 |
| 第三临床医学院 | 外科研究生班 |
| 药学院 | 研究生 3 班 |
| 深圳研究生院 | 2006 级商学院双硕士生班 |

## 先进学风班

| 数学科学学院 | 2005 级本科生 5 班 |
| 数学科学学院 | 2006 级本科生 5 班 |
| 数学科学学院 | 2004 级本科生 1 班 |
| 数学科学学院 | 2005 级本科生 4 班 |
| 工学院 | 2006 级本科生 1 班 |
| 物理学院 | 2006 级本科生 2 班 |
| 物理学院 | 2006 级本科生 3 班 |
| 物理学院 | 2006 级本科生 6 班 |
| 地球与空间科学学院 | 2005 级 GIS 本科生班 |
| 地球与空间科学学院 | 空间物理硕博班 |
| 地球与空间科学学院 | 2005 级地质本科生 2 班 |
| 地球与空间科学学院 | 2004 级空间物理本科生班 |
| 地球与空间科学学院 | 2004 级地球物理本科生班 |
| 信息科学技术学院 | 计算机系 2004 级本科生 1 班 |
| 信息科学技术学院 | 智能科学系 2004 级本科生班 |
| 信息科学技术学院 | 微电子 2006 级硕士生 1 班 |
| 信息科学技术学院 | 计算机系 2005 级本科生 3 班 |
| 信息科学技术学院 | 电子系 2005 级本科生 2 班 |
| 化学与分子工程学院 | 2006 级本科生 4 班 |
| 化学与分子工程学院 | 2006 级本科生 5 班 |
| 化学与分子工程学院 | 2005 级本科生 4 班 |
| 城市与环境学院 | 2006 级博士生班 |
| 城市与环境学院 | 2005 级城市规划班 |
| 生命科学学院 | 2006 级本科生 3 班 |
| 生命科学学院 | 2007 级博士生班 |
| 历史学系 | 2004 级博士生班 |
| 哲学系 | 2005 级硕士生班 |
| 国际关系学院 | 2004 级本科生班 |
| 经济学院 | 2006 级本科生 5 班 |
| 经济学院 | 2005 级财政本科生班 |
| 经济学院 | 2006 级本科生班 |
| 法学院 | 2006 级本科生 1 班 |
| 法学院 | 2006 级本科生 4 班 |
| 信息管理系 | 2006 级本科生班 |
| 信息管理系 | 2005 级本科生班 |
| 社会学系 | 2004 级本科生班 |

| | | | |
|---|---|---|---|
| 光华管理学院 | 2006级本科生工商2班 | 第一临床医学院 | 临床2003级1班 |
| 光华管理学院 | 2006级本科生工商3班 | 基础医学院 | 临床2004级5班 |
| 光华管理学院 | 2005级本科生人力资源管理班 | 基础医学院 | 免疫研究生班 |
| 考古文博学院 | 2005级研究生班 | 口腔医学院 | 修复研究生班 |
| 外国语学院 | 英语系2005级本科生班 | 第三临床医学院 | 内科研究生班 |
| 外国语学院 | 俄语系2006级本科生班 | 基础医学院 | 生化研究生班 |
| 外国语学院 | 法语系2005级本科生班 | 航天临床医学院 | 研究生班 |
| 外国语学院 | 西葡语系西班牙语专业2004级本科生班 | 深圳研究生院 | 2006级法律硕士生6班 |
| 外国语学院 | 日语系2006级本科生班 | 深圳研究生院 | 2006级法律硕士生1班 |
| 外国语学院 | 东语系越南语专业2006级本科生班 | 深圳研究生院 | 2006级城市与环境硕士生班 |
| 新闻与传播学院 | 2006级本科生班 | 深圳研究生院 | 2006级传播学硕士生班 |
| 元培学院 | 2006级本科生班 | | |
| 元培学院 | 2005级本科生班 | | |
| 基础医学院 | 医学预科班2005级口腔医学班 | | |
| 第四临床医学院 | 2002级3班 | | |
| 护理学院 | 护理专业2005级本科生班 | | |
| 基础医学院 | 临床2004级2班 | | |
| 公共卫生学院 | 预防2004级2班 | | |

## 学生工作先进单位

外国语学院
城市与环境学院
信息科学技术学院
社会学系
第一临床医学院
口腔医学院

# 2006—2007年度奖学金获得者名单

## 光华奖学金

### 数学科学学院

| | | | | | |
|---|---|---|---|---|---|
| 王彩芳 | 王　彬 | 孙若愚 | 刘译璟 | 李　通 | 杨　远 |
| 孙　玉 | 周　鑫 | 伍世宁 | 阎　健 | 景泰淞 | 刘明晖 |
| 秦　晋 | 葛　旸 | 杨　磊 | 杨　燕 | 肖　逸 | 杨珏憨 |
| 纪荣强 | 何　平 | 章　尧 | 朱永平 | 陆宇澄 | 郑　骋 |
| 杨　修 | 陈　琴 | 田昊枢 | 沈烨锋 | 程　宏 | 何珂俊 |
| 郑　豪 | 陈　鑫 | 王汉超 | 罗　鹏 | | |

### 物理学院

| | | | | | |
|---|---|---|---|---|---|
| 王　坤 | 薛　巍 | 贺小伟 | 黄　琨 | 李大玮 | 祝　韬 |
| 亓　斌 | 陈　迪 | 穆　森 | 焦洁青 | 朱　好 | 吴中义 |
| 张德平 | 马常群 | 张彦峰 | 林　芳 | 陈　燕 | 谢旭飞 |
| 覃　睿 | 马立英 | 马　磊 | 佟　玲 | 张　哲 | 李　政 |
| 郭志强 | 阎鹤凌 | 俞燕明 | 于　涛 | 桂之钎 | 余仕英 |
| 吴志峰 | 丁燕妮 | 冯　波 | 姚昊旻 | 刘　琦 | 江　澎 |
| 李文生 | 王福全 | | | | |

### 化学与分子工程学院

| | | | | | |
|---|---|---|---|---|---|
| 郝　锐 | 付　颖 | 叶建锋 | 张　晶 | 谈　琰 | 向立民 |
| 杨　霞 | 宋　晨 | 尤明旭 | 刘　易 | 程进程 | 强 |
| 叶思宇 | | | | | |

### 生命科学学院

| | | | | | |
|---|---|---|---|---|---|
| 邓国平 | 彭智宇 | 尹玉峰 | 王　冉 | 朱素薇 | 王诗瑶 |
| 车南颖 | 王　玮 | 路　丹 | 邵文筠 | 胡霁瑶 | 赵羽白 |
| 宇文泰然 | | | | | |

### 地球与空间科学学院

| | | | | | |
|---|---|---|---|---|---|
| 范晨子 | 王　蕊 | 牛晓露 | 贾建瑛 | 徐海卿 | 曾道远 |
| 王　伟 | 张　羲 | 安　芳 | 宋姝婧 | 闫淑玉 | 王文涛 |
| 莫午零 | 崔　丽 | 徐芹芹 | 李姗姗 | 杜瑾雪 | 段玉婷 |
| 郭艳军 | 潘金花 | 张元元 | 申　思 | | |

### 环境学院

| | | | | | |
|---|---|---|---|---|---|
| 姜冀轩 | 王清卿 | 刘　珺 | 王晨辰 | 颜小品 | 沈路路 |
| 于牲牲 | | | | | |

### 心理学系

| | | | | | |
|---|---|---|---|---|---|
| 张登浩 | 夏　衍 | 金　晶 | 冯冬冬 | 许晓婧 | 王　程 |

## 新闻与传播学院
云国强 董 婧 胡 珣 孙 源 张明明 包蓓蓓
陈经超

## 中国语言文学系
刘 刻 张一南 黄冰如 袁一丹 刘 妍 马 千
姜海军 解 芳 王 斌 曹牧春 连 凡 徐奉先
裴雨来 洪 琰 卫 纯 董思聪 林 静 耿 葳

## 历史系
姚文秀 费 晟 周诗茵 徐 娟 陈 浩 王 玉
张艳玲 万 翔 张宜婷 包维维 王 珞 锺春晖
李 倩 王 耀 文 欣 赵妍杰

## 考古文博学院
刘 未 高 薇 缪 丹 张 静 王 晶

## 哲学系
甘祥满 任 鹏 贾姗姗 李 爽 张 瑾 陈天嘉
何小平 闵 军 蔡文菁 李文靖 张永生 郎 玥

## 国际关系学院
卢成军 谭林茂 张 鹏 刘晓萍 丁颖鹃 张肖萌
江 扬 李正生 纪华菁 葛 俊 赵小凤 刘 畅
汪卫华 陈晓晨 王 菁

## 经济学院
张 敏 徐竞文 宋 茜 宋 晨 杜 鑫

## 光华管理学院
崔 伟 万 芊 赵 宇 李妍妍 伍 彪 黄 亮
华 婷 孙便霞 龙 箐 潘一鹏 袁 娅 杨 逸
宋小华 曹 蓓 李 娜 齐文韬 周 坚 张秀娴
张文慧 李芳芳 吴连子 翁行刚 周志群 魏 可
刘建颖

## 法学院
许家庆 胡永恒 姬玉洁 尹 灿 廖思宇 曹 宇
戴 锐 陶品竹 王元朋 卢 佩 高学文 冯艳楠
林承铎 林 岚 曹东方 孙 晶 刘瑞娜 赵 丽
陈生泰 严厚福 王 钰 陈 猛 白 溪 胡 超
刘孝敏 甘晓晨 李枝琴 魏云飞 郭 嘉 吾采灵
王海涛 王韶华 夏小雄 张 晏 任丽莎 郑莹莹
曾大鹏 古丽阿扎提

## 信息管理系
陈雪飞 朱 苟 骆 杨 曾克宇 孙鹏飞 张梦雅
杨文欣 刘 菲 张宏胜 王 冬

## 社会学系
吴世旭 胡 瑜 盛智明 马吟秋 季 佳 眭静坤
吴 莹 林 虹 庆小飞

## 政府管理学院
黄伯平 尹诗翰 刘 骥 向姣姣 曾海涛 许 琴
李国强 杨京涛 曹雅文 任 燕 黄 娴 汪文姝
巫烈光 郭丽岩 赵姗姗 李 倩

## 外国语学院
邵雪萍 李莎莎 马筱璐 梁美霞 叶晓璐 鲁蒙初
姚 骏 邹 霞 高小娟 章芳华 刘 希 宋西雅
陈礼珍 王竹雅 刘宇婧 闫 敏 李 晨 于 乐
许琴芳 徐柏钰 王 珺 张 巍 孙 婧 蔡文娇

## 马克思主义学院
王 锋 姜云涛 刘 晨 王 瑛 程甲子 郭秋燕
王多吉 孙曼琳

## 艺术学系
靳 锦 林 楠 潘 彧

## 对外汉语教育学院
罗 意 李 占

## 元培学院
毕自强 李 叠 邹旭东 赵益民 袁 哲 吴 磊

## 信息科学技术学院
张俊艳 缪雨壮 邵凌霜 罗 匡 孟 娜 洪婷婷
赵 培 钟科杰 葛文兵 王 栋 吴昊宇 刘慧楚
张小欣 周易安 汤雅权 张立欢 李牧群 蔡卡尔
肖 韩 汪 潞 黄燕京 李端梁 余 军 黄柏彤
窦 亮 余江波 李 田 王 佳 戴 梦 汪瑜婧
吴 波 陈彦卿 李 旸 刘 筱 陈文玑 王子南
古 亮 陆 叶 李 峰 窦明松 魏康亮 洪 杰
凤旺森 徐冬奇 陈 醒 姜 虹 武晋轩 王 昊
吴大可 丁伟伟 袁 驰

## 中国经济研究中心
郭桂霞 朱至文 陶 婧

## 教育学院
涂端午 朱光明

## 人口所
孙铭徽

## 工学院
刘 仙 王可为 陈松泽 彭小玲 肖可超 马宗强
杨 晴 吴 佳 陈 晖

## 城市与环境学院
王文博 张 雷 张树才 李鹏飞 黄 斌 袁慧诗
常 青 任 佶 李 倞 缪杨兵 何思源 赵靖宇
刘作丽

## 环境科学与工程学院
岳玎利 何霄嘉 陈 梅 李昌凌

## 医学部
郭晓丹 赖青颖 贾 苋 张 璐

**CASC公益一等奖学金**

## 地空学院
陶 欣 李四维

### 工学院
何建安　杨　超

### CASC 公益二等奖学金

#### 数学科学学院
陆　鑫

#### 经济学院
吕　佳

#### 光华管理学院
孟雪莲

#### 城市与环境学院
朱晟君

### CASC 公益三等奖学金

#### 数学科学学院
马世光　肖　溶

#### 物理学院
沈　超　田　飞

#### 地球与空间科学学院
孙荣双　陈姜智

#### 光华管理学院
苏文辉　王　蕾　周　冰

#### 信息科学技术学院
董　琦

#### 工学院
李卓政　李航宇

### ESEC 奖学金

#### 物理学院
符娇兰

#### 心理学系
谭滢滢

#### 考古文博学院
靳　森

#### 信息管理系
罗建岚

### IBM 奖学金

#### 信息科学技术学院
阮光尘　张　译

### POSCO 奖学金

#### 数学科学学院
王　弢　吴晶辰　韩　霄

#### 物理学院
尹含韬　李兴斌　唐春扬

#### 化学与分子工程学院
党项南　彭德高　姚　远

#### 生命科学学院
王　漪　马　晴　梁旻辰　马　明

#### 地球与空间科学学院
高危言　陈文磊

#### 环境学院
王　蕾　刘　婧　邓蜀星

#### 心理学系
马志莹　翁秋洁　陈霓虹

#### 法学院
蒋　航　蔡克蒙

#### 元培学院班
彭　程　文　雅　余　嘉

#### 工学院
金志昊　郑宇朋　葛　妍

#### 医学部
吴　梦

### SK 奖学金

#### 生命科学学院
冯　佳　苏彰力

#### 环境学院
刘笑彤　祁兆寰

#### 新闻与传播学院
龙　洋　王　硕

#### 国际关系学院
马相伯　赖　含

#### 经济学院
陈　晨　贾　蕾

#### 光华管理学院
牛韵雅　张　璇

#### 法学院
郭　程　王　瑛　李一笑

#### 政府管理学院
王　乐　李珂涛

#### 外国语学院
盛　甜　武　伟

### 宝钢奖学金

#### 数学科学学院
陈　江

### 物理学院
马　岳
朱　戎
### 化学与分子工程学院
### 地球与空间科学学院
李　越
### 心理学系
周　乐
### 中国语言文学系
魏　辰
### 历史系
华　锐
### 考古文博学院
刘　薇
### 哲学系
韩慧君
### 国际关系学院
沈贤元
### 社会学系
杜　月
### 艺术学系
崔雨竹
### 工学院
陈昀峰

## 奔驰奖学金
### 物理学院
范鹏宇　孔德圣　金宇航　华　博　邵　帅　郝　阳
叶晓飞　李　博
### 中国语言文学系
金　晶　李国春　陈　思　刘　晨　张　雪　关思怡
张晓鸥　范　雯
### 哲学系
王　涵　杨　卓　李　超　李翔宇　黄　瑜　樊虹谷
肖　宇　赵　曦
### 光华管理学院
荣　膺　秦　雨　李剑飞　刘　莹　梁　艺　郑奕玲
许橼笔　王　玉
### 法学院
钱思雯　李德妮　殷秋实　苏　盼　朱晓然　罗　玲
邱方哲　戴　伟
### 外国语学院
丁　祎　李　萱　吕姗姗　李　嘉　黎志青　季季青
张婧一　陈奇达

## 成舍我奖学金
### 中国语言文学系
许　诺　王　玮

## 崇明奖学金
### 物理学院
张其星
### 新闻与传播学院
李星野
### 中国语言文学系
孔小溪
### 哲学系
李婷婷
### 国际关系学院
张　慧　张　度
### 法学院
刘远超
### 信息管理系
王一帆
### 教育学院
杨　滔

## 大韩生命保险
### 经济学院
贾　若　金　然　王冬萌　刘　源　王亚楠　林　潇
温鹤飞　吕　焱　范　杨　王　喆

## 戴德梁行奖学金
### 数学科学学院
李大州　张　浩　樊昊阳
### 物理学院
郭泽磊　刘兰个川
### 地球与空间科学学院
张　磊
### 新闻与传播学院
王逸鸣　张海娜
### 中国语言文学系
吴君如
### 历史学系
贾　彤
### 考古文博学院
余雯晶
### 哲学系
陈　凌

### 国际关系学院

孙文竹

### 法学院

王湘羽

### 信息管理系

陈光华

### 社会学系

赵玉金

### 政府管理学院

张 轩

### 外国语学院

屈丽娜　金 欣

### 马克思主义学院

吴江月

### 艺术学系

徐芳依

### 对外汉语教育学院

孙 爽

### 元培学院

任启明

### 教育学院

吴艳艳

### 城市与环境学院

刘 柯

### 环境科学与工程学院

周 丰

### 医学部

陈 静　阎 凯　冷颖琳　李文倩

## 德康霓克奖学金

### 数学科学学院

穆 放

### 物理学院

赵仕俊

### 化学与分子工程学院

严 兢

### 生命科学学院

陈秋月

### 地球与空间科学学院

张 弛

### 环境学院

刘瑞楠

### 信息科学技术学院

姜梦林

### 工学院

陈 伟

## 德姆塞茨经济学奖学金

### 经济学院

王 卓

### 光华管理学院

魏小可

## 东宝奖学金

### 生命科学学院

刘 毳　赵 敏　许师明　李炯棠　张 蓬　高 巍
扈春阳　康菊清　李红姜　尹康权

## 东港奖学金

### 化学与分子工程学院

王秀腾　高龙成　郑 捷　杨 坤　范 兴　白红军
沈 丽　于 跃　彭 程　马 严　黄潇楠　李红卫
聂稻波　刘 颖　蔡桂鑫　现晓军　李乐乐　雷 声
李晓敏　何懿峰　关冰涛　程 澜　曹 青　王 睿
邵 娜

### 生命科学学院

梁中成　于文玉　马志强　蔡 军　秦 汉　李川昀
李林川　贺金堂　周 鹏　刁飞慈

## 东京三菱银行

### 经济学院

杜 伟　焦 健　金旭毅　陈人可　唐 威　黄长清
麻勇爱　李昕旸　张 悦　黄宏兴　丁明明　杨 凝
杜艺中

### 光华管理学院

金 英　韩 煦　林宏金　朱 炜　白文瑜　毛海生
张如慧　刘志成　王婧抻　彭璐珞　卢士强　郑 洁
饶品贵

### 法学院

毕雁英　江 溯　汪华亮　邓 晔　缪因知　刘 芹
王政勋　李瑞生　门金玲　黄 韬　刘性仁　余慧婷
黄士元　梁晓晖

## 董氏东方奖学金

### 数学科学学院

罗振兴　王 曦

### 化学与分子工程学院

康 扬　宋春啸　赵 帅　汪 维　张 腾

### 生命科学学院
周　克
### 环境学院
徐治乙　彭剑飞　蒋　蕾　赵烽君
### 心理学系
王　凝
### 中国语言文学系
宫　铭　郭红霞　金　锐　王　禹
### 历史学系
蒋　钦　于　月　林立扬　张　超
### 哲学系
张　梧　周慧灵　任小溪　徐　琴
### 国际关系学院
范思雯　徐　逸
### 经济学院
沈舒滢
### 光华管理学院
郭　平　于乐宽　于雪彦　赵　蕾　安　砾　崔　薇
李洪涛
### 政府管理学院
王　苪
### 外国语学院
王　娜　郭晓春　周　正　王　东　佟梦吟　高雅祺
### 信息科学技术学院
郭庆伟　王　亮　雷吉科　赵　哲　寿思聪　李德珠
林　泊　何　杰　方　菲　蒋　威　黄宇心
### 城市与环境学院
吕晓芳　陈小洁

## 杜邦奖学金
### 生命科学学院
南　洁　刘平丽　连　敏　宋治华　沈　钰　陈崇毅
张鹏博
### 环境学院
魏　文　王　雁
### 城市与环境学院
朱继平　颜　磊　李海龙　潘峰华　李晓瑭

## 方树全奖学金
### 法学院
贾　勇
### 社会学系
王霞绯

## 方正奖学金
### 数学科学学院
赵翔鹏　李晓东　林　婧　陈昕韫　张学斌　蒋　扬
黄　晶　吴怡君　李纯毅　王婉洁　徐　劼
### 物理学院
孙嫚徽　刘祝捷　刘　恒　胡颖哲　於　韬　一　禾
刘军丰　许嘉宾　王春岩　李达梁　闫　佶
### 化学与分子工程学院
江忠萍　付晓芳　周　灿　周晓雪　刘　君　高　聪
姚亚刚　洪国松　孙　浩　彭志为　张　博
### 生命科学学院
王　乔　余　涛　王国晓　谭　验　王文媛　乔　木
刘海松　胡　珉　陈　轶　高小井
### 地球与空间科学学院
赵世湖　罗　曼　王文虎　胗一镭
### 环境学院
侯安扬　胡　垚　任　帅　孙　康　李镓颖　王一帆
### 心理学系
刘　岩　张佳昱
### 新闻与传播学院
崔彤彦　游梦圆　王　婧　郑阳鹏　张　宇　杨　蕊
董湘君　刘文琳
### 中国语言文学系
赵　晖　彭春凌　张　慧　王　芳　黄　妍　王春茵
陆　胤　许帆婷　岳　娜　姚　华　苏　婧
### 历史系
庄小霞　季爱民　陈　捷　张若薇　李　兮　徐静泊
### 考古文博学院
施文博　徐新云
### 哲学系
谢晓健　周奇伟　徐诗凌　吴贞妮
### 国际关系学院
张学昆　李欣然　梁　健　桂　丹　储云燕　林心蕊
徐嘉蔚　赵　宇
### 光华管理学院
高萌萌　叶菁菁　何　雨　朱传仁　佟　爽　黄　朵
厉　行　宋勉之　王　慧
### 法学院
宋建强　张雅丽　潘旻然　姚　谧　王开元　于　勤
吴元元　茅少伟　陈韵希　周思丞　汪闻超　刘真珍
王　婧　曹　哲　侯东方　李坤睿
### 信息管理系
范　凡

### 社会学系
陈文玲　王　楠

### 政府管理学院
曹堂哲　邵勇波

### 外国语学院
黄重凤　刘　志　陈　果　张忞煜　褚　叶　王晓丹
邢燕燕　丁玲璘　张　凌　高晓珊　武　丹　陈若君
杨　婧

### 马克思主义学院
郭　林　黎　滢　赵　冉　杨欣伟　王　滨　燕鹏程

### 艺术学系
吴燕武

### 对外汉语教育学院
杨金余

### 元培学院
刘　岩　邓　拓　武阳乐　彭　旭　张磊荔　张浩炜
刘　伟　龙腾飞

### 信息科学技术学院
肖　峥　李霁昕　石福昊　高汉鸿　王云姗　乐　天
倪冬鹤　李晓东　牛　犇　陈　驰　王　鹏　吴士章
刘建珍　王　璇　谢　迪　吕　品　姚金宇　李　昂
丁　飞　肖冰峻　张拳石　吴晓牧　孙天博　史　尧
曾　晨　赵　鑫　章彦星　树柏涵

### 中国经济研究中心
邱凉飞

### 教育学院
陈伯栋

### 人口所
陈　涛

### 工学院
伏　锋　陈文仕　邓　昊　廖勤拙　王　超　李　阳
易　新

### 城市与环境学院
汪　涌　谢志华

### 环境科学与工程学院
姜玉梅　胡　珊

## 费孝通奖学金

### 社会学系
李　丁　阳妙艳

## 丰田奖学金

### 经济学院
王梦婷　赵　奎　董　纳

### 光华管理学院
卞丹洋　郭露茜　杨莹雪

### 法学院
顾文婷　周　倜　袁　嘉

### 外国语学院
陆笑天　于泓洋　姜　悦

## 冯奚乔奖学金

### 物理学院
吴迢璧　谢　晨

## 岗松奖学金

### 化学与分子工程学院
封　格　光　洁

### 生命科学学院
李　冀　何泽苗

### 地球与空间科学学院
宋晓鹏　张湘云

### 环境学院
刘碧寒　邓　航

### 心理学系
许　珊　杨悦然

### 新闻与传播学院
周　晶　黄文涛

### 中国语言文学系
马　昕　宫睿哲

### 考古文博学院
王冠宇

### 哲学系
牟潘莎

### 法学院
钟震宇　蔡蒎仪

### 政府管理学院
张　洁

### 医学部
张茉沁　郑博隆　胡晓晟

## 顾温玉生命科学奖学金

### 生命科学学院
胡蕴菲　张　禾　孙晓萌

## 国采(西南联大)奖学金

### 中国语言文学系
谭晶晶

### 历史学系
胡 鸿

## 国家奖学金

### 数学科学学院
蔡振宁　赵晓磊　付 蓉　冯鑫铤　陈宁远　李 健
汪小琳　傅 列　张 宇　朱煦雯　汪哲楠　魏文哲

### 物理学院
范 悦　林中杰　罗洁莹　谭 腾　高文旆　汪世英
马荣荣　顾 超　陈梦曦　郭文琼

### 化学与分子工程学院
林 松　唐 雯　金 鑫　胡 珀　朱 贺　石臻锐
寿 恒　窦乐添　朱叶子

### 生命科学学院
柯伟雄　马海粟　陈睿超　丛 倩　金武阳　李芃芃
康德智

### 地球与空间科学学院
陆 忞　涂继耀　项 楠　邹 莹

### 环境学院
刘 涛　宋 潇　沈咏美　甘慧洁　张霁阳　王雨爽
孙小明

### 新闻与传播学院
卞民德　孔春霞　吴 琦　刘智超　肖 芳

### 中国语言文学系
林 峥　王耐刚　刘紫云　董岑仕

### 历史学系
李怡文　况颖秋

### 考古文博学院
张 钊　张宇翔

### 哲学系
庄 莉　赵金刚

### 国际关系学院
龚 正　邓 洁　李 智　曾小顺　李新宇　孙 璐

### 经济学院
陈 森　丹筱彤　谢文怡　王 非　程思薇　皋 璐
刘 艺　高若然　熊开阔　宋春丽

### 光华管理学院
周寅猛　丁 瑛　周凌慧　秦小深　石凌怡　安 悦
吴 慧　杨 捷

### 法学院
曹 暑　吴思敏　刘远萍　王 源　邱晓琼　蔡小萌
陈艺方　温 雅　贺 鑫

### 信息管理系
余频捷　翁 荔

### 社会学系
王 璜　房 瑶

### 政府管理学院
陶 郁　林 赛　李玉萍　宋 堃

### 外国语学院
许冰心　戴甚彦　张琳娜　贺 曦　白晨阳　汪远航
杨任任　田 萌　周海东　周 晨　王睿君

### 马克思主义学院
黄 琅　吴姗姗　程 荣　牛京苗

### 艺术系
魏 莱　姜一博

### 元培学院
张东舟　王 子　潘钜桐　张 引　杜 飞　邝玉婷
陈雪莹　朱肖昱　黄华泰

### 信息科学技术学院
许 诺　蒋 晓　武文琦　赵思楠　康兆一　乔 颖
田 昊　陈 巍　陈 辰　温苗苗　卞超铁　马永强
李浩源　杨暐健　李思然　张 蕾　赵冀杰

### 工学院
雷 鸣　王 鑫　白 彬

### 医学部
曾 妍　赵 晨　叶绽蕾　李德润　陈 璐　付 玉
顾闻达　王 哲　吴 恺　许 婕

## 韩国学研究奖学金

### 外国语学院
董 洁　李婷婷　宗黎娟　林 礼　谭奇思　郑雨澄
金善女　宣 瑄　白潇祎　叶琼林　李 玲

## 恒生奖学金

### 环境学院
李 昂

### 新闻与传播学院
胡亚男

### 经济学院
钱一思　吴军一

### 光华管理学院
郭 爽　刘小君　欧阳珊

## 华为奖学金

### 数学科学学院
生云鹤　王 涵　刘知海　罗海丰　钟浩文　徐伟权
王 林　王子龙

### 信息科学技术学院
刘谡哲　李 锐　王中果　张义尉　赖博彦　蒋承龙
陈瑞川

## 华臧奖学金

### 中国语言文学系
范　雪　富嘉吟

### 历史系
徐乐天　余　欢

### 哲学系
张永奇　雷　博　颜　筝　庄士超　钱咏邠　周滢琼
郭永盛　徐多依　朱　薇　李唯正　刘婷婷　方　慧

## 黄鹰育才奖学金

### 法学院
刘书燃　岳新宇　田飞龙　刘诗聪　杨乂苏　冯　迎
焦海涛

### 信息科学技术学院
尚　铮　苏　冰　周　敏

## 惠普奖学金

### 信息科学技术学院
夏云霓　杨　宇　杨　蕾　李　楠　周新彪

## 佳能特等奖学金

### 数学科学学院
刘雨晨　孙　鑫

### 物理学院
韩炳鸿　薛　驰

### 化学与分子工程学院
杨　扬　陈鹏程

### 生命科学学院
张浩千　杨　旸

### 地球与空间科学学院
张天然　张　爽　亢　豆　何怡原

### 中国语言文学系
朱　泓

### 历史系
秦冰凌　杞支雅男

### 考古文博学院
滕　飞

### 国际关系学院
张瞳瞳　赫佳妮

### 经济学院
颜晖皓

### 信息管理系
王长宇

### 外国语学院
姜　通

### 元培学院
于晨露　马　煜

### 信息科学技术学院
徐秋旻　裘元俊

### 工学院
杨　声　柴俊一　谭斯逸　杨长东

## 建信基金优秀学子

### 心理学系
陈　卓

### 中国语言文学系
朴　婕

### 考古文博学院
卢　一

### 国际关系学院
程多闻　任一英

### 经济学院
李梦遥　刘小瑞　彭　天　李　昂　高思雨

### 光华管理学院
郭青柏　赵　欢　冯　雪　朱一萌　周　宇

### 信息管理系
刘雅琼

### 社会学系
刘　爽　汪栋杰

### 马克思主义学院
张运金

### 艺术学系
田　梦

## 江泽涵奖学金

### 数学科学学院
程建涛　刘　庆　宋　睿　陈　轩　朱　方　郑　晨
王国强

## 康宁奖学金

### 物理学院
庄承钢　徐　蓉　楼建玲　郭晓峰　江　萍

### 化学与分子工程学院
袁　荃　金　钟　刘俊辉　唐浩宇　谢黎明

### 生命科学学院
蒋　卫　于　泉

城市与环境学院
段晓峰　陈　春　王文涛　郎　畅

## 廖凯原奖学金

数学科学学院
葛　颢　高　堃

物理学院
何　林　李志远

化学与分子工程学院
陈树峰　李希奔

地球与空间科学学院
吕　增　王海洋

环境学院
朱　丹

心理学系
杨志刚　贺　熙

中国语言文学系
刘　璐　周明燕子

历史系
李　鑫　穆崟臣　陈冠华

考古文博院
燕生东　王书林　王　敏

哲学系
洪　浩　赵　悠

国际关系学院
李滨兵　潘　晔　徐静毅　姜　鑫　殷晴飞　黎又嘉

经济学院
陈　思　刘丁华　党笑蕊　胡　迪　毛亦可　王　祥
郭　嘉

光华管理学院
吴　刚　陈　乐　王春芬　孙　萌　姜娅婧　刘　华
薄仙慧　严成樑

法学院
孙家红　尤陈俊　邵　博　谢珂珺　王　琦　李　晶
梁　亚　郭维真　王秋雯　富　琪　李　洁　黄若微
申柳华　周　杰　许静颐　曾燕斐　刘　庄　刘李依
汤洁茵　刘斯亮

信息管理系
石崇德　冯　时

社会学系
胡飞飞　郭　琦

政府管理学院
张勇进　邓永新　冯　译　武倩情　李　鑫　王　栋
王彦敏　宋　歌　李　俊　纪权凌　席文　周　维
袁德良　张　琪　韩　溪　黎娟娟　冯俊晨　魏园园

吴　昊　欧阳李慧

外国语学院
王　欢

马克思主义学院
王国峰　李佳伟

信息科学技术学院
张逸林

中国经济研究中心
董　丰　王　韡　张　璐　周　伟　周卫华

工学院
孙成奇　何劲聪

城市与环境学院
张　纯

环境科学与工程学院
解宇峰

## 林超地理奖学金

环境学院
兰宗敏　史　进

城市与环境学院
谭　琨

环境科学与工程学院
李雅琼

## 美林集团奖学金

经济学院
王小溪　林　榕　王　霞　郑晶晶　沈　冲　陈　聪
曹青青　罗　钰

光华管理学院
汪　芊　成　鑫

## 明德奖学金

数学科学学院
耿　原　徐尚华　金　龙　甘文颖　李天翼　付　雷
彭闽昱　朱庆三　刘　捷　吴辰熙　沈才立　胡　涵
杨诗武　赵彤远　柳智宇　林　茜　赵　倩　邓　煜
周　游　谭志宏

物理学院
余江雷　李鹜西　彭星月

化学与分子工程学院
何玥伽　刘艺斌　李佐鸿　徐　磊　张子旸　方　源
曾　毅　叶钦达　蔡李超

生命科学学院
谭　昊　李田园　马　强　欧　洋　冉　辰　路宇衡

| 刘 倩 | 王 澜 | 贾方兴 | 刘 潇 | 朱军豪 | 周 謇 |
| --- | --- | --- | --- | --- | --- |
| 李晶晶 | 周 舟 | 王韵涵 | 范佳琳 | 林济民 | 赵旭照 |
| 周 腾 | 于静怡 | 张鸿康 | 杨璐菡 | | |

新闻与传播学院

陈 玥

中国语言文学系

| 陈晓梅 | 凌 超 | 常方舟 | 张 玥 | | |
| --- | --- | --- | --- | --- | --- |

考古文博学院

谭 镭

国际关系学院

| 马明宇 | 何 燕 | 邵凌鹿 | 王琳琼 | 娜迪娅·尼亚孜 | |
| --- | --- | --- | --- | --- | --- |

经济学院

| 柴沿清 | 鲁 憙 | 徐紘宇 | 郝 乐 | 黄厚瀚 | 叶淏尹 |
| --- | --- | --- | --- | --- | --- |
| 种佳伶 | 卢晓宇 | 穆小天 | 何 彧 | 周孟颖 | 禹奇锋 |
| 曾雪兰 | 陈芳芳 | 王晓月 | 刘怡然 | 扎西次仁 | |

光华管理学院

| 杨令霞 | 杨 青 | 陈 博 | 徐 钰 | 杜 玮 | 罗宏晟 |
| --- | --- | --- | --- | --- | --- |
| 史小燕 | 孙田宇 | 冯文婷 | 孙一丁 | 蔡妮芩 | 马冰一 |
| 张 丹 | 程相源 | 董 春 | 魏 冰 | 邢 滨 | 张秋婷 |
| 方美燕 | 任 飞 | 邱 汛 | 赵君秋 | 朴婧玲 | 戴卉君 |
| 王佳杰 | 余子宜 | 吴 倩 | 刘璐源 | 於思雨 | 林婵娟 |
| 黄晨琦 | 肖梦君 | 梁 莹 | 何世悦 | 杨 乐 | 林丽渊 |
| 庆出蓝 | 林小杰 | 谢 尼 | 叶 婧 | 金 朦 | 王 珊 |
| 韩陆瑶 | 卢淑怡 | 刘亚东 | 高 扬 | 陈 默 | 邢 阳 |
| 李 琳 | 薛逢源 | 张鸿凯 | | | |

法学院

| 刘 爽 | 马梦璇 | 张宇寒 | 伊晓莉 | 曾海卿 | 张 帆 |
| --- | --- | --- | --- | --- | --- |
| 李圣思 | 陈 萌 | 王 馨 | 江伟丽 | 陈雄超 | 宗 吉 |
| 殷晓霞 | 康 静 | 格桑曲宗 | | | |

社会学系

石 松

政府管理学院

穆 静

外国语学院

| 廖海珍 | 赛 婧 | 王笑月 | 蒋士莹 | 柏雯瑛 | 黄文帝 |
| --- | --- | --- | --- | --- | --- |

元培学院

| 吴杰行 | 田 禾 | 谢宇宏 | 李 明 | 孙 凌 | 朱虹璇 |
| --- | --- | --- | --- | --- | --- |
| 周之悦 | 易 萌 | 张博然 | 韦 薇 | 高 原 | 都珊珊 |
| 陈 铭 | 陈 敏 | 王 轩 | 裴东斐 | 曹 飞 | 樊玉伟 |
| 宿 洁 | 刘诗泽 | 杨楠楠 | 林瑞辉 | 叶 枝 | 张友谊 |
| 岳 衎 | 林 叶 | 王 凝 | 陈亚玲 | 张亦弛 | 李 燕 |
| 杨 森 | 阚建容 | 屈仁丽 | 陈璇卿 | 求芝蓉 | 张一弛 |
| 王 冉 | 徐语婧 | 唐 靓 | 闫 欣 | 林英睿 | 胡 朗 |
| 刘良会 | 赵 雪 | 卢 毅 | 申栋材 | 卢 炜 | 曾春明 |
| 周 全 | 朱诗雄 | | | | |

## 摩根士丹利奖学金

数学科学学院

| 姚锋平 | 黄际政 | 杨 璇 | 童 心 |
| --- | --- | --- | --- |

物理学院

| 高亦斌 | 高 阳 |
| --- | --- |

化学与分子工程学院

王 珂

地球与空间科学学院

杨 毅

环境学院

刘 慧

新闻与传播学院

马 航

国际关系学院

庞 博

光华管理学院

| 王 之 | 洪洁瑛 |
| --- | --- |

政府管理学院

周 波

信息科学技术学院

| 陈小光 | 何毓辉 | 张 涛 | 龚子明 | 王 煦 | 刘宇希 |
| --- | --- | --- | --- | --- | --- |

工学院

| 肖 峰 | 王启宁 |
| --- | --- |

## 欧阳爱伦奖学金

生命科学学院

| 侯仙慧 | 张 薇 |
| --- | --- |

经济学院

| 祝荣富 | 乔元华 | 钱珺薇 |
| --- | --- | --- |

光华管理学院

| 刘武健 | 史丽燕 |
| --- | --- |

外国语学院

| 章 元 | 匡 伟 | 周祝源 | 何 磊 |
| --- | --- | --- | --- |

## 奇瑞奖学金

新闻与传播学院

| 方可成 | 孙 强 | 王 菲 |
| --- | --- | --- |

外国语学院

| 于 潼 | 郭金灿 | 董舒立 |
| --- | --- | --- |

马克思主义学院

| 吴海昌 | 何江明 | 段雪聪 |
| --- | --- | --- |

艺术学院

| 欧阳霄 | 王乃超 |
| --- | --- |

### 信息科学技术学院
易 飞　郑 炜　费永强　张瑶林　孔令明　李义春
周 旺　王 宝
### 医学部
臧 鑫　戴帆帆

## 三昌奖学金
### 历史学系
王 果
### 马克思主义学院
赵昱博
### 艺术学院
李 伟
### 对外汉语教育学院
冉 泽
### 人口所
傅 强

## 三井住友奖学金
### 新闻与传播学院
卞卓舟　骆盈盈
### 信息管理系
谢晓添　麦晓华
### 社会学系
韩 琳　张翩翩
### 马克思主义学院
林 靖　王莉莉

## 曾宪梓奖学金
### 数学科学学院
熊 欢　许 欣　樊昊霖
### 物理学院
许 晟　严 羽　李成超
### 化学与分子工程学院
孟繁柯　吴惠娴
### 生命科学学院
郝庆松
### 地球与空间科学学院
潘庆江　于祥江　王 铮　贾 科
### 环境学院
王宇凡　文 婧　胡 丹
### 心理学系
张 晓
### 新闻与传播学院
张茜倩

### 中国语言文学系
林 品　刘 芸
### 历史学系
万 蜜
### 考古文博学院
冉宏林
### 哲学系
戴晓芳
### 国际关系学院
叶紫薇
### 经济学院
夏可钦　杨 黎
### 光华管理学院
顾 飞　陈 挺
### 法学院
杜忻奕　张 胜　郭敬敬
### 信息管理系
仲书芬
### 社会学系
肖 萧
### 政治学与行政管理系
李麦青　张丽敏
### 外国语学院
韩 笑　马洁宁　侯培龙
### 马克思主义学院
桑良勇
### 元培学院委员会
崔 璨　刘 炼
### 信息科学技术学院
张延东　杨 果　毛 琛　顾 远　王莹磊　卞俊杰
### 工学院
王祎轩
### 医学部教学办
张大磊

## 三星奖学金
### 数学科学学院
叶乐天　顾一彪　孙鹏飞
### 物理学院
董若冰　负 克
### 化学与分子工程学院
许洪彬　陈春来　王博远　戴小川
### 光华管理学院
王 垆

### 法学院
吴双双　陈日晶
### 信息管理系
吴懿咏
### 外国语学院
付　莉
### 信息科学技术学院
林子雨　吉　喆　王　波　张兆俊　柳明海　洪才富
冯熙铉
### 工学院
吴元子　赵真龙
### 环境科学与工程学院
李其林

## 松下育英奖学金
### 数学科学学院
余昌涛　张　硕
### 物理学院
刘振超　王　科
### 生命科学学院
万　仟
### 光华管理学院
王　科
### 法学院
姜　峰　刘培俊
### 信息科学技术学院
李俊涛　徐方博
### 环境科学与工程学院
麦家星　颜　敏

## 苏州工业园区奖学金
### 化学与分子工程学院
李梦圆　陈　强　任为武　黄　腾　潘中怀　杨胜韬
刘　娜　郑勤思　李振东　王志坚
### 生命科学学院
王承艳　胡　滨　余大海　王锐鹏　唐　艳　王　磊
施　慧　林　源　庞　科　陈泽宇
### 信息科学技术学院
赖西湖　李　星　乔　丹　刘　源　陈建伟　杨　威
杨　帅　姚恩鑫　蔡　洋　张　纯
### 工学院
陈小杰　麦金耿　王　琦　马徽冠　张玲毓　陈占明
陈　昱　陈　熹　魏庆凯　张　超

## 索尼奖学金
### 数学科学学院
赵　斌　王　更
### 地球与空间科学学院
胡张翼
### 新闻与传播学院
杨　旭
### 历史学系
安培华
### 光华管理学院
林景艺
### 政治学与行政管理系
韩伟玮
### 外国语学院
罗　弥　何玲玲

## 唐仲英奖学金
### 数学科学学院
王　露　张　超　丁　鹏　刘文贵　张子立
### 物理学院
蔡子星　冯思敏
### 化学与分子工程学院
贠　琳　孙少阳　马志勇
### 生命科学学院
冯安丽　蒋　毓　盛　盈　王长荣
### 环境学院
冯　俊　金　璐　安　瑞　陶静娴
### 心理学系
邱雪梅　王婷婷
### 新闻与传播学院
席淑静　朱宏祥
### 中国语言文学系
李臻颖　陈　刚
### 哲学系
孟　朔　顾超一
### 国际关系学院
高　歆　龚　婷　袁静宇
### 经济学院
苏　宁　方志敏
### 光华管理学院
郭乃嘉　刘一川
### 法学院
周　林　贺　剑　秦丹鸿　石　蹊

### 信息管理系
李芙蓉　隋巧涛　姜一挺

### 社会学系
柯　晓　杨　佳

### 政治学与行政管理系
杨明旭　徐冠男　张晓东　梁群娣

### 外国语学院
宗阳阳　李小舟　沈丹玺

### 马克思主义学院
王　吉　辛晓川

### 艺术学系
姜　扬

### 元培学院
臧鹏飞　赵立红　陆怡纳　段晓琳　高　雪　郑鸣昕

### 信息科学技术学院
李　鹏　胡君珏　余婷婷　王　腾　陈日闪　黄敏华
肖永强　杨增飞

### 工学院
熊向明　王圣凯

### 医学部教学办
方　冬　肖雨萌　安　宇

## 五四奖学金

### 数学科学学院
李铁香　赵　杰　李友林　邵嗣烘　张　磊　陈　帅
杜　寻　朱冰冰　刘相宜　赵昕馨　陈卓瑾　张　尧
孙　逸　吴朔男　张宇辰　路　希　苏　威　寿昊畅
寿昊畅　张兴潭　赵　鹏　唐浩哲　曹　璞　林　达
付潇鹏　李禄俊　章　顾　刘晓恺　努尔买买提
王筑艺

### 物理学院
郭志辉　李洪云　王　路　方哲宇　林云萍　宋国琼
李兆聿　张　琛　崔　唯　陈　曦　江蔼庭　王新炜
黄　炜　陈代卓　冯　朗　曾　鹏　张　定　周　江
张　帆　唐　伟　王　烨　王俊逸　卢小川　包　玮
王永利　李则博　康冬阳　杨　俊　吕振凯　赵祥明
刘立腾　黄俊灵　黄　煦　谢　珺　肖　潇　王　承
王　哲　赵　博　张　洁　刘宏剑　赵　昕　胡　闯
贺环宇　黄　浩

### 化学与分子工程学院
张　岩　黄　婧　梁　勇　余彩芳　杨　倩　杨冬晗
汪佳璋　蒋程扬　陈一宏　江　来　余　旷　尹　宁
徐　骏　钟绮文　廖等等　尤兴志　俞　歌　王祖超
伍华兵　师　安　宋　寅　陈　震　王　翀　彭瀚达
何晓瑾　许　杰　吴　昊　秦　伟　于　一　任　臻

刘宇婷

### 生命科学学院
余　跃　陈　博　陈辞行　张勤意　郑晓瑜　高杨滨
李琪瑶　冯　晖　朱庭娇　吴　磊　邢梦可　肖　琦
王　凯　梁诗敏　胡以人　宫　畅　张　冕　韩晓帆

### 地球与空间科学学院
李　艳　黄　舟　史烨弘　王曙光　姚云军　胡才博
南　鹏　薛露露　郑　钊　唐跟阳　金慧然

### 环境学院
冯　雷　沈凡卜　孙　蕾　杨　莉　李　猷　李　昊
齐　玲　刘　扬　王锡泽　徐　曼　朱　毅　赵　舫
方旻毓　马晨越　韩雅飞　杨　超　刘　俊

### 心理学系
王明姬　秦军刚　高晓超　商佳音

### 新闻与传播学院
王维佳　韩天旸　黄缘缘　赵翰露　刘菁荆　许桐珲
季尚尚　吴丞茵　宫　晨　周　菁　薛　寒　吕钦钦
李　娴　杜梦溪　廖基添　武　萌

### 中国语言文学系
陈　宁　玄　玥　刘成荣　刘占召　张清芳　陈　倩
陈　诚　吴　娟　陈　明　王丰先　王鸿莉　张慧瑜
杨若晓　张秀松　曲景毅　李萌昀　刘子凌　龙瑜宬
邓　盾　孙　顺　阎瑞雪　蔡丹君　胡蔓妮　夏　洁
王　芸　范晶晶　侯晓晨　阎　婕　王　嵘　桂馨凝
付　佳　周若卉　廖雯颖　郑伟娜　叶瑞施　王适文
唐田恬　黄倩倩　欧阳淼

### 历史学系
陈　昊　陈　昊　陈昱良

### 考古文博学院
蔡宇琨　张闻捷

### 哲学系
蒋丽梅　刘振丽　段素革　柯遵科　范丹卉　翟俊刚
贾　旗　李华伟　唐亚刚　董　鹏　池志培　章　晟
陈凌隽

### 国际关系学院
游国龙　胡　波　查文晔　宫金玉　孙正则　罗　楠
褚颖春　吴萱萱　易　青　叶啸林　洪　聿　李康安
包珮琳　张　茜　洪嘉泽　何雅洁　张　彦　殷星昱

### 经济学院
夏小雨　刘　斌　朱哈雷　黄若琰　行　星　海琳娜
曾　颖　师睿南　李　慧　何　杨　阎　开　李雨涓
郭　瑞

### 光华管理学院
林忠晶　孙道银　杨隆华　李　猛　雍家胜　安佰琳
易　胼　傅　琴　金　晶　刘　姝　周前坤　苏艳阳
王锦坤　韩颖姣　李　婧　杨　蓉　黄柏集　黄　梅

| 李昀 | 李智 | 刘剑波 | 毛晶晶 | 申晓雨 | 严楚云 | 朱明浩 | 王璐 | 于文渊 | 王乐业 | 丁晔磊 | 王莹 |
| 阎光 | 张恒斌 | 张雯婧 | 郑宇翔 | 周鹏 | 刘小山 | 雷涛 | 倪超 | 金鑫 | 巨程 | 边靖文 | 董雨双 |
| 魏博文 | 马若琦 | 王小语 | 刘曦 | 裴娟 | 余音 | 李斌 | 丁惟 | 栾天昊 | 陈琪 | 黄鹏 | 袁文清 |
| 林巧璐 | 李昕源 | 孙原 | 张晋 | 郑文奇 | 董珂 | 魏鹏 | 张宇 | 毛宸宇 | 姜廷松 | | |

### 法学院

### 中国经济研究中心

| 刘丹 | 朱荣芳 | 应亚丽 | 刘杰 | 包涵 | 朱毅 | 高晶晶 | 黄露 | 王瑾 | 俞浩君 | 徐志鸿 | 张晓岚 |
| 井珊珊 | 贺晓琳 | 吴华莎 | 张晓晨 | 陈鹭玲 | 高玉婷 | 赵慧颖 | | | | | |
| 高原 | 富超杰 | 王京 | 韩蓓 | 汪丹丹 | 梁日 | | | | | | |
| 廖然 | 易文君 | | | | | | | | | | |

### 信息管理系

### 教育学院

| 王琳 | 蔡箐 | 闫慧 | 杨薇薇 | 李雅 | 邱奉捷 | 沈文钦 | 陈维超 | 黄琳 | 吕媛 | 王硕 | |
| 李焱 | | | | | | | | | | | |

### 人口研究所

王存同　陈明灼

### 社会学系

### 工学院

| 王旭辉 | 汪琳岚 | 刘雪婷 | 蔡海珍 | 沈旭 | 常超 | 苑维然 | 陈思 | 周江波 | 秦雷 | 张日葵 | 张杨飞 |
| 朱颖 | 杨敏 | 宫海韵 | 鲍程亮 | 秦长运 | | 王彦波 | 钟星立 | 程磊 | 封红青 | 李开涛 | 张哲 |

### 政治学与行政管理系

### 城市与环境学院

| 吴爽 | 高明 | 张慧妍 | 鲁思航 | 胡鹏 | 刘梅 | 丁洪建 | 谢正磊 | 何峰 | 郑衡泌 | 黄潇婷 | 王钧 |
| 黄淳 | 邓深 | 袁琳 | 张全 | 方尔平 | 聂骅 | 赵寰熹 | 张新平 | 沈亚婷 | | | |
| 聂骅 | 柳静 | 国今朝 | 黄敏 | 张怡 | 杨韵 | | | | | | |

### 环境科学与工程学院

| 宋鹏 | 池泽钰 | 倪垚卉 | 刘惠超 | 应臻婷 | 谢隽 | 徐丽娜 | 李晓倩 | 郁亚娟 | 付东康 | 柏耀辉 | 朱高洪 |
| 吴夏 | 宋元日 | 钟意 | 张珺 | 姚敏多 | 莫菲 | 朱秀萍 | 谢旭轩 | 张宝刚 | 张广之 | 蔡皓 | 李根 |
| 丁若汀 | 邓依然 | 李海鹏 | 李膺函 | 李玥 | 王思祺 | 蔡佳亮 | 韦芳玲 | 张雯婷 | 刘颖 | 刘哲 | |
| 杨宇桑 | 李抒夏 | 王天航 | 茹然 | 刘祎 | 薛文聪 | | | | | | |
| 张晖 | 安冬 | 高业东 | 夏雯 | | | | | | | | |

### 医学部教学办

### 马克思主义学院

| | | | | | | 彭洋 | 吕晓娟 | 胡展 | 李志盈 | 肇诣 | 屈晓旋 |
| 岳全力 | 岳从欣 | 高志慧 | 张震 | 王颖 | 潘雪飞 | 潘雪阳 | 郑琴 | 周勘 | 王峻瑶 | 高莉 | 杨柳 |
| 马一卿 | 刘晓晨 | 汤雯 | | | | 崔莹 | 田雨 | 王宇 | 张智科 | 章晶晶 | 王萍萍 |

### 元培学院

| | | | | | | 毛光楣 | 陈彦如 | 王翰音 | 张扬子 | 唐琦 | 王莎 |
| 姜锐 | 孙瑶 | 赵婧 | 李卓 | 郑尧 | 袁灿 | 刘晴 | 贺文斌 | 章亚琼 | 于洋 | 何娜 | 黄媛 |
| 詹韵 | 黄稚 | 蒙克 | 靳相宜 | 李骥垄 | 郑诚 | 郭歌 | 李潇 | 王超 | 黄一平 | 王旭 | 刘洋 |
| 殷隽 | 王阳 | 王文韬 | 陈昌煦 | 全玲 | 黄天毅 | 郑歌 | 李思奇 | | | | |
| 马文江 | 刘欢 | 王晓嫒 | 冯峰 | 陈允捷 | 马致远 | | | | | | |
| 周淳 | 赵新侃 | 季张龙 | 黄龙文 | 陈曦 | 张琳弋 | | | | | | |

### 分子医学研究所

赵凌　郭宁　黄璜　刘韬

## 西南联大奖学金

### 信息科学技术学院

### 数学科学学院

| 孙熙 | 于得水 | 史达 | 张吉豫 | 张暐 | 王展飞 | 闵斌　余悦 |
| 唐孝通 | 张良 | 冯雪 | 郭锐 | 魏大鹏 | 赵婷婷 | |

### 物理学院

| 冯沁原 | 赵通 | 刘姝 | 王建 | 李琛 | 宋云成 | 侯冲　林国裕 |
| 佟志伟 | 赵建兵 | 王峰 | 梁骞 | 毛宏伟 | 聂嘉仲 | |

### 化学与分子工程学院

| 李敏 | 孙聪 | 唐铭波 | 务孟庆 | 支流 | 浦文 | 张喆　丁蓓 |
| 宋本聪 | 赵海峰 | 金哲 | 吉敏 | 蔡述宪 | 韩瑜 | |

### 中国语言文学系

| 马乐 | 李雪梅 | 罗立冬 | 李宏伟 | 吴俣 | 李合 | 高峰　彭楠赟 |
| 孙婷 | 张旦峰 | 张云洁 | 赵庆亮 | 冯剑桥 | 蒋前程 | |

### 历史学系

| 林帆 | 骆雄武 | 赵鑫 | 高雅 | 谷琪 | 赵瑜 | 王颖　王娟 |
| 肖琳 | 张佳璐 | 张凤 | 吴炜捷 | 樊错 | 孙啸 | |

### 哲学系

| 赵凯 | 刘德成 | 吴怡 | 高泓或 | 曾柯森 | 罗洁 | 李林　杨洪源 |
| 刘飞龙 | 牟学昊 | 杨晔 | 任然 | 徐聪 | 张小阳 | |

## 谢培智奖学金

### 历史学系
徐利卫　刘　青　胡晓丽　冯荣玉

## 新生奖学金一等

### 光华管理学院
韩越洋

## 新生奖学金二等

### 光华管理学院
韦　达　李元申　王　琳　薛　敏　徐静秋　蒋研莹
薛　原　龚夏雯

## 新生奖学金三等

### 地球与空间科学学院
冯力理　孟浩然　周明亚　鲁尚文

### 光华管理学院
张曦如　程　祎　雪　松　李琛琪

## 新生奖学金鼓励

### 光华管理学院
邹晓琳　权　莉　陈　曦　胡赢颖　吴　琦　刘坤阳
李彦博　曾　田　李京蓉

## 星光国际一等奖学金

### 数学科学学院
王国祯

### 物理学院
李嘉明

### 化学与分子工程学院
汪　骋

### 生命科学学院
邱　烨

### 地球与空间科学学院
余　奕

### 中国语言文学系
于　雪

### 历史学系
赵　诺

### 考古文博院
梁天羽

### 哲学系
张　然

### 工学院
井庆深

## 星光国际二等奖学金

### 数学科学学院
黄世琼　张安如

### 物理学院
王朋博　张之梦

### 化学与分子工程学院
梁宇帆　郑海斌

### 生命科学学院
李剑青　陈昱霏

### 地球与空间科学学院
闫彬彦　初　旭

### 环境学院
张礼文　陈　曦

### 信息科学技术学院
叶初阳

### 工学院
袁子峰　宋　琦

### 医学部教学办
杨　帆　马　妍　孙　玥　杨　珏　张　晔

## 星光国际三等奖学金

### 心理学系
季　萌　修佳明

### 新闻与传播学院
张　寅　朱慕南　陈　路　相丹妮　马小宇

### 中国语言文学系
潘妍艳　刘文渊

### 考古文博学院
方笑天　邓振华

### 哲学系
孟　丹　马　凌

### 经济学院
伊丽娜　戴恒琛　郭雯雯

### 光华管理学院
许　迪　高晶遐

### 信息管理系
金　燕　张　亮　何　冰　王雪菲

### 马克思主义学院
黎筱濛　张德强　刘重飞

元培学院

陆曦　孙莹　李寅　徐晓红　李东豪　陈玉朋
雍大为　虞之龙　吴淑可　张方舟

信息科学技术学院

孟玥婷　刘子羽　赵莉　马遥　陈元凯　陈星
李洪昌　李宏展　韩普晓　吴峰锋　黄顺平　强晓刚
任伶　马铭　司徒应翀

## 杨芙清王阳元院士奖学金

数学科学学院

周帆　高紫阳

物理学院

张兴

化学与分子工程学院

王建斌

生命科学学院

李旻典

地球与空间科学学院

袁一泓

环境学院

宋丽青

心理学系

胡月琴　刘雨

新闻与传播学院

庄明

中国语言文学系

谢俊

历史学系

倪钰

考古文博学院

柏柯

哲学系

徐思源

法学院

李志刚

信息管理系

孙小婷

社会学系

张帆

马克思主义学院

孔卫涛

元培学院

栾静　杨璐

信息科学技术学院

王润声　张林　王靖文　杨锟　何啸　潘孛
黄晖　孙明慧　宋诗琴　余诗孟

## 杨钦清奖学金

哲学系

郑天喆　李明　刘金山　傅庆芳　张立波　姚大志
孙珊珊　孙帅　韩永磊　胡翌霖　陈斯一　贺磊
周杰　蔡海涛　汪吕杰

## 杨新慧一等奖学金

数学科学学院

姜子麟　苏炜杰

化学与分子工程学院

杨诺亚

环境学院

江雯婧

历史学系

郭若璐

光华管理学院

王琼

外国语学院

贾岩

艺术学系

苏美东

元培学院委员会

陈龙

信息科学技术学院

杨晶

## 杨新慧二等奖学金

数学科学学院

欧雨濛

新闻与传播学院

赵亦楠　刘晓桐

中国语言文学系

黄琪

考古文博学院

贾宁

经济学院

桓雅琦

社会学系

管书旋

劳 娱

艺术学系

## 泽利奖学金

数学科学学院

苏亚　李成

环境学院

颜燕　黄姣

新闻与传播学院

王默晗

中国语言文学系

王先云

历史学系

罗潇　伍黎明

国际关系学院

王丁楠

经济学院

程超

光华管理学院

宫晴

法学院

郑旭艳　贾晓童　李静恬

社会学系

刘苭

马克思主义学院

路英瑞

元培学院委员会

赵岳

信息科学技术学院

刘飞　李强　刘鹤

## 张恒奖学金

国际关系学院

廖文亮　吴跃然　石相宜　熊姗姗

艺术学系

崔亚娟　滕宇宁　刘胜眉　王宇　解明　周蜜

## 张景钺奖学金

生命科学学院

孟赓　朱芳芳

## 张令昭奖学金

经济学院

郑雅卓　李时宇　林锟　于平　周健

## 芝生奖学金

历史学系

张祥明　田园

## 中国工商银行奖学金

经济学院

王云　吴倩颖　张越昕　刘洋　李华威　杨光
杨健健　张林　姜卉　邓天

光华管理学院

王婧　朱杰　郭晓倩　江瑜希　李颖　蔡弦
于沂　罗勍　黄达鑫　赵宇

## 中国石油塔里木励志奖学金

物理学院

王紫瑶　张宇

地球与空间科学学院

杨彪　董攀

心理学系

叶铮　魏萍

国际关系学院

范斯聪　张辉

## 中国石油塔里木优秀奖学金

信息科学技术学院

林鑫芬　冀铁亮　刘锋　闫研　胡程

城市与环境学院

杨元合　刘书臻　赵玉蕙

环境科学与工程学院

熊林　王俏巧

## 中国石油优秀奖学金

数学科学学院

金鑫　赵颖

化学与分子工程学院

李宏佳　饶国栋

生命科学学院

严霄

地球与空间科学学院

张传明　张清　关丽　黄为权　李诺　晨辰
李墩柱　侯紫薇　杨永飞　马原飞

环境学院

连欣

心理学系

王竹夕

### 新闻与传播学院
吴令飞
谷屹欣
谢　婷

### 中国语言文学系

### 历史学系
黄晓帆　李林东

### 考古文博学院

### 国际关系学院
邱力戈　陈静实

### 法学院
权　葳　杨　彧

### 社会学系
吴　乔　孙　翊

### 政治学与行政管理系
马　兰　徐　溯

### 马克思主义学院
于　岩　李　杨

### 艺术学系
任　慧　李　源

### 对外汉语教育学院教学中心
丁　婷

### 元培学院
蒋君乐　周　游

### 信息科学技术学院
李　鑫　雷银花　任建国　张荣庆

### 中国经济研究中心
路　乾

### 教育学院
陈　苑

### 人口研究所
印　童

### 工学院
黄　伟　桑凌洁

### 城市与环境学院
李　敏　赵春红　颜亚宁

### 医学部教学办
王江源

## 中科院奖学金

### 数学科学学院
张　原

### 物理学院
马仁敏　顾　杰

### 化学与分子工程学院
姚思宇

### 城市与环境学院
孙　强

## 周昭庭奖学金

### 马克思主义学院
王　娜　朱俊杰　赖文霞

### 医学部
梁　颖　罗　扬

## 住友商事奖学金

### 数学科学学院
王长长

### 物理学院
张　辰

### 化学与分子工程学院
高夏迪　田松海

### 生命科学学院
韩　博

### 地球与空间科学学院
郁　浩

### 环境学院
陈义勇　罗　涛

### 历史学系
朱天啸

### 外国语学院
尚　宁　王晓君　张　艺　邵　磊

### 信息科学技术学院
李　森　廖玮鸿

### 工学院
李　想

# 2007年毕业生名单

## 本专科毕业生

### 一、概况

北京大学（校本部）2007年应届普通本科毕业生总数2773人。本科毕业2649人，其中毕业并获得学士学位的有2629人，毕业但不符合授予学位条件的20人。本科结业97人，其中63人可按规定在一年内修满学分申请换发毕业证书，符合学位授予条件的，可授予学士学位。专科毕业24人，肄业3人。

在获得学士学位的2629人中有：理学学士1238人；工学学士90人；文学学士383人；历史学学士70人；哲学学士31人；法学学士429人；经济学学士234人；管理学学士154人。

校本部2007届有外国留学生应届毕业生168人。正常本科毕业154人，其中毕业并获得学士学位的149人。本科结业11人，其中8人可按规定在一年内修满学分申请换发毕业证，符合学位授予条件的，可授予学士学位。专科毕业3人。

医学部2007年共有全日制本科毕业生及长学制第一阶段培养结束后学生783人，其中本科毕业生345人（含留学生76人、台港澳学生16人）、长学制第一阶段培养结束后学生438人。其中毕业并获得学位的有766人，不符合学位授予条件的有17人。

### 二、授予学士学位名单

#### 理学学士1238人

##### 数学与应用数学专业122人

贝立珩 蔡荣光 蔡雄伟 蔡煊挺 蔡志斌 陈可慧
陈说 陈肖安 崔庸非 邓剑 邓婉璐 董昊
杜柏城 杜杰 范翔 方家聪 方笑 郭斌
郭珩 韩羽枢 何煦 洪晓波 黄皓 黄漾
黄宇浩 贾敬非 江明阳 姜凌志 李博文 李冬来
李杜 李娟 李林 李凌飞 李一霆 林凝
林一青 刘斌 刘少言 刘一峰 刘勇 刘喆
路亨 罗杰 罗旋 马俊达 孟疃 牟罡
欧觉钧 潘莉 庞博 裴敏艳 彭关英 祁涵
齐治 秦镭 邱建创 邱一莉 上官圆 邵远
沈欣 施玮 宋芳略 孙洪宾 孙婷妮 孙玮
孙幼弘 谭旭 汤宇 唐堂 田巍 万昕
汪谷 王北辰 王传彪 王晖 王晶晶 王敏瑶
王蓉蓉 王善标 王盛颐 王天一 王伟 王旭磊
韦兆汀 伍晓磊 武威 奚瓅 向焕琨 向启
邢亦青 徐文聪 徐新平 徐智强 杨龙 杨子光
叶明 叶鑫审 于雪 袁放 张力 张春潮
张帆 张轩 张志强 赵凡 赵昱衍 郑江平
周长祺 周清 周思慎 周天扬 周泽吉 朱倍民
朱一飞 资坤 谢腾(元培) 朱悦诚(元培)
汪清清(元培) 陈剑宇(元培) 林山君(元培)
陈翀(元培)

##### 信息与计算科学专业40人

白英博 陈青 陈松 邓冲 方天 符文君
郭江涛 韩慧婷 胡隽 胡志 黄铂 黄山山
姜宇 孔祥懿 林霖 刘冲 马莉娜 马韦
任杰 任智杰 施沛喆 唐西均 唐晓瑾 王迅羽
吴乐秦 武学奇 向憧 肖国辉 肖勍星 熊雯
徐斌 杨洋 姚珧 尹艳 于蒙 周欣宇
周一凡 朱忍胜 梁曼(元培) 刘往一(元培)

##### 统计学专业41人

安宁 陈苏 陈星兴 陈湛 单治超 杜田桑
高笑乙 葛岩 龚行来 郭南 郭子懿 郝征
黄榕 李加生 李文靖 刘熠隆云 卢彦斌
邱月 曲聪慧 孙晶 孙祺 陶斐然 王凌露
王少鹏 王洋 王月清 吴天双 吴瑜 席雯雯
熊慰 徐首文 杨丹 张鹏程 张婷 张永强
赵岳 魏来(元培) 廖丁哲(元培)
何侠(元培) 闵箫屹(元培)

##### 理论与应用力学专业23人

白夜 董毅 冯侃 高帆 郭鹏 洪进兴
黄岩 江舟 李伟轩 梁杉 牛骏 潘宇峰

申敏娟　宋政平　苏天翔　汪春辉　王　斌　王　惠
王建春　王晓晨　谢仲伟　尹家聪　周兴鑫

### 物理学专业 181 人

曹夕雨　常　城　陈　超　陈　东　陈锦芳　陈任煜
陈　同　陈志平　陈自宇　程　稷　戴　昱　董　哲
范静晗　方轲杰　方　晓　冯小峰　冯　雨　高双喜
顾　烜　郭　飞　郭海川　郭　芃　郭宇铮　韩卓刚
郝建立　贺斐思　贺拾贝　侯奉佶　侯立刚　胡　杨
胡宗阳　黄勃龙　黄小铭　吉小寅　季栖凡　贾　林
金文涛　冷　军　李粲麟　李　丹　李国荣　李　航
李　江　李　江　李奇特　李　涛　李　鑫　李　扬
李云星　李中达　梁舒楠　廖　侠　刘焕龙　刘　坤
刘卯鑫　刘宁炀　刘奇航　刘　琪　刘　伟　刘晓威
刘　洋　刘作光　卢显国　鲁　铂　罗　璇　马　天
孟　鹤　牟代翔　牛旭亮　牛一斐　潘昆峰　彭临夏
蒲　宇　钱海洋　秦　毅　邱文俊　裘　宁　权奇敏
任致远　剡　凯　尚子靖　苏　萌　孙　鼎　孙梦阳
汤一乔　唐　卫　滕　建　滕　雁　田　浛　王博谦
王博群　王海辰　王　赫　王　凯　王　蕊　王若曦
王思远　王小保　王银博　王倬云　王佐才　魏星斌
闻孺铭　邬睿颖　吴　炜　吴朝军　吴　敏　夏　磊
冼乐德　肖　军　谢秋实　徐　辰　徐竞杰　许　杨
许正昱　薛秉侃　严　锋　杨仍才　杨　远　杨　征
姚中元　叶金州　尹　波　应轶群　雍　欣　于冬琪
于　航　喻天弘　袁明艺　岳　嵩　曾　韬　张桦森
张军华　张　君　张新义　张　垚　张　野　张一多
张英博　张悦旸　张　云　张　政　赵　靓　赵　磊
赵　悦　赵允刚　周　杰　周科忠　周泉丰　周　锐
周杨波　周振宇　朱春丰　朱华星　朱家彩　朱时麟
朱树磊　朱芸慧　祝文星　庄　凯　丁月曦(元培)
王　超(元培)　李大伟(元培)　刘　锐(元培)
陈　晨(元培)　刘文硕(元培)　宋振阳(元培)
赵智沉(元培)　环　昊(元培)　石　洵(元培)
冯　洁(元培)　阮　明(元培)　陆稼书(元培)
徐震翔(元培)　张思媛(元培)　任　洁(元培)
易声宇(元培)　王俊煜(元培)　赵汇海(元培)
崔艺莘(元培)　郑　远(元培)

### 大气科学 26 人

班浩然　岑炬辉　戴展鹏　单晓龙　丁宇宇　郭　利
贾海岩　兰晓青　梁浩原　刘　冕　刘振鑫　罗　建
云　洁　邱　珩　石宇宁　王　芃　谢　鹏　杨东伟
张海宏　张双益　赵靖川　赵　爽　周　超　周　晨
周普天　陈昌明(元培)　汤帅奇(元培)

### 化学专业 158 人

蔡敦晨　陈达一　陈　静　陈　静　陈凌霄　陈梅梅
陈　楠　陈　倩　陈　全　陈兆欣　成佳佳　程素芳
池　旭　单州莹　邓钦培　丁安娜　董　欣　杜娟娟
樊　博　方　昭　冯　元　付　龙　付　晔　甘维佳
高源远　葛　静　郭向宇　韩欣萍　韩　雪　何　海
何　阳　胡蓉蓉　黄华璠　黄　莺　江泽淳　蒋凌翔
蒋玛炯　邝燊宇　黎　春　李必杰　李伯男　李　君
李林森　李　腾　李　勋　李子汇　李宗溪　廉　洁
梁德建　梁　渊　廖龙燕　刘　彬　刘　畅　刘佳惠
刘　雷　刘凌涛　刘　冉　刘少轩　刘　颂　刘文俊
刘喆韵　刘振飞　罗　洁　罗　霖　罗　洋　马子玥
卯光宇　梅雪明朗　倪犇博　牛志强　潘胤瑾
沈鸿燕　施立琦　舒东旭　宋　倩　孙　飞　孙　晖
孙惠成　孙启明　孙　倩　孙学锋　孙亚飞　谭素琴
谭奕琛　唐　力　田海健　汪蔚学　王　博　王　丹
王　菲　王海梁　王　婧　王　琳　王　炜　王小烨
王晓垄　王云翔　魏冰川　吴　洋　吴屺然　郗　冬
夏新元　肖　卿　徐　琳　徐文远　徐　翼　许灵敏
许　潇　许晓芬　严　良　杨四海　杨　婷　杨　挺
杨志明　叶　苓　殷安翔　袁　媛　云　松　张　博
张冠石　张　晶　张鹏翼　张　溯　张　伟　张晓雷
张　旭　张　妍　张　颜　张　依　张有为　张中岳
张洲豪　赵　飞　郑　菁　郑仁垟　郑腾飞　周长龙
周能杰　周　啸　周　焱　周　阳　周永明　朱　岷
朱晓雷　祝小茗　邹　鹏　周　岩(元培)
刘　晟(元培)　李陟昱(元培)　李翌晗(元培)
张函棐(元培)　范　犇(元培)　晏琦帆(元培)
徐春虎(元培)　徐岸汀(元培)　邱　旸(元培)
张全新(元培)

### 应用化学专业 1 人

李　铮

### 材料化学专业 9 人

曹　征　李　翔　林鑫辉　潘兰云　王中华　张泰基
郑　弢　朱　鹡　蒲万里

### 生物科学专业 115 人

安曦洲　蔡双凤　陈　放　陈嘉轩　陈晓悦　陈智斌
陈准安　崔美强　邓志峰　董　玉　范瑞雪　冯铁夫
桂　林　郭琴溪　郭弋戈　左玉茹　何常君　何开杰
胡　昊　黄　璞　姜遥光　蒋　莹　赖方芳　劳　滢
雷晨露　李冰阳　李　超　李　丹　李　光　李　函
李慧颖　李　拓　李小沫　李　欣　李优先　梁　伟
林　娜　林颖洁　刘兵婷　刘　辉　刘婷婷　刘　熹
卢文哲　陆金鑫　陆文婕　路　瑶　吕　雪　罗碧泉
马　韬　马　杏　毛　凯　孟琳燕　牟欣梦　浦绍平
祁容素　沈东彪　宋宇飞　苏　洁　孙蜀玮　孙　叶
唐　睿　王　帆　王山晓　王世哲　王文婧　王向锋
王晓君　王晓闻　王亚萍　王　之　魏重远　吴　丰
吴　溪　吴业涛　杨　叶　熊慧中　熊　彦　徐士立
许　昌　杨　光　杨广博　杨　乐　杨　泉　杨筱莹
姚　佳　于涵洋　郁　晖　袁　志　张常青　张　帆

| 张菁菲 | 张 鹏 | 张尚敏 | 张 薇 | 张 岩 | 赵国玺 |
|---|---|---|---|---|---|
| 赵江阳 | 赵 磊 | 赵 洵 | 郑 琰 | 周 锐 | 周玉洁 |
| 朱 佳 | 李 昊(元培) | | 高 岳(元培) | | |
| 施 皖(元培) | | 梁 巍(元培) | | 李世斌(元培) | |
| 顾圣青(元培) | | 张颖心(元培) | | 孙婷婷(元培) | |
| 郭运波(元培) | | 黎莉诗 | | 朱 璇(元培) | |
| 赵 妍(元培) | | | | | |

### 生物技术专业 38 人

| 陈力颖 | 陈 松 | 陈 熙 | 崔 刚 | 大 方 | 邓 素 |
|---|---|---|---|---|---|
| 高 岳 | 顾文超 | 韩 亮 | 李 喆 | 李春雷 | 李星怡 |
| 厉冠昱 | 刘 浩 | 刘晓婷 | 罗 薇 | 牟 平 | 权佳缘 |
| 沈毓姝 | 宋 健 | 谭志佳 | 王 淳 | 王 姐 | 王 静 |
| 王 奎 | 王昕蕾 | 伍拓琦 | 武 波 | 杨 明 | 余宝国 |
| 张 弛 | 张 璐 | 张媛媛 | 郑闻捷 | 祖 毅 | |
| 陈 斌(元培) | | 孙昱姣(元培) | | 李 思(元培) | |

### 地质学专业 20 人

| 陈建业 | 段佰川 | 桂 子 | 贺宇雨 | 李 乐 | 梁松飞 |
|---|---|---|---|---|---|
| 刘一多 | 刘 钊 | 马 翀 | 上官时迈 | | 石 峰 |
| 宋 宇 | 王 东 | 魏 斐 | 吴可嘉 | 徐其刚 | 徐 钊 |
| 袁鑫鹏 | 张 宇 | 朱孟璠 | | | |

### 地球化学专业 14 人

| 党皓文 | 杜治学 | 瞿清明 | 刘安坤 | 刘超群 | 米良川 |
|---|---|---|---|---|---|
| 沈朝和 | 谈 力 | 谭锡斌 | 滕 晨 | 杨俊虎 | 叶 澎 |
| 遇 昊 | 张 帆 | | | | |

### 地球物理学专业 20 人

| 安 超 | 陈 晨 | 陈文康 | 胡幸平 | 李靖宇 | 李 鹏 |
|---|---|---|---|---|---|
| 刘华峰 | 刘天启 | 陶 开 | 佟啸鹏 | 汪 申 | 王华沛 |
| 王龙飞 | 徐世庆 | 薛 莲 | 闫 蕊 | 严九鹏 | 俞春泉 |
| 岳 汉 | 张 浩 | | | | |

### 空间物理学专业 12 人

| 杜 丹 | 方 芳 | 郭荔佳 | 李 爽 | 刘 江 | 刘 阔 |
|---|---|---|---|---|---|
| 那学森 | 颜 溪 | 张 鸥 | 张 曦 | 张雪莱 | 张 杨 |

### 地理信息系统专业 15 人

| 陈凯晨 | 陈 实 | 丁林芳 | 高 鹏 | 郭 辉 | 蒋英君 |
|---|---|---|---|---|---|
| 李润强 | 刘 鹏 | 沈 阳 | 沈 毅 | 孙 权 | 王 凯 |
| 袁 杰 | 张伊波 | 赵俊彦 | | | |

### 地理科学专业 13 人

| 阿 杉 | 鲍 宁 | 常锦峰 | 冯 跃 | 高 阳 | 胡玉梅 |
|---|---|---|---|---|---|
| 马筱舒 | 亓孝然 | 宋大成 | 吴丹丹 | 许开颜 | 张铭杰 |
| 周海洋 | | | | | |

### 资源环境与城乡规划管理专业 14 人

| 曹江河 | 程 龙 | 刁彩虹 | 李 昕 | 祁 悦 | 石 磊 |
|---|---|---|---|---|---|
| 王 亮 | 谢 越 | 闫业涛 | 严绍玮 | 于 琬 | 张 一 |
| 赵 岑 | 俞晨曦(元培) | | | | |

### 生态学专业 6 人

| 曹善平 | 杜泉滢 | 刘 轶 | 彭李菁 | 杨 阔 | 左盼莉 |

### 环境科学专业 41 人

| 常 彪 | 陈 芳 | 陈 旻 | 戴 薇 | 郝泽嘉 | 胡明军 |
|---|---|---|---|---|---|
| 季 梦 | 礼 晓 | 李佳黎 | 李艳波 | 李艳秋 | 邱炜珣 |
| 石 杰 | 史明杰 | 田 申 | 万 超 | 汪意成 | 王亚妮 |
| 王 轶 | 魏志成 | 吴世闽 | 吴文婧 | 吴 宇 | 谢金开 |
| 谢 鹏 | 徐 亮 | 薛 钊 | 杨 锦 | 杨意峰 | 易 如 |
| 俞 蓉 | 袁 斌 | 岳大攀 | 张 刚 | 张 琨 | 赵新光 |
| 赵 阳 | 周东旭 | 邹宇飞 | 陈丹钰(元培) | | |
| 李林楠(元培) | | | | | |

### 电子信息科学与技术专业 131 人

| 艾成博 | 陈玲玲 | 陈 拓 | 陈晓灵 | 陈 欣 | 程 亮 |
|---|---|---|---|---|---|
| 崔 巍 | 戴高乐 | 戴冀豪 | 邓和权 | 丁 欢 | 方 宇 |
| 房 振 | 冯 岩 | 高祥龙 | 巩玉振 | 顾闻博 | 管 涛 |
| 郭海鹏 | 郭 健 | 郭 凯 | 郭育良 | 胡天驷 | 华 波 |
| 江 昊 | 金 力 | 赖嘉霖 | 李 程 | 李广兴 | 李华辉 |
| 李 慧 | 李 明 | 李 啸 | 李星宇 | 李宗伟 | 梁 昕 |
| 林志新 | 刘睿之 | 刘 涛 | 刘 兴 | 刘 旬 | 刘 昱 |
| 刘 运 | 柳 迪 | 卢 珊 | 陆晨曦 | 吕伟亮 | 马 跃 |
| 麦 源 | 毛冬冬 | 孟 斌 | 孟 宁 | 齐奕科 | 申基仰 |
| 宋 征 | 孙繁欣 | 孙丽君 | 孙启喻 | 孙 月 | 谭 彬 |
| 陶 宇 | 田 悦 | 童 菲 | 王诚志 | 王 刚 | 王晶超 |
| 王婧婧 | 王 坤 | 王联埕 | 王楠楠 | 王 茜 | 王 强 |
| 王思敏 | 王晓丹 | 王心悦 | 韦 韦 | 魏培徵 | 温 泉 |
| 吴志强 | 肖 琴 | 肖 铁 | 肖向阳 | 熊怡因 | 徐兵杰 |
| 徐连宇 | 徐 爽 | 徐硕瑀 | 徐晓燕 | 徐正镔 | 薛 强 |
| 阎任飞 | 杨 林 | 杨 柳 | 杨 奇 | 杨世骥 | 杨筱舟 |
| 姚雨晨 | 叶 伊 | 于 康 | 余伟民 | 袁兆凯 | 曾义成 |
| 展翼文 | 张 诚 | 张福强 | 张 辉 | 张 龙 | 张鲁远 |
| 张 帅 | 张素明 | 张 炜 | 张文哲 | 张晓勇 | 张旭东 |
| 张一述 | 张翼飞 | 赵满庆 | 赵唐武 | 赵 颖 | 郑晓君 |
| 郑羽南 | 钟健文 | 周桂斌 | 周 磊 | 周 通 | 周 炜 |
| 周燕飞 | 朱凯华 | 朱旗琛 | 朱诗雯 | 朱 玄 | |

### 计算机科学与技术专业 104 人

| 毕 绿 | 蔡慧慧 | 畅 明 | 晁 睿 | 陈柄辰 | 陈 晨 |
|---|---|---|---|---|---|
| 陈昊罡 | 陈 梅 | 陈 霄 | 陈兴润 | 陈绪东 | 陈 颖 |
| 陈佐伟 | 成 增 | 程 波 | 程志文 | 党向磊 | 邓 芳 |
| 丁 嵩 | 董正斌 | 段行健 | 方国栋 | 封 盛 | 冯 涛 |
| 高 健 | 郭 超 | 郭金罡 | 胡祚华 | 黄贝宁 | 黄冀渝 |
| 黄 婧 | 黄艺燕 | 江云亮 | 蒋 竞 | 康 为 | 李 进 |
| 李沫楠 | 李鹏杰 | 李睿珩 | 李 烨 | 李逸男 | 梁 劼 |
| 林晓辉 | 刘 斌 | 刘光磊 | 刘克东 | 刘 利 | 刘 石 |
| 刘映男 | 刘 泽 | 卢品吟 | 吕 品 | 马剑竹 | 马秀娟 |
| 潘腾宇 | 饶向荣 | 石 磊 | 石 磊 | 孙弈仙 | 佟 玉 |
| 万雪林 | 汪 伟 | 王方杰 | 王 航 | 王靖轩 | 王 凯 |
| 王鹏翮 | 王 硕 | 王硕斌 | 王文静 | 王 潇 | 王烨鑫 |
| 王振宇 | 魏秉政 | 文 彦 | 吴颖徽 | 夏 冰 | 徐 浩 |
| 徐 力 | 许经纬 | 闫 华 | 杨碧姗 | 杨德俊 | 姚 嘉 |

袁 烽　　张超旭　　张化强　　张 磊　　张贤国　　张 懿
赵敬锋　　赵 暄　　赵 野　　钟 原　　周 冀　　周 密
周宗颐　　朱 彬　　宗 良　　邓昌明(元培)
袁景瑞(元培)　　　金 宁(元培)　　　柳亚鑫(元培)
宋程昱(元培)

### 微电子学专业 64 人

陈 率　　陈 思　　陈 嵩　　陈维宇　　陈治宇　　丁启源
范春晖　　冯 超　　高翔宇　　顾昊晖　　华远志　　黄增立
纪 明　　姜立稳　　金 星　　雷 科　　李文江　　李智韬
梁佳乐　　梁 璞　　刘 晟　　刘 毅　　刘照坤　　卢念念
陆海泉　　吕 博　　吕佳楠　　吕知秋　　马瑞琳　　欧阳晋
潘 颖　　宋春晖　　谭 果　　汤培望　　唐观荣　　唐 浩
唐宇婕　　陶也了　　汪 瞳　　王 睿　　韦宇旻　　卫 炀
吴冬梅　　杨 森　　杨闵昊　　叶 露　　叶 韵　　印海友
于 航　　于 颢　　俞润祥　　袁 理　　曾 琅　　翟羽佳
张亮亮　　张明明　　张译夫　　张轶铭　　赵汗青　　赵思维
朱狄枫　　朱明皓　　王 超(元培)　　孟 梦(元培)

### 心理学专业 31 人

范 妍　　高 歌　　耿 雁　　何吉波　　胡潇潇　　蒋 多
李楠欣　　李松蔚　　李 童　　廖 卉　　廖宗卿　　林 菡
林志成　　刘家骥　　刘 俊　　刘腾飞　　罗如帆　　王 纯
王 菁　　吴俊玮　　夏 凯　　肖 文　　杨扬子　　张洁思
张凌波　　张 奕　　张智丰　　杨 云(元培)
刘 盼(元培)　　攸佳宁(元培)　　韩 逊(元培)

## 工学学士 90 人

### 工程结构分析专业 26 人

陈仕洋　　陈 伟　　陈衍飞　　陈曾伟　　陈 卓　　官衍彦
韩 旭　　黄 冲　　黄名剑　　黄汝超　　李韶武　　李喆隆
李正宇　　刘 勐　　罗 青　　倪晨凯　　潘振海　　沈震远
石朋忆　　孙 波　　王 庶　　王雯珺　　魏博宇　　吴德坤
阳炜光　　余 成

### 城市规划专业 36 人

蔡晓霞　　陈天鸣　　陈 卓　　段 然　　冯 婧　　郭长城
韩 丹　　扈 茗　　江艺东　　康 乐　　李 论　　李瑞鹏
李文豪　　李雪莹　　廖忠芳　　刘 波　　刘 畅　　聂 磊
彭 雪　　任郁达　　苏 乾　　孙建欣　　王 葭　　王 迎
许 昊　　杨莉莎　　杨 曦　　杨小黎　　曾辰骐　　张白茹
张川子　　张 森　　张书海　　张暐伟　　王倚天(元培)
陈雯婷(元培)

### 软件工程专业(二学位)28 人

章华子　　王 若　　于秋伏　　魏宏一　　程艳萍　　任道远
姬 妍　　张 超　　张 坚　　李天飞　　张毓琪　　李 杨
李邦华　　汪新波　　张 欣　　尹文元　　高 岩　　王 强
车 欣　　师英强　　赵 辉　　王毅旭　　韦 晓　　杨 栋
周英磊　　段小鹏　　张 鹏　　姜志奇

## 文学学士 383 人

### 广告学专业 27 人

曹耕子　　曹宇钦　　陈 旭　　戴菲菲　　韩秀兰　　李雨芩
梁旭鹏　　林 松　　刘雪楠　　倪蓓娜　　任晓冰　　宋 佳
宋 青　　王珊珊　　谢舒宇　　许 雷　　严雪娇　　杨 洋
余 弦　　张 颉　　张开天　　张 凝　　张思婧　　张 天
张 燕　　周 钊　　庄兆鑫

### 新闻学专业 35 人

蔡金曼　　陈前军　　程 华　　冯 昕　　付雁南　　顾 鑫
郭文秀　　韩 冰　　黄 曼　　贾子建　　荆 婧　　康 荦
李 尚　　李 响　　刘 幸　　刘子祎　　骆 文　　万 炜
王秋萍　　王雅瑾　　王雅雯　　望开力　　魏 贺　　谢琳琳
喻梓雯　　张慧丽　　张婷婷　　张雪皎　　周 娟　　周凯莉
朱 畅　　庄 燕　　刘苗苗(元培)　　翟 霖(元培)
王逸吟(元培)

### 编辑出版学专业 18 人

陈菲芝　　陈鸣桂珍　　姜 超　　林霞虹　　刘 婧
吕 莉　　任东瑾　　沈启超　　王志纯　　肖 莎　　徐 丹
宣杨燕　　杨屹东　　赵曙光　　赵 玮　　郑婷婷　　周 悦

### 广播电视新闻学专业 12 人

白玛吉宗　　　刘 瑾　　罗 闻　　桑 兰　　田 甜
王辰彦　　王 峥　　徐 璐　　徐 牧　　徐雅菲　　俞自强
张世婷

### 中国文学专业 39 人

蔡紫旳　　陈 琛　　陈 曦　　陈湘静　　邓立钧　　付海婧
郭菊丹　　贺菁菁　　黄海飞　　黄 梅　　李 佳　　李 晶
李 琦　　梁盼盼　　廖中培　　林卓颖　　刘 纯　　刘珊之
刘书刚　　刘同华　　刘子超　　覃金艳　　王 苗　　王小龙
王 笑　　王 洋　　王 尧　　伍蕴瑜　　徐 铖　　薛 雪
于 天　　喻懿洁　　袁绍珊　　张文奇　　张 勇　　张蕴爽
赵 祎　　周 妍　　吴振兴(元培)

### 汉语言学专业 16 人

傅 爽　　怀雅楠　　刘明乾　　陆 洁　　吕厦敏　　王 婧
翁姗姗　　吴嘉竹　　吴 鹏　　向 柳　　薛冬晗　　杨 乐
叶泽华　　曾文砚　　张文权　　许维静(元培)

### 古典文献专业 12 人

冯 坤　　李明明　　梁晓露　　刘 育　　马维洁　　乔 攀
宋伟光　　唐 勇　　徐琨华　　袁文旭　　袁 媛　　钟大迁

### 应用语言学专业 8 人

寇玉波　　李 超　　梅 晓　　任明远　　芮芊芊　　王婵娟
喻小菲　　张 旻

### 英语专业 52 人

安 超　　白 瑜　　蔡 俊　　陈翠萍　　慈显巍　　崔天歌
戴 骞　　邓兹韵　　丁 飞　　郭 雯　　胡 婧　　黄佳良
姜海标　　姜芮芮　　孔 源　　雷 雄　　李亚楠　　林敬贤

刘安平　刘　冰　刘　菌　刘　僮　罗　希　骆舒娴
缪庆庆　潘　旭　钱杨静　师　榕　石　萌　宋亚男
谭年琼　陶　娟　屠　彬　王丽娟　王　为　王彦丹
王　一　王正强　翁丹峰　吴瑞佳　吴阳春　向晓丹
谢　闻　杨白雪　曾德彬　张　博　张东强　张行健
周　怡　朱轶婷　王子鹏(元培)　甄小亿(元培)

### 德语专业 21 人
陈冬硕　陈　维　傅学昱　葛文菊　耿　鑫　龚杰秀
洪　翀　李捷思　林　琳　刘　雅　米　拓　明亮亮
孙梦露　王　玲　文史哲　吴志坚　徐文婕　尹　悦
赵　欣　赵雅晶　周丽丽

### 法语专业 17 人
池佳斌　杜俪敏　樊　希　黄雪原　李　昊　李　实
毛　凝　史俊伟　汪梅子　王　昊　邬瑞婧　武　玥
于　丽　曾祝琼　张伟峰　赵　倩　周李围

### 西班牙语专业 18 人
陈　傲　何思韵　惠　郁　李　斌　明　喆　孙　俊
唐　山　汪　源　王金艳　王　莹　谢先子　杨会华
杨庆祥　杨晓畅　张　驰　张舒婷　赵　文　郑　楠

### 俄语专业 16 人
柴　洁　陈　嘉　陈思齐　陈　章　黄　璐　李　梦
李　哲　刘玉中　刘　煜　罗　意　孙建昆　王慧菁
徐　晴　许　真　杨　姝　张妙妙

### 阿拉伯语专业 9 人
金　璐　金　昭　鞠舒文　李　钧　李祥乐　刘尹博
齐坤鹏　田　川　夏冰心

### 日语专业 18 人
杜　蕾　杜　夏　郭　婷　李佳霖　李倩倩　刘　宁
秦　霞　王　渤　王　琛　许　丹　许珣珣　杨　柳
杨　沫　张浩诗　张浩宇　张　晶　张雯雯　周晓霄

### 朝鲜语专业 12 人
陈爱云　崔艳华　樊　清　樊素秋　李滨洲　李小雅
牛艺霖　尚明明　宋雪思　王　颖　谢　茜　徐　亮

### 印地语专业 10 人
车子龙　丁格律　谷　玉　侯　伟　黎　剑　刘欣雨
任　婧　王　圆　吴一凡　谢天驰

### 越南语专业 11 人
陈静雅　崔墨文　黄　恒　李　卓　刘　倩　卢　飞
卢旖旎　吕轶舟　王寒冰　徐肇涵　张皓然

### 希伯莱语专业 8 人
董　原　范　晓　顾奕焦　越　刘朗月　马青竹
杨竞妍　杨　扬

### 广播电视编导(影视编导)专业 24 人
冯亦萌　高　天　高　媛　郝　志　黄　海　纪　念
康　路　李彦廷　凌　雯　刘子然　马　骏　朴玉平
任　勍　汪忆岚　王　敏　吴炜惠　杨　佳　杨梅媛

杨　洋　章　超　赵　卓　诸丛瑜　左屹桐
黄　迅(元培)

## 历史学学士 70 人

### 历史学专业 24 人
常　彧　陈雪娇　杜　凯　方　宇　顾　悦　韩基奭
侯　斌　胡昌梅　李明阳　李娜颖　李　轩　廖理琳
刘　江　刘默涵　毛艺霖　田武雄　王凯豪　王　琴
闻　淼　詹　珩　张素霞　郑　培　周文通
陈　巍(元培)

### 世界历史专业 19 人
崔金柱　樊　华　黄文峰　简心怡　康姜博　李小斐
刘世杰　马　克　潘　丹　彭　勃　田　园　童　祁
王睿恒　韦　菊　魏俊雅　谢佩宏　徐　硕　许张凤
周启云

### 考古学专业 13 人
戴喜玲　李天凯　李　杨　罗汝鹏　牛健哲　翁雯婧
杨　青　杨一国　喻　婷　张　敏　张　通　张依萌
章珠裕

### 博物馆学专业 7 人
段文蓓　刘佳莹　刘晓波　沈辛成　徐一方　杨海锋
钟棉棉

### 文物保护专业 7 人
陈　松　傅　月　梁　举　吴婧玮　薛轶宁　杨　琴
朱博雅

## 哲学学士 31 人

### 哲学专业 27 人
陈　岑　陈　倩　邓国宏　丁　雪　高星爱　顾嫣怡
雷大淋　李春颖　李婷婷　彭天璞　任　苗　隋京龙
孙婧一　王楠楠　王　烨　徐召清　许国荣　游足华
于　泓　禹　洁　张　厚　张小星　张晓宇　章文雯
赵瀚超　周双双(元培)　南　星(元培)

### 宗教学专业 4 人
陈笑天　叶伟锋　赵若云　李　森(元培)

## 法学学士 429 人

### 法学专业 161 人
柏吉喆　蔡利华　陈　经　陈琦翔　陈婍茵　陈星洲
陈　岩　陈莹莹　陈　韵　程　莉　崔　婧　丁　怡
樊　凡　方　磊　冯　菁　付　琦　高　霞　高小吉
葛　洁　葛　智　巩金麟　韩　光　韩露璐　韩　笑
何惠婷　何　欣　贺舒婷　侯　昉　胡佳文　黄　海
黄　菁　黄静雯　黄琳娜　黄　姗　黄以天　姜　慧
姜婉莹　姜　莹　蒋可桢　金　楸　康文义　李　婵
李　峰　李洪鹏　李　锐　李　册　李　翔　李小芹

李昕洋 李　欣 李兴华 李　譞 梁雪晗 廖宇飞
林　靖 刘琼郁 刘　茸 刘　爽 刘文佳 刘　颜
刘召凤 刘宗路 罗　璇 马　力 马燕楠 毛云霞
毛竹青 聂　瑞 潘　星 庞海瑶 彭　晗 彭媛媛
戚　鲁 全海花 任　华 石　娜 宋　鹤 宋颖婷
苏　容 孙　刚 孙　航 孙锦兰 孙　蕾 索亚琼
唐　珍 田思露 汪　瑜 王　磊 王　磊 王　丽
王明慧 王　齐 王　蔚 王　文 王孝楠 王　笑
王　钊 魏　瑾 吴群峰 吴　天 奚　莹 夏　奭
萧伟昌 谢志伟 徐双甲 徐文博 徐晓颖 徐正捷
许　瑾 许　凯 延　慧 阎　天 杨　芳 杨　敏
杨业烨 姚纽蒙 叶朝霞 叶菊芬 叶迅讯 尹巧华
尤若楠 于　宁 余　仙 袁　毅 曾　璐 张福才
张海钟 张　婧 张　靓 张琳琳 张　舒 张天弘
张霄杨 张振宇 赵静怡 赵　敏 郑　谧 郑　园
周红乐 周　全 周小骁 周源源 朱　涤 朱静敏
朱利斯 朱维维 竺　艳 卓　玛 邹丹莉 左古月
张琬婷(元培) 张　杰(元培) 陈　卓(元培)
张金玉(元培) 黄　珊(元培) 马　青(元培)
李　琳(元培) 郭嘉华(元培) 郭晓宇(元培)
张　雯(元培) 李　晗(元培)

### 外交学专业 35 人

陈　光 侯玉艳 蒋翊民 李　丹 李　磊 李潇潇
林文霄 刘晨箫 刘赫丹 刘　嘉 刘　冉 刘素兰
刘　璇 毛　燕 苏　文 王樱洁 翁翠芬 吴　殷
吴英兰 谢　雪 邢孔婧 徐　珂 许　恒 许金梅
闫　莉 杨晓晶 杨伊凡 张恩梓 张弘远 张　璇
赵　梦 赵鞾嬰 庄醇琦 樊　夏(元培)
黎坤林(元培)

### 国际政治专业 48 人

陈　芳 陈杭霞 陈　楠 陈　翔 陈向阳 程　帅
储亦张 丁德良 范旸沐 符巍露 顾歆悦 洪浩岚
黄　橙 李凌波 李　宁 李　锐 李蔚妮 李云飞
刘　月 陆　挺 陆　兴 吕　丹 马　婧 齐　鹏
邱稚博 谭　牧 谭　琴 田　瑜 汪思涵 王岑卉
王　芳 王剑英 王　田 王　征 谢满祝 徐　勇
许　午 杨鹏飞 杨　曦 张轩铭 周陶沫 朱　戈
邹建业 左祖晶 袁　杨(元培) 黄　攀(元培)
喻歆舟(元培) 刘　龑(元培)

### 国际政治经济学专业 27 人

邓　砂 高　晨 贾鑫鑫 蒋华栋 李　健 李　娇
李　溪 戚　骥 秦　月 宋彦人 孙　腾 田肇寰
王　凯 王肖莹 吴　彬 吴国金 薛琳砚 闫　犁
于利强 张弼华 张　纯 张　蕾 赵雅茹 钟亚楠
周济申 周小云 曲梦宣(元培)

### 社会学专业 38 人

陈艳羚 陈怡平 豆瑞星 高海石 葛　娟 哈光甜
胡倩影 华燕君 纪莺莺 江　娟 姜仲华 鞠　晓
凌　鹏 刘亚文 刘　毅 刘珍珍 马伟茗 孟　皖
倪　伟 邬　磴 齐月娜 石善伟 宋　倩 王婧婧
王路璐 徐晓锋 杨　杰 姚建文 余前广 张丹丹
张国喜 张秋实 张新风 郑晓娟 齐晓瑾(元培)
白小龙(元培) 石　鸣(元培) 马宇民(元培)

### 社会工作专业 2 人

陈　昊 苏福金

### 政治学与行政学专业 34 人

陈　鹤 陈慧晶 陈敏生 段海燕 葛　斐 顾善慕
韩　冰 韩国旭 李思静 刘宗桥 孟天广 母欣阳
潘学峰 朴男顺 任　暄 孙　轲 王　琳 王春明
吴永熹 吴志翔 夏瑾璇 许佳佳 杨延青 杨　阳
于　潇 张丁予 张晓伟 张　源 赵昌全 周　茜
杨　威(元培) 董昕宇(元培) 赵　耀(元培)
吕　毅(元培)

### 思想政治教育专业 84 人

安　涛 白笛葳 常亚丽 陈　洁 陈　靖 陈娉婷
杜　莎 冯云龙 高　源 郝　巍 纪小鸥 姜丽丽
蒋辉玥 金强峰 李　飞 李红柳 李洪晨 李鸿博
李　洁 李莉莉 李　霞 李亚彬 李　燕 李玉红
李云霞 刘　超 刘　芳 刘　峰 刘洪娟 刘孟琳
刘　巍 刘　香 刘　喆 罗　颖 么　倩 浦　亮
钱永霞 乔　宇 秦德育 任　旭 尚晓燕 硕　蕾
宋妍妍 孙家一 孙　竞 谭　思 田　浩 田　萌
宛　强 王　法 王国婧 王　冉 王莎莎 王　婉
王祥姗 王　欣 王耀亨 王云朋 魏京婷 王晓梅
乌日莎娜 吴　瑞 肖文华 徐静娇 徐晓梅
杨晓斐 杨　芳 杨　霏 杨丽冉 杨　茜 杨懿德
杨　月 叶薇薇 张　彬 张　蒙 张　平 张甜甜
张振华 赵　晔 赵　娟 郑少晖 郑　毅 周宇华
周　悦 朱　嘉

## 经济学学士 234 人

### 保险专业 36 人

白　杨 蔡　薇 陈丹婷 杜嘉禾 胡雨果 花　磊
李寒淼 李明强 李雪飞 栗　莉 刘金玲 刘思研
祁　雪 沈双莉 宋晓纯 孙大伟 孙　伟 谭　佳
唐耀星 王　磊 王汝鹏 吴　晶 邢　波 邢　静
闫　韩 杨　洋 于　岩 郁智慧 袁晓晴 张　怡
赵　晨 赵雪舟 郭甲子(元培) 韩　婷(元培)
刘云波 黎晖晖(元培)

### 经济学专业 39 人

白　芳 冯　喆 高楷人 龚　欣 古　松 郭慧子

韩斌 韩昊 黄俊 瞿贤达 李波 李少知
李向阳 李治波 林静茹 林怡君 刘琳 鲁晓
罗云 马思伟 买慧 穆峥 牛璐 王若汐
文博 文铭旭 吴崇宇 熊梦群 杨柳 杨哲昊
张晓雯 张昕 张璇 张越艳 濮娜(元培)
方丹(元培) 李忱(元培) 齐瑞娟(元培)
张旭东(元培)

刘晓丽 陆欣 罗钟华 山盟 沈晔 沈自源
孙强 陶荣 万晓慧 汪倩 王婉君 王岩
王智鹏 冼敏莹 徐远 严斌 颜维虹 杨霖
喻妙群 张晶 张曼 赵倩 朱名湖
陈锦红(元培) 邓凯(元培) 张晓菲(元培)
袁立蓉(元培) 陈歆(元培)

### 财务管理专业 34人

白旭亮 蔡景丰 陈乃佳 程雅 邓婧 符健
顾莎力 郝颖菲 何俊杰 黄崇山 黄莉萍 孔菲
赖源棱 李栋 李英爱 刘朝 刘俊 吕婷
罗琦 毛叶菲 欧阳婧 沈艾 舒恒 孙健
王晶 王秀娟 韦诣 武珩 邢楠 袁洲薇
张颖 张志凯 赵鹤 周舟

### 金融学专业 85人

曹玙 陈新星 陈琰菲 狄芊宇 杜珊 冯知宇
葛丹平 官乐 郭靖玮 郭荣华 郭小帆 何雁飚
洪梅 洪鑫 胡景怡 黄梦丹 黄明旻 简颖敏
蒋子懿 郎德超 雷芳 李婧 李婧谦 李明远
李娜 李溪 李怡 李鋆虎 林凌云 刘梦羽
马麟 毛星辉 孟越 齐晓楠 赛娜 沈扬
施展 唐琳 陶文 涂舜德 王旦丽 王栋栋
王森 王晓书 王雪 王卓时 魏玉堂 吴凯特
吴姝南 夏惜惜 项伊南 肖潇 谢开 熊飞
胥明阳 徐超 徐惊蛰 徐琳 薛琦 薛雨涵
闫浩 严薇 颜燕颖 杨美玉 杨滢莹 詹祎
张宁 张璞 张四维 张晓楠 张玉臻 赵聪
郑裕耕 钟华文 周恒 周密 朱丹 朱丽
朱隆斌 王冠嵩(元培) 齐磊(元培)
沈琛华(元培) 王佳欣(元培) 黄芳(元培)
赵梦萦(元培)

### 人力资源管理专业 18人

崔寒 冯莉 符晓 付鹏飞 韩小汐 黄文德
姜平 李金诺 李佩颖 刘旭敏 陆婷
欧阳庆峰 申洁 王岚 王智瑞 伍海伦
杨慧 张浩而

### 信息管理与信息系统专业 39人

曹郁 陈强敏 董雷 董跃辉 窦曦骞 杜晓梦
杜云飞 傅智辉 侯晓琼 蒋晔海 李瀚瀛 李锦香
李腾东 梁兴海 刘琳 刘鲁亚 刘淘淘 刘幸昕
刘妍 彭琴 彭永瑾 桑晓琦 石长翼 宋景梅
王瑾 王雯 魏尧 项卫 殷夏 袁重桥
张聊聊 张松颂 张宇 张志俊 张自治 赵凤丹
赵经纶 朱建荣 朱剑寒

### 财政学专业 25人

邓丽琳 杜美妮 顾琦 贺潇 康笛 寇馨元
李晓飞 刘倩 刘娴 饶玉涵 苏静 王睿智
徐子菲 许准 杨柳 叶文嬿 于佳丽 于金玉
翟进 张锐 张玉 钟美玉 钟声云 周敏
邹天龙

### 公共政策学专业 12人

户国栋 刘晓晨 马世妹 饶诗韵 苏红 王阳亮
王一静 肖慧华 张冬 张婷 赵姣玉 郑舟

### 城市管理专业 11人

段磊 黄莹洁 籍婧 刘晓菲 刘雁翎 刘增
娜敏 史晓琳 谢卫江 尤佳粤 周雪怡

### 国际经济与贸易专业 35人

迟骋 崔蓉 戴文达 丁勇 樊瑞 付璐
韩日欣 黄思婧 姜勇 金奇敏 李梦瑜 李苗
李伟 刘乃铭 彭创 彭莹 区觅 沙莎
邵诚 谭小康 王佳 王璇 吴若晗 肖瑶
谢巍 徐珊珊 杨超 杨春莉 杨楠 杨越
于杰 俞晴 张婧妍 赵学全 李怡然(元培)

## 医学学士 766人

### 护理学专业 37人

王悦 周苗苗 邓晓倩 廖兰兰 卢梅 卢迪
傅媛媛 刘璐 李玮 韦莲 王卉 柳程
刘丹妮 王微 赵艺媛 万劼 邹丽建 张钰晗
崔玲玲 胡夏菊 史艳菊 徐婧 谭文娟 郑怡
高玲玲 李旭 张彦 林晓燕 李欢 马丹
汪艳艳 申洁 马艳丽 朱小琴 丛馨 刘燕
孙慧杰

### 环境、资源与发展经济学专业 14人

陈瑾 江贤武 姜来 李斌 李瑜敏 刘健
刘文晋 潘凯 苏元林 孙博 尹一蒙 于洋
张小菲 朱纪明(元培)

## 管理学学士 154人

### 会计学专业 40人

曹琉郡 陈茂 陈溪 陈新计 陈星彤 董晓艳
冯博 胡琼 江沐 李彦荻 李原草 梁姗

### 临床医学 393人

刘阳 王晓春 李舒 曹连杰 姜宇 田野
刘丹 高小曼 容蓉 杨艺 韩瑞 齐峥嵘
商学谦 赵曾彬 周猷琴 周云杉 刘龄景 屈文振

刘 玲　张瀚辉　楚 红　王旻舒　何晓清　杨 彦
吴 頔　沈 蕾　高 那　李 原　邱素均　颜 涛
郝 瀚　邵 玮　范芳芳　王 砳　李春媚　徐昕晔
甄 伟　赵光远　汪 洋　张 洁　熊 祥　郭立筠
邱 旸　丁 婷　李 阳　牟 田　谢 颖　高洁亮
冯欣源　耿 研　张小梅　张 卓　许 嘉　赵 鹏
陈翔宇　周明珠　王 博　高莹卉　高宝祥　张亚楠
李 颖　马建勋　刘 芳　张 锋　张临风　刘 挺
肖 宇　崔珊珊　吴静晔　吴先球　王灵娜　沈 姞
刘 平　李 凡　杨勇昆　肖 飞　邢儒通　张古月
赵亚楠　纳格索　韩 旭　房 杰　申夏惠　贺 鑫
陈 瓅　依勒哈姆　　　　孙丽颖　庞兴佳　单 晗
熊 英　解伟琳　沈瑜君　张 梦　邵 苗　叶珍珍
刘自力　连国元　布仁查　彭荣梅　钱 晶　韩 为
白丽薇　郑全霆　嘎 玛　李 旭　张 明　康 宁
阿力木　张浔敏　库尔莫　杨 旭　王立泽　刘志伟
王 娟　李文德　拉丽萨　袁晓旭　田 珂　潘晓静
张佳丽　孙 玥　卡 伦　张乃怿　吴巍珍　刘 辰
魏 锰　江莹子　胡 兰　杜敬曾　周德训　贾广知
任珏静　索丽叶　芳 迪　季 滢　权 敏　徐海军
旦增索朗　　　　戴 亮　柯佑长　陈 靖　莫晓冬
黄金华　徐惠如　叶小巾　林柏良　孙 旭　杨晓燕
周 敏　溥婉贞　迟 茗　陈择宇　林 洁　单年春
时庆广　张安婷　廉文清　马千里　徐传辉　郭 雄
邓玖征　陈乃瑜　岳 睿　孙珮纹　许 颖　李 旺
康丽惠　李婷安　温娟娟　郑佳玮　金 斌　周 靖
李 翔　张耕维　唐亮芳　张乃文　高云爽　孙献涛
王 伟　卢 玮　郑丽媛　广田恭一　　　　白月婷
贾 进　斯拉瓦　王建胜　闫 婷　吉辰彬　徐 啸
王志敏　艾丽菲热·买买提　　　　胡家瑞　张佳楠
叶泰荣　陈 楠　夏 瑀　戎玉兰　许嬾文　宋韩明
林冠均　黄 聪　姚震旦　高 健　段晓涵　高 倩
许耀彬　陈 晗　成兴华　蔡蜀菁　李心仁　赵宇驰
吴芸辉　万 宏　程 瑶　张 昭　谢明烨　原鹏波
吴婉慈　杨 晨　周 宁　郑智鸿　洪桤志　王丹丹
邱祺琪　张明博　于 萍　翁玉怡　谢明翰　张 杨
姚婉滢　季 鑫　高 超　何家豪　汪海鑫　郭奕倩
苏珮琪　张警丰　李 磊　陈嫚轩　郭 洋　单鹏程
陈耀莹　戴雯姬　李海凌　曾聪贺　周 媛　于海洋
黄湄愿　张素巧　黄 靖　陈柏叡　曹长琦　匡 妍
蔡孟珊　高 慧　赵 峰　王肇敏　丘桦真　李圣楠
邱于芳　杨德金　刘华玮　郑月涵　陈宜洁　张 楠
高峻翌　李 晓　庞天舒　程思绮　曾宪卓　杨 飏
高郁洋　高 松　李 方　曹志豪　王思源　桑 田
陈立伦　金 彦　杜 晨　田 蓝　徐 力　牛国晨
云瞱朕　韩 琳　张 婧　杨承勋　李元博　刘茜玮
郭秉霖　杜巧新　张 帆　李冠慧　叶剑飞　丛 悦

卓彦伶　孙 超　李少柟　谭本超　杨 婷　范 芸
薛詠芬　辛 玲　王 淼　刘 珵　袁 帅　刘若琳
朱湘仪　刘 彬　王达成　许 英　骆海伦　汪 伟
王若凡　邓洪梅　张英斌　王莹莹　刘 娟　杨 莉
庄贺婷　张 萌　李 萌　万 真　王 韵　黄远深
萧如凯　徐冷楠　何子骏　张 昊　马晓丹　寿 冲
江旻晔　于海蛟　莫漓虹　王小军　吴汉贤　鄢谢桥
黄鼎艺　刘 昕　张 众　刘天婧　杨力跃　丁明明
李易津　彭 云　汪 炀　李世鹏　康 红　刘 铭
邢格政　武京伟　刘瑞睿　温 鑫　于 冬　王 平
洪御超　陈克终　李佳宁　董 晓　周继豪　李友泉
黄亮玮　波 蒂　齐 鸣　图合提阿吉·图达宏
张佳莹　瞿国峰　陈萱葳　陈 颖　王婕敏　李静怡
贺 鹏　王 婧　徐嫚翎　王佳艳　顾阳春　尚 杰
王婷婷　姚 珍　武传瑛　王 甄　林 梅　高 妮
郑青青　颜耀南　关 烁　陈运山　范 婧　张碧莹
杨德鸿　李一汉　李 姝　敖明昕

**医学实验学专业28人**

蔡金华　栗 琳　米 琳　赵 璇　张 蔓　邓 暄
丁 盟　吴栗洋　陈佳靓　刘 芳　赵 彬　王 宁
吴 迪　李伟京　郭 嵒　李 响　石婵奇　杨 曦
康佳蕊　马亚琪　孙 昕　陈 卓　陈 剑　郭孟玮
赵雅芳　李 楠　张 佳　孙嘉明

**预防医学专业66人**

李 湛　吴 双　张国钦　王 欣　袁 平　刘 丽
陆 叶　王 辉　邹志勇　丁彩翠　徐 莉　李东阳
张 超　郭旭君　苏小路　朱 葛　王晶晶　祁 琨
黄月香　沈 娟　郭晋臻　赵安乐　平措卓玛
董 巍　臧嘉捷　徐 锐　刘志刚　杨晓亮
拉巴桑珠　李 勃　宋 岩　张 锋　李长伟
何 柳　张 晓　曹栋栋　李庆伟　迪力夏提
孙 玮　刘牧文　阿提开木　　　　马亚婷
阿依波里　孙晓东　黄丽巧　王子云　木拉提
叶丽娜　董辛欣　杜芳伟　李晓婷　培尔顿　赵力博
江 芳　杨 乐　向 往　王文凤　徐 扬　钟 堃
马 宁　涂华康　何英剑　董 书　许涤沙　胡艳阳
吴少伟

**基础医学专业32人**

翟 蕾　刘 婷　陈 瑜　张博迪　宋鸿硕　唐晓丽
张 茜　唐 昆　滕 飞　胡又又　郭晓欢　石 磊
许 文　祁 姬　陈 瑜　林 然　张 帅　于 姝
欧阳琼　杨 航　董 艳　李 洋　魏 然　庞 博
崔媛媛　郭柳静　张 喆　常 娜　李文琪　刘向宇
张 翼　于 佳

**口腔医学专业51人**

王碧涛　杜 阳　王 娜　王国彪　刘 曦　石 磊

| | | | | | |
|---|---|---|---|---|---|
|赵　鑫|高　明|耿远明|赵河川|李　阳|范新新|
|葛雯姝|江双凤|邢海霞|张　瑶|张　薇|陆长玺|
|杨志成|梁　峰|闫　鹏|肖文美|叶　颖|宋　杨|
|乔　敏|王　瞳|张津京|封　帅|钟　研|张珊珊|
|乐　迪|刘志强|谢克贤|刘晓默|任抒欣|周　侠|
|雷　玥|廖雁婷|王玉波|巫织宇|关　心|黄山娟|
|蔡建蕊|米姗姗|董　静|罗　漪|石钿印|刘　浩|
|石　妍|宋广瀛|师晓蕊| | | |

### 医学英语专业 54 人

| | | | | | |
|---|---|---|---|---|---|
|太田朋子|刘　畅|李永年|赵祥恩|赵　昉| |
|蒋昌敏|阿久津实| |陈　晶|王　冬| |
|野原宏尚|赵　鹏|杜伟伟|崔洪准|徐　进| |
|赵　磊|福泽智子| |贾　茹|丁旭虹| |
|清水雅子| |何　煜|张立杰|相泽和泉| |
|魏佩芳|苏静静|服部真悟| |罗焕金|张　阳|
|冈本浩之| |师　良|韩洪涛|金子由香| |
|贺志强|马居安|许东京|黄　芳|王加立| |
|藏屋奈保| |赵经洲|史晓婷|松茂美和| |
|张惺惺|冯　攀|寺建文博| |张　琪|武光宇|
|赤平瑠香| |周　娜|胡梓恒|松田亚依| |
|杨　佳|冉　猛|王秋焱|岳　婷|杨晓晨| |

### 药学专业 105 人

| | | | | | |
|---|---|---|---|---|---|
|陈永晨|赵月斌|马　良|方　圆|杨亚平|陈　真|
|杨维宁|刘敬孬|王立辉|李苏宁|于　霞|李继明|
|郭　佳|曾　佳|郑　铮|俞斌瀚|陆银锁|潘雅婷|
|边　萌|左　宁|张四维|温而雅|王　卓|宋月林|
|王　蕊|乔　雪|李静姿|袁惠燕|张　鑫|李天琪|
|周　洋|廖　音|李　然|陈　瑜|潘德林|丁　喆|
|梁蓓蓓|张　萌|刘　迪|钟文和|周斐然|甄　鹏|
|李　静|王琳娜|董炳娜|刘卫东|姚志容|陈曙光|
|刘永娇|韩　婧|张　元|霍常鑫|也尔麦克| |
|薛　莲|倪斯然|张姝玙|林晓雯|陈晓梅|卓来东|
|李天巍|卢　卡|胡辛欣|刘舒怡|李相勤|文冰亭|
|索朗曲珍| |戴　岱|张燕惠|苏毅进|邱学文|
|张慧楠|谭志武|崔保松|伍博深|钟旭丽|张　婷|
|曹　晨|孔旭东|杜　举|李　璐|梁育茂|孙精伟|
|白　婷|唐蔻晨|张雪妍|杨丽娟|李　丝|刘文俊|
|杨利军|刘　墨|王　丹|郭宇岚|胡　涛|闫汝锋|
|王　刊|李　立|王旖旆|王晓锋|王　菲|杜　萍|
|唐　飞|庄　崧|刘　倩|鲁风云|周　勇| |

## 三、留学生获得学士学位名单

### 理学学士 2 人

#### 生物科学专业 1 人

郎润博

#### 地质学专业 1 人

森原望

### 文学学士 29 人

#### 广告学专业 4 人

| | | | |
|---|---|---|---|
|千真雅|尹铉政|俞小莺|郑朱玹|

#### 新闻学专业 9 人

| | | | |
|---|---|---|---|
|大仓琳达| |公森隆人|柳马迪|朴桂演|
|朴姬宣|朴　民|朴智贤|魏礼林|中村出|

#### 广播电视新闻学专业 3 人

李雯菲　林慧贞　严宗瑛

#### 汉语言文学专业 17 人

| | | | | |
|---|---|---|---|---|
|安成恩|安有曛|崔河那|金敬珉|金俠希|金相益|
|李惠令|朴如珍|朴圣乐|邱锦耀|权志泳|宋秀英|
|孙智润|文盛奎|吴良洲|姚慧弈|郑韩别| |

#### 广播电视编导（影视编导）专业 6 人

| | | | | |
|---|---|---|---|---|
|卞昱丁|黄韩蔚|李惠美|卢壮雄|全纹奭|全原夒|

### 历史学学士 21 人

#### 历史学专业 14 人

| | | | | |
|---|---|---|---|---|
|曹东铉|渡边创世| |金把路|金松妍|金贤硕|
|金秀贤|金秀珍|金正律|李基恒|朴玟宣|宋草叶|
|尹宝培|尹　培|郑　兰| | | |

#### 世界历史专业 2 人

安达洋　郑琛欣

#### 博物馆学专业 3 人

崔祥烨　金普览　玄智仁

#### 考古学专业 2 人

朴松一　赵恩慧

### 哲学学士 8 人

#### 哲学专业 7 人

| | | | |
|---|---|---|---|
|车昇炫|崔元正|金珍莹|金志桓|铃木绅司|
|徐均南|延济根| | | |

#### 宗教学专业 1 人

宋玹汰

### 法学学士 56 人

#### 法学专业 14 人

| | | | | |
|---|---|---|---|---|
|韩得熙|黄博涵|姜晶敏|金昌茂|金充晓|金恩希|
|金希俊|金秀荣|金秀珍|廖孟诚|林宝晶|朴珉贞|
|宋在滢|周培芳| | | | |

#### 外交学专业 7 人

| | | | | |
|---|---|---|---|---|
|陈友平|崔相贤|金润呼|李垠京|刘　婕|宋守炫|
|中泽绘莉| | | | | |

### 国际政治专业 20 人

白荣中　崔宝培　洪赞熹　金发　金泰勋　景缴
李成镇　李在赫　李志善　李周相　刘持鑫　刘俊亨
朴美玲　朴相贤　阮越勇　徐贤祯　尹淙铉　元荣国
郑在垠　佐佐木敏

### 国际政治经济学专业 2 人

柯欣颖　张知予

### 社会学专业 8 人

安琪　崔智英　金南奭　金庆珉　李东烨　李政珉
朴玟奎　孙惠子

### 政治学与行政学专业 5 人

陈红英　韩智姬　金振龙　具炯玟　庄强

## 经济学学士 15 人

### 金融学专业 2 人

郭东荣　赵文彬

### 国际经济与贸易专业 13 人

陈氏兰茸　崔承源　洪铭荃　金基澈　金圣烈
具英浚　刘佳莹　鲁珉赫　孙懋坤　许喆　张巍
郑多运　周氏妙仁

## 管理学学士 8 人

### 财务管理专业 1 人

张樱楠

### 人力资源管理专业 3 人

崔溟辰　朴镇灿　小山翔

### 信息管理与信息系统 2 人

陈势衢　黄延苾

### 城市管理专业 1 人

郑声贤

### 公共政策学专业 1 人

柳惠莲

## 四、毕业未获得学士学位名单

1. 普通本科生因学习成绩未能达到授予学士学位条件的有 9 人

### 计算机科学与技术专业 1 人

黄晓晨

### 生物技术专业 1 人

郝伟迪

### 资源环境与城乡规划管理专业 1 人

陈辰

### 国际政治专业 1 人

吕家辉

### 财政学专业 1 人

次吉卓嘎

### 法学专业 1 人

夏娟

### 政治学与行政学专业 2 人

李昊城　马克

### 思想政治教育专业 1 人

石一多

2. 普通本科生因考试作弊被取消学士学位资格的有 12 人

### 计算机科学与技术专业 1 人

赵兴鹏

### 地质学专业 1 人

魏松峤

### 文物保护专业 1 人

崔彪

### 保险专业 1 人

王庚锐

### 国际经济与贸易专业 1 人

马寒冰

### 法学专业 4 人

邢衍安　卓棣　陈为芬　高金山

### 公共政策学专业 1 人

陈佳德

### 阿拉伯语专业 1 人

王伟

### 广播电视编导（影视编导）专业 1 人

朱小倩

3. 留学生因学习成绩未能达到授予学士学位条件的有 2 人

### 法学专业 1 人

洪锡满

### 政治学与行政学专业 1 人

与仪真生子

4. 留学生因考试作弊被取消学士学位资格的有 3 人

### 国际政治专业 1 人

催丞我

### 国际经济与贸易专业 2 人

李恩慧　宋旭武

## 五、本科结业和有资格换发毕业证书名单

1. 普通本科生结业 34 人

### 数学与应用数学专业 2 人

陆琦　邓杨

理论与应用力学专业1人
胡海洋
物理学专业1人
付龙翠
电子信息科学与技术专业2人
鄂继明　贾金城
计算机科学与技术专业5人
李瑜芳　佟超　杨威　杨阳　周乾
微电子学专业1人
胡望成
化学专业9人
任舒娅　王晨钰　罗武林　郑元章　赵启明　孙阳
唐齐　曹兴隆　杨硕
材料化学专业1人
庄丽萍
生物科学专业1人
曾宏伟
地球化学专业1人
王垚
空间物理学专业1人
杜雷
资源环境与城乡规划管理专业1人
王海斌
心理学专业1人
王海波
保险专业1人
于钰
经济学专业1人
张萌
金融学专业1人
裴培
财务管理专业1人
张彪
人力资源管理专业1人
戴源
法学专业1人
吴晓明
社会学专业1人
李志达

2. 普通本科生可换发毕业证书63人
信息与计算科学专业1人
贺淳
数学与应用数学专业6人
王磊　刘声　陆庆　曹晖　杨玉彪　王加白

工程结构分析专业2人
林谢辉　邱鑫
理论与应用力学专业1人
苗高杉
大气科学专业1人
姚腾
物理学专业5人
李立　刘佳明　华生　曹墨达　刘冠男
电子信息科学与技术专业6人
刘一鸣　王少游　王阳　彭昱　钟锐　佟斌
计算机科学与技术专业5人
马英克　金晓东　刘涛　胡佩轩　胡尔曼阿里
微电子学专业1人
李振涛
化学专业3人
袁巾　赵延伟　周志华
生物科学专业1人
吴琼
地质学专业2人
吴沣　邹冠群
地理科学专业1人
刘斌
资源环境与城乡规划管理专业3人
陈锡楠　姜天斌　陈辰
生态学专业2人
沈桐　江玥
城市规划专业2人
向瑜　韦大伟
经济学专业1人
孙建云
财政学专业2人
张轶轲　赵鲜梅
国际经济与贸易专业2人
洛松　何杭
法学专业3人
李杰　陈亮　高立存
社会学专业1人
汪艳
法语专业2人
马笑寒　张玉梁
阿拉伯语专业1人
赵红倩
日语专业1人
马杰

　　　　　　希伯莱语专业2人
阮　项　夏　磊
　　　　　　思想政治教育专业3人
许志强　邵　帅　曹文花
　　　　　　心理学专业2人
韩　逊(元培)　黄家莹(元培)
　　　　　　公共政策学专业1人
高　凯(元培)
3. 留学生本科结业3人
　　　　　　汉语言学2人
尹秀赫　宫崎晶功
　　　　　　公共政策学专业1人
朴善嬉
4. 留学生可换发毕业证书7人
　　　　　　生物科学专业1人
陈　虹
　　　　　　汉语言学专业1人
三上真子阿
　　　　　　人力资源专业2人
李东赫　朴基穆
　　　　　　法学专业2人
李承桓　郑朱珉
　　　　　　广播电视编导(影视编导)专业1人
朴声勋

**六、2006年结业2007年换发毕业证书补授学士学位名单**

1. 普通本科生2006年结业2007年换发毕业证书补授学士学位名单
　　　　　　数学与应用数学专业1人
王　晨
　　　　　　信息与计算科学专业3人
周开拓　钟　坚　韩志广
　　　　　　统计学1人
陆望哲
　　　　　　物理学专业7人
倪铁璇　王铁军　张继瑞　魏　宏　许嘉纹　孙晶华
李岸阳(元培)
　　　　　　应用化学专业1人
罗　晶
　　　　　　生物科学专业1人
张　浩
　　　　　　生物技术专业1人
李　曼

　　　　　　地质学专业3人
高　宁　蔡　昕　孙大亥
　　　　　　环境科学专业1人
陈红高
　　　　　　编辑出版学专业1人
王彦直
　　　　　　中国文学专业2人
詹伟锋　曲　丹
　　　　　　历史学专业1人
吴云广(元培)
　　　　　　哲学专业1人
魏晶晶
　　　　　　经济学专业1人
冀梦昍
　　　　　　国际经济与贸易专业1人
郑可欣
　　　　　　市场营销专业1人
王　锋
　　　　　　法学专业3人
李　威　漠　楠　李昉芳
　　　　　　信息管理与信息系统专业1人
赵　华
　　　　　　日语专业1人
王　涛
　　　　　　思想政治教育专业4人
汤　丽　胡青松　钱雯雯　张珺源

2. 留学生2006年结业2007年换发毕业证书补授学士学位名单
　　　　　　新闻学专业1人
朴时亨
　　　　　　法学专业1人
中原美铃
　　　　　　社会学专业1人
申桢浩
　　　　　　哲学专业1人
李光来

**七、授予双学位学士名单**

1. 双学位名单
　　　　　　数学与应用数学专业41人
林志伟　程　波　周奇伟　季　杰　张晓丹　王建春
王　斌　王晓晨　马　天　张军华　王　博　魏冰川
冯　元　刘　彬　吕　雪　王　东　赵俊彦　魏　斐
徐世庆　汪　申　赵　阳　汪意成　薛　钊　朱　丹
施　展　陈琰菲　白旭亮　姜　平　李　怡　刘　俊

| 符　建 | 陈丹珏 | 李　明 | 杨筱舟 | 陈柄辰 | 徐　力 | 魏　贺 | 张慧丽 | 李　尚 | 周凯莉 | 徐　璐 | 杨屹东 |
| 李鹏杰 | 吕　品 | 蒋　竞 | 王　刚 | 马　丹 | | 刘珊之 | 顾　悦 | 黄文峰 | 詹　珩 | 杨一国 | 李婷婷 |

### 统计学专业 45 人

| 胥晓晗 | 李　炜 | 杨康博 | 陈　同 | 陈凯晨 | 戴　薇 |
| 杨　洋 | 张　璞 | 祁　雪 | 郭靖玮 | 张　宁 | 王睿智 |
| 郭荣华 | 杨美玉 | 孙　博 | 李明强 | 郁智慧 | 周　密 |
| 郑裕耕 | 王卓时 | 李婧谦 | 孙建云 | 朱　丽 | 山　盟 |
| 夏惜惜 | 徐　琳 | 王　岩 | 沈　艾 | 蒋子懿 | 冯　博 |
| 曹琉郡 | 王　晶 | 涂舜德 | 王旦丽 | 李　娜 | 欧阳婧 |
| 刘晓丽 | 邓　婧 | 刘淘淘 | 刘幸昕 | 刘亚文 | 陈怡平 |
| 袁立蓉 | 黎晖晖 | 杨晓晨 |

### 生物科学专业 3 人

| 金　凤 | 丁月曦 | 张冠石 |

### 物理学专业 2 人

| 邹　鹏 | 左盼莉 |

### 电子商务专业 15 人

| 冯　倩 | 赵雪舟 | 顾　琦 | 花　磊 | 王　磊 | 何俊杰 |
| 张晓楠 | 王婉君 | 刘　僮 | 夏冰心 | 崔艳华 | 樊　清 |
| 江　昊 | 张福强 | 焦中华 |

### 计算机软件专业 12 人

| 罗　浩 | 冯　雨 | 高双喜 | 张　政 | 李　航 | 伍拓琦 |
| 赵新光 | 任明远 | 芮芊芊 | 梁　举 | 周小云 | 詹　祎 |

### 心理学专业 62 人

| 刘文玲 | 刘嘉昀 | 赵靖宇 | 沈亚婷 | 冯　婧 | 李　璇 |
| 梁　杉 | 姜遥光 | 张菁菲 | 米良川 | 刁彩虹 | 常锦峰 |
| 宋　佳 | 蔡金曼 | 蔡紫旸 | 马　前 | 王　苗 | 廖理琳 |
| 谢佩宏 | 田武雄 | 彭天璞 | 丁　雪 | 许国荣 | 吴　彬 |
| 谢满祝 | 陈向阳 | 冯　喆 | 周　恒 | 彭　莹 | 徐惊蛰 |
| 周小骁 | 范　雪 | 尤若楠 | 巩金麟 | 何惠婷 | 张　靓 |
| 杨业烨 | 杨　芳 | 李小芹 | 王明慧 | 叶菊芬 | 苏　容 |
| 齐月娜 | 胡倩影 | 陈艳羚 | 邱　砲 | 陈慧晶 | 曾祝琼 |
| 王　颖 | 屠　彬 | 凌　雯 | 杨　佳 | 韩　婷 | 李华辉 |
| 黄增立 | 张立杰 | 史晓婷 | 陈　晶 | 张　琪 | 贾　茹 |
| 王秋焱 | 冯　攀 |

### 历史学专业 5 人

| 赵　祎 | 李云飞 | 侯晓琼 | 马　骏 | 马宇民 |

### 世界历史专业 7 人

| 荆　婧 | 李　响 | 陈　鸣 | 骆文吕 | 莉 | 马　麟 |
| 胡景怡 |

### 哲学专业 21 人

| 李　霖 | 胡　鸿 | 王秋实 | 孙　陶 | 于　佳 | 周普天 |
| 陈达一 | 朱　鹮 | 马筱舒 | 刘　婧 | 戴喜玲 | 薛轶宁 |
| 谭　牧 | 汪思涵 | 徐晓锋 | 李　哲 | 章　超 | 刘云波 |
| 展翼文 | 姚慧弈 | 崔美强 |

### 国际关系与对外事务专业 56 人

| 毛　震 | 尚子靖 | 田　申 | 王　峥 | 王秋萍 | 贾子建 |

| 隋京龙 | 翟　进 | 沙　莎 | 张　婧 | 朱维维 | 郑　园 |
| 奚　莹 | 高海石 | 王丽娟 | 蔡　俊 | 李　梦 | 张妙妙 |
| 孙梦露 | 耿　鑫 | 尹　悦 | 周丽丽 | 陈　维 | 明亮亮 |
| 赵　倩 | 唐　山 | 杨晓畅 | 王　琛 | 李小雅 | 任　婧 |
| 杨　扬 | 范　晓 | 卢　飞 | 王寒冰 | 陈静雅 | 左屹桐 |
| 郝　志 | 翟　霖 | 张旭东 | 马　跃 | 张　巍 | 刘佳莹 |
| 赵祥恩 | 邓丹枫 |

### 社会学专业 14 人

| 刘苗苗 | 郭　南 | 韩　冰 | 王志纯 | 王雅瑾 | 冯　昕 |
| 侯　斌 | 洪浩岚 | 穆　峥 | 于　宁 | 任　暄 | 尚明明 |
| 马青竹 | 郑可欣 |

### 社会工作专业 1 人

| 孙　蕾 |

### 艺术学专业 22 人

| 戴菲菲 | 陈凌霄 | 徐雅菲 | 袁绍珊 | 禹　洁 | 李　溪 |
| 刘晨箫 | 王　璇 | 杨春莉 | 刘文晋 | 姜　莹 | 彭　晗 |
| 李锦香 | 王路璐 | 罗　希 | 王　一 | 黄　璐 | 杨　姝 |
| 李佳霖 | 崔墨文 | 王晓丹 | 周　密 |

### 经济学专业 621 人

| 汪潇潇 | 王　晨 | 刘广会 | 李　骏 | 孙金华 | 姚万里 |
| 白　岩 | 次海鹏 | 杨小黎 | 苏　乾 | 廖忠芳 | 曾辰骐 |
| 康　乐 | 任郁挞 | 聂　磊 | 张　淼 | 江艺东 | 李雪莹 |
| 段　然 | 韩　丹 | 杨莉莎 | 刘　畅 | 孙建欣 | 陈天鸣 |
| 杨　曦 | 赵　梦 | 韩　楠 | 陈雯婷 | 林一青 | 周天扬 |
| 周　清 | 邢亦青 | 孟　瞳 | 王天一 | 方　天 | 黄山山 |
| 王月清 | 孙　晶 | 邱　方 | 刘　冲 | 杨　丹 | 谭　旭 |
| 贾敬非 | 杜　杰 | 蔡煊挺 | 陈可慧 | 陈肖安 | 王蓉蓉 |
| 林　凝 | 郭　斌 | 王旭磊 | 唐西均 | 郭子懿 | 吴　瑜 |
| 胡　隽 | 郝　征 | 王敏瑶 | 孔祥懿 | 韩羽枢 | 白　夜 |
| 高　帆 | 陈衍飞 | 黄　冲 | 倪晨凯 | 黄名剑 | 黄汝超 |
| 汪春辉 | 陈　伟 | 牛　骏 | 王　惠 | 石朋忆 | 宋政平 |
| 罗　青 | 郭　鹏 | 陈　卓 | 周兴鑫 | 王雯珺 | 李伟轩 |
| 钱海洋 | 李　鑫 | 郭　芃 | 吴　炜 | 张　野 | 张新义 |
| 岑炬辉 | 邱　珩 | 夏　磊 | 季栖凡 | 王博谦 | 王小保 |
| 王银博 | 彭临夏 | 戴展鹏 | 梁舒楠 | 班浩然 | 吴朝军 |
| 李　江 | 曾　韬 | 雍　欣 | 王倬云 | 王小烨 | 陈　静 |
| 张　颜 | 刘　畅 | 施立琦 | 郑　菁 | 孙惠成 | 王海梁 |
| 殷安翔 | 廉　洁 | 张　旭 | 邓钦培 | 黄　莺 | 卯光宇 |
| 马子玥 | 葛　静 | 杨　光 | 陈智斌 | 魏重远 | 宋　健 |
| 李优先 | 沈毓妹 | 刘晓婷 | 李冰阳 | 林　娜 | 高　岳 |
| 余宝国 | 李　超 | 桂　林 | 郑闻捷 | 徐士立 | 周　锐 |
| 韩　亮 | 张　璐 | 滕　晨 | 蒋英君 | 叶　澎 | 严九鹏 |
| 张　宇 | 梁松飞 | 丁林芳 | 桂　子 | 王　凯 | 张伊波 |
| 朱孟瑶 | 吴可嘉 | 胡玉梅 | 阿　杉 | 赵　岑 | 高　阳 |

| | | | | | | | | | | | |
|---|---|---|---|---|---|---|---|---|---|---|---|
|郝泽嘉|鲍 宁|于 琬|季 梦|吴文婧|王 亮|顾 奕|董 原|杨竞妍|李 卓|徐肇涵|黄 恒|
|程 龙|许开颜|俞 蓉|易 如|徐 亮|谢金开|刘 倩|任 劫|高 媛|高 天|吴炜惠|张琬婷|
|陈 旻|吴 宇|万 超|袁 斌|杨意峰|邹宇飞|杨 威|马 青|李 琳|袁 杨|易声宇|黄 攀|
|岳大攀|张 一|张铭杰|陈 芳|张 琨|杨 锦|攸佳宁|闵箫屹|郭嘉华|黎坤林|张 雯|孙 月|
|严绍玮|李艳秋|林 菡|夏 凯|杨扬子|李松蔚|孟 宁|齐奕科|丁 欢|郭育良|郭 健|申基仰|
|何吉波|刘家骥|廖宗卿|张凌波|张思婧|张 天|袁兆凯|李 程|王晶超|吕伟亮|徐硕瑀|陆晨曦|
|刘雪楠|刘 瑾|任东瑾|张 凝|周 娟|张雪皎|陈晓灵|张 诚|顾闻博|陈 拓|张鲁远|房 振|
|郭文秀|田 甜|宣杨燕|顾 鑫|王珊珊|陈菲芝|梁 昕|吴志强|林志新|周桂斌|邓和权|梁 璞|
|桂 珍|徐 丹|俞自强|姜 超|周 钊|朱 畅|卢念念|吴冬梅|王 硕|佟 玉|张 磊|刘映男|
|付雁南|肖 莎|喻梓雯|许 雷|李雨芩|张婷婷|郭金罡|夏 冰|朱 彬|张 懿|袁 烽|陈 颖|
|林 松|庄 燕|罗 闻|周 悦|张 颉|庄兆鑫|吴颖徽|黄艺燕|黄冀渝|梁 劼|刘 涛|石 磊|
|谢舒宇|陈 琛|张 旻|薛冬晗|张文权|乔 攀|周 冀|江云亮|成 增|徐连宇|林 琳|万 劼|
|傅 爽|叶泽华|吕厦敏|黄海飞|翁姗姗|吴 鹏|李永年|李秀茅|姚 远|曹 键|曹 曦|高向阳|
|刘同华|王 婧|王小龙|张 勇|李 超|樊 华|彭 妮|吴双胜|何康敏|李 立|张 元|赵月斌|
|马 克|彭 勃|刘世杰|毛艺霖|刘 江|田 园|曾 佳|伍博深|王晓锋|潘德林|文冰亭|周 沫|
|周文通|李小斐|康姜博|魏俊雅|杨 青|钟棉棉|李丽萍|吕 艳|谢一萍|刘 璐|赵蓓楠|李泽辉|
|罗汝鹏|陈 岑|于 洺|张 厚|张晓宇|顾嫣怡|李 枭|辛红强|周永建|夏冬冬|黄 真|谷 雪|
|叶伟锋|游足华|雷大淋|王楠楠|赵若云|任 苗|王立立|许 静|魏志强|罗杰文|陈宏亮|曾 垚|
|秦 月|陈 楠|高 晨|贾矗矗|许 午|蒋翊民|何 宇|许金晶|赵 永|陈 岱|王 欣|耿 嘉|
|李 锐|刘 嘉|宋彦人|钟亚楠|邹建业|翁翠芬|郭 允|杨 洋|张劲帆|刘 芳|杨 洋|崔金雷|
|邢孔婧|苏 文|李 娇|刘文佳|韩 笑|朱 涤|滕学强|张全芝|吕 博|王思源|苏 丹|万翌之|
|马燕楠|李 峰|赵 敏|李 譲|高小吉|陈星洲|刘 芳|张 甜|曹 鉴|蔡 璐|张 岳|高 皓|
|毛竹青|王 丽|林 靖|孙 航|张天弘|葛 洁|魏榕山|刘大光|孙 琼|郭 创|王 斌|蒲彦锫|
|宋 鸽|朱静敏|徐正捷|丁 怡|程 莉|胡佳文|蒋 剑|李颖璇|吴宇星|孟铁柱|全文俊|江 汐|
|陈 经|黄 海|潘 星|张海钟|竺 艳|葛 智|张慧娴|李祎程|钱 照|史 岩|浦甲列|刘 音|
|陈莹莹|赵静怡|汪 瑜|张 舒|方 磊|黄静雯|郑 铭|张江磊|马天平|韦环伟|梁敏锋|孔 亮|
|王 蔚|夏 嬰|贺舒婷|聂 瑞|蔡利华|刘 茸|丁慧峤|胡 彬|王建丰|刘 岸|陈 睿|熊 壮|
|萧伟昌|杨 敏|邹丹莉|樊 凡|李 珊|索亚琼|巩振豹|黄安琪|祝华希|臧雯静|白 鹭|赵辉辉|
|李 翔|姜婉莹|余 仙|张松颂|张 宇|桑晓琦|林震翔|贾书瑞|张佳博|蒋熊孝|王 佩|任 芳|
|梁兴海|杜晓梦|窦曦骞|魏 尧|董 雷|朱剑寒|吴墒锋|田 萍|张 鹏|王寒风|黄 瑜|李 昆|
|宋景梅|曹 郁|刘 琳|蒋晔海|项 卫|傅智辉|岳 悦|刘海萍|陈凌峰|程 默|俞小莺|赵 华|
|张志俊|杜云飞|刘鲁亚|彭 琴|李瀚瀛|张自治|韩智姬| | | | | |
|张秋实|倪 伟|张新风|陈 昊|刘 毅|石善伟| | | | | | |

2. 辅修名单

数学与应用数学专业3人

曹 伟　王 强　叶 伊

统计学专业4人

熊 雯　赵 倩　周 舟　唐 堂

生物科学专业1人

郑腾飞

计算机软件专业1人

龙海涛

心理学专业8人

邹文博　邱一莉　宋 青　梁旭鹏　严雪娇　黄 曼
江贤武　曾义成

世界历史专业1人

李 佳

| | | | | | |
|---|---|---|---|---|---|
|江 娟|王婧婧|顾善慕|刘雁翎|夏瑾璇|史晓琳|
|韩国旭|于 潇|李思静|籍 婧|娜 敏|张 桐|
|陈 鹤|葛 斐|陈敏生|肖慧华|周雪怡|张 源|
|谢卫江|周 茜|饶诗韵|潘学峰|刘宗桥|黄莹洁|
|张晓伟|马世妹|张 婷|张冬冬|韩 冰|尤佳粤|
|刘晓菲|杨延青|许佳佳|石 萌|雷 雄|潘 旭|
|李亚楠|宋亚男|王彦丹|朱铁婷|吴阳春|刘安平|
|陶 娟|陈翠萍|张东强|刘 冰|王 为|曾德彬|
|陈思齐|柴 洁|陈 章|刘 煜|李捷思|徐文婕|
|洪 翀|葛文菊|刘 雅|王 昊|张伟峰|李 昊|
|毛 凝|杜俪敏|李 实|陈 傲|汪 源|惠 郁|
|杨会华|张 驰|孙 俊|李祥乐|张浩诗|刘 宁|
|周骁霄|杨 柳|张雯雯|秦 霞|米 拓|徐 亮|
|樊素秋|李滨洲|王 圆|谷 玉|丁格律|焦 越|

### 哲学专业 2 人
王　敏　　黄　迅

### 行政管理专业 18 人
崔金柱　　季志强　　周　磊　　戴高乐　　韩志广　　丁德良
徐召清　　张　刚　　王　齐　　杨　柳　　葛　娟　　高星爱
马　婧　　颜维虹　　何　欣　　刘珍珍　　刘　娴　　王楠楠

### 国际关系与对外事务专业 8 人
陈　熙　　王睿恒　　赛　娜　　师　榕　　赵　欣　　周李围
李　斌　　周　怡

### 艺术学专业 1 人
刘雅雯

### 日语专业 17 人
朱芸慧　　陈　全　　唐　睿　　曹耕子　　赵曙光　　倪蓓娜
王雅雯　　赵雅茹　　袁　毅　　孙锦兰　　任　华　　罗　璇
魏　瑾　　周红乐　　徐晓颖　　李睿珩　　柯欣颖

### 西班牙语专业 3 人
康　苹　　王肖莹　　毛　燕

### 法语专业 41 人
张　燕　　王若曦　　许灵敏　　赵　洵　　王亚萍　　李靖宇
赵　玮　　刘　幸　　余　弦　　徐　牧　　潘　丹　　田　瑜
闫　犁　　谢　雪　　刘　璇　　王樱洁　　陈杭霞　　买　慧
胥明阳　　牛　璐　　项伊南　　赵　聪　　曹　玎　　陆　婷
周　全　　李　婵　　黄　菁　　姜　慧　　刘　妍　　段　磊
白　瑜　　钱杨静　　陈　嘉　　刘朗月　　纪　念　　杨伊凡
魏佩芳　　胡晓丹　　许　昊　　何　煜　　张　全

### 德语专业 24 人
李明阳　　陈　湛　　孙　鼎　　王　婧　　厉冠昱　　张　帆
瞿清明　　李　昕　　李春颖　　孙婧一　　邓　砂　　范旸沐
付　璐　　王　佳　　吴若晗　　张婧妍　　毛叶菲　　马　力
凌　鹏　　段海燕　　赵姣玉　　刘往一　　田　悦　　方　圆

### 经济学专业 15 人
李正宇　　胡　杨　　沈鸿燕　　傅　月　　王　烨　　薛琳砚
廖宇飞　　姜仲华　　俞晨曦　　高笑乙　　陈建业　　袁鑫鹏
唐　勇　　李倩倩　　蔡慧慧

# 毕(结)业硕士研究生

### 数学科学学院
李松平　　常　伟　　张肖扬　　白沁园　　刘怡川(结)
罗晨光　　蔡勇勇　　陈雷杰　　戴　平　　单建云　　丁春山
胡　桔　　黄　辉　　李　驰　　李　明　　聂梦龙　　戚　扬
王大可　　王小晶　　王远祺　　吴　鹏　　徐江烽　　杨进伟
张海光　　张　剑　　李科胜　　林　凌　　刘文博　　乔　磊
王　鑫　　吴毅彪　　杨升松　　胡敬华(结)　　　　姬志成
李群昌　　朱　楠　　林焕波　　余云龙　　张　强　　郑德强
鲍远松　　毕　波　　曹　斌　　陈　靖　　陈应华　　董超平
窦杨杨　　方童根　　胡　斌　　胡华嵩　　黄晓亮　　李　胜
刘湘成　　田　雷　　王慧娟　　伍方方　　徐大伟　　杨雨龙
余　戈　　翟乃剑　　赵慧子　　赵　亮　　邹中梁　　胡开勇
倪冬梅　　杨益宁　　何学锋　　刘剑锋　　王　乐　　郝亚飞
肖业英　　孟祥瑞　　赵　平

### 物理学院
苏明贤　　余　浪　　张　博　　崔　杰　　魏　悦(结)
庞　超　　张　欣　　冯　旭　　李　舟　　舒　展　　吴　飞
吴志钢　　许　谏　　于江浩　　曹荣太　　陈　波　　屈争真
史　平　　孙吉宁　　王　欢　　张　力　　池月萌　　付振东
高　萌　　荆明伟　　李　芬　　林　亮　　刘　津　　马　圆
谈效俊　　王立坤　　王　笑　　王彦杰　　魏启元　　闫　伟
张　进　　陈亮亮　　褚赛赛　　兰智豪　　吕炜圣　　翟晓凤
张生睿　　关　欣　　黄　磊　　雷　霁　　林光星　　濮　冰
杨文昌　　姚振华　　张玮玮　　蒋浩宇　　李红林　　刘新建
马明敏　　潘　英　　李　航　　钱　锋　　尚怡君　　张　新
朱海涛

### 化学与分子工程学院
彭金粉　　龚泽亮　　李　磊　　杨　箫　　敖静玲

### 生命科学学院
胡惠聪　　雷　娟　　张武学

### 地球与空间科学学院
王乾杰　　朱文萍　　黄群英　　李　虎　　马皓明　　彭　霞
邱云峰　　王建华　　王景康　　喻　新　　张　杰　　张　珂
张　鑫　　黄　慧　　刘鲁波　　刘平江　　楼小挺　　尚学峰
冯　曼　　李学胜　　王　娜　　周桂清　　张文涛　　李　敏
刘超辉　　王　宇　　余盛强　　丁　玉　　刘　洁　　刘　俊
彭　凡　　孙媛媛　　万珍珠　　耿玉海　　何金有　　刘　兵
刘　畅　　刘　立　　戚国伟　　庆建春　　王　斌　　王鑫琳
熊福生　　曹海涛　　褚福鑫　　郭　峰　　郝东奎　　李振友

| 梁艳霞 | 马文海 | 唐莉 | 杨旭东 | 张凤桐 | 张秀云 | 卢勇 | 马利昭 | 潘扬 | 乔勇 | 沈显超 | 谭一兵 |
| --- | --- | --- | --- | --- | --- | --- | --- | --- | --- | --- | --- |
| 张振奇 | 赵德利 | 单竞男 | 吕明 | 隋兴伟 | 张文琦 | 吴文龙 | 肖蔚 | 姚远 | 袁国中 | 曾亮 | 张彩虹 |
| 何丽娜 | 瞿毅臻 | 李军 | 龙玄耀 | 孟宪伟 | 陶迎春 | 张磊 | 张文伟 | 周彬 | 魏轶羿 | 张克志 | 曹贵林 |
| 张婷 | 张兆永 | 朱洋波 | 李晓燕 | 罗扬 | 陈智超 | 陈军 | 陈昕 | 程俊霞 | 杜丙国 | 葛好友 | 龚奇 |
| 郭璇 | 刘俊杰 | 苏日娜 | | | | 何海慧 | 蒋敬 | 蒋天策 | 蒋文硕 | 阚锋 | 李明 |

## 环境学院

| | | | | | | 李文 | 李晓春 | 李毅 | 李云志 | 李志豪 | 连佾 |
| --- | --- | --- | --- | --- | --- | --- | --- | --- | --- | --- | --- |
| 杨仁举 | 仇玉骙 | 苏立恒 | 王建武 | 曾宪丁 | 周俭 | 刘旭 | 刘永和 | 陆晓卉 | 茅瑾 | 裴奇 | 邱贝莉 |
| 刘源 | 刘德英 | 齐元静 | 杨欣 | 蒋潇潇 | 王雪梅 | 曲伟业 | 史朝胜 | 宿贠 | 孙逢 | 谭锋 | 王琳琳 |
| 张龙凤 | 丁登 | 孙海清 | 严汾 | 叶敏婷 | 张恩洁 | 王媛 | 王志成 | 魏群 | 吴临生 | 吴晓宁 | 谢成 |
| 张弓 | 周萌 | 陈丹丹 | 郭沁 | 郭毓洁 | 黄晓辉 | 徐俊奇 | 许鑫 | 燕飞 | 姚能亮 | 张晶晶 | 张婧 |
| 黄翊 | 晋璟瑶 | 李春波 | 李刚 | 李婷婷 | 刘继文 | 张淑娜 | 张羽新 | 章岩 | 赵贵胜 | 朱险峰 | 祝振江 |
| 卢洋 | 马亮 | 庞峰 | 任宝 | 沈洁 | 宋云 | 金娟 | 刘西 | 陈晨 | 陈坚 | 陈薇 | 戴进军 |
| 王纯洁 | 王妍 | 辛飞 | 熊伟 | 徐颖 | 闫永涛 | 刚恒举 | 高兵 | 古博 | 郭璐 | 何建超 | 侯京都 |
| 杨有强 | 叶如宁 | 赵静 | 钟栎娜 | 韦意双 | 游春华 | 蒋振宇 | 焦涛 | 金暐 | 靳黎明 | 李健 | 李舰 |
| 董健毅 | 吉云平 | 魏芳 | 夏黎黎 | 杨海燕 | 郭允允 | 李然 | 梁灵俊 | 廖莎莎 | 林铭 | 刘乃贵 | 卢刚 |
| 唐圆圆 | 周睿 | 陈贵平 | 吴洪德 | 赵小雨 | 艾春艳 | 吕梅 | 罗志达 | 毛铁苗蕾 | | 莫明明 | 潘昊 |
| 敖晓兰 | 陈嵩(结) | | 王鑫 | 陈晓丹 | 崔明明 | 潘松柏 | 邱磊 | 史岩 | 宋瑞军 | 孙健 | 孙丽萍 |
| 董华斌 | 杜婷婷 | 范永胜 | 高艳 | 龚丹 | 顾达萨 | 孙旭光 | 孙毅 | 王怀 | 王洁如 | 王晶 | 王理 |
| 胡倩 | 黄钱 | 介崇禹 | 金丽佳 | 李芬 | 李红艳 | 王宁 | 王琦 | 王顺超 | 王文杰 | 王洋 | 魏华 |
| 李菁 | 李梅玲 | 林鹏 | 刘斌 | 刘辰 | 刘雅琴 | 魏骁怡 | 吴迪 | 吴霏 | 吴思淼 | 武风丽 | 谢建新 |
| 罗铭 | 马因韬 | 彭博 | 冉阳 | 邵诗洋 | 沈琼 | 谢乐 | 杨超 | 叶昭松 | 于昊 | 袁伟 | 张力 |
| 石璇 | 宋旭 | 陶文娣 | 汪冰冰 | 王会 | 王金凤 | 张殊 | 张竑博 | 张翔 | 张向阳 | 张兴 | 郑勇雪 |
| 王乐征 | 王雅琴 | 王怡 | 王颖 | 魏斌年 | 温梦珍 | 周晶 | 周琳 | 朱璐璐 | 祝丽 | 宗蕾 | |
| 吴磊 | 武剑锋 | 向筱 | 谢扬飑 | 许明珠 | 许姗姗 | | | | | | |

## 新闻与传播学院

| 阳平坚 | 尹乐 | 于森 | 袁庆涛 | 张建成 | 张敏思 | 罗书宏 | 韩洪刚 | 李瑞 | 刘沛诚 | 陈征微 | 陆洲 |
| --- | --- | --- | --- | --- | --- | --- | --- | --- | --- | --- | --- |
| 张鑫 | 赵珊珊 | 赵曦 | 周维 | 李晶 | 李小东 | 梅叶挺 | 万小龙 | 王伟 | 谢佳妮 | 崔婷婷 | 郭琳 |
| 刘田 | 马兰兰 | 莫献坤 | 莫蓁蓁 | 史一欣 | 张昌盛 | 刘霞 | 彭彪 | 沈忱 | 谭真臻 | 夏少昂 | 白靖 |
| 赵小虎 | 周国辉 | 毕崇明 | 陈零极 | 方琬丽 | 郝晋 | 白真智 | 陈兮 | 单丽晶 | 傅予彬 | 郝哲 | 何琳 |
| 何重达 | 侯玉亭 | 胡伟 | 廉华 | 苏国良 | 王玉娥 | 侯琼 | 蒋晶晶 | 解峰 | 孔敏 | 李春露 | 李杰琼 |
| 吴冬青 | 伍佳 | 谢秀珍 | 许锋 | 闫斌 | 姚江春 | 李筱悠 | 刘兰香 | 马骏 | 马轶红 | 秦阿娜 | 阮珂 |
| 余晓娟 | 章晶品 | 周千钧 | 孔祥锋 | 陈永华 | 韩辉 | 宋涛 | 孙倩 | 王洪涛 | 王力 | 王苏娅 | 王颖曜 |
| 姬婷 | 贾蒙 | 李宏珍 | 刘杰武 | 栾博 | 马蓓蓓 | 夏侯昭珺 | | 朱一洁 | 赵菲 | 杨柳怡 | 杨苗 |
| 彭文洁 | 孙静 | 王姗 | 魏岚 | 吴李艳 | 薛菲 | 易妍 | 周冰 | 周婧 | 谭婧 | 周丽锦 | 陈圣希 |
| 袁剑华 | 张丹明 | 赵东汉 | 祝明建 | 祖基翔 | | 陈潇 | 窦伟 | 范若虹 | 范文清 | 关囡 | 郭雪晴 |
| | | | | | | 郭彦辰 | 韩亮 | 何春叶 | 蒋俏蕾 | 鞠芳芳 | 孔德发 |

## 心理学系

| | | | | | | 李飞 | 李莹雪 | 梁超 | 梁栋 | 柳丝 | 陆婧 |
| --- | --- | --- | --- | --- | --- | --- | --- | --- | --- | --- | --- |
| 钟琦(结) | | 林鸣 | 曹磙 | 陈杰 | 陆慧菁 | 陆小磊 | 吕方兴 | 马岚 | 马上 | 彭婷 | 任晓 |
| 潘苗苗 | 钱栋 | 谭洁清 | 滕飞 | 余荣军 | 张璇 | 沈颖 | 盛李锐 | 宋华峰 | 宋静姝 | 王恒 | 王珺 |
| 黄荣亮 | 刘美 | 石冠楠 | 滕兰芳 | 王晓颖 | 杨洁 | 王琳 | 王西纳 | 王雅 | 吴丹妮 | 邢晓娴 | 徐瑾 |
| 曹纪胤 | 董妮妮 | 龚涛 | 李洁 | 刘建龙 | 余松霖 | 许敏球 | 杨多 | 杨佛尘 | 杨捷 | 叶晓君 | 尹潇 |
| 张文弟 | 张轶文 | 邹玲 | 付娜 | 王伟平 | | 原媛 | 张剑烽 | 张玉 | 赵晓菲 | 赵子倩 | 仲久九 |
| | | | | | | 周灵慧 | 周睿 | 朱培蕾 | | | |

## 软件与微电子学院

## 中国语言文学系

| 刘亮 | 王娜 | 陈蛮蛮 | 楚建 | 冯媛 | 高留云 | 施多乐 | 张维真 | 林佩媚 | 陈俊 | 陈晓慧 | |
| --- | --- | --- | --- | --- | --- | --- | --- | --- | --- | --- | --- |
| 高志强 | 郭健 | 何莉 | 衡东君 | 黄大树 | 黄玮 | 欧阳卓瑛 | | 房湘云 | 樊翠琼 | 陈春莲 | 李亮 |
| 黄耀文 | 景星星 | 黎鹏 | 李迅 | 林晓明 | 刘书君 | | | | | | |

| 柳佳 | 孙娟 | 徐璐 | 杨颖 | 周莹 | 朱莹莹 | 张毅 | 郑江华 | 陈蕊 | 方骎 | 高静 | 何一轩 |
| 杨雁 | 陈锡华 | 成方 | 李洪彦 | 曹菁菁 | 陈祝琴 | 蒋晓涛 | 李春燕 | 刘晓秋 | 沈涛 | 宋莹莹 | 孙昭钺 |
| 黄高飞 | 廖娟 | 王楠(结) | | 李嘉慧 | 王媛 | 王天 | 许静 | 张美阳 | 周莉 | 匡小静 | 赵君 |
| 王祖明 | 徐鹏波 | 杨明 | 运红娜 | 赵欣 | 周煜 | 李丹 | 刘莉 | 孙丽洁 | 王牧笛 | 魏可钦 | 徐潇玲 |
| 金卫国 | 孙显斌 | 屠建达 | 陈盈盈 | 董森 | 高慧芳 | 张程 | 朱红梅 | 朱向春 | 丛小东 | 葛珞 | 郭凡 |
| 管琴 | 郭道平 | 胡楠 | 黄湟 | 林平芳 | 祁峰 | 廖望 | 刘笑白 | 吴春晖 | 朱正旺 | 梁秉洪 | 潘乐德 |
| 颜维琦 | 袁晓希 | 郭春梅 | 黄晶 | 黄敏劼 | 季亚娅 | 佟上元 | | | | | |
| 李斌 | 李开君 | 刘黎琼 | 卢燕娟 | 倪咏娟 | 王灏 | | | | | | |
| 王兴菜 | 魏薇 | 文珍 | 吴弘毅 | 吴燕 | 杨峰 | | | ### 经济学院 | | | |
| 袁博 | 张春田 | 郑磊 | 仲林 | 董熠晶 | 郭鸷 | 钟君 | 侯蔚 | 黄静 | 戚瑞双 | 张莹 | 陈海娥 |
| 姜璐璐 | 尚垒 | 徐梦 | 冼宪漳 | | | 田越 | 何玫 | 黄燕萍 | 董梅 | 黄浩 | 刘鸿林 |
| | | | | | | 马伟丽 | 田陌 | 杨建广 | 杨震 | 郑泽峰 | 崔青筠 |
| | | ### 历史学系 | | | | 董健楠 | 蒋大伟 | 金秀芳 | 李传庆 | 吕建行 | 邱建业 |
| 柯锦媚 | 缪树红 | 余波 | 刘凤 | 卞伶俐 | 曹晋 | 孙晖 | 许凌云 | 曾丹 | 张新英 | 郑金花 | 李玮 |
| 陈克双 | 董佳贝 | 冯楠 | 聂爱玲 | 邵泽龙 | 孙剑伟 | 马明 | 王彧 | 邢方伟 | 熊维刚 | 易昊 | 吉凤明 |
| 孙瑜 | 汪允普 | 武芳 | 肖应召 | 张婷 | 李文杰 | 董佳鑫 | 黄鑫鑫 | 李丹 | 吴宏 | 许诺 | 姚奕 |
| 刘捷 | 刘熠 | 刘媛媛 | 刘召兴 | 马曙慧 | 彭波 | 赵书骞 | 周天睿 | 边春 | 陈茵 | 陈敏杰 | 陈志杰 |
| 彭鹏(结) | | 陈文毅 | 王思葳 | 闫保桦 | 陈娇娇 | 方宁 | 郭欣 | 黄小倩 | 刘军 | 石拓 | 孙蔚娟 |
| 韩冰 | 李惟谨 | 马翎 | 欧亚戈 | 孙璐 | 严艳 | 王光平 | 项雷鸣 | 俞向盛 | 赵璧 | 戴晨 | 耿莹 |
| 尹景柱 | 张健 | 赵姗姗 | 朱军阳 | 朱哲 | 方匡国 | 钱伟锋 | 王茜 | 徐晓菲 | 余向荣 | 陈佩瑶 | 戴晨冉 |
| 龚元之 | | | | | | 邓茜楠 | 杜海均 | 革远平 | 韩菲 | 江雁 | 江映德 |
| | | | | | | 李晓菱 | 李彦芝 | 梁锦 | 梁荣丞 | 刘富伟 | 戚静 |
| | | ### 考古文博学院 | | | | 邱杰 | 任慧娟 | 尚洁 | 王浩 | 王浩 | 王佩佩 |
| 陈瑞 | 洪启燕 | 黄可佳 | 刘锁强 | 盛洁 | 吴婷 | 王志斌 | 魏恩道 | 邬媛媛 | 吴佳琦 | 熊晓云 | 薛静 |
| 杨非 | 杨清越 | 曾昭明 | 庄丽娜 | 刘凤茵 | 张靖敏 | 杨光 | 姚晓阳 | 袁新钊 | 张海涛 | 张杨 | 崔华 |
| | | | | | | 姚玉琳 | 张迪 | 张东辉 | 支博 | 洪玉鳞 | 徐永利 |
| | | ### 哲学系 | | | | | | | | | |
| 王玲 | 张春霞 | 阮艺蓁 | 李俊 | 徐颖(结) | | | | ### 光华管理学院 | | | |
| 杨弘博 | 韩德奎 | 李大名 | 任俊明 | 肖虹 | 江新 | 范承志 | 林巍 | 危巍 | 曾智萍 | 任思维 | 唐铁兵 |
| 汤元宋 | 陶奎堂 | 王璐 | 王文娟 | 张萌萌 | 张昭炜 | 党军 | 侯延奎 | 黄锐 | 邵克成 | 张高强 | 周东利 |
| 赵立研 | 周丰董 | 陈庆初 | 高博 | 高嵩 | 李敏强 | 刘年青 | 沈吉 | 连毅力 | 王亮 | 郑伟 | 白书锋 |
| 钱杰润 | 吴莉莉 | 许韩茹 | 臧勇 | 霍彤 | 王征 | 卜文涛 | 曹雅锋 | 常利红 | 陈群 | 陈湘 | 陈怡橦 |
| 李媛媛 | 宋宁 | 徐唯 | 黄蓉芳 | 杨波 | 伊雷 | 陈行 | 成建新 | 单菁 | 邓威 | 丁大勇 | 董江 |
| 张灯 | 周艳萍 | 林垚 | 卞上 | 邬成超 | 龙金晶 | 董艳 | 杜金梅 | 冯亚波 | 付强 | 高永涛 | 耿欣 |
| 杨利飞 | 俞石洪 | 张文瑾 | 陈晨 | 陈可 | 刘渤 | 郭翠萍 | 郭建军 | 郭伟 | 国先基 | 韩光 | 韩立彬 |
| 施云燕 | 袁春艳 | | | | | 侯鑫 | 胡海 | 胡延令 | 黄昌盛 | 黄向平 | 黄志成 |
| | | | | | | 黄志华 | 惠文琦 | 霍晋阳 | 纪晓瑕 | 季现政 | 贾利军 |
| | | ### 国际关系学院 | | | | 贾哲 | 贾志强 | 江勇 | 金鑫锐 | 荆培玲 | 憬晋 |
| 曹平 | 刘新益 | 刘彩华 | 陈琢 | 程一堃 | 邱凌慧 | 敬瑞 | 剧彬 | 柯旭东 | 孔维军 | 李博 | 李晨 |
| 高振廷 | 黄黎明 | 黄学虎 | 蒋志坚 | 李新 | 刘辉 | 李钢卿 | 李洪发 | 李鹏 | 李青松 | 李世栋 | 李显义 |
| 刘威 | 马海鹰 | 石洪涛 | 孙长索 | 田林 | 卫真 | 李晓松 | 李昱 | 李贞 | 李政 | 李自强 | 梁力 |
| 伍伟 | 尹治国 | 张珩 | 张中抒 | 赵宇 | 郑立樵 | 林遂生 | 刘大鹢 | 刘黛薇 | 刘刚 | 刘宁蔚 | 刘少明 |
| 周尔男 | 朱志刚 | 邹传泉 | 仲婷婷 | 董见微 | 李玉婷 | 刘松剑 | 刘洋 | 刘志红 | 卢垚 | 吕洪泽 | 吕联成 |
| 邵楠 | 马岚 | 吴宝爱 | 项佐涛 | 杨雪 | 李贵强 | 骆飞 | 麦传武 | 孟达 | 苗建武 | 南丽娜 | 潘贵平 |
| 成煜 | 李明双 | 梁婧 | 曾宪芳 | 张廷英 | 赵森 | 彭日回 | 祁璐 | 祁越 | 钱晓璐 | 秦峰 | 司长宝 |
| 陈龙宁 | 冯勇 | 付凤云 | 高绪参 | 李春嘉 | 梁劲 | 宋蔚兰 | 苏铮 | 孙凡 | 孙荔 | 孙展鹏 | 谭永聪 |
| 明冠培 | 孙宁 | 王文清 | 王晓丽 | 王莹 | 王元超 | 汤炜 | 唐钢锋 | 唐志昂 | 田宝民 | 王博 | 王广丽 |

| | | | | | | | | | | |
|---|---|---|---|---|---|---|---|---|---|---|
| 王红亚 | 王 靖 | 王昆仑 | 王 蕾 | 王文清 | 王湘斌 | 肖 宁 | 肖 强 | 肖素平 | 谢凤鹏 | 邢晓菊 | 熊 艳 |
| 王效民 | 王新天 | 王英龙 | 王云峰 | 吴 雷 | 吴 庶 | 胥东坡 | 徐 昭 | 闫华锋 | 杨 宾 | 杨 辉 | 杨 鹏 |
| 谢和欢 | 邢 罡 | 徐 晟 | 徐 行 | 薛小龙 | 薛 治 | 杨雪峰 | 杨雪琦 | 杨玉彬 | 杨志威 | 余 芳 | 余俊萱 |
| 杨文超 | 杨小兵 | 姚 维 | 叶 彤 | 阴哲民 | 尤 佳 | 俞学清 | 袁 航 | 苑雪姣 | 张 凯 | 张 蕾 | 张少辉 |
| 于振法 | 于志鹤 | 袁 锋 | 张 骋 | 张春雨 | 张寒冰 | 张协云 | 张 翼 | 张 泽 | 赵 疆 | 赵雷生 | 赵曙光 |
| 张红阳 | 张惠丰 | 张继业 | 张仁华 | 张文凤 | 张文鹤 | 赵晓光 | 周丽波 | 朱丽思 | 禚成志 | 訾文涛 | 邹伟坛 |
| 张 岩 | 张 洋 | 赵 川 | 赵建廷 | 赵 亮 | 赵 逢 | 左红昌 | 张绍敏 | | | | |
| 赵 颖 | 郑 慧 | 郑利敏 | 钟 钢 | 钟国亮 | 钟 友 | | | | | | |
| 周 泉 | 周志晴 | 朱天柱 | 庄 宁 | 邹 勇 | 邹正宸 | | | **法学院** | | | |
| 艾 攀 | 郝 微 | 孟凡杰 | 饶晓鹏 | 伍 婧 | 吴婉庄 | 周 瑜 | 吴学媛 | 黎以强 | 梁宇基(结) | | 王瑞卿 |
| 张业茹 | 陈 萌 | 慈颜谊 | 贺 剑 | 黄 杏 | 马园园 | 倪凌燕 | 赵百丽 | 崔 斌 | 付景璐 | 乔学慧 | 刘淑珺 |
| 潘广钱 | 宋美虹 | 孙亚楠 | 谭 彦 | 王开宇 | 王小虎 | 杨 嫚 | 李一粟 | 张 蕾 | 王旻初 | 李 楠 | 秦 平 |
| 徐莎莎 | 杨 旸 | 张海静 | 赵 岩 | 卞 恒 | 陈 奇 | 耿 旭 | 金蔓丽 | 安喜梅 | 巴明明 | 白 瑜 | 班旭欣 |
| 陈智罡 | 崔君杰 | 杜 乐 | 段 毅 | 冯雨生 | 葛 瑶 | 包蓓蓓 | 包慧群 | 汪君泽 | 蔡 丹 | 蔡康强 | 曹向东 |
| 郭 锐 | 侯延军 | 胡卓文 | 黄成扬 | 寇 志 | 李 蓓 | 曹 彦 | 曹 杨 | 常大鹏 | 陈朝辉 | 陈 城 | 陈 铖 |
| 李 禄 | 李 敏 | 李双全 | 李宗光 | 刘朝阳 | 柳世庆 | 陈 冲 | 陈 芳 | 陈 健 | 陈静涛 | 陈 梅 | 陈敏之 |
| 罗光兴 | 明 迪 | 牛志冬 | 彭传国 | 中文波 | 石 珊 | 陈 婷 | 陈唯玮 | 陈文明 | 陈雯君 | 陈小宇 | 陈兴杰 |
| 陶 灿 | 王维一 | 王艳晖 | 吴 冲 | 夏 如 | 夏武勇 | 陈 阳 | 陈 颖 | 陈泽文 | 谌凤萍 | 储爱琴 | 崔明远 |
| 谢静怡 | 熊 凌 | 熊望月 | 徐 强 | 徐仲秋 | 杨静涛 | 崔 翔 | 代雨潋 | 代广颖 | 旦 佳 | 邓 娟 | 丁方方 |
| 张 丽 | 张楠楠 | 张宇帆 | 张钟伟 | 何 亮 | 竺 玮 | 丁淑琼 | 丁唯淞 | 董娟娟 | 董克玲 | 杜春娟 | 杜 欣 |
| 林道怡 | 祁 超 | 邱 丹 | 杨 群 | 俞 炀 | 钟 律 | 段少玉 | 范宇航 | 方 雯 | 方志雄 | 冯 博 | 冯佳林 |
| 伏 勇 | 傅命梁 | 高 亮 | 韩 鹏 | 胡新杰 | 王 芸 | 冯 宁 | 付广庆 | 高 飞 | 高海嵘 | 高争志 | 葛 韵 |
| 张 伟 | 陈 骞 | 陈 宇(结) | | 林德金 | 何 弘 | 郭润华 | 郭周明 | 韩爱丽 | 韩 明 | 郝利娟 | 何长春 |
| 贺 暕 | 花 伟 | 黄 欣 | 刘 劲 | 綦 龙 | 吴远雄 | 何世军 | 贺可平 | 贺雅丽 | 洪成宇 | 侯靖宇 | 侯陆方 |
| 徐勇平 | 尹德志 | 袁永勤 | 张宏伟 | 张昕晔 | 赵 静 | 侯振坤 | 侯志伟 | 胡 浩 | 胡龙起 | 胡蓉萍 | 华 青 |
| 周 力 | 高海燕 | 李蕙伶 | 马 琳 | 邱胜忠 | 石 凡 | 淮艳梅 | 黄常乾 | 黄 丹 | 黄鹤龄 | 黄美华 | 黄 蓉 |
| 肖 剑 | 杨 清 | 杨 阳 | 应 隽 | 曾 勃 | 郑冰洁 | 黄韶鹏 | 黄升东 | 黄维平 | 黄小翔 | 黄毅宏 | 贾冰雁 |
| 董韫韬 | 杜 敏 | 方 芳 | 符彬彬 | 郭 琨 | 胡春皓 | 江承红 | 江润涛 | 姜 谦 | 姜维莹 | 蒋加伟 | 揭立霞 |
| 金 亿 | 邱晓媚 | 童晓白 | 王锦刚 | 王文博 | 王 洋 | 解丹丹 | 解 静 | 金 磊 | 金振朝 | 柯 湘 | 孔维申 |
| 吴春林 | 项 晨 | 谢 红 | 谢宁铃 | 徐 玲 | 许 封 | 寇毅敏 | 赖劲宇 | 黎 黎 | 李爱云 | 李 蓓 | 李 波 |
| 于开乐 | 张 黎 | 张 丽 | 张丽珍 | 张 文 | 赵小娜 | 李崇巍 | 李德平 | 李粉花 | 李洪江 | 李华良 | 李 军 |
| 周颖婷 | 朱 彤 | 白振宇 | 常 伟 | 陈柏年 | 陈 刚 | 李孔军 | 李 蕾 | 李 龙 | 李梦婕 | 李梦恺 | 李明亮 |
| 陈菁闻 | 陈守波 | 陈 于 | 程爵敏 | 崔建维 | 崔 尧 | 李铭煊 | 李南春 | 李 锐 | 李 伟 | 李文华 | 李晓华 |
| 代少勇 | 单文博 | 邓辉林 | 邓晓波 | 丁思茗 | 董盛旺 | 李亚平 | 李 彦 | 李 艳 | 李 旸 | 李益娟 | 李永奎 |
| 董学艳 | 杜 克 | 杜兆军 | 封 华 | 高 辉 | 高 霖 | 李玉婷 | 李振宇 | 李志修 | 李志义 | 梁 静 | 梁雨轩 |
| 高瑞强 | 高 莹 | 戈晓阳 | 耿馨雅 | 郭英武 | 韩 军 | 林 松 | 蔺东升 | 刘彬彬 | 刘斌斌 | 刘 冰 | 刘从明 |
| 韩连波 | 胡 旭 | 胡媛媛 | 霍小宇 | 李发顿 | 李 刚 | 刘 峰 | 刘逢春 | 刘花梅 | 刘 佳 | 刘娇娇 | 刘 洁 |
| 李海涛 | 李 杰 | 李 静 | 李 娟 | 李天星 | 李延超 | 刘娟娟 | 刘 俊 | 刘平华 | 刘庆芳 | 刘荣鑫 | 刘文婷 |
| 李 志 | 梁 巍 | 梁 瑜 | 林 凯 | 林 琳 | 刘桂珍 | 刘兴玥 | 刘 焱 | 刘 燕 | 刘 颖 | 刘振华 | 刘政玮 |
| 刘建章 | 刘晓路 | 刘 艳 | 刘燕君 | 刘 勇 | 卢宝锋 | 刘紫钟 | 柳晓东 | 龙 伊 | 卢 册 | 卢淑娟 | 卢 琰 |
| 卢林峰 | 吕永光 | 罗宏平 | 马安丽 | 牛晓虎 | 潘晓丹 | 吕 翔 | 吕学森 | 吕跃强 | 罗宏键 | 罗静波 | 罗智耿 |
| 裴 磊 | 曲中华 | 任俊鑫 | 任万峰 | 商彦强 | 尚泽华 | 马 辉 | 马利伟 | 毛晓春 | 梅 松 | 孟 韬 | 孟 扬 |
| 沈 伟 | 沈榆钧 | 史 斌 | 孙传家 | 孙 琦 | 孙士海 | 孟勇兵 | 米康民 | 苗 鑫 | 莫 群 | 倪 婷 | 宁丹凤 |
| 唐建荣 | 佟春莹 | 王 博 | 王成武 | 王圜东 | 王光华 | 宁 宇 | 欧秀文 | 欧阳海明 | | 王文婷 | 欧阳应琳 |
| 王洪景 | 王华宇 | 王 洁 | 王 雷 | 王 瑞 | 王 伟 | 欧阳铮 | 潘 曦 | 庞世之 | 庞智勇 | 彭春明 | 彭光苗 |
| 王卫华 | 王筱静 | 王 彦 | 王燕山 | 王一川 | 王永刚 | 彭海玮 | 彭伟安 | 戚 悦 | 祁 荣 | 齐江春 | 钱 孟 |
| 王宇平 | 王远斌 | 王中兴 | 吴 迪 | 席新建 | 向 雷 | 秦 川 | 秦 浩 | 邱 斌 | 邱培龙 | 任 海 | 阮建松 |

| | | | | | | | | | | | |
|---|---|---|---|---|---|---|---|---|---|---|---|
|阮正银|上官辉|申 展|沈怡亭|沈 瑛|沈 宇|邵锦莉|沈朝晖|师 帅|王 丽| | |
|盛 熹|施晓洁|施祖东|石 磊|史卜一|寿宝金| | | | | | |
|苏亚新|隋桂云|孙成伟|孙琳琳|孙如明|孙玉洁| | **信息管理系** |
|谭建明|谭 敏|汤敏志|佟广军|童朝晖|童 飞|杨梁彬|杨 柳|王 敏|李 恬|潘 梅|屈 鹏|
|万 璇|王 彬|王 聪|王东波|王东宁|王慧珠|孙 静|田 欣|王 伟|吴淑娟|夏 青|徐 冰|
|王建丰|王俊杰|王 磊|王 敏|王宁宁|王 茜|易 芳|殷明慧|张慧丽|朱环新|程煜华|侯建彬|
|王 帅|王 庭|王 薇|王 伟|王 伟|王喜红|胡 磊|黄晓莺|刘 畅|刘文忠|刘晓娟|隆 捷|
|王 先|王晓丹|王晓飞|王晓静|王辛辛|王旭伍|彭 捷|祁德君|税 敏|田 恬|汪 珊|王 丹|
|王以锦|王永峰|王 宇|王玉国|王玉梅|王忠琦|王 鹏|王晓敏|吴 菁|吴龙婷|杨海燕|岳 珍|
|韦国兴|韦 强|魏 敏|温法君|温延华|吴咚咚|周嘉彦|周思来|张征芳| | | |
|吴根群|吴 茗|吴 琴|吴书振|吴 政|吴志刚| colspan="6" | **社会学系** |
|伍玉联|武礼斌|邬小涛|夏 琦|夏胜利|夏云洲|陈冬雪|高雯蕾|郭 谊|赖小乐|李 静|李 睿|
|向 华|向 前|项 虹|肖伟先|谢李艳|谢清送|李若愚|李 雪|李 毅|李勇刚|刘金玉|刘 京|
|谢斯琴|邢美东|徐传发|徐廷芳|徐晓峰|徐晓敏|刘伟华|马晓日|齐燕妮|秦 冰|曲 媛|孙 昉|
|徐 旭|许冠男|许世颖|闫翠翠|闫文博|严水星|田 芳|王 军|王 珊|吴泽兵|向 辉|许英康|
|颜炳杰|颜 晓|晏晓庆|杨北京|杨广权|杨宏海|杨慧隆|杨破立|杨珊珊|杨仕龙|杨 姝|杨淑君|尹鹤灵|边国栋|陈 璐|陈文斌|陈 瑶|杜 洁|
|杨 洋|杨志彤|叶冬黎|叶 伟|易 恒|尤小刚|顾燕峰|韩 悦|贺菲菲|接中海|李 思|李先知|
|游 凡|于继锋|于 岚|袁 钢|袁 杰|曾 兰|李 瑶|刘雅兰|刘战国|明 亮|裴玉成|童素娟|
|曾 敏|翟 刚|翟晓平|张 晨|张趁利|张发勋|王 林|王 颖|杨德玲|杨 帆|杨海明|杨 琨|
|张国良|张惠芳|张建东|张 瑾|张九湃|张坤萍|尹 欣|游敏常|原伟霞|曾 琪|张 波|钟 巍|
|张 雷|张 蕾|张丽丽|张玲玲|张 凌|张 敏|刘宏涛|唐晓春|尹 韬|章邵增|崔 佳|杜金玲|
|张 琪|张秋英|张廷波|张 晓|张 旋|张燕宜|黄华贞|廖 颖|唐 蕊|杨 清|曾宪才| |
|张阳阳|张 祎|张 义|张 颖|赵 璧|赵大伟| colspan="6" | **政府管理学院** |
|赵凤滨|赵 慧|赵立辉|赵民军|赵书亚|赵晓荣|徐奕敏|樊 维|陈斯豪|汪婕颖|方海波|路 鹏|
|赵晓宇|赵永刚|郑伶俐|郑 伟|郑 岩|郑燕玲|石 岩|吴晓栋|肖 春|赵天旸|谭玉刚|徐珊珊|
|周佳丽|周丽萍|周 林|周 密|周明苏|周淑贞|陈万萌|党建伟|冯 伟|邬美娜|任鹏飞|任 远|
|周 艳|周 毅|朱传炉|朱东升|朱桂敬|朱利晓|谭彦德|吴润洲|应潮瀚|于 斐|张金杰|李亚光|
|朱陆燕|朱 伟|左晨晨|陈璐琼|侯锦荣|刘千千|郝程光|胡 吉|李东平|李 伟|田培利|薛 蕾|
|吕丹萌|马宏继|秦 超|田振宇|温丽梅|余黎春|姚传明|丁懿楠|冯攀攀|李 娟|肖俊奇|俞滟荣|
|张 婧|邹秋爽|高 畋|张 颖|高平均|黄 岳|蔡莹莹|丁 杰|黄国珍|李 坤|吕 燕|毛 委|
|轲 艸|林良亮|刘 刚|刘红梅|刘燕燕|卢小从|邱佳娜|王 露|吴翠平|叶 静|于 峰|俞 蕙|
|周 丽|操乐龙|曹 勇|常 磊|程 馨|高 洁|曾嘉坤|张 弦|赵 倩|郑 微|周春梅|陈 彪|
|胡 健|黄茜霞|李春阳|李 旺|刘合磊|芮 静|樊 志|洪 云|刘 杰|张义民|赵俊劼|程意真|
|孙 红|王 静|王 璐|谢 静|杨崇华|郑 燕|刘贵彬|王 斌|王 竹|赵德华|赵 莹|徐至德|
|郑阳超|蔡 燕|初忠聪|高春乾|龚 宇|郭小莉|杨中浩|孙 红| | | | |
|贺 飞|金绪平|赖银标|李长辉|李 枫|李 皓| | **外国语学院** |
|李太阳|李媛媛|刘 煜|牟家玥|欧阳诚构| | | | | | | |
|赵晓静|欧阳晓玲| |史文君|谭四军|王天凡|张青卿|刘娟娟|刘 冰|绫 文|张文鹏|杨珍珍|
|王 羽|吴俊霞|肖春旭|许 昕|杨耀辉|岳飞宇|于 丹|罗 颖|何 潇|刘 激|刘 彤| |
|耿 希|何瑞琦|何诗扬|田 甜|田晓菲|王 磊|欧阳闻捷| |王苏萌|曹向辉|陈 垦|段孟华|
|王 源|徐 婷|杨微波|陈 琳|陈 毓|霍仁现|胡清婷|黄 弋|李家寿|李苏宁|刘孔温|马小琦|
|贾志豪|蒋 睿|孟 静|彭 鹏|孙杭林|王鹏飞|明小天|邵春燕|孙 娜|孙 玮|唐琳娜|王 晁|
|肖 京|杨 敏|原君凯|袁秀梅|张钢强| |王雪迎|吴瑞楠|谢 萌|杨 晔|张利明|张林华|
|张 婧(结)| |王少喆|张楠茜|赵莉莉|郑敏何|张 鹏|张 琪|张亚静|张 媛|朱希滨|蒋 鹏|
|吕蕙君|孙晓璞|卞静舒|陈天一|邓 澜|范云鹏|李 浩|李如钰|沈 欢|宋丙慧|吴红蕾|吴艳萍|
|冯 洁|高丝敏|黄 胜|黄小鸥|刘若叵|潘冰清| | | | | | |

| | | | | | | | | | | | |
|---|---|---|---|---|---|---|---|---|---|---|---|
| 尹琼瑶 | 姜楠 | 李双志 | 王怡 | 郭晓丽 | 李成慧 | 吴珂 | 肖登艳 | 徐博卷 | 徐川 | 许应 | 闫葆光 |
| 李莹 | 刘恋子 | 王建英 | 王静 | 吴丽 | 朱晖 | 杨梅 | 杨益 | 殷俊 | 于长恺 | 余菲 | 张靖恺 |
| 石少欣 | 孙剑峰 | 王荣珍 | 许单单 | 艾青 | 吴婧 | 赵玉玺 | 赵悦汐 | 钟礽凤 | 周志涛 | 朱正鹏 | 孙云刚 |
| 周姣贵 | 陈昱臻 | 陈湘 | 朱俊清 | 宝花 | 曹可欣 | 王绍翾 | 周晓辉 | 蔡钦 | 陈锦潮 | 陈宇 | 程雯 |
| 陈媛 | 龚国曦 | 苟振红 | 金文学 | 乐恒 | 李劼 | 胡经伟 | 李建学(结) | | 张以蕾 | 李强 | 林静 |
| 李悦 | 鲁璐 | 乔文 | 丘勇虹 | 沈一鸣 | 周思 | 刘彬 | 刘朋 | 刘威 | 苏鹏 | 王东 | 王琦 |

## 马克思主义学院

| | | | | | | | | | | | |
|---|---|---|---|---|---|---|---|---|---|---|---|
| 李振 | 李锦云 | 李因亮 | 任迎春 | 韩英 | 刘揆 | 王伟楠 | 吴娜 | 宣善明 | 严伟振 | 杨莉 | 张宏 |
| 刘园园 | 王海丽 | 王婷婷 | 艾林 | 曹庆辉 | 贾翠燕 | 张倩 | 张晓儒 | 赵长军 | 赵华 | 蒋卫军 | 罗彬 |
| 李超 | 李健 | 刘巧怡 | 吴文娟 | 李慧 | 王芳 | 任姝环 | 沈仁磊 | 曾琦 | 陈霄 | 陈迅 | 杜辉 |
| 王海林 | 杨伟杰 | 赵倩 | 陈秋玉 | 李陈微 | 王欣欣 | 杜蕴璇 | 高勤 | 韩亮 | 郝晓卉 | 胡晓 | 胡再霞 |
| 张忠安 | | | | | | 黄强 | 李晨煜 | 李康 | 李灵福 | 李梅梅 | 李希婷 |

## 艺术学院

| | | | | | |
|---|---|---|---|---|---|
| 邱郁茹 | 孙刘鑫 | 唐子韬 | 谢奎 | 徐津 | 许春阳 |
| 常青青 | 姜贞 | 李沅 | 苏涛 | 田爽 | 肖琳 |
| 杨林玉 | 赵晓兰 | 周莹盈 | | | |

| | | | | | |
|---|---|---|---|---|---|
| 李鑫 | 李焱 | 李竹林 | 梁希云 | 刘丹星 | 刘海斌 |
| 刘杰 | 刘敏 | 刘益成 | 宋震 | 孙怡舟 | 谭天 |
| 田枫 | 田浩 | 王秉坤 | 王文涛 | 魏红秀 | 魏涛 |
| 吴奇 | 吴荣彬 | 夏庆 | 谢琳 | 许敏 | 薛知行 |
| 余晋 | 詹超慧 | 张磊 | 赵辉辉 | 郑昱 | 朱亦真 |
| 陈国栋 | 何洪强 | 张齐 | 庄纪林 | 白华 | 包勇军 |
| 蔡准 | 陈守亮 | 高海斌 | 郭睿 | 海丽娟 | 何熙 |
| 黄嘉露 | 黄萍萍 | 李芬 | 李继峰 | 林怀东 | 骆金 |
| 马迪 | 马强 | 莫华兴 | 邱志欢 | 任茂盛 | 施澍 |

## 对外汉语教育学院

| | | | | | |
|---|---|---|---|---|---|
| 崔彩霞 | 董宪臣 | 冯丽娟 | 高媛媛 | 顾世宝 | 麦子茵 |
| 王玉响 | 徐婷婷 | 詹成峰 | | | |

## 深圳研究生院

| | | | | | | | | | | | |
|---|---|---|---|---|---|---|---|---|---|---|---|
| 蔡振标 | 常琦田 | 段军辉 | 范然 | 方应龙 | 甘焱林 | 佟晨光 | 王磊 | 杨阳 | 张杰 | 赵丹 | 赵雅 |
| 高金路 | 何兰宝 | 侯博威 | 胡海军 | 胡小军 | 胡学峰 | 赵阳 | 周政 | 邹俊峰 | 毕圣杰 | 陈良 | 陈琪 |
| 黄新 | 寇星 | 李炎 | 李玉刚 | 林杰 | 刘锋 | 陈希 | 陈元 | 成富 | 程劲斌 | 程志 | 戴蓉 |
| 刘戈扬 | 卢俊 | 马辉 | 宋春婵 | 孙磊 | 陶海涛 | 丁树凯 | 丁万松 | 窦文敏 | 范刚 | 翔宇 | 关方兴 |
| 田超 | 王兴 | 魏海静 | 魏红雅 | 魏薇 | 翁诗淋 | 郭化楠 | 何周舟 | 和云峰 | 侯潇潇 | 黄晓晨 | 黄鑫 |
| 谢英 | 邢永涛 | 徐东升 | 杨思博 | 曾天麟 | 曾燕 | 黄炎灿 | 雷志勇 | 李昊 | 李健 | 李静静 | 李锴 |
| 张家训 | 张凯 | 张喆 | 周惠平 | 陈敬元 | 李畅 | 李勤飞 | 李瑞超 | 李世亮 | 李玉娟 | 梁爱丽 | 林亮 |
| 李岩 | 罗丹 | 钱学志 | 田刚 | 王艳 | 颜瑾 | 刘长飞 | 刘臣 | 刘江红 | 刘文 | 刘尧 | 刘轶群 |
| 杨慕云 | 郭正伟 | 何铁军 | 胡启方 | 胡扬央 | 林艳丽 | 刘俞颉 | 吕广西 | 马骋宇 | 欧阳佑 | 潘静 | 彭宇 |
| 刘才清 | 刘军 | 刘扬 | 马亮 | 孟爱平 | 牛旭东 | 彭悦凯 | 浦甲列 | 邱模炯 | 孙栩 | 汪萌 | 王莉春 |
| 裴晓敏 | 蒲智星 | 任维强 | 施子韬 | 陶涛 | 王华勇 | 王楠 | 王璞 | 王谦 | 王媛媛 | 吴泠 | 吴明辉 |
| 王庆春 | 张福涛 | 张婷 | 钟香建 | 周永存 | | 徐蓓蓓 | 徐扬 | 杨俊 | 杨坤 | 易炜 | 殷普杰 |
| | | | | | | 银平 | 俞辉 | 袁玲 | 张静 | 张隽 | 张秦龙 |

## 信息科学技术学院

| | | | | | |
|---|---|---|---|---|---|
| 范杰 | 刘成 | 熊炜 | 贾守卿 | 郭慧 | 杨佳雄 |
| 刘迎辉 | 彭小斌 | 郑斌 | 易高雄 | 陈玉莹 | 喻飞雄 |
| 邓科 | 刘文俊 | 綦峰 | 秦谊 | 沈一飞 | 宋谊超 |
| 陈琪 | 黄小兵 | 司维 | 孙明华 | 王全 | 杨欣 |
| 程方 | 孟红玲 | 吴冰 | 杨自锋 | 赵魏 | 郭治 |
| 王建涛 | 王奇武 | 崔晓艳 | 邓志欣 | 丁锐 | 范胜祥 |
| 范炜 | 韩翔 | 侯晓宇 | 李惟芬 | 李炎 | 林茳茳 |
| 刘冬宁 | 刘乐 | 刘晓莹 | 楼夏 | 沈湘峰 | 施文典 |
| 谭秀颖 | 王俊 | 王睿 | 王晓峰 | 王欣 | 王奕松 |

| | | | | | |
|---|---|---|---|---|---|
| 张世佳 | 张学伟 | 张煜宇 | 赵东 | 赵婧 | 周立 |
| 周霞 | 周晓鲁 | 周志远 | 朱亚 | 庄磊 | 邹键 |
| 曲芳 | 汪建伟 | 陈亮 | 邓国 | 郭新宇 | 黄婷儿 |
| 江岭 | 李鸿 | 李俊德 | 李宁波 | 李燕 | 廖泰敏 |
| 刘振东 | 吕洁 | 马国耀 | 曲径 | 于湻 | 张华 |
| 张鹏 | 张琴 | 张艳霞 | 赵静 | 朱伟 | 曹东志 |
| 冯少辉 | 刘文 | 路斌 | 尤海鹏 | 张海生 | 朱江 |
| 朱忠伟 | 张菊兰 | | | | |

## 中国经济研究中心

| | | | | | |
|---|---|---|---|---|---|
| 柴桦 | 陈工文 | 戴天然 | 贾瑞雪 | 李俊杰 | 李凯 |
| 练唯诚 | 廖谋华 | 刘彦良 | 权静 | 王连庆(结) | |
| 张宇 | 吴春赞 | 谢金印 | 杨森林 | 尹妮娜 | 张浩 |
| 章林峰 | 郑斐 | 周艺艺 | 周宇 | 海荣 | 胡微微 |

胡鲁滨 陈 佳 初 宁 李伟博 刘 丹 宋啸啸
吴慧敏 尹训东 于扬杰 曾 伟 张伍新 章国栋
郑文才 蔡海燕 黎相宁 宋乐刚 王金红 张晓蓓
赵玉芹 许敏波 戴 琦 何永利 林 琳 刘 瑾
刘菊芳 鲁 征 邱 昆 苏 江 汤 巍 田旭红
王玉婷 徐轶岚

### 教育学院

曲元周 胡晓阳 陈祎玮 董 礼 耿 迅 陆 骄
罗 康 汪旭婷 杨 丹 郑砚秋 罗 霞 吴本文
高瑜珊 侯锦芳 李 鹏 唐爱华 张岩枫 朱本军
姜龙志 刘钧燕 毛 帽 魏 巍 周光稷 高于婷
倪 俊

### 人口研究所

王 勇 贺陶莎 付一兰 李 昊 赵 俭 柴馥蕾
陈俊华 王 烨 张晓磊 章颖新 陈秋媛 史 晶
李书杰 张冰子

### 工学院

赵 亮 庄 杰 鲍浩然 胡 新 邵丽华 徐 杰
张 伟 林雯烜 祁祖海 张志勇 刘明晖 马婷婷
吴 舒 朱 涛 高晓光 李超兵 李 华 刘昌鑫
刘 峰 刘立忠 刘亮环 孙 伟 王 波 王 正
韩 薇 李 倩 林川力 刘志强 齐 亮 孙晓燕
唐绿岸 吴晋芳 袁志勇 张睿彩 张永新 朱 洵
徐晓燕

### 基础医学院

祝 宁 刘梅芳 陆 悦 夏 伟 华庆平 余 鹏
李燕辉 林维佳 刘晓敏 潘艳平 单 毅 桂有静
黄丽君 徐洪亮 卓德祥 翟士桢 张 丽 许媛媛
陈 睿 王晓红 卫晓红 朱炳梅 陈 燕 冯 海
王 佳 梁靖瑞 唐 璐 乔丽娜 褚青平 周 芬
顾 漪 施桂兰 王笑菲 汪业军 金 楠

### 药学院

叶国柱 刘 杰 孙玉峰 孙 红 卢俊峰 张 彤
陈 铭 赵 惟 郭荣荣 周彦菲 颜廷艳 孟繁敏
张 洁 李 慧 陈海敏 曹菁华 岳彩琴 张 征
魏少萌 胡 蝶 孙 泓 姜小梅 王 楠 杨志瑜
曾克武 倪 钎 李晓平 顾 佳 孙 婉 卞 婧
肖 晶 李 功 贺巍巍 翟 婧 牛 佳 王 茜
赵梦瑶 李 昂 黄 嘉 赵 岩 温 敏 乔瑞瑞
李红霞 谭昀杜熙 曾 凤 潘 攀 罗春蕾
何山杉 魏 巍 杨 宁 刘祥瑞 武 源 吕 炜
马 莲 聂菲璘 付 刚 刘亚庆 张 蕾 邢 丞

吕 筱 杨 玥 刘 宁 任晓蕾 程 菲 郝雯静
雷万华 范晓婧 赵保忠 张文悦 张 扬 刘子琛
冯苏秀 毕 诚 高广涛 刘 靖 彭 勃 蔡 黎
栗 芳 张 超 李 岚 刘子节 黄倩秋 谭 磊
赵 欣 蔡青圆 王 丹 熊文苑 向 宇 岳元婷
郑 愉 乔任平 向 诚 耿轶群 杨可伟 杨 秦
黄 鑫 余 果 林松文 刘 昕 胡渝慧 李洁璇
杨 斌 王筱楠 商 朴 许彤彤 杨 扬 穆 晗
李 媛 万 吟 王 彪 曹 轶 白玛卓玛
段 洁 曾庆忠 郑 岩 李颖博 赵 彬 郑明伟
李 婷 陈 然 曾文之 周 欣 徐立伟 高 芳
于 洁 李梦遥 顿 跃 冯 烨 白 柯 尹昭军
周 超 王 泓 徐正仁 路 敏 王 迎 徐 杨
任宏燕 曹弋博 李海岛 顾邱岚 澎 乐 梁公文
陈肖家 温 烃 王 佩

### 公共卫生学院

季新强 刘利容 王 娟 沈 鹏 刘景秀 陈 威
于薇薇 李 颜 杜 冰 王 超 石晓燕 周穗赞
冯 宁 何海宏 王德伟 骆颖慧 刘 庆 陈 磊
孔 越 冀永才 温思瑶 马德福

### 护理学院

杨园园 柳秋实 张进瑜 张 艳

### 公共教学部

陈仲铭 徐红红 王 红 陈雪洁

### 第一临床医学院

陶 源 赵玉萍 尹 杰 郭志强 郭丽萍 宋锦叶
庄立伟 田国保 于贤杰 聂广俊 胡春阳 董 斌
刘卫平 尹道馨 范 晶 李 纾 林 菲 史 楠
张 翾 张 珅 张 瑾 宋娟娟 付 睿 邱丽娟
甘 琳 李 忠 周振兴 孙 宇 马京梅 汤 淼
任 霞 范子田 王为群 孙 敏 王慧丽 丁晓燕
史成梅 苏钰雯 梁嘉敏 张 成

### 第二临床医学院

邵汇琳 李俊强 周 娜 刘 扬 蔡 颖 陈 奋
窦青瑜 何忠明 张 峰 王 宁 王 琴 杨德梅
周东海 于路平 李艳奎 王智敏

### 第三临床医学院

李育涛 赵灵芝 曹 源 刘 汀 张晓丽 丰佳萌
王 齐 刘波涛 葛晓慧 秦凤金 黄 锦 张恩柱
庄洪卿 裴晓萌 刘 文 周 磊 阿米特

### 第四临床医学院(积水潭医院)

| | | | | | |
|---|---|---|---|---|---|
| 李菊芬 | 李天水 | 徐新娜 | 张月霞 | 窦 勇 | 温春泉 |

### 口腔医学院

| | | | | | |
|---|---|---|---|---|---|
| 韩 怡 | 姜蕾萌 | 李 婧 | 刘宝盈 | 徐训敏 | 李 浩 |
| 孔宁华 | 刘 冰 | 李雪芬 | 段 劲 | 李韵仪 | |

### 精神卫生研究所

| | | | | | |
|---|---|---|---|---|---|
| 谭永红 | 王晓东 | 宋翠林 | 梁 英 | 刘 梅 | 王世锴 |

### 临床肿瘤学院

| | | | | | |
|---|---|---|---|---|---|
| 廖莉莉 | 秦 耘 | 陈扬霖 | 孙雪峰 | 任 芳 | 程晓静 |
| 周围围 | 刘 蕾 | 朱向高 | 安 娜 | 卢 芳 | |

# 毕(结)业博士研究生

### 数学科学学院

| | | | | | |
|---|---|---|---|---|---|
| 刘 耿 | 范玉莲 | 周栋焯 | 吴聪敏 | 丁 焱 | 余 斌 |
| 邢瑞香 | 郑 言 | 宋宇萍 | 郑 敏 | 韩金晟 | 董艺秋 |
| 于海军 | 王铭锋 | 俞 欢 | 梅 婧 | 张 琪 | 黄文林 |
| 蔡国财 | 刘书茂 | 李皓昭 | 倪文磊 | 武连文 | 梁志斌 |
| 谢兵永 | 刘 勇 | 沈 良 | 贾鲁军 | 牛 普 | 孙少辉 |
| 胡 丹 | 李秋月 | 陈 华 | 王 辉 | 岳安步 | |

### 物理学院

| | | | | | |
|---|---|---|---|---|---|
| 颜 鹏 | 陆汉涛 | 彭 婧 | 魏志鹏(结) | | 肖零亿 |
| 纪安春 | 廖志敏 | 白永强 | 李 智 | 班淑芳 | 耿立升 |
| 李柏青 | 李 欣 | 孟 策 | 杨李林 | 王 斌 | 吴哲英 |
| 刘敏霞 | 刘顺荃 | 潘尧波 | 韩 琴 | 经光银 | 宋 炜 |
| 曹华雨 | 张会荣 | 张晓明 | 易 涛 | 亓凤杰 | 王 炜 |
| 覃怀莉 | 唐 宁 | 王茂俊 | 庞丹阳 | 谷建法 | 彭 丽 |
| 何亚丽 | 黄鹏志 | 张玉洁 | 刘言锐 | 未 微 | 裴俊琛 |
| 陈晏军 | 刘 丹 | 刘争晖 | 王世奇 | 霍海滨 | 闻新宇 |
| 林 祥 | 张春喜 | 裴宇阳 | 邹宇斌 | 焦 飞 | |

### 化学与分子工程学院

| | | | | | |
|---|---|---|---|---|---|
| 陈 菁 | 孙丽艳 | 关 元 | 王 俊 | 王 培 | 余宇翔 |
| 朱志国 | 王明伟 | 闫吉超 | 王 晖 | 王松蕊 | 黄 钦 |
| 么敬霞 | 陈旭东 | 陈小芳 | 余振强 | 贾春江 | 宋 威 |
| 孙 晓 | 刘中仕 | 赵 飞 | 朱文华 | 冷永华 | 李 岩 |
| 丁 磊 | 周薇薇 | 高 慧 | 黄 勇 | 施瑞娜 | 张 莹 |
| 高 飞 | 李 薇 | 文大为 | 魏 平 | 静 平 | 赵怡芳 |
| 王 超 | 王福东 | 苑嗣纯 | 董长青 | 房 韬 | 廖明毅 |
| 肖峰平 | 梁 波 | 芦 逵 | 项 征 | 许荔芬 | 肖云龙 |
| 刘 淼 | 马文喆 | 段小洁 | 高宏军 | 牛佳莉 | 童廉明 |
| 张莹莹 | 李为臻 | 刘 卉 | 肖超贤 | 王晓东 | 林 莉 |
| 王 煜 | 张慧娟 | 彭导灵 | 汤 慧 | 刘安华 | |
| 甘 宁(结) | | 赖仁福 | 李开波 | 梁璋仪 | |

### 生命科学学院

| | | | | | |
|---|---|---|---|---|---|
| 何 飞 | 仲寒冰 | 刘树君 | 张云飞 | 赵 姣 | 李 欣 |

### 地球与空间科学学院

| | | | | | |
|---|---|---|---|---|---|
| 曹 健 | 刘 羽 | 徐绘宏 | 解学通 | 刘文龙 | 杨荣生 |
| 叶国扬 | 张贤国 | 王 淮 | 林俞先 | 吴 欢 | |
| 周兴志(结) | | 丛威青 | 吕广宪 | 张竹琪 | 陈朝伟 |
| 张 辉 | 曲军峰 | 张景森 | 乔二伟 | 周长付 | 薛进庄 |
| 罗红玲 | 湛 胜 | 张 波 | 金江军 | 周建工 | 魏文侠 |

### 环境学院

| | | | | | |
|---|---|---|---|---|---|
| 林官明 | 徐 峻 | 程艳丽 | 谭文柱 | 叶 红 | 陈 鹏 |
| 葛小东 | 谢东晓 | 刘建国 | 曾 钫 | 程雅芳 | 黄丽卿 |
| 李新荣 | 左 谦 | 李正国 | 刘耕耘 | 王 峰 | 刘 永 |
| 郝鹏鹏 | 孔江涛 | 赵 昕 | 朱 珺 | 吕明辉 | 彭 建 |
| 欧 雄 | 朱 晨 | 朱 强 | 邱祝礼 | 吴志军 | 毛国柱 |
| 陈 睿 | 党 宁 | 刘运明 | 刘 莹 | 李湉湉 | 宁 淼 |
| 万 祎 | | | | | |

### 心理学系

| | | | | |
|---|---|---|---|---|
| 陈 祎 | 陈景秋 | 刘 洋 | 黄 峥 | 张德玄 |

### 新闻与传播学院

| | | | |
|---|---|---|---|
| 张丽萍 | 黄 佩 | 冯 悦 | 胡献红 |

### 中国语言文学系

| | | | | | |
|---|---|---|---|---|---|
| 张 源 | 李建强 | 臧 清 | 李新风 | 邓 芳 | 刘 翌 |

| 戴晓华 | 李茂增 | 李慧贤 | 刘 进 | 刘丽辉 | 殷何辉 | 姜 玲 | 汪 波 | | | |
| --- | --- | --- | --- | --- | --- | --- | --- | --- | --- | --- |
| 韩 巍 | 宋华强 | 丁 文 | 季剑青 | 熊 权 | 张 治 | | | **外国语学院** | | |
| 胡少卿 | 贺 雷 | 郭院林 | 王小婷 | 陈锦荣 | 李晓华 | 丁林棚 | 常 蕾 | 刘海清 | 姜丹丹 | 胡振明 | 朱晓洁 |
| | | **历史学系** | | | | 刘 珂 | 李凡荣 | 荣慧艳(结) | | 程弋洋 | 陈大明 |
| 刘琳琳 | 赵文莉 | 范恩实 | 乐启良 | 李翠云 | 昝 涛 | 彭 萍 | 罗 鸿 | 雷武铃 | 黄跃民 | 时晓英 | 朱 静 |
| 郑振清 | 刘然玲 | 霍文利 | 任智勇 | 覃 影 | 陈长伟 | 任明丽 | 刘朝华 | 刘 锋 | | | |
| 顾江龙 | 胡明曌 | 霍红伟 | 李秉奎 | 丁兆中 | 刘 宏 | | | **马克思主义学院** | | |
| 徐 冰 | 赵艳彬 | 周立红 | 彭 琦 | 陈继静 | 梁建国 | 陈 夕 | 倪寿鹏 | 范春燕 | | | |
| 谢 慧 | 徐志民 | 朱悦梅 | | | | | | **信息科学技术学院** | | |
| | | **考古文博学院** | | | | 张 宇 | 王月龙 | 孙若柏 | 易江芳 | 何 燕 | 孔令波 |
| 向桃初 | 吕世浩 | 梅惠杰 | 努尔兰·肯加哈买提 | | | 苏 祺 | 左继红 | 张 凯 | 王宏鼎 | 年 丰 | 林 芳 |
| 郜向平 | 张 海 | 张昌平 | | | | 刘军华 | 葛 岩 | 宋睿丰 | 王彦刚 | 曲 宁 | 张 鹏 |
| | | **哲学系** | | | | 李成军 | 张益贞 | 赵慧周 | 王宏伟 | 冯耀东 | 黄凯凯 |
| 邵全辉 | 杨 东 | 黄艳红 | 魏宏晋 | 赵宝晨 | 周广文 | 王延辉 | 王 湃 | 程红兵 | 乔 华 | 杨玉丽 | 郭 奥 |
| 邓雪梅 | 孟令朋 | 黄彦瑜 | 于晓凤 | 朱松峰 | 祝莉萍 | 孟 涛 | 刘先华 | 韦 韬 | 袁 杰 | 伍 刚 | 肖 峰 |
| 李 林 | 杜文丽 | 陈 首 | 单提平 | 任蜜林 | 王玉峰 | 赵晓莺 | 张进宇 | 王洪俊 | 李起成 | 姜力争 | 杨列森 |
| 裘江杰 | 李顺华 | 黄小茹 | 刘昕岚(结) | | | 安维华 | 张德辉 | 张建伟 | 李路明 | 唐 矩 | 田 豫 |
| | | **国际关系学院** | | | | 吴 涛 | 夏志良 | 延 涛 | 周发龙 | 崔小欣 | 刘 丹 |
| 王伟英 | 汪世林 | 李文刚 | 肖宏宇 | 李 军 | 刘建平 | 张师群 | 马 猛 | 龚笔宏 | 田 敬 | 闫 哲 | 杨 杰 |
| 曲 博 | 刘东胜 | 樊小菊 | 宋 伟 | 刘铁娃 | 王传洋 | 岳玮宁 | 黄 雨 | 李 斗 | 钟林辉 | | |
| 王世红 | | | | | | | | **中国经济研究中心** | | |
| | | **经济学院** | | | | 杨东升 | 孙希芳 | 叶 敏(结) | 董先安(结) | | |
| 李玉赋 | 万 岷 | 刘昌用 | 阎 波 | 锁凌燕 | 董曦明 | | | **教育学院** | | |
| 黄晓龙 | 庄 严 | 隋福民 | 辜 岚 | 张元鹏 | 郜全亮 | 鲍劲翔 | 王旭东 | 蔡磊砢 | 刘大立 | 金红梅 | 李 莹 |
| 周 丹 | | | | | | 王书峰 | 卢立涛 | 何旭明 | 李 莹 | 薛海平 | 刘洪宇 |
| | | **光华管理学院** | | | | 姜 华 | | | | | |
| 乔志城 | 史宇鹏 | 洪道麟 | 于兹志 | 余嘉明 | 胡 枫 | | | **人口研究所** | | |
| 胡宜朝 | 李 季 | 王广富 | 熊德华 | 陈孔军 | 陈红梅 | 范向华 | 张 蕾 | | | | |
| 李欲晓 | 曾玉萍 | 路卓铭 | 行伟波 | 杨 娉 | 许召元 | | | **工学院** | | |
| 张 燕 | 陈 可 | 代冰彬 | 牛建军 | 魏 涛 | 金艳鸣 | 李相勇 | 赵前程 | 邵金燕 | 张丹丹 | 王景焘 | 杜金伟 |
| 牛 芳 | 朱晓武 | 林细细 | 刘玉铭 | 于泽雨 | 张 琥 | 刘 静 | 王 冲 | 钟 建 | 刘 波 | 石 红 | 李平恩 |
| 周健男 | 赵修春 | 徐惠玲 | | | | 杨玉林 | | | | | |
| | | **法学院** | | | | | | **分子医学研究所** | | |
| 吕家毅 | 姚来燕 | 宋 丽 | 李 宏 | 陈雪梅 | 熊晓青 | 魏朝亮 | 郑 慧 | | | | |
| 马正勇 | 彭雪峰 | 黄军辉 | 尹文强 | 张丽红 | 李忠夏 | | | **基础医学院** | | |
| 温恒国 | 车 浩 | 葛 磊 | 米传勇 | 周 菁 | 张长利 | 薛 冰 | 聂德志 | 蒋宏峰 | 陈 敏 | 李开荣 | 李 扬 |
| 吴 飞 | 陈薇芸 | 袁瑜琤 | 王卫明 | 王贵松 | 韩春晖 | 柴国林 | 李 翀 | 李 丽 | 陆 敏 | 林燕华 | 罗达亚 |
| 丁 鹏 | 赵 星 | 闫仁河 | 韩 流 | 杨郁娟 | 王相坤 | 朱敏佳 | 娄利霞 | 何金汗 | 曲爱娟 | 全 漪 | 张 鹏 |
| 詹 昊 | 夏道虎 | 许志晖 | | | | 张晓红 | 初宁宁 | 梁 璟 | 张云岗 | 凌 云 | 杨 郁 |
| | | **信息管理系** | | | | 霍丽蓉 | 李新霞 | 杨光锐 | 杨 敏 | 苗艳颖 | 李 丹 |
| 王应宽 | 杨秀丹 | 罗德隆 | 张 东 | | | 王 昕 | 赵 鑫 | 于 璐 | 贺 毅 | 杨 华 | |
| | | **社会学系** | | | | | | **药学院** | | |
| 张美川 | 何慧丽 | 郭春宁 | 陈彬莉 | 栗晓红 | 马雪峰 | 黄从海 | 廖凯俊 | 朱永强 | 刘江元 | 杨 帆 | 范秋华 |
| 谢 铮 | 张 浩 | 刘 莉 | 于明潇 | 杨春宇 | 罗力群 | 刘迎春 | 贾存勤 | 张岩松 | 刘雪辉 | 吴建辉 | 陈 宇 |
| | | **政府管理学院** | | | | 黄 飞 | 任 雪 | 王玉记 | 赵婧华 | 杨 梅 | 刘佳望 |
| 丁伟忠 | 刘光军 | 高贤峰 | 赵芳琳 | 郭兴旺 | 叶 颖 | 郑爱萍 | 赵继会 | 焦园园 | 刘 瑜 | 马会利 | 王添敏 |

孙江浩 郭 慧 刘 鹏 崔建鑫 柴兴云 陆亚男
刘 蕾 田晓明 刘 毅 刘兆喆 吉登波 张晓雪
陈桂辉 王晨光 李凌君 付翌秋 刘 艺 牛 彦
徐剑锋 江 泱 李 宁 杨卓理 刘晓明 李清艳
刘 霞

公共卫生学院

张业武 王军波 宫玉花 宁 艳 王艳红 熊玮仪
高志东 唱 斗 李 伟 韩 静 柳 鹏 任 霞
宋晓明 李 勇 周 虹 张朝晖 张丽娟 简伟研
阮云洲 何敏媚 石红梅

第一临床医学院

孙亚萍 韩晓宁 吴 铮 毛源杰 刘森炎 高绪霞
隋 准 师素芳 高月花 杨 瑞 徐丽霞 顾江英
何 豫 李文刚 张宏文 张 尧 符 娜 刘 冉
杨丽丽 曹存巍 刘 强 仲少敏 许开元 张春燕
田孝东 刘 刚 陈 亮 赵 峥 张 凯 张 争
李 珲 尚 鹋 郝燕捷 冯雪茹 王玉艳 王 驰
顾建芬 白 洁 张 焱 王三梅 刘云峰 李新宇
毕鸿雁 王 娣 王 化 李志艳 陈焕年 虞 巍
钱庆鹏 关有彦 刘海波 张道俭 张 蕾 李 醒
李晓宇 赵晓彬 邢 军

第二临床医学院

主鸿鹄 杜 婵 权 欣 王云龙 周益锋 巫国谊
江 瑛 孔 圆 赵翔宇 赵 义 哈明昊 田 园
李 玮 张晓鹏 熊 建 阿丽娅 殷晓峰 王 宁
张 健 李 虎 张志平 周足力 石菁菁 张峻霄
曹晓光 张同河 郑宏伟 赵 东 莫 莉 武 蓓
刘 昕 王 欣 马建新 张珊珊 姚 健 霍丽丽
张晓蕊 左英熹 黄 丽 王志强 袁 链 李 晓
王现海 褚亚明 徐 峰 张 凯 王大鹏 陶 勇
刘晓玲 杨晓琦 鞠 辉

第三临床医学院

徐晓蓉 者星炜 陈 薇 张 惠 赵 威 于 婕
徐 宁 关 里 温 韬 张 娟 张远锦 徐 辉
刘 军 马少华 范东伟 靳小兵 刁垠泽 赵 玲
杨 艳 胡运韬 林 霖 李淑媛 李 显 曾 琳
徐伟仙 王 琨 王 飞 裴新龙 田志刚 陈 宁
李 欣 刘 宁

第四临床医学院(积水潭医院)

王迪凡 杨明辉 童德迪

口腔医学院

侯晓玫 唐晓琳 李 蓬 王 健 庄 Li 王瑞永
孙玉春 刘建彰 陈莉莉 韩 冰 李若萱 周传香
张 杰 彭楚芳 冯向辉 李 峥 彭兆伟 刘树铭
杨志诚 葛 娜 孟 丹 王 琳 刘星纲 丁 鹏

精神卫生研究所

闫 芳 曹庆久 曲 梅 朱志慧 张瀚迪 汪 毅
潘 超

临床肿瘤学院

顾振东 丁慧荣 杨文君 郑 丽 田秀云 周 越
许小青 杨艳红 徐 晔 彭丽容 龚曼曼 郭剑平
孙宏亮 孙应实 代 妮 刘鲁英 田萌萌 陈邦领
郑庆锋 李 昕 龚继芳 石安辉

# 毕业留学生

| 国籍 | 姓名 | 院系 | 类别 | 专业 |
|---|---|---|---|---|
| 委内瑞拉 | 魏海娜 | 环境学院 | 硕士 | 环境科学 |
| 新加坡 | 陈湘玮 | 新闻与传播学院 | 硕士 | 传播学 |
| 日本 | 萩原日易 | 中国语言文学系 | 硕士 | 中国现当代文学 |
| 韩国 | 李慈然 | 中国语言文学系 | 硕士 | 汉语言文字学 |
| 韩国 | 曹银晶 | 中国语言文学系 | 硕士 | 汉语言文字学 |
| 韩国 | 金智英 | 中国语言文学系 | 硕士 | 汉语言文字学 |
| 泰国 | 叶玉青 | 中国语言文学系 | 硕士 | 汉语言文字学 |
| 日本 | 佐佐木正法 | 历史学系 | 硕士 | 中国近现代史 |

续表

| 国　籍 | 姓　名 | 院　系 | 类　别 | 专　业 |
|---|---|---|---|---|
| 韩国 | 阴善和 | 历史学系 | 硕士 | 中国古代史 |
| 日本 | 近藤晴香 | 考古文博学院 | 硕士 | 考古学及博物馆学 |
| 韩国 | 崔镐玹 | 考古文博学院 | 硕士 | 考古学及博物馆学 |
| 韩国 | 宋东林 | 考古文博学院 | 硕士 | 考古学及博物馆学 |
| 韩国 | 崔成准 | 哲学系 | 硕士 | 中国哲学 |
| 韩国 | 曹锡孝 | 哲学系 | 硕士 | 美学 |
| 韩国 | 黄智允 | 哲学系 | 硕士 | 美学 |
| 马来西亚 | 林成保 | 哲学系 | 硕士 | 中国哲学 |
| 日本 | 高邑勉 | 国际关系学院 | 硕士 | 国际关系 |
| 韩国 | 金慧真 | 国际关系学院 | 硕士 | 国际关系 |
| 韩国 | 任皇彬 | 国际关系学院 | 硕士 | 外交学 |
| 韩国 | 崔珉旭 | 国际关系学院 | 硕士 | 国际政治 |
| 韩国 | 姜炅儿 | 国际关系学院 | 硕士 | 国际政治 |
| 韩国 | 朴辰浩 | 国际关系学院 | 硕士 | 国际政治 |
| 韩国 | 金始煐 | 国际关系学院 | 硕士 | 国际关系 |
| 韩国 | 李庸在 | 国际关系学院 | 硕士 | 国际关系 |
| 韩国 | 李多美 | 国际关系学院 | 硕士 | 外交学 |
| 新加坡 | 李文明 | 国际关系学院 | 硕士 | 国际关系 |
| 新加坡 | 吴多辉 | 国际关系学院 | 硕士 | 国际关系 |
| 新加坡 | 朱硕彦 | 国际关系学院 | 硕士 | 国际关系 |
| 新加坡 | 陈明玉 | 国际关系学院 | 硕士 | 国际政治 |
| 美国 | 章智嘉 | 国际关系学院 | 硕士 | 国际关系 |
| 新加坡 | 吴玔玲 | 经济学院 | 硕士 | 西方经济学 |
| 法国 | 黄安利 | 光华管理学院 | 硕士 | 工商管理硕士 |
| 韩国 | 孙钟率 | 光华管理学院 | 硕士 | 工商管理硕士 |
| 韩国 | 金元 | 光华管理学院 | 硕士 | 工商管理硕士 |
| 韩国 | 朴贤澈 | 光华管理学院 | 硕士 | 工商管理硕士 |
| 韩国 | 曹玄淑 | 光华管理学院 | 硕士 | 工商管理硕士 |
| 美国 | 麦嘉阳 | 光华管理学院 | 硕士 | 工商管理硕士 |
| 美国 | 邱理安 | 光华管理学院 | 硕士 | 工商管理硕士 |
| 美国 | 王青云 | 光华管理学院 | 硕士 | 工商管理硕士 |
| 阿尔巴尼亚 | 伊娃 | 法学院 | 硕士 | 国际法学 |
| 肯尼亚 | 阿部 | 信息管理系 | 硕士 | 图书馆学 |
| 韩国 | 金成彦 | 政府管理学院 | 硕士 | 政治学理论 |
| 韩国 | 权今淑 | 外国语学院 | 硕士 | 亚非语言文学 |
| 韩国 | 韩玉 | 对外汉语教育学院 | 硕士 | 汉语言文字学 |

续表

| 国　籍 | 姓　　名 | 院　　系 | 类　别 | 专　　业 |
|---|---|---|---|---|
| 韩国 | 吴韩娜 | 对外汉语教育学院 | 硕士 | 汉语言文字学 |
| 日本 | 吉田泰谦 | 中国语言文学系 | 博士 | 汉语言文字学 |
| 韩国 | 黄智裕 | 中国语言文学系 | 博士 | 中国现当代文学 |
| 韩国 | 唐润熙 | 中国语言文学系 | 博士 | 中国古典文献学 |
| 韩国 | 宋景爱 | 中国语言文学系 | 博士 | 中国古典文献学 |
| 韩国 | 李时灿 | 中国语言文学系 | 博士 | 中国古代文学 |
| 韩国 | 宋光勋 | 历史学系 | 博士 | 中国古代史 |
| 韩国 | 具滋元 | 历史学系 | 博士 | 中国古代史 |
| 韩国 | 申玹丞 | 哲学系 | 博士 | 美学 |
| 马来西亚 | 洪恩赐 | 哲学系 | 博士 | 中国哲学 |
| 美国 | 金钟弘 | 哲学系 | 博士 | 中国哲学 |
| 韩国 | 徐正京 | 国际关系学院 | 博士 | 国际政治 |

# 中国经济研究中心双学位毕业生

**数学科学学院**
田巍　陈茜薇　曹思未　赵煦　苏寅　杜寻
王弢　朱冰冰　阚然　陈治津　耿原　王凯
周益鸣　吕世杰　刘嘉寅　陆鑫　穆放　任方炯
罗福生　孙鹏飞　祖鹏鹤　蔡啸天　孙宇　陈启鹏
张尧　谭昌汇　赵琳博　丁鹏　王锐　潘威

**工学院**
霍达　裴廷斌　郑唯梓　陈伟　王一壨　蓝秋香
王进平　秦欢欢　王晓丽　朱志杰　陈伯君　卢梦倩
胡赟之

**物理学院**
高祥　戴芩　鲍志坚　黄炜　刘鲁　王玉杰
杨皓亮　邵辰　张畏　周江　游海波　张兴
曾荣　曾祥顺　张帆

**化学与分子工程学院**
查嘉　江来　曾江帆　胡光　董宜安　潘兰云
郗冬

**生命科学学院**
魏明达　周慧杰　王娜　谭祖开　余涛　刘博超

**地球与空间科学学院**
王凯　齐向宇　杨毅　杜金宝　王炳禹　张弛
闫彬彦　邹锐　陶杰　宋晓鹏　赵雪　伍广宁
高栏　范杰　党韦华　资礼波　程冬雷　戴莽原

周华勇　马翀

**城市与环境学院**
孙蕾　刘元博　余嘉玲　薛森　刘明达　刘久萌
邹倩　池彦琪　刘碧寒　金晔　李国富　姚望
刘慧　万焰刚　鄢哲　邹健　兰宗敏　张诚昊
刘静然　解娜　张洁　肖磊　朱祁连　周琴丹
刘涛　徐治乙　刘诗毅　彭思圆　王洁晶　刘洋华
田子予　胡章

**心理学系**
孔寅平　侯悦　夏海伟　韦文琦　何陈晨　汪栋
石慧　房伟标　毕泰勇　李嘉　庞超　刘晓黎

**新闻与传播学院**
袁芜　冯娈　周晶　王天夫　张炀　王晶
廉薇　宫晨　王默晗　孙腾　李宛谕　麻剑锋
王倩茜　周佳琪　王媛媛　朱辰娟　时盛男　王俊朋
介勇虎　刘文琳　聂瑶　陈玥　常玉洁　袁婕
陈贤众　朱慕南　周红梅

**中国语言文学系**
鲁子奇　张茉　张颖　许凝　王先云　李明哲
韩思怡　刘俊希

**历史学系**
王颖　胡晓丽　刘贯垒　王辉　梁丹　王娟
张亦筑

### 考古文博学院
马 岩　王 强　曹鹏程　喻 婷

### 哲学系
张 然　王淑娟　杨 超　崔焕宇　黄 婷　周慧灵
张江滨　刘 丽

### 国际关系学院
武安珏　余 歌　孙 权　褚颖春　陈林莎　朱 宁
张 莹　梁剑锋　易 青　王 超　宋 晨　崔申儒
吕继阔　史 霁　张 纯

### 法学院
卢 璟　许静颐　王卓婧　王莉梅　崔 强　刘天轫
石津京　白 溪　李锐颖　王健彬　杜 阳　刘 爽
苏 鑫　吴双双　马 正　崔振永　贾 勇　都 兰
李 响　代 锷　刘 丹　杨柠泽　李 岩　胡 汀
李圣思　于 珍　殷晓霞　郭 程　朱荣芳　谢珂珺
钱思雯　富 琪　应亚丽　曹 暑　周 林　袁 星
张黎立　陈五林　肖 琳　傅 鹏　曾令怡　鄢 妍
王彦博　侯东方　陈志伟　邓江波　唐晓春　刘琼岭
彭 鐏　任丽莎　朱 毅　陈艺方　江伟丽　林 阳
蒋朋志　向 宇　史 诗　刘 莉　胡艳丽　黄 姗

### 信息管理系
谢晓添　程 娟　王晓萌　赵 倩　么 博　金 燕
高正姬　朱开屿　张 亮　丁文祎　徐一杰　余丽波
陈晓洁　苏捷斯　王培志　崔立永　赵英华　黄 丽
彭红彬　向 玥　谢 静　陈 睿　周 鑫　姜文彬
魏本貌

### 社会学系
赵玉金　王 浩　郭 琦　赵 亮　常 超　吴 静
王敦猛　杨 磊　季 佳　沈 佳　朱 颖　李若木
杨 均　汪 艳

### 政府管理学院
夏 雪　董静媚　赵 鑫　王 伟　韩伟玮　张 洁
李 杨　武倩倩　马健铨　李荔馥　李蔚楠　崔 希
孙海燕　张佳康　马 兰　吴 津　魏 易　赵 凯
李冠宇　徐涌斐　陈伟平　王 乐　黎娟娟　陈 威
凌子涵　刘 增　户国栋

### 外国语学院
苏 畅　周祝源　李佳颖　任嘉喆　李 婧　罗 弥
梁 巍　陈 广　徐 凤　聂 骅　柳 静　田 禾
国今朝　赵 谦　金 欣　石松桃　冯 薇　刘 影
何玲玲　杨 韵　叶培蕾　孟凡济　邓 鑫　丁玲璘
宋 鹏　汤一奇　郑敏思　王 征　肖 杰　苏媛媛
倪垚卉　尚 宁　王晓君　陈 果　林 媛　许雪娟

### 艺术学院
冯倩倩　郑青亭　张 凌　刘 康　王 瑜　付 莉
陈婷婷　林 礼　李昊燃　陈思彪　张 浩　刘骏强
罗思思

### 艺术学院
胡 彬　徐 洁　张园园

### 元培学院
刘 岩　于 悦　吕 宁　杨志勇　周之悦　杜 艺
杨扬荣　徐 清　周子尧　林 樱　张 丹　伍 姣
罗钧禧　黎 晨

### 信息科学技术学院
马昕光　邹 森　张 涵　王 夷　詹尔为　谷 琪
王 婧　曾 晨　李瑞强　金 婧　宋 伟　李欣利
杜 朋　马 遥　徐敬鹏　邓 慧　缪烨枫　胡君珏
王 力　朱伟庭　陈即忆　朱 磊　郭思祺　接钧靖
黄 晖　昌 锋　姚恩鑫　陈惠鲁　周 游　崔国东
吴清宇　曹 越　冯仕亮　姚 斌　岑 睿　史江辉
蔺建邦　彭建宏　林思聪　兰 希　汪 罕　刘海文
李沫楠

### 医学部
姚 远　曹 键　高向阳　彭 妮　那木子　李少思
吴双胜　何康敏　周 沫　李丽萍　吕 艳　谢一萍
刘 璐　赵蓓楠　李泽辉　张 锐　李 枭　辜红强
周永建　夏冬冬　黄 真　谷 雪　王立立　许 静
门 莹　刘艳芳　郑少芳　张 森　王 芃　耿向楠
余文心　王媛媛　马 鑫　吴瑨威　王珊珊　穆 然
于琛琛　吴 夕

### 校外单位
陈海滢　饶 轶　刘 超　蒋 越　刘胜杰　童咏昕
翟千里　幸 然　吕文超　明英男　刘 赟　王冀平
阿力塔　潘勇峰　李 娇　郭雯雯　齐 瑶　唐 琳
蔡 璟　张昌国　曹 倩　钟 华　高月涛　娄 迅
蒋秋洁　赵洪阳　卢 伟　白 晔　肖 晨　孙琳琳
秦子甲　张沛珣　丁 玲　臣 勇　韩斐冲　何 飞
汪 澎　崔传杰　许雪昕　田新政　张 捷　陈劲瑜
王志行　喻文丹　耿屹楠　慕 蓉　谌 唯　徐晓羽
王 静　王 玮　刘 晔　石婷婷　洪晓丹　曹 瑜
翁雄飞　吕训孜　张景利　张赫黎　王洪涛　徐迭阳
郭晓雨　水 浩　周 立　王 琳　孟 楠　杨学良
姚 立　赵 欣　刘轶博　杨 桦　符星晨　张 君
吴 楠　冯亚岚　陈春渑　韩 旭　彭 杰　蒲小蓉
孙仕琪　荣洁鹏　江 军　何 煦　司 帆　郑 林
施苗英　刘宇婧　宋厚泽　王芳旎　熊 飞　张 欢
乔 丹　赵晨宇　邵 辉　杜 楠　樊 敏

# 2007 年大事记

## 1 月

**1月2日** 林建华率教务部、研究生院和教务长办公室等职能部门负责人巡视期末考试情况。

北京大学2007年第1次党政联席会在办公楼103会议室举行。

"北京大学挂职干部新年座谈会"在英杰交流中心第二会议室召开。我校2006年度赴北京市东城区、宣武区政府职能部门挂职锻炼的19位干部和在读博士研究生对挂职锻炼工作进行了阶段性总结和交流。吴志攀听取总结汇报并讲话。

北京市委常委、市教工委书记朱善璐来到北京大学学生资助中心视察学生资助工作,并向贫困家庭学生致以新年祝福。

**1月3日** 林建华在办公楼103会议室主持召开"信息化建设协调小组第二次工作会议"。

陈文申、杨河出席在图书馆举行的"纪念红军长征胜利70周年中国书画艺术大展开幕式"。

林建华在朗润园致福轩会议室主持召开"2007年理科基地建设工作会议"。

**1月4日** 许智宏在办公楼103会议室主持召开"北京大学校园规划委员会2007年第一次会议",陈文申、鞠传进与会。

"北京大学博士后管理工作交流会"在英杰交流中心新闻发布厅召开,吴志攀出席并讲话。

"北京大学国际交流与合作工作2006年度总结会"在英杰交流中心第二会议室举行。林建华听取汇报并讲话。

柯杨在医学部会议中心209会议室主持召开"医学部收入分配领导小组工作会议"。

**1月5日** "北京大学出席党的十七大代表候选人初步人选推荐提名工作部署会暨北京大学党建和思想政治工作检查评估中期总结工作会"在英杰交流中心第二会议室召开。闵维方出席并讲话,吴志攀主持会议并具体部署有关工作方案。张彦、王丽梅、杨河,以及党委系统职能部门、全校各基层党委(党总支、直属党支部)负责人参加会议。

以"奥运与品牌之路"为主题的北京大学第九届光华新年论坛在百周年纪念讲堂开幕。全国政协副主席张梅颖、博鳌亚洲论坛秘书长龙永图、北京大学校长许智宏出席并致辞。

柯杨在医学部国际合作处会见台湾阳明大学潘怀宗教授并商谈双方开展科研合作事宜。

"'好运北京'体育赛事动员会"在北京奥林匹克大厦召开,张彦参会。

**1月6日** 由北京大学文化产业研究院和国家文化产业创新与发展研究基地主办的"第四届中国文化产业新年论坛"在英杰交流中心阳光大厅举行。许智宏出席并致辞,张国有作论坛演讲。

"北京大学第六届青年教师教学基本功和现代教育技术应用演示竞赛"在理教117教室举行。林建华、岳素兰出席并观摩比赛。

"明清史专家商鸿逵教授诞辰百年纪念会"在英杰交流中心第二会议室举行。杨河出席并讲话。

内蒙古自治区政府连辑副主席一行访问我校,闵维方、林建华、岳素兰在办公楼分别会见来宾,并就区校合作问题进行座谈。

"北京大学平民学校第一期学员结业典礼"举行。闵维方为首批学员作结业讲座并题词鼓励,岳素兰出席典礼并讲话。

**1月8日** 闵维方、许智宏于8—9日在教育行政学院参加直属高校咨询会。

第四届中国文化产业新年论坛闭幕式在英杰交流中心阳光大厅举行。北大文化产业研究院与内蒙古自治区政府文化厅签署战略合作协议。内蒙古自治区人大常委会副主任张国民、内蒙古自治区副主席连辑出席并致辞,岳素兰出席并讲话。

北京论坛(2007)分论坛情况汇总会在英杰交流中心举行。张国有参加。

**1月9日** 林建华在勺园七号楼会见英国爱丁堡大学副校长Geoffery Boulton一行。

鞠传进在英杰交流中心阳光大厅出席全市社区慢病管理推广现场会并讲话。

北京大学生命科学学院"长江学者"王世强教授实验室与北京大学第三医院张幼怡研究员实验室展开跨学科合作,在心衰早期分子病理机理方面取得重要进展——国际期刊 PLoS Biology 发表其最新成果 Intermolecular Failure of L-type $Ca^{2+}$ Channel and Ryanodine Receptor Signaling in Hypertrophy. PLoS Biol 5 (2): e21。

**1月10日** "北京大学2007年老干部春节团拜会暨八十岁老干部祝寿会"在勺园七号楼多功能厅举行。闵维方、吴志攀致辞,向离休干部拜年并为老干部祝寿。

2007年研究生支教团新年座谈会在英杰交流中心第四会议室举行。张彦出席并做总结讲话。北大历届研究生支教团代表、第八届、第九届支教团全体成员参加座谈会。

燕北园生活服务用房工程竣工,鞠传进参加验收。

由全国高等学校思想政治教育研究会举办的"第十一届全国高校青年德育工作者优秀论文"评比结果揭晓,北大团委理论研究室报送的《论大学生社会主义荣辱观教育的八大关系》获得专家肯定。

**1月11日** 北京大学2007年第2次党政联席会在办公楼103会议室举行。

许智宏在办公楼105会议室会见智利圣托马斯大学董事会主席Cterardo Rocha一行。

由北京大学人才研究中心、国务院国资委发展研究中心、中国民族经济文化研究所主办的"中国文化与企业发展高层论坛"在图书馆北配楼举行。杨河出席并讲话。

"第五届教代会暨第十七次工代会第三次会议"在英杰交流中心阳光大厅举行。许智宏做北京大学2006年度行政工作报告,吴志攀向代表作收入分配制度改革报告,鞠传进就北大校园基本建设和资产管理做专题报告,闵维方做总结讲话,岳素兰主持会议。王丽梅、杨河、张国有、敖英芳出席。257名正式代表出席会议,30位基层工会主席和义务监督员列席。

我校与台湾中国文化大学在临湖轩中厅签订两校学术交流合作协议。许智宏和中国文化大学董事长张镜湖博士分别代表双方签字。协议将从2007年春季学期开始实施,为期4年。杨河出席签字仪式。

**1月12日** 许智宏、吴志攀、张国有在办公楼103会议室参加北京大学学位评定委员会第87次会议。

林建华在教育部南楼301会议室参加"高等学校本科教学质量与教学改革工程"实施方案论证会。

北京大学"爱心传温暖,快乐度春节"爱心礼包发放仪式暨寒假留校学生欢度春节工作媒体见面会在勺园七号楼302会议室举行。张彦为家庭经济困难学生代表发放爱心礼包,并送上新春祝福。

北京大学医院新楼工程破土动工,鞠传进出席开工典礼并致辞。

"北京大学2007年春季硕士、博士学位授予仪式暨2006年度优秀博士学位论文颁奖大会"在百周年纪念讲堂举行。闵维方宣读《关于表彰2006年度北京大学全国优秀博士学位论文及学校优秀博士学位论文获得者及其导师的决定》,许智宏讲话,林建华宣读《北京大学学位评定委员会第87次会议决定》,吴志攀主持大会,张国有出席。校领导为获得优秀博士学位论文的同学及其导师颁奖,并依次为毕业同学颁发学位证书,合影留念。

本科教学评估动员会在办公楼103会议室举行,林建华出席并讲话。

闵维方在北京航空航天大学新主楼第五会议室参加部分高校党委书记调研、座谈会议。

"北京大学与北京市发展与改革委员会新年座谈会"在办公楼103会议室举行。林建华介绍了北京大学的发展情况,首都发展研究院常务副院长杨开忠教授阐述了"北京大学服务北京市发展与改革的几点建议",许智宏做总结讲话并向北京市发改委一行赠送纪念品,陈文申主持座谈会。北京市发改委党组副书记、常务副主任柴晓钟、发改委党组成员、副主任刘志、吴桂英、张工等22人,校领导岳素兰、张国有和学校各职能部门负责人、部分院系代表出席座谈会。

北京市教委公布了第二届北京高等教育精品教材评审结果,北京大学56种教材入选,获选数量再次位居北京高校首位。

**1月13日** 北京大学2007年寒假战略研讨会于13日—15日在稻香湖会议中心举行。

**1月14日** 由全球发展网络(Global Development Network, GDN)主办,北京市政府和北京大学协办的第八届全球发展网络年会在友谊宾馆开幕。北京市副市长赵凤桐出席欢迎晚宴,林建华主持。

**1月15日** "北京大学授予日本国立多媒体教育学会理事长清水康敬先生名誉教授仪式"在百周年纪念讲堂202会议室举行。闵维方致辞并为清水康敬先生颁发了"北京大学名誉教授"聘书。

"北京大学2007年第五届棋牌特长生冬令营暨中学生棋类邀请赛开营仪式"在五四体育中心多功能厅举行。张彦出席并讲话。

北京大学"奥运会媒体运行专业志愿者培训"正式拉开帷幕,来自全校28个院系、包括34名留学生在内的600多名同学参加了首场培训。

**1月16日** 闵维方于16—17日在友谊宾馆参加世界银行发展经济区域大会。

林建华于16—18日在北京铁道大厦参加中国科协七届全委第二次会议。

林建华在临湖轩中厅会见加拿大国立卫生研究院科研主管Michael Kramer博士。

林建华在临湖轩西厅会见新

加坡教育部学校规划与分配司林慧质司长。

林建华在办公楼103会议室主持召开"北京大学中国社会科学调查中心"筹备协调会。张国有参加。

"北京大学回龙观医院教学医院揭牌暨签字仪式"在北京回龙观医院举行,柯杨出席并致辞。

"对口支援通州区总结座谈会"在办公楼103会议室举行。北京市教委副主任张国华、通州区副区长刘淑华、校领导岳素兰出席并讲话。北京大学、北京第二外国语大学、北京化工大学等八所高校领导参加座谈会。

"北京大学2007年新春媒体记者联谊会"在勺园七号楼多功能厅举行。杨河出席并致辞。新华社、《人民日报》《光明日报》、中央电视台等近40家校外媒体代表参加。

在教育部思想政治工作司、团中央学校部、《人民日报》教科文部的支持和指导下,由人民网和《大学生》杂志社联合举办的"2006中国大学生十大年度人物评选"结果揭晓,北大生命科学学院2002级硕博连读研究生施永辉成功当选。

团中央"全国基层团建创新理论成果奖"评选结果揭晓,北大团委理论研究室作品《北京大学学生价值观发展状况调研报告》获二等奖(同类高校团委所获的最高奖项)。

**1月17日** 张彦在办公楼103会议室会见前来我校调研的北京市委教育工委王民忠副书记一行并汇报我校学生工作情况。会后,张彦陪同王民忠副书记参观了北大就业指导服务中心和学生资助中心。

**1月18日** 柯杨在医学部国际合作处主持召开美国纽约中华医学基金会(CMB)项目"公共卫生教育改革——弥补裂痕"第二次工作会议。

林建华在资源大厦出席北大众志微处理器"十五""863计划"重大课题验收会。

北京大学第五届棋牌特长生冬令营暨中学生棋类邀请赛顺利闭营,15名优胜者成为北京大学2007年棋牌特长生候选人。

**1月19日** 西班牙科米亚斯大学城基金会国际合作事务主管Francisco Vidal先生一行在西班牙驻华使馆科技参赞Vicente Valverde先生的陪同下访问我校。林建华在临湖轩东北厅会见来宾并签署"北京大学—科米亚斯大学城基金会合作协议"。

"2007北京大学党外代表人士新春座谈会"在百周年纪念讲堂202会议室举行。闵维方出席并讲话,杨河主持会议并作总结发言。

"北京市高校党建研究会2006年年会"在北京师范大学英东学术会堂举行,吴志攀出席并发言。

"北京大学国防科技2006年度工作总结会"在英杰交流中心新闻发布厅举行,林建华主持会议并作总结发言。

招生办公室工作总结暨新年联欢会在勺园七号楼多功能厅举行。林建华、张彦出席并致辞。

岳素兰于19—21日在怀柔参加"2007年北京高校体育工作会议暨北京市大学生体育协会年会"。

保卫部工作研讨会在北京实创科技培训中心举行,张彦出席并讲话。

由北京大学团委理论研究室组织的"北大学生第二课堂活动状况调研"顺利完成。研究表明:北京大学学生参与课外活动的情况呈枣核型分布。

北大团委被评为2006年度北京共青团调研工作10家先进单位之一,所上报的《北京大学学生价值观发展状况调研报告》等四篇调研报告分获一、二、三等奖。

**1月20日** 张国有于20—21日在北京会议中心参加"北京市社会科学界联合会第五次代表大会"。会上公布了北京市第九届哲学社会科学优秀成果奖评选结果,我校《邓广铭全集(1至10卷)》获特等奖。

林建华到理科教学楼、第三教学楼等考场视察2007年硕士研究生入学考试情况。

"共青团北京大学第十七届委员会第四次全体(扩大)会议"在英杰交流中心新闻发布厅举行。张彦出席并讲话。来自全校共青团系统的80余名代表参加会议。

**1月22日** "北京高校科技创新工作会议暨2007年寒假高校领导干部会议"于22—23日在北京会议中心举行。教育部副部长赵沁平,北京市委常委、教育工委书记朱善璐,北京市副市长赵凤桐到会并作报告。闵维方、张国有参加会议。

"2006年度北京大学理工医科研通报会"于22—23日在北京怡生园会议中心举行。林建华出席会议并作总结发言。

北京大学纪念"双百方针"暨中国哲学史座谈会五十周年讨论会在百周年纪念讲堂202会议室召开。杨河与会并发表讲话。

寒假期间,在北京大学学生课外活动指导中心的指导下,北大部分学生社团充分利用寒假的宝贵时间,以了解社会、服务社会、增长才干为主要内容,走出校门,深入基层开展支教扶贫、社会调查、志愿服务和公益活动等社会实践活动。北京大学山鹰社47名队员结束京郊密云县四合堂地区的天仙瀑进行的为期三天的寒假社会实践活动,自行车协会组织开展了从北京大学到河北昌黎的冬季拉练活动,赣文化交流协会、农业产业化协会、黔中文化发展促进会等北大学生社团分赴江西、广西、贵州等地开展社会实践调研。

北京大学外国语学院日语系2004级学生刘苏曼在第16届"日中友好之声"日本语辩论大会京津赛区比赛中夺得一等奖,获得决赛资格并获准赴日"研修旅行"。

**1月23日** "全国党建研究会四届二次理事会"于23—24日在京举行,吴志攀参加会议。

杨河赴燕东园看望严仁赓先生。

张国有在英杰交流中心第二会议室主持召开"北京论坛(2006)工作总结会"。

"高校所属奥运场馆建设、运行以及奥运志愿者工作会议"在北京会议中心举行。闵维方、张彦、鞠传进参加会议。

医学部召开"2007年党外代表人士新春茶话会",柯杨、敖英芳出席会议并讲话。医学部各级党外人大代表、政协委员,民主党派负责人及骨干成员,无党派代表人士,侨联负责人出席座谈会。

张国有赴蓝旗营分别看望慰问胡代光教授、陈振汉教授和李赋宁教授家属。

招商银行与北京大学正式签署协议,成为深圳商学院第一家实习生接收单位。

经党中央批准,中央统战部于2007年1月23日举行全国统战系统先进集体和先进工作者表彰大会,40个先进集体和100名先进工作者受到表彰。北大党委统战部被评为全国统战系统先进集体,统战部派代表参加了表彰大会。

**1月24日** "北京大学医学部2007年新春团拜会"在医学部新教学大楼一层大厅举行。韩启德、闵维方、柯杨出席并致辞,敖英芳主持会议。医学部现任领导、老领导、老专家、"两院"院士、市级人大代表、全国"五一劳动奖章"获得者、中青年专家代表、各二级单位负责人、机关各部处负责人参加会议。

张国有于1月24—2月1日访问印度尼赫鲁大学。

林建华出席信息科学技术学院年度工作总结会并作总结讲话。

张彦赴蓝旗营看望董申葆院士。

鞠传进分别慰问看望马坚教授家属、宿白教授。

北京大学落实"国家建设高水平大学研究生公派项目"工作会议在英杰交流中心新闻发布厅举行,林建华出席并对相关工作提出要求。根据国家留学基金管理委员会正式启动的"国家建设高水平大学公派研究生项目",2007—2011年国家计划每年选派5000名研究生出国留学。北京大学拟每年选派约300名(含医学部60名)研究生赴国外一流大学(科研机构)联合培养或攻读博士学位。

林建华分别视察工学院和前沿与交叉学科研究院,看望假期仍坚守科研和行政岗位的师生。

**1月25日** 许智宏赴瑞士达沃斯参加"世界经济论坛之全球大学领导人论坛"。

闵维方在办公楼105会议室会见韩国梨花女子大学李培镕总长。

吴志攀在静园一院听取亚太研究院工作汇报。

吴志攀赴燕南园看望芮沐先生。

林建华在临湖轩会见来访的德国图宾根大学医学院访问团团长Hans Peter Zenner教授一行。

"北京大学民航临床医学院签字暨揭牌仪式"在民航总医院举行。柯杨和民航总医院院长李松林分别在《共建协议书》上签字并共同揭牌。民航总医院正式更名为"北京大学民航临床医学院",成为北京大学医学部第九所临床医院。

"中国奥委会备战2008年奥运会科技合作伙伴"授牌仪式在英杰交流中心新闻发布厅举行。中国奥委会副主席崔大林、校领导林建华出席并讲话,授牌仪式由岳素兰主持。仪式上,林建华接受中国奥委会科教部蒋志学部长颁发的"中国奥委会备战2008奥运会科技合作伙伴"牌匾,并与中国奥委会签署了《中国奥委会与北京大学合作协议书》,北京大学正式成为为2008奥运会提供科技服务的合作单位。

以"经济增长中的金融因素——经验与教训"为主题的"北京大学—早稻田大学联合金融论坛"在勺园七号楼多功能厅举行,吴志攀主持论坛。

林建华在办公楼103会议室主持召开北京大学"国家建设高水平大学公派研究生项目"领导小组及工作小组会议。

**1月30日** 杨河赴韩国首尔大学参加东亚人文学国际学术会议筹备会。

"北京大学2007年新春团拜会"在英杰交流中心阳光大厅举行。会议由闵维方主持,许智宏发表新春致辞。全国人大常委会副委员长韩启德院士、北京市委教育工委常务副书记张建明、海淀区政协主席彭兴业、北京航空航天大学校长李未院士等领导和兄弟院代表出席并致辞。学校领导、各院系(所、中心)、各职能部门及附属机构代表共400余人参加团拜会。

林建华出席在北京翠宫饭店举行的国家纳米科学中心迎春联谊会。

**1月31日** "北京大学·通州医学论坛"在通州区举行,许智宏出席并致辞,柯杨等九位北大医学部的专家教授作关于临床医学进展的专题报告,并向通州区十所医院和十所学校赠送医学类书籍。论坛由岳素兰主持。此次"北京大学·通州医学论坛"是北京大学对口支援通州项目的重要组成部分。

许智宏到研究生院看望整理研究生入学考试试卷工作的研究生院老师和参与此项工作的部分

院系研究生教务员,并对研究生教育和招生选拔工作做出指示。

吴志攀出席在高等教育出版社举行的教育部法学教学指导委员会联席会议。

"北京大学—中国地震局合作协议签署仪式"在中国地震局举行。许智宏和中国地震局局长陈建民分别致辞并代表双方签署合作协议。双方将合作建立"北京大学—中国地震局现代地震科学技术研究中心",并在地震预测研究和人才培养方面开展广泛深入合作。林建华、岳素兰出席签约仪式。

燕园社区服务中心2006年度总结表彰会在燕南园老干部活动中心举行,鞠传进出席。

## 2月

**2月1日** 林建华于1—3日出访澳门理工学院。

北京大学邀请在京中央部分媒体在办公楼103会议室就北大和谐校园建设进行沟通与交流。闵维方、许智宏、张彦出席并对北大构建和谐校园的理念、做法及成效进行介绍和说明。新华社、《人民日报》、中央人民广播电台、中央电视台、《光明日报》《经济日报》《中国青年报》《中国教育报》、中国教育电视台等十余家媒体记者参加。

"北京大学第三医院第四届职代会第五次全体会议"在北医三院科学报告厅举行。岳素兰、敖英芳出席。

鞠传进出席在勺园七号楼多功能厅举行的总务系统工作总结暨新春联欢会。

**2月2日** "北大医院第四届四次教职工代表大会暨干部会"在北大医院门诊多功能厅举行。韩启德、柯杨、岳素兰、敖英芳出席会议。

"北京大学中国教育财政科学研究所指导委员会2007年第一次工作会议"在教育部举行。财政部副部长张少春、教育部副部长袁贵仁、校领导闵维方、陈文申出席会议。

许智宏在英杰交流中心会见韩国高等教育财团金在烈总长,张国有陪同会见。

吴志攀出席在英杰交流中心第四会议室召开的北京大学亚太研究院理事会会议。

北京市环保局副局长郑江一行来我校现场检查辐射防护工作。张彦在办公楼103会议室会见来宾并交流介绍学校辐射防护工作情况。

**2月3日** "教育部哲学社会科学研究重大课题委托研究项目专家鉴定会"在办公楼103会议室举行。张彦作了课题汇报。

由共青团北京大学委员会、北京大学学生资助中心和北京大学爱心社共同发起的"微笑北大——北京大学2007年寒假爱心捐助活动"启动。

**2月4日** "服务京郊农村,无悔火热青春"——2007年北京大学房山"村官"校友新春慰问座谈会在房山区政府举行。张彦率学校相关部门和院系领导及师生代表看望"村官"校友并赠送节日慰问品。

"北京大学北京地区优秀校友代表迎春茶话会"在勺园七号楼多功能厅举行,北京市委常委、教育工委书记朱善璐,北京市副市长陆昊,以及来自北京市委市政府、各委办局、各区县、各群体组织和北京市奥组委的30多名北大优秀校友与会并为学校发展献言献策。闵维方、许智宏、吴志攀、林建华、柯杨、岳素兰、张国有出席,茶话会由陈文申主持。

**2月5日** 吴志攀赴中南海看望原中共中央政治局委员、国务院副总理钱其琛同志。

"日本驻京机构代表北京大学新春团拜会"在英杰交流中心新闻发布厅举行,林建华出席并讲话。

**2月6日** 张国有在办公楼202会议室会见内蒙古大学呼格吉勒图副校长一行。

**2月7日** 许智宏、吴志攀赴解放军301总医院看望季羡林先生。

许智宏在办公室接受德国《明镜周刊》采访。

林建华在办公楼105会议室会见加拿大不列颠哥伦比亚大学(UBC)代表团。

林建华在临湖轩会见法国原子能委员会代表团。

林建华在理科教学楼视察硕士研究生入学考试阅卷现场,并慰问参与此项工作的教师和工作人员。

**2月8日** 闵维方陪同中共中央政治局常委李长春同志赴解放军301总医院看望季羡林先生。

许智宏在办公楼105会议室会见来访的微软研究院沈向洋院长。

杨河在办公楼103会议室主持召开"进一步深入学习贯彻胡锦涛总书记回信精神"协调会,研究部署了寒假期间及下学期组织全校教职员工继续深入学习贯彻总书记回信精神的活动安排。

**2月9日** 由教育部社会科学司召开的"全国高校思想政治理论课教师队伍建设座谈会"在北京康铭大厦举行,杨河与会。

闵维方、岳素兰、敖英芳出席在医学部会议中心举行的"北京大学第三医院2007春节联欢会"。

**2月10日** 物理学院谢安教授遗体告别仪式在八宝山革命公墓兰厅举行,林建华前往告别。

北京大学邓小平理论研究中心召开"邓小平理论研究在当前的重大意义与理论生长点"座谈会,纪念中国改革开放和社会主义现代化建设总设计师邓小平逝世10周年和视察我国南方发表重要谈话15周年。吴树青、黄楠森、沙健孙、刘海藩、庄福岭、李忠杰、田心铭、赵存生、阎志民、陈志尚、曹长盛、黄宗良、王东、陈占安、丰子义、李士坤、郭建宁等校内外知名学者出席会议并发言。

**2月11日** 共青团中央、全国学联、共青团北京市委主办的2007首都高校寒假留校学生新春联欢会暨首届"中国大学生自强之星"颁奖会在北京林业大学举行。团中央书记处第一书记胡春华、书记处书记尔肯江·吐拉洪、中共北京市委常委吕锡文、全国学联主席刘凯等出席联欢会，并与16所高校的600余名留在北京过年的大学生代表共度新春。张彦率我校师生代表参加。

**2月12日** 林建华出席在理科二号楼2420会议室举行的光纤通信国家重点实验室学术委员会会议。

**2月13日** 闵维方陪同教育部袁贵仁副部长到朗润园看望黄楠森教授。

"王选纪念室揭幕仪式"在方正大厦举行。全国人大常委会副委员长韩启德、教育部副部长袁贵仁和校党委书记闵维方出席揭幕仪式并讲话。

林建华在办公楼103会议室主持召开国家发改委、卫生部委托我校开展"国家医药卫生体制改革总体方案"课题研究项目协调会。

张彦在办公楼103会议室主持召开"关心下一代工作委员会"会议。

"市领导慰问北大留校贫困家庭学生座谈会"在办公楼103会议室举行。北京市副市长赵凤桐、市教委副主任张国华等来到我校慰问春节期间留校过年的家庭经济困难学生，与学生代表亲切交谈，并向他们赠送新年礼包。闵维方、张彦与会并讲话。

林建华参加在北京建设大厦举行的北京市科学技术协会七届二次常委会会议。

张彦参加在北京奥运大厦举行的北京奥运培训工作协调小组第四次全体会议。

**2月14日** 国务委员陈至立到解放军301总医院看望季羡林先生。教育部副部长袁贵仁、国办三局局长张重合，校领导闵维方、杨河陪同看望。

**2月16日** 闵维方在人民大会堂参加中共中央办公厅、国务院办公厅新春团拜会。

林建华在办公楼105会议室会见北京市环境保护局陈添总工程师、周扬胜副局长。

闵维方陪同北京市委常委、教育工委书记朱善璐分别看望侯仁之先生、袁行霈教授和王学珍同志。

**2月17日** 闵维方、吴志攀、林建华、张彦走访36楼、37楼学生宿舍看望留校过年的学生，与学生代表亲切座谈，并向同学们赠送新春礼包。随后，校领导来到艺园食堂与师生共进午餐，欢度新春。北京大学学工部组织春节期间留校学生观看了中央电视台春节联欢晚会，让远离家乡的同学们感受到了节日的温暖。

**2月24日** 北京大学、燕京大学、西南联大的500多位老校友们回到母校共度佳节，王丽梅代表学校领导向各位老校友、老学长致以新春的问候，并向他们简要汇报了近年来学校的发展概况。

来自各行各业的百余位在京中青年校友齐聚勺园7号楼多功能厅，参加一年一度的校友春节联谊会。陈文申出席联谊会并代闵维方书记、许智宏校长向广大中青年校友致辞。

**2月25日** 许智宏在人民大会堂参加十届全国人大常委会第二十六次会议。

**2月26日** 许智宏赴德国柏林参加欧洲研究理事会（ERC）会议。

北京大学2006—2007学年第二学期正式开始，林建华率教务部、研究生院等相关部门负责同志到理科教学楼、廖凯原楼巡视本学期开课情况。

柯杨在医学部行政1号楼七层会议室主持召开医学部2007年第5次部务办公会，敖英芳参加。

林建华到红四楼视察教务部、继续教育部新学期开学工作情况。

《人民日报》以"关注每一个人的发展——北京大学建设和谐校园记事"为题报道了北京大学以和谐校园构建推动学校各项建设事业协调发展的措施与成果。

**2月27日** 《中国教育报》以"春风化雨润心田：北大以人为本构建和谐校园"为题，报道北京大学构建和谐校园的具体举措及实施效果。

第十届北京市委委员、候补委员和市纪委委员候选人预备人选推荐会议在北京航空航天大学如心会议中心大报告厅举行。闵维方、王丽梅参加。

林建华视察科研部、社科部、211办公室、研究生院、实验室与设备部等部门本学期开学工作情况。

张彦在办公楼103会议室主持召开学生工作部门月度工作例会，对本学期和近期学生工作进行安排和部署。

**2月28日** 林建华视察国际合作部、招生办公室本学期开学工作情况。

"实施高等学校本科教学质量与教学改革工程视频会议"在教育部北楼二层报告厅举行。林建华在主会场，张彦、张国有在英杰交流中心第二会议室分会场参加会议。

柯杨、敖英芳在医学部七层会议室参加人才工作审核小组会议。

## 3 月

**3月1日** 林建华在办公楼103会议室主持召开环境学科管理体制调整协调会。

现代教育技术中心领导班子换届会议在电教435会议室举行，林建华出席并宣布任命决定。

校领导与我校全国人大代表、全国政协委员座谈会在英杰交流中心第二会议室举行。闵维方、陈文申、林建华、柯杨、杨河、李晓明参加会议并与"两会"代表交流。

由共青团中央、全国青联及丰田汽车公司联合主办的第二届"中国青年丰田环境保护奖"颁奖仪式在百周年纪念讲堂多功能厅举行。共青团中央书记处第一书记胡春华为北京大学团委颁发特别奖奖杯、奖牌。共青团中央书记处书记王晓、校领导闵维方出席并致辞。团中央书记处书记张晓兰、校领导张彦出席。

林建华在办公楼103会议室会见南京师范大学陈凌孚副校长一行。

中共中央2007年元宵节联欢晚会在人民大会堂举行。党和国家领导人出席并观看演出，闵维方出席晚会。

北京大学学生工作部召开寒假返校学生座谈会。

北大研干校开展"文明先锋，和谐干校"主题实践活动。

**3月2日** 林建华在化学楼西区会议室与放射化学专业教师座谈。

柯杨在医学部会议中心主持召开医学部中层干部会议，敖英芳参加。

"北京大学2007年春季干部大会"在办公楼礼堂召开。闵维方、许智宏分别代表学校党委和行政对本学期的各项工作进行部署，各院系、所、中心以及各职能部门主要领导干部参加会议。

北京大学2007年第3次党政联席会在办公楼103会议室举行。

"2007年北京高校安全稳定和宣传教育工作会议"在北京市蟹岛绿色生态度假村举行。张彦参加并作《北大学生工作的战略转型与工作举措》专题发言。

北京大学科维理天文与天体物理研究所所长任命签字仪式在勺园七号楼举行。许智宏为美国加州大学Santa Cruz分校林潮教授颁发聘书并致辞。林建华出席任命签字仪式。

**3月3日** "好运北京"——奥运培训大讲堂启动仪式暨首场讲座在英杰交流中心阳光大厅举行。中国奥委会名誉主席、国际奥委会委员、北京奥组委顾问、执委何振梁先生作首场讲座。北京市委常委、教育工委书记、北京奥运会培训工作协调小组组长朱善璐和中国残疾人联合会秘书长、北京奥组委副秘书长汤小泉出席。闵维方会见来宾。

**3月5日** 许智宏于5日至16日在人民大会堂参加第十届全国人民代表大会第五次会议。

林建华在临湖轩东厅会见爱沙尼亚Tallinn科技大学校长Peep SuRJE教授一行。

柯杨在医学部行政1号楼七层会议室主持召开医学部2007年第6次部务办公会，敖英芳参加。

陈文申在镜春园教育基金会会议室听取基金会工作汇报。

陈文申在镜春园教育基金会会议室会见来访的戴姆勒-克莱斯勒公司东北亚市场开发与项目部高级经理蒋仁才博士和公共事务经理杨崇敏女士一行，并代表学校接受戴姆勒-克莱斯勒公司向北京大学捐赠的2007年度合作项目款。

林建华在临湖轩会见日本筑波大学环境学院院长井上熏教授一行。

林建华在办公楼103会议室主持召开教务长办公会。

柯杨在医学部会见纽约大学对外事务部副主任Arnold Stern，双方就康复医学合作事宜进行商谈。

北大青年志愿者协会发起志愿服务倡议。

北大团委开展"微笑温暖寒冬、志愿服务和谐"主题系列活动。

**3月6日** 岳素兰在北京科技大学会议中心参加"教育部对口支援西部高校发展问题座谈会"。

林建华在办公楼103会议室主持召开"国家医药卫生体制改革总体方案"委托课题研究项目动员部署会。

林建华在办公楼105贵宾室会见澳大利亚悉尼大学副校长John Hearn教授一行。双方就合作举办"什么造就了世界冠军——2008奥运论坛"事宜进行交流并达成初步共识。

柯杨在医学部会见悉尼大学副校长John Hearn教授，双方就公共卫生领域合作事宜进行商谈。

北京大学2007年第4次党政联席会在办公楼103会议室举行。

北京大学第十五届"挑战杯"院系初评正式启动。

北大工会为女性外来务工人员庆祝妇女节。

**3月7日** 吴志攀在办公楼103会议室会见教育部社会科学司冯刚副司长。

陈文申出席在百周年纪念讲堂四季庭举行的"全国餐饮业优秀女企业家论坛"并致辞。

林建华在办公楼105会议室会见哥伦比亚哈维利亚娜大学哈伊洛·希丰特斯副校长和乌贝

托·贝拉埃斯副校长一行。双方就两校学生交流及开展生物技术领域合作等事宜进行交流。

张彦在五四体育馆视察"北京大学2007年毕业生就业洽谈会"准备工作。

中国人口学会会长、前全国人大常委会副委员长彭珮云到我校人口研究所听取关于促进人口科学发展的意见和建议，杨河参加并致辞。

杨河在办公楼105贵宾室会见中国驻英使馆教育参赞王永达，并就我校与英国剑桥大学共建孔子学院事宜进行商谈。

鞠传进在办公楼202会议室主持召开总务长办公会。

学校党委在英杰交流中心第二会议室召开"关于中共北京市第十次代表大会代表选举工作专项部署会"，闵维方、吴志攀、张彦、王丽梅、杨河出席会议，并对选举工作进行具体部署。部分校党委职能部门及各单位党委（党总支、直属党支部）负责人参加会议。

许智宏在办公楼103会议室主持召开"2007年北京大学两院院士推选工作会议"，陈文申、林建华参加会议。

"北京大学2006—2007学年第2学期教学院长（系主任）工作会议"在老生物楼会议室举行，林建华出席并对本学期各项教学工作进行部署。

柯杨在医学部行政1号楼608室会见全国医护英语水平考试委员会办公室于文浩主任一行，双方就医护英语水平考试事宜进行商谈。

**3月7日** 学校工会于7、8日两天举办系列活动，庆祝"三·八国际劳动妇女节"。7日，岳素兰带领学校各基层工会近70名女工会委员参加"全民健身，与奥运同行"健康大步走活动。随后，"'创造新业绩，共谱和谐曲'庆'三·八'女干部座谈会"在老生物楼工会会议室举行，闵维方、岳素兰、王丽梅出席会议并讲话，来自学校管理岗位的二十余名女干部参加座谈会。8日，"知识女性，魅力人生"女教授主题座谈会在工会会议室举行，吴志攀、岳素兰参加。

中央统战部隆重举行"庆祝华夏英才基金成立10周年暨党外专家学者新春联谊会"，近200位各界专家学者欢聚一堂。全国政协副主席、中央统战部部长刘延东，全国政协副主席、致公党中央主席罗豪才出席。杨河参加会议。

**3月8日** "北京大学—密歇根大学联合学院2006年工作总结暨2007年暑期学校项目推介会"在帕卡德公寓二层会议室举行，林建华出席。

林建华在勺园会见日本早稻田大学常任理事野嶋栄一郎先生一行。

柯杨在医学部出版社会议室出席"BMA（英国医学学会）/BMJ《英国医学期刊》——临床证据"指导委员会见面会。

"北京大学2007年毕业生就业洽谈会"在五四体育馆举行，张彦到现场巡查，并与部分用人单位和毕业学生交谈。

陈文申在办公楼103会议室主持召开校园规划委员会会议，鞠传进参加。

**3月9日** 闵维方、岳素兰在办公楼105会议室会见江西省委书记孟建柱、省长吴新雄一行。随后，岳素兰陪同江西省领导出席在百周年纪念讲堂二楼多功能厅举行的"2007泰豪论坛"。本次论坛以"为了家乡新的跨越"为主题，鼓励更多北大学子关注中部崛起，并促进北京大学与江西省深层次的省校合作。

林建华出席在中国银行北京分行培训中心举行的"北京大学中国银行股份有限公司北京市分行工商管理研修班"开学典礼并致辞。

林建华视察昌平园校区，并听取成人教育学院工作汇报。

张彦在北京奥运大厦参加"好运北京"体育赛事场馆主任工作专题会。

党委宣传部召开"北京大学2007年理论建设座谈会"，邀请沙健孙等十余名专家学者就近期思想领域的热点问题以及如何加强和改进思想宣传工作进行探讨。杨河出席座谈会。

敖英芳在医学部行政1号楼七层会议室会见南昌大学党委书记郑克强一行。

"北京大学工会2007年工作部署暨表彰大会"在图书馆北配楼报告厅举行，闵维方出席并讲话，鞠传进出席会议。来自学校各基层单位的党政领导与部门工会主席共100余人参加会议。

闵维方在办公楼105会议室会见云南省大理白族自治州州长赵立雄一行。

林建华出席在理科二号楼2111会议室召开的"视觉与听觉信息处理国家重点实验室"评估报告会。10日，评估专家反馈意见会议在外国专家大厦举行，林建华出席。

柯杨在医学部行政1号楼608会议室会见美国杜克大学肿瘤中心主任H. Kin Lyerly教授。

岳素兰在五四体育场多功能厅主持召开"2007年北京大学春季运动会"动员部署会。

"考古文博学院2006年教学科研成果汇报会"在赛克勒考古艺术博物馆召开，杨河听取汇报并讲话。

敖英芳参加"肿瘤医院2006年度干部考核暨第七届职代会第三次会议"。

全国政协委员俞丽拿教授北大专场演讲音乐会——"俞丽拿讲演'梁祝'小提琴协奏曲"在图书馆北配楼报告厅举行，岳素兰会见来宾并出席音乐会。

北京大学全国中学生模拟联合国大会开幕,韩流出席。

**3月10日** "全球公共政策对话——高等教育政策与全球化"在廖凯原楼举行,闵维方出席并作"中国高等教育与全球化挑战"主题报告。"全球公共政策对话"是北京大学与法国巴黎政治学院、英国伦敦政治经济学院、美国哥伦比亚大学共同举办的"全球公共政策高级培训项目"的一部分,该项目已于2006年6月5日正式启动。

由国家人口和计划生育委员会办公厅与北京大学人口研究所主办的"第五届中国人口问题高级咨询会"在廖凯原楼三层会议厅召开。国家人口计生委副主任王培安、校领导杨河出席并致辞。本届咨询会以"关注人口发展,促进社会和谐"为主题。这是连续五年在全国"两会"期间举办的人口问题高级咨询会,旨在为关系到社会发展和国计民生等重大问题提供决策咨询意见和建议。

"北京大学—香港理工大学中国社会工作研究中心合作协议签字仪式"在办公楼103会议室举行,许智宏和香港理工大学潘宗光校长分别致辞并代表双方签署合作协议。陈文申主持签字仪式,张国有出席。

全国政协委员、香港特别行政区民政事务局局长何志平先生访问我校,并以"香港回归十周年——香港文化创意产业"为题,在国际关系学院秋林报告厅发表演讲,吴志攀会见来宾并出席演讲会。

岳素兰应邀出席在京举行的"绍兴市经济社会发展恳谈会"。

2007年"两会"校友返校招待会在勺园七号楼多功能厅举行。原北京大学校长陈佳洱、国家自然科学基金委副主任朱作言、原文化部副部长艾青春、福建省政协副主席黄瑞霖、中国农业大学校长陈章良等70余位"两会"校友和北大"两会"代表委员与会,共忆昔日燕园情怀,畅谈母校发展。闵维方、许智宏、吴志攀、陈文申、王丽梅、杨河出席招待会。

**3月12日** 吴志攀在静园一院会议室出席亚太研究院各中心主任会议并讲话。

化学与分子工程学院李标国教授遗体告别仪式在八宝山革命公墓举行。林建华、岳素兰前往告别。

柯杨出席在医学部举行的"跨学科遗传研究培训班"开幕式并致辞。

柯杨在医学部行政1号楼七层会议室主持召开医学部2007年第7次部务办公会,敖英芳参加。

鞠传进在总务大楼212会议室参加总务部党总支会议。

柯杨在医学部国际合作处会见Keystone公司Jim Aiken主席一行。

北大团委启动"微笑北大"贴图征集活动。

**3月13日** 北京大学2007年第5次党政联席会在办公楼103会议室举行。

张国有在办公楼103会议室主持召开本学期第一次人文社科院系领导人工作例会。许智宏、杨河出席。

林建华在光华楼201会议室参加"国家医药卫生体制改革总体方案"委托课题研究项目碰头会。

**3月14日** 林建华在办公楼103会议室主持召开理工科院系领导人工作例会。许智宏出席。

"2007年北京大学国际模拟联合国大会"开幕式在办公楼礼堂举行。林建华出席并致辞。

林建华在办公楼103会议室主持召开"高等学校创新引智计划"协调会。

柯杨在医学部国际合作处会见美国新墨西哥大学家庭教育专家Arthur Kaufman教授。

岳素兰在校工会会议室主持召开平民学校理事会。

张彦在北京航空航天大学如心会议中心参加"北京奥运会赛会志愿者场馆对接工作会议"。

**3月15日** 经济学院教授严仁赓先生遗体告别仪式在八宝山革命公墓兰厅举行。闵维方、岳素兰、张国有前往告别。

林建华在办公楼103会议室主持召开教学科研管理体制调研协调会。

林建华在临湖轩东厅会见新西兰奥克兰大学副校长Raewyn Dalziel教授一行。

柯杨参加2007年北京大学第一医院科技工作大会。

"授予尹衍樑博士北京大学名誉董事仪式"在办公楼103会议室举行。闵维方出席并致辞,许智宏代表学校向尹衍樑博士颁赠纪念牌,吴志攀出席,陈文申主持仪式。

"北京大学奥运工作领导小组办公室第一次全体会议"在团委211会议室举行。陈文申、张彦对办公室成员提出期望和要求并进行工作部署。

林建华出席在理科二号楼举行的"光纤通信国家重点实验室"现场考察评估会。16日,林建华出席在外国专家大厦举行的评估专家反馈意见会议。

柯杨在医学部行政1号楼608会议室会见美国霍普金斯大学Terri教授,并商谈继续合作事宜。

鞠传进陪同海淀区副区长吴亚梅一行视察我校在建奥运会乒乓球比赛场馆。

北京大学第四届"江泽涵杯"数学建模与计算机应用竞赛启动。

北大设立每年3月15日为"校园维权日"。

**3月16日** "中国软件行业协会数据库及应用软件分会成立大会"在勺园七号楼弘雅厅举行。陈文申出席并致辞。

敖英芳在医学部行政1号楼七层会议室主持召开2007年医学

部第2次党委会和医学部党政领导班子民主生活会。柯杨、王丽梅参加。

岳素兰在工会会议室主持召开北京大学爱心基金管理委员会会议。

哲学系迎接教育部本科教学评估工作会议在静园四院哲学系一层会议室召开。张彦听取哲学系本科教学情况介绍,并对迎评工作提出建议。

"邓广铭教授百年诞辰国际学术研讨会"开幕式在英杰交流中心阳光大厅举行。杨河出席开幕式并致辞。

由北京市举办的"提高全民信息能力联席会议暨信息化人才培养基地授牌仪式"在英杰交流中心举行。北京市委常委、教育工委书记朱善璐出席并讲话,陈文申出席仪式。北京大学数字中国研究院等6家单位被确立为首批基地。仪式结束后,朱善璐书记视察我校校区建设情况,闵维方、陈文申、鞠传进陪同视察,并在办公楼103会议室向朱善璐书记汇报校区建设等相关工作。

法学院行政领导班子换届会议在新法学楼举行。吴志攀、张国有出席并讲话。

柯杨在医学部生化楼308会议室参加基础医学院领导班子民主生活会。

林建华访问中国原子能科学研究院,就科研和人才培养合作事宜进行交流。

公安部"第二届'我最喜爱的十大人民警察'先进事迹报告团"在办公楼礼堂为我校师生作专场事迹报告会。杨河主持报告会并作总结讲话。

**3月17日** 林建华到第一教学楼、第三教学楼等考场视察2007年博士研究生入学考试情况。

**3月18日** "社会学系第四届社会学文化节"开幕式在英杰交流中心新闻发布厅举行。张彦出席并讲话。

**3月19日至25日** 数学科学学院、信息科学技术学院、物理学院、外国语学院、法学院、工学院、光华管理学院、艺术学院、社会学系、经济学院、国际关系学院、历史学系于19日至23日分别召开迎接教育部本科教学评估工作会议,闵维方、许智宏、吴志攀、林建华、张彦、张国有分赴各院系听取本科教学情况介绍,并对迎评工作提出建议。

"北京大学爱丁堡大学日"系列活动在我校举行。闵维方、林建华会见来访的英国爱丁堡大学校长蒂莫西·欧希教授一行并共同举行新闻发布会,介绍两校概况及合作情况。随后,蒂莫西·欧希校长在英杰交流中心阳光大厅发表题为"在一所国际大学中学习"的演讲,并与我校师生展开交流,林建华主持演讲会。爱丁堡大学与我校关系友好,两校在历史学和医学等领域开展了密切和卓有成效的合作交流。去年9月,两校签署合作谅解备忘录,针对联合培养、师资交流、学生互派、奖学金及研究生项目等达成合作意向。

许智宏在北京国谊宾馆参加"中国科学院2007年度工作会议"。

林建华在英杰交流中心贵宾室会见德国科学基金会(DFG)化学与过程工程学部主任施密特博士。

柯杨在医学部行政1号楼七层会议室主持召开医学部2007年第8次部务办公会,敖英芳参加。

美国旧金山大学校长Stephen A. Privett教授和副校长Stanley Nel教授一行访问我校,许智宏在办公楼105贵宾室会见来宾,双方就高等教育体制、环境保护等问题进行交流。

林建华在英杰交流中心贵宾室会见来访的巴基斯坦外交部部长胡尔希德·迈赫穆德·卡苏里一行。随后,卡苏里外长在英杰交流中心发表演讲,与北大学子就中巴贸易合作、印巴关系、环境保护等热点问题进行交流。

林建华在办公楼103会议室主持召开教务长办公会。

**3月20日** 张彦在办公楼103会议室主持召开学生申诉委员会工作会议。

林建华在办公楼105贵宾室会见美国模拟器件有限公司(ADI)创始人、董事会主席Ray Stata先生。

北京大学2007年第6次党政联席会在办公楼103会议室举行。

"加强学校领导班子作风建设民主生活会"在办公楼103会议室举行。

**3月21日** "关于举办'北京论坛(2007)'协议书"签字仪式在英杰交流中心举行,许智宏和韩国高等教育财团事务总长金在烈分别代表双方签署协议,并就北京论坛的发展交换意见,张国有出席签字仪式。

陈文申在办公楼202会议室分别主持召开"万柳住宅置换领导小组会议"和"公用房配置领导小组会议",鞠传进参加会议。

陈文申在办公楼103会议室分别主持召开"肖家河教师住宅建设领导小组会议"和"北京大学校园规划委员会2007年第三次会议",鞠传进参加会议。

林建华到老化学楼视察高能物理研究中心。

吴志攀出席在英杰交流中心举行的"印度研究中心管理委员会年会"并讲话。

卫生部部长高强、副部长蒋作君一行到我校医学部视察,全国人大常委会副委员长、医学部主任韩启德院士、柯杨、敖英芳与卫生部领导举行座谈。柯杨对医学部情况作整体介绍,高强部长就医疗服务、人才队伍建设等发表意见,韩启德副委员长作总结讲话。

北京大学学生工作系统举行羽毛球邀请赛。

**3月22日** 许智宏在办公楼103会议室接受英国 *Elsevier Science and Technology* 期刊采访。

陈文申在临湖轩会见英国高宝集团董事长韩世灏博士，双方共同签署"北京大学韩世灏奖学金"捐赠备忘录。韩世灏先生将在未来5年内资助10名北大学生赴英国剑桥大学 Hughes Hall 学院学习。

岳素兰在办公楼103会议室会见天津市人事局杨鑫传副局长一行，双方就人才培养、科学研究等合作事宜进行交流。

林建华在物理楼主持召开物理学院工作综合评估专家意见反馈会议。

王丽梅在北京市教委二楼报告厅参加"2007年北京市教育系统党风廉政建设工作会议"。

北京大学第九届"北大科技园杯"学生创业计划大赛启动。

**3月23日** 柯杨、敖英芳在医学部会议中心205会议室参加"医学部机关正职干部届中考核述职报告会"。

"北京大学教育基金会第三届理事会第四次全体会议"在办公楼103会议室举行，闵维方、许智宏、吴志攀、陈文申、海闻出席。

许智宏在临湖轩会见日本独立软件供应商CSK集团总裁大川功先生。

林建华在清华大学参加"教育部科学技术委员会2007年度第一次主任办公会"。

鞠传进在燕园社区中心会议室主持召开"燕园社区理事会第九次全体会议"，会议审议通过了社区中心2006年工作总结和2007年工作计划。

由我校生物医学跨学科研究中心和北京源德生物医学工程有限公司共同建设的"北大源德医疗仪器技术联合实验室"合作协议签字仪式在英杰交流中心第二会议室举行，全国人大常委会副委员长、北京大学前沿交叉学科研究院院长韩启德院士和北京源德生物医学工程有限公司吴晓东总经理分别代表双方在合作协议上签字，岳素兰出席签字仪式并讲话。

"人民医院'双代会'代表、工会干部培训会"在人民医院礼堂举行，岳素兰出席并作培训报告。

**3月24日** "李岚清篆刻艺术展"开展仪式在中国人民大学举行，原中共中央政治局常委、国务院副总理李岚清，全国人大常委会副委员长许嘉璐、国务委员陈至立、教育部部长周济出席开展仪式。仪式上，许智宏代表北京大学接受李岚清同志赠书。

各项北大杯体育赛事全面展开。

**3月26日** 张彦、张国有于26日至29日分赴中文系、政府管理学院、考古文博学院、新闻与传播学院、中国经济研究中心进行迎接教育部本科教学工作水平评估工作检查，听取各院系本科教学情况介绍，并对迎评工作提出建议。

第四届"北大——哈佛交流营"开幕式在图书馆南配殿举行。许智宏出席并致辞。"北大——哈佛交流营"项目由北大学生国际交流协会（SICA）与哈佛学生社团组织共同举办，互派学生代表团进行访问交流。

陈文申在国际关系学院秋林报告厅会见我校客座教授、意大利著名社会活动家瓦洛里先生。

柯杨在医学部行政1号楼七层会议室主持召开医学部2007年第9次部务办公会，敖英芳参加。

柯杨在医学部行政1号楼五层会议室参加《北京大学学报（医学版）》编辑部主任应聘答辩会。

北京大学和泰国朱拉隆功大学合办的朱拉隆功大学孔子学院揭牌仪式在泰国曼谷举行。泰王国公主诗琳通殿下主持揭牌仪式，杨河出席并致辞。

香港京津环渤海发展区研修考察团开课开幕式在英杰交流中心第一会议室举行，张国有出席。

张国有在办公楼105贵宾室会见教育部社会科学司袁振国副司长一行。

第六届"北大之锋"辩论赛初赛顺利结束。

**3月26日至4月2日** 许智宏赴澳大利亚国立大学参加国际研究型大学联盟（The International Alliance of Research Universities，IARU）校长年会。IARU包括北京大学、澳大利亚国立大学、剑桥大学、牛津大学、耶鲁大学等10所世界著名的研究型大学。

**3月27日** 由北京大学法学院人权研究中心与挪威王国驻华使馆联合主办的"娜拉的姐妹：当代中国女性"研讨会开幕式在英杰交流中心阳光大厅举行。挪威首相延斯·斯托尔滕贝格先生出席并发表演讲。全国妇联副主席、书记处书记赵少华，校领导闵维方出席演讲会并致辞，林建华主持演讲会。

林建华、张国有在办公楼103会议室会见美国南加州大学代表团一行。

北京大学2007年第7次党政联席会在办公楼103会议室举行。

林建华在办公楼105贵宾室会见英国伦敦政治经济学院（LSE）校董 Michael 先生。

意大利罗马市市长瓦尔特·维尔特罗尼先生访问我校并在英杰交流中心新闻发布厅发表演讲。林建华出席演讲会并致欢迎辞。

敖英芳在第三医院科研楼二层会议室参加第三医院领导班子民主生活会。

由校团委、工会、体育教研部和奥运工作领导小组办公室联合主办的"'五彩奥运，微笑北大'志愿服务行动计划暨北京大学体育文化年·国球联赛启动仪式"在英杰交流中心阳光大厅举行。全国人大常委会副委员长韩启德出席并致辞。闵维方发表讲话并与北京团市委书记刘剑一同为奥运倒计时500天、校庆110周年倒计时牌揭牌。北京团市委副书记沈千帆、校领导陈文申、岳素兰、张彦出席仪式。

北大学生会举办"庆奥运倒计时五百天、北大杯"宣传活动。

**3月27日至30日** 杨河赴日本东京大学,就北京大学、韩国首尔大学和日本东京大学三校人文学科的合作交流进行协商,确定建立 BESETO(即北京大学、首尔大学、东京大学)人文学会议制度。BESETO 会议以多学科交叉方式综合探讨东亚人文学发展中的问题、理论、方法,并交流最新成果,北京大学将主办 2010 年第二次共同研讨会。

**3月28日** 岳素兰赴山东烟台大学就两校合作事宜进行商谈。

日本前首相海部俊树先生访问我校并在英杰交流中心就"21世纪日中友好新纪元的展望"发表演讲。闵维方会见海部俊树先生,并就双方共同关心的问题进行交流。

鞠传进召集相关部门负责人在办公楼 202 会议室就北京市检查公费医疗等情况进行协商。

教育部在人民大会堂举行"2006 年度长江学者特聘教授、讲座教授受聘仪式暨长江学者成就奖颁奖典礼"。陈至立国务委员、教育部周济部长向特聘教授和讲座教授颁发奖状和聘书,闵维方出席典礼。我校环境学院方精云院士获得"长江学者成就奖"。

北大场馆运行团队到我校奥运会乒乓球比赛场馆施工现场实地踏勘,并在校团委会议室召开场馆主任例会,张彦参加。

鞠传进在教育部办公楼参加奥运场馆建设监督工作领导小组第三次工作会议,并汇报我校奥运会乒乓球比赛场馆建设与监督工作情况。

北大启动培训百名辅导员队伍活动。

**3月28日至4月3日** 林建华赴俄罗斯参加 2007 俄罗斯"中国年"活动。

**3月29日** 陈文申在办公楼 103 会议室主持召开奥运场馆建设工作协调会,就我校奥运会乒乓球比赛场馆建设中亟须解决的问题进行协商。

柯杨参加科技部生物中心举办的中国人健康指标研究与应用研讨会议。

张彦在北京林业大学参加北京市大学生"村官"座谈会。

我校"庆祝香港回归十周年系列活动"在百周年纪念讲堂四季庭院开幕。香港特别行政区驻北京办事处曹万泰主任、国务院港澳事务办公室联络司周骏副司长、教育部港澳台事务办公室李大光副主任、校领导吴志攀出席并致辞。

陈文申、鞠传进在办公楼 202 会议室就五道口教师经济适用房建设事宜与法政公司召开协调会。

柯杨到医学部会议中心 205 室视察 2007 年博士研究生考卷评阅工作,并参加随后举行的医学部控烟工作会议。

张彦在北京奥运大厦参加"好运北京"体育赛事组织委员会第一次全体会议。

张国有在临湖轩主持召开德国研究中心相关事宜协调会。

北京大学"演讲十佳"比赛报名启动。

"魅力北大,美丽女生"2007 北大女生文化节开幕。

**3月29日至30日** 岳素兰应邀赴山东大学考察校务公开等工作。

**3月30日** "北大国际医院奠基仪式"在中关村生命科学园举行。全国人大常委会副委员长韩启德、卫生部副部长王陇德、北京市副市长赵凤桐、校领导闵维方出席并致辞,柯杨出席奠基仪式。北大国际医院建成后将成为北京最大的综合性医院。

王丽梅在教育部办公楼二层报告厅参加全国大中小学开展廉洁教育工作视频会议并发言。

闵维方在临湖轩中厅会见墨西哥蒙特雷技术大学总校副校长 Alfonso Pompa 先生一行,双方就两校学生交流互访事宜进行交流。

鞠传进召集相关职能部门负责人在办公楼 103 会议室召开健康促进会。

**3月31日** 杨河出席日本创价大学举办的"周樱"纪念式并致辞。"周樱"是 31 年前中国留学生在日本创价大学校园内种植的纪念周恩来总理的樱花树。

由凤凰卫视等 10 家华文媒体机构共同主办的"世界因你而美丽——2006 影响世界华人盛典"在百周年纪念讲堂举行。全国人大常委会副委员长许嘉璐、热地、乌云其木格,全国政协副主席李蒙,科技部长徐冠华、卫生部长高强、国家体育总局局长刘鹏,第 29 届奥运会组委会执行副主席蒋效愚,校领导闵维方等出席并担任颁奖嘉宾,柯杨、张彦出席颁奖典礼。

# 4月

**4月2日** "第一届北京大学黄亦聪伉俪奖助学金颁奖仪式"在英杰交流中心阳光大厅举行。闵维方致辞并向此项奖助学金设立者、金光集团执行董事黄荣年先生颁发"北京大学教育贡献奖",张彦介绍该奖助学金项目运行情况。

**4月3日** 英国卡迪夫大学校长 David Grant 博士访问我校,许智宏、柯杨分别在办公楼 105 贵宾室、医学部国际合作处会见来宾，双方就开展医学领域合作进行交流。

"第六期斯坦福北大分校项目开班仪式暨欢迎招待会"在勺园七号楼举行，闵维方出席并致辞。

"中泰农业生物技术研讨会开幕式暨主题报告会"在理科4号楼邓佑才报告厅举行，泰王国诗琳通公主殿下、校长许智宏出席并致辞。中午，北京大学在正大国际中心为诗琳通公主殿下举办生日宴会，许智宏出席并致欢迎辞。

张国有在勺园二号楼主持召开社科院系领导人工作例会，杨河与会。

鞠传进在办公楼202会议室主持召开关于基层民兵组织建设问题协调会。

敖英芳在医学部行政1号楼七层会议室主持召开医学部党委职能部门工作会议。

北京大学2007年第8次党政联席会在办公楼103会议室举行。

许智宏在办公楼105贵宾室会见英国剑桥大学克莱尔学院院长Ekhard Salje教授。双方就开展项目合作等事宜交换了意见。

柯杨在医学部行政1号楼七层会议室主持召开医学部安全工作会议，敖英芳参加。

"两段旅程，同一个目标——泰王国诗琳通公主殿下与中国摄影师丽塔摄影艺术展"开幕式在首都博物馆举行。泰王国诗琳通公主殿下、全国人大常委会副委员长顾秀莲讲话并为开幕式剪彩，陈文申、杨河出席开幕式。

医学部"北大名师系列讲座"首讲——《中国经济未来发展与热点问题》在医学部逸夫楼508室举行。海闻应邀为医学部各院系同学作"展望中国经济未来20年"专题讲座。

**4月4日** 北京大学教育基金会（美国）2007年度理事会会议在办公楼103会议室举行，闵维方、许智宏、陈文申、海闻参加会议。

闵维方在办公楼105贵宾室会见美国哈佛大学教育学院院长Kathleen McCartney教授。

许智宏在临湖轩东厅会见德国德意志研究联合会（DFG）新任主席柯睿礼教授（Dr. Matthias Keliner）一行，双方就开展合作交流和共同举办第二届中德大学校长会议等事宜交换了意见。

许智宏在临湖轩会见美国英特尔公司副总裁Renee James女士一行，双方就合作建立联合创新中心等事宜进行商谈。

柯杨在医学部六教听药学院本科生课程。

杨河、张国有在勺园七号楼主持召开人文院系领导人工作例会。

"北京大学国家重点学科考核评估工作动员会"在静园五院中文系二层会议室召开，林建华出席并作动员。

林建华在办公楼105贵宾室会见爱尔兰梅努斯大学校长John Hughes教授。

岳素兰、张彦在办公楼202会议室主持召开北大—清华第21届"京华杯"棋类、桥牌友谊赛赛前动员会。

中国经济研究中心"'人生·理想'系列讲座第十讲"在朗润园万众楼举行，闵维方应邀出席并作"学习的力量"主题讲座。

北大第八届学生"演讲十佳"大赛启动。

**4月5日** 林建华于5日至6日在中国原子能科学研究院主持召开"NSL—CARR中子散射用户与合作顾问委员会第一次会议"。

许智宏在办公楼105贵宾室会见智利圣托马斯大学董事会主席Gerardo Rocha先生一行。

张彦在办公楼103会议室主持召开学生工作部门月度工作例会。

"新闻与传播学院—艾杰比尼尔森媒介研究培训项目启动仪式"在英杰交流中心第二会议室举行，杨河出席并致辞。

张国有在勺园七号楼主持召开"三馆一社"（图书馆、档案馆、校史馆、出版社）领导人工作例会，杨河出席。

许智宏在临湖轩中厅会见台湾（高雄）中山大学张宗仁校长一行。晚上，许智宏陪同来宾在百周年纪念讲堂多功能厅观看台湾（高雄）中山大学巴洛克独奏家乐团和北京大学学生交响乐团的同台演出。

上海市浦东新区张学兵区长率团访问我校，许智宏、林建华、岳素兰在办公楼105贵宾室会见来宾。随后，双方在办公楼103会议室举行座谈会，商讨关于上海微电子研究院合作事宜。

**4月6日** 陈文申在办公楼202会议室分别主持召开"北京国际数学研究中心"拆迁领导小组工作会议和2008奥运会乒乓球馆外围停车场规划方案协调会，鞠传进参加会议。

柯杨在医学部四教听公共卫生学院本科生课程。

"理论工作者的当代使命和责任——北大学者学习方永刚先进事迹座谈会"在英杰交流中心第四会议室举行，杨河出席并讲话。

杨河在临湖轩中厅会见台湾中原大学钱建嵩副校长一行。

"授予日本早稻田大学林华生教授北京大学客座教授仪式"在静园二院历史系108会议室举行，张国有出席并为林华生教授颁发北京大学客座教授聘书。

"中国共产党北京大学代表大会"在办公楼礼堂召开。大会选举闵维方、敖英芳、孙祁祥、陈红等四人为北京大学出席中共北京市第十次代表大会代表。

"北京大学2007信息技术与信息化名家讲坛开幕式"在勺园七号楼多功能厅举行，教育部高等教育司张尧学司长应邀出席作"时空扩展、冯·诺依曼结构及低成本计算机系统"主题讲座,陈文申出席并致辞。

"砥炼青春,心系国防——北京大学国防教育活动月启动仪式暨纪念七·七事变70周年大型签名活动"在图书馆北配殿举行,张彦出席并作"加强国防教育在素质教育中的育人职能"主题发言。

"北京大学2007年度第一次校务咨询会"在工会108会议室举行,张彦与来自各院系的20多位教师代表就学生教育管理模式和工作状况进行交流。

"北京大学第九届化学文化节闭幕式"在图书馆北配殿举行,岳素兰出席并讲话。

心理中心开展题为"解答困惑消除烦恼"现场心理咨询活动。

**4月7日** 北京大学—清华大学第21届"京华杯"棋类、桥牌友谊赛在清华大学科技园举行,北京大学代表队以14∶8战胜清华大学代表队,获得本届比赛冠军。岳素兰出席开幕式并观看比赛,张彦出席闭幕式并为我校代表队颁发"京华杯"奖杯。

张彦应邀出席在北京北苑宾馆召开的"2007年北京高校网络辅导员培训班"并作"网络与大学德育"专题报告。

林建华在勺园七号楼302会议室主持召开"中国晶体学会第三届理事会第三次常务理事会议"。

"搜狐杯"第十一届北大、清华、北航三校智能体校际邀请赛北大赛区启动。

北京大学第三届体育主持人大赛决赛在英杰交流中心开赛。

**4月8日** 许智宏在北京师范大学京师大厦参加教育部直属高校院士候选人初选会议。

"北京大学第14期党性教育读书班"在百周年纪念讲堂开班。张彦出席开班仪式,并以"做骨干,当先锋,在党组织的关怀下文明生活、健康成才"为题为培训班作首次党课辅导报告,1000余名学生入党积极分子参加学习。

"东西南北风——纪念北京大学民乐团成立85周年暨北京大学学生艺术团成立25周年北京大学民乐团专场音乐会"在办公楼礼堂举行,许智宏出席致辞并观看演出。

"北京大学2007年国球联赛"在北京大学第一体育馆举行。

**4月9日** 教育部部分直属高校岗位设置工作研讨会在百周年纪念讲堂202会议室举行。教育部人事司司长吴德刚出席并讲话,副司长吕玉刚出席研讨会,校领导陈文申致欢迎辞并参加研讨会。

孔子学院总部揭牌仪式在北京孔子学院总部会议室举行。国务委员、国家汉语国际推广领导小组组长、孔子学院总部理事会主席陈至立为孔子学院总部揭牌并致辞,教育部部长周济主持揭牌仪式,校领导许智宏出席并致辞。

柯杨在医学部行政1号楼七层会议室主持召开医学部2007年第11次部务办公会,敖英芳参加。

岳素兰在办公楼105会议室主持召开奥运会乒乓球比赛场馆赛后使用相关事宜协调会。

"第四期华裔新生代企业家中国经济高级研修班"开班仪式在英杰交流中心新闻发布厅举行。国务院侨务办公室李海峰副主任、校领导杨河出席并致辞。

国家自然科学基金委员会主任陈宜瑜院士"北京大学兼职教授聘任仪式"在办公楼103会议室举行。许智宏致辞并为陈宜瑜院士颁发北京大学兼职教授聘书。晚上,许智宏陪同陈宜瑜院士在百周年纪念讲堂观看北京大学国际文化沙龙晚会。

岳素兰在办公楼202会议室主持召开北京大学体育运动委员会全体会议。

国际关系学院文化节开幕式在国际关系学院秋林报告厅举行。张彦出席并讲话。

北大彩虹协会6名会员获"大型活动志愿者应急技能"资格认证。

**4月10日** 许智宏、吴志攀、林建华、海闻分别在办公楼105贵宾室、英杰交流中心小贵宾室会见康奈尔大学前校长雷蒙教授一行。

中科院外籍院士、美国洛克菲勒大学蔡南海教授"北京大学名誉教授聘任仪式"在理科四号楼邓佑才报告厅举行。许智宏讲话并为蔡南海教授颁发北京大学名誉教授聘书。

林建华在办公楼105贵宾室会见浙江省教育考试院院长葛为民一行。

林建华在电教报告厅出席北京大学招生人员培训工作会议并作招生动员。

林建华在临湖轩中厅会见泰国前副总理兼财政部长、泰中文化经济协会会长颂吉·乍杜西比达博士一行。

北京大学2007年第9次党政联席会在英杰交流中心新闻发布厅举行。

北京大学党委理论中心组在英杰交流中心新闻发布厅举行集体学习报告会。国务院研究室社会司副司长刘文海应邀就温家宝总理在第十届全国人民代表大会第五次会议上的政府工作报告作讲解报告,闵维方主持报告会并总结讲话。学校领导班子全体成员、各职能部门负责人、基层院系党委书记参加了集体学习。

柯杨在医学部行政1号楼612会议室会见阿斯利康中国创新研究中心总负责人张小林博士、合作研发经理吴英捷博士,并就合作事宜进行商谈。

张国有在临湖轩会见日本三井公司中国区贸易总代表小川真二郎先生一行。

杨河在国家教育行政学院校长大厦参加孔子学院国内承办院校工作会议并发言介绍我校孔子学院建设情况和工作计划。

**4月11日** 环境学院迎接教育部本科教学评估工作会议在老地学楼308会议室举行。林建华听取环境学院本科教学情况介绍,并对迎评工作提出建议。

闵维方在北京会议中心参加北京市建设学习型城市工作会议。

林建华在办公楼103会议室主持召开理工科院系领导人工作例会。

马克思主义学院迎接教育部本科教学评估工作会议在法学楼五层会议室举行。杨河听取马克思主义学院本科教学情况介绍,并对迎评工作提出建议。

林建华在办公楼103会议室主持召开教务长办公会。

**4月12日** "北京大学——无锡市深化合作座谈会"在英杰交流中心新闻发布厅举行。江苏省委常委、无锡市委书记杨卫泽、校领导许智宏出席并讲话,岳素兰主持会议。会后岳素兰陪同杨卫泽一行参观北京大学微处理器研究开发中心和北京大学众志微系统科技有限责任公司。

林建华在办公室听取元培实验班工作汇报。

林建华在办公楼105贵宾室会见1989年诺贝尔化学奖得主、耶鲁大学希德尼·艾特曼(Sidney Altman)教授。

林建华在办公楼105贵宾室会见兰州大学校长周绪红一行。

柯杨在医学部护理学院3层10教听本科生课。

张彦在中国网通北京分公司会议室参加2007年高校毕业生"三支一扶"计划实施工作电视电话会议。

杨河、张国有在办公楼103会议室主持召开北京大学汉语国际推广工作领导小组工作会议。

林建华在理科四号楼邓佑才报告厅出席北京大学重点学科考核评估工作交流会并讲话。

岳素兰赴清华大学、中国人民大学调研体育场馆管理工作。

张彦在团委会议室主持召开奥运会乒乓球比赛场馆建设主任办公会。

敖英芳在医学部会议中心205会议室主持召开医学部中层干部培训讲座。

"第一届北京大学社会育才助学金(旧金山)颁发仪式"在英杰交流中心第二会议室举行。张彦讲话并与捐赠方代表向学生代表发放"社会育才助学金(旧金山)资助卡"。

张国有在外国语学院会议室参加外国语学院学科建设与学院发展问题座谈会。

**4月13日** 北京大学2007年党风廉政建设工作会议在勺园七号楼多功能厅举行。闵维方出席并讲话,王丽梅作2006年党风廉政建设和纪检监察工作总结并部署了2007年的工作,吴志攀主持会议。学校领导班子全体成员、纪委委员以及学校各职能部门负责人、基层院系党委书记、纪检监察委员参加会议。

北京大学"抓安全稳定,促和谐发展"工作会议于13日、14日在稻香湖会议中心举行。北京市委教育工委朱善璐书记、教育部思想政治工作司杨振斌司长应邀出席并讲话。会中闵维方、许智宏讲话,张彦作学校安全稳定工作报告,吴志攀、杨河主持会议。学校领导班子全体成员、各职能部门、各院系主要负责人参加会议。

林建华在临湖轩会见斯坦福大学国际问题研究所所长Blacker教授,就建设斯坦福中国中心事宜进行商谈。

许智宏在理科四号楼邓佑才报告厅参加蛋白质工程及植物基因工程国家重点实验室学术委员会会议。

林建华在勺园七号楼会见日本九州大学柳原副校长一行。

海闻在钓鱼台国宾馆出席第四期"华裔新生代企业家中国经济高级研修班"结业仪式并致辞。

北大第九届研究生"学术十杰"评选活动初评结果揭晓。

学生会举办题为"我们的权益我们爱"的维权现场咨询活动。

**4月14日** 北京大学2007年招生政策发布会暨校园开放日在百周年纪念讲堂举行。林建华出席发布会,并向学生和学生家长作校情介绍。

"舞动青春,飞扬梦想"——北京大学2007年"五·四"文化节在百周年纪念讲堂多功能厅举行,林建华出席并致辞。

闵维方在教育部北办公楼参加高校党委书记座谈会。

《为人师表·品德高尚》——孟二冬教授先进事迹水墨连环画展在百周年纪念讲堂二楼大厅开幕。杨河出席并致辞。

岳素兰在英杰交流中心第四会议室出席"中韩女性教育与发展论坛"并讲话。

张国有到昌平区出席2007中国新闻传播学科发展战略研讨会并致辞。

**4月15日** 林建华赴深圳出席北京大学——香港科技大学化学基因组学术会议。

**4月16日** 希腊共和国议会议长安娜·普萨鲁达-贝纳基女士率团访问我校,闵维方、林建华在办公楼103会议室会见来宾,双方就中希文化与教育合作进行交流。

陈文申在临湖轩中厅出席第七期香港特区公务员"北京大学国家事务研习课程"开班仪式并致辞。

柯杨在医学部行政1号楼七层会议室主持召开医学部2007年第12次部务办公会,敖英芳参加。

闵维方在办公楼105贵宾室

会见国家行政学院党委书记兼常务副院长姜异康。

林建华在办公楼103会议室主持召开迎接本科教学水平评估"四组一办"负责人工作会议，杨河与会。

张国有在图书馆主持召开"中国高等教育文献保障系统（CALIS）"工作会议。

第二届"北大剧星"风采大赛决赛在百周年纪念讲堂隆重举办。

**4月17日** "北京大学——中国地震局现代地震科学技术研究中心成立仪式"在英杰交流中心新闻发布厅举行。许智宏、中国地震局局长陈建民讲话并为中心揭牌，林建华、岳素兰出席仪式。

吴志攀、张国有在档案馆二层会议室宣布档案馆、校史馆新任领导班子。

林建华在办公楼105贵宾室会见库尔特（Wallace H. Coulter）基金会主席Sue Van女士。

杨河在办公楼202会议室会见英国专长学校联合会（SSAT）代表团，双方就联合会孔子学院建设事宜进行座谈。

鞠传进在北京市教委报告厅参加"迎奥运校园环境综合治理启动仪式"。

敖英芳在医学部行政1号楼七层会议室主持召开医学部2007年第3次党委会。

北京大学2007年第10次党政联席会在英杰交流中心新闻发布厅举行。

北京大学党委理论中心组在英杰交流中心新闻发布厅举行学习报告会。会议邀请全国人大法律委员会委员、中国政法大学校长徐显明教授就《物权法》有关问题作主题报告，闵维方主持报告会并作总结讲话。各基层单位党委书记应邀列席会议。

"北京大学巴基斯坦研究中心成立协议签署仪式"在人民大会堂举行，许智宏与巴基斯坦驻华大使萨尔曼·巴希尔先生代表双方签署协议。

**4月17日至28日** 张彦随教育部"高校毕业生就业指导考察团"赴美国、加拿大考察美、加高校毕业生就业经验做法及有关情况。

**4月18日** 闵维方于18日、19日参加在教育部机关礼堂举行的教育部直属高校主要负责人工作会议。

"北京大学上海微电子研究院揭牌仪式"在上海张江高科技园区举行，许智宏致辞并与上海市委常委、市人大副主任周禹鹏共同为研究院揭牌。

陈文申在办公楼103会议室主持召开事业规划委员会2007年第1次会议，林建华、张国有与会。

柯杨在医学部碧香阁会见澳大利亚迪肯大学副校长John Catford Dean教授一行。

杨河在北京市委第三会议室参加北京市委对台工作领导小组（扩大）会议。

吴志攀在办公楼105贵宾室会见美国亚太法学研究院刘江彬院长一行。

柯杨在医学部会议中心205会议室参加基础医学院科研管理与学术道德规范建设工作会议。

柯杨陪同全国人大常委会副委员长、医学部主任韩启德院士视察护理学院，并与护理学院在职职工、离退休职工及学生代表进行座谈。

学校工会对校医院"工会建家"活动进行验收，岳素兰参加。

张国有在英杰交流中心新闻发布厅会见联合国开发计划署驻华代表Khlid Malik先生一行。

"郎朗北大行之大师班音乐会"在百周年纪念讲堂举行，杨河为钢琴艺术家郎朗颁发"北京大学艺术学院聘艺术家"聘书并观看音乐会。

**4月19日** 吴志攀在英杰交流中心新闻发布厅出席"国际知识产权的挑战与应对"学术研讨会并致开幕词。

林建华在临湖轩东北厅会见荷兰爱思唯尔集团中国科技部总裁卢飒女士和副总裁安诺杰先生。

柯杨在医学部会议中心206会议室参加重点学科评估会议。

许智宏在中国科学院出席"游牧文化与草原发展政策的思考"研讨会并发言。

吴志攀在北阁报告厅为教职工入党积极分子讲授党课。

林建华在英杰交流中心第一会议室参加"笹川良一优秀青年奖学基金"运营委员会会议。

林建华在英杰交流中心贵宾室会见美国俄勒冈大学副教务长Russell S. Tomlin教授。

岳素兰赴北京师范大学、北京理工大学考察体育场馆赛后利用情况。

张国有应邀赴山东济南参加全国企业联合会会议。

**4月20日** "第四届中国高校人文社会科学研究优秀成果颁奖大会"在人民大会堂举行。陈至立国务委员出席会议并讲话，教育部周济部长主持会议，闵维方与会并登台领奖。"中国高校人文社会科学研究优秀成果奖"设立于1995年，是国内人文社科领域最高层次的奖项。本次评奖中，北京大学共有33项成果获奖，其中一等奖5项，位居全国高校榜首。

"美国微软公司创始人比尔·盖茨先生北京大学名誉董事聘任仪式"在百周年纪念讲堂四季庭院举行，许智宏出席并为盖茨先生颁发北京大学名誉董事证书，林建华主持聘任仪式。随后，以"创新·中国·未来"为主题的"美国微软公司2007年度创新盛会"在百周年纪念讲堂举行，盖茨先生发表"数字时代的创新"主题演讲，许智宏出席并致欢迎辞。林建华、岳素兰、张国有出席演讲会。

吴志攀在办公楼103会议室

会见中南大学党委书记李健一行。

陈文申、鞠传进在办公楼202会议室听取五道口教师住宅置换售房工作小组、肖家河教师住宅建设领导小组及各工作小组工作汇报。

杨河在中国人民大学参加"北京高校哲学社会科学工作座谈会"。

鞠传进在海淀区政府办公楼参加中共海淀区委情况通报会。

敖英芳在北京市委办公楼参加北京市第十次党代会基层党代表座谈会。

闵维方在英杰交流中心第四会议室会见第23期香港工商界高层管理人员访问团并发表演讲。

闵维方在办公楼105贵宾室会见李嘉诚教育基金会周凯旋女士。

许智宏在中国科学院参加"遗传与发育生物学研究所中科院分子发育生物学重点实验室年会"。

陈文申在办公楼103会议室主持召开校园规划委员会2007年第4次会议,鞠传进参加。

林建华在临湖轩中厅会见肯尼亚莫伊大学校长米贝教授一行。

林建华在临湖轩东北厅会见阿曼苏丹国驻华大使阿卜杜拉·萨阿迪先生。

柯杨在医学部行政1号楼七层会议室主持召开医学部2007年第13次部务办公会,敖英芳参加。

敖英芳在医学部会议中心206会议室参加迎"五·一"医学部先进人物与青年教师座谈会。

美国旧金山"游子吟"合唱团在百周年纪念讲堂举行《海外游子吟》音乐会。国务院台湾事务办公室常务副主任郑立中、中共中央统战部副部长楼志豪、国务院侨办副主任许又声、校领导闵维方、吴志攀、杨河出席并观看音乐会。

林建华在北京香格里拉饭店出席"日本学术振兴会北京代表处成立仪式"并致辞。

**4月21日** "燕京大学建校88周年纪念大会"在办公楼礼堂举行,陈文申出席并致辞。

"2007年北京大学运动会"开幕式在五四体育场举行。国际乒联主席沙拉拉、中国教科文卫体工会全国委员会副主席万明东、校领导闵维方出席开幕式并致辞,许智宏宣布运动会开幕。吴志攀、陈文申、林建华、王丽梅、鞠传进、海闻出席,岳素兰主持开幕式。随后,岳素兰、鞠传进陪同沙拉拉主席考察了北京大学奥运乒乓球比赛场馆建设情况,并就国际乒联与北京大学合作开设乒乓球国际研修院事宜进行座谈。

"孟二冬教授骨函安放暨铜像揭幕仪式"在昌平区天寿陵园举行。北京市委常委、教育工委书记朱善璐、教育部人事司司长吴德刚、校长许智宏、孟二冬教授妻子耿琴老师共同为铜像揭幕。朱善璐、吴德刚、闵维方分别讲话,吴志攀主持仪式,林建华、王丽梅、杨河、张国有、敖英芳以及各院系师生、医学部医护人员300余人出席仪式。

闵维方、许智宏、陈文申、林建华、王丽梅、杨河、鞠传进、张国有到昌平园校区视察。

**4月21日至5月3日** 柯杨、敖英芳率医学部附属医院代表团赴美国杜克大学参加"北京大学—杜克大学医院管理高层论坛"。

**4月22日** "全国高校马克思主义学院院长论坛开幕式暨马克思主义学院十五周年院庆"在英杰交流中心新闻发布厅举行。教育部社科司杨光司长、中宣部理论局路建平局长、北京市委教育工委张建明常务副书记、校领导闵维方出席并致辞,杨河、张国有出席论坛开幕式。

"纪念北京大学团校成立二十五周年系列活动启动仪式"在百周年纪念讲堂多功能厅举行,王丽梅出席并致辞。

以"和谐·创新·发展"为主题的"首届北京中青年社科理论人才'百人工程'学者论坛北大分论坛"在办公楼103会议室举行。北京市委宣传部副部长宋贵伦、校领导杨河出席并致辞。

由教育部和新闻出版总署联合举行的"高校出版体制改革试点工作会议"在北京银龙苑宾馆召开,杨河参加会议。

北京大学举办"2007德国月"系列活动。

**4月23日** 瑞士苏黎世理工大学(ETH)副校长Hans Thierstein先生率瑞士高等教育代表团访问我校。许智宏、林建华在临湖轩中厅会见来宾,双方就科研和教育领域合作事宜进行交流。

林建华陪同教育部部长周济会见加拿大多伦多大学校长戴维·内勒(David Naylor)先生。24日,内勒先生访问我校,闵维方在英杰交流中心会见来宾,双方就两国高等教育体制和两校管理体制进行交流。随后,林建华与内勒先生在临湖轩分别代表两校共同签署"北京大学—多伦多大学学术交流协议"。

由中宣部、教育部、解放军总政治部联合组织的"方永刚先进事迹报告团成员与首都高校师生对话交流会"在百周年纪念讲堂多功能厅举行。教育部思想政治工作司司长杨振斌主持交流会,杨河致辞。北京大学、清华大学、中国人民大学、北京师范大学、中国青年政治学院等高校200余名师生参加交流会。

北京大学科研工作安全、环保和消防培训会在图书馆北配殿举行。许智宏讲话并部署下一步工作,林建华主持会议。

林建华在办公楼103会议室主持召开教务办公会。

牛津大学中国问题研究所所长Frank Pieke先生在邓小平理论研究中心会议室就移民与种族相

关问题作学术报告,杨河出席。

**4月23日** 岳素兰赴大连考察体育场馆赛后管理事宜。

2006至2007年度北京大学校园十佳歌手大赛总决赛在百周年纪念讲堂圆满落下帷幕。新一届的十佳歌手榜出炉,Crucify乐队、唐英然、医学部组合分获冠亚季军,abandon乐队、孙欣、陈尚智、王宏民分获四个单项奖。

**4月24日** 北大团委举办"传承五四火炬,铭刻北大精神"主题征文活动。

**4月24日至27日** 许智宏在人民大会堂参加全国人大常委会会议。

闵维方、许智宏在英杰交流中心贵宾室会见香港中文大学校长刘遵义一行。

林建华在临湖轩会见摩洛哥阿卡韦恩大学(Al Akhawayn University)校长Rachid Benmokhatar Benabdellah博士一行。双方就文化、学术交流等合作事宜进行交流。

林建华在办公楼103会议室主持召开学生综合信息管理服务系统建设工作会议。

张国有在理科四号楼邓佑才报告厅出席《中国岫岩玉》出版首发仪式并致辞。

中国高等教育文献保障系统(CALIS)"十一五"建设方案校内专家工作会议在图书馆举行。张国有参加。

北京大学2007年第11次党政联席会在办公楼103会议室举行。

"第五届国际体育大会开幕式"在北京展览馆举行。许智宏出席。

**4月25日** "北京大学工会爱心基金启动仪式"在百周年纪念讲堂举行。闵维方、岳素兰出席并讲话,林建华、杨河、鞠传进出席启动仪式和捐助活动。

陈文申在实验室与设备管理部会议室主持召开"北京大学公用房管理改革工作小组"会议,鞠传进参加。

北京大学2007年"河合创业基金"签约仪式在团委221会议室举行。王丽梅出席并致辞。

张国有到医学部就社会科学、产业工作进行调研。

闵维方在国务院小礼堂参加"高校毕业生就业工作电视电话会议"。

全国政协常委、民革中央常委、北京市委主委,信息科学技术学院韩汝琦教授和全国人大代表、民进中央委员、工学院刘凯欣教授在办公楼103会议室向学校各院系党委负责人和统战委员、在校北京市和区县政协委员及各民主党派北大组织负责人传达全国"两会"精神。杨河出席并讲话。

**4月26日** 部分"985"重点建设高校2007年度组织部长、人事处长联席会议在英杰交流中心第二会议室举行。闵维方出席并讲话,吴志攀、陈文申出席会议。

杨河在北京会议中心参加北京市高校宗教工作培训会议。

张国有在全国政协礼堂参加北京市西城区社会科学联合会成立大会。

"美学与美育研究中心"启用仪式在燕南园56号院举行。许智宏出席并致辞,陈文申、杨河、鞠传进、张国有出席。

爱尔兰高等教育局主席Michael Kelly先生率"爱尔兰高等教育代表团"访问我校。许智宏在办公楼103会议室会见来宾,双方就产学研相结合、学生海外交流事宜进行交流。

许智宏在办公楼105贵宾室会见新西兰奥塔哥大学(University of Otago)戴维·斯盖克(David Skegg)校长一行。双方就文化、教育合作事宜进行交流。

许智宏在办公室会见联合国副秘书长Joseph Verner Reed先生,双方就2008年北京奥运会等话题进行交流。

"北京大学—水利部农村饮水安全研究中心"成立暨签约仪式在勺园七号楼302会议室举行。吴志攀出席并讲话。

陈文申在办公楼103会议室参加昌平园区未来发展利用研讨会。

张国有在外国语学院206会议室参加外国语学院系主任工作会议。

**4月27日** 吴志攀在廖凯原楼3342会议室出席北京大学2007年法律文化节之"法律、艺术与人文关怀"论坛并致辞。

陕西省咸阳市与北京大学研究生会合作签字仪式在图书馆北配殿举行。咸阳市委书记张立勇发表演讲,并代表咸阳市与我校研究生会签订暑期社会实践合作协议。岳素兰会见来宾并出席签字仪式。

杨河在人民大会堂重庆厅参加全国敬老爱老助老主题教育活动赠书仪式,并代表受赠高校讲话。

闵维方在中国人民大学出席中国开放教育协会五周年庆典活动并代表兄弟院校致辞。

林建华在办公楼103会议室主持召开本科教学评估自评报告协调会。

杨河在图书馆南配殿出席北京大学"五·四"诗歌朗诵会。

北大牵头编制的《〈斯德哥尔摩公约〉国家实施计划》获批准。

学生课外活动指导中心推出"魅力女性,美丽人生"系列讲座。

**4月28日** 闵维方于28日、29日参加在人民大会堂举行的"第三届两岸经贸文化论坛"并主持教育分论坛。

北京大学109周年校庆校友返校大会在英杰交流中心阳光大厅举行。许智宏出席并讲话,陈文申主持会议。

岳素兰在北京奥运大厦401会议室参加奥运培训顾问座谈会。

"北京大学纪念李大钊先生英勇就义80周年暨庆祝建团85周年"主题活动在李大钊铜像前举行。北京团市委副书记沈千帆参加。王丽梅出席并讲话,杨河参加。

由教育部人文社会科学重点研究基地、北京大学邓小平理论研究中心联合召开的"首届马克思主义哲学中国化论坛暨纪念李大钊先生逝世80周年学术研讨会"在邓小平理论研究中心会议室举行。杨河出席并讲话。

闵维方在国际关系学院大楼C104会议室参加国际关系学院和日本财团联合培养项目专家委员会会议。

海淀区纪念建团85周年表彰大会暨"青春微笑迎奥运 和谐海淀做先锋"主题活动颁奖典礼在我校办公楼礼堂举行。海淀区委书记谭维克、北京团市委副书记于庆丰等海淀区、团市委领导出席典礼,许智宏、王丽梅会见来宾。

广州交响乐团建团50周年音乐会北京大学专场演出在百周年纪念讲堂举行。杨河会见乐团成员。

北大团委全面展开在校研究生与青年共青团工作调研。

**4月29日** "王度先生捐赠北京大学艺术学院备忘录签字仪式"在燕南园56号院举行。国际知名收藏与鉴赏家、北京大学名誉董事、顾问教授王度先生、校领导许智宏出席并致辞,陈文申主持仪式,杨河、鞠传进出席。下午,王度先生在百周年纪念讲堂202会议室举办讲座,张国有作总结讲话。

为贯彻落实教育部、国家体育总局、共青团中央在全国范围内全面启动全国亿万学生阳光体育运动的号召,学校团委、体育教研部在一体、二体和五四体育馆组织开展学生体育锻炼活动,岳素兰参加。

**4月30日** 北大承担的教育部重大项目"面向领域的应用中间件"通过验收。

## 5月

**5月1日至3日** 北京大学青年志愿者协会组织志愿者利用"五一""五四"的节日氛围,开展了以"青春微笑迎奥运 和谐海淀做先锋"为主题的北京大学奥运会城市志愿者"五一服务周"活动。

**5月1日至16日** 林建华赴欧洲访问瑞典隆德大学、斯德哥尔摩大学、丹麦哥本哈根大学、法国巴黎高科技大学校集团、德国洪堡大学、图宾根大学、慕尼黑大学、西班牙格拉纳达大学。

**5月3日** 由共青团中央举办的"我与祖国共奋进"中国青年群英会的八位英模代表在英杰交流中心第二会议室与我校学生代表就"青年成长与祖国发展"主题进行座谈交流。共青团中央书记处常务书记杨岳、共青团中央宣传部部长刘可为、北京团市委书记刘剑出席,闵维方作总结讲话,张彦主持座谈会。参加中国青年群英会的8名代表还前往李大钊先生铜像瞻仰并敬献了花圈。

**5月7日** 闵维方、陈文申在办公楼103会议室会见新加坡总理公署Roy先生一行,并陪同Roy先生参观建设中的北京大学综合体育馆。

柯杨在医学部行政1号楼七层会议室主持召开医学部2007年第14次部务办公会,敖英芳参加。

**5月7日至13日** 杨河赴日本立命馆孔子学院出席"世界孔子学院院长论坛",并就北京大学孔子学院建设工作作大会交流。

**5月8日** 加拿大维多利亚大学校长David H Turpin教授率代表团访问我校。许智宏在办公楼105贵宾室会见来宾,双方就加强教育领域交流进行会谈。

岳素兰在办公楼105会议室主持召开"广东产学研结合工作会议及创新成果展"协调会。

张彦在办公楼103会议室主持召开学生工作部门月度工作例会。

北京大学2007年第12次党政联席会在办公楼103会议室举行。

**5月9日** 由北京大学与欧洲联盟委员会驻华代表团共同举办的"欧盟50年展"在图书馆展览厅举行。欧洲委员会驻华代表团大使赛日·安博、中国人民对外友好协会会长陈昊苏、校领导许智宏出席开幕式并致辞。

陈文申、鞠传进带领学校相关职能部门负责人会同海淀区城管监察大队视察拆除燕南园违章建筑环境整治工作,并召开现场办公会,讨论燕南园区域整体规划及下一步工作部署。

陈文申在办公楼103会议室就万柳公寓置换、使用等有关事宜主持召开"公用房配置领导小组"扩大会议,鞠传进参加。

张国有在临湖科技发展公司会议室主持召开产业工作会议。

张国有在办公楼103会议室主持召开人文社科院系领导人工作例会,许智宏出席并讲话。

牛津大学中国奖学金基金会主席Timothy Beardson一行访问我校。许智宏在办公楼105贵宾室会见来宾,双方就中国高等教育、基金会宣传与奖学金项目进行交流。

"庆祝'5·12'国际护士节暨优秀护士长、优秀护士表彰大会"在医学部会议中心举行。全国人大常委会副委员长、医学部主任韩启德院士出席并讲话,柯杨宣读表彰决定,敖英芳出席大会。

张国有在办公楼103会议室

主持召开北京大学产业负责人会议。

"平民学校首场讲座——梁柱教授讲北京大学的历史与传统"在体育中心多功能厅举行,岳素兰出席。

**5月9日至12日** 由北大学生课外活动中心指导、青年成才促进会(YEA)主办的北京大学第三届NGO文化节开幕。

**5月10日** 北京大学学位评定委员会第88次会议在办公楼103会议室举行。许智宏、吴志攀、柯杨、张国有参加。

吴志攀在北阁报告厅为教职工入党积极分子讲授党课。

张彦赴广州华南理工大学出席"第二届全国大学校园文化建设论坛",并以"把握发展规律和育人机制,创新校园文化建设的理念与思路"为题作了主题发言。张彦前往深圳研究生院与负责学生工作的老师及学生党支部、团支部、研究生会的学生骨干就"创新在当今学生工作中的意义"进行座谈。

**5月11日** 闵维方赴深圳视察深圳研究生院,并听取相关院系、部门负责人工作汇报。

以"廉洁修身、和谐发展"为主题的"2007年北京大学廉洁教育活动月"在图书馆北配殿隆重举行。

北京大学获得全国自学考试指导委员会颁发的"全国自学考试先进集体"荣誉称号。

**5月11日至16日** 闵维方赴香港访问,并拜会香港社会各界知名人士。14日,闵维方访问香港中文大学;15日,闵维方出席"北京大学政治经济文化沙龙第五讲《中国物权法的意义》暨北京大学答谢香港各界朋友支持酒会及交流晚宴"并致辞。

**5月11日至14日** 吴志攀在京西宾馆参加"2007年国家社科基金项目评审工作会议"。

张国有赴云南省丽江市出席"方国瑜故居开馆庆典"和"方国瑜先生与民族文化学术研讨会"并致辞。

希腊外交部长多拉·芭戈雅妮一行访问我校,并在英杰交流中心新闻发布厅发表题为"奥运会:不仅是比赛,未来的遗产"的演讲。许智宏会见来宾并致欢迎词。

哲学系朱伯崑教授遗体告别仪式在八宝山革命公墓竹厅举行。陈文申前往告别。

位于成府园区的北京大学第二眼地热井——京热168号地热井钻凿成功。许智宏、陈文申到现场听取出水情况汇报并慰问工作人员。

柯杨在医学部国际合作处会见日本庆应大学医学部日比纪文教授和小川郁教授一行。

**5月11日至25日** 北京大学学生心理健康教育与咨询中心与北大整体健康协会共同举办北京大学第八届整体健康活动月。11日,北京大学第八届整体健康活动月开幕式暨心理沙龙在英杰交流中心新闻发布厅举行。马化祥出席。

**5月12日** "北京大学外国语学院院友会成立大会"在英杰交流中心阳光大厅举行。许智宏出席并讲话,陈文申出席大会。

"北京大学医学部与日本庆应大学建交一周年学术报告会"在医学部教学楼408会议室举行,柯杨参加。

王丽梅在英杰交流中心阳光大厅出席"北京大学第八届学生演讲十佳大赛"并致辞。

王丽梅在勺园七号楼多功能厅出席"北京大学学生国际交流协会(SICA)"成立十周年庆祝活动并讲话。

由北京大学国际关系学院主办,北京大学国际关系学院学生会与北京大学青年外交学会承办的第二届大学生东亚论坛正式在北京大学秋林报告厅拉开帷幕。

**5月14日** 许智宏在临湖轩会见日本二松堂校长今西干一教授一行。

"北京大学徐州市泉山区党政干部高级研修班"开学典礼在法学楼一层5133会议室举行。杨河出席并致辞。

许智宏、鞠传进视察北大科技园创新中心工程建设情况。

许智宏在临湖轩会见葡萄牙前总统埃亚内斯先生一行。

首届中韩大学生精英论坛暨"未来与责任——绿色·志愿·人文"主题论文颁奖仪式在英杰交流中心阳光大厅举行。张彦出席并致辞。

**5月14日至21日** 柯杨率医学部师生访问台湾阳明大学,参加阳明大学建校32周年庆祝活动。

**5月15日** 许智宏在办公楼105贵宾室会见英国东英吉利大学常务副校长秦弗·戴维斯教授,双方就环境科学教学与研究合作项目进行交流和探讨。

张彦在奥运大厦302会议室参加北京奥组委场馆管理部专题会议,就"加强场馆团队建设"事宜进行沟通和研讨。

张国有在国家行政学院出席"中国高级公务员行政改革与依法行政培训班"开班仪式并致辞。

敖英芳在医学部行政1号楼七层会议室主持召开医学部党委扩大会暨2007年第4次党委会。

香港资深律师冯华健先生北京大学客座教授聘任仪式在办公楼105贵宾室举行。吴志攀出席并为冯华健先生颁发聘书。

岳素兰在办公楼103会议室主持召开广东产学研结合会议协调会。

张彦在海淀区机关二层报告厅参加"海淀区奥运工作大会",并代表海淀区高校发言。

北京大学政治经济文化沙龙第五讲暨北京大学感谢香港各界朋友支持酒会与交流晚宴在香港

举行。

**5月16日** 闵维方、敖英芳于16日至22日在北京会议中心参加中共北京市第十次代表大会。

许智宏在临湖轩会见德国爱尔兰根大学校长 Karl D. Grueske 教授一行。

吴志攀在临湖轩会见日本樱美林大学校长佐藤东洋士教授一行。

陈文申在办公楼103会议室主持召开"北京大学国际数学研究中心"建设用地剩余住户拆迁问题协调会。鞠传进参加。

陈文申在临湖轩中厅会见希伯莱大学副校长 Hacohen 先生。

林建华在教育部参加"985工程"三期建设研讨会。

北京大学"游向2008"庆祝奥运倒计时450天活动暨2007年"北大杯"游泳比赛闭幕式在游泳馆举行。岳素兰为获奖选手颁奖并致闭幕辞。

由北京大学京港学生论坛委员会主办的首届"京港学生经济论坛"在香港举行,海闻出席并致辞。第二届论坛将于今年下半年在北京大学举办。

**5月17日** 北京大学2007年第13次党政联席会在办公楼103会议室举行。

"北京大学梨花女子大学日"开幕式在图书馆北配殿举行。韩国梨花女子大学总长李培镕教授、北京大学校长许智宏分别致辞,并代表两校签署交流协议。岳素兰出席开幕式。晚上,"北京大学梨花女子大学日文艺晚会"在百周年纪念讲堂多功能厅举行,李培镕总长、许智宏出席并观看演出。

许智宏、张彦在办公楼103会议室会见学生会、研究生会主要学生干部,并就学生会、研究生会发展建设事宜进行座谈交流。

**5月18日** 美国耶鲁大学校长理查德·莱温教授率百人代表团访问我校。上午,欢迎仪式在英杰交流中心阳光大厅举行,许智宏和莱温校长分别致辞并参加两校学生讨论会。下午,"北京大学—耶鲁大学联合本科项目工作会议"在英杰交流中心第四会议室举行,莱温校长、许智宏、林建华参加。

"第三届中韩女学生双语比赛和文化交流活动"在勺园七号楼多功能厅举行。岳素兰出席并致辞。

台湾妇联会主委辜严倬云女士率台湾中华妇联总会访问团到我校参观访问。岳素兰在临湖轩中厅会见来宾。

张彦在办公楼103会议室主持召开"北京大学第二十三次研究生代表大会"提案协调会。党办校办、发展规划部、总务部、保卫部、研究生院、学生就业指导服务中心、计算中心、餐饮中心等部门领导参加会议,并就研代会提案与学生代表进行沟通。

"促进中国的国际战略研究"研讨会暨"北京大学国际战略研究中心"成立大会在北京大学国际关系学院C座105会议室举行。林建华出席并致辞。

由北京大学经济与人类发展研究中心和中国农工民主党中央联合举办的"中国农村卫生改革与发展论坛"在北京市卫生干部培训中心举行。张国有出席并致辞。

岳素兰在办公楼103会议室会见贵州大学副校长宋宝安博士一行,双方就人事改革相关事宜进行交流。

**5月19日** 北京大学医学部第45届田径运动会在医学部田径运动场举行,岳素兰出席并致辞。

以"发挥党员先进性,做和谐社会生力军"为主题的"北京大学第八届学生党支部书记培训班"在应用文理学院昌平校区多功能厅举行。张彦出席并就"学生党员作为学生骨干作用的发挥"作辅导报告。

北京大学爱心社"2007年爱心万里行"活动启动仪式在英杰交流中心新闻发布厅举行。前外交部部长、北大校友李肇星先生出席,为"爱心万里行"活动授旗,并应邀担任爱心社"爱心大使"。张彦出席并致辞。

**5月19日** 许智宏赴上海出席同济大学建校一百周年庆典。

**5月20日** 陈文申赴广州参加广州校友会纪念活动。

鞠传进率支教慰问团赴新疆维吾尔自治区校和石河子大学,慰问在新疆支教的北大教师和学生志愿者。

岳素兰在北京邮电大学体育场出席"迎奥运"首都高校第四十五届大学生田径运动会。

北大幼教中心"迎奥运,亲子同乐"运动会在"五四"体育场举行。鞠传进出席并观看体操表演和比赛。

"首届北京大学巴渝文化节开幕仪式暨重庆火锅节"在农园食堂三层餐厅举行。共青团中央学校部部长周长奎、重庆市人民政府副秘书长张明树、校领导张彦应邀出席并致辞。

**5月21日** 许智宏在老地学楼三层会议室会见由瑞典皇家工程院副院长 Per Storm 院士率领的"中瑞可再生能源与环境合作项目"瑞士代表团一行。

"亚太地区世界遗产培训与研究中心"成立仪式在北京、上海、苏州同期举行,并通过视频进行三地互动。教育部副部长、联合国教科文组织执行局主席章新胜,联合国教科文组织世界遗产中心主任弗朗西斯科·班德林(Francesco Bandrin)在上海出席仪式并致辞。林建华专程赴上海同济大学参加成立仪式,接受联合国教科文组织的授牌并发言。这是联合国教科文组织首次在发展中国家成立世界遗产培训与研究中心,该中心分为由同济大学承办的上海中心、北京大学承办的北京中心、苏州市政府承办的苏州中心三部分,分别负责文化遗产领域、自然遗产领域和传统手工艺技术领域的世界遗产保护与研究。下午，林建华在同济大学参加"联合国教科文组织世界遗产培训与研究中心"机制与运作国际研讨会。

岳素兰在办公楼103会议室会见内蒙古大学常务副校长陈国庆一行。

杨河在临湖轩中厅会见日本早稻田大学常务理事土田健次郎一行，双方就共建孔子学院事宜进行商谈。

许智宏在办公楼105贵宾室会见美国伊利诺伊大学香槟分校校长理查德·赫尔曼（Richard Herman）一行。

由北京大学和新西兰奥克兰大学联合发起的"北京大学新西兰研究中心"成立仪式在英杰交流中心阳光大厅举行。许智宏与新西兰外交部部长温斯顿·彼得斯（Winston Peters）、中国驻新西兰前任大使陈明明、奥克兰大学校长斯图尔特·麦卡琼（Stuart McCutcheon）分别致辞，并共同为中心成立揭牌。

"第十届北京外国语大学日本文化节暨北外—北大—早大文化体育交流周"开幕式在北京外国语大学举行，许智宏出席并致辞。

"2007北京大学高端培训黄金周"开幕式在英杰交流中心阳光大厅举行，杨河出席并致辞。

**5月22日** 许智宏在临湖轩中厅会见日本名古屋大学校长平野真一一行，并就两校加强学生交流与科研合作，共同创建适合亚洲高等教育实情的教学科研评估体系等事宜进行商谈。

马来西亚教育部部长希萨慕丁率团访问我校。许智宏在临湖轩会见来宾，双方就加强在高等教育领域的合作进行交流。

陈文申在办公室会见香港理工大学常务副校长曾庆忠一行。

林建华在临湖轩会见来访的意大利坎帕尼亚大区大学代表团一行。

由澳大利亚乔治国际卫生研究中心与北京大学医学部联合成立的"乔治中心·中国"在北京嘉里中心举行成立仪式。柯杨与澳大利亚乔治国际卫生研究中心主席John Yu共同为合作纪念牌揭幕。

党委宣传部和新闻中心在英杰交流中心第四会议室召开党建标准自查报告会，杨河出席并听取各部门党建标准自查情况工作汇报。

张国有在办公楼103会议室主持召开北京大学出版社改制工作领导小组会议。

张国有在临湖轩东北厅会见荷兰爱思唯尔公司（Elsevier）中国区科技部总裁Sharon Ruwart一行。双方就文科论文及科技论文数据库合作事宜进行商谈。

北京大学2007年第14次党政联席会在办公楼103会议室举行。

闵维方、许智宏、林建华在办公楼103会议室听取学校迎接教育部本科教学工作水平评估工作汇报。

许智宏在办公楼105贵宾室会见由副校长尼古拉·肖明率领的莫斯科大学代表团。23日，林建华在临湖轩中厅会见肖明副校长一行，双方就"中俄重点大学校长论坛"及"北大—莫大联合研究生院成立五周年庆典"事宜进行商谈，并共同签署了《北大—莫大开展心理学领域合作补充协议》。

由中国肝炎防治基金会主办的"预防乙肝，促进健康"高校助学项目启动仪式在百周年纪念讲堂举行，张彦出席并致辞。

**5月23日** 教育部副部长李卫红来我校考察教育部人文社会科学重点研究基地建设情况。李卫红副部长在校领导闵维方、许智宏、张国有的陪同下，首先参观了在图书馆一楼展厅布置的基地建设成果展览，随后实地考察了位于燕南园56号的"美学与美育研究中心"，并在办公楼103会议室听取了张国有对北大人文社会科学重点研究基地建设情况的汇报。

许智宏在临湖轩东北厅会见奥地利萨尔茨堡论坛副主席李希里特（Katherine McHugh Lichliter），双方就环境保护、能源、人口增长等问题进行探讨，并就未来合作项目进行交流。

陈文申在办公楼202会议室主持召开学校形象建设工作会议。

柯杨在医学部行政1号楼七层会议室主持召开医学部2007年第15次部务办公会，敖英芳参加。

吴志攀在医学部会议中心206会议室为医学部中层管理干部作题为"中国单位组织发展中的'精神资本'"报告。

陈文申出席在物理楼212室举行的第五届"钟盛标物理教育基金"颁奖仪式并致辞。

林建华在办公楼105贵宾室会见荷兰格罗宁根大学空间科学学院院长Linden一行。

岳素兰在办公楼103会议室会见江苏省科技厅副厅长李齐一行。

张国有在英杰交流中心第四会议室参加"北京论坛（2007）"第八次筹备工作会议。

敖英芳先后到医学部后勤党委、公共教学部党委检查迎接党建基本标准验收工作准备情况。

由北京大学继续教育部主办、经济学院承办的北京大学高端培训黄金周——经济学院专场高层论坛在图书馆南配楼举行。

**5月24日** 以"公共卫生危机应对中大学的作用"为主题的"环太平洋地区大学联盟（APRU）世界学院研讨会"在英杰交流中心第二会议室举办。柯杨出席24日举行的开幕式并致欢迎辞。26日，许智宏出席本次研讨会大学校长论坛并发表演讲。"环太平洋地区大学联盟（APRU）"成立于1997年，包括37所环太平洋地区著名大学成员，其宗旨在于增进环太平洋地区大学之间的交流与合作，加强地区之间在科学研究、教育和文化方面的了解，通过大学之间的合作，促进环太平洋地区的社会发展和经济繁荣。

美国威斯康星大学麦迪逊分校校长约翰·威利（John D. Wiley）率团访问我校，许智宏在临湖轩中厅会见来宾，双方就两校开展进一步合作进行交流。

陈文申在办公室会见深圳长江家具公司总裁江学院一行，并就捐赠事宜进行商谈。

林建华在办公楼103会议室主持召开理工科院系领导人工作例会，许智宏参加。

"北京大学校园群防群治先进个人表彰大会"在图书馆北配殿举行，张彦讲话并为获奖个人颁奖。

"中国光华科技基金会北京大学助学捐赠仪式"在英杰交流中心第八会议室举行，张彦出席并致辞。光华科技基金会副秘书长查德荣出席仪式，并代表光华科技基金会向北大经济困难学生捐赠了总价值35.2万元的衣物。

许智宏在国际关系学院贵宾室会见美国俄勒冈大学校长戴维·弗里迈尔（Dave Frohnmayer）一行。

许智宏在临湖轩中厅会见澳大利亚国立大学校长伊安·洽博（Ian Chubb）一行。

林建华在红二楼会议室主持召开研究生招生委员会工作会议。

柯杨在医学部行政1号楼七层会议室参加医学部管理系列职称评审会议。

岳素兰在工会会议室参加"工会建家"工作工会常委讨论会。

王丽梅在北京会议中心参加"北京地区高校毕业生就业工作会议"并发言。

敖英芳在医学部会议中心206会议室参加中共北京大学医学部机关第二次代表大会。

许智宏在北京嘉里中心出席"世界大学联盟（WUN）2007年会"晚宴。

2007年"北京大学访问学者、进修教师奖励工程表彰暨经验交流会"在英杰交流中心举行。

**5月25日** 吴志攀于25日至27日赴上海出席在复旦大学举行的"上海论坛（2007）"。

由北京大学主办的"科学发展与社会和谐"学术理论研讨会在英杰交流中心阳光大厅举行。中共中央党史研究室副主任李忠杰、中共中央党校副校长李君如、教育部社会科学司副司长袁振国、国家社会科学基金规划办公室主任张国祚、校领导闵维方出席开幕式并致辞，杨河主持会议并发言。来自北京大学、中国人民大学、武汉大学、山东大学、中国传媒大学、中共中央党校、中共中央党史研究室等单位的近百名专家学者参加会议。

许智宏在百周年纪念讲堂贵宾室会见应邀出席"北京大学纪念香港回归祖国十周年专题报告会"并作主题报告的全国人大常委会副秘书长、全国人大法律委员会副主任乔晓阳。王丽梅陪同会见并主持报告会。

许智宏在办公楼105会议室接受《科技日报》采访。

"北京大学科维理天文与天体物理研究所办公楼修缮及改造工程启动仪式"在临湖轩东厅举行。美国科维理基金会创始人Fred Kavli、执行主席David Auston，挪威皇家科学院院长Jan Fridthjof Bernt，挪威驻华使馆公使Kjell Tormod Pettersen，《Nature》杂志副主编Andreas Trabesinger，校领导许智宏、陈文申出席启动仪式。

陈文申出席在成府园区举行的"京热168号地热井竣工典礼"并致辞。

林建华在办公楼103会议室出席2007年继续教育指导委员会扩大会议并讲话。

张国有出席北大临湖科技发展有限公司成立一周年活动。

"北京大学本科教学工作水平评估动员大会"在国际关系学院秋林报告厅举行。闵维方、许智宏、迟惠生出席并讲话，林建华主持会议并对北京大学迎接教育部本科教学工作水平评估工作进行具体部署，柯杨、岳素兰、鞠传进出席会议。学校各职能部门、各院（系、所、中心）及各直属附属单位负责人参加会议。

"首届钟陈玉兰基金化学学术论坛奖颁奖仪式"在化学学院多功能厅举行，林建华致辞并为获奖同学颁奖。

张彦在五棵松场馆团队现场办公区会议室参加奥运会场馆主任座谈会，并对落实场馆主任责任制、团队建设、人员管理等工作进行经验交流。

王丽梅在理科教学楼112教室为社会学系学生作廉洁教育主题讲座。

张国有在办公楼105贵宾室会见美国IBM公司全球企业咨询服务部大中华区总经理黎俊伟一行。

林建华在北京嘉里中心出席美国西雅图华盛顿大学2007酒会。

北京大学2007年本科生"学术希望之星"评选活动理工科组终评及颁奖典礼在英杰交流中心第二会议室举行。

**5月25至29日** 第十届北京国际科技产业博览会在国际展览中心举行。北京大学科技开发部展示了"无线移动心电监测系统""天然SOD替代物"等一批北大最新科技成果。

**5月26日** "第三届全国高校校长杯乒乓球比赛"于26日至28日在广州大学举行，岳素兰参加。

柯杨在钓鱼台国宾馆参加"第二届北京国际器官移植论坛暨北京大学器官移植中心成立五周年学术研讨会"。

"2007年第十届科博会——中国服务贸易发展国际论坛"在英杰交流中心阳光大厅举行。北京市副市长陆昊出席并作"中国服务贸易的发展趋势和政策措施"主题演讲，张国有出席并致辞。

许智宏、柯杨在临湖轩中厅会见美国约翰·霍普金斯大学校长威廉·布罗迪（William R. Brody）一行。双方就两校院系设置、科研资金来源以及国际交流与合作等方面的经验进行广泛交流。

许智宏、柯杨在临湖轩中厅会见美国西雅图华盛顿大学校长马克·爱默特（Mark A. Emmert）一行。双方就两校在公共卫生事业、图书馆、远程教育和科研领域开展合作进行交流和探讨。

杨河在法学楼5133会议室出席第二期"北京大学徐州市泉山区党政干部高级研修班"结业典礼并致辞。

由北京大学深圳研究生院和《深圳特区报》联合主办的"北大深圳论坛"开幕式在深圳特区报业大厦举行。林钧敬出席并致辞，海闻以"中国经济未来二十年"为主题作首场讲座。

北京大学第二十九届学生会中期调整在英杰交流中心新闻发布厅举行，高翔当选学生会主席，孙晓力当选常代会会长。

第六届全国政治学科研究生论坛在北京大学举行。

**5月26日至27日** 北大主办"2007中国广告趋势论坛"。

**5月27日** "北京大学第二十三次研究生代表大会"在电教报告厅召开。闵维方出席并讲话，张彦出席。

许智宏赴浙江大学参加"环太平洋地区大学联盟（APRU）"第11次校长年会。

以"迎接亚洲发展的新时代"为主题的"2007复旦—北大亚洲学论坛"于27日至28日在上海复旦大学举办，吴志攀出席并作学术报告。

**5月28日** "北京大学·高雄医学大学医学教育论坛"在医学部举行。柯杨、台湾高雄医学大学校长余幸司参加。

柯杨在医学部行政1号楼七层会议室主持召开医学部2007年第16次部务办公会，敖英芳参加。

由中宣部、教育部联合举办的"高校思想政治理论课骨干教师研修班"在国家教育行政学院举行。杨河应邀为研修班成员作"学习总书记回信精神，加强师德建设"主题报告。

北京市委教育工委人才工作调研小组来我校调研。闵维方在办公楼202会议室向调研小组介绍北京大学人才工作情况。

林建华在办公楼103会议室主持召开教务长办公会。

张彦在团委会议室出席共青团系统工作会议，宣布增补三名团委副书记并作工作指示。

**5月28日至6月2日** 为迎接教育部本科教学工作水平评估，深入课堂了解教学情况，近期校领导分赴各院系听课。5月28日，杨河到理科教学楼213教室听哲学系王海明教授讲授"伦理学导论"课程；5月31日，闵维方到国际关系学院b218教室听国际关系学院张植荣副教授讲授"台湾两岸关系专题研究"课程；6月1日，鞠传进到理科教学楼109教室听经济学院刘怡副教授讲授"财政学"课程；6月2日，林建华到电教112教室听生命科学学院昌增益教授讲授"生物化学"课程。

**5月28日至6月1日** 北京大学2007年专业技术职务评审委员会各评审组会议先后召开。5月28日，编辑出版学科评议组会议在北京邮电疗养院举行，张国有参加；5月31日—6月1日，教育管理与德育评审组教育管理研究分会会议在北阁二楼会议室举行，陈文申参加。

**5月29日** 国务院学位委员会于29日、30日在友谊宾馆召开2007年全国优秀博士学位论文专家复审会。闵维方参加。

《儒藏》精华编出版座谈会在百周年纪念讲堂多功能厅举行。吴志攀、杨河出席并讲话。

林建华在临湖轩中厅会见美国北卡罗莱那州立大学校长吉姆·欧布灵格（James Oblinger）一行。

林建华在办公楼103会议室主持召开北京大学"高等学校学科创新引智计划"（简称"111计划"）申报单位协调会。该计划以国家重点学科为基础，以国家、省、部级重点科研基地为平台，拟从世界排名前100位的大学及研究机构中，引进1000余名海外学术骨干，建设100个左右世界一流的学科创新引智基地。

北京大学党委理论中心组在英杰交流中心新闻发布厅举行本年度第三次集体学习报告会。会议邀请北京市委研究室副主任林向阳介绍中共北京市第十次代表大会报告起草情况及主要内容。吴志攀主持报告会并作总结讲话，学校领导和各基层党委书记参加。

**5月30日** 经济学院领导班子换届会议在法学楼经济学院会议室举行。吴志攀、张国有出席并宣布任命结果。

环境科学与工程学院、城市与环境学院领导班子任命会议在逸夫二号楼会议室举行。吴志攀、林建华出席并宣布任命结果。

陈文申陪同国家人事部专业技术人员管理司司长侯福兴、副司长吴剑英到数学学院看望田刚院士，并就实施人才强国战略，加大吸引人才回国工作力度等进行交流。

陈文申在办公楼 103 会议室会见法国威利雅水务公司中国区商务总监 Amar Mokrani、亚洲区设计总监陈晓华一行,并就未名湖中水处理方案进行洽谈。

北京大学环境学院党委与东城区北新桥街道九道湾社区党委、北京吴裕泰茶业股份有限公司党总支基层党组织共建暨"迎奥运,共建和谐社会"活动启动仪式在英杰交流中心新闻发布厅举行。岳素兰出席并致辞。

"共青团北京市第十二次代表大会"开幕式在北京会议中心报告厅举行。张彦参加。

鞠传进在办公楼 202 会议室主持召开 2008 年残疾人奥运会无障碍工程协调会。

林建华在教育部主楼 213 会议室先后会见澳大利亚麦考瑞大学(Macquarie)副校长 Jim Piper 一行、澳大利亚维多利亚惠灵顿大学副校长 Neil Quigley 一行,并与维多利亚惠灵顿大学续签校际交流协议。

林建华在北京民族饭店出席"中新、中澳高等教育论坛"并发表演讲。

北京大学体育馆场馆团队第四次主任办公会在团委 221 会议室举行。张彦参加。

王丽梅在北京市教委二楼报告厅参加"2007 年北京市规范教育收费,治理教育乱收费工作暨民主评议教育系统政风行风动员大会"。

以"创新·共赢"为主题的"2007 方正数字出版产业峰会"在百周年纪念讲堂举行。国家新闻出版总署副署长孙寿山、校领导张国有出席并讲话。

**5 月 31 日** 北京大学 2007 年第 15 次党政联席会在办公楼 103 会议室举行。

林建华在办公楼 105 贵宾室会见美国食品药品管理局(FDA)新药质量审评办公室主任 Moheb Nasr 一行。

2007 年北京大学学生资助工作会议在百周年纪念讲堂多功能厅举行。全国学生资助管理中心副主任马文华、校领导张彦出席并讲话。会议表彰了 2006 年度学生资助工作特殊贡献单位、先进工作单位、先进工作个人和敬业奉献奖获得者,并部署了下一阶段学生资助工作任务。

北京市委统战部常务副部长闵克、市委教育工委副书记王民忠到我校,对北京大学贯彻落实全国和北京市统战工作会议精神情况进行督导检查。杨河主持召开汇报会,就北大近期统战工作情况作了汇报。

闵维方在办公楼 105 贵宾室会见美国北卡罗莱那州立大学 Tom Martinenu 教授。

吴志攀、张彦在办公楼 103 会议室主持召开新生党员培训工作协调会。

林建华在办公楼 105 贵宾室会见美国南加州大学商学院院长 James Ellis 一行。

林建华在办公楼 105 贵宾室会见香港特别行政区教育统筹局常任秘书长黄鸿超一行。

林建华先后视察燕南园 55 号院修缮情况和北大科技园创新中心工程建设情况。

"北京大学 109 周年校庆答谢酒会暨《中国物权法的意义》讲座"在勺园七号楼多功能厅举行。闵维方、许智宏、陈文申出席并致辞,吴志攀、张彦出席。

北京大学第四届"韩国文化节"在北大百年讲堂开幕。

## 6 月

**6 月 1 日** 许智宏在龙城丽宫国际酒店参加"夸父计划——空间风暴、极光和空间天气探测计划科学目标和观测项目"论证报告评审会议。

北京大学党建和思想政治工作基本标准迎评工作推进会在理科二号楼 2736 会议室召开,吴志攀出席并讲话。全校各单位党委(党总支、直属党支部)书记、各工作小组负责人参加会议。

林建华、柯杨在办公楼 103 会议室主持召开医学部临床医院进口仪器设备税务问题协调会。

林建华在办公楼 105 贵宾室会见美国辉瑞制药有限公司副总裁 Phil Vickers 一行。

许智宏在临湖轩会见加州大学戴维斯分校校长 Larry Vanderhoef 一行并签署两校交流合作协议。海闻陪同会见。

许智宏在办公楼 105 贵宾室会见澳大利亚墨尔本大学校长 Glyn Davis 一行。海闻陪同会见。

西北工业大学党委副书记、副校长郑永安率队来我校调研。张彦在办公楼 103 会议室会见来宾,双方就学生教育管理工作进行交流。

由公安部、教育部、共青团中央、北京市委联合举办的"高校师生学习北京市公安局天安门地区分局先进事迹座谈会"在百周年纪念讲堂 202 会议室举行。北京市政法委副书记段正青出席,张彦会见来宾。

北京大学第十五届"挑战杯"——五四青年科学奖竞赛暨第四届"江泽涵杯"数学建模与计算机应用竞赛颁奖典礼在图书馆北配殿举行。张彦出席并讲话。

"北大杯"足球赛闭幕,数学学院获得冠军。

北京大学首届公关文化节开幕式在百周年纪念讲堂举行。

**6 月 1 日至 3 日** 来自 17 个不同院系、本硕各个年级的 65 名学员参加了"北京大学—北京网通职业规划训练营"。

**6 月 2 日** 北大红旗在线网

站喜迎六周年华诞。

北大暑期学校面向社会开放，65门课可供社会人员选读。

北京大学举行题为"奥运会与涉外礼仪"的主题讲座，我国外交部资深外交官、前礼宾司代司长鲁培新应邀为北大志愿者讲授奥运会涉外礼仪。

**6月3日** 北大团委召开学生骨干培养工作研讨会，韩流主持会议。

**6月4日** 闵维方、许智宏、吴志攀、张国有在办公楼103会议室参加产业管理委员会工作会议。

"政府管理学院全球公共政策高级培训项目"第二期开学典礼在廖凯原楼阳光大厅举行。闵维方、中组部干部教育局局长李培元出席并致辞。

2007中国国际纳米科学技术会议（ChinaNANO 2007）在北京国际会议中心召开，林建华出席。

柯杨在医学部行政1号楼七层会议室主持召开医学部2007年第17次部务办公会，敖英芳参加。

岳素兰在廖凯原楼3515教室听政府管理学院白智立副教授讲授的"国家公务员制度"课程。

鞠传进到北大附小对附小地下车库建设工程进行竣工验收。

许智宏在临湖轩中厅会见加拿大蒙特利尔大学校长吕克·维耐（Luc Vinet）一行。

陈文申、张彦在办公楼103会议室主持召开北京大学2007年毕业典礼协调会。7日，张彦在帕卡德公寓召集相关部门召开协调会，就毕业典礼策划方案进行商讨。

由北京大学口腔医院和中华口腔医学会联合举办的"张震康教授从医从教五十周年"庆祝活动在北京中苑宾馆举行。卫生部陈啸宏副部长、校领导柯杨出席并致辞。

许智宏到理科教学楼112教室听哲学系程炼副教授讲授的"心灵哲学"课程。

北京大学乒乓球协会代表队获得第五届首都高校乒协邀请赛冠军。

北京大学棋牌队一队和二队分别夺得第一届"北京市大学生中国象棋、国际象棋、围棋联合赛"和第二届"石大—古青檀杯大学生棋类邀请赛"两项赛事的冠军。

**6月4日至10日** 北京大学2007年专业技术职务评审委员会各评审组会议于4日至10日先后召开。4日，鞠传进在总务部212会议室参加工程系列职称评审会。4日，林建华在实验室与设备管理部会议室参加实验技术系列职称评审会。7日，柯杨、敖英芳在医学部工会参加医学部学术委员会全体会议，审议2007年医学部职称评审相关事宜。

**6月5日** 古巴共产党中央政治局委员、全国人民政权代表大会主席里卡多·阿拉尔孔·德克萨达一行访问我校。闵维方、杨河在英杰交流中心贵宾室会见来宾，双方就两国教育文化事业等话题进行交流。随后，阿拉尔孔主席在英杰交流中心第四会议室就古巴革命历史发表演讲，杨河主持演讲会。

中国青年丰田环境保护奖特别奖——"中国大学生环境教育基地"启动仪式暨北京大学第二届国际大学生环境论坛在英杰交流中心阳光大厅举行。许智宏、中华环保联合会副秘书长李恒远、全国青联国际项目合作中心副主任张宁出席并致辞，张彦与共青团中央学校部部长周长奎共同为"中国大学生环境教育基地"揭牌。

林建华在办公楼103会议室会见前来我校检查工作的国家环保总局放射工作检查组一行。

德国卡尔斯鲁大学Fenske教授"北京大学客座教授"授予仪式在化学学院多功能厅举行，林建华出席并为Fenske教授颁发聘书。

林建华在办公楼105贵宾室会见中国联合国教科文组织全国委员会秘书长田小刚。

敖英芳在医学部行政1号楼七层会议室主持召开医学部2007年第5次党委会，柯杨参加。

张国有在办公楼103会议室主持召开社科类院系负责人工作例会，杨河出席。

北京大学2007年第16次党政联席会在办公楼103会议室举行。

许智宏在北京京西宾馆参加"973计划"专家顾问组换届会议。6日和7日，许智宏在铁道大厦参加"973计划"前期预研项目评审会。

**6月6日** 吴志攀于6日至12日赴日本东京出席"全球信息技术研究中心（GITI）成立十周年国际学术研讨会"并作主题报告。

由财政部、教育部、世界银行主办，北京大学中国教育财政研究所承办的"后义务教育财政问题"高层研讨会在北京友谊宾馆举行开幕式，财政部副部长张少春、教育部副部长吴启迪与会并作重要讲话，闵维方主持会议。

香港星岛新闻集团主席、北京大学名誉校董何柱国，香港华人置业集团有限公司主席刘銮雄一行访问我校。闵维方、许智宏、陈文申、林建华、柯杨在办公楼103会议室会见来宾。

陈文申在实验室与设备管理部会议室主持召开校园规划委员会工作会议，鞠传进参加。

林建华在红四楼会议室主持召开迎接教育部本科教学工作水平评估工作例会。

由国家档案局中央档案馆主办，北京大学档案馆协办的"中美高校档案管理座谈会"在英杰交流中心第二会议室举行，张国有出席并致辞。

张国有在勺园七号楼主持召开人文类院系负责人工作例会，杨河出席。

"北京大学——解放军艺术学院人才培养座谈会"在办公楼103会议室举行。解放军艺术学院院长陆文虎少将、政治委员谢立宏少将,校领导许智宏、张彦出席并讲话。晚上,"北大军艺心连心"文艺晚会在百周年纪念讲堂上演,张彦出席并观看演出。

北大棒垒球协会在北大百年纪念讲堂多功能会议厅举办十周年庆典。中国棒球协会秘书长、亚洲棒球联合会副主席申伟女士,中国垒球协会副秘书长王彤先生,北京奥组委体育部棒球竞赛副主任张萱女士,以及中国国家棒球队队员王伟等出席了这次活动。

**6月7日** 中国人民解放军第二军医大学校长张雁灵少将、政委曹国庆少将率队来我校考察调研。闵维方、陈文申在办公楼103会议室会见来宾,双方就人才培养与管理、研究生培养模式和思路、教育教学改革和重点学科建设进行讨论和交流。随后,陈文申陪同第二军医大学校领导参观了校史馆。下午,柯杨在医学部会见第二军医大学代表团一行。

林建华在办公楼202会议室出席我校"973计划"综评项目预答辩会。

林建华到国家发展和改革委员会汇报北京国际数学研究中心建设情况。

核物理与核技术国家重点实验室主任招聘答辩会在办公楼103会议室举行。林建华参加。

林建华在临湖轩东厅会见联合国教科文组织世界遗产专家Herb Stovel。

张国有赴上海参加"2007名校校长相约张江——话说产学研"论坛并作主题演讲。

北京大学举行朱伯崑追思会。

**6月8日** 许智宏在办公楼103会议室主持召开北京大学国际数学研究中心建设工作协调会,陈文申、林建华参加。

陈文申在办公楼105会议室主持召开肖家河教师住宅建设领导小组工作会议。

"高明同学先进事迹座谈会"在办公楼103会议室举行,张彦出席并讲话。光华管理学院2003级本科生高明同学于2005年入伍,是建国后北大第一个在校参军的大学生。

林建华在办公楼103会议室会见中国人民解放军海军政治部副主任刘纪林少将一行。双方就加强科学研究、人才培养等方面的合作进行交谈。

实验、工程、财会分会在实验室与设备管理部会议室举行,林建华、鞠传进参加。

由中国高等教育学会医学教育专业委员会、世界医学教育联合会(WFME)和北京大学医学部联合主办的"医学教育新趋势论坛"在北京举行。柯杨出席。

"学生助理学校2006—2007学年度毕业典礼"在图书馆北配殿举行,张彦出席并讲话。

**6月9日** 许智宏赴山西太原参加"北京大学山西校友第二次会员代表大会",并作校情报告。10日,许智宏在山西省实验中学为太原市高中学生代作"21世纪生命科学"科普知识讲座,并参加山西省19所中学校长座谈会,介绍北京大学校情及招生政策。

北京市委常委、教育工委书记朱善璐率领北京奥组委、市教委、市建委等部门相关负责人来我校实地考察奥运场馆建设、团队运行情况,并在办公楼103会议室听取北京大学、北京科技大学、中国农业大学、北京航空航天大学、北京理工大学、北京工业大学奥运场馆工程进展、团队组成及运转情况汇报。张彦、鞠传进汇报我校奥运会乒乓球比赛场馆建设情况。

由北京大学和韩国全南大学共同主办的"首届世界华商、韩商发展论坛暨创东北亚繁荣合作国际大会"在百周年纪念讲堂多功能厅举行,杨河出席并致辞。

经济学院综合大楼开工典礼在成府园区工地举行,鞠传进出席并讲话。

**6月10日** 林建华到一教看望参加2007年北京地区高考语文试卷评阅工作的教师。

北大女篮获国际大学生篮球友谊赛亚军。

北大招办公布"致考后报志愿各省份考生、家长"通知。

**6月11日** "973计划"综合评审会议在香山饭店举行。许智宏参加11—13日及17日会议。

林建华在临湖轩会见伊朗伊斯兰议会教育研究委员会主席阿里·阿巴斯波尔·德黑兰尼·法尔德一行,双方就教育领域的合作事宜进行交流。

柯杨在医学部行政1号楼七层会议室主持召开医学部2007年第18次部务办公会,敖英芳参加。

"北京大学大理白族自治州党政干部高级研修班"开学典礼在考古文博学院101室举行。杨河出席并致辞。

"北京大学首届金融创新论坛暨授予利奥·梅拉梅德先生中国金融衍生品研修院名誉院长仪式"在生命科学学院大楼邓佑才报告厅举行。杨河出席并致辞。

延安干部学院院长助理高润生一行来我校洽谈学科合作事宜,张国有在办公楼103会议室会见来宾。

林建华、王丽梅在办公楼105会议室主持召开"北京大学治理教育乱收费工作领导小组"工作会议。

**6月12日** 陈文申到法学楼324会议室听取信息化建设与管理办公室工作汇报。

陈文申、林建华到理科2号楼一层2111会议室听取信息科学技术学院工作汇报。

林建华在办公楼105贵宾室

会见美国堪萨斯大学校长 Robert Hemenway 一行,双方就两校开展合作交流事宜进行会谈。

张彦在办公楼103会议室主持召开关心下一代工作委员会会议。王德炳、赵存生出席。

杨河到北大附中礼堂出席2007年附中毕业典礼并讲话。

敖英芳在医学部会议中心206室参加医学部处长通气会。

陈文申在办公楼202会议室听取国有资产清查工作汇报。

林建华在办公楼103会议室主持召开教务长办公会,张国有参加。

北京大学2007年第17次党政联席会在办公楼103会议室举行。

**6月13日** 《北京大学视觉形象识别系统管理手册》发布会在英杰交流中心新闻发布厅举行。陈文申讲话,并为院系代表发放《管理手册》。这是北大历史上第一次系统化、规范化地确立学校标识系统。

联合国教科文组织世界遗产专家 Herb Stovel 一行到我校考察亚太地区世界遗产研究与培训中心(北京)筹建情况。林建华在英杰交流中心第四会议室会见来宾并介绍中心筹建工作情况。

林建华在办公楼103会议室主持召开理工科院系负责人工作例会。

2007年"好运北京"体育赛事志愿者暨北京奥运会城市志愿者工作动员部署会在英杰交流中心阳光大厅举行。北京市委常委、市委组织部部长、北京奥运会志愿者工作协调小组组长吕锡文出席并讲话;北京奥运会志愿者工作协调小组办公室主任、共青团北京市委书记、北京奥组委志愿者部部长刘剑介绍近期奥运会志愿者工作进展情况并进行工作部署;张彦出席并汇报近期我校奥运志愿者和"好运北京"体育赛事志愿者工作情况。

林建华陪同北京市副市长孙安民到第一教学楼视察2007年北京地区高考语文试卷评阅工作。

林建华在红四楼会议室主持召开我校迎接教育部本科教学工作水平评估工作例会。

林建华在办公楼103会议室主持召开北京大学教材建设委员会工作会议。

**6月14日至16日** 许智宏赴日本东京参加CSK集团可持续发展研究所举办的可持续发展研究国际会议。

北大众志研发基地奠基仪式在江苏省常州市举行。科技部副部长曹健林、江苏省副省长李全林、中国科学院副院长施尔畏出席并致辞,岳素兰与常州市委书记范燕青为基地揭牌,鞠传进出席并讲话。

林建华在办公室会见美国马里兰大学物理系主任 Baden 教授。

柯杨在医学部行政1号楼六层608室会见华西医科大学代表团一行。

柯杨在医学部行政1号楼七层会议室主持召开"中国临床研究弱势原因初探"课题专家组会。

张彦在医学部会议中心205会议室主持召开学生工作部门月度工作例会。

柯杨在医学部行政1号楼六层608室与长学制学生座谈。

北京大学体育馆运行团队第五次主任办公会和北京大学体育馆运行团队第五次全体会议先后在资源大厦会议室举行。张彦参加会议。

**6月15日** 北京大学2007年"七·一"表彰评审会在办公楼103会议室举行。吴志攀、张彦、杨河参加。

陈文申在办公楼礼堂为"香港特别行政区成立十周年庆典活动——北京国情之旅团"大、中学生作北京大学校情报告。晚上,由香港中华历史文化教育基金会主办的"庆祝香港特别行政区成立十周年"文艺晚会在人民大会堂举行,陈文申出席并观看演出。

美国密歇根大学文学、科学与艺术学院院长特里·麦当劳率代表团访问我校。林建华、中国留学基金委员会副秘书长杨新育、中国自然科学基金会副主任孟宪平在勺园七号楼多功能厅会见来宾。林建华致欢迎辞,并代表北京大学与麦当劳院长签署两校谅解备忘录和学术交流协议。

柯杨在医学部公共卫生学院220会议室参加教育部重点实验室验收会。

陈文申在清华大学出席香港信兴集团主席蒙民伟先生清华大学名誉博士授予仪式。

林建华在临湖轩东北厅会见美国哈佛大学副教务长 Jorge Dominguez 一行。

林建华在百周年纪念讲堂202会议室参加元培计划2003级毕业生座谈会。

教育部在清华大学主楼会议室召开大学生心理健康教育工作座谈研讨会。张彦出席并就我校大学生心理健康教育作工作汇报。

**6月16日** 闵维方在办公楼103会议室会见北京大学名誉校董、香港信兴集团主席蒙民伟一行。陈文申陪同会见。

北大2007年暑期社会实践动员大会举行。

**6月17日** "北京大学国学研究院成立十五周年座谈会"在百周年纪念讲堂二楼多功能厅举行。全国人大常委会副委员长韩启德院士、北京市委教育工委副书记王民忠、国家图书馆原馆长任继愈、北京大学名誉教授查良镛、北京中坤集团董事长黄怒波、校领导闵维方出席并致辞。吴志攀、陈文申、杨河、张国有出席会议。

张彦在正大国际会议中心302会议室主持召开"高校校园文

化建设研究"课题规划会。

北京大学2007年专业技术职务评审委员会教育管理与德育评审组会议在办公楼103会议室举行。吴志攀、陈文申、林建华、岳素兰、张彦、杨河、张国有参加。

北大组合摘得第四届海淀文化节青年歌手大赛桂冠。

**6月18日** 许智宏于18日、19日赴马来西亚吉隆坡参加"2007年亚太地区植物组织培养与农业生物技术国际会议"并作学术报告。

林建华率教务部、研究生院和教务长办公室等部门负责人到理科教学楼等考场巡视期末考试情况。

柯杨在医学部行政1号楼七层会议室主持召开医学部2007年第19次部务办公会,敖英芳参加。

国家质检总局—北京大学质检系统厅局级领导干部"提高执政能力和构建和谐社会"专题培训班开班典礼在百周年纪念讲堂四季庭院举行,国家质检总局副局长支树平、校领导张国有出席并致辞。

北京大学名誉教授、香港著名武侠小说作家、学者查良镛(金庸)在英杰交流中心阳光大厅发表题为"中国历史大势"演讲。吴志攀、杨河会见来宾并参加演讲会。

林建华在临湖轩东北厅会见比利时根特大学副校长卢克·莫恩斯(Luc Moens)一行。

中国气象局局长郑国光"北京大学兼职教授"授予仪式在英杰交流中心第二会议室举行,林建华出席并为郑国光教授颁发聘书。

**6月19日** "成功的十年:'一国两制'在香港的实践"学术研讨会开幕式在英杰交流中心阳光大厅举行。闵维方出席并致辞,全国人大常委会《香港基本法》委员会副主任委员梁爱诗、香港中华总商会会长霍震寰发言,林建华主持开幕式。

陈文申在办公楼103会议室主持召开信息化建设协调小组、编码调整工作领导小组和形象建设委员会协调会,就学校编码工作和主页设计方案调整工作进行研究。

敖英芳在医学部行政1号楼七层会议室主持召开医学部党委扩大会和2007年第6次党委会,柯杨参加。

中纪委驻教育部纪检组组长、教育部党组成员田淑兰来我校视察奥运场馆建设情况,鞠传进陪同视察。

林建华在办公楼103会议室主持召开迎接教育部本科教学工作水平评估工作会议。

张彦在办公楼103会议室主持召开2007届毕业生离校工作协调会。

"第六期斯坦福大学北京大学分校项目"结业晚宴在勺园七号楼燕园厅举行。闵维方和斯坦福大学驻北大办公室主任裴儒生(Jason Patent)分别致辞并为参加该项目的两校学生颁发结业证书。

**6月20日** 许智宏于20—21日在香山饭店参加"'973计划'综合交叉和重要科学前沿领域综合评审暨专家顾问组第二次会议"。23日,许智宏在香山饭店参加"973计划"项目审议会议。

中共中央政治局委员、北京市委书记刘淇,北京市委副书记、市长王岐山到北京奥林匹克水上公园就奥运场馆建设和运行管理及场馆团队工作等情况进行调研,张彦参加。

《陆平纪念文集》编辑委员会会议在办公楼103会议室举行,校领导杨河,前任校领导王学珍、王效挺、赵存生出席。

北京大学党委在英杰交流中心第二会议室召开专题会议,学习贯彻《中共中央纪律检查委员会关于严格禁止利用职务上的便利谋取不正当利益的若干规定》,并部署相关工作。闵维方出席并讲话,吴志攀主持会议。

林建华、张彦率相关职能部门负责人考察校园环境,并部署校园综合治理工作。

林建华到燕南园拜访李政道先生,商谈高能物理中心工作。

北京大学2007年第18次党政联席会在办公楼103会议室举行。

**6月21日** 林建华在教育部参加"教育部与国防科工委共建部分直属高校工作座谈会"。

岳素兰在北京大方饭店参加"北京市消费者协会第四届第二次常务理事会会议"。

张彦在办公楼103会议室主持召开暑期校园参观管理事宜协调会。

"北京大学2007届国防生毕业典礼暨出征仪式"在英杰交流中心新闻发布厅举行,张彦出席并讲话。

中共中央党校原副校长、北京大学哲学系博士生导师、著名理论家龚育之教授遗体告别仪式在八宝山革命公墓第一告别室举行,中共中央政治局常委李长春,中共中央政治局委员、中宣部部长刘云山,原中共中央政治局常委李瑞环,国务委员陈至立,原全国人大常委会副委员长彭珮云出席追悼会。杨河前往送别。

柯杨在医学部行政1号楼七层会议室主持召开"中国临床研究弱势原因初探"课题专家组会。

柯杨、敖英芳在医学部行政1号楼七层会议室参加医学部人才工作领导小组会议。

张彦在资源大厦416会议室主持召开北京大学体育馆运行团队主任办公会议。

**6月22日** "北京大学学生创业中心"成立三周年纪念活动在百周年纪念讲堂四季庭院举行。许智宏出席并致辞,张彦主持。

"北京大学医学部庆祝中国共产党成立八十六周年大会"在医学部会议中心礼堂召开。全国人大常委会副委员长、医学部主任韩启德、校领导闵维方、敖英芳出席并讲话,柯杨宣读《关于表彰党务和思想政治工作先进集体和优秀个人的决定》和《关于表彰2007年度医学部主题党日活动的决定》。

许智宏在北京九华山庄参加"第18届世界拟南芥大会"。

张彦在北京科技大学会议中心参加教育部主办的"在就业工作中加强大学生思想政治教育座谈会"并作主题发言。

**6月23日** 以"医疗和谐与医药卫生行业的可持续发展"为主题的"第三届全国医药卫生行业EMBA高级论坛暨校友会"于23日、24日在医学部教学楼报告厅举行。敖英芳出席并致辞。全国人大常委会副委员长、医学部主任韩启德作题为"医学与人文"主题报告,柯杨作"城市大医院的变迁与展望"主题报告。

林建华在北京西郊宾馆参加"2007年教育部科技委第二次主任办公会"。

北京大学校学术委员会会议在办公楼103会议室举行。许智宏、吴志攀、林建华、柯杨参加。

张国有赴西班牙、英国分别与西班牙格拉纳达大学、英国特长学校签订创建孔子学院协议,并视察剑桥大学孔子学院工作。

**6月24日** 许智宏于24日至6日在人民大会堂参加全国人大常委会会议。

林建华在稻香湖会议中心参加北京大学重点学科评估专家组会议。

**6月25日** 北京大学中国社会科学调查中心管理委员会扩大会议在稻香湖会议中心召开,林建华听取工作汇报并对中心工作作出指示。

柯杨、敖英芳在医学部国际合作处会见日本富山大学代表团。

柯杨在医学部行政1号楼七层会议室主持召开医学部2007年第20次部务办公会,敖英芳参加。

岳素兰在办公楼105会议室与中外妇女研究中心2007届女性学专业硕士毕业生举行座谈会。

"北京大学中国保险与社会保障研究中心与英国英杰华(Aviva)保险集团战略合作签字仪式"在英杰交流中心新闻发布厅举行。王丽梅出席并致辞。

北京大学2007年专业技术职务评审委员会图书出版分会会议在人事部二楼会议室举行。杨河参加。

鞠传进在办公楼202会议室主持召开2007年新入职教职工入住万柳公寓事宜协调会。

**6月26日** 北京大学2007年第19次党政联席会在办公楼103会议室举行。

"北京大学X86CPU技术转让创新成果发布会"在英杰交流中心新闻发布厅举行。林建华出席并致辞。

**6月27日** "广东省教育部科技部产学研结合工作会议"于27日、28日在广州市举行。教育部部长周济,科技部党组书记、副部长李学勇,广东省省长黄华华出席并讲话。许智宏作"深化省校合作,共建创新型社会"主题发言,岳素兰出席会议。

"2007年北京大学新上岗干部培训动员大会"在小汤山举行。闵维方出席并讲话。

林建华在实验室与设备管理部会议室出席"北京大学第四届实验技术成果奖"评审会议并讲话。

柯杨在医学部生化楼三层会议室参加医学部学位评定委员会。

"北京大学第二届现代大学治理与运行高级管理研修班"结业典礼在英杰交流中心第六会议室举行。张彦出席并致辞。

"汉语桥—美国韩国中小学校长访华之旅"代表团访问我校。全国人大常委会副委员长许嘉璐在百周年纪念讲堂为代表团作"漫谈中华文化的支柱与融合"讲座。国家汉语国际推广领导小组办公室主任许琳、校领导闵维方出席并致辞,杨河主持欢迎仪式。

敖英芳参加北京大学第一医院庆祝建党86周年暨"七一"表彰大会。28日,敖英芳参加北京大学第三医院庆祝建党86周年暨"七一"表彰大会。

**6月28日** "《何芳川教授纪念文集》暨史学论文集出版座谈会"在勺园七号楼多功能厅举行。吴志攀出席并讲话,前任校领导郝斌、赵存生出席。

"北京大学微米/纳米加工技术国家重点实验室"评估会议在英杰交流中心第二会议室举行。林建华出席并讲话。

张彦在办公楼103会议室主持召开落实北京市"做好奥运期间校园突发事件风险评估工作会议"精神协调会和"北京大学奥运期间校园突发事件风险评估小组"成立会议。鞠传进参加。

"北京大学学生服务总队毕业队员座谈会暨北京大学公益之星表彰仪式"在百周年纪念讲堂202会议室举行。张彦出席并讲话。

"学科、事业规划委员会2007年第二次联席会议"在实验室与设备管理部会议室举行。林建华参加。

柯杨在温都水城参加医学部科技成果转化、产业管理工作专家委员会第四次工作会。

张彦在资源大厦416会议室主持召开北京大学体育馆运行团队主任会议。

"中海油大学助学基金"第二期项目签约仪式在北京交通大学举行。张彦出席。

"北京大学2007年廉洁教育活动月总结表彰大会暨毕业生廉洁教育主题报告会"在图书馆北配殿举行。王丽梅出席并作总结讲话。

"北京大学统战系统庆祝香港

回归十周年座谈会"在办公楼103会议室举行。杨河出席并讲话。

**6月29日** "北京大学纪念中国共产党成立八十六周年暨表彰大会"在百周年纪念讲堂举行。闵维方出席并讲话，许智宏宣布表彰决定，林建华、柯杨、岳素兰、张彦、王丽梅、鞠传进、敖英芳等出席大会，吴志攀主持会议。

由《第一财经日报》、北大创意产业研究中心等联合主办的"北大论道——新媒体变局"论坛在百周年纪念讲堂举行。岳素兰出席并致辞。

由中宣部、教育部联合举办的"高校思想政治理论课骨干教师研修班"第二期在国家教育行政学院举行，杨河应邀出席并作"学习总书记回信精神，加强师德建设"主题报告。

北京大学附属小学行政班子换届仪式在附小举行，林建华出席并宣布换届结果。

柯杨、敖英芳在医学部新教学楼报告厅参加"医学部1987届毕业生二十周年座谈会"。

张彦在办公楼103会议室与"北京大学2007年暑期社会实践"重点实践团队领队代表举行座谈，部署社会实践工作并提出希望要求。

由北京大学与英国伦敦政治经济学院、法国巴黎政治学院和美国哥伦比亚大学四校联合开展的"全球公共政策高级培训班"学员联谊会在北京香格里拉饭店新楼举行。林建华出席并致辞。

**6月30日** 陈至立国务委员来我校视察2008北京奥运会乒乓球比赛场馆，闵维方、许智宏、张彦、鞠传进陪同视察。

学生会、研究生会发布关于捐增校内景观和毕业衫定购的倡议书。

# 7月

**7月1日** "北京大学2007年毕业生群像艺术馆启动仪式"在北京大学百周年纪念讲堂广场举行。张彦出席并致辞。

**7月2日** "北京大学学位评定委员会第89次会议"在办公楼103会议室举行。许智宏、吴志攀、林建华参加。

《陆平纪念文集》出版座谈会在百周年纪念讲堂202会议室举行。九届全国人大常委会副委员长、中国人口学会会长彭珮云出席并讲话，前任校领导王学珍、郝斌、王效挺、赵存生出席座谈会，杨河主持会议。

闵维方在临湖轩会见英国伦敦政治经济学院院长霍华德·戴维斯（Howard Davis）。

北京大学红旗在线网站在教育部中国大学生在线网站主办的"第二届全国高校百家网站评选"获得"十佳思政类网站"称号。

**7月3日** "刘鸣炜博士北京大学名誉校董授予仪式"在图书馆北配殿举行。闵维方讲话并向刘鸣炜颁赠北京大学名誉校董纪念牌，柯杨出席仪式。

由国家人口和计划生育委员会、全国政协人口资源环境委员会、北京大学联合举办的"纪念马寅初《新人口论》发表50周年暨诞辰125周年座谈会"在百周年纪念讲堂多功能厅举行。全国人大常委会副委员长蒋正华、浙江省副省长盛昌黎、校领导许智宏出席并讲话，国家人口和计划生育委员会主任张维庆主持会议。全国政协副主席张怀西，九届全国人大常委会副委员长、中国人口学会会长彭珮云，校领导杨河出席会议。

"北京大学卡布斯苏丹阿拉伯研究讲席项目签署仪式"在百周年纪念讲堂举行。阿曼苏丹国教育大臣叶海亚、阿曼卡布斯苏丹大学校长赛欧德、阿曼苏丹国驻华大使阿卜拉·萨阿迪、校领导许智宏出席并为"卡布斯苏丹阿拉伯研究讲席项目"揭幕，许智宏与赛欧德校长共同签署协议。许智宏还接受了阿曼卡布斯苏丹捐助的卡布斯苏丹阿拉伯研究席位项目首批基金。

林建华在办公楼103会议室主持召开教务长办公会。

前沿交叉学科研究院学术委员会会议在廖凯原楼4层会议室举行，林建华参加。

张彦在办公楼103会议室主持召开暑期校园参观管理事宜协调会。

鞠传进在实验室与设备管理部会议室主持召开校园规划委员会会议。

北京大学2007年第20次党政联席会在办公楼103会议室举行。

北京大学学术道德委员会全体会议在办公楼103会议室举行，许智宏、林建华参加。

"北京大学国际时尚管理高级研修班"新闻发布会在百周年纪念讲堂四季庭院举行，杨河出席并讲话。

"北京大学2007年毕业生晚会"在百周年纪念讲堂举行，许智宏、张彦出席并观看演出。

北京大学在市高校红色"1+1"活动评选中获得"优秀组织奖"，北大法学院本科生党支部、教育学院党支部获"优秀党支部"荣誉称号。

**7月4日** "北京大学2007届赴京郊农村及西部地区工作毕业生欢送会"在勺园七号楼多功能厅举行。闵维方出席并讲话，张彦主持会议。

"北京大学第六届青年教师教学基本功和现代教育技术应用演示竞赛颁奖表彰会暨第七届竞赛活动动员会"在五四体育中心多功

能厅举行。许智宏出席并讲话,岳素兰主持会议。

"北京大学2007届优秀毕业生代表座谈会"在办公楼103会议室举行,许智宏、张彦参加并对毕业生同学提出希望和要求。

林建华在北京外国专家大厦参加"国家自然科学基金委员会综合交叉研究领域重大研究计划立项研讨会"。

闵维方在办公楼105贵宾室会见北京大学1968级校友、印度尼西亚金光集团(Sinar Mas Group)总裁黄志源一行。随后,在生命科学学院新楼报告厅举行"北京大学金光生命科学大楼揭幕典礼",闵维方、黄志源出席并致辞,许智宏与黄志源共同为"北京大学金光生命科学大楼"揭幕,吴志攀主持典礼。

北京大学专业技术职务评审委员会工作会议在办公楼103会议室举行。许智宏、林建华、岳素兰参加。

许智宏在办公楼门前与2007届"元培计划"毕业班同学合影留念。

林建华在办公楼103会议室主持召开昌平园校区规划利用协调会。

林建华在勺园七号楼301会议室出席"国内十所重点中学校长座谈会"并讲话。

鞠传进在北京理工大学参加奥运会场馆工作汇报会,并汇报我校奥运场馆建设情况。

许智宏在勺园多功能厅出席"中法心血管分子医学论坛欢迎宴会"并致辞。

北大新闻网推出"马寅初网上纪念馆"。

**7月5日** "北京大学2007年本科生毕业典礼暨学位授予仪式"分两场在百周年纪念讲堂举行。闵维方宣读《北京大学关于表彰2007届优秀毕业生的决定》,许智宏致辞,吴志攀、张彦分别主持典礼。5日,印度尼西亚金光集团总裁、北京大学校友黄志源先生应邀出席典礼并讲话,许智宏授予黄志源先生北京大学"杰出校友"称号。

林建华在光华管理学院201会议室出席教育部"经济管理类实验教学示范中心评审会"并讲话。

"2007年国球联赛半程颁奖仪式"在百周年纪念讲堂广场举行,岳素兰出席并讲话。

"全国高等学校统战工作会议"在京西宾馆举行。中共中央政治局常委、全国政协主席贾庆林会见全国高校统战工作会议代表,国务委员陈至立,全国政协副主席、中央统战部部长刘延东参加会见。杨河参加会议。

北大平民学校第二期开始招生。平民学校是北大为在校的进城务工人员搭建的一个学习和提升自我能力的平台。

北大学生在青岛开展奥运倒计时400天宣传活动。

**7月6日** "北京大学2007年研究生毕业典礼暨学位授予仪式"分三场在百周年纪念讲堂举行。闵维方宣读《北京大学关于表彰2007届优秀毕业生的决定》,许智宏致辞,林建华宣读《北京大学学位评定委员会第89次会议决定》。林建华、柯杨、张国有分别主持典礼。7日,前外交部部长、北京大学校友李肇星应邀出席典礼并演讲,许智宏为李肇星颁发"北京大学教授"聘书。

林建华到科技部汇报北京分子科学国家实验室筹备工作进展情况。

林建华在办公楼103会议室主持召开招生工作委员会会议。

岳素兰在办公楼103会议室主持召开北京大学与无锡市共同设立"北京大学精密医疗仪器和技术研究中心"事宜协调会。

张彦在资源大厦416会议室主持召开北京大学体育馆运行团队主任会议。

北大2007届毕业生捐资兴建"毕业生纪念林"。

**7月6日至8日** 由北京大学、中国人口学会、中国残疾人联合会、联合国人口基金共同主办的"第三届中国人口学家前沿论坛暨纪念马寅初先生学术研讨会"在北京西郊宾馆举行。彭珮云、中国残联党委书记王新宪、联合国人口基金会驻华代表Bernard Coqueline、校领导杨河出席会议。中国残联与北京大学人口研究所合作建立我国第一个国家级残疾人事业研究机构——"中国残疾人事业发展研究中心",王新宪和杨河为"中心"揭牌。

**7月7日** "北京大学2007年暑假战略研讨会"于7日至10日在稻香湖会议中心举行。

吴志攀在北京国谊宾馆参加"教育部直属高校岗位设置管理工作部署会议"。

北京大学深圳商学院荣获"深港市民喜爱的百强品牌"称号。

**7月8日** "2007年台胞青年千人夏令营"开营仪式在百周年纪念讲堂举行,杨河出席并致辞。

北京大学开展研究生招生咨询日活动。

**7月9日** 张国有在临湖轩会见日本三井物产株式会社社长枪田松莹一行。

**7月10日** 北京大学2007年第21次党政联席会在办公楼103会议室举行。

张彦在光华管理学院202教室出席"学生工作系统暑期理论研究培训会"并作总结讲话。

首批"研究生赴云南大理白族自治州就业见习实践团"赴大理开展扶贫实践。

**7月11日** 林建华在办公楼103会议室会见教育部科学技术司司长谢焕忠一行。

林建华在红二楼会议室主持召开交叉学科研究生学位授予事宜协调会。

林建华在办公楼105贵宾室会见奥地利维也纳弗洛伊德大学校长 alfred. Pritz 一行。

"2007年北京大学工会干部暑期培训暨经验交流会"在勺园七号楼多功能厅召开。北京市总工会党组书记、副主席张建民出席并作工会工作辅导报告,岳素兰出席并作"明确任务,落实责任,进一步发挥工会在校务公开中的作用"主题报告。

**7月12日** 林建华视察2007年高考北京大学录取工作现场。

北京大学校园参观管理事宜新闻发布会在百周年纪念讲堂202会议室举行。张彦出席并介绍情况。

张彦在资源大厦416会议室主持召开北京大学体育馆运行团队主任会议。

北大社科部全面开展重大项目跟踪检查工作。

**7月13日** 林建华于13日至17日带领学校青年教师代表赴江西井冈山进行社会实践考察。

"卓越路·光明行"2007年北京大学学生骨干训练营开营仪式在正大国际中心多功能厅举行。张彦讲话并向训练营学员代表授营旗。

海淀区政协主席彭兴业与我校海淀区政协委员在统战部会议室举行座谈,杨河参加。

北大2007年各省高考录取分数线公布。

北大教工合唱团参加"激情迎奥运,高唱体育歌"活动。

**7月15日** 岳素兰赴广州出席"第八届全国大学生运动会"开幕式。

**7月16日** 杨河在北京市人民政府宽沟招待所参加"第十届全国优秀党建读物评选总评会会议"。

张彦在北京会议中心参加"北京市高校研究生思想政治教育工作会议"。

鞠传进在北京钓鱼台国宾馆会见日本大河通商株式会社代表团一行。

**7月17日** 吴志攀在临湖轩出席北京大学ACOM金融信息化研究中心第二次专家委员会会议。

鞠传进在临湖轩中厅会见台湾政治大学总务处访问团一行。

中共海淀区委书记谭维克到我校视察和调研奥运场馆建设工作,鞠传进陪同。随后,谭维克到办公楼103会议室与校领导闵维方、张彦、鞠传进就奥运场馆建设工作举行座谈会。

社会学系、社会学人类学研究所行政领导班子换届会议在法学楼二层社会学系会议室举行。吴志攀、张国有出席并宣布任命结果。

**7月18日** 闵维方、林建华在北京会议中心参加北京高校领导干部工作会议。

林建华在临湖轩东厅会见美国南加州大学副校长迈克尔·戴尔蒙德(Michael Diamond)。

**7月19日** 闵维方在北京市政府宽沟招待所参加中共北京市委经济座谈会。

北京大学"党建和思想政治工作基本标准验收检查支撑材料现场会"在档案馆二楼会议室举行。吴志攀、张彦、王丽梅、杨河参加。

张彦在资源大厦416会议室主持召开北京大学体育馆运行团队主任办公会议。

杨河在北京奥运大厦302会议室参加"好运北京"体育赛事媒体宣传工作动员会。

**7月20日** 岳素兰、张彦在办公楼103会议室主持召开2007年新生开学典礼工作协调会。

鞠传进在办公楼103会议室会见日本松下电器产业株式会社照明社社长伊藤清文一行。

**7月21日** "中美生物化学与分子生物学联合招生(CUSBEA)项目"开办25周年纪念活动在理科四号楼邓佑才报告厅举行,林建华出席并致辞。CUSBEA项目自1981年启动至1989年结束,先后选派四百多名中国学生赴美攻读生物学科博士学位,培养了一大批生命科学领域的杰出人才。

**7月22日** 许智宏于22至28日赴台湾参加海峡两岸大学校长联谊活动。

柯杨于22至28日率医学部临床专家讲师团赴西藏拉萨讲学。

**7月25日** 林建华在办公楼105会议室会见美国加州大学Irvine分校副校长 Michael Vincent Drake。

林建华在理科1号楼1504会议室会见国际电子电气工程师协会计算机学会(IEEE-CS)代表团。

国家自然科学基金委员会主任陈宜瑜院士率考察组来我校考察交叉学科创新群体候选项目,林建华陪同。

张彦在北京会议中心会议楼报告厅参加"首都各界迎奥运倒计时一周年动员誓师大会"。

北京大学2007年高考招生录取工作圆满结束。

北京大学工学院智能控制实验室容春霞、王启宁、李华、黄岩、关鑫等队员组成的北京大学功夫队(sharPKUngfu)北京大学代表队在2007年世界机器人大赛中参加RoboCup四腿组项目比赛,在技术挑战赛中一个单项进入了世界前三,总成绩位列世界第四名。

**7月26日** 闵维方在办公室会见天津市人事局局长于瀛沪一行。

张彦在百周年纪念讲堂202会议室出席"中美大学生学生事务管理论坛",并发言介绍我校学生事务管理工作情况。

林建华在办公楼103会议室会见北方微电子公司耿锦启总经理一行。

全国第八届大学生运动会闭

幕,北京大学学生获得两枚金牌、一枚银牌。

**7月27日** 闵维方在电教楼239教室为南宁市教师骨干作题为"高等教育与和谐社会"讲座。

林建华在办公楼105会议室主持召开北京大学新疆研究生培养基地建设协调会。

"国家最高科学技术奖获得者王选院士科技封首发式"在方正大厦举行。全国人大常委会副委员长韩启德院士出席并讲话,校领导张国有出席并致辞。

张彦在资源大厦416会议室主持召开北京大学体育馆运行团队主任会议。

**7月27日至8月1日** 敖英芳率教师代表团赴湖南参加医学部2007年中青年骨干暑期培训活动。

**7月29日至30日** 张国有赴延边大学参加中国高校人文社科文献中心(CASHL)专家组第四次工作会议并发言。

**7月30日** 林建华在北京友谊宾馆参加教育部普通高等学校本科教学工作水平评估专家组组长工作研讨会。

"卓越路·光明行"2007年北京大学学生骨干训练营成果汇报会暨闭营仪式在昌平园校区多功能厅举行。张彦出席并讲话。

北京大学与四川大学联合举办大学生环境教育论坛。

**7月31日** 张彦在奥组委302会议室参加"第29届奥运会组委会第169次办公会议"。

林建华在办公楼103会议室会见南非议会教育委员会代表团。

## 8月

**8月1日** "北京大学咸阳社会实践基地成立授牌仪式"在陕西省咸阳市举行。许智宏出席并讲话,咸阳市市委书记张立勇、咸阳市市长千军昌代表咸阳市接受授牌。

许智宏、柯杨于1日至2日赴西安交通大学参加"中国—耶鲁大学领导暑期高级研讨班"。

**8月2日** 张彦在资源大厦416会议室主持召开北京大学体育馆运行团队主任会议。

全军英雄模范代表大会的9名英模代表走进北京大学,与首都部分高校大学生代表座谈。

**8月3日** 闵维方在廖凯原楼阳光大厅出席"第二期全球公共政策高级培训项目"闭幕式并致辞。

"北京大学、清华大学支援烟台大学建设委员会第九次会议"在烟台市东山宾馆国际会议厅召开。校领导许智宏、山东省副省长黄胜、清华大学副校长岑章志出席并讲话,岳素兰出席。

北京大学计算机系83级校友重聚燕园,并设立"北京大学8308助学基金"。

**8月4日** "北京大学第六次校友工作研讨会"于4日、5日在山东省日照市举行。山东省人大常委会副主任、北京大学山东省校友会会长墨文川,校领导许智宏出席并致辞,岳素兰出席。

**8月6日** 北京市委常委、市委教育工委书记朱善璐到解放军总医院看望季羡林先生,并为季先生祝贺96岁寿辰。闵维方、吴志攀陪同。北大新闻网同期推出专题网站。

吴志攀在办公楼105贵宾室会见韩国国际交流财团理事长任晟准一行。

吴志攀在临湖轩出席"北京大学——东京大学联合培养硕士项目签字仪式"并讲话。

**8月7日** 张国有于7日至12日赴泰国朱拉隆功大学参加朱拉隆功大学孔子学院理事会第一次会议,并签署《北京大学与泰国朱拉隆功大学合作建设孔子学院补充协议》。

北大、清华、南开学子赴昆明拜访西南联大老校友。

**8月8日** "2007年北京大学对口支援石河子大学工作例会"在新疆石河子大学行政楼第五会议室举行。教育部副部长吴启迪、新疆生产建设兵团副司令员阿勒布斯拜·拉木、校领导闵维方、石河子大学党委书记周生贵出席并讲话,校领导柯杨出席会议。会上举行了北京大学向石河子大学MBA教育中心实验室捐赠计算机仪式,闵维方与周生贵为实验室揭牌。8日和9日,闵维方为石河子大学师生先后作"高等教育与和谐社会建设"和"世界高等教育的若干趋势与我国高等教育的改革与发展"专题报告。

由教育部高等教育司主办、石河子大学协办的"教育部高等学校农林、医药学科(专业)教学指导委员会工作会议"在石河子大学举行。教育部副部长吴启迪出席并讲话,教育部高等教育司副司长石鹏建主持会议,柯杨参加。

林建华在办公楼103会议室主持召开北京大学建设工程投资评审小组工作会议,审议新开工建设工程项目概算。鞠传进参加。

"2008我们微笑出发"北京2008年奥运会倒计时一周年庆祝活动在天安门广场举行。张彦及全校90名奥运会、残奥会赛会志愿者申请人参加。

北京大学等全国高校集体启用中文.cn域名,近九成211院校开通中文.cn域名。

**8月9日** "首届北京大学工学院学术指导委员会"会议在办公楼103会议室举行。许智宏讲话并为指导委员会成员颁发聘书,林建华出席并讲话。会后,许智宏、林建华分别会见美国加州大学圣巴巴拉分校校长、北京大学工学院学术指导委员会成员杨祖佑教授。

**8月10日** "贝罗贝先生北京大学名誉教授授予仪式"在五院中文系会议室举行。林建华出席并向贝罗贝教授颁发聘书。

林建华在办公楼105贵宾室会见北京大学赛克勒考古与艺术博物馆名誉馆长赛克勒夫人。

**8月11日至17日**,第一届"青北外院杯"全国大学生国际象棋锦标赛在青岛市青北外院举行,北大棋牌队勇夺冠军。

**8月13日** 张国有赴湖南省长沙市参加北大青鸟公司会议。

**8月14日** 北京大学10人入选2007国家杰出青年基金候选人名单。

**8月15日** 许智宏赴哈尔滨工业大学出席"第五届一流大学建设研讨会"并发言。

"北京大学2007年学生工作暑期研讨会"于15日、16日在英杰交流中心新闻发布厅举行。张彦出席并作总结讲话。

北大法学院周俊业、社会学系夏学銮、心理学系钱铭怡和马克思主义学院程立显四位教授荣获"优秀人民调解员"称号。

**8月16日** 张彦在资源大厦416会议室主持召开北京大学体育馆运行团队主任会议。

**8月18日** 北京大学2006级本科生军训一团、二团开训仪式分别在怀柔和康庄军训基地举行。张彦出席并讲话。

**8月19日** 党委办公室校长办公室主任刘海明同志遗体告别仪式在八宝山革命公墓第一告别室举行。闵维方、吴志攀、林建华、岳素兰、张彦、廖陶琴前往送别。

北京大学校史馆2007年暑期游客参观引导工作圆满结束。

**8月19日至23日** 北大学子应邀参与"两岸同胞携手喜迎奥运"青年交流活动。

**8月20日** 林建华在办公楼105会议室会见内蒙古大学副书记王贵印、副校长佟国清一行。

**8月21日** 闵维方在办公室会见国防科学技术工业委员会人事教育司司长屠森林。

张彦在北京奥运大厦302会议室参加"2007年测试赛(北京)"总结会。

张彦出席在中国农业大学体育馆举行的"好运北京"世界青年摔跤锦标赛开幕式。

杨河、张国有于21日至23日赴哈尔滨参加由全国哲学社会科学规划办公室举办的"全国社科基金重大项目调研座谈会"。会上,张国有做主题发言,介绍我校社科基金重大项目管理情况。

**8月22日** 林建华在办公楼103会议室主持召开北大战略规划工作研讨会。

林建华在办公楼103会议室主持召开迎接"2007年教育部本科教学工作水平评估"专项工作研讨会。

张彦在北京奥运大厦302会议室参加"北京2008奥运会比赛场馆交通运行设计编制工作汇报会"并汇报我校相关工作进展情况。

第四届中国青少年科技创新奖颁奖会在人民大会堂隆重举行,北京大学博士研究生毛希增获奖。

**8月23日** 中共中央政治局委员、中共北京市委书记刘淇在北京市委常委、教育工委书记朱善璐,市委常委、市委秘书长李士祥,副市长、北京奥组委执行副主席刘敬民,副市长陈刚、北京奥组委执行副主席杨树安以及北京市有关部门负责人陪同下,到我校视察奥运乒乓球馆建设工作。闵维方、许智宏、张彦、鞠传进及奥运乒乓球馆建设施工单位负责人陪同视察。

闵维方、许智宏、张彦、鞠传进视察第二教学楼,并对教学楼的维护、管理提出要求。

北京大学110周年校庆工作筹备会在办公楼103会议室举行。许智宏、张彦、鞠传进出席,岳素兰主持会议。

内蒙古自治区政府副主席、内蒙古大学校长连辑,内蒙古大学党委书记刘丽华率团访问我校。许智宏在办公楼105贵宾室会见来宾。随后,在办公楼103会议室举行两校合作座谈会,林建华参加并讲话。会后,在图书馆一层大厅举行"内蒙古大学向北京大学赠书赠牌仪式"。连辑校长代表内蒙古大学向北京大学赠送蒙古学研究图书和"元代八思巴字蒙古语圣旨金牌"仿真品。许智宏接受赠送并讲话,林建华、岳素兰出席赠送仪式。

**8月23日至24日** 闵维方在北京雾灵山庄参加北京市部分高校党委书记会议。

**8月24日** 吴志攀在人事部会议室就收入分配制度改革方案征求工会教代会代表意见。

柯杨在医学部行政1号楼七层会议室主持召开医学部2007年第23次部务办公会,敖英芳参加。

张彦在资源大厦416会议室主持召开北京大学体育馆运行团队主任办公会议。

**8月24日至30日** 许智宏在北京人民大会堂参加全国人大常委会全体会议。

**8月25日** 由北京大学中国与世界研究中心主办的"三十年来我国社会价值观的变迁"学术研讨会在北京友谊宾馆召开,吴志攀与会并致辞。来自海内外三十二所一流大学和科研机构的学界代表参加会议。

**8月25日至28日** 柯杨赴日本出席日本东北大学百周年校庆活动。

**8月26日** "北京大学2007年本科新生党员培训班启动仪式暨首场主题报告会"在国际关系学院秋林报告厅举行。闵维方作《学习北大共产党人的优良传统,争做北大精英学子的先锋骨干》主题报告。吴志攀、张彦出席。

"好运北京2007年皮划艇静

水中国公开赛"落幕,北京大学的47名专业志愿者参与测试赛志愿服务。

**8月27日** 岳素兰、张彦在图书馆北配殿主持召开2007年迎接新生入学准备工作协调会,安排布置相关工作。

林建华在办公楼103会议室主持召开教务长办公会。

北京大学2007年新生班主任培训会在学生工作部321会议室举行,张彦出席并讲话。

"第三届高等学校教学名师奖"获奖名单公布,北京大学阎步克、张恭庆、陈岳等三名教师入选。

**8月27日至30日** "北京大学2007年本科新生党员培训班"在校内举行。27日,杨河作"北大历史与北大精神"主题报告。29日,张彦作"做创新型领导型的学生干部"主题报告。29日,许智宏作北京大学校情报告。30日,"北京大学2007年本科新生党员培训班结业典礼"在办公楼礼堂举行,吴志攀出席并作"北大学生党员的形象塑造"主题报告。

**8月28日** 林建华率相关职能部门负责人视察新落成的第二教学楼。

岳素兰在办公楼103会议室主持召开"北京大学无锡科技日"活动协调会。

"2007年秋季全校干部大会"在办公楼礼堂举行。闵维方、许智宏出席并作重要讲话,部署本学期学校工作。

北京大学2007年第22次党政联席会在办公楼103会议室举行。

北京大学微电子学研究院研究人员两篇论文被集成电路电子器件领域国际顶级会议IEDM(International Electron Devices Meeting 2007)录用。

**8月29日** 林建华、鞠传进在办公楼103会议室主持召开地球与空间科学学院、城市与环境学院、环境科学与工程学院办公用房事宜协调会。

北京大学2007年自然科学类长江学者推荐专家委员会会议在办公楼103会议室举行,许智宏、林建华、柯杨参加。30日,人文社会科学类长江学者推荐专家委员会会议在人事部会议室举行,张国有参加。

吴志攀在教育部北办公楼二层报告厅参加教育部"加强高校管理,进一步治理商业贿赂"视频会议。岳素兰、张彦、杨河、鞠传进、张国有在英杰交流中心第二会议室分会场参加会议。

"爱普生(中国)有限公司北京大学投影机捐赠仪式"在百周年纪念讲堂四季庭院举行。林建华讲话并代表学校接受捐赠。

林建华在办公楼103会议室主持召开研究生培养机制改革工作会议。

北京大学深圳研究生院2007级新生开学典礼在院国际会议中心隆重举行。海闻为2007级新生作"北大历史与北大精神"主题报告。

**8月29日至31日** 北京大学2007年新任教职工岗前培训在八达岭华风温泉大城堡举行。30日,张彦就北大学生事务管理工作概况作报告。31日,吴志攀就"以人才队伍为核心,落实人才兴国战略,创建世界一流大学"作主题报告。

**8月30日** 柯杨在医学部生化楼三层中厅参加教育处教改座谈会。

张国有在英杰交流中心第四会议室主持召开"北京论坛(2007)"协调会。

北大毕业生邢衍安晋级大阪世锦赛男子110米栏半决赛。

职业规划和心理素质拓展成为北大正式选修课。

**8月31日** 许智宏在北京国谊宾馆参加教育科技界专家座谈会。

林建华赴河北省香河县参加"北京分子科学国家实验室(筹)"2007年夏季学术交流会。

北京大学2006级本科生军训二团结业典礼在康庄军训基地举行,张彦出席并讲话。下午,军训一团结业典礼在怀柔军训基地举行,张国有出席并讲话。

许智宏到生命科学学院与学院领导班子座谈。

"第十四届北京国际图书博览会"上,北京大学出版社被评为图书版权输出先进出版单位。

**8月31日至9月2日** 2007年"北大—清华赛艇对抗赛"在福建省厦门市举行。北大赛艇队以明显优势战胜对手,连续两年夺得这项赛事冠军。岳素兰、鞠传进赴厦门观看比赛并慰问赛艇队全体成员。

**8月** 为了应对近来猪肉等食品价格上涨,北大向学生发放应急饭票补助30元。

北京大学南校门区域功能调整规划开始实施。

北京大学组织了"百镇千村""五彩奥运"等205支实践团队共2118人次开展社会实践活动。

北京大学286名研究生入选2007年国家公派研究生项目。

# 9月

**9月1日** "美学散步文化沙龙"之"盛唐气象——重彩人物画与民族歌曲欣赏"活动在燕南园56号院举办。全国政协副主席、中国致公党中央主席罗豪才,中国农业大学校长陈章良,校领导吴志攀出席。

林建华到勺园二号楼视察2007年秋季北京大学外国留学生新生报到注册工作。

**9月2日** 闵维方、许智宏、林

建华、岳素兰、张彦、鞠传进分别到五四路视察迎接2007年秋季新生报到注册工作。

"北京大学方正奖学金、奖教金捐赠仪式"在办公楼103会议室举行。方正集团董事长魏新致辞并代表方正集团向学校捐赠2007年度奖学金、奖教金,闵维方、许智宏出席并致辞。

**9月2日至3日** "北京大学医学部2007年本科生开学典礼"分两场在医学部会议中心礼堂举行。全国人大常委会副委员长、医学部主任韩启德院士出席并致辞,柯杨出席并讲话,敖英芳出席。

**9月2日至4日** 教育部和新闻出版总署在北京国谊宾馆联合召开"第六次全国高校出版社工作会议"。教育部副部长李卫红、新闻出版总署副署长邬书林出席并讲话。张国有参加会议。

**9月3日** 北大申报63项教育部人文社科研究2007年度课题。

北京大学第三医院卫生支援工作队前往三亚展开卫生支援工作。

**9月3日** "北京大学学习宣传胡锦涛总书记在全国优秀教师代表座谈会上的重要讲话精神座谈会"在办公楼103会议室召开。杨河主持座谈会并讲话。部分院系负责人、师生代表围绕胡锦涛总书记讲话的重要意义、现实要求等内容展开热烈讨论。

"纪念海伦·斯诺诞辰一百周年国际学术研讨会"在勺园七号楼多功能厅举行。张国有出席并致辞。

"北京大学研究生奖学金捐赠仪式"在办公楼103会议室举行。许智宏致辞并为捐赠企业代表颁发感谢状,林建华代表学校与捐赠方签署捐赠协议。

"北京大学医学部2007年研究生开学典礼"在医学部会议中心礼堂举行。全国人大常委会副委员长、医学部主任韩启德院士与会作迎新讲话,柯杨、敖英芳出席典礼。

柯杨、敖英芳在医学部教学楼二层报告厅参加医学部收入分配制度改革会议。

柯杨、敖英芳到医学部学生宿舍看望2007级新生。

**9月3日至4日** "北京大学2007年开学典礼"分四场在百周年纪念讲堂举行,本科生、研究生各举办两场。闵维方、许智宏、吴志攀、林建华、柯杨、岳素兰、张彦、王丽梅、杨河、鞠传进、张国有、敖英芳以及各院系、职能部门负责人出席典礼。许智宏作迎新讲话。哲学系汤一介教授、信息科学技术学院杨芙清院士、地球与空间科学学院陈运泰院士、信息科学技术学院王阳元院士、国际关系学院赵宝煦教授等学界泰斗受邀与会。国际关系学院袁明教授、医学部郭应禄院士、数学科学学院田刚院士、历史学系阎步克教授作为教师代表在典礼上发表讲话。在9月3日本科生开学典礼上,闵维方为在"第23届美国大学生数学建模竞赛"中获得特等奖的数学科学学院赵琳博、周帆、王国祯三位同学组成的竞赛团队颁发《通令嘉奖函》。

**9月4日** "北京大学2007年优秀新生代表座谈会"在办公楼103会议室举行。许智宏出席并对同学们提出要求和希望,林建华作总结讲话。

教育部副部长章新胜来我校视察"北京大学亚太世界遗产研究与培训中心",并与有关学者举行座谈,吴志攀陪同视察并参加座谈。

柯杨在临湖轩会见约旦哈希姆王国王后拉尼娅·阿尔—阿卜杜拉一行。

王丽梅在昌平出席"北京大学2007年国防生军训结业典礼"并讲话。

"第十期北京大学—中国人保青年干部工商管理研修班开学典礼"在理科四号楼邓佑才报告厅举行,杨河出席并致辞。

北京大学2007年第23次党政联席会在办公楼103会议室举行。

教育部"学习胡锦涛总书记在全国优秀教师代表座谈会上的讲话精神座谈会"在清华大学举行。张彦与会并发言。

首届北京大学中日文化交流周开幕。

**9月4日至10日** 许智宏率北京大学代表团赴俄罗斯,参加在莫斯科大学举行的"北京大学—莫斯科大学联合研究生院成立五周年庆典""第二届中俄大学校长论坛"以及"第五届中俄大学生艺术联欢节"等俄罗斯"中国年"活动。

**9月5日** "首都教育系统维护稳定工作会议"在首都师范大学举行,吴志攀参加会议。

林建华、岳素兰视察信息化建设与管理办公室,并在法学楼325会议室听取工作汇报。

张国有在办公楼103会议室主持召开人文社科院系领导人工作例会,林建华、杨河出席。

柯杨在医学部肿瘤中心实验室会见美国艾默瑞大学(Emory University)来访教授并商谈合作事宜。

岳素兰在校工会108会议室出席2007年北京大学工会"建家"验收表彰活动并讲话。

鞠传进在办公楼202会议室主持召开"肖家河教师住宅建设领导小组"工作会议。

"国际关系学院2007年新生开学典礼"在国际关系学院秋林报告厅举行。前外交部部长、北京大学校友李肇星应邀出席并作"丈山尺树,寸马分人——国际形势观察"主题演讲,张国有致辞并为李肇星颁发"中国国际战略研究中心"名誉理事长聘书。

闵维方在办公楼103会议室

宣布学校党委关于党委办公室校长办公室主任的任命决定,并对党办校办工作提出了希望和要求。

吴志攀到北京市委第二会议室参加北京市委教育工委"党建和思想政治工作基本标准达标检查"工作部署会。

吴志攀在红一楼党委组织部会议室主持召开专题会议,研讨《院系党政班子工作职责和运行机制暂行规定》。

柯杨在医学部国际合作处与国际医院认证联合委员会(JCI)签署合作协议。

张国有在临湖轩主持召开"北京论坛(2007)"筹备工作协调会。

**9月6日** "北京大学学习贯彻胡锦涛总书记全国优秀教师代表座谈会重要讲话精神暨2007年教师节表彰大会"在百周年纪念讲堂多功能厅举行。校领导闵维方、吴志攀、林建华、岳素兰、张彦、王丽梅、鞠传进、张国有、敖英芳,前任校领导王学珍、吴树青、王德炳出席表彰大会。会上,闵维方发表重要讲话,吴志攀宣读北京大学表彰决定,林建华宣读获奖名单。会议由杨河主持。

林建华、岳素兰率相关职能部门负责人视察第二教学楼,并召开现场会布置相关工作。

"北京大学2007年度人事工作会议"在理科四号楼邓佑才报告厅举行,吴志攀出席并讲话。

"北京大学元培学院成立暨2007年开学典礼"在国际关系学院秋林报告厅举行。林建华与会讲话,并与校务委员会副主任迟惠生共同为元培学院揭牌,张彦、张国有出席会议。北京大学元培学院正式成立,标志着北大本科教育模式的改革步入新的重要阶段。

"北京大学工会2007年'建家'验收表彰会暨新学期工作部署会"在勺园七号楼多功能厅举行。岳素兰出席并讲话,150多名获奖代表和工会干部参加会议。

张彦在资源大厦416会议室主持召开北京大学体育馆运行团队主任办公会议。

张彦率队参加在中华世纪坛举行的"北京2008年残奥会倒计时一周年庆祝活动"。

中国台北奥委会组织的"台湾青年交流团"中国文化大学的师生前来北大参观交流。

**9月7日** 北京大学迎接"党建和思想政治工作基本标准"达标验收动员会在英杰交流中心第二会议室举行,吴志攀出席并讲话。各职能部门负责人和各院系党委(党总支、直属党支部)书记参加会议。

柯杨在办公楼105贵宾室会见由美国国立卫生研究院癌症研究所和杜克大学肿瘤中心组成的美国NCI/Duke代表团,双方就开展合作与相关学术问题进行交流。

张彦在北京理工大学参加"好运北京"国际盲人门球邀请赛培训工作调研会议。

敖英芳在医学部行政1号楼七层会议室主持召开医学部党委部门负责人会议。

闵维方在办公楼105会议室亲切接见返校参加先进事迹报告会的我校光华管理学院在校入伍大学生、第二炮兵某部战士高明同学,对高明同学携笔从戎,到部队践行北大优良传统的行为表示肯定并给予高度赞扬。张彦参加接见。

吴志攀在办公楼103会议室会见俄罗斯最高仲裁(商事)法院院长伊万诺夫一行。

"北京大学医学部2007年庆祝教师节暨表彰大会"在医学部逸夫教学楼报告厅举行。柯杨出席并讲话,敖英芳宣读表彰名单。

由北京团市委主办的"微笑北京、志愿奥运"——唱响奥运·唱响志愿校园行活动在百周年纪念讲堂举行。共青团北京市委书记刘剑、校领导岳素兰出席并观看演出。来自首都高校的2000多名参与"好运北京"赛事志愿者代表参加了此次活动。

**9月7日至8日** 林建华赴内蒙古呼和浩特出席"内蒙古大学建校50周年庆祝大会"并代表国内高校致辞。7日,林建华出席内蒙古大学主办的"大学校长论坛",并作"中国大学的进步与挑战:以北京大学为例"主题报告。8日,林建华与内蒙古自治区副主席、内蒙古大学校长连辑在内蒙古大学学术会议中心签署两校校际合作协议。

**9月7日至9日** 张国有赴新疆石河子大学出席主题为"丝绸之路与中亚文明"的"北京大学—石河子大学—日本大学联合学术研讨会"。

**9月8日** "芮沐先生百岁华诞暨学术思想研讨会"在廖凯原楼342报告厅举行。闵维方、林建华出席并致辞,吴志攀主持会议。

由北京市文物局、北京大学、东城区教委联合创办的"北京大学国子监大讲堂"在国子监辟雍大殿前举办启动仪式。北京市文物局局长孔繁峙、中华孔子学会副会长周桂钿、校领导杨河出席启动仪式并致辞。启动仪式后,北京大学李中华教授在国子监彝伦堂开讲"北京大学国子监大讲堂"第一讲——《论语与现代文明》。

**9月10日** 由北京大学对外交流中心与日本笹川财团共同主办的"亚洲未来领导人对话"会议开幕式在英杰交流中心第二会议室举行,闵维方、日本笹川财团董事长尾形武寿出席并致辞。

林建华率相关职能部门负责人到新投入使用的第二教学楼视察新学期开课及教学楼运行、管理情况。

林建华在临湖轩中厅会见美国达夫斯大学(Tufts University)校长Lawrence S. Bacow教授一行,双方就两校教学、科研等领域的情况进行了沟通和交流。

柯杨在医学部行政1号楼七层会议室主持召开医学部2007年第24次部务办公会,敖英芳参加。

鞠传进在办公楼105会议室主持召开肖家河住宅事宜协调会。

鞠传进在办公楼202会议室主持召开校医院房屋拆迁协调会。

闵维方、岳素兰到方正大厦慰问看望王选院士夫人陈堃銶教授,吴志攀、杨河到医院慰问看望侯仁之、季羡林先生,送上教师节的问候。

林建华在办公楼103会议室主持召开教务长办公会。

柯杨在医学部国际合作处主持召开美国中华医学基金(CMB)项目会议。

张彦在英杰交流中心第八会议室出席"韩·喜善亲情服饰中国光华科技基金会北大爱心助学"捐赠仪式并致辞。

由北京市委教育工委、北京市教委主办的首都大学生"青春奥运·微笑北京"专场文艺演出在百周年纪念讲堂举行。中共中央政治局常委李长春观看演出并在演出后发表重要讲话。中共中央政治局委员、北京市委书记刘淇,中共中央政治局委员、中宣部部长刘云山,教育部部长周济,教育部副部长李卫红,北京市委常委教育工委书记朱善璐,校领导闵维方、吴志攀、杨河、张国有陪同观看演出。

**9月11日** 北京大学信息科学技术学院成立5周年庆祝大会在图书馆北配殿举行,吴志攀出席并致辞。

林建华在北京昆仑饭店出席美国工业研究机构(IRI)中国论坛,并作"中国大学的进步与挑战——以北京大学为例"主题报告。

岳素兰在北京军都旅游度假村参加高校对口支援区县工作牵头高校座谈会。

敖英芳在医学部行政1号楼七层会议室主持召开医学部党委扩大会。

北京大学2007年第24次党政联席会在办公楼103会议室举行。

孟二冬纪念馆正式开馆。

**9月12日** 吴志攀在最高人民法院机关大法庭出席国家法官学院建院十周年大会。

林建华在临湖轩中厅会见坦桑尼亚共和国前总统本杰明·威廉·姆卡帕(Benjamin William Mkapa)一行。

杨河在北京师范大学参加北京市委教育工委召开的"2008年全国人大、市人大、市政协换届教育系统各项人选"推荐提名工作部署会议。

北京大学教育部人文社科重点研究基地主任聘任仪式在办公楼103会议室举行。闵维方出席,许智宏讲话并逐一为我校13位教育部人文社科重点研究基地新一届主任颁发聘书,张国有主持仪式。我校共有13个教育部人文社科重点研究基地,数量居全国高校首位。新一届基地主任的更换是根据教育部新发布的基地管理办法,在充分考察摸底和征求意见的基础上,通过无记名投票产生的。

北京大学教育基金会第三届理事会第五次全体会议在办公楼103会议室举行,闵维方、许智宏、吴志攀出席。

林建华在办公楼103会议室主持召开理工科院系领导人工作会议。

柯杨、敖英芳在医学部教学楼二层报告厅主持召开医学部中层干部会议。

全国人大常委会副委员长、北京大学医学部主任韩启德院士在理科教学楼213教室为校本部同学讲授通选课"医学发展概论"第一课,岳素兰参加并致辞。

北京大学2007年优秀保安员表彰大会在理科四号楼邓佑才报告厅举行,张彦出席并作总结讲话。

**9月13日** "纳米器件物理与化学教育部重点实验室评估会议"在理科2号楼1楼会议室举行。林建华出席预备会议和主任报告会,并于14日听取评估专家意见反馈。

张彦在北京奥运大厦302会议室出席"好运北京"体育赛事组委会指挥中心阶段性工作总结会议。

"北京大学外国语学院同声传译教室落成典礼"在化学北楼215会议室举行。张国有出席并致辞。

北京大学平民学校第二期开学典礼在图书馆北配殿举行,闵维方、岳素兰出席并讲话。

"国立西南联合大学成立七十周年纪念碑揭幕仪式"在天津市南开大学举行。我校校长许智宏院士、清华大学校长顾秉林院士、南开大学饶子和院士讲话并共同为纪念碑揭幕。三校校长还举行首次圆桌会议,签署合作备忘录。

林建华在老生物楼一层会议室出席院系教学主任会。

柯杨在第一医院多功能厅参加"第一医院庆祝教师节暨表彰大会"。

张彦在资源大厦416会议室主持召开北京大学体育馆运行团队主任会议。

张彦在办公楼103会议室主持召开北京大学2007年选拔博士生和博士后到北京市挂职锻炼协调会。

敖英芳在医学部教学楼二层报告厅参加医学部中青年骨干培训班总结座谈会。

**9月14日** 柯杨在北京怡生园国际会议中心出席"第九届全国乳腺癌会议"开幕式。

岳素兰在办公楼105会议室主持召开协调会,研究讨论筹建"北京大学国际乒乓球培训中心"及"国际乒乓球联合会亚洲办事处"迁至北大事宜。张国有参加。

"北京大学纪念恢复高考三十周年招生工作表彰大会"在国际关系学院秋林报告厅举行。闵维方、许智宏出席并讲话,林建华宣读表彰决定,吴志攀、杨河出席,张彦主持。表彰会后,林建华作恢复高考三十年暨北京大学招生工作总结报告。15日至16日,北京大学2007年招生工作总结大会在北京市人民政府宽沟招待所举行,林建华出席并作总结讲话。

许智宏在办公楼105贵宾室会见英国东安格利亚大学(University of East Anglia)副校长Trevor Davies一行。

柯杨、敖英芳在医学部行政1号楼七层会议室参加医学部人才领导小组会议。

"北京大学学习贯彻胡锦涛全国优秀教师代表座谈会讲话精神暨师德征文表彰会"在老生物楼一层会议室举行。岳素兰出席并讲话。

北大获批7项国家重点基础研究发展计划项目。

**9月15日至16日** 许智宏、岳素兰赴江苏省无锡市出席"北京大学无锡科技日"合作项目签约暨揭牌仪式和"无锡生物医药研发服务外包区奠基暨北京大学精密医疗仪器(无锡)研发中心"揭牌仪式。

**9月15日至28日** 敖英芳参加"大学校长领导能力建设项目团"并赴澳大利亚访问。

**9月15日** 柯杨在第一医院多功能厅出席原北京医科大学1957届医疗系毕业50周年庆祝大会。

"齐鲁讲坛—齐鲁文化大家走进北京大学百周年纪念讲堂系列活动"开幕式在百周年纪念讲堂多功能厅举行。杨河出席并致辞。

**9月16日** "水沙科学教育部重点实验室评估会议"在英杰交流中心第四会议室举行,林建华出席预备会和实验室主任报告会。17日,林建华在英杰交流中心第二会议室听取评估专家意见反馈。

北京大学中国地方政府研究院项目——"沈阳沈北新区现代农业综合配套改革试验总体方案"项目汇报暨征求意见会在廖凯原楼341会议室举行,杨河出席并致辞。

"医学部新上岗导师培训班"在医学部教学楼二层报告厅举行,柯杨出席并作"为人师表、教学相长"主题报告。

**9月17日至21日** 许智宏赴四川省都江堰市出席"中德科学中心联委会"第十次会议。中德科学中心成立于2000年,由中国国家自然科学基金委员会和德国科学基金会共同建立,主要任务是推动中德科学家,尤其是青年科学家之间在自然科学等领域的合作。

美国杜克大学(Duke University)常务副校长、医疗系统总裁Victor J. Dzau一行访问我校医学部。17日,双方举行合作协议签署仪式,全国人大常委会副委员长、医学部主任韩启德院士致欢迎辞,柯杨与Victor J. Dzau校长共同签署合作协议,双方正式建立长期战略合作伙伴关系。18日,Dzau校长在英杰交流中心阳光大厅作"全球医学的变化发展:美国杜克大学和北京大学医学部的战略性合作"主题演讲,阐释当代全球医学模式发展变化的新趋势,并就双方合作问题进行深入分析。

**9月17日** 受国务院台湾事务办公室委托,由北京大学台湾研究中心与"全球华人政治学者论坛"联合主办的"台湾海峡危机预防与管理"学术研讨会在北京友谊宾馆举行。国务院台湾事务办公室副主任孙亚夫、校领导闵维方出席并致辞,张国有出席会议。

"变质作用与造山带演化学术讨论会暨祝贺董申保院士诞辰90周年庆祝会"在英杰交流中心新闻发布厅举行。国土资源部部长徐绍史、校领导林建华出席并致辞。

柯杨在医学部行政1号楼七层会议室主持召开医学部2007年第25次部务办公会。

林建华在办公楼103会议室主持召开迎接"教育部本科教学工作水平评估"准备工作协调会。岳素兰、张彦、鞠传进参加。

**9月18日** 北京大学2007年第25次党政联席会在办公楼103会议室举行。

瑞典教育与科研部部长Lars Leijonborg和瑞典驻华大使Mikael Lindstrom率团访问我校。林建华、柯杨分别在临湖轩和医学部国际合作处会见来宾,双方就合作事宜进行商谈。

林建华在临湖轩中厅会见台湾政治大学校长吴思华一行,双方签署两校学术交流合作协议。

张国有在帕卡德公寓会见英国专长学校联合会(SSAT)访问团并参加SSAT孔子学院第二届理事会。

**9月19日** 由北京大学东北亚区域一体化研究中心、中国社会科学院世界经济与政治研究所和牛津大学全球经济管理项目联合主办的"国际金融机构的改革与亚洲"学术研讨会在国际关系学院秋林报告厅举行。财政部副部长李勇、校领导闵维方出席会议并在开幕式上致辞。来自联合国贸易和发展会议、欧盟议会经济和货币事务委员会的有关负责人以及中国、日本、韩国、美国、英国等国家和香港地区从事货币金融问题研究的专家和学者参加会议。

北京大学优秀青年人才引进计划("百人计划")座谈会在人事部二层会议室举行,林建华出席。

"北京大学—大理白族自治州党政干部高级研修班"开学典礼在第一体育馆第二会议室举行,杨河出席并致辞。

林建华在办公楼103会议室

主持召开"北京大学建设工程投资评审小组2007年第二次会议",鞠传进、张国有参加。会议就人文大楼建设投资标准事宜进行了研究。

鞠传进在办公楼103会议室主持召开校园规划委员会会议。

**9月20日** 台湾实践大学董事长谢孟雄先生"天鹅湖摄影作品展"开幕式在百周年纪念讲堂二楼展廊举行,闵维方出席并致辞。

美国财政部副部长麦克梅克(David McCormick)访问我校,并在英杰交流中心第二会议室发表"建立中美经济关系新平衡"主题演讲。林建华在英杰交流中心贵宾室会见来宾。

"全国遗传咨询与临床应用培训班及研讨会"在医学部教学楼402教室举行,柯杨出席并作学术报告。

"2007年北京大学三井创新论坛"第三讲在光华管理学院207会议室举行,论坛邀请国家发展和改革委员会副主任张茅作有关经济发展趋势的讲座。张国有会见来宾。"北京大学三井创新论坛"由北京大学与日本三井物产株式会社合作创办,由北京大学国家高新技术产业开发区发展战略研究院承办。

**9月21日** "世界海外华人研究学会第六届国际会议"开幕式在英杰交流中心阳光大厅举行,国务院侨务办公室副主任许又声、校领导闵维方出席并致辞。本次会议主题为"海外华人与祖籍国的动态关系",是世界海外华人研究学会首次在中国举行年会。世界海外华人研究学会(ISSCO)于1992年在美国洛杉矶成立,标志着华侨华人研究者形成了自己的国际性学术组织。

"第七期斯坦福北大分校项目开班仪式暨欢迎招待会"在勺园七号楼燕园厅举行。闵维方出席并致辞。

柯杨在医学部教学楼二层报告厅主持召开医学部本科教学工作水平评估动员大会。

岳素兰、张彦在办公楼103会议室主持召开北京大学110周年校庆庆祝晚会策划协调会。会议明确了校庆晚会的总体思路、宏观设计、定位和要求。校团委、校工会、艺术学院和医学部团委、工会、艺术团等相关单位负责人参加会议。

"2007年全国省级文物局(处)长专业管理培训班"结业典礼在考古文博学院多功能厅举行,杨河出席并致辞。

林建华在办公楼103会议室主持召开北京大学发展战略规划工作小组会议。

林建华在临湖轩中厅会见德国埃尔兰根大学(University of Erlangen)副校长Hans Peter Steinrueck教授,双方就两校合作事宜进行交流。

张彦在资源大厦416会议室主持召开北京大学体育馆运行团队主任办公会议。

《五季花开》纪念册发布会暨北京大学医学部八年制学生驻燕园五周年纪念活动在英杰交流中心新闻发布厅举行,张彦出席。

"和谐燕园·爱的家园"——北京大学学生服务总队2007年中秋联欢活动在百周年纪念讲堂纪念大厅举行。全国学生资助管理中心主任崔邦焱、校领导张彦出席并讲话。

"北京大学2007年留学生招生迎新工作总结会"在勺园七号楼多功能厅举行。林建华出席并讲话。

**9月22日** 由北京大学物理学院大气科学系和中国气象学会联合主办的"谢义炳先生90周年诞辰纪念会暨铜像落成仪式"在国际关系学院秋林报告厅举行。中国气象局宇如聪副局长出席并致辞,校领导林建华致辞并与谢义炳先生之女谢庄女士等一同为铜像揭幕。

北京大学第三医院第27届运动会在医学部田径运动场举行,岳素兰出席并致辞。

"北京大学第五届景观设计学教育大会暨2007中国景观设计师大会"举行。

北大获全国大学生奥运知识文明礼仪大赛二等奖。

**9月23日至30日** 柯杨出访美国参加美国中华医学基金会(CMB)组织的国际学术会议。

**9月24日** 许智宏在临湖轩东厅会见巴西巴拉纳大学校长Carlos Moreira Junior博士一行。

北京大学2006—2007学年宣明助学项目总结会在英杰交流中心第二会议室举行。张彦出席并讲话。

张国有在儒藏编纂中心会议室主持召开儒藏工作组及中心成员工作会议。

林建华在办公室会见教育部高等教育评估中心主任刘凤泰。

林建华、王丽梅在办公楼202会议室主持召开"北京大学治理教育乱收费领导小组"工作会议。

岳素兰在办公楼202会议室主持召开北京大学纪念品治理工作专项协调会,鞠传进参加。

张彦在北阁二楼会议室主持召开学生工作部门月度工作例会。

"北京大学2007年欢迎港澳台新生暨中秋联谊会"在勺园七号楼多功能厅举行。杨河到会与港澳台学生共庆中秋并致辞。

**9月24日至25日** 北京大学组织工作组对全校各院系迎接教育部本科教学工作水平评估工作进行检查。闵维方、许智宏、吴志攀、林建华、岳素兰、张彦、杨河、张国有分别担任工作组组长,深入国际关系学院、信息科学与技术学院等20多个院系检查指导工作。

**9月25日** 北京大学"纪念十月革命90周年学术研讨会"在邓小平理论研究中心会议室举行。

杨河、赵存生出席并讲话。

北京大学 2007 年第 26 次党政联席会在办公楼 103 会议室举行。

北京大学生命科学学院行政班子换届仪式在生命科学学院邓佑才报告厅举行。许智宏讲话并向新任院长饶毅教授颁发聘书,吴志攀宣读《北京大学关于生命科学学院行政班子调整的通知》和《北京大学关于生命科学学院院长任免的通知》。

新西兰副总理迈克尔·卡伦博士应邀出席在廖凯原楼举行的"北大公共政策国际论坛",并发表题为"新西兰经济改革与创新"的演讲。林建华在临湖轩中厅会见来宾,出席演讲会并致欢迎辞。

**9 月 26 日** 丹麦哥本哈根 IT 大学与我校软件与微电子学院合作谅解备忘录签字仪式在临湖轩东厅举行。丹麦科技创新大臣 Helge Sander 率团访问我校并出席签字仪式。林建华会见来宾。

《瞭望周刊》就北京大学开展研究生教育 90 周年采访许智宏。

"2007 年度教育部科技委第三次主任办公扩大会暨战略研究重大专项研讨会"在北京西郊宾馆会议中心举行。林建华参加。

**9 月 26 日至 27 日** 北京市委教育工委对我校进行《党建和思想政治工作基本标准》达标检查。26 日,达标检查综合汇报会在英杰交流中心阳光大厅召开。闵维方作《发扬光荣传统,突出时代特色,不断开创党建和思想政治工作新局面》报告,汇报我校近四年党建和思想政治工作;许智宏作《坚持党委领导下的校长负责制,落实科教兴国人才强国战略,为创建世界一流大学宏伟目标不懈努力》补充报告。检查组组长、北京市委常委、市委教育工委书记朱善璐作重要讲话。26 日,闵维方等校领导陪同专家组成员视察农园食堂并与同学们共进午餐。26 日,校领导陪同专家组成员视察我校基层工作情况。26 日上,"北大团校成立 25 周年暨校园原创文艺晚会"在百周年纪念讲堂多功能厅举行,吴志攀、张彦、王丽梅、杨河陪同专家组成员观看演出。27 日,"北京大学《党建和思想政治工作基本标准》达标检查沟通会"在英杰交流中心新闻发布厅举行,学校领导班子全体成员及部分职能部门负责人参加会议,听取专家组意见反馈。闵维方、许智宏讲话并对专家组成员表示感谢。

**9 月 27 日** 许智宏在临湖轩中厅会见日本可持续发展研究院 (CSK-IS) 董事副社长田村拓一行,双方就在医学环境和农业等相关领域开展合作进行交流。

科技部和教育部组织专家在我校加速器楼 208 会议室召开核物理与核技术国家重点实验室建设计划论证会,林建华出席并讲话。该实验室是科技部于今年 4 月批准建设的 27 个国家重点实验室之一,骨干成员主要来自我校物理学院相关国家重点学科。

林建华在办公楼 105 贵宾室会见澳大利亚格里菲斯大学副校长 Lesley Johnson 一行。

蔡元培研究会 2007 年第一次理事会在英杰交流中心召开。张国有出席并宣布研究会秘书处变更事宜。蔡元培研究会经国家教委批准于 1986 年成立,由历任北大校长担任会长,主管文科副校长担任常务副会长。

闵维方、许智宏、吴志攀、林建华、张彦、杨河、张国有在办公楼 103 会议室召开工作会议,沟通北京大学迎接教育部本科教学工作水平评估自评报告撰写情况。

"风雨四十年后经典粤剧《山乡风云》再晋京公演新闻发布会"在百周年纪念讲堂四季庭院举行。杨河出席并致辞,张国有作总结讲话。

岳素兰应邀出席在宣武区马连道茶城举行的"2007 北京马连道国际茶文化节开幕晚会"。28 日,由宣武区团委、北京大学团委、北京更香茶叶有限公司共同举办的"茶文化进高校"活动在百周年纪念讲堂举行,岳素兰出席。

**9 月 28 日** "北京大学 2007 年度奖教金颁奖典礼"在英杰交流中心新闻发布厅举行。闵维方、许智宏出席并致辞,吴志攀介绍今年奖教金评选情况,校务委员会副主任王学珍出席。与会领导和奖教金捐赠单位嘉宾共同为获奖者颁奖。

许智宏在英杰交流中心第四会议室会见韩国高等教育财团总长金在烈一行。

张彦在资源大厦 416 会议室主持召开北京大学体育馆运行团队主任会议。

鞠传进在办公楼 202 会议室主持召开景观设计学大楼建设事宜协调会。

"北京论坛(2007)"媒体沟通会在英杰交流中心新闻发布厅举行,张国有出席并讲话。

**9 月 29 日** 闵维方在北京师范大学京师大厦参加由教育部主办的"中国高等教育行政管理博士(Ed. D)"专家研讨会并发言。

许智宏在全国人大会议中心出席全国人大教科文卫委员会第 37 次全体会议。

**9 月 29 日至 10 月 6 日** "第二届中德大学校长会议"在德国柏林洪堡大学举行,许智宏参加。与会的中德两国十余所知名大学校长就建设世界一流大学等议题进行了讨论和交流。

# 10 月

**10 月 7 日至 13 日** 柯杨随国务院学位办公室组团赴德国、法国考察医学学制设置情况。

**10月8日** 教育部、财政部联合召开"国家建设高水平大学公派研究生项目实施工作视频会议",教育部部长周济出席并讲话,教育部副部长吴启迪主持会议。闵维方在教育部北楼主会场参加会议并作"以'国家建设高水平大学公派研究生项目'为契机,进一步加快北京大学创建世界一流大学的步伐"发言。林建华在学校英杰交流中心W307会议室分会场参加会议。

吴志攀在临湖轩出席"台湾企业领袖高级研修班"开班典礼并致辞。12日,研修班结业典礼在百周年纪念讲堂四季庭院举行,岳素兰出席并致辞。

林建华在办公楼103会议室主持召开教务长办公会。会议审议了北京大学"优秀青年人才引进计划"修订方案,对制定学校新的发展战略规划等相关工作进行了部署。

林建华在办公楼103会议室主持召开学校本科教学工作水平预评估工作协调会,岳素兰参加。10日,林建华、杨河在办公楼103会议室主持召开迎接教育部本科教学水平评估宣传工作协调会。11日,林建华在办公楼202会议室主持召开迎接教育部本科教学水平评估校园环境整治工作协调会。

"风雨四十年后经典粤剧《山乡风云》再晋京公演"首场演出在百周年纪念讲堂举行。中共中央政治局常委李长春,中共中央政治局委员、广东省委书记张德江,全国政协副主席张思卿、罗豪才,文化部部长孙家正、党组书记于幼军,北京市市长王岐山,广东省省长黄华华,广东省政协主席陈绍基,中央宣传部副部长欧阳坚,校领导闵维方、吴志攀、岳素兰等出席并观看演出。

**10月8日至9日** "教育部人文社会科学重点研究基地工作会议"在国家教育行政学院举行,教育部副部长袁贵仁到会讲话,教育部副部长李卫红作会议总结。杨河与会并以"创新制度,铸造精品"为题就北大文科基地建设情况进行汇报,张国有参加会议。

**10月9日** "李江航水墨山水画·北京大学邀请展开幕式"在图书馆学术厅举行,吴志攀出席并致辞,杨河出席。13日,邀请展在图书馆北配殿闭幕,李江航作"山水之道——水墨精神和水墨语言"主题讲座,杨河出席并致辞。

"北京大学—林肯研究院城市发展与土地政策研究中心"协议签署仪式在临湖轩举行。林建华与林肯土地政策研究院院长Gregory K. Ingram出席并代表双方签署协议。该中心由北京大学与林肯土地政策研究院共同建立,通过在中国开展教育、培训和研究活动,为城市政策、土地管理等方面提供支持。

"北京大学——香港大学牙周专业高级培训中心成立暨揭牌仪式"在北京大学口腔医学院第二门诊部举行,林建华与香港大学校长徐立之先后致辞,并共同为中心成立揭牌。该中心是国家教育部批准的内地第一个临床医学合作项目,两校将依托该中心合作培养牙周专业临床硕士。

岳素兰出席在北京友谊宾馆举办的"第三届海淀教育节开幕式暨奥林匹克教育论坛"。本届教育节以"教育与奥运同行,学习与人生相伴"为主题,由中共海淀区委和区政府主办。

北京大学2007年第27次党政联席会在办公楼103会议室举行。

北京大学国际合作部学生记者团成立大会在百周年纪念讲堂四季庭院举行,林建华出席并致辞。

**10月9日至14日** 闵维方在北京人民大会堂参加中国共产党第十六届中央委员会第七次全体会议。

**10月9日至12日** 鞠传进赴东京出席日本二松学舍大学130周年校庆。

**10月10日至14日** 许智宏赴加拿大出席11日在蒙特利尔大学举行的公立大学国际论坛(International Forum of Public Universities)第一次会议,并访问美国哈佛大学,出席12日举行的哈佛大学第28任校长Drew Gilpin Faust就职典礼。

**10月10日** 林建华、岳素兰在办公楼103会议室听取信息化建设与管理办公室关于校园网主页设计工作进展情况的汇报。

张彦率北京大学奥运场馆运行团队赴北京工业大学观摩奥运场馆建设工作。

林建华在办公楼103会议室主持召开北京大学学术道德委员会专题会议。

"'北京大学学生职业发展导师'聘任仪式暨'职业发展教研室'揭幕典礼"在北阁报告厅举行。教育部高校学生司副司长刘大为、校领导张彦讲话,为首批受聘的12位"北京大学学生职业发展导师"颁发聘书,并为"职业发展教研室"揭幕。

**10月11日** "北京大学第四届国际文化节"新闻发布会在百周年纪念讲堂纪念大厅举行,林建华出席并致辞。北京大学自2004年起举办年度国际文化节,旨在培养青年全球视野、建设和谐国际校园,今年文化节的主题是"与奥运同行,和世界一家"。

张彦在资源大厦416会议室主持召开北京大学体育场馆运行团队主任办公会议。

**10月11日至12日** "北京大学—内蒙古大学—(新西兰)梅西大学学术交流协议"签署仪式在内蒙古大学举行。林建华出席仪式并致辞,与内蒙古大学常务副校长陈国庆、梅西大学校长甘丽雅

(Judith Kinnear)共同签署协议。

**10月12日** 张彦在办公楼105会议室会见宝洁公司(P&G)大中华区总裁Daniela Riccardi一行,双方就人才招聘和培养等事宜进行探讨和交流。

鞠传进在办公楼202会议室主持召开肖家河住宅建设工作会议。

"北京大学安全管理业务工作会"在光华管理学院202教室举行。张彦出席并作总结讲话。

由国家体育场运行团队与三所"通用志愿者对接院校"北京大学、中央民族大学和北京北大方正软件技术学院共同举办,北京大学承办的"'好运北京'体育赛事国家体育场通用志愿者招募选拔暨'走进鸟巢'系列培训讲座启动仪式"在百周年纪念讲堂多功能厅举行。北京市政府副秘书长、国家体育场场馆主任张建东、校领导吴志攀出席并讲话。北京市国资委党委书记、国家体育场场馆执行主任张凤朝,校领导张彦出席并为"走进鸟巢"系列培训讲座活动揭幕。

北京大学第九届整体健康活动月开幕。

北大学生会接待台湾交通大学访问团。

**10月13日** 北京大学穆斯林师生开斋节午宴在佟园清真餐厅举行。张彦出席并作节日致辞。

"北京大学2007年国球联赛下半程开球仪式"在第一体育馆举行,岳素兰出席,杨河致辞。这是北大师生"喜迎奥运倒计时300天"系列活动之一。

"北京大学国际经济研究所成立十周年纪念会暨国际资本流动趋势论坛"在百周年纪念讲堂举行,张国有出席并致辞。

**10月14日** "北京大学电视台全台大会暨迎新工作会"在电教104教室举行。杨河出席并讲话,向电视台工作人员和新加入电视台的学生记者提出希望和要求。

**10月15日** 全国人大教科文卫委员会副主任委员、原国防大学校长邢世忠上将率团到我校考察调研《高等教育法》《教育法》等实施情况,教育部高等教育司副司长杨志坚等陪同。上午,林建华、岳素兰在办公楼105贵宾室会见来宾,并在办公楼103会议室举行座谈会,林建华介绍学校基本情况及教育教学、科学研究、社会服务等方面工作。会后,岳素兰陪同参观了校史馆、学校重点实验室、方正集团和图书馆。下午,调研组与学校领导、教师代表在办公楼103会议室举行座谈会,许智宏介绍北京大学贯彻落实《高等教育法》实施情况,林建华、岳素兰讲话,对相关法律条款修订提出建议。全国人大教科文卫委员会主任委员、原科学技术部部长朱丽兰,副主任委员、邢世忠上将作总结讲话。

第13届国际射频超导研讨会(SRF2007)开幕式在英杰交流中心阳光大厅举行。国家自然科学基金委员会副主任王杰、北京大学前校长陈佳洱院士、校领导吴志攀出席并致辞。该国际会议是射频超导技术在加速器领域应用的最高水平学术会议,中国第一次举办。

张国有在临湖轩中厅出席第八期香港特区高级公务员"北京大学国家事务研习班课程"开班仪式并致辞。

林建华在红四楼教务部会议室主持召开迎接教育部本科教学工作水平评估工作例会。

柯杨在医学部行政1号楼七层会议室主持召开医学部2007年第26次部务办公会,敖英芳参加。

**10月15日至22日** 中国共产党第十七次全国代表大会在人民大会堂举行,闵维方作为主席团成员参加会议。15日,学校党委组织部分党员干部和师生代表在办公楼202会议室观看十七大开幕式现场直播,吴志攀、张彦、王丽梅、杨河、张国有参加。随后,吴志攀主持召开"学习胡锦涛总书记在党的十七大上的报告精神座谈会",张彦、王丽梅、杨河以及学校各机关职能部门负责人发言,吴志攀作总结讲话。

**10月15日至18日** 柯杨在首都大酒店参加Keystone国际会议。17日,柯杨作"HPV Infection and Esophageal Cancer——Current Challenge"学术报告。18日,柯杨主持该会议。

**10月16日** 海淀区代区长林抚生带队来我校调研考察,并在办公楼103会议室举行座谈会。许智宏出席并致欢迎辞,岳素兰主持并在会后陪同来宾参观校史馆,鞠传进出席。

柯杨在医学部国际合作处参加世界卫生组织肿瘤会议,商谈合作事宜。

岳素兰在临湖轩会见韩国金刚大学校长成乐彦一行。韩国金刚大学是由韩国佛教天台宗财团于2003年资助成立的综合性大学,于2004年与我校哲学系签署学术交流协议。

张彦带领场馆运行团队各业务部门经理对即将完工的北大奥运乒乓球场馆和五四体育场、治贝子园等区域进行实地踏勘,为近期团队入驻场馆做准备。

敖英芳在医学部行政1号楼七层会议室主持召开医学部2007年第8次党委会。

北京大学2007年第28次党政联席会在办公楼103会议室举行。

**10月17日** 吴志攀在清华大学参加教育部、国家外国专家局组织召开的"海外名师引进计划"评审会议。

林建华在临湖轩会见黎巴嫩巴拉曼大学校长伊利·萨利姆一行。

林建华在办公楼103会议室主持召开理工科院系负责人工作

例会，通报博士生质量调查工作事宜。

岳素兰赴北京林业大学综合楼参加由中共北京市教育纪律检查委员会举办的"校务公开目录编制研讨会"。

北京大学奥运场馆外围保障团队在海淀街道14层第二会议室召开外围保障对接会，张彦出席并发言介绍内部团队运行情况。

北京大学博士生质量调查工作动员会在办公楼103会议室举行，许智宏、林建华出席并作工作动员和部署。医学部、数学科学学院、化学与分子工程学院、中文系、历史学系等承担调查工作单位主要负责人参加。

林建华在临湖轩中厅会见荷兰埃因霍温科技大学校长Amandus Lundqvist一行。

北京大学与美国费米国家加速器实验室（Femi National Accelerator Laboratory）签订"射频超导研究合作谅解备忘录"仪式在临湖轩举行。林建华出席并会见费米国家实验室副主任Robert Kephart博士一行。

**10月18日** 北京大学软件与微电子学院成立五周年庆祝大会在百周年纪念讲堂多功能厅举行。教育部高等教育司司长张尧学、校领导许智宏出席并致辞。

"北京大学维也纳大学日"开幕式在图书馆北配殿举行。许智宏在图书馆贵宾室会见维也纳大学校长Georg Winckler教授一行，并在开幕式上致欢迎辞。

张彦在资源大厦416会议室主持召开北京大学体育场馆运行团队主任会议。

林建华在办公楼103会议室会见联合国助理秘书长、联合国开发计划署助理署长兼亚太局局长Hafiz Pasha。

柯杨在医学部行政1号楼三层会议室参加医学部优秀博士论文评选学位会。

"希腊文化年开幕式启动仪式暨现代希腊艺术的经典回忆展览开幕式"在首都博物馆举行。希腊文化部部长米哈伊勒·利亚彼斯、希腊驻华大使米哈伊勒·坎巴尼斯、北京大学校领导张国有出席。

**10月19日** 柯杨赴上海参加第二医科大学55周年庆典学术报告会和庆典大会，代表兄弟院校致辞，并做题为"中国医学教育挑战与北大对策"报告。

吴志攀在电教报告厅出席北京大学岗位聘任工作动员部署会议并讲话。

林建华在正大国际会议中心会见印度大学拨款委员会（University Grants Commission）主席S.K. Thorat一行，并就未来合作等相关事宜进行交流。

林建华、岳素兰、鞠传进率相关职能部门和院系负责人对竣工的新化学南楼进行联合验收。

北京大学信息管理系60周年庆典在图书馆北配殿举行，张国有出席并致辞。20日，信息管理系60周年系庆活动之"北京大学图书馆学开放论坛（2007）"在三院121会议室举行，张国有出席并致辞。

"北京大学发展战略规划座谈会"在百周年纪念讲堂202会议室举行。许智宏、林建华出席并讲话，吴志攀主持，校长助理李强汇报北大战略规划工作进展情况。各院系负责人和学生代表参加会议，对战略规划的目标和实施提出意见和建议。

学校工会组织召开"本科教学评估与学校发展"专题沟通会。林建华、岳素兰出席，听取教师代表建议。

北京大学召集本科生学生骨干在国际关系学院秋林报告厅就迎接教育部本科教学工作水平评估进行动员。林建华出席并讲话。

北京大学孔子学院中方院长和教师招聘会在临湖轩西厅举行。

杨河、张国有出席。

**10月20日** 以"与奥运同行，和世界一家"为主题的"北京大学第四届国际文化节"开幕式在百周年纪念讲堂举行。国家外国专家局科教文卫专家司司长杨长聚、教育部国际合作与交流司副司长刘宝利、校领导许智宏出席并致辞，林建华主持，王丽梅出席会议。各国驻华公使及中外学生代表参加开幕式。文化节开幕式前，杨长聚、许智宏、吴志攀、林建华出席在讲堂二楼展廊举行的"中国书画名家邀请展"并为邀请展剪彩，王丽梅主持仪式。

由中国区域科学协会、日本应用区域科学理事会联合主办、北京大学政府管理学院承办的"首届中日区域科学研讨会"在廖凯原楼举行。全国人大常委会常委、民盟中央副主席、中国区域科学协会名誉主席冯之浚，国家发展与改革委员会副秘书长杨伟民、校领导张国有出席。

北京大学2007年新生文艺汇演在百周年纪念讲堂举行。杨河出席并观看演出。

北大团校研究生骨干研修班集中培训活动举行，50余名研究生骨干参加了此次活动。

**10月20日至23日** 岳素兰赴日本出席早稻田大学建校125周年庆典。10月21日，该校举行庆祝大会，日本首相福田康夫、早稻田大学总长白井克彦、庆应义塾大学塾长安西佑一郎、美国加利福尼亚大学校长Robert C. Dynes、北京大学岳素兰分别在庆典大会上致辞。

**10月21日** "北京大学2007年教学工作会议暨本科教学工作水平评估工作动员会"在英杰交流中心阳光大厅举行。许智宏出席并作主题发言，林建华分别就本科迎评和博士生质量调查作工作动员和部署，张国有主持会议并作总结发言。柯杨、杨河、张维迎、李岩松、刘伟出席。下午,本科迎评工作分组讨论会议在校内分会议室举行,林建华听取反馈意见。

"中国人口和人力资本多区域和概率预测"课题组成果发布会在英杰交流中心第四会议室举行。杨河出席并致辞。

"北京大学——辉瑞中国医院管理高级课程项目"2007期开班仪式在中国经济研究中心万众楼举行。卫生部部长陈竺、北京大学许智宏出席并致辞。

"典雅的青春"大学生古典音乐节开幕式在北京大学百年讲堂举行。

北京大学"未名杯"第二届教职工网球锦标赛落下帷幕。

**10月22日** 闵维方在北京人民大会堂参加中国共产党第十七届中央委员会第一次全体会议。

许智宏在办公楼105贵宾室会见爱尔兰都柏林大学校长Hugh Brady一行。双方就学校概况、办学理念、发展方向等话题进行了交流。

柯杨在医学部行政1号楼七层会议室主持召开医学部2007年第27次部务办公会。敖英芳参加。

深圳市委常委、深圳市常务副市长刘应力应邀来我校参加"2007年北京大学三井创新论坛第四讲"并在图书馆北配殿作《深圳创新圈与创新产业发展》主题演讲。许智宏在临湖轩会见来宾,张国有参加会见并出席演讲会。

林建华在临湖轩会见以色列科学基金会主席约瑟夫·克拉夫特一行。

林建华在临湖轩中厅会见荷兰马斯特里赫特大学校长Gerard Mols一行。双方就本科生交换、联合暑期项目、产学研结合等事宜进行交流。

林建华在红四楼教务部会议室主持召开迎接教育部本科教学水平评估工作例会。

柯杨、敖英芳在医学部教学楼二层报告厅听取二级单位汇报本科教学工作水平评估准备工作情况。

北京大学陈雄、蔡兰苏伉俪考古学基金捐赠协议签字仪式在英杰交流中心举行。美籍华人陈雄、校领导张国有分别代表双方签署协议。根据协议,陈雄、蔡兰苏夫妇将于2008年3月底前向北京大学捐赠人民币100万元,作为基金本金,主要用于设立陈雄蔡兰苏伉俪考古学奖学金、助学金以及其他支持考古文博学院发展和建设的项目。

北京大学体育馆通用志愿者招募选拔工作顺利结束。

**10月22日至25日** 闵维方、许智宏等学校领导分别率学校相关职能部门和院系负责人对数学科学学院、生命科学学院、光华管理学院等近30个院系及学工部、保卫部等职能部门进行本科教学工作水平评估第一阶段校内自查。

由中国人民对外友好协会与美国德克萨斯州农工大学、乔治·布什总统图书馆基金会及乔治·布什政府和公共事务学院共同举办的第三届中美关系研讨会在美国华盛顿举行。中国外交部前部长李肇星和美国前总统乔治·赫伯特·沃克·布什分别率团与会。海闻赴美参加研讨会。

**10月23日** 林建华在临湖轩中厅会见瑞典隆德大学副校长Eva Akesson一行。双方就"国家建设高水平大学公派出国留学项目"等合作事宜进行交流。

人口研究所《中国人口重大出生缺陷遗传和环境交互作用机理研究》"973项目"启动会在英杰交流中心第四会议室举行,杨河出席并致辞。

北京大学2007年第29次党政联席会在办公楼103会议室举行。

北京大学党委理论中心组在办公楼103会议室集体学习党的十七大精神。中国共产党第十七届中央委员会候补委员闵维方结合自己参加十七大的感受和体会,深入细致地传达了党的十七大精神。学校领导班子全体成员参加学习,杨河主持会议。

张国有在办公楼105贵宾室会见伊朗德黑兰大学副校长阿里教授一行。

**10月24日** 中国共产党北京市委员会第十届第二次全体会议在北京会议中心开幕。会议深入学习贯彻党的十七大精神,研究部署全市学习贯彻落实党的十七大精神的工作。中央政治局委员、北京市委书记刘淇主持会议并讲话,中央政治局委员、市长王岐山传达胡锦涛总书记在十七届一中全会上的重要讲话。闵维方参加。

敖英芳在医学部行政1号楼七层会议室主持召开"中国卫生思想政治工作促进会"医学教育分会筹备会。

教育部党组召开教育系统学习贯彻党的十七大精神座谈会,学习领会十七大精神,对教育系统学习十七大精神有关工作作出具体部署。教育部党组书记、部长周济出席并讲话,教育部党组副书记、副部长袁贵仁主持会议,闵维方参加。

"杨国强先生向北京大学捐赠协议签字仪式"在办公楼103会议室举行。碧桂园集团董事局主席杨国强、校领导许智宏致辞并代表双方在协议上签字。协议签署后,许智宏向杨国强主席颁发"北京大学杰出教育贡献奖"。吴志攀主持仪式,林建华出席。杨国强先生本次向北京大学捐赠3000万人民币,以其兄长名字命名,设立"北京大学国华杰出学者奖"基金,用于奖励北京大学对国家、对社会、对人民生活有突出贡献的科学工作者。

北京大学筹建功能磁共振成

像(FMRI)研究中心论证会在红三楼二层会议室举行。林建华出席并听取工作汇报。

林建华在临湖轩中厅会见美国自然科学基金会(NSF)副主任Tony Fan-Cheong Chan 一行。

林建华在红二楼研究生院会议室主持召开学科规划委员会会议。

柯杨在医学部护理学院五层会议室参加护理学院教学改革座谈会。

张彦在北京华风宾馆二层多功能厅出席全国青联委员学习贯彻党的十七大精神座谈会并以"教育青年，培育英才，实现中华民族的兴国、强国梦想"为题发言。

由中央音乐学院、上海音乐学院、北京大学、北京音乐家协会、中山市人民政府共同主办的"萧友梅纪念碑揭幕式暨《萧友梅编年纪事稿》《萧友梅全集》(第二卷)出版座谈会"在中央音乐学院举行。张国有出席。萧友梅先生是我国现代音乐教育的奠基人和先行者，2007年是蔡元培先生、萧友梅先生共同创办的北京大学音乐传习所成立85周年。

柯杨在肿瘤医院门诊部三层会议室为学生讲授"肿瘤遗传的分子基础"课程。

北大临床肿瘤学院骨科成功完成首例人工肱骨头置换术。

北京大学景观设计学研究院俞孔坚教授主持的中国京杭大运河遗产与生态廊道研究课题通过国家文物局鉴定，圆满结题。

**10月24日至28日** 第十届全国人民代表大会常务委员会第三十次会议在人民大会堂举行。许智宏参加。

**10月25日** "北京大学传达学习贯彻党的十七大精神工作会议"在英杰交流中心阳光大厅举行。学校领导班子全体成员、学校部分老领导、校党委委员、纪委委员、各职能部门、各基层党委(党工委、党总支、直属党支部)、各院(系、所、中心)、直属附属单位、企业负责人，民主党派代表，教代会、工会代表，共青团代表，学生代表以及离退休老同志代表300余人参加会议。中国共产党第十七届中央委员会候补委员、学校党委书记闵维方结合参加十七大的感受和体会，联系高等教育的发展、北大创建世界一流大学的实际与北大进一步加强和改进党建和思想政治工作的思考，向与会人员深入细致地传达了党的十七大精神。许智宏在总结讲话中就以十七大精神为指导，推进学校各项工作又好又快发展提出意见。吴志攀代表学校党委对下一步北京大学学习贯彻党的十七大精神的各项工作作部署。大会邀请吴树青、梁柱、赵存生、黄宗良、刘伟五位校内理论专家作辅导性发言。

北京大学"奥运与文化"博士生学术论坛在勺园七号楼多功能厅举行，林建华出席并致辞。

林建华在临湖轩中厅会见韩国东国大学总长吴盈教一行，双方就在相关领域开展具体合作事宜进行交流。随后，吴盈教、林建华代表双方在临湖轩东厅续签校际交流协议。

柯杨在北京国际饭店出席"2007国际远程教育高端论坛"开幕式并致辞。

"北京大学香港特别行政区高级公务员培训班(第八期)"结业典礼在大讲堂四季庭院举行。岳素兰致辞并为学员颁发结业证书。

北京大学学位评定委员会第90次会议在办公楼103会议室举行。许智宏、吴志攀、林建华、柯杨、张国有参加。

许智宏在临湖轩中厅会见印度国民大会党秘书长Rahul Ganghi一行。

"北京大学政府管理学院与河南邓州市共建签字仪式"在廖凯原楼阳光大厅举行，岳素兰出席并致辞。

第四届"鲁迅文学奖"评选结果揭晓。外国语学院王东亮和中文系陈晓明分获"全国优秀文学翻译奖"和"全国优秀文学理论评论奖"。

张彦在资源大厦416会议室主持召开北京大学体育场馆运行团队主任会议。

**10月26日** "北京大学医学部95周年庆典大会"在医学部会议中心礼堂举行。全国人大常委会副委员长、医学部主任韩启德院士，卫生部副部长刘谦，校领导闵维方、柯杨出席并致辞，敖英芳主持会议。卫生部、教育部、国务院学位办，国内高校、医院等有关单位领导，以及医学部党政领导、老领导、医学部两院院士、资深教授、"973""863"首席科学家、长江学者代表，全国、北京市级人大代表、政协委员和医学部民主党派负责人代表，各学院(部)、系、职能部门、直属单位、附属医院、教学医院负责人、中青年学术骨干及各类奖项获奖者代表、海内外校友及师生员工代表1000余人出席庆典大会。下午，医学部95周年庆典学术报告会在医学部会议中心206会议室举行，柯杨、敖英芳出席。晚上，庆典文艺晚会在医学部会议中心礼堂举行，柯杨、敖英芳出席并观看演出。

林建华在办公楼105贵宾室会见美国阿克隆大学(Akron University)副校长George R. Newkome一行。

林建华在办公楼103会议室主持召开迎接教育部本科教学工作水平评估工作协调会。

敖英芳在医学部会议中心209会议室主持召开医学部2007年第9次党委会，柯杨参加。

张彦、鞠传进在英杰交流中心第二会议室主持召开学校治安综合治理委员会全体会议，对加强校园环境整治和综合治理工作进行安排和部署。

岳素兰在英杰交流中心贵宾室会见前来北京出席第7届世界运动与环境大会的联合国副秘书长、联合国秘书长发展与和平的特别顾问、瑞士联邦委员会前主席阿道夫·奥吉。

北京市委教育工委"学习贯彻党的十七大和市委十届二次全会精神大会"在市教委二楼报告厅举行。北京市委常委、教育工委书记朱善璐出席并讲话。吴志攀参加。

柯杨、敖英芳在医学部会议中心205会议室参加医学部校友会常务理事会。

"共青团北京大学第十七届委员会第五次全体(扩大)会议"在怀柔区雁栖湖饭店召开。张彦出席并讲话,对发挥共青团的政治优势和组织优势、学习宣传十七大精神和党的理论创新、实践创新最新成果进行号召和部署。

IBM大中华区首席执行总裁钱大群访问我校并作题为"全球整合企业——21世纪的商业发展模式"的演讲。张国有在光华管理学院会见来宾。

北京大学2007年学生暑期社会实践成果展在三角地举行。

北大黔中文化发展促进会与北大爱心社联合发起为贵州贫困学生募捐衣物活动,学生们踊跃参与。

**10月27日** "西南联大建校70周年纪念大会"在清华大学举行。国务委员陈至立出席并致辞。闵维方出席大会。

"中国欧洲学会德国研究分会第12届年会暨学术研讨会"在国际关系学院秋林报告厅举行。吴志攀出席并致辞。

岳素兰在中央组织部招待所参加"中国人才研究会妇女人才专业委员会2007年理事会会议"。

张国有在九华山庄出席北京大学国际关系学院主办的"纪念十月革命九十周年学术研讨会"并致辞。

"北京大学体育馆邱德拔先生铜像揭幕仪式"在北京大学体育馆举行。北京市奥组委副秘书长张志伟、邱氏家族代表邱美玉(Mavis Khoo)、校领导闵维方出席并致辞,许智宏、邱美玉为铜像揭幕,林建华主持仪式。吴志攀、岳素兰、鞠传进出席。揭幕仪式前,学校领导在办公楼103会议室会见邱氏家族成员。

**10月28日** 由学校党委组织部、宣传部、学生工作部联合举办的"学习党的十七大精神报告会"在百周年纪念讲堂召开。中共中央党校副校长李君如教授就学习党的十七大精神作辅导报告。杨河主持报告会并作总结讲话。

**10月29日** "北京论坛(2007)新闻发布会"在英杰交流中心新闻发布厅举行。许智宏、张国有出席并讲话。

"曹靖华先生诞辰110周年纪念会暨俄罗斯文学国际研讨会"在百周年纪念讲堂多功能厅举行。俄罗斯驻华大使拉佐夫、中国人民对外友好协会会长、中俄友好协会会长陈昊苏、中国作家协会主席铁凝、校领导许智宏出席并致辞。

约旦哈希姆国王阿卜杜拉二世访问我校并在英杰交流中心阳光大厅就中约外交关系、文化交流等方面内容发表演讲。中国驻约旦大使宫小生出席,许智宏在演讲会上致辞。

中共北京市委组织部、市委教育工委等部门在清华大学大礼堂联合召开"欢迎首都高校博士生和博士后到北京市挂职锻炼会议",部署和推动第一批首都高校博士生和博士后到北京市党政机关和企事业单位挂职锻炼工作。会议由市委常委、教育工委书记朱善璐主持,张彦参加会议并作交流发言。

瑞典副首相兼企业与能源部部长Mod Olofsson一行访问我校,并先后出席在百周年纪念讲堂多功能厅举行的"北京大学环境与经济研究所成立暨环境经济学科发展项目启动仪式"和在英杰交流中心新闻发布厅举行的"世界自然基金会(WWF)中国项目启动仪式"。许智宏会见来宾、出席仪式并致辞。

吴志攀在临湖轩中厅会见白俄罗斯国民会议共和国院外事和国家安全委员会主席切尔基涅茨一行。

**10月29日至30日** 北京大学邀请校内外专家对学校本科教学工作水平进行预评估。北京师范大学校长钟秉林担任评估组组长,北京邮电大学校长林金桐、南开大学原副校长逄锦聚等11位校内外专家组成评估专家组。29日,北京大学本科教学工作水平预评估汇报会在英杰交流中心新闻发布厅举行,许智宏作本科教育工作报告,向专家组介绍北大本科教学工作情况,学校领导班子成员和相关职能部门及部分院系负责人出席。29日和30日,专家组分别走访校本部及医学部有关院系、部门,听取相关工作汇报,并到教室检查教学情况。30日,"北京大学本科教学工作水平预评估意见反馈会"在办公楼103会议室举行,学校领导班子成员出席并听取专家组意见,许智宏代表北京大学发言,对评估专家组表示感谢。

**10月30日** 哈佛燕京学社校友学术研讨会在英杰交流中心阳光大厅举行。吴志攀出席并发言。

林建华在临湖轩会见德国图宾根大学校长Bernd Engler一行,并签署两校教师和学生交换谅解备忘录。

林建华在临湖轩西厅会见美国南加州大学教育研究财团主席迈克尔·戴蒙德(Michael Diamond)一行。

张国有在临湖轩东厅会见来访的香港利丰集团主席冯国经

博士。

北京大学2007年第30次党政联席会在办公楼103会议室举行。

"北京大学生态文明研究中心"学术委员会会议在生物技术楼北京大学大熊猫保护研究中心举行。许智宏出席并讲话。

吴志攀在办公楼105贵宾室会见澳门特别行政区终审法院院长、北京大学校友岑浩辉一行。

**10月31日** 许智宏赴山东省青岛市参加"中国科学院实验海洋生物学重点实验室学术委员会会议"。

吴志攀在办公楼103会议室会见哥伦比亚教育部副部长胡安娜·伊内斯·塔尔夫一行。

北京奥组委交通部"编制场馆交通运行方案和筹建交通专业团队工作专题会"在北京奥运大厦302会议室召开,张彦参加。

北大学生学习十七大精神座谈会在办公楼103会议室举行。张彦出席并作总结讲话。

"北京教育系统学习贯彻十七大精神全面贯彻加强党建工作座谈会"在中共北京市委第三会议室召开。市委常委、教育工委书记朱善璐出席,杨河参加并作主题发言。

林建华在办公楼103会议室主持召开2007年第十一次教务长办公会。会议就"地球与空间科学学院和元培学院联合恢复'古生物学'专业论证报告""公派出国研究生计划执行机制"及"资源中学改制"等问题进行了讨论和审议。

柯杨在医学部两所楼615会议室参加高等教育学会医学教育专业委员会扩大会议。

敖英芳在医学部教学楼716室参加医学部2007年统战工作会议。

在泰国举行的第十二届亚洲大学生围棋团体赛上,北京大学围棋队代表中国大学生队勇夺团体冠军。

**10月31日至11月2日** 岳素兰率代表团赴辽宁省鞍山市考察,重点考察了鞍钢矿山尾矿综合利用、岫岩县玉矿等项目。

## 11月

**11月1日** 中国人民大学举办建校70周年庆祝活动。上午,庆祝大会在人民大学世纪馆举行,许智宏出席并致辞。下午,闵维方在人民大学逸夫楼出席中国人民大学"研究型大学合作与发展座谈会"并发言。

许智宏在临湖轩中厅会见美国思科(CISCO)公司总裁兼首席执行官John Chambers一行。

由北京大学法学院主办的"企业社会责任与公司治理国际研讨会"开幕式在英杰交流中心举行,全国政协副主席罗豪才出席并讲话,校领导吴志攀出席并致辞。

美国康奈尔大学校长David Skorton应邀来我校出席"康奈尔大学中国与亚太研究项目启动仪式暨北京大学——康奈尔大学杰出学者系列讲座协议签署仪式"。许智宏在国际关系学院秋林报告厅出席仪式并致辞。随后,许智宏与David Skorton校长代表双方签署"北大—康大杰出学者系列讲座"协议。

张彦在资源大厦416会议室主持召开北京大学体育场馆运行团队主任会议。

北京大学发展战略规划座谈会后勤总务系统职能部门负责人座谈会在办公楼103会议室召开,鞠传进出席。

敖英芳在医学部第二教室为医学部教职员工入党积极分子讲授党课。

"北京大学光华管理学院国际顾问委员会成立仪式"在故宫博物院举行。中央政治局委员、北京市市长王岐山,全国政协副主席罗豪才,光华国际顾问委员会首任主席Jacobs教授,校领导许智宏出席并致辞。来自世界著名商学院院长和跨国公司CEO等50余名嘉宾出席成立仪式。

**11月2日** 林建华在理科四号楼邓佑才报告厅出席地球与空间科学学院迎接教育部本科教学工作水平评估工作动员会并讲话。

柯杨在医学部会议中心205会议室参加医学部毕业后医学教育工作委员会工作会议。

张彦在老生物楼221会议室主持召开学生工作部门月度工作例会,部署近期工作安排。

赵广军同志先进事迹报告会在办公楼礼堂举行。张彦在办公楼202会议室会见了报告团全体成员。

杨河在北京会议中心参加"学习贯彻十七大精神《前线》选题座谈会"。

**11月2日至4日** 以"文明的和谐与共同繁荣——人类文明的多元发展模式"为主题的"北京论坛(2007)"在北京举行。2日,论坛开幕式在北京人民大会堂举行。全国政协副主席罗豪才出席,教育部部长周济、联合国副秘书长Joseph Verner Reed、校领导许智宏、韩国SK集团董事长崔泰源、北京市委常委、教育工委书记朱善璐出席并先后致辞,闵维方主持仪式。中国人民外交学会名誉会长、中国外交部前部长李肇星,智利共和国参议长、前总统Eduardo Frei Ruiz-Tagle作特邀报告。2日至4日,"北京论坛(2007)"各分论坛分别在人民大会堂和北京大学举行。其间,许智宏先后在人民大会堂北京厅分别会见前来参加北京论坛的澳大利亚拉筹伯大学校长Paul Arthur Johnson、美国夏威夷大学校长David McClain和澳大利亚国立大学校长Ian William Chubb,在办公楼 105 贵宾室分别会见加拿大麦吉尔大学校长 Anthony Masi，英国诺丁汉大学校长 Colin Murray Campbell 和英国东英吉利大学校长 W. D. Macmillan。4 日，"北京论坛（2007）"闭幕式在英杰交流中心阳光大厅举行，全国人大常委会副委员长许嘉璐、韩国高等教育财团总长金在烈、校领导许智宏出席并致辞，吴志攀主持。

**11 月 3 日** 许智宏在北京北苑宾馆出席中国科学院学部科学道德建设委员会组织召开的"推进和谐学术生态建设——科学道德和科技伦理专题研讨会"并作总结发言。

吴志攀在国际关系学院 C105 会议室出席"第八届北京大学——日本樱美林大学学术研讨会"开幕式并致辞。该研讨会始于 1998 年，本届会议的主题是"和谐社会与可持续发展"。

北京大学"学习党的十七大精神报告会"在百周年纪念讲堂举办，十七届中央候补委员、校党委书记闵维方出席并作辅导报告。北京大学第 20 期党的知识培训班学生入党积极分子、第 24 期团校学员和学生助理学校骨干共 2100 余人参加报告会。

北京大学第 24 期团校开学典礼暨北京大学共青团"践行科学发展观，争当'四个新一代'"主题教育活动启动仪式在百周年纪念讲堂纪念大厅举行。张彦出席并讲话。

北京大学第三次健康促进会议在北京蟹岛会议中心召开，鞠传进出席并致辞。

北京大学深圳研究生院教学工作会议在深圳召开，林钧敬出席并作总结讲话，海闻作《异地办学中教学工作的探索与思考》主题报告。

**11 月 3 日至 4 日** 柯杨在北京国际会议中心参加第 24 届国际乳头瘤病毒学术会议及临床研讨会议。

**11 月 5 日** 柯杨在医学部行政 1 号楼七层会议室主持召开医学部 2007 年第 28 次部务办公会。敖英芳参加。

岳素兰在考古文博学院 101 报告厅出席"北京大学——天津市创新型人才高级研修班"开学典礼并致辞。

教育部财务司司长陈伟光一行到我校调研，闵维方、许智宏、林建华、岳素兰在办公楼 103 会议室会见来宾并参加座谈。

**11 月 5 日至 9 日** 2007 年中国科学院院士增选大会在北京京丰宾馆举行。许智宏参加。

**11 月 6 日** 北京大学 2007 年中层干部培训班结业典礼在英杰交流中心新闻发布厅举行。闵维方、吴志攀出席并讲话。

北京大学环境科学与工程学院与河北省邯郸市鸡泽县共建启动仪式在老地学楼 301 会议室举行。岳素兰出席并致辞。

北京大学 2007 年第 31 次党政联席会在办公楼 103 会议室举行。

**11 月 7 日** 许智宏赴香港出席"蒙民伟国内香港大学交换生奖学金"新闻发布会。

闵维方在国家教育行政学院为"教育部直属高校财务主管培训班"作关于党的十七大精神和高等教育管理讲座。

吴志攀在英杰交流中心第四会议室出席严绍璗《日藏汉籍善本书录》学术座谈会并发言。

林建华在办公楼 103 会议室主持召开理工科院系负责人工作例会。

柯杨在医学部国际合作处会议室会见悉尼大学副校长 Gavin Brown，商谈合作事宜并签署合作协议。

北京大学"河合创业基金"颁发仪式在团委 221 会议室举行。日本通用工程股份有限公司中国筹划室室长长谷川胜男、校领导张彦为获资助同学颁发证书并致辞。

闵维方在研究生院会议室与研究生院工作人员举行座谈会，传达学习贯彻党的十七大精神。

**11 月 7 日至 8 日** "中国高等教育学会学生工作研究分会成立大会暨第一届全国高等院校学生工作研讨会"在江苏大学举行。教育部高校学生司副司长张浩明、中国高等教育学会副会长张晋峰和来自全国 120 余所高校的领导、学工部（处）长出席会议。张彦出席并作主题报告。北京大学等 43 所高校当选为常务理事单位。

**11 月 7 日至 9 日** 由中国学位与研究生教育学会文理科工作委员会主办，西北政法大学承办的"2007 年全国学位与研究生教育学会文理科工作研讨会"在西北政法大学长安校区召开。张国有参加会议。

**11 月 8 日** 林建华在英杰交流中心贵宾室会见前来举办悉尼大学日的悉尼大学代表团。随后，悉尼大学校长 Gavin Brown 在英杰交流中心阳光大厅举行演讲会，林建华出席并致欢迎辞。9 日，林建华在教育部陪同周济部长会见 Gavin Brown 校长。

闵维方在勺园七号楼贵宾室会见也门高等教育与科学研究部部长萨利赫·阿里·巴苏拉一行，双方就两国教育制度等方面问题进行了交流。

林建华在办公楼 105 贵宾室会见美国普渡（Purdue）大学副校长 Chip Rutledge 一行。双方就推动北京大学在药物工程领域与普渡大学以及海正药业的合作进行了交流。

林建华在哲学楼 201 会议室主持召开主管教学工作副院长、副主任工作会议。

**11 月 9 日** 闵维方在北京会议中心会议楼报告厅参加北京市政府、人大、政协领导班子民主推荐会。

柯杨在药学院和生命科学学院参加科技部重大专项调研座谈会。

张彦在资源大厦416会议室主持召开北京大学体育场馆运行团队主任会议。

戴德梁行奖助学金捐赠仪式在百周年纪念讲堂多功能厅举行，闵维方出席并致辞，张彦介绍戴德梁行奖助学基金评审情况并宣读2007年度获奖学生名单。

"北京大学2007年学生暑期社会实践总结表彰大会"在廖凯原楼342会议室举行。张彦出席并讲话。

张彦在办公楼103会议室召开会议，宣布成立北京大学体育馆临时管理工作组。

"第八届全国大学生运动会北京代表团表彰大会"在国际关系学院秋林报告厅举行。鞠传进出席并致辞。第八届全国大学生运动会于7月16日至26日在广州举行，北京大学独立组建了乒乓球队、健美操队、女子篮球队，并有部分队员入选北京代表团田径队。北京大学以优异成绩捧得"校长杯"。

**11月9日至11日** 岳素兰赴韩国参加由韩国明知大学校女性家庭生活研究所主办的韩中两国国际学术会议。

**11月10日** 林建华赴南京理工大学出席"全国高等学校教育技术协作委员会年会"。

张国有在东城区国子监、孔庙、国子监中学等处参加"迎奥运首都市民终生学习日"主题活动。

**11月10日至12日** 许智宏赴日本出席"第五届中日大学校长论坛"、东京大学130周年校庆和"东亚四国大学校长论坛"。12日，早稻田大学举行"北京大学日"活动，许智宏、杨河率北京大学师生代表团二十余人参加。许智宏发表主题演讲，并代表北京大学与早稻田大学签署关于合作建设孔子学院的执行协议。杨河参加早稻田大学孔子学院理事会会议及揭牌仪式，并访问日本立命馆大学。

**11月11日** 由北京大学承办的海峡两岸高等学校安全管理论坛开幕式在北京福缘宾馆举行。海峡两岸共42所高校的安全保卫工作负责人参加会议。北京市委教育工委常务副书记、中国高教保卫学会顾问张建明、中国高等教育学会副会长兼秘书长张晋峰出席。张彦出席并致辞。

张国有在百周年纪念讲堂多功能厅出席新闻与传播学院同中视金桥国际传播集团等媒体合作启动仪式。

**11月12日** 医学部2007年第29次部务办公会在医学部行政1号楼七层会议室召开。柯杨主持，敖英芳出席。

鞠传进在办公楼103会议室主持召开校医院大楼建设工作会议。

岳素兰在办公楼105会议室主持召开为中国残奥会捐赠事宜协调会。

**11月13日** 林建华在国家教育行政学院（大兴）出席"第二届教育部学科发展与专业设置专家委员会第二次评议会议暨第二类特色专业建设点评审会议"。

北京大学2007年第32次党政联席会在办公楼103会议室举行。

匈牙利教育文化部部长鞠勒尔·伊士特万访问我校并在英杰交流中心新闻发布厅就匈牙利文化教育政策发表演讲。林建华在英杰交流中心贵宾室会见来宾。

教育部"领略代表风采，追寻奉献足迹"系列报告会首场报告会在清华大学大礼堂举行。教育部副部长李卫红、解放军总后勤部政治部副主任刘生杰少将以及来自北京市委教育工委、总后勤部政治部、各高校相关负责人参加了报告会。张彦参加报告会。

**11月14日** 许智宏在临湖轩东北厅会见俄罗斯基础研究基金会主席弗拉迪斯拉夫·赫米奇（VLADISLAV Yu. KHOMICH）一行。

许智宏在临湖轩中厅会见欧盟科技部部长Silva Rodriguez一行。双方就科研领域合作进行交流。

北京大学学术道德委员会2007年第二次全体会议在办公楼103会议室举行。许智宏、林建华、张国有参加。

**11月14日至15日** 张彦赴南开大学出席第十届"挑战杯"全国大学生课外学术科技作品竞赛终审决赛组委会第20次会议以及终审决赛开幕式。在本次大赛中，我校以两项特等奖、四项二等奖的成绩获得"优胜杯"。

**11月15日** "东盟四十年：回顾与展望"国际学术研讨会在英杰交流中心举行。吴志攀出席并致辞。

美国孟山都公司董事长、总裁兼首席执行官Hugh Grant率队访问我校并在理科四号楼邓佑才报告厅发表"生物技术：未来全球经济的新引擎"演讲。许智宏出席演讲会并致欢迎词。

许智宏在临湖轩东北厅会见德国哥廷根大学校长Kurt Von Figura一行。双方就两校理科研究方面的合作等进行交流。

林建华在办公楼103会议室主持召开北京大学2007年第十二次教务长办公会。会议通报了软件与微电子学院增设集成电路工程专业、北京市重点学科评估以及北京大学放射源管理和废源处理相关情况；审议了北大心理学系与奥地利弗洛伊德大学合作办学事宜以及"中国景观设计学教育联合会"成立事项和章程。

张彦在资源大厦416会议室主持召开北京大学体育场馆运行

团队主任会议。

杨河在北京航空航天大学新主楼第二报告厅参加北京高校全国政协委员人选推荐工作部署会。

《北京大学学报（自然科学版）》荣获第6届"百种中国杰出学术期刊"称号。

医学部孔炜、鞠晓东、于峰、侯建霞、李茹、杨勇、陈宜等7人入选2007年度北京市科技新星计划。

**11月15日至16日** 岳素兰赴南京出席中国江苏首届产学研合作成果展示洽谈会开幕式。

**11月15日至18日** 中华医学会第七届全国胸心血管外科学术会议在苏州召开，肿瘤医院7篇论文入选会议论文集。

**11月16日** "第五次北京市党的建设和思想政治工作先进高校评选工作会"在北京会议中心举行。闵维方、吴志攀参加。

张彦在办公楼103会议室主持召开北京大学2007年度学生奖学金、奖励评审工作会议，对初评报告及评审材料进行审议。

以"奥运·健康·和谐——新形势下医学发展的机遇与挑战"为主题的"第八届北大生物医学论坛"开幕式暨奥运定点医院院长论坛在北京大学医学部会议中心礼堂举行。全国人大常委会副委员长、医学部主任韩启德院士，校领导许智宏、敖英芳出席并致辞。

北京大学信息科学技术学院与中国科学院计算技术研究所战略合作协议签字仪式暨北京大学信息技术与信息化名家讲坛在百周年纪念讲堂多功能厅举行。张彦出席并致辞。

**11月16日至17日** 由成都市人民政府、世界银行、国家信息中心、国家发改委国际合作中心和国土资源部宣传教育中心共同主办的第五届中国投资环境论坛在成都举行。全国人大常委会副委员长乌云其木格出席并致辞。张国有赴成都参加论坛。

**11月16日至26日** "奥运·国球·北大：有你有我——奥运乒乓球测试赛宣传口号征集"活动，通过网络和校园BBS向全校师生征集测试赛宣传口号。

**11月17日** 许智宏赴上海出席"北京大学校友上海论坛"开幕式并致辞。"北京大学校友上海论坛"依托北大文化底蕴和教学科研资源，希望通过校友的力量和作用，探讨解决社会重大问题的方式，以促进上海乃至长三角城市带的科学进步、经济发展、文化传承与社会和谐。

张彦赴友谊宾馆友谊宫出席2007首届职业生涯规划国际论坛暨GCDF全球峰会开幕式并致辞。

敖英芳在医学部教学楼二层报告厅主持第八届北大生物医学论坛奥运与运动医学专场。

**11月18日** 由上海交通大学国家战略研究中心、中国国际文化书院、北京大学国学研究院、中国人民大学国学院共同举办，以"中华战略文化的传承与发展"为主题的"首届中华战略文化论坛"在北京人民大会堂举行。吴志攀参加。

**11月19日** 第十届"挑战杯"全国大学生课外学术科技作品竞赛终审决赛结束，北大学生周焱、刘文俊（化学与分子工程学院2003级本科生）、郭嘉（经济学院2004级本科生）作品《新型OLED蓝光材料的探索——新型稠环芳烃合成方法的开拓》和陈莹莹、姜婉莹、廖宇飞（法学院2003级本科生）作品《诉讼之外的选择——大学生权利救济的进路分析》，摘得特等奖，其他四件参赛作品均获二等奖。北京大学以总分全国第三的成绩捧得"优胜杯"。

第十二届"我爱我师——最受学生爱戴的老师"暨"十佳教师"评选活动启动。

**11月19日至23日** 教育部组织的北京大学本科教学工作水平评估工作启动。中国民主同盟中央委员会主席、南京大学原校长蒋树声担任组长，吉林大学党委书记张文显担任副组长，与上海交通大学校务委员会名誉主任、原校长谢绳武等共17位国内外学者组成评估专家组。19日，"北京大学本科教学工作水平评估汇报会"在英杰交流中心阳光大厅举行。教育部高等教育教学评估中心主任刘凤泰、评估专家组组长蒋树声、校党委书记闵维方出席并讲话，校长许智宏作本科教育工作报告。学校领导班子成员、老领导和党政职能部门、各院（系、所、中心）负责人等200余人参加会议。汇报会前，评估专家组全体成员在校领导班子全体成员陪同下，参观了以"重视基础教育，培养时代英才"为主题的北京大学本科教育展。随后，教育部评估专家组全面考察了我校基础设施和校园环境。晚上，北大"五·四"文化节闭幕式在百周年纪念讲堂多功能厅举行。正在我校进行本科教学工作水平评估的教育部评估专家组部分成员和闵维方、许智宏等校领导出席闭幕式。20日至22日，评估专家组成员分别对我校课堂教学、职能部门和院系进行考察或走访，并与师生举行座谈。20日，"北京大学本科教学工作水平评估校友座谈会"在办公楼103会议室举行。评估专家组成员侯自新、汪泓、钟宇平，校领导闵维方、许智宏等出席。国家发改委副主任毕井泉、中坤集团总裁黄怒波等十二位校友结合自己在北大学习生活的感受和毕业后的经历，同与会专家进行座谈，并对学校本科教育教学提出建议。同时，柯杨在医学部教学楼二层报告厅向医学领域评估专家汇报北大医学教育教学情况，敖英芳参加。21日，评估专家组与校领导座谈会在办公楼103会议室举行。评估专家组组长蒋树声、副组长张文显、专家柳士镇，校领导许智宏、吴志攀、林建华、柯杨、岳素兰、张国有出席,并就学校师资队伍建设、学生培养、教学改革、办学体制和未来发展规划等进行讨论和交流。23日,"北京大学本科教学工作水平评估反馈意见大会"在英杰交流中心阳光大厅举行。教育部本科教学工作水平评估专家组成员出席会议,我校党政领导班子全体成员、老领导、各职能部门、各院(系、所、中心)负责人等200余人参加会议。评估专家组副组长张文显主持会议,并代表教育部评估专家组宣读《对北京大学本科教学工作水平评估的考察意见》,闵维方、许智宏讲话,并代表学校全体师生员工对教育部本科教学工作水平评估专家组表示感谢。

**11月20日** 闵维方在办公楼202会议室就北京大学学习贯彻党的十七大精神相关活动接受《新华社》和《光明日报》记者采访。

**11月21日** 闵维方在教育部参加2006—2007学年国家奖学金评审领导小组会议。

"北京大学李惠荣奖学基金捐赠协议签字仪式"在英杰交流中心新闻发布厅举行。全国人大常委会副委员长顾秀莲出席并向李惠荣赠送纪念品,闵维方代表学校签署捐赠协议并向李惠荣颁发"北京大学杰出教育贡献奖",许智宏出席并致辞,张彦主持仪式。

美国威斯康星大学詹姆斯·汤姆森实验室宣布成功把人体皮肤细胞改造成类似胚胎干细胞的"万能细胞",并将其研究发表在《科学》杂志上,研究小组由北京大学校友、中国科学家俞君英领导。

"学十七大精神、迎教育部评估、促学校发展"知识竞答活动圆满结束,生命科学院、后勤分工会等25个单位获颁优秀组织奖。

**11月22日** "首都高校学生理论社团先锋论坛暨北京大学和谐社会与青年发展学术研讨会"在英杰交流中心新闻发布厅举行。张彦、王丽梅出席并讲话。

教育部副部长、党组副书记袁贵仁,教育部党组成员、中纪委驻教育部纪检组组长田淑兰率教育部直属高校奥运场馆建设监督工作领导小组成员来我校视察2008年奥运会乒乓球比赛场馆。闵维方、许智宏在英杰交流中心贵宾室会见来宾,并介绍体育馆建设情况。张彦、王丽梅、鞠传进参加会见,并陪同教育部领导实地勘查体育馆。

北京大学2007年第33次党政联席会在办公楼103会议室举行。

张彦在资源大厦416会议室主持召开北京大学体育场馆运行团队主任会议。

李惠荣先生答谢晚会在北京钓鱼台国宾馆举行。张彦出席。

中国经济研究中心2007级硕士研究生曾垚同学获得"全国三好学生"荣誉称号。

**11月23日** 北京大学第五批长江学者届满评估专家委员会会议在办公楼103会议室举行。许智宏、张国有参加。

"北大文化产业研究院与中影集团公司战略合作签约仪式"在英杰交流中心阳光大厅举行。杨河出席并致辞。

北京大学2007年度学生社团评优表彰复评答辩会于英杰交流中心新闻发布厅举办。爱心社等五家社团获得"品牌社团",阳光志愿者协会等十家社团获得"十佳社团"称号。

**11月24日** "北京大学第七届青年教师教学演示竞赛"在理科教学楼117教室举行。林建华、岳素兰出席观摩竞赛并讲话。

**11月24日至25日** 许智宏在北京九华山庄参加北京市委教育工委举办的在京高校领导干部十七大精神专题研讨班。

**11月26日** 首届女性学高级研修班开班仪式在英杰交流中心第二会议室举行。全国妇联党组书记、副主席、书记处第一书记黄晴宜,北京市委常委梁伟,校领导岳素兰出席并致辞。

医学部2007年第30次部务办公会在医学部行政1号楼七层会议室举行,柯杨、敖英芳出席。

吴志攀在北京中国大饭店出席"美国百人会第二届大中华区会议"开幕晚宴。美国"百人会"是由著名美籍华裔建筑师贝聿铭发起、由知名美籍华人组成的非政府团体。

**11月26日至12月3日** 闵维方赴美国出席北京大学校友会(北美)活动,并会见北京大学教育基金会(北美)理事。

**11月26日至28日** 林建华赴香港出席"第二届京港大学校长高峰论坛"。该论坛由香港大学校长会与北京市教育委员会联合举办,旨在推动北京、香港两地高校合作发展,为两地大学构建交流与合作的平台。本届论坛主题为"地区教育合作与教育枢纽的构建",27所北京高等院校与14所港澳院校校长约60人出席论坛。

**11月26日至12月2日** 北京大学与开罗大学合作建设孔子学院执行协议签字仪式暨开罗大学孔子学院揭牌仪式在开罗举行,张国有与开罗大学校长阿里·尤素福代表两校在协议书上签字。参加仪式的还有中国驻埃大使武春华、公使衔参赞李琛、教育专员林丰民以及开罗大学副校长穆罕默德·尤素福等中埃双方政府及教育官员。我校与开罗大学于1986年签署了两校《校际合作协议》并于2000年续签了该协议。

**11月27日** 许智宏在国际关系学院A108贵宾室与全国政协副主席董建华会谈。

北京大学2007年第34次党政联席会在办公楼103会议室举行。

北京大学通令嘉奖iGEM代表队,表彰其在美国麻省理工大学举行的第三届国际基因工程机器设计竞赛获得唯一大奖(The only grand prize)。

**11月28日** 许智宏在办公楼105贵宾会客室会见美国戴基金会(Tai Foundation)徐敏理事一行。

学校举行北京大学体育馆校内联合验收。岳素兰、鞠传进出席验收仪式。

柯杨在医学部国际合作处会议室参加北京大学干细胞研究中心与澳大利亚蒙纳士大学干细胞研究所共同组建"中澳国家干细胞科学卓越研究中心"成立签字仪式。

"奥运·成才·新一代"2007年首都高校大学生暑期社会实践评比表彰工作结束,北京大学被授予首都高校社会实践先进单位称号;潘文石、卢亮、沈鹏、张振东被评为首都高校社会实践先进工作者;《北大学生暑期社会实践丰富多彩》等3项实践成果获首都大学生社会实践优秀成果奖。

**11月29日** 许智宏在全国人大会议中心参加全国人大教育科学文化卫生委员会会议。

北京大学生态文明研究中心揭牌启动仪式在英杰交流中心第二会议室举行。北京大学原校长陈佳洱院士、中国生态道德教育促进会陈寿朋教授和校领导许智宏出席并为中心揭牌。"北京大学生态文明研究中心"于2007年10月18日成立,是国内第一个以"生态文明"为研究对象的高层研究机构。陈佳洱、许智宏担任中心学术委员会主任。

柯杨在医学部国际合作处会议室会见辉瑞制药有限公司董事长兼总经理艾德并商谈合作事宜。

张彦在资源大厦416会议室主持召开北京大学体育场馆运行团队主任会议。

2006—2007年度北京高校优秀德育工作者和德育工作先进集体评选活动结束,北京大学物理学院董晓华等17人和信息科学技术学院等5个单位受到表彰。

**11月30日** 由教育部职业教育与成人教育司和中国电子商务协会等22个全国性行业协会共同主办的、以"终身学习、行业合作、企业推动"为主题的"第三届中国培训发展论坛"在北京大学百周年纪念讲堂举行开幕式。教育部副部长吴启迪、校领导杨河等出席了开幕式。

北京大学"北京市哲学社会科学研究基地"验收会议在方正大厦举行。北京市哲学社会科学规划办公室、北京市教委领导及专家组一行在方正大厦考察了我校唯一一个北京市第一批哲学社会科学研究基地——中国都市经济研究中心的建设情况。杨河陪同考察并在验收会议上讲话,介绍了我校人文社会科学建设情况。

北京市第18届大学生数学竞赛评审工作结束,北京大学元培学院2006级本科生唐鹏飞摘得本届竞赛甲组唯一的特等奖,另有7名同学分获一、二、三等奖。

**11月30日至12月2日** 由北京市卫生局、北京大学医学部、中国医学科学院、北京中医药大学、首都医科大学共同主办,北京大学医学部承办的北京市卫生系统第三届迎奥运乒乓球邀请赛,在北京大学医学部体育馆举行。11月30日,柯杨、岳素兰、敖英芳等出席开幕式。本次比赛有来自中央单位、军队武警系统、厂矿学院、各区县以及局直属医疗机构的42支运动队共近350名运动员、教练员参加。

**11月30日至12月1日** 张彦赴东北师范大学出席"吉林省高校辅导员首期岗位培训班",并就"北京大学学生工作运作模式"授课讲学。

# 12月

**12月1日** 由北京市教育工会举办的首都教师第一届艺术节合唱比赛在北京工业大学礼堂隆重举行。岳素兰、杨河率北京大学教工合唱团参加比赛并获金奖,合唱团指挥、北大附中教师高维红获优秀指挥奖,北京大学工会获优秀组织奖。

中国卫生思想政治工作促进会医学教育分会成立大会在医学部教学楼二层报告厅召开。全国人大常委会副委员长韩启德,卫生部人事司司长秦小明,卫生部机关党委常务副书记姚晓曦,中国卫生思想政治工作促进会副秘书长冯小健等和校领导柯杨、王丽梅、敖英芳出席大会。韩启德副委员长为医学教育分会揭牌,柯杨、敖英芳致辞。医学教育分会由北京大学、复旦大学、华中科技大学、哈尔滨医科大学等全国44家医学院(校)组成,医学教育分会会长由敖英芳担任。会议当天举行了首届医学教育思想政治工作研讨会。

北京大学"每周一星"年终评选——北大学子年度之星评选活动正式启动。

**12月1日至2日** 许智宏赴上海参加"中国科学院植物分子遗传国家重点实验室"年会。

吴志攀赴南京出席教育部高等学校法学学科教学指导委员会年会。

**12月2日** 联合国第十三届气候变化大会在印度尼西亚巴厘岛召开,北京大学清洁发展机制研究会(CDM Club)的赵春红和罗锐同学作为中国青年代表参加。

北大校友许传玺当选第18届"中国十大杰出青年"。

**12月3日** 柯杨在医学部行政1号楼七层会议室主持召开医学部2007年第31次部务办公会。

敖英芳参加。

林建华在办公楼103会议室主持召开2007年第13次教务长办公会。会议听取了评建总结会和北大教学论坛筹备情况等事宜。

2008年奥运会乒乓球比赛场馆、北京大学体育馆顺利竣工。

**12月3日至4日** 许智宏在北京外国专家大厦参加"973计划第四届专家顾问组第二次会议"。

**12月4日** 林建华在临湖轩东北厅会见荷兰爱思唯尔(Elsevier)公司全球学术与客户关系副总裁池永硕(Youngsuk Chi)一行,并就2008年度双方开展合作的相关事宜进行交流。

柯杨、敖英芳在医学部教学楼二层报告厅参加医学部理论中心组及党员干部理论学习。随后,敖英芳在医学部教学楼二层会议室主持召开医学部2007年第十一次党委会,柯杨参加。

鞠传进在办公楼103会议室主持召开北京大学教师公寓管理委员会会议。

北京大学2007年第35次党政联席会在办公楼103会议室举行。

朝鲜金日成综合大学校长成自立教授一行访问我校。许智宏在临湖轩中厅会见来宾,并就两校开展人员交流事宜交换了意见。

哥斯达黎加科技部代表团访问我校,林建华在临湖轩中厅会见代表团团长、哥斯达黎加科技部部长Eugenia Flores Vindas一行。

"IBM主机大学合作项目10周年庆典"在百周年纪念讲堂举行。林建华致辞并代表北京大学接受IBM公司颁发的"IBM主机大学合作项目10年成就奖"。

**12月5日** 许智宏到校医院住院部看望侯仁之先生。

林建华在临湖轩中厅会见加拿大维多利亚大学副校长James P. Anglin一行。会见结束后,双方在临湖轩东厅签署合作备忘录。

鞠传进在办公楼103会议室主持召开博士后公寓管理问题协调会。

许智宏在办公楼105贵宾室会见澳大利亚拉筹伯大学前校长Michael Osborne和现任副校长Bob Goddard一行。

教育部召开的"2008年全国普通高校毕业生就业工作视频会议"在北京举行。许智宏、张彦在英杰交流中心第二会议室分会场参加会议。

林建华在办公楼103会议室出席"李启虎兼职院士座谈会"并讲话。

柯杨在医学部国际合作处会见日本顺天堂大学学长小川秀兴并签署合作协议。

教代会提案工作主题沟通会和北京大学爱心基金管委会会议先后在工会108会议室举行,岳素兰参加。

**12月6日** 许智宏到北京大学体育馆视察场馆运行情况,为场馆工作人员和志愿者代表颁发培训合格证书并发表讲话,张彦陪同。12月13日至19日,2007年ITTF(International Table Tennis Federation国际乒乓球联合会)职业巡回赛总决赛将在北京大学新落成的体育馆举行,许智宏任组委会主席。

"中共北京外国语大学第八次代表大会"开幕式在北京外国语大学逸夫楼举行,吴志攀应邀出席并代表兄弟院校致辞。

北京大学国家重点学科规划汇报会在办公楼103会议室举行。林建华、张国有参加并听取相关学科负责人汇报。

杨河在考古文博学院101报告厅出席"北京大学第十期中国人保财险青年干部工商管理研修班"结业典礼并讲话。

林建华在办公楼103会议室主持召开形象建设领导小组、信息化建设领导小组联席会议,岳素兰

参加。会议通报并讨论了学校新版主页建设情况、编码方案和"数字资源加工中心项目"建设情况。

张彦在资源大厦416会议室主持召开北京大学体育场馆运行团队主任会议。

北大深圳医院心内科医生吴淳当选"深圳十大杰出青年"。

**12月6日至8日** 柯杨赴福州市参加中国高等教育学会医学教育专业委员会四届二次常务理事会议和福建医科大学70周年校庆庆典大会。

**12月7日** "生物技术研发中心成立暨揭牌仪式"在北京香格里拉饭店举行。北京市委常委、教育工委书记朱善璐出席并为中心揭牌,许智宏出席并讲话。生物技术研发中心是由美国杜邦公司与北京未名凯拓农业生物技术有限公司联合组建的我国第一个中外合资的农业生物技术研发中心。

以"城市发展与安全"为主题的"第六届中国国家安全论坛"在北京华润饭店举行。吴志攀出席。

"北京市科委科普管理工作者高级研修班"开班仪式在英杰交流中心新闻发布厅举行。林建华致辞并与北京市科学技术委员会主任马林签署"北京大学与北京市科学技术委员会合作协议书"。

"北京大学2006—2007学年奖学金颁奖典礼"在百周年纪念讲堂举行。美国廖凯原基金会主席廖凯原博士发表"寻找生命的意义"主题演讲,华润(集团)有限公司副总经理陈树林、方正集团董事长魏新、校领导闵维方出席并致辞,许智宏代表学校授予廖凯原博士"北京大学名誉校董",林建华介绍本学年奖学金评审情况。随后,校领导和与会嘉宾共同为获奖学生代表颁奖。张彦主持仪式。2007年,北京大学共评出奖学金68项,获奖学生3313人,奖学金总额1100多万元,人均获奖3340元,获奖人数、获奖比例和人均获

奖额均比去年有所提高。

由中国长城学会发起和主办的"中华军魂——历代经典军旅诗书法欣赏"校园巡展活动开幕式在图书馆展厅举行。许智宏会见来宾,杨河、迟惠生出席开幕式。

北京大学 2007 年"奥运有我,校庆有我"教职工健康大步走活动在百周年纪念讲堂广场启动。岳素兰致辞并打响发令枪,全校 60 余个单位 3000 余名教职工参加。

杨河在廖凯原楼会客室会见韩国忠清北道知事郑宇泽一行。

北京大学二十四期团校高团学员互讲活动在团委 221 会议室举行。此次互讲活动的主题是"未来·十三年·新一代",来自高团六个组的二十余名学员代表参加了本次活动。

**12 月 8 日** "北京大学体育馆(奥运乒乓球场馆)落成典礼暨启用仪式"在北京大学体育馆举行。北京奥组委执行副主席杨树安、国家体育总局副局长蔡振华、北京市委常委、教育工委书记朱善璐、校领导许智宏出席并先后致辞,北京市教委主任刘利民出席,闵维方宣布场馆落成典礼暨启用仪式正式开始。吴志攀、张彦、王丽梅、杨河、鞠传进出席,岳素兰主持仪式。随后举行"2007'奥运有我'北京大学教工乒乓球团体联赛决赛""北京大学方正乒乓球俱乐部队员表演赛"和"中国国家乒乓球队队员表演赛",杨树安、许智宏为教工联赛团体冠亚军颁奖,闵维方向中国国家队领队、总教练、队员赠送纪念品。北京大学体育馆是世界上首座专为乒乓球比赛而建造的体育馆。场馆屋顶建设采用两条旋转的屋脊,巧妙地形成了传统的"中国脊"造型,屋顶中央设计了一个巨大的玻璃壳,好像旋转的乒乓球,寓意了北大体育馆在奥运会比赛时的功能。

"纪念胡宁先生逝世十周年暨胡宁先生铜像揭幕仪式"在物理楼南楼四层大厅举行。林建华出席并为铜像揭幕。

张国有在办公楼礼堂出席"中国品牌大会"并致辞。

"精神的魅力——87 级入学 20 周年纪念聚会"在勺园二号楼一层大厅举行。闵维方出席并致辞。会上,北京大学第一个以年级命名的基金"北大 1987 基金"正式发布,闵维方代表学校接受基金。

**12 月 9 日** 柯杨在铁道大厦参加 863 项目"食管癌病因及发病机制研究"中期汇报。

张国有率北大人文社科院系负责人到东城区参观国子监并商讨与东城区进一步开展合作的有关事宜。

北京大学纪念"一二·九"运动七十二周年师生歌咏比赛于下午和晚上分两场在百周年纪念讲堂举行。岳素兰、迟惠生、王丽梅出席并观看比赛。

第三届走向人文管理高层论坛暨人文医学荣誉奖、医院人文管理荣誉奖颁奖大会在北京召开,北京大学人民医院获得"医院人文管理荣誉奖",王少杰获"人文医学荣誉奖"称号。

**12 月 10 日** 由中国残疾人联合会、北京大学共同主办,美国南加州大学、澳大利亚格里菲斯大学协办的"残疾人口与发展国际论坛"在英杰交流中心阳光大厅举行。九届全国人大常委会副委员长彭珮云出席,中国残联党组书记王新宪、国家统计局副局长张为民、民政部副部长窦玉沛、校领导闵维方出席并致辞,张国有主持。本次论坛是我国首次举办关于残疾人口和发展问题的国际论坛,来自国内 20 多所高校、社科院和政府研究机构的专家代表,以及来自美国、加拿大、德国等国家和地区的学者和全国各地残疾工作者代表等参加。论坛发表了《未名湖倡议》,呼吁各国政府为改善残疾人状况,促进社会公正与和谐,采取更加务实的行动。

"能源植物研发中心暨 IOB-TLL 甜高粱联合研发实验室(IOB-TLL Joint R&D Laboratory for Sweet Sorghum)启动仪式"在中国科学院植物研究所举行。许智宏致辞并为 IOB-TLL(植物研究所—新加坡淡马锡生命科学实验室)甜高粱联合实验室揭牌。

由教育部高等学校外语专业教学指导委员会主任委员戴炜栋教授任组长的教育部专家组到我校验收外语非通用语种本科人才培养基地。基地验收汇报会在外文楼 206 会议室举行,林建华出席并致辞。

医学部 2007 年第 32 次部务办公会在医学部行政 1 号楼七层会议室召开,柯杨、敖英芳参加。

"携笔从戎展风采 青春激扬北大魂——北京大学 2007 年新兵入伍欢送会"在北大百周年纪念讲堂举行。张彦出席并讲话。

北京大学 110 周年校庆筹备工作会在办公楼 202 会议室召开,闵维方、许智宏、吴志攀、岳素兰出席并讲话。

"情牵国球 心系奥运"首都大学生志愿者风采展示活动走进北京大学,北大 400 余名奥运会、残奥会赛会志愿者申请人参与活动。

**12 月 10 日至 11 日** 敖英芳在北京铁道大厦二、三层会议室参加"十一五"863 计划生物和医药技术领域年度会议。

**12 月 11 日** 闵维方在教育部北楼二层报告厅参加国家奖学金评审委员会会议。

由教育部思想政治工作司主办的"学习贯彻十七大精神,加强高校党的建设"专题课题研讨会在英杰交流中心第二会议室举行,吴志攀参加会议。

林建华在北京西郊宾馆参加教育部科学技术委员会主任办公会。

**12 月 11 日至 12 日** 第二届

孔子学院大会在北京举行。11日,开幕式和孔子学院成果展在人民大会堂举行。陈至立国务委员作主旨讲话并为成果展剪彩,教育部部长周济作工作报告和《孔子学院章程》修订说明,校领导许智宏、杨河、张国有等出席。借此契机,北京大学开展了一系列活动。12日,举办"中国驻外使馆教育处官员联谊会",杨河、迟惠生设宴招待北大孔子学院所在国的中国使馆教育处官员。12日,举行"孔子学院合作院校代表联谊会",张国有出席并致辞。17日,举行"北京大学孔子学院中方院长座谈会",杨河出席。目前,北京大学与海外高校或教育机构签署协议合作建设的孔子学院已达九家,其中德国柏林自由大学孔子学院和日本立命馆大学孔子学院在第二届孔子学院大会上被评为先进孔子学院。

许智宏赴广州市出席"国良职业培训学校首期开学典礼"并致辞。

柯杨赴香港参加香港大学医学院建院120周年暨玛丽医院建院70周年的庆祝活动,出席港大"医学教育前沿论坛"(Frontiers in Medical Education HKU 2007),并作"中国医学教育的挑战和北大战略"主题报告。

**12月11日至16日** 吴志攀赴柬埔寨参加"第五届亚洲研究中心主任会议"并在开幕式上作主旨发言。

**12月12日** 林建华在临湖轩东厅主持召开联合国教科文组织亚太地区世界遗产培训与研究中心北大中心建设事宜协调会。

岳素兰在办公楼202会议室主持召开校园歌曲创作工作会。

"好运北京"大众汽车2007国际乒联职业巡回赛总决赛招待会在北京丽庭华苑酒店举行。国际乒联秘书长Jordi Serra、校领导许智宏出席并致辞,岳素兰、张彦出席。

中国环境教育基地科研项目资助协议签订会在城环学院3264会议室举行。来自北京大学、清华大学、中国人民大学的11个首批通过的课题团队到场与基地秘书处签订了资助协议。

北京大学"爱·生活"系列之十佳菜肴评选正式开始,学一食堂、学五食堂、家园、艺园、农园一层、农园二层、康博斯、康博斯面食部、燕南美食、松林餐厅等十家单位参评。

**12月13日** 许智宏在临湖轩中厅会见德国法兰克福大学副校长Andreas Gold教授,双方就欧洲中国研究合作中心(ECCS)运行及两校交流情况进行探讨。

巴基斯坦驻华大使萨尔曼一行来访我校,并向北京大学巴基斯坦研究中心捐赠5万美元。许智宏在临湖轩中厅会见来宾,双方就加强未来合作进行交流。

中国石油化工股份有限公司高级顾问、原高级副总裁牟书令一行来我校石油与天然气研究中心对"中国北方晚古生代过渡层盆地油气勘探新领域"项目进行阶段性检查指导。林建华在理科3号楼3221会议室会见来宾。

"北京大学六建奖学金捐赠仪式"在办公楼103会议室举行。林建华出席讲话,并与北京六建集团公司副总经理刘诚签署捐赠协议。

林建华在办公楼103会议室主持召开理工科院系负责人工作例会。会议对"科研奖励配套办法""SCI论文奖励办法""专利管理办法"等三项科研管理政策修订方案进行了讨论。

北京大学——阳光文化基金会"公益组织发展项目"捐赠协议签字仪式在教育基金会会议室举行。许智宏出席讲话,并与阳光文化基金会董事局主席杨澜共同签署捐赠协议。

北京大学2007年第36次党政联席会在办公楼103会议室举行。

校长助理、经济学院院长刘伟在医学部会议中心作"学习十七大报告经济发展思想的体会"主题报告。柯杨、敖英芳出席。

九三学社第九次全国代表大会在北京闭幕,韩启德连任九三学社中央主席。

北京大学奥运会乒乓球竞赛宣传片——《世纪梦圆:北大与奥运携手同行》发行。

**12月13日至19日** "好运北京"大众汽车2007国际乒联职业巡回赛总决赛(奥运测试赛)在北京大学体育馆拉开战幕,这也是体育馆落成后迎来的首场国际赛事。北京大学体育馆场馆团队主任、"好运北京"大众汽车2007国际乒联职业巡回赛总决赛组委会执行主席、校领导张彦率北京大学体育馆场馆运行团队进行了赛事组织工作。

**12月14日** 林建华在临湖轩东北厅会见美国堪萨斯大学校长助理Jeffrey Weinberg一行。双方就在教育、科学、文化、学生交流、科研等方面的合作进行交流,并签署两校合作谅解备忘录。

经济学院2007年度学生工作研讨会在法学楼四层经济学院会议室举行,张彦出席并作专题报告。

北京大学深入推进"文明生活、健康成才"主题教育活动暨2006—2007学年度奖励表彰大会在办公楼礼堂举行。许智宏讲话,林建华宣读《北京大学关于表彰2006—2007学年度学生优秀个人和先进集体的决定》,并向获奖学生和集体代表颁奖。

杨河在临湖轩东北厅会见德国杜塞尔多夫大学校长Labisch一行。

中国共产党北京大学第三医院第二次代表大会在北医三院科学报告厅举行,敖英芳出席。

**12月14日至16日** 鞠传进

赴合肥参加教育部后勤改革工作会议。

北京市高校乒乓球锦标赛圆满落幕,北大乒乓球队获得七个项目中的六项冠军。

**12月15日** 许智宏在办公楼105贵宾室会见"2007年北京大学三井创新论坛"第五讲嘉宾、国务院参事石定寰和无锡尚德电力控股有限公司董事长施正荣。12月15日,石定寰、施正荣在光华管理学院101教室就建设生态文明、发展可再生能源问题发表演讲,杨河出席并致辞。

"北京大学2007年国家重点基础研究发展计划(含重大科学研究计划)项目实施启动会"在理科4号楼邓佑才报告厅举行。林建华出席并讲话,北京大学与兄弟单位参加国家"973计划"、重大科学研究计划项目的首席科学家和课题负责人参加会议。

医学部本科教学水平评估暨招生工作三十年总结会召开,柯杨出席并讲话。

"大学文化研究与发展中心成立五周年纪念大会暨大学文化高层论坛"在清华大学举行。杨河出席并致辞。大学文化研究与发展中心由北京大学、清华大学和高等教育出版社于2002年9月共同发起成立,是研究大学文化理论与实际问题,推动大学文化建设的学术性研究机构。

北京大学数字中国研究院第二届理事会第一次全体会议在百周年纪念讲堂202会议室举行。林建华参加。

第七届中国经济学年会在深圳召开,林钧敬、海闻出席并致辞。

**12月15日至29日** 北京大学"韩国文化周"系列活动隆重举行。

**12月16日** "第四届数字中国发展高层论坛暨信息主管峰会开幕式"在百周年纪念讲堂举行,许智宏出席并致辞。

中央政治局委员、北京市委书记刘淇来我校视察北京大学体育馆运行情况。北京市领导郭金龙、王安顺、李士祥、陈刚,教育部副部长陈小娅,北京奥组委执行副主席杨树安以及北京市有关单位负责人,校领导许智宏、岳素兰、张彦陪同视察。

柯杨在北京生命科学研究所参加863重大项目验收会。

张国有赴重庆大学参加教育部高等学校文化素质教育指导委员会会议。

北京大学第四届主持人大赛启动。

**12月17日** 中共中央组织部就《中华人民共和国高等教育法》实施情况来我校调研,许智宏、吴志攀在办公楼与调研组举行座谈。

柯杨在医学部行政1号楼七层会议室主持召开医学部2007年第33次部务办公会,敖英芳参加。

香港利隆置业公司董事陈定山一行来我校考察访问。林建华、鞠传进在办公楼103会议室会见来宾,介绍学校发展规划和重点发展项目,并陪同来宾参观考察了教学楼、新法学楼等。晚上,许智宏、林建华在办公楼105贵宾室会见来宾。

2007"奥运有我,校庆有我"教职工文艺汇演在百周年纪念讲堂举行。吴志攀、岳素兰观看演出。

第四届中国青年女科学家奖在京颁奖。北京大学医学部免疫学系教授韩文玲获得提名奖。

**12月17日至18日** 科技部在北京铁道大厦召开973计划2005年项目中期评估会议,许智宏参加。

**12月18日** 林建华在临湖轩东厅出席"北京大学—密歇根大学联合学院总结会"。

由国家汉办、世界汉语教学学会、北京大学共同举办的"国际汉语教学新趋势"高层讲座开幕式在新鸿基楼秋林报告厅举行。国家汉语国际推广领导小组办公室副主任马箭飞主持开幕式,杨河出席并致辞。

"北京大学2007年光华奖学金颁奖会"在办公楼礼堂举行。光华教育基金会代表贾宁、校领导许智宏致辞,敖英芳出席并介绍评奖情况,宣读获奖学生名单。

北京大学2007年第37次党政联席会在勺园七号楼多功能厅举行。

北京大学党委理论中心组学习报告会在勺园七号楼多功能厅举行。文化部文化市场司司长刘玉珠应邀作"发展文化产业和文化市场,提升国家文化软实力"辅导报告。许智宏主持报告会,学校领导班子成员及各院系党委负责人、党委系统职能部门负责人参加会议。

教育部科技司司长谢焕忠、副司长武贵龙到我校调研,林建华在办公楼103会议室会见来宾。

"瞭望社会·体会责任——北京大学医学部2007年暑期社会实践汇报会"在医学部会议中心礼堂举行。全国人大常委会副委员长、医学部主任韩启德院士、校领导柯杨出席并讲话,敖英芳出席。

**12月19日** "2007年度教育部科学技术委员会全会"在北京西郊宾馆举行。教育部副部长赵沁平出席会议并讲话,校领导林建华、柯杨参加。会上揭晓了2007年度"中国高等学校十大科技进展"评选结果,北京大学主持的"禽流感病毒可以母传胎儿且造成多器官感染"和"高端彩色打印控制关键技术"两个项目入选。

"北京大学—中国气象局大气水循环与人工影响天气联合研究中心"揭牌仪式在中国气象局科技大楼多功能厅举行。中国气象局党组书记、局长郑国光,校领导许智宏致辞并为中心揭牌。联合中心将围绕我国可持续发展和减轻自然灾害的国家需求,定位于基础理论研究,尤其是云物理学和人工影响天气的基础理论,充分开展人才培养、科学研究和社会服务工作。

由中国红十字基金会、国寿慈善基金会、北京大学金融与产业发展研究中心主办的"健康新村2007合作发展论坛"在英杰交流中心阳光大厅举行。中国红十字基金会副会长郭长江、中国人寿保险股份有限公司董事长杨超、总裁万峰等出席,校领导张国有出席并致辞。

"北京大学研究生教育90周年庆典新闻发布会"在英杰交流中心第二会议室举行。许智宏出席并讲话,林建华向与会媒体介绍北京大学研究生教育90年发展历程。

鞠传进在办公楼103会议室主持召开北京大学校园规划委员会会议。

"北京大学2007年体育工作总结颁奖晚会"在百周年纪念讲堂二层多功能厅举行。中国大学生体育协会联合秘书处秘书长杨立国为北京大学颁发"中华人民共和国第八届大学生运动会校长杯"并讲话,许智宏致辞并为获奖院系和企业代表颁奖,岳素兰讲话并与鞠传进、张国有为获奖个人和单位代表颁奖。随后举行联欢晚会,与会领导和师生观看演出。

柯杨在北京赛特饭店出席医学部重症医学学术沙龙并讲话。

奥运测试赛——"好运北京"大众汽车2007国际乒联职业巡回赛总决赛及"好运北京"国际乒乓球邀请赛在北京大学体育馆胜利落幕。来自16个国家和地区的57名运动员参与其中,共进行13单元比赛,吸引观众15000余人次,最终中国队包揽全部项目金牌。

2007年全国大学生数学建模竞赛北京赛区成绩揭晓,我校11支参赛团队从全国30个省/市/自治区的969所院校、11742支参赛团队中脱颖而出,获得了三件全国一等奖、一件全国二等奖、六件北京市一等奖、一件北京市二等奖的好成绩。

**12月20日** 北京大学汉语国际推广工作领导小组第一次全体会议在办公楼103会议室举行。许智宏出席并作总结讲话,张国有传达了刚刚闭幕的国家第二届孔子学院大会精神及国家领导人关于汉语国际推广工作的重要指示,杨河主持会议,学校职能部门和相关院系小组成员参加。截止到2007年11月底,我校已与9家国外教育机构签署合作建设孔子学院协议。

吴志攀在北京市委教育工委参加党建基本标准达标检查验收工作座谈会。

北京市委教育工委、北京市教委在北京会议中心会议楼三层第20会议室举行"学习贯彻十七大精神与大学德育高层论坛暨首都大学生思想政治教育研究中心成立仪式"。全国人大常委会副委员长许嘉璐、教育部副部长李卫红、北京市委常委、教育工委书记朱善璐等领导出席,校领导张彦、张国有参加。首都大学生思想政治教育研究中心依托北京交通大学,在北京市委教育工委、市教委的领导下开展工作,张彦兼任首都大学生思想政治教育研究中心副主任。

北京市委教育工委在北京会议中心东会议厅召开北京高校领导干部会议,许智宏、张彦参加。

林建华到寓所看望任继愈先生。

2008年外国专家留学生新年联欢会在勺园2号楼举行。林建华出席并讲话,与外国专家和留学生共贺新年。

"医学部2006—2007学年度先进集体、优秀个人表彰大会"在医学部会议中心礼堂举行。柯杨出席并讲话。

**12月20日至21日** 敖英芳出席医学部组织工作干部培训会并讲话。

**12月21日** 林建华在医学部逸夫楼114会议室出席北京大学发展战略规划——"医学部工作与运行机制"专题座谈会。

岳素兰在办公楼105会议室主持召开北京大学国内合作委员会会议。

吴志攀在廖凯原楼127会议室为组织部"《劳动合同法》与规范管理"干部专题培训班讲课。

北京大学2008年毕业生就业工作会议在北京红栌山庄召开。张彦出席为"2007年北京大学毕业生就业工作先进单位和先进个人"颁奖,并作总结讲话。

张国有在办公楼103会议室参加北京大学战略发展规划校友座谈会。

敖英芳在卫生部参加中国卫生思想政治工作促进会常务理事会议。

北京大学第十八届研究生代表大会常务委员会第二次全体(扩大)会议在逸夫一楼举行。全会审查并通过了校研究生代表大会常务委员会主任林经纬作的工作报告,审查并通过了研究生代表大会常务委员会调研提案委员会作的提案报告和监察委员会作的监察报告。全会审查了研究生会执行委员会主席滕飞代表主席团所作的工作报告和各部室负责人的述职报告,全体委员对对各部室负责人的中期工作提出质询,并对各述职报告进行了信任投票。

**12月21日至22日** 以"学习贯彻党的十七大精神,努力建设高等教育强国"为主题的"教育部直属高校工作咨询委员会第18次全体会议"在国家教育行政学院召开。陈至立国务委员出席并讲话,教育部部长周济作总结讲话,校领导许智宏参加。

**12月22日** 北京大学经济系1977级同学入学30周年纪念活动在方正大厦举行。1977级经济系

62位同学、16位曾为77级同学讲授过课程的老师以及经济学院2007级新生代表参加了纪念活动。许智宏、林建华、张国有、海闻出席。

林建华出席先进技术研究院科研工作研讨会并讲话。

法学院王哲教授遗体告别仪式在八宝山革命公墓第一告别室举行。张彦、鞠传进前往送别。

敖英芳参加医学部纪委监察工作研讨会。

许智宏在人民大会堂一楼东大厅参加中共十届人大常委会委员支部第九次党员大会。

北京大学第20期入党积极分子培训班结业典礼在百周年纪念讲堂举行。吴志攀讲话,杨河、敖英芳出席并为结业学员代表和优秀领队颁发结业证书和荣誉证书,张彦主持典礼。

**12月23日** 林建华赴吉林大学出席吉林大学"无机合成与制备化学国家重点实验室"第四届第一次学术委员会会议。

由中国社会工作协会、中国红十字会总会、中华慈善总会、中国残疾人福利基金会、中国老龄协会、中华环境保护基金会、《人民日报》国内政治部共同主办的第三届"全国十大社会公益之星"表彰大会在北京人民大会堂隆重举行,北京大学阳光志愿者协会理事长刘正琛获得"全国十大社会公益之星"称号。

**12月23日至29日** 第十届全国人民代表大会常务委员会第三十一次会议在人民大会堂举行。许智宏参加。

**12月24日** 林建华在实验室与设备管理部会议室主持召开教务长办公会,听取教务长系统部门年终述职。

**12月24日至25日** "第十六次全国高校党的建设工作会议"分别在北京人民大会堂和友谊宾馆举行。吴志攀参加并代表学校作大会交流发言。

**12月25日** 医学部2007年第十二次党委会在医学部行政1号楼七层会议室召开,柯杨参加,敖英芳主持。

北京大学人文楼群奠基典礼在古镜春园旧址举行。岳素兰、杨河、鞠传进、张国有出席。

段宝林教授赠书仪式在北大图书馆举行,程郁缀、温儒敏出席。

**12月26日** "北京大学研究生教育90周年庆典"在英杰交流中心阳光大厅举行。国务院学位委员会办公室副主任、教育部学位管理与研究生教育司副司长郭新立,北京市委教育工委常务副书记张建明,北京大学原校长陈佳洱,国家图书馆原馆长、著名哲学家任继愈应邀出席并致辞。许智宏出席并讲话,吴志攀、林钧敬、王丽梅、杨河、张国有出席,林建华主持。下午,"中国研究生教育发展研讨会"在勺园七号楼第三会议室举行,许智宏出席并讲话,来自清华大学、哈尔滨工业大学、复旦大学、上海交通大学等高校主管研究生教育的领导参加。

医学部2007年第34次部务办公会在医学部行政1号楼七层会议室召开,柯杨主持,敖英芳参加。

"北京大学本科教学工作水平评估总结大会"在英杰交流中心阳光大厅举行。许智宏、林建华出席并讲话,柯杨、王丽梅、杨河、鞠传进、张国有出席,岳素兰主持。学校党政职能部门、各院(系、所、中心)负责人,本科教育发展战略研究小组、老教授调研组、评建工作领导小组和工作小组成员,工会、教代会代表,离退休教师代表和学生代表共200余人参加会议。28日,评估总结分组讨论会在老生物楼工会会议室举行,林建华参加。

北京高校党建研究会2007年第二次常务理事会议在北京师范大学举行。吴志攀出席。

"感恩之心·与爱同行"北京大学学生服务总队新年晚会在勺园二号楼一层大厅举行。许智宏出席并讲话,王丽梅出席并代表学校接受燕园街道办事处向北大家庭经济困难同学捐赠的元旦补助资助金。

杨河在燕南园老干部活动中心参加北大电视台新年联欢活动。

校学生会就期末考试向全校同学发出《文明诚信,严于律己,努力取得优异成绩》倡议书。

**12月26日至27日** "首届中国体育产业高层论坛"在北京大学博雅国际会议中心中华厅举行。26日开幕式举行,国家体育总局局长刘鹏、副局长王钧、肖天等出席,校领导许智宏出席并致辞,吴志攀、岳素兰、张国有等出席。27日举行闭幕式,国家体育总局副局长王钧、校领导吴志攀出席并致辞,岳素兰出席。

张彦在北京会议中心5号楼三层会议室参加首都高校奥运场馆团队建设和风险管理培训班。

**12月27日** 北京大学医学部城内学生宿舍楼开工奠基仪式在西城区草岚子胡同8号举行,柯杨出席并致辞。

吴志攀在图书馆东馆会议室出席CALIS(中国高等教育文献保障系统)中心负责人联席会议并讲话。

林建华在英杰交流中心第八会议室出席北大泰普工学讲座教授颁布仪式并讲话。

柯杨、敖英芳在医学部生化楼三层中厅参加医学部统战系统代表人士座谈会。

张国有在红一楼二层会议室主持召开《北京大学章程》起草小组会议。

北京大学2008年体育特长生招生工作咨询会在体教多功能厅举行,岳素兰出席并讲话。28至29日,体育特长生招生测试在校内各场馆举行,岳素兰到现场检查工作。

中国科学院2007年院士增选工作已经结束,共有二十九名中国科学家当选为中科院院士,另有五名外国科学家当选为中科院外籍院士。北京大学教授高松、北京大学教授赵进东当选为中科院院士。

**12月28日** 张彦在图书馆南配楼出席"元旦春节寒假期间安全保卫工作业务会"并讲话。

杨河在图书馆北配楼报告厅出席"百年科学,百年北大——北京大学Century of Science"开通仪式并致辞。

日本内阁总理大臣福田康夫阁下访问我校,并在办公楼礼堂发表演讲。国务委员唐家璇、外交部副部长武大伟、教育部副部长章新胜、中国驻日本大使崔天凯出席演讲会,校领导许智宏出席并致辞,林建华主持。演讲前,校领导在办公楼103会议室会见来宾。

**2007年12月28日至2008年1月3日** 杨河在北京京西宾馆出席2007年度国家社科基金重大招标项目评审工作会议。

**12月29日** "分子科学国家实验室"论证会在北京文津国际酒店举行。许智宏出席,林建华参加并作实验室筹备工作汇报。

"国际合作部2008新年招待会暨第四届国际文化节表彰大会"在勺园七号楼多功能厅举行。林建华出席并致辞。

柯杨在卫生部办公楼310会议室参加卫生行业科研专项经费管理咨询委员会工作会议。

鞠传进在百周年讲堂出席"第六届两岸四地小学语文教学观摩活动"。此次活动由北京大学附属小学、北京市育民小学和人民教育出版社小学语文室联合承办。

**12月30日** "魅力天津—2007年天津北大专场招聘会"在英杰交流中心阳光大厅举行。张彦会见来宾并陪同巡视招聘会现场。

张国有在英杰新闻发布厅出席"孝道的传统与变革——第三届中国老年学家前沿论坛"。此次论坛由北京大学老年学研究所、北京大学人口研究所、北京大学中国人口健康与发展研究中心、中国人口学会和中国老年学学会教学与研究委员会联合举办。

**12月31日** 北京大学2008新年联欢晚会在百周年纪念讲堂举行。许智宏发表新年贺词并与学生联欢,学校领导班子出席并分别发表寄语。联欢会后,许智宏、吴志攀、林建华、岳素兰、海闻走访慰问了在一线工作的财务部和保卫部工作人员。

为纪念"普希金项目"推行二十年,俄罗斯文化基金会主席尼·米哈尔科夫颁发奖状,表彰一批不同国籍的人士在"多年来服务于文化事业以及使儿童和青少年了解并熟悉普希金的诗歌和精神遗产"方面做出的贡献。北京大学外国语学院查晓燕教授获此殊荣。

# 附录

## 2007年授予的名誉博士

| 序号 | 国别 | 姓名 | 性别 | 职业与现职务 | 授予日期 |
|---|---|---|---|---|---|
| 1 | 美国 | 乔治·舒尔茨 | 男 | 美国资深政治家 | 2007.03.26 |
| 2 | 中国台湾 | 尹衍梁 | 男 | 台湾立时文化有限公司董事长 | 2007.06.21 |
| 3 | 美国 | 乔姆斯基 | 男 | 美国麻省理工学院（MIT）终身教授 | 2007.06.21 |
| 4 | 中国台湾 | 王度 | 男 | 台湾润泰集团董事长 | 2007.06.21 |

## 2007年授予的名誉教授

| 序号 | 国别 | 姓名 | 性别 | 职务 | 授予时间 | 备注 |
|---|---|---|---|---|---|---|
| 1 | 法国 | 贝罗贝<br>Alain Peyraube | 男 | 法国科学研究部副部长，欧洲科学院院士 | 2007年4月10日 | 中文系 |
| 2 | 日本 | 野依良治<br>Ryoji Noyori | 男 | 日本政府最高科学顾问，理化学研究所理事长 | 2007年9月28日 | 化学与分子工程学院 |
| 3 | 美国 | 斯拉夫金<br>Harold C. Slavkin | 男 | 南加州大学牙学院院长、教授 | 2007年11月8日 | 医学部 |

## 2007年聘请的客座教授

| 序号 | 国籍 | 姓名 | 性别 | 职务 | 授予时间 | 申报单位 |
|---|---|---|---|---|---|---|
| 1 | 美国 | 马丁·卡诺伊<br>Martin Carnoy | 男 | 美国斯坦福大学终身教授 | 2007年1月11日 | 教育学院 |
| 2 | 日本 | 金子元久<br>Kaneko Motohisa | 男 | 日本东京大学教育学院院长 | 2007年1月11日 | 教育财政所 |
| 3 | 日本 | 天野郁夫<br>Amano Ikuo | 男 | 日本东京大学名誉教授 | 2007年1月11日 | 教育财政所 |
| 4 | 中国（香港） | 冯华健<br>Daniel R. Fung | 男 | 香港资深大律师 | 2007年4月3日 | 法学院 |

续表

| 序号 | 国籍 | 姓名 | 性别 | 职务 | 授予时间 | 申报单位 |
|---|---|---|---|---|---|---|
| 5 | 美国 | 付强 Qiang Fu | 男 | 美国华盛顿大学大气科学系 | 2007年4月24日 | 物理学院 |
| 6 | 美国 | 铁学熙 Xuexi Tie | 男 | 美国国家大气研究中心高级研究员 | 2007年4月24日 | 物理学院 |
| 7 | 美国 | 秦宏 Hong Qin | 男 | 美国普林斯顿大学等离子体物理实验室研究员,天文物理学讲师 | 2007年4月24日 | 物理学院 |
| 8 | 美国 | 陈正豪 Philip Ching Ho Chan | 男 | 香港科技大学工学院院长 | 2007年5月31日 | 信息科学技术学院 |
| 9 | 中国(台湾) | 胡纪如 Reuben Jih-Ru Hwu | 男 | 台湾清华大学化学系讲座教授 | 2007年5月31日 | 化学与分子工程学院 |
| 10 | 美国 | 张其洲 Qizhou Zhang | 男 | 美国哈佛—史密松天体物理中心高级天体物理学家 | 2007年6月27日 | 物理学院 |
| 11 | 美国 | 赵军辉 Junhui Zhao | 男 | 美国哈佛—史密松天体物理中心教授 | 2007年6月27日 | 物理学院 |
| 12 | 美国 | 陈长汶 Changwen Chen | 男 | 美国弗罗里达理工学院电子与计算机工程系杰出讲座教授,卓越无线技术中心主任 | 2007年10月9日 | 信息科学技术学院 |
| 13 | 新加坡 | 李尔平 Erping Li | 男 | 新加坡国家高性能计算科学研究院电磁与电子研究所主任,高级科学家 | 2007年10月9日 | 信息科学技术学院 |
| 14 | 美国 | 宋謌平 Frank K. Soong | 男 | 微软亚洲研究院语音研究部首席研究员 | 2007年10月9日 | 信息科学技术学院 |
| 15 | 美国 | 约瑟夫J·诺顿 Joseph Jude Norton | 男 | 英国伦敦大学John Lubbock爵士银行法教授,美国南美以美大学法学院James L Walsh杰出教员及金融法教授 | 2007年10月30日 | 法学院 |

# 媒体有关北京大学主要消息索引

加强师德建设 规范学术道德——访北京大学校长许智宏 …………《光明日报》2007年1月3日第3版
"观点交汇"四则 …………《中国教育报》2007年1月3日第4版
我国今年将严查教育乱收费 …………《中国青年报》2007年1月3日第1版
一位读书人 …………《北京青年报》2007年1月3日第2版
北大学子义卖 为打工子弟购奥运门票 …………《北京青年报》2007年1月3日第4版
提高教育质量：高等教育发展的必然追求 …………《中国教育报》2007年1月4日第1,2版
推进马克思主义中国化 …………《光明日报》2007年1月4日第5版
北京大学出版社 …………《科学时报》2007年1月4日第1版
中国校友网2007中国最受媒体关注大学排行榜10强 …………《中国新闻网》2007年1月5日第版
在863计划实施20周年纪念大会上的讲话 …………《科技日报》2007年1月4日第1,3版
在863计划实施20周年纪念大会上的书面发言 …………《科技日报》2007年1月4日第1,3版
"把我头顶上的桂冠摘下来"——在新作《病榻杂记》中,季羡林先生昭告天下……
…………《人民日报》2007年1月8日第11版
议政谋发展 建言促和谐 …………《人民日报》2007年1月5日第13版
北大举行人格与社会心理学论坛 …………《中国青年报》2007年1月7日第3版
北大平民学校首期学员结业——近百名志愿者参与助农民工融入城市社会
…………《中国教育报》2007年1月8日第1版
北大今年自主招生考试结束 …………《北京青年报》2007年1月7日第A6版
季羡林辞"大师"是委婉的反讽 …………《北京青年报》2007年1月8日第A4版
给大学文化建设以更大的关注——我国现代大学教育理念的确立,应该在科学发展观指导下,走古今中西
融会之路,在综合中实现创新 …………《科技日报》2007年1月4日第7版

"要研究支配发展区位的那双'无形的脚'"——北京大学王恩涌教授一席谈 ………………………………………………………………………………《科学时报》2007年1月8日第B2版
墨染效应与阳光心理 ……………………………………………《北京日报》2007年1月8日第18版
北大一研究生宿舍内死亡——女友称其生前患抑郁综合征 ………《京华时报》2007年1月11日第A13版
这样备战高考代价太大了 …………………………………………《北京日报》2007年1月10日第15版
桑兰：我有一个梦想 …………………………………………………《人民日报》2007年1月9日第15版
厉以宁 权力加无知是世界上最可怕的事情 ……………………《北京青年报》2007年1月10日第2版
进一步拓展严复研究——"纪念严复逝世85周年国际学术研讨会"述要 …………………………………………………………………………《人民日报》2007年1月12日第15版
杨振声：被遗忘的思考 ………………………………………………《中国青年报》2007年1月10日第12版
快速、准确是检验科的永恒目标 …………………………………《科学时报》2007年1月12日第B3版
季羡林"摘冠"是一面镜子 …………………………………………《中国教育报》2007年1月12日第2版
张黎明：学术的尊严 精神的魅力 ………………………………《中华读书报》2007年1月10日第10版
违规旅游广告挂进北大 ……………………………………………《新京报》2007年1月11日第A15版
"中国家庭教育第一方案"周末继续和家长相约北大 …………《新京报》2007年1月10日第B05版
高校思政新课程第二门课今春开讲——"中国近现代史纲要"课教师培训班在京开班 …………………………………………………………………………《光明日报》2007年1月13日第2版
北大向贫困生发放寒假"爱心礼包" ……………………………《光明日报》2007年1月13日第2版
大学教育的瓶颈与机遇 ……………………………………………《北京青年报》2007年1月14日第A4版
大学科研间接成本应给予补偿 ……………………………………《光明日报》2007年1月15日第10版
"专任教授"的骄傲 …………………………………………………《人民日报》2007年1月16日第16版
人口学家李建民质疑中国"未富先老"论 ………………………《光明日报》2007年1月16日第2版
北大保安网上发帖找家教 …………………………………………《北京晚报》2007年1月15日第8版
必须依法严厉打击金融诈骗 ………………………………………《东亚经贸新闻》2007年1月17日第2版
教育部直属高校开始全面查账——确保国有资产安全 ………《人民日报》2007年1月18日第11版
北京大学"爱心礼包"温暖众学子 ………………………………《人民日报》2007年1月18日第13版
加强管理确保高校国有资产安全——教育部直属高校认真贯彻落实中央纪委及有关部门指示精神 …………………………………………………………………………《中国教育报》2007年1月18日第1版
600北大学子报名奥运媒体志愿者 ………………………………《北京日报》2007年1月17日第6版
张家降价，人治？法治？ …………………………………………《人民日报》2007年1月17日第13版
让青年学子有"补过"的机会 ……………………………………《中国教育报》2007年1月17日第7版
季羡林：朴素的和谐 ………………………………………………《中华读书报》2007年1月17日第13版
科学文化佳作唯缺原创和创意——15种图书被推荐为2006年度科学文化佳作，内地原创只区区3部 …………………………………………………………………………《光明日报》2007年1月19日第2版
知名教授"过劳死"为教师健康敲警钟——过分惜时忘我工作导致过度劳累，多半高校教师处于亚健康状态 …………………………………………………………………………《中国教育报》2007年1月18日第2版
切实加强领导干部作风建设 保证教育事业持续协调健康发展 …………《中国教育报》2007年1月20日第1版
北京大学举行人格与社会心理学论坛 ……………………………《中国教育报》2007年1月22日第7版
教育部直属高校确保学校国有资产安全——落实措施 加强管理 防微杜渐 …………………………………………………………………………《光明日报》2007年1月20日第2版
社会新变化中的公平与效率 ………………………………………《中国教育报》2007年1月22日第4版
他们为什么变成了"孤岛"？——透视当代大学生的人际关系 …《中国教育报》2007年1月22日第7版
叶圣陶，"开明风"的代表者 ……………………………………《光明日报》2007年1月20日第5版
本市哲学社会科学优秀成果公布《邓广铭全集》等201项成果奖 ……《北京青年报》2007年1月21日第A6版
本市高校今年大力推进社会主义和谐校园建设 …………………《北京日报》2007年1月23日第1版
哲学界纪念中国哲学史座谈会召开50周年 ……………………《光明日报》2007年1月23日第1版
中国MBA教育面临诸多挑战 ……………………………………《科技时报》2007年1月23日第B2版
建设和谐校园 北京强化"四保障" ……………………………《光明日报》2007年1月23日第1版
季羡林批评作文速成秘诀 …………………………………………《北京日报》2007年1月23日第13版
向高新区提供源头活水——记北京大学国家高新技术产业开发区发展战略研究院 …………………………………………………………………………《科学时报》2007年1月26日第1版

清华北大首次合办文化艺术冬令营——3500余名考生争测文艺特长 ……《光明日报》2007年1月24日第2版
北大成中国奥委会科技合作伙伴——"备战2008年奥运会"科技攻关合作全面展开……
………………………………………………………………………………《中国教育报》2007年1月26日第2版
2007年高等教育发展的关键词 ……………………………………《光明日报》2007年1月26日第2版
关注每一个的发展——北京大学建设和谐校园记事 ……………《人民日报》2007年2月26日第1,4版
从1977年开始,他们投身编织"强国梦" ………………………《第一财经日报》2007年2月16日第T03版
春风化雨润心田——北京大学以人为本构建和谐校园纪事 ……《中国教育报》2007年2月27日第1版
北大:全方位建设和谐校园 ………………………………………《光明日报》2007年2月27日第2版
对《美国高等教育行动计划》的解读 ……………………………《中国高等教育》2007年第3/4期第13-15版
建立合理科研事业费制度 推进大学科研管理体制改革 ………《中国高等教育》2007年第3/4期第51-53版
图片新闻 ……………………………………………………………《科技日报》2007年2月26日第9版
读《病榻杂记》有感 ………………………………………………《光明日报》2007年2月3日第5版
陈至立看望教育界著名学者——向季羡林张光斗致以节日的问候,并向全国广大教育工作者祝贺新春佳节……
………………………………………………………………………………《中国教育报》2007年2月15日第1版
奇文共欣赏,厚谊相与怀 …………………………………………《中华读书报》2007年1月31日第9版
学术大师的创作感言 ………………………………………………《光明日报》2007年1月30日第12版
为季羡林自摘桂冠喝彩 ……………………………………………《北京日报》2007年1月29日第15版
图片新闻:李士生向季羡林先生讨教博大精深的汉字文化 ……《北京日报》2007年2月16日第15版
高校心理咨询:打开学生的"心锁" ……………………………《人民日报》2007年1月30日第5版
高校学生实践的喜与忧 ……………………………………………《光明日报》2007年2月1日第5版
行过未名湖边 ………………………………………………………《中华读书报》2007年1月31日第5版
教育部要求寒假期间深入开展学习胡锦涛总书记给孟二冬教授女儿回信精神活动 ……………………
………………………………………………………………………………《光明日报》2007年2月4日第1版
冯友兰先生二三事 …………………………………………………《文汇报》2007年2月1日第11版
"2006中国教育年度新闻人物"风采——孟二冬:他留下的是爱和感动 ……………………………
………………………………………………………………………………《中国教育报》2007年2月6日第3版
市场经济需要两个"车轮" ………………………………………《人民日报》2007年2月12日第9版
季羡林 做一辈子学者 ……………………………………………《文汇报》2007年2月12日第4版
经济学创新,时代与改革的呼唤 …………………………………《光明日报》2007年2月13日第12版
让社会利益变成企业追求 …………………………………………《人民日报》2007年2月12日第6版
首都十大教育新闻揭晓 ……………………………………………《北京日报》2007年2月14日第15版
推进社会实践教育体系建设 ………………………………………《中国教育报》2007年2月13日第3版
感受春节的文化重量 ………………………………………………《北京青年报》2007年2月25日第2版
科学圣殿骑士与科学文化的第三极 ………………………………《科学时报》2007年2月27日第B4版
林毅夫评说"黑色星期二"——他认为:股市一定会有波动,没有波动就没有股市 ……………………
………………………………………………………………………………《北京青年报》2007年3月4日第A2版
林毅夫:中国股市肯定走高——认为中国经济发展需要解决结构问题,建议发展民营中小型银行 ………
………………………………………………………………………………《新京报》2007年3月4日第A05版
《宋史职官志补正》与两位名家——为纪念邓广铭先生诞辰一百周年而作 ……………………………
………………………………………………………………………………《光明日报》2007年3月1日第7版
奥运培训讲座 首场北大开讲 ……………………………………《北京青年报》2007年3月4日第A7版
做学问要先学习规则——"2006科学文化与科学普及优秀图书年度推荐"专栏 ……………………
………………………………………………………………………………《科学时报》2007年3月1日第B3版
教学质量要与高校一把手考核挂钩——高校本科质量工程正式启动 ……《中国青年报》2007年3月1日第6版
"啃老族"折射人才消费短视——访北京大学教授夏学銮 ……《光明日报》2007年3月2日第7版
由点及面 了解社会科学 …………………………………………《科学时报》2007年3月1日第B2版
"中国正处在固定资产大规模更新阶段"——厉以宁认为,下一阶段要着重解决调整产业结构、
　　区域协调发展、提高经济质量三个问题 ………………………《新京报》2007年3月7日第B04版
图片新闻:昨日,参加北京团代表小组审议后,北大校长许智宏接受媒体采访 ………………………
………………………………………………………………………………《新京报》2007年3月7日第A06版

| 标题 | 出处 |
|---|---|
| 图片新闻：全国政协委员，全国政协经济委员会副主任，全国工商联副主席林毅夫在会上被记者包围 | 《新京报》2007年3月7日第B01版 |
| 张保庆：给北大清华投钱多是有道理的 | 《北京青年报》2007年3月6日第A5版 |
| 要素市场急待制度创新——我们以往之所以反复在理念、政策上强调增长方式转变而不见显著成效，根本原因在于竞争性市场体制的缺失 | 《北京日报》2007年3月5日第17版 |
| 何谓大师 谁来加冕 | 《北京日报》2007年3月5日第20版 |
| 北大学子低姿态应聘——200多单位昨进北大 引来8000多大学生 | 《北京青年报》2007年3月9日第A10版 |
| 北大研招成绩提前"公布"——公布成绩网站出自光华学院毕业生之手 校方称应认准"官方版本" | 《北京青年报》2007年3月9日第A11版 |
| 北大招聘会1个职位8人求 | 《新京报》2007年3月9日第A20版 |
| 今天是十届全国人大五次会议北京团对中外记者开放日。人大代表、北京大学校长许智宏被记者包围。 | 《北京晚报》2007年3月7日第1版 |
| 8项硬件指标北大均不及格——人大代表、北大校长许智宏回应：短期内达标有困难 | 《北京青年报》2007年3月9日第A3版 |
| 建设社会主义核心价值体系的着力点 | 《中国教育报》2007年3月8日第12版 |
| 呈现高等学府最美的风景 | 《中国教育报》2007年3月6日第10版 |
| 发展地区性中小银行 改善金融结构 | 《人民日报》2007年3月10日第7版 |
| 奖掖后进 不遗余力——纪念邓广铭先生诞辰一百周年 | 《文汇报》2007年3月12日第16版 |
| 严绍璗东瀛访书记 | 《中华读书报》2007年3月14日第7版 |
| 2007全国两会之关注大学行政化："大学就是大学，没什么副部、正厅级大学" | 《新京报》2007年3月16日第A08版 |
| 百年邓恭三 | 《中国教育报》2007年3月16日第4版 |
| 65所高校将联合采购伙食原材料 | 《北京青年报》2007年3月14日第A8版 |
| 第三届"世界领袖训练营"在北大开营 | 《科技日报》2007年3月15日第7版 |
| 内外兼修 价值导航——《思想道德修养与法律基础》课程教学探索 | 《中国教育报》2007年3月19日第5版 |
| 季羡林是个怎样的人 | 《中国青年报》2007年3月19日第11版 |
| 唤醒和平崛起中的文化自觉——著名学者楼宇烈推出《中国的品格》 | 《中国青年报》2007年3月19日第11版 |
| 在吐鲁番发现历史——一张废纸上的中亚历史脉动 | 《光明日报》2007年3月19日第9版 |
| 学术研讨纪念"未名四老"之一邓广铭 | 《中国青年报》2007年3月19日第9版 |
| MBA院校哪家最受青睐？一份调查显示——企业最认北大 学生最认清华 | 《北京日报》2007年3月19日第8版 |
| 教育部日前发出通知——2007年艺术特长生/高水平运动员招收要加强公示 | 《中国教育报》2007年3月20日第10版 |
| 中外史学家纪念邓广铭百年诞辰 | 《光明日报》2007年3月18日第5版 |
| 中国发展高层论坛2007学术峰会召开 | 《光明日报》2007年3月18日第3版 |
| 佛教史家季羡林教授 | 《光明日报》2007年3月17日第5版 |
| 楼宇烈：传统文化唤起自尊与自信 | 《光明日报》2007年3月20日第12版 |
| 自主招生，高校选拔制度的重大跨越——北大清华自主招生改革透视 | 《中国教育报》2007年3月21日第7版 |
| 浅谈香港的大学生管理模式 | 《光明日报》2007年3月21日第11版 |
| 人民医院成立心脏中心 | 《新京报》2007年3月21日第A14版 |
| 高校呼唤新闻发言人制度 | 《光明日报》2007年3月21日第10版 |
| 第四届社会学文化节在北京大学拉开帷幕 | 《新浪教育》2007年3月19日第版 |
| 1952年全国高校的院系调整 | 《文摘报》2007年3月22日第6版 |
| 美国名校服装 进军京城市场 | 《北京青年报》2007年3月22日第A15版 |
| 高校品牌开发为何成为"烫手山芋" | 《北京青年报》2007年3月22日第A15版 |
| 北大学位服 明年有望商业开发 | 《北京青年报》2007年3月22日第A15版 |
| 商业品牌开发 遍布欧美名校 | 《北京青年报》2007年3月22日第A15版 |
| 穿上名校服装 让人有归属感 | 《北京青年报》2007年3月22日第A15版 |

| 标题 | 出处 |
|---|---|
| 北大举办"爱丁堡大学日"活动 | 《光明日报》2007年3月24日第6版 |
| 北京高校职务犯罪呈增长趋势——去年海淀区涉案高校多达14所 | 《中国青年报》2007年3月23日第A1版 |
| 研究生培养机制改革：17所高校首批试点 | 《中国青年报》2007年3月23日第3版 |
| 北大女生宿舍一夜连丢7台笔记本——三间宿舍被窃贼"光顾"宿舍楼下贴出警情提示 | 《北京青年报》2007年3月24日第A7版 |
| 瞄准尖子生 北大港大同天"打擂" | 《北京青年报》2007年3月26日第A6版 |
| 教育部开查部属高校资产——单位编制和人员状况等基本情况也在清理之列 | 《新京报》2007年3月26日第A14版 |
| 北京大学人民医院心脏中心成立 | 《光明日报》2007年3月26日第11版 |
| 北京大学——礼来糖尿病眼病中心成立 | 《光明日报》2007年3月26日第11版 |
| 民主：马克思主义政治学的核心价值理念 | 《北京日报》2007年3月26日第17版 |
| 大学校园文化建设重在引导和潜移默化 | 《中国教育报》2007年3月28日第2版 |
| 邓广铭先生二三事 | 《光明日报》2007年3月28日第12版 |
| 北京大学出版社：《中国现代文学史 1917－2000》 | 《中华读书报》2007年3月28日第13版 |
| 构建和谐社会从我们自己做起 | 《光明日报》2007年3月27日第9版 |
| 三高校新建奥运场馆主体工程完成——进一步加强奥运场馆建设和监督工作 | 《中国教育报》2007年3月29日第1版 |
| 北大一哲学硕士剃度出家——在校时所学方向为佛学，父母随其住寺院研习佛法 | 《新京报》2007年3月29日第A16版 |
| 开阔视野 突出主线——有关《中国近现代史纲要》教学的建议 | 《中国教育报》2007年3月29日第3版 |
| 告别荒唐的"抢救" | 《人民日报》2007年3月29日第16版 |
| 出生缺陷预防从孕前开始——访北京大学人口研究所所长郑晓瑛教授 | 《科学时报》2007年3月27日第A3版 |
| 保安自学拿下"双学位" | 《北京晚报》2007年3月27日第3版 |
| "服用维生素会缩短寿命"引发争议，专家说——小剂量维生素，有益无害 | 《北京日报》2007年3月29日第15版 |
| 北京大学体育馆——头顶乒球映燕园 | 《北京日报》2007年3月31日第1版 |
| 北京最大综合医院奠基——北大国际医院建成后可缓解北京西北部地区就医难问题 | 《新京报》2007年3月31日第7版 |
| 北大每年外事接待费用相当一个省——北大表示，该调查所指大概是外事接待的数量和规格 | 《北京青年报》2007年3月31日第A5版 |
| 北大博雅塔何以遭遇不雅 | 《中国青年报》2007年3月30日第11版 |
| 恢复高考三十年大事记 | 《光明日报》2007年3月30日第5版 |
| 北京大学哲学系王东教授指出：应创建"中国马克思学" | 《光明日报》2007年4月3日第2版 |
| 关于追星族家庭悲剧的社会思考 | 《光明日报》2007年4月3日第2版 |
| 北大肿瘤医院遭抢120万——一名保安白天转移营业款时，在门诊入口前遭两男子持刀抢劫 | 《新京报》2007年4月3日第A10版 |
| 客观分析风险 强化自我约束——北京大学教育学院副院长陈晓宇谈高校贷款问题 | 《中国教育报》2007年4月4日第3版 |
| 直属高校将定期"体检"——教育部首派30位巡视员 | 《人民日报》2007年4月4日第4版 |
| 专家组进入北大肿瘤医院调查——"北大肿瘤医院巨款遭抢"追踪，经核实遭抢现金约40万元，医院希望目击者提供线索 | 《新京报》2007年4月4日第A13版 |
| 北大清华在京拟招620人——招生规模与去年基本持平 | 《新京报》2007年4月4日第A05版 |
| 坚韧不拔 方正勇士创新——缅怀"当代毕昇"王选院士 | 《科技日报》2007年4月5日第4版 |
| 教授"揭短"有助于高校的自省和进步 | 《北京青年报》2007年4月5日第A4版 |
| 40余万被劫款未分赃已追回——北京肿瘤医院抢劫案26小时告破，4嫌疑人被刑拘 | 《新京报》2007年4月5日第A21版 |
| 理论工作者的使命和责任——学习方永刚履行理论工作者神圣使命 | 《光明日报》2007年4月9日第3版 |
| 教育系统揭开学习方永刚活动序幕 | 《光明日报》2007年4月9日第4版 |
| 北大室外化学课 戳穿迷信把戏 | 《北京青年报》2007年4月6日第A10版 |

| 季羡林与胡乔木二三事 | 《北京日报》2007年4月9日第20版 |
| 北大医学部本博连读首次向复读生敞开门 | 《北京青年报》2007年4月9日第A10版 |
| 正确看待我国当前经济热点问题——经济学家厉以宁教授答记者问 | 《北京日报》2007年4月9日第17版 |
| 师生互动 分享人生——北大化学与分子工程学院"化学与人生"访谈纪实 | 《光明日报》2007年4月8日第3版 |
| 北大新生奖学金翻番——由100万增加到200万 奖励范围也将扩大 | 《北京晚报》2007年4月10日第5版 |
| 高度政治觉悟和高尚师德师风的统一——北大举行学习方永刚事迹座谈会 | 《光明日报》2007年4月7日第1版 |
| 燕园学子争当奥运志愿者——北京大学奥运会媒体运行专业志愿者培训课程吸引众多学子 | 《北京日报》2007年4月10日第3版 |
| 建立中国马克思主义研究的文本学派——马克思文本研究的一般图景勾勒 | 《光明日报》2007年4月10日第11版 |
| 构建高校和谐校园 促进高校改革发展 | 《中国高等教育（杂志）》2007年第7期第P36-38,20-22版 |
| 全面理解整体把握《概论》教学的任务和要求 | 《中国高等教育（杂志）》2007年第7期第P36-38,20-22版 |
| 怀念恩师邓广铭先生 | 《中华读书报》2007年4月11日第20版 |
| 谁来为研究生教育买单 | 《中华读书报》2007年4月11日第18版 |
| 北京大学奥运比赛场馆又获捐赠 | 《科学时报》2007年4月17日第B2版 |
| 北京大学应用文理学院募捐 | 《北京青年报》2007年4月17日第E2版 |
| 北大教授解读晋商成败 | 《北京晚报》2007年4月16日第43版 |
| 北大自主招生不挤占各地计划名额 | 《光明日报》2007年4月15日第1版 |
| 俞敏洪：1980年的一记耳光——一次落榜、两次落榜,第三次,他考上了北大；后来,他创办了"新东方" | 《新京报》2007年4月17日第E13版 |
| 北大科技园建五星酒店起争议——学生认为学术氛围遭到侵蚀不能接受以"未名湖"命名 | 《北京青年报》2007年4月18日第1版 |
| 北大建未名湖大酒店引争议——部分学生认为酒店用"未名湖"命名不能接受,校方认为对学术研究有帮助 | 《北京青年报》2007年4月18日第5版 |
| 北大教研用地建起五星酒店——该下属企业在成府园小区建未名湖酒店引发争议,该块地规划审批用途本为"教育科研" | 《新京报》2007年4月19日第A20版 |
| "未名湖大酒店"可能更名——北大主管副校长首次回应建酒店事件 | 《北京青年报》2007年4月20日第A10版 |
| 建酒店土地属综合用地——北大新闻发言人表示,科技园85％土地为科教用地,学校未讨论过"未名湖"冠名酒店一事 | 《新京报》2007年4月20日第A18版 |
| 冷与热——访北京大学政府管理学院路风教授 | 《南方周末》2007年4月19日第C18版 |
| 贯彻落实胡锦涛重要指示精神 广泛开展向方永刚学习活动——中宣布教育部总政治部联合发出通知 | 《中国青年报》2007年4月19日第4版 |
| 文化拒绝全球化 | 《中国教育报》2007年4月19日第9版 |
| 文化交流需要"馈赠"之心 | 《中国教育报》2007年4月19日第9版 |
| 孟二冬教授离开我们一年间 | 《光明日报》2007年4月22日第2版 |
| 孟二冬教授铜像揭幕仪式举行 | 《光明日报》2007年4月22日第2版 |
| 北大"阳光教授"孟二冬铜像安放 | 《北京青年报》2007年4月23日第A10版 |
| "邵华泽书法展"在绍兴举行 | 《人民日报》2007年4月22日第4版 |
| 北大票友惊煞京剧大师——戏剧季"戏曲板块"走进校园 | 《北京青年报》2007年4月21日第C3版 |
| 北大授予比尔盖茨名誉教授称号 | 《中国教育报》2007年4月21日第1版 |
| 北大唱响"游子情" | 《光明日报》2007年4月21日第2版 |
| 新中国成立以来高校政治课的历次调整 | 《中国青年报》2007年4月23日第3版 |
| 高校政治课正大幅调整——7门课减为4门 教材全国"一本通" | 《中国青年报》2007年4月23日第3版 |
| 盖茨北大演讲遭抗议——抗议者高呼反对微软垄断 微软称尊重人们表达看法的权利 | 《北京青年报》2007年4月21日第A2版 |
| 盖茨遭遇"意外一分钟"——有消息称抗议者是IT业内人士 | 《北京青年报》2007年4月21日第A2版 |
| 开源为什么向盖茨呐喊 | 《北京青年报》2007年4月25日第E3版 |

| 标题 | 出处 |
|---|---|
| 北大回应"未名湖大酒店"兴建争端——科技园创新中心建设地块属"综合用地" | 《中国教育报》2007年4月24日第2版 |
| 从北大建五星级酒店说起 | 《科学时报》2007年4月24日第B1版 |
| 以初次分配实现公平与效率的统一 | 《人民日报》2007年4月28日第10版 |
| 股市涨跌,林毅夫一问三不知 | 《中国青年报》2007年4月27日第2版 |
| 高校在和谐文化建设中大有可为 | 《人民日报》2007年4月30日第9版 |
| 李大钊就义80周年 全市开展纪念活动 | 《北京青年报》2007年4月29日第A7版 |
| 清华北大舵手竞争奥运入场券 | 《北京日报》2007年4月29日第16版 |
| 季羡林病房一席谈 | 《文汇报》2007年5月1日第7版 |
| "青年需要像您这样的人民理论家"——北大学子致信方永刚教授 | 《光明日报》2007年5月3日第1版 |
| 北京市"五四奖章"标兵获得者 | 《北京青年报》2007年5月4日第O4版 |
| 北大、人大等高校同等对待复读生 | 《光明日报》2007年5月4日第3版 |
| 中日韩三国儒学的个性 | 《北京日报》2007年5月3日第3版 |
| 广大青年学子积极投身基层建功立业 | 《人民日报》2007年5月4日第1版 |
| 为祖国燃烧青春——中国青年群英会代表走进北大、清华侧记 | 《中国青年报》2007年5月4日第3版 |
| 张者:知识分子应该是人文精神的坚守者 | 《中国青年报》2007年5月7日第2版 |
| 停车未名湖畔被贴"罚单"——车主质疑北大不应拥有交通执法权,市交管局工作人员称,高校是"交通执法盲区" | 《新京报》2007年5月6日第A06版 |
| 哲学家朱伯崑逝世 | 《光明日报》2007年5月8日第2版 |
| 厅堂版《牡丹亭》长期驻演北京 | 《北京日报》2007年5月8日第13版 |
| 大学新闻网能走多远? | 《科学时报》2007年5月8日第B1版 |
| 学习方永刚,做马克思主义的传播者——与北大清华教授谈学习方永刚教授 | 《光明日报》2007年5月10日第3版 |
| 奥运信息系统建设需重节能 | 《人民日报》2007年5月10日第14版 |
| 教育部称将关注硕士学制变化 | 《新京报》2007年5月10日第A04版 |
| 北大平民学校昨办首场讲座 | 《北京青年报》2007年5月10日第A8版 |
| 社会学家不能做替罪羊——专访社会学家夏金鎏 | 《南方周末》2007年5月10日第D25版 |
| 从艾冬梅遭遇看运动员培养方式转变 | 《文汇报》2007年5月11日第5版 |
| 校园生活"后青春期"的绝唱 | 《科学时报》2007年5月10日第B4版 |
| 教育界专家建议大学开设语文课——各地高校纷纷响应 | 《光明日报》2007年5月11日第2版 |
| 罗豪才当选中国人权研究会会长 | 《光明日报》2007年5月11日第3版 |
| 号召精品,提倡精品 | 《光明日报》2007年5月11日第11版 |
| 北大开征中式学位服设计 | 《北京青年报》2007年5月11日第A6版 |
| 首次高考状元调查报告公布 | 《科学时报》2007年5月15日第B1,2版 |
| 马克思主义哲学中国化是重大时代课题 | 《中国教育报》2007年5月15日第3版 |
| 北大学生擒获教室女贼 | 《新京报》2007年5月14日第A06版 |
| 沈克琦:恢复高考,顺乎人心 | 《新京报》2007年5月17日第C14版 |
| "走进文学,走进名家"——中关村一小学生与曹文轩一起"亲近文学" | 《科学时报》2007年5月17日第B1版 |
| 北大众志:自主创新之路 | 《人民日报》2007年5月18日第13版 |
| 高校紧急应对学生心理危机事件 | 《中国青年报》2007年5月21日第3版 |
| 保安北大开讲《论语》——吸引校内外众多人士到场,自称在北大演讲是"半生的期待" | 《新京报》2007年5月18日第A16版 |
| 聚焦高考30年的制度变迁 | 《中国青年报》2007年5月20日第2版 |
| 巴渝文化周北大开幕,重庆火锅成推广名片 | 《北京青年报》2007年5月21日第A11版 |
| 复兴的中国 | 《中国国家地理杂志》2007年5月1日第P220-221版 |
| 北大举办中华学位服设计大赛,西式学位服有望被替代 | 《科学时报》2007年5月22日第B2版 |
| 北京大学新西兰中心成立 | 《人民日报》2007年5月22日第3版 |
| "方勇刚式"教学在大学课堂升温 | 《中国青年报》2007年5月22日第4版 |
| 新农村建设不一定拆旧建新 | 《人民日报》2007年5月22日第6版 |
| 高校继续教育的新使命:干部教育培训 | 《中国高等教育》第十期第P57-58版 |

季羡林病房谈和谐 ……………………………………………………《中华读书报》2007年5月23日第7版
推进马克思主义哲学中国化的发展——"首届马克思主义哲学中国化论坛暨纪念李大钊逝世80周年
　　学术研讨会"述要 ………………………………………………《人民日报》2007年5月23日第9版
现代农业具有广阔的就业前景——专访中国农业大学校长陈章良 …《中国青年报》2007年5月23日第7、8版
专家讲史与电视传播 ……………………………………………《中华读书报》2007年5月23日第9版
《失明的城市》北大领通行证 ……………………………………《北京晚报》2007年5月23日第34版
未必"永远"的记忆——《永远的1977》序 ………………………《文汇报》2007年5月25日第12版
在全国企业科协工作会议上的致辞 ……………………………《科技日报》2007年5月25日第1、2版
首都大学生座谈学习赵广军精神 ………………………………《中国青年报》2007年5月25日第1版
北大青年学生致信方永刚，畅谈学习体会，表达坚定志向，送上衷心祝福…………………………
　　………………………………………………………………《中国青年报》2007年5月25日第4版
关于《毛泽东思想、邓小平理论和"三个代表"重要思想概论》教材编写的几个问题 ………………
　　…………………………………………………………………《光明日报》2007年5月28日第9版
《中国近代史纲要》教材编写工作的几点体会 …………………《光明日报》2007年5月28日第9版
让科学历史观在大学生头脑中扎根——《中国近代史纲要》走进高校课堂综述 ………………
　　…………………………………………………………………《人民日报》2007年5月26日第5版
奥运新风化物长——访袁行霈教授 ……………………………《光明日报》2007年5月26日第4版
首个高校心理素质教育工作评估标准出台 ……………………《北京日报》2007年5月26日第1版
香山玉皇顶上刘氏兄弟墓 ………………………………………《北京日报》2007年5月27日第6版
文学理论史反思研究的意义 …………………………《高校理论战线》2007年5月1日第P47-50版
文学理论史反思研究的意义（续） ……………………《高校理论战线》2007年5月1日第P47-50版
谁毁了恭王府里的花园 …………………………………………《北京日报》2007年5月27日第6版
北大推出高端培训"黄金周" ……………………………………《光明日报》2007年5月29日第2版
高校食堂要保持价格总体稳定 …………………………………《中国教育报》2007年5月30日第1版
肉价上涨是新一轮通胀的前奏？ ………………………………《新京报》2007年5月31日第B13版
经济社会的正强化生存之道 ……………………………………《中华读书报》2007年5月30日第14版
教育部要求高校食堂保持价格稳定 ……………………………《光明日报》2007年5月31日第1版
北大方正发布数字出版战略 ……………………………………《光明日报》2007年5月31日第2版
教育部要求防范和严惩"体制外"招生 …………………………《光明日报》2007年6月1日第2版
北大暑期学校面向社会开放 ……………………………………《北京青年报》2007年6月4日第A6版
送医药 送技术 学传统 学党建——北大医院专家医疗队启程赴井冈山侧记 ………………………
　　…………………………………………………………………《光明日报》2007年6月3日第2版
《西游记》中的取经与正名 ………………………………………《北京青年报》2007年6月3日第A4版
200公用自行车 北航校内免费骑 ………………………………《北京青年报》2007年6月2日第A5版
中西结合 提高人才素质——北大引进高端培训潮流 …………《中国教育报》2007年6月1日第7版
大学成了职务犯罪重灾区？ ……………………………………《中国青年报》2007年6月2日第A3版
北京大学举行科学发展与社会和谐理论研讨会 ………………《光明日报》2007年6月5日第9版
大学校长乒乓台前显身手 ………………………………………《中国教育报》2007年6月5日第2版
以坚定步伐实现教育"十一五"蓝图 ……………………………《中国教育报》2007年6月5日第1、2版
在草原守护生命与健康 …………………………………………《中国教育报》2007年6月6日第7版
北大成立环境教育基地 …………………………………………《京华时报》2007年6月6日第A08版
医改悬念——七套医改方案过堂，政府市场之争继续 …………《南方周末》2007年6月7日第C18版
恢复高考30年——怀念与深思 ……………………………………《科学时报》2007年6月7日第B2版
北大方正筹建新型数字出版物发行平台 ………………………《中华读书报》2007年6月6日第2版
北大举行朱伯崑追思会 …………………………………………《光明日报》2007年6月7日第9版
正确理解"好"与"快" ……………………………………………《北京日报》2007年6月11日第17版
高校出版体制改革积极稳妥推进——5家试点单位顺利完成转企改制 …《人民日报》2007年6月9日第5版
当前马克思主义哲学研究的重大问题 …………………………《光明日报》2007年6月12日第11版
民主社会主义是马克思主义正统吗？ …………………………《中国教育报》2007年6月12日第3版
"正确认识民主社会主义"文章产生良好反响 …………………《光明日报》2007年6月13日第1版

| | |
|---|---|
| 妻子捐肝挽救危重丈夫——北大医院成功进行活体肝移植 | 《北京晚报》2007年6月12日第14版 |
| 北大残疾博士 求职百次遭拒 | 《人民日报》2007年6月13日第10版 |
| 重建儒教的危险、必要及其中行路线 | 《新华文摘》2007年11月1日第35,36版 |
| 北京大学标志有了统一"面孔"——具有中华传统文化特色,以特定色值的红色为标准色 | 《中国教育报》2007年6月14日第1版 |
| "孟二冬教授纪念学术奖"颁发 | 《光明日报》2007年6月14日第2版 |
| 北京大学发布形象标识系统——带"北大"标识产品全部侵权 | 《人民日报》2007年6月14日第11版 |
| 外交部长为首都大学生作报告 | 《北京日报》2007年6月14日第1版 |
| 北大国学研究院成立十五周年纪念座谈会举行——龙虫并雕 发掘弘扬中华优秀传统文化 | 《光明日报》2007年6月18日第1版 |
| 北大国学院庆15岁生日——"龙虫并雕"普及传统文化 | 《人民日报》2007年6月18日第11版 |
| 慕名北大国学 金庸进京"追星" | 《北京日报》2007年6月18日第5版 |
| 金庸将赴北大研习国学——自认国学基础有薄弱之处 | 《京华时报》2007年6月18日第A18版 |
| 从社会主义矛盾论到社会主义和谐社会论——首都理论界座谈毛泽东《关于正确处理人民内部矛盾的问题》的历史地位与时代价值 | 《北京日报》2007年6月18日第7版 |
| 金庸与北大学子趣谈中国文化 | 《光明日报》2007年6月19日第5版 |
| 深入研究马克思主义中国化的最新成果——"科学发展与社会和谐理论研讨会"述要 | 《人民日报》2007年6月20日第8版 |
| 北大国研院成立十五周年 | 《中国教育报》2007年6月21日第2版 |
| 恩格斯晚年全面修正了马克思主义理论体系吗? | 《中国教育报》2007年6月21日第3版 |
| 民主社会主义:可以借鉴但不可照搬 | 《中国教育报》2007年6月21日第3版 |
| 北京大学国学研究院 开风气之先 15年虚体成就实绩 擎学术大旗 龙虫并雕立昌国学 | 《中华读书报》2007年6月20日第1版 |
| 韩启德认为 医学发展需要人文思考 | 《光明日报》2007年6月24日第2版 |
| 陶然湖畔高石墓 | 《北京日报》2007年6月24日第6版 |
| 北京高校贫困生免费饮水洗澡——享受补贴学生占高校学生总数的10%至25% | 《中国教育报》2007年6月24日第1版 |
| 向世界一流大学迈进中的北京大学——迎接北京大学建校110周年(1898—2008) | 《中国青年报》2007年6月25日第T5版 |
| 王阳元:一位持之以恒的集成电路开拓者 | 《科学时报》2007年6月27日第B4版 |
| 北京大学掌握主流CPU设计技术——中美技术转让结出硕果 | 《光明日报》2007年6月27日第6版 |
| 港大港科大公布面试资格——404名北京考生入围港大,港科大在京面试线定为650分 | 《京华时报》2007年6月27日第A07版 |
| 《资本论》第三卷推翻了第一卷的结论吗? | 《中国教育报》2007年6月26日第3版 |
| 马克思主义哲学运用和发展——人大北大清华三校博士生论坛热议 | 《中国教育报》2007年6月26日第3版 |
| 北大举办何芳川教授纪念文集暨史学论文集出版座谈会 | 《光明日报》2007年6月29日第3版 |
| 职业指导"瞻前顾后"——北京大学创新就业工作 | 《人民日报》2007年6月28日第13版 |
| 还原一个真实的孔子 | 《科学时报》2007年6月28日第B4版 |
| 校园金曲演唱会北大唱响——重温30年前的校园金曲 | 《京华时报》2007年7月3日第B47版 |
| 北大教授李零重走孔子周游列国路 | 《北京青年报》2007年6月30日第C3版 |
| 理智主义与中国大学的兴起 | 《科学时报》2007年7月3日第B4版 |
| 走过那静静的红楼 | 《北京日报》2007年7月1日第1版 |
| 高校教师直面心理解压问题 | 《科学时报》2007年7月3日第B1版 |
| 毕业了,前进路上有爱随行 | 《中国教育报》2007年7月4日第5版 |
| 勤工助学每月不超40小时——每小时酬金不低于8元 | 《中国教育报》2007年7月3日第1版 |
| 北大票选学位服 | 《京华时报》2007年7月4日第A07版 |
| 北大奥运乒乓球馆大火已扑灭——没有造成人员伤亡 | 《人民日报》2007年7月3日第8版 |
| 北大师生争"纳米",对簿公堂辨是非 | 《北京青年报》2007年7月3日第A7版 |
| 高校就业应关注学生职业发展——目光只盯着大中城市,博士硕士宁愿去干本科生就能干的工作 | 《中国教育报》2007年7月3日第2版 |

| 标题 | 出处 |
|---|---|
| 唤起大学生对中国语文的兴趣——访北京大学语文教育研究所所长温儒敏教授 | 《中国教育报》2007年7月4日第3版 |
| 理科状元放弃港大选北大 | 《中华读书报》2007年7月4日第2版 |
| 袁行霈：国学的无用之大用 | 《中华读书报》2007年7月4日第2版 |
| 学者动态：汤一介——《儒藏》出版计划有所推迟 | 《中华读书报》2007年7月4日第11版 |
| 学者动态：乐黛云——要写文章论孔子 | 《中华读书报》2007年7月4日第11版 |
| 学者动态：王铭铭——梳理历史上的"西方"观念 | 《中华读书报》2007年7月4日第11版 |
| 北大九十名毕业生到农村和西部工作 | 《光明日报》2007年7月5日第2版 |
| 奥运催热小语种招生——北大、人大提前批次在京扩招 | 《北京晚报》2007年7月8日第4版 |
| 前外长李肇星受聘北大教授 | 《北京青年报》2007年7月8日第A5版 |
| 北大将增加推荐免试研究生接收量 | 《光明日报》2007年7月9日第2版 |
| 北大明年招收研究生5700人 | 《北京日报》2007年7月9日第5版 |
| 逛北大有人私收进门费 | 《北京晚报》2007年7月6日第9版 |
| 北京大学高比例接收推免生——原因在于对优秀生源的追求 | 《光明日报》2007年7月11日第2版 |
| 暑期首都大学生主流行动投身社会实践——大学生记者团赴京郊和卫星发射中心 北大爱心社赴贫困地区"爱心万里行"清华386支实践支队5000余学子参与 | 《北京日报》2007年7月11日第15版 |
| 北大90名毕业生到基层和西部工作 | 《北京日报》2007年7月11日第15版 |
| 北京理科第一最终选择了北大 | 《北京日报》2007年7月11日第15版 |
| 马寅初《新人口论》：依然是中国人口科学的旗帜和骄傲 | 《科学时报》2007年7月10日第A3版 |
| 加强思想政治教育 引导毕业生树立正确的就业观念——"在就业工作中加强大学生思想政治教育座谈会"发言摘登 | 《中国教育报》2007年7月9日第5版 |
| 北大清华提档分数线昨敲定——一本录取今天正式开始 考生可通过三种方式查询结果 专科招生计划新增千人 | 《北京青年报》2007年7月10日第A6版 |
| 北大小语种投档线确定——文理科分别为639分和666分 外经贸、外交学院提前批次开始录取 | 《京华时报》2007年7月8日第3版 |
| 同学少年时 正当御风云——电视剧《恰同学少年》引发大学生人生观讨论 | 《中国教育报》2007年7月12日第1、2版 |
| 3名14岁考生迈进北大 | 《北京青年报》2007年7月12日第A10版 |
| 北大体育馆火灾不会影响到好运北京赛事 | 《北京青年报》2007年7月12日第A1、6版 |
| 08办首次回应北大体育馆火灾情况 | 《北京青年报》2007年7月12日第A6版 |
| 北大软件-三度合作保障奥组委HR战略轻松实施 | 《科学时报》2007年7月14日第2版 |
| 应对暑期游 未名湖畔添公厕——北大相关举措还包括：规定两条参观线路 团体游客预约登记 重点文物专人值守 | 《北京青年报》2007年7月13日第A7版 |
| 矛盾论、改革论、和谐论一脉相承 | 《北京日报》2007年7月16日第A17版 |
| 弘扬和实践孟二冬精神 北京高校将树立一批导师典范 | 《光明日报》2007年7月13日第1版 |
| 辍学清华北大再被清华调档——张非意欲戒网瘾 入学后可能不会再买电脑 | 《北京青年报》2007年7月16日第1版 |
| 北大为校园游立"规矩"——团队参观要预约 校方提供引导服务 | 《中国教育报》2007年7月14日第1版 |
| 北大学子的创业路就平坦吗 | 《北京青年报》2007年7月18日第2版 |
| 李零：路上读孔子 | 《中国青年报》2007年7月16日第9版 |
| 香港名校的吸引力何在 | 《文汇报》2007年7月16日第9版 |
| 北京招生 清华文科线高出北大3分——专家称供需变化比例是首因 | 《科学时报》2007年7月17日第31版 |
| 北大只接待预约有序的"校园游" | 《科技日报》2007年7月17日第7版 |
| 港中大学文科线超北大清华 | 《京华时报》2007年7月19日第A04版 |
| 北大一女生自称被湖南一州长强奸——州长夫人称该事为造谣 | 《新京报》2007年7月20日第A30版 |
| 2007年高校学生思想政治状况滚动调查表明大学生主流积极健康向上 | 《中国青年报》2007年7月25日第4版 |
| 诚信为本 奋发向上——2007年高校学生思想政治状况滚动调查评述（上） | 《中国教育报》2007年7月27日第1、2版 |
| 融入 注重实效——2007年高校学生思想政治状况滚动调查评述（下） | 《中国教育报》2007年7月28日第1、2版 |

校园游升温 清华北大垃圾猛增——政协委员张妙弟建议：组织校园游的旅行社应开展"游客教育" ……………………………………………………………………………《北京青年报》2007年7月31日第A10版
北大有条件地接待游人 ………………………………………《中国青年报》2007年7月20日第11版
"高校游"遭遇游客素质难题 …………………………………《光明日报》2007年7月25日第10版
王选科技封在京首发 …………………………………………《科技日报》2007年7月28日第1版
中国哲学研究应充分运用逻辑分析方法——论冯友兰对逻辑分析方法的援引与创新 …………………………………………………………………………《光明日报》2007年7月31日第11版
季羡林先生将迎来96岁生日——一位文化老人的"和谐观" ……《人民日报》2007年7月21日第11版
高考省状元 女生占七成——66状元49人进清华北大，港校招11人；专家称砸钱争状元非"好风气" …………………………………………………………………………《新京报》2007年7月24日第A18版
北大避谈状元录取人数 ………………………………………《京华时报》2007年7月23日第A03版
文科前50名八成进北大——北京理科前100名有55人被北大录取；北大今年录取保送生602名 …………………………………………………………………………《新京报》2007年7月23日第A06版
40分钟校园游可否多些文化内涵——市政协委员卢风认为传播校园文化学校义务讲解员应发挥更大作用 ……………………………………………………………………《北京青年报》2007年8月9日第A19版
韩非：为圆北大梦不惜燕园当保安 …………………………《中国青年报》2007年8月8日第6版
经济学的边界——从经济学科学主义的争论谈起 …………《光明日报》2007年8月7日第10版
感谢北大学生没哄我下台 ……………………………………《北京青年报》2007年8月9日第C3版
高校游，不能只剩下热闹 ……………………………………《人民日报》2007年8月6日第11版
中华民族大有前途——温家宝亲切看望朱光亚、何泽慧、钱学森和季羡林 ……………………………………………………………………………《光明日报》2007年8月6日第1、4版
凌云健笔意纵横 ………………………………………………《光明日报》2007年8月7日第12版
季羡林的那池荷花 ……………………………………………《北京日报》2007年8月7日
张岱年与《中国哲学大纲》 …………………………………《光明日报》2007年8月2日第9版
陈宜瑜一行到北京大学考察创新群体候选项目 ……………《科学时报》2007年8月6日第A3版
同济人与北大"脊" …………………………………………《文汇报》2007年8月8日第8版
我的中国现代文化观 …………………………………………《北京日报》2007年8月13日第17版
在党旗下创造更大的人生价值——记北京大学口腔医学院教授周彦恒 …《光明日报》2007年8月12日第3版
关于科学发展观之哲学基础的几点理解 ……………………《北京日报》2007年8月13日第17版
马克思的共产主义学说是"空想乌托邦"吗？ ……………《科学时报》2007年8月20日第B3版
我赞同胡乔木同志的观点 ……………………………………《北京日报》2007年8月20日第20版
"品味"中国高校的领军人物——国内高校校长基本特征网上资料调查报告 ……………………………………………………………………………《中国教育报》2007年8月17日第7版
建设世界一流大学还缺少什么——9所首批进入"985工程"高校校长纵论"大学精神"和"体制创新" ……………………………………………………………………《中国教育报》2007年8月21日第2版
北大烈士纪念碑 被写三百字感想——北大学生认为愿望良好方式错误 北大保卫部表示将尽快处理掉字迹 ……………………………………………………………………《北京青年报》2007年8月21日第A10版
当前宏观经济条件下的改革和调控思路 ……………………《人民日报》2007年8月22日第9版
北大南门宿舍区 重建保留老风貌——北大昨天宣布采取第三套重建方案，但是围合式传统布局不变 ………………………………………………………………《北京青年报》2007年8月24日第A6版
北漂考研族挑战高校管理 ……………………………………《中国青年报》2007年8月24日第3版
北大学生暑期社会实践丰富多彩 ……………………………《光明日报》2007年8月24日第7版
方正电子为何大张口？ ………………………………………《科学时报》2007年8月25日第1版
高校校长冰城论剑一流大学 …………………………………《科技日报》2007年8月25日第7版
寂寞中关园 ……………………………………………………《文汇报》2007年8月26日第7版
社会价值观变迁 学者北大研讨其影响 ………………………《北京青年报》2007年8月28日第C3版
追随大师背影走向远方 ………………………………………《中国教育报》2007年8月30日第8版
北大将发应急饭补 两成学生受惠——应对食品价格上涨 中央财政将拨专款补贴家庭经济困难的大中专学生 ……………………………………………………《北京青年报》2007年8月30日第A6版
北大师生夜半救火获村民赞誉——"夜半民宅扑火，村民有口皆碑" 《燕赵都市报》2007年8月28日第6版

十问张玉书 ……………………………………………………………《中华读书报》2007年8月29日第13版
从北大学子到导弹精兵——记北京大学在校入伍大学生士兵、第二炮兵某导弹旅技术营班长高明………………
　　……………………………………………………………………《科技日报》2007年9月3日第1、3版
胡锦涛总书记重要讲话在教育系统引起热烈反响——广大师生表示要在以胡锦涛同志为总书记的党中央
　　领导下，扎实工作，刻苦学习，为科教兴国作出新的更大贡献 ……《中国教育报》2007年9月3日第1、2版
首都高校贫困新生顺利入学——数百万资金保障"绿色通道" …………《北京日报》2007年9月3日第1版
点滴关怀汇成爱的暖流——北京大学2007级新生入学"绿色通道"见闻……………………………………
　　………………………………………………………………………《中国教育报》2007年9月3日第2版
努力办好让人民满意的教育——胡锦涛总书记在全国优秀教师代表座谈会上的讲话引起强烈反响 …………
　　…………………………………………………………………………《人民日报》2007年9月4日第1、4版
仰望星空 ……………………………………………………………………《人民日报》2007年9月4日第9版
北大校址变迁 ………………………………………………………………《北京日报》2007年9月2日第6版
陈岱孙教授的三封信 ………………………………………………………《文汇报》2007年9月2日第7版
在校大学生入伍当兵建功军营的启示 ……………………………………《光明日报》2007年9月3日第7版
"除了吴瑞,我还要感谢这些人"——北京大学教授顾孝诚谈中美生物化学联合招生项目………………………
　　………………………………………………………………………《科学时报》2007年9月4日第A3版
"你是北大最帅气的男生!"——北大学生高明参军引发"高明现象"讨论 ………………………………………
　　……………………………………………………………………《中国青年报》2007年9月3日第1、4版
我的"军营大学"(1)——"北大最帅气的男生"讲述从军心路历程 …《中国青年报》2007年9月4日第1版
我的"军营大学"(2)——"北大最帅气的男生"讲述从军心路历程 …《中国青年报》2007年9月4日第4版
社会诚信法律制度亟待建立——迫切需要制定社会信用法 加强反垄断立法,重点在规制行业垄断 …………
　　…………………………………………………………………………《人民日报》2007年9月5日第3版
北大校方出资补贴食堂稳定菜价——纯肉类菜肴价格将"平进平出"………………………………………
　　……………………………………………………………………《北京青年报》2007年9月6日第A20版
多一些"仰望星空" 少一点"关心脚下"……………………………《光明日报》2007年9月6日第5版
金庸捐赠千万支持北大国学研究 …………………………………………《光明日报》2007年9月6日第2版
第六次全国高校出版社工作会议召开——教育部副部长李卫红、新闻出版总署副署长邬书林作讲话…………
　　………………………………………………………………………《中国教育报》2007年9月5日第1版
为什么经济学者总是众说纷纭 ……………………………………………《人民日报》2007年9月6日第9版
马克思主义：实践中铸就中国气派 ………………………………………《中国教育报》2007年9月9日第3版
北大庆祝经济法学泰斗芮沐百岁华诞 ……………………………………《光明日报》2007年9月9日第6版
高明现象所蕴含的朴素价值 ………………………………………………《北京青年报》2007年9月8日第A4版
北大本科教改实验全面升级 ………………………………………………《中国教育报》2007年9月7日第1版
奥运志愿歌 唱进北大新生宿舍 …………………………………………《北京青年报》2007年9月8日第A8版
确保家庭经济困难新生顺利入学 …………………………………………《中国教育报》2007年9月8日第1、2版
北大元培学院揭牌 本科学院已具雏形 …………………………………《中国青年报》2007年9月7日第6版
楼宇烈"下笔前想想 你有多少新的?"——不求著述等身 只愿薪火相传 ……………………………………
　　………………………………………………………………………《中国青年报》2007年9月10日第B7版
仰望星空 脚踏实地 理解人生 努力成才——全国人大常委会副委员长、中国科协主席韩启德寄语青年学子……
　　………………………………………………………………………《科技日报》2007年9月10日第1、3版
韩启德：以科技界和谐促进社会和谐 ……………………………………《科学时报》2007年9月10日第1、2版
2007年全国教育系统先进集体名单 ………………………………………《中国教育报》2007年9月10日第6、7版
北大320万助学金发放贫困生 ……………………………………………《科技日报》2007年9月11日第9版
北京大学：巧施助贷政策 助大学生"绿色成长" ………………………《科学时报》2007年9月11日第B2版
从师生"从游"中因材施教——访北京大学教务部卢晓东教授 ………《中国教育报》2007年9月11日第9版
北大获捐赠大建多媒体教学平台 …………………………………………《中国青年报》2007年9月11日第6版
教师节时又忆君——安徽宿州学院孟二冬纪念馆开馆侧记 ……………《光明日报》2007年9月12日第2版
坎坷的生活历程 卓著的科学成就——纪念父亲张青莲 ………………《光明日报》2007年9月12日第10版
李长春观看首都大学生"青春奥运 微笑北京"专场演出 ………………《人民日报》2007年9月12日第1版
本市专款补助学校食堂——市教委要求各校稳定学生伙食质量价格 …《北京日报》2007年9月12日第5版

北大学生告微软侵犯隐私——称 WindowsXP 一程序自动收集用户信息 通过互联网发回公司 …………………………………………………………………《京华时报》2007 年 9 月 12 日第 A12 版
金秋拜访季羡林 ……………………………………………………《中国教育报》2007 年 9 月 13 日第 12 版
2516 万元补贴高校食堂——一些高校采取措施限制外校人员就餐 ………《北京晚报》2007 年 9 月 12 日第 14 版
高明：忘记我，但请记住我的梦想 …………………………………《文摘报》2007 年 9 月 13 日第 1 版
周济表示：将增加财政投入解决高校债务问题　做好伙食稳定高校食堂价格 ………………………………………………………………《光明日报》2007 年 9 月 13 日第 2 版
北大贫困新生免费上网 ………………………………………………《京华时报》2007 年 9 月 14 日第 A08 版
北大 9 学生作弊被处理——教务处认为部分教师监考太宽松 ………《京华时报》2007 年 9 月 14 日第 A08 版
任彦申跳出庐山外方知北大清华之异同——以 25 年之切身体会观察中国最知名的两所学府……………………………………………………………………《北京青年报》2007 年 9 月 17 日第 B7 版
北大清华南开启动"校长圆桌会议" …………………………………《中国青年报》2007 年 9 月 14 日第 4 版
曹文轩"麦场主系列"赠阅百所少儿图书馆 …………………………《光明日报》2007 年 9 月 14 日第 2 版
《小六》感动北大师生 ………………………………………………《京华时报》2007 年 9 月 14 日第 A39 版
北大平民学校二期设戒规 ……………………………………………《北京青年报》2007 年 9 月 14 日第 A6 版
儒学与当今全球性三大难题——中国的儒学，可以也应该走向世界，为解决一些重大的世界性难题提供
　思想资源 ……………………………………………………………《北京日报》2007 年 9 月 17 日第 20 版
八国联军抢走的中国古籍，是不是应该还给中国？——严绍璗日本访书漫记………………………………………………………………………………《北京日报》2007 年 9 月 17 日第 19 版
北大形象标识启动授权许可 …………………………………………《北京青年报》2007 年 9 月 15 日第 A4 版
北大食堂拒绝外来就餐者——所有食堂禁止使用现金消费 …………《京华时报》2007 年 9 月 20 日第 A15 版
北大部分餐厅开始拒收现金——限制校外食客 北大率先出新招 ……《北京青年报》2007 年 9 月 19 日第 A8 版
清华研究生可申请免学费——全国 14 所高校试点改革 ……………《京华时报》2007 年 9 月 20 日第 A12 版
两岸菁英北京大学总裁营开营 ………………………………………《中国青年报》2007 年 9 月 18 日第 3 版
高校评估中的三个认识问题 …………………………………………《光明日报》2007 年 9 月 19 日第 11 版
梁宗岱：在严谨中创造自然 …………………………………………《中国青年报》2007 年 9 月 19 日第 12 版
北大学生比拼扔蛋创意——要求 5 米扔下不碎 18 名学生各有绝招……《京华时报》2007 年 9 月 21 日第 A21 版
部分高校研究生回归 3 年制——教育部称高校可自主调节学制年数 …《京华时报》2007 年 9 月 21 日第 A13 版
北大食堂新推 7 角菜——北大拒绝外来食客追踪 ……………………《北京青年报》2007 年 9 月 20 日第 A10 版
北大创新"四个新一代"先锋人才培养机制——用青年马克思主义者的培养实绩迎接党的十七大 ………………………………………………………………………………《人民日报》2007 年 9 月 21 日第 15 版
西南联大，已成绝响 …………………………………………………《新京报》2007 年 9 月 20 日第 C02 版
教育理念变革应把握五个内涵 ………………………………………《中国教育报》2007 年 9 月 20 日第 9 版
愿"高明现象"尽快成为平常——现实的选择使"当兵"带有了太多的功利性，掩盖了它固有的荣耀…………………………………………………………………………《中国青年报》2007 年 9 月 21 日第 10 版
"80 后"不会垮掉——那些经历过怀疑，探索和思考的"80 后"青年，将会最终走向成熟，成为国家和民族
　的栋梁 ………………………………………………………………《中国青年报》2007 年 9 月 21 日第 11 版
马克思主义中国化的历史轨迹 ………………………………………《中国教育报》2007 年 9 月 25 日第 3 版
昨北大一男生突发疾病猝死 …………………………………………《北京青年报》2007 年 9 月 23 日第 1 版
北大一男生突发呼吸困难身亡 ………………………………………《北京青年报》2007 年 9 月 23 日第 7 版
高校财政危机成热点研究课题 ………………………………………《北京青年报》2007 年 9 月 25 日第 A5 版
北京高校环保周开幕 …………………………………………………《京华时报》2007 年 9 月 25 日第 A13 版
用热血和责任铸就英雄本色——海军"衡阳抢险英雄群体"代表与高校师生座谈 ……………………………………………………………………………………《中国教育报》2007 年 9 月 26 日第 1 版
北大研究生报到大部分不需备学费 …………………………………《中国青年报》2007 年 9 月 26 日第 6 版
"高明现象"折射社会价值取向 ………………………………………《中国青年报》2007 年 9 月 28 日第 10 版
当今社会的一场道德对话 ……………………………………………《中国青年报》2007 年 9 月 28 日第 10 版
心灵的阳光哪里来 ……………………………………………………《中国青年报》2007 年 9 月 28 日第 10 版
向世界发出"和谐"口号——北京大学校长许智宏院士谈北京论坛 ……《科学时报》2007 年 10 月 8 日第 A5 版
高校将建电影院——校园数字电影院线启动 …………………………《中国青年报》2007 年 10 月 11 日第 2 版

元培学院跨学科建立课程体系……………………………………………《科学时报》2007年10月9日第B4版
香港大学将与北大合作培养牙医专才…………………………………《北京青年报》2007年10月9日第A8版
第二学士学位教育已到改革时…………………………………………《科学时报》2007年10月9日第B1版
父亲冯至在西南联大……………………………………………………《中华读书报》2007年10月10日第2版
吴梅：一段旧时曲………………………………………………………《中国青年报》2007年10月10日第12版
大学精神的育人功能………………………………………《思想政治工作研究》2007年10月11日第30—32版
奥运马拉松确定北大清华线路——马拉松比赛将穿越北大荷花池，清华二校门等；校内部分道路修缮本月
　　中旬完工………………………………………………………………《新京报》2007年10月11日第A17版
严复与《天演论》…………………………………………………………《光明日报》2007年10月11日第7版
以史为鉴走好中国特色社会主义之路——北京大学"纪念十月革命90周年学术研讨会"综述……………
　　………………………………………………………………………《中国教育报》2007年10月11日第11版
再生水"救活"万泉河——年注入120万立方米中水改变恶臭现状；万泉河水有望补给未名湖……………
　　………………………………………………………………………《新京报》2007年10月12日第A12版
从"高明现象"看大学生素质教育 ……………………………………《中国青年报》2007年10月12日第10版
这样的公众价值走向要特别关注………………………………………《中国青年报》2007年10月12日第10版
一流大学的5个特征……………………………………………………《科学时报》2007年10月16日第B4版
北大数字文化节10年 还原数字与人生关系…………………………《科学时报》2007年10月16日第B2版
钱理群：用经典呵护心灵………………………………………………《中国青年报》2007年10月15日第11版
树立新的财富观…………………………………………………………《光明日报》2007年10月12日第9版
学习报告六七遍深感自身责任大………………………………………《北京青年报》2007年10月17日第A5版
北大凝聚校园学生精英——各类积极分子被团组织纳入学生骨干培训计划………………………………
　　…………………………………………………………………………《中国青年报》2007年10月17日第2版
顺应各族人民过上更好生活的新期待…………………………………《北京日报》2007年10月22日第17版
中国商学院要有中国特色——访北京大学光华管理学院MBA中心常务副主任姜万军…………………
　　………………………………………………………………………《北京商报》2007年10月17日第B3版
最美的时代乐章将由青年来谱写——与李燕杰对话"高明"现象……《中国青年报》2007年10月19日第10版
"高明"现象：人民军队迈向现代化的铿锵足音………………………《中国青年报》2007年10月19日第10版
"学子兵"回北大招兵——两年前搁置学业携笔从戎的高明昨天出现在北大征兵点……………………
　　………………………………………………………………………《北京青年报》2007年10月21日第A1、6版
北大国际文化节 …………………………………………………………《北京晚报》2007年10月20日第4版
发展蓝图激荡人心 共建和谐服务人民——各地高校师生认真学习十七大精神……………………………
　　………………………………………………………………………《中国教育报》2007年10月22日第4版
汤一介谈："轴心期文明"国学的复兴 ………………………………《北京青年报》2007年10月21日第2版
临危受命的陈岱孙教授——回望西南联大之七………………………《中华读书报》2007年10月24日第2版
何孔敬：我和朱德熙的恋爱故事………………………………………《中华读书报》2007年10月24日第16版
"鸟巢"将从高校招募四千志愿者………………………………………《北京青年报》2007年10月23日第A12版
大学生古典音乐节在北大启动…………………………………………《光明日报》2007年10月25日第10版
理论创新应具有科学精神——访北京大学教授黄枬森 ………………《光明日报》2007年10月26日第9版
用科学发展观统领学校工作全局——教育系统学习贯彻党的十七大精神座谈会发言摘要………………
　　………………………………………………………………………《中国教育报》2007年10月27日第3版
西南联大建校70周年纪念大会举行——陈至立出席并讲话…………《人民日报》2007年10月28日第4版
厉以宁：股市大跌为短期结构性调整…………………………………《新京报》2007年10月29日第A05版
中国距人力资本强国还有多远——科学基金推动中国人口研究……《科学时报》2007年10月29日第A4版
陈平原："上流书"和"下流书"都可以读……………………………《中国青年报》2007年10月29日第11版
"阳光"青年刘正琛…………………………………………………………《中国青年报》2007年10月27日第2版
校内修路 北大限行——校保卫部称制定此项措施是为了避免校园内交通拥挤……………………………
　　………………………………………………………………………《北京青年报》2007年10月29日第A10版
当代大学生重走西南联大路——追寻科学救国的足迹 探索严谨治学的精神…………………………………
　　…………………………………………………………………………《文汇报》2007年10月31日第5版
大学非"大楼"乃"大师"也——学者谈西南联大教育……………《文汇报》2007年10月31日第5版

| | |
|---|---|
| 知名学者把脉高校学术期刊 …… | 《科学时报》2007年10月30日第B1版 |
| 学术理论界研讨陈守一法理学思想 …… | 《光明日报》2007年10月30日第9版 |
| 400余名学者共赴2007北京论坛——如何用东方智慧解决世界问题 …… | |
| | 《中华读书报》2007年10月30日第1版 |
| 北大三角地拆除海报栏——曾是北大"民间信息发布中心"因充斥招租广告等 在北大环境整治中被拆除 …… | |
| | 《北京青年报》2007年11月1日第A1、2版 |
| 北大三角地拆除信息栏——学生会称商业广告影响环境 今后将设置电子信息屏 …… | |
| | 《京华时报》2007年11月1日第A08版 |
| 北大拆除"三角地"引争议——校方称三角地信息栏商业气氛浓,一些学生反对称这里是北大精神生活的 | |
| 一部分 …… | 《新京报》2007年11月1日第A19版 |
| 首都大学生成立志愿者宣讲团——团市委、市学联聘请二十余位专家为导师指导青年学生学习宣传贯彻 | |
| 党的十七大精神 …… | 《北京青年报》2007年11月5日第A7版 |
| 百万学生同上一堂课 …… | 《北京日报》2007年11月5日第1版 |
| 重点、亮点、起点——首都理论界专家学者畅谈学习十七大精神体会 …… | 《北京日报》2007年11月5日第17版 |
| 华为事件是法律被消极执行 …… | 《中国青年报》2007年11月5日第7版 |
| 精确的表述澄清了模糊的认识——首都理论界专家学者畅谈学习十七大精神体会 …… | |
| | 《北京日报》2007年11月5日第17版 |
| 和谐共荣 多元发展——第四届北京论坛在北大闭幕 …… | 《北京日报》2007年11月5日第1版 |
| 八十宗璞 无法阅读 就学着在黑暗里倾听——与父亲冯友兰同样在高龄丢失阅读能力,也同样写出 | |
| 百万字的巨著 …… | 《北京青年报》2007年11月5日第C4版 |
| 许智宏回应"拆除三角地"——称广告乱象不符北大声誉,表示规划整治后拟建学生活动中心 …… | |
| | 《新京报》2007年11月30日第A07版 |
| 首都大学生十七大精神宣讲团成立 …… | 《北京日报》2007年11月5日第1、2版 |
| 北大医院新楼明年投入使用 …… | 《北京青年报》2007年11月4日第A5版 |
| 北京论坛(2007)共议多元化发展模式 …… | 《中国教育报》2007年11月3日第1版 |
| 西南联大的精神 …… | 《北京青年报》2007年11月4日第A4版 |
| 我心中的西南联大 …… | 《光明日报》2007年11月3日第5版 |
| 北大将抽查学生证 堵住外校人员蹭听——校方称此举为维持教学秩序 …… | |
| | 《北京青年报》2007年11月3日第A1、6版 |
| 北大教学楼下周开始查学生证——校方称此举为维持教学秩序 堵住个别社会闲散人员 …… | |
| | 《北京青年报》2007年11月3日第A1、6版 |
| 季羡林:病榻杂记 …… | 《文汇报》2007年11月4日第7版 |
| 林青霞向季羡林讨文气 …… | 《文汇报》2007年11月2日第11版 |
| 北大学者学习座谈十七大精神 …… | 《光明日报》2007年11月6日第9版 |
| 北大"三角地":共同体美德的成长空间 …… | 《中国青年报》2007年11月6日第2版 |
| 别了,三角地 …… | 《中国青年报》2007年11月7日第10版 |
| 中国经济没有现成的模式 …… | 《光明日报》2007年11月6日第12版 |
| 方正推出首款自主品牌直接制版机 …… | 《科学时报》2007年11月6日第A4版 |
| 北大凭什么不能向蹭课者说不 …… | 《北京日报》2007年11月7日第15版 |
| 北大三角地 …… | 《科学时报》2007年11月6日第B1版 |
| 译著树伟业 风范照后人——纪念曹靖华教授诞辰110周年 …… | 《中国教育报》2007年11月8日第7版 |
| 校外人员到北大听讲座不受限制——《北大教学楼开查学生证》追踪 …… | |
| | 《北京青年报》2007年11月8日第A7版 |
| 让中国特色社会主义入耳入脑——高校理论工作者交流学习党的十七大报告 …… | |
| | 《中国教育报》2007年11月8日第12版 |
| 北大教授著成《日藏汉籍善本书录》 …… | 《北京青年报》2007年11月8日第A12版 |
| 厉以宁为大学生上学习十七大报告课 …… | 《科技日报》2007年11月8日第7版 |
| 中华腾飞的伟大旗帜——党的十七大报告的重大创新 …… | 《中国教育报》2007年11月8日第12版 |
| 媒体明星与北大学子面对面——本报总编辑陈小川:不能用狭隘的爱国主义激活"木马病毒" …… | |
| | 《中国青年报》2007年11月9日第6版 |

| 标题 | 出处 |
|---|---|
| 世界文化走向与大学的使命 | 《中国教育报》2007年11月12日第5版 |
| 首都高校师生深入学习十七大精神 | 《北京日报》2007年11月10日第1版 |
| 北大为维护教学秩序劝离"蹭听生" | 《中国教育报》2007年11月10日第2版 |
| "我一生都在研究北京城"——侯仁之访谈录 | 《北京日报》2007年11月12日第19版 |
| 发扬优良学风 完善制度保障 | 《中国高等教育》2007年第21期第33、34版 |
| 北京大学寻找身边的青春榜样 | 《北京日报》2007年11月14日第15版 |
| 大学公信力为何下降 | 《中国青年报》2007年11月14日第9版 |
| 深刻认识和理解科学发展观 | 《中国教育报》2007年11月13日第3版 |
| 抓学习 求创新 促时效——各地高校掀起深入学习宣传贯彻十七大精神热潮 | 《中国教育报》2007年11月13日第1版 |
| 学术期刊与学术发展 | 《光明日报》2007年11月13日第11版 |
| 我为什么提出创建"中国马克思学" | 《北京日报》2007年11月12日第17版 |
| 中国农村妇女健康面临结构性挑战 | 《科学时报》2007年11月13日第A4版 |
| 永远跟党走 争做新一代——各地大学生学习十七大精神热潮涌动 | 《中国青年报》2007年11月15日第1版 |
| 北大清华"特殊"招生开始报名 | 《北京日报》2007年11月16日第8版 |
| 北大严绍璗20年整理日藏汉籍18000种 | 《中华读书报》2007年11月14日第1版 |
| 大学发展：适应还是引领社会变革——"北京论坛(2007)"教育分论坛综述 | 《中国教育报》2007年11月16日第3版 |
| 陈荣捷与朱子学论著 | 《光明日报》2007年11月17日第5版 |
| 宗璞：60年的"痴心肠"与"长相守" | 《文汇报》2007年11月17日第7版 |
| 经济全球化追问大学新使命 | 《中国教育报》2007年11月19日第8版 |
| 谈我国经济社会可持续发展的四大问题 | 《北京日报》2007年11月19日第17版 |
| 中国高校首份社会责任报告发布 | 《中国青年报》2007年11月19日第6版 |
| 专家研讨马克思主义中国化 | 《光明日报》2007年11月20日第2版 |
| 北京大学学生投票选"十佳教师" | 《京华时报》2007年11月20日第A03版 |
| 学以致用 用以促学——北大以学习十七大精神为契机推进思想政治教育 | 《光明日报》2007年11月21日第3版 |
| 北京大学设立杰出学者奖 | 《光明日报》2007年11月21日第10版 |
| 九旬华侨千万港币捐赠北大 | 《新京报》2007年11月22日第A07版 |
| 曹靖华与俄苏文学学科创建 | 《中华读书报》2007年11月21日第13版 |
| 刘半农：教我如何不想他 | 《中国青年报》2007年11月21日第12版 |
| 精英教育大众化摊薄师生关系 | 《中国青年报》2007年11月21日第6版 |
| 高校应成为和谐文化建设的领跑者——"2007年高等教育国际论坛"综述 | 《中国教育报》2007年11月23日第3版 |
| 关切大学人文教育 | 《北京青年报》2007年11月25日第3版 |
| 学习十七大报告百问百答——之"推动社会主义文化大发展大繁荣"篇 | 《北京日报》2007年11月26日第17版 |
| 清华北大学生再为血癌女童募捐 | 《新京报》2007年11月26日第A07版 |
| 科学发展 成才报国——十七大精神走进当代大学生心灵 | 《北京日报》2007年11月26日第2版 |
| 改进型的批评与理想化的批评 | 《北京日报》2007年11月26日第18版 |
| 高校科研如何转化成创新实力 | 《中国教育报》2007年11月27日第2版 |
| 孟山都再赞助北大 | 《科技日报》2007年11月27日第10版 |
| 现行手术制度有必要修改吗 | 《北京晚报》2007年11月27日第8版 |
| 国学拒绝实用主义 | 《人民日报》2007年11月28日第11版 |
| 自觉凝聚在伟大旗帜下 | 《人民日报》2007年11月28日第9版 |
| 北大本科毕业生两成月薪过万 | 《新京报》2007年11月28日第A09版 |
| 钱玄同：真的猛士 | 《中国青年报》2007年11月28日第12版 |
| 续修学业 | 《京华时报》2007年11月29日第1版 |
| 北大学生士兵退伍重返校园 | 《京华时报》2007年11月29日第A09版 |
| 大学提升需要文化和谐——2007年高等教育国际论坛综述 | 《光明日报》2007年11月28日第10版 |

| 标题 | 出处 |
|---|---|
| 北大清华毕业生多半就业重点行业 | 《北京日报》2007年11月29日第8版 |
| 燕园架起中国脊——竣工交付使用的北京大学体育馆览胜 | 《北京日报》2007年12月3日第1、4版 |
| "中国脊"盘踞燕园，将迎世界乒坛名将 | 《北京青年报》2007年12月3日第A1、6版 |
| 关键是建立科学的城市创新评价指标体系 | 《科技日报》2007年12月3日第3版 |
| 城市创新力评价要有社会的参与 | 《科技日报》2007年12月3日第3版 |
| 陈平原：漫卷诗书喜欲狂 | 《新京报》2007年11月30日第C21版 |
| 厉以宁：其实我和吴敬琏关系挺好的 | 《北京青年报》2007年12月4日第A2版 |
| 北大代表队获得iGEM比赛唯一大奖 | 《光明日报》2007年12月5日第6版 |
| 北大获国际基因工程机械设计竞赛大奖 | 《中国教育报》2007年12月5日第1版 |
| 我把真想法写进了书里———写在《从清华园到未名湖》出版后 | 《北京日报》2007年12月3日第20版 |
| "中国脊"显百年北大之韵 | 《北京晚报》2007年12月3日第26版 |
| 北大百年讲堂营造文化氛围推进学生素质教育 | 《光明日报》2007年12月6日第2版 |
| 北大清华共建校园招聘"职桥网" | 《中国教育报》2007年12月5日第5版 |
| 北大MBA办拍卖会为留留筹款 | 《北京青年报》2007年12月6日第A12版 |
| 我在联大的八年 | 《中华读书报》2007年12月5日第3版 |
| 融入我的大学——70年代末、80年代初北大生活片段 | 《中华读书报》2007年12月5日第13版 |
| 一棵乒球转乾坤 | 《科技日报》2007年12月7日第5版 |
| 北大百年纪念讲堂上演"惊音无敌" | 《北京青年报》2007年12月10日第A6版 |
| 北大发放千万元奖学金 | 《新京报》2007年12月8日第A08版 |
| 北大学生获得国际生物学奖 | 《北京青年报》2007年12月10日第A5版 |
| 厉以宁：中国股市大局不会改变 | 《京华时报》2007年12月9日第2版 |
| 从论文引用率看我国高校科研创新力 | 《中国教育报》2007年12月10日第6版 |
| 八大亮点闪耀北大乒乓球馆 | 《科技日报》2007年12月7日第5版 |
| 北大缺课志愿者将领教学光盘——550名志愿者参与好运北京乒乓球比赛服务 | 《北京青年报》2007年12月11日第A12版 |
| 把校园网建成立德树人新阵地——高校校园网络文化建设和管理工作研讨会举行 | 《中国教育报》2007年12月11日第1、2版 |
| 方正百万重奖"中国计算机学会王选奖"获得者 | 《科学时报》2007年12月11日第A4版 |
| 办好高等教育的另一半——第三届中国培训发展论坛在北大举行 | 《科学时报》2007年12月11日第B2版 |
| 学者短评 | 《光明日报》2007年12月11日第12版 |
| 北大学子观摩圆梦设计展 | 《光明日报》2007年12月11日第2版 |
| 复读生首次参与北大自主招生 | 《京华时报》2007年12月11日第A6版 |
| 嫁入"学术豪门"的乐黛云 | 《文摘报》2007年12月13日第8版 |
| 国学的当代形态 | 《光明日报》2007年12月13日第9版 |
| 大学生风采展示走进北大体育馆 | 《北京青年报》2007年12月13日第A19版 |
| 考研人数连续两年下降——四大名校竞争依然激烈 MBA报考者最多 报考法律专业人数减少近2成 | 《北京青年报》2007年12月13日第A12版 |
| 大学"蹭课"：要宽容，也要管理 | 《光明日报》2007年12月17日第5版 |
| 丙型肝炎 需要引起关注的进展性疾病 | 《光明日报》2007年12月17日第11版 |
| 北大教授网上"洗黄河"——朱青生希望用"网络艺术"征集清洁黄河方案 | 《新京报》2007年12月15日第A27版 |
| 2007"中国脊"落成 | 《人民日报(海外版)》2007年12月14日第12版 |
| 韩启德连任九三学社中央主席 | 《光明日报》2007年12月16日第2版 |
| 北大特许志愿者申请期末缓考——"好运北京"乒乓球赛昨在北大体育馆开赛 | 《北京青年报》2007年12月14日第A15版 |
| 满足志愿者需求 场馆开辟自习室 | 《北京青年报》2007年12月14日第A15版 |
| 场馆信息做折页 装入胸牌随身带 | 《北京青年报》2007年12月14日第A15版 |
| 场馆内设置票务咨询台 | 《北京青年报》2007年12月14日第A15版 |
| 国际基因工程机械赛北大学生获大奖——生物学最高级别大学生竞赛 | 《北京日报》2007年10月19日第15版 |

| | |
|---|---|
| 音乐剧《春香传》香飘燕园 | 《北京日报》2007年12月18日第13版 |
| 北大本年度所颁奖学金明显提高 | 《光明日报》2007年12月18日第10版 |
| 乒乓比赛延时 场馆启动应急预案 | 《北京青年报》2007年12月18日第A8版 |
| 韩语志愿者为乒乓球名将做翻译 | 《北京青年报》2007年12月18日第A8版 |
| 发展与转型：思潮、战略和自生能力 | 《光明日报》2007年12月18日第10版 |
| 五学者回顾《新诗发展概况》前前后后——当事者反思 为历史不被误读 | 《中华读书报》2007年12月19日第1版 |
| 北大场馆获高度评价——国际乒球邀请赛我包揽双冠 | 《文汇报》2007年12月20日第8版 |
| 现有理论难解中国经济"奇迹" | 《人民日报》2007年12月20日第6版 |
| 北大限行 周边道路如何疏堵——校方回应：北大将制作告示牌 引导车辆先绕行 | 《北京青年报》2007年12月20日第A10版 |
| 乱读2007 | 《中华读书报》2007年12月19日第11版 |
| 北大研究生报考人数稍降——将迎来研究生教育90周年 | 《人民日报》2007年12月20日第11版 |
| 北大90年培养近6万名研究生 | 《光明日报》2007年12月20日第2版 |
| 北大博士讲师也能当博导 | 《北京青年报》2007年12月20日第A8版 |
| 向党输送新鲜血液的坚实基地——写在全国高校党建工作会议召开之际 | 《中国教育报》2007年12月23日第1、2版 |
| 北京高校扎实推进奥运筹办工作 | 《北京日报》2007年12月22日第1版 |
| 西南联大访碑记 | 《文汇报》2007年12月24日第11版 |
| 党的十七大的历史贡献和理论创新 | 《高校理论战线》2007年12月1日第P4—11版 |
| 北京创新制度提升高校党建水平 | 《中国教育报》2007年12月25日第1版 |
| 严复与孟德斯鸠彼此打量 | 《光明日报》2007年12月25日第12版 |
| 思政课成为大学生喜爱的课程——加强和改进高校思想政治理论课综述 | 《中国教育报》2007年12月25日第1、2版 |
| 高等教育也要引进竞争机制 | 《科学时报》2007年12月25日第B4版 |
| 福田访华日程确定 将赴北大发表演讲 | 《北京青年报》2007年12月26日第1版 |
| 北京大学研究生教育走过90年 | 《中国教育报》2007年12月27日第1版 |
| 中科院今年新增34名院士 | 《北京晚报》2007年12月27日第3版 |
| 王铭铭为什么要发掘中国的"西方学"？ | 《中华读书报》2007年12月26日第10版 |
| 人生大块文章 | 《北京青年报》2007年12月26日第D2版 |
| 季羡林用时间边角废料著人生大块文章 | 《北京青年报》2007年12月26日第D2版 |
| 《儒藏》编纂工作进展顺利 | 《光明日报》2007年12月27日第9版 |
| 中国最早的"大学丛书" | 《中国教育报》2007年12月27日第5版 |
| 以改革创新精神推进高校党的建设——第十六次全国高等学校党的建设工作会议发言摘登 | 《中国教育报》2007年12月31日第5版 |
| 我们必须抓住自己的特色 | 《人民日报》2007年12月29日第12版 |
| 日本首相福田康夫在北大演讲 | 《光明日报》2007年12月29日第8版 |
| 清华北大昨天开考自主招生笔试 | 《北京青年报》2007年12月31日第4版 |
| 新增院士平均年龄五十三点七岁 | 《光明日报》2007年12月28日第1版 |
| 福田访华演讲 | 《北京青年报》2007年12月29日第A2版 |
| 改造罪犯离不开社会共同参与 | 《人民日报》2007年12月29日第11版 |
| 高明，高明？ | 《中国青年报》2007年12月28日第10版 |

## 北京大学本科教学工作水平评估自评报告

2007 年 11 月

## 学校概况

北京大学(Peking University),是国家教育部直属普通高等学校,主校区位于北京市海淀区燕园。现任校党委书记闵维方教授,校长许智宏院士。

北京大学创办于 1898 年,初名京师大学堂,是我国近代第一所国立综合性大学,也是当时中国最高教育行政机关。1903 年,京师大学堂设立医学实业馆(后改称医学馆),成为北京大学医学部的历史源头。1912 年 5 月,京师大学堂更名为北京大学,著名的教育家、启蒙思想家严复出任校长;同年 10 月,国立北京医学专门学校也在医学馆的基础上成立。1916 年,著名民主革命家、教育家蔡元培出任北京大学校长,对北大进行了卓有成效的改革,促进了思想解放和学术繁荣,北京大学逐渐发展成为新文化运动的中心、五四运动的策源地,成为中国最早传播马克思主义和科学民主思想的发祥地,中国共产党最早的活动基地。陈独秀、李大钊、毛泽东、胡适、蒋梦麟、鲁迅、马寅初、李四光等一批杰出人物都曾在北京大学任职或任教。1937 年卢沟桥事变后,北京大学与清华大学、南开大学南迁长沙,共同组成长沙临时大学。1938 年初,临时大学迁往昆明,改称国立西南联合大学,在十分艰苦的条件下,仍继续坚持教育文化事业,为国家培养了一大批优秀人才。抗战胜利,北京大学北返故园,于 1946 年 10 月在北平正式复学。在 20 世纪三、四十年代,国立北京医学专门学校一度名为北平大学医学院,后并入北京大学成为北大医学院。

1952 年,教育部对全国高等学校进行院系调整,北京大学整体迁入燕园,清华大学和燕京大学的文、理、法科以及辅仁大学、浙江大学、中法大学等高校的有关科系并入北京大学。北京大学成为一所以文理科基础教学和科学研究为主的综合性大学。

改革开放以来,北京大学在继续加强和发展基础学科的同时,着力发展国家经济建设、科技进步和社会发展急需的应用学科、交叉学科和新兴学科,并于 1994 年提出创建世界一流大学的奋斗目标。1998 年,在北大百年校庆庆典上,创建世界一流大学成为国家战略。2000 年 4 月 3 日,北京大学与 1952 年离校分立的原北京医科大学(独立建院时名北京医学院)合并,组建了新的北京大学。经过"211 工程"和"985 工程"的建设,目前北京大学已经成为一所拥有自然科学、技术科学、新型工程科学、医药科学、人文科学、社会科学、管理科学、教育科学和语言科学等多门类、多学科的综合性研究型大学。

一百多年来,"思想自由、兼容并包"的学术传统,"爱国、进步、民主、科学"的精神,"勤奋、严谨、求实、创新"的学风,在北大代代相传、生生不息。不同时期的"北大人"为民族的解放和振兴、国家的建设和发展、社会的文明和进步做出了不可替代的贡献,在中国走向现代化和繁荣昌盛的进程中起到了先锋和骨干作用。据不完全统计,新中国成立以来,北大校友中已有 5 人获得国家最高科学技术奖,12 人成为"两弹一星"元勋,近 500 人当选两院院士。北大的毕业生和教师为我国自然科学、人文社会科学、医药卫生科学、工程技术科学以及国防事业、文学、艺术等文化事业的发展做出了很多奠基性和开拓性的贡献。

截至 2007 年 9 月,北京大学共有在校普通本科学生 14170 人、专科学生 616 人、硕士生 11249 人、博士生 5979 人,还有来自 80 多个国家的留学生 2587 人。学校共有专任教师 2926 人,其中中国科学院院士 52 名、中国工程科学院院士 7 名、第三世界科学院院士 14 名、长江学者 99 人、国家杰出青年科学基金获得者 128 人。学校共设有人文、理学、社会科学、信息与工程、医学等 5 个学部,学部下设 43 个院系,并设有 360 个研究所(中心)、12 个国家重点实验室、2 个国家级工程研究中心、46 个省部级重点实验室(院、所、中心)、19 个国家本科人才培养基地、13 个人文社科重点研究基地、6 个附属医院;105 个本科专业、2 个第二学士学位专业、291 个硕士点、249 个博士点;87 个全国重点学科、36 个博士后科研流动站。建于 1902 年的北京大学图书馆是亚洲规模最大的大学图书馆之一，现有藏书近 778 万册，为广大师生提供了丰富的图书和信息资源，是体现北京大学科学和人文环境的重要知识景观。

传承百年辉煌，再创今日风流。在世界高等教育迅猛发展的形势下，北京大学全体师生正抓住建设创新型国家的历史机遇，扎实工作，勤奋学习，勇于创新，为把北京大学建成世界一流大学而努力奋斗。

# 第一部分　办学思想

## 1.1　学校定位

### 1.1.1　学校目标定位

北京大学是一所以人文、社会科学、理学、医学和技术科学为主的综合性大学，学校的总体任务是以人才培养为中心，开展教学、科学研究和社会服务，战略发展目标是创建世界一流的研究型大学。

按照《中华人民共和国高等教育法》，北京大学坚持党委领导下的校长负责制，坚持社会主义办学方向，努力成为国家培养高素质创造性人才的摇篮，成为认识未知世界、探求客观真理、为人类解决面临的重大课题提供科学依据的前沿，成为知识创新和推动科学技术成果向现实生产力转化的重要力量，成为民族优秀文化与世界先进文明成果交流和借鉴的桥梁。

### 1.1.2　目标定位的依据

京师大学堂是戊戌变法兴学图强理想的产物。蔡元培校长主政时期提出"仿世界各大学通例，循'思想自由'原则，取兼容并包主义"，胡适于 20 世纪 40 年代提出"大学教育应该朝着研究院的方向发展"和必须集中国家的最大力量培植最好的大学，使之成为"第一流的学术中心"和"国家学术独立的根据地"，这些都成为北大创建世界一流大学的先声。

改革开放以来，在建立社会主义市场经济的过程中，面对新科技革命和经济全球化的挑战，为实现国家的可持续发展，党和政府提出了建设社会主义和谐社会和创新型国家的目标，对中国大学的发展提出了新的时代要求。

在一百多年的办学过程中，北京大学积累了丰富的办学经验，成为以人文、社会科学、理学、医学和技术科学为主的、实力较为雄厚的综合性大学。在 1994 年 7 月举行的第九次党代会上，北京大学明确提出了"创建世界一流大学"的奋斗目标。1998 年 5 月 4 日，党和国家领导人在庆祝北京大学建校一百周年大会上的重要讲话中，将这一目标上升为国家战略。"创建世界一流大学"不仅是北大师生的共识，也是国家赋予北京大学的崇高使命，是建设创新型国家、弘扬中华文明和建设和谐社会的历史需要。

## 1.2　学校发展规划

### 1.2.1　总体发展思路

创建世界一流大学是一项艰巨的任务，要经过长期和艰苦的努力才能实现。北京大学要始终坚持社会主义办学方向，坚持在长期办学实践中形成的"追求真理、追求卓越、培养人才、繁荣学术、服务人民、造福社会"的理念，努力探索高等教育的发展规律，不断总结经验，加快创建世界一流大学进程。

坚持以中国特色社会主义理论体系为指导，贯彻落实科学发展观，解放思想、实事求是、与时俱进，紧紧依靠广大教职员工，积极稳妥地推进教育教学改革，在中华民族振兴过程中创建世界一流大学，在中国特色社会主义事业的建设中发展北京大学。

坚持走以内涵发展为主的道路，发挥自身办学特色。要按照规模、结构、质量内在统一、相互协调的原则，把工作重点放在提高学校的教学科研水平上。动态地控制规模，优化结构，保证质量，提高效益。

坚持人才培养是大学的核心使命。根据中国国情和北大学科特点，借鉴世界一流大学的成功经验，努力推进教育教学改革，巩固和发展全方位、多层次、宽领域的对外合作交流，全力为学生提供最好的教育，走出一条"面向现代化、面向世界、面向未来"的人才培养之路。

坚持"以队伍建设为核心、以交叉学科为重点、以体制和机制创新为动力"的基本建设思路。努力营造良好的学术环境，调动各种积极因素，使北京大学成为汇聚和造就优秀人才的基地，成为促进新思想、新理论不断产生和发展的学术殿堂。进一步加强基础学科，重点发展前沿和交叉学科，鼓励基础研究与实际应用相结合，促进原创基础上的成果转化。充分发挥北京大学多学科综合优势，鼓励和吸引不同学科背景的优秀学者针对学科前沿和国家重大科学问题开展跨学科研究。通过进一步深化人事制度改革和院系管理体制改革，逐步建立符合北大实际、有利于北京大学学科建设长远发展要求的现代大学管理制度。

### 1.2.2　学校发展规划的制定

过去十年，北京大学制定了两次重要的发展规划。1999 年，在深入分析当时形势、北大基础和优势、面临挑战和困难的基础上，《北京大学创建世界一流大学规划》明确提出了创建世界一流大学的宏伟目标和两步走的发展战略。第一阶段计划用七年左右的时间重点进行学科调整，推进教育改革和人事制度改革，以完成新老交替,提高学术队伍水平,为进一步发展打下坚实基础。第二阶段是北京大学快速发展时期,计划用十年左右的时间建成一批达到世界先进水平的学科,并在人才培养、科学技术和社会发展领域取得重要成果,使北京大学的学术影响和社会声誉都进入世界大学的先进行列。

在2003年制定的《北京大学985二期建设规划》中,学校认真分析了面临的新形势和挑战,认为经过"985工程"一期和"211工程"建设,北京大学基础学科实力进一步增强,教学和研究的整体水平显著提高,但与世界一流大学相比仍有很大差距。"985工程"二期应在人才队伍建设、学科前沿布局、解决国家重大社会和科学技术问题的能力建设等方面加大力度。为此,学校提出了"以队伍建设为核心,以前沿交叉学科为重点,以体制创新为动力,全面规划和推进北京大学科技创新平台和人文社会科学创新基地建设,实现跨越式发展"的"985工程"二期总体建设思路,并陆续出台了一系列配套政策和措施,使学校的整体教学和研究实力进一步提高。

1.2.3 发展规划的实施与进展

在"211工程"和"985工程"的重点支持下,北京大学的各项事业都得到了快速发展。以岗位聘任为核心的人事制度改革增强了教学和科研队伍的凝聚力,使整体队伍状况发生了深刻的变化。2000年北京大学和北京医科大学合并后,学校调整了部分院系结构,组建了一批交叉学科研究机构,使学校的整体学科实力有了明显提高。2001年启动了以"元培计划实验班"为代表的一系列本科教育教学改革,在探索新的人才培养道路上迈出了坚实步伐。与此同时,学校的基础条件、仪器设备条件、网络和图书资源等都有了明显改善。

队伍建设成绩显著 过去几年是北大教师新老交替的高峰期,大批学术造诣很深的老学者退出教学科研工作第一线,需要大量补充新生力量。在积极配合教育部"长江学者"、"创新团队"和"新世纪人才"等人才计划实施的同时,学校设立了"优秀青年人才引进计划",引进了一批优秀的青年学者。学校还加强了高水平团队的引进和建设,组建了一批新的研究机构。例如,分子医学研究所是学校为加强生命科学和转化医学而设立的研究机构,建所之初就按学科布局的需要,从国内外招聘一批优秀学者任职。在美国科维理(Kavli)基金会支持下建立的科维理天文与天体物理研究所聘请加州大学洛杉矶分校(UCLA)林潮教授担任所长,目前正在全球范围内聘任和组建学术团队。另外,工学院的生物医学工程系、先进材料与纳米技术系、能源与资源工程系等单位都采用类似方式组建。与此同时,学校注意处理好引进人才和稳定队伍之间的关系,努力改善研究、工作和生活条件,精心营造和谐和公平的学术环境,使各方面人才学有所用,才有所施,学术队伍的整体素质和水平不断提高。

交叉学科初具形态 学校着力加强交叉学科研究机构、研究平台建设。成立了前沿交叉学科研究院、以国家重大需求为导向的先进技术研究院和针对社会发展变化的社会调查中心。组建了具备手术介入灵长类疾病模型、转基因小鼠模型等技术的实验动物中心,以及纳米器件超净实验室、核磁中心、加速器质谱、化学基因组学和创新药物、社会跟踪调查体系、功能成像等交叉学科研究平台,为交叉学科发展提供了必要的基础条件。目前,交叉学科已经成为北大在前沿学术领域的重要增长点,在承担国家重大项目和为国家经济社会发展提供政策咨询等方面都做出了较好的成绩。理论生物学中心、纳米科学与技术中心、分子医学研究所、人口研究所等都在一些重要的领域主持着国家"973"和"863"重大研究项目,在争取国家重大研究项目上表现出了较强的竞争优势,理论生物学中心成为第一个在交叉学科领域的国家自然科学基金委创新群体。先进技术研究院、工学院、生物医学跨学科研究中心、化学基因组学中心等分别承担了科技部、总装备部、地方政府、大型跨国企业和国内企业委托的研究项目。

创新能力显著增强 实施"985工程"以来,北京大学的基础学科实力显著增强。学校的科研经费从1999年的1.64亿增加到2006年的7.36亿。在SCI期刊上发表的研究论文从1999年的1400篇(第一作者单位928篇)增加到2006年的2988篇(第一作者单位2056篇)。人文社会科学的CSSCI论文也从2000年的1051篇增加到2006年的1826篇。与此同时,研究成果的质量和影响力都不断提高。SCI论文的平均影响因子从1999年的1.21提高到2006年的2.02。例如,2000年以来化学与分子工程学院每年SCI论文总数一直保持在400多篇,但论文的平均影响因子从2001年的1.6提高到2007年的3.3。根据美国ESI公布的过去10年论文引用数据,北大理工医学中的数学、物理、化学、材料、工程、临床医学、动植物学、地球科学、生物和生物化学等9个学科进入全球前1%,其中化学学科论文数排名21位,引用次数排名95位。最近公布的《中国人文社会科学学术影响力报告》指出,在文学、外国文学、法学、社会学和经济学几个领域被引用最多的前10名学者中,北大有十多名学者入选。北大在国际SSCI上发表的论文数目持续增长。1999年至今,北大共获得国家自然科学奖、科技进步奖和发明奖36项,国家最高科学技术奖1项,何梁何利科学与技术成就奖2项;获国家社会科学基金项目优秀成果奖63项,其中一等奖9项;获北京市哲学社科优秀成果奖125项,其中特等奖4项,一等奖39项。2003至今共有6项科技成果入选"中国高校十大科技进展"。1999年至今共获得优秀博士论文61篇。

近年来,一批优秀的研究成果在国内外产生了较大影响。方精云院士关于中国碳循环的工作改变了国际学术界对中国生态状况的看法;涂传诒院士关于太阳风的研究和"夸父"日地环境探测计划受到国际空间物理界广泛关注。在人文领域,袁行霈教授主编完成的《中华文明史》、李赋宁教授等主编的《欧洲文学史》、林毅夫教授的《再论制度、技术与中国农业发展》、陈兴良教授的《刑法的构造价值》等一批精品力作在国内外都产生较大影响。目前,美国著名汉学家、华盛顿大学康达维教授正在组织美国学者将《中华文明史》翻译成英文。汤一介教授主持的"儒藏工程"项目也正在积极进行。

学校鼓励基础研究与实际应用结合,鼓励科技成果向现实生产力转化。化学与分子工程学院谢有畅教授在固体表面单层分散理论研究的基础上发展了吸附剂的新制备方法,并形成了年产值几亿元的空气分离和一氧化碳分离产业。计算机研究所除了继续在出版技术领域保持世界水准的研究之外,在网络和数据库技术、信息安全技术、图像技术和视音频等方面都做出了突出成绩,"报纸数字资产管理系统"、"电视节目数字化播出控制技术"两项成果分别于2006、2007连续两年获得国家科技进步二等奖。程旭教授主持的微处理器研究中心研制出中国第一种支持32位和16位两套指令系统的微处理器及配套系统软件,基于自主知识产权研制开发的北大众志-863CPU系统芯片及网络计算机已形成年产20~30万台生产能力,全面推广使用。化学与分子工程学院的化学能源研究组开发的新型锂电池材料已经在北京电动公交车上试用,为北京2008奥运会期间正式启用做技术上的准备。近年来,北大申请和获批准专利数有了较快增长,从1999年的20项(批准5项)增加到2006年的303项(批准85项)。

**体制建设取得新的进展** 学校健全了领导班子内部的分工合作和协调机制,重建了教务长、秘书长和总务长工作系统,组建和完善了各种决策咨询委员会,发挥学术委员会、学位委员会、学术道德委员会在学术管理上的职能,使学校的重大决策更加民主、更加科学。学校建立了校、院(系)两级管理体制和学校、学部、学院三级学术评估体制。建立了院长(系主任)和主管院长(系主任)例会制度;学校分别组织人文、社科和理工科各院系每月定期召开院系领导沟通交流例会,研讨和通报情况,使院系领导了解学校运行情况和工作思路;学校不定期召开教学和科研主管院长(系主任)例会,讨论和研究学校的教学科研工作。建立了对各职能部门和院系工作的评估制度。建立和健全了院系教授会议制度和专门委员会制度,使院系管理更加民主透明。近几年,学校还在一些新建的院系和研究机构试行了单位预算制度和部分公共资源有偿使用机制,为学校整体实施预算管理积累了有益经验。

### 1.3 办学思路
#### 1.3.1 人才培养目标

建校伊始,北京大学就将"造就通才、发明新理、传承文化"作为办学宗旨。北京大学人才培养的总体目标是为国家和民族培养具有国际视野、在各行业起引领作用、具有创新精神的高素质人才。他们应当道德高尚、学识渊博、体魄健全、意志坚定,具有良好人文素养和科学精神。北京大学聚集了中国最优秀的青年学生,他们求知欲强,富于进取精神,这要求学校提供启迪智慧和富于挑战的教育,使他们成为具有强烈责任感的社会主义事业合格建设者和国家栋梁之才。

#### 1.3.2 教育思想观念

北京大学的教育思想观念是党的教育方针与北京大学教育实践的结合,是中国传统教育思想与世界高等教育发展趋势和要求的结合,是北京大学的历史传统与新时期国家发展需要和创建世界一流大学目标的结合。在长期的教育实践中,这些教育思想不断得到了丰富和发展。

建校伊始,《京师大学堂章程》就申明"中西并重、观其会通"、"造就通才"、"发明新理"等开明的办学思想。辛亥革命后,北京大学以"教授高深学术、养成硕学闳材、应国家需要"为宗旨,严复校长反复强调,"大学固以造就专门矣,而宗旨兼保存一切高尚之学术以崇国家之文化"。1916年蔡元培出任北大校长,借鉴德国、法国、美国等大学的先进办学模式,结合北大实际,将学术自由、大学自治、教学与科研相结合以及通才教育等西方大学的经典理念引进中国。20世纪30年代,蒋梦麟校长对北大学生提出了"探求真理"、"笃学慎思、立人立己"的要求。这些融合了中西方教育思想的理念一直影响着北京大学后期的发展。

随着科学技术的突飞猛进,知识经济的迅猛发展,以及国际化带来的各种挑战,年轻一代将面对不同于今天的生活方式和社会经济发展模式。大学教育的重要任务之一是使学生能够应对未来众多的未知因素和快速变化的世界。作为中国最优秀的大学之一,北大的教育必须要启迪学生智慧并富于挑战性。

北京大学要继续坚持"加强基础,淡化专业,因材施教,分流培养"的十六字本科教育改革方针,深化本科教育教学改革,努力开辟一条适合国情、适合校情、"面向现代化、面向世界、面向未来"高素质人才培养之路。

要大力弘扬社会主义核心价值观,提高学生人文素质和合作精神,要使学生树立正确的世界观和人生观,树立强烈的社会责任意识,能够坚持真理、严谨求实、诚信公正、善良正直和关爱他人。

要使学生通过学习最具普遍意义的基础理论,掌握科学的思维方法,以能够触类旁通、厚积薄发;要拓宽学生的学术和国际视野,培养跨学科思考问题的能力,以适应和把握未来社会和科学技术的发展。

要坚持以学生为本,尊重学生的个性发展,因材施教,为学生提供多样化的培养方案,给学生更多的选择,使学生的内在潜力得到充分发挥,培养锐意进取、勇于开拓和独立思考的优秀人才。

要建立开放的学习环境,使学生在学习过程中参与学术实践和社会实践,鼓励学生理论联系实际和在创造中学习。

### 1.3.3 实施元培计划,探索教改方向

步入新世纪,学校提出要进一步贯彻"十六字方针",深化本科教育教学改革,不断开拓创新,走出一条适合校情、适合国情,面向现代化、面向世界、面向未来的人才培养道路。2001年,学校开始实施元培计划。元培计划的基本思想是:在低年级进行基础和通识教育,高年级进行宽口径的专业教育,逐步实行在教学计划和导师指导下的自由选课学分制和自主选择专业制度。学校还确定了稳步推进元培计划教育改革的基本策略。一方面,建立元培计划实验班,在较小范围内全面推进元培教育理念。同时,在全校范围内有计划、分步骤地推行一系列教育教学改革措施,为元培教育理念的进一步推广奠定基础。

近年来,学校采取了一系列改革措施,努力加强学生的素质教育,加强基础和实践环节,更加尊重学生的选择,努力扩大学生自主选择的空间。在全校范围内推进按院系或学科大类招生和培养,全面修订了教学计划,加强了主干基础课和大类平台课的建设,建立了通选课体系。很多院系还建立了模块化课程体系,使培养方案更加科学合理。学校实行了更灵活的选课制、转系转专业制度和辅修/双学位制度,开设暑期学校,加强教师对本科生的指导,努力增加学生的选择机会。积极鼓励本科生参与科学研究和社会实践活动,实施了医学生早期开展临床实践、以问题为中心和以器官系统为中心的医学教学改革等一系列措施。北京大学的本科教育教学改革迈入新的发展阶段。

与此同时,元培计划实验班也取得进展。元培计划实验班突破了传统的专业教育模式,入学不分专业,低年级重点学习通识课程和宽口径基础课程,在学生对北大的学科状况、专业设置、培养目标有一定了解后,再根据自己的能力和志趣选择专业。元培计划实验班较彻底地实行了自由选课学分制、导师制和弹性学习年限,学生在教学计划和导师指导下,在较大的学科范围内选择和安排自己的课程、设计自己的知识结构。这种教育模式继承了北大重视基础的传统,保证学生受到严格的基础训练,又给学生较为充分的选择权,推动了学校的整体教育教学改革不断向前发展。2007年9月,学校在"元培计划实验班"的基础上,正式成立了元培学院。元培学院作为本科学院的雏形,将进一步推进北大本科教育改革的探索和实践,同时,元培学院将利用其跨学科、跨院系选课的特点,进行灵活、个性化教育和跨学科专业设置方面的探索。

### 1.3.4 教学中心地位

坚持教学的中心地位,是北京大学的一贯办学方针。在建设研究型大学的过程中,北京大学始终坚持教学工作的中心地位,正确处理好教学与科研的相互关系,高度重视本科的基础教育,强调抓好本科教学是提高高等教育质量的关键,引导教师把在教学中培育人才作为自己的首要责任:一是制定和完善教师参加教学工作的制度,先后颁布了《北京大学关于加强本科教学工作提高教学质量的措施》、《教师教学工作管理办法》、《北京大学关于进一步加强师德建设的意见》等十余个文件,在岗位聘任和考核中,把本科教学作为重要的考核指标。二是宣传和弘扬北京大学重视本科教学的传统,号召教师学习老一辈学者潜心教育的精神。三是建立健全激励机制,在职称评定和教师奖励方面向本科生基础课的主持人和主讲人倾斜,对国家和北京市教学成果奖和优秀教材奖获得者给予配套奖励,设立多项奖教金奖励教学工作突出的教师。四是鼓励教学与科研相结合,引导学生积极参与科学研究,做到教学和科研相互促进。五是加强教学条件保障,校发2002年1号《北京大学关于加强本科教学工作提高教学质量的措施》文件中明确规定本科教学业务费不低于本科学费收入的30%;近年来,学校投入巨额经费建设了新的教学大楼,并对大部分教学楼进行了改造;每年还拨专款用于实验教学改革、课程建设和教材的编写和出版,在学校整体财政状况比较紧张的情况下,教学经费一直保持增加的趋势,保障了本科教学的运行和改革。

为了保证教学的中心地位,学校明确各单位党政一把手是教学质量的第一责任人,建立了学校、院系两级领导的听课制度和定期研究教学工作的制度。要求全体教职员工了解学校的人才培养目标和核心使命,重视本科教育,积极参与本科教育教学改革,做到全员育人。学校重新建立了教务长系统,教务长全面负责学校本科生、研究生、继续教育、学科建设、科学研究和设备管理等工作;设立教务长办公室,整体协调各单位的学科建设和教学科研工作。学校注意加强教务部门和院系的教学管理队伍建设,鼓励教学管理人员参加业务培训,并吸引一批业务素质好、责任心强的学术骨干充实到教学管理队伍中。

### 1.4 办学特色

北京大学的教育思想与实践的结合,形成了北京大学的办学特色,这些特色在历史的发展中积淀起来,在适应时代发展变革中又不断被赋予新的内容。

#### 1.4.1 爱国进步、民主科学的精神传统

北京大学是一所与国家民族命运紧密相连的大学。她继承"为天地立心、为生民立命、为往圣继绝学、为万世开太平"的气度,在中国近代风云变幻的历史上,高举"爱国、进步、民主、科学"的旗帜,始终站在时代发展的前列,从首倡新文化运动、发起五四运动、传播马克思主义和科学民主思想、建立北京共产党小组,到提出"振兴中华"口号,制定创建世界一流大学宏伟目标,都反映了北京大学师生"以天下为己任"、勇担重任的精神。

在新的历史时期,这种胸怀天下、勇担重任的精神对于北京大学的发展和建设具有重要的现实意义。它激励全体师生员工团结奋进,坚持中国特色社会主义办学方向,不断追求卓越,努力把北京大学建设成为世界一流大学。它也使学生在进入北大那一刻起,就感受到自己承担的社会责任,不断激励自己刻苦学习,追求真理,努力回报社会,造福人民。

爱国进步、民主科学的精神传统时刻激励着北大师生锐意进取、勇担重任。在抗日战争时期,为适应战争的需要,北大率先开设国防化学课程。在新中国成立初期,北大为国防军队建设培训了大批防化领域的学术骨干,并协助创立了防化学科。北大物理系和化学系的很多教师和学生响应国家号召,积极投身"两弹一星"的科学研究和人才培养事业,创建了核物理和半导体等学科。中国第一台百万次电子计算机的研制成功、胰岛素的人工合成、70年代开始的汉字激光照排系统研究等,都体现了北大师生强烈的责任感和严谨的学风。马寅初校长"所谓北大主义者,即牺牲主义也",高度概括了北大师生为了国家民族利益牺牲自我、敢于担当的情怀。改革开放以来,北大师生锐意改革、勇于创新,一直走在实施科教兴国、人才强国战略的前列。北大在80年代末提出了"加强基础、淡化专业、因材施教、分流培养"的教育改革方针,并率先开展了面向21世纪课程体系和教学内容改革。在1994年7月的党代会上提出了创建世界一流大学宏伟目标。1998年北大百年校庆后,创建世界一流大学成为国家教育振兴计划的重要组成部分。

爱国进步、民主科学的精神传统时刻激励青年学生"修身、齐家、治国、平天下"的情怀和为中华民族振兴贡献力量的决心,心系国运、报效祖国成为北大校园的主旋律。改革开放初期,北大学生响亮地提出"团结起来、振兴中华",今天,北大学子以"文明生活、健康成才"主题教育活动和志愿者活动表达爱国情怀。近年来,北大学生累计参加各类志愿者服务活动近10万人次、80多万个小时,他们利用暑期实地考察和研究中国农村、科教、环保等重要问题,加深了对中国国情的了解,增强了自己的使命感和责任感。

在爱国进步、民主科学精神的激励下,一代又一代的北大人自觉站在国家和民族发展进步的前沿,为中华民族的振兴、为中国特色社会主义事业的发展不懈努力,做出自己的贡献。这种独特的传统已经成为北大精神中不可分割的重要组成部分。

#### 1.4.2 思想自由、兼容并包的学术传统

思想自由、兼容并包是北京大学在长期办学过程中形成的重要学术文化传统。京师大学堂建立伊始,就确定了"中西并重、观其会通、无得偏废"的办学指导思想。随后,严复校长提出"兼收并蓄,广纳众流",蔡元培校长提出"仿世界各大学通例,循思想自由原则,取兼容并包主义",以及西南联大遵循"同无妨异、异不害同"的原则,都体现了北大自由兼容的学术风气。北大的自由兼容是与严谨求实的学风相辅相成的。百年来,北大秉承"博学审问慎思明辨"的治学精神,坚持"勤奋严谨求实创新"的学风,严谨治学,追求真理,为中国教育和科学文化事业不懈奋斗。这些学术文化传统在北大生生不息,成为北大鲜明的学术文化特色。

思想自由、兼容并包和博学审问、慎思明辨的学术文化传统铸就了北大良好的学术氛围。自由宽容的学术环境是大学发展的重要条件。北大的学术思想非常活跃,各种新观点、新思想层出不穷,不同学术观点的对话和碰撞激发了学生学习的主动性,培养了学生的独立思考、严谨求实的学术作风、判断真伪的能力和勇于创新的精神。在新的历史时期,科学发展、和谐社会和创新型国家的建设呼唤更多理论、思想和科学技术的创新,学校在充分尊重教师的学术权力和学术观点的同时,积极引导师生在马克思主义科学世界观和方法论的指导下开展学术讨论,鼓励教师针对国家面临的重大社会、经济和科学技术问题开展研究,为国家繁荣和弘扬中华文明做出贡献。

宽松的学术氛围使北大的学术发展和教育教学改革充满生机。北大注重学术队伍建设,在不同的历史时期都聚集和培育了一大批各领域优秀学者。宽松的学术氛围激发了教师的创新热情,使北大的学术发展始终充满生机和活力。北大教师很早就倡导交叉学科,促使学校在80年代就设立了环境和智能科学等交叉学科研究机构。近年来,北大的交叉学科得到了快速发展,理论生物学中心、化学基因组学中心、分子医学研究所、脑与认知科学中心、国学研究院、社会调查中心等一大批交叉学科机构的建立加强了北大在学科前沿的竞争实力。目前,北大有各类研究中心300多个,很大一部分是由不同学科背景学者共同倡议建立

的,其中很多已经成为学校重点支持的学科发展方向。北大本科教育教学改革也得益于教师的热情参与。教师积极参与"元培计划"、通选课设置、模块化课程等改革方案的研究和讨论,花费了大量精力使课程的讲授能够适应不同学科背景学生的需要。一些学院的教师经过大量的研究,提出了确立模块化基础课程体系的建议,为学校多样化教育体系的建立开辟了道路。正是教师们的努力和卓越工作,使北大的本科教育教学改革能够不断开拓和创新,一直保持良好的发展势头。

宽松的学术文化氛围激发了学生的热情,使北大的校园文化活动一直呈现百花齐放的繁荣局面。目前,北大有200多家学生社团。山鹰社的"心存高远、不畏艰险"的精神,爱心社的"大爱无涯、德行天下"的宗旨,自行车协会的"奋进、挑战、超越"的追求等都体现了当代青年学生的勇气和胸怀。数学建模、创业计划、"挑战杯"、"原创文艺"等学术科研竞赛和文学艺术活动激发了学生的创造力和想象力,传统戏曲、歌剧、交响音乐会等异彩纷呈的高雅艺术引导学生追求真、善、美,陶冶了学生的思想情操和审美修养。丰富的校园文化活动和社会实践使同学们政治上更加成熟,选择上更加自觉,行动上更加理性,培养了学生的领导能力、策划组织能力、协调沟通能力。很多毕业生感慨北大丰富的校园文化对其潜移默化的影响,甚至不亚于在学校中学到的专业知识。

兼容的胸怀、严谨的治学孕育了不断追求卓越的精神和勇气,也为北大赢得了良好的国际声誉。目前,北大与世界各地200多所大学建立了合作交流关系,一些著名大学与北大设立了联合研究机构,如北大—密歇根大学研究院、斯坦福大学北大分校项目,以及北大与耶鲁、剑桥、加州大学等学校的联合本科生项目等。其中,北大—密歇根大学研究院利用暑期邀请美国社会科学领域著名学者开设社会科学定量研究方法和人文学科课程,吸引了北大和来自全国各地的青年学生和教师。北大有数千名来自世界各地的留学生,每年有数百个访问团体,使北大校园充满了国际化氛围。仅2006年度,正式来访的代表团共307团次,其中包括5位国家元首、55位政要、92位大学校领导、26位知名企业领导。在学生社团中,活跃着20多个与国际交流和探讨国际问题相关的社团,他们积极参与学校的国际合作活动,邀请和主持大使讲座,接待和采访各国客人,直接了解不同文化、不同思想和观点,使他们的视野更加开阔,思维更加活跃,更具全球意识。

宽松自由的学术氛围要与严谨求实的治学精神紧密结合方能铸就卓越。从"博学审问慎思明辨"到"勤奋严谨求实创新",北大严谨踏实的学风滋养着一代代北大学子。马寅初先生对"新人口论"的执著,王选院士科研要"顶天立地"的气魄,孟二冬教授"板凳要坐十年冷、文章不着一字空"的平实,代表了北大人甘于"用生命做学问,用心血写文章"的境界。良好的学术氛围需要严格、规范的制度保障。学校《北京大学关于进一步加强师德建设的意见》、《北京大学教师学术道德规范》、《北京大学学术道德规范建设方案》和《北京大学研究生基本学术规范》等一系列文件,明确学术活动必须遵守的规则,要求师生尊重他人的学术观点,坚持真理,实事求是。目前,学校正在制定有关师生员工行为准则和基本价值观等方面的规定,目的是使北大每一位成员都能相互尊重、互谅互让,开诚布公,共同营造和谐、高雅、活泼、诚信的校园氛围,使北大成为引领社会道德风尚的典范。

### 1.4.3 重视基础、尊重选择的育人特色

重视基础和以人为本、尊重学生选择是教育教学改革"十六字方针"的精髓,也是在北大建立符合国情和校情、面向现代化、面向世界、面向未来本科教育体系的关键。在新时期,我们需要不断深化对"加强基础"内涵的理解,根据学科发展趋势和国家需求,拓宽学生的知识基础和学术视野。"尊重选择"既是调动学生学习热情、贯彻"以人为本"方针的要求,也是提高教育质量,为国家培养高素质人才的需要。"尊重选择"对大学提出了更高的要求,要求大学提供更多更广博的课程,更多的专业和科研选择机会,也要求建立合理的培养方案和课程体系。多年来,北大在"十六字方针"的指引下,致力于建立和完善本科课程体系,不断推进本科教育教学改革,使北大的本科教育具备了重视基础、尊重选择的鲜明特色。

扎实和宽厚的知识是学生理解和掌握思想和方法的基础。北京大学本科教育一直以深厚、广博和严谨的基础著称,实践证明,只有具备扎实宽厚的知识基础,才能够触类旁通、厚积薄发,更好地适应未来的发展变化。在社会经济和科学技术快速发展的今天,具备扎实宽厚的基础变得尤为重要。90年代初,学校将处于基础地位的课程构成主干基础课(331门),作为北大本科教育的核心课程体系。设立课程主持人和主讲人制度,并采取一系列措施加强主干基础课建设。很多主干基础课由著名教授主持。优秀学者对学科的深刻理解和精彩阐述,启迪了学生的智慧,激发了学生的学术热情。同时,北大非常重视19个国家级基础学科人才培养基地的建设,使学校具备良好的基础学科人才培养条件。

拓宽知识基础、了解相关学科思想方法是学科和社会发展的需要。为适应社会经济和科学技术的快速发展,为未来做好准备,学生应当更多地了解相关学科的知识和思想方法,这是时代发展的要求。为拓宽学生知识基础,建立合理的知识结构,学校设立了通选课程体系。目前,学校共有300多门通选课程,学生必须在科学、文学、历史、艺术、社会等五个门类中选择16

学分的通选课程。通选课体系的建立使学生能够广泛地了解中国文化传统,了解社会发展和科学的最新进展,提高了学生的整体素质。特别值得指出的是一批优秀的理科通选课程受到文科学生的欢迎,对提高文科生的科学素质发挥了积极作用。

学术研究和社会实践是加强基础、提高学生创新能力的重要环节。北京大学本科生参加学术研究和实践活动有很长的历史,很早就要求本科生开展毕业实践并完成毕业论文。1938年北大、清华、南开组成的长沙临时大学西迁入滇途中所做的大量社会调查、1958年地质系河北武安实习队的地质调查和2003年考古系学生陕西周原田野实习的考古发现是不同时代学生实践的典型代表。除了在毕业论文阶段对学生进行严格的科学研究训练外,学校还鼓励学生参与教师的研究项目。为此,学校设立了本科生科学研究基金,并将学生的研究活动纳入课程体系。很多理工科学生在低年级就进入实验室,以化学学院为例,参加教师课题组科研的二年级学生占总数的50%,三年级占75%。人文和社会科学院系广泛开展了社会实践活动,很多根据调研编制的报告文集展现了本科生的精神风貌和学术潜力。医学部学生在临床医学院进行系统的临床实践,培养了学生的专业思想和实际工作能力。研究和实践活动培养了学生严谨的科学态度和创新精神,也加深了学生对基础知识的理解和思想方法的掌握。

尊重选择要求提供更丰富的课程,建立合理的课程体系和选课制度。尊重学生的选择要求学校树立因材施教的理念,建立多样化人才培养方案和模式。为满足学生对课程选择的要求,北大建立和完善了由主干基础课、通选课和选修课构成的课程体系,建立了网上选课、试听和退课等一系列选课管理办法。目前,所有的通选课均采取自由选课方式;主干基础课中的全校公共必修课,如政治、体育和英语等,实行了学生自主选择课堂和任课教师。学校还将数学、物理、化学等主要的主干基础课划分了若干类别,供不同专业的学生选择。同时,学校鼓励院系建立多样化的课程体系,一部分院系将主干基础课和实验课分成若干课程模块,例如,物理学院的主干基础课分成了三种培养方案,不同类型和志向的学生可以进行选择。

尊重选择调动了学生学习主动性,也促使学生更加理性地做出选择。中学生入大学前的专业选择往往带有一定的盲目性,使学生的学习主动性和专业兴趣受到影响。对2001级元培实验班专业选择状况的调查表明,有64.7%的同学最终选择了不同于高考志愿的专业。大学是学生思想发展和走向成熟的重要时期,除了掌握必要的知识,大学应当使学生确定日后的发展方向。近年来,北大采取了一系列措施,构建多样化的人才培养方案,努力使学生在导师的指导下,根据各自的兴趣和能力选择合适的专业。为增加学生对专业的选择,学校实施按学科大类招生和培养,学生可以在完成前两年基础课后,在院系和学科大类内选择合适的专业方向。同时,学校增加了转系转专业的比例,为学生的专业调整提供帮助。另外,学校还在较大范围内实施辅修/双学位制度,适当减少了各专业的必修课学分要求,使学生在完成本专业学习任务的同时,能够再学习其他辅修或双学位专业。

元培实验班实行了在导师和教学计划指导下的自由选课和选专业的制度,经过六年的实践,取得了很好的效果。调查分析表明,元培实验班的学生并没有集中在热门专业,而是根据自己的兴趣和特点,进行理性的选择,一些学生经过多次选择,最终确定了喜爱的专业。例如,2003级一位曾获化学竞赛一等奖的同学最终选择了哲学专业。一位2002级学生最初青睐经济学院,后转到生命科学学院,学习一段时间后,发现自己对环境学科更有兴趣,最终选择了环境学院,并成为出色的毕业生。尊重选择一方面调动了学生学习的积极性和主动性,同时,通过自主选择也使学生学会了在面对复杂局面时如何做出抉择,这是每届元培实验班毕业生最深切的感受。调查表明,元培实验班学生对专业的满意度高于其他院系,元培实验班的毕业生也受到了普遍欢迎。

上述的办学特色既包含了北大一百多年来形成的精神和学术文化传统,也有近年来学校在教育教学改革中的成功尝试和经验,但这只是北京大学众多特质中的一部分。北大校园文化是独具特色的,哺育了一代又一代北大人。北大教学和科研的国际合作是独具特色的,开阔了学生学术和国际视野。北大的交叉学科教育、研究和管理也是独具特色的。比较而言,上述三个办学特色既处于基础地位,又对本科生培养具有重要意义。今后,学校将继续努力,积极探索,发挥北大的特色和优势,努力走出一条符合校情、符合国情、面向现代化、面向世界和面向未来的高素质人才培养道路。

# 第二部分　师资队伍

教师是承担学校教学、研究和学术管理任务的主体,高水平的教师队伍是办学的基础。北大高度重视教师队伍建设,把建设一支高水平的教师队伍作为提高教育教学质量和培养高素质人才的关键。通过实施人才战略、师资人事制度改革等一系列措施,北大教师队伍的质量和结构有了明显改善,北大教师普遍具备较高的学术水准,坚持履行教书育人的基本责任,积极承担基础课教学任务,涌现了一大批深受学生爱戴的教学名师。

## 2.1 教师队伍建设

### 2.1.1 实施人才战略,加强队伍建设

学校在"985工程"一期规划中,明确提出"建设世界一流大学,关键是建设世界一流的教师队伍"。在"985工程"二期规划中,学校进一步提出了"以队伍建设为核心"的思路。除了积极实施国家自然科学基金委创新研究群体计划、教育部创新团队计划和长江学者奖励计划、新世纪优秀人才支持计划外,学校还陆续出台了一系列的人才计划,如学术带头人的启动和配套计划、着眼于引进青年学者的"优秀青年人才引进计划"、吸引国际学者的"海外学者讲学计划"。学校采取一系列措施,努力改善办学条件,营造宽松、公平的学术环境,提高对优秀人才的吸引力。目前,北京大学形成了由两院院士、哲学社会科学资深教授、长江学者、"973项目"首席科学家、国家杰出青年科学基金获得者和大批优秀教师构成的老中青结合的高水平教师群体。同时,学校还采取了聘请兼职教授、客座教授和离退休学者等多种方式,也为教学科研提供了有力的保障。

目前,在北大工作的两院院士及第三世界科学院院士共计57人(本校院士41人,兼职院士16人),长江特聘教授和讲座教授99位。为了更好地发挥优秀人文社科学者在教学科研中的作用,学校从2005年起设立了"哲学社会科学资深教授"岗位,现有22位资深教授在岗。学校12个国家基金委创新群体的学术带头人中,有2位院士、10位长江特聘教授;14个教育部创新团队的学术带头人中,有8位长江特聘教授。在2005年的两院院士增选中,有10位长江特聘教授被推荐为院士有效候选人,其中2位长江特聘教授当选为院士。与此同时,学校的"973项目"首席科学家从1999年的4人增至目前的19人。国家杰出青年科学基金获得者从1999年初的29人增至128人。2000年以来,学校聘任了854名博士来校任教,其中,留学回国的占39.9%。学校面向国内外公开招聘教师,1999年至今,学校共聘任了636位教授,其中直接从校外招聘的教授占到了1/3。此外,学校每年还聘请外籍教师350人左右。

### 2.1.2 改革人事制度,营造良好环境

为了营造有利于杰出人才成长的学术环境,学校于2003年启动新一轮师资人事制度改革,建立了"总量控制、按需设岗、公开招聘、平等竞争、择优聘用、分级流动、岗位管理"的教师聘任和职务晋升制度。在教师职务晋升中,增加了"教授会议评议"和"院长独立意见"制度。学校坚持原则上不从单一学缘的应届毕业生中直接招聘教师的制度。2004年以来,北大公开招聘教授55人,其中包括了3名院士、18名长江学者和23名文科教授,都是各领域骨干和学术带头人。师资人事制度改革使新聘教授的学术水平逐年提高。2004—2007年,新聘教授中具有博士学位的比例从81.4%上升到94.2%,平均教学任务从98.6学时上升到114.9学时,平均发表论文数从16.4篇上升到20.7篇,科研论文水平逐年提高。实践证明,人事制度改革改善了学术环境,促进了教师整体水平的提高。

## 2.2 师资队伍数量与结构

### 2.2.1 师资力量状况

北大的专任教师队伍基本上稳定在3000人左右。除此之外,医学部的6个临床附属医院共有医师2642人。在专业学位研究生教育中,学校聘任了部分具有实际工作经验的企业管理人员和技术人员承担教学任务,如北大软件学院聘请一批企业高级管理人员担任教学工作,对提高学院的教育水平发挥了重要作用。同时,学校建立了研究生和博士后担任助教制度,既增强了学校教学队伍的力量,也使他们受到教学实践训练,为今后的学术发展奠定了基础。

表2.1 北京大学的教师和学生状况

| 项目 | | 学年 | | | |
|---|---|---|---|---|---|
| | | 2004—2005 | 2005—2006 | 2006—2007 | 2007年9月 |
| 学生数(人) | 普通本专科生 | 14157 | 13784 | 14622 | 14786 |
| | 硕士生 | 9004 | 10031 | 11224 | 11249 |
| | 博士生 | 4759 | 5088 | 5442 | 5979 |
| | 留学生 | 2015 | 2530 | 2408 | 2587 |
| | 成人脱产生 | 3733 | 4497 | 4074 | 3553 |
| | 夜大生 | 5118 | 4702 | 5918 | 6948 |
| | 函授生 | 3588 | 1902 | 2395 | 1596 |
| | 全日制在校生数合计 | 33668 | 35930 | 37770 | 38154 |
| | 折合在校生 | 49878 | 54038 | 55655 | 57176 |

续表

| 项目 | | 学年 | | | |
|---|---|---|---|---|---|
| | | 2004—2005 | 2005—2006 | 2006—2007 | 2007年9月 |
| 教师数（人） | 校本部专任教师 | 2212 | 2259 | 2287 | 2291 |
| | 医学部专任教师 | 685 | 680 | 639 | 637 |
| | 实验、德育教师 | 215 | 211 | 203 | 203 |
| | 外聘教师 | 116 | 123 | 117 | 120 |
| | 直属医院医师 | 2492 | 2585 | 2642 | 2642 |
| | 教师总数 | 3544 | 3600 | 3584 | 3588 |
| 生师比 | | 14.07 | 15.01 | 15.53 | 15.93 |

注：教师数＝专任教师数＋实验、德育教师数＋外聘教师×0.5＋直属医院医师数×0.15。核定教师数时，深圳研究生院、软件学院的教师未计。

### 2.2.2 教师队伍结构

职称结构：在2926位专任教师中，正高级职称人员占36%，副高级职称占40%，中级职称22%（见表2.2）。医学部的6个附属临床医院的2642位医师中，有正高职525人，副高职816人。

表2.2　专任教师职称比例

| 年份 | 专任教师数 | 正高级 | | 副高级 | | 中级 | | 初级 | |
|---|---|---|---|---|---|---|---|---|---|
| | | 人数 | 比例 | 人数 | 比例 | 人数 | 比例 | 人数 | 比例 |
| 2005 | 2897 | 977 | 33.7% | 1123 | 38.8% | 680 | 23.5% | 117 | 4.0% |
| 2006 | 2939 | 1014 | 34.5% | 1140 | 38.8% | 695 | 23.6% | 90 | 3.1% |
| 2007 | 2926 | 1052 | 36.0% | 1170 | 40.0% | 645 | 22.0% | 59 | 2.0% |

年龄结构：学校专任教师中35岁以下647人，占22.1%；36—45岁之间1339人，占45.8%；46—55岁之间593人，占20.3%；56岁以上347人，占11.9%，专任教师年龄结构基本合理（见表2.3）。

表2.3　专任教师的年龄分布

| 年份 | 专任教师数 | 35岁以下 | | 36—45岁 | | 46—55岁 | | 56岁以上 | |
|---|---|---|---|---|---|---|---|---|---|
| | | 人数 | 比例 | 人数 | 比例 | 人数 | 比例 | 人数 | 比例 |
| 2005 | 2897 | 761 | 26.3% | 1235 | 42.6% | 567 | 19.6% | 334 | 11.5% |
| 2006 | 2939 | 718 | 24.4% | 1303 | 44.3% | 585 | 19.9% | 333 | 11.3% |
| 2007 | 2926 | 647 | 22.1% | 1339 | 45.8% | 593 | 20.3% | 347 | 11.9% |

学历结构：学校专任教师中具有博士学位者共1882人，占教师总数的64.3%；具有硕士学位者共680人，占23.2%；专任教师中具有硕士、博士学位的共计2562人，占87.6%（见表2.4）。

表2.4　专任教师的学位分布

| 年份 | 专任教师数 | 博士 | | 硕士 | | 硕博合计 | |
|---|---|---|---|---|---|---|---|
| | | 人数 | 比例 | 人数 | 比例 | 人数 | 比例 |
| 2005 | 2897 | 1693 | 58.4% | 706 | 24.4% | 2399 | 82.8% |
| 2006 | 2939 | 1813 | 61.7% | 687 | 23.4% | 2500 | 85.1% |
| 2007 | 2926 | 1882 | 64.3% | 680 | 23.2% | 2562 | 87.6% |

学缘结构：学校注意保持教师队伍合理的学缘结构。在具有博士学位的1882位教师中，在国外获得博士学位占31.1%，在本校获得博士学位占45.7%，在国内其他院校获得博士学位占23.2%。学校自2000年以来共聘任专任教师1078人，在具有博士学位的854人当中，留学回国占39.9%，本校获得博士学位占34.2%；国内其他院校获得博士学位占25.9%。（见表2.5）。

表 2.5  专任教师中博士硕士学缘结构

| | | 总数 | 本校 | | 国内其他院校 | | 留学回国 | |
|---|---|---|---|---|---|---|---|---|
| | | | 人数 | 比例 | 人数 | 比例 | 人数 | 比例 |
| 全体专任教师 | 博士 | 1882 | 860 | 45.7% | 437 | 23.2% | 585 | 31.1% |
| | 硕士 | 680 | 398 | 58.5% | 256 | 37.6% | 26 | 3.8% |
| 2000年以来聘任的专任教师 | 博士 | 854 | 292 | 34.2% | 221 | 25.9% | 341 | 39.9% |
| | 硕士 | 183 | 91 | 49.7% | 83 | 45.4% | 9 | 4.9% |

### 2.3 主讲教师

#### 2.3.1 严格资格要求，保障教学质量

学校规定除个别特殊专业外，引进教师必须具有博士学位。近年来，专任教师中具有主讲教师资格的比例一直保持在99.5%以上（见表2.6）。学校特别关注基础课和其他核心课程的教师队伍建设，设立了主干基础课主持人和主讲人制度，主持人一般由教授担任；对于通选课，建立了由资深教师组成的专家组，对课程的内容和任课教师进行审查。

表 2.6  主讲教师资格

| 年份 | 专任教师数 | 主讲教师人数 | 比例 |
|---|---|---|---|
| 2005 | 2897 | 2895 | 99.93% |
| 2006 | 2939 | 2926 | 99.56% |
| 2007 | 2926 | 2917 | 99.69% |

#### 2.3.2 坚持教授上基础课，保证教学水平

在1999年发布的《北京大学关于专项岗位设置与人员聘任的规定》中，明确规定岗位设置要充分考虑主干基础课、精品课、特色课的需要，要求A类岗位申请人"应讲授本科生主干基础课"。每年进行的岗位聘任考核中，明确要求"教授职务系列人员在前一聘任年度无授课任务或新的聘任年度授课任务不落实，不得晋升岗位级别"，保证了教师承担本科生基础课程教学任务。2003年师资人事制度改革中，学校重申了教师职称晋升的教学要求，规定申请晋升职称的教师应系统讲授过本科生课程或研究生课程，并对申请教授、副教授职务的教学工作量和课程评估做出了规定。同时，各院系采取了多种措施鼓励教师讲授本科生基础课。

目前，33%的院士、30%的资深教授、73.2%的长江特聘教授和75.4%的杰出青年基金获得者均讲授本科生课程。姜伯驹、张恭庆、韩济生、王巽、王阳元、袁行霈、林毅夫、吴思诚、陆俭明、祝学光、蒋绍愚、许崇任、阎步克等著名学者长期工作在教学第一线。数学科学学院姜伯驹、张恭庆、李忠、项武义四位著名教授联合为全校本科生开设数学选修课，深受学生欢迎。哲学系年届80高龄的张世英先生和系友叶秀山、余敦康分别给2001至2003级学生讲授"哲学导论"课，让学生从大一开始就感受名师的魅力。

### 2.4 加强教学队伍建设，提高教学水平

高素质的教师队伍是提高教学质量的基础，学校努力为教师特别是青年教师成长创造条件。学校鼓励青年教师出国进修，据统计，青年教师晋升副教授之前，出国（出境）研修的比例达80%以上。很多院系建立了促进教师学术发展的制度。信息科学技术学院建立了青年教师研究基金；生命、物理、化学等学院建立了课题组制度，使教师在学术发展上有明确的定位；数学科学学院实施了教师在教学与科研岗位轮换制度，使教师在承担一段较为繁重的教学任务后，能有一段时间集中精力从事科研工作；化学与分子工程学院、光华管理学院、中国经济研究中心减免新聘教师前两年部分教学工作量，使他们集中精力打好科研基础。另外，学校在一些院系实施了副教授担任博士生导师的制度，拓展了青年教师的学术发展空间，也使他们承担了更大的责任。

学校十分重视对新聘教师教学能力的培训。多数院系都实施了新聘教师的教学能力考核和教学委员会审查制度。学校人事部每年对新留校的教师进行脱产培训，校领导亲自审核培训方案，着重从北大传统、办学目标、教师责任、教学理念等方面入手，提高新教师的综合素质。同时，学校通过教学研讨、交流和教学观摩，提高青年教师的授课水平和技巧，国际关系学院近三年组织观摩了28位教师的课程教学，经济学院2003年以来召开了7次全院教学经验交流会。学校工会、教务部、人事部举办的"青年教师教学基本功和现代教育技术应用演示竞赛"已连续举办七届，其中多位教师在北京市"青年教师教学基本功大赛"中获奖，对提高青年教师的教学水平发挥了积极作用。现代教育技术中心定期开展教师的现代教育技术培训。学校还设立了150万元的奖教金，表彰在教学、科研，特别是在本科生基础课教学中做出突出成绩的教师。

目前，北大教师队伍新老交替已经基本完成，中青年教师成为本科教学的主力。为发挥老教师的作用，做好青年教师的传、帮、带工作，学校2004—2006年间每年返聘100多位退休老教师参加本科教学工作，投

入专项经费 150 万元左右；各个院系还根据各自的需要，自筹经费聘任了一批离退休教师从事教学工作。最近几年，物理学院聘任了 10 名老教师参加本科教学工作，一些著名学者如赵凯华、曾谨言等一直工作在教学第一线，他们对教学工作一丝不苟的态度，纯熟的教学技巧和不断探索的精神，激励青年教师奋发进取。学校和很多院系都成立了老教师教学调研组，通过他们听课和指导，帮助青年教师改进教学方法，协助监督教学质量状况，提高教学水平和质量。

调查结果显示，在过去五年中，学生对教学的满意度不断提高，其中对教师的满意度一直保持在 90% 以上。对毕业生进行的访谈调查表明，学生对北大本科教学总体上是非常满意的，很多学生认为本科阶段的科研活动和教师的指导对他们影响很大。

# 第三部分 教学条件与利用

## 3.1 教学基本设施

### 3.1.1 校舍建设成效显著，条件不断改善

北京大学现有六个校区，其中本部、医学部和昌平校区的土地及房屋产权属于学校，深圳研究生院和位于大兴的软件学院是独立事业法人单位，圆明园校区为长期租用海淀区用地。学校产权占地面积 2733633 平方米，教学及行政用房建筑面积 689828 平方米，学生宿舍面积 348859 平方米。学校生均占地面积 71.65 平方米，生均教学及行政用房面积 18.08 平方米，生均学生宿舍面积 9.14 平方米（见表 3.1）。非学校产权独立使用的校园占地面积为 258667 平方米，教学及行政用房建筑面积 20100 平方米，学生宿舍面积 41954 平方米（见表 3.2）。

表 3.1 学校产权占地及各类用房统计（统计单位：平方米）

| | 占地面积 | 教学行政用房 | 学生宿舍 |
|---|---|---|---|
| 校本部（含昌平） | 2340103 | 527211 | 252909 |
| 医学部 | 393530 | 162617 | 95950 |
| 总面积 | 2733633 | 689828 | 348859 |
| 生均面积 | 71.65 | 18.08 | 9.14 |
| 合格标准 | 54 | 14 | 6.5 |

注：统计数据截止日期为 2007 年 9 月，全日制在校生数为 38154 人。

表 3.2 非学校产权独立使用部分占地及各类用房统计（统计单位：平方米）

| | 占地面积 | 教学行政用房 | 学生宿舍 |
|---|---|---|---|
| 软件学院 | 40000 | 7449 | 13086 |
| 深圳研究生院 | 198800 | 11073 | 21933 |
| 圆明园校区 | 19867 | 1578 | 6935 |
| 总面积 | 258667 | 20100 | 41954 |

注：统计数据截止日期为 2007 年 9 月。

学校教室和座位数见表 3.3。近年来，学校加强了多媒体教室和语音教室的建设，百名学生配备多媒体和语音教室座位数 97 个。学校公用教室由教务部和各校区统一调度，后勤部门负责教室日常管理，现代教育技术中心负责教室教学设备的维护。功能齐备的教室和合理有效的管理措施确保了教学工作和教学设施的利用效率。

表 3.3 北大教室一览表

| 校 区 | 教室总量 | | 多媒体教室 | | 语音教室 | |
|---|---|---|---|---|---|---|
| | 间数 | 座位数 | 间数 | 座位数 | 间数 | 座位数 |
| 校本部（含昌平） | 384 | 30587 | 305 | 26606 | 21 | 823 |
| 医学部 | 109 | 9250 | 39 | 5295 | 9 | 360 |
| 软件学院 | 12 | 845 | 7 | 768 | 0 | 0 |
| 深圳研究生院 | 38 | 1980 | 38 | 1980 | 0 | 0 |
| 圆明园 | 20 | 1818 | 9 | 1143 | 2 | 90 |
| 总 计 | 563 | 44480 | 398 | 35792 | 32 | 1273 |

### 3.1.2 实验教学条件优越,实习基地运转良好

**(1) 实验室建设**

多年来,北京大学按照"支撑教学、服务科研、规范管理、注重效益、促进共享,努力提供高水平服务"的要求,加强实验室的建设与管理,构建了总体布局合理和开放式的实验室体系,组建了结构合理的实验技术队伍,形成了规范、严格、高效、科学的实验室管理制度。

目前,北京大学共有各类实验室169个,其中,国家重点实验室12个(含筹建实验室1个),教育部重点实验室15个(含正筹建实验室2个),卫生部重点实验室5个,国家级实验教学示范中心5个,北京市实验教学示范中心8个。另外还有国家工程研究中心2个、教育部网上研究中心7个,以及正在运行的国家实验室(筹)1个。

在依托学科建设、促进资源整合与共享的原则下,调整了教学实验室布局和运行体制。建立了以校、院(系)两级管理的开放式实验室管理新体制,组建了面向全校开放的实验教学中心,其中物理、化学、生物、经济管理和计算机实验教学中心被评为"国家级实验教学示范中心"。生物医学、电子、药学实验教学中心被评为"北京市实验教学示范中心"。随着网络技术的发展,2000年以来,学本部投资1300多万元,对文、理、英语教学试验和实习环境进行更新改造,医学部的实验实习条件改造投入也达到1500万元。

**表 3.4 面向全校开放的实验教学中心**

| | |
|---|---|
| 国家级实验教学示范中心 | 基础物理实验教学中心 |
| | 化学基础实验教学中心 |
| | 生物基础实验教学中心 |
| | 经济管理实验教学中心 |
| | 计算机实验教学中心 |
| 北京市实验教学示范中心 | 生物医学实验教学中心 |
| | 电子信息科学基础实验中心 |
| | 药学实验教学中心 |
| 校级实验教学中心 | 地质教学实验中心 |
| | 数字媒体实验教学中心 |

学校多渠道筹集资金,集中力量建设了一批国际水准的公共科研平台,如实验动物中心、北京核磁共振中心、电子显微镜实验室、加速器质谱实验室、分析测试中心、化学中级仪器实验室、造山带与地壳演化实验室、凝聚态实验室、微/纳器件实验室、高性能蛋白质组学实验室等。截至2007年8月底,北大的教学和科研仪器设备共89397台(套),设备总值17.8亿元。单价20万元以上的大型仪器设备1219台(套),价值8.6亿元。生均教学科研仪器设备值达3.12万元。(见表3.5、表3.6、表3.7)

**表 3.5 生均教学科研仪器设备情况表**

| 年度 | 教学科研仪器设备总值(万元) | 折合在校生(人) | 生均设备值(元/生) | 合格标准(元/生) |
|---|---|---|---|---|
| 2004 | 146241.8 | 49878 | 29320 | 5000 |
| 2005 | 156190.3 | 54038 | 28904 | |
| 2006 | 176460.9 | 55655 | 31706 | |
| 2007 | 178475.2 | 57176 | 31215 | |

注:生均设备值=教学科研仪器设备总值/折合在校生数,2007年数据统计到8月底。

**表 3.6 新增教学科研仪器设备所占比例情况表**

| 年度 | 教学科研仪器设备总值(万元) | 当年新增设备值(万元) | 新增比例(%) | 合格标准(%) |
|---|---|---|---|---|
| 2004 | 146241.8 | 20075.4 | 15.9 | 10 |
| 2005 | 156190.3 | 17387.4 | 12.5 | |
| 2006 | 176460.9 | 21846.3 | 14.1 | |
| 2007 | 178475.2 | 9905.4 | 5.9 | |

注:比例=当年新增/(总值-当年新增),2007年数据统计到8月底。

表 3.7  教学用计算机统计表

| 年度 | 教学用计算机台数 | 全日制在校生数 | 百名学生拥有台件数 | 合格标准（百名学生拥有台件数） |
|---|---|---|---|---|
| 2004 | 10192 | 34693 | 29 | 10 |
| 2005 | 11040 | 37274 | 30 | |
| 2006 | 11725 | 37770 | 31 | |
| 2007 | 11695 | 38154 | 31 | |

注：百名学生拥有台件数＝台数/全日制在校生数×100，2007年数据统计到8月底。

(2) 实习基地

教学实习是教学的重要环节。近年来，学校和各院系都加大力度，努力建设和完善实践教学基地。一些各院系把实习基地建设与地方发展紧密结合，调动了各方的积极性。地球与空间科学学院李江海教授协助五台山申报国家地质公园，并建立了五台山教学实习基地。政府管理学院在包头建立了公务员培训基地和教学实习基地。考古文博学院利用学生在宁波、杭州实习的机会，开展"中国文化遗产日"宣传和文物保护知识。环境学院与地方开展合作科学研究，建设了北京普通地质学、大同—秦皇岛地貌、河北塞罕坝生态环境三个野外实习基地。目前，学校与很多地方政府和企事业单位建立了长期合作关系，建立校外教学实习基地约70个。

中国历史文化基地  主要面向文、史、哲、考古等院系，包括故宫博物院、中国国家博物馆、中国第一历史档案馆、武当山、新疆和田、敦煌、丹江口市官山镇吕家河村（"汉族民歌第一村"）、安徽省黟县宏村、陕西省扶风县周原、陕西省岐山县周公庙、河南邓州八里岗等。

经济管理基地  主要面向政治、经济、管理等社会科学类专业，包括盖洛普咨询有限公司、南方日报报业集团、上海东方卫视、泰康人寿保险股份有限公司等。

理工科基地  主要面向物理、化学、生命、信息、工学等学科专业，包括中国石油化工股份有限公司北京燕山分公司、河北沧州石化集团公司、北京兴奋剂检测中心、SONY（中国）有限公司、北大方正电子公司、三星集团中国总部、三一集团有限公司、上海国际汽车城置业有限公司、天津泰达国际心血管病医院、同仁医院、中国网络通信有限公司等。

综合型基地  面向全校各学科专业，如五台山实习基地面向地学、环境和文、史、哲、考古等学科专业。

临床教学实习基地  为了确保临床教学的需要，除6个附属医院外，设立了20多个临床教学基地（包括临床教学医院、药学实习基地、公共卫生实习基地、社区医学实习基地和护理实习基地）。医学部专门设立了临床教学办公室，主管学校的临床教学工作。临床教学基地设立主管教学的领导和教学管理办公室，配备专职人员，负责临床教学管理和服务工作。建立了完善的临床教学管理制度、教学档案以及教学质量保证体系和临床能力考核系统。目前，医学部附属医院和教学医院拥有的病床数能够满足临床教学需要，临床医学专业学生总数与医院床位总数的比例为1∶3。临床教学医院的教学设施齐全，均备有功能齐全的多媒体教室和临床教学示教室、动物手术室、诊断学实验室、临床技能训练室。医学部还投入专项经费支持第一、第二和第三临床医学院临床技能实验室的建设，组建了标准化病人培训组。口腔医院设立了"仿头模"实验室，改善了学生临床实践实习训练的条件。公共卫生学院与城市社区卫生服务中心、农村卫生保健院、疾病预防与控制机构建立了良好稳定的合作关系，为预防医学的教学提供稳定的实习基地。

目前实习实践基地基本满足教学需要。但随着教学改革不断推进，对教学实习的要求也越来越高。学校正在进一步制定教学基地建设规划，通过整合资源和整体布局，在全国不同地区建设若干多学科综合实习实践基地。

### 3.1.3 图书馆馆藏丰富，设施先进，利用率高

北京大学图书馆由中心馆、医学图书馆、分馆、院系资料室组成，形成了信息资源丰富、资源保障率高、管理手段先进的大学文献信息保障体系。北大中心馆设有"中国高等教育文献保障系统"（CALIS）的管理中心和全国文理文献信息中心、中国高校人文社会科学文献中心（CASHL）等国家级文献保障和服务机构，是中国高等教育文献资源共建共享的重要枢纽。2006年，CALIS建设项目CADLIS初步构建了具有国际先进水平的开放式中国高等教育数字图书馆；CASHL中心的建设和文献传递等服务对人文社科文献资源的共建、共知、共享以及我国哲学社会科学事业的全面繁荣发展做出了贡献；CALIS文理文献中心在引进资源、开展馆际互借与文献传递、用户培训、虚拟参考咨询等方面取得了很好的成绩。

图书馆资源丰富、学科齐全、珍品荟萃。学校图书馆舍总面积83929.8平方米，阅览座位7301席，其中，中心馆面积近53000平方米，阅览座位4149席，自习座位1700余席。

经过一百多年的发展，北大图书馆已经形成以文理基础学科文献收藏为主，涵盖各学科、多语种、多种

类型、多种载体、多种收藏级别的藏书体系。截至2006年年底,图书馆馆藏总量已近778万册,中心馆印刷型馆藏达550余万册。馆藏中以150万册(件)中文古籍为世界瞩目,其中20万册5—18世纪的珍贵书籍是中华民族的文化瑰宝,另有金石拓片3万余种,7万余份(见表3.7)。

表3.7 图书馆馆藏资源及生均情况(单位:册)

| 项目 | 2004 | 2005 | 2006 |
| --- | --- | --- | --- |
| 中心馆馆藏 | 5331314 | 5403386 | 5507409 |
| 分馆、院系资料室馆藏 | 2027722 | 2116520 | 2272002 |
| 文献总量 | 7359036 | 7519906 | 7779411 |
| 折合在校生数(人) | 49878 | 54038 | 55655 |
| 生均总量 | 148 | 139 | 140 |
| 中心馆年新增馆藏 | 106201 | 110457 | 118708 |
| 分馆、院系资料室年新增馆藏 | 94474 | 98824 | 96983 |
| 年新增总量 | 200675 | 209281 | 215691 |
| 年生均新增馆藏 | 4.02 | 3.87 | 3.88 |

近年来,图书馆数字资源发展迅速。目前图书馆共引进中外文数据库428种(451个),音像资料13331盘(片),订购中外文电子期刊45410份,电子图书433251册。图书馆建成若干特色数据库,例如,古文献资源库、北京历史地理数据库、北大名师数据库、视频点播多媒体数据库等,自建数字资源累计已达7TB。

表3.8 图书馆历年文献资源发展经费(单位:万元)

| | 2004 | 2005 | 2006 | 小计 |
| --- | --- | --- | --- | --- |
| 总馆文献发展经费 | 1932.5 | 2310.3 | 2555.3 | 6798.1 |
| 院系文献发展经费 | 1544.6 | 1694.0 | 1718.2 | 4956.8 |
| 以上合计 | 3477.1 | 4004.4 | 4273.5 | 11754.9 |

2004—2006年间图书馆用于文献资源发展的经费有了很大增长。在保障本科教学、采访多品种、适当复本的原则下,保证了图书馆信息资源的发展。3年来,中心馆新增中外文书刊合计335336册,年订购中外文报刊约6000种(见表3.8)。

近几年,学校对医学图书馆建设加大了投入力度。2005—2007年学校分别投入460万、480万及500万用于医学馆书刊购置。为了实现医学馆与中心馆自动化管理系统的融合,学校投入75.1万元用于医学馆自动化系统软硬件的建设,该系统建成以后,极大地方便了两个校区的师生对北京大学信息资源的利用。此外,各直属临床医学院的图书馆也与医学部图书馆进行联网,丰富了学校的图书资源。

管理手段现代化,为数字化网络化服务提供保障。近年来,图书馆从计算机网络以及馆舍两方面不断改善服务环境,为规范化的内部管理及高水平、深层次的读者服务工作提供了有力的保障,为读者创造了良好的阅览环境。

图书馆全面实现计算机网络化管理和服务,引进美国SIRSI公司开发的Unicorn自动化集成管理系统,实现对多文种、多类型文献的处理、采访、编目、书刊管理与借阅等基本业务工作自动化与科学管理,并依托此系统开展了预约借书、自动催还、异地还书等相关读者服务。图书馆支持各项网络服务,包括Email、FTP、WEB、全文电子期刊、电子图书、光盘及网络数据库检索、知识导航、资源检索、多媒体点播等。数字图书馆服务门户的出台,有效地提升了图书馆的数字化服务水平。

经过2005年旧馆舍改造,图书馆增建阳光大厅,集中了借还书服务、馆藏目录检索、电子资源检索、信息咨询服务、馆际互借和文献传递服务、证卡管理、复印等多项读者最常用服务,增加了特藏阅览室、方志阅览室、网络培训教室等阅览室,改善了阅览条件以及网络条件,从而全面改善了读者服务环境。

读者服务水平及资源利用率高。图书馆充分利用新的馆舍条件和现代信息技术改善服务环境、创新服务措施,努力提高服务水平。逐步整合了印刷本书刊与电子资源以及传统借阅与网络服务,在互联网上实现了为读者提供"一站式"信息检索和服务。

图书馆资源利用率逐年提高。每周开馆时间为106.5小时,周借阅服务时间为85小时,系统与服务器每周基本达到7×24小时服务。年图书外借量保持在百万册次。2006年,主页的年点击率14亿多次,年访问量7826935次,日访问量达24288次。电子资源数据库检索 1070 万次,全文数据下载量为 1316 万篇次。其中本科生是最活跃的读者群,年人均借书量在 30 册以上。2006 年本科生入馆 108.6 万人次,占所有入馆读者的一半左右。

表 3.9　图书馆中心馆学生读者图书外借分析表

| 读者类型 | 2004 | | 2005 | | 2006 | |
|---|---|---|---|---|---|---|
| | 外借量(册) | 所占比例 | 外借量(册) | 所占比例 | 外借量(册) | 所占比例 |
| 大学生 | 389305 | 43.90% | 321894 | 36.25% | 412142 | 40.96% |
| 硕士研究生 | 266865 | 30.09% | 298004 | 33.56% | 317582 | 31.56% |
| 博士研究生 | 114809 | 12.95% | 126146 | 14.21% | 148560 | 14.76% |

### 3.1.4　校园网络先进,保障教学科研

北京大学校内所有楼宇实现联网,并在 2002 年 5 月建成中国第一个校园无线局域网络。目前校园网主干带宽为 10G,出口带宽为 2G,联网计算机数量达 6 万台,同时在线计算机 3 万台。校园网用户管理系统实现了统一认证、统一管理和统一计费。2005 年以来国内流量月均达到 520TB,国际流量月均达到 10TB 以上。

北大教务管理信息系统在 1994 年投入使用,目前已经实现了招生、学籍、院系级教务、教学管理和教学研究、教室分配、公共课教务管理、毕业生分配管理、学生网上选课、教师网上录入成绩、网上教学评估的一体化。

校园网不仅提供了丰富的网络基础服务和各具特色的专业信息服务,还建有众多活跃的教学网站和学生社团网站,为学生提供了丰富的资源和周到的服务。校园综合信息门户网站为学生提供基本信息以及课程、学业、学籍、奖惩等信息服务。现代教育技术中心、图书馆、计算中心网络系统为广大学生提供了精品课程、讲座、视频点播、计算机教学实习等丰富的网上教学资源。红旗在线、学生会、团委、BBS 等网站在大学生思想政治教育工作中发挥着独特作用。

学校为校园网用户提供免费的电子邮箱、垃圾邮件过滤、计算机病毒库更新、Windows 自动更新等服务。学校每年在迎新时提供"新生入学上网指南",帮助新同学尽快熟悉校园网络环境。校园网建设和管理部门开启爱心助学工程,每年对 500 名家庭经济困难学生进行校园网费用资助。

### 3.1.5　运动场及体育设施

学校运动场馆总面积达 146312 平方米(不含非产权校区),生均运动场地面积为 3.83 平方米。学校的体育场馆曾承担第 21 届世界大学生运动会足球比赛,新落成的北大综合体育馆将成为北京 2008 年奥运会乒乓球比赛场馆。

表 3.10　学校主要体育场馆功能分布

| 区域 | 性质 | 名称 | 数量 |
|---|---|---|---|
| 校本部 | 室外 | 标准田径场 | 1 块 |
| | | 天然草皮足球场 | 1 块 |
| | | 人工草皮足球场 | 2 块 |
| | | 篮球场 | 11 块 |
| | | 排球场 | 4 块 |
| | | 网球场 | 13 块 |
| | | 小足球场 | 3 块 |
| | 室内 | 游泳馆 | 1 个 |
| | | 篮球场 | 1 块 |
| | | 乒乓球馆 | 2 个 |
| | | 羽毛球场 | 9 个 |
| | | 健美操房 | 3 个 |
| | | 形体房 | 1 个 |
| | | 器械健身房 | 1 个 |
| | | 体育舞蹈室 | 1 个 |
| | | 台球厅 | 1 个 |
| | | 散打厅(跆拳道、自卫防身学) | 1 个 |
| | | 力量训练房 | 1 个 |
| | | 体质健康检测室 | 1 个 |

续表

| 区域 | 性质 | 名称 | 数量 |
|---|---|---|---|
| 医学部 | 室外 | 标准400米田径场 | 1个 |
| | | 优质人工草皮足球场 | 1个 |
| | | 篮球场 | 6片 |
| | | 排球场 | 3片 |
| | | 网球场 | 3片 |
| | | 羽毛球场 | 5片 |
| | | 室外健身区 | 1片 |
| | 室内 | 多功能体育馆（包括篮球场2块、套用排球场两块、套用羽毛球场6块、套用乒乓球场30块） | 1座 |
| | | 形体健身房 | 2座 |

体育设施完备。各体育场馆功能完善（见表3.10），保证了体育设施多样化的教学需要。目前共设体育教学项目36个，开设41门课，可供外借的体育器材20余种，满足了学生上课、课外体育锻炼和社团活动需要。近年来，学校不断加大体育场馆的改、修、建力度，改造了形体、拓展、足球场、游泳馆等场地设施，添置更新器材设备，配备有专用的音响功放器材和现代通讯设施。

为高水平运动提供专项场地。学校现有8支高水平运动队，12支协会代表队，139名体育特长生参加训练。体育场馆和设施为女子篮球、赛艇、健美操、田径、足球、排球、游泳等高水平运动队的训练提供训练场地，满足训练需要，专门的运动机能实验室进行科学跟踪服务。

合理安排场馆使用，努力提高场馆使用效率。自早8点至晚6点安排体育课或训练课，提高了场馆使用频率；强调服务意识，用优质服务提高场馆使用质量；学校还与周边的北京101中学和海淀体育中心合作，借用他们的体育设施，用于学生的教学、群体活动和训练，满足了教学和学生身体锻炼得需要。

3.2 教学经费

3.2.1 加大教学经费投入，四项经费逐年递增

近年来，学校财务预算重点保证教学需要，不断加大教学经费投入，各院系也利用自有资金加大投入，实现了四项经费和生均四项教学经费的持续增长。（见表3.11，表3.12）。

表3.11 2004—2006年四项经费占学费收入比例变化情况

| 年度 | 应收学费（万元） | 四项经费（万元） | | | | | 占学费收入比例 |
|---|---|---|---|---|---|---|---|
| | | 本专科业务费 | 教学差旅费 | 体育维持费 | 教学仪器设备维修费 | 小计 | |
| 2004年 | 7695.6 | 1869.7 | 440.5 | 145.1 | 47.7 | 2503.0 | 32.5% |
| 2005年 | 7899.8 | 2082.4 | 511.2 | 149.2 | 65.2 | 2808.0 | 35.5% |
| 2006年 | 7670.8 | 2334.1 | 594.9 | 165.8 | 65.2 | 3160.0 | 41.2% |

表3.12 2004—2006年生均四项经费变化情况

| 年度 | 四项经费（万元） | 四项教学经费增长率（%） | 本专科学生数 | 生均四项经费（元） | 生均四项教学经费增长率（%） |
|---|---|---|---|---|---|
| 2004年 | 2503.0 | | 15182 | 1648.7 | |
| 2005年 | 2808.0 | 12.2 | 15128 | 1856.2 | 12.6 |
| 2006年 | 3160.0 | 12.5 | 14662 | 2155.2 | 16.1 |

3.2.2 加大基建投入，改善教学条件

近年，学校投资2.35亿元在校本部和医学部建了教学楼，投入5000万元对一教、三教、四教和文史楼进行改造，使学校教学条件得到改善；投资8.74亿元新建和改建了学生宿舍（校内学生宿舍36、37、38、41、43号楼、畅春园学生宿舍63号楼、簋斗桥学生宿舍、畅春新园学生宿舍、中关园留学生公寓、医学部5号楼学生宿舍等）；投资2.6亿元新建了2.6万平方米的综合体育馆，投资1300余万元改造了五四体育场、网球场、二体健身区、一体健身房和医学部运动场。学校多方筹措资金建设新法学院大楼、政府管理学院大楼、光华企业家研修院大楼、经济学院大楼、新化学南楼等教学科研设施，启动了北京国际数学中心建设和未名湖北岸地区环境整治和文物保护工程，新的人文大楼、工学院和前沿交叉学科大楼规划设计方案已获批准。

# 第四部分　专业建设与教学改革

## 4.1 学科布局与专业设置

北京大学是一所以人文、社会科学、理学、医学和技术科学为主的综合性大学。学校学科建设的总体思路是：进一步加强基础学科，重点发展前沿和交叉学科，适当发展针对国家重大需求的应用和技术学科。

### 4.1.1 专业结构布局合理

北京大学设有五个学部，分别是人文学部、理学部、社会科学部、信息与工程科学部和医学部，学部下设43个院系。学科专业涵盖了除军事、农业以外所有学科门类。学校拥有国家级重点学科87个，国家本科基础学科人才培养基地19个。

### 4.1.2 基础学科实力雄厚

北大的基础学科都有悠久的历史，大多数本科专业都以重点学科、国家本科人才培养基地、国家或部委重点实验室为依托，学术队伍、教学和科研条件有保障。

**文理基础学科实力雄厚**　北京大学理科基础学科门类齐全，发展均衡，整体实力强。20世纪90年代，在数学、力学、物理学、核物理、化学、生物学、大气科学、地质学、地理学、基础医学等10个学科建立了国家理科基础科学研究和教学人才培养基地。中文系、历史学系、哲学系是中国最早建立的专业科系，具有传统优势，目前均设有国家本科人才培养基地。考古文博学院由北大与国家文物局共建。外国语学院学科齐全，设19个本科专业。这些人文学科专业历经百余年的磨砺锻造，凝结了深厚的文化底蕴。

表4.1　北京大学学科专业布局

| 学部 | 院系 | 专业 | 一级学科 |
|---|---|---|---|
| 人文学部 | 中国语言文学系 | 汉语言文学、汉语言、古典文献、应用语言学 | 中国语言文学 |
| | 历史学系 | 历史学、世界历史 | 历史学 |
| | 考古文博学院 | 考古学、博物馆学 | 历史学 |
| | 哲学系 | 哲学、逻辑学、宗教学 | 哲学 |
| | 外国语学院 | 英语、俄语、德语、法语、西班牙语、阿拉伯语、日语、波斯语、朝鲜语、菲律宾语、梵语巴利语、印度尼西亚语、印地语、缅甸语、蒙古语、泰语、乌尔都语、希伯莱语、越南语 | 外国语言文学 |
| | 艺术学院 | 艺术学、广播电视编导、公共事业管理 | 艺术学、公共管理 |
| 社会科学学部 | 新闻与传播学院 | 新闻学、广播电视新闻学、广告学、编辑出版学 | 新闻传播学 |
| | 国际关系学院 | 科学社会主义与国际共产主义运动、国际政治、外交学、国际政治经济学 | 马克思主义理论、政治学 |
| | 经济学院 | 经济学、国际经济与贸易、财政学、金融学、保险、环境资源与发展经济学 | 经济学 |
| | 光华管理学院 | 金融学、工商管理、市场营销、会计学、财务管理、人力资源管理 | 经济学、工商管理 |
| | 法学院 | 法学 | 法学 |
| | 信息管理系 | 信息管理与信息系统、图书馆学 | 管理科学与工程、图书档案学 |
| | 社会学系 | 社会学、社会工作 | 社会学 |
| | 政府管理学院 | 政治学与行政学、行政管理、公共政策学、城市管理 | 政治学、公共管理 |
| | 马克思主义学院 | 思想政治教育 | 政治学 |
| 理学部 | 数学科学学院 | 数学与应用数学、信息与计算科学、统计学 | 数学、统计学 |
| | 物理学院 | 物理学、应用物理学、天文学、大气科学、核物理、核技术 | 物理学、天文学、大气科学、能源动力 |
| | 化学与分子工程学院 | 化学、材料化学、应用化学、核化工与核燃料工程 | 化学、材料科学、能源动力 |
| | 生命科学学院 | 生物科学、生物技术 | 生物科学 |
| | 地球与空间科学学院 | 地质学、地球化学、地球物理学、地球与空间科学、空间科学与技术 | 地质学、地球物理学 |
| | 环境学院 | 地理科学、资源环境与城乡规划管理、地理信息系统、环境科学、生态学、城市规划 | 地理科学、环境科学、土建 |
| | 心理学系 | 心理学、应用心理学 | 心理学 |

| 学部 | 院系 | 专业 | 一级学科 |
|---|---|---|---|
| 信息与工程学部 | 信息科学技术学院 | 电子信息科学与技术、微电子学、计算机科学与技术、智能科学与技术 | 电子信息科学、电气信息 |
| | 工学院 | 理论与应用力学、工程结构分析 | 力学、工程力学 |
| 医学部 | 基础医学院、药学院、公共卫生学院、护理学院、口腔医学院、各临床医院 | 基础医学、临床医学、预防医学、口腔医学、口腔修复工艺学、医学实验学、药学、应用药学、护理学 | 基础医学、预防医学、临床医学与医学技术、口腔医学、护理学、药学 |

**社会科学学科发展迅速** 北京大学对中国社会科学的发展做出过卓越贡献。改革开放以来,发展更加迅速。目前,经济管理类有经济学院、光华管理学院和中国经济研究中心,政治学和公共管理类有国际关系学院和政府管理学院,社会和人口学类包括社会学系和人口研究所,还设有马克思主义学院、法学院、信息管理系、新闻与传播学院等。

**工程技术学科特色鲜明** 北大工程技术类学科主要集中在信息科学技术领域。根据学校发展新兴技术学科的战略,一些高技术学科得到了发展,现有信息科学技术学院、软件与微电子学院、城市与环境学院、环境科学与工程学院。新建设的工学院包括了力学与空天技术系、生物医学工程系、材料与纳米技术工程系、能源与资源工程系和工业管理系。最近学校组建了先进技术研究院,重点发展与国家重大需求相关的学科。

**医学学科实力雄厚** 医学部设有基础医学院、药学院、公共卫生学院、护理学院、公共教学部、医学网络教育学院、三个综合临床医学院(北大医院、人民医院、北医三院)、口腔医学院、临床肿瘤学院、精神卫生研究所。本科设有基础医学、临床医学、口腔医学、预防医学、药学、护理学、医学实验学、应用药学等专业。

### 4.1.3 严格控制新专业,重点支持交叉学科

根据《教育部关于同意北京大学自主设置本科专业的批复》(教高函[2002]6号)的精神,学校制定了《北京大学本科专业设置的规定》,严格新专业的审批条件和程序。要求新专业的建设应符合学校学科发展规划,兼顾学科发展、国家发展和现有学科基础。

**表4.2 2000年以来北大新增设本科专业**

| 所属院系 | 专业名称 | 设置时间 | 学科背景 | 主持人或学术带头人 |
|---|---|---|---|---|
| 中国语言文学系 | 应用语言学 | 2001 | 依托汉语言文字学和信息科学的交叉学科专业 | 陆俭明、詹卫东 |
| 经济学院 | 环境资源与发展经济学 | 2002 | 涉及环境、资源与可持续性发展的综合性学科,依托北大经济、环境等相关优势学科 | 刘民权 |
| 国际关系学院 | 国际政治经济学 | 2002 | 依托北大国际政治学和经济学等传统优势学科 | 王正毅 |
| 政府管理学院 | 公共政策学 | 2002 | 公共政策学专业在原有的行政学、政治学和经济学基础上建立的,在促进人才培养与政策实践互动方面具有特色。城市管理学依托北大经济、管理、地理、城市规划等优势学科,是目前全国唯一专业点 | 陈庆云 |
| | 城市管理 | 2002 | | 杨开忠 |
| 新闻与传播学院 | 广播电视新闻学 | 2001 | 北大1918年首开新闻学课程,解放后曾两度举办新闻学专业,2001年恢复成立新闻与传播学院,相关专业得到迅速发展 | 陆绍阳 |
| | 新闻学 | 2000 | | 徐泓 |
| 艺术学院 | 艺术学 | 2000 | 1986年设艺术教研室,1997年发展为艺术学系,2006年成立艺术学院。2005年成为艺术学一级学科博士点 | 彭吉象 |
| | 广播电视编导 | 2000 | | 丁宁 |
| 物理学院 | 核物理 | 2006 | 北大的核物理、核技术专业有很长的历史,后在教育部专业设置中取消。现为国防科工委重点学科。与此相关的粒子物理与核物理、核技术及应用均为国家重点学科 | 陈佳洱、叶沿林 |
| | 核技术 | 2006 | | |
| | 应用物理学 | 2001 | | |
| 化学与分子工程学院 | 核化工与核燃料工程 | 2006 | 放射化学历史长、有雄厚的基础,应国防科工委要求现改称此学科 | 刘元方 |

续表

| 所属院系 | 专业名称 | 设置时间 | 学科背景 | 主持人或学术带头人 |
|---|---|---|---|---|
| 地球与空间科学学院 | 地球与空间科学 | 2004 | 地球物理学和地理信息系统都有很长的历史和很强的实力 | 张立飞、潘懋、陈晓非 |
| | 空间科学与技术 | 2004 | 从1959年开始北大在空间物理学、空间技术及空间探测等学科就有较强的研究力量。 | 涂传诒 傅绥燕 |
| 环境学院 | 生态学 | 2001 | 地学、生物学、环境科学、信息科学等多学科,有很强的学科实力 | 方精云 |
| 信息科学技术学院 | 智能科学与技术 | 2004 | 以视觉与听觉信息处理国家重点实验室为依托的交叉学科专业,主要在机器感知、智能计算、智能信息处理和机器学习等方面 | 迟惠生、封举富、查红彬等 |
| 软件学院 | 软件工程 | 2003 | 软件与微电子学院是按新模式建立、新机制运行的学院,基础力量雄厚,教学效果突出,2005年9月获国家级教学成果一等奖 | 杨芙清 |

2000年以来,共增加18个本科专业(表4.2),主要布设在交叉学科、国家急需学科或重点发展的学科领域,其中很多都有比较强的基础学科支撑。智能科学与技术专业依托的信息科学中心是北大最早交叉学科研究机构,设有智能机器感知、智能信息处理、机器学习与智能计算等专业方向。应用语言学专业是汉语语言学和信息技术的交叉,目标是培养高层次中文信息技术人才,在2007年毕业的7名学生中,6名继续读研。环境资源与发展经济学、国际政治经济学等是具有学科交叉特征的新专业,都建立在比较强的经济、政治学科基础上的。核物理、核技术、核化工与燃料工程、空间科学与技术、软件工程等是国家急需专业,在上世纪50年代,北大就率先开展核科学和工程人才培养,具有比较强的基础。

今后学校将重点发展交叉学科专业,配合学校多样化人才培养模式调整,努力为学生提供更多的发展空间,国家培养优秀人才。

### 4.2 培养方案

北大本部本科教育以四年学制为主。在大多数院系,前两到三年主要学习基础课和通修课,然后选择专业。北大医学部以培养高层次医学专门人才为主要目标。临床专业包含大学通识、医学基础和临床训练三个阶段。从2001年开始,医学部在基础医学、临床医学及口腔医学专业实行八年制教育,学生完成全部学业获得医学博士学位。

#### 4.2.1 深化教学改革,调整培养模式

2001年学校确定"元培计划"教育教学改革思路:继续贯彻十六字方针,在低年级实施通识教育,高年级进行宽口径的专业教育,逐步实行在教学计划和导师指导下的自由选课学分制。在这一方针指导下,建立了元培计划实验班,并对招生、培养模式、教学计划、课程体系等进行了一系列调整。

"元培计划实验班"建立于2001年,面向全国招生,入学不分专业,比较完全地实行低年级通识教育、高年级宽口径的专业教育的理念,这是一次培养模式的重大转变。与此同时,学校从2002年开始进行按院系或学科大类招生和培养。至2004年,除外语类和医学类专业,全校所有院系都实行了按院系或学科大类招生和培养。这是在专业教育模式基础上,开展的拓宽培养领域的改革。学生入学后,首先学习学科大类基础课、通选课和公共课程,高年级选择专业方向。这种培养方案拓展了学生的基础,也适度增加了学生对专业的选择。医学部率先在国内实施八年制医学教育。在学校的统一部署下,医学部遵循"以学生为本"的教育理念,强调"通识、通科"的医学教育,加强医学生的基础和素质,学生先进入本部进行两年的大学基础教育,高年级再进行医学基础教育和临床训练。

#### 4.2.2 修订教学计划,加强基础教育

为适应招生和培养方案的调整,学校在2003年进行了新一轮本科教学计划和课程体系修订。新教学计划强调加强基础和给学生更多的选择,实现了从按专业组织教学向按院系(或学科大类)组织教学的转变。为改善学生的知识结构、加强素质修养,建立了通选课体系,设置了300多门通选课。另外,学校还适当减少了毕业学分要求和必修课学分比重,毕业学分要求从150学分减少到140学分左右,必修课学分占总学分的60%左右。根据八年制医学教育的特点,医学部不断优化培养方案,调整教学计划,压缩教学课时。目前,医学生的周学时已经压缩到26~28学时。

学校要求各个院系根据各自学科特点,建立有特色的课程体系和培养方案。很多学院建立起模块化的课程体系,物理学院针对学生从事物理研究、应用物理研究和其他学科研究的需要,设计了三种深度和广度不同的基础课程模块,在导师指导下,学生可以根据志向和兴趣进行选择。根据大多数毕业生继续攻读研究生的特点,数学科学学院加强了数学基础和专业基础,

注重学生基础数学或应用数学研究能力的培养,为学生的继续学习奠定基础。文史哲等传统人文学科在加强基础的同时,注重培养学生的文化素养,扩大学生的学术视野,培养学生的语言表达能力和外语能力,以适应社会的需要。光华管理学院等应用性较强的学科注重理论与实践相结合。新闻与传播学院等则充分利用北大整体优势,加大人文、社会科学基础知识的比重,加强基础和通识教育。

为适应社会对既有扎实的专业基础、又具备其他领域知识的复合型人才的需要,北大在 1989 年开始进行辅修/双学位人才培养模式的探索。目前,大多数院系都开设了双学位课程,全校选择双学位课程的学生一直保持在 30% 左右。学生通过双学位课程拓宽了知识面,为未来发展打下了更宽厚的基础。辅修/双学位教育已经成为北大人才培养的重要组成部分。

4.2.3 增加学生选择,加强教师指导

为在制度上保证培养方案和教学计划的落实,学校改变了课程的组织模式和选课管理系统。学校的公共必修课(政治、英语、体育等)每学期或学年滚动开课,学生可以根据需要安排修习时段和选择不同任课教师。通选课面向全校学生开放,学生可以在五个规定的领域中,选择 16 个学分。学校鼓励院系开放基础课和专业课程,供全校学生选修。元培计划实验班学生可以在全校范围内选择各类课程。在选课方法方面,学校实行试听和网上选课相结合的方式,使学生在课程选择中有更大的余地。

为丰富课程资源,北京大学于 2004 年设立暑期学校。暑期学校立足本校课程资源,同时聘请校外优秀学者开课。暑期学校课程兼顾人文教育与应用知识技能传授,涉及自然科学的理论和实验、文史哲基础、社会科学、艺术理论与欣赏实践、经典解读、外语强化训练、体育、医学基础等多个学科领域。钟万勰院士"应用力学的辛数学方法"、阎崇年"清朝开国史"、戴锦华"影片精读"、陈波"悖论研究"、谷振诣"逻辑与批判性思维"等都受到学生的欢迎。暑期学校开设的一些选修课深受学生欢迎,如张顺燕"数学的精神、方法与应用"、肖东发"北京风物与传统文化"、张大庆"西方医学传统"以及体教部开设的"游泳"和"健美操"等。学校还通过国际合作,选派学生参加国际著名大学的暑期学校。暑期学校至今已经成功举办四年,产生了良好反响。

在给予学生更多选择机会的同时,学校要求加强对学生选课和学习的指导。化学与分子工程学院、中国语言文学系等院系比较早地试行了本科生导师制,取得了比较好的效果。各院系根据各自特点,以各种方式加强对本科生的指导。物理、化学、生命、信息等院系采取了鼓励学生参加科研项目和教师科研**组活动**等举措,加强对学生的指导和科研训练。

4.2.4 扩大国际交流,拓宽学生视野

北大十分重视通过与世界著名大学的联合培养项目,拓展学生的国际视野。目前,北大与日本早稻田大学、美国耶鲁大学等名校建立起了联合本科生培养项目。北大和早稻田大学每年互派 20 名左右本科生在对方学校学习一年,毕业后可以获得双方的学位证书。北大与耶鲁大学建立的联合本科项目,每学年从元培实验班和耶鲁本科学院中选拔数目相等的学生,在北大共同生活、学习,由两校选派优秀教师开设课程。

学校利用校际交换、海外暑期学校及院系交换等方式,选派学生赴海外学习。目前,校际学生交换项目有近 50 个,每年约有 200 名学生参加,分布在欧洲、美洲、大洋洲和亚洲的多个国家和地区。每年还有 100 多名学生分别参加耶鲁大学、约克大学和欧盟暑期学校。国际关系学院、外国语学院、法学院、经济学院、光华管理学院以及一些理科院系的交换项目都非常活跃,很多学生通过在海外的专业学习,开阔了国际视野,增强了创新能力。

北大有 20 余家与国际交流和探讨国际问题相关的学生团体,如学生国际交流协会(SICA)、拉丁美洲研究会、模拟联合国协会等。他们直接参与了接待了克林顿、瓦杰帕伊、普京、希拉克、查韦斯等近 40 位国家元首,与联合国前秘书长安南、美国前国务卿基辛格博士等政要进行面对面交流,与诺贝尔奖获得者、商界巨擘、名校校长亲密接触和深度对话,北大学生的自信、睿智和思辨给国际友人留下了深刻印象。北大学生自己组织了很多高水平、高规格的国际学生交流活动,各国学生之间的互动交流增进了彼此间的相互了解,拓宽了眼界,如学生国际交流协会组织的斯坦福中美学生会议、北京大学—东京大学"京论坛"、青年外交协会举办的"外交大讲堂"系列讲座等;2004 年启动的"北大—哈佛交流营",已有 70 余名哈佛学生来到北大感受中国,40 名北大学生回访哈佛;2006 年 3 月,来自世界 50 多个国家 160 多所世界著名高校的 1100 多名大学生齐聚北大,参加 2006 年哈佛世界模拟联合国大会并获得了巨大成功。2007 年 5 月,国际医学教育论坛在北京举行,医学部的学生作为大会的义务服务人员,凭借良好的自身素质、过硬的专业知识和娴熟的英语技能,出色地完成了任务。

4.2.5 加强科研训练,提高创新能力

加强本科生科研创新能力训练是北京大学本科人才培养的重要措施。除了教育部最近设立的"国家大学生创新训练计划"之外,自 1998 年以来,北京大学设立了四项本科生科研基金:君政基金、泰兆基金、校长基金和毛玉刚基金,学校教育基金会也为本科生科研**训练设立了专项基金。大学生创新计划和科研基金促**

进了本科生的科研活动,加深了对学术研究的理解,培养了学生发现问题、分析问题和解决问题的能力。2001年至2006年,共有1716名本科生的1208个项目受到本科生科研基金和教育部国家大学生创新训练计划的资助,资助总额500余万元,其中1182人承担的880个项目结题,有860名本科生获得了研究课程学分。为鼓励更多的学生参加科研工作,学校制定了《北京大学本科生研究课程相关管理规定(试行)》和《北京大学本科生研究课程补充规定(试行)》,将研究课程纳入学校课程体系,完成研究计划的学生,可获得研究课程学分。

学校鼓励把学术科技活动作为第二课堂的重要内容,通过"挑战杯"等课外学术科技竞赛,组织同学开展创新活动。迄今为止,北大已举办十五届"挑战杯"五四青年科学奖竞赛、八届学生创业计划大赛、四届"江泽涵杯"数学建模与计算机应用竞赛、十一届ACM/ICPC程序设计大赛。另外,由北大团委、学生就业指导服务中心和北大科技园共同建立的"北京大学学生创业中心"成功培育了学生企业,现注册资本1000万元,年销售总额约800万元。

### 4.3 课程

#### 4.3.1 深化教学内容与课程体系改革

根据本科人才培养方案中加强和拓宽基础、增加学生选择的思路,学校进行了课程体系建设和教学内容改革。近年来,学校重点建设了主干基础课、学科大类平台课、通识教育选修课、本科生研究课程,加强了共同基础课和课程模块建设,为新培养方案的落实奠定课程基础。

主干基础课始终是课程建设的重点。上世纪90年代,为加强基础课教学,学校把公共必修课和在学科体系中处于基础地位的重要专业必修课程确定为主干基础课,聘请教学经验丰富的教师为课程主持人和主讲教师,并给予重点建设和资助。这些措施提高了教师上课积极性,保证了基础课质量和教学队伍稳定。2004年,学校对主干基础课进行了重新认定,校本部确定主干基础课程295门,医学部36门。一批知名教授长期担任主干基础课课程主持人和主讲教师,其中包括院士7人,长江学者25人。

全校公共必修课是主干基础课的重要组成部分。思想政治理论课以专家教学组的方式,由不同学科的教授讲授专题,把课堂讲授与课外参观、调查等实践环节相结合,提高了教学的效果。"邓小平理论和'三个代表'重要思想概论"、"思想道德修养"等被评为国家级精品课程,"毛泽东思想概论"被评为北京市精品课程。公共英语建立起模块教学体系,第一模块为基础课程,进行分级教学,第二模块为选修课,分为专题课和通选课,专题课重点培养学生的语言应用技能,通选课着重提高学生的文化素养。学校还建立了多媒体技术支持下的大学英语教学网络平台,采用小班课堂教学和学生自主学习相结合的方式提高教学效果。"大学英语综合课程"2005年被评为国家级精品课程。

为了进一步拓宽基础,学校在学科大类层次重点建设了一批理科共同基础课程。数学、物理、化学等院系针对不同学科的要求,设计了不同类别的共同基础课。以数学课程为例,A类数学基础课是数学类专业学生的必修课,包括数学分析、高等代数、概率统计等课程;B类数学是物理、信息、管理等专业学生的必修课,包括高等数学、线性代数等课程;C类数学为化学、生物、地质等专业学生必修;而D类数学主要为文科各院系开设。物理、化学等学院也建立了类似的基础课程体系。各院系根据培养方案,安排必修共同基础课程,学校允许学有余力的同学选择高于本专业必修要求的基础课。主干基础课和大类共同基础课的建设也大大促进了教学基地的建设。2004年以来,全校共承担26项"国家理科基地创建名牌课程"项目,其中12项已被评为国家级精品课程。

通选课是拓宽基础的关键。2000年9月,学校正式建立了通选课体系。通选课打通了学科专业的界限,由各个院系分别开设,供全校学生共同选修。通选课使学生了解和掌握本科教育必须了解的知识领域及其思想方法,为学生长远学习和发展做好准备。学校要求所有学生都要在数学与自然科学、社会科学、哲学与心理学、历史学、语言学文学与艺术五个领域选修总共不低于16学分的通选课程。

为保证通选课的质量和水平,学校组织专家进行通选课的遴选,开展通选课教师培训,建设通选课系列教材,并改进选课的办法和制度。目前,通选课已经达到300多门,每学期开设120门左右,选课学生达1万多人次。一大批高水平的名师都参与通选课的建设和讲授。值得指出的是"演示物理学"、"普通统计学"、"环境生态学"、"保护生物学"、"心理学概论"、"魅力化学"等一大批理科通选课受到了学生们欢迎。学生对通选课给予了积极评价,调查表明,学生对于通选课的满意度较高,部分同学建议增加通选课的学分比例。"构建以素质教育为取向的跨学科通选课体系"教学改革项目获得2004年北京市级和2005年国家级教学成果一等奖。

建立合理的课程模块,为学生提供更多选择。按院系和学科大类招生和培养的模式促进了院系的课程体系建设。北大基础学科院系招生规模较大,多数学生毕业后在本专业或其他相关专业继续攻读研究生,因此,培养方案和课程体系要满足各类学生的需要。很多院系的模块化课程体系建设都取得了很好的进展。化学与分子工程学院建立了模块化课程体系,在保证化学基础人才培养的同时，也兼顾了其他志向学生的需要。哲学系把主干基础课按哲学、马克思主义哲学、中国哲学、外国哲学、逻辑学、伦理学、美学、宗教学和科技哲学等九个系列课程统筹安排、加强建设。

为推进跨学科人才培养，学校正积极筹划跨院系、跨学科的模块化课程建设。目前，学校正在进行古生物学本科课程体系的建设。北大的古生物学研究实力比较强，但由于其交叉学科的特点和过去专业化教学管理体制的限制，古生物基础人才培养一直比较薄弱。学校依托元培学院跨院系、跨学科选课的优势，利用学校较强的生物和地质学科基础，开展古生物学本科人才的培养。跨学科教育可以充分发挥北大多学科和基础学科比较强的优势，以比较小的资源投入，为国家培养急需人才。

推进精品课程建设，提高教学质量。北大高度重视精品课程建设，形成了包括国家精品课程、北京市精品课程和学校精品课程在内的精品课程体系。1999年学校遴选出38门优秀主干基础课，设立专项经费，支持课程建设。从2003年开始，结合国家精品课评选，加大精品课程建设力度。2003—2006年，共有117门课程入选北大精品课程，52门入选北京市精品课程，46门课程入选国家级精品课程。物理学院"电磁学"等5门课程、生命科学学院的"细胞生物学"等4门课程、中国语言文学系的"古代汉语"等5门主干基础课、数学科学学院的"高等代数"、历史学系的"中国古代史"等，先后入选国家级精品课，充分显示北大基础学科实力和课程建设成果。

历史学系阎步克教授的"中国古代史（上）"课程以其灵活的教学方式和充实的教学资料成为国家精品课建设的典范，受到学生的赞扬，认为充满了学术美感。历史系的"中国古代史主干基础课的教学改革"项目获得2005年国家级教学成果奖二等奖，2007年阎步克教授被评为国家教学名师。

北大公共必修课和通选课建设也取得成效。"博弈与社会"，"中国历史地理"、"太空探索"等多门课程入选北京市精品课程，"艺术概论"等被评为国家级精品课程。

教学改革和课程建设成果显著。在近两届国家级教学成果评选中，北京大学共获得国家级教学成果奖48项（另外有9项是与其他院校合作完成的项目，共计57项），其中特等奖1项，一等奖11项，二等奖36项；获得北京市教学成果124项，其中一等奖75项，二等奖49项。表4.4给出了北京大学近年来的教学成果和精品课程建设成果情况。

表4.3　北京大学教学成果奖、精品课及教材情况

| 项目 | 获奖或立项数 |
| --- | --- |
| 2001及2005年两届国家级教学成果奖 | 57项（第一完成单位48项） |
| 2001及2005年两届北京市级教学成果奖 | 124项 |
| 2003—2006年国家精品课程 | 46门 |
| 2003—2007年北京市精品课程 | 62门 |
| 2002年全国优秀教材（教育部组织评选） | 43种 |
| "十一五"国家级规划教材入选数 | 392种 |

4.3.2　坚持一流水准，建设精品教材

北大有着重视教材建设的传统，很多北大教材已成为经典之作。如徐光宪的《物质结构》获得全国高等学校优秀教材特等奖，丁石孙带领北大数学力学系几何代数教研室编写的《高等代数简明教程》在数学领域一直享有盛誉，邢其毅的《有机化学》一直是化学专业必备的参考书，周公度的《结构化学基础》和应隆安的《无限元方法》等多种教材已经翻译成外文，在国际上产生了较大的影响。著名美学家朱光潜的《西方美学史》、著名语言学家王力的《古代汉语》、著名历史学家翦伯赞的《中国史纲要》等教材，以其极高的学术水平和价值，成为各自领域中的经典。

为促进教材建设，学校建立了教材建设委员会，并设立专门基金支持教材编写和出版。学校结合课程建设和教学改革实际，狠抓重点教材，鼓励锤炼精品。学校制定了教材建设规划，把主干基础课教材、通选课教材、各院系主要专业课教材、新兴学科教材、CAI课件和网络教材等作为教材建设重点，鼓励编写和出版系列教材。很多院系加强统筹规划，努力形成特色和风格。例如，数学科学学院与北大出版社签订了数学教学系列丛书出版协议，计划出版45本数学系列精品教材，目前已出版了22本。中文系、哲学系、法学院、外国语学院等院系也逐步形成有特色的系列教材。

学校鼓励教学经验丰富的老教师和优秀中青年学者编写教材。在教材编写中，注重把严谨的学术体系与最新科学文化成就相结合，重视阐述和介绍学科文化发展的新观点和新方法。在中央和教育部确定的四门政治理论课教材中，《中国近现代史纲要》和《毛泽东思想、邓小平理论和"三个代表"重要思想概论》由北大的沙健孙、吴树青担任首席专家。胡壮麟主编的《语言

学教程》总发行量已逾 100 万册，钱理群、温儒敏等主编的《中国现代文学三十年》已发行 60 多万册。曾谨言主编的《量子力学导论》、华彤文主编的《普通化学原理》等一批理科教材印数都在 7 万册以上。这些优秀教材为国内许多高校选用，产生了非常好的效果。

为鼓励教师编写教材，自 2000 年以来，学校本部每年投入 300 万元专项资金资助教材的编写和出版，医学部每年划拨 20 万元资助教材建设。到目前为止共立项资助了 585 种教材，其中有主干基础课教材 108 种，通选课教材 77 种。此外，学校共出资 180 万元专款资助"十五"国家级规划教材的编写和出版。2000 年以来，医学出版社投入了 1200 万元用于长学制医学教育教材的编写和出版，并广泛用于长学制医学教育。

学校鼓励教师参加北京市和国家教材建设项目。在 2002 年教育部全国优秀教材评选中，北大有 43 种教材获奖，"十五"国家级规划教材有 125 种教材入选，"十一五"国家级规划教材有 392 种教材入选。在近几年北京市精品教材建设工程立项中，北大有 181 种教材入选，在 2004 年和 2006 年北京市高等教育精品教材评审中，北大共有 124 种教材获奖。另外，2005 年医学部的 9 本教材获首届全国高等学校医药优秀教材奖。

学校对教材的选用有严格规定。在《北京大学教材选用管理办法》中，对教材选用的原则、标准、程序等做了规定，要求必须以质量为先，优先选用获省部级以上奖励教材、教育部教学指导委员会推荐教材、国家级规划教材、北京市精品教材、北京大学立项教材。同时，鼓励使用国外优秀原版教材。

### 4.3.3 积极倡导教学方法和手段改革

为配合教学内容和课程体系改革，学校积极改进教学方法和教学手段。学校为大部分教室配备了多媒体教学设备，推动多媒体辅助教学，加强电子教案和电子课件以及网络教学平台的建设，鼓励教师应用现代化教学手段改善教学效果，并规定教师职称晋升要通过现代教育技术考核。近几年来，学校必修课程使用多媒体授课的比例达到 50% 以上，医学部更达到 90% 以上。数学科学学院的数学分析、微分几何等很多课程都应用多媒体教学手段进行图形演示，实现了可视化教学。

学校现有网络课程 406 门，涉及院系 28 个，累计注册学生 16582 人。网络教学平台有效地促进了师生的沟通和交流，提高了学生自主学习的积极性。以公共英语教学为例，大学英语课程从 16 学分减至 8 学分，为在压缩课时的情况下保证教学质量，学校运用多媒体技术和自主开发的网络教学平台，实行小班课堂教学和学生网上学习相结合的方式，满足不同程度学生需求，提高了教学效率，保证了教学质量。

学校鼓励教师突破单一课堂讲授的教学模式，实施启发式、讨论式、探究式的教学方法，引导学生主动学习，积极参与教学过程。为此，学校对文史楼进行了改造，以适应讨论课的需求。学校鼓励教学与研究的结合，鼓励本科生尽早接触实际和研究课题。

### 4.3.4 稳步推进双语教学

双语教学对学生尽快了解学科前沿、获取最新知识具有重要意义。学校十分重视双语教学，在 2002 年的《北京大学关于加强本科教学工作提高教学质量的措施》中明确了积极推进双语教学的方针，要求生物技术、信息技术、金融、涉外法律等专业积极引进和使用国外优秀原版教材，推进双语教学。

近三年来，学校开设双语教学课程达到 200 多门次。生命科学学院"基础分子生物学"、"遗传学"、"生物进化论"、"植物分子生物学"、"发育生物学"等多门高年级课程采用双语教学，其他课程也都选用了英文参考书。"生物化学"课程用英文授课，读书报告和考试要求用英文完成。信息科学技术学院"计算机组织与体系结构"、"人工智能导论"、"数字图像处理"等多门专业课程用英语讲授或使用英文原版教材。地球与空间科学学院"岩石学"、"矿床学"、"近代地震学"、"演化生物学"等 12 门课程，国际关系学院、历史学系各 11 门课程，经济学院"高级计量经济学"、"中国经济"、"宏观经济学"、"保险学"、"投资银行学"等都进行双语教学或英语教学。光华管理学院约有 60% 的课程使用外文原版教材，在 2005—2006 学年开设 61 门课程中，34 门课程采用了双语教学。哲学系有 19 门课程实行外聘教师与北大教师共同讲授。"生物学导论"、"认知神经科学"、"地球物理专题"、"岩石学前沿理论与研究方法"、"微分几何与可积系统"、"偏微分方程"、"宏观经济学"、"国际财务管理"、"国际广告与市场营销"、"美国史"、"德国古典哲学原著"、"宗教的哲学分析"等一批各个领域的专业课程聘请国外大学教授授课。法学院的一些涉外法律课程也聘用来访外籍教师授课。

### 4.4 实践教学

实践教学是培养学生动手能力和创新能力的重要环节。北京大学学科领域广，对实践教学的要求千差万别。理科基础学科注重基础理论和实验技能，地质、生物等专业需要培养学生对自然界的观察能力，人文社会基础学科注重对社会的观察和体验，应用性社会科学注重对社会实际情境的模拟参与和实地考察。各学科实践教学的形式不同，但都将实践作为教学的重要组成部分，在教学计划中，明确规定了对实习实践环节的要求。学校加大经费投入力度，保证实践教学的条件，并不断完善实践教学体系，改进教学内容，很好地发挥了实践教学在人才培养中的作用。

### 4.4.1 加大实践实验教学投入，保证教学质量

实践教学条件保障不仅需要较大规模的经费投入，还需建立共享机制，以保证资源的使用效率。过去十几年中，学校加强实践教学条件建设，在重要的基础学科领域建立校级实验教学中心，配备了较为完善的实验设备，建立了开放式运行机制；并针对一些学科的需要，与地方政府和科研机构共建实习基地，保证了实践教学环节的顺利进行。目前，学校担任实验教学的教师共 1077 人，共开出教学实验 1621 个，教学实验人时数 687 万人时。

加大经费投入，确保实习、实践环节。除了正常教学运行经费，学校每年都划拨实习专项经费，近年来，每年都增列 200 万元左右的实验和实践专项补贴经费。同时，"985 工程"和"211 工程"都对实验中心、实习基地投入专项建设经费，加强了基础物理、基础化学、生命科学与技术、电子信息科学、多媒体、显微镜教学、中文教学学术资料库、田野史学、哲学、文化遗产学、社会学、大学公共英语平台等实验、实习条件和数据资料库的建设，使学生的实验和实践基础条件不断改善。

利用暑期开展多种形式的实习和实践。目前，生物学野外实习、综合野外地质实习、遥感制图和 GIS 野外综合实习等都纳入暑期课程体系。学校还投入专项经费支持外国语学院的越南语、缅甸语、菲律宾语等非通用语种专业学生赴对象国进行暑期实习。为弥补国内教学资源的不足，地球与空间科学学院组织学生赴俄罗斯和日本进行地质学、地貌学实习和考察。历史学系、艺术学院等在暑期组织学生赴日本、韩国、欧洲进行实地授课。

### 4.4.2 加强综合性实验实习，培养创新能力

北京大学建立了实验课、研究课程、专业实习、社会实践等不同层次、多种模式的实践教学体系。各院系根据学科特点，在教学计划中安排了实习和实践环节，确保学生实习和实践课程的时间和质量。地球与空间科学学院在教学计划中安排了普通地质学实习、综合野外地质实习两门必修课。考古文博学院安排了 12 学分的专业田野实习，集中在一个学期内进行。新闻学专业安排了 4 学分的实习课程，要求学生在新闻媒体、出版社等单位进行 4 个月的实习。心理学系临床心理学课程的临床实践已有十几年的历史。信息管理系主要基础课与图书馆和信息情报机构的实习实践紧密结合，提高了学生实际工作能力。

学校加强实验教学改革，推进模块化实验教学体系和综合性实验建设，注重学生创新能力的培养。

化学与分子工程学院将必修实验课程进行了梳理，把四门中级实验和一门综合实验组合为新的综合化学实验，从一年级开始，分 5 学期按不同层次开设，并以实验项目为选择单元安排，学生可按兴趣、能力以及专业志向自主选择和组合。化学与分子工程学院还开设开放性实验，组织学生开展课题研究，帮助学生完成从实验学习到科研实践的过渡。

物理学院从 1997 年开始对本科物理实验课进行全面改革，学生在完成 3 个层次的基本实验以后，安排了课堂设计实验和不同层次的选修实验，学生在教师指导下，独立完成课题。学生在完成近代物理实验后，还可以选择更接近科研实践的选修实验，并可以直接毕业论文的研究衔接。课堂设计实验和多层次的综合实验选修课激励了学生的主动性，激发了学习兴趣。通过独立进行实验设计和研究，增强实践能力和创新能力。十年来，有 200 多名学生进行了 100 多个课题研究，在国内外物理科研与教学刊物上发表 40 多篇论文（部分被 SCI 收录）。2004 级学生刘祝捷的课题在 2006 年获北京市挑战杯特等奖。

生物基础实验按 5 个模块安排：生物化学、分子生物学、细胞生物学、遗传学为学生必修模块。选修实验模块包括动物生理、植物生理、微生物、环境生物学及生态学。这种"模块化、分层次、开放式"的新格局既体现了"加强基础"，又满足了个性化培养的需求。生物基础实验中心共开设 23 门实验课，基础实验课占 48%，综合及创新性实验课占 52%；实验项目 255 个，基本实验课内容、综合性实验内容、科研成果引入教学的内容各占 1/3。

传统医学实验教学以验证性实验为主，造成学科之间分离，缺乏系统性。为改变这种状况，学校成立了生物医学实验教学中心，整合了机能、形态、病原与免疫、细胞生物与遗传、生化与分子生物学等 12 门实验课程，打破了"单一课程"、"单一实验室"的模式，使实验课既与理论教学紧密配合，又具相对独立性。新的医学实验课体系注重培养学生科学思维能力，采取加大综合性和设计性实验比重、参与教师科研、设立"985 行动计划"基金等一系列措施，为学生的个性化培养创造条件。

经济管理实验中创新型实验占 33% 以上。具有代表性的包括"企业竞争模拟"、"红酸果模拟"、"啤酒竞赛模拟"等模拟类课程。"互联网系统开发"实验课程要求学生按照"实验即是实践"的思路进行学习，由 4~5 人组成系统设计开发项目组，在一学期时间内完成一个项目。学生自己进行系统的整体规划、项目管理，同时要求取得用户的信任和推销自己设计的系统。该实验课程既培养了学生的项目管理能力，也培养了学生的沟通能力。

在每年的课程评估中，学校的实验课程的满意度一直在 90% 以上。实验课不仅使学生得到系统的实

验技能训练,也使学生的科学和探索精神、创新能力和综合素质都得到提高。很多学生在修完基础实验课程之后提前进入实验室开始科学研究工作。

#### 4.4.4 全面开放实验室,学生受益面广

为了满足教学需要,学校对实验室体制进行了调整,取消了按教研室设置和管理实验室的模式,建立了以校、院(系)两级管理为主的开放式实验室管理新体制。为鼓励科研实验室都面向本科生开放,一些大型仪器设备采取了培训-预约的方式,并建立了大型仪器设备服务和效益评价体系。

教学实验中心的开放为学生开展自主设计实验提供了条件,学生利用课余时间开展拓展性实验、参加主讲教师的实验改进项目或开展课外科技活动和竞赛训练。一些中心还开设"第二课堂",建立了创新实验室,用于校长基金等项目以及课外活动小组、竞赛训练等教学活动。实验室的开放对本科生科研能力和创新能力的培养起到了很大的促进作用。很多学生较早进入实验室,在本科阶段就取得一定的科研成果。

# 第五部分  教学管理

北京大学坚持以人为本,注重加强教学管理队伍建设,激励教学管理人员深入开展教学研究,提高综合素质和管理水平,使学校的各项教学管理制度不断完善,有效地保障了学校的教育质量。

## 5.1 管理队伍

### 5.1.1 管理队伍素质高,服务意识强

学校重视教学管理队伍的建设,形成了一支业务素质高、年龄结构合理、管理经验丰富、服务意识强的教学管理队伍。学校现有教学管理人员246人(包括医学部146人)。其中,具有本科学历91人,占37.0%;具有硕士和博士学历共122人,占49.6%;高级职称114人,占46.5%;中级职称80人,占32.5%(表5.1)。

表 5.1  教学管理队伍结构一览表

| 教学管理人员 | 结构 | 学历结构 | | | | 年龄结构 | | | 职称结构 | | | | 合计 |
|---|---|---|---|---|---|---|---|---|---|---|---|---|---|
| | | 博士 | 硕士 | 本科 | 大专 | 35岁以下 | 36—50岁 | 51岁以上 | 正高 | 副高 | 中级 | 初级 | |
| 主管校长及教务部人员 | | 11 | 12 | 7 | 0 | 13 | 8 | 10 | 6 | 5 | 14 | 5 | 31 |
| 本部院系教学管理人员 | | 22 | 12 | 22 | 7 | 6 | 38 | 25 | 23 | 12 | 18 | 4 | 69 |
| 医学部教学管理人员 | | 17 | 48 | 62 | 18 | 34 | 80 | 32 | 30 | 38 | 48 | 29 | 146 |
| 全校合计 | 人数 | 50 | 72 | 91 | 25 | 53 | 126 | 67 | 59 | 55 | 80 | 38 | 246 |
| | 比例% | 20.3 | 29.3 | 37.0 | 10.2 | 21.5 | 51.2 | 27.2 | 24.0 | 22.5 | 32.5 | 15.4 | 100 |

注:教学单位教学管理人员包括院系教学副院长/副系主任,教学秘书和教务员。

学校采取多种措施加强教学管理队伍的建设。一方面从教学科研第一线选拔学术和教学水平高、组织管理能力强的教师,充实教学管理的领导岗位(教学副院长中有2名长江特聘教授),另一方面加强在职培训、脱产进修、专题业务学习,提高教学管理人员的业务素质和服务意识。近几年,通过各种方式对教学管理人员进行了大学教育理念、教学管理系统、学籍管理制度、选课和课程评估、学生心理健康、教学档案规范等方面的培训,提高了教学管理人员从事管理工作的责任感和自豪感,促进了教学服务质量和工作效率的提高。

学校各级教学管理人员形成了深入实际和基层的工作作风。校领导带头深入院系和课堂,掌握第一手资料。学校教务部按照"加强学习、提高素质、深入实际、服务师生、注重效率"的工作原则,要求工作人员深入教学第一线,经常听取教师和学生的意见和建议,及时解决教学中的各种问题,并通过校长信箱和教务部网站、教学工作简报等途径接受教师、学生和家长的监督。教务部和院系管理部门根据师生的建议,积极探索先进的教学管理模式,开发了基于互联网的综合教务管理系统和教学网站,提供教务管理、学生选课、成绩查询、教学评价等信息服务功能,提高了教学服务的质量和效率。

### 5.1.2 注重教学研究,投身教学改革

北大教学管理人员一直保持注重研究、积极探索的传统。2001年以来,学校各级教学管理人员主持、参与的教改项目156项,其中国家级项目137项,北京市项目19项。近三年,教学管理人员在各种刊物上发表教学管理和改革论文300余篇,这些研究和论文涉及招生、学籍管理、教务工作、课程设置、专业设置和专业选择、素质教育、教育评估与质量监控等基本问题,

对推动教学改革、管理创新发挥了重要作用。学校教学管理改革成果多次获奖，"全面推进本科教学改革，努力培养高素质创新人才"获得2001年国家级教学成果二等奖，"构建以素质教育为取向的跨学科通选课体系"获得2005年国家级教学成果一等奖，"设立本科生研究课程，构建创新能力培养的新平台"获得2005年国家级教学成果二等奖。教务部2001年被评为全国高校优秀教务处，2005年被北京市教委评为"北京地区高等教育学历证书电子注册管理工作先进集体"。

### 5.2 质量监控

#### 5.2.1 加强制度建设，科学实施教学管理

在长期办学过程中，学校形成了完整的课程设置、教材建设、教学管理、学籍管理、教学评估、质量监控等方面的规章制度。最近三年，学校修订了《北京大学招生管理条例》、《北京大学大学生学籍管理细则》、《北京大学考试工作与学术规范条例》、《北京大学毕业论文管理办法》等重要教学管理文件。医学部于2003年重新修订了《北京大学医学部学生手册》、《实习医生职责》、《临床教师教学工作管理办法》、《医师带教职责与管理办法》等教学管理文件，并在医学部范围内建立了"三级评估四类评价制度"、"校、院、教研室级听课制度"。各附属医院、教学医院也制订了相应的教学管理制度及教学激励政策，并编辑了《北京大学医学部管理制度汇编》，保证管理有章可循。

在严格执行各项规章制度的同时，学校努力使各种制度转化为教师和学生的自觉行动。学校严格考试管理，坚持期末考试"三会"制度、校院领导巡考制度、考试情况通报制度，严格考务管理和试卷档案管理，严肃处理考试违纪和学术违规行为，并通过教学与研究简报、电子公告等形式在校内通报，以达到警示之目的。

学校积极探索新形势下高校学生管理工作的新途径，推动学生管理工作理念和模式的创新。依据教育部新版《普通高等学校学生管理规定》，学校修订了《北京大学学生违纪处理申诉受理暂行办法》，健全了学生申诉受理委员会的机构建设；制定了《北京大学学生违纪处理卷宗（试行）》，初步建立起科学、规范、完善的学生管理体系，推进了管理工作的制度化进程。创新学生奖励模式，恢复并改进了对优秀学生典型通令嘉奖制度，积极营造学先进、赶先进的校园风气。重视学生的网络行为管理，出台相关管理政策，使用多种技术手段，净化校园网络环境。同时，学工系统搜集和整理历史资料，建成了学生违纪处罚案例库，组织编撰了《当代高校学生管理危机处理研究——北京大学的实践与思考》，提升了学生管理工作的科学化水平。

学校注重管理制度的人性化。学校坚持以学生为本，鼓励学生参与学校制度建设，在学籍处理和纪律处分中，注意维护学生合法权益，保障学生合理的申诉权利。实行学习预警制度，对学习情况"亮黄灯"的学生，及时发出学术警告，通过辅导员和家长联动制度督促学生改善学习状态。

学校注重对学生的指导。数学科学学院聘请老教师作本科生导师，在学习、生活和人格素养方面加强对学生的指导；化学与分子工程学院建立教务与本科生导师、班级主任的联动机制，教务老师及时将学生的学习情况通报导师和班级主任，有针对性地指导帮助学生；元培计划实验班除了在全校范围内选聘导师，还选聘了专职住校导师和高年级学生担任辅导员。学校对留学生采用与国内学生相同的培养方案和教学计划，并实施"辅导员"制度，为新生配备高年级学生辅导员，收到了良好的效果。

#### 5.2.2 健全各主要教学环节的质量标准

根据人才培养目标，学校制定了教学各环节的质量标准，形成了完善的教学质量监控体系。

学校制定了《北京大学关于加强本科教学工作提高教学质量的措施》、《北京大学教师教学工作管理办法》、《北京大学教师学术道德规范》、《关于重申主管本科教学工作的院长（主任）岗位工作职责的意见》、《关于本科生导师制的若干意见（试行）》、《北京大学素质教育通选课教学管理的若干规定》、《北京大学本科生研究课程相关管理规定（试行）》、《关于健全北京大学本科教学质量监控与评价体系的若干意见》、《北京大学本科毕业论文（设计）工作管理办法》等文件，对教师的职业道德、课堂教学、实验实践教学、课外辅导答疑、学期和毕业论文、考试、学分认定、质量标准等作出了全面规定。

#### 5.2.3 整体教学质量监控到位

为保障本科教学质量，确保各教学环节的质量标准，学校建立健全了教学质量监控与评价体系。

（1）学生课程评估体系

在80年代，学校就开展了学生对课程的评估。为发挥学生在课程评估中的作用，1996年成立了学生教育评估委员会，并开发了课程评估机读卡系统和评估数据处理分析系统，提高了课程评估的效率。2004年网上课程评估系统投入使用。

学校在借鉴国际课程评估经验基础上，不断改进和完善，形成了一套成熟的课程评估问卷和评估组织操作程序。目前，学生评估的课程数量从最初200门增加到1000门左右。1996年以来，累计评估课程近9000门次。课程评估结果共编印《北京大学学生课程评估》20卷（每卷40多万字，共计800多万字），供学校领导、各院系领导、学生代表参考，并交图书馆、档案馆长期保存。评估问卷原始数据库多次被用于分析学校教学质量趋势，为教学改革和课程建设提供科学依据。另外，2000年以来，学校对重点建设的300门主

干基础课和300门素质教育通选课进行了连续三年的专题跟踪评估和分析。学校公共英语教研室每年对学生英语考试状况进行评估,对各院系学生英语成绩进行分析。

(2) 老教授调研组的质量监控作用

学校于1996年建立了由有丰富教学经验的老师组成的教学调研组。老教授教学调研组成员直接受聘于教务长,以相对独立的身份、特有的视角对课堂、学校教学改革情况进行观察和研究,成为学校教学工作决策的重要参考。调研组经常到课堂、实验室抽样听课,直接了解教学第一线情况并听取教师和学生的反映,直接与教师进行沟通,并向学校提出意见和建议。调研组还对教学工作中的一些重大问题和热点问题进行有计划的专题调查研究。在2002年秋季学期和2004年春季学期,调研组对学校重点建设的通选课和主干基础课进行了全面调查,完成了《关于通选课开设情况调查分析》等报告,为课程的建设提出了宝贵意见。

多数院系都建立了老教师督导小组制度,对本单位的教学情况进行经常性检查,帮助和指导年轻教师改进教学方法。

(3) 领导听课和教学检查制度

每学期开学、学期中和期末,学校领导和教务部人员都要到院系进行考场巡查,了解教学状况。院系也通过组织学生和教师座谈会等方式,了解情况,听取意见。十多年来,经常性的教学检查已形成制度。

建立了校、院系领导的听课制度。校、院系领导通过听课和听取师生意见,对了解学校的教学情况,把握教育教学改革方向,准确决策起到了重要作用。各级领导及时现场解决发现的问题,保证了学校正常教学秩序。

2003年12月学校下发《关于健全北京大学教学质量监控与评价体系的若干意见》,对学校的教学质量监控做了制度性的规定,健全和完善了院系同行教师教学评估的制度。通过学生课程评估、老教授教学调研、同行教师听课、行政教学检查等几个方面的措施,学校对教学质量进行多角度、全方位的监控和评价。学校通过十多年的不断建设和完善,逐步形成了一套比较完整的立体化教学质量监控和保障体系,对保证教学质量发挥了重要作用。

5.3 学术管理的特点

作为学术单位,北京大学始终坚持科学管理,坚持学科建设以教师为本,教学和教学管理以学生为本的基本原则,尊重学术规律,努力创造宽松、自由和平等的学术氛围。

在教学管理中,重大问题须经教务长办公会集体讨论,并请党政联席会议决策。在制定政策和管理文件时,学校充分发挥教师的作用,很多重要文件,如《关于进一步加强师德建设的意见》、《北京大学教师教学工作管理办法》等都是在学校领导下,由教师起草的。学校坚持与师生的定期沟通,每年召开职能部门与学生的座谈会,听取学生意见,学校工会和教代会也定期召开校领导和教师的沟通会等。校长信箱、专门接待日、校领导联系院系等制度使学校的民主管理和民主决策落到实处。

学校尊重学术管理规律,坚持从严治校,从严治学、科学管理。学校教学管理部门不断通过各种方式征询意见,集思广益,定期修订教学管理制度,保证了教学质量不断提高。学校制定了本科生毕业论文的管理规定,规范了审核程序,确保了毕业论文工作质量。学校对教学事故的认定和处理做出了详细的规定,坚决、严肃地处理考试作弊等违反学术规范的行为,对违反教学纪律的院系和教师进行通报、实施严格的教师请假制度等。对师生的意见和建议都要求做出明确的结论和回复。学校教学管理制度的严格实施,保护了大多数学生的利益,也引导学生讲文明、守纪律,养成良好的道德作风。

制度制定过程也是实施科学管理和发扬民主的过程。为规范学校制度体系,教育部《普通高等学校学生管理规定》发布后,学校对本科生管理细则进行了重新修订,从2005年试行到2007年定稿,先后召开了多次讨论会和座谈会,就教学管理中退学标准、优秀率控制、考试作弊处理、重修次数等重要问题进行认真研讨。学校教学制度体系的规范既反映了从严治校的原则,又蕴含着自由、民主和科学的精神,这种精神是北京大学健康发展的宝贵财富。

# 第六部分 学风建设

学风是一个学校精神面貌的集中体现。优良的学风是提高教学质量,实现人才培养目标的先决条件和重要保障。在长期的办学实践中,北京大学形成的"勤奋、严谨、求实、创新"的优良学风是我们办好本科教育的宝贵精神财富。

## 6.1 教师风范

### 6.1.1 重视师德师风建设

师德建设是教师队伍建设的基础。北京大学有着优良的师德传统,作为一位合格的教师,不仅要具备较强的业务能力和勤勉的工作态度,更要具备追求真理,追求卓越的精神和为人师表、以身作则的道德风范。北大重视师德建设，将师德建设置于教师队伍建设的首位。

2001年，北大文科教师大会上，明确提出"清除赝品，拒绝平庸，树立北大文科精品意识"的庄严承诺，提出要坚持严谨求实治学态度，反对学术浮躁，坚持学术自律，抵制不良风气。为进一步营造鼓励学术创新、促进学术繁荣氛围，增强教师的学术诚信意识，保持最高的学术道德操守，学校于2002年下发了《北京大学教师学术道德规范》。

2006年，学校召开第二届师德建设工作会议，隆重表彰了季羡林、侯仁之、徐光宪、曲绵域、王夔、韩济生、厉以宁、王阳元、袁行霈、林毅夫等十位在教学、科研和医疗卫生等不同领域为学校做出杰出贡献的"蔡元培奖"优秀教师，弘扬他们严谨治学、为人师表、爱岗敬业的师德风范，在师生中产生强烈反响。

为建立师德建设的长效机制，根据教育部《关于进一步加强和改进师德建设的意见》，学校于2006年出台了师德建设的纲领性文件——《北京大学关于进一步加强师德建设的意见》，修订了《北京大学教师学术道德规范》和《北京大学教师教学管理办法》等多项规定，进一步明确了学校在师德建设方面的指导思想和基本原则，提出了师德建设工作的工作目标、基本思路和实施办法，真正把师德建设落到实处，把学校师德建设工作扎实地推向前进。

学校开展各种活动，营造师德师风建设的良好氛围。校党委委托校工会每年召开教书育人工作座谈会，交流教书育人的经验。人事部每年组织新上岗教师集中进行师德培训，请德高望重的老教授言传身教。学校每年利用教师节，对教学、科研、德育工作中做出突出贡献的教师给予表彰和宣传；"五四"青年节举办教书育人青年教师事迹报告会。学校通过召开座谈会、报告会等形式，学习和宣传王选、孟二冬等先进典型，用身边人、身边事将师德教育向更高层次推进。

### 6.1.2 优良的师德师风

北京大学有优良传统的积淀，有教师的不懈努力，加之严格有效的管理，形成了一支德艺双馨、敬业爱岗的教师队伍。在这支队伍中，"有出类拔萃者，也有默默无闻者，有如夜空中的群星，有璀璨光耀者，有微如烛光者"。但有一点是共同的，他们以自己坚实的臂膀支撑起一片精神的家园。

追求真理，追求卓越。王选院士凭借坚定的信念和百折不挠的精神，在汉字激光照排领域取得重大突破，使中国的印刷业"告别了铅与火，迎来了光与电"，不仅创造了我国民族科技创新的辉煌，推动了民族产业的发展；更重要的是，他报效祖国、奉献社会的爱国情操，锲而不舍，敢为人先的自主创新精神，扶植后学、甘做人梯的师道风范和淡泊名利、甘于奉献的崇高品德，为后人留下巨大的精神财富。

爱岗敬业，无私奉献。中文系孟二冬教授与"板凳要坐十年冷、文章不写一句空"的箴言相伴，在三尺讲坛上不知疲倦地传道、授业、解惑，直到病倒在石河子大学支教的讲台上。胡锦涛总书记在给孟二冬女儿回信中将孟二冬老师的先进事迹高度概括为"勤勉踏实的治学精神"、"为人师表的高尚品德"、"教书育人的杰出楷模"，称赞他不仅体现了"学识的魅力"，而且体现了"人格的魅力"。数学科学学院教授张筑生长年潜心从事最基础的本科教学和教材编写工作，在患严重鼻咽癌的情况下，仍以惊人的毅力带领中国数学奥林匹克选手连拿五届总分第一，体现了一名普通人民教师在普通的教学和科研岗位上，为教书育人恪尽职守、呕心沥血、淡泊名利、执著追求的奉献精神和高尚品德。

关爱学生，以人为本。生理学家韩济生院士在教学过程中以陶行知先生的名言"千教万教教人学真，千学万学学做真人"为座右铭，对学生热情关怀，经常与学生交流，并自己出钱为学生购买学习物品。信息科学技术学院沈伯弘教授，为了在实验课中让学生更主动地学习，经常到课堂中观察和询问教学效果，反复和学生研讨。

严谨治学，从严执教。元培计划实验班的同学跟中国经济研究中心的老师做课题，老师对每个数字都反复核对，每个论点都要反复切磋；中文系教师坚持本科生学年论文标准，很多论文都经过反复修订才获通过。教师们严谨的治学态度对学生产生了深刻影响。

2004年以来，北京大学有11人次获得"全国五一劳动奖章"、"全国优秀教师"等称号；有9人获得国家级教学名师奖，28人次获得北京市教学名师奖。北京大学每年由学生投票评选十佳教师，至今已进行了十二届，共计120人次获得"十佳教师"称号。北京大学连续三年通过问卷调查（发放问卷1000份）了解学生对教师的评价，调查结果表明，学生对教师的教学和学术水平、品德和人格、敬业精神的满意度都达到90%以上，给予了较高的评价。

## 6.2 学习风气

### 6.2.1 加强学风建设，调动学习积极性

从蒋梦麟校长提出"博学审问慎思明辨"的校训，到今天的"勤奋严谨求实创新"的学风，北大师生严谨的治学态度，不畏艰险、追求真理的科学精神生生不息，代代相传，激励着北大学生刻苦学习、奋发向上。

北京大学一直保持了浓郁的学术氛围，学生之间的相互学习、相互促进、相互激励，共同进步。在北大校园中，到处都可以看到学子匆匆的脚步，看到课堂上求知的眼神、实验室中专注的身影。在北大学生自己管理的校园BBS上，同学们热烈讨论各种学术问题。

专门讨论各类学术问题有35个版面,"学术动态"集中跟踪和宣传最新的校园学术活动,"课程特区"中有90个版面研讨各门课程的学习情况。学生自发组织了8个理论学习类社团和66个学术科技类社团,其中,青年马克思主义发展研究会、邓小平理论与实践研究会、乡土中国学会等自主开展了一系列颇具影响力的学术研究和理论探索活动,获得了社会的广泛关注和好评。

加强制度建设,建立公平的评价和奖励机制,激励学生积极向上,奋发有为。学校于1997年制订了《北京大学学生奖励条例》、《北京大学学生奖学金评审条例》,设立了"五·四"奖章、三好学生标兵、创新奖、三好学生、优秀学生干部、学习优秀奖、红楼艺术奖、"五·四"体育奖、社会工作奖、优秀毕业生等各种个人奖项和学生工作先进单位、班级"五·四"奖杯、优秀班集体、先进学风班等集体奖项;各类奖学金70多项,年总金额达700余万元,获奖面约为21%。近三学年共发放各类奖学金2000余万元,获奖学生近10000人次。学校还定期开展优秀团支部、共青团标兵、十佳团支书、优秀新生团支部、优秀团干部、优秀团员等评选与表彰工作。2004—2006年北大有73位个人与集体受到北京市以及团中央的表彰。

### 6.2.2 严肃校规校纪,培养学生健康成才

尊重学生个性选择,为学生的未来发展提供宽松的成长环境,但在完成学业的每个环节上,北大对学生一贯是高标准,严要求。学校建立健全相应的规章制度和行为规范,完善了《北京大学本科考试工作与学术规范条例》、《北京大学学生违规处分条例》、《北京大学学生违纪申诉受理暂行办法》等各种规章制度。学校将思想品德、学籍与学习管理、校规校纪、考风考纪等教育管理工作纳入新生入学教育的范畴,加以重点强调。通过校园网络加强舆论引导和行为监管,引导学生规范言行,自觉遵守校规校纪。

学校着力加强了考风考纪和学术规范建设。1994年,校学位委员会通过决定,对于考试作弊的学生不授予学士学位。2005年学校对考试工作条例进行修订,颁布了《北京大学本科考试工作与学术规范条例》。学校要求每个学期期末考试前,各个院系都要召开党政办公会、任课教师/监考教师动员会和学生动员会,宣讲考试纪律要求。职能部门利用展板、条幅、手册等宣传形式,明确考试目的,重申考试纪律,开展诚信教育活动。校学生会发布诚信考试倡议书,加强考风考纪的自律意识。考试期间,学校严肃考试纪律,加强考场巡视,坚决杜绝考试作弊和论文抄袭现象。

在北京大学勤奋严谨、求实创新的优良传统学风的影响下,在学校强化校风学风建设措施的促进下,学校形成了勤奋学习、遵章守纪的良好氛围,违反校规校纪的事件和个人比例逐年减少。(见表6.2)

表6.2 近三学年累计行为违纪处分统计情况表

| 学 年 | 行为违纪学生人数 | 在校学生人数 | 违纪比例(‰) |
|---|---|---|---|
| 2003—2004 | 21 | 29135 | 0.7 |
| 2004—2005 | 15 | 34693 | 0.4 |
| 2005—2006 | 10 | 37274 | 0.3 |

2007年7月3日,学校在总结以往学风建设经验的基础上,根据形势发展的需要,又通过了《北京大学关于加强学风建设的若干意见》等文件,对学校学风建设提出了更明确的要求,这将进一步推进北京大学学风建设的发展。

### 6.2.3 课外科技文化与社会实践活动培育知行合一的学风

学生课外科技、文化活动作为课堂教育教学的重要延伸和补充,是孕育创新意识和创造能力的丰厚土壤。学校高度重视"第二课堂",把学风建设和校园文化建设相结合,通过一系列精彩纷呈的课外科技、文化活动,引导学生学以致用、知行合一,为建设创新型国家培养更多基础宽厚、视野开阔、勇于创新的高素质人才。

学术讲座。学术讲座、学术报告活动是北大校园文化生活的有机组成部分,它构成了北大课堂教学体系之外的另一道亮丽的风景。校内每年举办各类讲座逾千场,讲座内容涵盖了自然科学、人文科学、社会科学等各个学科领域,季羡林、侯仁之、厉以宁、袁行霈、林毅夫、丁肇中、斯蒂格利茨等国内外知名学者登台开讲,为北大学生提供了极为丰富的讲座资源。由校团委组织编辑的《北大讲座》已经连续出版了15辑,在校内外引起广泛好评,已成为北大丰富和深厚的学术文化的标志之一。

课外学术实践和创业活动。学校组织开展了五四学术文化节、生物医学论坛、"博士开讲"、研究生"学术十杰"评选、"素质教育一百讲"等品牌学术活动,在全校范围内营造了崇尚学术的良好风尚。建立以"挑战杯"五四青年科学奖竞赛、"江泽涵杯"数学建模与计算机应用竞赛以及学生创业计划大赛为龙头,以程序设计竞赛等学科竞赛为依托的学生课外学术科研体系。学校通过举办创业沙龙、组织创业设计大赛,建立创业

教育实践基地,为学生创业创造条件。2004年6月成立了北京大学学生创业中心,免费为学生创业活动提供场地和技术支持。校园内"崇尚科学,追求真知"的学术文化氛围和"勇于创新,融会新知"的创新创业氛围蔚然成风。课外学术实践和创业活动在开阔学生视野、培养创新思维、锻造科研能力等方面发挥着越来越重要的作用,成为北京大学全面育人工作体系中不可或缺的重要组成部分。

校园文化艺术活动。学校明确了"主题鲜明、雅俗共赏、精品至上"的艺术教育理念,建立了由四大学生艺术团(合唱团、舞蹈团、民乐团、交响乐团)、文艺类社团、零散创作团队及学生个体创作者构成的高水平、多样化的文艺活动体系。学生文化艺术活动,如新生文艺汇演、迎新文艺晚会、朗诵艺术大赛、"红色经典"爱国励志歌会、新年晚会、毕业生晚会、毕业生歌会、"一二·九"文化节、朗诵艺术大赛等,已形成校园文化活动的品牌。以校园原创音乐集《未名》、毕业生系列电影《离骚》为代表的一批校园原创文艺作品集中凸显了鲜明的北大特色和强烈的时代特征,展现了北大学生较高艺术鉴赏力和创造力。

学生社会实践活动。1982年,北大创造性地推出了学生暑期社会实践活动。在20多年的发展历程中,北京大学秉承蔡元培先生"好学力行"的理念,弘扬"心系天下、知行结合、躬行实践"的传统,不断丰富实践主题、拓展实践途径,服务于青年学生的成长成才。至今,实践内容涵盖了社会调查、环境保护、"三农"问题、地方教育、红色之旅、北京奥运、西部大开发、振兴东北老工业基地、中原崛起等诸多主题。除了暑期集中实践外,社区挂职、课余兼职、青年志愿者活动、社区援助活动等日常实践活动也蓬勃开展。近三年来,共有673支学生团队,累计7025人次参加社会实践。北大多次荣获"全国文化科技卫生'三下乡'先进集体"、"首都高校社会实践先进单位"、"大学生社会实践首都贡献奖"等荣誉称号,《人民日报》、《光明日报》、《中国教育报》、中央电视台、新华社等多家媒体对北大社会实践工作进行了深入报道,《教育部简报》也对北大社会实践工作给予了高度评价。

学生社团活动。从1904年京师大学堂成立"抗俄铁血会"至今,北大学生社团走过了一百余年的风雨历程。学校以"科学引导、合理规划、重点扶持、分类指导、整体推进"为建设思路,推动了社团活动的蓬勃开展和社团文化的升华。截至2007年9月底,北大共有学生社团250家,每年参与社团活动的本科生约有3万余人次,全校约75%的同学参加了社团。山鹰社的攀登科考活动、自行车协会的长途骑行实践、爱心社的爱心服务、五四文学社的"未名诗歌节"、学生国际交流协会的"北大—哈佛交流营"和模拟联合国协会的国际交流活动,不仅活跃了北大的校园文化生活,向国内外各界展示了北大学生的青春风采,而且在全国产生了示范带动作用。青年马克思主义发展研究会是首都高校学生理论社团学会理事长单位,并被团中央授予"全国优秀青年学习组织"称号,《北京日报》曾在第一版以《未名湖畔播撒信仰》为题报道他们坚持理论学习的突出事迹,在全社会引起了强烈反响。

# 第七部分 教学效果

## 7.1 基本理论与基本技能

### 7.1.1 学生基本理论扎实,基本技能熟练

重视基础理论和基本技能训练。长期以来,学校高度重视基础课的建设,建立了主干基础课体系,聘请教学经验丰富的教授担任主干基础课教师。学校特别重视高等数学、大学物理、普通化学、大学语文、外语、计算机等基础课程的建设,注重培养学生的基础知识、基本技能、基本写作、表达和沟通能力,以及运用现代信息技术的能力。学校打破专业和学科界限,建立了通选课体系。这些措施都为学生打下较为宽厚基础创造了条件。

各院系根据学科特点,在强化学科基础理论教学方面采取了很多卓有成效的措施。例如,化学与分子工程学院建立了主干基础课—基础课—专业课分层次的课程体系,巩固了普通化学、分析化学、有机化学和物理化学的基础课地位,保证学生掌握扎实的化学基础理论知识;同时,建立了一系列中级化学课程,为对化学研究有浓厚兴趣的学生提供了深入学习的机会。物理、化学、生命科学等理科院系都把基础实验教学作为重中之重,训练学生的基本实验技能。人文社科类专业在强化基本理论教学的同时,普遍加强了社会调查和写作能力的训练。

通过六年的实践,"元培计划实验班"在学科交叉和高素质人才培养方面展示出独特的优势。已经毕业的三届共314名学生,得到国内外高校、中国科学院和用人单位的广泛认可与接受。很多学者认为元培实验班学生的基础宽厚、思维活跃、思路开阔、创新意识和能力强。元培实验班的毕业生中多人前往哈佛、耶鲁、加州理工学院、哥伦比亚大学等著名学府继续深造,读研究生的比例一直稳定在70%左右。2007届毕业生范犇发明了"控制转移碳纳米管阵列的技术"并申请国家专利,在纳米研究领域获得广泛关注,被哈佛大学录取为博士研究生。

表 7.1　元培计划实验班 2005—2007 届毕业生去向统计

|  | 国内读研 | 国外读研 | 就业/考研 | 合计 |
| --- | --- | --- | --- | --- |
| 2005 届 | 29(40.2%) | 21(29.2%) | 22(30.6%) | 72 |
| 2006 届 | 38(37.3%) | 35(34.3%) | 29(28.4%) | 102 |
| 2007 届 | 49(35.0%) | 54(38.6%) | 37(26.4%) | 140 |
| 合计 | 116 | 110 | 88 | 314 |

注：括号中数字为占本届学生的比例。

坚实的基础理论和较强的实际工作能力使北大学生表现出很大的发展潜力，在学习和工作岗位表现出很强竞争能力，受到各方的欢迎。近两年，参加耶鲁大学暑期学校的近 60 北大学生在与世界其他著名高校学生共同学习中取得了优异的成绩，80%北大学生的英语课成绩为 A，56%学生的专业课成绩为 A，40%为 B。在赴香港大学、香港中文大学和香港科技大学的交换学生中，90%以上北大本科生的平均成绩为 A。据统计，自 2003 年至 2006 年，共有 2267 名本科毕业生赴海外名校攻读博士学位，其中近 600 人被美国前 50 的大学录取。共有 4001 名学生在国内攻读研究生，其中 90%以上被北京大学、清华大学和中国科学院录取。2001—2005 年间，化学与分子工程学院毕业生进入哈佛大学攻读博士学位的有 7 名，斯坦福大学有 10 名，普林斯顿大学有 10 名。据美国《高等教育编年史》统计，1999—2003 年，共有 1671 名北京大学本科毕业生在美国获得博士学位。具有扎实的基础理论和基本技能是学生受到欢迎并得到发展的重要原因。

### 7.1.2　实践能力强，具有强烈的创新意识

北京大学重视学生创新精神和实践能力的培养。本科生科研训练和课外实践活动已经成为北京大学本科教育的重要组成部分。

除了学校的本科生科研资助计划，很多院系的学生主动参加科研工作。例如，生命科学学院近三年招收了 450 名本科学生，其中的 253 人在本科期间参加了教师课题组，其中有 40 多人得到了本科科研基金的项目资助。化学与分子工程学院二年级学生中的 50%、三年级的 75%都参加了教师的课题组。物理、力学、环境、地学、考古等实验学科的学生都十分踊跃参加科研活动。据估计，目前全校约有 40%的本科生在导师指导下参与了较为系统的科学研究活动。

学校认为，本科生参与科研活动的主要目的是进行科研方法训练，以培养学生在面对未知问题时的思维方法、创新和实践能力，增强学生的团队精神、创造激情和责任感。很多本科生在科研工作取得了非常优秀的科研成果。据不完全统计，北京大学本科生在 2004 年至 2006 年间，共发表了 747 篇研究论文（医学部 64 篇），其中第一作者 251 篇，SCI 收录期刊论文 92 篇，核心期刊论文 163 篇。2000—2004 年生命科学学院的本科生，以第一作者和主要作者的发表的 SCI 论文 82 篇。最近几年，物理学院研究生的 6 篇全国优秀博士论文（约占全国物理学科优秀博士论文总篇数的 15%）中，有 5 位学生是物理学院的本科毕业生。1997 年以来在国际精算师考试中，数学学院有 3 名同学获得"全球最高奖"，另有 9 人进入过前 5 名，有一名学生获得"盖洛普"奖。

学生的创新和实践能力在各种学术性竞赛活动中也得到体现。北大学生在 2007 年第 23 届美国大学生数学建模竞赛中获特等奖，在 2005 年第九届"挑战杯"全国大学生课外学术科技作品竞赛中获得 1 项特等奖。2007 年 11 月，在美国麻省理工学院举行的第三届国际基因机器设计大赛（简称 IGEM，是合成生物学领域最高级别的国际大学生竞赛）上，来自北京大学生物、物理、化学等专业的 15 名本科生和 4 名研究生组成的北京大学代表队与来自世界各国的 53 个大学代表队同台竞技，获得唯一大奖。此外，北大本科生在有关数学建模、物理实验、计算机应用、机器人大赛、大学生创业等比赛中均多次获奖（表 7.2）。

表 7.2　北大学生近年在国内外学术性竞赛中获奖举例

| 时间 | 竞赛项目 | 获奖情况 |
| --- | --- | --- |
| 2007 年 | 第三届国际基因机器设计大赛 | 大赛最高奖 |
| 2007 年 | 第 23 届美国大学生数学建模竞赛 | 特等奖 1 项、一等奖 1 项、MCM 二等奖、跨学科建模竞赛二等奖各 1 项 |
| 2006 年 | 中国机器人大赛 | 四腿组冠军、技术挑战赛一等奖 |
| 2005 年 | 第九届"挑战杯"全国大学生课外学术科技作品竞赛 | 特等奖 1 项、一等奖 3 项、二等奖 1 项、三等奖 1 项 |
| 2004—2006 年 | 数学建模与计算机应用竞赛 | 一等奖 14 项、二等奖 28 项 |
| 2004—2006 年 | 全国性高校大学生创业计划竞赛 | 金奖 1 项、银奖 2 项、铜奖 1 项 |
| 2004—2006 年 | 全国大学生电子设计竞赛 | 一等奖 2 项、二等奖 3 项、三等奖 1 项 |
| 2004—2006 年 | ACM/ICPC 国际大学生竞赛 | 分赛区一次第 2 名，三次第 3 名，并连续三年进入全球总决赛 |

严谨扎实的基础教育和活跃的科学研究活动提高了学生的创新和实际工作能力。丰富多彩的校园文化，频繁的国际交流活动也为学生提高综合素质创造了条件。社会普遍认为北大学生的视野开阔、知识面广、思维活跃、主动学习和观察与分析问题的能力比较强。北大很多学生在参与社团、自愿者和国际交往活动中锻炼了组织和领导能力、沟通能力、团队合作以及跨文化交流的能力，展示了突出的工作能力和优秀的综合素质。

## 7.2 毕业论文或毕业设计

### 7.2.1 毕业论文(设计)的要求

毕业论文(设计)是本科基础教育的一个重要环节。北大历来重视毕业论文(设计)这个环节。1903年《奏定学堂章程》规定学生第三年末或第四年末毕业时要"呈出毕业课艺及自著论说"(工科为论说、图稿)。1917—1918年间学校曾编印《北京大学法科毕业论文》一册。在1925年7月1日的《北京大学日刊》公布了18个物理学毕业论文选题，供学生选做。1931年曾昭抡先生任北大化学系系主任，规定四年级学生必须做毕业论文。1933年，就已经有化学系教师和学生合作的研究论文在学术期刊上发表。长期以来，北大形成了通过毕业论文进行学术训练的优良传统，并一直坚持不辍。很多学者不仅通过毕业论文得到了第一次系统的学术训练，甚至由此确定了自己终身的学术方向。

由于北大的学科比较多，不同学科间存在很大差异，学校鼓励院系根据实际情况制定对本科论文(设计)的要求。一些院系采用实验报告和社会调查报告的方式，一些院系则采用研究论文或文献报告的形式。为进一步提高本科毕业论文(设计)的质量，加强规范化管理，学校制定了《北京大学本科毕业论文(设计)工作管理办法》，对选题的难度、分量和指导教师的安排及管理做了明确规定，要求院系通过严格程序来保证选题的科学性和可行性，要有研究现状、文献综述、参考文献等必要的内容。一些院系要求论文必须参考外文文献，如历史学系规定，从2004级开始，世界史专业学生在写作毕业论文时必须使用研究对象国语言的参考书和文献。毕业论文(设计)实行学生和指导老师双向选择，自愿结合，教师可提出课题，学生选择，学生也可以提出题目，请老师对研究过程进行指导。学校要求学生在导师的指导下独立完成毕业论文(设计)。实际上，北大很多本科生早期就参加了教师的科研项目，很多毕业论文(设计)的选题较早就已确定。文科很多院系在实习和社会调查中积累的资料和数据也成为毕业论文(设计)选题和写作的基础。总体来看，学生毕业论文(设计)题目的难度和分量是适当的，选题既达到了对学生进行综合训练的要求，又保证了学生能独立完成毕业论文(设计)的写作。

### 7.2.2 毕业论文(设计)质量

北大一直非常重视对毕业论文(设计)水平和质量的控制和评价，并且，经过多年的积累，各院系都形成了良好的论文质量控制体系和严格科学合理的论文评价程序。

学校明确规定了本科生毕业论文(设计)的选题、审批、检查、评价等主要工作环节，要求尽早确定论文题目和导师，完善开题、审核和中期检查程序，并对学生论文的撰写格式、论文审核程序和评选优秀本科生毕业论文标准等方面做出了相应的规定。

学校要求毕业论文(设计)的指导教师应由有经验的教师担任，要求导师加强对学生开题、研究和写作的指导，随时掌握学生毕业论文(设计)的进展情况，认真审核毕业论文(设计)，做好评阅与答辩工作。学校对学生毕业论文(设计)格式和写作规范也做出了规定，对封面、目录、中文摘要及关键词、正文、参考文献、附录都提出了要求。学校要求在毕业论文写作中培养学生的学术道德规范意识，严禁任何违反学术规范的行为。评阅与答辩是毕业论文(设计)工作的一个重要环节。学校要求各院(系)成立以主管教学领导为组长的答辩领导小组，负责本院系本科毕业论文(设计)的答辩工作，组成答辩委员会(或小组)，严格遵循规定的程序进行答辩工作。

北大的本科毕业论文(设计)整体状况一直都比较好。据不完全统计，最近三年北大本科生发表的747篇论文中，很大一部分是在毕业论文(设计)研究中完成的。例如，化学学院在近三年时间内，先后有多名本科生在做毕业论文期间或毕业论文完成后在国际国内著名期刊上发表论文，如2004届毕业生姜晓成在 Chem. Mat. 等期刊上发表7篇论文，2006届毕业生王一恺和王璐同学分别在 JOC、Org. letter、JACS 和 Chem. Mat 等期刊上发表论文，这三位同均在当年毕业时被哈佛大学录取为博士研究生。法学院2006届毕业生戴昕的毕业论文《心理学对法律研究的介入》(发表于《法律与社会科学》)对20世纪心理学介入法学的主要流派——传统法律心理学和行为法律经济学进行梳理，是一篇系统的学术评论，具有一定的开拓性。2003—2006四年间，信息科学技术学院的本科毕业论文有30多篇公开发表，社会学系有20多篇本科毕业论文公开发表在《社会学研究》等核心期刊上。

## 7.3 思想道德修养

### 7.3.1 全面提升学生的综合素质

蔡元培先生就任北京大学校长之初即向北大学生明确提出"砥砺德行"的要求，并提出"完全人格、诸育和谐"的人才培养理念和"读书不忘救国、救国不忘读书"的大学生求学理念。这一育人目标后来在蒋梦麟主持校政时期提出的"陶融健全人格"的表述中得以继承。

在本世纪，北京大学确立了为国家和民族着力培养在各个领域具有创新能力和国际视野的领导型创新型人才的目标，在强调学生品格高洁、素质全面、能力卓越的同时，同样强调对民族和国家的责任意识和担当的勇气。

1952年，北京大学从沙滩红楼移址西郊燕园。北大的主体校园燕园有数百年历史，其中西合璧、古今交融的校园环境及建筑成为培养学生良好精神风貌的载体。这里有北大诸多先贤的塑像，有革命烈士的纪念碑，有历史文化名人的遗迹，还有丰富的故事和传说，可以说是一部中国近、现代史的缩影，是传播传统文化、培养创新精神、激发学习动力的生动教材。这里亭台楼榭，湖光塔影，树茂花繁，景色宜人，有利于陶冶学生对美好事物和科学真知的爱好和追求。

北大历史上和现实中有一批令人追慕不已的先生、长者，他们胸怀天下、追求真理、学贯中西、谦逊平和，他们的气象和风骨，汇成北大精神传统的长河，为一代又一代北大人进行着心灵洗礼。近年，在知识经济、信息革命的时代大潮中，王选院士成为自主创新、科技报国的时代典范；孟二冬老师在对口支援高校新疆石河子大学的讲台上病倒后，胡锦涛总书记称赞他"为人师表、品德高尚"。教师群体以其人格魅力和渊博学识，感染和影响着北大学生群体的内心世界和精神气质。

2003年以来，围绕创建世界一流大学的中心工作，响应科教兴国、人才强国、建设创新型国家的时代号召，学校明确了学生思想教育工作"转型与跨越"的战略思路。2004年初，学校建立健全了党委统一领导、党政齐抓共管、专兼职队伍相结合、全校紧密配合的领导体制，调整了学校素质教育委员会，形成了思想政治教育、科学文化教育、体育、心理健康教育、艺术教育五个分会，为深入开展思想道德修养和文化、心理素质教育工作提供了组织保证。2005年底，学校立足发展全局，对学生工作系统的机构建制作出全面调整，投入经费近百万元，成立了学生资助中心、学生心理健康教育与咨询中心、学生课外活动指导中心，形成了以学生工作部、校团委为核心，以学生心理健康教育与咨询中心、学生资助中心、就业指导服务中心、青年研究中心和学生课外活动指导中心为辅助的学生工作新格局。2006年年初，学校决定每周五下午不排课，为开展思想道德教育和学生公共活动提供时间和场地保障。以上措施，为加强学生思想政治教育工作提供了重要保障。

### 7.3.2 重视品德教育，学生思想道德素养好

北京大学的"文明修身工程"和"新世纪修身行动"主题教育活动曾在全国范围内产生广泛影响。在总结以往经验的基础上，北京大学结合时代发展需求、学生身心特点，于2004年初推出了"文明生活，健康成才"主题教育活动，充分整合校内各方资源和力量，调动同学自身积极性，促使"修身、齐家、治国、平天下"的传统情怀和经济全球化时代振兴中华的当代使命在北大同学身上进一步内化和升华。每年的"五四"青年节、"七一"党的生日、国庆节、"一二·九"运动纪念日，同学们都会以各种形式开展活动，重温历史，继承传统，坚定理想信念和爱国情操。北大同学关心国防和国家安全的意识非常突出，《当代国防》课与军事爱好者协会均深受同学欢迎。

学校大胆创新思想政治工作的模式。紧紧围绕中共中央、国务院《关于进一步加强和改进大学生思想政治教育的意见》的精神，大力推进学生党员教育和党支部建设工作，先后组织开展了"北大人与中华民族的伟大复兴"、"树党员形象，展党员风采"、学习胡锦涛总书记回信精神和纪念红军长征胜利70周年等主题党日活动。学校积极贯彻北京市教工委28号文件精神，认真开展红色"1+1"活动，派遣24个学生党支部奔赴北京市19个京郊农村，广泛开展政策宣讲、法律普及、科普宣传等服务活动，切实加强了学生党支部建设。学校积极探索利用网络开展思想政治教育的新途径，在着力打造学生党建品牌项目红旗在线网站的过程中，于2007年年初创造性地推出了"网上党支部"频道，开辟了学生党建和思想政治教育工作的新平台。学校不断完善学生骨干的培训体系，2004—2007三年多来，培训学生入党积极分子近万人。2007年学生中入党积极分子比2004年增长24.7%，入党申请人数增长30%；本科生党员比例由2004年的11%增加到2007年的14.3%，完全实现了"低年级班有党员、高年级班有党支部"的要求。

当代北大大学生像前辈一样意气风发，胸怀天下；在政治上更加成熟，报效祖国、服务人民的激情和理性得到了更好的平衡；在追求真理的道路上更加执著和自信，敢于攀登科学前沿；拥有更加开阔的视野和开拓意识，自觉地为社会和谐与人类幸福而努力。在这一过程中，涌现出了一大批志愿服务的先进个人和集体，如被团中央、中国青年志愿者协会授予第五届全国"十大杰出青年志愿者"称号的公共卫生学院98级学生莫锋，被团中央、中国青年志愿者协会授予"优秀青年志愿者"称号的法学院2000级硕士研究生蒙晓燕。2004年底，《解放日报》、《文汇报》等多家媒体纷纷报道了马宗明、洪菲等北大学子的先进事迹。政府管理学院2000级本科班的事迹已经广为流传，《中国教育报》在当年5月4日的头版用近半版的篇幅以"青春在理性与激情中绽放"为题详细报道了这一光荣团队。2005年，北京大学又有一大批优秀先进个人涌现出来，如无偿捐献造血干细胞给白血病患者的艾薇（化名）同学，携笔从戎的高明同学等。2006年，北大许昱华同学在国际象棋比赛中为祖国赢得巨大荣誉，科研突出、全面发展的博士研究生施永辉同学成功当选"2006年中国

大学生十大年度人物"。

### 7.3.3 营造校园文化氛围,加强文化素质教育

北京大学有着开展文化素质教育的深厚传统和天然优势。1995年,北京大学和清华大学、华中科技大学等兄弟院校率先开展文化素质教育。1999年,北京大学和全国55所高校一起正式成为"国家大学生文化素质教育基地"。2000年,学校从创建世界一流大学计划中划拨1000万专款用于支持和保障文化素质教育相关项目。近年来,学校以培养高素质创造性人才为目标,结合"国家大学生文化素质教育基地"建设,精心组织"985工程"素质教育项目的实施,全面推进学校的文化素质教育工作。

北京大学有浓厚的校园文化氛围。学校每年举办各类讲座1000场左右,2002年以来,北大精选各类学术讲座近300场,编辑出版了《北大讲座》系列丛书15辑。2004年以来,开展了70多次大型校园文化活动,参与学生达80000多人次。北京大学现有学生社团250个,3万余人次参加各类社团。社团活动是校园文化生活的一道亮丽风景线。据抽样调查,有28.6%的同学参与了一个学生社团,有22.8%的同学参与了两个社团,23.4%的同学参与了两个以上社团。加入社团的同学参加最多的是文化艺术类社团(39.5%),其次是学术科技类社团(25%)。参加社团的同学,19.2%感觉帮助很大,38.3%感觉帮助较大。

高雅文化进校园使校园文化上升到一个新高度,为高素质的精英教育提供了重要的渠道。经过多年努力,以新生音乐会为代表,北大打造出一大批深受同学欢迎的高雅艺术品牌活动,高雅文化成为北大校园文化的主流,新年音乐会、"五四"交响音乐会、"一二·九"歌咏比赛等高雅艺术活动已成为校园日常文化生活中的经典。北大的高雅艺术对学生的文化素质产生了深刻的影响。北大学生张於在2003年获得第一届北京市大学生原创歌曲大赛十大校园原创音乐先锋冠军,并于2003、2004年蝉联第一届、第二届中国大学生校园歌手大赛业余组金奖。2005年,北大学生合唱团荣获第十一届全国青年歌手大奖赛(非职业组)通俗唱法银奖和团体铜奖以及多个单项奖。同年8月6日,北大学生自编自导自演的音乐剧《一流大学从澡堂抓起》作为第五届大学生戏剧节的首演剧目公开上演。2006年,北大学生沈力、何建航获得第四届中国大学生校园歌手大赛业余组金奖、最佳原创奖。2007年10月,北京大学的《积极引导原创文艺发展、深化思想政治教育工作——校园原创文艺工作成果》获教育部"高校校园文化建设优秀成果评选"特等奖。

### 7.3.4 着力加强心理健康教育

健康是成才的基本前提,心理健康是健康的重要组成部分。依托综合性大学优势,北京大学在大学生心理健康教育工作方面一直进行富有特色的探索和努力。2004年,学校在素质教育委员会内增设心理健康教育分会,创设心理健康教育办公室。2005年底,学校经长期酝酿、反复论证后,拿出专门经费、编制和办公场所,由心理健康教育办公室和学生心理咨询室整合成立北京大学学生心理健康教育与咨询中心。北大学生心理健康教育工作开始全面提速,构建了完善的三级工作体系:

第一级体系:危机排查与干预工作。面向全体学生开展心理健康普测,筛选部分学生进行个别访谈,并为危机个体建立心理健康档案库。在2006年的新生心理健康测评中,共有2634名本科新生和2057名研究生新生参与测评和约谈。建立完善的心理危机监控网络,在全校增设专项学生助理340名,每两周开展一次全面排查,对发现的严重心理异常现象以及急性突发事件做到快速反应、及时上报。

第二级体系:团体与个体心理咨询工作。增加专、兼职咨询师人数,定期培训,提高咨询服务质量。大幅度增加咨询时段,使学生咨询接待量明显增加。目前,北大学生从周一到周六都可以通过电话预约进行咨询。从2005年9月到2006年12月,共开展了2600人次的心理咨询。

第三级体系:心理健康普及教育宣传工作。开展学生群体心理状况的调研,有针对性地实施学生心理健康教育。在学生中开展心理沙龙、心理工作坊、心理情景剧、精品讲座等活动,共同探讨心理成长话题。实施心理健康全员教育,增加心理类选修课的设置。

通过采取切实措施,北大学生心理健康意识明显提高,心理素质明显增强,心理结构明显趋向平衡。现在,北大所有本科新生都能通过课堂接受全面的心理健康知识的普及教育。2006年,北京大学未出现一例因心理问题导致的本科生恶性事件。2006年的教育部全国大学生思想政治状况调研表明,北大学生心理状况不断优化,在学习、生活、人际交往、升学就业和自我意识等方面承受压力的能力不断增强。

## 7.4 体育

学校体育教育全面贯彻落实教育部和国家体育总局颁布的《学校体育工作条例》、《全国普通高等学校体育课程教学指导纲要》和《学生体质健康标准(试行方案)》,坚持"以人为本,健康第一,因材施教,突出特色"的指导思想,改进教学内容和教学方法,促进学生身体健康和身心和谐发展。

### 7.4.1 体育课程富有特色

学校体育课程教学本着"着眼学生终身体育需要"的原则,确定将"一拳(太极拳)一操(健美操)、学会游泳"作为特色体育教育项目,要求每位学生必须学会游泳,男生学会二十四式太极拳,女生学会一套健美操。

为更好地适应学生的个性特点，进行更加个性化的体育教育，学校实行"完全开放式"教学改革。学生任选学期，任选项目，任选上课时间，任选教师。体育课全天排课，教师挂牌教学。校本部体育课程共开设四类总计 36 个体育项目，医学部开设 7 个项目供学生选择。这些举措极大地提高了学生参加体育课的兴趣，提高了体育场馆的使用效能。北大体育教学改革的诸多理念及措施被写入教育部颁布的《全国普通高等学校体育课程指导纲要》中，为全国高校的改革提供了良好的借鉴。学校还开设"奥林匹克文化"通选课，对学生进行体育文化教育。

#### 7.4.2 《学生体质健康标准》测试优秀

三年来，北京大学进行了四次《学生体质健康标准》测试，累计测试人数达到 30412 人（其中医学部 2700 人），并完成了向国家数据库上报数据的工作。在三年连续四次《标准》测试中，参加测试学生合格率均在 99.5%以上。2005 年，北京大学被评为北京市实施《学生体质健康标准》先进学校。

#### 7.4.3 校园体育活动丰富多彩

在注重体育课程教学的同时，学校开展丰富多彩的群众性体育活动，鼓励师生广泛参与。一年一度的体育文化节是全校师生的传统节日，至今已有 20 余年的历史，师生田径运动会、各单项联赛都是充分展示北大体育工作成果的盛会。由学生工作部、团委组织开展的各类校园体育竞赛活动，如"新生杯"各单项联赛（篮球、排球、足球、乒乓球、羽毛球等）、"北大杯"各单项赛事、各院系之间的对抗赛、学生体育社团组织参加的校际各类体育赛事（如高校攀岩挑战赛、高校轮滑挑战赛），也极大地丰富了课外体育活动的内容。自 2006 年 3 月 1 日起，学校恢复了学生课余体育活动中的早操、课外体育锻炼制度，并将课外体育锻炼纳入体育课成绩管理体系。

#### 7.4.4 各类高水平运动竞技成果丰硕

北京大学有 12 个项目 16 支代表队，田径、赛艇、健美操、篮球、乒乓球、足球、羽毛球等 8 个项目具备 2006 年高水平运动员的招生资格。按照分层次优先发展重点项目的运动队建设构想，以一系列配套制度、管理办法为合理保障，学校高水平运动竞技的建设和发展不断取得长足进步，成为学校交流的窗口。学校体育健儿为北京大学在各级各类体育赛事中争得了荣誉，如女子篮球队多次获得北京市高校篮球联赛女子组冠军，并连续两届入围全国高校 CUBA 决赛。

**表 7.3  2003 年—2006 年 10 月北京大学课外体育竞赛成绩一览表**

|  | 国际运动竞赛 | 国家级运动竞赛 | 省市级运动竞赛 |
|---|---|---|---|
| 参加比赛项数 | 13 | 33 | 32 |
| 获得 1—3 名人次/队次 | 3 | 28 | 146 |
| 获得 4—8 名人次/队次 | 1 | 31 | 90 |

### 7.5  社会声誉

#### 7.5.1  生源质量

北京大学一直保持优秀的本科生源，近年来，北大的高考录取分数线一直保持在高出当地重点线一百多分的水平上。自 2003 年教育部推行自主招生政策以来，学校制定了科学、严格的自主招生管理办法，本着公平、公开和公正的原则，经中学推荐和个人自荐、学校综合考试，选拔和录取了一批品学兼优、特长突出、综合素质优秀的考生。

**表 7.4  北京大学高考录取分数情况（2004—2006）**

| 项目 | 2004 | | | 2005 | | | 2006 | | |
|---|---|---|---|---|---|---|---|---|---|
|  | 文科 | 理科 | 医学 | 文科 | 理科 | 医学 | 文科 | 理科 | 医学 |
| 录取线平均高出当地重点线分值 | 100 | 130 | 117 | 111 | 138 | 112 | 108 | 135 | 109 |
| 录取各省份第一名人数 | 32 | 11 | 1 | 31 | 16 | 0 | 33 | 15 | 0 |
| 录取线居全国最高的省份数量 | 32 | 13 | 0 | 29 | 14 | 0 | 26 | 7 | 0 |

**表 7.5  北京大学自主招生录取情况（2004—2006）**

| 年份 | 性别 | | 正常录取人数 | 正常录取率 | 第一志愿录取人数 | 第一志愿率 |
|---|---|---|---|---|---|---|
|  | 男 | 女 |  |  |  |  |
| 2004 | 71 | 81 | 86 | 56.6% | 129 | 84.9% |
| 2005 | 73 | 80 | 96 | 62.7% | 135 | 88.2% |
| 2006 | 143 | 133 | 159 | 57.6% | 242 | 87.7% |

北京大学良好的国际声誉吸引了一大批优秀的港澳台侨以及外国留学生。2004—2006 年,北大共录取港澳台侨学生 145 人,其中 70% 以上的免试保送生会考成绩在 5A 以上。近年来,留学生报考人数也呈逐年上升趋势,2004—2006 年有近 2000 人报考北大。学校采取严格选拔、择优录取的办法,保证了留学生的生源质量。

### 7.5.2 社会评价

北京大学的毕业生专业基础扎实、综合素质全面、适应能力较强,发展潜力较大,受到了高等学校、科研机构和其他用人单位的好评。据"中国高校发展指标研究课题组"统计,1949 年以后毕业北大毕业生有 86 位成为中国科学院院士。据中国校友会(cuaa.net)网站统计,北大毕业生中有 61 位成为长江学者,81 位获得国家杰出青年科学基金(A 类)资助。截至 2006 年评选产生的 78 位北京市十大杰出青年中,有近二十位北大校友。2003 年北京市评出 74 位教学名师中,有 11 位毕业于北京大学。2007 年北京市高校第五届青年教师教学基本功比赛,共有 119 人获奖,其中 25 人是北大的毕业生。北大毕业生在我国的商界和政界也都发挥着重要作用,如《南方周末》报道改革开放以来北大为国家培养了大批高级公务员。一批批优秀的北大毕业生先后走向社会,取得了令人瞩目的事业成就,为国家做出了卓越的贡献。

北大本科教育的培养质量在社会各行各业都有良好声誉。许多知名企业、跨国公司、高新技术机构、党政机关每年都争相招聘北大应届毕业生。据不完全统计,每年在北大选拔毕业生的各类企事业单位约 2000 家,发布就业信息 10 万余条。许多知名企业、地方人事部门、行业协会借助"省校合作"、"省校共建"、"校企合作共建"等平台,与北大建立长期的良好合作关系,签订人才输送协议,定期到学校举办各种不同规模的校园招聘活动。目前,北大毕业生主要集中在国家机关、高等院校、科研院所、新闻出版、金融机构和大型企业等单位。近几年,在跨国公司以及高新技术产业领域就业比例有所增加。

遍布全球的北大毕业生在回顾当年求学经历时,许多人都认为自己的成就源自于北大的全面培养,正是因为在北大的熏陶、培养和锻炼,奠定了他们事业成功的坚实基础。著名科学家王选院士在谈及自己的科研成果和北大方正的事业时说:"北大浓厚的学术氛围、严谨的科学作风、创新的精神和兼容并包的传统直接影响了方正的发展。我本人就是受了北大这种风格的影响,才有了今天的成就。"著名经济学家厉以宁教授也曾动情地说:"如果说我今天多多少少在经济学方面有所收获的话,那么这一切都离不开北京大学学习期间老师们的教诲,他们是我在经济学领域内从事探索的最初引路人。"北大 91 届毕业生、中国加入世界贸易组织谈判工作组成员、现任商务部世界贸易组织司司长张向晨说,北大宽松自由的学术气氛和充满人文关怀的校园氛围为自己的成长提供了很好的条件,为自己奠定了坚实的专业基础。1992 年毕业于北京大学生物系的生物学家陶一之,因成功发现 H5N1 型病毒的弱点而蜚声海内外。她在荣获"2006 年度影响世界华人"的殊荣时特别感谢了母校北京大学对她的培养与教育。她说,大学期间的教育为她今天的成就奠定了坚实的基础。

北京大学的良好国际声誉在很大程度上来源于北大毕业生在国际上的良好表现。北大的学生在国外学习期间,给很多著名大学留下了深刻印象,受到高度评价。目前,很多北大毕业生已经成为国际著名大学的教授、跨国公司的中坚力量,其中一些已成为享誉世界的著名学者。例如,北大化学系 80 级毕业生谢晓亮在单分子检测方面做出了卓越贡献,现在是哈佛大学化学与化学生物学系的教授。数学系的俞斌等,物理系 77 级的郗小星、张希成等,化学系 77 级的王振刚、王直源、杨伟涛、高加力等,生物系 78 级的邓兴旺、韩珉、80 级的李恩、82 级的顾伟等一大批毕业生在加州理工学院、伯克利大学、宾州州立大学等国际著名大学担任教授。

国际交流活动的基础是北京大学良好的国际声誉。2002 年 8 月在北京举行的世界数学家大会,会议 300 多名志愿者中有 260 多名是北京大学学生。国际数学家联盟主席 Palis 在大会闭幕式上专门表扬了大会志愿者。美国数学会会刊上关于大会的专文中登载了北大两位本科生志愿者的照片,并有很大篇幅赞扬北大学生的风貌和水平。文章结尾引述了国际数学家联盟执委、法国著名数学家 Bismut 的话:从这些志愿者身上看到了中国数学的希望。前联合国秘书长安南评价说:"北京大学是一个名声显赫的学术中心,长期以来,她对中国的科学、文化生活产生了巨大影响。众多杰出学者正是从北大起步进而对高等教育、全球觉悟以及社会进步做出重大贡献,这种贡献从未像今天这样重要。"法国前总统希拉克访问北京大学后,对法国媒体发表谈话说:"北京大学的学生是中国新一代的缩影,他们的求知欲望、开放精神、刻苦程度说明了中国改革开放成功的原因。"

## 7.6 就业

### 7.6.1 创新就业工作机制,提供优质就业服务

毕业生就业情况是学校声誉、办学水平、人才培养质量的重要体现。根据国家的需要以及北京大学自身的定位,学校将毕业生就业工作的目标确定为:确保毕业生就业率继续较高水平,稳步提高毕业生就业质量和成才率,为国家和民族输送高素质的人才。学校成立了由许智宏校长为主任的学生就业指导委员会,

协调学生就业与学校学科设置、专业调整、招生之间的关系,广泛开展就业指导,检查指导基层就业工作。院系"一把手"要对毕业生就业工作负总责。1999年学校成立了学生就业指导服务中心,为毕业生就业提供优质服务。

校系两级的就业指导工作覆盖了学生入学、求学、毕业及毕业后的跟踪全过程。学校通过《北京大学2007年毕业生就业工作实施意见》,确立了校级领导、职能部门、院系领导、班主任以及专业导师组成的全员参与的就业工作体系。就业指导中心多次组织就业工作人员参加系统培训,学习教育学、心理学、管理学、社会学以及人力资源管理等学科的知识,提高了政策水平和就业指导能力。学校大力推进毕业生就业的信息化建设,先后建设了就业指导报网络版、职业规划工作室网站等,在网上面向非毕业班同学推出了职业测评、职业规划、职前教育网络学堂、职业在线咨询等服务,同时增加了短信群发、QQ群等现代信息传播方式,构建全方位、立体的就业信息传播网络。

### 7.6.2 毕业生就业率高,就业质量稳定

北大毕业生受到社会各个行业的广泛欢迎。以2006年为例,毕业生中出国的658人,其中被世界前50名大学录取的200多人;保送和考取国内研究生的人数1111人,其中被北京大学、清华大学、中国科学院录取的980人;就业的人数中,被中央机关、中国科学院等录用的273人;赴西部艰苦地区和北京任村官的41名。上述总计占毕业生的比例达75%以上。

**表 7.6　北京大学 2003—2006 届本科毕业生就业情况统计表**

| 项目＼年级 | 2003届 | 2004届 | 2005届 | 2006届 |
|---|---|---|---|---|
| 毕业生人数 | 2389 | 2317 | 2506 | 2740 |
| 一次就业率(%) | 95.1 | 96.0 | 96.5 | 97.0 |
| 年底就业率(%) | 96.1 | 96.2 | 96.6 | 97.0 |

在我国高校毕业生就业形势日趋严峻的情况下,北大就业工作成效显著,一直处于全国高校的前列。毕业生一次性就业率一直保持在95%以上,就业质量也稳步提高。从就业单位性质来看,国家机关、事业单位、国有企业是本科生就业的主要渠道,而到三资企业和其他非公有制企业就业的毕业生比例每年基本稳定(见表7.7)。另外,每年均有一定比例的毕业生到部队和志愿赴基层、西部、国家重点行业与领域和较艰苦地区工作。医学部莫锋同学在 SARS 疫情之后,自愿放弃专业对口、待遇优厚的工作,以青年志愿者的身份奔赴内蒙古巴林右旗,并长期扎根西部,荣获第五届"中国十大杰出青年志愿者"称号。

北大毕业生就业工作成绩斐然,2000年荣获国家教育部"全国普通高等学校毕业生就业工作先进集体"称号,2006年被评为"北京地区高校毕业生就业工作先进集体"。从问卷调查以及平时的反映情况来看,北大毕业生对学校就业工作的满意度超过了75%,用人单位对北大就业工作的满意度超过了80%。

**表 7.7　北京大学 2003—2006 届校本部本科毕业生就业单位性质流向表**

| 单位性质＼年级 | 2003届 人数 | 比例(%) | 2004届 人数 | 比例(%) | 2005届 人数 | 比例(%) | 2006届 人数 | 比例(%) |
|---|---|---|---|---|---|---|---|---|
| 总人数 | 2389 | 100 | 2317 | 100 | 2506 | 100 | 2740 | 100 |
| 录取研究生 | 887 | 37.1 | 949 | 41.0 | 1054 | 42.1 | 1111 | 40.5 |
| 出国深造 | 604 | 25.3 | 421 | 18.2 | 586 | 23.4 | 658 | 24.0 |
| 灵活就业 | 0 | 0 | 322 | 13.9 | 260 | 10.4 | 349 | 12.7 |
| 机关及事业单位 | 391 | 16.4 | 177 | 7.6 | 157 | 6.3 | 184 | 6.7 |
| 医疗卫生单位 | 0 | 0 | 0 | 0 | 1 | 0.04 | 0 | 0 |
| 国有企业 | 170 | 7.1 | 154 | 6.6 | 153 | 6.1 | 135 | 4.9 |
| 三资企业 | 101 | 4.2 | 101 | 4.4 | 124 | 4.9 | 99 | 3.6 |
| 待就业 | 118 | 4.9 | 92 | 4.0 | 88 | 3.5 | 85 | 3.1 |
| 其他企业(民营企业或改制企业) | 116 | 4.9 | 76 | 3.3 | 64 | 2.6 | 82 | 3.0 |
| 部队 | 2 | 0.1 | 16 | 0.7 | 15 | 0.6 | 14 | 0.5 |
| 北京村官 | 0 | 0 | 0 | 0 | 0 | 0 | 14 | 0.5 |
| 自主创业 | 0 | 0 | 9 | 0.4 | 4 | 0.2 | 9 | 0.3 |

# 第八部分　以评促建,规划未来

教育部本科教学工作水平评估为我们提供了总结学校本科教学改革和整体发展的良好契机。学校将本次评估纳入到创建世界一流大学计划中,根据学校的人才培养目标,认真贯彻"以评促改、以评促建、以评促管、评建结合、重在建设"的基本方针和工作原则,在保证教学、科研各项工作正常运行的同时,扎扎实实做好各项准备工作。通过本科教学评估,将"迎评"和"促建"切实结合起来,进一步强化了教学工作的中心地位,提高了教学管理的水平,坚定不移地推进本科教育教学改革,把北大的教学工作推上了一个新的台阶。

## 8.1　以评促建,提高质量

教育部本科教学工作水平评估是对高等学校教学工作的全面检查和考核,评估指标体系涵盖了办学指导思想、办学条件、专业设置、教学管理、教学运转、教学效果等各个方面。学校领导班子多次在党政联席会和各类专项会议上专题研究评建工作,一致认为:

(1)本科教学工作水平评估是对学校人才培养质量和总体办学水平的检验,是全面贯彻科学发展观、促进高等教育协调发展的有力举措。北京大学是国家重点建设的大学,党和人民对北京大学寄予厚望,我们有责任有义务向国家和社会汇报北大本科教学工作的状况。

(2)北京大学的本科教育不仅要达到教育部各项评估指标的要求,还要根据北京大学的定位和办学目标对质量内涵提出更高的要求。

(3)本科教学评估是对北京大学建设世界一流大学阶段性成果的检验,对于规范本科教学管理、提高本科教育质量和努力"办人民满意的高等教育"具有重要意义。

(4)在建设世界一流大学的关键时期,科学评估有利于我们总结过去、分析现状、面向未来,把本科教学工作提高到一个新水平。

学校要求,要以教育部本科教学工作水平评估为契机,把本科教学评估与学校的本科教育改革有机地结合起来;要依据评估的要求,认真梳理办学理念,凝练办学特色,分析办学优势,查找薄弱环节,确定整改方案;不断探索和推进北大的本科教育教学改革,致力构建研究型大学教育教学体系;改进教学管理,完善课程体系,进一步提高本科教育教学水平和人才培养质量。过去三年,学校集中开展了以下几项工作:

**高度重视,组织落实**　为迎接教育部对北大的本科教学工作水平评估,北京大学在2004年1月成立了由闵维方书记和许智宏校长为组长的领导小组和由林建华常务副校长为组长的工作小组,各职能部门和院系成立了由一把手负责的迎评促建工作小组,明确责任和任务。

**加大投入,改善条件**　学校认真分析了教学条件上差距,在对文史楼和第三、第四教学楼改造的同时,新建了一座20,000余平方米的新教学楼。同时,学校加大对图书馆、校园网络、现代教育技术和体育场馆等公共服务体系的建设力度,改善了学校的教学条件。

**以评促建,提高质量**　学校把迎评准备工作与日常教学和管理有机结合,梳理和检查本科教学工作的各个环节,完善了学生学籍管理和教学管理制度,加强了各教学环节规范和管理。为总结学校的建设成效,提升整体竞争力,学校于2006年开展了院系综合评估工作。与此同时,为进一步明确本科教育改革思路,学校开展了全校范围内的本科教育讨论,采用问卷调查和座谈会等形式深入分析了本科教育现状,组织全体教师认真研讨,进一步明确了改革思路和方向,为下一步本科教育教学改革奠定了坚实的基础。

## 8.2　深化改革,规划未来

近年来,随着我国经济高速发展和人民生活水平提高,国家和社会公众对大学提出了更高的要求和期望;与此同时,随着改革进入新阶段,其复杂性和艰巨性大大增强,劳动就业、收入分配、社会保障、经济增长与资源环境保护等诸多问题亟待解决,这就要求我们从新的视角重新审视北京大学的教育、研究和社会服务功能,为国家培养能够驾驭未来发展的创新型高素质人才。

北京大学创建世界一流大学的进程必须与国家社会经济发展和科技进步紧密结合。进入21世纪,党和国家提出了以人为本、全面协调可持续的科学发展观,努力提高自主创新能力,建设创新型国家,构建社会主义和谐社会,实施"科教兴国"、"人才强国"和教育优先发展战略,为科技教育事业的发展提供了强大的动力,也为北大创建世界一流大学提供了前所未有的发展机遇。北京大学应当充分发挥学科整体优势,积极参与国家重大科技计划,全力协助国家解决面临的重大问题,在对国家发展、社会进步、民族复兴的贡献中实现创建世界一流大学的宏伟目标。

### 8.2.1　明确改革方向,理清发展思路

在两期"985工程"和"211工程"的重点支持下,北京大学的全面建设和整体实力有了很大的发展。经过十年的努力,北大教育教学改革逐步深入,学术队伍整体竞争力大幅提高,教学和研究条件得到较大改善,基础学科实力进一步增强,交叉学科初见端倪,研究型大学的学科体系基本形成。

同时，我们也深刻认识到，与世界一流大学相比，北大在许多方面仍然存在较大差距。如何针对国家重大需求做好学科发展布局，提高学校争取国家重大项目、解决国家重大课题的能力；如何建立与现代大学管理制度相适应的人才分类管理体制和激励机制，更好地发挥优秀人才的核心作用；如何面向国家未来发展需要，进一步拓展学生的国际化视野、培养学生的创新精神，提高教育培养质量；如何从制度上进一步理清学校、职能部门、院系的责权利划分，处理好学校宏观调控与院系自主运行的关系；如何从体制上调动院系和师生参与管理的积极性；如何拓展筹资渠道，完善资源配置，解决校内空间资源紧张和财务运行压力与学校快速发展之间的矛盾；这些问题都是需要学校着力解决的进一步发展的瓶颈问题。

2006—2015 年是北京大学创建世界一流大学的关键性阶段，北大将以提高整体教学和学术研究水平作为学校发展的战略重点，做好创建世界一流大学的发展战略规划，进一步增强学校的整体竞争实力。

在新一轮规划中，学校将进一步明确把高层次人才培养作为学校的核心使命和发展基础，继续推进本科教育改革，实施按学科大类培养的方案，继续深入推进"元培计划"和医学部"长学制"医学教育改革；同时认真研究和制定研究生教育发展战略规划。

学校将继续把前沿交叉学科作为发展重点，推进导师跨学科、跨院系聘任和招生，鼓励打破院系内二级学科的界限，跨学科、跨院系组织国家重大基础研究计划。加强针对国家重大需求的学科布局，鼓励基础研究与实际应用相结合，促进科研成果向现实生产力的转化，为社会经济发展和科技进步做出更大贡献。

学校将继续把高水平人才队伍建设作为学校的核心工作，认真研究学科发展的趋势和国家研究经费的投入取向，把握好队伍建设的学术方向，处理好引进人才和发挥现有人才作用的关系，进一步完善北京大学队伍建设的配套政策和整体方案，建立有利于优秀人才脱颖而出、人尽其才的机制，营造崇尚创新、兼容并包、自由活跃的学术环境和人文环境。

学校将大力推进现代大学管理制度的建立和完善，解决学校发展的瓶颈和制约问题，进一步明确院系和个人的责任、权利和义务，增加院系自主权和责任，逐步从对院系的微观指标性（编制、岗位、职称、教学工作量等）管理向预算和宏观控制转变。

### 8.2.2 进一步推进本科教育改革

在创建世界一流大学的进程中，要更加牢固地确立本科教育的基础性地位和中心地位，全力为学生提供最好的教育。北京大学将坚持"加强基础、淡化专业、因材施教、分流培养"的本科教育改革方针，继续在低年级实行通识教育，在高年级实行宽口径的专业教育，实行在教学计划和导师指导下的自由选课学分制，努力培养学生具备扎实而宽厚的知识基础，以多样化的培养方案和教学模式，鼓励学生自主学习和创造性学习，帮助学生树立正确的人生观和价值观，增强历史使命感和社会责任感，培育人文素养和科学精神。北大要以本次教育部本科教学评估为契机，进一步努力探索和建立一条符合校情、符合国情、面向现代化、面向世界、面向未来的人才培养道路，为新世纪高素质优秀人才培养贡献力量。

巍巍上庠，国运所系。在过去的一百多年里，北京大学为国家的教育和科学事业、民族的发展和进步做出了重要贡献。步入二十一世纪，国家和民族将面临前所未有的发展机遇，这对北京大学提出了新的要求和挑战。在新的历史条件下，学校要努力实现创建世界一流大学的宏伟目标，为国家和民族培养具有国际视野、在各行业起引领作用、具有创新精神的高素质人才，为中国的社会发展、经济建设和文明传承，为中华民族的伟大复兴做出新的更大的贡献。

## 索 引

## 使 用 说 明

一、本索引采用内容分析索引法编制。除"大事记"外,年鉴中有实质检索意义的内容均予以标引,以供检索使用。

二、本索引基本上按汉语拼音音序排列。具体排列方法如下:以数字开头的标目,排在最前面;字母开头的标目,列于其次;汉字标目则按首字的音序、音调依次排列。首字相同时则以第二个字排序,并依此类推。

三、索引标目后的数字,表示检索内容所在的正文页码,数字后面的英文字母a、b、c,表示正文中的栏别,合在一起即指该页码及自左至右的版面区域。年鉴中以表格、图形形式反映的内容,则在索引标目后用括号注明(表)、(图)字样,以区别于文字标目。

四、为反映索引款目间的逻辑关系,对于二级标目,采取在一级标目下缩二格的形式编排,之下再按汉语拼音的音序、音调排列。

### 0—9

123学习计划 419c
1998—2007年北京大学大型仪器设备测试服务收入统计(表) 343
1998—2007年全校到校科研经费分类统计(表) 212
1998—2007年全校到校科研经费总额增长趋势(图) 212
2002—2007年大型仪器设备开放测试基金使用情况(表) 341
2004—2008年北京大学接收推荐免试研究生数据统计与比(表)较 174
2005—2007年北京大学参加北京科学仪器协作共用网情况统计(表) 343
2005—2007年收入情况比较(图) 327
2006—2007年度奖学金获得者名单 489
2006—2007年度新获准的支撑计划课题(表) 219
2006—2007年度学生奖励获得者名单 475

2006、2007年支出构成比较(图) 328
2006年北京大学文科A&HCI论文目录(表) 247
2006年北京大学文科SCI论文目录(表) 249
2006年北京大学文科SSCI论文目录(表) 252
2006年度中华医学科技奖(表) 224
2006年跟踪检查的重大项目一览(表) 240
2006年获得科技部政府间国际合作项目(表) 237
2006年结业2007年换发毕业证书补授学士学位名单 519a
2006年纵向项目中期检查情况一览(表) 241
2007级新生档案材料收集归档 326c
2007年12月教育部文科基地项目结项名单(表) 247
2007年SCI数据库收录的北京大学为第一作者单位的论文及分布总体情况(表) 224
2007年北京大学成套家属房汇总统计(表) 339
2007年北京大学大型仪器设备购置论证统计(表) 344
2007年北京大学党发、校发文件(表) 462
2007年北京大学党务和思想政治工作先进集体、优秀个人(含李大钊奖)表彰名单 469
2007年北京大学房屋基本情况汇总(表) 338
2007年北京大学非成套家属房汇总统计(表) 339
2007年北京大学奖教金获得者名单 471
2007年北京大学教职工住宅现状情况(表) 338
2007年北京大学接受境外赠送科教用品一览(表) 344
2007年北京大学实验室基本情况一览(表) 339
2007年北京大学土地基本情况汇总(表) 337
2007年北京大学校本部博士后科研情况(表) 325
2007年北京大学校本部福利费支出统计(表) 322

2007年北京大学校本部各分会副高职务评议结果(表) 320
2007年北京大学校本部各分会正高职务评议结果(表) 320
2007年北京大学校本部各流动进出站人数一览(表) 325
2007年北京大学校本部各学部副教授(副研究员)审议结果(表) 320
2007年北京大学校本部各学部教授(研究员)审议结果(表) 320
2007年北京大学校本部各种社会保险人数和缴费情况统计(表) 323
2007年北京大学校本部工伤保险工作情况统计(表) 323
2007年北京大学校本部工资日常工作量统计(表) 322
2007年北京大学校本部公派出国(境)人员情况 317
　派出类别(表) 317
　派出国别(地区)(表) 317
　学历、职称、年龄分布状况(表) 317
2007年北京大学校本部公派留学人员回校工作类别分布(表) 317
2007年北京大学校本部减员岗位分布(表) 316
2007年北京大学校本部教师队伍年龄结构(表) 313
2007年北京大学校本部教师队伍学历状况(表) 313
2007年北京大学校本部教职员工基本情况一览(表) 313
2007年北京大学校本部人员分布情况(表) 313
2007年北京大学校本部现有人员编制构成(表) 313
2007年北京大学校本部现有人员职称分布(表) 314
2007年北京大学校本部选留毕业生岗位分布(表) 314
2007年北京大学校本部引进人员岗位分布(非毕业生)(表) 314
2007年北京大学校本部增员的类别及学历分布(表) 314

2007年北京大学校本部增员分布(表) 314
2007年北京大学新成立的文科科研机构(表) 242
2007年北京大学医学部本部2007年社会保险缴费情况(表) 324
2007年北京大学医学部高级专业技术职务聘任情况(表) 321
2007年北京大学医学部减员岗位及流向分布(表) 316
2007年北京大学医学部教师队伍学历结构统计(表) 321
2007年北京大学医学部教师队伍职务结构、年龄结构统计(表) 321
2007年北京大学医学部接收毕业生岗位分布(表) 315
2007年北京大学医学部增员岗位及来源分布(表) 315
2007年北京大学因公出访人员统计(表) 311
2007年毕业生名单 508
2007年承担的常规纵向项目评审组织工作概况(表) 240
2007年大事记 535
2007年底校本部民主党派组织机构状况(表) 396
2007年底医学部民主党派组织机构状况(表) 396
2007年度SCI数据库收录的医学部的论文及分布总体情况(表) 225
2007年度北京大学新世纪优秀人才支持计划文科入选者名单(表) 257
2007年度被SCI数据库收录的影响因子较高的论文清单 225
2007年度国家科学技术奖(表) 223
2007年度国家社科基金项目立项一览(表) 242
2007年度教育部提名国家科学技术奖(表) 223
2007年度教育部文科基地重大课题一览(表) 246
2007年度教育部一般项目结项名单(表) 245

2007年度教育部一般项目立项一览(表) 243
2007年度授权专利清单(表) 232
2007年度重大项目立项一览(表) 242
2007年各单位获国家自然科学基金面上和重点项目数和经费数(表) 216
2007年获得北京市社科理论著作出版基金资助的著作名单(表) 247
2007年获得基金委国际(地区)合作项目(表) 237
2007年获得其他国际(地区)合作项目(表) 238
2007年获准的北京市与中央在京高校共建项目(表) 221
2007年获准的公益性行业专项(表) 222
2007年进款技术合同额统计(表) 260
2007年进款技术合同统计(表) 260
2007年科技开发到款统计(表) 261
2007年科技开发签约超过100万的合同统计(表) 261
2007年科技推广项目目录 264
2007年理工科与医科到校科研经费来源(图) 212
2007年理工科与医科获准北京市自然科学基金项目(表) 221
2007年理工科与医科获准创新团队发展计划名单(表) 220
2007年理工科与医科获准教育部重大和重点项目(表) 221
2007年理工科与医科获准新世纪优秀人才支持计划名单(表) 220
2007年理工科与医科科研项目到校经费(表) 211
2007年理科与医科在研科研项目来源(图) 211
2007年理科与医科在研科研项目数统计(表) 210
2007年录取高考理科第一名学生(表) 171

索 引

2007年录取高考文科第一名学生（表） 172
2007年录取中学生国际奥林匹克竞赛获奖学生（表） 172
2007年聘请的客座教授（表） 596
2007年秋季在校长期外国留学生分国别统计（表） 202
2007年秋季在校长期外国留学生分院系统计（表） 204
2007年全国优秀博士学位论文（表） 186
2007年人文社会科学国际学术会议一览（表） 255
2007年逝世人物名单 460
2007年收入构成（图） 327
2007年授予的名誉博士（表） 596
2007年授予的名誉教授（表） 596
2007年通过鉴定的科研成果（表） 236
2007年校本部批准成立的交叉学科研究中心（表） 210
2007年新获批的国家高技术研究发展计划课题（表） 218
2007年新获批的国家重点基础研究发展规划课题（表） 217
2007年新获批的重大科学研究计划课题（表） 218
2007年新增40万元以上大型仪器设备一览（表） 340
2007年学校基本数据 27
2007年医学部分院毕业研究生去向统计（表） 180
2007年医学部获准国家自然科学基金项目（表） 216
2007年医学部申报专利及获得专利授权情况统计（表） 262
2007年与北京市科委新签科技合同（表） 222
2007年在岗博士生导师名录 454
2007年支出构成（图） 327
2007年专利申请受理、授权情况统计（表） 232
2007年组织的纵向项目申报立项情况（表） 240
2008年研究生创新计划 175a
211工程 24a
　　采购 336a
　　建设 305
863计划 207a
973项目 207a
985工程 24a
　　采购 335c
985工程与211工程建设 305
　　985工程二期基础设施建设 305c
　　海外学者讲学计划 305a
　　基础学科整体实力 305b
　　科技创新平台科研能力建设 305c
　　前沿和交叉学科研究机构建设 305c
　　优秀青年人才引进计划 305a
　　与北京市共建项目 306a
　　资金到位和执行情况 305b

A~Z

CASC公益奖学金 490
　　一等奖学金 490b
　　二等奖学金 491a
　　三等奖学金 491a
ESEC奖学金 491a
IBM奖学金 491a
POSCO奖学金 491a
SCI数据库收录的北京大学为第一作者单位的论文及分布总体情况（表） 224
SCI数据库收录的医学部的论文及分布总体情况（表） 225
SCI数据库收录的影响因子较高的论文清单 225
SK奖学金 491b

A

阿卜杜拉二世来访 309c
爱校荣校教育 414a
奥林匹克教育 417c
奥运场馆监督 399b
奥运筹备工作 329b
奥运会志愿者1+1＞2 418c
奥运会志愿者报名工作体系 417b
奥运乒乓球馆建设 2a
　　落成典礼暨启用仪式 2b
奥运赛事志愿者专职工作人员推荐 387b
奥运实习生选派 175b
奥运有我，校庆有我系列活动 405c

B

百周年纪念讲堂 371c
　　服务品质 371c
　　规范化管理 372b
　　活动质量 371c
　　软硬件建设 372b
办学经费筹措 326c
办学特色 1b
宝钢奖学金 491b
保卫工作 400
　　安全教育 402c
　　队伍建设 400a
　　规章制度 400c
　　横幅审批及悬挂 402b
　　流动人口管理 402c
　　荣誉 403b
　　商贩、黑车问题治理 402a
　　暑期校园游问题解决 401c
　　维护校园稳定 401a
　　消防工作 401b
　　校园环境秩序整治 401c
　　校园交通秩序治理 402a
　　治安防范 402b
　　重大警卫活动 401a
北大方正集团公司 266a
　　IT主业 266a
　　方正奖学金、奖教金 268a
　　技术创新 267b
　　品牌建设 267c
　　企业发展 266c
　　企业品牌建设 266b
　　企业社会形象 266b
　　社会责任 266b
　　业务发展 267a
　　知识产权保护 268a
北大概况 23
北大—密大学院 309b
北大—莫大联合研究生院 309a
　　五周年庆典 177c
北大—耶鲁联合本科项目 309a

北大青鸟集团 268b
 IT 教育获大奖 268c
 国家资金支持 269a
 环宇消防全国行业领先 269b
 结盟中央电大 269b
 企业改制 268b
 企业治理结构 268b
 青鸟生回母校活动 269b
 全国电子政务大奖 268c
 日本北大青鸟公司 269a
 授权经营 268b
 王岐山视察东华广场 269c
 王选科技一等奖 268c
 杨芙清－王阳元院士奖教金 269c
 与 CESI 战略合作 269a
北大团校育人模式 420b
北大维信生物科技有限公司 269c
北大未名生物工程集团有限公司 270b
 产品 270b
 长效重组蛋白药物公共技术平台 270c
 多肽药物研究 270c
 合作与拓展 270c
 人用禽流感疫苗 270c
 研发体系 270b
 研究与开发 270c
北大资产经营有限公司 259b
北京大学本科教学工作水平评估自评报告 615a
 办学思想 616
 专业建设与教学改革 632
 教学管理 640
 教学条件与利用 626
 教学效果 645
 师资队伍 622
 学风建设 642
 学校概况 615
 以评促建,规划未来 653
 专业建设 632
北京大学出版社 289a
《北京大学大型科学仪器设备汇编》编制 335b
北京大学附属小学 382

 德育工作 383b
 教学工作 382c
 校园管理 382b
 行政工作 382a
北京大学附属中学 380
 大事记 381b
 机构设置 381a
 教学研讨 381a
 内部建设 381a
 学习活动 381a
北京大学贡献 1b、23a
北京大学学报(医学版) 295b
 出版情况 295b
 获奖情况 295b
 计量指标 295b
 栏目建设 295b
 人事变动 295c
北京大学学报(哲学社会科学版) 294a
 办刊机制 294a
 办刊理念 294b
 编辑队伍建设 295a
 编辑规范 294c
 稿件选择 294b
 学术影响 295a
 制度建设 294c
北京大学学报(自然科学版) 293c
 2005—2006 年论文计量指标(表) 294
 获奖情况 294a
 计量指标 294a
 刊载论文被国际检索机构收录情况(表) 293
 数据库收录情况 293c
北京大学医学部本部 2007 年社会保险缴费情况(表) 324
北京大学医学部高级专业技术职务聘任情况(表) 321
北京大学医学部减员岗位及流向分布(表) 316
北京大学医学部教师队伍学历结构统计(表) 321
北京大学医学部教师队伍职务结构、年龄结构统计(表) 321
北京大学医学部接收毕业生岗位分布(表) 315

北京大学医学部增员岗位及来源分布(表) 315
北京大学医院 377
 病案管理 378c
 传染病管理 378c
 反商业贿赂 378b
 国际交流 379b
 后勤与基建 379c
 护理工作 379a
 教育培训 379b
 科研工作 379a
 慢病管理 378b
 内部管理 378a
 其他工作 379c
 人民满意医院创建 378a
 信息化建设 379c
 医保工作 378b
 医疗工作 378b
 医疗支援工作 379a
 医院感染管理 378c
 职工管理 378a
 质量管理体系认证 378a
北京大学章程 307a
北京大学资产经营有限公司持股企业名录(表) 263
北京科学仪器协作共用网入网仪器管理 335a
北京论坛 239c、310a
北京市科研项目 207b
北京市三好学生 475a
北京市社科理论著作出版基金资助的著作名单(表) 247
北京市十一五规划 2007 年度项目立项一览(表) 244
北京市优秀班集体 475b
北京市优秀学生干部 475b
北京市与中央在京高校共建项目(表) 221
北京市哲学社会科学十五规划项目提交结项名单(表) 245
北京市重点实验室(表) 209
北京医科大学 23a
北京肿瘤医院 141b
被 SCI 数据库收录的影响因子较高的论文清单 225
奔驰奖学金 492a
本科教学改革与建设 161a

## 索 引

本科教学工作成绩 1b
本科教学工作发展建议 1b
本科教学工作水平评估 1、25b、
　160a
　　教风学风检查 160b
　　评估工作总结 161a
　　评建工作检查 160b
　　评建工作情况检查 160b
　　评建准备和动员 160a
　　校园环境检查和整顿 160b
　　以评促建 160c
　　预评估 160c
　　正式评估 160c
　　自评报告 615a
本科结业和有资格换发毕业证书
　名单 517c
本科课程目录(表) 166
本科生教育教学 160
本科生科研训练 162a
本科专业目录(表) 163
本专科毕业生 508
毕(结)业博士研究生 529
毕(结)业硕士研究生 522
毕业留学生(表) 531
毕业生名单 508
毕业生转档 326b
毕业未获得学士学位名单 517a
表彰 469
博士后工作 324c
博士后科研情况(表) 325
博士生导师名录 454
博士生质量调查 177c

### C

财务工作 326
财务管理 328a
财务信息化建设 329a
财务指标评价 328a
财务专题分析 326c
财政审计 329c
参加北京科学仪器协作共用网情
　况统计(表) 343
餐饮中心 351b
　《北大餐饮这五年(2003—
　　2007)》 352a
　北京高校食品原材料联合采
　　购招标活动 352a

《餐饮中心近期保持学校伙食
　稳定工作预案》 351c
　培训工作 352b
　食堂监督员制度 352c
　突破性成就 352a
　用工制度 352c
产业管理 258、259b
产业规范化建设 259c
产业开发 205
昌平园区规划方案 307c
长江学者聘任 316a
长江学者推荐遴选 316a
长期外国留学生分国别统计(表)
　202
长期外国留学生分院系统计(表)
　204
常规纵向项目评审组织工作概况
　(表) 240
唱响主旋律和提倡多样性有机统
　一 388b
陈佳洱 425c
陈建生 427a
陈慰峰 441c
陈运泰 436b
陈至立 8a
成人教育学院 193c
　班主任队伍建设 195b
　班子建设 194a
　党建 195a
　管理与建设 194c
　和谐校园创建 195c
　基层组织建设 195a
　教学管理 194a
　文明校园创建 195c
　学生干部队伍建设 195b
　学生工作 195a、195b
　学习活动 195a
　学习型校园创建 195c
　研究与合作 194b
　招生与培训 194b
　志愿者工作 195c
成人学历教育 200a
成舍我奖学金 492b
成套家属房汇总统计(表) 339
城市与环境学院 66b
　党委工作 67c
　发展概况 66b

　教学工作 67a
　科研工作 67b
　行政工作 67c
　学科建设 67a
　学生工作 67c
惩防体系建设 399c
崇明奖学金 492b
筹资工作 26a
出版社 289a
　版权工作 289b
　版权贸易十佳版权经理人
　　289c
　北京地区版权贸易十佳单位
　　289c
　国家图书馆文津图书奖
　　289c
　全国图书版权输出先进单位
　　289c
　全国语言文字工作先进集体
　　289c
　荣誉 289c
　谢娜 289c
　重点工程 289b
　转企试点 289b
创新奖 481a
春季全校干部大会 4、8

### D

大额捐赠 362b
大额资金月度审计审签 329c
大发展、大建设的历史机遇期
　23a
大韩生命保险 492b
大事记 535
　1月 535a
　2月 539a
　3月 541a
　4月 546c
　5月 553b
　6月 559b
　7月 565b
　8月 568b
　9月 570c
　10月 576c
　11月 583b
　12月 588c
大型教学科研仪器设备使用情况

# 索 引

调查 335b
大型仪器设备测试服务 335a
    收入统计(表) 343
大型仪器设备购置可行性论证 335a
大型仪器设备购置论证统计(表) 344
大型仪器设备开放测试基金结算 335a
大型仪器设备开放测试基金开放仪器一览(表) 341
大型仪器设备开放测试基金申报和评审 335a
大型仪器设备开放测试基金使用情况(表) 341
大学生廉洁教育 398c
大学生素质教育 412b、415a
大学生素质拓展计划试点 415b
戴德梁行奖学金 492b
党的十七大精神学习贯彻 384a、412a
党发文件(表) 462
党风廉政建设 397a
党建 384
    评估 399a
党建带团建 412c
党建和思想政治达标创先 384c
党建和思想政治工作理论研究 385b
党务和思想政治工作奉献奖 470b
党务和思想政治工作先进集体、优秀个人(含李大钊奖)表彰名单 469
党校工作 385c
    党员教育 385c
    干部教育培训体系 385c
    入党积极分子培训 386b
    新生党员先锋模范作用发挥 385c
党员发展和管理 385b
《党政领导干部选拔任用工作条例》贯彻落实 386c
档案馆 290a
    保密工作 291a
    档案收集 290b
    档案数据安全 291a

档案数据库建设 290c
档案系统建设 291a
收集、整理、接收各门类档案情况统计(表) 290
网络安全防范 291a
信息化建设 290b
学术研究 290a
与学校其他系统数据交换 291a
到校科研经费分类统计(表) 212
到校科研经费总额增长趋势(图) 212
德康霓克奖学金 493a
德姆塞茨经济学奖学金 493b
地球与空间科学学院 50c
    北京大学石油与天然气研究中心 53c
    北京大学石油与天然气研究中心研究项目统计(表) 54
    党建 53a
    发展概况 50c
    交流合作 52c
    教学工作 51b
    科研工作 52b
    学科建设 52a
    学生工作 53a
第二届北大学生骨干训练营 420a
第二类特色专业建设点 161c
第二临床医学院 134a
    党建工作 137a
    发展概况 134a
    服务质量 134b
    管理改革 134a
    和谐就医氛围 134c
    后勤工作 136b
    护理工作 135c
    交流与合作 136c
    警院共创平安医院新模式 134c
    科研工作 136b
    社区健康管理新模式 134b
    文明服务缺陷管理 134b
    信息化建设 136c
    医疗工作 135a
    医疗卫生服务共同体 134b

    医学教育 136a
    迎奥运工作 137b
    院务公开 134a
    运营工作 136c
第六医院 144c
第三临床医学院 137b
    奥运医疗服务 139a
    发展概况 137b
    基础建设 139a
    教学工作 138a
    科研工作 138b
    社区医疗 139c
    信息管理 139a
    医疗工作 137c
    医院管理 137b、139b
第十六期大型仪器设备开放测试基金开放仪器一览(表) 341
第十六期大型仪器设备开放测试基金申报和评审 335a
第十五期大型仪器设备开放测试基金结算工作 335a
第四届北京论坛 239c
第四届人文社会科学研究优秀成果奖颁奖大会 239a
第五届教职工代表大会执行委员会 37
第一类特色专业建设点 161c
第一临床医学院 132a
    发展概况 132a
    后勤基建 133c
    护理工作 132c
    获奖情况 133c
    教学工作 133a
    科研工作 133a
    学术交流 133b
    医德医风建设 133b
    医疗工作 132c
电话室 359a
电视台 391c
调研工作 389c
丁伟岳 426c
东宝奖学金 493b
东港奖学金 493b
东京三菱银行 493b
董申葆 433b
董氏东方奖学金 493b
杜邦奖学金 494a

索 引

短期非学历教育　192a
短期留学项目　201a
对口支援　266b
对内继续教育　199a
对外汉语教育学院　112c
　　队伍建设　113a
　　对外交流　113c
　　发展概况　112c
　　汉语国际推广　113a
　　教学工作　112c
　　科研工作　113b
　　学生工作　113c
对外合作　26b
对外交流　308a
对外交流中心　371b
　　国际会议承办　371b
　　海外交流项目　371c
　　海外旅游团队来访　371c
　　会场租用　371c
　　重要接待　371c
对外科研合作中成立法人问题调研　307a
对外宣传报道　390b

**E**

二级单位财务与管理审计　329c

**F**

发展规划部　306a
发展规划工作　306
发展战略规划　306b
法学学士　512b、516b
法学院　91b
　　发展概况　91b
　　获北京大学教材建设立项名单（表）　93
　　获国家社会科学基金立项名单（表）　93
　　获司法部国家法治与法学理论研究项目立项名单（表）　93
　　交流与合作　92a
　　科研工作　93
　　学生工作　93a
反腐倡廉宣传教育　398b
方精云　442c
方树全奖学金　494a

方正奖学金　494b
房地产管理　331a
　　重点专项工作　332c
房地产管理信息系统建设　334a
房改工作　332b
房改售房　332b
房屋安全检查　334a
房屋基本情况汇总（表）　338
非成套家属房汇总统计（表）　339
费孝通奖学金　495a
分子医学研究所　116a
　　队伍建设　117a
　　科研工作　116a
　　研究生培养　116c
氛围营造工作　390a
丰田奖学金　495a
风险防范　329b
冯燊乔奖学金　495b
服务两个评估　389c
服务社会功能　26b
服务意识　25b
服务指导　259a
福利　322c
福利费支出统计（表）　322
福田康夫来访　309c
辐射安全与防护　336b
附录　596
附属小学　382
附属中学　380
富余人员管理　321c

**G**

改革开放三十年北京大学人文社会科学研究百项精品成果奖评选　239c
概况　23
干部　35
干部大会　4、8、13、17
干部工作　386c
　　制度化、规范化建设　386c
干部交流　387c
干部廉政谈话　398a
甘子钊　426a
岗松奖学金　495b
岗位设置　24b
港澳台交流　310c
港澳台学生　201c

高层次继续教育　192a
　　医学教育　198b
高访公寓启用　333c
高级专业技术职务聘任情况（表）　321
高科技企业　266
高水平大学公派研究生项目　178a
高水平大学研究生公派项目　175a
高水平师资队伍建设　24b
高松　433a
各单位获国家自然科学基金面上和重点项目数和经费数（表）　216
各分会副高职务评议结果（表）　320
各分会正高职务评议结果（表）　320
各学部副教授（副研究员）审议结果（表）　320
各学部教授（研究员）审议结果（表）　320
跟踪检查的重大项目一览（表）　240
工程前期报批　346b
工程项目管理　345c
工会爱心基金　405c
工会工作　403
工会组织自身建设　405a
工伤保险工作情况统计（表）　323
工学学士　511a
工学院　46c
　　党建　48b
　　发展概况　46c
　　交流合作　47c
　　教学工作　47a
　　科研工作　47b
　　学生工作　48c
工学院与交叉学科大楼　346c
工资　322c
工资福利日常工作　323a
工资日常工作量统计（表）　322
公共教室建设　334c
公共卫生学院　126b
　　对外交流　127c
　　发展概况　126b

教学工作　126b
　　　科研工作　127b
公派出国(境)人员情况　317
　　　派出类别(表)　317
　　　派出国别(地区)(表)　317
　　　学历、职称、年龄分布状况
　　　　(表)　317
公派留学人员回校工作类别分布
　　(表)　317
公益性行业专项(表)　222
公用房管理制度改革　332c
公用房调配与管理　331a
供暖中心　354a
　　　供暖工作　354a
　　　浴室工作　354b
共青团第二主角育人作用　412b
共青团工作　412
共青团自身建设　412c
顾温玉生命科学奖学金　495b
管理　305
管理学学士　514a、517a
光华管理学院　90a
　　　对外合作　90c
　　　发展概况　90a
　　　科研工作　90b
光华奖学金　489a
广播台　392b
　　　办公楼礼堂音响交接　392b
　　　传播方式　392b
　　　广播台规范化运作　392b
　　　制作节目　392b
规划纲要草稿　306c
郭光灿　439c
郭应禄　445c
国采(西南联大)奖学金　495b
国际(地区)合作项目(表)　238
国际关系学院　79c
　　　北京大学国际战略研究中心
　　　　84a
　　　党建工作　81b
　　　发展概况　79c
　　　交流与合作　81a
　　　教师出版著作统计(表)　81
　　　教学工作　80a
　　　科研工作　80b
　　　学生工作　82c
国际文化节　310b

国际战略研究中心　84a
国家高技术发展计划　207a
国家高技术研究发展计划课题
　　(表)　218
国家工程研究中心(表)　208
国家级教学团队　161b
国家奖学金　496a
国家科技支撑计划　207b
国家科学技术奖(表)　223
国家科研计划项目　206c
国家社科基金2007年度提交结项
　　项目名单(表)　244
国家社科基金项目立项一览(表)
　　242
国家重点基础研究发展规划课题
　　(表)　217
国家重点基础研究发展规划项目
　　207a
国家重点基础研究发展规划项目
　　(表)　217
国家重点实验室(表)　208
国家自然科学基金面上和重点项
　　目数和经费数(表)　216
国家自然科学基金委员会资助项
　　目　206b
国库集中支付制度　328c
国内合作　265
国内仪器设备采购　336a
国外仪器设备采购　336a
国有资产监管　328a

## H

海外教育　201
韩国学研究奖学金　496b
韩济生　442a
韩启德　441a
好运北京奥运乒乓球测试赛　3a
合同到款情况　258c
合同管理　258c
何新贵　444a
和谐文化建设　391b
和谐校园文化　388c
恒生奖学金　496b
红楼艺术奖　488b
侯仁之　434a
后备干部队伍建设　387b
后勤保障　305

后勤党委　359b
　　　党风廉政建设　360b
　　　党员教育管理　360c
　　　党支部建设　360c
　　　队伍建设　360a
　　　后勤保障服务　360a
　　　基层党组织党建验收　360a
　　　老干部工作　361b
　　　群众团体工作　361b
　　　思想政治建设　360a
　　　文化建设　361b
　　　宣传工作　361b
　　　学习活动　359c
　　　制度建设　361a
　　　组织建设　360a
护理学院　128b
　　　对外交流　130a
　　　发展概况　128b
　　　妇儿科护理学教研室　129a
　　　护理学基础教研室　129a
　　　护理学人文教研室　129b
　　　获奖情况(表)　131
　　　教材编写情况(表)　130
　　　教学改革　128b
　　　科研工作　129b
　　　科研项目(表)　129
　　　内外科护理学教研室　129a
　　　社会服务　131c
　　　学生工作　131a
华为奖学金　496b
华藏奖学金　497a
化学与分子工程学院　59a
　　　承担科研项目(表)　60
　　　发展概况　59a
　　　教学工作　60a
　　　科研工作　60b
　　　师资队伍　59a
　　　学科建设　59c
　　　学生工作　62b
　　　学术交流　62a
环境保护　336c
环境科学与工程学院　68a
　　　本科生教学　68b
　　　党建工作　68c
　　　发展概况　68a
　　　教学工作　68b
　　　科研工作　68c

学科建设　68b
　　　学生工作　69b
　　　研究生教学　68b
黄春辉　432a
黄琳　439a
黄鹰育才奖学金　497a
会议中心　369
　　　干部队伍建设　370b
　　　回报学校和师生　370b
　　　效益　370b
　　　员工中秋联欢晚会　370b
　　　中关园留学生公寓园区工程　370b
　　　重大接待服务工作　370a
　　　主要任务　369a
惠普奖学金　497a
获得北京市社科理论著作出版基金资助的著作名单（表）　247
获得基金委国际（地区）合作项目（表）　237
获得科技部政府间国际合作项目（表）　237
获得其他国际（地区）合作项目（表）　238
获准的北京市与中央在京高校共建项目（表）　221
获准的公益性行业专项（表）　222

## J

机构　35
机关各部门、工会、团委负责人　37
　　　校本部　37
　　　医学部　38
机关建设　387c
基层党建工作创新　385a
基础设施建设　26a
基础医学院　62b
　　　发展概况　62b
　　　获奖情况　63b
　　　教学工作　62c
　　　科研工作　63a
　　　学科建设　63a
基建工程部内部建设　345a
基建工程项目招投标监督　399b
基建工作　345
基建投资　345b

基金委国际（地区）合作项目（表）　237
计算机科学技术研究所　107c
　　　产业化成果　108c
　　　发展概况　107c
　　　科研工作　108a
　　　王选纪念陈列室　109b
计算中心　295c
　　　服务工作　297c
　　　高性能并行计算　299a
　　　管理信息系统建设　298b
　　　科研工作　298b
　　　网络建设　296c
　　　微机教学实验室　296b
　　　维护　297a
纪检监察干部队伍建设　400c
纪检监察工作　396
纪念团校25周年系列活动　420b
纪念香港回归十周年系列活动　310c
技术合同　258c
继续教育　192
继续教育指导委员会　193b
佳能特等奖学金　497a
监督检查工作　399b
减员岗位分布（表）　316
减员岗位及流向分布（表）　316
减员情况　315a
建设工程审计　330a
建设项目概预算审计　330a
建设项目竣工结算审计　330b
建设项目施工阶段审计　330a
建设项目招投标审计　330a
建信基金优秀学子　497b
江泽涵奖学金　497b
姜伯驹　425a
奖教金获得者名单　471
奖励　469
奖励表彰工作　385b
奖学金获得者名单　489
奖助学金增幅　362c
交叉学科研究中心（表）　210
交流合作　265a
教材建设　162b
教代会工作　403
教师队伍的学历状况（表）　313
教师队伍年龄结构（表）　313

教师队伍学历结构统计（表）　321
教师队伍职务结构、年龄结构统计（表）　321
教师公寓管理机制改革　333a
教授名录　447
教学基本功比赛　404b
教学科研服务机构　274
教学论坛　404b
教学名师奖　162a
教学评估和评奖　162b
教学实验室建设　334b
教学质量　25b
教育部工程研究中心（表）　209
教育部提名国家科学技术奖（表）　223
教育部网上合作研究中心（表）　209
教育部文科基地项目结项名单（表）　247
教育部文科基地重大课题一览（表）　246
教育部新世纪人才支持计划工作　239a
教育部一般项目结项名单（表）　245
教育部一般项目立项一览（表）　243
教育部重点实验室（表）　208
教育部资助项目　207b
教育管理与德育系列专业技术职务评审　387b
教育基金会工作　362
　　　大额捐赠　362b
　　　机构建设　363c
　　　基金会管理的奖教金项目一览（表）　369
　　　基金会管理的奖学金、助学金、奖教金、研究资助项目总览（表）　364
　　　基金会管理的奖学金项目一览（表）　364
　　　基金会管理的研究资助项目一览（表）　369
　　　基金会管理的助学金项目一览（表）　367
　　　奖助学金增幅　362c
　　　捐赠概况　362a

项目管理　363b
　　校友捐赠　363a
　　重大活动　363a
教育教学　160
　　改革　25b
教育收费检查　399b
教育思想　1b
教育学院　104b
　　发展概况　104b
　　获奖情况　105c
　　科研工作　104c
　　人才培养　104c
　　学术交流　105a
　　重要会议　106a
教职工代表大会　403a
教职工代表大会执行委员会　37
教职工队伍状况　313b
教职工住房管理与服务　332a
教职工住宅现状情况（表）　338
教职员工基本情况一览（表）　313
接收毕业生岗位分布（表）　315
接收推荐免试研究生数据统计与比较（表）　174
接受境外赠送　336a
　　科教用品一览（表）　344
结余资金清理　329a
解思深　429a
进款技术合同额统计（表）　260
进款技术合同统计（表）　260
进修教师接收　192b
经济学学士　513b、517a
经济学院　88b
　　发展概况　88b
　　继续教育　89a
　　科研工作　88c
　　外事交流　89c
　　学生工作　89b
经济责任审计　330b
精品课程　161c
精神卫生研究所　144c
　　本科教学　146c
　　发展概况　144c
　　后勤　147a
　　护理工作　145a
　　基建　147a
　　继续教育　147a
　　交流合作　147a

　　科研工作　146a
　　门（急）诊医疗工作统计（表）　145
　　研究生教育　146c
　　医德医风建设　147b
　　医疗工作　144c
　　医学教育　146c
　　住院医疗工作统计（表）　145
精神文明创建　391a
旧仪器设备报废、调剂与回收　335c
捐赠概况　362a
竣工工程　345c

**K**

康宁奖学金　497b
考古文博学院　74a
　　北京论坛　76a
　　博物馆工作　76b
　　长子县宋金寺庙建筑田野调查　75a
　　邓州市八里岗遗址第十次发掘　74a
　　教学工作　74b
　　考古发掘　74c
　　科研工作　75b
　　临城补要村遗址发掘　75a
　　全国省级文物局局长专业管理干部培训班　76b
　　师资队伍　74a
　　学科建设　76a
　　学生工作　76a
科技部政府间国际合作项目（表）　237
科技成果推广　258a
科技奖项　208a
科技开发　258
科技开发到款统计（表）　261
科技开发签约超过100万的合同统计（表）　261
科技推广项目目录　264
科教用品免税　336a
科学研究　205
科研成果　207c
科研成果（表）　236
科研工作　205a
科研管理体制调研　307b

科研基地建设　205c
科研经费　206b
　　分类统计（表）　212
　　总额增长趋势（图）　212
科研实力　25a
科研项目　206b
口腔医学院　139c
　　发展概况　139c
　　护理工作　140c
　　基建后勤　141b
　　教学工作　140c
　　科研工作　141a
　　人才队伍建设　141b
　　医疗工作　140a
库房档案排序方法改变及条形码技术应用　326a

**L**

离退休工作　324a
黎乐民　430c
李卫红考察人文社科重点研究基地　239b
李政道　424a
理工科科研　205
理工科与医科到校科研经费来源（图）　212
理工科与医科获准北京市自然科学基金项目（表）　221
理工科与医科获准创新团队发展计划名单（表）　220
理工科与医科获准教育部重大和重点项目（表）　221
理工科与医科获准新世纪优秀人才支持计划名单（表）　220
理工科与医科科研项目到校经费（表）　211
理工类国际学术会议和研讨班情况统计（表）　236
理科与医科在研科研项目来源（图）　211
理科与医科在研科研项目数统计（表）　210
理论工作　388c
理论学习　388a、388c
理论研究　414b
理论研讨　388a、389a
理学部学术委员会　36

理学学士　508a、516a
历史学系　72c
　　党建工作　73c
　　教学工作　72c
　　科研工作　73a
历史学学士　512b、516b
历史沿革　23a
利奥·梅拉梅德　197b
廉洁自律工作重点　397c
两会校友返校活动　364a
廖凯原奖学金　498a
林超地理奖学金　498b
临床肿瘤学院　141b
　　病历质量控制　142a
　　督导制度　142a
　　费用管理　142b
　　和谐医院建设　142c
　　后勤　144b
　　基建　144b
　　教学工作　142c
　　就诊环境　142b
　　科研工作　143b
　　医疗工作　141b
　　医院管理　141c、143c
临时聘用人员管理　322a
领导干部管理和监督　387a
领导干部廉洁从政问题重点清理
　　纠正　397c
领导干部廉洁自律　397c
领导干部廉洁自律教育　398b
刘元方　431a
流动编制管理　321a
流动进出站人数一览（表）　325
留学生获得学士学位名单　516a
篓斗桥学生公寓北侧道路改建工
　　程拆迁　333b
陆道培　445b
录取高考理科第一名学生（表）
　　171
录取高考文科第一名学生（表）
　　172
录取中学生国际奥林匹克竞赛获
　　奖学生（表）　172
论文专著　207c

## M

马克思主义学院　101c

　　对外交流　103b
　　发展概况　101c
　　获奖情况　103c
　　思想政治理论课教学　102a
　　学生工作　103c
马克思主义中国化最新成果深入
　　人心　388a
马宗晋　435c
媒体有关北京大学主要消息索引
　　597
美林集团奖学金　498b
民主党派和归国华侨联合会负责
　　人　43
民主党派组织机构状况（表）　396
民主生活会　398a
闵维方在春季全校干部大会上的
　　讲话　4
　　安全稳定工作领导机制和工
　　　作机制　4a
　　奥运筹办工作　5a
　　北大光荣传统继承和发扬
　　5a
　　大局意识　4a
　　党风廉政建设　6a
　　党建　5a
　　工会教代会优势发挥　7a
　　和谐校园构建　7a
　　科学转型成果　6b
　　社会主义和谐校园建设　5a
　　思想引导　4b
　　台海关系问题与国际因素对
　　　校园稳定影响　4b
　　统战工作　7a
　　统战工作会议精神落实　7a
　　维护校园安全稳定　4a
　　校庆筹备工作　5a
　　形势政策教育　4b
　　学生思想政治教育水平　6b
　　意识形态领域工作　4b
　　责任意识　4a
　　政治思想教育　5a
　　政治责任感与敏感性　4b
　　作风建设　6a
闵维方在秋季全校干部大会上的
　　讲话　13
　　安全稳定　14a
　　北大未来五年发展思想和组

　　　织准备　15b
　　北京市第十次党代会　14b
　　大学生思想政治教育　16b
　　党的理论创新最新成果武装
　　　头脑　14a
　　党风廉政建设　14a、16a
　　党建工作水平　15a
　　党建和思想政治工作达标验
　　　收和先进校评审　15a
　　党委日常工作　15b
　　党委重点工作　14b
　　党委主要工作　14a
　　第十二次党代会筹备　15b
　　干部队伍建设　14a
　　工会教代会作用发挥　16b
　　和谐校园建设　14a
　　十七大精神学习贯彻　14b
　　统战工作　16b
　　统战工作会议成果　16b
　　宣传思想工作　16a
　　学校领导班子建设　15b
　　迎评促建工作　14a
名誉博士（表）　596
名誉教授（表）　596
明德奖学金　498b
摩根士丹利奖学金　499b

## N

内部管理与控制机制建设　329b
内部审计队伍建设　331a
内部审计规范标准建设　331a
内部审计环境建设　331c
内部审计理论建设　331c
内部审计业务技术建设　331b
内部审计转型与建设　330c
年度考核与岗位聘任　319a
女教职工工作　404b

## O

欧阳爱伦奖学金　499b

## P

培训中心　197a
　　2007年高端培训黄金周
　　　197a
　　干部教育培训系列课程
　　　197a

国际能源、黄金与金属投资高
　　　层研讨会　197b
　　网络高端培训　197b
聘请的客座教授(表)　596
聘请的客座教授(表)　596
聘任工作　24b
平民学校　405b

## Q

奇瑞奖学金　499b
企业审计　330b
前沿交叉学科研究院　117b
　　队伍建设　119c
　　发展概况　117b
　　基础建设　119c
　　科学研究　118b
　　科研成果　118c
　　人才培养　119a
　　学术交流　117b
　　学术交流讲座(表)　120
秦国刚　438a
青年工作新格局　419b
青年教师工作　404c
青年教师学术沙龙　404b
青年团干与学生骨干培养　419c
青年文明号评选　419a
青年志愿服务　417a
秋季全校干部大会　13、17
全国博士生质量调查　177c
全国人大、政协及北京市人大、政
　　协换届人选推荐考察　387b
全国医学专业学位教育指导委员
　　会工作　184a
全国优秀博士学位论文(表)　186
全校到校科研经费分类统计(表)
　　212
全校到校科研经费总额增长趋势
　　(图)　212
全校干部大会　4、8、13、17

## R

人才开发与培养　316b
人才培养　23b
人才培养模式创新实验区　161c
人口研究所　110b
　　发展概况　110b
　　国际合作　111b
　　教学工作　112b
　　科研工作　110c
　　社会服务　111a
　　学术交流　111b
人民医院　134a
人事档案管理　325a
人事管理　313
人文大楼　346b
人文社会科学国际学术会议一览
　　(表)　255
人文学部学术委员会　36
人物　424
人员分布情况(表)　313
软件与微电子学院　114a
　　发展概况　114a
　　合作与交流　114b
　　获奖情况　115c
　　教学工作　114a
　　科研工作　114b
　　无锡基地　115b
　　行政工作　115a
　　学生工作　115b
　　招生就业　114c

## S

赛时志愿者工作机制　418a
三昌奖学金　500a
三好学生　477a
三好学生标兵　476a
三井住友奖学金　500a
三龄一历审核及认定　325c
三星奖学金　500b
勺园　370c
　　队伍建设　371a
　　接待工作　370c
　　内部管理　371a
　　优质服务品牌　371a
社会保险　323c
　　缴费情况(表)　324
社会保险人数和缴费情况统计
　　(表)　323
社会工作奖　486a
社会工作类创新奖　481a
社会科学部学术委员会　36
社会实践　416a
社会实践活动　404b
社会学系　95a
　　成人教育　96c
　　党建　96c
　　发展概况　95a
　　教学工作　96a
　　科研工作　96a
　　学生工作　96c
社会舆论环境　388b
摄影　393a
深港产学研基地　273
　　对外合作交流　274b
　　高层次人才培训　274a
　　科技成果转化　273a
　　应用研究　273b
　　政府决策顾问咨询　273c
深圳研究生院　184b
　　长期发展问题调研　306c
　　党团工作　185a
　　继续教育　185b
　　教学工作　184c
　　科研工作　184c
　　校园文化　185b
　　学术活动　185a
　　重要大事　185b
深圳医院　148a
　　大事记　149a
　　党群工作　148c
　　发展概况　148a
　　后勤工作　148c
　　健康产业　148b
　　科研工作　148b
　　学科建设　148a
　　医院管理　148c
沈渔邨　446b
审计工作　329b
生活福利工作　404c
生命科学学院　63c
　　承担国家自然科学基金重点
　　　项目(表)　65
　　承担科研项目统计(表)　65
　　党委工作　66b
　　队伍建设　64a
　　发展概况　63c
　　教学工作　64a
　　科研工作　65b
　　行政工作　66b
　　学生工作　66a
生育健康研究所　154c

索  引

发展概况　154c
国际交流　155a
科研工作　154c
师德师风建设　391b、398c
师德医德先进评选　404a
师德医风建设　404a
师德征文文集出版　404a
诗琳通来访　309b
十五211工程采购　336a
石油与天然气研究中心　53c
　　研究项目统计（表）　54
实验动物科学部　302a
　　动物实验　302a
　　教学培训　302a
　　实验动物生产及供应　302a
实验技术队伍建设　334b
实验教学示范中心建设与评审
　　334a
实验室安全检查　336b
实验室安全与环境保护　336a
实验室基本情况一览（表）　339
实验室建设与管理　334a
逝世人物名单　460
收入分配制度改革　322c
收入构成（图）　327
收入情况比较（图）　327
首都发展研究院　271
　　北京大学国子监大讲堂
　　　271c
　　北京市发展与改革委员会与
　　　北京大学新年座谈会
　　　271a
　　服务首都发展　271a
　　国际会议组织　271b
　　国子监考察参观　272a
　　《决策要参》　271b
　　科研报告　272b
　　科研工作　272a
　　科研项目　272a
　　能力建设　271a
　　学术科研成果　272c
　　咨询活动　273a
首钢医院　149c
　　奥运工作　153a
　　党建工作　153a
　　发展概况　149c
　　管理改革　150a

后勤　152c
获奖情况　153a
基建　152c
交流合作　152b
科研工作　151c
新技术新业务（表）　151
信息化建设　152b
医疗工作　150c
医学教育　152a
授权专利清单（表）　232
授予的名誉博士（表）　596
授予的名誉教授（表）　596
授予双学位学士名单　519b
授予学士学位名单　508a
数学科学学院　44a
　　党建　46a
　　发展概况　44a
　　获批科研项目　45
　　教师获奖统计（表）　44
　　科研工作　45b
　　入选2007年北京高等教育精
　　　品教材建设立项项目名单
　　　（表）　46
　　学科建设　44a
　　学生工作　46a
　　学术交流　46a
双语教学示范课程　161b
水电中心　353a
　　奥运乒乓球场馆设施管理
　　　353c
　　防汛抢险　353c
　　校园供电系统　353a
　　校园给排水系统　353b
　　校园零星维修　353c
　　校园水电施工工程　353c
　　校园水电收费　353b
　　校园水电物业管理　354a
思想政治工作　384、388a
思想政治工作先进集体、优秀个人
　　469
思想政治教育工作水平　412a
斯托尔滕贝格来访　309b
松下育英奖学金　501a
苏肇冰　428c
苏州工业园区奖学金　501a
索尼奖学金　501b

T

唐孝炎　444c
唐有祺　429c
唐仲英奖学金　501b
特殊用房管理中心　376
　　队伍建设　376b
　　公寓管理　377a
　　公寓维修　376c
　　环保节能　377b
　　环境综合治理　377c
特载　1
提案落实工作　403b
体育教研部　120a
　　发展概况　120a
　　后勤管理　123b
　　群众体育运动　122b
　　体育代表队　121c
　　体育教学　120c
　　体育科研　123b
体育类创新奖　481a
田刚　427c
通过鉴定的科研成果（表）　236
通用岗位设置管理　318a
　　动员工作　318a
　　岗位聘任　318c
　　岗位设置方案　318b
　　通用岗位聘任结果　319a
　　通用岗位聘任条件和程序
　　　318c
童庆禧　435c
童坦君　443b
统战工作　393
　　参政议政　394b
　　党外代表人士工作　394b
　　各级统战工作会议精神贯彻
　　　落实　393b
　　工作创新　394a
　　民主党派北大组织自身建设
　　　394a
　　统战工作总结　394a
　　统战研究调研、信息和宣传
　　　394c
　　中共十七大报告学习　393b
　　主要工作　395a
图书馆　274a
　　2007年和2006年图书馆主页

访问情况比较(表) 280
2007年与2006年传统服务统
　计比较(表) 279
2007年与2006年续借与预约
　服务量比较(表) 279
CALIS文理中心 284c
CALIS项目 284a
CASHL项目 285a
北大学生用户学术性电子资
　源以及相关培训和服务需
　求及利用情况调查 281b
北京大学教师和研究生学术
　信息资源需求及利用调查
　282a
本科教学评估 283c
采访(装订)量统计(表) 275
参考咨询服务统计(表) 279
大流通服务 278b
电子资源建设 275c
电子资源累计统计(表) 276
读者服务 278b
多媒体服务 280b
多媒体服务布局、设备设施和
　空间环境 280c
多媒体服务设备设施建设
　281a
多媒体服务统计(表) 281
多媒体服务效果 281c
多媒体馆藏与服务 275c
多媒体宣传培训活动 281a
多媒体在线资源 275b
多媒体资源检索服务统计
　(表) 281
二次文献及自建数据库统计
　(表) 276
分馆建设 282a
古文献搜集 275a
基础设施建设 283a
经费筹集 275c
旧藏及特藏整理 278a
捐赠 275a
历年馆际互借/文献传递服务
　增长比较(图) 280
数字采集与扫描加工总量
　(表) 277
数字化特色馆藏 276b
数字加工中心 277a

数字图书馆门户 282c
特藏整理 278a
文献编目 277b
文献编目统计(表) 277
文献采访工作 274c
文献资源建设 274c
信息资源采访、引进与自建
　274c
学术交流 283b
用户调查 281a
中心馆电子服务发展状况
　(图) 279
涂传诒 434c
土地基本情况汇总(表) 337
土地与房屋产权管理 332b
团委机关建设 422b
团委网站建设 415a
团校育人模式 420b

## W

外国留学生分国别统计(表) 202
外国留学生分院系统计(表) 204
外国语学院 97a
　党务工作 100c
　队伍建设 97b
　发展概况 97a
　国际合作外资项目(表) 100
　获北京大学教材建设立项名
　　单(表) 98
　获北京市社会科学理论著作
　　出版基金资助项目(表)
　　100
　获各级各类横向课题(表)
　　100
　获国家社科基金项目(表)
　　99
　获教育部留学回国人员科研
　　启动基金项目(表) 99
　获教育部人文社会科学研究
　　一般项目(表) 99
　获教育部新世纪人才支持计
　　划入选项目(表) 99
　获中央统战部华夏英才基金
　　出版资助项目(表) 100
　继续教育 100a
　教材建设 98c
　教学工作 97c

　科研成果分类统计(表) 100
　科研工作 98a
　科研奖励 98c
　科研项目立项和申报 98a
　荣誉称号 98c
　入选2007年北京高等教育精
　　品教材建设立项项目名单
　　(表) 98
　外事工作 100a
　学科建设 97b
　学生工作 101a
　招生 98a
王夔 432b
王岐山视察东华广场 269c
王诗宬 429b
王阳元 437b
网络教育 196a
　规范管理 196b
　技术支持工作 196b
　加强服务 196b
　教学资源建设 196c
　网络非学历教育 196c
　网络教育合作 196c
网络宣传 415a
危险化学废物管理与处理 336b
维护教职工权益 404c
维护校园安全稳定 414a
卫生部工程技术研究中心(表)
　209
卫生部支援西部地区农村卫生项
　目 362a
卫生部重点实验室(表) 209
未名湖北岸区域拆迁 333b
未名湖水环境综合改善 308a
文科A&HCI论文目录(表) 247
文科SCI论文目录(表) 249
文科SSCI论文目录(表) 252
文科大楼建设 239c
文科科研 239
　成果管理 241a
　国际交流 242
　基地管理 241b
　科研机构 241c,242
　科研经费增长情况(表) 241
　人才建设 241a
　新成立的文科科研机构(表)
　　242

重点工作　239a
文兰　426c
文学学士　511b、516b
文艺活动　391a
吴阶平　441b
五道口教师经济适用房项目建设
　　333b
五四奖学金　502a
五四体育奖　487b
五校一院联席会议　400a
物理学院　48c
　　党建工作　50b
　　队伍建设　49b
　　发展概况　48c
　　教学科研　49a
　　人才培养　50a
　　学科建设　49b
　　学生工作　50c

## X

西南联大奖学金　503b
先进技术研究院　123b
　　发展概况　123b
　　科研基地建设工作　124a
　　科研项目与管理　124b
　　资质建设工作　123c
先进学风班　488b
现代教育技术中心　302b
　　北京大学公共英语网络教学
　　　　平台　302c
　　北京大学精品课程网络平台
　　　　与资源建设　302c
　　北京大学网络教学平台　302b
　　电教112教室、电教239教室
　　　　课堂全程录像统计（表）
　　　　303
　　对石河子大学直播10门课程
　　　　统计（表）　303
　　服务网站建设　302c
　　机房管理　304b
　　教室设备维护　304a
　　教学促进工作　304a
　　教学服务　303b
　　教学过程实录　303b
　　教学平台工作　302b
　　全程录制精品课程统计（表）
　　　　303

　　网站开发工作　302c
　　新技术研究　302c
　　有线电视工作　304c
　　中心网站改造　302c
　　主要任务　302b
　　现有人员编制构成（表）　313
　　现有人员职称分布（表）　314
香港特区政府高级公务员国家事
　　务研习课程　311b
项目管理　240c
肖家河教师住宅项目　308b
　　前期报批工作　308b
肖家河项目建设办公室　308c
校办产业　259b
校本部2007年主办的理工类国际
　　学术会议和研讨班情况统计
　　（表）　236
校本部博士后科研情况（表）　325
校本部福利费支出统计（表）　322
校本部各分会副高职务评议结果
　　（表）　320
校本部各分会正高职务评议结果
　　（表）　320
校本部各流动进出站人数一览
　　（表）　325
校本部各学部副教授（副研究员）
　　审议结果（表）　320
校本部各学部教授（研究员）审议
　　结果（表）　320
校本部各种社会保险人数和缴费
　　情况统计（表）　323
校本部工伤保险工作情况统计
　　（表）　323
校本部工资日常工作量统计（表）
　　322
校本部公派出国（境）人员情况
　　317
　　派出类别（表）　317
　　派出国别（地区）（表）　317
　　学历、职称、年龄分布状况
　　　　（表）　317
校本部公派留学人员回校工作类
　　别分布（表）　317
校本部基本数据　30
校本部减员岗位分布（表）　316
校本部教师队伍年龄结构（表）
　　313

校本部教师队伍学历状况（表）
　　313
校本部教职员工基本情况一览
　　（表）　313
校本部民主党派组织机构状况
　　（表）　396
校本部批准成立的交叉学科研究
　　中心（表）　210
校本部人员分布情况（表）　313
校本部现有人员编制构成（表）
　　313
校本部现有人员职称分布（表）
　　314
校本部选留毕业生岗位分布（表）
　　314
校本部引进人员岗位分布（非毕业
　　生）（表）　314
校本部增员分布（表）　314
校本部增员类别及学历分布（表）
　　314
校发文件（表）　462
校风学风建设　391b
校级科研公共平台建设　335b
校际交流　309a、400b
　　项目　309a
校刊　391b
校领导机构组成名单　35
校内16楼、17楼搬迁腾空　333c
校内用地和用房使用分配方案
　　308a
校史馆　291c
　　安全保卫　293a
　　图书资料　293b
　　为学校工作服务　292c
　　文物征集　292c
　　校史研究　292a
　　校史展览　291c
　　学术研讨会　292b
　　学习交流　293a
　　展览内容　291c
　　专题展览　292c
校（院）务公开　403b
校务咨询制度　403c
校友工作　362、363c
校友捐赠　363a
校园管理服务中心　354c
　　保洁工作　355a

环卫工作　355a
荒山绿化义务植树　355a
绿化新建和改造工程　354c
其他工作　355b
园林绿化日常养护管理
　354c
植物病虫害防治　354c
校园规划　307c
校园环境综合整治　334a
校园媒体建设　388b
校园文化大发展大繁荣　412b
校园文化建设　391a、416b
校长科研基金　207c
谢培智奖学金　504a
心理学系　69c
　党建工作　70c
　队伍建设　70b
　对外交流　70a
　教学工作　69c
　科研工作　70a
　学生工作　70b
新成立的文科科研机构(表)　242
新获批的国家高技术研究发展计
　划课题(表)　218
新获批的国家重点基础研究发展
　规划课题(表)　217
新获批的重大科学研究计划课题
　(表)　218
新获准的支撑计划课题(表)　219
新建项目　346c
新教职工岗前培训　317c
新生档案材料收集归档　326c
新生奖学金　504
　一等奖　504a
　二等奖　504a
　三等奖　504a
　鼓励奖　504a
新世纪优秀人才支持计划文科入
　选者名单(表)　257
新闻发布制度　390b
新闻网　392c
　常规新闻报道　392c
　记者团队管理　392c
　技术创新　392c
　系列报道　392c
　主页改版　392c
　专题栏目　392c

新闻危机事件公关　388b
新闻宣传　388b、389c
　策划意识　390b
　长效机制　390b
　工作思路　390c
　应急机制　390c
新闻与传播学院　84b
　党建工作　85b
　发展概况　84b
　教学工作　84b
　科研工作　85a
　学生工作　85c
新增40万元以上大型仪器设备一
　览(表)　340
信访接待与案件办理　399a
信息管理系　94a
　成人教育　95c
　发展概况　94a
　科研工作　95a
　立项在研项目(表)　95
　学科建设　94b
信息科学技术学院　54a
　本科生教学　55c
　党委工作　55a
　发展概况　54a
　获北京大学教材建设立项名
　　单(表)　57
　获北京高等教育精品教材建
　　设立项名单(表)　57
　获省部级科研奖励名单(表)
　　58
　教学工作　55c
　科研工作　56c
　科研项目数及经费统计(表)
　　58
　课程研究与讨论　56b
　青年教师教学基本功竞赛
　　56b
　十一五国家级规划教材名单
　　(表)　57
　行政工作　55a
　学生工作　57b
　学生获奖情况　56a
　学术交流　57b
　研究生教学　55c
　迎接教育部本科教学工作水
　　平评估　56a

信息与工程学部学术委员会　36
星光国际奖学金　504
　一等奖学金　504a
　二等奖学金　504b
　三等奖学金　504b
徐光宪　430b
徐至展　427c
许智宏　440a
许智宏在春季全校干部大会上的
　讲话　8
　奥运筹备工作　12b
　队伍建设　11a
　对外交流　12b
　发展规划制定　12b
　工资改革　12a
　管理中存在的问题解决　8b
　国防科技项目管理　10b
　国际合作项目支持　10b
　横向科研经费支持　11a
　基础设施建设　12b
　基地建设　11a
　加强管理　9b
　教学、科研、社会服务三大任
　　务　9b
　教学改革　9b
　科学研究　12a
　科研管理　10a
　人才队伍建设　12a
　人才计划　11b
　人文社会科学科研　10b
　三大建设　8a
　三大任务　8a
　三件大事　8a
　社会舆论环境　9a
　校办产业改制　9a
　校内空间资源和资金的紧张
　　与快速发展之间的矛盾
　　8b
　学科建设　11a
　学科建设思路　11b
　学生工作　10a
　学校财务运行压力　8b
　学校综合实力　11a
　研究生培养机制改革　9b
　医学教育改革　9b
　已有科研项目和经费管理
　　10b

# 索 引

与北京市各级政府合作　11a
与地方政府合作　11a
与企业合作　11a
直属高校工作咨询会议　8a
资金筹措与管理　12b
许智宏在秋季全校干部大会上的
　讲话　17
　211 工程　17a
　985 工程　17a
　985 工程三期建设思路　18b
　安全工作　22b
　奥运工作　21b
　本科教学评估　20a
　对外宣传　22a
　岗位管理制度改革　19a
　工作重点　17a
　管理制度和公共服务建设
　　20a
　国际合作与交流　21b
　国内合作　22a
　基建工作　21a
　交叉学科机构　19b
　教育教学质量　20a
　科研管理体制　19a、19b
　科研竞争力　19a
　全国优秀博士论文评选　20b
　人事分配制度　19a
　人员管理制度　19a
　深化改革　20a
　体制创新　19b
　校庆筹备工作　21b
　学科建设　17a、18b
　学术队伍建设　19a
　学校可持续发展　20b
　研究生教育　20b
　医学教育改革　20b
　医院管理　22a
　专项工作　21a
　资金使用效率　20b
宣传工作　388
宣传思想战线凝聚力和战斗力
　388a
宣传引导　414b
选留毕业生岗位分布（表）　314
选派学生出国学习工作　309c
学部学术委员会　36
学籍管理　162c

学科规划与事业规划　306c
学科建设　24a、160
学科、事业规划事项研究审议
　307b
学科、事业规划委员会　307b
学历教育工作　192c
学生档案材料收集归档及转递
　326b
学生工作　25b、406
　保障体系　410c
　北大·地带网站升级改版
　　411c
　《北大青年研究》杂志编辑水
　　平　411c
　毕业教育　408a
　大学生征兵工作　409b
　党风廉政建设　406b
　德育研究　412a
　调查研究工作制度化建设
　　411b
　队伍建设　406b
　服务型中心　410a
　干部队伍培训　406b
　国防教育　409b
　国家最新资助政策贯彻落实
　　宣传　410a
　就业工作队伍专业化、职业化
　　建设　411a
　评奖评优　408c
　青年研究中心　411c
　网络监管　411c
　先进单位　489b
　向高明学习主题教育活动
　　408a
　校企共赢新模式　411b
　心理健康教育活动　409c
　心理健康教育理论研究
　　410a
　心理危机排查与干预　409c
　心理咨询　409c
　新生入学教育活动　408a
　形势政策教育活动　408a
　选留学生工作干部和学生骨
　　干队伍建设　406c
　学生党建工作新途径　407b
　学生党建网站红旗在线建设
　　407b

　学生服务总队发展　410b
　学生管理工作规范化、制度化
　　建设　408b
　学生就业工作　410b
　学生军训工作　409b
　学生日常管理　408b
　学生社团扶持　409c
　学生思想政治教育　407a
　学生团体保险　409a
　学生心理健康教育　409c
　学生资助工作　410a
　学生资助渠道　410b
　学习贯彻党的十七大精神主
　　题教育活动　407a
　研究生思想政治教育工作
　　407c
　迎接北京市党建和思想政治
　　工作基本标准检查　406a
　迎接教育部本科教学工作水
　　平评估　406a
　迎评工作　406a
　优秀个人和集体宣传　409a
　舆情报送　411c
　职业指导工作体系　410b
　主题教育活动　407c
　资助公平　410b
　资助资金安全、公正使用
　　410b
学生会　420c
学生奖励获得者名单　475
学生课外活动指导中心建设
　415b
学生社团　420c、421c
学生思想政治教育　413a
学生宿舍管理服务中心　355b
　毕业生离校和新生入住
　　355b
　队伍建设　356c
　生产采购及维修　357a
　暑期综合修缮　355c
　宿舍管理　356b
　学生宿舍搬迁　355c
　迎评工作　356b
　住宿安排　356a
学生组织　420c
学术科研　415c
学术委员会　35

学术专家公寓 318a
学位评定委员会 36
学位授权点一览(表) 186
学习优秀奖 483a
学校党委重要工作部署和要求落实 388a
学校发展战略规划工作 306b
学校基本数据 27
学校基本制度调研 307b
学校预算执行和重点专项资金审计 329a

## Y

研究生创新工程 174c
研究生会 421b
研究生奖助工作 176a
    学业奖学金 176b
    招生计划调控 176a
研究生教务工作研讨会 178a
研究生教育 173
    九十周年 25b、178c
研究生课程建设 175a
研究生培养 174c
    培养机制改革 178b、329a
研究生学位工作 175b
研究生招生 173a
    改革与创新 174a
    基本情况 173a
    接受面试推荐研究生 173c
    招生计划 173b
    招生宣传与咨询 173c
研究生支教 419a
燕园街道办事处 375
    党建工作 375a
    环境综合整治 375b
    老旧小区停车场改造 375c
    内部管理 375c
    社区活动 375c
    社区建设 375c
燕园社区服务中心 373
    安全管理 374c
    大型便民服务活动 373c
    对外合作 374a
    企业名录(表) 374
    社区服务 373a
    社区家政服务 373a
    社区建设 374a
    社区经营 374b
    社区网络服务 373a
    社区网络服务站贴心服务 373c
杨芙清 437a
杨芙清王阳元院士奖学金 505a
杨钦清奖学金 505b
杨新慧一等奖学金 505b
杨新慧二等奖学金 505b
杨应昌 425c
药学院 124c
    党建工作 126a
    发展概况 124c
    合作与交流 125a
    获国家自然科学基金资助项目(表) 125
    获教育部重大项目培养计划项目(表) 125
    教学工作 125a
    科研工作 125a
    学科建设 124c
    研究生教育 126a
叶大年 436a
叶恒强 438b
医德医风建设 398c
医科到校科研经费来源(图) 212
医科获准北京市自然科学基金项目(表) 221
医科获准创新团队发展计划名单(表) 220
医科获准教育部重大和重点项目(表) 221
医科获准新世纪优秀人才支持计划名单(表) 220
医科科研 205
    科研项目到校经费(表) 211
医科在研科研项目来源(图) 211
医科在研科研项目数统计(表) 210
医疗信访 362c
医学部2007年主办的国际学术会议和研讨班情况统计(表) 237
医学部本部2007年社会保险缴费情况(表) 324
医学部第二届学术委员会 37
医学部分院毕业研究生去向统计(表) 180
医学部负责人 37
医学部高级专业技术职务聘任情况(表) 321
医学部公共教学部 155b
    党建工作 156b
    发展概况 155b
    获奖情况 157a
    教学工作 155c
    科研工作 156a
    学生工作 156c
医学部获准国家自然科学基金项目(表) 216
医学部基本数据 32
医学部减员岗位及流向分布(表) 316
医学部教师队伍学历结构统计(表) 321
医学部教师队伍职务结构、年龄结构统计(表) 321
医学部接收毕业生岗位分布(表) 315
医学部民主党派组织机构状况(表) 396
医学部申报专利及获得专利授权情况统计(表) 262
医学部团委 413a
医学部信息通讯中心 299b
    电话网建设 299b
    服务工作 299b
    校园网建设 299b
    校园一卡通建设 299b
    信息工作 299b
医学部研究生就业指导与服务 179c
医学部研究生培养 180a
    博士后管理 182a
    导师培训 182a
    规范管理 181a
    教学医院第五批博士、硕士生培养点及导师资格审核 182a
    课程教学 180b
    培养管理系统 181b
    日常培养 181a
    思想政治工作 182b
    学位授予 181c
    研究生课程进修班 181c

索 引

招生工作　179a
医学部增员岗位及来源分布（表）
　　315
医学档案馆　291b
　　档案接收进馆　291b
　　档案提供与利用　291b
　　工会工作　291c
　　计算机录入案卷目录　291b
　　剪报　291b
　　组织工作　291b
医学继续教育　197c
医学图书馆　285b
　　2005年—2007年各类数据库
　　　使用情况统计（图）　286
　　CALIS医学中心　288c
　　参考咨询方式　287c
　　参考咨询业务量统计（表）
　　　287
　　导引标识　286b
　　电子资源使用统计（表）
　　　286c
　　订购电子资源统计（表）　288
　　读者服务工作　285c
　　服务措施　286b
　　服务内容　285c、286b
　　基础设施　288a
　　交流往来　288c
　　开放时间　286a
　　科研成果　288b
　　清点、剔旧工作　288a
　　人力资源　288b
　　校园卡工作　287a
　　信息用户培训教育项目情况
　　　（表）　287
　　学科馆员工作　286a
　　医学外国教材中心　285c
　　阅览环境　286a
　　资源保障　287a
　　资源共享　287b
医学网络教育　200b
医学学士　514b
医学在职教育培训　201a
医药科工作委员会工作　184a
医药卫生分析中心　299c
　　氨基酸分析室　300b
　　蛋白质组学实验室　300b
　　党政工作　301c

　　电镜分析室　300b
　　放射性药物实验室　301b
　　卫生与环境分析室　301b
　　细胞分析室　299c
　　医学同位素研究中心　301b
医院管理　362
仪器设备采购　335c
仪器设备管理　334c
仪器设备清查　334c
以人为本　25b
艺术类创新奖　481a
艺术学院　106c
　　发展概况　106c
　　科研工作　107a
　　校园文化活动　107c
　　学生工作　107c
　　学生艺术团　107b
　　艺术教育　107a
因公出访人员统计（表）　311
引进人员岗位分布（非毕业生）
　　（表）　314
英文新闻网　393a
迎接北京大学110周年校庆相关
　　工作　308a
优秀班集体　488a
优秀博士学位论文（表）　186
优秀党务和思想政治工作者
　　469a
优秀学生干部　482a
由北京大学主持的国家重点基础
　　研究发展规划项目（表）　217
由北京大学主持的重大科学研究
　　计划项目（表）　218
幼教中心　357b
　　保护幼儿生命　358c
　　管理干部队伍建设　357c
　　后勤服务　358c
　　教师队伍建设　357c
　　教师专业素质　358b
　　教育理念　358a
　　教育水平　358b
　　科研工作　358b
　　特色教育模式　358a
　　幼儿健康　358c
舆情工作　389c
与北京市科委新签科技合同（表）
　　222

与国外企业合作　258c
与社会媒体合作和互动　390c
预防职务犯罪展览　398b
预科留学项目　201c
元培学院　157b
　　2006级学生院系分布统计
　　　（表）　158
　　导师工作　158b
　　发展概况　157b
　　国际交流　158a
　　教学工作　157c
　　学生工作　159a
　　元培计划实验班2005—2007
　　　届毕业生去向统计（表）
　　　158
院系情况　44
院、系、所、中心负责人　39
　　校本部　39
　　医学部　41
院系调整　23a
院系行政编制与办公室设置调研
　　307b
院系—业务口馆校对接模式
　　418a
运输中心　357a

**Z**

在岗博士生导师名录　454
在建工程　346a
在校长期外国留学生分国别统计
　　（表）　202
在校长期外国留学生分院系统计
　　（表）　204
在校院士　424
泽利奖学金　506a
曾宪梓奖学金　500a
增员的类别及学历分布（表）　314
增员分布（表）　314
增员岗位及来源分布（表）　315
增员情况　314a
翟中和　440b
张恭庆　425b
张恒奖学金　506a
张焕乔　428c
张景钺奖学金　506a
张礼和　432c
张令昭奖学金　506a

张弥曼 435a
张滂 430b
招标采购 336a
招生工作 163a
赵柏林 434b
赵光达 427b
赵进东 443c
哲学系、宗教学系 76b
 党建工作 77c
 第二届北京大学—首尔大学—东京大学（BESETO）三校哲学会议 79c
 队伍建设 76b
 纪念黑格尔《精神现象学》发表二百周年国际学术研讨会 79a
 纪念中国哲学史座谈会五十周年研讨会 78c
 教学工作 76c
 科研工作 77a
 思考他者—围绕于连思想的对话国际学术讨论会 79b
 学科建设 77c
 学生工作 78a
 学术会议 78c
 学术交流 77c
哲学学士 512b、516b
政府管理学院 86a
 党建工作 87c
 发展概况 86a
 基地工作 87a
 教学工作 86a
 科研工作 86c
 学生工作 88a
 学术交流 87b
政要来访 309b
支撑计划课题（表） 219
支出构成比较（图） 328
支出构成（图） 327
芝生奖学金 506b
直属、附属单位负责人名单 42
 校本部 42
 医学部 42
志愿者工作体系 417b
志愿者培训工作 417c
制度化与信息化建设 337a
质量工程项目 161b

中层领导班子调整和干部任免 386c
中层领导干部分布情况（表） 384
《中共中央纪委关于严格禁止利用职务上的便利谋取不正当利益的若干规定》学习贯彻 397c
中关村开放式实验室（表） 210
中关新园 372b
 拆迁工作 372c
 筹备运行 372c
 工程建设 372c
 内部建设 373a
 设施完善招标、采购 372c
中国工商银行奖学金 506b
中国经济研究中心 109c
 党建工作 110b
 培训项目 110a
 学科建设 109c
 学术交流 110a
中国经济研究中心双学位毕业生 533
中国石油塔里木励志奖学金 506b
中国石油塔里木优秀奖学金 506b
中国石油优秀奖学金 506b
中国研究生院院长联席会秘书处 176c
 国际交流 177a
 会议组织 176c
 热点问题研究与成果 177b
 支持西部地区研究生教育 177b
 自身建设 177b
中国药物依赖性研究所 153b
 发展概况 153b
 交流合作 154a
 教学工作 154b
 科研工作 153c
 社会服务 154b
 学科建设 153c
中国医院协会大学附属医院分会 362b
中国语言文学系 71c
 发展概况 71c
 教学改革 72a
 教学工作 72a

 科研工作 72a
 学生工作 72b
中华医学科技奖（表） 224
中科院奖学金 507b
重大科学研究计划 207a
 课题（表） 218
 项目（表） 218
重大项目一览（表） 240
 立项一览（表） 242
重大专项工作调研、规划和论证 306c
周济 8a
周其凤 431b
周又元 428b
周昭庭奖学金 507b
朱作言 440c
主题展览 390a
住房补贴发放和预算决算报送 332b
住房调查及审核 332b
住房制度改革工作小组会议 332c
住友商事奖学金 507b
住院医师规范化培训 197c
专利 208b
 申请受理、授权情况统计（表） 232
 转让 259a
专项预算审核 329c
专业技术职务聘任 319c
专业技术职务评审委员会 35
庄辉 446c
资产管理 331
资金安全工作 328b
资金管理 26a
自学考试工作 193a
宗教学系 76b
综合体育馆赛后运营方案调研与落实 307a
总务系统工作 347
 安全生产 348a
 安全用电 351a
 奥运测试赛 347c
 保护校园环境 347c
 本科教学评估 347b
 财务管理 349a
 餐饮伙食价格 348a

索　引

大型活动保障服务　348a
大学生聘用和培养　348c
队伍建设　348b
干部队伍建设　348b
后勤保障服务　347b
后勤管理体制和运行机制
　　347a
后勤人事队伍建设　348b
基础设施建设与改造　349b
建设节约型校园　351a
节能改造　351a

节能减排　347c
节能宣传　351b
节约能源　351a
《劳动合同法》贯彻落实
　　348c
水电运行管理　351a
外来务工人员管理　348c
完成工程统计（表）　350
维护校园秩序　347c
卫生工作　351b

学校后勤事业发展规划
　　347a
学校重点工作参与　347c
纵向项目立项一览（表）　244
纵向项目申报立项情况（表）　240
纵向项目中期检查情况一览（表）
　　241
组织工作　384

（肖东发　王彦祥　编制）